U0620747

文章類選

〔明〕朱㮵 等輯

胡玉冰 等校注

上册

朔方文庫

主編 胡玉冰

上海古籍出版社

圖書在版編目(CIP)數據

文章類選 /（明）朱㭿等輯；胡玉冰等校注. —上海：上海古籍出版社，2023.11
（朔方文庫）
ISBN 978-7-5732-0789-0

Ⅰ.①文… Ⅱ.①朱… ②胡… Ⅲ.①刻書—研究—中國—明代 Ⅳ.①G256.22

中國國家版本館 CIP 數據核字(2023)第 186313 號

朔方文庫
文章類選
（全三册）
〔明〕朱 㭿 等輯 胡玉冰 等校注
上海古籍出版社出版發行
（上海市閔行區號景路 159 弄 1-5 號 A 座 5F 郵政編碼 201101）
（1）網址：www.guji.com.cn
（2）E-mail：guji1@guji.com.cn
（3）易文網網址：www.ewen.co
上海展强印刷有限公司印刷
開本 710×1000 1/16 印張 89 插頁 16 字數 1,157,000
2023 年 11 月第 1 版 2023 年 11 月第 1 次印刷
ISBN 978-7-5732-0789-0
I·3749 定價：498.00 元
如有質量問題，請與承印公司聯繫
電話：021-66366565

國家社會科學基金重大項目
“《朔方文庫》編纂”（批准號：17ZDA268）經費資助出版

寧夏回族自治區“十三五”重點學科
“中國語言文學”學科建設經費資助出版

寧夏大學“民族學”一流學科群之“中國語言文學”學科
（NXYLXK2017A02）建設經費資助出版

《朔方文庫》委員會名單

總　序

陳育寧

寧夏古稱"朔方",地處祖國西部地區,依傍黄河,沃野千里,有"塞上江南"之美譽。她歷史悠久,民族衆多,文化積澱豐厚。在這片土地上産生並留存至今的古代文獻檔案數量衆多、種類豐富,有傳統的經史子集文獻、地方史志文獻、西夏文等古代民族文字文獻、岩畫碑刻等圖像文獻,以及明清、民國時期的公文檔案等,這些文獻檔案記述了寧夏歷朝歷代人們在思想、文化、史學、文學、藝術等各方面的成就,藴含着豐富而寶貴的、具有地域和民族特色的歷史文化内涵,是中華各民族人民共同的精神和文化財富,保護好、傳承好這批珍貴的文化遺産,守護好各民族共有的精神家園,扎實推進新時期文化的繁榮發展,是寧夏學者義不容辭的擔當。

黨和國家歷來高度重視和關心文化傳承與創新事業,積極鼓勵和支持古籍文獻的收集、保護和整理研究工作,改革開放以來,批准實施了一批文化典籍檔案整理與研究重大項目,取得了一大批重要成果。2017 年 1 月,中共中央辦公廳、國務院辦公廳印發《關於實施中華優秀傳統文化傳承發展工程的意見》,把中華優秀傳統文化的傳承和發展推上了新的歷史高度。《意見》指出,要"實施國家古籍保護工程","加强中華文化典籍整理編纂出版工作"。這給地方文獻檔案的整理研究,帶來了新的機遇。

寧夏作爲西部地區經濟欠發達省份,一直在積極努力地推進優秀傳統文化傳承發展事業。2018 年 5 月,《寧夏回族自治區實施中華優秀傳統文化傳承發展工程方案》和《寧夏回族自治區"十三五"時期文化發展改革規劃綱要》正式印發,爲寧夏文化事業的發展繪就了藍圖。寧夏提出了"小省區也能辦大文化"的理念,决心在地方文化的傳承發展上有所作爲,有大作爲。在地方文獻檔案整理研究方面,寧夏雖資源豐富,但起步較晚,力量不足,國家級項目少。

這種狀況與寧夏對文化事業的發展要求差距不小，亟須迎頭趕上。在充分論證寧夏地方文獻檔案學術價值及整理研究現狀的基礎上，以寧夏大學胡玉冰教授爲首席專家的科研團隊，依托自治區“古文獻整理與地域文化研究”人文社科重點研究基地以及自治區重點學科“中國語言文學”、重點專業“漢語言文學”的人才優勢，全面設計了寧夏地方歷史文獻檔案整理研究與編纂出版的重大項目——《〈朔方文庫〉編纂》，並於 2017 年 11 月申請獲批立項爲國家社科基金重大項目，這一項目的啓動，得到了國家的支持，也有了更高的學術目標要求。

編纂這樣一部大型叢書，涉及文獻數量大、種類多，時間跨度長，且對學科、對專業的要求高，既是整理，更是研究，必須要有長期的學術積累、學術基礎和人才支持。作爲項目主持人，胡玉冰教授 1991 年北京大學畢業後，一直在寧夏從事漢文西夏文獻、西北地方（陝甘寧）文獻、回族文獻等爲主的古文獻整理研究工作，他是寧夏第一位古典文獻專業博士，已主持完成了 4 項國家社科基金項目，包括兩項重點項目，出版學術專著 10 餘部。從 2004 年主持第一項國家社科基金項目開始，到 2017 年“《朔方文庫》編纂”作爲國家社科基金重大項目立項，十多年來，胡玉冰將研究目標一直鎖定在地方文獻與民族文獻領域。其間，他完成的國家社科基金項目結項成果《寧夏古文獻考述》，是第一部對寧夏古文獻進行分類普查、研究，具有較高學術價值的成果，爲全面整理寧夏古文獻提供了可靠的依據；他完成的《傳統典籍中漢文西夏文獻研究》入選《國家社科基金成果文庫》，爲《朔方文庫・漢文西夏史籍編》奠定了研究基礎；他完成出版的《寧夏舊志研究》，基本摸清了寧夏舊志的家底，梳理清楚了寧夏舊志的版本情況，爲《朔方文庫・寧夏舊志編》奠定了研究基礎。在項目實施過程中，胡玉冰注重與教學結合，重視青年人才培養，重視團隊建設。在寧夏大學人文學院，胡玉冰參與創建的西北民族地區語言文學與文獻博士學位點、中國古典文獻學碩士學位點，成爲寧夏培養古典文獻專業高級專門人才的重要陣地。他個人至今已培養研究生 40 多人，這些青年專業人員也成爲《朔方文庫》項目較爲穩定的團隊成員。關注相關學術動態，加强與兄弟省區和高校地方文獻編纂同行的學術交流，汲取學術營養，也是《朔方文庫》在實施過程中很重要的一則經驗。

《朔方文庫》是目前寧夏規模最大的地方文獻整理編纂出版項目，其學術意義與社會意義重大。第一,有助於發掘和整合寧夏地區的文化資源,理清寧夏文脉,拓展對寧夏區情的認識,有利於增强寧夏文化軟實力,提升寧夏的影響力,促進寧夏經濟社會全面發展;第二,有助於深入研究寧夏歷史文化的思想精髓和時代價值,具有歷史學、文學、文獻學、民族學等多學科學術意義,推動寧夏人文學科的建設與發展;第三,有助於推進寧夏高校"雙一流"建設,帶動自治區人文社科重點研究基地、重點學科、重點專業以及學位點建設,對於培養有較高學術素質的地方傳統文化傳承與創新的人才隊伍有積極意義;第四,在實施"一帶一路"倡議大背景下,深入探討民族地區文獻檔案傳承文明、傳播文化的價值,可以更好地爲西部地區擴大對外文化交流提供決策支持。

編纂《朔方文庫》,既是堅定文化自信、鑒古開新、傳承和弘揚中華優秀傳統文化的需要,也是服務當下經濟社會文化發展的需要,是一項功在當代、澤溉千秋的文化大業。截至 2019 年 7 月,本重大項目已出版大型叢書兩套、研究著作,依托重大項目完成碩士研究生學位論文 9 篇。叢書《朔方文庫》爲影印類古籍整理成果,按專題分爲《寧夏舊志編》《歷代人物著述編》《漢文西夏史籍編》《寧夏典藏珍稀文獻編》《寧夏專題文獻和文書檔案編》共五編。首批成果共 112 册,收書 146 種。其中《寧夏舊志編》32 册 36 種,《歷代人物著述編》54 册 73 種,《漢文西夏史籍編》15 册 26 種,《寧夏典藏珍稀文獻編》10 册 7 種,《寧夏專題文獻和文書檔案編》1 册 4 種。《寧夏珍稀方志叢刊》共 16 册,爲點校類古籍整理成果,由中國社會科學出版社、上海古籍出版社分别於 2015 年、2018 年出版。《朔方文庫》出版時,恰逢寧夏回族自治區成立 60 周年,這也説明,在寧夏這樣的小省區是可以辦成、而且已經辦成了不少文化大事,對於促進寧夏文化事業的發展、提升寧夏知名度起到了重要作用。同時也要看到,由於基礎薄弱,條件和力量有限,我們還有許多在學術研究和文化建設上想辦、要辦而還未辦的大事在等待着我們。

國内出版過多種大型地方文獻的影印類成果,但尚未見相應配套的點校類整理成果。即將由上海古籍出版社推出的《朔方文庫》點校類整理成果,是胡玉冰及其學術團隊在影印類成果的基礎上的再拓展、再創新。從這一點來説,國家社科基金重大項目"《朔方文庫》編纂"開創了一個很好的先例,即在基本完成影印任務的情况下,依托高質量的研究成果,及時推出高質量的點校類整理成果,將極大地便于學界的研究與利用。我相信,《朔方文庫》多類型學術成果的編纂與出版，再一次爲我們提供了經驗，增强了信心，展現了實力。祇要我們放開眼界，集聚力量，發揮優勢，精心設計，培養和選擇好學科帶頭人，一個項目一個項目堅持下去，一個個單項成績的積累，就會給學術文化的整體面貌帶來大的改觀，就會做成"大文化"，我們就會做出無愧於寧夏這片熱土、無愧於當今時代的貢獻！

2020年7月於銀川

（陳育寧，教授，博士生導師，寧夏回族自治區政協原副主席，寧夏大學原黨委書記、校長）

目　　録

整理説明

《文章類選》四十卷，明代朱㮵等輯。

朱㮵號凝真，生於明太祖洪武十一年（1378）正月，二十四年（1391）四月封爲慶王，二十六年（1393）五月入韋州就藩，三十四年（1401）十二月遷王府於寧夏鎮城（今寧夏銀川市），英宗正統三年（1438）八月薨，賜謚曰靖，史稱靖王或慶靖王。其生平資料參見《明實録》之《太祖高皇帝實録》《太宗文皇帝實録》《仁宗昭皇帝實録》《宣宗章皇帝實録》《英宗睿皇帝實録》，《〔弘治〕寧夏新志》卷一《慶藩宗系之圖》、卷二《國朝宗室文學》，《〔嘉靖〕寧夏新志》卷一《封建・宗室》，《明史》卷一〇二《諸王世表》、卷一一七《慶王㮵傳》，以及寧夏同心縣大羅山下韋州鄉周新莊村境内發現的《慶王壙志》。

國家圖書館藏《文章類選》有四種刻本，均爲同一種版本的不同時間印刷本。其中最完整的是分裝四函二十四册的綫裝本。該刊本具有明初刊本特點，是朱㮵在洪武年間的原刻本。書前序言一篇，頁九行，行十五字。正文每半頁十四行，行二十字。版式寬展，疏朗，四周雙欄。版高二十四點九厘米，版寬一十八點八厘米，版心細黑口、雙魚尾，刻有卷次及頁碼。其他三種刊本分裝二十四册、二十六册和四十册。此書還曾有過二十一册刻本（《〔弘治〕寧夏新志》著録），二十册抄本（《楝亭書目》著録），十六册刻本（《四庫采進書目》著録）等，均已散佚。

《文章類選》有序言一篇，洪武三十一年（1398）朱㮵作，序後鈐蓋"慶府圖書""凝真""天民逸者"等印。正文分五十八類，共録春秋訖元各家各類文獻一千一百四十六篇。其中卷一、卷二共録《賦類》五十二篇。卷三、卷四共録《記類》七十篇。卷五、卷六共録《序類》七十篇，所收既有贈序，亦有序跋之序，稍顯駁雜。卷七録《傳類》二十一篇。卷八録《騷類》十五篇，《辭類》二篇，《文類》十九篇。卷九録《説類》三十六篇。卷一〇、卷一一兩卷及卷一二的部分録《論類》八十二篇,卷一二還録《辯類》九篇,《議類》二十一篇。卷一三録《謚議類》十篇。卷一四、卷一五録《書類》七十二篇。卷一六録《頌類》十二篇。卷一七録《贊類》三十七篇。卷一八録《銘類》三十五篇,《箴類》二十八篇。卷一九録《解類》六篇,《原類》七篇。卷二〇録《論諫類》十八篇。卷二一録《封事類》七篇,《疏類》十五篇。卷二二録《策類》二十五篇。卷二三録《檄文類》五篇,《狀類》十九篇。卷二四録《詔類》二十一篇。卷二五録《制類》十六篇,《口宣類》四篇。卷二六録《符命類》三篇,《册文類》十一篇,《赦類》六篇,《奏類》三篇,《教類》二篇。卷二七録《表類》三十篇,《箋類》八篇。卷二八録《啓類》十篇。卷二九録《碑類》二十篇。卷三〇録《行狀類》九篇,《神道碑》十一篇。卷三一録《墓志類》二十九篇。卷三二録《墓表類》五篇,《誄類》八篇,《哀册文》十五篇,《謚册文》四篇。卷三三録《祭文類》二十九篇,《哀辭類》五篇。卷三四録《彈事類》三篇,《札類》六篇。卷三五録《序事類》十五篇。卷三六録《判類》十四篇。卷三七録《問對類》四篇,《規類》十一篇,《言語類》七篇,《曲操類》二十二篇,《樂章類》六十三篇,《露布類》二篇。卷三八録《題跋類》二十五篇。卷三九、四〇録《雜著類》共三十二篇。

《文章類選》主要自《文選》《文苑英華》《唐文粹》《宋文鑑》《新編事文類聚翰墨全書》《古今事文類聚》等文獻選録文章。選文繼承了唐代以來"文以載道"的思想,其對文章"載道"的關注遠大於對文章文學性的關注。但也存在標目冗雜、選文歸類不當、選編失次等瑕疵。

《文章類選》是流傳至今的較少的明初刻本之一,對於今天的研究者而言,具有多方面的價值。第一,從版本學而言,《文章類選》是慶藩唯一一部傳世的刻本,作爲藩府刻書這一特殊群體中的珍貴樣本,將其與其他藩府刻書進行比較研究,可以更加全面、系統地認識藩府刻書在明代刻書史上的意義。第二,《文章類選》爲研究明代文章學的發展提供了重要史料,特别是將"口宣"自立一類,是它對文體學的一大貢獻。第三,作爲人文不興地區的寧夏的第一部文選類著作,它對普及傳播優秀傳統文化,爲寧夏士子著文提供了可供借鑒的法式。

《明史》卷九九《藝文志》、《續通志》卷一六三《藝文略》、《續文獻通考》卷一九七《經籍考》、《千頃堂書目》卷三一《總集類》、《四庫全書總目》卷一九一《總集類存目一》等均對《文章類選》有著録。主要研究成果有:《明代的慶藩刻書》(徐莊撰,《中國出版》1994 年第 7 期),《明代慶藩著述及慶府刻書》(刁俊、劉文燕撰,《寧夏大學學報》2010 年第 3 期),《明代慶藩世系及著述研究》(魏舒婧撰,寧夏大學漢語言文字學專業 2015 届碩士學位論文,指導教師胡玉冰教授)。

《文章類選》此前未有整理本出版。本次整理,以校勘、注釋爲主要整理方法,對其原文施以新式標點,每篇選文均標有參考版本。具體作法如下:

一、以國家圖書館藏洪武三十一年(1398)慶藩刻本爲底本,參校以《文選》《文苑英華》《唐文粹》《宋文鑑》等。

二、底本序言後列全書目録,篇名與正文偶有不符之處。今根據正文新編目録,删去原目録,有需要説明之處於正文相關篇名下出校。

三、校勘記以卷末注形式,注釋以當頁脚注形式注明。校勘以校文字爲主,酌校内容異同。對選文中的干支紀年换算成公元紀年并脚注,對選文中的引用文獻一般也標明出處。

四、據朱栴《文章類選序》言,他與諸儒"將昔人所集《文選》《文粹》《文鑑》《文苑英華》《翰墨全書》《事文類聚》諸書所載之文類而選之",成《文章類選》。但傳世的《文章類選》各選文均未標明具體出處。今據傳世的《文選》《文苑英華》《唐文粹》《宋文鑑》《新編事文類聚翰墨全書》《古今事文類聚》等,在選文篇末列出載有該文的主要文獻,以便讀者參考。

五、底本存在明顯的誤、脱、衍、倒等現象,於正文中校改後出校説明。雖有異文但意可兩通者,不改正文,僅在校記中説明。明顯的誤混字如"今、令""日、曰""己、巳、已""鐘、鍾""汩、汨"等,避諱字如"貞觀"作"正觀","世"作"時"或"代","民"作"人"或"臣","理"作"治"等,校勘時徑改,不出校説明。

六、底本出現的異體字、俗體字、通假字、古今字等用字現象,一律不出校。某些不規範的異體字、俗體字、古今字等,或前後用字不一者,如"群、羣""禮、礼""萬、万""無、无"等,均按出版要求適當統改成規範、統一的字體,不出校記。

七、所附《參考文獻》按漢語拼音音節排序。爲避繁複,本次整理各文,標點、分段未盡從《參考文獻》,恕不一一標明。因各選文篇末括號内已詳列其主要出處,故校勘、注釋涉及的各出處文獻,衹述及其書名、卷次,篇名一律省略。

八、本整理成果由胡玉冰負責編製整理體例,撰寫整理説明并全面統稿。

各卷初次整理分工如下：范怡捷整理《文章類選・目録》、卷一至卷四；李正梅整理卷五至卷一〇；紀蒙山整理卷一一至卷一四；宣莉整理卷一五至卷二一，協助編制《參考文獻》；李宇暉整理卷二二至卷二八；李曉芳整理卷二九至卷三一；王海英整理卷三二至卷四〇。本著作統稿時，除對整理體例、校記内容進行必要的統一外，對撰稿人文字叙述及寫作風格不强求一律。文中錯誤之處在所難免，敬請大方之家批評指正。

文章類選序

文章之在天下者不可勝紀，如五經四書，孔子之所删正，朱子之所注釋者，傳之萬世，雖聖賢復起，莫得而易之也。自秦、漢、魏、晋、唐、宋以來，諸儒紛出，著書立言，體制不一，浩浩穰穰，汗牛充棟。人之精神有限焉，能遍觀而歷覽之哉？豈若於其文之精粹者，每體擇取數篇，類而集之，以爲法程，以便觀覽之爲愈也。予故於暇日會諸儒員，將昔人所集《文選》《文粹》《文鑑》《文苑英華》《翰墨全書》《事文類聚》諸書所載之文類而選之，曰《賦》、曰《記》、曰《序》、曰《傳》、曰《騷》、曰《辭》、曰《文》、曰《説》、曰《論》、曰《辯》、曰《議》、曰《謚議》、曰《書》、曰《頌》、曰《贊》、曰《銘》、曰《箴》、曰《解》、曰《原》、曰《論諫》、曰《封事》、曰《疏》、曰《策》、曰《檄文》、曰《狀》、曰《詔》、曰《制》、曰《口宣》、曰《符命》、曰《册文》、曰《赦》、曰《奏》、曰《教》、曰《表》、曰《箋》、曰《啓》、曰《碑》、曰《行狀》、曰《神道碑》、曰《墓志》、曰《墓表》、曰《誄》、曰《哀册》、曰《謚册》、曰《祭文》、曰《哀辭》、曰《彈事》、曰《札》、曰《序事》、曰《判》、曰《問對》、曰《規》、曰《言語》、曰《曲操》、曰《樂章》、曰《露布》、曰《題跋》、曰《雜著》，凡五十八體，釐爲四十卷，名曰《文章類選》。鳩工鋟梓，藏之書笥，以資暇日之觀，以爲子孫之式。奈何人一見之，謁而求者甚衆，日不暇給矣。既而曰："文章者，天下之公器，豈可私於一己耶?"復序諸首簡，遂廣其傳焉。覽是編者，不惟有以見文章之盛，亦可以見予之用心也。然其中寫者不能無點畫之譌，刊者不能無鏤刻之誤，識者尚希校而正之可也。故序。

時洪武三十一年，龍集戊寅，正月望日，凝真子書。

文章類選卷之一

賦類

風賦　宋玉

楚襄王遊於蘭臺之宫，宋玉、景差侍。有風颯然而至，王乃披襟而當之，曰："快哉此風！寡人所與庶人共者邪？"宋玉對曰："此獨大王之風耳，庶人安得而共之？"王曰："夫風者，天地之氣，溥暢而至，不擇貴賤高下而加焉。今子獨以爲寡人之風，豈有説乎？"宋玉對曰："臣聞於師：枳音"只"。句音"鉤"。來巢，空穴來風。其所托者然，則風氣殊焉。"

王曰："夫風始安生哉？"宋玉對曰："夫風生於地，起於青蘋之末。侵淫溪谷，盛怒於土囊之口，緣太山之阿，[1]舞於松柏之下。飄忽淜普冰切。滂，普茫切。激揚熛音"標"。怒。耾耾乎宏切。雷聲，回穴錯迕。蹷石伐木，梢殺林莽。至其將衰也，被麗披離，衝孔動楗，音"件"。眴音"絢"。涣粲爛，離散轉移。故其清凉雄風，則飄舉升降，乘凌高城，入于深宫，邸華葉而振氣，徘徊於桂椒之間，翺翔於激水之上。將擊芙蓉之精，獵蕙草，離秦蘅，概新夷，被荑楊，回穴衡陵，蕭條衆芳，然後倘音"常"。佯音"羊"。中庭，北上玉堂，躋于羅帷，經于洞房，乃得爲大王之風也。故其風中人，狀直憯凄惏慄，清凉增欷，清清泠泠，愈病析先歷切。酲，發明耳目，寧體便人。此所謂大王之雄風也。"

王曰："善哉論事。夫庶人之風，豈可聞乎？"宋玉對曰："夫庶人之風，塕一孔切。然起於窮巷之間，堀音"窟"。堁音"課"。揚塵，勃鬱煩寃，衝孔襲門。動沙堁，吹死灰，駭溷濁，揚腐餘，邪薄入甕牖，至於室廬。故其風中人，狀直憞徒寸切。溷鬱邑，毆音“驅”。温致濕，中心慘錯感切。怛，丁達切。生病造熱。中唇爲胗，音“軫”。得目爲蔑。音“茂”。啗齰牀革切。嗽所角切。獲，死生不卒。七忽切。此所謂庶人之雌風也。”

（《文選》卷一三《風賦》，《文翰類選大成》卷一《風賦》，《宋玉集·風賦》）

子虛賦　司馬相如

楚使子虛使於齊，齊王悉發車騎與使者出畋。畋罷，子虛過姹烏有先生，亡是公存焉。坐定，烏有先生問曰：“今日畋樂乎？”子虛曰：“樂。”“獲多乎？”曰：“少。”“然則何樂？”對曰：“僕樂齊王之欲夸僕以車騎之衆，而僕對以雲夢之事也。”曰：“可得聞乎？”

子虛曰：“可。王車駕千乘，選徒萬騎，畋於海濱。列卒滿澤，罘網彌山。掩免轔力刃。鹿，射麋脚麟。鶩於鹽浦，割鮮染輪。射中獲多，矜而自功，顧謂僕曰：‘楚亦有平原廣澤遊獵之地饒樂若此者乎？楚王之獵孰與寡人乎？’僕下車對曰：‘臣，楚國之鄙人也，幸得宿衛十有餘年，時從出遊，遊於後園，覽於有無，然猶未能遍睹也，又焉足以言其外澤乎？’齊王曰：‘雖然，略以子之所聞見而言之。’

“僕對曰：‘唯唯。臣聞楚有七澤，嘗見其一，未睹其餘也。臣之所見，蓋特其小小者耳，名曰雲夢。雲夢者，方九百里，其中有山焉。其山則盤紆噫俱。茀房勿。鬱，隆崇崋崒。岑崟吟。參差，日月蔽虧。交錯糾紛，上干青雲。罷疲。池陂婆。陁，駞。下屬江河。其土則丹青赭堊，惡。雌黄白坿，附。錫碧金銀，衆色炫耀，照爛龍鱗。其石則赤玉玫瑰，琳瑉旻。昆吾，瑊箴。玏勒。玄厲，碝而充。石碔砆。其東則有蕙圃蘅蘭，芷昌待。若射夜。干，芎藭菖浦，茳蘺蘪蕪，諸柘巴苴。其南則有平原廣澤，登降陁羊爾。靡，案衍弋戰。壇徒贊。曼，莫幹。緣以大江，限以巫山。其高燥則生葴之林。菥斯。苞波表。荔，薛莎青薠，煩。其埤卑。濕則生藏莨落唐。蒹葭，東蘠雕胡。蓮藕菰孤。廬，庵淹。閭軒于。

衆物居之，不可勝圖。其西則有涌泉清池，激水推移。外發芙蓉菱華，内隱鉅石白沙。其中則有神龜蛟鼉，陁。瑇瑁鼈黿。其北則有陰林巨樹，楩枏南。豫樟，桂椒木蘭，檗卜革。離朱楊。樝側加。梨梬鄂。栗，橘柚芬芬。其上則有赤猿玃猱，[2]鵷鶵孔鸞，騰遠射夜。干。其下則有白虎玄豹，蟃萬。蜒以戰。貙丑朱。犴，五安。兕象野犀，窮奇獌狿。[3]

"於是乎乃使專諸之倫，手格此獸。楚王乃駕馴駮補角。之駟，乘雕玉之輿，靡魚鬚之橈旃，曳明月之珠旗，建干將之雄戟，左烏號之雕弓，右夏服之勁箭。陽子驂乘，孅阿爲御，案節未舒，即陵狡獸，蹴蛩蛩，轔力刃。距虚，軼野馬，轊衛。騊駼，塗。乘遺風，射游騏，儵式六。眒式刀。倩墻練。浰，力見。雷動猋至，星流霆擊，弓不虚發，中必决眦，洞胸達掖，絶乎心繫，系。獲若雨于具。獸，揜草蔽地。於是楚王乃弭節徘徊，翱翔容與。覽乎陰林，觀壯士之暴怒，與猛獸之恐懼，徼古堯。郄劇。受詘，殫睹衆物之變態。

"於是鄭女曼姬，被阿緆，錫。揄紵縞，雜纖羅，垂霧縠，襞必亦。積積。褰縐，紆徐委曲，鬱橈谿谷。衯衯裶裶，揚袘以示。戌恤。削，蜚襳思兼。垂髾。色交。扶輿猗靡，翕呷呼甲。萃翠。蔡。下靡蘭蕙，上拂羽蓋。錯翡翠之葳蕤，繆繞玉綏。眇眇忽忽，若神仙之髣髴。

"於是乃相與獠良照。於蕙圃，媻盤。姍蘇寒。勃窣，蘇骨。而上乎金隄，揜翡翠，射鵔俊。鸃，儀。微矰曾。出，孅繳文藥。施，弋白鵠，連駕鵞，雙鶬下，玄鶴加。怠而後發，游於清池，浮文鷁，揚旌栧，翊祭。張翠帷，建羽蓋，罔瑇瑁，鉤紫貝。樅楚江。金鼓，吹鳴籟。榜方孟。人歌，聲流喝。於邁。水蟲駭，波鴻沸。普蓋。涌泉起，奔物會。礧力對。石相擊，硠硠礚礚。苦蓋。若雷霆之聲，聞乎數百里之外。將息獠良照。者，擊靈鼓，起烽燧，車案行，胡即。騎就隊。大内。纚所綺。乎淫淫，般盤。乎裔裔。

"於是楚王乃登雲陽之臺，怕乎無爲，憺乎自持，勺知略。藥略。之和具而後御之，不若大王終日馳騁，曾不下輿，脟力轉。割輪焠，七内。

自以爲娱。臣竊觀之，齊殆不如。’於是齊王無以應僕也。”

烏有先生曰：“是何言之過也！足下不遠千里，來貺齊國，王悉發境内之士，備車騎之衆與使者出畋，乃欲戮力致獲，以娱左右，何名爲夸哉！問楚地之有無者，願聞大國之風烈，先生之餘論也。今足下不稱楚王之德厚，而盛推雲夢以爲高，奢言淫樂而顯侈靡，竊爲足下不取也。必若所言，固非楚國之美也。有而言之，是彰君之惡；無而言之，是害足下之信。彰君之惡而傷私義，二者無一可，而先生行之，必且輕於齊而累於楚矣。且齊東渚鉅海，南有琅邪，觀乎成山，射乎之罘，浮渤澥，蟹。游孟諸，邪與肅慎爲鄰，右以暘谷爲界，秋田乎青丘，仿徨乎海外。吞若雲夢者八九，於其胸中曾不蔕敕戒。芥。若乃俶陀歷。儻瑰瑋，異方殊類，珍怪鳥獸，萬端鱗崪，充牣其中，不可勝記。禹不能名，卨不能計。然在諸侯之位，不敢言遊戲之樂，苑囿之大。先生又見客，是以王辭不復，何爲無以應哉！”

（《文選》卷七《子虚賦》，《文翰類選大成》卷一《子虚賦》，《古今事文類聚》卷三七《子虚賦》，《司馬相如集校注·賦·子虚賦》，《史記》卷一一七《司馬相如列傳》，《漢書》卷五七上《司馬相如傳》）

上林賦　司馬相如

亡是公听然而笑曰：“楚則失矣，而齊亦未爲得也。夫使諸侯納貢者，非爲財幣，所以述職也。封疆畫界者，非爲守禦，所以禁淫也。今齊列爲東藩而外私肅慎，捐國踰限，越海而田，其於義固未可也。且夫二君之論，不務明君臣之義，正諸侯之禮，徒事争游戲之樂，苑囿之大，欲以奢侈相勝，荒淫相越，此不可以揚名發譽，而適足以貶君自損也。

“且夫齊楚之事又焉足道乎！君未睹夫巨麗也，獨不聞天子之上林乎？左蒼梧，右西極，丹水更其南，紫淵徑其北。終始灞滻，出入涇渭。酆鎬潦音“老”。潏，音“决”。紆餘委蛇，經營乎其内。蕩蕩乎八川分流，相背而異態，東西南北，馳騖往來。力代切。出乎椒丘之闕，行乎洲淤應慮切。之浦；經乎桂林之中，過乎泱烏朗切。漭之壄。汩音“骨”。乎混流，順阿而下，赴隘陿之口，觸穹石，激堆丁回切。埼，巨依切。沸音“弗”。乎暴怒，洶涌彭湃。滭弗宓汩，逼側泌音“筆”。瀄。阻乞切。横流逆折，轉騰潎匹列切。洌，音“列”。滂浦宏切。濞普秘切。沆胡郎切。溉。音“害”。穹隆雲橈，女教切。宛音“婉”。潬音“善”。膠盭，踰波趨浥，莅莅音“利”。下瀨。批步結切。巖衝擁，奔揚滯沛。音“外”。臨坻音“遲”。注壑，瀺助咸切。灂助角切。賈音“殞”。墜。直類切。沉沉隱隱，砰普冰切。磅普萌切。訇乎宏切。礚。苦盍切。潏潏音“決”。淈淈，音“骨”。湁丑立切。潗子立切。鼎沸。馳波跳沫，汩于筆切。漂漂匹姚切。疾。悠遠長懷，寂漻無聊。無聲，肆乎永歸。然後灝音“浩”。溔羊小切。潢音“晃”。漾，安翔徐回，翯音“學”。乎滈滈，音“浩”。東注太湖，衍溢陂池。

“於是乎蛟龍赤螭，䱭音“亘”。鰽音“懵”。漸離，鰅音“顒”。鰫時容切。鰬音“虔”。魠，音“托”。禺禺音“顒”。魼音“榻”。鰨。奴榻切。揵巨言切。鰭音“耆”。掉徒釣切。尾，振鱗奮翼，潛處乎深巖。魚鱉歡聲，萬物衆夥。音“禍”。明月珠子，的皪江靡。蜀石黄碝，水玉磊砢。磷磷爛爛，采色澔音“皓”。汗，叢積乎其中。鴻鷛鷫。鵠鴇，保。駕鵝屬玉，交精旋目，煩鶩木。庸渠，箴鍼。疵貲。鵁火交。盧，群浮乎其上。汎淫泛敷劍。濫，隨風澹徒感。淡，與波摇蕩，掩薄水渚，唼所甲。喋直甲。菁藻，咀才汝。嚼才削。菱藕。

“於是乎崇山矗矗，巃力孔。嵸總。崔巍。深林巨木，嶄士咸。巖参楚金。差。楚宜。九嵕子公。巀截。嶭，玉結。南山峩峩。巖陀遲。甗錡，魚是。摧罪。崣卒鄙。崛掘。崎。錡。振溪通谷，蹇産溝瀆，谽呼含。呀乎加。豁閜，乎下。阜陵别隝。崴磈嵔瘣，胡罪。丘虚乞居。堀窟。礨，郎罪。隱轔力忍。鬱壘，力水。登降施式氏。靡。陂彼爲。池貏被。豸，直爾。沇允。溶容。淫鬻，散涣夷陸。亭皋千里，靡不被築。揜以緑蕙，被以江蘺，糅女又。以蘪蕪，雜以留夷。布結縷，欑戾莎，揭夫例。車衡蘭，槀本射夜。干。茈紫。薑蘘荷，葴針。橙若蓀。鮮支黄礫，蔣苧青薠。煩。布濩護。閎宏。澤，延弋戰。蔓太原。離靡廣衍，異善。應風披靡。吐芳揚烈,郁郁菲菲。衆香發越,肸蠁布寫,晻烏感。薆愛。咇步必。茀。勃。

“於是乎周覽泛觀,縝丑鄰。紛軋芴,勿。芒芒恍忽,視之無端,察之無崖。日出東沼,入乎西陂。其南則隆冬生長,涌水躍波。其獸則獼庸。旄貘陌。犛,黎。沈牛麈麋。赤首圜題,窮奇象犀。其北則盛夏含凍裂地,涉冰揭去列。河。其獸則麒麟角端,騊陶。駼途。橐土各。駝,蛩蛩巨恭。驒丁賢。騱兮,駃決。騠啼。驢贏。

“於是乎離宫别館,彌山跨谷。高廊四注,重坐曲閣。華榱璧璫,輦道纚屬。步櫩周流,長途中宿。夷嵕子公。築堂,纍臺增成,巖窔一吊。洞房。俯杳眇而無見,仰攀橑老。而捫門。天。奔星更平。於閨闥,宛於遠。虹拖徒可。於楯時尹。軒。青龍蚴伊糾。蟉岐西。於東廂,象輿婉蟬於西清。靈圄燕於間閑。館,偓於甬。佺七全。之倫暴於南榮。醴泉涌於清室,通川過於中庭。盤石振之刃。崖,嶔巖倚傾,嵯峨嶕捷。嶫,刻削崢嶸。玫瑰碧琳,珊瑚叢生。瑉玉旁唐,玢紛。豳彬。文鱗,赤瑕駁犖,洛角。雜臿其間。晁采琬琰,和氏出焉。

“於是乎盧橘夏熟,黄甘橙楱。凑。枇杷橪而善。柿,楟奈厚朴。梬代井。棗楊梅,櫻桃蒲陶。隱夫薁於大。棣,答遝沓。離力智。支。羅乎後宫,列于北園。貤羊氏。丘陵,下平原。揚翠葉,杌紫莖。發紅華,垂朱榮。煌煌扈扈,照曜鉅野。沙棠櫟歷。櫧,諸。華胡化。楓風。枰平。櫨。盧。留落胥邪,以嗟。仁頻并間,欃檀木蘭,豫章女貞。長千仞,大連抱。夸條直暢,實葉葰楙。攢立叢倚,連卷巨專。欐力是。佹。古毁。崔千賄。錯癹步葛。骫,委。坑告行。衡閜烏可。砢。來可。垂條扶疏,落英幡纚。紛溶容。箾蕭。蔘,所今。猗於綺。狔從風。瀏流。莅卉歙,蓋象金石之聲,管籥藥。之音,偨差。池茈此。虒,直是。旋還乎後宫。雜襲纍輯,被山緣谷,循坂下隰,視之無端,究之無窮。

“於是乎玄猨素雌,蜼羊水。玃钁。飛蠝,壘。蛭侄。蜩條。蠼猱,獑讒。胡豰蛫,詭。栖息乎其間。長嘯哀鳴,翩幡互經,夭蟜矯。枝格,偃蹇杪亡少。顛。踰絶梁,騰殊榛。捷垂條,掉希間。牢落陸離,爛熳遠遷。

“若此者，數百千處。娛游往來，宫宿館舍。庖厨不徙，後宫不移，百官備具。

“於是乎背秋涉冬，天子校獵。乘鏤象，六玉虬，拖蜺旌，靡雲旗。前皮軒，後道游。孫叔奉轡，衛公參乘。扈從横行，出乎四校之中。鼓嚴鏄，縱獠良照。者。江河爲阹，羌魚。泰山爲櫓。魯。車騎靁起，殷天動地。先後陸離，離散别追，淫淫裔裔。緣陵流澤，雲布雨施。生貔毗。豹，搏博。豺狼。手熊羆，悲。足壄羊。蒙鶡曷。蘇，絝白虎，被斑文，跨壄馬。凌三嵕子欠。之危，下磧歷之坻。遲。徑峻赴險，越壑厲水。椎直追。飛廉，弄獬蟹。豸，格蝦遐。蛤，閤。鋋市延。猛氏。羂古犬。騕烏了。褭，奴鳥。射封豕。箭不苟害，解脰豆。陷苦監。腦。弓不虚發，應聲而倒。

“於是乎乘輿弭節徘徊，翱翔往來。睨部曲之進退，覽將帥之變態。然後侵淫促節，儵敻遠去。流離輕禽，蹵履狡獸。轊白鹿，捷狡兔。軼逸。赤電，遺光耀，追怪物，出宇宙。彎蕃煩。弱，滿白羽。射游梟，古堯。櫟歷。飛遽。擇肉而後發，先中而命處。弦矢分，藝殪一計。仆。赴。

“然後揚節而上浮，凌驚風，歷駭猋，乘虚無，與神俱。躪玄鶴，亂昆鷄。遒才由。孔鸞，促鵕峻。鸃。宜。拂翳一兮。鳥，捎所交。鳳皇。捷鴛雛，掩焦朋。

“道盡途殫，回車而還。招遥乎儴佯，降集乎北紘。率乎直指，晻乎反鄉。蹷厥。石闕，歷封巒。過鳷支。鵲，望露寒。下棠梨，息宜春。西馳宣曲，濯鷁牛首。登龍臺，掩細柳。觀士大夫之勤略，均獵者之所得獲，徒車之所轥轢，步騎之所蹂而柳。若，人臣之所蹈籍，與其窮極倦㕁，劇。驚憚丁曷。讋之涉。伏，不被創刃怖而死者，他他徒可。籍籍，填阬滿谷，掩平彌澤。

“於是乎游戲懈怠，置酒乎顥天之臺，張樂乎膠葛之寓。撞直江。千石之鍾，立萬石之虡。建翠華之旗，樹靈鼉之鼓。奏陶唐氏之舞，聽葛天氏之歌。千人倡，萬人和。山陵爲之震動，川谷爲之蕩波。巴渝、宋、蔡，淮南干遮，文成顛歌。族居遞奏，金鼓迭起，鏗鎗闛湯。鞈，塔。洞心駭耳。荆、吴、鄭、衛之聲，韶、濩、武、象之樂，陰淫案衍戈戰。之音。鄢、郢繽紛，激楚結風。俳優侏朱。儒，狄鞮丁兮。之倡。所以娱耳目、樂心意者，麗靡爛漫於前，靡曼美色於後。

“若夫青琴、宓妃之徒，絶殊離俗，妖冶野。嫻都。靚静。糚刻飾，便平。嬛許緣。綽約，柔橈女教。嫚嫚，於負。嫵武。媚孅弱。曳獨繭古典。之褕俞。袘，曳。眇閻易弋示。以恤削。便平。姗先。嫳步結。屑，與俗殊服。芬芳漚鬱，酷烈淑郁。皓齒粲爛，宜笑的皪。歷。長眉連娟，一全。微睇太計。緜藐，貌。色授魂與，心愉於側。

“於是酒中樂酣，天子芒然而思，似若有亡曰：‘嗟乎！此太奢侈！朕以覽聽餘閑無事，嘗曰順天道以殺伐，時休息於此。恐後葉靡麗，遂往而不返，非所以爲繼嗣創業垂統也。’於是乎乃解酒罷獵，而命有司曰：‘地可墾闢，悉爲農郊，以贍萌隸。頹墻填塹，使山澤之人得志焉。實陂池而勿禁，虚宫館而勿仞。發倉廩以救貧窮，補不足，恤鰥寡，存孤獨。出德號，省刑罰。改制度，易服色。革正朔，與天下爲更始。’

“於是歷吉日以齋戒，襲朝服，乘法駕，建華旗，鳴玉鑾。游乎六藝之囿，馳騖乎仁義之塗，覽觀春秋之林。射貍首，兼騶虞。弋玄鶴，舞干戚。載雲罕，揜群雅。悲《伐檀》，樂去。樂胥。修容乎禮園，翱翔乎書圃。述易道，放怪獸。登明堂，坐清廟。次群臣，奏得失。四海之内，靡不受獲。於斯之時，天下大説，向風而聽，隨流而化。芔然興道而遷義，刑錯七故。而不用。德隆於三王，而功羡於五帝。若此，故獵乃可喜也。

“若夫終日馳騁，勞神苦形，罷車馬之用，抏士卒之精，[4]費府庫之財，而無德厚之恩。務在獨樂，不顧衆庶，忘國家之政，貪雉兔之獲，則仁者不繇也。從此觀之，齊、楚之事，豈不哀哉！地方不過千里，而囿居九百，是草木不得墾闢，而民無所食也。夫以諸侯之細，而樂萬乘之侈，僕恐百姓被其尤也。”

於是二子愀材誘。然改容，超若自失，逡巡避席曰："鄙人固陋，不知忌諱，乃今日見教，謹受命矣。"

（《文選》卷八《上林賦》，《文翰類選大成》卷一《上林賦》，《古今事文類聚》卷三七《上林賦》，《司馬相如集校注·賦·上林賦》，《史記》卷一一七《司馬相如列傳》，《漢書》卷五七上《司馬相如傳》）

長門賦並序　司馬相如

孝武皇帝陳皇后時得幸，頗妒。別在長門宫，愁悶悲思。聞蜀郡成都司馬相如天下工爲文，奉黄金百斤爲相如、文君取酒，因于解悲愁之辭。而相如爲文以悟主上，皇后復得幸。其辭曰：

夫何一佳人兮，步逍遥以自虞。魂踰佚逸。而不返兮，形枯槁考。而獨居。言我朝往而暮來兮，飲食樂而忘人。心慊慊。移而不省故兮，交得意而相親。伊予志之慢愚兮，懷貞慤苦角。之歡心。願賜問而自進兮，得尚君之玉音。奉虚言而望誠兮，期城南之離宫。修薄具而自設兮，君曾不肯兮幸臨。

廓獨潛而專精兮，天飃飃而疾風。登蘭臺而遥望兮，神怳怳兄往。而外淫。浮雲鬱而四塞兮，天窈窈而晝陰。雷隱隱而響起兮，聲象君之車音。飃風回而赴閨兮，舉帷幄之襜襜。桂樹交而相紛兮，芳酷烈之誾誾。孔雀集而相存兮，玄猿嘯而長吟。翡翠脅翼而來萃兮，鸞鳳飛而北南。尼心。

心憑噫而不舒兮，邪氣壯而攻中。下蘭臺而周覽兮，步從容於深宫。正殿塊以造天兮，鬱並起而穹丘弓。崇。間徙倚於東厢兮，觀夫靡靡而無窮。擠濟。玉户以撼胡感。金鋪平。兮，聲噌厠耕。吰胡耕。而似鍾音。刻木蘭以爲榱衰。兮，飾文杏以爲梁。羅丰峰。茸如恭。之游樹兮，離樓梧五故。而相撑。施瑰木之欂貧碧。櫨盧。兮，委參差以槺康。梁。時髣髴以物類兮，象積石之將將。五色炫縣。以相曜兮，焕爛爗而成光。緻錯石之瓴甓蒲覓。兮，象瑇瑁之文章。張羅綺之幔帷兮，垂楚組之連綱。撫柱楣以從匕容。容兮，覽曲臺之央央。

白鶴噭叫。以哀號兮，孤雌跱於枯楊。日黄昏而望絶兮，悵獨托於空堂。懸明月以自照兮，徂清夜於洞房。援雅琴以變調兮，奏愁思之不可長。案流徵以却轉兮，聲幼要。妙而復揚。貫歷覽其中操兮，意慷慨而自卬。昂。左右悲而垂淚兮，涕流離而從横。舒息悒而增欷虚義。兮，蹝所綺。履起而彷步即。徨。黄。

揄長袂以自翳兮，數昔日之諐殃。無面目之可顯兮，遂頹思而就牀。摶徒丸。芬若以爲枕兮，席荃銓。蘭而茝昌待。香。忽寢寐而夢想兮，魄若君之在傍。惕寤覺而無見兮，魂迋迋區往。若有亡。

衆鷄鳴而愁予兮，起視月之精光。觀衆星之行列兮，畢昴出於東方。望中庭之藹藹於害切。兮，若季秋之降霜。夜曼曼其若歲兮，懷鬱鬱其不可再更。澹去。偃蹇而待曙兮，荒上。亭亭而復明。妾人竊自悲兮，究年歲而不敢忘。

（《文選》卷一六《長門賦》，《文翰類選大成》卷一《長門賦》，《司馬相如集校注·賦·長門賦並序》）

長楊賦　楊雄[①]

明年，上將大誇胡人以多禽獸，秋，命右扶風發民入南山，西自褒斜，以嗟。東至弘農，南敺漢中，張羅網罝罘，捕熊羆豪豬，陟居。虎豹狖弋又。玃，九縛。狐兔麋鹿。載以檻車，輸長楊射熊館。以網爲周阹，祛。縱禽獸其中，令胡人手搏之，自取其獲，上親臨觀焉。是時，農民不得收斂。雄從至射熊館，還，上《長楊賦》，聊因筆墨之成文章。故藉翰林以爲主人，子墨爲客卿以諷。其辭曰：

子墨客卿問於翰林主人曰："蓋聞聖主之養民也，仁霑而恩洽，動不爲身。今年獵長楊，先命右扶風，左太華，而右褒斜，椓卓。嶻截。嶭五結。而爲弋，紆南山以爲罝，羅千乘於林莽，列萬騎於山隅。帥軍踤阹，祛。錫戎獲胡。搤厄。熊羆，拖豪豬，木擁槍纍，壘。以爲儲胥，此

① 楊雄：一作"揚雄"。參見問永寧撰《試論揚雄的姓》。

天下之窮覽極觀也。雖然，亦頗擾于農人三旬有餘，其廑至矣，而功不圖，恐不識者。外之則以爲娱樂之游，内之則不以爲乾豆之事，豈爲民乎哉！且人君以玄默爲神，澹泊爲德，今樂遠出，以露威靈，數摇動以疲車甲，本非人主之急務，蒙竊惑焉。”翰林主人曰：“吁，客何謂兹邪？[5]若客，所謂知其一未睹其二，見其外不識其内也。僕嘗倦談，不能一二其詳，請略舉其凡，而客自覽其切焉。”客曰：“唯唯！”

主人曰：“昔有彊秦，封豕其土，窫鳥黠。窳庾。其民，鑿齒之徒相與磨牙而争之，豪俊麋沸雲擾，群黎爲之不康。於是上帝眷顧高祖，高祖奉命，順斗極，運天關，横巨海，漂崑崙，提劍而叱之，所過麾城摲疏監。邑，下將降旗，一日之戰，不可殫記。當此之勤，頭蓬不暇梳，飢不及餐，鞮低。鍪牟。生蟣蝨，所乙。介胄被霑汗，以爲去。萬姓請命乎皇天。乃展民之所屈，[6]振民之所乏，規億載，恢帝業，七年之間，而天下密如也。

“逮至聖文，隨風乘流，方垂意於至寧，躬服節儉，綈衣不弊，革鞜沓。不穿，大厦不居，木器無文。於是後宫賤瑇瑁而疏珠璣，祈。却翡翠之飾，除雕琢之巧，惡麗靡而不近，斥芬芳而不御，抑止絲竹晏衎之樂，憎聞鄭衛幼要。眇妙。之聲，是以玉衡正而太階平也。

“其後熏鬻作虐，東夷横胡孟。叛，羌戎睚五解。眥，助解。閩旻。越相亂。遐氓爲之不安，中國蒙被其難。於是聖武勃怒，爰整其旅，乃命驃衛，汾沄沸渭，雲合電發，猋騰波流，機駭蠭軼，逸。疾如奔星，擊如震霆。碎轒汾。轀，於云。破穹廬，腦沙幕，髓余吾，遂躐乎王庭。驅橐托。駝，燒熐覓。蠡。驟。分勢離。單于，磔竹厄。裂屬國。夷阬谷，拔鹵莽，刊山石，蹂如手。尸輿廝，斯。係累平。老弱，兖吮。鋋蟬。瘢耆、金鏃淫夷者數十萬人，皆稽顙樹頷，蛤。扶服蛾伏。二十餘年矣，尚不敢惕息。夫天兵四臨，幽都先加，回戈邪指，南越相夷，靡節西征，羌僰蒲比。東馳。是以遐方疏俗殊鄰絶黨之域，自上仁所不化，茂德所不綏，莫不蹻足抗首，請獻厥珍，使海内澹然，永亡邊城之灾，金革之患。

“今朝廷純仁，[7]遵道顯義。并包書林，聖風雲靡。英華沈浮，洋溢八區。普天所覆，莫不沾濡。士有不談王道者，則樵夫笑之。意者以爲事罔隆而不殺，所戒。物靡盛而不虧，故平不肆險，安不忘危。乃時以有年出兵，整輿竦戎。振師五柞，作。習馬長楊。簡力狡獸，校武票禽。乃萃然登南山，瞰烏弋，西厭月蜎，東震日域。

“又恐後代迷於一時之事，常以此爲國家之大務，淫荒田獵，陵夷而不禦也，是以車不安軔，刃。日未靡旃，從者彷彿，骪屬而還。亦所以奉太尊之烈，遵文武之度，復三王之田，反五帝之虞。使農不輟耰，憂。工不下機，婚姻以時，男女莫違。出愷悌，行簡易，矜劬勞，休力役。見百年，存孤弱，帥與之同苦樂。然後陳鐘鼓之樂，鳴鞀陶。磬之和，建碣一轄。磍轄。之虡，戛吉黠。擊鳴球，掉田曜。八列之舞。酌允鑠，始酌。肴樂胥。聽廟中之雍雍，受神人之福祜，歌投頌，吹合雅。其勤若此，故真神之所勞也。

“方將俟元符，以禪梁父之基，增泰山之高，延光于將來，比榮乎往號，豈徒欲淫覽浮觀，馳騁秔稉。稻之地，周流梨栗之林。蹂踐芻蕘，誇詡衆庶，盛狖由究。玃居縛。之收，多麋鹿之獲哉！且盲者不見咫尺，而離婁燭千里之隅，客徒愛胡人之獲我禽獸，曾不知我亦已獲其王侯。”

言未卒，墨客降席再拜，稽首曰：“大哉體乎！允非小人之所能及也。乃今日發矇，廓然已昭矣。”

（《文選》卷九《長陽賦並序》，《古今事文類聚》前集卷三七《長陽賦》，《文翰類選大成》卷一《長揚賦》，《揚雄集校注·賦·長揚賦》，《漢書》卷八七上《揚雄傳》）

兩都賦並序　　班固

或曰：賦者，古詩之流也。昔成康没而頌聲寢，王澤竭而詩不作。大漢初定，日不暇給。至於武宣之世，乃崇禮官，考文章，内設金馬石渠之署，外興樂府恊律之事。以興廢繼絶，潤色鴻業。是以衆庶説豫，福應尤盛，白麟、赤鴈、芝房、寶鼎之歌，薦於郊廟；神雀、五鳳、甘露、黄龍之瑞，以爲年紀。故言語侍從之臣，若司馬相如、虞丘壽王、東方朔、枚皋、王褒、劉向之屬，朝夕論思，日月獻納。而公卿大臣，御史大夫倪寬、太常孔臧、太中大夫董仲舒、宗正劉德、太子太傅蕭望之等，時時間作。或以杼臣與。下情而通諷諭，或以宣上德而盡忠孝，雍容揄揚，著張兔。於後嗣，抑亦雅頌之亞也。故孝成之世，論而録之，蓋奏御者千有餘篇，而後大漢之文章，炳彼求。焉與三代同風。

且夫道有夷隆，學有麤密，因時而建德者，不以遠近易則。故皋陶歌虞，奚斯頌魯，同見采於孔氏，列於《詩》《書》，其義一也。稽之上古則如彼，考之漢室又如此。斯事雖細，然先臣之舊式，國家之遺美，不可闕也。

臣竊見海内清平，朝廷無事，[8]京師修宫室，浚城隍，而起苑囿，以備制度。西土耆老，咸懷怨思，冀上之睠顧，而盛稱長安舊制，有陋洛邑之議。故臣作《兩都賦》，以極衆人之所眩縣。曜，折以今之法度。辭曰：

西都賦

有西都賓問於東都主人曰："蓋聞皇漢之初經營也，嘗有意乎都河洛矣。輟而弗康，實用西遷，作我上都。主人聞其故而睹其制乎？"主人曰："未也。願賓攄懷舊之蓄念，發思古之幽情。博我以皇道，弘我以漢京。"賓曰："唯唯。上聲。

"漢之西都，在於雍州，實曰長安。左據函谷、二崤之阻，表以太華、終南之山。右界褒斜、隴首之險，帶以洪河、涇渭之川。衆流之隈，汧涌其西。華實之毛，則九州之上腴焉；防禦之阻，則天地之隩烏号。區焉。是故横被六合，三成帝畿。周以龍興，秦以虎視。及至大漢受命而都之也，仰悟東井之精，俯協河圖之靈。奉春建策，留侯演成。天人合應，以發皇明。乃眷西顧，實惟作京。

"於是晞希。秦嶺，睋俄。北阜。挾胡蝶。灃灞，據龍首。圖皇基於億載,度宏規而大起。肇自高而終平,世增飾以崇麗。歷十二之延祚,故窮泰而極侈。建金城之萬雉,呀呼遐。周池而成淵。披三條之廣路,立十二之通門。内則街衢洞達,閭閻且千。九市開場,貨别隧分。人不得顧,車不得旋。闐音"田"。城溢郭,旁流百廛。紅塵四合,烟雲相連。於是既庶且富,娱樂無疆。都人士女,殊異乎五方。遊士擬於公侯,列肆侈於姬姜。鄉曲豪舉,遊俠之雄。節慕原常,名亞春陵。連交合衆,騁騖乎其中。

"若乃觀其四郊,浮游近縣,則南望杜霸,北眺五陵。名都對郭,邑居相承。英俊之域,紱冕所興。冠蓋如雲,七相五公。與乎州郡之豪傑,五都之貨殖。三選七遷,充奉陵邑。蓋以彊幹弱枝,隆上都而觀萬國。封畿之内,厥土千里。卓犖力角。諸夏,兼其所有。其陽則崇山隱天,幽林穹谷。陸海珍藏,藍田美玉。商洛緣其隈,鄠户。杜濱其足。原泉灌注,陂池交屬。竹林果園,芳草甘木。郊野之富,號爲近蜀。其陰則冠古亂。以九嵕,陪以甘泉,乃有靈宫起乎其中。秦漢之所極觀,古亂。淵雲之所頌嘆,於是乎存焉。下有鄭白之沃,衣食之源。提封五萬,疆埸亦。綺分。溝塍乘。刻鏤,原隰龍鱗。决渠降雨,荷插楚甲。成雲。五穀垂穎,桑麻鋪棻。東郊則有通溝大漕,在到。潰渭洞河。泛舟山東,控引淮湖,與海通波。西郊則有上囿禁苑,林麓藪澤。陂池連乎蜀漢,繚以周墻四百餘里,離宫别館三十六所,神池靈沼,往往而在。其中乃有九真之麟,大宛於袁。之馬,黄支之犀,條支之鳥。踰崑崙,越巨海。殊方異類,至于三萬里。

"其宫室也,體象乎天地,經緯乎陰陽。據坤靈之正位,放膚罔。太紫之圓方。樹中天之華闕,豐冠山之朱堂。因瓌材而究奇,抗應龍之虹梁。列棼汾。橑老。以布翼,荷棟桴敷。而高驤。雕玉瑱以居楹,裁金璧以飾璫。當。發五色之渥彩,光爓艷。朗以景彰。於是左墄倉則。右平,重軒三階。閨房周通,門闥洞開。列鐘虡巨。於中庭,立金人於端闈。仍增崖而衡閾,臨峻路而啓扉。徇以離宫别寢,承以崇臺閒閑。館。焕若列宿,紫宫是環。清涼宣温,神仙長年。金華玉堂,白虎麒麟。區宇若兹，不可殫丹。論。增盤崔族回。嵬，五回。登降炤爛。殊形詭軌。制，每各異觀。乘茵步輦，惟所息宴。

“後宫則有掖庭椒房，后妃之室。合歡增城，安處常寧。茝若椒風，披香發越。蘭林蕙草，鴛鸞飛翔之列。昭陽特盛，隆於孝成。屋不呈材，墻不露形。裛於業。以藻繡，絡以綸連。隨侯明月，錯落其間。金釭銜璧，是爲列錢。翡翠火齊，慈計。流耀含英。懸黎垂棘，夜光在焉。於是玄墀釦叩。砌，玉階彤庭。碝而兖。磩戚。綵緻，直川。琳珉旻。青熒。珊瑚碧樹，周阿而生。紅羅颯蘇合。纚，所綺。綺組繽紛。精曜華燭，俯仰如神。後宫之號，十有四位。窈窕繁華，更盛迭貴。處乎斯列者，蓋以百數。

“左右庭中，朝堂百寮之位。蕭曹魏邴，謀謨乎其上。佐命則垂統，輔翼則成化。流大漢之愷悌，蕩亡秦之毒螫。舒亦。故令斯人揚樂和之聲，作畫一之歌。功德著乎祖宗，膏澤洽乎黎庶。又有天禄、石渠典籍之府，命夫惇敦。誨故老，名儒師傅，講論乎六藝，稽合乎同異。又有承明、金馬著作之庭，大雅宏達，於兹爲群。元元本本，殫見洽聞。啓發篇章，校理秘文。周以鉤陳之位，衛以嚴更平。之署。總禮官之甲科，群百郡之廉孝。虎賁奔。贅章衛。衣，閹淹。尹閽寺。陛戟百重，各有典司。

“周廬千列，徼叫。道綺錯。輦路經營，修除飛閣。自未央而連桂宫，北彌明光而亘長樂。凌隥道而超西墉，掍建章而連外屬。設壁門之鳳闕，上觚孤。稜而栖金爵。内則别風之嶕慈遥。嶢，牛條。眇麗巧而聳擢。張千門而立萬户，順陰陽以開闔。爾乃正殿崔嵬，層構厥高，臨乎未央。經駘殆。盪而出馺蘇合。娑，蘇可。洞枍烏詣。詣以與天梁。上反宇以蓋戴，激日景而納光。神明鬱其特起，遂偃蹇而上躋。軼逸。雲雨於太半，虹霓回帶於棼汾。楣。音“眉”。雖輕迅與僄匹照。狡，猶愕五各。眙敕吏。而不能階。攀井幹寒而未半，目眴胡遍。轉而意迷。捨欞靈。檻而却倚，若顛墜而復稽。魂怳怳況往。以失度，巡回途而下低。既懲懼於登望，降周流以傍徨。步甬道以縈紆，又杳窱他鳥。

而不見陽。排飛闥而上出，若游目於天表，似無依而洋洋。前唐中而後太液，覽滄海之湯湯。傷。揚波濤於碣石，激神岳之嶈嶈。七羊。濫瀛洲與方壺，蓬萊起乎中央。於是靈草冬榮，神木叢生。巖峻崷崒，慈律。金石峥仕耕。嶸。抗仙掌以承露，擢雙立之金莖。軼埃壒之混濁，鮮顥胡暠。氣之清英。騁文成之丕誕，徒旱。馳五利之所刑。庶松喬之群類，時游從乎斯庭。實列仙之攸館，非吾人之所寧。

"爾乃盛娛遊之壯觀，奮太武乎上囿。因兹以威戎夸若草。狄，耀威靈而講武事。命荆州使起鳥，詔梁野而驅獸。毛群内闐，田。飛羽上覆。接翼側足，集禁林而屯聚。水衡虞人，理其營表。種别群分，部曲有署。罘浮。網連紘，籠山絡野。列卒周匝，星羅雲布。於是乘鸞輿，備法駕，帥群臣。披飛廉，入苑門，遂繞酆豐。鄗，浩。歷上蘭。六師發逐，百獸駭殫。震震爚爚，藥。雷奔電激。草木塗地，山淵反覆。蹂汝九。躪其十二三，乃拗於六。怒而少息。爾乃期門佽且利。飛，列刃攢鏃，侯。要腰。趹决。追蹤。鳥驚觸絲，獸駭值鋒。機不虛掎，已。弦不再控。空。矢不單殺，中必疊雙。颮颮紛紛，矰曾。繳酌。相纏。風毛雨血，灑野蔽天。平原赤，勇士厲，猨狖夷秀。失木，豺狼懾章獵。竄。爾乃移師趨險，並蹈潛穢。窮虎奔突，狂兕似。觸蹷。許少施巧，秦成力折。制。掎几。僄匹妙。狡，扼猛噬。脱角挫脰，豆。徒搏博。獨殺。挾師豹，拖徒可。熊螭。敕離。曳犀犛，狸。頓象羆。超洞壑，越峻崖。蹶嶄巖，巨石頽。松柏仆，叢林摧。草木無餘，禽獸殄夷。於是天子乃登屬玉之館，歷長楊之榭。覽山川之體勢，觀三軍之殺獲。于卦。原野蕭條，目極四裔。禽相鎮壓，獸相枕藉。然後收禽會衆，論功賜胙。祚。陳輕騎以行炰，白茅。騰酒車以斟酌。割鮮野食，舉烽命爵。

"饗賜畢，勞逸齊。大輅鳴鑾，容與徘徊。集乎豫章之宇，臨乎昆明之池。左牽牛而右織女，似雲漢之無涯。音"宜"。茂樹蔭蔚，芳草被隄。蘭茝發色，曄曄于獵。猗猗。若摛敕離。錦與布繡，爥耀乎其陂。鳥則玄鶴白鷺，黄鵠胡穀。鵁交。鸛，貫。鶬倉。鴰括。鴇保。鶂，五激。

鳧鷖鴻雁。朝發河海，夕宿江漢。沈浮往來，雲集霧散。於是後宮乘輚士眼。輅，登龍舟，張鳳蓋，建華旗。袪黼帷，鏡清流。靡微風，澹達濫。淡徒敢。浮。櫂直教。女謳，鼓吹震。真。聲激越，訇呼容。厲天。鳥群翔，魚窺淵。招白鷴，下雙鵠。揄文竿，出比目。撫鴻罿，衝。御矰曾。繳。酌。方舟並騖，務。俛仰極樂。

"遂乃風舉雲搖，浮游溥普。覽。前乘秦嶺，後越九嵕。東薄河華，西涉岐雍。宮館所歷，百有餘區，行所朝夕，儲不改供。禮上下而接山川，究休佑之所用。采游童之歡謠，第從臣之嘉頌。於斯之時，都都相望，亡。邑邑相屬。國籍十世之基，家承百年之業。士食舊德之名氏，農服先疇之畎古犬。畝。商修族世之所鬻，以六。工用高曾之規矩。粲乎隱隱，各得其所。若臣者，徒觀迹於舊墟，聞之乎故老。十分未得其一端，故不能遍舉也。"

東都賦

東都主人喟然而嘆曰："痛乎風俗之移人也！子實秦人，矜夸館室，保界河山，信識昭襄而知始皇矣，烏睹大漢之云爲乎？夫大漢之開元也，奮布衣以登皇位，由數期而創萬代，蓋六籍所不能談，前聖靡得而言焉。當此之時，功有橫而當天，討有逆而順民。故婁敬度入。勢而獻其説，蕭公權宜而拓其制。時豈泰而安之哉？計不得以已也。吾子曾不是睹，顧曜後嗣之末造，不亦暗乎？今將語子以建武之治，永平之事。監于太清，以變子之惑志。

"往者王莽作逆，漢祚中缺。天人致誅，六合相滅。于時之亂，生民幾亡，鬼神泯絶。壑無完柩。柩，郛孚。罔遺室。原野厭人之肉，川谷流人之血。秦項之灾猶不克半，書契以來未之或紀。故下人號而上訴，上帝懷而降監，平。乃致命乎聖皇。於是聖皇乃握乾符，闡坤珍，披皇圖，稽帝文。赫然發憤，應若興雲。霆擊昆陽，憑怒雷震。遂超大河，跨北嶽，立號高邑，建都河洛。紹百王之荒屯，因造化之盪滌。體元立制，繼天而作。系唐統，接漢緒。茂育群生，恢復疆宇。勛兼乎在昔，事勤乎三五。豈特方軌並迹，紛綸后辟，治近古之所務，蹈一聖之險易云爾？

“且夫建武之元，天地革命。四海之内，更造夫婦，肇有父子。君臣初建，人倫實始，斯乃伏羲氏之所以基皇德也。分州土，立市朝，作舟輿，造器械，斯乃軒轅氏之所以開帝功也。龔行天罰，應天順人，斯乃湯武之所以昭王業也。遷都改邑，有殷宗中興之則焉；即土之中，有周成隆平之制焉。不階尺土，一人之柄，同符乎高祖。克己復禮，以奉終始，允恭乎孝文。憲章稽古，封岱勒成，儀炳乎世宗。按六經而校德，眇古昔而論功，仁聖之事既該，而帝王之道備矣。

“至于永平之際，重熙而累洽。盛三雍平。之上儀，修衮龍之法服。鋪平。鴻藻，信景鑠。傷酌。揚世廟，正雅樂。神人之和允洽，群臣之序既肅。乃動大輅，遵皇衢。省方巡狩，窮覽萬國之有無。考聲教之所被，散皇明以燭幽。然後增周舊，修洛邑。扇巍巍，顯翼翼。光漢京于諸夏，總八方而爲之極。

“是以皇城之内，宫室光明，闕庭神麗。奢不可踰，儉不能侈。外則因原野以作苑，順流泉而爲沼。發蘋藻以潛魚，豐圃草以毓獸。制同乎梁鄒，誼合乎靈囿。

“若乃順時節而蒐搜。狩，簡車徒以講武，則必臨之以王制，考之以風雅。歷騶虞，覽駟鐵。姪。嘉車攻，采吉日。禮官整儀，乘輿乃出。於是發鯨魚，鏗坑。華鐘。登玉輅，乘時龍，鳳蓋棽，林。麗離。和鑾玲瓏。天官景從，寢威盛容。山靈護野，屬御方神。雨師泛灑，風伯清塵。千乘雷起，萬騎紛紜。元戎竟野，戈鋋蟬。彗桑萃。雲。羽旄掃霓，旌旗拂天。焱焱翊念。炎炎，揚光飛文。吐燗生風，欱荒合。野歕普悶。山。日月爲之奪明，丘陵爲之摇震。遂集乎中囿，陳師案屯。駢部曲，列校隊。勒三軍，誓將帥。然後舉烽伐鼓，申令三驅。輕車霆激，驍騎電騖。由基發射，范氏施御。弦不睼弟。禽，轡不詭遇。飛者不及翔，走者不及去。指顧倏忽，獲車已實。樂不極盤，殺不盡物。馬踠苑。餘足，士怒未渫。薛。先驅復路，屬車按節。

“於是薦三犧，效五牲，禮神祇，懷百靈。覲明堂，臨辟雍。揚緝熙,宣皇風。登靈臺,考休徵。俯仰乎乾坤,參象乎聖躬。目中夏而布德,瞰四裔而抗稜。西盪河源,東澹徒敢。海漘。純。北動幽崖,宜。南曜朱垠。銀。殊方别區。界絶而不鄰。自孝武之所不征,孝宣之所未臣。莫不陸讋章涉。水慄,奔走而來賓。遂綏哀牢,開永昌。春王三朝,會同漢京。是日也,天子受四海之圖籍,膺萬國之貢珍。内撫諸夏,外綏百蠻。爾乃盛禮興樂,供帳置乎雲龍之庭。陳百寮而贊群后,究皇儀而展帝容。於是庭實千品,旨酒萬鍾。列金罍,班玉觴。嘉珍御,太牢饗。爾乃食舉雍徹,太師奏樂。陳金石,布絲竹。鐘鼓鏗苦耕。鎗,呼萌。管絃曄于獵。煜。育。抗五聲,極六律。歌九功,舞八佾。韶武備,泰古畢。四夷間奏,德廣所及。僸佅賣。兜丁侯。離,罔不具集。萬樂備,百禮暨。皇歡浹,群臣醉。降烟因。煴,於群。調元氣。然後撞鐘告罷,百寮遂退。

"於是聖上睹萬方之歡娱,又沐浴於膏澤,懼其侈心之將萌,而怠於東作。乃申舊章,下明詔。命有司,班憲度。昭節儉,示太素。去後宫之麗飾,損乘輿之服御。抑工商之淫業,興農桑之盛務。遂令海内棄末而反本,背僞而歸真。女修織紝,任。男務耕耘。器用陶匏,服尚素玄。耻纖美而不服,賤奇麗而不珍。捐金於山,沈珠於淵。於是百姓滌瑕盪穢,而鏡至清。形神寂寞,耳目不營。嗜常利。欲之源滅,廉耻之心生。莫不優游而自得,玉潤而金聲。是以四海之内,學校如林,庠序盈門。獻酬交錯,俎豆莘莘。詵。下舞上歌,蹈德咏仁。登降飫宴之禮既畢,因相與嗟嘆玄德,讜言弘説。咸含和而吐氣,頌曰:盛哉乎斯世!

"今論者但知誦虞夏之《書》,咏殷周之《詩》。講羲、文之《易》,論孔氏之《春秋》。罕能精古今之清濁,究漢德之所由。唯子頗識舊典,又徒馳騁乎末流。温故知新已難,而知德者鮮矣!且夫僻界西戎,險阻四塞,修其防禦,孰與處乎土中,平夷洞達,萬方輻凑?秦嶺九嵕,則工。涇渭之川,曷若四瀆五嶽,帶河泝洛,圖書之淵?建章甘泉,館御列仙,孰與靈臺明堂,統和天人?太液昆明,鳥獸之囿,曷若辟雍海流，道德之富？遊俠踰侈，犯義侵禮，孰與同履法度，翼翼濟濟？子徒習秦阿房之造天，而不知京洛之有制。識函谷之可關，而不知王者之無外也。”

主人之辭未終，西都賓矍然失容。逡巡降階，𢥞徒頓。然意下，捧手欲辭。主人曰：“復位。今將授子五篇之詩。”賓既卒業，乃稱曰：“美哉乎斯詩！義正乎揚雄，事實乎相如。匪唯主人之好學，蓋乃遭遇乎斯時。小子狂簡，不知所裁。既聞正道，請終身而誦之。”其辭曰：

明堂詩

於烏。昭明堂，明堂孔陽。聖皇宗祀，穆穆煌煌。上帝宴饗，五位時序。誰其配之，世祖光武。普天率土，各以其職。猗歟緝熙，允懷多福。

辟雍詩

乃流辟雍，辟雍湯湯。商。聖皇莅止，造舟爲梁。皤皤婆。國老，乃父乃兄。抑抑皇儀，孝友光明。於烏。赫太上，示我漢行。洪化唯神，永觀厥成。

靈臺詩

乃經靈臺，靈臺既崇。帝勤時登，爰考休徵。三光宣精，五行布序。習習祥風，祁祁甘雨。百穀蓁蓁，庶草蕃繁。廡。武。屢惟豐年，於皇樂胥。

寶鼎詩

嶽修貢兮川效珍，吐金景兮歊許妖。浮雲。寶鼎見兮色紛紜，煥其炳兮被龍文。登祖廟兮享聖神，昭靈德兮彌億年。

白雉詩

啓靈篇兮披瑞圖，獲白雉兮效素烏，嘉祥阜兮集皇都。發皓羽兮奮翹英，容絜朗兮於淳精。彰皇德兮侔周成，永延長兮膺天慶。

（《文選》卷一《兩都賦》，《古今事文類聚》續集卷一《兩都賦》，《文翰類選大成》卷一《兩都賦序》，《班蘭臺集校注·賦·兩都賦有序》，《後漢書》卷四〇上《班彪列傳》）

甘泉賦並序　楊雄

孝成帝時，客有薦雄文似相如者。上方郊祀甘泉泰畤、止。汾陰后土，以求繼嗣，召雄待詔承明之庭。正月，從上甘泉。還，奏《甘泉賦》以風。其辭曰：

惟漢十世，將郊上玄，定泰畤，擁神休，尊明號，同符三皇，録功五帝，恤胤錫羨，羊箭。拓托。迹開統。於是乃命群僚，歷吉日，協靈辰，星陳而天行。詔招摇與太陰兮，伏鉤陳使當兵。屬堪輿以壁壘兮，梢夔魖虚。而抶田栗。獝其聿。狂。八神奔而警蹕兮，振殷於謹。轔梨忍。而軍裝。蚩尤之倫，帶干將而秉玉戚兮，飛蒙茸而容。而走陸梁。齊總總以撙撙，兹損。其相膠轕葛。兮，猋駭雲迅，奮以方攘。駢羅列布，鱗以雜沓兮，柴初蟻。虒音豸。参差，魚頡而鳥胻。胡剛。翕許急。赫曶忽。霍，霧集而蒙合兮，半散照爛，粲以成章。

於是乘輿乃登夫鳳皇兮而翳華芝，駟蒼螭兮六素虬。蠖烏郭。略蕤爾惟。綏，灕離。虖襂纚。所宜。帥爾陰閉，霅蘇合。然陽開。騰清霄而軼浮景兮，夫何旟余。旐兆。郅質。偈居竭。之旖於綺。旎女夷。也！流星旄以電爥兮，咸翠蓋而鸞旗。屯萬騎於中營兮，方玉車之千乘。聲駍普萌。隱以陸離兮，輕先疾雷而馺先合。遺風。臨高衍之嵱勇。嵷聳。兮，[9]超紆譎之清澄。登椽欒而羾貢。天門兮，馳閶闔而入凌兢。

是時未臻夫甘泉也，乃望通天之繹繹。下陰潛以慘懔兮，上洪紛而相錯。直嶢嶢堯。以造錯告。天兮，厥高慶羌。而不可乎彌度。平原唐其壇徒汗。漫兮，列新荑於林薄。攢并閭與茇步末。葀括。兮，紛被皮義。麗其亡鄂。崇丘陵之駊頗。騀我。兮，深溝嶔苦咸。巖而爲谷。迣迣離宫般班。以相爥兮，封巒石關弛靡乎延屬。

於是大厦雲譎波詭，摧嗺子水。而成觀。仰矯首以高視兮，目冥眴縣。而無見。正瀏劉。濫以弘惝敞。兮，指東西之漫漫。徒徊徊以徨徨兮，魂眇眇而昏亂。[10]據軨零。軒而周流兮，忽坱烏朗。圠烏黠。而無垠。銀。翠玉樹之青葱兮，璧馬犀之璘隣。瑞。斌。金人仡仡魚乙。

其承鐘虡巨。兮，嵌苦咸。巖巖其龍鱗。揚光曜之燎爥兮，垂景炎豔。之炘炘。忻。配帝居之懸圃兮，象泰壹之威神。洪臺崛其獨出兮，𢿢陟里。北極之嶟嶟。七旬。列宿乃施式之。於上榮兮，日月纔經於柍於雨。振。真。雷鬱律於巖窔兮，電儵忽於墻藩。鬼魅不能自逮兮，半長途而下顛。歷倒景而絶飛梁兮，浮蠛滅。蠓莫孔。而撇匹列。天。左攙槍而右玄冥兮，前熛匹遥。闕而後應門。蔭西海與幽都兮，涌醴汩于筆。以生川。蛟龍連蜷拳。於東厓兮，白虎敦圉乎昆崙。覽樛流於高光兮，溶勇。方皇於西清。前殿崔巍兮，和氏玲瓏。抗浮柱之飛榱兮，神莫莫而扶傾。閌抗。閬閬郎。其寥廓兮，似紫宫之崢嶸。駢交錯而曼萬。衍弋戰。兮，崣他賄。嵲皋。隗乎其相嬰。乘雲閣而上下兮，紛蒙籠以棍成。曳紅采之流離兮，揚羊。翠氣之宛延。襲琁室與傾宫兮，若登高眇遠，亡國肅乎臨淵。回猋標。肆其碭徒良。駭兮，翍披。桂椒而鬱栘夷。楊。香芬茀房勿。以穹隆兮，擊薄櫨力都。而將榮。薌香。呹迭。肸許乙。以棍乎本。批薄結。兮，聲駍普萌。隱而歷鐘。排玉户而揚金鋪兮，發蘭蕙與芎藭。帷弸普萌。環宏。其拂汨于密。兮，稍暗暗烏敢。而靚静。深。陰陽清濁穆羽相和兮，若夔牙之調琴。般倕棄其剞居綺。劂居衛。兮，王爾投其鉤繩。雖方征僑與偓佺兮，猶仿佛其若夢。

於是事變物化，目駭耳回，蓋天子穆然，珍臺閒閑。館，琁題玉英，蟺蟬。蜎於緣。蠖烏郭。濩胡郭。之中。惟夫所以澄心清魂，儲精垂思，感動天地，逆釐三神者。乃搜逑索偶皋伊之徒，冠倫魁能，乃東。函甘棠之惠，挾東征之意，相與齊齋。乎陽靈之宫。靡薜荔而爲席兮，折瓊枝以爲芳。噏清雲之流霞兮，飲若木之露英。集乎禮神之囿，登乎頌祇之堂。建光耀之長旓所交。兮，昭華覆之威威。攀琁璣而下視兮，行游目乎三危。陳衆車於東阬若庚。兮，肆玉軑犬。而下馳。漂龍淵而還旋。九垠銀。兮，窺地底而上回。風傱傱聳。而扶轄兮，鸞鳳紛其銜蕤。梁弱水之濎土挺。濴烏挺。兮，躡不周之逶於爲。迆。移。想西王母欣然而上壽兮，屏玉女而却宓妃。玉女亡無。所眺其清矑盧。兮，宓妃曾不得施其蛾眉。方攬覽。道德之精剛兮，侔神明與之爲資。

於是欽柴宗祈，燎薰皇天，皋摇泰壹。舉洪頤，樹靈旗，樵蒸焜上，配藜四施。東燭滄海，西耀流沙，所宜。北爌晃。幽都，南煬移尚。丹厓。玄瓚觩虯。觓，力幽。秬鬯泔胡敢。淡，大敢。肸蠁豐融，懿懿芬芬。炎感黄龍兮，熛標。訛碩麟。選巫咸兮叫帝閽，開天庭兮延群神。儐暗烏感。藹兮降清壇，瑞穰穰兮委如山。

於是事畢功弘，回車而歸。度三巒兮偈憩。棠梨。天閫決兮地垠開，八荒協兮萬國諧。登長平兮雷鼓礚，苦蓋。天聲起兮勇士厲。雲飛揚兮雨滂沛，于胥德兮麗萬世。

辭曰：崇崇圜丘，隆隱天兮。登降峛力爾。褫，弋爾。單蟬。埢拳。垣兮。增宫參差，駢步千。嵯材何。峨兮。岭零。巆營。嶙粼。峋，旬。洞無厓兮。上天之縡，載。杳旭卉兮。聖皇穆穆，信厥對兮。徠祇郊禋，神所依兮。徘徊招摇，靈栖遲兮。[11]輝光眩燿，[12]降厥福兮。子子孫孫，長無極兮。

（《文選》卷七《甘泉賦並序》，《文翰類選大成》卷一《甘泉賦》，《揚雄集校注·賦·甘泉賦並序》，《漢書》卷八七上《揚雄傳》）

登樓賦　王粲

登兹樓以四望兮，聊暇日以銷憂。覽斯宇之所處兮，實顯敞而寡仇。挾清漳之通浦兮，倚曲沮七余。之長洲。背墳衍之廣陸兮，臨皋隰之沃流。北彌陶牧，西接昭丘。華實蔽野，黍稷盈疇。雖信美而非吾土兮，曾何足以少留！

遭紛濁而遷逝兮，漫踰紀以迄今。情眷眷而懷歸兮，孰憂思之可任？憑軒檻以遥望兮，向北風而開襟。平原遠而極目兮，蔽荆山之高岑。路逶迤而修迥兮，川既漾而濟深。悲舊鄉之壅隔兮，涕横墜而弗禁。平。昔尼父之在陳兮，有歸歟之嘆音。鍾儀幽而楚奏兮，莊舄昔。顯而越吟。人情同於懷土兮，豈窮達而異心？

惟日月之逾邁兮，俟河清其未極。冀王道之一平兮，假高衢而騁力。懼匏瓜之徒懸兮，畏井渫之莫食。步栖遲以徙倚兮，白日忽其將匿。風蕭瑟而並興兮,天慘慘而無色。獸狂顧以求群兮,鳥相鳴而舉翼。原野闃其無人兮,征夫行而未息。心淒愴以感發兮,意忉怛而憯七感。惻。循階除而下降兮,氣交憤於胸臆。夜參半而不寐兮,悵盤桓以反側。

(《文選》卷一一《登樓賦》,《文翰類選大成》卷二《登樓賦》,《楚辭集注·楚辭後語》卷四《登樓賦》,《建安七子集》卷三《王粲集·登樓賦》)

思玄賦　張衡

仰先哲之玄訓兮,雖彌高其弗違。匪仁里其焉宅兮,匪義迹其焉追?潛服膺以永靖兮,緜日月而不衰。伊中情之信修兮,慕古人之貞節。竦余身而順止兮,遵繩墨而不跌。志摶摶徒端。以應去。懸兮,誠心固其如結。旌性行以製佩兮,佩夜光與瓊枝。纗户圭。幽蘭之秋華兮,又綴之以江蘺。美襞必積。積以酷裂兮,允塵邈而難虧。既姱苦瓜。麗而鮮上。雙兮,非是時之攸珍。奮余榮而莫見兮,播余香而莫聞。幽獨守此側善作。陋兮,敢怠遑而舍勤。幸二八之遻悟。虞兮,嘉傅説之生殷。尚前良之遺風兮,恫童。後辰而無及。何孤行之煢煢瓊。兮,孑不群而介立。感鸞鷖之特栖兮,悲淑人之希合。彼無合其何傷兮,患衆僞之冒真。旦獲讟讀。于群弟兮,啓金縢而後信。覽蒸民之多僻兮,畏立辟以危身。曾煩毒以迷惑兮,嗟孰可以爲言已。私湛憂而深懷兮,思繽紛而不理。願竭力以守義兮,[13]雖貧窮而不改。執雕虎而試象兮,阽鹽。焦原而跟古恩。止。庶斯奉以周旋兮,要既死而後已。

俗遷渝而事化兮,泯規矩之圓方。寶蕭艾於重笥息史。兮,謂蕙芷之不香。斥西施而弗御兮,縶中立。騕鳥蛟。褭奴了。以服箱。行頗僻而獲志兮,循法度而離殃。惟天地之無窮兮,何遭遇之無常。不抑操而苟容兮,譬臨河而無航。欲巧笑以干媚兮,非余心之所嘗。襲温恭之黻衣兮,披禮義之繡裳。辮波典。貞亮以爲鞶兮,雜伎藝以爲珩。行。昭綵藻以雕琭兮,璜聲遠而彌長。淹栖遲以恣欲兮,曜靈忽其西藏。恃已知而華予兮,鶗啼。鴂决。鳴而不芳。冀一年之三秀兮,遒白露之爲霜。時亹亹而代序兮，疇可與乎比伉。咨姤嫮曰故。之難並兮，想依韓以流亡。恐漸冉而無成兮，留則蔽而不彰。

心猶豫而狐疑兮，即岐阯而臚間。情。文君爲我端蓍兮，利飛遯以保名。歷衆山以周流兮，翼迅風以揚聲。二女感於崇嶽兮，或冰折而不營。天蓋高而爲澤兮，誰云路之不平。勔緬。自强而不息兮，蹈玉階之嶢堯。峥。仕耕。懼筮氏之長短兮，鑽東龜以觀禎。遇九皋之介鳥兮，怨素意之不呈。游塵外而瞥匹列。天兮，據冥翳而哀鳴。雕鶚競於貪婪兮，我修絜以益榮。子有故於玄鳥兮，歸母氏而後寧。

占既吉而無悔兮，簡元辰而俶裝。旦余沐於清源兮，晞余髮於朝陽。漱飛泉之瀝液兮，咀慈與。石菌之流英。翾虛緣。鳥舉而魚躍兮，將往走乎八荒。過少皞之窮野兮，問三丘乎句芒。何道真之淳粹兮，去穢累而飄匹遥。輕。[14]登蓬萊而容與兮，鼇雖抃而不傾。留瀛洲而採芝兮，聊且以乎長生。憑歸雲而遐逝兮，夕余宿乎扶桑。飲青岑之玉醴兮，餐沆胡朗。瀣胡介。以爲粻。張。發昔夢於木禾兮，穀崑崙之高岡。朝吾行於暘谷兮，從伯禹乎稽山。嘉群臣之執玉兮，疾防風之食言。

指長沙以邪徑兮，存重華乎南鄰。哀二妃之未從兮，翩繽處彼湘濱。流目眺夫衡阿兮，睹有黎之圮墳。痛火正之無懷兮，托山坡以孤魂。[15]愁鬱鬱以慕遠兮，越卬五周。州而游遨。躋日中于昆吾兮，憩炎天之所陶。揚芒熛必遥。而絳天兮，水泫縣。沄云。而涌濤。温風翕其增熱兮，惄奴歷。鬱悒其難聊。

顝苦骨。羈旅而無友兮，余安能乎留兹。顧金天而嘆息兮，吾欲往乎西嬉。前祝融而使舉麾兮，纚力氏。朱鳥以承旗。躔建木於廣都兮，摭之石。若華而躊儔。躇。除。超軒轅於西海兮，跨汪氏之龍魚。聞此國之千歲兮，曾焉足以娱余。思九土之殊風兮，從蓐收而遂徂。欻神化而蟬蜕兮，朋精粹而爲徒。

蹶厥。白門而東馳兮，云台怡。行乎中野。亂弱水之潺士連。湲爰。兮，逗華陰之湍渚。號馮夷俾清津兮，櫂龍舟以濟予。會帝軒之未歸兮，悵倘常。佯而延佇。愊許利。河林之蓁蓁側巾。兮，偉關睢之戒女。黄靈詹而訪命兮，樛天道其焉如。曰近信而遠疑兮，六籍闕而不書。神逵昧其難覆兮，疇克謨而從諸。牛哀病而成虎兮，雖逢昆其必噬。鼈令殪烟計。而尸亡兮，[16]取蜀禪而引世。死生錯其不齊兮，雖司命其不晣。制。竇號行於代路兮，後膺祚而繁廡。武。王肆侈於漢庭兮，卒銜恤而絶緒。尉尨眉而郎潜兮，逮三葉而遘武。董弱冠而司衮兮，設王隧而弗處。夫吉凶之相仍兮，恒反側善作。而靡所。穆届天以悦牛兮，豎亂叔而幽主。文斷袪而忌伯兮，閹奄。謁賊而寧后。通人暗於好惡兮，豈昏惑而能剖。嬴擿他歷。讖楚禁。而戒胡兮，備諸外而發内。或輦賄而違車兮，孕行産而爲對。慎竈顯以言天兮，占水火而妄誶。梁叟患夫黎丘兮，丁厥子而剚側吏。刃。親所睼而弗識兮，矧幽冥之可信。無緜攣力全。以涬己兮，[17]思百憂以自疹。彼天監之孔明兮，用棐匪。忱市林。而祐仁。湯蠲治。體以禱祈兮，蒙厖眉江。褫斯。以拯民。景三慮以營國兮，熒惑次於它辰。魏顆亮以從治兮，鬼亢回以斃秦。咎繇邁而種德兮，樹德懋于英六。桑末寄夫根生兮，卉既凋而已育。有無言而不酬兮，又何往而不復。盍遠迹以飛聲兮，孰謂時之可蓄。

仰矯首以遥望兮，魂懒惘而無儔。逼區中之隘陋兮，將北度而宣遊。行積冰之皚皚兮，清泉沍而不流。寒風凄其永至兮，拂穹岫之騷騷。玄武縮于殼中兮，騰蛇蜿而自糾。魚矜鱗而并凌去。兮，鳥登木而失條。坐太陰之屏室兮，慨含欷虚義。而增愁。怨高陽之相寓兮，伷顓頊之宅幽。庸織路於四裔兮，斯與彼其何瘳。抽。望寒門之絶垠兮，縱余緤薛。乎不周。

迅猋潚肅。其媵弋澄。我兮，鶩翩飄而不禁。越谽火含。谺呼加。之洞穴兮，漂通川之碄碄。力金。經重陰乎寂寞兮，慜墳羊之深潛。追荒忽於地底兮，軼逸。無形而上浮。出石密之暗野兮，不識蹊之所由。速燭龍令執炬兮，過鍾山而中休。瞰瑶溪之赤岸兮，吊祖江之見劉。聘王母於銀臺兮，羞玉芝以療飢。戴勝慭魚靳。其既歡兮，又誚才英。

余之行遲。載太華之玉女兮，召洛浦之宓妃。咸姣狡。麗以蠱媚兮，增嫮回故。眼而蛾眉。舒訬婧之纖腰兮，揚雜錯之袿珪。徽。離朱脣而微笑兮，顔的礫以遺光。獻環琨與琛縭離。兮，申厥好之玄黄。雖色豔而賂美兮，志浩蕩而不嘉。雙材悲於不納兮，並咏詩而清歌。歌曰："天地烟煴，百卉含葩。鳴鶴交頸，睢鳩相和。處子懷春，精魂回移。如何淑明，忘我實多。"將答賦而不暇兮，爰整駕而亟紀力。行。瞻崑崙之巍巍兮，臨縈河之洋洋。伏靈龜以負坻直夷。兮，亘螭敕加。龍之飛梁。登閬風之層城兮，搆不死而爲牀。屑瑶蘂以爲糇兮，斟俱。白水以爲漿。抨普萌。巫咸使占夢兮，乃貞吉之元符。滋令德於正中兮，含嘉秀以爲敷。既垂穎而顧本兮，亦要思乎故居。安和静而隨時兮，姑純懿之所廬。

戒庶僚以夙會兮，僉供職而並迓。豐隆軯普萌。其震霆兮，列缺曄其照夜。雲師䨴徒感。以交集兮，涷雨沛普顔。其灑途。轙魚綺。雕音"凋"。輿而樹葩兮，擾應平。龍以服輅。百神森其備從兮，屯騎羅而星布。振余袂而就車兮，修劍揭以低昂。冠咢咢其映蓋兮，佩綝林。纚以煇混。煌。僕夫儼其正策兮，八乘去。騰而超驤。氛旄溶上。以天旋兮，蜺旌飄而飛揚。撫軨零。軹紙。而還睨兮，心勺市灼。藥其若湯。羡上都之赫戲平。兮，何迷故而不忘。左青雕以揵芝兮，右素威以司鉦。征。前長離使拂羽兮，後委水衡乎玄冥。屬箕伯以函含。風兮，澄淟他典。涊奴典。而爲清。曳雲旗之離離兮，鳴玉鸞之譻譻。烏庚。涉清霄而升遐兮，浮蠛蔑。蠓莫孔。而上征。紛翼翼以徐戾兮，焱回回其揚靈。叫帝閽使闢扉兮，覿天皇于瓊宫。聆廣樂之九奏兮，展洩洩曳。以彤彤。融。考治亂於律均兮，意建始而思終。惟般逸之無斁亦。兮，懼樂往而哀來。素女撫絃而餘音兮，太容吟曰念哉。既防溢而靖志兮，迨我暇以翺翔。出紫宫之肅肅兮，集太微之閬閬。郎。命王良掌策駟兮，踰高閣之將將。七將。建罔車之幕幕兮，獵青林之芒芒。彎威弧之拔蒲割。刺七割。兮，射嶓冢之封狼。觀壁壘於北落兮，伐河鼓之磅泊郎。硠。郎。乘天潢之泛泛兮，浮雲漢之湯湯。式羊。

倚招摇攝提以低徊劉梁幽。流兮，察二紀五緯之綢繆遹聿。皇。偃蹇夭矯娩以連卷權。兮，[18]雜沓叢顇颬以方驤。飆或。汩于葦。飂聊。淚沛普顔。以罔象兮，爛漫麗靡藐以迭逷。唐。凌驚雷之砊磕苦蓋。兮，弄狂電之淫裔。踰痝鳴上。於宕蕩。冥兮，貫倒景而高厲。廓盪盪其無涯兮，乃今窺乎天外。據開陽而頫視兮，[19]臨舊鄉之諳藹。烏蓋。悲離居之勞心兮，情悁悁而思歸。魂眷眷而屢顧兮，馬倚輈張流。而徘徊。雖游娱以媮俞。樂兮，豈愁慕之可懷？出閶闔兮降天涂，乘焱忽兮馳虚無。[20]雲菲菲兮繞余輪，風眇眇兮震余旟。余。繽匹鄰。連翩兮紛暗上。曖，愛。儵眩縣。眃云。兮反常閭。

收疇昔之逸豫兮，卷淫放之遐心。修初服之娑娑兮，長余佩之參參。文章奂以粲爛兮，美紛紜以從風。御六藝之珍駕兮，遊道德之平林。結典籍而爲罟古。兮，敺儒墨而爲禽。玩陰陽之變化兮，咏雅頌之徽音。嘉曾氏之歸耕兮，慕歷阪之嶔崟。吟。恭夙夜而不貳兮，固終始之所服。夕惕若厲以省諐兮，懼余身之未敕。苟中情之端直兮，莫吾知而不恧。默無爲以凝志兮，與仁義乎逍遥。不出户而知天下兮，何必歷遠以劬勞。

系曰：天長地遠歲不留，俟河之清祇懷憂。願得遠渡以自娱，上下無常窮六區。超踰騰躍絶世俗，飄颻神舉逞所欲。天不可階仙夫稀，柏舟悄悄吝不飛。松喬高跱孰能離，結精遠遊使心携。回志朅來從玄謀，獲我所求夫何思！

（《文選》卷一五《思玄賦》，《文翰類選大成》卷一《思玄賦》，《張衡詩文集校注·賦·思玄賦並序》，《後漢書》卷五九《張衡傳》）

洛神賦並序　曹子建

黄初三年，余朝京師，還濟洛川。古人有言，斯水之神名曰宓妃。感宋玉對楚王説神女之事，遂作斯賦。其詞曰：

余從京域，言歸東藩，背伊闕，越轘還。轅，袁。經通谷，陵景山。日既西傾，車殆馬煩。爾乃税駕乎蘅胡庚。皋，秣駟乎芝田，容與乎楊林，流眄乎洛川。於是精移神駭，忽焉思散，俯則未察，仰以殊觀。睹一麗人，于巖之畔。爾乃援御者而告之曰："爾有覿於彼者乎？彼何人斯，若此之豔也！"御者對曰："臣聞河洛之神，名曰宓妃，然則君王之所見也，[21]無乃是乎？其狀若何？臣願聞之。"

余告之曰："其形也，翩若驚鴻，婉若游龍。榮曜秋菊，華茂春松。髣髴兮若輕雲之蔽月，飄颻兮若流風之回雪。遠而望之，皎若太陽升朝霞。迫而察之，灼若芙蕖出淥波。穠纖得中，修短合度。肩若削成，腰如約素。延頸秀項，皓質呈露。芳澤無加，鉛華不御。雲髻峩峩，修眉聯娟。丹脣外朗，皓齒内鮮。明眸善睞，賴。靨於叶。輔承權。瓌姿豔逸，儀静體閑。柔情綽態，媚於語言。奇服曠世，骨像應圖。披羅衣之璀粲兮，珥音"二"。瑶碧之華琚。居。戴金翠之首飾，綴明珠以耀軀。踐遠游之文履，曳霧綃之輕裾。微幽蘭之芳藹兮，步踟蹰於山隅。

"於是忽焉縱體，以遨以嬉。左倚采旄，右蔭桂旗。攘皓腕於神滸荒古。兮，采湍瀨之玄芝。余情悦其淑美兮，心振蕩而不怡。無良媒以接歡兮，托微波而通辭。願誠素之先達，解玉佩而要平。之。嗟佳人之信修，羌習禮而明詩。抗瓊珶徒帝。以和予兮，指潛川而爲期。執眷眷之款實兮，懼斯靈之我欺！感交甫之棄言兮，悵猶豫而狐疑。收和顔而静志兮，申禮防以自持。

"於是洛靈感焉，徙倚傍徨。神光離合，乍陰乍陽。竦輕軀以鶴立，若將飛而未翔。踐椒塗之郁烈，步蘅衡。薄而流芳。超長吟以永慕兮，聲哀厲而彌長。

"爾乃衆靈雜遝，命儔嘯侣，或戲清流，或翔神渚，或采明珠，或拾翠羽。從南湘之二妃，携漢濱之游女。歎匏瓜之無匹兮，[22]咏牽牛之獨處。揚輕袿圭。之綺靡兮，翳修袖以延佇。體迅飛鳧，飄忽若神。凌波微步，羅韈武月。生塵。動無常則，若危若安。進止難期，若往若還。轉眄流精，光潤玉顔。含辭未吐，氣若幽蘭。華容婀烏可。娜，奴可。令我忘餐。

“於是屏併。翳收風，川后静波，馮夷鳴鼓，女媧清歌。騰文魚以警乘，鳴玉鸞以偕逝。六龍儼其齊首，載雲車之容裔。鯨鯢踊而夾轂，水禽翔而爲衛。

“於是越北沚，止。過南岡，紆素領，回清揚。動朱脣以徐言，陳交接之大綱。恨人神之道殊兮，怨盛年之莫當。抗羅袂以掩涕兮，淚流襟之浪浪。郎。悼良會之永絶兮，哀一逝而異鄉。無微情以效愛兮，獻江南之明璫。雖潛處於太陰，長寄心於君王。忽不悟其所舍，悵神宵而蔽光。

“於是背下陵高，足往心留。遺情想像，顧望懷愁。冀靈體之復形，御輕舟而上泝。浮長川而忘反，思緜緜而增慕。夜耿耿而不寐，霑繁霜而至曙。命僕夫而就駕，吾將歸乎東路。攬騑轡以抗策，悵盤桓而不能去。”

（《文選》卷一九《洛神賦》，《古今事文類聚》前集卷一六《洛神賦》，《文翰類選大成》卷二《洛神賦》，《曹植集校注》卷二《洛神賦有序》）

文賦並序　　陸機

余每觀才士之所作，竊有以得其用心。夫其放言遣辭，良多變矣，妍五賢。蚩好惡，可得而言。每自屬文，尤見其情。恒患意不稱物，文不逮意。蓋非知之難，能之難也。故作《文賦》，以述先士之盛藻，因論作文之利害所由，他日殆可謂曲盡其妙。至於操錯高。斧伐柯，雖取則不遠，若夫隨手之變，良難以辭逐。蓋所能言者，具於此云爾。

佇中區以玄覽，頤怡。情志於典墳。遵四時以嘆逝，瞻萬物而思紛。悲落葉於勁秋，喜柔條於芳春。心懔懔以懷霜，志眇眇而臨雲。咏世德之駿烈，誦先人之清芬。游文章之林府，嘉麗藻之彬彬。慨投篇而援筆，聊宣之乎斯文。

其始也，皆收視反聽，耽思傍訊。精騖八極，心游萬仞。其致也，情曈曨而彌鮮，物昭晣之執。而互進。傾群言之瀝液，漱所留。六藝之芳潤。浮天淵以安流，濯下泉而潛侵。浸。於是沈辭怫扶勿。悦，若游魚銜鉤而出重淵之深。浮藻聯翩，若翰鳥纓繳之略。而墜層雲之峻。收百世之闕文，採千載之遺韵。謝朝華於已披，啓夕秀於未振。觀古今於須臾，撫四海於一瞬。

然後選義按部，考辭就班。抱景者咸叩，懷響者畢彈。或因枝以振葉，或沿波而討源。或本隱以之顯，或求易而得難。或虎變而獸擾，或龍見而鳥瀾。或妥土果。帖而易施，或岨助舉。峿語。而不安。罄澄心以凝思，眇衆慮而爲言。籠天地於形内，挫作過。萬物於筆端。始躑躅遲録。於燥吻，亡粉。終流離於濡翰。寒。理扶質以立幹，文垂條而結繁。信情貌之不差，故每變而在顔。思涉樂其必笑，方言哀而已嘆。或操觚孤。以率爾，或含毫而邈然。

伊兹事之可樂，固聖賢之所欽。課虚無以責有，叩寂寞而求音。函含。緜邈於尺素，吐滂滮皇。沛乎寸心。言恢之而彌廣，思按之而愈深。播芳蕤之馥馥，發青條之森森。粲風飛而猋竪，鬱雲起乎翰林。

體有萬殊，物無一量。紛紜揮霍，形難爲狀。辭程才以效伎，忌。意司契而爲匠。在有無而僶泯。俛，當淺深而不讓。雖離方而遯員，期窮形而盡相。故夫誇苦華。目者尚奢，愜苦頰。心者貴當。言窮者無隘，烏介。論達者唯曠。“詩”緣情而綺靡，“賦”體物而瀏溜。亮。“碑”披文以相質，“誄”纏緜而凄愴。“銘”博約而温潤，“箴”頓挫而清壯。“頌”優游以彬蔚，鬱。“論”精微而朗暢。“奏”平徹以閑雅，“説”煒于鬼。爗而譎古穴。誑。矩況。雖區分之在兹，亦禁邪似嗟。而制放。要辭達而理舉，故無取乎冗長。

其爲物也多姿，其爲體也屢遷。其會意也尚巧，其遣言也貴妍。暨其器。音聲之迭代，若五色之相宣。雖逝止之無常，固崎綺。錡擬。而難便。苟達變而識次，猶開流以納泉。如失機而後會，恒操末以續顛。謬玄黄之袟叙，故淟他見。涊奴見。而不鮮。

或仰逼於先條，或俯侵於後章。或辭害而理比，毗密。或言順而義妨。離之則雙美，合之則兩傷。考殿最於錙銖，殊。定去留於毫芒。

苟銓衡之所裁，固應繩其必當。

或文繁理富，而意不指適。極無兩致，盡不可益。立片言而居要，乃一篇之警策。雖衆辭之有條，必待兹而效績。亮功多而累寡，故取足而不易。

或藻思綺合，清麗芊眠。炳若縟蓐。繡，淒若繁絃。必所擬之不殊，乃暗合乎曩篇，雖杼除慮。軸於予懷，怵他人之我先。苟傷廉而愆義，亦雖愛而必捐。

或苕發穎豎，離衆絶致。形不可逐，響難爲係。塊孤立而特峙，非常音之所緯。心牢落而無偶，意徘徊而不能揥。石韞玉而山暉，水懷珠而川媚。彼榛仕中。楛户。之勿翦，亦蒙榮於集翠。綴下里於白雪，吾亦濟夫所偉。

或托言於短韵，對窮迹而孤興。俯寂寞而無友，仰寥廓而莫承。譬偏絃之獨張，含清唱而靡應。

或寄辭於瘁音，言徒靡而弗華。混妍蚩而成體，累去。良質而爲瑕。象下管之偏疾，故雖應而不和。

或遺理以存異，徒尋虛而逐微。言寡情而鮮上聲。愛，辭浮漂而不歸。猶絃么於遥。而徽急，故雖和而不悲。

或奔放以諧合，務嘈曹。囋才曷。而妖冶。徒悦目而偶俗，固聲高而曲下。寤防露與桑間，又雖悲而不雅。

或清虛以婉約，每除煩而去濫。闕大羹之遺味，同朱絃之清氾。雖一唱而三嘆，固既雅而不豔。

若夫豐約之裁，去聲。俯仰之形，因宜適變，曲有微情。或言拙而喻巧，或理樸而辭輕。或襲故而彌新，或沿濁而更清。或覽之而必察，或研之而後精。譬猶舞者赴節以投袂，歌者應絃而遣聲。是蓋輪扁蒲典。所不得言，亦非華説之所能精。

普辭條與文律，良予膺之所服。練世情之常尤，識前修之所淑。雖濬發於巧心，或受欰於拙目。彼瓊敷與玉藻，若中原之有菽。同橐籥之罔窮，與天地乎並育。雖紛藹於此世，嗟不盈於予掬。患挈苦結。

缾之屢空，病昌言之難屬。之欲。故踸敕錦。踔敕角。於短韵，放庸音以足子喻。曲。恒遺恨以終篇，豈懷盈而自足。懼蒙塵於叩缶，方負。顧取笑乎鳴玉。

若夫應感之會，通塞之紀，來不可遏，去不可止，藏若景滅，行猶響起。方天機之駿利，夫何紛而不理。思風發於胸臆，言泉流於唇齒。紛葳威。蕤而惟。以馺素合。遝，徒合。唯毫素之所擬。文徽徽以溢目，音泠泠而盈耳。及其六情底滯，志往神留。兀若枯木，豁若涸流。攬營魂以探賾，頓精爽而自求。理翳翳而愈伏，思軋軋其若抽。是故或竭情而多悔，或率意而寡尤。雖兹物之在我，非余力之所勠。留。故時撫空懷而自惋，腕。吾未識夫開塞之所由也。

伊兹文之爲用，固衆理之所因。恢苦回。萬里使無閡，[23]通億載而爲津。俯貽則於來葉，仰觀象乎古人。濟文武於將墜，宣風聲於不泯。塗無遠而不彌，理無微而不綸。配霑潤於雲雨，象變化乎鬼神。被金石而德廣，流管弦而日新。

（《文選》卷一七《文賦》，《文翰類選大成》卷二《文賦》，《陸機集校箋》卷一《文賦》，《陸士衡文集校注》卷一《文賦並序》）

三都賦並序　　左太冲

蓋詩有六義焉，其二曰賦。揚雄曰："詩人之賦麗以則。"班固曰："賦者，古詩之流也。"先王採焉，以觀土風。見"緑竹猗猗於宜。"，則知衛地淇澳於六。之産；見"在其版屋"，則知秦野西戎之宅。故能居然而辨八方。然相如賦《上林》而引"盧橘夏熟"，楊雄賦《甘泉》而陳"玉樹青葱"，班固賦《西都》而嘆以"出比目"，張衡賦《西京》而述以"游海若"。假稱珍怪，以爲潤色，若斯之類，匪啻失至。于兹。考之果木。則生非其壤；校之神物，則出非其所。於辭則易爲藻飾，於義則虚而無徵。且夫玉卮紙移。無當，雖寶非用；侈言無驗，雖麗非經。而論者莫不詆丁禮。訐斤謁。其研精，作者大氐可禮。舉爲憲章。積習生常，有自來矣。

余既思摹莫蒲。二京而賦三都，其山川城邑則稽之地圖，鳥獸草木則驗之方志。風謡歌舞，各附其俗。魁梧長者，莫非其舊。何則？發言爲詩者，咏其所志也。升高能賦者，頌其所見也。美物者貴依其本，讚事者宜本其實。[24]匪本匪實，覽者奚信？且夫任土作貢，《虞書》所著。辨物居方，《周易》所慎。聊舉其一隅，攝其體統，歸諸詁訓焉。

蜀都賦

有西蜀公子者，言於東吴王孫曰："蓋聞天以日月爲綱，地以四海爲紀。九土星分，萬國錯跱。崤胡交。函有帝皇之宅，河洛爲王者之里。吾子豈亦曾聞蜀都之事歟？請爲左右揚榷古學。而陳之。

"夫蜀都者，蓋兆基於上世，開國於中古。廓靈關而爲門，[25]包玉壘而爲宇。帶二江之雙流，抗峨眉之重阻。水陸所湊，兼六合而交會焉；豐蔚所盛，茂八區而庵鳥覽。藹焉。

"於前則跨躡犍乾。牂，臧。柭之鳩。輢交趾。經途所亘，五千餘里。山阜相屬，含溪懷谷。岡巒糺紛，觸石吐雲。鬱葐汾。蒕於文。以翠微，崫魚物。巍巍以峨峨。干青霄而秀出，舒丹氣以爲霞。龍池瀥胡角。瀑步角。濆扶刎。其隈，漏江伏流潰胡内。其阿。汩骨。若湯谷之揚濤，沛普賴。若蒙汜似。之涌波。於是乎邛竹緣嶺，菌桂臨崖。宜。旁挺龍目，側生荔枝。布緑葉之萋萋，結朱實之離離。迎隆冬而不凋，常曄曄以猗猗。孔翠群翔，犀象競馳。白雉朝雊，猩猩生。夜啼。金馬騁光而絶景，碧鷄儵忽而曜儀。火井沈熒於幽泉，高爓飛煽扇。於天垂。其間則有虎珀丹青，江珠瑕英。金沙銀礫，[26]符采彪筆尤。炳，丙。暉麗灼酌。爍。

"於後則却背華容，北指崑崙。緣以劍閣，阻以石門。流漢湯湯，傷。驚浪雷奔。望之天回，即之雲昏。水物殊品，鱗介異族。或藏蛟螭，敕知。或隱碧玉。嘉魚出於丙穴，良木攢於褒谷。其樹則有木蘭梫七林。桂，杞櫹蕭。椅於其。桐，椶宗。枒楔耕八。樅。七松。楩頻縣。柟南。幽藹於谷底，松柏蓊鬱於山峰。擢脩幹，竦長條。扇飛雲，拂輕霄。羲和假道於峻岐，陽烏回翼乎高標。巢居栖翔，聿兼鄧林。穴宅奇獸，窠宿異禽。熊羆咆步交。其陽，雕鶚鴥聿。其陰。猨狖戈狩。騰希而競捷，虎豹長嘯而永吟。

"於東則左緜巴中，百濮卜。所充。外負銅梁於宕徒浪。渠，内函含。要害於膏腴。俞。其中則有巴菽巴戟，靈壽桃枝。樊以葅租。圃，濱以鹽池。蟎必滅。蛦山栖，黿龜水處。潛龍蟠於沮子預。澤，應鳴鼓而興雨。丹沙赩許力。熾出其坂，蜜房郁毓被其阜。山圖采而得道，赤斧服而不朽。若乃剛悍汙。生其方，風謡尚其武。奮之則賨叢。旅，玩之則渝舞。鋭氣剽於中葉，蹻綺驕。容世於樂府。

"於西則右挾故蝶。岷山，湧瀆發川。陪以白狼，夷歌成章。坰野草昧，林麓黝於糾。儵。叔。交讓所植，蹲存。鴟所伏。百藥灌叢，寒卉冬馥。異類衆夥，禍。于何不育？其中則有青珠黄環，碧砮芒消。或豐緑荑，啼。或蕃伐元。丹椒。蘪蕪布濩護。於中阿，風連莚餘戰。蔓萬。於蘭皋。紅葩紫飾，柯葉漸苞。敷蘂葳蕤，落英飄飖。神農是嘗，盧附是料。聊。芳追氣邪，味蠲癘痟。其封域之内，則有原隰墳衍，通望彌博。演以潛沫，未。浸以緜洛。溝洫脉散，疆里綺錯。黍稷油油，稉古衛。稻莫莫。指渠口以爲雲門，灑滮皮七。池而爲陸澤。雖星畢之滂普即。沲，尚未齊其膏液。爾乃邑居隱賑，之忍。夾江傍山。棟宇相望，桑梓接連。家有鹽泉之井，户有橘柚之園。其園則有林檎枇杷，橙柿梬郢。楟。亭。梬斯。桃函含。列，梅李羅生。百果甲宅，拆。異色同榮。朱櫻春熟，素奈夏成。

"若乃大火流，凉風厲。列。白露凝，微霜結。紫梨津潤，榛臻。栗罅火亞。發。蒲桃亂潰，胡對。若榴競裂。甘至自零，芬芳酷苦毒。烈。其園則有蒟俱宇。蒻弱。茱萸，瓜疇芋于句。區。甘蔗之夜。辛薑，陽蘁吁。陰敷。日往菲薇，月來扶疎。任土所麗，衆獻而儲。其沃瀛則有攢在官。蔣將。叢蒲，緑菱紅蓮。雜以蘊藻，糅女又。以蘋蘩。總莖柅柅，知禮。裛於業。葉蓁蓁。臻。蕡墳。實時味，王公羞焉。其中則有鴻儔鵠侣，鷟鷺鵜鶘。晨鳧旦至，候雁銜蘆。木落南翔，冰泮北徂。雲飛水宿，哢吭胡良。清渠。其深則有白黿命鼈，玄獺上祭。鱣陟連。鮪于鬼。鱒在本。魴，鮷啼。鱧禮。鯊鱨。差鱗次色，錦質報章。躍濤戲瀨，中流相忘。

"於是乎金城石郭，兼市中區。[27]既麗且崇，實號成都。闢二九之通門，畫方軌之廣塗。營新宫於爽塏，愷。擬承明而起廬。結陽城之延閣，飛觀榭乎雲中。開高軒以臨山，列綺窗而瞰苦檻。江。内則議殿爵堂，武義虎威。宣化之闥，崇禮之闈。華闕雙邈，重門洞開。金鋪交映，玉題相暉。外則軌躅直六。八達，里閈汗。對出。比屋連甍，千廡武。萬室。亦有甲第，當衢向術。壇宇顯敞，高門納駟。庭扣苦后。鐘磬，堂撫琴瑟。匪葛匪姜，疇能是恤。亞以少城，接乎其西。市鄽所會，萬商之淵。列隧百重，羅肆巨千。賄乎罪。貨山積，纖麗星繁。都人士女，袨縣。服靚才姓。粧。賈古。貿莫構。墆徒結。鬻，舛充。錯縱横。異物詭譎，[28]奇於八方。布有橦華，麪有桄榔。邛杖傳節於大夏之邑，蒟句。醬流味於番潘。禺愚。之鄉。輿輦雜沓，徒合。冠帶混并。累轂疊迹，叛衍相傾。諠譁鼎沸，則哤麥江。聒古活。宇宙。囂許驕。塵張陟亮。天，則埃壒烏蓋。曜靈。闤闠之裏，伎巧之家。百室離房，機杼相和。貝錦斐成，濯色江波。黄潤比毗二。筒，籝盈。金所過。侈侈隆富，卓鄭埒劣。名。公擅常扇。山川，貨殖私庭。藏鏹昔兩。巨萬，鈲普覓。摫規。兼呈。亦以財雄，翕習邊城。

"三蜀之豪，時來時往。養交都邑，結儔附黨。劇談戲論，扼腕抵紙。掌。出則連騎，歸從百兩。若其舊俗，終冬始春。吉日良辰，置酒高堂，以御嘉賓。金罍中坐，肴核四陳。觴以清醥，正眇。鮮以紫鱗。羽爵執競，絲竹乃發。巴姬彈絃，漢女擊節。起西音於促柱，歌江上之飉寮。厲。紆長袖而屢舞，翩躚躚以裔裔。合古合。樽促席，引滿相罰。樂飲今夕，一醉累月。

"若夫王孫之屬，郤却戟。公之倫。從禽于外，巷無居人。並乘驥子，俱服魚文。玄黄異校，結駟繽紛。西逾金隄，東越玉津。朔别期晦，匪日匪旬。蹩秋六。蹈蒙籠，涉躪寥廓。[29]鷹犬倏眒，勝胤。罻尉。羅絡洛。幕。毛群陸離，羽族紛泊。普各。翕響揮霍，中網林薄。屠麖京。麋，剪旄麈，主。帶文蛇，跨雕虎。志未騁，時欲晚。追輕翼，赴絶遠。出彭門之闕，馳九折之坂。經三峽之崢嶸，躡五屼兀。之蹇滻。戟食鐵之獸，射噬時制。毒之鹿。皛貙敕朱。氓於葽伊遥。草，彈言鳥於森木。拔象齒，戾歷結。犀角。鳥鎩所札。翮，獸廢足。

"殆而朅綺列。來相與，第如滇丁田。池，集乎江洲。試水客，艤輕舟。娉江斐，與神游。罨奄。翡翠，釣鰋偃。鮋。長流。下高鵠，出潛虯。璆。吹洞簫，發櫂宅孝。謳。感鱏尋。魚，動陽侯。騰波沸涌，珠貝氾浮。若雲漢含星，而光耀洪流。將饗獠力召。者，張帟幕，會平原。酌清酤，割芳鮮。飲御酣，賓旅旋。車馬雷駭，行戒。轟轟呼宏。闐闐。田。若風流雨散，漫乎數百里之間。斯蓋宅土之所安樂，觀聽之所踊躍也。焉獨三川，爲世朝市？

"若乃卓犖吕角。奇譎，倜天歷。儻罔已。一經神怪，一緯人理。遠則岷山之精，上爲井絡。天帝運期而會昌，景福肸喜筆。蠁而興作。碧出萇弘之血，鳥生杜宇之魄。妄變化方非常，[30]嗟見偉於疇昔。[31]則江漢炳丙。靈，世載其英。蔚若相如，皭墻爵。若君平。王褒韡曄而秀發，[32]楊雄含章而挺生。幽思絢呼絹。道德，摛敕離。藻掞傷豔。天庭。考四海而爲雋，[33]俊。當中葉而擅名。是故游談者以爲譽，造作者以爲程也。

"至乎臨谷爲塞，因山爲障。峻岨塍繩。埒劣。長城，豁險吞若巨防。一人守隘，烏懈。萬夫莫向。公孫躍馬而稱帝，劉宗下輦而自王。由此言之，天下孰尚？故雖兼諸夏之富有，猶未若兹都之無量也。"

吴都賦

東吴王孫囅敕謹。然而咍呼來。曰："夫上圖景宿，辨於天文者也。下料聊。物土，析星曆。於地理者也。古先帝世，曾覽八紘之洪緒。一六合而光宅，翔集遐宇。鳥策篆素，玉牒石記。烏聞梁岷有陟方之館、行宫之基歟？而吾子言蜀都之富，禺愚。同之有。偉其區域，美其林藪。矜巴漢之阻，則以爲襲險之右。徇辭後。蹲存。鴟昌夷。之沃，則以爲世濟陽九。齷齪而筭，固亦曲士之所嘆也。旁魄蒲博。而論郡邑，抑非大人之所壯觀也。何則？土壤不足以攝生，山川不足以周衛。公孫國之而破，諸葛家之而滅。兹乃喪亂之丘墟，顛覆之軌轍。安可以儷音“矣”。王公而著風烈也？玩其磧七亦。礫而不窺玉淵者，未知驪龍之所蟠也。習其敝邑而不覿上邦者，未知英雄之所躔直連。也。子獨未聞大吴之巨麗乎？且有吴之開國也，造自太伯，宣於延陵。蓋端委之所彰，高節之所興。建至德以創洪業，世無德而顯稱。由克讓以立風俗，[34]輕脱躧於千乘。若率土而論都，則非列國之所觖音“决”。望也。

“故其經略，上當星紀。拓音“托”。土畫疆，卓犖吕角。兼并。包括干越，跨躡蠻荆。婺務。女寄其曜，翼軫寓其精。指衡嶽以鎮野，目龍川而帶坰。爾其山澤，則嵬玉回。嶷魚力。嶢五聊。屼，五骨。嵲烏鼎。溟冥鼎。鬱岪。潰渱音“洪”。泮普半。汗，滇江見。㴔音“眄”。淼音“眇”。漫。或涌川而開瀆，或吞江而納漢。磈磈胡罪。磥磥，力罪。滮滮皮流。汧汧。古汗。嶔丘金。崟魚今。乎數州之間，灌注乎天下之半。

“百川派普拜。别，歸海而會。控清引濁，混濤并瀨。音“賴”。濆薄沸騰，寂寥長邁。濞普秘。焉洶洶，呼恭。隱焉礚礚。出乎大荒之中，行乎東極之外。經扶桑之中林，包暘谷之滂沛。潮波汨于筆。起，回復萬里。歊虚妖。霧漨音“蓬”。浡，蒲没。雲蒸昏昧。泓澄奫於旻。潫，於嚾。澒胡貢。溶余腫。沆户朗。瀁。余兩。莫測其深，莫究其廣。澶纏。湉恬。漠而無涯，惣有流而爲長。環異之所叢育，鱗甲之所集往。

“於是乎長鯨吞航，胡郎。修鯢吐浪。躍龍騰蛇，蛟鯔緇。琵琶。王鮪偉。鯸鮐，怡。鮣印。龜鱕翻。鯌。錯。烏賊擁劍，鼊鼊辟。鯖青。鰐。鄂。涵胡南。泳乎其中。葺七入。鱗鏤甲，詭類舛錯。泝素。洄順流，噞牛檢。喁魚恭。沈浮。

“鳥則鶡鷄、鸀燭。𪇆，玉。鸘、霜。鵠、鷺、鴻，鶢爰。鶋居。避風，候雁造七報。江。鸂鶒、敕。鷛庸。鶏，渠。鶄青。鶬、鶖秋。鴿，鸛、雚。鴇、鷁、三激。鸕，盧。泛濫乎其上。湛淡羽儀，随波參差。理翮整翰，容與去。自玩。雕啄蔓藻，刷盪漪瀾。

“魚鳥聱魚幽。耴，魚乙。萬物蠢昌允。生。芒芒黖黖，許意。慌呼廣。罔奄欻。許勿。神化翕忽，函含。幽育明。窮性極形，盈虛自然。蚌蛤珠胎，與月虧全。巨鰲敖。贔備。屓，許器。首冠貫。靈山。大鵬繽翻，翼若垂天。振盪汪流，雷抃重淵。殷上聲。動宇宙，胡可勝源！

“島嶼序。緜邈，洲渚馮平。隆。音“崇”。曠瞻迢遞，迥眺冥蒙。珍怪麗，奇隙充。徑路絶，風雲通。洪桃屈盤，丹桂灌叢。瓊枝抗莖而敷蘂，珊瑚幽茂而玲瓏。增岡重阻，列真之宇。玉堂對霤，石室相距。藹藹翠幄，嫋嫋寧鳥。素女。江婓於是往來，海童於是宴語。斯實神妙之饗象，嗟難得而覼魯和。縷！

“爾乃地勢坱烏朗。圠，烏點。卉木䄧烏老。蔓。遭藪爲圃，值林爲苑。異荂苦華。蓲敷。蘛，育。夏曄于輒。冬蒨。方志所辨，中州所羨。草則藿蒳奴荅。豆蔻，薑彙謂。非一。江離之屬，海苔之類。綸關。組紫絳，食葛香茅。莫侯。石帆凡。水松，東風扶留。布護臯澤，蟬聯陵丘。夤寅。緣山嶽之岊，節。冪覓。歷江海之流。扤五骨。白蔕，帝。銜朱蕤。鬱兮茷以說。茂，曄兮菲菲。光色炫晃，芬馥肸蠁。《職貢》納其包匭，《離騷》咏其宿莽。

“木則楓柙甲。豫章，栟櫚枸古侯。榔。郎。緜杬元。杶櫞櫨，盧。文欀襄。楨貞。橿。薑。平仲君遷，松梓古度。楠南。榴留。之木，相思之樹。宗生高岡，族茂幽阜。擢本千尋，垂蔭萬畝。攢柯拏女家。莖，重葩晻葉。輪菌巨筠。虯蟠，盤。埱楚立。𡑞除立。鱗接。榮色雜糅，女又。綢繆縟繡。宵露霮徒感。䨴，徒外。旭許王。日晻烏感。哼。蒲對。與風飈搖。揚。様。颲於酉。瀏力九。颼搜。飅。留。鳴條律暢，飛音響亮。蓋象琴筑竹。并奏，笙竽俱唱。

其上則有猿父哀吟，𤠣胡昆。子長嘯。狖夷又。鼯吾。猓然，騰趠敕教。飛超。敕小。争接縣垂，競游遠枝。驚透沸亂，牢落翬輝。散。其下則有梟結堯。羊麡儕。狼，猰烏八。貐翼俱。貙敕俱。象。於烏。菟徒。之族，犀兕似。之黨。鉤爪鋸牙，自成鋒穎。精若燿星，聲若雲霆。名載於山經，形鏤於夏鼎。

“其竹則篔云。簹當。林箊，於。桂箭射筒。柚由。梧有篁，篻匹眇。簩勞。有叢。苞筍思尹。抽節，往往縈結。緑葉翠莖，冒霜停雪。櫹所六。矗蓄。森萃，蓊烏重。茸而勇。蕭瑟。檀欒嬋娟，一緣。玉潤碧鮮。梢雲無以踰，嶰解。谷弗能連。鸑音“岳”。鷟仕角。食其實，鵷鶵擾其間。

“其果則丹橘餘甘，荔枝之林。檳榔無柯，椰以嗟。葉無蔭。龍眼橄敢。欖，覽。棎市瞻。榴禦霜。結根比景之陰，列挺衡山之陽。素花斐，丹秀芳。臨青壁，係紫房。鷓鴣南翥而中留，孔雀綷祖會。羽而翱翔。山鷄歸飛而來栖，翡翠列巢以重行。

“其琛賂則琨瑶之阜，銅鍇苦買。之垠。音“銀”。火齊夫。之寶，駭鷄之珍。赬耻盈。丹明璣，金華銀樸。紫貝流黄，縹匹眇。碧素玉。隱賑之忍。崴烏乖。褭，懷。雜插楚甲。幽屏。必井。精曜潛穎，硩敕列。陊直氏。山谷。碕巨宜。岸爲之不枯，林木爲之潤黷。隋侯於是鄙其夜光，宋王於是陋其結緑。

“其荒陬子侯。譎詭，則有龍穴内蒸，雲雨所儲。陵鯉若獸，浮石若桴。音“郛”。雙則比目，片則王餘。窮陸飲木，極沈水居。泉室潛織而卷綃，淵客慷慨而泣珠。開北户以向日，齊南冥於幽都。其四野，則畛之忍。畷綴。無數，膏腴兼倍。原隰殊品，窊烏華。隆異等。都改。象耕鳥耘，此之自與。汝。穱捉。秀菰孤。穗，詞翠。於是乎在。煮海爲鹽，採山鑄錢。國税再熟之稻，鄉貢八蠶之緜。

“徒觀其郊隧之内奥，都邑之綱紀。霸王之所根柢，音“帝”。開國之所基址。郛郭周匝，重城結隅。通門二八，水道陸衢。所以經始，用累千祀也。憲紫宫以營室，廓廣庭之漫漫。寒暑隔閡五蓋。於邃宇，虹蜺迴帶於雲館。所以跨跱焕炳萬里也。造姑蘇之高臺，臨四遠而特建。帶朝夕之濬池，佩長洲之茂苑。窺東山之府，則環寶溢目；覵史。海陵之倉，則紅粟流行。起寢廟於武昌，作離宫於建業。闡闔閭之所營，采夫差之遺法。抗神龍之華殿，施榮楯時尹。而捷獵。崇臨海之崔嵬，飾赤烏之韡偉。曄。東西膠葛，南北峥嶸。房櫳對擴，連閣相經。閻闔譎詭，異出奇名。左稱彎崎，巨作。右號臨硎。苦耕。雕欒鏤粢，節。青瑣丹楹。圖以雲氣，畫以仙靈。雖兹宅之夸麗，曾未足以少寧。思比屋於傾宫，畢結瑶而構瓊。高闈有閌，抗。洞門方軌。朱闕雙立，馳道如砥。樹以青槐，亘以渌水。玄蔭眈眈，清流亹亹。音"尾"。列寺七里，俠棟陽路。屯營櫛比，頻必。廨署棊布。横塘查責加。下，邑屋隆夸。口固。長干延屬，飛甍萌。舛互。

"其居則有高門鼎貴，魁岸豪桀。虞魏之昆，顧陸之裔。岐嶷繼體，老成奕世。躍馬疊迹，朱輪累轍。陳兵而歸，蘭錡魚几。内設。冠蓋雲蔭，閭閻闐噎。其鄰則有任俠之靡，輕訬眇。之客。締提紉。交翩翩，儐畢胤。從自用。弈弈。出躡珠履，動以千百。里讌巷飲，飛觴舉白。翹關扛江。鼎，拚射壺博。鄱婆。陽暴謔，中酒而作。

"於是樂只衎若干。而歡飫無匱，都輦殷而四奥來暨。水浮陸行，方舟結駟。唱棹轉轂，昧旦永日。開市朝而普納，横闤闠而流溢。混品物而同廛，并都鄙而爲一。士女佇眙，勑吏。工賈古。駢坒。蒲必。紵衣絺服，雜沓漎先勇。萃。輕輿按轡以經隧，樓船舉颿帆。而過肆。果布輻凑而常然，致遠流離與珂苦何。珹。還。緁捷。賄紛紜，器用萬端。金溢磊珂，力可。珠琲補對。闌干。桃笙象簟，韜於筒中。蕉葛升越，弱於羅紈。𣽷所立。譶除立。㮧胡巧。㺜，力巧。交貿木候。相競。諠喧。譁花。喤呼横。呷，呼甲。芬葩蔭映。揮袖風飄而紅塵晝昏，流汗霡麥。霂沐。而中逵泥濘。富中之甿，貨殖之選。乘時射利，財豐巨萬。競其區宇，則并疆兼巷。矜其宴居，則珠服玉饌。

"趫起喬。材悍汗。壯，此焉比廬。捷若慶忌，勇若專諸。危冠而出，竦劍而趨。扈帶鮫函，扶揄屬鏤。力駒。藏鍦施。於人，去戢伐。自閭。家有鶴膝，户有犀渠。軍容蓄用，器械兼儲。吴鉤越棘，純鈞湛盧。戎車盈於石城，戈船掩於江湖。露往霜來，日月其除。草木節解，鳥獸腯突。膚。觀鷹隼，司尹。誡征夫。坐組甲，建祀姑。命官帥而擁鐸，將校獵乎具區。烏土。滸忽古。狼腨，呼光。夫南西屠。儋都含。耳黑齒之酋，自由。金鄰象郡之渠。驫必由。駥許聿。飍香幽。矞，聿。靸蘇合。雪徒合。驚捷，先驅前途。俞騎騁路，指南司方。出車轞轞，[35]檻。被練鏘鏘。吴王乃巾玉輅，軺翊焦。驌肅。驦。音“霜”。旗魚須，常重光。攝烏頰。烏號，佩干將。羽旄揚蕤，雄戟耀鋩。貝冑象弭，織熾。文鳥章。六軍袀翊遵。服，四騏其。龍驤。音“襄”。峭格周施，罿衝。罻普張。罼罕瑣結，罠美中。𦋞連網。阹丘魚。以九疑，禦以沅元。湘。輶由。軒蓼了。擾，彀搆。騎熌子貴。煌。袒裼徒搏，拔距投石之部。猨臂騂脅，狂趭子曜。獷古往。猤。謬季。鷹瞵隣。鶚視，參七南。譚𤢂力答。𤞑。徒答。若離若合者，相與騰躍乎莽謀謗。罠浪。之野。干鹵殳殊。鋋，蟬。暘以艮。夷勃盧之旅。長殺乎覫。短兵，直髮馳騁。儇許緣。佻他吊。坌步寸。並，銜枚無聲。悠悠旆旌者，相與聊浪郎。乎昧莫之坰。鉦征。鼓疊山，火烈熛必遥。林。飛爛浮烟，[36]載霞載陰。菈擸力合。雷硠，郎。崩巒弛岑。鳥不擇木，獸不擇音。暴甝胡甘。虪，[37]始育。䝤司馬。麖麡。居英。驀陌。六駮，追飛生。彈鸞鵕，京。射猱乃刀。猔。庭。白雉落，黑鴆零。陵絶嶛寮。嶕，兹過。聿越巉鉏咸。嶮。跐敕曳。踰耻逾。竹柏，獑連。猭耻緑。杞柟。而占。封狶虚已。䝉，呼角。神螭掩。剛鏃祖禄。潤，霜刃染。於是弭節頓轡，齊鑣彼苗。駐蹕。徘徊倘佯，寓目幽蔚。覽將帥之拳勇，與士卒之抑揚。羽族以觜距爲刀鈹，披。毛群以齒角爲矛鋏。古葉。皆體著也略。而應卒。倉忽。所以挂扢古絶。而爲創瘡。痏，于美。衝踤葛聿。而斷筋骨。莫不衄女六。鋭挫鋩，拉捭比買。摧藏。雖有石林之岝贖。崿，額。請攘而羊。臂而靡之。雖有雄虺之九首，將抗足而跐此。之。顛覆巢居，剖普口。破窟宅。仰攀鵕思俊。䴊，宜。俯蹴七六。豺助字。獏。陌。刦劫。剞几。熊羆之室，剽匹妙。掠虎豹之落。猩猩啼而就禽，𤝔𤝔扶弗。笑而被格。屠巴虵，出象骼。斬鵬翼，掩廣澤。輕禽狡獸，周章夷猶。狼跋步葛。乎紭横。中，忘其所以睒失冉。睗，適。失其所以去就。魂褫亘氏。氣攝之葉。而自踼唐。跌蒲北。者，應弦而飲羽，形僨方問。景僵者，累積而增益，雜襲錯繆。傾藪薄，倒岬峽。岫。巖穴無𧲣卒。𤢏，宗。翳薈無麢須。鷚。力幼。思假道於豐隆，披重霄而高狩。籠烏兔於日月，窮飛走之栖宿。秀。

“𧤗解。澗閴，苦鵙。岡岵户。童。罾曾。罘浮。㴊，效獲衆。音“終”。迴靶霸。乎行睨，魚計。觀漁乎三江。泛舟航於彭蠡，渾故本。萬艘蘇刀。而既同。弘舸岡我。連舳，逐。巨檻接艫。飛雲蓋海，制非常模。疊華樓而島峙，[38]時髣髴於方壺。比鷁首之有裕，邁餘艎於往初。張組帷，搆流蘇。開軒幌，鏡水區。篙高。工檝子叶。師，選自閩禺。禹。習御長風，狎玩靈胥。責千里於寸陰，聊先期而須臾。櫂棹。謳唱，簫籟鳴。洪流響，渚禽驚。弋磻波。放，稽鶬鶊。明。虞機發，留鵁鶄。鉤鉺縱横，網罟接緒。術兼詹公，巧傾任父。筌鮔亘。鱛，莫贈。鱺所買。鱨嘗。鯊。沙。罩陟教。兩魪，介。罺側萌。鰝鰕。遐。乘鱟胡豆。鼊鼉，同罛孤。共羅。沈虎潛鹿，䍡縶。䶂蘢。傛隕。束。徽暉。鯨背中於群犗，古邁。攙搶暴出而相屬。雖復臨河而釣鯉，無異射鮒附。於井谷。結輕舟而競逐，迎潮水而振緡。密巾。想萍實之復形，訪靈夔於鮫人。精衛銜石而遇繳，酌。文鰩遥。夜飛而觸綸。北山亡其翔翼，西海失其游鱗。雕題之士，鏤身之卒。比飾虬龍，蛟螭與對。簡其華質，則亄意。費把貴。錦繢。會。料遼。其虓虎交。勇，則雕悍狼戾。相與昧潛險，搜瓌奇。摸蝳代。蝐，昧。捫蝑子規。蠵。惟。剖巨蚌於回淵，濯明月於漣漪。畢天下之至異，訖無索而不臻。溪壑爲之一罄，川瀆爲之中去。貧。哂澹臺之見謀，聊襲海而徇珍。載漢女於後舟，追晋賈而同塵。汨乎筆。乘流以砰普萌。宕，徒浪。翼颺側眉。風之颼颼。直衝濤而上瀨，常沛沛普對。以悠悠。汔虚乙。可休而凱歸，揖一入。天吴與陽侯。

“指包山而爲期，集洞庭而淹留。數軍實乎桂林之苑，饗戎旅乎落星之樓。置酒若淮泗，積肴若山丘。飛輕軒而酌緑醽，靈。方雙轡而賦珍羞。飲烽起，釂子曜。鼓震，音“真”。士遺倦，衆懷忻。幸乎館娃烏佳。之宫，張女樂而娱群臣。羅金石與絲竹，若鈞天之下陳。登東歌，操南音。胤陽阿，咏韎莫介。任。荆豔余念。楚舞，吴愉逾。越吟。翕習容裔，靡靡愔愔。若此者，與夫唱和之隆響，動鍾磬之鏗耾。横。有殷坻丁禮。頽於前，曲度難勝。皆與謡俗叶協，[39]律吕相應。其奏樂盧各。也，則木石潤色；其吐哀也，則凄風暴興。或超《延露》而《駕辯》，或踰《淥水》而《採菱》。軍馬弭髦而仰秣，末。淵魚竦鱗而上升。酣湑思與。半，八音并。歡情留，良辰征。魯陽揮戈而高麾，迴曜靈於太清。將轉西日而再中，齊既往之精誠。

"昔者夏后氏朝群臣於兹土，而執玉帛者以萬國。蓋亦先生之所高會，而四方之所軌則。春秋之際，要盟之主。闔閭申其威，夫差窮其武。内果五員之謀，外騁孫子之奇。勝彊楚於柏舉，栖勁越於會稽。闕掘。溝乎商魯，争長於黄池。徒以江湖嶮陂，秘。物産殷充。繞霤李救。未足言其固，鄭白未足語其豐。士有陷堅之鋭，俗有節概蓋。之風。睚王賣。眦助賣。則挺劍，喑癊。嗚烏故。則彎弓。擁之者龍騰，據之者虎視。麾城若振槁，考。搴騫。旗若顧指。雖帶甲一朝，而元功遠致。雖累葉百疊，而富彊相繼。樂湑衎苦旱。其方域，列仙集其土地。桂父練形而易色，赤須蟬蜕税。而附麗。中夏比焉，畢世罕見。丹青圖其珍瑋，貴其寶利也。舜禹游焉，没齒而忘歸，精靈留其山阿，玩其奇麗。剖判庶土，商搉甬。萬俗。國有鬱鞅而顯敞，邦有湫子小。阨烏介。而踡拳。跼。伊兹都之函含。弘，傾神州而韞蘊。櫝。仰南斗以斟酌，兼二儀之優渥。由此而揆之，西蜀之於東吴，小大之相絶也，亦猶棘林螢耀，而與夫尋木龍燭也。[40]否泰之相背也，亦猶帝之懸解，而與夫桎梏疏屬也。[41]庸可共世而論巨細，同年而議豐确苦角。乎？暨其幽遐獨邃，寥遼。廓閑奥。耳目之所不該，足趾之所不蹈。倜天歷。儻他浪。之極異，崫君屈。詭之殊事，藏理於終古，而未寤於前覺也。若吾子之所傳，孟浪之遺言，略舉其梗概，而未得其要妙也。"

魏都賦

魏國先生有睟邃。其容，乃盱香于。衡而誥曰："异異。乎文益之士，蓋音有楚夏者，土風之乖也；情有險易者，習俗之殊也。雖則生常，固非自得之謂也。昔市南宜僚弄丸，而兩家之難解。聊爲吾子復玩德音，以釋二客競于辯囿也。

"夫泰極剖判，造化權輿。體兼晝夜，理包清濁。流而爲江海，結而爲山嶽。列宿分其野，荒裔帶其隅。巖岡潭淵，限蠻隔夷，峻危之竅也。蠻陬于侯。夷落，譯導而通者，鳥獸之氓麥耕。也。正位居體者，以中夏爲喉舌，不以邊陲爲襟帶也。長世字甿者，以道德爲藩，不以襲險爲屏也。而子大夫之賢，尚弗曾庶翼等威，附麗皇極。思稟正朔，樂率貢職。而徒務於詭隨匪民，宴安於絶域。榮其文身，驕其險棘。繆默語之常倫，牽膠言而踰侈。飾華昔煒。離以矜然，假倔梁屈。彊巨兩。而攘臂。非醇粹之方壯，謀踳舛。駮於王義。孰愈尋靡蓱於中逵，造沐猴於棘刺。劍閣雖嶛，憑之者蹶，非所以深根固蔕也。洞庭雖濬，負之者北，非所以愛人治國也。彼桑榆之末光，踰長庚之初暉。况河冀之爽塏，苦改。與江介之湫子小。湄。故將語子以神州之略，赤縣之畿。魏都之卓犖，吕角。六合之樞機。[42]

“于時運距陽九，漢網絶維。奸回内贔，備。兵纏紫微。翼翼京室，眈眈耽。帝宇，巢焚原燎，變爲煨燼，故荆棘旅庭。殷殷於謹。寰内，繩繩八區，鋒鏑縱横，化爲戰場，故麋鹿寓城也。伊洛榛士臻。曠，崤函荒蕪。臨菑側持。牢落，鄢郢丘墟。而是有魏開國之日，締構之初。萬邑譬焉，亦猶犨昌由。麋之與子都。培部苟。塿路苟。之與方壺也。且魏土者，畢昴之所應，虞夏之餘人。先王之桑梓，列聖之遺塵。考之四隈，則八埏延。之中；測之寒暑，則霜露所均。卜偃前識而賞其隆，吴札聽歌而美其風。雖則衰代，而盛德形於管絃；雖踰千祀，而懷舊藴於遐年。

“爾其疆域，則旁極齊秦，結湊冀道。開胸殷衛，跨躡燕趙。山林幽峡，烏朗。川澤迴繚。了。恒碣碪丘贼。碍五各。於青霄，河汾浩汗翰。而皓溔。與眇。南瞻淇澳，於大。則緑竹純茂；北臨漳滏，父。則冬夏異沼。神鉦迢遰於高巒，靈響時驚於四表。温泉毖秘。涌而自浪，華清蕩邪而難老。墨井鹽池，玄滋素液。厥田惟中，厥壤惟白。原隰畇畇，匀。墳衍斥斥。或嵬烏罪。櫐力罪。而複陸，或黋苦廣。朗而拓托。落。乾坤交泰而烟熅，嘉祥徽顯而豫作。是以兆朕遲胤。振古，[43]萌柢帝。疇昔。藏氣讖楚禁。緯，閟象竹帛。迥時世而淵默，應期運而光赫。暨聖武之龍飛，肇受命而光宅。

“爰初自臻，言占其良。謀龜謀筮，亦既允臧。修其郛郭，繕其城隍。經始之制，牢籠百王。畫雍豫之居，寫八都之宇。鑒茅茨於陶唐，察卑宫於夏禹。古公草創，而高門有閌；苦浪。宣王中興，而築室百堵。兼聖哲之軌，并文質之狀。商豐約而折中，去。准當年而爲量。思重爻，摹《大壯》。覽荀卿，采蕭相。僝子巒。拱木於林衡，授全模於梓匠。遐邇悦豫而子來，工徒擬議而騁巧。闡鉤繩之筌緒，承二分之正要。揆日晷，考星耀。建社稷，作清廟。築曾宫以迴匝，比岡隒魚檢。而無陂。造文昌之廣殿，極棟宇之弘規。嶎若崇山崫起以崔嵬，髧徒感。若玄雲舒蜺以高垂。瓌材巨世，插楚立。壒除立。參差。枌扶文。橑老。複結，欒盧盧。疊施。[44]丹梁虹申以並亘，朱桶森布而支離。綺并列疏以懸蔕，華蓮重葩而倒披。齊龍首而涌霤，時梗概於滮陂尤。池。旅楹閒列，暉鑒抰烏浪。振。章人。榱題黮從對。䨴，徒對。階隋述尹。嶙鄰。峋。詢。長庭砥至履。平，鍾虡夾陳。風無纖埃，雨無微津。巖巖北闕，南端攸遵。竦峭雙碣，方駕比輪。西闢延秋，東啓長春。用覲群后，觀享頤賓。左則中朝有赩，聽政作寢。匪樸匪斲，去泰去甚。木無雕鎪，所留。土無綈題。錦。玄化所甄，經延。國風所稟。

“於前則宣明顯陽，順德崇禮。重闈洞出，鏘鏘濟濟。珍樹猗猗，奇卉萋萋。蕙風如薰，甘露如醴。禁臺省中，連闥對廊。直事所繇，典刑所藏。藹藹列侍，金蜩齊光。詰朝陪幄，納言有章。亞以柱後，執法内侍。符節謁者，典璽儲吏。膳夫有官，藥劑有司。肴醳亦。順時，腠理則治。於後則椒鶴文石，永巷壺術。楸梓木蘭，次舍甲乙。西南其户，成之匪日。丹青炳焕，特有温室。儀形宇宙，曆象賢聖。圖以百瑞，綷祖對。以藻咏。茫茫終古，此焉則鏡。有虞作繢，兹亦等競。右則疏圃曲池，下畹於遠。高堂。蘭渚莓莓，石瀨湯湯。音“傷”。弱蔞子公。係實，輕葉振芳。奔龜躍魚，有隟千麗。吕梁。馳道周屈於果下，延閣胤宇以經營。飛陛方輦而徑西，三臺列峙而峥嶸。亢陽臺於陰基，擬華山之削成。上累棟而重霤，力救。下冰室而沍冥。周軒中天，丹墀臨猋。增構峩峩，清塵影影。匹遇。雲雀踶低。甍而矯首，壯翼摛鏤於青霄。雷雨竆冥而未半，皦曰籠光於綺寮。習步頓以升降，御春服而逍遥。八極可圍於寸眸，萬物可齊於一朝。長塗牟首，豪徼古吊。互經。晷漏肅唱，明宵有程。附以蘭錡，魚几。宿以禁兵。司衛閑邪，鉤陳罔驚。

"於是崇墉濬洫，嬰堞帶涘。四門轣轣，魚蝎。隆厦重起。憑太清以混成，越埃壒烏害。而資始。邈邈摽危，[45]亭亭峻峙。臨焦原而弗怳，誰勁捷而無埋？昏埋。與岡岑而永固，非有期乎世祀。陽靈停曜於其表，陰祇濛霧於其裏。菀以玄武，陪以幽林。繚了。垣開圁，觀宇相臨。碩果灌叢，圍木竦尋。篁篠懷風，蒲桃結陰。四淵漼，積水深。蒹葭贙，胡大。雚胡官。蒻弱。森。丹藕凌波而的皪，緑芰泛濤而浸七心。潭。以心。羽翮頡頏，鱗介浮沈。栖者擇木，雊者擇音。若咆步交。渤蒲没。澥與姑餘，常鳴鶴而在陰。表清禦，[46]勒虞箴。思國卹，忘從禽。樵蘇往而無忌，即鹿縱而匪禁。彦公。

"膴膴莫四。坰野，奕奕菑畝。甘荼途。伊蠢，芒種斯阜。西門溉其前，史起灌其後。墱流十二，同源異口。畜爲屯雲，泄爲行雨。水澍之竪。粳古衡。稌，徒五。陸蒔稷黍。黝黝一柳。桑柘，油油麻紵。均田畫疇，蕃廬錯列。薑芋充茂，桃李蔭翳。家安其所，而服美自悦。邑屋相望，武方。而隔踰奕世。

"内則街衢輻湊，朱闕結隅。石杠江。飛梁，出控漳渠。疏通溝以濱路，羅青槐以蔭塗。比滄浪乎。而可濯，方步櫚以占。而有踰。習習冠蓋，莘莘所巾。烝徒。斑白不提，行旅讓衢。設官分職，營處署居。夾之以府寺，班之以里閭。其府寺則位副三事，官踰六卿。太常之號，入理之名。厦屋一揆，華屏齊榮。肅肅階闞，許亮。重門再扃。師尹爰止，毗世作楨。其閭閻則長壽吉陽，永平思忠。亦有戚里，寘宫之東。閈出長者，巷苞諸公。都護之堂，殿居綺窗。輿騎朝猥，蹀敆右毀。其中。

"營客館以周坊，飾賓侣之所集。瑋豐樓之閈閎，起建安而首立。

葺七立。墻幕室，房廡雜襲。剞居綺。劂居衛。罔掇，匠斲積習。廣成之傳知懸。無以儔，橐街之邸不能及。

“廓三市而開廛，籍平逵而九達。班列肆以兼羅，設闤闠以襟帶。濟有無之常偏，距日中而畢會。抗旗亭之嶢堯。嶭，五結。侈所眺之博大。百隧轂擊，連軫萬貫。憑軾捶馬，袖幕紛半。一八方而混同，極風采之異觀。質劑子遺。平而交易，刀布貿而無筭。財以工化，賄以商通。難得之貨，此則不容。器周用而長務，物背窳庾。而就攻。不鬻邪而豫賈，古。著馴致之醇醲。白藏平。之藏，去。富有無隄。同賑大內，控引世資，賨琮。幏嫁。積墆，徒結。琛幣充牣。仞。關石之所和鈞，財賦之所底慎。燕弧盈庫而委勁，冀馬填厩救。而駔祖朗。駿。

“至乎勍巨京。敵糾紛，庶土罔寧。聖武興言，將曜威靈。介胄重襲，旌旗躍莖。弓珧以焦。解檠，巨景。矛鋋飄英。三屬之甲，縵莫韓。胡之纓。控弦簡發，妙擬更平。羸。亦精。齊被練而銛息廉。戈，襲偏裻都禄。以讃會。列。畢出征而中律，執奇正以四伐。碩畫胡麥。精通，目無匪制。推鋒積紀，鉒氣彌鋭。三接三捷，既晝亦月。剋剪方命，吞滅咆白交。咻。休。雲撤叛换，席卷虔劉。祲子鴆。威八紘，荒阻率由。洗兵海島，刷馬江洲。振旅輷輷，田。反旆悠悠。凱歸同飲，疏爵普疇。朝無刓五官。印，國無費留。喪亂既弭而能宴，武人歸獸而去戰。蕭斧戢柯以柙胡甲。刃，虹旌攝麾以就卷。斟《洪範》，酌典憲。觀所恒，通其變。上垂拱而司契，下緣督而自勸。道來斯貴，利往則賤。囹圄寂寥，京庾流衍。

“於是東鯷啼。即序，西傾順軌。荆南懷憓，惠。朔北思韙。億。緜緜迥塗，驟山驟水。襁居兩。負賫慈胤。贄，職二。重譯貢篚。髽側瓜。首之豪，鐻渠。耳之傑。服其荒服，斂衽而審。魏闕。置酒文昌，高張宿設。其夜未遽，庭燎晰晰。支列。有客祁祁，載華載裔。岌岌冠縰，所綺。纍纍吕追。辮髮。清酤户。如濟，濁醪如河。凍醴流澌，息兹。温酎遲有。躍波。豐肴衍衍，行庖皤皤。愔愔醧一據。讌，酣湑無譁。呼瓜。延廣樂，奏九成。冠韶夏，冒六英五莖。[47]僸響起，疑震霆。天宇駭,地廬驚。億若大帝之所興作,二嬴之所曾聆。金石絲竹之恒韵,匏土革木之常調。干戚羽旄之飾好,去聲。清謳微吟之要妙。世業之所日用,耳目之所聞覺。雜糅汝又。紛錯,兼該右孩。氾敎梵。博。鞮都泥。鞻居遇。所掌之音,韎邁。昧任而金。禁金。之曲。以娱四夷之君,以睦八荒之俗。

“既苗既狩,爰游爰豫。藉田以禮動,大閲以義舉。去。備法駕,理秋御。顯文武之壯觀,邁梁騶之所著。林不槎仕睢。枿,五割。澤不伐夭。烏老。斧斨七羊。以時,罾綱以道。德連木理,仁挺芝草。皓獸爲之育藪,丹魚爲之生沼。喬聿。雲翔龍,澤馬亍恥録。阜。山圖其石,川形其寶。莫黑匪烏,三趾而來儀。莫赤匪狐,九尾而自擾。嘉穎離合以蓴蓴,子本。醴泉涌流而浩浩。顯禎祥以曲成,固觸物而兼造。蓋亦明靈之所酬酢,休徵之所偉兆。旼旼美貧。率土,遷善罔匱。沐浴福應,宅心醰徒南。粹。邃。餘糧栖畝而弗收,頌聲載路而洋溢。河洛開奥,符命用出。翩翩黄鳥,銜書來訊。信。人謀所尊,鬼謀所秩。劉宗委馭,巽其神器。闚窺。玉策於金縢,案圖録於石室。考曆數之所在,察五德之所莅。量寸旬,涓吉日。陟中壇,即帝位。改正朔,易服色。繼絶世,脩廢職。徽幟以變,器械以革。顯仁翌明,藏用玄默。菲言厚行,陶化染學。讎校篆遲轉。籀,逐又。篇章畢覿。優賢著於揚歷,匪蘖形於親戚。

“本枝别榦,蕃屏皇家。勇若任城,才若東阿。抗旍則威噞驗。秋霜,摛翰則華縱春葩。英喆知列。雄豪,佐命帝室。相兼二八,將猛四七。赫赫震震,開務有謐。故令斯民睹泰階之平,可比屋而爲一。

“筭祀有紀,天禄有終。傳業禪祚,高謝萬邦。皇恩五臣本作“情”。綽矣,帝德沖矣。讓其天下,臣至公矣。榮操行之獨得,超百王之庸庸。追亘卷居免。領與結繩,睠留重華而比蹤。尊盧赫胥,羲農有熊。雖自以爲道,洪化以爲隆。世五臣本作“代”。篤玄同,奚遽不能與之踵武而齊其風?

“是故料聊。其建國,析先歷。其法度。諮其考室,議其舉厝。五臣本作"措"。復之而無斁，亦。申之而有裕。非疏糲魯葛。之士所能精，非鄙俚之言所能具。

"至於山川之倬卓角。詭，物産之魁殊。或名奇而見稱，或實異而可書。生生之所常厚，洵詢。美之所不渝。其中五臣本無"其中"字。則有鴛鴦交谷，虎澗龍山。掘鯉之淀，覲見。蓋節之淵。五臣本作"泉"。狔狔忻。精衛，銜木償常。怨。音"寃"。常山平于，[48]鉅鹿河間。列真非一，往往出焉。昌容練色，犢配眉連。玄俗無影，五臣本作"景"。木羽偶仙。琴高沈水而不濡，時乘平。赤鯉而周旋。師門使火以驗術，故將去而林燔。扶原。易陽壯容，衛之稚質。邯鄲躧步，趙之鳴瑟。真定之梨，故五臣本作"固"。安之栗。醇酎中山，流湎千日。淇其。洹和。之筍，信都之棗。雍丘之粱，清流之稻。錦繡襄邑，羅綺朝歌。緜纊房子，縑總子弄。清河。若此之屬，繁富夥禍。够。善本作"夠"，苦侯。非可單究，是以抑而未罄也。

"蓋比物以錯辭，述清都之閑麗。雖選言以簡章，徒九復而遺旨。覽大易與春秋，判殊隱而一致。末上林之隤墻，本前修以作系。胡計。

"其軍容弗犯，信身。其果毅。糾華綏戎，以戴公室。元勛配管敬之績，歌鐘析先歷。邦君之肆。則魏絳之賢有令聞也。閑居隘巷，室邇心遐。富仁寵義，職競弗羅。千乘爲之軾廬，諸侯爲之止戈。則干木之德自解紛也。貴非吾尊，重士踰山。親御監門，謙謙同軒。搦女格。秦起趙，威振八蕃。則信陵之名若蘭芬也。英辯榮枯，能濟其厄。位加將相，室知逸。隙之策。四海齊鋒，一口所敵，則張儀、張禄亦足云也。

"摧五臣作"權"。惟庸蜀與鴝劬。鵲同窠，苦和。句右侯。吴與鼃烏華。黽猛。同穴。一自以爲禽鳥，一自以爲魚鼈。山阜猥積而崎嶇，泉流迸集而咉烏朗。咽。隰壤瀸所講。漏而沮于豫。洳，如豫。林藪石留力又。而蕪穢。窮岫泄雲，日月恒翳。宅土熇許驕。暑，封疆障厲。蔡莽螫適。刺，力割。昆蟲毒噬。漢罪流禦，秦餘徙帤。力制。宵貌蕞罪。陋，稟質遳七和。脆。蔣衛。巷無杼直吕。首，里罕耆耋。或魋直追。髻五臣本作"結",音"計"。而左言,或鏤膚而鑽在官。髮。或明發而孋徒呂。歌,或浮泳而卒歲。風俗以韰面界。惈果。爲嫿,五臣本作"嫿",胡麥。人物以殘害爲藝。威儀所不攝,憲章所不綴。由重山之束阨,烏介。因長川之五臣本作"而"。裾勢。距遠關以闚苦規。闟,俞。時高櫟巢。而陛制。薄戍緜冪,無異蛛蝥莫侯。之網;弱卒瑣甲,無異螳蜋之衛。與先代善本作"世"。而常然,雖信險而剿子了。絶。揆既往之前迹,郎將來之後轍。成都迄已傾覆,建業則亦顛沛。顧非累卵於疊棊,焉至觀形而懷怛!權假日以餘榮,比朝華而菴奄。藹。覽麥秀與黍離,可作謡於吴會。"

先生之言未卒,吴蜀二客,矆音"钁",善本作"愯"。然相顧,睞天力。焉失所。有靦他典。瞢他典。容,神蘂如棰。形茹。音"汝"。弛氣離坐,倎土典。墨而謝。曰:"僕黨清狂,怵迫閩濮。卜。習蓼蟲之忘辛,玩進退之惟谷。非常寐而無覺,不睹皇輿之軌躅。過以泛剽匹妙。之單慧,歷執古之醇聽。兼重直龍。悂邊迷。以貤以。繆,偭彌充。辰光而罔定。先生玄識,深頌靡測。得聞上德之至盛,匪同憂於有聖。抑若春霆發響,而驚蟄飛競。潛龍浮景,而幽泉高鏡。雖星有風雨之好,人有異同之性。庶覲蔀部。家與剥廬,非蘇世而居政。且夫寒谷豐黍,吹律以善本無"以"字。暖之也。五臣本無"也"字。昬情爽曙,箴規以善本無"以"字。顯之也。五臣本無"也"字。雖明珠兼寸,尺璧有盈。曜車二六,三傾五城,未若申錫典章之爲遠也。"亮曰日不雙麗,世無善本作"不"字。兩帝。天經地緯,理有大歸。安得齊給守其小辯也哉!

《晉書》曰:"左思字太冲,齊國人也。少博覽《史記》,欲作《三都賦》,乃詣著作郎訪岷邛之事,遂構思十年,門庭藩溷,皆著紙筆,遇得一句即疏之。徵爲秘書。賦成,張華見而咨嗟,都邑豪貴競相傳寫。"

(《文選》卷四《三都賦序》《蜀都賦》、卷五《吴都賦》、卷六《魏都賦》,《古今事文類聚》續集卷二《蜀都賦》《吴都賦》《魏都賦》,《文翰類選大成》卷二《三都賦序》《蜀都賦》《吴都賦》《魏都賦》,《全蜀藝文志》卷一《蜀都賦》,《成都文類》卷一《蜀都賦》)

秋興賦並序　潘安仁

晋十有四年，余春秋三十有二，始見二毛。以太尉掾兼虎賁中郎將，寓直于散騎之省。高閣連雲，陽景罕曜，珥蟬冕而襲紈綺之士，此焉遊處。僕野人也，偃息不過茅屋茂林之下，談話胡快。不過農夫田父之客。攝官承乏，猥厠朝列，夙興晏寢，匪遑底寧，譬猶池魚籠鳥，有江湖山藪之思。於是染翰操紙，慨然而賦。於時秋也，故以《秋興》命篇。其辭曰：

四運忽其代序兮，[49]萬物紛以回薄。覽花蒔實吏。之時育兮，察盛衰之所托。感冬索而春敷兮，嗟夏茂而秋落。雖末士之榮悴兮，伊人情之美惡。善乎，宋生之言曰："悲哉，秋之爲氣也！蕭瑟兮草木搖落而變衰，憀聊。慄栗。兮若在遠行，登山臨水送將歸。"夫送歸懷慕徒之戀兮，遠行有羇旅之憤。臨川感流以嘆逝兮，登山懷遠而悼近。彼四戚之疚心兮，遭一塗而難忍。嗟秋日之可哀兮，諒無愁而不盡。

野有歸燕，隰有翔隼。游氛朝興，槁葉夕殞。於是乃屏輕箑，所甲。釋纖絺，藉莞桓。蒻，若。御袷衣。庭樹摵所革。以灑落兮，勁風戾而吹帷。蟬嘒嘒呼惠。以寒吟兮，雁飄飄而南飛。天晃朗以彌高兮，日悠陽而浸微。

何微陽之短晷，覺凉夜之方永。月瞳徒東。朧力東。以含光兮，露凄清以凝冷。熠燿粲於階闥兮，蟋蟀鳴乎軒屏。聽離鴻之晨吟，望流火之餘景。宵耿介而不寐兮，獨展轉於華省。悟時歲之遒盡兮，慨俛首而自省。斑鬢髟以承弁兮，[50]素髮颯以垂領。仰群雋之逸軌兮，攀雲漢以游騁。登春臺之熙熙兮，珥金貂之炯炯。苟趣舍之殊途兮，庸詎識其躁静。

聞至人之休風兮，齊天地於一指。彼知安而忘危兮，固出生而入死。行投趾於容迹兮，殆不踐而獲底。闕掘。則足以及泉兮，雖猴猨而不履。龜祀骨於宗祧兮，思反身於緑水。且斂衽如甚。以歸來兮，忽投紱以高厲。耕東皋之沃壤兮，輸黍稷之餘税。泉涌湍於石間兮，菊揚芳乎崖澨。澡秋水之涓涓兮，玩游儵長況。之潎潎。匹裔。逍遥乎山川之阿，放曠乎人間之世。優哉游哉，聊以卒歲。

（《文選》卷一三《秋興賦並序》，《文翰類選大成》卷二《秋興賦》，《潘嶽集校注·賦·秋興賦並序》）

琴賦並序　嵇康

余少好音聲，長而玩之，以爲物有盛衰，而此無變。滋味有厭，而此不勸，可以導養神氣，宣和情志。處窮獨而不悶者，莫近於音聲也。是故復之而不足，則吟咏以肆志。吟咏之不足，則寄言以廣意。然八音之器，歌舞之象，歷世才士，並爲之賦頌。其體制風流，莫不相襲。稱其材幹，則以危苦爲上；賦其聲音，則以悲哀爲主；美其感化，則以垂涕爲貴。麗則麗矣，然未盡其理也，推其所由，似元不解聲音。覽其旨趣，亦未達禮樂之情也。衆器之中，琴德最優，故綴叙所懷，以爲之賦。其辭曰：

惟椅梧之所生兮，托峻嶽之崇岡。披重壤以誕載兮，参辰極而高驤。含天地之醇和兮，吸日月之休光。鬱紛紜以獨茂兮，飛英蕤於昊蒼。夕納景于虞淵兮，旦晞幹於九陽。經千載以待價兮，寂神跱而求康。

且其山川形勢，則盤紆隱深，磪祖回。嵬五四。岑嵓，玄嶺巉助咸。巖，[51]岞助格。峉額。嶇丘愚。崯，欽。丹崖嶮巇，許宜。青壁萬尋。若乃重巇魚偃。增起，偃蹇雲覆，邈隆崇以極壯，崛虞屈。巍巍而特秀。蒸靈液以播雲，據神淵而吐溜。爾乃顛波奔突，狂赴争流。觸巖觝丁禮。隈，鬱怒彪筆尤。休。汹許拱。涌騰薄，奮沫揚濤。瀄側乙。汩于必。澎蒲萌。湃，曾拜。蛩於達。蟺善。相糾。放肆大川，濟乎中州。安回徐邁，寂一長浮。[52]澹乎洋洋，縈抱山丘。詳觀其區土之所産毓，育。奥宇之所寶殖。珍怪琅玕，瑶瑾翕赩，許力。叢集累積，奂衍於其側。若乃春蘭被其東，沙棠殖其西，涓子宅其陽，玉醴涌其前，玄雲蔭其上，翔鸞集其巔，清露潤其膚，惠風流其間。竦肅肅以静謐，密微微其清閑。

夫所以經營其左右者，固以自然神麗，而足思願愛樂矣。

於是遯世之士，榮期、綺季之疇，乃相與登飛梁，越幽壑，援瓊枝，陟峻崿，以游乎其下，周旋永望，邈若凌飛。邪睨崑崙，俯闞海湄，指蒼梧之迢遞，臨迥江之威夷。寤時俗之多累，[53]仰箕山之餘輝。羨斯嶽之弘敞，心慷慨以忘歸。情舒放而遠覽，接軒轅之遺音。慕老童於騩隅，欽泰容之高吟。顧兹桐而興慮，[54]思假物以托心。乃斵孫枝，准量所任。至人攄思，制爲雅琴。

乃使離子督墨，匠石奮斤。夔、襄薦法，班、倕騁神。鎪所流。會裛厠，朗密調均。華繪雕琢，布藻垂文。錯以犀象，藉以翠緑。絃以園客之絲，徽以鍾山之玉。爰有龍鳳之象，古人之形。伯牙揮手，鍾期聽聲，華容灼爍，[55]發采揚明，何其麗也！伶倫比律，田連操平。張，去。進御君子，新聲憀聊。亮，何其偉也！

及其初調，則角羽俱起，宫徵相證。參發並趣，上下累應。踸敕凛。踔敕角。磥盧罪。硌，洛。美聲將興。固以和昶而足耽矣。爾乃理正聲，奏妙曲，揚白雪，發清角。紛淋林。浪以流離，奂淫衍而優渥。粲奕奕而高逝，馳岌岌以相屬。沛騰遌諤。而競趣，翕韡爗而繁縟。[56]狀若崇山，又象流波。浩兮湯湯，傷。鬱兮峩峩。怫抶未。愲胃。煩冤，紆餘婆娑。陵縱播逸，霍濩胡郭。紛葩。檢容授節，應變合度。兢名擅業，安軌徐步。洋洋習習，聲烈遐布。含顯媚以送終，飄餘響於泰素。若乃高軒飛觀，廣厦閑房。冬夜肅清，朗月垂光。新衣翠粲，纓徽流芳。於是器泠絃調，心閑手敏。觸攙如志，惟意所擬。初涉淥水，中奏清徵。雅昶唐堯，終咏微子。寬明弘潤，優游躇跱。拊絃安歌，新聲代起。歌曰："凌扶摇兮憩瀛洲，要列子兮爲好仇。餐沆胡朗。瀣胡介。兮帶朝霞，眇翩翩兮薄天游。齊萬物兮超自得，委性命兮任去留。激清響以赴會，何弦歌之綢繆。"

於是曲引向蘭，衆音將歇。改韵易調，奇弄乃發。揚和顔，攘皓腕，飛纖指以馳騖，紛儮蘇合。𧭹徒令。以流漫。或徘徊顧慕，擁鬱抑按。盤桓毓養，從容秘玩。闥爾奮逸，風駭雲亂。牢落凌厲，布濩互。

半散。豐融披離，斐韡奂爛。英聲發越，采采粲粲。或間聲錯糅，女又。狀若詭赴。雙美並進，駢馳翼驅。丘遇。初若將乖，後卒同趣。或曲而不屈，或直而不倨，據。或相凌而不亂，或相離而不殊。時劫掎几。以慷慨，或怨𡟴而躊躇。忽飄颻以輕邁，乍留聯而扶疏。或參譚繁促，複疊攢仄，從横駱驛，奔遁相逼。拊嗟累贊，間不容息。瓌豔奇偉，殫不可識。

若乃閑舒都雅，洪纖有宜。清和條袒，案衍陸離。穆温柔以怡懌，婉順叙而委威。蛇。或乘險投會，邀隙趣危。嚶若離鵾鳴清池，翼若游鴻翔曾崖。紛文斐尾，慊林。縿所今。離纚。師。微風餘音，靡靡猗猗。衣。或摟批蒲結。擽歷。捋。力活。縹匹妙。繚了。潎瞥。洌，輕行浮彈，明嫿獲。䁻砌。惠。疾而不速，留而不滯。翩綿飄邈，微音迅逝。遠而聽之，若鸞鳳和鳴戲雲中。迫而察之，若衆葩敷榮曜春風。既豐贍以多姿，又善始而令終。嗟姣古卯。妙以弘麗，何變態之無窮。

若夫三春之初，麗服以時。乃携友生，以遨以嬉。涉蘭圃，登重基。背長林，翳華芝。臨清流，賦新詩。嘉魚龍之逸豫，樂百卉之榮滋。理重華之遺操，慨遠慕而長思。

若乃華堂曲宴，密交近賓。蘭肴兼御，旨酒清醇。進南荆，發西秦，紹陵陽，度巴人。變用雜而並起，竦衆聽而駭神。料聊。殊功而比操，豈笙籥之能倫。

若次其曲引所宜，則廣陵止息。東武太山，飛龍鹿鳴，鵾鷄游絃，更唱迭奏，聲若自然。流楚窈窕，懲躁雪煩。下逮謠俗，蔡氏五曲，王昭、楚妃，千里别鶴，猶有一切，此結。承間簉初救。乏，亦有可觀者焉。然非失曠遠者，不能與之嬉游。非夫淵静者，不能與之間閑。止。非放達者，不能與之無吝。非至精者，不能與之析昔。理也。

若論其體勢，詳其風聲，器和故響逸，張去。急故聲清。間閑。遼故音庳，婢。絃長故徽鳴。性絜静以端理，含至德之和平。誠可以感盪心志，而發洩幽情矣。是故懷戚者聞之，莫不憯七琰。懍力番。慘淒，愀七小。愴傷心，含哀懊郁。咿，伊。不能自禁。其康樂者聞之，則欨祝于。愉歡釋，抃舞踊溢，留連瀾漫，嗢噱巨略。終日。[57]若和平者聽之，則怡養悦念，[58]淑穆玄真，恬虚樂古，棄事遺身。是以伯夷以之廉，顔回以之仁，比干以之忠，尾生以之信，惠施以之辯給，萬石以之訥慎。其餘觸類而長，所致非一，同歸殊塗，或文或質。總中和以統物，咸日用而不失。其感人動物，蓋亦弘矣。

于時也，[59]金石寢聲，匏庖。竹屏氣。王豹輟謳，易牙喪味。[60]天吴踊躍於重淵，王喬披雲而下墜。舞鸑岳。鷟仕角。於庭階，游女飄焉而來萃。感天地以致和，况蚑取支。行之衆類。嘉斯器之懿茂，咏兹文以自慰。永服御而不厭，信古今之所貴。

辭曰：[61]愔愔琴德，不可測兮。體清心遠，邈難極兮。良質美乎，遇今世兮。紛綸翕響，冠衆藝兮。識音者希，誰能珍兮？能盡雅琴，唯至人兮。

（《文選》卷一八《琴賦》，《古今事文類聚》續集卷二二《琴賦》，《文翰類選大成》卷二《琴賦》，《嵇康集校注》卷二《琴賦一首並序》）

江賦　郭璞

咨五才之並用，實水德之靈長。惟岷山之導江，初發源乎濫觴。聿經始於洛沫，昧。攏萬川乎巴梁。衝巫峽以迅激，躋江津而起漲。極泓鳥弘。量而海運，狀滔天以淼茫。總括漢泗，兼包淮湘。并吞沅澧，禮。汲引沮七余。漳。源二分於崌居。崍，來。流九派乎潯陽。鼓洪濤於赤岸，淪餘波乎柴桑。[62]綱絡群流，商榷苦角。涓古文。澮。古外。表神委於江都，混流宗而東會。注五湖以漫漭，灌三江而漰北萌。沛。普會。滈湖汗六州之域，經營炎景之外。所以作限於華裔，壯天地之嶮介。

呼吸萬里，吐納靈潮。自然往復，或夕或朝。激逸勢以前驅，乃鼓怒而作濤。峨嵋爲泉陽之揭，玉壘作東别之標。衡霍磊落以連鎮，巫廬嵬魚鬼。崫魚勿。而比嶠。協靈通氣，澮念。薄相陶。流風蒸雷，騰虹揚霄。出信陽而長邁，淙悰。大壑與沃焦。

若乃巴東之峽，夏后疏鑿。絶岸萬丈，壁立赮駮。虎牙嵥桀。竪樹。以屹魚斤。崒，慈聿。荆門闕竦而磐礴。圓淵九回以懸騰，湓耆寸。流雷呴乎后。而電激。駭浪暴灑，驚波飛薄。迅澓族福。增澆，湧湍疊躍。砯普冰。巖鼓作，漰普萌。湱呼酒。澩胡角。㵾。仕角。㶇蒲水。濞蒲拜。瀇火宏。漰，呼拜。潰濩穫。㳚。呼活。㶁。呼郭。㶑胡漢。湟皇。㴒烏骨。泱，烏朗。滁叔。潣失冉。瀾舒感。淪。漩旋。環許出。滎於營。瀯，營。潨舒鬼。灟誄。濆忿。瀑。步角。溭助側。淢域。濜助謹。涓，于穿。龍鱗結絡。碧沙瀢杜罪。㶟而往來，巨石硉九骨。矹五骨。以前却。潛演之所汩淈，胡骨。奔溜之所碳楚爽。錯。厓隒魚檢。爲之泐勒。嵃，魚免。碕嶺爲之喦崿。幽澗積岨，礐力隔。硞砻盧角。確。[63]苦角。

若乃曾潭之府，靈湖之淵。澄澹汪洸，烏宏。瀇烏廣。滉胡廣。困烏玄。泫。玄。泓汯洞烏猛。澋，胡猛。涒紆筠。粼彎潾。力銀。混瀚翰。灦呼見。涣，流映揚焆。涓。溟莫泠。漭渺沔，莫蒴。汗汗沺沺。田。察之無象，尋之無邊。氣滃烏九。浡蒲没。以霧杳，時鬱律其如烟。類胚普杯。渾之未凝，象太極之構天。長波浹子叶。渫，牒。峻湍崔嵬。盤渦烏和。谷轉，凌濤山頹。陽侯砐五合。硪我。以岸起，洪瀾涴演而雲回。浤淪溛烏華。瀤，乍浥烏甲。乍堆。𥴁呼咸。如地裂，豁若天開。觸曲厓以縈繞，駭崩波而相礧。力回。鼓㕷若合。窟以漰普萌。渤，乃溢普寸。湧而駕隈。

魚則江豚徒昆。海狶，喜。叔鮪于執。王鱣。邅。鮹骨。鰊練。鰧特登。鮋，直流。鯪陵。鰩遥。鯩鰱。連。或鹿觡象鼻，或虎狀龍顔。鱗甲鑵七罪。錯，焕爛錦斑。楊鬐掉尾，噴皆問。浪飛唌。似延。排流呼哈，乎合。隨波遊延。或爆采以晃淵，或赫呼厄。鰓乎巖間。介鯨乘濤以出入，鯼祖洪。鮆薺。順時而往還。

爾其水物怪錯，則有潛鵠魚牛，虎蛟鉤虵。蜦倫。蜦園。鱟候。蝞，媚。鱝抉粉。鶬且郎。鼊迷。鷹。麻。王珧姚。海月，土肉石華。三蝬子工。虾流。江，鸎螺力戈。蜁旋。蝸。古花。璅蛣詰。腹蟹，水母目蝦。遐。紫蚢胡岡。如渠，洪蚶專車。瓊蜻晞曜以瑩珠，石蛣居葉。應節而揚葩。踞居。蝫諸。森衰以垂翹,玄蠣力帶。磈苦罪。磥力罪。而碨烏懷。硿。烏遐。或泛潋於潮波,或混淪乎泥沙。

若乃龍鯉一角,奇鶬九頭。有鼈三足,有龜六眸。赬蟞灼滅。胏扶廢。躍而吐璣,文魮毗。磬鳴以孕璆。儵條。蛹庸。拂翼而掣充制。耀,神蜧麗。蝹於粉。蜦力熉。以沉遊。騂彌没。馬騰波以嘘蹀,牒。水兕似。雷咆薄交。乎陽侯。淵客築室於巖底,鮫人構館于懸流。雹布餘糧,星離沙鏡。青綸競糾,縟組事映。紫菜熒曄以叢被,緑苔鬖所感。髿沙。乎研上。石帆平。蒙蘢以蓋嶼,序。蓱實時出而漂泳。咏。

其下則金礦丹礫,歷。雲精爥銀。瓅麗。珋留。璿瑰,古回。水碧潛瑉。美巾。鳴石於陽渚,浮磬肆乎陰濱。或熲古廻。彩輕漣,或焆涓。曜涯鄰。林無不溽,岸無不津。

其羽族也,則有晨鵠天鷄,鴢於絞。鶩敖。鷗䲹。陽鳥爰翔,于以玄月。千類萬聲,自相喧聒。濯翮疏風,鼓翅翻許聿。𦑺。許月。揮弄灑珠,拊拂瀑沫。集若霞布,散如雲豁。産毻他。積羽,往來勃碣。

橉力刃。杞稹之忍。薄於潯涘,栛力計。槤連。森嶺而羅峰。桃枝篔�。簹,當。實繁有叢。葭蒲雲蔓,櫻以蘭紅。楊皜杲。秏,擢紫茸。蔭潭隩,於六。被長江。繁蔚芳蘺,隱藹水松。涯灌芊千見。萰,力見。潛薈烏外。葱蘢。

鯪陵。鯥六。跻日眉。踊具俱。於垠銀。隒,魚儉。獱頻。獺睒失冉。瞲呼況。乎㢊去聲。空。迅蜼聿季。臨虚以騁巧,孤玃居縛。登危而雍容。夔䍶呼口。翹踛六於夕陽,鴛雛弄翮乎山東。

因岐成渚,觸澗開渠。漱壑生浦,區别作湖。瀊之以瀿煩。瀷,[64]翼。渫息列。之以尾閭。標之以翠翳,泛之以遊菰。播匪蓺之芒種,挺自然之嘉蔬。鱗被菱荷,攢布水蓏。力果。翹莖瀵芳問。蘂,濯穎散裹。隨風猗於冗。萎,於危。與波潭淹。徒我。流光潛映,景炎羊染。霞火。

其旁則有雲夢雷池,彭蠡青草。具區洮姚。滆,翮。珠滻丹漅。子了。極望數百,沆胡朗。瀁余兩。皛胡子。溔。余少。爰有包山洞庭,巴陵地道。潛逵傍通，幽岫田山。窈窕。金精玉英瑱他見。其裏，瑶珠怪石琗其表。驪虯渠幽。樛居由。其址，止。梢雲冠其嵥。必眇。海童之所巡遊，琴高之所靈矯。冰夷倚浪以傲睨，五計。江妃含嚬而矊彌延。眇。撫淩波而鳧躍，吸翠霞而夭矯。

若乃宇宙澄寂，八風不翔。舟子於是搦女角。棹，涉人於是檥魚綺。榜。指即。漂飛雲，運艅艎。舳艫相屬，萬里連檣。泝洄沿流，或漁或商。赴交益，投幽浪平。竭南極，窮東荒。爾乃瞀雺紛。祲子蔭。於清旭，許玉。覘敕詹。五兩之動静。長風飀于鬼。以增扇，廣莫颸麗。而氣整。徐而不飀颸，于鬼。疾而不猛。鼓帆平。迅越，趏陌。漲張。截泂。占回。淩波縱柂，徒我。電往杳溟。覓冷。霨徒對。如晨霞孤征，眇若雲翼絶嶺。倏忽數百，千里俄頃。飛廉無以晞其蹤，渠黄不能企其景。

於是蘆人漁子，擯落江山，衣則羽褐，食惟蔬鱻。思延。洊寂見。溯延見。爲涔，夾㴬在公。羅筌。筒灑連鋒，罾子僧。罶雷。北船。或揮輪於懸碕，奇。或中瀨而横旋。忽忘夕而宵歸，咏採菱以叩舷。傲自是於一嘔，尋風波以窮年。

爾乃域之以盤巖，豁之以洞壑，疏之以沲度河。汜，似。鼓之以朝夕。川流之所歸湊，雲霧之所蒸液。珍怪之所化産，傀奇之所窟宅。納隱淪之列真，挺異人乎精魄。播靈潤於千里，越岱宗之觸石。及其譎决。變儵叔。怳，符祥非一。動應無方，感事而出。經紀天地，錯綜人術。妙不可盡之於言，事不可窮之於筆。

若乃岷精垂曜於東井，陽深遯徒寸。形乎大波。奇相去。得道而宅神，乃協靈爽於湘娥。駭黄龍之負舟，識伯禹之仰嗟。壯荆飛之擒蛟，終成氣乎太阿。悍要離之圖慶，在中流而推戈。悲靈均之任石，嘆漁父之櫂歌。想周穆之濟師，驅八駿於黿鼉。感交甫之喪珮，愍神使之嬰羅。焕大塊之流形，混萬盡於一科。保不虧而永固，禀元氣於靈和。考川瀆而妙觀，實莫著於江河。

（《文選》卷一二《江賦》，《古今事文類聚》前集卷一六《江賦》，《文翰類選大成》卷二《江賦》，《郭弘農集校注》卷一《江賦》）

鷦鷯賦並序　張華

鷦鷯，小鳥也。生於蒿萊之間，長於藩籬之下，翔集尋常之內，而生生之理足矣。色淺體陋，不爲人用；形微處卑，物莫之害。繁滋族類，乘去。居匹遊，翩翩然有以自得。[65]彼鷲就。鶚鶤昆。鴻，孔雀翡翠，或陵赤霄之際，或托絶垠之外，翰舉足以冲天，觜距足以自衛，然皆負矰纓繳，羽毛入貢。何者？有用於人也。夫言有淺而可以托深，類有微而可以喻大，故賦之云爾。

何造化之多端兮，播群形於萬類。惟鷦鷯之微禽兮，亦攝生而受氣。育翩翾詩緣。之陋體兮，無玄黄以自貴。毛弗施於器用兮，肉不登乎俎味。[66]鷹鸇之我。過猶俄翼兮，尚無懼於罿衝。罻。[67]尉。翳薈鹹蒙籠，[68]是焉遊集。飛不飄揚，翔不翕習。其居易容，其求易給。巢林不過一枝，每食不過數粒。栖無所滯，遊無所盤。匪陋荆棘，匪榮茝蘭。動翼而逸，投足而安。委命順理，與物無患。

伊兹禽之無知兮，何處身之似智。不懷寶以賈古。害兮，不飾表以招累。静守約而不矜，動固循以簡易。任自然以爲資，無誘慕於世僞。雕鶡介其觜距，鵠鷺軼於雲際。鶤鷄竄於幽險，孔翠生乎遐裔。彼晨鳧與歸雁，又矯翼而增逝。咸美羽而豐肌，故無罪而皆斃。徒銜蘆以避繳，終爲戮於此世。蒼鷹鷙而受緤，鸚鵡惠而入籠。屈猛志以服養，塊苦對。幽縶於九重。變音聲以順旨，思摧翮而爲庸。戀鍾岱之林野，慕隴坻丁禮。之高松。雖蒙幸於今日，未若疇昔之從容。

海鳥鶢袁。鶋，居。避風而至。條枝巨雀，踰嶺自致。提挈萬里，飄颻逼畏。夫唯體大妨物，而形瓌足瑋也。陰陽陶烝，萬品一區。巨細舛錯，種繁類殊。鷦螟巢於蚊睫，接。大鵬彌乎天隅。將以上方不足，而下比有餘。普天壤以遐觀，吾又安知其小大之所如？

（《文選》卷一三《鷦鷯賦》，《古今事文類聚》後集卷四五《鷦鷯賦》，《漢魏六朝一百三家集·晋張司空集·鷦鷯賦》，《晋書》卷三六《張華列傳》）

雪賦　謝惠連

歲將暮，時既昏。寒風積，愁雲繁。梁王不悦，遊於兔園。乃置旨酒，命賓友。召鄒生，延枚叟。相如末至，居客之右。俄而微霰，零密雪下。王乃歌《北風》於衛詩，①咏南山於周雅。② 授簡於司馬大夫，曰："抽子秘思，騁子妍辭。侔莫侯。色揣初委。稱，爲寡人賦之。"

相如於是避席而起，逡巡而揖曰："臣聞雪宫建於東國，雪山峙於西域。岐昌發咏於來思，姬滿申歌於黄竹。曹風以麻衣比色，楚謡以幽蘭儷曲。盈尺則呈瑞於豐年，袤丈則表沴麗。於陰德。雪之時義遠矣哉！請言其始。

"若乃玄律窮，嚴氣冽，[69]焦溪涸，護。湯谷凝。火并滅，温泉冰。沸潭無涌，炎風不興。北户墐覲。扉，裸胡卦。壤垂繒。於是河海生雲，朔漠飛沙。連氛累靄，掩日韜吐刀。霞。霰淅瀝而先集，雪紛糅女又。而遂多。

"其爲狀也，散漫交錯，氛氲蕭索。藹藹浮浮，瀌瀌筆苗。弈弈。聯翩飛灑，徘徊委積。始緣甍而冒棟，終開簾而入隙。初便娟於墀廡，末縈盈於帷席。既因方而爲珪，亦遇圓而成璧。眄隰則萬頃同縞，杲。瞻山則千巖俱白。於是臺如重璧，逵似連璐。路。庭列瑶階，林挺瓊樹。皓鶴奪鮮，白鷴失素。紈袖慚冶，玉顔掩嫮。户故。

"若乃積素未虧，白日朝鮮，爛兮若燭龍，銜燿照昆山。爾其流滴垂冰，緣霤承隅。粲兮若馮夷，剖蚌列明珠。至夫繽紛繁鶩之貌，[70]皓汗皦絜之儀。[71]回散縈積之勢，飛聚凝曜之奇。固展轉而無窮，嗟難得而備知。

"若乃申娱玩之無已，夜幽静而多懷。風觸楹而轉響，月承幌而通暉。酌湘吴之醇酎，御狐貉之兼衣。對庭鵾之雙舞，瞻雲雁之孤

① 參見《詩經・邶風・北風》。
② 參見《詩經・小雅》之《南山有臺》《節南山》《信南山》。

飛。折園中之萱草，摘階上之芳薇。踐霜雪之交積，憐枝葉之相違。馳遥思於千里，願接手而同歸。”

鄒陽聞之，懣莫本。然心服，有懷妍唱，敬接末曲。於是乃作而賦積雪之歌。歌曰：“携佳人兮披重幄，援綺衾兮坐芳縟。燎薫鑪兮炳明燭，酌桂酒兮楊清曲。”又續而爲白雪之歌。歌曰：“曲既揚兮酒既陳，朱顔酡兮思自親。願低帷以昵枕，念解珮而褫紳。怨年歲之易暮，傷後會之無因。君寧見階上之白雪，豈鮮耀於陽春。”歌卒，王乃尋繹吟玩，撫覽扼腕。顧謂枚叔，起而爲辭。[72]辭曰：

白羽雖白，質以輕兮。白玉雖白，空守貞兮。未若兹雪，因時而滅。[73]玄陰凝不昧其絜，太陽曜不固其節。節豈我名，絜豈我貞。憑雲升降，從風飄零。值物賦像，任地班形。素因遇立，污隨染成。縱心皓然，何慮何營。

（《文選》卷一三《雪賦》，《古今事文類聚》前集卷四《雪賦》，《古賦辨體》卷六《雪賦》）

月賦　謝希逸

陳王初喪應劉，端憂多暇。緑苔生閣，芳塵凝榭。悄七小。焉疚懷，不怡中夜。乃清蘭路，肅桂苑。騰吹寒山，弭蓋秋坂。臨濬壑而怨遥，登崇岫而傷遠。于時斜漢左界，北陸南躔。白露曖空，素月流天。沉吟齊章，殷勤陳篇。抽毫進牘，以命仲宣。

仲宣跪渠尾。而稱曰：臣東鄙幽介，長自丘樊，昧道懵莫贈。學，孤奉明恩。臣聞沉潜既義，高明既經。日以陽德，月以陰靈。擅扶光於東沼，嗣若英於西冥。引玄兔於帝臺，集素娥於后庭。朒尾竹。朓他了。警闕，朏斐。魄示冲。順辰通燭，從星澤風。增華臺室，揚彩軒宫。委照而吴業昌，淪精而漢道融。

若夫氣霽地表，雲斂天末。洞庭始波，木葉微脱。菊散芳於山椒，雁流哀於江瀨。升清質之悠悠，降澄暉之藹藹。列宿掩縟，長河韜映。柔祇雪凝，圓靈水鏡。連觀霜縞，周除冰净。君王乃厭晨歡，樂宵宴。收妙舞,弛清縣。去燭房,即月殿。芳酒登,鳴琴薦。

若乃凉夜自凄,風篁成韵。親懿莫從,羈孤遞進。聆臯禽之夕聞,聽朔管之秋引。於是絃桐練響,音容選和。徘徊房露,惆悵陽阿。聲林虚籟,淪池滅波。情紆軫其何托,愬皓月而長歌。

歌曰:"美人邁兮音塵闕,隔千里兮共明月。臨風嘆兮將焉歇,川路長兮不可越。"歌響未終,餘景就畢。滿堂變容,回遑如失。

又稱歌曰:"月既没兮露欲晞,歲方晏兮無與歸。佳期可以還,微霜霑人衣。"

陳正曰:"善。"乃命執事獻壽羞璧,敬佩玉音,復之無斁。

(《文選》卷一三《月賦》,《古今事文類聚》前集卷二《月賦》,《古賦辨體》卷六《月賦》)

恨賦　江淹

試望平原,蔓草縈骨,拱木斂魂。人生到此,天道寧論!於是僕本恨人,心驚不已。直念古者,伏恨而死。

至如秦帝按劍,諸侯西馳。削平天下,同文共規。華山爲城,紫淵爲池。雄圖既溢,武力未畢。方架黿鼉以爲梁,巡海右以送日。一旦魂斷,宫車晚出。

若乃趙王既虜,遷於房陵。薄暮心動,昧旦神興。别豔姬與美女,喪金輿及玉乘。置酒欲飲,悲來填膺。千秋萬歲,爲怨難勝。

至如李君降北,名辱身冤。拔劍擊柱,吊影慚魂。情往上郡,[74]心留雁門。裂帛繫書,誓還漢恩。朝露溘至,握手何言?

若夫明妃去時,仰天太息。紫臺稍遠,關山無極。摇風忽起,白日西匿。隴雁少飛,岱雲寡色。望君王兮何期?終蕪絶兮異域。

至乃敬通見抵,丁禮。罷歸田里。閉關却掃,塞門不仕。左對孺人,右顧稚子。脱略公卿,跌徒結。宕徒浪。文史。賫子兮。志没地,長恨無已。

及夫中散下獄,神氣激揚。濁醪夕引,素琴晨張。秋日蕭索,浮雲無光。鬱青霞之奇意，入修夜之不暘。

或有孤臣危涕，孽子墜心。遷客海上，流戍隴陰。此人但聞悲風汨起，血下霑衿。亦復含酸茹歎，銷落湮沉。

若乃騎疊迹，車屯軌。黄塵匝地，歌吹四起。無不烟斷火絶，閉骨泉裏。

已矣哉！春草暮兮秋風驚，秋風罷兮春草生。綺羅畢兮池館盡，琴瑟滅兮丘隴平。自古皆有死，莫不飲恨而吞聲。

（《文選》卷一六《恨賦》，《文翰類選大成》卷二《恨賦》，《江文通集彙注》卷一《恨賦》）

别賦　江淹

黯然銷魂者，唯别而已矣。况秦吴兮絶國，復燕宋兮千里。或春苔兮始生，乍秋風兮暫起。是以行子腸斷，百感凄惻。風蕭蕭而異響，雲漫漫而奇色。舟凝滯於水濱，車逶遲於山側。櫂容與而詎前，馬寒鳴而不息。掩金觴而誰御，横玉柱而霑軾。居人愁卧，怳兄往。若有亡。日下壁而沉彩，月上軒而飛光。見紅蘭之受露，望青楸之離霜。巡層楹而空掩，撫錦幙而虚凉。知離夢之躑躅，意别魂之飛揚。

故别雖一緒，事有萬族。[75]至若龍馬銀鞍，朱軒繡軸。帳飲東都，送客金谷。琴羽張兮簫鼓陳，燕趙歌兮傷美人。珠與玉兮豔暮秋，羅與綺兮嬌上春。驚駟馬之仰秣，聳淵魚之赤鱗。造分手而銜涕，感寂寞而傷神。

乃有劍客慚恩，少年報士。韓國趙厠，吴宫燕市。割慈忍愛，離邦去里。瀝泣共訣，抆血相視。驅征馬而不顧，見行塵之時起。方銜感於一劍，非買價於泉裏。金石震而色變，骨肉悲而心死。

或乃邊郡未和，負羽從軍。遼水無極，雁山參雲。閨中風暖，陌上草薰。日出天而曜景，露下地而騰文。鏡朱塵之照爛，襲青氣之烟因。煴。攀桃李兮不忍别，送愛子兮霑羅裙。

至如一去絶國，[76]詎相見期。視喬木兮故里，訣北梁兮永辭。左右兮魂動，親賓兮淚滋。可班荆兮贈恨，惟樽酒兮叙悲。值秋雁兮飛日，當白露兮下時。怨復怨兮遠山曲，去復去兮長河湄。

又若君居淄右，妾家河陽。同瓊珮之晨照，共金爐之夕香。君結綬兮千里，惜瑶草之徒芳。慚幽閨之琴瑟，晦高臺之流黄。春宫閟此青苔色，秋帳含兹明月光。夏簟青兮晝不暮，冬釭凝兮夜何長？織錦曲兮泣已盡，迴文詩兮影獨傷。

儻有華陰上士，服食還仙。術既妙而猶學，道已寂而未傳。守丹竈而不顧，鍊金鼎而方堅。駕鶴上漢，驂鸞騰天。蹔游萬里，少别千年。惟世間兮重别，謝主人兮依然。

下有芍藥之詩，佳人之歌。桑中衛女，上宫陳娥。春草碧色，春水渌波。送君南浦，傷如之何！至乃秋露如珠，秋月如珪。明月白露，光陰往來。與子之别，思心徘徊。

是以别方不定，别理千名。有别必怨，有怨必盈。使人意奪神駭，心折骨驚。雖淵、雲之墨妙，皆嚴、[77]樂之筆精。金閨之諸彦，蘭臺之群英。賦有淩雲之稱，辯有雕龍之聲，詎能摹蹔離之狀，寫永訣之情者乎？

（《文選》卷一六《别賦》，《古今事文類聚》别集卷二五《别賦》，《文翰類選大成》卷二《别賦》，《江文通集彙注》卷一《别賦》）

哀江南賦並序　　庾信

粤以戊辰之年，①建亥之月，大盜移國，金陵瓦解。余乃竄身荒谷，公私塗炭。華陽奔命，有去無歸。中興道銷，窮于甲戌。② 三日哭於都亭，三年囚於别館。天道周星，物極不反。傅燮之但悲身世，無處求生；袁安之每念王室，自然流涕。

昔桓君山之志士，[78]杜元凱之平生，並有著書，咸能自序。潘嶽

① 戊辰之年：梁武帝太清二年（548）。

② 甲戌：梁元帝承聖三年（554）。

之文彩，始述家風；陸機之詞賦，先陳世德。信年始二毛，即逢喪亂，藐是二字《類聚》作“狼狽”。[①] 流離，至于暮齒。《燕歌》《類聚》作“河”。遠别，悲不自勝；楚老相逢，泣將何及！畏南山之雨，忽踐秦庭；讓東海之濱，遂食周粟。下亭漂泊，高橋羇旅。楚歌非取樂之方，魯酒無忘憂之用。追爲此賦，聊以記言，不無危苦之詞，唯以悲哀爲主。

日暮塗遠，人間何世！將軍一去，大樹飄零；壯士不還，寒風蕭瑟。荆璧睨柱，受連城而見欺；載書横階，捧珠盤而不定。鍾儀君子，入就南冠之囚；季孫行人，留守西河之館。申包胥之頓地，碎之以首；蔡威公之淚盡，加之以血。釣臺移柳，非玉關之可望；華亭鶴唳，非河橋之可聞！

孫策以天下爲三分，衆纔一旅；項籍用江東之子弟，人唯八千。遂乃分裂山河，宰割天下。豈有百萬義師，一朝卷甲，芟夷斬伐，如草木焉？江淮無涯岸之阻，亭壁無藩籬之固。頭會箕斂者，合從締交；鋤耰棘矜者，因利乘便。將非江表王氣，終于三百年乎？是知併吞六合，不免軹道之灾；混一車書，無救平陽之禍。嗚呼！山嶽崩頹，既履危亡之運；春秋迭代，必有去故之悲。天意人事，可以淒愴傷心者矣！

況復舟檝路窮，星漢非乘查可上；風飇道阻，蓬萊無可到之期。窮者欲達其言，勞者須歌其事。陸士衡聞而撫掌，是所甘心；張平子見而陋之，固其宜矣。

我之掌庾承周，以世功而爲族；經邦佐漢，用論道而當官。稟嵩、華之玉石，潤河、洛之波瀾。居負洛而重世，邑臨河而晏安。逮永嘉之艱虞，始中原之乏主。民枕倚於牆壁，路交横於豺虎。值五馬之南奔，逢三星之東聚。彼凌江而建國，始播遷於吾祖。分南陽而賜田，裂東嶽而胙土。誅茅宋玉之宅，穿徑臨江之府。水木交運，山川崩竭。家有直道，人多全節，訓子見於純深，事君彰於義烈。新野有生祠之廟，河南有胡書之碣。

① 《類聚》即《藝文類聚》，本篇小字所注《類聚》異文見《藝文類聚》卷三四《人部十八・哀傷》。

況乃少微真人，天山逸民。階庭空谷，門巷蒲輪。移談講樹，就簡書筠。降生世德，載誕貞臣。文詞高於甲觀，模楷盛於漳濱。嗟有道而無鳳，嘆非時而有麟。既奸回之奰瀟。匿，終不悦於仁人。

王子洛濱之歲，蘭成射策之年。始含香於建禮，仍矯翼於崇賢。遊洊雷之講肆，齒明離之胄筵。既傾蠡而酌海，遂測管而窺天。方塘水白，釣渚池圓。侍戎韜於武帳，聽雅曲於文絃。乃解懸而通籍，遂崇文而會武。居笠轂《左傳·宣四年》：射貫笠轂。而掌兵，出蘭池而典午。論兵於江漢之君，拭玉於西河之主。

于時朝野歡娱，池臺鐘鼓。里爲冠蓋，門成鄒魯。連茂苑於海陵，跨横塘於江浦。東門則鞭石成橋，南極則鑄銅爲柱。橘則園植萬株，竹則家封千户。西賮浮玉，南琛没羽。吴歈越吟，荆豔楚舞。草木之遇陽春，魚龍之逢風雨。五十年中，江表無事。王歙爲和親之侯，班超爲定遠之使。馬武無預於甲兵，馮唐不論於將帥。

豈知山嶽闇然，江湖潛沸。漁陽有閭左戍卒，一作“兵”。離石有將兵都尉。天子方删《詩》《書》，定禮樂，設重雲之講，開士林之學。談劫燼之灰飛，辨常星之夜落。地平魚齒，城危獸角。卧刁斗於滎陽，絆龍媒於平樂。宰衡以干戈爲兒戲，搢紳以清談爲廟略。乘漬一作“海”。水以膠船，馭奔駒而朽索。小人則將及水火，君子則方成猨鶴。弊箄不能救鹽池之鹹，阿膠不能止黄河之濁。既而魴魚頳尾，四郊多壘。殿狎江鷗，宫鳴野雉。湛一作“韓”。盧去國，艅艎失水。見被髮於伊川，知百年爲戎矣！

彼奸逆之熾盛，久遊魂而放命。大則有鯨有鯢，小則爲梟爲獍。[79]負其牛羊之力，凶其水草之性。非玉燭之能調，豈璿璣之可正。值天下之無爲，尚有欲於羈縻。飲其琉璃之酒，賞其虎豹之皮。見胡桐於大夏，識鳥卵於條支。豺牙密厲，虺毒潛吹。輕九鼎而欲問，[80]聞三川而遂窺。

始則王子召戎，奸臣介胄。既官政而離逷，遂師言而泄漏。望廷尉之逋囚，反一作“支”。淮南之窮寇。出狄泉之蒼鳥，起横江之困獸。

地則石鼓鳴山，天則金精動宿。北闕龍吟，東陵麟鬬。

爾乃桀黠構扇，憑陵畿甸。擁狼望於黄圖，填盧山於赤縣。青袍如草，白馬如練。天子履端廢朝，單于長圍高宴。兩觀當戟，千門受箭。白虹貫日，蒼鷹擊殿。《戰國策》：蒼鷹擊於殿上。竟遭夏臺之禍，終視二字《類聚》作"遂睹"。堯城之變。官守無奔問之人，干戚非平戎之戰。陶侃空争米船，顧榮虚摇羽扇。

將軍死綏，路絶重圍。[81]烽隨星落，書逐鳶飛。遂乃韓分趙裂，鼓卧旗折。失群班馬，迷輪亂轍。猛士嬰城，謀臣卷舌。昆陽之戰象走林，常山之陣虵奔穴。五郡則兄弟相悲，三州則父子離别。

護軍慷慨，忠能死節。二世爲將，[82]終於此滅。濟陽忠壯，身參末將。兄弟三人，義聲俱唱。主辱臣死，名有身喪。[83]敵人歸元，三軍凄愴。尚書多筭，守備是長。雲梯可拒，地道能防。有齊將之閉壁，無燕師之卧墻。大事去矣，人之云亡！申子奮發，[84]勇氣咆勃，實總元戎，身先士卒。冑落魚門，兵填馬窟，屢犯通中，頻遭刮骨。功業夭枉，身名埋没。

或以隼翼鷃披，虎威狐假。沾漬鋒鏑，脂膏原野。兵弱虜强，城孤氣寡。聞鶴唳而虚驚，[85]聽胡笳而淚下。據神亭而亡戟，臨横江而棄馬。崩於鉅鹿之沙，碎於長平之瓦。

於是桂林顛覆，長洲麋鹿。潰潰沸騰，茫茫墋黷。墋楚錦功，出《功臣贊》，詳載一百十四卷。天地離阻，人神慘酷。晋、鄭靡依，魯、衛不睦。競動天關，争回地軸。探雀鷇而未飽，待熊蹯而詎熟？乃有車側郭門，筋懸廟屋。鬼同曹社之謀，人有秦庭之哭。

爾乃假刻璽於關塞，稱使者之酬對。逢鄂坂之譏嫌，值耏門之征税。乘白馬而不前，策青騾而轉礙。吹落葉之扁舟，飄長風於上游。彼鋸牙而鉤爪，又巡江而習流。排青龍之戰艦，鬬飛鷰之船樓。張遼臨於赤壁，王濬下於巴丘。乍風驚而射火，或箭重而沉舟。[86]未辨聲於黄蓋，以先沉於杜侯。落帆黄鶴之浦，藏船鸚鵡之洲。路已分於湘漢，星猶看於斗牛。

若乃陰陵路絶，釣臺斜趣。望赤岸而沾衣，[87]艤烏江而不渡。雷池栅浦，鵲陵焚戍。旅舍無烟，巢禽無樹。謂荆、衡之杞梓，庶江、漢之可恃。淮海維揚，[88]三千餘里。過漂渚而寄食，托蘆中而渡水。《吴越春秋》伍子胥事。届于七澤，濱于十死。

嗟天保之未定，見殷憂之方始。本不達於危行，又無情於禄仕。謬掌衛於中軍，誤尸承於御史。信生世等於龍門，辭親同於河洛，奉立身之遺訓，受成書之顧托。昔三世而無慚，今七葉而方落。泣風雨於《梁山》，惟枯魚之銜索。入欹斜之小徑，掩蓬藋之荒扉。就汀洲之杜若，待蘆葦之單衣。

于時西楚霸王，劍及繁陽。鏖兵金匱，校戰玉堂。蒼鷹赤雀，鐵舳牙檣。沉白馬而誓衆，負黄龍而渡江。海潮迎艦，江萍送王。戎車屯千石城，戈船掩于淮、[89]泗。諸侯則鄭伯前驅，盟主則荀罃暮至。剖巢燻穴，奔魑走魅。埋長狄於駒門，斬蚩尤於中冀。然腹爲燈，飲頭爲器。直虹貫壘，長星屬地。昔之虎距龍盤，加以黄旗紫氣，莫不隨狐兔而窟穴，與風塵而殄悴。西瞻博望，北臨玄圃。月榭風臺，池平樹古。倚弓於玉女窗扉，繫馬於鳳凰樓柱。仁壽之鏡徒懸，茂陵之書空聚。

若夫立德立言，謨明寅亮，聲超於繫表，道高於河上。更不遇於浮丘，遂無言於師曠。以愛子而托人，知西陵而誰望。非無北闕之兵，猶有靈臺之伏。[90]

司徒之表裏經綸，狐偃之惟王實勤。横雕戈而對霸主，執金鞭而問賊臣。平吴之功，壯於杜元凱；王室是賴，深於温太真。始則地名全節，終則山稱枉人。南陽一作“山南”。校書，去之已遠。上蔡逐獵，知之何晚！

鎮北之負譽矜前，風飈凛然。水神遭箭，山靈見鞭。是以蟄熊傷馬，浮蛟没鳶。才子併命，俱非百年。

中宗之夷凶静亂，大雪冤耻。去代邸而承基，遷唐郊而纂祀。反舊章於司隸，歸餘風於正始。沉猜則方逞其欲，藏疾則自矜於己。天下之事没焉，諸侯之心揺矣。既而齊交北絶，秦患西起。况背闕《類聚》作“闕”。而懷楚，異端委而開吴。驅緑林之散卒，拒驪山之叛徒。營軍梁溠，蒐乘巴渝。問諸滛昏之鬼，求諸厭劾之巫。荆門遭廪延之戮，夏口濫逵泉之誅。蔑因親以教愛，忍和樂於彎弧。既無謀於肉食，非所望於《論都》。未深思於五難，先自擅於三端。登陽城而避險，卧砥柱而求安。既言多於忌刻，實志勇而刑殘。但坐觀於時變，本無情於急難。地惟黑子，城猶彈丸。其怨則黯，其盟則寒。豈冤禽之能塞海，非愚叟之可移山。

况以沴氣朝浮，妖精夜殞。赤烏則三朝夾日，蒼雲則七重圍軫。亡吴之歲既窮，入郢之年斯盡。周含鄭怒，楚結秦冤。有南風之不競，值西隣之責言。俄而梯衝亂舞，冀馬雲屯。棧秦車於暢轂，沓漢鼓於雷門。下陳含而連弩，渡臨晋而横船。雖復楚有七澤，人稱三户。箭不麗於六麋，雷無驚於九虎。辭洞庭兮落木，去涔陽兮極浦。熾火兮楚旗，貞風兮害蠱。乃使玉軸揚灰，龍文折柱。

下江餘城，長林故營。徒思拑馬之秣，《公羊傳》：圍者相馬而林之。未見燒牛之兵。章慢支二字《類聚》作“曼文”。以轂走，宫之奇以族行。河無冰而馬度，關未曉而鷄鳴。忠臣解骨，君子吞聲。章華望祭之所，雲夢僞遊之地。荒谷縊於莫敖，冶父囚於群帥。硎穽摺拉，鷹鸇批攅。冤霜夏零，憤泉秋沸。城崩杞婦之哭，竹染湘妃之淚。

水毒秦涇，山高趙陘。十里五里，長亭短亭。飢隨蟄鷰，暗逐流螢。秦中水黑，關上泥青。於時瓦解冰泮，風飛雹散。[91]渾然千里，淄、澠一亂。雪暗如沙，冰横似岸。逢赴洛之陸機，見離家之王粲。莫不聞隴水而掩泣，向關山而長嘆。况復君在交河，妾在清波。石望夫而逾遠，山望子而逾多。才人之憶代郡，公主之去清河。栩楊一作“相樹”。亭有離别之賦，臨江王有愁思之歌。

别有飄飆武威，羇旅金微。班超生而望返，温序死而思歸。李陵之雙凫求去，[92]蘇武之一雁空飛。

若江陵之中否，乃金陵之禍始。雖借人之外力，實蕭墻之内起。

撥亂之主忽焉,中興之宗不祀。伯兮叔兮,同見戮於猶子。荆山鵲飛而玉碎,隨岸蛇生而珠死。鬼火亂於平林,殤魂遊於新市。梁故豐徒,楚實秦亡。不育所廢,其何以昌?有嬀之後,將育於姜。輸我神器,居爲讓王。

天地之大德曰生,聖人之大寶曰位。用無賴之子弟,舉江東而全棄。惜天下之一家,遭東南之反氣。以鶉首而賜秦,天何爲而此醉!

且夫天道回旋,生民預焉。余烈祖於西晋,始流播於東川。洎余身而七葉,又遭時而北遷。提挈老幼,關河累年。死生契闊,不可問天。况復零落將盡,靈光巋然。日窮于紀,歲將復始。逼切危慮,[93]端憂暮齒。踐長樂之神皋,望宣平之貴里。渭水貫於天門,驪山回於地市。幕府大將軍之愛客,丞相平津侯之待士。見鐘鼎於金、張,聞絃歌於許、史。豈知灞陵夜獵,猶是故時將軍;咸陽布衣,非獨思歸王子!

(《文苑英華》卷一二九《哀江南賦並序》,《文翰類選大成》卷二《補遺·哀江南賦》,《庾子山集注》卷二《哀江南賦》,《周書》卷四一《庾信傳》)

述志賦並序　　蕭皇后

帝每遊幸,后常二字一作"未嘗"。① 不隨從。時復一作"后"。見帝失德,心知不敢措言,一作"心知不可不敢措言"。因爲《述志賦》以自寄。其詞曰:

承積善之餘慶,備箕箒於皇庭。恐修名之不立,時一作"將"。負累於先靈。乃夙夜而匪懈,實寅懼於玄冥。雖自然一作"疆"。而不息,亮愚瞢一作"蒙"。之所一作"多"。滯。思盡一作"竭"。節於天衢,才追心而弗逮。實庸薄之多幸,荷隆寵之嘉惠。賴天高而地厚,屬王道之昇平。均二儀之覆載,與日月而齊明。乃春生以夏長,[94]等品物而同榮。願

---

① 《述志賦》"一作"的内容,全同《文苑英華》卷九七。

立志於恭儉，私自兢於戒盈。孰有念於知足，苟無希於濫名。惟至德之弘深，情不邇於聲色。感懷舊之餘恩，求故劍於宸極。叨不世之殊眄，謬非才而奉職。何寵禄之踰分兮，一無"兮"字。撫我胸襟兮一作"而"。未識。雖沐浴於恩光，内慚惶而累息。顧微躬之寡昧，思令淑之良難。實不遑於啓處，將何情而自安。若臨深而履薄，心戰慄其如寒。

夫居高思危，持滿防溢。一作"夫居高而必危每處滿而防溢"。知恣夸之非道，乃攝生於冲謐。嗟寵辱之易驚，上無爲而抱一。履謙光而守貞，一作"志"。且顧一作"願"。安乎容膝。珠簾玉箔之奇，金屋瑶臺之美。雖時俗之崇麗，蓋吾一作"哲"。人之所鄙。何一作"愧"。絺綌之不工，豈絲竹而喧耳。知道德之可尊，明善惡之由己。屏一作"蕩"。囂煩之俗慮，乃伏膺於經史。綜箴誡以訓心，觀女圖而作軌。遵古賢之令範，冀福禄之能綏。時循經一作"躬"。而三省，覺今是而昨非。嗤黄老之捐一作"换"。思，信爲善之何依。一作"可歸"。慕周姒之遺風，美虞妃之聖則。仰先哲之高才，貴一作"慕"。至人之休德。質菲薄而難縱，心恬愉而去惑。乃平生之耿介，實禮義之所遵。雖生知之不敏，庶積行以成仁。懼達人之蓋寡，謂可求而自陳。誠素志之難寫，同絶筆於獲麟。

（《文苑英華》卷九七《述志賦並序》，《文翰類選大成》卷二《述志賦》，《北史》卷一四《煬愍皇后蕭氏傳》，《隋書》卷三六《煬帝蕭皇后傳》）

虚室賦　張説

明月窗前，古樹檐邊，無北堂之樽酒，絶南隣之管絃。理涉虚趣，心階静緣，室惟生白，人則思玄。厭百慮之勞止，歸一途之兀然。嗟乎！巧智首亂，禮樂增矯，名起異端，利成貪兆。役二見之交戰，驅五神而雜擾。形何費而不衰，性何煩而不夭。每竭源而追末，必志多而復少。[95]玉帳瓊宫，圖奢務豐。朱門金穴，恃滿矜隆。榮與慾而俱盛，事隨憂而不窮。陷營爲之梏桎，留健羡之池籠。心元是幻，法本皆空，莫不因無證實，假異生同。魚何知而樂水，蚍何意而憐風。大哉默識，守此玄通，顧瞻天下，還如夢中。

（《文苑英華》卷九八《虚室賦》，《張説集校注》卷一《虚室賦》）

天賦　劉允濟

臣聞混成發粹，大道含元，興於物祖，首自胚渾。分泰階而立極，光曜魄以司尊。懸兩明而必照，列五緯而無言。驅馭陰陽，裁成風雨。叶乾位而凝化，建坤儀而作輔。

錯落九垓，岧嶤八柱。燦黄道而開域，闢紫宫而爲宇。横斗樞以旋運，廓星漢之昭回。總三統之遷易，乘五運之遞來。察文明而降祥瑞，觀草昧而動雲雷。托璇樞之妙術，應玉管之浮灰。

柔克斯高，聽卑逾廣。覆燾千容，苞含萬象。載光道德，聿符刑賞。既霆震而霜威，亦春生而夏長。其功不測，其變惟神。大哉其施，曠乎其仁！周八紘而化育，籠四海而陶鈞。雖感通而下濟，終輔翼而無親。登大寶於上皇，發神圖於下帝。憑理亂而倚伏，候昏明而一作“以”。開閉。遘堯舜以降禎休，遇辛癸而呈祲沴。歷成敗而無爽，在興亡而必契。深機不測，神化靈長。雖覃恩於列聖，必歸功於有唐。發星辰而效祉，雜烟雲以降祥。大猷載洽，景貺斯彰。浹庶品以光被，樂群生於會昌。軼大庭而包太昊，孕玄頊而掩朱襄。見乹心之祚聖，即靈運之無方。造化唯遠，生成不極。霑廣惠於禽魚，預湛恩於動植。非惻管以能喻，豈戴盆之可識？欣大賚於天成，激長歌於帝力。

苞含。一作“苞羅”。

第二

彼蒼者天，成形物先。初鴻蒙以質判，漸輕清而體圓。生五材以亭毒，運六氣以陶甄。故使晦明相繼，寒暑遞遷。遠眺其原兮，亦極之無極；近詳其理兮，固玄之又玄。諒神功之罕測，實靈造之自然。

徒觀其潛化不言，惟德是輔；列九野而爲虢峙，八山而爲柱。其爲道也，或比之以張弓；其入夢也，或方之於漱乳。憫鄒衍則嚴霜夏降，應陳實則繁星夜聚。孔階遠而難登，樂霧披而已睹。雖覆幬之可媿，豈鍊石之能補。美夫有功不伐，無遠不蓋，德冠三才，名參四大。曰朝上而疑璧，河夜横而如帶。破鏡飛乎其所，長劍倚乎其外。違之則風雨差錯，[96]順之則陰陽交泰。況乎觀文察變，害盈尚默，則大著美於唐君，慮崩見譏於杞國。徒瞻蕩蕩之體，孰辯蒼蒼之色。在玉衡以齊政，任銅史以司刻。名既入於四知，光鎮臨於八極。顧惟仰難，[97]載之無力。思斡運之莫原，惟遠近之難識。儻聞鳴皋之響，願奮垂雲之翼。嗟天道之大哉，非管窺之可測。

（《文苑英華》卷一《天賦》，《文翰類選大成》卷三《補遺・天賦二道》）

惜餘春賦　李白

天之何爲令北斗而知春兮，回指於東方。水蕩漾兮碧色，蘭葳蕤兮紅芳。試登高而望遠，極雲海之微茫。魂一去兮欲斷，淚流頰兮成行。吟清風而咏滄浪，懷洞庭兮悲瀟湘。何余心之縹緲兮，與春風而飄揚。飄揚兮思無限，念佳期兮莫展。平原萋兮綺色，愛芳草兮如剪。惜餘春之將闌，每爲恨兮不淺。漢之曲兮江之潭，把瑶草兮思何堪？想遊女於峴北，愁帝子於湘南。恨無極兮心氲氲，目眇眇兮憂紛紛。披衛情於淇水，結楚夢於陽雲。春每歸兮花開，花已闌兮春改。嘆長河之流速，送馳波於東海。春不留兮時已失，老衰颯兮逾疾。恨不得掛長繩於青天，繫此西飛之白日。若有人兮情相親，去南國兮往西秦。見遊絲之横路，網春暉以留人。沉吟兮哀歌，躑躅兮傷别。送行子之將遠，看征鴻之稍滅。醉愁心於垂楊，隨柔條以糾結。望夫君兮咨嗟，横涕淚兮怨春華。寄遥影於明月，送夫君於天涯。

（《文苑英華》卷二一《惜餘春賦》，《古今事文類聚》前集卷八《惜餘春賦》，《文翰類選大成》卷三《惜餘春賦》，《唐文粹》卷九《惜餘春賦》，《李太白全集》卷一《惜餘春賦》，《李白集校注》卷一《惜餘春賦》）

渾天賦並序　楊炯

顯慶五年，炯時年十一，待制弘文館。上元三年，始以應制舉，補校書郎。朝夕靈臺之下，備見銅渾之象。尋返初服，卧疾丘園。二十年而徙官，[98]斯亦拙之效也。代之言天體者，未知渾、蓋孰是；代之言天體者，以爲禍福由人。故作《渾天賦》以辨之。其辭云：

有爲宣夜之學者，[99]喟然而言曰："旁望萬里之黄山，而皆青翠；俯察千仞之深谷，而皆黝黑。[100]蒼蒼在上，非其正色，遠而望之，無所至極。日月載於元氣，所以或中而或昃；星辰浮於大空，所以有行而有息。故知天常安而不動，地極深而不測。可以爲觀象之準繩，[101]可以作談天之楷式。"有稱《周髀》之術者，囅然而笑曰："陽動而陰静，天迴而地游。天如倚蓋，地若浮舟。出於卯，入於酉，而生晝夜；交於奎，合於角，而有春秋。天則西北既傾，而三光北轉；地則東南不足，而萬穴東流。[102]比於圓首，前臨胸者，後不能覆背；方於執炬，南稱明者，北可以言幽。此天與而不取，惡煌煌而更求？"

太史公有睟其容，乃盱衡而告曰："楚既失之，齊亦未爲得也。言宣夜者，星辰不可以闊狹有常；言蓋天者，漏刻不可以春秋各半。周三徑一，遠近乖於辰極；東井南箕，曲直殊於河漢。明入於地，葛稚川所以有辭；候應於天，[103]桓君山由其發難。假蘇秦之不死，既莫知其説；[104]儻隸首之重生，亦不能成其筭也。二客嘗聞渾天之事歟？[105]請爲左右揚搉而陳之。

"原夫杳杳冥冥，天地之精；混混沌沌，陰陽之本。何太虚之無礙，偉造化之多端。[106]南溟玉室之宫，爰皇是宅；西極金臺之鎮，上帝攸安。地則方如棋局，天則圓如彈丸。天之運也，一北而物生，一南而物死。地之平也，影長而多暑，影短而多寒。[107]太陰當日之衝也，成其薄蝕；衆星傳月之光也，因其波瀾。乾坤闔闢，天地成矣；動静有常，陰陽行矣。方以類聚，物以群分，吉凶生矣。在天成象，在地成形，變化見矣。部之以三門，張之以八紀。其周天也，三百六十五度。其去地也，九萬一千餘里。日居月諸，天行而地止。載之以氣，乘之以水，[108]生之育之，長之畜之，亭之毒之，蓋之覆之。天聰明也，聖人得之；天垂象也，聖人則之。其道也，不言而信；其神也，不怒而威。

驗之以衡軸，考之以樞機。三十五官有群生之繫命，一十二次當下土之封畿。中衡外衡，每不召而自至；黄道赤道，亦殊途而同歸。表裏見伏，聖人於是乎發揮；分至啓閉，聖人於是乎範圍。可以窮理而盡性，可以極深而研幾。

“天有北斗，杓雋龍角，[109]魁枕参首。天有北辰，衆星環拱，大帝威神。[110]尊之以耀魄，配之以鈎陳，有四輔之上相，有三公之近臣。華蓋巖巖，俯臨於帝座；離宫弈弈，旁絶於天津。列長垣之百堵，啓閶闔之重闈。文昌拜於大將，大理囚於貴人。太階平而居臣穆，招摇指而天下春。東宫則析木之津，壽星之野。箕爲傲客，房爲駟馬。天王對於攝提，皇極臨於宦者。左角右角，兩耀之所巡行；陰間陽間，五星之所次舍。後宫掌於燕息，太子承於冢社。宗人宗正，内外敦叙於邦家；市樓市垣，貨殖畢陳於天下。北宫則靈龜潛匿，螣蛇伏藏。瓠瓜宛然而獨處，織女終朝而七襄。登漸臺而顧步，御輦道而倘徉。聞雷霆之隱隱，聽枹鼓之硠硠。南斗主爵禄，東壁主文章。須女主布幣，牽牛主關梁。羽林之軍所以除暴亂，壘壁之陣所以備非常。西宫則天潢咸池，五車三柱。奎爲封豕，参爲白虎，胃爲天倉，婁爲衆聚。旄頭之北，宰制其胡虜；天畢之陰，蓄洩其雷雨。大陵積尸之肅殺，参旗九斿之部伍。樵蘇之地，出於園苑。[111]萬憶之資，填積於倉庾。南宫則黄龍賦象，朱鳥成形。五常之座，[112]三光之庭。傷成於鉞，誅成於鑕；禍成於井，德成於衡。執法者，廷尉之列，[113]大夫之象；少微者，儲君之位，處士之星。天弧直而狼顧，軍市曉而鷄鳴。三川之交，[114]鶉火通其耀；七澤之國，翼軫寓其精。南河北河，象闕於是乎增峻；左轄右轄，邊荒於是乎自寧。

“乃有金之散氣，水之精液。法渭水之横橋，像昆池之刻石。[115]歲時占其水旱，滄溟應其朝夕。[116]織婦之室，[117]漢家之使可尋；飲牛之津，海上之人易覿。日也者，衆陽之長，人君之尊。天鷄曉唱，靈烏晝踆。扶桑臨於大海，若木照於崑崙。太平太蒙，所以司其出入；南至北至，所以節其寒温。龍山銜燭，不能議淇光景；夸父棄策，無以方其駿奔。月也者，群陰之紀，上天之使，異姓之王，后妃之事。方諸對而明水浹，重暈匝而邊風駛。纔盈蚌蛤，[118]則虜騎先侵；適鬬麒麟，則暗虎潛值。五星者，木爲重華，火爲熒惑。鎮居戊己，斯爲土德。太白主西，辰星主北。俯察人事，仰觀天則。比參右肩之黄，如登大星之黑。[119]五材所以致用，七政於焉不忒。同舍而有四方，分天而利中國。赤角犯我城，黄角天之争。五星同色，天下偃兵。趨前舍爲盈，退後舍爲縮；盈則侯王不寧，縮則軍旅不復。或向而或背，或遲而或速。金火犯之而甚憂，歲鎮居之而有福。

"觀衆星之部署，歷七耀而駈馳。定天下之文，所以通其變；見天下之賾，所以象其宜。然後播之以風雨，威之以霜霰。或吐霧而蒸雲，或擊雷而鞭電。一旬而太平感，膚寸而天下徧。白日爲之晝昏，恒星爲之不見。爾乃重明合璧，五緯連珠。青氣夜朗，黄雲旦扶。握天鏡，受河圖。若曰賜之以福，此明王聖帝之休符。至如怪雲祆氛，冬雷夏雪。日暈長虹，星流伏鼈。[120]陰有餘而地動，陽不足而天裂。若曰懼之以灾，此昏主亂君之妖孽。

"昔者顓頊之命重黎，司天而司地；陶唐之分仲叔，宅西而宅東。其後宋有子韋，鄭有裨竈，魏有石氏，齊有甘公。唐都之推星，王朔之候氣，周文之觀日，吴範之占風，有以見天地之情狀，識陰陽之變通。《詩》云'謂天蓋高'，①《語》曰'惟天爲大'，②至高而無上，至大而無外。四時行焉，萬物生焉。群神莫尊於上帝，法象莫大於皇天。靈心不測，神理難筌。日何爲兮右轉？天何爲兮左旋？盤古何神兮立天地？巨靈何聖兮造山川？螟何細兮師曠清耳而丕聞，離朱拭目而無見？鵬何壯兮搏扶摇而翔九萬，運海水而擊三千？龜與蛇兮異其短長之質，椿與菌兮殊其小大之年。鐘何鳴兮應霜氣，劍何伏兮動星躔。列子何方兮御風而有待，師門何術兮驗火而登仙。魯陽揮戈兮

① 參見《詩經·小雅·正月》。
② 參見《論語·泰伯》。

轉於西日，陶侃折翼兮登乎上玄。女何冤兮化精衛，帝何耻兮爲杜鵑。争疆理者有零陵之石，聞絃歌者有蓋山之泉。若怪神之不語，天何述於此篇。以天乙之武也，焦土而爛石；以唐堯之德也，襄陵而懷山。以顔回之賢也，貧居於陋巷；以孔丘之聖也，情希乎執鞭。馮唐入於郎署也，兩君而未識；楊雄在於天禄也，三代而不遷。桓譚恩周於圖讖也，[121]忽焉不樂；張衡術窮於天地也，退而歸田。我無爲而人自化，吾不知其所以然而然。”

（《文苑英華》卷一八《渾天賦並序》，《唐文粹》卷四《渾天賦並序》，《楊炯集箋注》卷一《渾天賦並序》）

海潮賦並序　　盧肇

夫潮之生，因乎日也；其盈其虚，繫乎月也。古君子所未究之。將爲之辭，猶憚夫有所未通者，故肇序以盡之。

肇始窺《堯典》，見曆象日月以定四時，乃知聖人之心，蓋行乎渾天矣。渾天之法著，陰陽之運不差。陰陽之運不差，萬物之理皆得。萬物之理皆得，其海潮之出入。欲不盡著，安將適乎？

近代言潮者，皆驗其及晦而絶，過朔乃興，月弦乃小羸，月望乃大至，以爲水爲陰類，牽於月而高下隨之也。遂爲濤志，定其朝夕，以爲萬古之式，莫之逾也。殊不知月之與，海同物也。物之同，能相激乎！《易》曰：“天地暌而其事同也，男女暌而其志通也。”①夫物之形相暌，而後震動焉，生植焉。譬猶烹飪，置水盈鼎，而不爨之。欲望膳羞之熟，成五味之美，其可得乎？潮亦然也。天之行健，晝夜復焉。日傅于天，天右旋入海，而日隨之。日之至也，水其可以附之乎！故因其灼激而退焉。退於彼，盈於此，則潮之往乘，不足怪也。其小大之期，則制之於月。大小不常，必有遲有速。故盈虧之勢，與月同體。何以然？日月合朔之際，則潮殆微絶。以其至陰之物，邇於至陽，是以陽

---

① 參見《周易·暌卦·彖辭》。

之威不得肆焉，陰之輝不得明焉。陰陽敵故無進無退，無進無退，乃適平焉。是以月之與潮皆隱乎晦，此潮生之實驗也。其朒其朓，則潮亦隨之，乃知日激水而潮生，月離日而潮大，斯不刊之理也。

古之人或以日如平地執燭，遠則不見。何甚謬乎？夫日之入海，其必然之理乎。且自朔之後，月入不盡，晝常見焉。以至於望，自望之後，月出不盡，晝常見焉。以至於晦，見於晝者，未嘗有光，必待日入於海，隔以映之。受光多必，隨日遠近。近則光少，遠則光多。至近則甚虧，至遠則大滿。此理又足證夫日至于海。水退于潮，尤較然也。肇適得其旨，以潮之理，未始著於經籍閑。以類言之，猶乾坤立，則易行乎其中。易行乎其中，則物有象焉。物有象而後有辭，此聖人之教也。肇觀乎日月之運，乃識海潮之道。識海潮之道，亦欲推潮之象。得其象亦欲爲之辭，非敢衒於學者。蓋欲請示千萬祀，知聖代有苦心之士，如肇者焉。賦曰：

開圓靈於混沌，包四極以永貞。立天之道。赩至陽之元精，謂日也。作寒暑與晦明。截穹崇以高步，涉浩漾而下征。回龜、鳥於兩至，冬至日在南斗玄武之體，故曰龜。夏至日在東井朱雀之體，故曰鳥也。曾不愆乎度程。其出也，天光來而氣曙；其入也，海水退而潮生。何古人之守惑，謂玆濤之不測。安有夫虞泉之鄉，沃焦之域，栖悲谷以成暝，浴濛泥而改色。巨鰌隱見以作規，介人呼吸而爲式。陽侯玩威於鬼工，伍胥洩怒乎忠力。是以納人於聾昧，遺羞乎後代。曾未知海潮之生兮自日，而太陰裁其小大也。今將考之以不惑之理，箸之幾不刊之辭，陳其本則晝夜之運可見其影響，言其徵則朔望之候不爽乎毫釐。豈不謂乎有耳目之疾，而爟將判乎神醫者也？

粵若太極，分陰分陽。陽爲日，故節之以分至啓閉；陰爲水，故霏之以雨露雪霜。雖至賾而可見，雖至大而可量。豈謂居其中而不察乎渺漠，亡其外而不考其茫洋者哉？故水者陰之母，日者陽之祖。陽不下而昏曉之望不得成，陰不升而雲雨之施不得睹。因上下之交泰，識洪濤之所鼓。胡爲乎歷象取其枝葉而迷其本根也，榮其涓滴而喪其泉源也。[122]諸家不言海潮之由也。於是欲抉其所迷而論之，採其所長而存之。光乎廓乎，汩磅礴乎，差瀴溟之無際，昌鴻濛而可以盡度乎。方知夫言潮之初，[123]心遊六虚，索蜿蜒乎乾龍，駕轇輵乎坤輿。知六合之外，洪波無所泄。但隨二至升降而已。識四海之内，至精有所儲。元氣常運，萬物自成。不然，何以使百川赴之而不溢，萬古揆之而靡餘也。是乃察乎濤之所由生也。

駭乎哉！彼其所廣也，視之而遥遥矣；彼其爲壯也，欲乎其沆沆矣。其增其羸，其難爲狀矣。當夫巨浸所稽，視無巔倪，洶湧澒洞，窮東極西。浮厚地也體定，謂地浮於水天在水外也。半圓天而勢齊。謂陰陽上下各一半也。謂無物可以激其至大，故有識而皆迷。及其碧落右轉，陽精西入，始作潮他。抗雄威之獨燥，却衆柔之繁濕。高浪瀑以旁飛，駭水洶而外集。霏細碎以霧散，屹奔騰以山立。巨泡丘浮而迭起，飛沫電烻以驚急。且具日之爲體也，若熾堅金，圓徑千里。《周髀》法曰日徑千里，周三千里。土石去之，稍邇而必焚。魚龍就之，雖遠而皆靡，何水之龍逼，而不澎濞沸渭以四起。故其所以湊鑠，其所以薄激者，莫不魄落焯鑠，如鼜巨鑊，絶兮不可探乎浣浣之内，呀焉若天地之有齟齬。

其始也，漏光迸射，虹截寓縣，拂長庚而尚隱，帶餘霞而未殄。其漸没狗虎菌反。兮，若后羿之時，平林載馳，驅猫虎與兕象，慴千熊及萬羆。呀偃蹇而矍鑠，忽劃礫而齹此何反。齸。意其反。其少進也，若召人繽紛，填城溢郭，蹄相蹂蹙，轂相摩錯，閧闔澶漫，凌强侮弱。倏皇輿之前蹕，孰不奔走而揮霍。及其勢之將極也，湝兮若牧野之師、昆陽之衆，定足不得，駭然來奔。騰千壓萬，蹴搏沸亂，雄稜後闕，醜勢前判。慴仁兵而自僵，倏谷呀而巇斷。此者皆海濤遇日之形，聞者可以識其畔岸也。

賦未畢，有知玄先生諷之曰："斯義也，古人未言。吾將輝乎文墨之場，以貽永久，爲天下稱揚。"爰有博聞之士，駭潮之義，始盱衡而抵掌，俄頪虚禁反。齘虚介反。而愕貽，摯衣下席，蹈足掀臂，將欲致詰，領畫天地。久之而乃謂先生曰："伊潮之源，先賢未言。枚乘循涯而止記其極，木華指近而未考其垠。焉有末學後塵，遽荒唐而敢論？”先生矍然而疑，乃因其後，推車捧席，執腒音“渠”，乾雉也。《儀禮》士相見，春夏用腒，秋冬用雉。伺顔。言之少閑，請見徵之所如。客乃曰：“人所不知而不言，不謂之訥；人所未識而不道，不謂之愚。彼亦何敢擅談天之美，斡究地之揄，指溢滞之難悟，欲蠱聽於群儒。今將盡索乎彼潮之至理，何得與日月而相符。且大章所步，大章，禹臣。禹使步虚里者也。東西有極，容成叩玄，陰陽已測。客成，黄帝臣。帝遣造曆日。陽秀受乎江政，玄冥佐乎水德。莫不窮海運，稽日域。及周公之爲政也，則土圭致晷，謂量日影，千里而差一寸也。《周髀》作則，即勾股筭法。周人以髀爲勾，以股爲用，以筭乃知日月之遠近。裨竈窮情乎天象，神竈，鄭大夫，善知天文者。子雲贊數於幽默。楊雄作《太玄經》，分八十一首，七百二十九贊，以定陰陽之數者也。張衡考動以鑄儀，謂地動儀。淳風述時而建式。謂作《乙巳占》，以儀立式，以定星展也。彼皆疑神於經緯之閑，極思乎圓方之壺。胡不立一辭於兹潮，以明乎繫日之根本也。先生苟奇之，胡不思之；先生將寶之，胡不考之。自此已下發十四問。

“苟由日升，當若準若繩。何春夏差小？其一問。而秋冬勃具？其二問。其逾朔也當少進，何遽激而斗增？其三問，月二日潮長大也。其過望也當少退，何積日而憑凌？其四問。十八日潮勢何故更大也。晝何常微？其五問，晝潮皆小也。夜何常大？其六問，夜潮比晝勢校大，海人知之。何錢塘洶然以獨起，殊百川之進退？其七問。何仲秋忽爾而目興，異三時之滂霈？其八問。日之赫焉，猶火之烈，火至水中，其威萬絶。入洪溟以深潰，何日光而不滅？其九問。潮之往來，既云因日，日唯一沉，潮何並出？其十問。萬流之多，匪江匪河，發自畎澮，往成天波，終古不極，盍沉四國，何成彼潮，而小大一式？其十一問。爲潮之外，水歸何域？十二問。又云水實浮地，在海之心日。潛其下，而逢彼太陰。且其土厚石重山峻川深，投塊置水，靡有不沉。豈同其芥葉，而泛以蹄涔。緊坱北之至大，何水力之能任？十三問。吾聞之，天地噫音“隘”。氣，有吸有呼。晝夜成候，潮乃不踰。其十四問。豈由日月之所運？作誇誕以相誣者哉。”

先生閲賦之初，深通厥旨。及聞客論，听然啓齒。於是謂客徐坐，善聽厥辭。蓋聞南越無頒冰之禮，鄭人有市璞之嗤。常桎梏於獨見，終沉溺於群疑。既别白而不悟，爰提耳而告之。然有事至理，無争無勝。猶權衡之在懸，審錙銖而必應。稽海潮之奥旨，諒余心之足證。當爲子窮幽而洞冥，豈止於揆物而稱哉。

答第一問。夫日此燠，陽生於《復》。☷《震》下《坤》上，《復》將論日之升降，陰陽之大體，故假《周易·復》《始》二卦以明之也。離南斗而景長，冬至後日漸近北，故晝漸長，日造一度故也。邇中都而夜促。當是時也，氣蒸川源，潤歸草木。既作雲而洩雨，乃襄陵而溢谷。魚發坼於胎卵，鳥獸含闔綽於孕育。且水生之數一，而得土之數六。不測者雖能作於滇渤，苟窮之當無羨於升掬。其散也，爲萬物之腴；其聚也，歸四海之腹。歸則視之而有餘，散則察之而不足。春夏當氣散之時，故潮差而小也。

答第二問。及其日南而涼，陰生於《姤》。☰《巽》下《乾》上。《姤》退東井而延夕，夏至復日漸近南，故夜長也。遠齊州而減晝。當是時也，草木辭榮，風霜入候，水泉閉而土涸，滋液歸而下湊。瘁萬物以如歸，運大澤而若漏，縮於此者盈於彼，信吾理之非謬。秋冬當氣聚之時，故潮差而大也。

答第三問。兩曜之形，大小唯敵。既當朔以制威，陽雖盛而難迫。其離若争，其合如擊，始交綏而止鬥，合朔之次，非無物喻之，故比乎交綏也。終摩壘而先釋。月行疾，令朔乃迅。故比季摩壘。日沮其雄，水通其液，既冒威於一朝，信畜怒乎再夕。且潮之所恃者，月趣陰類也。所畏者。日避門威也。月違日以漸遥，水畏威而乃溢。亦猶群后納職，來造王門，獲命以出，望中而奔，引百寮而盡退，何一迹之敢存。此潮象之所以至二日而斗增也。

答第四問。黄道所遵，遐迹已均。肆極陽而不礙，故積水而皆振。自朔而退，哉生魄之後，左行，漸連於日也。退爲順式。自望而進，自皇七後，在日之右，浙通於日也。進爲干德，謂朝近日若來干犯之也。伊坎精之既全，將就晦而見逼。勢由望而積壯，故信宿而乃極。此潮之所以後望二日而方盛也。

合第五并第六問。自曉至昏，潮終復始。陽光一潛，水復迸起。復來中州，逾八萬里。周天法一面出入八萬里。其勢涵澹，無物能弭。周天法一面去日八萬一千一百九十九里有奇也。分晝於戌，作夜於子。子前爲早潮，子後爲晚潮。一云戌前爲早潮，亥後爲晚潮。子之前日下而陰滋，子之後日上而陽隨。滋於陰者，故鑠之於水而不能甚振；隨於陽者，故迫之爲潮而莫肯少衰。此潮所以夜天而晝稍微也。

答第七問。嘗信彼東遊，亦聞其揆。賦之者究物理盡人謀。水無遠而不識，地無大而不搜。觀古者立名而可驗，何天之造物而難籌。且浙者折也，蓋取其潮出海屈浙而倒流也。夫其地形也，則右蟠吴而大江覃其腹，左挾越而巨澤灌其喉。獨滋水也，夾群山而遠入，射二帶而中投。夫潮以平來，百川皆就，浙入既深，激而爲鬥。此一覽而可知，又何索於群究。

答第八問。群陰既歸，水與天違。當宵分之際，謂八月也。避至烈之輝。因圓光之既對，引大海以群飛。海中飛群，《太玄經》云。夫秋之中而陰盛，亦猶春之半而陽肥。事苟稽於已著，理必辨於猶微。故濤生於八月之望者，九岌岌而巍也。

答第九問。萬物之中，分日之熱。謂三才之中，各有火也。叩琢鑽研，其大乃烈，吹烟得焰，傳薪就熱。附於堅則難銷，焚於槁則易絶。所依無定，遇水乃滅。太陽之精，火非其匹。至威無焰，至精有質，入四海而水不敢濡，照八紘而物莫能屈。就之者咸得其光輝，仰之者不知其何物。其體若是，豈比夫寒灰死炭，遇濕而同漂汨哉。

答第十問。方輿之下，陽祖所回。歷亥子而右盛，逾丑寅而左來。右激之遠兮遠爲朝，左激之遠兮遠爲夕。既因月而大小成，亦隨時而前後隔。此日之所以一沉，而潮之所以兩析也。

答第十一問。天地一氣也，陰陽一致也。其虚其盈，隨日之經。界寒暑之二道，將無差於萬齡。故小大可法，而乾坤永寧也。

答第十二問。若夫雲者雨者，風者霧者，爲雪爲霜者，爲雹爲露者，雷之所鼓者，龍之所赴者，群生之所賦者，萬物之所附者，彼皆與日而推移，所以就其衰而成其茂也。然後九團無餘，而萬流爲之長輔。談未竟，客又剿而言曰：若乃寒暑定而風雨均也，吾聞之《洪範》云，豫常燠，急常寒，狂乃陰雨爲沴，僭則陽氣來干。苟日月之躔一定，又何遠於王政之大端？彼有後問，姑紓前言。大三才者，其德之必同。天以陽爲主，地以陰爲宗。參二儀之道，在一人之躬。一人行之，三才皆協。德順時則雨霽均，行逾常則凶荒接，僭慢所以犯陽德也。故曝尪莫之哀，狂急所以犯陰德也。故離畢爲之灾，此則爲政之所致，非可以常度而剸裁也。

客曰："唯。其餘如何？"復從而解之曰：

答第十三問。惟《坤》與《乾》，余常究焉。清者浮於上，濁者積於淵。濁以載物爲德，清以不極爲玄。載物者以積鹵負其大，鹵，鹹水也，所以能浮厚地也。不極者以上規莫其圓。北辰不動，謂之上規也。故知鹵不積則其地不能載，玄不運則其氣無以宣。夫如是，山嶽雖大，地載之而不知其重；華夷雖廣，鹵承之而不知其然也。氣之輕者，其升乃高，故積雲如嶽，不駐鴻毛，輕而清也，而物莫能勞。及其干霄勢窮，霏然下墜，謂爲雨者也。隨坳壑而虛受，任畎澮之疏潰。著則重也，故舟檝可以浮寄，至夫離九天，堙九地，作重陰之膠固，自堅冰以馴。致固可以乘鴻溟以自安，受萬有而不圮者也。聽兹言，較兹道，定一陽之所宗，何衆理之難考。且合昏知暮，而翰音司晨。安有懷五常之美，預率土之濱，苟無諒乎此旨，亦何足齒於吾人。

答第十四問。子以天地之中，元氣噫音"憶"。噦，爲夕爲朝，且登且没。泛辭波而甚雄，處童蒙而未發。孰觀地喙乎深泉之涯？孰指天吭乎巨海之窟？既無究於兹源，寧有因其呼吸而騰勃者哉。

客謝曰："辭既已矣，欲入壼奥，願申一問。先生幸以所聞教之。嘗居海裔，覩潮之勢，或久往而方來，或合沓而相際。曷舛互之若斯，今幸指乎听制。先生撰屨旁眄，亦窮其變。吾因訊夫墨客，當大索其所見。彼亦告於余曰：日往月來，氣回天轉。其激也大，則體盛而相疏；其作也小，則勢接而相踐。惟體勢之可准，故合沓而有羡。其何怪焉。客乃踞軀斂色，交袂而辭。彼圓玄方賾，古惑今疑。嘆載籍之不具，恨象數之尚遺。方盡迷於閫域，非先生親得於學者，而孰肯論之。於是乎若卵判雛生，鼓擊聲隨，雷電至而幽蟄起，蛟龍升而雲雨滋。形開夢去，醒至酲離。既手之舞之，足之蹈之，乃避席而稱詩爲賀，庶知玄先生之辭？辭曰：

噫哉古人！迷潮源兮。刓編矗翰，曾未言兮。羅虚列怪，無蕃垣兮。名儒幽討，理可專兮。高駕日域，窺天門兮。濤疑一釋，永立言兮。若和與扁，祛吾惛兮。昔之論者，何其繁兮。意摩心滿，秖爲歡兮。陰陽數定，水長存兮。進退與日，遊混元兮。一升一降兮寒暑成，下凝濁兮上浮清。隨盈任縮兮浮四溟，釜鬲蒸爨兮擬厥形。願揚此辭兮顯爲經，高謌百氏兮貽億齡。"

先生曰："彼能賦之，子能演之，非文鋒之破鏑，何以静乎群疑？"客乃酣然自得，油然而退也。

（《唐文粹》卷五《海潮賦並序及進賦狀》，《古今事文類聚》前集卷一五《海潮賦》，《文翰類選大成》卷三《海潮賦并後序》）

【校勘記】

［1］緣：此字原無，據《宋玉集》補。

［2］赤猿玃猱：此四字原脱，據《司馬相如集校注·賦》補。

［3］兕象野犀窮奇玃狿：此八字原脱，據《司馬相如集校注·賦》補。

［4］抏：原作"抗"，據《文選》卷八、《史記》卷一一七、《漢書》卷五七上改。

［5］客何謂兹邪：《文選》卷九作"客何謂之兹邪"。

［6］乃展民之所屈：《文選》卷九作"乃展人之所屈詘"。

［7］朝廷：原作"朝庭"，據《文選》卷九、《漢書》卷八七上改。

［8］朝廷：原作"朝庭"，據《文選》卷一改。

［9］臨：《文選》卷七作"凌"。

［10］魂魄：《文選》卷七作"魂眇眇而昏亂"。

［11］栖遲：《文選》卷七作"迟迡"。

[12] 輝光：《文選》卷七作“光輝”。

[13] 義：《文選》卷一五作“誼”。

[14] 彯：《文選》卷一五作“飄”。

[15] 坡：《文選》卷一五作“阪”。

[16] 鼈令：此二字原脱，據《張衡詩文集校注·賦》補。

[17] 涬：《文選》卷一五作“倖”。

[18] 以：此字原脱，據《文選》卷一五補。

[19] 視：《文選》卷一五作“眂”。

[20] 猋：《文選》卷一五作“焱”。

[21] 然：此字原脱，據《曹植集校注》卷二補。

[22] 兮：此字原脱，據《曹植集校注》卷二補。下文“恨人神之道殊兮”之“兮”同。

[23] 使：《文選》卷一七作“而”。

[24] 本：原作“准”，據《文章辨體彙選》卷二九五《三都賦序》改。

[25] 而：《文章類選》同《全蜀藝文志》卷一，《文選》卷四作“以”。

[26] 磔：原作“鏁”，據《全蜀藝文志》卷一改。

[27] 帀：原作“市”，據《全蜀藝文志》卷一改。

[28] 詭譎：《文章類選》同《全蜀藝文志》卷一，《文選》卷四作“崛詭”。

[29] 涉躐：“涉”原作“沙”，據《全蜀藝文志》卷一、《成都文類》卷一改；“躐”，《成都文類》卷一作“獵”。

[30] 方：《全蜀藝文志》卷一作“於”，《文選》卷四作“而”。

[31] 嗟：《文章類選》同《全蜀藝文志》卷一，《文選》卷四作“羌”。

[32] 韡：原作“暐”，據《全蜀藝文志》卷一改。

[33] 隽：《文章類選》同《全蜀藝文志》卷一，《文選》卷四作“儁”。

[34] 俗：此字原脱，據《全上古三代秦漢三國六朝文·全晋文》卷七四補。

[35] 譼：《文選》卷五作“檻”。

[36] 爛：《文選》卷五作“焰”。

[37] 暴：《文選》卷五作“獻”。

[38] 峙：《文選》卷五作“跱”。

[39] 叶：《文選》卷五作“汁”。

[40] 尋：《文選》卷五作“橁”。

[41] 夫：《文選》卷五無此字。

[42] 機：《文章類選》同《文選》卷六，《文翰類選大成》卷一六三作“禨”。

[43] 以兆：此二字原脱，據《文翰類選大成》卷一六三補。

[44] 盧：《文選》卷六作“櫨”，《文翰類選大成》卷一六三作“攎”。

[45] 邈邈：《文章類選》同《文翰類選大成》卷一六三，《文選》卷六作“藐藐”。

[46] 禦：此字原脱，據《文翰類選大成》卷一六三補。

[47] 冒六英五莖：《文選》卷六作“冒六莖”，《文翰類選大成》卷一六三無此五字。

[48] 于：《文章類選》同《文翰類選大成》卷一六三，《文選》卷六作“干”。

[49] 運：《文選》卷一三作“時”。

[50] 并：《文選》卷一三作“弁”。

[51] 玄：《文選》卷一八作“互”。

[52] 一：《文選》卷一八作“爾”。

[53] 寤：《文選》卷一八作“悟”。

[54] 桐：《文選》卷一八作“梧”。

[55] 爍：《文選》卷一八作“爚”。

[56] 暐燁：《文選》卷一八作“韡曄”。

[57] 嘔鶻噱：《文選》卷一八作“嘔噱”。

[58] 念：《文選》卷一八作“悆”。

[59] 于：原作“干”，據《文選》卷一八改。

[60] 易：《文選》卷一八作“狄”。

[61] 辭：《文選》卷一八作“亂”。

[62] 綸：《文選》卷一二作“淪”。

[63] 碻：《文選》卷一二作“礭”。

[64] 蹬：《文選》卷一二作“磴”。

[65] 自得：《文選》卷一三、《漢魏六朝一百三家集・晋張司空集》均作“自樂也”。

[66] 肉不登乎俎味：《文章類選》同《漢魏六朝一百三家集・晋張司空集》，《文選》卷一三作“肉弗登於俎味”。

[67] 無：《文章類選》同《漢魏六朝一百三家集・晋張司空集》，《文選》卷一三作“何”。

[68] 鷂：《文選》卷一三、《漢魏六朝一百三家集・晋張司空集》均無此字。

[69] 冽：《文選》卷一三、《古賦辨體》卷六均作“升”。

[70] 霧：《文選》卷一三、《古賦辨體》卷六均作“鶩”。

[71] 汗：《文章類選》同《古賦辨體》卷六，《文選》卷一三作“盱”。

[72] 辭：《文選》卷一三、《古賦辨體》卷六均作“亂”。下句“辭曰”之“辭”同。

[73] 而：《文選》卷一三、《古賦辨體》卷六均作“興”。

[74] 郡：原作“群”，據《文選》卷一六改。

[75] 有：《文選》卷一六作“乃”。

[76] 去：《文選》卷一六作“赴”。

[77] 皆：《文選》卷一六無此字。

[78] 士：《文苑英華》卷一二九作“事”。

[79] 鏡：《文苑英華》卷一二九作“獍”。

［80］歆：《文苑英華》卷一二九作“欲”。下文“沉猜則方逞其歆”之“歆”同。
［81］重：《文苑英華》卷一二九作“長”。
［82］二：《文苑英華》卷一二九作“三”。
［83］有：《文苑英華》卷一二九作“存”。
［84］申子：原作“甲子”，據《文苑英華》卷一二九改。
［85］虚：《文苑英華》卷一二九作“心”。
［86］沉舟：《文苑英華》卷一二九作“回舟”。
［87］赤岸：《文苑英華》卷一二九作“赤壁”。
［88］揚：原作“陽”，據《文苑英華》卷一二九改。
［89］掩：原作“埯”，據《文苑英華》卷一二九改。
［90］靈臺：《文苑英華》卷一二九作“雲臺”。
［91］雹：《文苑英華》卷一二九作“電”。
［92］求：《文苑英華》卷一二九作“永”。
［93］切：《文苑英華》卷一二九作“迫”。
［94］以：《文章類選》同《文苑英華》卷九七，《隋書》卷一七作“而”。
［95］復少：《文苑英華》卷九八作“獲少”。
［96］之：原作“以”，據《文苑英華》卷一改。
［97］難：《文苑英華》卷一作“歎”。
［98］而徙官：《文苑英華》卷一八作“而一徙官”。
［99］有爲宣夜之學者：《文苑英華》卷一八作“客有爲宣夜之學”。
［100］黟：《文苑英華》卷一八作“黝”。
［101］爲：《文苑英華》卷一八作“作”。
［102］萬穴：《文苑英華》卷一八此二字後有“通流”二字。
［103］候：《文苑英華》卷一八作“日”。
［104］莫：《文苑英華》卷一八作“莫能”。
［105］聞：《文苑英華》卷一八作“亦知”。
［106］偉：《文苑英華》卷一八作“俾”。
［107］影長而多暑影短而多寒：《文苑英華》卷一八作“影短而多暑影長而多寒”。
［108］乘：《文苑英華》卷一八作“浮”。
［109］隽：《文苑英華》卷一八作“携”。
［110］大：《文苑英華》卷一八作“天”。
［111］出於：《文苑英華》卷一八作“出入於”。
［112］常：《文苑英華》卷一八作“帝”。
［113］列：《文苑英華》卷一八作“曹”。
［114］川：《文苑英華》卷一八作“河”。

［115］池：《文苑英華》卷一八作“明”。
［116］朝夕：《文苑英華》卷一八作“潮汐”。
［117］婦：《文苑英華》卷一八作“女”。
［118］纔：《文苑英華》卷一八作“裁”。
［119］登：《文苑英華》卷一八作“奎”。
［120］星流：《文苑英華》卷一八作“星芒”。
［121］讖：《文苑英華》卷一八作“諜”。
［122］榮：《唐文粹》卷五作“策”。
［123］方：《唐文粹》卷五作“乃”。

文章類選卷之二

賦　類

阿房宫賦　　杜牧

六王畢，四海一。蜀山兀，阿房出。覆壓三百餘里，隔離天日。驪山北構而西折，直走咸陽。二川溶溶，流入宫墻。五步一樓，十步一閣。廊腰縵迴，簷牙高啄。各抱地勢，鉤心鬥角。盤盤焉，囷囷焉，蜂房水渦，矗不知其幾千萬落。長橋卧波，未雲何龍？[1]復道行空，不霽何虹？高低冥迷，不知西東。歌臺暖響，春光融融；舞殿冷袖，風雨淒淒。一日之内，一宫之間，而氣候不齊。

妃嬪媵嬙，王子皇孫，辭樓下殿，輦來于秦。朝歌夜絃，爲秦宫人。明星熒熒，開粧鏡也；緑雲擾擾，梳曉鬟也；渭流漲膩，棄脂水也；烟斜霧横，焚椒蘭也；雷霆乍驚，宫車過也。轆轆遠聽，杳不知其所之也。一肌一容，盡態極妍，縵立遠視，而望幸焉。有不得見者，三十六年。

燕趙之收藏，韓魏之經營，齊楚之精英，幾世幾年，收掠其人，倚疊如山。一旦有不能，輸來其間。鼎鐺玉石，金塊珠礫，棄擲邐迤，秦人視之，亦不甚惜。嗟乎！一人之心，千萬人之心也。秦愛紛奢，人亦念其家。奈何取之盡錙銖，用之如泥沙。使負棟之柱，多於南畝之農夫；架梁之椽，多於機上之工女。釘頭磷磷，多於在庾之粟粒；瓦縫參差，多於周身之帛縷。直欄横檻，多於九土之城郭；管絃嘔啞，多於市人之言語。使天下之人，不敢言而敢怒。獨夫之心，日益驕固。戍卒叫，函谷舉，楚人一炬，可憐焦土。嗚呼！滅六國者六國也，非秦也。族秦者秦也，非天下也。嗟夫！使六國各愛其人，則足以拒秦。秦復愛六國之人，則遞三世可至萬世而爲君，誰得而族滅也？秦人不暇自哀，而後人哀之。後人哀之而不鑑之，亦使後人而復哀後人也。

（《文苑英華》卷四七《阿房宫賦》，《唐文粹》卷一《阿房宫賦》，《古今事文類聚》續集卷五《阿房宫賦》，《文翰類選大成》卷三《阿房宫賦》，《樊川文集校注·樊川文集第一·賦三首·阿房宫賦》，《杜牧集繫年校注》卷一《阿房宫賦》）

鸚鵡賦並序　禰正平

時黄祖太子射，亦。賓客大會，有獻鸚鵡者，舉酒於衡前曰："禰處士，今日無用娱賓，竊以此鳥自遠而至，明惠聰善，羽族之可貴，願先生爲之賦，使四坐咸共榮觀，不亦可乎？"衡因爲賦，筆不停綴，文不加點。其辭曰：

惟西域之靈鳥，挺自然之奇姿。體金精之妙質，合火德之明輝。性辯惠而能言兮，才聰明以識機。故其嬉遊高峻，栖跱幽深。飛不妄集，翔必擇林。紺趾丹觜，緑衣翠衿。采采麗容，咬咬交。好音。雖同族於羽毛，固殊智而異心。配鸞皇而等美，焉比德於衆禽。

於是羨芳聲之遠暢，偉靈表之可嘉。命虞人於隴坻，丁禮。詔伯益於流沙。跨崑崙而播弋，冠去。雲霓而張羅。雖綱維之備設，終一目之所加。且其容止閑暇，守植安停。逼之不懼，撫之不驚。寧順從以遠害，不違忤以喪生。故獻全者受賞，而傷肌者被刑。

爾乃歸窮委命，離群喪侣。閉以雕籠，翦其翅羽。流飄萬里，崎嶇重阻。踰岷越障，載罹寒暑。女辭家而適人，臣出身而事主。彼賢哲之逢患，猶栖遲以羈旅。矧禽鳥之微物，能馴擾以安處。眷西路而長懷，望故鄉而延佇。忖陋體之腥臊，亦何勞於鼎俎。

嗟禄命之衰薄，奚遭時之險巇？豈言語以階亂，將不密以致危？痛母子之永隔，哀伉儷之生離。匪餘年之足惜，繁衆雛之無知。背鑾夷之下國，侍君子之光儀。懼名實之不副，耻才能之無奇。羡西都之沃壤，識苦樂之異宜。懷代越之悠思，故每言而稱斯。

若乃少昊司辰，蓐收整轡。嚴霜初降，凉風蕭瑟。長吟遠慕，哀鳴感類。音聲凄以激揚，容貌慘以顦顇。聞之者悲傷，見之者隕淚。放臣爲之屢歎，棄妻爲之歔欷。

感平生之遊處兮，若壎喧。篪之相須。何今日之兩絶，若胡越之異區？順籠檻以俯仰，闚户牖以踟蹰。想昆山之高嶽，思鄧林之扶疏。顧六翮之殘毁，雖奮迅其焉如？心懷歸而弗果，徒怨毒於一隅。苟竭心於所事，敢背惠而忘初？托輕鄙之微命，委陋賤之薄軀。期守死以報德，甘盡辭以效愚。恃隆恩於既往，庶彌久而不渝。

（《文選》卷一三《鸚鵡賦並序》，《古今事文類聚》後集卷四三《鸚鵡賦》，《文翰類選大成》卷一《鸚鵡賦并序》）

濟河焚舟賦　高邁

昔孟明之再戰再北也，空山肉填，平地血流，匹馬隻輪，蕩然不收。社稷苞羞，朝廷隱憂，[2]用兵至此，不死何求？誠以棄瑕之恩未報，拜賜之言虛設，砥名勵節，易地改轍，冀桑榆之未晚，得雌雄之一決。乃復總元戎，申薄伐，駟馬雲滅，一作“屯”。長劍電掣，哮闞一作“咆”。兮前貔後虎，威棱兮左霜右雪，火千旗而四面風生，一作“動”。雷萬鼓而一道地裂。小長平之瓦解，凌不周之柱折，朝出乎咸秦，夕臨一作“濟”。乎孟津。其氣益振，其屈欲伸。於是指河中之舟，示軍中之人曰：“吾與君子，誓雪前耻，負則出黄泉之下，勝則入青雲之裏。吹嘘而霜露，變叱咤而風塵弭，雖無此舟，誰無此舟爾否？則骸骨爲異鄉之土，魂魄爲隣國之鬼，雖有此舟，誰有此舟矣！”乃命焚之。

夫其火與木相守，水與火相煎，烘大川，焮長壖，龍吼乎沸潭，魚喁乎湯泉，舳艫化而爲炭，檝棹揚而爲烟。水聲與軍聲合，旁聒乎地；火氣與兵氣鬥，上衝於天。是謂天爲我怒嚇鳥，地爲我震業鳥，林木爲我枯死，一有“焉”字。山陵爲我崩騫。千里而高鳥不過，四遐而猛獸莫前。况於人乎！况於國乎！於是晋君臣聞之，心攢百箭，背負芒刺，形神無主，手足若墜。曰秦師德之修，誠之至，天將啓，吾將避，閉城郭而不出，潛鋒芒以自備。以五廟苟存爲幸，以萬人苟免爲智，敢怙其山河，而虞其土地？于時晋實爲主，反爲客；秦實爲客，反爲主。不戰而勝，不攻而取，掠地於大河之北，封尸於崤陵之下。既而鬼得償前耻，人得解厚顔，四顧清野，横行而旋，噪聲破晋山，嘉氣塞秦關。曹沫復魯之勛，自居其下；范蠡平吴之力，莫厠其間。

此役也，見孟明之臨事，暫否終泰，圖之大也；見子桑之舉人，遺龘得精，鑒之明也；見秦伯之用，賢貴功捨過，道之在也。臣事君不必自致，藉主司之公；君使臣不必自得，藉主司之忠。由是觀秦伯之有子桑，猶耳目之在躬。以其視視一國明，以其聽聽一國聰。自可以翊天子，還淳風。代一作“名”。與三五比崇，身與二八争功。威强晋，一作“秦”。霸西戎，不亦宜乎！

明明我后，渴賢固久，懸無私之鏡以照六合，持一作“倚”。無私之衡以稱九有，掇奇捨異，葑菲盡取。若有一人兮，一無此字。近文章，合堅貞，一作“近忠貞含文章”。悔已往之無成，謀大來於此行。出蜀郡題橋以見志，入函關棄繻以示誠。寧作焚舟而死，不爲棄甲而生。投君於子桑，自比於孟明，君謂之何如哉？一作“君謂如之何”。言之不可已也，一無此字。頌之曰：

析薪如之何？匪斧不克。事君如之何？匪媒不得。是知焚舟之役，非孟明之力，乃子桑之力也。

（《文苑英華》卷一二二《濟河焚舟賦》，《唐文粹》卷四《濟河焚舟賦》，《文翰類選大成》卷三《濟河焚舟賦》，《東萊集注觀瀾文集》丙集卷一《濟河焚舟賦》）

牡丹賦並序　　舒元輿

蓋遁乎深山，自幽而芳，以爲貴重所知。花則何遇焉？天后之鄉西河也，精舍下有牡丹。其花特異，天后嘆上苑之有闕，因命移植焉。

由此京國牡丹，日月寖盛。今則自禁闥洎官署，外延士庶之家，瀰漫如四瀆之流，不知其止息之地。每暮春之月，遨遊之士，亦上國繁華之一事也。近代文士，爲歌詩以咏其形容，未有能賦之者，余獨賦之，以極其美。

或曰："子常以丈夫功業自持，今則肆情於一花，無乃猶有兒女之心乎？"余應之曰："吾子獨不見張荆州之爲人乎！斯人信丈夫也。然吾觀其文集之首，有《荔枝賦》焉。荔枝信美矣，然亦不出一果，所與牡丹何異哉！但問其所賦之旨何如，吾賦牡丹何傷焉？"或者不能對，余遂賦以示之。

圓玄瑞精，有星而景，有雲而卿。其光下垂，遇物流形。草木得之，發爲紅英。英之甚紅，鍾乎牡丹。枝類邁倫，國香欺蘭。我研物情，次第而觀。

暮春氣極，緑苞如珠。清露宵偃，韶光曉駈。動蕩支節，如解凝結。百脉融暢，氣不可遏。兀然盛怒，如將憤洩。淑色披開，照耀酷烈。美膚膩體，萬狀皆絶。赤者如日，白者如月。淡者如赫，殷者如血。向者如迎，背者如訣。坼者如語，含者如咽。俯者如愁，仰者如悦。裊者如舞，側者如跌。亞者如醉，曲者如折。密者如織，疏者如缺。鮮者如濯，慘者如别。初朧朧而上下，次鱗鱗而重疊。錦衾相覆，綉帳連接。晴旭晝薰，宿露宵裛。或灼灼騰秀，或亭亭露奇。或颭然如招，或儼然如思。或帶風如吟，或泫露如悲。或重然如縋，或爛然如披。或迎日擁砌，或照影臨池。或山鷄已馴，或威鳳將飛。其態萬藹，胡可立辨，不窺天府，孰得而見。

乍疑孫武，[3]來此教戰。其戰謂何，摇摇纖柯。玉欄風滿，流霞成波。歷階重臺，萬朵千窠。西子南威，洛神湘娥。或倚或扶，朱顔色酡。各衒紅釭，争顰翠蛾。灼灼夭夭，逶逶迤迤。漢宫三千，艷列星河。我見其少，孰云其多？弄彩呈妍，厭景騈肩。席發銀燭，爐昇絳烟。洞府真人，會于群仙。晶熒往來，金釭列錢。凝睇相看，曾不悟言。未及行雨，先驚旱蓮。公室侯家，列之如麻。咳唾萬金，買此繁華。遑恤終日，一言相誇。列幄庭中，步障開霞。曲廡重梁，松篁交加。如貯深閨，似隔窗紗。髣髴息嬀，依稀館娃。我來觀之，如乘仙槎。脉脉不語，遲遲日斜。九衢遊人，駿馬香車。有酒如澠，萬坐笙歌。一醉是競，孰知其他。我案花品，此花第一。脱落群類，獨占春日。其大盈尺，其香滿室。葉如翠羽，擁抱櫛比。蘂如金屑，粧飾淑質。玫瑰羞死，芍藥自失。夭桃斂迹，穠李慚出。躑躅宵潰，木蘭潛逸。朱槿灰心，紫薇屈膝。皆讓其先，敢懷憤嫉？

焕乎美乎，后土之産物也。使其華之如此而偉乎，何前代寂寞而不聞。今則昌然而大來，曷草木之命，亦有時而塞，亦有時而開。吾欲問汝，曷爲而生哉！汝且不言，徒留玩以徘徊。

（《唐文粹》卷六《牡丹賦並序》，《古今事文類聚》後集卷三〇《牡丹賦》，《文翰類選大成》卷三《牡丹賦》）

大鵬賦並序[①]　李白

予昔於江陵見天台司馬子微，謂余有仙風道骨，可與神遊八極之表。因著《大鵬遇希有鳥賦》以自廣。此賦已傳于世，往往人間見之。悔其少作，未窮宏達之旨，中年棄之。及讀《晋書》，睹阮宣子《大鵬贊》，鄙心頗陋其作。遂更記憶，多將舊本不同，今復存於手集，豈敢傳諸作者？庶可示之子弟而已。其詞曰：

南華老仙，發天機於漆園。吐峥嶸之高論，開浩蕩之奇言。徵志怪於齊諧，談北溟之有魚。吾不知其幾千里，其名曰鯤。化成大鵬，質凝胚渾。脱俻鱗於海島，張廣翅於塞門。刷渤澥之春流，晞扶桑之朝暾。烜赫乎宇宙，憑凌乎崑崙。一鼓一舞，烟蒙沙昏。五岳爲之震蕩，百川爲之沸騰。

爾乃蹶巨鼇，陵上清。左回右旋，倏陰忽明。激三千以崛起，搏

① 《文章類選》選《大鵬賦》所據底本不詳，與《東萊集注觀瀾文集》甲集卷三、《李太白全集》卷一、《李白全集編年箋注》卷一七等録《大鵬賦》異文頗多。

九萬而迅征。背岌泰山之崔嵬，翼舉垂天之縱横。簸鴻濛，扇雷霆。斗轉而天動，山摇而海傾。足策虹蜺，目輝日月。連軒沓拖，揮霍翕忽。噴氣則六合生雲，落毛則千里飛雪。邈彼北荒，將窮南隅。塊視三山，杯觀五湖。燭龍銜光以照影，列缺施鞭而啓途。其動也神應，其行也道俱。上摩蒼蒼，下覆漫漫。盤古開天而直視，羲和倚日以旁嘆。繽翻乎八荒之間，隱映乎四海之半。横大明而掩盡，若渾沌之未判。忽騰陵以回轉，則霞廓而霧散。

然後六月一息，至于天池。溟張沸渭，丘陵遷移。長鯨袂慄以辟易，巨鰲攝竄而躨跜。窮洪荒之壯觀，浮萬里之清漪。借如羽蟲三百，鳳凰爲之，王或嘆不至時無望，皇猶迫脅於雲羅。乃賢哲之所傷，彼衆禽之瑣屑。同蜼螟之渺茫，天鷄警曙于蟠桃，踆烏炳耀于太陽，不曠蕩而縱適，何拘攣而守常？未若兹鵬之逍遥，無厥類而比方。

俄而希有鳥見而謂之曰："偉哉！鵬乎，若此之樂也。吾左翼掩乎東極，右翼蔽乎西荒。以恍惚爲巢，以虚無爲場。我呼爾遊，爾同我翔。"於是乎大鵬許之，欣然相隨。此二禽已登於寥廓，而斥鷃之輩，空見笑於藩籬。

（《文苑英華》卷一三五《大鵬賦》，《唐文粹》卷七《大鵬賦》，《古今事文類聚》後集卷四二《大鵬賦》，《文翰類選大成》卷三《大鵬賦》，《東萊集注觀瀾文集》甲集卷三《大鵬賦》，《李太白全集》卷一《大鵬賦》，《李白全集編年箋注》卷一七《大鵬賦》）

秋聲賦　歐陽修

歐陽子方夜讀書，聞有聲自西南來者，悚然而聽之，曰："異哉！初淅瀝以蕭颯，忽奔騰而砰湃，如波濤夜驚，風雨驟至。其觸於物也，鏦鏦錚錚，金鐵皆鳴，又如赴敵之兵，銜枚疾走，不聞號令，但聞人馬之行聲。"予謂童子："此何聲也？汝出視之！"童子曰："星月皎潔，明河在天，四無人聲，聲在樹間。"

予曰："噫嘻悲哉！此秋聲也，胡爲乎來哉？蓋夫秋之爲狀也，其色慘淡，烟霏雲斂；其容清明，天高日晶；其氣慄冽，砭人肌骨；其意蕭條，山川寂寥。故其爲聲也，凄凄切切，呼號奮發。豐草緑縟而争茂，佳木葱籠而可悦；草拂之而色變，木遭之而葉脱。其所以摧敗零落者，乃一氣之餘烈。

"夫秋，刑官也，於時爲陰。又兵象也，於行爲金。是謂天地之義氣，常以肅殺而爲心。天之於物，春生秋實。故其在樂也，商聲主西方之音，夷則爲七月之律。商，傷也，物既老而悲傷。夷，戮也，物過盛而當殺。

"嗟夫！草木無情，有時飄零。人爲動物，惟物之靈。百憂感其心，萬事勞其形。有動於中，必摇其精。而况思其力之所不及，憂其智之所不能？宜其渥然丹者爲槁木，黟然黑者爲星星。奈何非金石之質，欲與草木而争榮！念誰爲之戕賊，亦何恨乎秋聲。童子莫對，垂頭而睡。但聞四壁蟲聲唧唧，如助予之嘆息。"

（《宋文鑑》卷三《秋聲賦》，《古今事文類聚》前集卷一〇《秋聲賦》，《文翰類選大成》卷四上《秋聲賦》，《歐陽修全集》卷一五《居士集一五・秋聲賦》）

憎蒼蠅賦　歐陽修

蒼蠅蒼蠅，吾嗟爾之爲生，既無蜂蠆之毒尾，又無蚊蝱之利觜。幸不爲人之畏，胡不爲人之喜？爾形至眇，爾欲易盈，杯盂殘瀝，砧几餘腥，所希杪忽，過則難勝。苦何求而不足，乃終日而營營？逐氣尋香，無處不到。頃刻而集，誰相告報？其在物也雖微，其爲害也至要。

若乃華榱廣厦，珍簟方牀。炎風之燠，夏日之長。神昏氣蹙，流汗成漿。委四肢而莫舉，毛兩目其茫洋。惟高枕之一覺，冀煩歊之暫忘。念於爾而何負，乃於吾而見殃。尋頭撲面，入袖穿裳。或集眉端，或沿眼眶。目欲瞑而復驚，臂已痺而猶攘。於此之時，孔子何由見周公於髣髴，莊生安得與蝴蝶而飛揚？徒使蒼頭丫髻，巨扇揮揚，或頭垂而腕脱，每立寐而顛僵。此其爲害一也。

又如峻宇高堂，嘉賓上客。沽酒市脯，鋪筵設席。聊娱一日之餘閑，奈爾衆多之莫敵！或集器皿，或屯几格。或醉醇酎，因之没溺；或投熱羹，遂喪其魄。諒雖死而不悔，亦可戒夫貪得。尤忌赤頭，號爲景迹，一有霑汙，人皆不食。奈何引類呼朋，摇頭鼓翼。聚散倏忽，往來絡繹。方其賓主獻酬，衣冠儼飾，使吾揮手頓足，改容失色。於此之時，王衍何暇於清談，賈誼堪爲之太息！此其爲害者二也。

又如醯醢之品，醬籊之制。及時月而收藏，謹絣罌之固濟。乃衆力以攻鑽，極百端而窺覘。至於大胾側吏切。肥牲，嘉殽美味，蓋藏稍露於罅隙，守者或時而假寐，纔稍怠於防嚴，已輒遺其種類。莫不養息蕃滋，淋漓敗壞。使親朋卒至，索爾以無歡。臧獲懷憂，因之而得罪。此其爲害者三也。

是皆大者，餘悉難名。嗚呼！《止棘》之詩，[①]垂之六經，於此見詩人之博物，比興之爲精。宜乎以爾刺讒人之亂，誠可嫉而可憎。

（《古今事文類聚》後集卷四九《憎蒼蠅賦》，《文翰類選大成》卷四上《憎蒼蠅賦》，《歐陽修全集》卷一五《居士集一五·憎蒼蠅賦》）

拙賦　周敦頤

或謂予曰："人謂子拙。"予曰："巧，竊所耻也。且患世多巧也。"喜而賦之：

巧者言，拙者默。巧者勞，拙者逸。巧者賊，拙者德。巧者凶，拙者吉。嗚呼！天下拙，刑政徹，上安下順，風清弊絶。

（《宋文鑑》卷五《拙賦》，《古今事文類聚》别集卷一九《拙賦》，《文翰類選大成》卷四上《拙賦》，《周敦頤集》卷三《雜著·拙賦》、卷六《遺文·拙賦》）

---

① 參見《詩經·小雅·青蠅》。

前赤壁賦　蘇軾

壬戌之秋，[①]七月既望，蘇子與客泛舟，遊於赤壁之下。清風徐來，水波不興。舉酒屬客，誦明月之詩，歌窈窕之章。少焉，月出於東山之上，徘徊於斗牛之間。白露横江，水光接天。縱一葦之所如，凌萬頃之茫然。浩浩乎，如馮凴者。虚御風，而不知其所止。飄飄乎，如遺世獨立，羽化而登仙。

於是飲酒樂甚，扣舷而歌之。歌曰："桂棹兮蘭槳，擊空明兮泝流光。渺渺兮予懷，望美人兮天一方。"客有吹洞簫者，倚歌而和之。其聲嗚嗚然，如怨如慕，如泣如訴，餘音嫋嫋，不絶如縷。舞幽壑之潛蛟，泣孤舟之嫠婦。

蘇子愀然，正襟危坐而問客曰："何爲其然也?"客曰："'月明星稀，烏鵲南飛'，此非曹孟德之詩乎?[②]西望夏口，東望武昌，山川相繆，鬱乎蒼蒼，此非孟德之困於周郎者乎？方其破荆州，下江陵，順流而東也，舳艫千里，旌旗蔽空，釃酒臨江，横槊賦詩，固一世之雄也，而今安在哉？况吾與子，漁樵於江渚之上，侣魚鰕而友麋鹿，駕一葉之扁舟，舉匏樽以相屬。寄蜉蝣於天地，渺滄海之一粟。哀吾生之須臾，羡長江之無窮。挾飛仙以遨遊，抱明月而長終。知不可乎驟得，托遺響於悲風。"

蘇子曰："客亦知夫水與月乎？逝者如斯，而未嘗往也。盈虚者如彼，而卒莫消長也。蓋將自其變者而觀之，則天地曾不能以一瞬。自其不變者而觀之，則物與我皆無盡也。而又何羡乎？且夫天地之間，物各有主，苟非吾之所有，雖一毫而莫取。惟江上之清風，與山間之明月，耳得之而爲聲，目遇之而成色，取之無禁，用之不竭，是造物者之無盡藏也，而吾與子之所共適。"

---

① 壬戌：宋神宗元豐五年(1082)。

② 參見曹操撰《短歌行》。

客喜而笑,洗盞更酌。肴核既盡,杯盤狼籍。相與枕藉乎舟中,不知東方之既白。

(《宋文鑑》卷五《前赤壁賦》,《古今事文類聚》前集卷一〇《前赤壁賦》,《文翰類選大成》卷四上《前赤壁賦》,《蘇軾文集編年箋注》卷一《赤壁賦》,《蘇軾文集》卷一《赤壁賦》)

後赤壁賦　蘇軾

是歲十月之望,[①]步自雪堂,將歸於臨皋。二客從予過黄泥之坂。霜露既降,木葉盡脱,人影在地,仰見明月,顧而樂之,行歌相答。已而嘆曰:"有客無酒,有酒無肴,月白風清,如此良夜何?"客曰:"今者薄暮,舉網得魚,巨口細鱗,狀似松江之鱸。顧安所得酒乎?"歸而謀諸婦。婦曰:"我有斗酒,藏之久矣,以待子不時之須。"

於是携酒與魚,復游於赤壁之下。江流有聲,斷岸千尺。山高月小,水落石出。曾日月之幾何,而江山不可復識矣！予乃攝衣而上,履巉巖,披蒙茸,踞虎豹,登虬龍,攀栖鶻之危巢,俯馮夷之幽宫。蓋二客不能從焉。劃然長嘯,草木震動,山鳴谷應,風起水涌。予亦悄然而悲,肅然而恐,凛乎其不可留也。反而登舟,放乎中流,聽其所止而休焉。時夜將半,四顧寂寥。適有孤鶴,横江東來。翅如車輪,玄裳縞衣,戛然長鳴,掠予舟而西也。

須臾客去,予亦就睡。夢一道士,羽衣翩躚,過臨皋之下,揖予而言,曰:"赤壁之遊樂乎?"問其姓名,俛而不答。"嗚呼！噫嘻！我知之矣。疇昔之夜,飛鳴而過我者,非子也耶?"道士顧笑,予亦驚悟,開户視之,不見其處。

(《宋文鑑》卷五《前赤壁賦》,《文翰類選大成》卷四上《後赤壁賦》,《蘇軾文集編年箋注》卷一《後赤壁賦》,《蘇軾文集》卷一《後赤壁賦》)

---

① 是歲：指宋神宗元豐五年(1082)。

黠鼠賦　蘇軾

蘇子夜坐，有鼠方齧。拊牀而止之，既止復作。使童子燭之，有橐中空。嘐嘐聱聱，聲在橐中。曰："嘻，此鼠之見閉而不得出者也。"發而視之，寂無所有。舉燭而索，中有死鼠。童子驚曰："是方齧也，而遽死耶？向爲何聲，豈其鬼邪？"覆而出之，墮地乃走。雖有敏者，莫措其手。蘇子嘆曰："異哉！是鼠之黠也。閉於橐中，堅而不可穴也。故不齧而齧，以聲致人。不死而死，以形求脱也。吾聞有生，莫智於人。擾龍、伐蛟、登龜、狩麟，役萬物而君之，卒見使於一鼠。墮此蟲之計中，驚脱兔於處女。烏在其爲智也？"坐而假寐，私念其故。若有告余者曰："汝惟多學而識之，望道而未見也。不一于汝，而二于物，故一鼠之齧而爲之變也。人能碎千金之璧，不能無失聲於破釜。能搏猛虎，不能無變色於蜂蠆。此不一之患也。言出於汝，而忘之邪？"余俛而笑，仰而覓。使童子執筆，記余之作。

（《古今事文類聚》後集卷四一《黠鼠賦》，《文翰類選大成》卷四上《黠鼠賦》，《歷代賦彙正本》卷一三六《黠鼠賦》，《蘇軾文集編年箋注》卷一《黠鼠賦》，《蘇軾文集》卷一《黠鼠賦》）

黄樓賦並序　秦少游

太守蘇公守彭城之明年，既治河決之變，民以更生。又因修繕其城，作"黄樓"於東門之上，以爲水受制於土，而土之色黄，故取名焉。樓成，使其客高郵秦觀賦之曰：

惟黄樓之環瑋兮，冠雉堞之左方。挾光晷以横出兮，干雲氣而上征。既要眇以有度兮，又洞達而無旁。斥丹雘而不御兮，爰取法於中央。列千山而環峙兮，交二水而旁奔。岡陵奮其攫挐兮，溪谷效其吐吞。覽形勢之四塞兮，識諸雄之所存。意天作以遺公兮，慰平日之憂勤。繄大河之初決兮，狂流漫而稽天。御扶摇以東下兮，紛萬馬而争前。象罔出而侮人兮，蝺蜃過而垂涎。微精神之所貫兮，幾孤墉之不全。偷朝夕以昧遠兮，固前識之所羞。慮異日之或然兮，復壓之以兹樓。時不可以驟得兮，姑從容而浮游。儻登臨之信美兮，又何必乎故丘？觴酒醪以爲壽兮，旅殽核以爲儀。儼雲鬢以侍兮，笑言樂而忘時。發哀彈與豪吹兮，飛鳥起而參差。恨所思之遲暮兮，綴明月而成詞。噫！故變之相詭兮，遒傳馬之更馳。昔何負而遑遽兮，今何暇而遨嬉。豈造物之莫詔兮，惟元元之自貽。將苦逸之有數兮，疇工拙之能爲？韙哲人之知其故兮，蹈夷險而皆宜。視蚊蚋之過前兮，曾不介乎心思。正余冠之崔嵬兮，服儒佩之焜煌。從公於樓兮，聊裴回以相徉。

（《宋文鑑》卷九《黄樓賦》，《文翰類選大成》卷四下《黄樓賦》）

蠹書魚賦　曾幼度

嗟嗟曾子，貧哉其家兮，富哉其書。粤昔走帝鄉而干禄兮，爰與書其作疏。棄而去去而歸兮，匝半期其有餘。一日發芨出書兮，手欲披而莫扶。糊偕楮寖腐兮，陰濕兮。茁菰楮偕縫兩不相屬兮，字畫兮與俱詰。其蠹吾書者誰兮，有物焉曰魚。呼魚而前兮，訊問其辜曰：“嵬乎汝之貌，眇乎汝之軀。爪牙兮匪豹匪貙，角犄兮匪麋匪鼩。胡爲乎敢爾齧吾之楮，啗吾之糊，寖而蝨賊。吾孔孟之遺訓，堯舜之典謨。按三尺與九章兮，擢髮不足數汝之罪。顧汝蕞然之形兮，蓋不勝誅余。將淬劍以戮汝，汝其何辭以對余。若其辭耶，則開汝以自新之途，否則决不貸汝之命於須臾。”

魚也哀而乞憐曰：“公且息一時之怒，待吾盡其情以愬。倘其自飾以游詞，然后薦吾於刀鋸。初吾之營營兮，非爲口腹之故。蓋聞仁義之勝乎膏粱兮，可以供吾之啜哺。故潜身入乎其間兮，欲求其饜飫。奈何哉其口不識味兮，翻爲書之蠹。雖然吾獨小蠹爾，不幸爲公擒，尚有大蠹焉，公胡不之慮？”曾子驚曰：“今安在哉？吾其往捕。”曰：“其來也，代久歲深。其衆也，雲屯蟻聚。粤自孔墻失護，厥徒横騖。浙茫其正路，出入其異户。戕穴吾《春秋》兮，斷斷乎《公》《穀》之據。穿甯吾風雅兮，拘拘乎毛鄭之序。《書》兮膠於秦誓，《易》兮梏於象數。又其甚者，韓非師老剥天下之肌膚，李斯事荀壞先王之法度。信夫千里之差，初者起於跬步。不然，胡不見墨子悲絲莫知所措，楊朱泣歧彷徨四顧。原二子之初心，豈欲無君無父也耶？由是觀之，蠹公之書，彼蓋其尤者也。公不耡而去，而獨歸咎于我何歟？縱云在我，蓋出於誤，於法兮當誅，於情兮可恕。"曾子聞而驚曰："吁！汝之不幸兮至此哉。宜其爲人之憎，惡安得聖人兮，出而鍼其受病之處。昔者嘗聞原壤之弊也，必至於爲晋、爲梁，故孔子爲之拔，其根之固，師商之弊也。必至於爲楊、爲墨，故孔子爲之開，其所未喻。嗟汝蠹書魚兮，惜乎不孔子之遇。顧我雖非孔子兮，焉忍坐視其僵。仆爾蠹書魚來，吾語汝道學有捷法，聖門有真趣。軻也豈盡信夫書，參乎惟一唯之悟。繼今而往，爾能糟粕之捐兮，醇全之茹，則不唯前非之可贖兮，自得之學，云庶不然，豈獨爲人之憎惡而已哉。甚則又重遭其擊揜也。"魚謝而退。曾子歸而嘆曰："悲哉！魚之蠹書也，不過乎文之殘。人之爲魚也，併與其道之斁。吾爲之懼，故爲之賦。"

（《文翰類選大成》卷四上《蠹書魚賦》，《緣督集》卷一《蠹書魚賦》）

戒河豚賦　陳傅良[4]

余叔氏食河豚以死，余甚悲其能殺人。吾邦人嗜之，尤切他魚。余嘗怪問焉，曰"以其柔滑且甘也"。嗚呼！天下之以柔且甘殺人者不有大於河豚者哉？遂賦之。

物固有害人兮，人之勝者智也。牛能觸吾，爲之絡。馬能蹄吾，爲之銜且轡也。烏喙之毒，用之藥以治也。虎豹搏且噬也，機與穽足以備也。蛟蜃可斲兮，蛇虺蚖蜥可避也。雖其質禍賊兮，名彰莫余僞也。是故防之疑兮，待之懼也。吁！河豚柔滑其肌兮，旨厥味也。孰魚匪羞兮，而柔以甘人同嗜也。曾謂其斃人亟兮，孽肝膽、慘腸胃也。人雖疑致死兮，饋者弗忌也。

吁嗟乎！物之害人兮，不在乎真可畏也。凡蓄美以誘人兮，蓋中人之所利也。余誠悦而啗兮，彼則陰以惎也。減殘忍以爲仁兮，文嫵媚忌也。甘我以言兮，鼠伺而狐覷也。笑怡怡吾蠆兮，弱婉婉滅人之氣也。富貴懷安吾鴆兮，幣帛饔牢吾餌也。吁嗟乎！愛者禍府兮，所玩以易也。兵莫慘於貪兮，干戈伏於不意也。晋滅虞以璧馬兮，商君以好囚魏也。莽詐忠以盗漢兮，高賊養以媚也。眇河豚其弗戒兮，欺天下者曰得志也。吁嗟乎！若子豢安兮，擲天下於一試也。

（《文翰類選大成》卷四上《戒河豚賦》，《止齋文集》卷五二《戒河豚賦》）

休亭賦並序　黄庭堅

吾友蕭公餉濟父，往有聲場屋間，數不利於有司。歸教子弟以宦學，而老於清江之上，開田以爲歲，鑿池灌園以爲籩豆。兒時藝木，今憩其陰。獨立無隣，自行其意。築亭高原，以望玉笥諸山，用其所以齋心服形者，名之曰“休亭”。乞余言銘之，將游居寢飯其下。豫章黄庭堅爲作《休亭賦》。

槃礴一軌，萬物並馳。西風木葉，無有静時。懷蠹在心，必披其枝。事時與黄間同機，世智與太行同巇。飲羽於市門之下，血刃於風波之上。至於行盡而不休，夫如是奚其不喪？故曰：衆人休乎得所欲，士休乎成名，君子休乎命，聖人休乎物，莫之嬰。吾友濟父，居今而好古，不與不取，亦莫予敢侮。將强學以見聖人，而休乎萬物之祖。曩游於世也，獻璞玉而取刖，圖封侯而得黥。驕色未鉏而物駭，機心先見而鷗驚。撫四方者倦矣，乃歸休於此亭，濯纓于峽水之上游，晞髮於舞雩之喬木。彼玉笥之隱君子，惠我以生芻一束，是謂不蓍而筮，從無龜而吉卜。

（《文翰類選大成》卷四上《休亭賦》，《山谷集》卷一《休亭賦並序》，《山谷全書·正集》卷一二《休亭賦》，《歷代賦彙》卷八〇《休亭賦》）

麻姑山賦　李泰伯

巍乎高哉！玆山之爲異也，吾不知夫幾百千里之廣。但見土老而石頑，頂天以直上，驗地勢之所極，固亦東南之藩障者乎。路蹊蟠鬱，前後相失。岡巒崒嵂，左右馳突。鳴泉百雷，躍下雲窟。喬杉萬矛，舞破烟骨。靈奇恍惚，變見出没。匱耳目之觀听，曾不究夫萬一。其間則有名天之洞，禮神之堂。高臺層瑶，吸日月之光；繚垣築粉，孕芝蘭之香。偏門曲廊，入迷其方。斜軒亂窗，或明而凉。况乎御龍膏之酒，倚雲和之瑟，一飲一石，一醉千日，安知億萬人塵衣飛蚤虱。其或黯然而霧飄然，而雨跬步之内，則矇無所睹。夜長漫漫，山空月寒，鶴群戲風，舞羽珊珊。老猨抱子，吟聲欲乾。怪物參差，松柯水湄。或步或馳，或嘯而悲。仙乎鬼乎，千態萬狀，而使人心疑，别有澗石之迤邐，圜潭之無底。是曰蛟龍之所止，懶而爲旱，怒而爲水。嗟我力耕之民，輟衣食之資，而爲禱祠之費。巖岫冥冥，古無人行。百獸饑死，虎狼夜鳴。是何假上真之名，而神奸之所憑也。

悲夫！以地之奇，以物之靈，而逋客之經營，全形養氣，采术茹菁，未嘗有笳簫之聲，鸞鳳之迎，謝人品而凌太清者。徒見山寒兮，青青水秋兮，泠泠雲路，咫尺而不能以升。豈非仙可得而不可求，道可悟而不可學。彼其叛稼穡之功，遺室家之樂。越天常而慕冥漠，宜乎白首於封竈之下，幽死而無所托也。

（《古今事文類聚》前集卷一四《麻姑山賦》，《文翰類選大成》卷四上《麻姑山賦》，《歷代賦彙正本》卷一九《麻姑山賦》，《李覯集》卷一《麻姑山賦》）

白鹿洞賦　朱熹

《白鹿洞賦》者，洞主晦翁之所作也。翁既復作書院洞中，又賦其事以示學者。其詞曰：

承后皇之嘉惠，宅廬阜之南疆。閔原田之告病，惕農扈之非良。

粤冬孟之既望，夙余駕乎山之塘。徑北原以東騖，陟李氏之崇岡。揆厥號之所繇，得頹址於榛荒。曰昔山人之隱處，至今永久而流芳。自昇元之有土，始變塾而爲庠。儼衣冠而弦誦，紛濟濟而洋洋。在叔季之且然，矧休明之景運。皇穆穆以當天，一軌文而來混。念敦篤于化原，乃搜剔乎遺遯。肦黄卷以置郵，廣青衿之疑問。樂《菁莪》之長育，[①]拔隽髦而登進。迨繼照於咸平，又增修而罔倦。旋錫冕以華其歸，琛以肯堂而詒孫。悵茂草於熙寧，尚兹今其奚論。天既啓余以堂壇，友又訂予以册書。謂此前修之逸迹，復關我聖之宏撫。亦既震于余衷，乃謀度而咨諏。尹悉心以綱紀，吏竭蹙而奔趍。士釋經而敦事，工殫巧而獻圖。曾日月之幾何，屹厦屋之渠渠。山葱瓏而遶舍，水汩瀄而循除。諒昔人之樂此，羌異世而同符。偉章甫之峩峩，抱遺經而來集。豈顓眺聽之爲娱，實覬宫墻之可入。愧余修之不敏，何子望之能給。矧道體之亡窮，又豈一言而可緝。請姑誦其昔聞，庶有開于時習。曰明誠其兩進，抑敬義其偕立。允莘摯之所懷，謹巷顔之攸執。彼青紫之勢榮，亦何心於俛拾。

亂曰：澗水觸石鏘鳴璆兮，山木苯蓴枝相樛兮。彼藏以修息且游兮，德崇業茂聖澤流兮。往者弗及，余心憂兮，來者有繼，我將焉求兮。

（《文翰類選大成》卷四下《白鹿洞賦》，《朱子全書·晦庵先生朱文公文集》卷一《白鹿洞賦》，《歷代賦彙》卷一八）

遂初堂賦　張栻

皇降衷於下民兮，粤惟其常倚歟。穆而難名兮，維生之良翕。衆美而具存兮，不顯其光。彼孩提而知愛親兮，豈外鑠緊中藏。年燁燁而寖長兮，紛事物之交相。非元聖之生知兮，懼日遠而日忘。緣氣禀之所偏兮，横流始夫濫觴。感以動兮不止，乃厥初之或戕。既志帥之莫御，氣决驟以翱翔。六情放而曷禦，百骸弛而莫强。自青陽而逆

① 參見《詩經·小雅·菁菁者莪》。

旅，暨黄髮以茫茫。倘矍然於中道，盍反求於厥初。厥初伊何，夫豈遠歟？彼匍匐以向井，我惻隱之拳如。驗端倪之所發，識大體之權輿。如寐而聰，如迷而塗。知睨視之匪，遐乃本心之不渝。

嗚呼！予既知其然兮，予惟以遂之。若火始然而泉始達兮，惟不息以終之。予視兮毋流，予聽兮毋從。予言兮毋易，予動兮以躬。惟日反兮于理，兹日新兮不窮。逮充實而輝光，信天資而本同。極神存而過化，亘萬世以常通。

嗚呼！此羲、文之所謂，復而顏氏之所，以爲萬世道學之宗歟。

（《文翰類選大成》卷四下《遂初堂賦》，《性理群書句解》前集《新編性理群書句解》卷五《遂初堂賦》，《性理大全書》卷七〇《遂初堂賦》，《南軒先生文集》卷一《遂初堂賦》）

思歸賦　王安石

蹇吾南兮安之？莽吾兮親之思。朝吾舟兮水波，暮吾馬兮山阿。亡濟兮維夷，夫孰驅兮亡娥！風翛翛兮來去，日翳翳兮溟濛之雨。萬物紛披蕭索兮，歲逶迤兮今暮。吾感不知夫塗兮，徘徊彷徨以反顧。盍歸兮，盍去兮，獨何爲兮此旅？

（《宋文鑑》卷三《思歸賦》，《臨川先生文集》卷三八《思歸賦》，《歷代賦彙》外集卷八《思歸賦》，《王安石全集·臨川先生文集》卷三八《思歸賦》）

金馬門賦　陳植

按《漢書注》，未央宫四門，金馬門其一也。漢武帝得大宛馬，鑄像立魯班門，因改金馬。或曰東門京作相馬法所鑄也。公孫弘待詔金馬門在建元二年，伐宛之事乃在元狩之後，非因宛馬明矣。然愚意武帝好馬，安知非得宛馬，而使京鑄之邪？馬史好奇，又安知其不追書之耶？乃本得大宛馬，作《金馬門賦》。其辭曰：

玉關浩兮凱歌，昆明澹兮息波。宛駒踏月，以西入金馬，倚空而嵳峩。繄武皇之鋭志，奮拔山而誓河。懷汗血於萬里，涉滇溟而揮戈。偉丰毛之神異，鼓天韛之至和。鍊棠溪之精粹，範鳳臆而摩抄。於是東門京技，獻其奇巧；魯班門名，易其傳訛。此金馬爲待詔之署，所以名千載而不磨也歟。

想夫是門也，未久蟬聯，輅軨旁午，鰲脊摩空，璇題刷霧。通曦娥之往還，儼鳳騫之軒翥。贅牙撑拄，兀閶闔之中天。洞豁唅呀，闢崑崙乎太古。忽金馬之當前，蹇躊躇而若顧。磨瞳射影於銅鋪，鑄鬣光浮於瓊户。天關曉闢驚滎水之出，圖月殿夜輝與銅仙而共語。獸環摇壓轡之玲，瓏魚鑰振連錢之絡。組爾其馴，儀丹陛駐。彩黄扉匪銜杯之獻舞，兀立仗而不嘶。天矯九重之龍出，晶熒兩觀之翬飛。至若虎柝嚴宵，鷄籌報曉。朝劍迎花，春旗拂柳。亂錦韉之銀鞍，恍瑶池之觴酒。羌髣髴乎殿後之鞭，非迫旋乎左驂之掉。通枍詣之嚴凝，冠天梁之焜燿。宜夫擅禁籞之清華，爲諸賢之待詔。若乃禁扃靖密，列署岧嶤。八駿戒馭，群龍滿朝。瞻翠華於雙闕，遺鑾韵於九霄。佩繽紛兮瑰瑀，冠葳蕤兮蟬貂。袖天香之馥郁，隨雲駕之飄颻。爾乃縉紳俊彦，曰從曰陪。公孫太廷之對，相如詞賦之材。主父嚴徐之雄辨，雜以曼倩之詼諧。或朝奏而暮召，或徒步而鼎臺。朝夕乎論思之獻，愉揚乎盛德之陪。雖望之與更生，亦相繼於後來。咸展騁乎長途之驥，而下視乎伏櫪之駘。吁，不榮矣哉！

然而武皇好賢，固形於跅弛之思，與泛駕之諭，而多欲之害，不免誇於天馬之歌與褭蹏之鑄。雖麒麟天禄，盛著於圖書之府；而射熊屬玉，乃見於列宇之數。不其欲賢之入而閉之門，冀士之至而塞之路邪？矧驥德之良，不尚於天人三策之老，而繞指之柔，徒取於曲學阿世之儔。則吾於助也數子，其又何尤也。昔駿骨之市，燕昭有金臺之崇；千里之却，文帝惜露臺之費。且范蠡之金，尚失報功之誠；子期之金，亦嘆知音之意。而世方慕乎漢世待詔之迹，榮羨乎漢世金馬之名美也。然金磾之選，有睹於黄門之牧；驃騎之舉，有得於馬前之輿。則武皇金馬之署，詎可以過非而待詔之選，又可以厚誣也哉。

嗚呼！建章霧沉，未央烟滅。露盤荒凉，銅駝荆棘。石龍鱗甲，飛動於劫灰之塹，而茂陵石馬，感慨於秋風之客。於斯時也，吾意天馬之在人間，不爲龍劍之遁深淵，則飛入乎天門之空碧，安得起相如之輩，挾東方之徒，而與訪金馬門之遺迹也哉。

（《永樂大典》卷三五一九《金馬門賦》）

太極賦　黄溍

厥初馮翼以瞢暗兮，維玄黄其孰分。爰揭揭予中立兮，配天地以爲人。曩既學而有志乎，紛逴逴其求索。曰道不可名兮，孰無徵而有獲。緊皇羲之神聖兮，感龍馬之負圖。得妙契于俯仰兮，何有畫而無書。豈至道之玄遠兮，非名言之可摹。懿尼丘之降神兮，廓人文以宣朗。揭日月於中天兮，啓群昏之罔象。指道妙於難名兮，曰以一而生兩。是謂太極兮，非虚無與恍惚。高下以位兮天尊地卑，燥濕以類兮五行順施。南《乾》北《坤》兮西《坎》東《離》，萬物錯綜兮殊鉅細與。妍蚩孰主張是兮，兹一本之所爲。歷兩都而江左兮，胡論説之紛霏。豈清言之弗美兮，去道遠而偉。

先哲之獨詣兮，重指掌於無極。揭座右以爲圖兮，開盲聾於千億。謂斯道之匪它兮，在夫人而曰誠。幾善惡猶陰陽兮，兹吉凶之所生。嗟奇論之後出兮，穴墻坦爲户牖。析同異於一言兮，或曰無而曰有。蕕終不可使熏兮，堊終不可使黝。道惟辨而愈明兮，貽話言於不朽。昔聖門之多賢兮，續入室而升堂。端木氏之穎悟兮，僅有睹其文章。雖亞聖之挺生兮，猶嘆其前后之無方。疇敢索無聲於窅默兮，孰能求無形於渺茫。惟下學而上達兮，炳聖謨之洋洋。諸生之貿貿兮，方鉤深而摘隱。探賜也之所未聞兮，誇神奇而捷敏。持空言如繫影兮，曾不滿夫一哂。曰予未有知兮，何太極之敢言。秉思誠之遺訓兮，矢顛沛而弗諼。庶返觀而有得兮，明萬里之一原。申誦言以自詔兮，聊抒意於斯文。

（《文翰類選大成》卷五《太極賦》）

龍馬圖賦　鮑恂

湛滎河之靈源兮，通渥洼而爲一。亘崑崙而長流兮，何澎湃而汩潏。涵神彩而不可泯兮，上貫乎房星之垣偉。龍馬之特出兮，匆騰躍乎九淵。濯雨露以爲儀兮，浹風雲以爲力。夫何負圖以效祥兮，紛總總其莫識。或一六以相比兮，或二七以共居。或三八以同友兮，或九四而並趍。迨中數之載稽兮，曰五十而有五。若銀河之布星兮，燦歷歷兮可數。地固不愛其寶兮，匪皇犧其孰之理。先契於俯仰兮，圖後出而弗違。吾想夫受圖之始兮，廓人文以昭晰。

彼龍馬之爲物兮，特寓道之一器。《乾》龍時見兮《坤》牝貞爲，《離》位乎東兮《坎》位以西。《震》《巽》旁聯兮《艮》《兑》隅列，司維攸布兮八卦斯設。天道何尊兮，地道何卑。雷風相薄兮，水火順施。亶皇犧之爲心兮一無形之太極，與斯圖以默運兮，妙始終而罔息。信炳炳以昭揭兮，如日月之行天。龍馬固不知其何逝兮，獨斯圖兮萬年。暨龜書之呈洛兮，何三同而二異。究無言之至妙兮，羌禹符而羲契。懿宣尼之天縱兮，曷遭時世之孔屯。並鳳鳥而爲嘆兮，亦復歔欷乎獲麟。藐余質之樸陋兮，徒遑遑以求索。滴寒窗之曉露兮，每究心於圖畫。緬斯圖之未出兮，慨至道之孰存。豈窅默而難言兮，尚按圖其可論。幸明代之際遇兮，闡圖書於東壁。吾知龍馬其復出兮，又何幸見斯圖於今日。

（《文翰類選大成》卷五《龍馬圖賦》）

【校勘記】

［1］雩：《文苑英華》卷四七作“雲”。

［2］朝廷：原作“朝庭”，據《文苑英華》卷一二二、《東萊集注觀瀾文集》丙集卷一改。

［3］疑：《唐文粹》卷六作“遇”。

［4］陳傅良：原作“陳傅量”，據《文章類選・目録》及人名用字改。

文章類選卷之三

記　類

蘭亭記序　　王羲之

永和九年，歲在癸丑。[①] 暮春之初，會於會稽山陰之蘭亭，修禊事也。群賢畢至，少長咸集。此地有崇山峻嶺，茂林修竹。又有清流激湍，映帶左右。引以爲流觴曲水，列坐其次。雖無絲竹管弦之盛，一觴一咏，亦足以暢叙幽情。

是日也，天朗氣清，惠風和暢。仰觀宇宙之大，俯察品類之盛。所以游目騁懷，足以極視聽之娱，信可樂也。

夫人之相與，俯仰一世。或取諸懷抱，悟言一室之内；或因寄所托，放浪形骸之外。雖趣舍萬殊，静躁不同，當其欣於所遇，蹔得於己，怏然自足，不知老之將至。及其所之既倦，情隨事遷，感慨係之矣。向之所欣，俛仰之間，以爲陳迹，猶不能不以之興懷。況修短隨化，終期於盡。古人云：死生亦大矣。豈不痛哉！

每覽昔人興感之由，若合一契，未嘗不臨文嗟悼，不能喻之於懷。固知一死生爲虚誕，齊彭殤爲妄作。後之視今，亦由今之視昔。悲夫！故列叙時人，録其所述。雖世殊事異，所以興懷，其致一也。後之覽者，亦將有感於斯文。

（《文翰類選大成》卷一一一《蘭亭記》，《晋書》卷八〇《王羲之傳》）

---

① 癸丑：晋穆帝永和九年(353)。

鶚執狐記　李華

某嘗目異鳥擊豐狐於中野，雙睛熠宿，六翮垂雲，迅猶電馳，厲若霜殺，吻決肝腦，爪刳腎腸，昂藏自雄，倏欻而逝。問名於耕者，對曰："此黃金鶚也。"何其快哉！因識一作"讓"。之曰："仁人秉心，哀矜不暇，何樂之有？"曰："是狐也，爲患大矣！震驚我姻族，撓亂我閭里，喜逃徐子之盧，不畏申孫之矢。皇祇或者以其惡貫盈而以鶚誅之，[1]予非斯禽之快也而誰爲？"悲夫！高位疾僨，厚味腊毒，遵道致盛，或罹諸殃，况假威爲孽，能不速禍！在位者當洒濯其心，祓疑作"袚"。除凶意，惡是務去，福其大來。不然，則有甚於狐之害人，庸忸於鶚之能爾。

（《文苑英華》卷八三《鶚執狐記》，《李遐叔文集》卷三《鶚執狐記》）

沔州秋興亭記　賈至

在陽而舒，在陰而慘，性之常也。履險而慄，涉夷而泰，情之變也。觀揖讓而退，睹交戰而競，目之感也。聞韶濩而和，聆鄭衛而靡，耳之動也。夫其舒則怡，一作"恰"。慘則悴，慄則止，泰則通，退則無咎，競則有悔，和則安樂，靡則憂危，情性耳目，優劣若此。故君子慎居處，謹視聽焉。沔州刺史賈載，吾家之良也。理沔州未期月而政和。於聽訟堂之西，因高構宇，不出庭户，在雲霄矣。却負大别之固，俯視滄浪一作"海"。之浸，閱吴蜀樓船之殷，覽一作"鑒"。荆衡藪澤之大，亦有旨哉。性得情適，耳虚目開。且處動則倦，理倦莫若静；處静則明，惟明以理動。窮則變，變則通，通則久。

今沔州靈府恬而神用爽，政是以和。觀其前户後牖，順開闔之義，簡也。上棟下宇，無雕斲之飾，儉也。簡近於智，儉近於一作"于"。仁。仁智居之，何陋之有？况乎當發生之辰，則攢秀木於高砌，見鷽其鳴矣。處臺榭之月則納清風，於洞户見暑之徂矣。洎摇落之時，則俯顥氣於軒檻，見火之流矣。值嚴凝之序，一作"節"。則目素彩於簷楹，見雪之紛矣。政成訟清，體安心逸，而詩人之興，常在當一作"常"。

時之興。"秋興"最高,因以命亭焉。

余自巴丘徵赴宣室,歇鞍棠樹之側,解帶竹林之下,嘉其俛仰,美其動息,乃命進牘抽毫以記。

(《文苑英華》卷八二四《沔州秋興亭記》,《文翰類選大成》卷一一一《沔州秋興亭記》,《唐文粹》卷七四《沔州秋興亭記》)

再修成都府大聖慈寺金銅普賢菩薩記[①]　韋皋

真如常寂,色相假名,法本無緣,誠感必應。大慈寺普賢像,蓋大照和尚傳教沙門體源之所造也。儀合天表,制侔神工,蓮開慈顔,月滿毫相。昔普賢以弘誓願於南贍部州贊釋迦文,拔群生苦,而塵俗昏智,莫睹真相,雖同諸法,究竟寂静。而隨所應,爲現其身,即色即空,皆菩薩行。自昔鎔範,于寺之東,像成功巨,莫能締構。危棟洩雨,頹墉生榛,狐狸梟鷲,號嘯昏晝。於戲!明可以照幽晦,教可以達群迷,何廢興之變陰隲於冥數?

昔大曆初,有高行僧,不知何許人,曰斯像後十年而廢,二十年而復興。我今皇帝神聖纂圖,詔四方藍宇,修舊起廢,斯其明效也。皋因降誕慶辰,肅群寮,戒武旅。上崇景福,齋于斯寺。觀象王雄傑,天眼慈矚,一作"瞻"。禮足諦視,悦如有神。而廢故湫漏,殆無人迹。將何以昭誘沉淪,發揮誠敬?遂南遷百餘步,度宏規,開正殿,因詔旨,諭群心。千夫唱,萬夫和。奮贔屓,岑穹崇。横絙運,巨力拔。始雷殷而地轉,欻雲旋以山回。面西方而聖教攸歸,鎮坤維而蠢類知向。於是平坎窞,翦蒙籠。横空準繩,審曲面勢。連廊霨以雲屬,三橋揭其虹指。廓廣庭之漫漫,增重門之巘巘。是知至道默存於濁劫,元功必啓於康時。不然何神像巍巍,冠諸有相,久而弛廢,將有待而興乎?觀其左壓華陽之勝,中據雄都之盛。岷江灌其前亞,玉壘秀其西偏。足以彰會昌之福地,弘一方之善誘。安得不大其棟宇,規正神居哉?

① 《文章類選·目録》著録標題中,無"府大聖慈寺"五字。

夫像末一作"末"。陵夷，去聖彌遠。言教者必滯於物，遺物者亦住於空。將求乎中，弘我至教，乃擇釋子達真源之所歸者，于以居之。皋受命方鎮，十有七年，求所以贊皇猷，裨大化，嘗以萬人之心，不俟懲誡，靡然歸善者，釋氏之教弘矣。況冥祐昭報，大彰于時，崇而守之，亦同歸於理也。是用上承聖意，虔奉天心，存像存教，以勸其善。

貞元十七年十一月二十日，劍南西川節度觀察處置并雲南安撫等使光禄大夫檢校司徒兼中書令成都尹南康郡王韋皋記并書。

（《文苑英華》卷八一七《再修成都府大聖慈寺金銅普賢菩薩記》，《全蜀藝文志》卷三八《再修大慈寺普賢菩薩記》，《成都文類》卷三六《再修大慈寺普賢菩薩記》）

繡西方大慈大悲阿彌陀佛記　穆員

儒之執喪也，極其哀，止於毁，其於既往也，則無及焉。西方聖人以大慈大悲爲功，追護往生爲誓，凡爾銜恤靡至，克窮罔極。如有求而不獲者，何未由斯而洩之。

貞元八年百一旬有六日，我伯姊前烏程令弘農楊萃一作"華"。故夫人之喪再周。先是，哀子泰、衡、嵩、復、觀，洎汝子相與號曰："我之生也，自親之生。今我報親，幾何而既。何先王制禮不即人心，何羲和迅節不恤余慕。"於是合哀僝聖，誠而禱之。男冥其心，女集其指，迨兹日而阿彌陀佛現。嗚呼！西方之教，念焉斯至。矧是像也，一縷一哀，一哀一聖，凡億萬縷，爲億萬聖，億萬大慈大悲。一之乎爾願，其爲追護也可訾量哉！

泰等毁傷見者之神，號墮鄰人之淚，是月之慕，有逾其初。舅氏員撫而廣之曰："親之於子也，生三年而免於懷。子之於親也，喪三年而免於服。是則服之終也，豈哀之終乎？"記所謂君子有終身之憂，蓋哀之終也。此又哀之終也，豈孝之終乎？經曰：立身揚名，以顯於後世；夙興夜寐，無忝爾所生。此孝之終也。若然者，爾之孝，爾之哀，偕爾身，齊爾性。於是始孝，何痛夫終焉！員悲不能文，强爲之記。

（《文苑英華》卷八一七《繡西方大慈大悲阿彌陀佛記》）

醉鄉記　王績

醉之鄉，去中國不知其幾千里也。其上曠然無涯，[2]無丘陵阪陰。其氣和平一揆，無晦明寒暑。其俗大同，無邑居聚落。其人甚精，無愛憎喜怒。吸風飲露，不食五穀，其寢于于，其行徐徐。與鳥獸魚鱉雜處，不知有舟車器械之用。

昔者黄帝氏嘗獲遊其都，歸而杳然喪其天下，以爲結繩之政已薄矣。降及堯舜，作爲千種百壺之獻，因姑射神人以假道，蓋至其邊鄙，終身太平。禹湯立法，禮繁樂雜，數十代與醉鄉隔。其臣羲和，棄甲子而逃，冀臻其鄉，失路而夭，天下遂不寧。至乎末孫桀紂，怒而昇糟丘，階級千仞，南向而望，卒不見醉鄉。武王得志于世，乃命公旦立酒人氏之職，典司五齊，拓土七千里，僅與醉鄉達焉。故四十年刑措不用。下逮幽厲，迄乎秦漢，中國喪亂，遂與醉鄉絶，而臣下之受道者，往往竊至焉。阮嗣宗、陶淵明等十數人，並遊于醉鄉，没身不返，死葬其壤，中國以爲酒仙云。嗟乎！醉鄉氏之俗，豈古華胥氏之國乎？何其淳寂也如是？予得遊焉，故爲之記。

（《文苑英華》卷八三三《醉鄉記》，《古今事文類聚》續集卷一五《醉鄉記》，《文翰類選大成》卷一一《醉鄉記》，《王績文集》卷五《醉鄉記》）

枕中記　沈既濟

開元七年，道士有吕翁者，得神仙術，行邯鄲道中，息邸舍，攝帽弛帶隱囊而坐。俄見旅一作“邑”。中少年，乃盧生也。衣短褐，乘青駒，將適于田，亦止於邸中，與翁共席而坐，言笑殊暢。久之，盧生顧其衣裝弊褻，乃長嘆息曰：“大丈夫生世不諧，困如是也！”翁曰：“觀子形體，無苦無恙，談諧方適，而嘆其困者，何也？”生曰：“吾此苟生耳，何適之謂?”翁曰:“此不謂適而何謂適?”答曰:“士之生世,當建功樹名,出將入相,列鼎而食,選聲而聽,使族益昌而家益肥,然後可以言適乎。吾嘗志于學,富於遊藝,自惟當年青紫可拾。今已適壯,猶勤畎畝,非困而何?”言訖而目昏思寐。

時主人方蒸黍,翁乃探囊中枕以授之曰:“子枕吾枕,當令子榮適如志。”其枕青甆,而竅其兩端,生俛首就之,見其竅漸大明朗,乃舉身而入,遂至其家。數月,娶清河崔氏女。女容甚麗,生資愈厚。生大悦,由是衣裝服馭,日益鮮盛。明年,舉進士,登第。釋褐秘校,應制,轉渭南尉。俄遷監察御史,轉起居舍人,知制誥。三載,出典同州,遷陝牧。一作“郊”。生性好土功,自陝西鑿河八十里,以濟不通,邦人利之,刻石紀德。移節卞州,領河南道採訪使,徵爲京兆尹。是歲,神武皇帝方事戎狄,恢弘土宇,會吐蕃悉抹一作“採”。邏及燭龍莽布支攻陷瓜、沙,而節度使王君㲋新被殺,河湟震動。帝思將帥之才,遂除生御史中丞、河西道節度。大破戎虜,斬首七千級,開地九百里,築三大城以遮要害,邊人立石於居一作“扶”。延山以頌之。歸朝册勛,恩禮極盛,轉吏部侍郎,遷户部尚書兼御史大夫。

時望清重,群情翕習,大爲時宰所忌,以飛語中之,貶爲端州刺史。三年,徵爲常侍。未幾,同中書門下平章事。與蕭中令嵩、裴侍中光庭同執大政十餘年,嘉謨密令,一日三接,獻替啓沃,號爲賢相。同列害之,復誣與邊將交結,所圖不軌。下制獄,府吏引徒至其門而急收之。生惶駭不測,謂妻子曰:“吾家山東,有良田五頃,足以禦寒餒。何苦求禄,而今及此。思衣短褐,乘青駒,行邯鄲道中,不可得也!”引刃自刎。其妻救之,獲免。其一作“共”。罹者皆死,獨生爲中官保之,減罪死,投歡州。

數年,帝知冤,復追爲中書令,封燕國公,恩旨殊異。生五子曰儉、曰傳、曰位、曰倜、曰倚,皆有才器。儉進士登第,爲考功員外,傳爲侍御史,位爲太常丞,倜爲萬年尉。倚最賢,年二十八,爲左襄。其姻媾皆天下望族。有孫十餘人。兩竄荒徼,再登臺鉉,出入中外,徊翔臺閣，五十餘年，崇盛赫奕。性頗奢蕩，甚好佚樂，後庭聲色，皆第一綺麗。前後賜良田、甲第、佳人、名馬，不可勝數。

後年漸衰邁，屢乞骸骨，不許。病，中人候問，相踵於道，名醫上藥，無不至焉。將殁，上疏曰："臣本山東諸生，以田圃爲娱。偶逢聖運，得列官叙。過蒙殊獎，特秩一作"被"。鴻私。出擁節旌，入昇台輔。周旋中外，綿歷歲時。有忝天恩，無裨聖化。負乘貽寇，履薄增憂。日懼一日，不知老至。今年逾八十，位極三事。鐘漏並歇，筋骸俱耄。彌留沈頓，待時益盡。顧無成效，上答休明。空負深恩，永辭聖代。無任感戀之至，謹奉表陳謝。"詔曰："卿以俊德，作朕元輔。出擁藩翰，入贊雍熙。昇平二紀，實卿所賴。比嬰疾疹，日謂痊平。豈斯沈痼，良用憫惻。今令驃騎大將軍高力士就第候省，其勉加鍼石，爲予自愛，猶冀無妄，期於有瘳。"是夕，薨。

盧生欠伸而悟，見其身方偃於邸舍，吕翁坐其傍，主人蒸黍未熟，觸類如故。生蹶然而興，曰："豈其夢寐也？"翁謂生曰："人生之適，亦如是矣。"生憮然良久，謝曰："夫寵辱之道，窮達之運，得喪之理，死生之情，盡知之矣。此先生所以窒吾欲也，敢不受教！"稽首再拜而去。

（《文苑英華》卷八三三《枕中記》，《古今事文類聚》後集卷二一《枕中記》，《文翰類選大成》卷二五《枕中記》，《唐五代傳奇集》第二編卷一《枕中記》）

袁州文宣王廟記　蕭定

於戲！大樸既往，淳風不扇，天將以夫子爲木鐸，而大賚于生人。天縱夫子以聖德，而誕敷于文教。不然者，則禮樂墜於地，憲章弛而不張，忠信薄於家人，其被髮左衽矣。周德既衰，諸侯擅命。時非堯舜，其能以天下讓于聖人；道在先天，其能違天命要於富貴。故夫子屈身以行道，而道濟天下；邁德以立訓，而訓被家邦。向使夫子爲有土之君，南面而治，則大道洽於群物，一作"動"。而况於人乎。大化行於蠻貊，而况於華夏乎。

夫天運之陵夷，[3]下民之昏墊，若虞泉之不可晝也。故夫子鬱厄於當時，生人之未富，一作"窮"。世數之相變，若長江之不可竭也，故夫子道行乎千載。觀夫有國有家者，微夫子之教，其何以行乎哉？夫子之教也，修身以及家，自家以刑國，而治道備矣。是以治萬人如治其身，治天下猶治其家。使君君臣臣父父子子之道粲然明白，若日月之照臨，光于上下，以是故用其大者其治大，用其小者其治小。不用而能治者，未之有也。

且三代之主，皆聖君也，而猶社稷與世數存歿。祀典將子孫廢興，則其餘皆可得而知矣。夫子官爲司寇，道冠百王，歷萬古而彌尊，與四時而並運。生徒滿天下，祠宇充郡國，與生人終始，將天地盈虛，非天下之至聖，其孰能與於此者乎？稽夫兩楹坐奠，惟夫子疇昔之夜夢，尊爲人君。惟開元御曆之辰應之，則開元叶明王之符。夫子播人君之化矣。

大曆元祀，定自尚書左司郎中，試秘書少監兼此州刺史，祇膺典禮式，展誠敬，入夫子之庭廡，美盛德之形容。高堂巋然，垣墉半落，俎豆斯在，榱桷全崩。靈像頽容，門人虛位。乃謀及寮吏，撰日增修。府寮從，胄子從，龜從，筮從，是之謂大同。敢徵良匠，祇敬蒇事，改造夫子及四科之像，兼畫七十二子之容。江鄉土卑，垣墉多隙，以板易竹，以粉代圬。廊廡庭除，罔不必葺，籩豆簠簋，罔不必陳。入其室，若聞講誦之音，升其堂，如聆金石之響。冀夫袁江之上，將弘洙泗之風。袁山之人，能傳鄒魯之學，儒行充於比屋，中庸化而爲俗矣。非恒一作"曰"。能之也，冀能者賡之，述而不作，識者云爾。時大曆二年，協洽歲律中無放射之月，兼刺史蕭定記。

（《文苑英華》卷八一四《袁州文宣王廟記》，《〔康熙〕袁州府志》卷一四《修夫子廟記》）

十八學士圖記　王靚

夫立身之功，莫大於行道。行道之功，莫大於逢時。行道則孝悌，才學有聞。逢時則仁信，機謀及物。有其時，無其材，斯固一作“故”。自犬彘。有其材，無其時，得不憤心涕血歟？則知無代無材，計用與不用耳。

高祖起於沛，光武起於南陽，而籌畫功勛，獨出豐宛之士。蕭丞相從漢高入關，封府藏而收圖籍。房太尉從太宗征討，捨珠玉而採人材。二君子之德，一作“材”。豈偶然也。十八學士皆煬帝之臣，曷暗於隋而明於唐，是有其材而無其時矣。如晦、玄齡，止於一尉，或非好去任，或挂綱徙邊。褚亮、虞南，不離下位，或嫉才見謫，或七品十年。暨顯我國家，則有道兼文武、器重珪璋者，慷慨大節、臨機能斷者，仁孝忠直、預識存亡者，潔行檢身、而有英略者，好學敏達、詳明吏道者，出入軍旅、涉歷危難一作“難危”。者，不憚兵威、樹立忠誼者，博聞貞儉、文翰兼絶者，風韵閑雅、善於吟咏者，精練詁訓、長於講論者。夫如是則立身行道之事，盡在於斯矣。得不冥心契志以自勖勵哉？覿每睹十八學士圖，空瞻贊像而已，輒各採本傳，列其嘉績，庶幾閲像者思其人，披文者思其人。非惟臨一作“昭”。鑒耳目，抑可以垂誡於君臣父子之間也。

（《文苑英華》卷八三二《十八學士圖記》）

滕王閣記　王勃

南昌故郡，洪都新府，星分翼軫，地接衡廬。襟三江而帶五湖，控蠻荆而引甌越。物華天寶，龍光射牛斗之墟；人傑地靈，徐孺下陳蕃之榻。雄州霧列，俊彩星馳。臺隍枕夷夏之交，賓主盡東南之美。都督閻公之雅望，棨戟遥臨；宇文新州之懿範，幨帷暫駐。十旬休暇，勝友如雲。千里逢迎，高朋滿座。騰蛟起鳳，孟學士之詞宗；紫電青霜，王將軍之武庫。家君作宰，路出名區。童子何知，躬逢勝餞。

時惟九月，序屬三秋。潦水静而寒潭清，烟光凝而暮山紫。儼驂騑於上路，訪風景於崇阿。臨帝子之長洲，得天人之舊館。層巒聳翠，上出重霄。飛閣流丹，下臨無地。鶴汀鳧渚，窮島嶼之縈回；桂殿蘭宫,即岡巒之體勢。披繡闥,俯雕甍。山原曠其盈視,川澤紆其駭矚。閭閻撲地,鐘鳴鼎食之家;舸艦迷津,青雀黄龍之軸。虹銷雨霽,彩徹雲衢。落霞與孤鶩齊飛,秋水共長天一色。漁舟唱晚,響窮彭蠡之濱;雁陣驚寒,聲斷衡陽之浦。

遥吟俯暢,逸興遄飛。爽籟發而清風生,纖歌凝而白雲遏。睢園緑竹,氣凌彭澤之罇;鄴水朱華,光照臨川之筆。四美具,二難并。窮睇眄於中天,極娱遊於暇日。天高地迥,覺宇宙之無窮;興盡悲來,識盈虚之有數。望長安於日下,指吴會於雲間。地勢極而南溟深,天柱高而北辰遠。關山難越,誰悲失路之人;萍水相逢,盡是他鄉之客。懷帝閽而不見,奉宣室以何年。

嗚乎!時運不齊,命途多舛。馮唐易老,李廣難封。屈賈誼於長沙,非無聖主;竄梁鴻於海曲,豈乏明時。所賴君子安貧,達人知命。老當益壯,寧知白首之心;窮且益堅,不墜青雲之志。酌貪泉而覺爽,處涸轍以猶歡。北海雖賒,扶摇可接。東隅已逝,桑榆非晚。孟嘗高潔,空懷報國之情;阮籍猖狂,豈效窮途之哭。

勃三尺微命,一介書生。無路請纓,等終軍之弱冠;有懷投筆,慕宗慤之長風。舍簪笏於百齡,奉晨昏於萬里。非謝家之寶樹,接孟氏之芳鄰。它日趍庭,叨陪鯉對。今晨捧袂,喜托龍門。楊意不逢,撫凌雲而自惜;鍾期既遇,奏流水以何慚。

嗟乎!勝地不常,盛筵難再。蘭亭已矣,梓澤丘墟。臨别贈言,幸承恩於偉餞;登高作賦,是所望於群公。敢竭鄙誠,共疏短引。一言均賦,四韵俱成。詩曰:

滕王高閣臨江渚,佩玉鳴鸞罷歌舞。畫棟朝飛南浦雲,朱簾暮卷西山雨。閑雲潭影日悠悠,物换星移幾度秋。閣中帝子今何在,檻外長江空自流。

(《文苑英華》卷七一八《秋日登洪府滕王閣餞别序》,《王子安集注》卷八《秋日登洪府滕王閣餞别序》,《王勃集》卷五《滕王閣詩序》)

義井記　邵真

義以發衷形外，昭施物也。井以下汲上導，彰濟人也。河間公鑿井於城垣之次，陽門通莊之右偏，署曰“義”。正哉！導之深源，經以一作“之”。善利，庇彼邃宇，達于交衢。鐵其瓶以永不羸，石其甃以給無涭。飛輪周散，泄竇前注，淬一作“泙”。而平之，隨用不私。主發生以流潤，當赫曦以伏炎，戒一作“在”。摇落而激清，抵凝沍而不閉。環四序以一其惠，俾僮僮者知飲濯所響焉。蔑燠暍之虞，濟煩乏之艱。昏懵者得以洵盪，瘵痗者由之蠲愈。滌汰氛坌，沃洒蒸灼，澹然不改，與地配久。[4]化囂闤一作“闠”。爲閑敞，[5]隣梵宫以一作“之”。清净。修廊對開，連樓鬱峙。嘯真侣以宴息，速嘉客以盥漱。一作“溉”。指心而授，應日而就。彼豐福吉禄，繁榮重慶，欲不萃於河間之門，得乎？故北寺司刑上卿也，南一作“西”。臺專席中丞也，戎府佐政司馬也，參貳外閫，顯榮當朝。騫騫青冥，前視萬里，是鑿井爲濟川之漸，斲輪爲秉軸之兆，可轉眄而待矣。

公才鬱量碩，質貞氣淳，名膺王官，一作“府”。心拂塵累。制一作“料”。物以經遠，恤人以遂誠。回俸節財，藏事彰義。將獻祉于大君，貢休于元戎，歸壽于高堂，三事體大。公之弘誓乃誠司翰者，書實刊記，揭于井外。時大暦六祀春季月記。

（《文苑英華》卷八一二《義井記》，《唐文粹》卷七五《義井記》）

蘇氏織錦回文記　天后

前秦苻堅時，秦州刺史扶風竇滔妻蘇氏，陳留令武功蘇道質第三女也，名惠，字若蘭。識知精明，儀容秀麗，謙默自守，不求顯揚。行年十六，歸于竇氏，滔甚敬之。然蘇氏性近於急，頗傷妒嫉也。滔字連波，右將軍子真之孫，郎之第二子也。風神偉秀，該通經史，允文允武，時論高之。苻堅委以心膂之任，備歷顯職，皆有政聞。遷秦州刺史，以迕旨謫戍燉煌。會堅寇晋，襄陽慮有危逼，藉滔才略，乃拜安南將軍，留鎮襄陽焉。

初，滔有寵姬趙陽臺，歌舞之妙，無出其右。滔置之别所，蘇氏知之，求而獲焉，若加捶辱，滔深以爲憾。陽臺又專伺蘇氏之短，讒毁交至，滔益忿蘇氏焉。蘇氏時年二十一，及滔將鎮襄陽，邀蘇氏之同往。蘇氏忿之，不與偕行。滔遂携陽臺之任，斷蘇氏音問。

蘇氏悔恨自傷，因織錦回文，五綵相宣，瑩心耀目。其錦縱廣八寸，題詩二百餘首，計八百餘言。縱横反覆，皆成章句。其文點畫無缺，才情之妙，超今古邁，名曰《旋璣圖》。然讀者不能盡通。蘇氏笑而謂人曰："徘徊宛轉，自成文章，非我佳人，莫之能解。"遂發蒼頭，賫致襄陽焉。滔省覽錦字，感其妙絶，因送陽臺之關中，而具車徒，盛禮邀迎蘇氏，歸於漢南，恩好愈重。

蘇氏著文詞五千餘言，屬隋季喪亂，文字散落，追求不獲，而錦字回文，盛見傳寫。是近代閨怨之宗旨，屬文之士，咸龜鏡焉。朕聽政之暇，留心墳典。散帙之次，偶見斯圖。因述若蘭之材，復美連波之悔過，遂製此記，聊示以將來也。

如意元年五月一日，大周天册金輪皇帝御制。

(《文苑英華》卷八三四《蘇氏織錦回文記》，《回文類聚》卷一《璇璣圖叙》，《文章辨體彙選》卷五八五《蘇氏織錦回文記》)

王氏廣陵散記　顧况

衆樂，琴之臣妾也。廣陵散，曲之師長也。琅邪王淹兄女未笄，忽彈此曲，不從地出，不從天降，如有宗師存焉。曲有日宫散、月宫散、歸雲引、華嶽引，意者虚寂之中，有宰察之神，司其妙有，以授王女。於戲！天地鄙悋而絶，神明倜儻而授。中散没而王女生，一作"傳"。其間寂寥五六百年。先王作樂，殷薦上帝，有不得而聞者。鼓鐘時動，敢告於太師。

(《文苑英華》卷八三二《王氏廣陵散記》，《文章辨體彙選》卷五八五《王氏廣陵散記》)

菊圃記　元結

春陵俗不種菊。時自遠致之，植於前庭墻下。及再來，菊已無矣。徘徊舊圃，嗟嘆久之。誰不知菊也芳華可賞，在藥品是良藥，爲蔬菜是佳蔬。縱須地趨走，猶宜徙植修養。而思蹂踐至盡，不愛惜乎？於戲！賢人君子，自植其身，不可不慎擇所處。一旦遭人不愛，重如此菊也，悲傷奈何？於是更爲之圃，重畦植之。其地近讌息之堂，吏人不此奔走。近登望之亭，旌麾不此行列。縱參歌妓，菊非可惡之草；使有酒徒，菊爲助興之物。爲之作記，以托後人。並録《藥經》列於記後。

（《文苑英華》卷八二三《菊圃記》）

燕喜亭記　韓愈

太原王弘中在連州，與學佛之人景常、元惠者游。異日，從二人者行於其居之後，丘荒之間，上高而望，得異處焉。斬茅而嘉樹列，發石而清泉激。輦糞壤，燔椔翳。却立而視之，出者突然成丘，陷者呀然成谷，窪者爲池，而缺者爲洞，若有鬼神異物陰來相之。自是弘中與二人者晨往而夕忘歸焉，乃立屋以禦風雨寒暑。

既成，愈請名之，其丘曰俟德之丘，蔽於古而顯於今，有俟時之道也。其石谷曰受謙之谷，瀑曰振鷺之瀑，谷言德，瀑言容也。其土谷曰黄金之谷，瀑曰秩秩之瀑，谷言容，瀑言德也。洞曰寒居之洞，志其人時也。池曰君子之地，虚以鍾其美，盈以出其惡也。泉之源曰天澤之泉，出高而施下也。合而言之，以屋曰燕喜之亭，取《詩》所謂“魯侯燕喜”頌者也。

於是州民之聞者相與觀焉，曰：“吾州之山水名於天下，然而無與燕喜者比。經營於其側者相接也，而莫宜其地。”凡天作而地藏之，以遺其人乎？弘中自吏部貶秩而來，次其道途所經，自藍田山入商洛，涉淅湍，臨漢水，升峴首以望方城。出荆門，下岷江，過洞庭，上湘水，行衡山之下。谿郴踰嶺，猿狖所家，魚龍所宫，極幽遐瓌詭之觀，宜其於山水飫聞而厭見也。今其意乃不足。《傳》曰："智者樂水，仁者樂山。"[①]弘中之德與其所好，可謂叶矣。智以謀之，仁以居之，吾知其去是而羽儀於天朝也不遠矣，遂刻石以記。

（《文苑英華》卷八二六《燕喜亭記》，《唐文粹》卷七四《燕喜亭記》，《詳注昌黎先生文集》卷一三《燕喜亭記》，《韓愈文集彙校箋注》卷三《燕喜亭記》）

廬山草堂記　白居易

匡廬奇秀，甲天下山。山北峰曰香爐，峰北寺曰遺愛寺。介峰寺間，其境勝絶，又甲廬山。元和十一年秋，太原人白樂天見而愛之，若遠行客過故鄉，戀戀不能去。因面峰腋寺，作爲草堂。明年春，成草堂。三間兩注，二室四牖，廣袤豐殺，一稱心力。洞北户，來陰風，防徂暑也。敞南甍，納陽日，虞祁寒也。木斲而已，不加丹，墻圬而已，不加白。墄堦用石，冪窗用紙，竹簾紵幃，率稱是焉。堂中設木榻四，素屏二，素漆琴一張，儒、道、佛書各數卷。樂天既來爲主，仰觀山，俯聽泉，傍睨竹樹雲石，自辰及酉，應接不暇。俄而物誘氣隨，外適内和。一宿體寧，再宿心恬，三宿後頽然嗒然，不知其然而然。

自問其故，答曰：是居也，前有平地，輪廣十丈。中有平臺，半平地，臺南有方池，倍平臺。環池多山竹野卉，池中生白蓮、泉魚。又南抵石澗，夾澗有古松老杉，僅十尺圍，高不知幾許。修柯戛雲，低枝拂潭，如豎幢，如張蓋，如龍蛇走。松下多灌叢，蘿蔦葉蔓，駢織承翳，日月光不到地，盛夏風氣如八九月時。下鋪白石，爲出入道。堂北五步，據層崖積石，嵌空垤堄，雜木異草，蓋覆其上。緑陰濛濛，朱實離離，不識其名，四時一色。又有飛泉，植茗就以烹燀，好事者見，可以銷永日。堂東有瀑布，水懸三尺，瀉階隅，落石渠，昏曉如練色，夜中

---

① 參見《論語・雍也》。

如環珮琴筑聲。堂西倚北崖右趾，以剖竹架空，引崖上泉，脉分綫懸，自簷注砌，纍纍如貫珠，霏微如雨露，滴瀝飄灑，隨風遠去。其四旁耳目杖屨可及者，春有錦繡谷花，夏有石門澗雲，秋有虎溪月，冬有爐峰雪。陰晴顯晦，昏旦含吐，千變萬狀，不可殫紀。覼縷而言，故云甲廬山者。噫！凡人豐一屋，華一簀，而起居其間，尚不免有驕矜之態。今我爲是物主，物至致知，各以類至，又安得不外適内和，體寧心怡哉？昔永、遠、宗、雷輩十八人，同入此山，老死不返。去我千載，我知其心以是哉！

矧予自思：從幼迨老，若白屋，若朱門，凡所至，雖一日、二日，輒覆簣土爲臺，聚拳石爲山，環斗水爲池，其喜山水病癖如此！一旦蹇剥，來佐江郡。郡守以優容撫我，廬山以靈勝待我，是天與我時，地與我所，卒獲所好，又何求焉？尚以冗員所羈，餘累未盡，或往或來，未遑寧處。待予異時弟妹婚嫁畢，司馬歲秩滿，出處行止，得以自遂，則必左手引妻子，右手抱琴書，終老於斯，以成就我平生之志。清泉白石，實聞此言！

時三月二十七日，始居新堂。四月九日，與河南元集虚、范陽張允中、南陽張深之、東西二林長老湊公、朗、滿、晦、堅等凡二十有二人，具齋施茶果以樂之，因爲《草堂記》。

（《文苑英華》卷八二七《廬山草堂記》，《文翰類選大成》卷一一一《廬山草堂記》，《唐文粹》卷七四《廬山草堂記》，《白居易文集校注》卷六《草堂記》）

鈷鉧潭記　柳宗元

鈷鉧潭在西山西，其始蓋冉水自南奔注，抵山石，屈折東流。其顛委勢峻，盪擊益暴，齧其涯，故旁廣而中深，畢至石乃止。流沫成輪，然後徐行，其清而平者且十畝，有樹環焉，有泉懸焉。

其上有居者，以予之亟游也，一旦款門來告曰："不勝官租私券之委積，既芟山而更居，願以潭上田貿財以緩禍。"予樂而如其言，則崇其臺，延其檻，行其泉於高者墜之潭，有聲潨然。尤與中秋觀月爲宜，於以見天之高、氣之迥。孰使予樂居夷而忘故土者，非兹潭也歟？

（《文苑英華》卷八二三《鈷鉧潭記》，《柳宗元集校注》卷二九《鈷鉧潭記》）

潭州東池戴氏堂記[①]　柳宗元

弘農公刺潭三年，因東泉爲池，環之九里，丘陵林麓距其涯，坻島洲渚交其中。其岸之突而出者，水縈之若玦焉。池之勝於是爲最。公曰："是非離世樂道者不宜有此。"卒授賓客之選者，譙國戴氏曰簡，爲堂而居之，堂成而勝益奇，望之若連艫縻艦，與波上下。就之顛倒萬物，遼廓眇忽。樹之松柏杉櫧，音"諸"。被之菱芡芙蕖，鬱然而陰，粲然而榮。凡觀望浮游之美，專於戴氏矣。

戴氏嘗以文行累爲連率所賓禮，貢之澤宫，而志不願仕。與人交，取其退讓。受諸侯之寵，不以自大，其離世歟？好孔氏書，旁其《莊》《文》[②]，莫不總統。以至虚爲極，得受益之道，其樂道歟？賢者之舉也必以類。當弘農公之選，而專兹地之勝，豈易而得哉！地雖勝，得人焉而居之，則山若增而高，水若辟而廣，堂不待飾而已奂矣。戴氏以泉池爲宅居，以雲物爲朋徒，攄幽發粹，日與之娱，則行宜益高，文宜益峻，道宜益懋，交相贊者也。既碩其内，又揚于時，吾懼其離世之志不果矣。君子謂弘農公刺潭得其政，爲東地得其勝，授之得其人，豈非動而時中者歟？於戴氏堂也，見公之德，不可以不記。

（《文苑英華》卷八二八《潭州楊中丞作東池戴氏記》，《柳宗元集校注》卷二七《潭州楊中丞作東池戴氏記》）

袁家渴記　柳宗元

由冉溪西南水行十里，山水之可取者五，莫若鈷鉧潭。由溪口而

① 《文章類選·目録》著録標題中，無"潭州"二字。

② 《莊》指《莊子》，《文》指《文子》。

西陸行，可取者八九，莫若西山。由朝陽巖東南，水行至蕪江，可取者三，莫若袁家渴。皆永中幽麗其處也。楚越之間方言，謂水之反流者爲渴。音若"衣褐"之"褐"。渴上與南館高嶂合，下與百家瀨合。其中重洲小溪，澄潭淺渚，間厠曲折，平者深黑，峻者沸白。舟行若窮，忽又無際。有小山出水中，山皆美石，上生青叢，冬夏常蔚然。其旁多巖洞，其下多白礫，其樹多楓柟石楠，楩櫧樟柚，草則蘭芷。又有異卉，類合歡而蔓生。轇轕水石，每風自四山而下，振動大木，掩苒衆草，紛紅駭緑，蓊葧香氣，衝濤旋瀨，退貯溪谷，摇揚葳蕤，與時推移。其大都如此，余無以窮其狀。永之人未嘗遊焉，余得之不敢專也，出而傳於世。其地世主袁氏，故以名焉。

（《文苑英華》卷八二三《袁家渴記》，《柳宗元集校注》卷二九《袁家渴記》）

始得西山宴游記　柳宗元

自余爲僇人，居是州，恒惴慄。其隟也，則施施而行，漫漫而遊，日與其徒上高山，入深林，窮回溪，幽泉怪石，無遠不到。到則披草而坐，傾壺而醉。醉則更相枕以卧，意有所極，夢亦同趣。覺而起，起而歸。以爲凡是州之山有異態者，皆我有也，而未始知西山之怪特。

今年九月二十八日，因坐法華西亭，望西山，始指異之。遂命僕過湘江，緣染溪，斫榛莽，焚茅茷，窮山之高而止。攀援而登，箕踞而遨，則凡數州之土壤，皆在衽席之下。其高下之勢，岈然洼然，若垤若穴。尺寸千里，攢蹙累積，莫得遯隱。縈青繚白，外與天際，四望如一。然後知是山之特出，不與培塿爲類。悠悠乎與灝氣俱，而莫得其涯。洋洋乎與造物者游，而不知其所窮。引觴滿酌，頽然就醉，不知日之入。蒼然暮色，自遠而至，至無所見，而猶不欲歸。心凝形釋，與萬化冥合，然後知吾嚮之未始游，游於是乎始，故爲之文以志。是歲元和四年也。

（《文苑英華》卷八二三《始得西山宴游記》，《唐文粹》卷九七《始得西山宴游序》，《柳宗元集校注》卷二九《始得西山宴游記》）

石渠記　柳宗元

自渴西南行，不能百步，得石渠，民橋其上。有泉幽幽然，其鳴乍大乍細。渠之廣，或咫尺，或倍尺，其長可十許步。其流抵大石，伏出其下。踰石而往，有石泓，菖蒲被之，青鮮環周。又折西行，旁陷巖石下，北墮小潭。潭幅員減百尺，清深多儵置世。魚。又北曲行紆餘，睨若無窮，然卒入于渴。音"柯"。側皆詭石怪木，奇卉美箭，可列坐而庥焉。風摇其顛，韵動崖谷，視之既靜，其聽始遠。

予從州牧得之，攬去翳朽，决疏土石，既崇而焚，既釃而盈。惜其未始有傳焉者，故累記其所屬，遺之其人，書之其陽，俾後好事者求之得以易。元和七年正月八日，蠲渠至大石。十月十九日，踰石得石泓小潭，渠之美於是始窮也。

（《文苑英華》卷八二三《石渠記》，《柳宗元集校注》卷二九《石渠記》）

道州毁鼻亭神記　柳宗元

鼻亭神，象祠也，不知何自始立，因而勿除，完而恒新，相傳且千歲。元和九年，河東薛公由刑部郎中刺道州，除穢革邪，敷和于下。州之罷人，去亂即治。變呻爲謡，若痿而起，若矇而瞭，騰踴相視，歡愛克順。既底于理，公乃考民風，披地圖，得是祠，駭曰："象之道，以爲子則傲，以爲弟則賊，君有鼻而天子之吏實理。以惡德而專世祀，殆非化吾人之意哉！"命亟去之。於是撤其屋，墟其地，沉其主於江。

公又懼楚俗之尚鬼而難諭也，乃遍告于人曰："吾聞鬼神不歆非類，又曰淫祀無福。凡天子命刺史于下，非以專土疆、督貨賄而已也，蓋將教孝悌、去奇邪，俾斯人敦忠睦友，祗肅信讓，以順于道。吾之斥是祠也，以明教也。苟離于正，雖千載之違，吾得而更之，况今兹乎？苟有不善，雖異代之鬼，吾得而攘之，况斯人乎？"州民既諭，相與歌曰："我有耇老，公焕其肌。我有病癃，公起其羸。髫童之嚚，公實智之。鰥孤孔艱,公實遂之。孰尊惡德?遠矣自古。孰羨淫昏?俾我斯瞽。千歲之冥,公闢其户。我子洎孫,延世有慕。”

宗元時謫永州,邇公之邦,聞其歌詩,以爲古道罕用,賴公而存,斥一祠而二教興焉。明罰行于鬼神,愷悌達于蠻夷,不惟禁淫祀、黜非類而已。願爲記,以刻山石,俾知教之首。

(《文苑英華》卷八一四《斥鼻亭神記》,《文翰類選大成》卷一一一《道州毁鼻亭記》,《柳宗元集校注》卷二八《斥鼻亭神記》)

零陵三亭記　柳宗元

邑之有觀游,或者以爲非政,是大不然。夫氣煩則慮亂,視壅則志滯,君子必有游息之物,高明之具,使之情寧平夷,恒若有餘,然後理達而事成。

零陵縣東有山麓,泉出石中,沮洳污塗,群畜食焉,墻藩以蔽之,爲縣者積數十人,莫知發視。河東薛存義以吏能聞,荆楚間潭部舉之,假湘源令。會零陵政龐賦擾,民訟于牧,推能濟弊,來莅兹邑。遁逃復還,愁痛笑歌。逋租匿役,期月辨理。宿蠹藏奸,披露首服。民既卒税,相與歡歸道塗,迎賀里閭,門不施胥交之席,耳不聞鼛鼓之召。鷄豚糗醑,得及宗族,州牧尚焉,旁邑倣焉。

然而未嘗以劇自撓,山水鳥魚之樂,澹然自若也。乃發墻藩,驅群畜,决疏沮洳,搜剔山麓。萬石如林,積坳爲池。爰有嘉木美卉,垂水藂峰。瓏玲蕭條,清風自生。翠烟自留,不植而遂。魚樂廣閑,鳥慕静深,别孕巢穴,沉浮嘯萃,不蓄而富。伐木墜江,流于邑門,陶土以埴,亦在署側。人無勞力,工得以利。乃作三亭,陟降晦明。高者冠山巔,下者俯清池。更衣膳饔,列置備具,賓以燕好,旅以館舍。高明游息之道,具於是邑,由薛爲首。

在昔裨諶謀野而獲,宓子彈琴而理,亂慮滯志,無所容入。則夫觀游者,果爲政之具歟?薛之志,其果出於是歟?及其弊也,則以玩替政,以荒去理。使繼是者咸有薛之志,則邑民之福,其可既乎?余愛其始而欲久其道，乃撰其事以書于石。薛拜手曰："吾志也。"遂刻之。

（《文苑英華》卷八二六《零陵三亭記》，《文翰類選大成》卷一一一《零陵三亭記》，《柳宗元集校注》卷二七《零陵三亭記》）

零陵郡復乳穴記　柳宗元

石鍾乳，餌之最良者也。楚、越之山多産焉，于連于韶者，獨名於世。連之人告盡焉者五載矣，以貢，則買諸他部。今刺史崔公至，逾月，穴人來以乳復告，邦人悦是祥也，雜然謡曰："甿之熙熙，崔公之來。公化所徹，土石蒙烈。以爲不信，起視乳穴。"穴人笑之曰："是惡知所謂祥耶？嚮吾以刺史之貪戾嗜利，徒吾役而不吾貨也，吾是以病而紿焉。今吾刺史令明而志潔，先賴而後力，欺誣屏息，信順休洽，吾以是誠告焉。且夫乳穴必在深山窮林，冰雪之所儲，豺虎之所廬。由而入者，觸昏霧，扞龍蛇，束火以知其物，縻繩以志其返。其勤若是，出又不得吾直，吾用是安得不以盡告？今令人而乃誠，吾告故也，何祥之爲？"士聞之曰："謡者之祥也，乃其所謂怪者也。笑者之非祥也，乃其所謂真祥者也。君子之祥也，以政不以怪，誠乎物而信乎道，人樂用命，熙熙然以效其有。斯其爲政也，而獨非祥也歟！"

（《文苑英華》卷八三四《復乳穴記》，《柳宗元集校注》卷二八《連山郡復乳穴記》）

嚴先生祠堂記　范仲淹

先生，光武之故人也，相尚以道。及帝握赤符，乘六龍，得聖人之時，臣妾億兆，天下孰加焉？惟先生以節高之。既而動星象，歸江湖，得聖人之清，泥塗軒冕，天下孰加焉？惟光武以禮下之。在《蠱》之上九，衆方有爲，而獨"不事王侯，高尚其事"。先生以之。在《屯》之初九，陽德方亨，而能"以貴下賤，大得民也"。光武以之。蓋先生之心，出乎日月之上。光武之量，包乎天地之外。微先生，不能成光武之大。微光武，豈能遂先生之高哉？而使貪夫廉，懦夫立，是大有功於名教也。仲淹來守是邦，始搆堂而奠焉。乃復爲其後者四家，以奉祠事，又從而歌曰："雲山蒼蒼，江水泱泱。先生之風，山高水長。"

（《宋文鑑》卷七七《桐廬郡嚴先生祠堂記》，《文翰類選大成》卷一一二《嚴先生祠堂記》，《范仲淹全集》卷八《桐廬郡嚴先生祠堂記》）

岳陽樓記　范希文

慶曆四年春，滕子京謫守巴陵郡。越明年，政通人和，百廢具興，乃重修岳陽樓，增其舊制，刻唐賢今人詩賦于其上，屬予作文以記之。

予觀夫巴陵勝狀，在洞庭一湖。銜遠山，吞長江，浩浩湯湯，横無際涯。朝暉夕陰，氣象萬千，此則岳陽樓之大觀也，前人之述備矣。然則北通巫峽，南極瀟湘，儇客騷人，多會于此，覽物之情，得無異乎？

若夫霪雨霏霏，連月不開。陰風怒號，濁浪排空。日星隱曜，山岳潛形。商旅不行，檣傾檝摧。薄暮冥冥，虎嘯猿啼。登斯樓也，則有去國懷鄉，憂讒畏譏，滿目蕭然，感極而悲者矣。

至若春和景明，波瀾不驚，上下天光，一碧萬頃。沙鷗翔集，錦鱗游泳。岸芷汀蘭，郁郁青青。而或長烟一空，皓月千里。浮光躍金，静影沉璧。漁歌互答，此樂何極？登斯樓也，則有心曠神怡，寵辱皆忘，把酒臨風，其喜洋洋者矣。

嗟夫！予嘗求古仁人之心，或異二者之爲，何哉？不以物喜，不以己悲。居廟堂之高，則憂其民；處江湖之遠，則憂其君。是進亦憂，退亦憂，然則何時而樂耶？其必曰："先天下之憂而憂，後天下之樂而樂歟！"噫！微斯人，吾誰與歸。

（《宋文鑑》卷七七《岳陽樓記》，《古今事文類聚》後集卷七《岳陽樓記》，《文翰類選大成》卷一一二《岳陽樓記》，《范仲淹全集·文集》卷八《岳陽樓記》）

獨樂園記　司馬温公

迂叟平日讀書，上師聖人，下友群賢，窺仁義之原，探禮樂之緒。

自未始有形之前，暨四達無窮之外，事物之理，舉集吾前可者，學之未至於可，何求於人，[6]何待於外哉？志倦體疲，則投竿取魚，執衽采藥，决渠灌花，操斧剖竹。濯熱盥手，臨高縱目，逍遥相羊，惟意所適。明月時至，清風自來，行無所牽，止無所柅，耳目肺腸，悉爲己有，踽踽焉，洋洋焉，不知天壤之間，復有何樂可以代此也。因合而命之曰"獨樂"。

（《宋文鑑》卷七九《獨樂園記》，《文翰類選大成》卷一一二《獨樂園記》，《古今事文類聚》續集卷九《獨樂園記》，《司馬温公集編年箋注》卷六六《獨樂園記》，《性理群書句解》前集《新編性理群書句解》卷七《獨樂園記》）

諫院題名記　司馬君實

古者諫無官，自公卿大夫至于工商，無不得諫者。漢興以來，始置官。夫以天下之政，四海之衆，得失利病，萃于一官使言之，其爲任亦重矣！居是官者，當志其大，捨其細，先其急，後其緩，專利國家而不爲身謀。彼汲汲於名者，猶汲汲於利也。其間相去何遠哉？

天禧初，真宗詔置諫官六員，責其職事。慶曆中，錢君始書其名於版。光恐久而漫滅，嘉祐八年，刻著于石。後之人將歷指其名而議之曰："某也忠，某也詐，某也直，某也回。"嗚呼！可不懼哉。

（《宋文鑑》卷七九《諫院題名記》，《古今事文類聚》新集卷二一《諫院題名記》，《文章辨體彙選》卷五六七《諫院題名記》，《司馬温公集編年箋注》卷六六《諫院題名記》）

三琴記　歐陽修

吾家三琴，其一傳爲張越琴，其一傳爲樓則琴，其一傳爲雷氏琴。其製作皆精而有法，然皆不知是否要在其聲，如何不問其古今何人作也。琴面皆有横文如蛇腹，世之識琴者以此爲古琴，蓋其漆過百年始有斷文，用以爲驗爾。其一金暉，其一石暉，其一玉暉。

金暉者，張越琴也。石暉者，樓則琴也。玉暉者，雷氏琴也。金暉其聲暢而遠，石暉其聲清實而緩，玉暉其聲和而有餘。今人有其一已足爲寶，而余兼有之。然惟石暉者，老人之所宜也。世人多用金玉蚌瑟暉，此數物者，夜置之燭下，炫耀有光。老人目昏，視暉難準，惟石無光，置之燭下，黑白分明，故爲老者之所宜也。

余自少不喜鄭、衛，獨愛琴聲，尤愛《小流水曲》。平生患難，南北奔馳，琴曲率皆廢忘，獨《流水》一曲，夢寢不忘。今老矣，猶時時能作之。其他不過數小調弄，足以自娱。琴曲不必多學，要於自適。琴亦不必多藏，然業已有之，亦不必以患多而棄也。

嘉祐七年上巳後一日，以疾在告學書，信筆作歐陽氏《三琴記》。

（《文翰類選大成》卷一一二《三琴記》，《歐陽修全集》卷六四《居士外集十四·三琴記》）

養魚記　歐陽修

折簷之前有隙地，方四五丈，直對非非堂。修竹環繞蔭映，未嘗植物，因洿以爲池。不方不圓，任其地形；不甃不築，全其自然。縱鍤以濬之，汲井以盈之。湛乎汪洋，晶乎清明。微風而波，無波而平。若星若月，精彩下入。予偃息其上，潛形於毫芒。循漪沿岸，渺然有江湖千里之想，斯足以舒憂隘而娱窮獨也。

乃求漁者之罟，市數十魚，童子養之乎其中。童子以爲斗斛之水不能廣其容，蓋活其小者而棄其大者。怪而問之，且以是對。嗟乎！其童子無乃嚚昏而無識矣乎！予觀巨魚枯涸在旁不得其所，而群小魚游戲乎淺狹之間有若自足焉，感之而作《養魚記》。

（《古今事文類聚》後集卷八六《養魚記》，《歐陽修全集》卷六四《居士外集十四·養魚記》）

菱溪石記　歐陽修

菱溪之石有六，其四爲人取去，其一差小而尤奇，亦藏民家，其最大者偃然僵卧於溪側，以其難徙，故得獨存。每歲寒霜落，水涸而石出，溪傍人見其可怪，往往祀以爲神。菱溪，按圖與經皆不載。唐會昌中，刺史李濆爲《荇溪記》，云水出永陽嶺，西經皇一作“黄”。道山下。以地求之，今無所謂荇溪者。詢於滁州人，曰此溪是也。楊行密有一作“據”。淮南，淮人爲諱其嫌名，以荇爲菱，理或然也。

溪旁若有遺址，云故將劉金之宅，石即劉氏之物也。金，僞一作“爲”。吴時貴將，與行密俱起合淝，號三十六英雄，金其一也。金本武夫悍一作“驍”。卒，而乃能知愛賞奇異，爲兒汝子之一作“所”。好，豈非遭逢亂世，功成志得，驕於富貴之佚欲而然邪？想其陂池、臺榭、奇木、異草，與此石稱，亦一時之盛哉。今劉氏之後散爲編民，一作“氓”。尚有居溪旁者。

予感夫人物之廢興，一無此字。惜其可愛而一有“反”字。棄也，乃以三牛曳置幽谷。又索其小者，得於白塔民朱氏，遂立于亭之南北。亭負城而近，以爲滁人歲時嬉遊之好。

夫物之奇者，棄没於幽遠則可惜，置之耳目，則愛者不免取之而去。嗟夫！劉金者雖不足道，然亦可謂雄勇之士，“雄勇”一作“勇”。悍其生平志意，豈不偉哉。及其後世，荒埋零落，至於子孫泯没而無聞，况欲長有此石乎？用此一無“此”一字。可爲富貴者之戒。而好奇之士聞此石者，一作“聞石而來”。可以一賞而足，何必取而去也哉？

（《歐陽修全集》卷四〇《居士集四〇・菱溪石記》，《文章辨體彙選》卷五七四《菱溪石記》）

醉翁亭記　歐陽修

環滁皆山也。其西南諸峰，林壑尤美。望之蔚然而深秀者，琅琊也。山行六七里，漸聞水聲潺潺，而瀉出于兩峰之間者，釀泉也。峰回路轉，有亭翼然臨于泉上者，醉翁亭也。作亭者誰？山之僧曰一無此字。智僊也。名之者誰？太守自謂也。

太守與客來飲于此，飲少輒醉，而年又最高，故自號曰醉翁也。

醉翁之意不在酒，在乎山水之間也。山水之樂，得之心而寓之酒也。若夫日出而林霏開，雲歸而巖穴暝，晦明變化者，山間之朝暮也。野芳發而幽香，佳木秀而繁陰。風霜高潔，水清一作“洞”，又作“落”。而石出者，山間之四時也。朝而往，暮而歸，四時之景不同，而樂亦無窮也。

至於負者歌于塗，行者休于樹，前者呼，後者應，傴僂提携，往來而不絶者，滁人遊也。臨溪而漁，溪深而魚肥。釀泉爲酒，泉香而酒洌。一作“泉洌而酒香”。山肴野蔌，雜然而前陳者，太守宴也。宴酣之樂，非絲非竹，射者中，弈者勝，觥籌交錯，起坐而諠譁者，衆賓懽也。蒼顔白髮，頹然乎其間者，太守醉也。已而夕陽在山，人影散亂，太守歸而賓客從也。樹林陰翳，鳴聲上下，遊人去而禽鳥樂也。然而禽鳥知山林之樂，而不知人之樂。人知從太守遊而樂，碑有“而”字。不知太守之樂其樂也。醉能同其樂，醒能述以文者，太守也。太守謂誰？廬陵歐陽修也。

（《宋文鑑》卷七八《醉翁亭記》，《古今事文類聚》别集卷八《醉翁亭記》，《歐陽修全集》卷三九《居士集三十九・醉翁亭記》）

畫舫齋記　歐陽修

予至滑之三月，即其署東偏之室，治爲燕私之居，而名曰“畫舫齋”。齋廣一室，其深七室，以户相通。凡入予室者，如入乎舟中。其温室之奥，則穴其上以爲明。其虚室之疏以達，則欄檻其兩旁以爲坐立之倚。凡偃休於吾齋者，又如偃休乎舟中。山石巉崒，佳花美木之植，列於兩簷之外，又似泛乎中流，而左山右林之相映，皆可愛者。故因以舟名焉。

《周易》之象，至於履險蹈難，必曰“涉川”。蓋舟之爲物，所以濟險難而非安居之用也。今予治齋於署，以爲燕安，而反以舟名之，豈不戾哉？矧予又嘗以罪謫，走江湖間。自汴絶淮，浮于大江，至于巴峽，轉而以入于漢沔，計其水行幾萬餘里。其羈窮不幸，而卒遭風波之恐，往往二字一作“或”。叫號神明，以脱須臾之命者數矣。當其恐時，顧視前後，凡舟之人，非爲商賈，則必仕宦。因竊自嘆，以謂非冒利與不得已者，孰肯至是哉？賴天之惠，全活其生。今得除去宿負，列官于朝，以來是州，一無此二字。飽廩食而安署居。追一作“遐”。思曩時山川所歷，舟檝之危，蛟鼉一有“白鼉”二字。之出没，波濤之洶欻，宜其寢驚而夢愕，而乃志其險阻，猶以舟名其齋，豈真樂於舟居者邪？

然予聞古之人有逃世遠去江湖之上，終身而不肯返者，其必有所樂也。苟非冒利於險、有罪而不得已，使順風恬波，傲然一無此二字。枕席之上，一日而一無此字。千里，則舟之行豈不樂哉？一作“誠可樂也”。顧予誠有所未暇，而此八字一作“今舟之制尤多”。舫者宴嬉之舟也，姑以名予齋，奚曰不宜！予友蔡君謨，善大書，頗怪偉，將乞其大字以題於楹。懼其疑予之所以名齋者，故具以云，又因以一無此字。置于壁。

壬午十二月十二日書。[①]

(《宋文鑑》卷七八《畫舫齋記》,《古今事文類聚》後集卷八《畫舫齋記》,《歐陽修全集》卷三九《居士集三十九·畫舫齋記》)

非非堂記　歐陽修

權衡之平物，動則輕重差，其於静也，錙銖不失。水之鑒物，動則不能有睹，其於静也，毫髮可辨。在乎人，耳司聽，目司視，動則亂於聰明，其於静也，聞見必審。處身者不爲外物眩晃而動，則其心静。心静則智識明，是是非非，無所施而不中。夫是是近乎諂，非非近乎訕，不幸而過，寧訕無諂。是者君子之常是之何加一以觀之未若非非之爲正也。

予居洛之明年，既新廳事，有文紀于壁末。營其西偏作堂，户北嚮，植叢竹，闢户於其南，納日月之光。設一几一榻，架書數百卷，朝夕居其中。以其静也，閉目澄心，覽今照古，思慮無所不至焉。故其堂以“非非”爲名云。

(《宋文選》卷二《非非堂記》,《文翰類選大成》卷一一二《非非堂記》,《歐陽修全集》卷六四《居士外集十四·非非堂記》)

---

① 壬午：宋仁宗慶曆二年(1042)。

叢翠亭記 歐陽修

九州皆有名山以爲鎮，而洛陽天下中，周營、一作“宫”。漢都，自古常一作“皆”。以王者制度臨四方，宜其山川之勢雄深偉麗，以壯萬邦之所瞻。由都城而南以東，山之近者闕塞、萬安、轘轅、緱氏，以連嵩室，一作“少”。首尾盤屈踰百里。從城中因高以望之，衆山靡迤，或見或否，惟嵩最遠最一作“而”。獨出。其嶄巖聳秀，拔立諸峰上，而不可掩蔽。蓋其名在祀典，與四嶽俱備天子巡狩望祭，其秩甚尊，則其高大殊傑當然。城中可以望而見者，若巡檢署之居洛北者爲尤高。巡檢使、内殿崇班李君始入其署，即相其西南隅而增築之治一作“爲”。亭於上，敞其南北嚮以望焉。見山之連者、峰者、岫者，駱驛二字或從“糸”。聯亘，卑相附，高相摩，亭然起，崒然止，來而向，去而背，頹崖怪壑，若奔若蹲，若鬥若倚，世所傳嵩陽三十六峰者，皆可以坐而數之。因取其蒼翠叢列之狀，遂以“叢翠”名其亭。

亭成，李君與賓客以酒食登而落之，其古所謂居高明而遠眺望者歟！既而欲紀其始造之歲月，因求修辭而刻之云。

（《文翰類選大成》卷一一二《叢翠亭記》，《歐陽文忠公文集》外集卷一三《叢翠亭記》，《歐陽修全集》卷六四《居士外集十四・叢翠亭記》）

【校勘記】

［1］以其：“以”字原脱，據《全唐文》卷三六六改。

［2］上：《文苑英華》卷八三三作“土”。

［3］夫天：《文章類選》原同《文苑英華》卷八一四作“大人”，據《全唐文》卷四三四改。

［4］久：原作“以”，據《文苑英華》卷八一二、《唐文粹》卷七五改。

［5］闐：原作“闐”，據《文苑英華》卷八一二、《唐文粹》卷七五改。

［6］舉集吾前可者學之未至於可何求於人：《宋文鑑》卷七九作“舉集目前所病者學之未至夫又何求於人”。

文章類選卷之四

記　類

樊侯廟灾記　　歐陽修

鄭之盜，有入樊侯廟刳神象之腹者。既而大風雨雹，近鄭之田麥苗皆死。人咸駭曰："侯怒而爲之也。"

余謂樊侯本以屠狗立軍功，佐沛公至成皇帝，位爲列侯，邑食舞陽，剖符傳封，與漢長久，《禮》所謂有功德於民則祀之者歟！舞陽距鄭既不遠，又漢、楚常苦戰滎陽、京、索間，亦侯平生提戈斬級所立功處，故廟而食之，宜矣。方侯之參乘沛公，事危鴻門，振目一顧，使羽失氣，其勇力足有過人者，故後世言雄武稱樊將軍，宜其聰明正直，有遺靈矣。然當盜之傳刃腹中，獨不能保其心腹腎腸哉？而反貽怒於無罪之民，以騁其恣睢，何哉？豈生能萬人敵，而死不能庇一躬邪！豈其靈不神於禦盜，而反神於平民以駭其耳目邪！風霆雨雹，天之所以震耀威罰有司者，而侯又得以濫用之邪？

蓋聞陰陽之氣，怒則薄而爲風霆，其不和之甚者凝結而爲雹。方今歲且久旱，伏陰不興，壯陽剛燥，疑有不和而凝結者，豈其適會民之自灾也邪？不然，則喑嗚叱吒，使風馳霆擊，則侯之威靈暴矣！

（《文翰類選大成》卷一一二《樊侯廟灾記》，《文章辨體彙選》卷五九二《樊侯廟灾記》，《歐陽修全集》卷六四《居士外集十四·樊侯廟灾記》）

待漏院記　王元之

天道不言而品物亨歲功成者，何謂也？四時之吏，五行之佐，宣其氣矣。聖人不言而百姓親、萬邦寧者，何謂也？三公論道，六卿分職，張其教矣。是知君逸於上，臣勞於下，法乎天也。古之善相天下者，自咎、夔至房、魏，可數也。是不獨有其德，亦皆務于勤爾。況夙興夜寐，以事一人，卿大夫猶然，況宰相乎？

朝廷自國初，因舊制設宰臣待漏院于丹鳳門之右，示勤政也。至若北闕向曙，東方未明，相君啓行，煌煌火城；相君至止，噦噦鑾聲。金門未闢，玉漏猶滴。徹蓋下車，于焉以息。待漏之際，相君其有思乎！

其或兆民未安，思所泰之；四夷未附，思所來之。兵革未息，何以弭之？田疇多蕪，何以闢之？賢人在野，我將進之。佞臣立朝，我將斥之。六氣不和，灾眚薦至，願避位以禳之；五刑未措，欺詐日生，請修德以釐之。憂心忡忡，待旦而入。九門既啓，四聰甚邇。相君言焉，時君納焉。皇風于是乎清夷，蒼生以之而富庶。若然，則總百官，食萬錢，非幸也，宜也。

其或私讎未復，思所逐之。舊恩未報，思所榮之。子女玉帛，何以致之？車馬器玩，何以取之？奸人附勢，我將陟之。直士抗言，我將黜之。三時告灾，上有憂色，搆巧詞以悦之；群吏弄法，君聞怨言，進諂容以媚之。私心慆慆，假寐而坐。九門既開，重瞳屢回。相君言焉，時君惑焉。政柄于是乎隳哉，帝位以之而危矣。若然，則死下獄，投遠方，非不幸也，亦宜也。是知一國之政，萬人之命，懸于宰相，可不慎歟！復有無毁無譽，旅進旅退，竊位而苟禄，備員而全身者，亦無所取焉。棘寺小吏王禹偁爲文，請志院壁，用規于執政者。

（《宋文選》卷八《待漏院記》，《宋文鑑》卷七七《待漏院記》，《古今事文類聚》前集卷二九《待漏院記》，《文翰類選大成》卷一一二《待漏院記》，《小畜集》卷一六《待漏院記》）

小竹樓記　王元之

黄岡之地多竹，大者如椽，竹工破之，刳去其節，用代陶瓦，比屋皆然，以其價廉而工省也。子城西北隅，雉堞圮毁，蓁莽荒穢，因作小樓二間，與月波樓通。遠吞山光，平浥江瀨，幽闃遼敻，不可具狀。夏宜急雨，有瀑布聲。冬宜密雪，有碎玉聲。宜鼓琴，琴調虚暢。宜咏詩，詩韵清絶。宜圍棊，子聲丁丁然。宜投壺，矢聲錚錚然，皆竹樓之所助也。公退之暇，披鶴氅衣，戴華陽巾，手執《周易》一卷，焚香默坐，消遣世慮。江山之外，第見風帆、沙鳥，烟雲、竹樹而已。待其酒力醒，茶煙歇，送夕陽，迎素月，亦謫居之勝概也。彼齊雲、落星，高則高矣。井幹、麗譙，華則華矣。止于貯妓女，藏歌舞，非騷人之事，吾所不取。

吾聞竹工云："竹之爲瓦僅十稔，若重覆之，得二十稔。"噫！吾以至道乙未歲，①自翰林出滁上。丙申，②移廣陵。丁酉，③又入西掖。戊戌歲除日，④有齊安之命。己亥閏三月，⑤到郡。四年之間，奔走不暇，未知明年又在何處，豈懼竹樓之易朽乎？後之人與我同志，嗣而葺之，庶斯樓之不朽也。[1]

（《宋文鑑》卷七七《竹樓記》，《古今事文類聚》後集卷七《竹樓記》，《文翰類選大成》卷一一二《黄州竹樓記》）

袁州學記　李盱江

皇帝二十有三年，制詔州縣立學。惟時守令，有哲有愚，有屈力殫慮，祇順德意；有假宫僭師，苟具文書。或連數城，亡誦弦聲。倡而不和，教尼不行。

---

① 至道乙未：宋太宗至道元年(995)。

② 丙申：宋太宗至道二年(996)。

③ 丁酉：宋太宗至道三年(997)。

④ 戊戌：宋真宗咸平元年(998)。

⑤ 己亥：宋真宗咸平二年(999)。

三十有二年，范陽祖君無擇知袁州。始至，進諸生，知學官闕狀，大懼人材放失，儒效闊疏，無以稱上意旨。通判潁川陳君侁聞而是之，議以克合。相舊夫子廟，陋隘不足改爲，乃營治之東。[2]厥土燥剛，厥位面陽，厥材孔良。瓦甓黝堊丹漆，舉以法故。殿堂、室房、廡門，各得其度。生徒有舍，庖廩有次。[3]百爾器備，並手偕作。工善吏勤，[4]晨夜展力。

越明年成，舍菜且有日，盱江李覯諗于衆曰：惟四代之學，考諸經可見已。秦以山西鏖六國，欲帝萬世。劉氏一呼，而關門不守，武夫健將賣降恐後，何邪？《詩》《書》之道廢，人唯見利而不聞義焉耳。孝武乘豐富，世祖出戎行，皆孳孳學術，俗化之厚，延于靈獻。草茅危言者折首而不悔，功烈震主者聞命而釋兵。群雄相視不敢去臣位，尚數十年。教道之結人心如此。

今代遭聖神，爾袁得賢君，俾爾由庠序踐古人之迹。天下治，則禪禮樂，陶吾民，一有不幸，猶當伏大節。爲臣死忠，爲子死孝，使人有所賴，且有所法，是惟朝家教學之意。若其弄筆以徼利達而已，豈徒二三子之羞，抑爲國家之憂。[5]

（《宋文鑑》卷八〇《袁州學記》,《文翰類選大成》卷一一二《袁州學記》,《李覯集》卷二三《袁州學記》,《古文集成》卷一二《袁州學記》）

伍子胥廟記　王安石

余觀子胥出死亡逋竄之中，以客寄之一身，卒以説吴，折不測之楚，仇執耻雪，名震天下，豈不壯哉！及其危疑之際，能自慷慨不顧萬死乎？諫於所事，此其志與夫自恕以偷一時之利者異也。孔子論古之士大夫，若管夷吾、臧武仲之屬，苟志於善而有補於當世者，咸不廢也。然則子胥之義又曷可少耶？

康定二年，予過所謂胥山者，周行廟庭，嘆吴亡千有餘年，事之興壞廢革者不可勝數，獨子胥之祠不徙不絶，何其盛也！豈獨神之事。吴之所興，蓋亦子胥之節有以動後世，而愛尤在於吴也。後九年，樂安蔣公爲杭使，其州人力而新之，予與爲銘也。

烈烈子胥，發節窮逋。遂爲册臣，奮不圖軀。諫合謀行，隆隆之吴。厥廢不遂，邑都俄墟。以智死昏，忠則有餘。胥山之顔，殿屋渠渠。千載之祠，如祠之初。孰作新之，民勸而趨。維忠肆懷，維孝肆孚。我銘祠庭，示後不誣。

（《王臨川全集》卷三八《伍子胥廟銘》，《王安石全集》卷三八《伍子胥廟銘》）

慈溪縣學記　王安石

天下不可一日而無政教，故學不可一日而亡於天下。古者井天下之田，而黨庠術序，[6]國學之法立乎其中。鄉射、飲酒、春秋合樂、養老勞農、尊賢使能、考藝選言之政，至于受成、獻馘、訊囚之事，無不出於學。於此養天下智仁聖義忠和之士，以至一偏之材，一曲之學，無所不養。而又取士大夫之材行完潔、而其施設已嘗試於位而去者，以爲之師。釋奠、釋菜，以教不忘其學之所自。遷徙逼逐，以勉其怠而除其惡。則士朝夕所見所聞，無非所以治天下國家之道。其服習必於仁義，而所學必皆盡其材。一日取以修公卿大夫百執事之選，則其材行皆已素定。而士之修選者，其施設亦皆素所見聞而已，不待閱習而後能者也。古之在上者，事不慮而盡，功不爲而足，其要如此而已。此二帝、三王所以治天下國家而立學之本意也。

後世無井田之法，而學亦或存或廢。大抵所以治天下國家者，不復皆出於學。而學之士，群居、族處，爲師弟子之位者，講章句、課文字而已。至其陵夷之久，則四方之學一，廢而爲廟，以祀孔子於天下，斲木摶土，如浮屠、道士法，爲王者像。州縣吏春秋帥其屬舍奠於其堂，而學士者或不與焉。蓋廟之作，出於學廢，近世之法然也。今天子即位若干年，頗修法度，而革近世之不然者。當此之時，學稍稍立於天下矣，猶曰州之士滿二百，乃得立學。於是慈溪之士，不得有學，而爲孔子廟如故，廟又壞不治。令劉君在中言州，使民出錢，將修而作之，未及爲而去，時慶曆某年也。

後林君肇至，則曰："古之所以爲學者，吾不得而見，而法者，吾不可以毋循也。雖然，吾有民人於此，不可以無教。"即因民錢作孔子廟，如今之所云，而治其四旁，爲學舍，構堂其中，帥縣之子弟，起先生杜君醇爲之師，而興于學。噫！林君其有道者耶！夫吏者，無變令之法，而不失古之實，此有道者之所能也。林君之爲，其幾於此矣。

林君故賢令，而慈溪小邑，無珍産淫貨以來四方游販之民；田桑之美，有以自足，無水旱之憂也。無游販之民，故其俗一而不雜。有以自足，故人慎刑而易治。而吾所見其邑之士，亦多美茂之材，易成也。杜君者，越之隱君子，其學行宜爲人師者也。夫以小邑得賢令，又得宜爲人師者爲之師，而以修純一易治之俗，而進美茂易成之材。雖拘於法，限於勢，不得盡如古之所爲，吾固信其教化之將行，而風俗之成也。夫教化可以美風俗，雖然，必久而後至于善。而令之吏其勢不能以久也。吾雖喜且幸其將行，而又憂夫來者之不吾繼也，於是本其意以告來者云。

（《文翰類選大成》卷一一二《慈溪縣學記》，《文章辨體彙選》卷五八九《慈溪縣學記》，《王安石全集》卷三四《慈溪縣學記》）

君子齋記　王安石

天子諸侯謂之君，卿大夫謂之子，古之爲此名也，所以命天下之有德。故天下之有德，通謂之君子。有天子、諸侯、卿大夫之位，而無其德，可以謂之君子，蓋稱其位也。有天子、諸侯、卿大夫之德而無其位，可以謂之君子，蓋稱其德也。位在外也，遇而有之，則人以其名予之，而以貌事之。德在我也，求而有之，則人以其實予之，而心服之。夫人服之以貌而不以心，與之以名而不以實，能以其位終身而無謫者，蓋亦幸而已矣。故古之人以名爲羞，以實爲慊，不務服人之貌，而思有以服人之心。非獨如此也，以爲求在外者，不可以力得也。故雖窮困屈辱，樂之而弗去，非以夫窮困詘辱爲人之樂者在是也，以夫窮困詘辱不足以概吾心爲可樂也已。

河南裴君主簿於洛陽，治齋於其官，而命之曰“君子”。裴君豈慕乎在外者，而欲有之乎？豈以爲世之小人衆，而躬行君子者獨我乎？由前則失己，由後則失人，吾知裴君不爲是也，亦曰勉於德而已。蓋所以榜於其前，朝夕出入觀焉，思古之人所以爲君子，而務及之也。獨仁不足以爲君子，獨智不足以爲君子，仁足以盡性，智足以窮理，而又通乎命，此古之人所以爲君子也。雖然，古之人不云乎“德輶如毛，毛猶有倫”，未有欲之而不得也。然則裴君之爲君子也，孰禦焉。故予嘉其志，而樂爲道之。

（《文章正宗續》卷一二《君子齋記》，《王安石全集》卷三四《君子齋記》）

漣水軍淳化院經藏記[7]　王安石

道之不一久矣，人善其所見，以爲教於天下，而傳之後世。後世學者或徇乎身之所然，或誘乎世之所趨，或得乎心之所好，於是聖人之大體，分裂而爲八九。博聞該見有志之士，補苴調胹，冀以就完而力不足，又無可爲之地，故終不得。蓋有見於無思無爲，退藏於密，寂然不動者，中國之老、莊，西域之佛也。佛既以此爲教於天下而傳後世，故爲其徒者，多寬平不忮，質靜而無求。不忮似仁，無求似義。當士之夸漫盗奪，有己而無物者多於世，則超然高蹈，其爲有似乎吾之仁義者，豈非所謂賢於彼，而可與言者耶？

若通之瑞新、閩之懷璉，皆今之爲佛而超然，吾所謂賢而與之游者也。此二人者，既以其所學自脱於世之滛濁，而又皆有聰明辨智之才，故吾樂以其所得者間語焉。與之游，忘日月之多也。璉嘗謂予曰：“吾徒有善因者，得屋於漣水之城中，而得吾所謂經者五千四十八卷於京師，歸市匭而藏諸屋，將求能文者爲之書其經藏者之歲時，而以子之愛我也，故使其徒來屬，能爲我强記之乎？”善因者，蓋嘗爲屋於漣水之城中，而因瑞新以求予記其歲時，予辭而不許者也。於是問其藏經之日，某年月日也。夫以二人者與予游，而善因屬我之勤，豈有他哉？其不可以終辭，乃爲之書，而并告之所以書之意，使鑱諸石。

（《文章正宗續》卷一五《漣水軍淳化院經藏記》，《王安石全集》三五《漣水軍淳化院經藏記》）

放鶴亭記　蘇軾

熙寧十年秋，彭城大水，雲龍山人張君天驥之草堂，[8]水及其半扉。[9]明年春水落，遷於故居之東，東山之麓。升高而望，得異境焉，作亭於其上。彭城之山，岡嶺四合，隱然如大環，獨缺其西十二，而山人之亭適當其缺。春夏之交，草木際天。秋冬雪月，千里一色。風雨晦明之間，俯仰百變。山人有二鶴，甚馴而善飛，旦則望西山之缺而放焉，縱其所如，或立於陂田，或翔於雲表，暮則傃東山而歸，故名之曰“放鶴亭”。

郡守蘇軾，時從賓客僚吏往見山人，飲酒於斯亭而樂之，挹山人而告之曰：“子知隱君之樂乎？雖南面之君，未可與易也。[10]《易》曰：‘鳴鶴在陰，其子和之。’《詩》曰：‘鶴鳴于九皋，聲聞于天。’蓋其爲物，清遠閑放，超然于塵垢之外，故《易》，詩人以比賢人君子。隱德之士，狎而玩之，宜若有益而無損者。然衛懿公好鶴則亡其國。周公作《酒誥》，衛武公作《抑戒》，以爲荒惑敗亂無若酒者。而劉伶、阮籍之徒，以此全其真而名後世。嗟夫！南面之君，雖清遠閑放鶴者猶不得好，好之則亡其國。而山林遁世之士，雖荒惑敗亂如酒者猶不能爲害，而況於鶴乎？由此觀之，其爲樂未可以同日而語也。”山人欣然而笑曰：“有是哉！”乃作放鶴招鶴之歌曰[11]：

鶴飛去兮西山之缺，高翺而下覽兮擇所適。翻然斂翼，婉將集兮，忽何所見，矯然而復擊？獨終日於澗谷之間兮，啄蒼苔而履白石。鶴歸來兮，東山之陰。其下有人兮，黄冠草屨葛衣而鼓琴。躬耕而食兮，其餘以汝飽。歸來歸來兮，西山不可以人留。

元豐元年十一月初八日記。

（《宋文鑑》卷八二《放鶴亭記》，《文翰類選大成》卷一一二《放鶴亭記》，《蘇軾文集編年箋注》卷一一《放鶴亭記》）

超然臺記　蘇軾

凡物皆有可觀。苟有可觀，皆有可樂，非必怪奇偉麗者也。餔糟啜漓皆可以醉，果蔬草木皆可以飽。推此類也，吾安往而不樂。夫所爲求福而辭禍者，以福可喜而禍可悲也。人之所欲無窮，而物之可以足吾欲者有盡。美惡之辨戰乎中，而去取之擇交乎前，則可樂者常少，而可悲者常多。是謂求禍而辭福。夫求禍而辭福，豈人之情也哉。物有以蓋之矣。彼遊於物之内，而不遊於物之外。物非有大小也，自其内而觀之，未有不高且大者也。彼其高大以臨我，則我常眩亂反覆，如隙中之觀鬥，又焉知勝負之所在。是以美惡横生，而憂樂出焉，可不大哀乎。

余自錢塘移守膠西，釋舟揖之安，而服車馬之勞，去雕墻之美，而蔽采掾之居，背湖山之觀，而適桑麻之野。始至之日，歲比不登，盗賊滿野，獄訟充斥，而齋厨索然，日食杞菊。人固疑余之不樂也。處之期年，而貌加豐，髮之白者，日以反黑。余既樂其風俗之淳，而其吏民亦安予之拙也，於是治其園圃，潔其庭宇，伐安丘、高密之木以修補破敗，爲苟全之計。而園之北，因城以爲臺者舊矣，稍葺而新之。時相與登覽，放意肆志焉。南望馬耳、常山，出没隱見，若近若遠，庶幾有隱君子乎？而其東則盧山，秦人盧敖之所從遁也。西望穆陵，隱然如城郭，師尚父、齊威公之遺烈猶有存者。北俯濰水，慨然太息，思淮陰之功，而吊其不終。臺高而安，深而明，夏凉而冬温。雨雪之朝，風月之夕，余未嘗不在，客未嘗不從。擷園蔬，取池魚，釀秫酒，瀹脱粟而食之，曰："樂哉遊乎！"

方是時，余弟子由適在濟南，聞而賦之，且名其臺曰"超然"，以見余之無所往而不樂者，蓋游於物之小也。

（《文翰類選大成》卷一一二《超然臺記》，《文章正宗續》卷一四《超然臺記》，《蘇軾文集編年箋注》卷一一《超然臺記》）

傳神記　蘇軾

傳神之難在目。顧虎頭云："傳形寫影，都在阿睹中。"其次在顴頰。吾嘗於燈下顧自見頰影，使人就壁模之，不作眉目，見者皆失笑，知其爲吾也。目與顴頰似，餘無不似者。眉與鼻、口，可以增減取似也。傳神與相一道，欲得其神之天，法當於衆中陰察之。今乃使人具衣冠坐，注視一物，彼方斂容自持，豈復見其天乎！

凡人意思各有所在，或在眉目，或在鼻、口。虎頭云："頰上加三毛，覺精采殊勝。"則此人意思蓋在鬚頰間也。優孟學孫叔敖抵掌談笑，至使人謂死者復生。此豈舉體皆似，亦得其意思所在而已。使畫者悟此理，則人人可爲顧、陸。

吾嘗見僧惟真畫曾魯公，初不甚似。一日，往見公，歸而甚喜，曰："吾得之矣。"乃於眉後加紋，隱約可見，作俛首仰視揚眉而蹙頞者，遂大似。南都程懷立，衆稱其能。於傳吾神，大得其全。懷立舉止如諸生，蕭然有意於筆墨之外者也，故以吾所聞助發之。

（《古今事文類聚》前集卷四一《傳神記》，《蘇軾文集編年箋注》卷一二《傳神記》，《東坡全集》卷一二《傳神記》）

莊子祠堂記　蘇軾

莊子，蒙人也，嘗爲蒙漆園吏，没千餘歲，而蒙未有祀之者。縣令秘書丞王兢始作祠堂，求文以爲記。

謹按《史記》，莊子與梁惠王、齊宣王同時，其學無所不闚，然要本歸於老子之言。故其著書十餘萬言，大抵率寓言也。作《漁父》《盜跖》《胠篋》以詆訾孔子之徒，以明老子之術。此知莊子之粗者。余以爲莊子蓋助孔子者，要不可以爲法耳！楚公子微服出亡，而門者難之，其僕操箠而駡曰："隸也不力。"門者出之。事固有倒行而逆施者，以僕爲不愛公子則不可，以爲事公子之法亦不可。故莊子之言，皆實予而文不予，陽擠而陰助之，其正言蓋無幾。至於詆訾孔子，未嘗不微見其意。其論天下道術，自墨翟、禽滑釐、彭蒙、慎到、田駢、關尹、老聃之徒，以至於其身，皆以爲一家，而孔子不與，其尊之也至矣！

然余嘗疑《盜跖》《漁父》則非真詆孔子者。至於《讓王》《説劍》皆淺陋不入於道。反覆思之，得其寓言之終曰："陽子居西遊於秦，遇老子。老子曰：'而睢睢，而盱盱，而誰與居？太白若辱，盛德若不足。'陽子居蹵然變容。其往也，舍者將迎，其家公執席，妻執巾櫛，舍者避席，煬者避竈。其反也，舍者與之争席矣。"去其《讓王》《説劍》《漁父》《盜跖》四篇，以合於《列御寇》之篇，曰："列禦寇之齊，中道而反。曰：'吾驚焉。吾食於十漿，而五漿先饋。'"然後悟而笑曰："是固一章也，莊子之言未終，而昧者剿之以入其言。余不可以不辨。凡分章多篇，皆出於世俗，非莊子本意。[①]"

（《宋文鑑》卷八二《莊子祠堂記》，《文翰類選大成》卷一一二《莊子祠堂記》，《蘇軾文集編年箋注》卷一一《莊子祠堂記》）

喜雨亭記　蘇軾

亭以雨名，志喜也。古者有喜，則以名物，示不忘也。周公得禾，以名其書；漢武得鼎，以名其年；叔孫勝狄，以名其子。其喜之大小不齊，其示不忘一也。

余至扶風之明年，始治官舍，爲亭於堂之北，而鑿池其南，引流種樹，以爲休息之所。是歲之春，雨麥於岐山之陽，其占爲有年。既而彌月不雨，民方以爲憂。越三月乙卯，乃雨。甲子又雨，民以爲未足。丁卯，大雨，三日乃止。官吏相與慶於庭，商賈相與歌於市，農夫相與抃於野。憂者以樂，病者以愈，而吾亭適成。

---

① 《蘇軾文集編年箋注》卷一一此句後有"元豐元年十一月十九日記"十一字。

於是舉酒於亭上，以屬客而告之曰："五日不雨，可乎？"曰："五日不雨，則無麥。""十日不雨，可乎？"曰："十日不雨，則無禾。"無麥無禾，歲且薦飢，獄訟繁興，而盜賊滋熾，則吾與二三子，雖欲優遊以樂於此亭，其可得耶？今天不遺斯民，始旱而賜之以雨，使吾與二三子，得相與優游而樂於此亭者，皆雨之賜也。其又可忘耶！既以名亭，又從而歌之曰：

使天而雨珠，寒者不得以爲襦；使天而雨玉，飢者不得以爲粟。一雨三日，繄誰之力？民曰太守，太守不有。歸之天子，天子曰不然。歸之造物，造物不自以爲功。歸之太空，太空冥冥。不可得而名，吾以名吾亭。

（《古今事文類聚》前集卷五《喜雨亭記》，《文翰類選大成》卷一一二《喜雨亭記》，《古文集成》卷八《喜雨亭記》，《蘇軾文集編年箋注》卷一一《喜雨亭記》）

李君山房記　蘇軾

象犀、珠玉，怪珍之物，有悦於人之耳目，而不適於用。金石、草木、絲麻，五穀六材，有適於用，而用之則弊，取之則竭。悦於人之耳目而適於用，用之而不弊，取之而不竭。賢不肖之所得，各因其才。仁智之所見，各隨其分。才分不同，而求無不獲者，惟書乎！

自孔子，聖人其學，必始於觀書。當是時，惟周之柱下史老聃爲多書。韓宣子適魯，然後見《易象》與《魯春秋》。季札聘於上國，然後得聞《詩》之《風》《雅》《頌》。而楚獨有左史倚相，能讀《三墳》《五典》《八索》《九丘》。士之生於是時，得見六經者蓋無幾，其學可謂難矣。而皆習於禮樂，深於道德，非後世君子所及。自秦漢已來，作者益衆，紙與字畫日趨於簡編，而書益多，世莫不有。然學者益以苟簡，何哉？

余猶及見老儒先生，自言其少時欲求《史記》《漢書》而不可得，幸而得之，皆手自書，日夜誦讀，惟恐不及。近歲市人轉相摹刻諸子百家之書，日傳萬紙。學者之於書，多且易致如此，其文詞學術當倍蓰於昔人。而後生科舉之士，皆束書不觀，遊談無根，此又何也？

余友李公擇，少時讀書於廬山五老峰下白石庵之僧舍。公擇既去，而山中之人思之，指其所居爲李氏山房，藏書凡九千餘卷。公擇既已涉其流，探其源，採剥其華實，而咀嚼其膏味，以爲己有。發於文詞，見於行事，以聞名於當世矣。而書固自如也，未嘗少損，將以遺來者，供其無窮之求，而各足其才分之所當得。是以不藏於家而藏於其故所居之僧舍，此仁者之心也。余既衰且病，無所用於世，惟得數年之閑，盡讀其所未見之書。而廬山固所願游而不得者，蓋將老焉，盡發公擇之藏，拾其餘棄以自補，庶有益乎！而公擇求余文以爲記，乃爲一言，使來者知昔之君子見書之難，而今之學者有書而不讀爲可惜也。

（《宋文鑑》卷八二《李氏山房藏書記》，《古今事文類聚》別集卷三《李氏山房記》，《文翰類選大成》卷一一二《李氏山房記》，《蘇軾文集編年箋注》卷一一《李氏山房藏書記》）

醉白堂記　蘇軾

故魏國忠獻韓公作堂於私第之池上，名之曰“醉白”。取樂天《池上》之詩，以爲醉白堂之歌。天下之士，聞而疑之，以爲公既已無愧於伊、周矣，而猶有羡於樂天，何哉？

軾聞而笑曰：公豈獨有羡於樂天而已乎？方且願爲尋常無聞之人而不可得者。天之生是人也，將使任天下之重，則寒者求衣，飢者求食，凡不獲者求得。苟有以與之，將不勝其求。是以終身處乎憂患之域，而行乎利害之塗，豈其所欲哉！夫忠獻公既已相三帝安天下矣，浩然將歸老於家，而天下共挽而留之莫釋也。當是時，其有羡於樂天，無足怪者。然以樂天之平生而求之公，較其所得之厚薄淺深，孰有孰無，則後世之論，有不可欺者矣。

文致太平，武定亂略，謀安宗廟，而不自以爲功。急賢才，輕爵禄，而士不知其恩。殺伐果敢，而六軍安之。四夷八蠻想聞其風采，而天下以其身爲安危。此公之所有，而樂天之所無也。乞身於强健之時，退居十有五年，日與其朋友賦詩飲酒，盡山水園池之樂。府有餘帛，廩有餘粟，而家有聲妓之奉。此樂天之所有，而公之所無也。忠言嘉謨，效於當時，而文采表於後世。死生窮達，不易其操，而道德高於古人。此公與樂天之所同也。公既不以其所有自多，亦不以其所無自少，將推其同者而自托焉。方其寓形於一醉也，齊得喪，忘禍福，混貴賤，等賢愚，同乎萬物，而與造物者游，非獨自比於樂天而已。

古之君子，其處已也厚，其取名也廉。是以實浮於名，而世誦其美不厭。以孔子之聖，而自比於老彭，自同於丘明，自以爲不如顔淵。後之君子，實則不至，而皆有侈心焉。臧武仲自以爲聖，白圭自以爲禹，司馬長卿自以爲相如，揚雄自以爲孟軻，崔浩自以爲子房，然世終莫之許也。由此觀之，忠獻公之賢於人也遠矣。昔公嘗告其子忠彦，將求文於軾以爲記而未果。公薨既葬，忠彦以告，軾爲義不得辭也，乃泣而書之。

（《古今事文類聚》後集卷九《醉白堂記》，《文翰類選大成》卷一一二《醉白堂記》，《文章正宗續》卷一三《醉白堂記》，《蘇軾文集編年箋注》卷一一《醉白堂記》）

黄州快哉亭記　蘇轍

江出西陵，始得平地，其流奔放肆大。南合湘、沅，北合漢、沔，其勢益張。至於赤壁之下，波流浸灌，與海相若。清河張君夢得謫居齊安，即其廬之西南爲亭，以覽觀江流之勝，而余兄子瞻名之曰“快哉”。

蓋亭之所見，南北百里，東西一舍。濤瀾洶湧，風雲開闔。晝則舟楫出没於其前，夜則魚龍悲嘯於其下。變化倏忽，動心駭目，不可久視。今乃得玩之几席之上，舉目而足。西望武昌諸山，岡陵起伏，草木行列，烟消日出。漁夫、樵父之舍，皆可指數。比其所以爲“快哉”者也。至於長洲之濱，故城之墟，曹孟德、孫仲謀之所睥睨，周瑜、陸遜之所馳騖。其流風遺迹，亦足以稱快世俗。

昔楚襄王從宋玉、景差於蘭臺之宫，有風颯然至者，王披襟當之曰："快哉此風！寡人所與庶人共者耶？"宋玉曰："此獨大王之雄風耳，庶人安得共之。"玉之方蓋有諷焉。夫風無雄雌之異，而人有遇不遇之變。楚王之所以爲樂，與庶人之所以爲憂，此則人之變也，而風何與焉？士生於世，使其中不自得，將何往而非病？使其中坦然，不以物傷性，將何適而非快？

今張君不以謫爲患，收會計之餘功，而自放山水之間，此其中宜有以過人者。將蓬户甕牖無所不快，而況乎濯長江之清流，挹西山之白雲，窮耳目之勝以自適也哉！不然，連山絶壑，長林古木，振之以清風，照之以明月，此皆騷人志士之所以悲傷憔悴而不能勝者，烏睹其爲快哉也哉！

（《宋文鑑》卷八三《黄州快哉亭記》，《文翰類選大成》卷一一二《黄州快哉亭記》，《蘇轍集》卷二四《黄州快哉亭記》）

王氏清虚堂記 蘇轍

王君定國爲堂於其居室之西，前有山石瓌奇琬琰之觀，後有竹林陰木冰雪之植，中置圖史百物，而名之曰"清虚"。日與其遊，賢士大夫相從於其間，嘯歌吟咏，舉酒相屬，油然不知日之既夕。凡遊於其堂者，蕭然如入於山林高僧逸人之居，而忘其京都塵土之鄉也。

或曰："此其所以爲清虚者耶？"客曰："不然。凡物自其濁者視之，則清者爲清。自其實者視之，則虚者爲虚。故清者以濁爲汙，而虚者以實爲礙，然而皆非物之正也。蓋物無不清，亦無不虚者。雖泥塗之渾，而至清存焉。雖山石之堅，而至虚存焉。夫惟清濁一觀，而虚實同體，然後與物無匹，而至清且虚者出矣。

"今夫王君，生於世族，棄其綺紈膏粱之習，[12]而跌蕩於圖書翰墨之囿，沉酣縱恣，洒然與衆殊好。至於鍾、王、虞、褚、顔、張之逸迹，顧、陸、吴、盧、王、韓之遺墨，雜然前陳，贖之傾囊而不厭，慨乎思見其人而不得，則既與世俗遠矣。然及其年日益壯，學日益篤，經涉世故，出入患禍，顧疇昔之好，知其未離乎累也。乃始發其箱篋，出其玩好，投以與人而不惜。將曠焉黜去外累而獨求諸内，意其有真清虛者在焉，而未見之也。王君浮沉京師，多世外之交，而又娶於梁張公氏。張公超達遠騖，體乎至道，而順乎流俗。君嘗試以吾言問之，其必有得於是矣。”

（《文翰類選大成》卷一一二《王氏清虛堂記》，《文章正宗續》卷一三《王氏清虛堂記》，《蘇轍集》卷二四《王氏清虛堂記》）

松菊亭記　黄魯直

期於名者入朝，期於利者適市，期於道者何之哉？反諸己而已矣。鐘鼓管絃以飾喜，鈇鉞干戈以飾怒，山川松菊所以飾燕閑者哉。貴者知軒冕不可忍，而有收其餘日而就閑者矣。富者知金玉之不可守，而有收其餘力而就閑者矣。

蜀人韓漸正翁有范蠡、計然之策，白圭、猗頓之材，無所用於世，而用於其褚中。更三十年，而富百倍。乃築堂於山水之間，自名曰“松菊”。以書走京師，乞記於山谷道人。山谷道人笑之曰：“韓子真知金玉之不可守，欲收其餘力而就閑者乎。今將問子，斯堂之作，將以歌舞乎？將以耕桑乎？將以歌舞則獨歌舞而樂，不若與人樂之。與少歌舞而樂，不若與衆樂之。夫歌舞者，豈可以徒樂之哉。恤飢問寒以拊孤，折券棄責以拊貧，冠婚喪祭以拊宗，補耕助斂以拊客。如是，則歌舞於堂，人皆粲然相視曰：‘韓正翁尚能樂之乎？’此樂之情也，將以耕桑，則何時已哉？金玉之爲物，怨入則悖出，多藏則厚亡。它日以遺子孫，賢則損其志，愚則益其過。韓子知及此，豈爲之哉？雖然，歌舞就閑之日，以休耕桑之心，反身以期於道，豈可以無孟獻子之友哉？昔者孟獻子以百乘之家，有友五人，皆無厭子之家者也。必得無獻子之家者與之友，則仁者助施，義者助均，智者助謀，勇者助决，取諸左右而有餘，使宴安而不毒，又使子弟日見所不見，聞所不聞。賢者以成德,愚者以寡怨,於此聽隱居之松風,裛淵明之菊露,可以無愧矣。"

(《文翰類選大成》卷一一二《松菊亭記》,《古文集成》卷八《松菊亭記》)

迎薰堂記　馬子才

元祐二年春三月,馬子與二三子客於程氏堂。程氏觴客酒,半酣,道古今治亂成敗事,慘戚不樂。有風生於簷户間,飄人襟裾。已而入肌骨,蕩滌腸胃,胸中之感拂不平者,不覺散失。起視萬物,[13]欣欣熙熙,如春臺之人,有喜笑色;萬竅起音,如歌咏太平之聲;長技牽柔,婉蔓婀娜,如翟羽庭佾,舞蹈盛德。客曰:"異哉!是風何氣也?"馬子曰:"噫嘻!嗟嗟!此南風也。遼乎邈哉!曠數百千歲,有時乎一來。今其時乎。吾試爲客歷古以數幾年幾何時乃一來,今幾來矣。

"吾聞舜孝格天,五弦之上微動帝指,拂拂以起,被動植,鳥獸、魚鼈咸若。湯之時,吹雲横霓,霈作霖雨,掃滌八載之蘖,而吾民徯蘇。文、武、成、康酣和,塞周飄然自阿,敦及路葦,使天地祖考安樂福禄。漢孝文時,吾民阜財,國亦富實,太倉中都之儲者,不可勝計。唐太宗貞觀之間,與三代同其和。年穀屢登,行旅不糧,外户不閉,斷獄希少,幾至刑措。宋受天命,駈逐群陰,聖子神孫,保養休息,吾聞間數十世,聖人必興,是風必來。若合符矣,禍灾愁愠之氣立以滅息,而生氤氲。舜五百餘歲至於湯,湯五百餘歲至于周,周九百餘歲至于漢,漢八百餘歲至于唐,唐三百餘歲至于宋。自舜迄今,三千三百餘歲矣。是風也凡六來,非此六時,其風中人狀直凄凄着物,顔色零落顑頷。吾與客今日之所遇,何兹其幸歟!"

客於是名其堂曰"迎薰",而馬子記之。

(《古文集成》卷八《迎薰堂記》,《東萊集注觀瀾文集》丙集卷九《迎薰堂記》)

桂芳堂記　楊東山

西昌王彦遠作堂，植木犀兩株于庭，扁其堂曰“桂芳”。蓋取諸六一先生“植桂比芳操”之句，謁予記之。

予曰：桂，古也。清輝之芬媲之于蘭，小山之幽儕之干松，仰天之高神之于月，非古也。蓋自靈均以來昉乎爾。昉者何?《騷》焉而已矣。《騷》者何？文焉而已矣。既而布衣韋帶之士，由乎文，希乎名，敷奏明試，乃計功而取象焉。

至于唐，進士遂以豔科目之得雋，命之曰“折桂”。桂之初服豈端使然哉。雖然，進士之科目，桂之似焉否也？桂之在月否也？月中之桂可得而折否也？士取天子之科目，而以折月中之桂自珍，然則無天子之科目，則有天上月中之桂否乎？蓋神之之耳。神之所以勸之，不然，則天子之科目誰其貴之乎？弗之貴則弗之慕，弗之慕則弗之學。貴斯慕，慕斯學，學斯成，至此而後知桂之功歟！

桂之功，桂之末也，盍反其本，請諏諸日月之輪幾何。桂之根何傳？桂之榦何挺？桂之枝葉何傳？桂之華實何榮何謝？如之何而折之？如之何而即之？吾將有問焉。問惡在人？是也。人惡在學？是也。有學此有人，有人此有桂，有桂此有芳，抑嘗觀其芳乎？木若白玉，質之淑也；華若金粟，藹之英也。葉追璧瑶，非智之巧乎？薌塞青霄，非聖之清乎？曰淑焉，曰英焉，曰巧焉，曰清焉，士者反躬，不當爾耶？既樹之，必攀之，既手之，必身之。故曰：“君子於桂比操焉。”然則唐人折桂之名，抑末耳，盍反其本。

彦達有子二人，長曰登，字君庸，以文爲博士弟子員。次曰發，字君正。皆力學操卓名焯焉。不在兹乎？不在兹乎？吾於是知桂之雙、人之樣。

(《文翰類選大成》卷一一二《桂芳堂記》,《古文集成》卷九《桂芳堂記》)

介然堂記　楊東山

與人同可乎？同之靡則隨。與人異可乎？異之疢則睽。譬之於水，决諸東則東，决諸西則西，惟决者之爲，而水無擇焉，匪隨也乎。水可也，人不可也。與鄉人立，其冠不正，望望然去之，若將浼焉。彼冠之不正，於吾無與也，於吾奚浼也，望而去之，弗竢其親，夫如是，稱天下微與居，匪睽也乎？喻可也，實不可也。隨而弗睽，其失也誇。睽而弗隨，其失也孤。弗隨弗睽，弗誇弗孤，孰能之乎？

吾親友曾君名强立，字立夫。其人也，奚繇知之？立夫未始障西風之塵，而不妨看南山之雲。未始弋戾天之鳶，而不妨騎飛仙之鸞。雲雖不吾與，吾將强而睹，故雲留而塵去。鸞雖不吾迎，吾將强而乘，故鸞翔而鳶冥。曷濟登兹？蓋有道焉。涵茹古今，不饜不止，久大德業，不盈不已。洙泗之流，吾挹其清，杏壇之芳，吾擷其英。天地，吾師也。聖哲，吾朋也。孟子曰："富貴不能淫，貧賤不能移，威武不能屈，此之謂大丈夫。"①非吾立夫歟！

立夫以"介然"名其堂，其伯父無疑書其扁來，命余記之。余曰："'介然'烏乎名？"立夫曰："後山先生聞徐仲車之風而悦之，因其門人江季恭寄箋焉。季恭爲仲車言，友人陳無己親賢樂善，介然不群於流俗，願納交于下執事，强立於後山是慕，故於介然是取。"余曰："親賢樂善，介然不群，余不知也，子其問諸後山。後山不知也，子其問諸季恭。季恭口之，仲車耳之，後山身之，立夫心之。心至焉，耳次焉。不知後山之爲立夫乎？立夫之爲後山乎？'我欲仁，斯仁至矣'。"予於立夫乎觀。立夫不群於流俗，兹其本也。其學其文，皆卓爾特立，見稱於鄉。常以《周官》一經之業頡頏於師友，吾知其立身揚名、介然於時、見稱於天下也必矣。兹其末也。本末粹矣，吾於立夫乎觀。

（《文翰類選大成》卷一一二《介然堂記》，《古文集成》卷九《介然堂記》）

---

① 參見《孟子·滕文公下》。

宜雪軒記　楊誠齋

東江劉元渤語其友周直夫曰："吾於世味，未嘗升其堂，嚌其胾也。人馳而我止我所，偭人所嚮也。顧獨有所癖，昔子猷癖於竹，靈均癖於蘭，和靖癖於梅，吾皆兼此而有之，若病膏肓，若嗜土炭，未易瘳也。吾既聚三物而群植之，又開軒以臨之，子盍有以名吾軒，且謁之誠齋，以記吾所以名。"

直夫未有以對也，退而訪予於南溪之上，相與道元渤語。欲取王元之《竹樓記》之辭，名軒以"宜雪"。予曰："子得之矣。萬物莫不病乎雪也。不病乎雪者，梅歟？竹歟？蘭歟？豈惟不病之，亦復宜之。惟梅得雪而後潔白者有朋，惟蘭與竹得雪而青蒼者無朋。今也相與曹處於劉子軒窗之前，並踬於歲寒風雪之會，若相友以道，相摩以義，揜之而色愈明，凜之而氣愈清，摧之而節愈貞者也。"予嘗試評是三物矣，殆有似夫君子。蓋身幽而名白似鄭子真，鑑中而銖外似嚴子陵，群誇而孤清似伯夷、叔齊云。

元渤名渭，喜客而樂教子，士之賢者多從之游。視其癖，則知其人矣。

(《文翰類選大成》卷一一二《宜雪軒記》,《誠齋集》卷七一《宜雪軒記》,《楊萬里集箋校》卷七一《宜雪軒記》)

霜節堂記　楊誠齋

淦江之胡，俗尚真素，故其緒愿以愨。業尚勤肄，故其空亨以盈。襟帶圖史，故其子孫文而秀。尸祝師友，故其賓客英且□。如清江二嚴，艮齋一謝，皆與之還往，予雖耳剽而未面識也。

予方造朝充職，友生蕭森追送予於白沙，固請曰：胡君邦仲經始一堂，旁羅六齋，前陳萬竹，將使其子弟耕於是，獵於是，以穫享百聖之皋壤，願因森以假寵于門，請名斯堂而記之。予曰：子不觀夫堂下之竹乎？石老而瘦，土悍且堅，若無物也。春雷夜興，土膏迸裂，朝起視之，牙者角者，長者短者，彪者炳者，洪者纖者，如錐出囊，如羝觸藩，人固玩而怡之。雨一濯焉，風一偃焉，漂然鳳蹌，跪然龍升，拔起平地，蕩靡昭回。君子之學出乎士，極乎聖，發乎身，加乎天下國家，固不當爾乎。不知其人視其友，不知胡氏視其竹。退之云"縹節儲霜"[14]，嘗試以霜節名之，其可齋，曰存曰率，曰敏田養，曰求曰悱云。

（《文翰類選大成》卷一二〇《霜節堂記》）

閬州張侯廟記　曾鞏

事常蔽於其智之不周，而辨常過於所惑。智足以周於事，而辨至於不惑，則理之微妙皆足以盡之。今夫推策灼龜，審於夢寐，其爲事至淺，世常尊而用之，未之有改也。坊庸道路、馬蠶猫虎之靈，其爲類至細，世常嚴而事之，未之有廢也。水旱之灾，日月之變，與夫兵師疾癘、昆虫鼠豕之害，凡一慝之作，世常有祈有報，未之有此也。《金縢》之書，《雲漢》之詩，其意可謂至，而其辭可謂盡矣。

夫精神之極，其叩之無端，其測之甚難，而尊而信之，如此其備者，皆聖人之法。何也？彼有接於物者，存乎自然，世既不得而無，則聖人固不得而廢之，亦理之自然也。聖人者，豈用其聰明哉？善因於理之自然而已。其智足以周於事，而其辨足以不惑，則理之微妙皆足以盡之也。故古之有爲於天下者，盡己之智而聽於人，盡人之智而聽於神，未有能廢其一也。《書》曰："朕志先定，詢謀僉同，鬼神其依，龜筮協從。"①所謂盡己之智而聽於人，盡人之智而聽於神也。繇是觀之，則荀卿之言，以謂雩筮救日，小人以爲神者，以疾夫世之不盡乎在己者而聽於神，其可也。謂神之爲理者信然，則過矣，蔽生於其智之不周，而過生於其所惑也。

閬州於蜀爲巴西郡，蜀車騎將軍領司隸校尉西鄉張侯名飛字益德，嘗守是州。州之東有張侯之冢，至今千有餘年，而廟祀不廢。每

① 參見《尚書・虞書・大禹謨》。

歲大旱，禱雨輒應。嘉祐中，比數歲連熟，閬人以謂張侯之賜也，乃相與率錢治其廟舍，大而新之。始侯以智勇爲將，號萬人敵。當蜀之初，與魏將張郃相距於此，能破郃軍，以安此土，可謂功施於人矣。其歿也，又能澤而賜之，則其食於閬人不得而廢也，豈非宜哉？

知州事尚書職方員外郎李君獻卿字材叔，以書來曰："其爲我書之。"材叔好古君子也，乃爲之書，而以余之所聞於古者告之。

（《文翰類選大成》卷一一二《閬州張侯廟記》，《文章正宗續》卷一五《閬州張侯廟記》，《曾鞏集》卷一八《閬州張侯廟記》）

墨池記　曾鞏

臨川之城東，有地隱然而高，以臨于溪，曰新城。新城之上，有池窪然而方以長，曰王羲之之墨池者，荀伯子《臨川記》云也。羲之嘗慕張芝臨池學書，池水盡黑，此爲其故迹，豈信然邪？

方羲之之不可强以仕，而嘗極東方，出滄海，以娱其意於山水之間。豈其徜徉肆恣，而又嘗自休於此邪？羲之之書晚乃善，則其所能，蓋亦以精力自致者，非天成也。然後世未有能及者，豈其學不如彼邪？則學固豈可以少哉？况欲深造道德者邪？

墨池之上，今爲州學舍。學教授王君盛恐其不章也，書"晋王右軍墨池"之六字於楹間以揭之，又告於鞏曰："願有記。"推王君之心，豈愛人之善，雖一能不以廢，而因以及乎其迹邪？其亦欲推其事，以勉其學者邪？夫人之有一能，而使後人尚之如此，况仁人莊士之遺風餘思，被於後世者如何哉！[15]

（《文翰類選大成》卷一一二《墨池記》，《文章正宗續》卷一四《墨池記》，《曾鞏集》卷一七《墨池記》）

蘭堂記　羅疇老[16]

元祐四年，予出而仕司法於滁。五年季春，作堂於廨宇之東南，堂之前植蘭數十本。微風飄至，庭檻馥馥然。予方休乎堂上，欣然嘆曰：猗歟蘭哉！是可以名吾堂。蘭之爲物，幽而芳者也。嘗讀《楚詞》，每嘆屈原喜命蘭以自況，原之幽操峻節，皭然自拔於腐濁之俗，而不受世汙染。兹誠無愧於蘭矣！然彼不知夫蘭之於所居，非側僻險絶之層崖，則幽荒寂寞之窮谷，傾篠惡草相與蒙翳，曾不得與黄茅白葦俱出而用於世，顛頓窘辱極矣。而蘭猶自若也。原一不偶於楚輒自隕，生爲澤畔愁吟之羈客，死爲江上漂泊之游魂，又豈不知所謂無人而自芳者歟？

噫！蘭之德淡然，不可以榮辱拘其有道君子也。故予之於蘭猶賢朋友也，不敢輒玩之。載以高臺，衛以修檻，所以拔其卑汙而養其潔也。富奇不入吾庭者，忌夫繁英縟彩之傷其質也。嘉菊數叢錯峙而間列者，懼其太孤，易撓於風雨，而以夫氣類稍同者助之也。

唯予之病於世久矣，而聞道晚，世念一至，往往顧影自嘆軒楹之間，徘徊閑吟，而與蘭相值。俯而視，仰而思，則釋然而自愧。噫！由斯以往，朝於是焉。襲蘭之馨，莫於是焉。擷蘭之英，携書就觀，引酒對酌，庶幾久與之俱化。

（《文翰類選大成》卷一一二《蘭堂記》，《古文集成》卷一〇《蘭堂記》）

不息齋記　胡仁仲

紹興二十有九年春，友生毛子請曰："以謨齋房，衡麓先生名曰'不息'，惟義之奥，至於今十年。若存若亡，請先生辭而達之，以比盤盂几杖之銘戒，庶幾可以朝夕從事。"

予聞其言，渭然嘆曰："先兄既爲子名我，其可不敷暢厥義，以勵子志。然難言也。子試察夫天地之間，有一物息者乎？仰觀於天，日月星辰不息於行也；俯觀於地，鳥獸草木不息於生也。進而觀乎朝廷之上卿士大夫，不息於爵位也。退而觀乎市井之間，農工商賈不息於貨財也。滔滔天下，若動若植，是曾無一物息者矣。今予兄以不息教子，無乃使子泯泯然與萬物同波，淪胥以亡乎？將何以收子之放志，表萬物而正之邪？惟予知其有道也，子其審聽吾之言乎？夫日月星辰，雖不息於行，而息於象。鳥獸草木，雖不息於生，而息於形。卿士大夫之不息於爵位也，而固息於名。農工商賈之不息於貨財也，而固息於利。夫有所息則滯於物，滯於物者不全於天。不全於天者，雖日月星辰不能以自化，而况於六尺之軀乎。噫！六尺之軀有神妙，而世俗之人不自知也。

"聖人闡之曰：'人者，天地之心也。'此心宰制萬物，象不能滯，形不能嬰，名不能榮辱，利不能窮通。幽贊於鬼神，明行乎禮樂，經綸天下，充周咸徧。日新無息，雖先聖作乎無始，而後聖作乎無窮，本無二性，又豈有陰陽寒暑之累、死生古今之間哉。是故學爲聖人者，必務識心之體焉。識其體矣，不息所以爲仁也。此聖人與天爲一之道。大哉！言乎。舜舉知之乎？[17]吾徒其可以日月至焉而已乎？孔子曰'學而時習之'①，此不息之端也。言有盡旨無窮，有志於道者可忽諸。"

（《文翰類選大成》卷一一二《不息齋記》，《古文集成》卷一四《不息齋記》，《胡宏集·雜文·不息齋記》）

植松記　陳耆卿

木之無芬香艷美而無益於人之觀者，莫松若也。然有三異焉，其心可以立獨，其色可以受變，其氣幹可以延年，是則木之可以益乎人之觀者，其有過於松者乎？嗟呼！世以芬香艷美取人者多矣！予於觀松，得觀人之法焉。辛未春，②得二本于圃人，植諸堂下。予謹記且頌云：

伊松之心，匪鐵而堅。一日獨夫，千年比干。伊松之色，可霜可雪。汲黯立朝，聳慄在列。伊松之幹，終古弗畔。夷齊卧山，呼之不返。夫松之有是三者，初不假乎藻飾之功。人之不能然者，寧不有媿於此松？

（《古文集成》卷八《植松記》，《陳耆卿集》卷四《植松記》）

---

① 參見《論語·學而》。

② 辛未：宋寧宗嘉定四年（1211）。

敬齋記　張敬夫

孟氏没，聖學失傳。寥寥千數百載間，學士大夫馳騖四出以求道，泥傳注，溺文辭，又不幸而高明汩於異説，終莫知其所止。嗟夫！道之難明也如此。非道之難明也，求之不得其本也。

宋興，又百餘載，有大儒出於河南，兄弟並立，發明天下之全、古人之大體，推其源流。上繼孟氏，始曉然示人以致知，主敬爲聖學始終之要領，世方樂於荒唐放曠之論，窮大而大其居，視斯言若易焉者，而曾莫思其然也。天下之生久矣，紛綸轇轕，曰動曰植，變化萬端，而人爲天地之心，應萬事，具萬理。萬理在萬物，而共妙著於人心，一物不體，則一理息，一理息則一事廢。一理之息，萬理之紊也。一事之廢，萬事之隳也。心也，得貫萬事，統萬理而爲萬物之亡宰者也。致知所以明是心也。敬者所以持是心而勿失也。故曰："主一之謂敬。"又曰："無適之謂一。"

噫！其必識夫所謂一，而後有以用力也。且吾視也、聽也、言也，手足之運動也，曷爲然乎？知心之不離乎，是則其可斯須而不敬矣乎？吾飢而食也，渴而飲也，朝作而夕息也，夏葛而冬裘也，孰使之乎，知心之不外乎是，則其可斯須而不敬矣乎？蓋心生生而不窮者道也，敬則生矣，生則烏可已也。怠則放，放則死矣。是以君子畏天命，不敢遑寧懼其一失而同於庶物也。

仁壽崔子霖以"敬"名齋，而請予記之。予嘉其志之美也，則不敢辭。吾鄉之士往往秀偉傑出，而吾子霖方有志於斯道，以與朋遊共講之，予嘆未同志之鮮也。乃今得吾子霖，而子霖又將與其朋友共之，益知吾道之不孤也，故樂爲之書。

（《文翰類選大成》卷一一二《敬齋記》，《古文集成》卷一四《敬齋記》，《南軒先生文集》卷一二《敬齋記》）

釣臺記　吕東萊

由東陽江而下，徑新定郡五十里得嚴陵瀨。蓋東漢嚴先生遯世不屈，耕釣於富春山，後人因以名其瀨也。孫吴析富春爲桐廬，是瀨亦來屬焉。顧野王《輿地志》曰：桐廬縣南有嚴子陵漁釣處，石上平可坐十人，名爲釣壇，即今紀之釣臺也。獨兩臺對峙，野王所不紀，蓋亦牏言之耳。明道二年，范文正公自右司諫守是邦，始築屋祠，先生而爲之記。瀨之旁白雲源，乃唐詩人方處士故廬，文正公之遊釣臺也，嘗絶江訪其遺蹟，以其象寘祠之左。文正公没，郡人思之，遂侑食於右坐焉。歲祀浸遠，此意弗嗣。

淳熙五年，侍郎蕭公出鎮道祠下，慨然曰："國家稽用唐武德舊典，姓是州爲嚴，則先生之祠，乃名教之首，頽圮若是，可乎？"顧急於民瘼未暇也。居二年，政成化洽，以餘錢新之。時某病廢，卧旁，郡公以書見諉，記其成，固辭不可。乃復於公曰："方王氏移國，以光武之大志、先生之高氣相與共學。夫豈區區呻吟，占畢之末哉。漢官威儀，既復薄海内外臣子之責皆塞矣，亦何必奮臂其間哉。没身丘壑，固先生之素尚也。帝睠焉，有懷俾以形，旁求於夫下，得非在廷諸臣奉令，承教之不給，未有當帝意者邪。三聘而至，車駕即日幸其館，勉其相助爲理，所以處先生者不薄矣。匪徒屈萬乘之重，爲故人之光，寵也。先生雖以巢由自命視一世，若不足以浼之。觀與侯霸尺牘，劘切之意見於言外，豈於帝惓惓未能忘邪？浩然而歸，使人主有終身瞻望不及之嘆。施及後世，賓友耆俊遂爲家法，士之聞風興起者，堅節正操，見危授命，項背相望。其有益人之國，與朝夕獻納雲臺之下者，未知其孰多孰少也。枝必類本，響必報聲。使先生微有意於傲世立名，一再傳之，後且將爲西晋之清虚矣。而東京之俗久而益勵名檢之。外綜理幹，略亦往往高出後世，泝其流而尋其源，則建武之高節孰可訾邪？至於節義之弊，變爲亢激，特上無建用皇極之君均調消息之爾，非造端者之過也。後先生且千年，文正公來主斯地，祀典始舉，曠百世而相感者，固自不常遇邪。今公作牧，復大葺祠宇，以續前人之緒，繼自今以往，泝江下上者款門而心開，升堂而容肅，風清樾，濯寒泉，哦山高水長之詩，政足樂也，則公豈專爲一邦勸哉！

祠之前則羊裘軒，其東則客星閣、招隱堂，岸江立表以識路，繚山作亭以待憩。或葺或因，面勢位置，各有思致，皆受成於公，以非大指所存，故不詳列。主其役者，司户參軍吴桂。

（《文翰類選大成》卷一一二《釣臺記》，《古文集成》卷一一《釣臺記》，《東萊吕太史集・文集》卷六《重修釣臺記》）

司馬温公祠堂記　張文潜

元祐元年九月甲子，丞相司馬公薨，朝廷議所以追崇之。於是進爵爲公，而國于温。惟司馬氏系出晋安平獻王孚，而獻王河内温人也，故推本其故家而封之。五年，奉議郎王仲孺爲温令，告其邑人曰："惟司馬公，道德功烈，著於朝廷、施及生民者，自匹夫匹婦，與夫荒外戎狄，悍夫奸民，心革誠服。左右兩宫，格于太平，是其功德宜配社稷，天下祀之。而温者國也，顧不能祠而可乎？"於是度地作堂，畫公像而禮祠焉。告于譙郡張耒使記之。

耒爲之言曰：盛德之不作于世久矣。古之所謂盛德者，不施而民服，無事而民信。未嘗動顔色，見詞氣，而天下從之，若子弟之慕父兄。故其爲功也，不勞而物莫之能禦，三代之亡，聖賢不作，而士之能有所立于世者亦多矣。然皆費心殫力，招天下而從之，以其智勝之而後能有成，是何也？德不足而取辦于其才故也。故其所建立勞苦而淺陋。夫豈不欲爲盛德之事哉？蓋其所積者有不足故也。

子産，君子也。猶曰：唯有德者能以寬服民，其次莫如猛。夫子産豈欲爲猛哉？以謂德之效實難，懼夫好高之難成也。是以甘心于其次，以求夫無失。嗚呼！德者子産之所難，而況其下者乎？故自秦漢而後，更千有餘歲，而盛德之士不作，蓋無足怪。惟司馬公事君而君敬之，未嘗求民而民與之。非其類者有不合而無不信受其罰者，有不悦而無敢謗。其自洛入覲也，郡邑田里至于京師，觀者千萬，環聚嗟嘆，至于泣下。嗟乎！此可以言語術智得之哉。故其相天下也，因物之所利而與之，因人之所厭而更之。從容指麾，内外響應，而天下無事矣。蓋自秦漢以來，至公而盛德之效始見于世，可謂盛矣。

嗚呼！當大事，處大疑，勇者招敵，智者召謀，惟有德而後萬物服，則夫二聖之所以用，公其可知也。夫某辱游公之門，而喜王君之好德，使以其説書于堂而刻之。

（《文翰類選大成》卷一一二《司馬温公祠堂記》，《文章正宗續》卷一五《司馬温公祠堂記》，《張耒集》卷五〇《司馬温公祠堂記》）

江州濂溪祠堂記[18]　朱熹

道之在天下者，未嘗亡，惟其托於人者，或絶或續，故其行於世者有明有晦。是皆天命之所爲，非人智力之所能及也。夫天高地下，而二氣五行紛綸錯揉升降，往來於其間，其造化發育，品物散殊，莫不各有固然之理。而其最大者，則仁、義、禮、智、信之端，君臣、父子、昆弟、夫婦、朋友之倫而已。是其周流充塞，無所虧間。

夫豈以古今治亂爲存亡者哉？然氣之運也，則有淳漓判合之不齊；人之禀也，則有清濁昏明之或異。是以道之所以托於人而行於世者，惟天所畀，乃得與焉，決非巧智果敢之私所能億度而强探也。河圖出而八卦畫，洛書呈而九疇叙。而孔子於斯文之興喪，亦未嘗不推之於天。聖人於此，其不我欺也，審矣。若濂溪先生者，其天之所畀而得乎斯道之傳者歟？不然，何其絶之久而續之易，晦之甚而明之亟也。

蓋自周衰，孟軻氏没而此道之傳不續。更秦及漢，歷晋隋唐，以至于我有宋，藝祖受命，五星集奎，實開文明之運，然後氣之漓者淳，判者合，清明之禀，得以全付乎人。而先生出焉，不繇師傳，默契道體，建圖屬書，根極領要。當時見而知之有程氏者，遂擴大而推明之，使夫天理之微、人倫之著、事物之衆、鬼神之幽，莫不洞然畢貫于一，而周公、孔子、孟氏之傳，焕然復明於當世。有志之士得以探討服行而不失其正，如出於三代之前者。嗚呼！盛哉！非天所畀，其孰能與於此？

先生姓周氏，諱敦頤，字茂叔，世家舂陵而老於廬山之下，因取故里之號，以名其川，曰“濂溪”，而築書堂於其上。今其遺處在九江郡治之南十里，而其荒茀不治，則有年矣。淳熙丙申，[①]潘侯慈明與其通守吕侯勝已始復作堂其處，揭以舊名，以奉先生之祀。而吕侯又以書來屬某記之。某愚不肖，不足以及此。獨幸嘗切有聞於程氏之學者，因得伏讀先生之書，而想見其爲人。比年以來，屏居無事，常欲一泛九江，入廬阜，濯纓此水之上，以致其高山景行之思。而病不得往，誠不自意，乃今幸甚，獲假文字以托姓名於其間也，於是竊原先生之道所以得於天而傳於人者，以專其事。如此使後之君子有以觀考而作與焉，是則庶幾兩侯之意也云爾。

（《文翰類選大成》卷一一二《江州濂溪書堂記》，《古文集成》卷一三《江州濂溪祠堂記》，《周敦頤集》卷一〇《江州濂溪書堂記》）

稽古閣記　朱熹

人之有是身也，則必有是心。有是心也，則必有是理。若仁、義、禮、智之爲體，惻隱、羞惡、恭敬、是非之爲用，是則人皆有之，而非由外鑠我也。然聖人之所以教，不使學者收視反聽，一以反求諸心。爲事而必曰興，於詩立於禮，成於樂。又曰“博學、審問、謹思、明辨，而力行之”，何哉？蓋理雖在我，而或蔽於氣，禀物欲之私，則不能以自見學。雖在外，然皆所以講乎此理之實，及其浹洽貫通而自得之，則又初無内外精粗之間也。世變俗衰，士不知學，挾册讀書者，既不過於誇多鬬靡，以爲利禄之計。其有意於己者，又直以爲可以取足於心而無事於外求也。是以墮於拂老空虚之邪見，而於義理之正、法度之詳有不察焉。其幸而或知理之在我與！

夫學之不可以不講者，則又不知循序致詳，虚心一意，縱容以會乎在我之本。然是以急遽淺迫，終已不能浹洽而貫通也。嗚呼！是

① 淳熙丙申：宋孝宗淳熙三年（1176）。

豈學之果不可爲，書之果不可讀，而古先聖賢所以垂世立教者，果無益於後來哉！道之不明，其可嘆已。鄂州州學教授許君中應既新其學之大門，而因建閣於其上，櫝藏紹興石經、兩朝宸翰，以爲寶鎮。又取扳本九經、諸史百氏之書列寘其旁。不足則使人以幣請於京師之學官，使其學者討論誦説，得以饜飫而開發焉。其役始於紹興辛亥之冬，[①]而訖於明年之夏，其費亡慮三百萬，而取諸廩士之嬴者蓋三之一。其餘則太守焕章閣待制陳公居仁、轉運判官薛侯叔似實資之，而總卿詹侯體仁、戎帥張侯詔亦揮金以相焉。既成，因予之友蔡君元定以來請曰："願有記也。"

予雅聞許君之學，蓋有志於爲己，而意其所以學者，亦曰取足於心而已矣。今以是法觀之，則見其所以誨人者甚平且實。然後知其所以自爲者，不以泯心思滅聞見爲極至之歸也。因爲之記其本末，而并推近世所以爲學讀書之病，請具刻焉，以告登此閣而讀此書者，使姑無溺於俗學之下流，無迷於異端之捷徑，則於理之在我者，庶乎有以深求而自得之矣。道之不明，豈足患哉。

(《古文集成》卷一二《鄂州州學稽古閣記》)

凝道山房記　吴澂

永平鄭侯鵬南嚴重清，謹爲時名流而不以所能自足也，謂仕必資於學，學必志於道。别業在滕州，築山房爲遊居之所，取子思子之語而扁之曰"凝道"，不遠二千里走書徵言於予。夫世之成室屋者，往往有記。記者，紀其棟宇之規制，營構之歲月而已。稍能文辭者，可命也。而奚以予言爲侯之意，寧不以予嘗講聞於儒先之緒論，而欲俾言其所謂凝道者乎。嗚呼！道不易言也，言之易者未必真有見也。非真有見而言，是妄言也。而予何敢？夫子曰："爲之難，言之得，無訒乎？"雖然，侯之意不可以不答也。詎容已於言哉，請言

① 紹興辛亥：宋高宗紹興元年(1131)。

其似。

道在天地間，猶水之在大海。道之中有人，猶水之中有器。浸灌此器者，水也；納受此水者，器也。水中之器，或沉或浮。而器中之水，或入或出。器與水未合一也，水在器中，凝而爲水，則器與水永不相離，而水爲器所有矣。人之於道猶是也。有以凝之，則道在我。無以凝之，則道自道，我自我。道豈我之有哉！人之生也，或智或愚，或賢或不肖，均具此性，則均受此道。不於賢智而豐，不於愚不肖而嗇也。愚不肖之不賢智若者，何也？能凝不能凝之異耳。

嗚呼！子思子言："道所以有，貴於能凝者歟。"凝之之方，尊德性而道問學也。德性者，我得此道以爲性。尊之如父母，尊之如神明，則存而不失，養而不害矣。然又有進修之功焉。蓋德性之内，無所不備。而理之固然，不可不知也。事之當然，不可不行也。欲知所固然，欲行所當然，舍學問奚可？德性一而學問之目八，子思子言之詳矣，不待予言也。廣大精微，高明中庸，故也新也，厚也禮也，皆德性之固然當然者。盡之極之，温之知之，問學以進，吾所知也。致之道之，敦之宗之，問學以修，吾所行也。尊德性一乎敬，而道問學兼乎知與行。一者立其本，兼者互相發也。問學之力，到功深則德性之體全用，傳道之所以凝也夫。雖然，此非可以虛言，言亦在夫實爲之而已矣。斯道也，人人可得而有也，况如侯之卓卓者哉。其凝之也，予將驗侯之所爲。

侯名雲翼，今爲江南行御史臺都事。延祐四年，臨川吴澂記。

（《文翰類選大成》卷一一三《凝道山房記》，《文章辨體》卷三一《凝道山房記》）

高林孔子廟記　劉因

安肅高林里距吾居五十里，聞有孔子廟，枉道而拜焉，詢其創始復興之由。里之耆老劉禎等言，廟起于五代之際，久而廢毁。金大定間，鄉先生孫直卿率里中豪族盧、田、劉三氏始修葺之，迄今至元庚辰，[①]圮壞幾盡。禎，劉氏孫也，復率盧氏子孫，共繼先志經營，於其年之春逮明年秋，廟貌既尊。乃興祭器以祀，事告成，且爲卿約春秋釋奠之禮，俾可以繼。里人自以非學者而祀先聖，恐踰禮制，請就質焉。

予按禮釋奠於先聖先師，謂學《詩》《書》《禮》《樂》者，各以所習業而祭其先師者也。孔子豈《詩》《書》《禮》《樂》專門其師耶？既非《詩》《書》《禮》《樂》專門之師，豈學官所得而私者耶？《詩》《書》《禮》《樂》之官且不得而私，又豈後世俗儒記誦詞章者之所得而私也？禮飲食必祭，祭先造飲食者也。蓋以吾之所以享此者，斯人之力也，孔子立人道者也。今吾之所以爲人，君君、臣臣、父父、子子，而不化胥於禽獸之域者，其誰之力歟？於一飲食而知報其力，於此而不知所以報焉，惑矣！諸君其勉，行事無懈。禎等曰："諾。"且請書其辭於石，併記歲月之始末云。

（《文翰類選大成》卷一一三《高林孔子廟記》，《元文類》卷二五《高林孔子廟記》）

【校勘記】

［1］庶斯樓之不朽也：《宋文鑑》卷七七此句後有"咸平二年八月十五日記"十字。
［2］東：《李覯集》卷二三作"東北隅"。
［3］生徒有舍庖廩有次：《李覯集》卷二三無此八字。
［4］史：《李覯集》卷二三作"吏"。
［5］抑爲國家之憂：《李覯集》卷二三此句後有"此年實至和甲午夏某月甲子記"十三字。
［6］術：《王安石全集》卷三四作"遂"。
［7］漣：原作"連"，據《文章類選·目録》及文意改。
［8］天驥：二字原脱，據《宋文鑑》卷八二補。
［9］扉：原作"扇"，據《宋文鑑》卷八二改。
［10］未：此字原脱，據《宋文鑑》卷八二補。

① 至元庚辰：元世祖至元十七年(1280)。

［11］招：原作“詔”，據《宋文鑑》卷八二改。

［12］粱：原作“梁”，據文意改。

［13］萬物：《東萊集注觀瀾文集》丙集卷九作“方物”。

［14］云：原作“雲”，據文意改。參見唐代韩愈撰《新竹》“縹節已儲霜”詩句。

［15］被於後世者如何哉：“後世”，《曾鞏集》卷一七作“來世”。又，《曾鞏集》卷一七此句後有“慶曆八年九月十二日曾鞏記”十二字。

［16］嚋：《文章類選・目録》作“疇”。

［17］舉：《胡宏集・雜文》作“禹”。

［18］祠：原作“書”，據《文章類選・目録》及文意改。

文章類選卷之五

序 類

思歸引序　石季倫

余少有大志，夸邁流俗，弱冠登朝。歷位二十五年，五十以事去官。晚節更樂放逸，篤好林藪，遂肥遁於河陽别業。其制宅也，却阻長隄，前臨清渠，柏木幾於萬株，[1]流水周於舍下。有觀閣池沼，多養鳥魚。家素習技，頗有秦趙之聲。出則以游目弋釣爲事，入則有琴書之娱。又好服食咽伊練。氣，志在不朽，傲然有凌雲之操。欻復見牽，羈婆娑於九列，困於人間煩黷，常思歸而永嘆。尋覽樂篇，有《思歸引》。儻古人之情，有同於今，故制此曲。此曲有弦無歌，[2]今爲作歌辭，以述余懷。恨時無知音者，令造新聲而播於絲竹也。

(《文選》卷四五《思歸引序》,《文翰類選大成》卷一一五《思歸引序》)

三月三日曲水詩序　顔延年

夫方策既載，皇王之迹已殊；鐘石畢陳，舞咏之情不一。雖淵流遂往，詳略異聞。然其宅天衷，立民極，莫不崇尚其道，神明其位，拓土洛。世貽統，固萬葉而爲量者也。

有宋函夏，帝圖弘遠。高祖以聖武定鼎，規同造物；皇上以睿文承歷，景屬宸居。隆周之卜既永，宗漢之兆在焉。正體毓德於少陽，王宰宣哲於元輔。晷緯昭應，山瀆效靈。五方雜遝，從合。四隩於六。來暨。選賢建戚，則擇之於茂典；[3]施命發號，必酌之於故實。大予協樂，上庠肆教。章程明密，品式周備。國容眡令而動，軍政象物而具。箴闕記言，校文講藝之官，采遺於内；輶車朱軒，懷荒振遠之使，論德于外。頳莖素毳，昌鋭。并柯共穗之瑞，史不絶書。棧山航海，逾沙軼余日。漠之貢，府無虚月。烈燧千城，通驛萬里。穹居之君，内首稟朔。卉服之酋，回面受吏。是以異人慕響，俊民間出。警蹕清夷，表裏悦穆。將徙縣中宇，張樂岱郊。增類帝之宫，飭禮神之館，塗歌邑誦，以望屬車之塵者久矣。

日躔直連。胃維，月軌青陸。皇祇發生之始，后王布和之辰，思對上靈之心，以惠庶萌之願，加以二王于邁，出餞戒告，有詔掌故，爰命司歷。獻洛飲之禮，具上巳之儀。南除輦道，北清禁林，左關巖隥，都鄧。右梁潮源。略亭皋，跨芝廛，苑太液，懷曾山。松石峻垝，古毁。葱翠陰烟，游泳之所攢萃，翔驟之所往還。於是離宫設衛，别殿周徼，旌門洞立，延帷接枑，[4]閱水環階，引池分席。春官聯事，蒼靈奉塗。然後升秘駕。胤緹徒兮。騎，摇玉鑾，[5]發流吹。天動神移，淵旋雲被，以降于行所，禮也。

既而帝暉臨幄，百司定列，鳳蓋俄軫，虹旗委旆。肴蔌速。芬藉，觴醳亦。泛浮。妍歌妙舞之容，銜組樹羽之器。三奏四上之調，六莖九成之曲。競氣繁聲，合變争節。龍文飾轡，青翰侍御。華裔殷至，觀聽騖集。揚袂風山，舉袖陰澤。靚静。裝藻野，[6]袨服縟川。故以殷隱。賑軫。外區，焕衍都内者矣。上膺萬壽，下禔氏移。百福，巾筵稟和，[7]闔堂依德。情盤景遽，歡洽日斜。金駕揔駟，聖儀載佇。帳鈞臺之未臨，慨酆宫之不縣。方且排鳳闕以高游，開爵園而廣宴。並命在位，展詩發志。則夫誦美有章，陳信無愧者歟。

（《文選》卷四六《三月三日曲水詩序》，《文翰類選大成》卷一一五《三月三日曲水詩序》）

送李愿歸盤谷序　韓愈

太行之陽有盤谷，盤谷之間，泉甘而土肥，草木藂茂，居民鮮少。或曰："謂其環兩山之間，故曰'盤'。"或曰："是谷也，宅幽而勢阻，隱者之所盤旋。”友人李愿居之。愿之言曰:“人之稱大丈夫者,我知之矣。利澤施于人,名聲昭于時,坐于廟朝,進退百官而佐天子出令。其在外,則樹旗旄,羅弓矢,武夫前呵,從者塞途,供給之人,各執其物,夾道而疾馳。喜有賞,[8]怒有刑。才畯滿前,[9]道古今而譽盛德,入耳而不煩。曲眉豐頰,清聲而便體,秀外而惠中,飄輕裾,翳長袖,粉白黛緑者,列屋而閑居,妒寵而負恃,争妍而取憐。大丈夫之遇知於天子,[10]用力於當世者之所爲也。吾非惡此而逃之,是有命焉,不可幸而致也。

“窮居而野處,[11]升高而望遠,[12]坐茂樹以終日,濯清泉以自潔。採於山,美可茹,釣於水,鮮可食。起居無時,惟適之安。與其有譽於前,孰若無毁於其後。與其有樂於身,孰若無憂於其心。車服不維,刀鋸不加,理亂不知,黜陟不聞。大丈夫不遇於時者之所爲也,我則行之。伺候於公卿之門,奔走於形勢之途,足將進而趑趄,口將言而囁嚅,處穢污而不羞,觸刑辟而誅戮,僥倖於萬一,老死而後止者,其於爲人賢不肖何如也?”

昌黎韓愈聞其言而壯之,與之酒而爲之歌曰:“盤之中,維子之宫。盤之土,可以稼。[13]盤之泉,可濯可沿。盤之阻,誰争子所。窈而深,廓其有容;繚而曲,如往而復。嗟盤之樂兮,樂且無央。[14]虎豹遠迹兮,蛟龍遁藏。鬼神守護兮,呵禁不祥。飲則食兮壽而康,無不足兮奚所望。膏吾車兮秣吾馬,從子于盤兮,終吾生以徜徉。”

(《文苑英華》卷七三〇《送李愿歸盤谷序》,《唐文粹》卷九六《送李愿歸盤谷序》,《古今事文類聚》前集卷三三《送李愿歸盤谷序》,《文翰類選大成》卷一一五《送李愿歸盤谷序》,《韓昌黎文集校注》卷四《送李愿歸盤谷序》,《韓愈文集彙校箋注》卷九《送李愿歸盤谷序》)

送孟東野序 韓愈

大凡物不得其平則鳴。草木之無聲,風撓之鳴。水之無聲,風蕩之鳴。其躍也或激之,其趨也或梗之,其沸也或炙之。金石之無聲,或擊之鳴。人之於言也亦然,有不得已者而後言,其歌也有思,其哭也有懷。凡出乎口而爲聲者,其皆有弗平者乎。樂也者,鬱於中而泄於外者也,擇其善鳴者而假之鳴。金、石、絲、竹、匏、土、革、木八者,物之善鳴者也。維天之於時也亦然,擇其善鳴者而假之鳴。是故以鳥鳴春,以雷鳴夏,以蟲鳴秋,以風鳴冬,四時之相推敚,其必有不得其平者乎!

其於人也亦然。人聲之精者爲言,文辭之於言,又其精也,尤擇其善鳴者而假之鳴。其在唐虞,咎陶、禹其善鳴者也,而假以鳴。夔弗能以文辭鳴,又自假於《韶》以鳴。夏之時,五子以其歌鳴。伊尹鳴殷,周公鳴周。凡載於《詩》《書》六藝,皆鳴之善者也。周之衰,孔子之徒鳴之,其聲大而遠。傳曰:"天將以夫子爲木鐸。"①其弗信矣乎?其末也,莊周以其荒唐之辭鳴。楚,大國也,其亡也,以屈原鳴。[15]臧孫辰、孟軻、荀卿,以道鳴者也。揚朱、墨翟、管夷吾、晏嬰、老聃、申不害、韓非、慎到、田駢、鄒衍、尸佼、孫武、張儀、蘇秦之屬,皆以其術鳴。秦之興,李斯鳴之。漢之時,司馬遷、相如、楊雄,最其善鳴者也。其下魏晋氏,鳴者不及於古,然亦未嘗絶也。就其善者,其聲清以浮,其節數以急,其辭淫以哀,其志弛以肆。其爲言也,亂雜而無章。將天醜其德莫之顧邪?何爲乎不鳴其善鳴者也?

唐之有天下,陳子昂、蘇源明、元結、李白、杜甫、李觀,皆以其所能鳴。其存而在下者,孟郊東野始以其詩鳴。其高出魏晋,不懈而及於古,其他浸淫乎漢氏矣。從吾游者,李翺、張籍其尤也。三子者之鳴信善矣。抑不知天將和其聲,而使鳴國家之盛邪?抑將窮餓其身,思愁其心腸,而使自鳴其不幸邪?三子者之命則懸乎天矣。其在上也奚以喜?其在下也奚以悲?

東野之役於江南也,有若不釋然者,故吾道其命於天者以解之。

(《文苑英華》卷七三〇《送孟東野序》,《文翰類選大成》卷一一五

---

① 參見《論語·八佾》。

《送孟東野序》,《韓昌黎文集校注》卷四《送孟東野序》,《韓愈文集彙校箋注》卷九《送孟東野序》)

送許郢州序　韓愈

愈嘗以書自通於于公,[16]累數百言。其大要言,先達之士得人而托之,則道德彰而名聞流;後進之士得人而托之,則事業顯而爵位通。下有矜乎能,上有矜乎位,雖恒相求,而喜不相遇。[17]于公不以其言爲不可,復書曰:"足下之言是也。"于公身居方伯之尊,蓄不世之材,[18]而能與卑鄙庸陋相應答如影響,是非忠乎君而樂乎善,以國家之務爲己任者乎? 愈雖不敢私其大恩,抑不可不謂之知己,恒矜而誦之。情已至而事不從,小人之所不爲也。故於使君之行,道刺史之事,以爲于公贈。

凡天下之事,成於自同而敗於自異。爲刺史者,恒私於其民,不以實應乎府。爲觀察使者,恒急於其賦,不以情信乎州。繇是刺史不安其官,觀察使不得其政,財已竭而斂不休,人已窮而賦愈急,其不去爲盜也亦幸矣。誠使刺史不私於其民,觀察使不急於其賦。刺史曰:"吾州之民,天下之民也,惠不可以獨厚。"觀察使亦曰:"某州之民,天下之民也,斂不可以獨急。"如是而政不均、令不行者,未之有也。其前之言者,于公既已信而行之矣。今之言者,其有不信乎? 縣之於州,猶州之於府也。有以事乎上,有以臨乎下,同則成,異則敗者,皆然也。非使君之賢,其誰能信之。

愈於使君非燕游一朝之好也,故其贈行,不以頌而以規。

(《文苑英華》卷七三〇《送許使君刺郢州志雍序》,《文翰類選大成》卷一一五《送許使君刺郢州志雍序》,《韓昌黎文集校注》卷四《送許郢州序》,《韓愈文集彙校箋注》卷九《送許郢州序》)

上巳日燕太學聽彈琴詩序　韓愈

與衆樂之之謂樂,樂而不失其正,又樂之尤也。四方無鬥爭金革之聲，京師之人既庶且豐，天子念致理之艱難，樂居安之閑暇，肇置三令節，詔公卿群有司至于其日，率厥官屬，飲酒以樂，所以同其休，宣其和，感其心，成其文者也。

三月初吉，實惟其時，司業武公於是總太學儒官三十有六人，列燕於祭酒之堂。樽俎既陳，肴羞惟時，醆斝序行，獻酬有容，歌風雅之古辭，斥夷狄之新聲，褎衣危冠，與與如也。[19]有儒一生，魁然其形，抱琴而來，歷階以昇，坐于樽俎之南，鼓有虞氏之《南風》，賡之以文王、宣父之操，優游夷愉，廣厚高明，追三代之遺音，想舞雩之咏嘆。及暮而退，[20]皆充然若有得也。武公於是作歌詩以美之，命屬官咸作之，命四門博士昌黎韓愈序之。

（《文苑英華》卷七一七《上巳日燕太學聽彈琴詩序》，《古今事文類聚》新集卷三一《上巳日燕太學聽彈琴詩序》，《文翰類選大成》卷一一五《上巳日燕太學聽彈琴詩序》，《韓昌黎文集校注》卷四《上巳日燕太學聽彈琴詩序》，《韓愈文集彙校箋注》卷九《上巳日燕太學聽彈琴詩序》）

贈崔復州序　韓愈

有地數百里，趨走之吏，自長史司馬已下數十人，其禄足以仁其三族及其朋友故舊。樂乎心，則一境之人喜，不樂乎心，則一境之人懼。丈夫官至刺史亦榮矣！雖然，幽遠之小民，其足迹未嘗至城邑。苟有不得其所，能自直於鄉里之吏者鮮矣，况能自辨於縣吏乎？能自辨於縣吏者鮮矣，况能自辨於刺史之庭乎？由是刺史有所不聞，小民有所不宣。賦有常而民産無恒，水旱癘疫之不期，民之豐約懸於州。句。縣令不以言，連帥不以信，民就窮而斂愈急，吾見刺史之難爲也！

崔君爲復州，其連帥則于公，崔君之仁，足以蘇復人，于公之賢，足以庸崔君。有刺史之榮而無其不爲者，[21]將在於此乎？愈嘗辱于公之知，而舊游于崔君，慶復人之將蒙其休澤也，於是乎言。

（《文苑英華》卷七三四《贈復州崔使君序》，《古今事文類聚》外集卷一一《贈崔復州序》,《文翰類選大成》卷一一五《贈崔復州序》,《韓昌黎文集校注》卷四《贈崔復州序》,《韓愈文集彙校箋注》卷一〇《贈崔復州序》)

送董邵南序 韓愈

燕趙古稱多感慨悲歌之士。董生舉進士,連不得志於有司。懷抱利器,鬱鬱適兹土。吾知其必有合也,董生勉乎哉!

夫以子之不遇時,苟慕義强仁者皆愛惜焉,矧燕、趙之士出乎其性者哉!然吾嘗聞風俗與化移易,吾惡知其今不異於古所云邪?[22]聊以吾子之行卜之也。董生勉乎哉!

吾因子有所感矣,爲我吊望諸君之墓,而觀於其市復有昔時屠狗者乎?爲我謝曰:“明天子在上,可以出而仕矣!”

(《文苑英華》卷七三〇《送董邵南游河北序》,《文翰類選大成》卷一一五《送董邵南序》,《韓昌黎文集校注》卷四《送董邵南序》,《韓愈文集彙校箋注》卷一〇《送董邵南遊河北序》)

送浮屠文暢師序 韓愈

人固有儒名而墨行者,問其名則是,校其行則非,可以與之游乎?如有墨名而儒行者,問之名則非,校其行而是,可以與之游乎?揚子雲稱:“在門墻則揮之,在夷狄則進之。”吾取以爲法焉。

浮屠師文暢喜文章,其周游天下,凡有行,必請於搢紳先生以求咏歌其所志。貞元十九年春,將行東南,柳君宗元爲之請。解其裝,得所得叙詩累百餘篇。非至篤好,其何能致多如是邪?惜其無以聖人之道告之者,而徒舉浮屠之説贈焉。夫文暢,浮屠也。如欲聞浮屠之説,當自就其師而問之,何故謁吾徒而來請也?彼見吾君臣父子之懿,文物事爲之盛,[23]其心有慕焉。拘其法而未能入,故樂聞其説而請之。如吾徒者,宜當告之以二帝三王之道,日月星辰之行,天地之所以著,鬼神之所以幽,人物之所以蕃,江河之所以流而語之,不當又爲浮屠之説而瀆告之也。

民之初生，固若禽獸夷狄然。聖人者立，然後知宫居而粒食，親親而尊尊，生者養而死者藏。是故道莫大乎仁義，教莫正乎禮樂刑政。施之於天下，萬物得其宜，措之於其躬，體安而氣平。堯以是傳之舜，舜以是傳之禹，禹以是傳之湯，湯以是傳之文、武，文、武以是傳之周公、孔子，書之於册，中國之人世守之。今浮屠者，孰爲而孰傳之邪？夫鳥俯而啄，仰而四顧，夫獸深居而簡出，懼物爲之己害也，猶且不脱焉。[24]弱之肉，强之食。今吾與文暢安居而暇食，優游以生死，與禽獸異者，寧可不知其所自邪？

夫不知者，非其人之罪也，知而不爲者，惑也。悦乎故不能即乎新者，弱也，知而不以告人者，不仁也，告而不以實者，不信也。余既重柳請，又嘉浮屠能喜文辭，於是乎言。

（《文苑英華》卷七三一《送浮屠文暢序》，《唐文粹》卷九八《送浮屠文暢師序》，《古今事文類聚》前集卷三五《送浮屠文暢師序》，《文翰類選大成》卷一一五《送浮屠文暢師序》，《韓昌黎文集校注》卷四《送浮屠文暢師序》，《韓愈文集彙校箋注》卷一〇《送浮屠文暢師序》）

送王含秀才序　韓愈

吾少時讀《醉鄉記》，私怪隱居者無所累於世而猶有是言，豈誠旨於味邪？及讀阮籍、陶潛詩，乃知彼雖偃蹇不欲與世接，然猶未能平其心，或爲事物是非相感發，於是有托而逃焉者也。若顏氏子操瓢與簞，[25]曾參歌聲若出金石。彼得聖人而師之，汲汲每若不可及。其於外也固不暇，尚何事麯櫱之托而昏冥之逃邪？[26]吾又以爲悲醉鄉之徒不遇也。

建中初，天子嗣位，有意貞觀、開元之丕績，在廷之臣争言事。[27]當此時，醉鄉之後世又以直廢。吾既悲醉鄉之文辭，而又嘉良臣之烈，思識其子孫。今子之來見我也，無所挾，吾猶將張之，况文與行不失其世守，渾然端且厚。惜乎吾力不能振之，而其言不見信於世也！

於其行，姑與之飲酒。

（《文苑英華》卷七三一《送進士王含秀才序》，《古今事文類聚》續集卷一五《送王含秀才序》，《文翰類選大成》卷一一五《送王含秀才序》，《韓昌黎文集校注》卷四《送王秀才序》，《韓愈文集彙校箋注》卷一〇《送王含秀才序》）

送齊皞下第序　韓愈

古之所謂公無私者，其取捨進退無擇於親疏遠邇，惟其宜可焉。其下之視上也，亦惟視其舉黜之當否，不以親疏遠邇疑乎其上之人。故上之人行志擇誼，坦乎其無憂於下也，下之人尅己慎行，確乎其無惑於上也。是故爲君不勞，而爲臣甚易。見一善焉，可得詳而舉也，見一不善焉，可得明而去也。及道之衰，上下交疑。於是乎舉讎、舉子之事，載之傳中而稱美之，而謂之忠。見一善焉，若親與邇，不敢舉也；見一不善焉，若疏與遠，不敢去也。衆之所同好焉，矯而黜之，乃公也；衆之所同惡焉，激而舉之，乃忠也。於是乎有違心之行，有怫志之言，有内愧之名。若然者，俗所謂良有司也。膚受之訴，不行於君，巧言之誣，不起於人矣。

烏乎！今之君天下者，不亦勞乎！爲有司者，不亦難乎！爲人嚮道者，不亦勤乎！是故端居而念焉，非君人者之過也；則曰有司焉，則非有司之過也；則曰今舉天下人焉，則非今舉天下人之過也。蓋其漸有因，其本有根。生於私其親，成於私其身。以己之不直，而謂人皆然。其植之也固久，其除之也實難。非百年必世，不可得而化也；非知命不惑，不可得而改也。已矣乎，其終能復古乎。

若高陽齊生者，其起予者乎？齊生之兄爲時名相，出藩于南，[28]朝之碩臣皆其舊交。齊生舉進士，有司用是連枉齊生。齊生不以云，乃曰："我之未至也，有司其枉我哉？我將利吾器而俟其時耳。"抱負其業，東歸於家。吾觀於人，有不得志則非其上者衆矣，亦莫計其身之短長也。若齊生者既至矣，[29]而曰："我未也。[30]"不以閔於有司，其不亦鮮乎哉！吾用是知齊生後日誠良有司也，能復古者也，公無私者也，知命不惑者也。

（《文苑英華》卷七三一《送齊皞下第序》，《韓昌黎文集校注》卷四《送齊皞下第序》，《韓愈文集彙校箋注》卷九《送齊皞下第序》）

送楊少尹序　韓愈

昔疏廣、受二子以年老一朝辭位而去，于時公卿設供張，[31]祖道都門外，車數百兩，道路觀者多嘆息泣下，共言其賢。漢史既傳其事，而後世工畫者又圖其迹，至今照人耳目，赫赫若前日事。國子司業楊君巨源，方以能詩訓後進，一旦以年滿七十，亦白丞相去歸其鄉。世常説古今人不相及，[32]今楊與二疏，其意豈異也？[33]

予忝在公卿後，遇病不能出，不知楊侯去時，城門外送者幾人？車幾兩？馬幾疋？[34]道邊觀者，亦有嘆息知其爲賢以否？而太史氏又能張大其事爲傳繼二疏蹤迹否？不落莫否？見今世無工畫者，而畫與不畫固不論也。然吾聞楊侯之去，丞相有愛而惜之者，白以爲其都少尹，[35]不絶其禄，又爲歌詩以勸之，京師之長於詩者，亦屬而和之。又不知當時二疏之去有是事否？古今人同不同，未可知也。

中世士大夫以官爲家，罷則無所於歸。楊侯始冠，舉於其鄉，歌《鹿鳴》而來也。今之歸，指其樹曰："某樹，吾先人之所種也，某水、某丘，吾童子時所釣游也。"鄉人莫不加敬，誡子孫以楊侯不去其鄉爲法。古之所謂"鄉先生没而可祭於社"者，其在斯人歟，其在斯人歟！

（《文苑英華》卷七三〇《送楊巨源少尹序》，《古今事文類聚》前集卷三二《送楊巨源少尹序》，《文翰類選大成》卷一一五《送楊巨源少尹序》，《韓昌黎文集校注》卷四《送楊少尹序》，《韓愈文集彙校箋注》卷一一《送楊巨源少尹序》）

送權秀才序　韓愈

伯樂之厩多良馬，卞和之匱多美玉。卓犖瑰怪之士，宜乎游於大人君子之門也。

相國隴西公既平汴州，[36]天子命御史大夫吴縣男爲軍司馬，門下之士權生實從之來。權生之貌，固若常人耳，其文辭引物連類，窮情盡變，宫商相宣，金石諧和。寂寥乎短章，舂容乎大篇，如是者，閲之累日而無窮焉。

愈常觀於皇都，每年貢士至千餘人。或與之游，或得其文。若權生者，百無一二焉。如是而將進於明有司，重之以吴縣之知，其果有成哉！於是咸賦詩以贈之。

(《文苑英華》卷七三一《送權秀才序》,《文翰類選大成》卷一一五《送權秀才序》,《韓昌黎文集校注》卷四《送權秀才序》,《韓愈文集彙校箋注》卷一一《送權秀才序》)

送石處士序　韓愈

河陽軍節度御史大夫烏公爲節度之三月，求士於從事之賢者。有薦石先生者，公曰："先生何如?"曰："先生居嵩、邙、瀍、穀之間，冬一裘，夏一葛，食朝夕飯一盂、蔬一盤。人與之錢則辭，請與出游，未嘗以事辭。[37]勸之仕，不應。坐一室，左右圖書。與之語道理，辨古今事當否，論人高下，事後當成敗，若河决下流而東注，若駟馬駕輕車就熟路，而王良造父爲之先後也，若燭照數計而龜卜也。"大夫曰："先生有以自老，無求於人，其肯爲某來邪?"從事曰："大夫文武忠孝，求士爲國，不私於家。方今寇聚於恒，[38]師環其疆，農不耕收，財粟殫亡，吾所處地，歸輸之塗，治法征謀，宜有所出。[39]先生仁且勇，若以義請而强委重焉，其何説之辭!"於是撰書詞，具馬幣，卜日以授使者，求先生之廬而請焉。

先生不告於妻子，不謀於朋友，冠帶出見客，拜受書禮於門内。宵則沐浴戒行事，[40]載書册，問道所由，告行於常所來往。晨則畢至，張上東門外。[41]酒三行，且起，有執爵而言者曰："大夫真能以義取人，先生真能以道自任，决去就。爲先生别。"又酌而祝曰："凡去就出處何常，惟義之歸，遂以爲先生壽。”又酌而祝曰：“使大夫恒無變其初，無務富其家而飢其師，無甘受佞人而外敬正士，無昧於諂言，惟先生是聽，以能有成功，保天子之寵命。”又祝曰：“使先生無圖利於大夫而私便其身。”圖先生起拜祝辭曰：[42]“敢不敬蚤夜，以求從祝規。”

於是東都之人士咸知大夫與先生果能相與以有成也。遂各爲歌詩六韵，退，[43]愈爲之序云。

（《文苑英華》卷七三一《送石洪處士赴河陽参謀序》，《古今事文類聚》前集卷二八《送石洪處士序》，《文翰類選大成》卷一一五《送石洪處士序》，《韓昌黎文集校注》卷四《送石處士序》，《韓愈文集彙校箋注》卷一一《送石洪處士赴河陽参謀序》）

送温處士赴河陽軍序　韓愈

伯樂一過冀北之野，而馬群遂空。夫冀北馬多天下，[44]伯樂雖善知馬，安能空其群邪？解之者曰：“吾所謂空，非無馬也，無良馬也。伯樂知馬，遇其良輒取之，群無留良焉。苟無良，雖謂無馬，不爲虚語矣。”

東都，固士大夫之冀北也。恃才能，深藏而不市者，[45]洛之北涯曰石生，其南涯曰温生。大夫烏公以鈇鉞鎮河陽之三月，以石生爲才，以禮爲羅，羅而致之幕下。未數月也，以温生爲才，於是以石生爲媒，以禮爲羅，又羅而致之幕下。東都雖信多才士，朝取一人焉，拔其尤，暮取一人焉，拔其尤，自居守、河南尹以及百司之執事，與吾輩二縣之大夫，政有所不通，事有所可疑，奚所諮而處焉？士大夫之去位而巷處者，誰與嬉游？小子後生於何考德而問業焉？搢紳之東西行過是都者，無所禮於其廬。若是而稱曰：“大夫烏公一鎮河陽，而東都處士之廬無人焉，豈不可也？”

夫南面而聽天下，其所托重而恃力者，惟相與將耳。相爲天子得人於朝廷，將爲天子得文武士於幕下，求内外無治，[46]不可得也。愈縻於兹，不能自引去，資二生以待老，今皆爲有力者奪之，其何能無介然於懷邪？生既至，拜公於軍門，其爲吾以前所稱爲天下賀，以後所稱爲吾致私怨於盡取也。

留守相公首爲四韵詩歌其事，愈因推其意而序之。

（《文苑英華》卷七三一《送温造處士赴河陽軍序》，《古今事文類聚》前集卷二八《送温造處士序》，《文翰類選大成》卷一一五《送温處士赴河陽軍序》，《韓昌黎文集校注》卷四《送温處士赴河陽軍序》，《韓愈文集彙校箋注》卷一一《送温造處士赴河陽軍序》）

《又玄集》序 韋莊

謝玄暉文集盈編，止誦澄江之句；曹子建詩名冠古，唯吟清夜之篇。是知美稼千箱，兩岐奚少。繁弦九變，大濩殊稀。入華林而珠樹非多，閱衆籟而紫簫唯一。所以擷芳林下，拾翠巖邊。沙之汰之，始辨辟寒之寶。載雕載琢，方成瑚璉之珍。故知頷下採珠，難求十斛。管中窺豹，但取一斑。自國朝大手名人，以至今之作者，或百篇之内，時記一章。或全集之中，微微數首。但掇取其清詞麗句，録在西齋。莫窮其巨派洪瀾，任歸東海。惣其記得者才子一百五十人，誦得者名詩三百首。長樂暇日，陋巷窮時，聊撼膝以書紳，匪攢心而就簡。皆詩中鼓吹，名下笙簧。擊凫氏之鐘，霜清日觀；淬雷公之劍，影動星津。雲間分合壁之光，海上運摩天之翅。奪造化而雷雲涌起，役鬼神而風雨奔馳。但思其食馬留肝，徒云染指。豈慮其烹魚去乙，或致傷鱗。自慚乎鼹腸易盈，非嗜其熊蹯獨美。然則律者既採，繁者是除。何知黑白之鵝，强識淄澠之水。

左太冲十年三賦，未必無瑕。劉穆之一日百函，焉能盡麗。是知班、張、屈、宋，亦有蕪辭。沈、謝、應、劉，猶多累句。雖遺妍可惜，而備載斯難。亦由執斧伐山，止求嘉木。挈瓶赴海，植汲甘泉。[47]等同於風月烟花，各是其植梨橘柚。昔姚合所撰《極玄集》一卷，傳於當代，已盡精微。今更採其玄者，勒成《又玄集》三卷。記方流而目眩，閱麗水而神疲。魚兔雖存，筌蹄是棄。所以金盤飲露，唯採沆瀣之精。花界食珍，但享醍醐之味。非獨資於短見，亦可貽於後昆。採實去華，俟諸來者。

光化三年七月二日，前左補闕韋莊述。

（《文苑英華》卷七一四《〈又玄集〉序》，《又玄集·前記·又玄集》）

送吉州杜司户審言序　陳子昂

嗟夫！德則有鄰，才不必貴。昔有耕於巖石，而名動京師，詞感帝王，乃位昇武騎，夫豈不遭昌運哉？蓋時命不齊，奇偶有數。當用賢之世，賈誼竄於長沙；居好文之朝，崔駰放於遼海。況大聖提象，群臣守規。杜司户炳靈翰林，研機策府，有重名於天下，而獨秀於朝端。徐、陳、應、劉，不得劘其壘，何、王、沈、謝，適足靡其旗，而載筆下寮三十餘載。秉不羈之操，物莫同塵；合絶唱之音，人皆寡和。群公愛禰衡之俊，留在京師；天子以桓譚之非，[48]謫居外郡。蒼龍闟茂，扁舟入吴。告别千秋之亭，回棹五湖之曲。朝廷相送，駐旌蓋於城隅；之子孤游，森風帆於天際。白雲自出，蒼梧漸遠，帝臺半隱，坐隔丹霄，巴山一望，魂斷渌水。於是邀白日，藉青蘋，追瀟湘之游，寄洞庭之樂。吴歈楚舞，右琴左壺，將以緩燕客之心，慰越人之思。杜君乃挾琴起舞，抗首高歌，哀皓首而未遇，恐青春之蹉砣。且欲携幽蘭，結芳桂，飲石泉以節味，咏商山以卒歲。返耕餌木，吾將老焉。群公嘉之，賦詩以贈。凡四十五人，具題爵里。合絶。集作"含絶"。①

（《文苑英華》卷七一九《送吉州杜司户審言序》，《文翰類選大成》卷一一五《送吉州杜司户審言序》，《陳子昂集》卷七《送吉州杜司户審言序》）

送劼赴太學序　王勃

今之游太學者多矣，咸一切欲速，百端進取。故夫膚受末學者，

---

① 據《陳子昂集》卷七校勘記，此"集"疑即《四部叢刊》影印明楊澄校正本《陳伯玉文集》。

因利乘便；經明行修者，華存實爽。至於振骨鯁之風標，報聖賢之言，懷一作"遠"。遠大之舉，蓋有之矣，未之見也。可以深慕哉！

且吾家以儒輔仁，述作存者八代矣，未有不久於其道，而求苟出者也。故能立經陳訓，删《書》定《禮》，揚魁梧之風，樹清白之業，使吾徒子孫有所取也。《大雅》不云"無念爾祖"①，《易》不云"幹父之蠱"②，《書》不云"惟孝友于"[49]，《詩》不云"不如友生"③，四者備矣。加之執德弘，信道篤，心則口誦，廢食忘寢，涣然有所成，望然有所伏，然後可以托教義，編人倫，彰風聲，議出處。若意不感慨，行不卓絶，輕進苟動，見利忘義，雖上一階，[50]履半級，何足恃哉！終見棄於高人，但自溺於下流矣。

吾被服家業，沾濡庭訓，切磋琢磨，戰兢惕勵者，二十餘載矣。幸以薄伎，獲蠲戎役。嘗耻道未成而受禄，恨不得如古君子四十强而仕也。而房族多孤，飦粥不繼，迫父兄之命，睹飢寒之切，解巾捧檄，扶老携幼，今既至於斯矣。不蠶而衣，不耕而食，吾何德以當哉？至於竭小人之心，申猶子之道，飲食衣服，晨昏左右，庶幾乎令汝無反顧憂也。

行矣自愛，游必有方。離别咫尺，未足耿耿。嗟乎！不有居者，誰展色養之心？不有行者，孰就揚名之業？籩豆有餞，菽水盡心，盍各賦詩，叙離道意云爾。

(《文苑英華》卷七一八《送劼赴太學序》，《文翰類選大成》卷一一五《送劼赴太學序》，《王子安集注》卷八《送劼赴太學序》，《王勃集》卷七《送劼赴太學序》)

《周公瑾墓下詩》序　梁肅

昔趙文子觀九原，有歸歟之嘆；謝靈運適集作"游"。朱方，興墓下之作。或懷德異世，或感舊一時，而清詞雅義，終古不歇。

---

① 參見《詩經·大雅·文王》。
② 參見《周易·蠱卦》。
③ 參見《詩經·小雅·常棣》。

十三年春，予與友人毆陽仲山旅游於吴。里巷之間，有墳巋然。問於人，則曰："吴將軍周公瑾之墓也。"予嘗覽前志，壯公瑾之業；歷于集作"於"。遺墟，想公瑾之神。息駕而吊，徘徊不能去。伊昔漢綱既解，當塗方熾，利兵南浮，江漢失險，公瑾嘗用寡制衆，挫强爲弱，燎火一舉，樓船灰飛。遂乃張吴之臂，壯蜀之趾。以魏祖之雄武，披攘躑躅，救死不暇。袁彦伯贊是功曰："三光三分，宇宙暫隔。"富哉言乎！於是時彌遠而氣集作"名"。益振，世逾往而聲不滅，有由然矣。

詩人之作，感於物，動於中，發於咏歌，形於事業。事之博者其辭盛，志之大者其感深，故仲山有過墓之什，廓然其慮，粲乎其文，可以窺盤桓居貞之道，梁父閑吟之意。凡有和者，當繫於斯文。

(《文苑英華》卷七一六《〈周公瑾墓下詩〉序》,《文翰類選大成》卷一一五《〈周公瑾墓下詩〉序》,《梁肅文集》卷二《〈周公瑾墓下詩〉序》)

《雲母泉詩》序　李華

洞庭湖西玄石山，俗謂之墨山。山南有佛寺，寺倚松嶺。松嶺下有雲母泉，泉出石中，引流分渠，周遍庭宇。發源如乳湩，末派如淳漿，烹茶、淅蒸、灌園、漱濯，一作"齒"。① 皆用之。大浸不盈，大旱不耗。自墨山西北至石門，東南至東陵，[51] 廣輪二十里，盡生雲母。墻階道路，燦燦一作"炯炯"。如列星，井泉溪澗，色皆純白。鄉人多壽考，無癖痼疥搔之疾，華深樂之。

潁川陳公，天寶中與華同爲諫官。公性與道合，忽於權利，方挂冠投簪，顧華以名山之契。乾元初，公貶清江丞，移武陵丞。華貶杭州司功，[52] 恩復左補闕。上元中，俱奉詔徵。公自清江至武陵，道路多虞，詔一作"制"。書不至。華泝江而西，次於岳陽。江山延望，日夕相見。[53] 思與高賢共飲雲母之泉，躬耕墨山之下。敢違朝命，以徇私欲。秋風露寒，洞庭微波，一聞猿聲，不覺涕下。況支離多病，年齒一

① 本篇"一作'某'"文字内容均與《唐文粹》卷九六、《李遐叔文集》卷一文字内容相同。

作"甫"。始衰，願藥餌扶壽，以究無生之學。事乖志負，火爇予心。寄懷此篇，亦以書予一作"公"。之志也。

（《文苑英華》卷七一六《〈雲母泉詩〉序》，《唐文粹》卷九六《〈雲母泉詩〉序》，《文翰類選大成》卷一一五《〈雲母泉詩〉序》，《李遐叔文集》卷一《〈雲母泉詩〉序》）

《禪月集》序　吴融

夫詩之作者，善善則咏頌之，惡惡則風刺之。苟不能本此二者，韵雖甚切，猶土木偶不主於氣血，[54]何所尚哉。自風雅之道息，爲五言、七言詩者，皆率拘以句度屬對焉。既有所拘，則演情叙事不盡矣。且歌與詩，其道一也，然詩之所拘悉無之，足得放意，取非常語語非常意，意又盡，則爲善矣。

國朝能爲歌詩者不少，獨李太白爲稱首。蓋氣骨高舉，不失頌咏風刺之道。厥後，白樂天爲諷諫五十篇，亦一時之奇逸極言。昔張爲作詩圖五層，以白氏爲廣德大教化主，不錯矣。至於李長吉以降，皆以刻削峭拔，飛動文彩，爲弟一流。有下筆不在洞房蛾眉神山詭怪之間，則擲之不顧。邇來相斆學者，靡漫浸淫，困不知變。嗚呼！亦風俗使然。君子萌一心，發一言，亦當有益於事。矧極思屬詞，得不動關於教化。

沙門貫休，本江南人。幼得苦空理，落髮於東陽金華山。機神穎秀，止于荆門龍興寺。余謫官南行，因造其室。每談論，未嘗不了於理性。自是而往，日入忘歸。邈然浩然，使我不知放逐之感。此外商榷二雅，酬唱循環。越三日不相往來，恨疏矣。如此者，凡期有半。上人之作，多以理勝，復能創新意，其語往往得景物於混茫之際。然其旨歸，必合於道。太白樂天既殁，可嗣其美者，非上人而誰?

丙辰歲，①余蒙恩詔歸，與上人别。袖出歌詩草一本，曰《西嶽

---

① 丙辰：唐昭宗乾寧三年（896）。

集》,以爲贐矣。竊慮將來作者,或未深知,故題於卷之首。時己未歲嘉平月之三日。①

(《文苑英華》卷七一四《〈禪月集〉序》,《禪月集校注·序》)

《唐風集》序　顧雲

大順初,皇帝命小宗伯河東裴公掌邦貢。次二年,遥者來,隱者出,異人俊士始大集都下,於群進士中得九華山杜荀鶴,拔居上第。諸生謝恩日,列坐既定,公揖生,謂曰:"聖上嫌文教未多張,於得如高宗朝拾遺陳公,[55]作詩出繼二《雅》,馳驟建安,削苦澀僻碎,略淫靡淺切,破艷冶之堅陣,擒雕巧之酋帥,皆摧撞折角,崩潰解散,掃蕩詞場,廓清文祲。然後有戴容州、劉隨州、王江寧率其徒,揚鞭按轡,相與呵樂,來朝於正道矣。以生詩有陳體,可以潤國風,廣王澤,固擢生以塞詔意,生勉爲中興詩宗。"生謝而退。

次年,寧親江表,[56]以僕故山皆隱者,出平生所著五七言三百篇見簡,咏其雅麗清苦激越之句,能使貪吏廉,邪臣正,父慈子孝,兄良弟順,人倫紀綱備矣。其壯語大言,則决起逸發,可以左攬工部袂,右拍翰林肩,吞賈喻八九於胸中,曾不蔕介。或情發乎中,則極思冥搜,游泳希夷,形兀枯木。五聲勞於呼吸,萬象悉於抉剔,信詩家之雄傑者也。美哉!裴公之知人爲不誣矣。

於戲!旌别淑慝,史臣之職也。僕幸得爲之叙録,視其人齒尚壯,才力未盡,謳吟之興方酣,俟其繼作,得如《周頌》《魯頌》者,廣之爲《唐風集》。老而益精,留次序。景福元年壬子夏述。②

(《文苑英華》卷七一四《〈唐風集〉序》,《貴池唐人集》第五《文·唐風集序》)

---

① 己未:唐昭宗乾寧六年(899)。

② 壬子:唐昭宗景福元年(892)。

《吴興晝公集》序　于頔

詩自《風》《雅》道息，二百餘年而騷人作。其旨愁思，其文婉麗，亡楚之變風歟。至西漢李陵、蘇武始全爲五言，詩體源於其《風》，流於《騷》，故多憂傷離遠之情。梁昭明所造《文選》，録古詩十九首，亡其姓氏。觀其詞，蓋東漢之世李、蘇之流。洎建安中王仲宣、曹子建鼓其風，晋世陸士衡、潘安仁揚其波。王、曹以氣勝，潘、陸以文尚。氣勝者魏祖，興武功於二京已覆；文尚者晋武，帝圖於五胡肇亂。觀其人文興亡之迹，人焉廋哉。

宋高祖平桓玄，定江表。文帝繼業，五十年間，[57]江左寧謐，魏晋文章鬱然復興。康樂侯謝靈運獨步江南，[58]俯視潘、陸。其文炳而麗，其氣逸而暢，驅風雷於江山，變晴昏於州渚，烟雲以之慘淡，景氣爲其澄霽，信江表之文英，五言之麗則者也。逮乎高世，宣城守謝玄暉亦得其詞調，函於風格，不侔康樂矣。梁陳已降，雖作者不絕而五言之道不勝其情矣。

有唐吴興開士釋皎然，[59]字清晝，即康樂之十世孫也。得詩人之奥旨，傳乃祖之菁華，江南詞人莫不楷範。函於緣情綺靡，故詞多芳澤。師古典制，故律尚清壯。其或發明玄理，則深契真如，人不可得而思議也。

貞元壬申歲，①余分刺吴興之明年，集賢殿御書院有命徵其文集，余自採而編之，得詩五百四十六首，分爲十卷，納于延閣書府。上人以余嘗著詩述論前代之詩，逸托于集序。辭不獲已，略志其變。上人之植情和順，[60]禀質端懿。中秘空寂，外開方便。妙言説於文字，了心境於定惠，又釋門之慈航智炬也。余游之内者，何足以扣玄關。謝氏世爲詩人，豈佛書所謂習氣云。

（《文苑英華》卷七一二《〈吴興晝公集〉序》）

---

① 貞元壬申：唐德宗貞元八年(792)。

三游洞序　白居易

平淮西之明年冬，予自江州司馬授忠州刺史，微之自通州司馬授虢州長史。又明年春，各祗命之郡，與知退偕行。三月十日，參會於夷陵。翌日，微之反棹送予至下牢戍。又翌日，將别未忍，引舟上下者久之，酒酣，聞石間泉聲，因捨棹進，策步入缺岸。初見石，如疊如削，其怪者如引臂，如垂踵。次見泉，如瀉如灑，甚奇者如懸練，如不絶綫。遂相與維舟巖下，率僕夫芟蕪刈苜，[61]梯危縋滑，休而復上者凡四五焉。仰睇俯察，絶無人迹，但水石相薄，磷磷鑿鑿，跳珠濺玉，驚動耳目。自未訖戌，愛不能去。

俄而峽山昏黑，雲破月出，光氣含吐，互相明滅。晶熒玲瓏，象生其中。雖有敏口，不能名狀。既而通夕不寐，迨旦將去，憐奇惜别，且嘆且言。知退曰："斯境勝絶，天地間其有幾乎？如之何俯通津，綿歲代，寂寥委置，罕有到者乎？"予曰："借此喻彼，可爲長太息者，豈獨是哉！豈獨是哉！"微之曰："誠哉是言！矧吾人難相逢，斯境不易得，今兩偶於是，[62]得無述乎？請各賦古調詩二十韵，書于石壁。"仍命予序而紀之。又以吾三人始游，故目爲三游洞。洞在硤州上二十里北峰下兩崖相廞間。欲將來好事者知，故備書其事。

(《文苑英華》卷七一一《三游洞序》,《文翰類選大成》卷一一五《三游洞序》,《白居易文集校注》卷六《三游洞序》)

送崔群序　柳宗元

貞松産於巖嶺，高直聳秀，條暢碩茂，粹然立於千仞之表。和氣之發也，禀和氣之至者，必合以正性。於是有貞心勁質，用固其本，禦攘冰霜，以貫歲寒，故君子儀之。清河崔敦詩有柔儒温文之道，以和其氣，近仁復禮，物議歸厚，其有禀者歟？有雅厚直方之誠，[63]以正其性，懇論忠告，交道甚直，其有合者歟？是故日章之聲，振於京師。

嘗與隴西李杓直、南陽韓安平洎予交友。杓直敦柔深明，冲曠坦夷，慕崔君之和。安平厲莊端毅，高朗振邁，悦崔君之正。余以剛柔不常，造次爽宜，求正於韓，襲和於李，就崔君而考其中焉。忘言相視，默與道合。今將寧覲東周，振策于邁，且餞于野，或命爲之序。予於崔君有通家之舊，外黨之睦，[64]然吾不以是合之。崔君以文學登于儀曹，揚于王庭，甲俊造之選，首讎校之列，[65]然吾不以是視之。於其序也，載之其末云。

（《唐文粹》卷九八《送崔群序》，《文翰類選大成》卷一一五《送崔群序》，《柳宗元集校注》卷二二《送崔群序》）

送桂州杜留後詩序　柳宗元

觀室者觀其隅，隅之巍然，直方以固，則其中必端莊宏達可居者也。人孰異夫是？今若杜君之隅可觀，而中可居，居之者德也。贊南方之理，理是以大；揔留府之政，政是以光。其道不撓，好古書百家言，洋洋滿車，行則與俱，止則相對，積爲義府，溢爲高文。慤而和，肆而信，豈《詩》所謂"抑抑威儀，惟德之隅"者耶？①

今往也，有以其道聞于天子，天子唯士之求爲急，杜君欲辭事臣侍從之位，[66]其可得乎？濮陽吴武陵，直而甚文，樂杜君之道，作詩以言。余猶吴也，故於是乎序焉。

（《文苑英華》卷七三一《同吴武陵送前桂州杜留後詩序》，《文翰類選大成》卷一一五《送桂州杜留後詩序》，《柳宗元集校注》卷二二《同吴武陵送前桂州杜留後詩序》）

送豆盧膺秀才南游詩序②　柳宗元

君子病無乎内而飾乎外，有乎内而不飾乎外者。無乎内而飾乎外，則是設覆爲穽也，[67]禍孰大焉。有乎内而不飾乎外，則是焚梓毁璞也，詬孰甚焉！於是有切磋琢磨、鏃礪栝羽之道，聖人以爲重。

① 參見《詩經・大雅・抑》。

② 《文章類選・目録》著録標題中無"秀才"二字。

豆盧生，内之有者也，余是以好之，而欲其遂焉。而恒以幼孤羸餒爲懼，恤恤焉游諸侯求給乎是，是固所以有乎内者也。然而不克專志於學，飾乎外者未大，吾願子以《詩》《禮》爲冠屨，以《春秋》爲襟帶，以圖史爲佩服，琅乎璆璜衝牙之響發焉，煌乎山龍華蟲之采列焉，則揖讓周旋乎宗廟朝廷斯可也。惜乎余無禄食於世，不克稱其欲，成其志，而姑欲其速反也，故詩而序云。

（《文苑英華》卷七三三《送豆盧膺秀才南游序》，《文翰類選大成》卷一一五《送豆盧膺秀才南游序》，《柳宗元集校注》卷二二《送豆盧膺秀才南游詩序》）

送薛存義序　柳宗元

河東薛存義將行，柳子載肉于俎，崇酒于觴，追而送之江滸，飲食之，且告曰："凡吏于土者，若知其職乎？蓋民之役，非以役民而已也。凡民之食于土者，出其十一傭乎吏，[68]使司平於我也。今我受其直怠其事者，天下皆然。豈唯怠之，又從而盗之。向使傭一夫於家，受若直，怠若事，又盗若貨器，則必甚怒而黜罰之矣。以今天下多類此，而民莫敢肆其怒與黜罰，何哉？勢不同也。勢不同而理同，如吾民何？有達于理者，得不恐而畏乎？"

存義假令零陵二年矣，蚤作而夜思，勤力而勞心。訟者平，賦者均，老弱無懷詐暴憎，其爲不虚取直也的矣，其知恐而畏也審矣。吾賤且辱，不得與考績幽明之説，於其往也，故賞以酒肉，而重之以辭。

（《文苑英華》卷七三一《送薛存義之任序》，《古今事文類聚》外集卷一四八《送薛存義之任序》，《文翰類選大成》卷一一五《送薛存義序》，《柳宗元集校注》卷二三《送薛存義序》）

送李渭赴京師序　柳宗元

過洞庭，上湘江，非有罪左遷者罕至。又况逾臨源嶺，下灕水，出荔浦，名不在刑部而來吏者，其加少也固宜。前余逐居永州，李君至，固怪其棄美仕就醜地，[69]無所束縛，自取瘴癘。後余斥刺柳州，至于桂，君又在焉，方屑屑爲吏。噫！何自苦爲是耶？

明時宗室屬子當尉畿縣，今王師連征不貢，二府方汲汲求士，李君讀書爲詩有幹局，久游燕、魏、趙、代間，[70]知人情，識地利，能言其故。以是入都干丞相，益國事，不求獲乎己，而己以有獲。予嫉其不爲是久矣。今而曰將行，請余以言。行哉行哉！言止是而已。

（《文苑英華》卷七三一《送李渭赴京師序》，《文翰類選大成》卷一一五《送李渭赴京師序》，《柳宗元集校注》卷二三《送李渭赴京師序》）

送濬上人歸淮南覲省序　柳宗元

金仙氏之道，蓋本於孝敬，而後積以衆德，歸于空無。其敷演教戒於中國者，離爲異門，曰禪、曰法、曰律，以誘掖迷濁，世用宗奉。[71]其有修整觀行，尊嚴法容，以儀範于後學者，以爲持律之宗焉。上人窮討秘義，發明上乘，奉威儀三千，雖造次必備。所以此道宣於江湖之人，[72]江湖之人悦其風而受其賜，攀慈航望彼岸者，蓋千百計。天子聞之，徵至闕下，御大明秘殿以問焉。導揚本教，頗甚稱旨。京師士衆，方且翹然仰大雲之澤，以植德本，而上人不勝顧復之恩，退懷省侍之禮，懇迫上乞，[73]遂無以奪。由是杖錫東顧，振衣晨征。

右司員外郎劉公，深明世典，通達釋教，與上人爲方外游。始榮其至，今惜其去，於是合郎署之友，詩以貺之。退使孺子執簡而序之，因繫其辭曰：

上人專於律行，恒久彌固，其儀刑後學者歟？誨于生靈，觸類蒙福，其積衆德者歟？覲于高堂，視遠如邇，其本孝敬者歟？若然者，是將心歸空無，捨筏登地，固何從而識之乎？古之贈禮，必以輕先重，故鄭商之犒先乘韋，魯侯之贈後吴鼎，今餞詩之重，皆衆吴鼎也。故乘韋之比，得序而先之，且曰："由禮而不敢讓焉。"

（《文苑英華》卷七三二《送濬上人歸淮南覲省序》，《柳宗元集校注》卷二五《送濬上人歸淮南覲省序》）

《愚溪詩》序　柳宗元

灌水之陽有溪焉，東流入于瀟水。或曰："冉氏嘗居也，故姓是溪曰冉溪。[74]"或曰："可以染也，名之以其能，故謂之染溪。"余以愚觸罪，謫瀟水上，愛是溪，入二三里，得其尤絶者家焉。古有愚公谷，今予家是溪，而名莫能定，土之居者猶齗齗然，不可以不更也，故更之爲愚溪。

愚溪之上，買小丘爲愚丘。自愚丘東北行六十步，得泉焉，又買居之，爲愚泉。愚泉凡六穴，皆出山下平地，蓋上出也。合流屈曲而南，爲愚溝。遂負土累石，塞其隘，爲愚池。愚池之東爲愚堂，其南爲愚亭，池之中爲愚島。嘉木異石錯置，皆山水之奇者，以余故，咸以"愚"辱焉。

夫水，智者樂也，今是溪獨見辱於愚，何哉？蓋其流甚下，不可以灌溉，又峻急，多坻石，大舟不可入也。幽邃淺狹，蛟龍不屑，不能興雲雨，無以利世，而適類於余，然則雖辱而愚之可也。寧武子"邦無道則愚"①，智而爲愚者也；顏子"終日不違如愚"②，睿而爲愚者也，皆不得爲真愚。今余遭有道而違於理，悖於事，故凡爲愚者莫我若也。夫然，則天下莫能争是溪，余得專而名焉。

溪雖莫利於世，而善鑒萬類，清瑩秀徹，鏘鳴金石，能使愚者喜笑眷慕，樂而不能去也。余雖不合於俗，亦頗以文墨自慰，漱滌萬物，牢籠百態，而無所避之。以愚辭歌愚溪，則茫然而不違，昏然而同歸，超鴻蒙，混希夷，寂寥而莫我知也。於是作《八愚詩》，紀于溪石上。

（《文苑英華》卷七一七《〈愚溪詩〉序》，《唐文粹》卷九五《〈愚溪詩〉序》，《古今事文類聚》別集卷一九《〈愚溪詩〉序》，《文翰類選大成》卷一一五《〈愚溪詩〉序》，《柳宗元集校注》卷二四《〈愚溪詩〉序》）

---

① 參見《論語·公冶長》。

② 參見《論語·爲政》。

《婁二十四秀才花下對酒唱和詩》序[①]　柳宗元

君子遭世之理，則呻呼踴躍以求知於世，而遁隱之志息焉。於是感激憤悱，思奮其志略，以效於當世。必形於文字，伸於歌咏，是故有其具而未得行其道者之爲之也。

婁君志乎道，而遭乎理之世，其道宜行而其術未用，故爲文而歌之，有求知之辭。以余弟同志而偕未達，故贈詩，以悼時之往也。余既困辱，不得預睹世之光明，而幽乎楚越之間，故合文士以申其致，將俟夫木鐸以間於金石。大凡編辭於斯者，皆太平之不遇人也。

（《文苑英華》卷七一七《〈婁二十四秀才花下對酒唱和詩〉序》，《文翰類選大成》卷一一五《〈婁二十四秀才花下對酒唱和詩〉序》，《柳宗元集校注》卷二四《〈婁二十四秀才花下對酒唱和詩〉序》）

送方希則序　歐陽修

蒙莊以紳笏爲柴栅，班伯以名聲爲韁鎖。夫軒裳輝華，人之所甚欲，彼豈惡之邪？蓋將有激云爾。是以君子輕去就，隨卷舒，富貴不可誘。故其氣浩然，勇過乎賁、育，毁譽不以屑，其量恬然不見于喜愠。能及是者，達人之節而大方之家乎！

希則茂才入官，三舉進士不利，命乎數奇。[75]時不見用，宜其夷然拂衣，[76]師心自往，推否泰以消息，輕寄物之去來，淵乎其大雅之君子，而幾類于昔賢者乎！

余自來上都，寓謁舍，化衣京塵、穿履金門者，再見春矣。會天子方嚮儒學，招徠俊良，開賢科，命鄉舉，而四方之傑齎貢函詣公車者，十百千數。余雖後進晚出，而掎裳摩趺攘臂以游其間，交者固已多矣。晚方得君，傾蓋道塗，一笑相樂，形忘乎外，心照乎内，雖濠梁之

① 《文章類選・目録》著録標題中無“詩”字。

游不若是也。未幾,君召試中臺,以枉於有司,奪席見罷。搢紳議者咸傷寃之,君方澹乎冲襟,竟於使人不能窺也。後數日,齎裝具舟,泛然東下。以余辱交者,索言以爲贈。夫恢識宇以見乎遠,窮倚伏以至於命,此非可爲淺見寡聞者道也。希則,達人爾,可一言之。

昔公孫常退歸,鄉人再推,射策遂第一,更生書數十上,每聞報罷,而終爲漢名臣。以希則之資材識業而沈冥鬱堙者,豈非天將張之而固翕之邪? 不然,何邅回而若此也? 夫良工晚成者器之大,後發先至者驥之良。異日垂光虹蜺,濯髮雲漢,使諸儒後生企仰而不暇,此固希則褚囊中所畜爾,豈假予詳言之哉? 觴行酒半,坐者皆欲去,操觚率然,辭不逮意。同年景山、欽之識之,亦賦詩以爲别,則祖離道舊之情備之矣,此不復云。

(《宋文選》卷二《送方希則序》,《歐陽修全集》卷六六《居士外集十六·送方希則序》)

送梅聖俞歸河陽序　歐陽修

至寶潛乎山川之幽,而能先群物以貴于世者,負其有異而已。故珠潛于泥,[77]玉潛于璞,不與夫蜃蛤、珉石混而棄者,其先膺美澤之氣,輝然特見于外也。士固有潛乎卑位,而與夫庸庸之流俯仰上下,然卒不混者,其文章才美之光氣,亦有輝然而特見者矣。然求珠者必之乎海,求玉者必之乎藍田,求賢士者必之乎通邑大都。據其會,就其名,而擇其精焉爾。洛陽,天子之西都,距京師不數驛,搢紳仕宦雜然而處其中,亦珠玉之淵海歟。予方據是而擇之,獨得于梅君聖俞,其所謂輝然特見而精者邪。

聖俞志高而行潔,氣秀而色和,嶄然獨出於衆人中。初爲河南主簿,以親嫌移佐河陽,常喜與洛之士游,故因吏事而至于是。余嘗與之徜徉于嵩洛之下,每得絶崖倒壑、深林古宇,則必相與吟哦其間,始而歡然以相得,終則暢然覺乎薰蒸浸漬之爲益也,故久而不厭。既而以吏事訖,言歸。余且惜其去,又悲夫潛乎下邑,混于庸庸。然所謂能先群物而貴于世者，特其異而已，則光氣之輝然者，豈能掩之哉！

（《宋文選》卷二《送梅聖俞歸洛序》，《文翰類選大成》卷一一六《送梅聖俞歸河陽序》，《歐陽修全集》卷六六《居士外集十六·送梅聖俞歸河陽序》）

送徐無黨南歸序 歐陽修

草木鳥獸之爲物，衆人之爲人，其爲生雖異而爲死則同，一歸於腐壞、澌盡、泯滅而已。而衆人之中有聖賢者，固亦生且死於其間，而獨異於草木鳥獸衆人者，雖死而不朽，逾遠而彌存也。其所以爲聖賢者，修之於身，施之於事，見之於言，是三者所以能不朽而存也。修於身者，無所不獲。施於事者，有得有不得焉。其見於言者，則又有能有不能也。施於事矣，不見於言可也。自《詩》《書》《史記》所傳，其人豈必皆能言之士哉。修於身矣，而不施於事，不見於言，亦可也。孔子弟子有能政事者矣，有能言語者矣。若顔回者，在陋巷，曲肱飢卧而已，其群居則默然終日如愚人。然自當時群弟子皆推尊之，以爲不敢望而及。而後世更百千歲，亦未有能及之者。其不朽而存者，固不待施於事，况於言乎。

予讀班固《藝文志》、唐四庫書目，見其所列，自三代、秦漢以來，著書之士多者至百餘篇，少者猶三四十篇，其人不可勝數，而散亡磨滅，百不一二存焉。予竊悲其人，文章麗矣，言語工矣，無異草木榮華之飄風，鳥獸好音之過耳也。方其用心與力之勞，亦何異衆人之汲汲營營？而忽焉以死者，雖有遲有速，而卒與三者同歸於泯滅。夫言之不可恃也蓋如此。今之學者，莫不慕古聖賢之不朽，而勤一世以盡心於文字間者，皆可悲也！

東陽徐生，少從予學，爲文章，稍稍見稱於人。既去，而與群士試於禮部，得高第，由是知名。其文辭日進，如水涌而山出。予欲摧其盛氣而勉其思也，故於其歸告以是言。然予固亦喜爲文辭者，亦因以自警焉。

（《宋文鑑》卷八六《送徐無黨南歸序》，《文翰類選大成》卷一一六《送徐無黨南歸序》，《歐陽修全集》卷四四《居士集四四·送徐無黨南歸序》）

謝氏詩序　歐陽修

天聖七年，予始游京師，得吾友謝景山。景山少以進士中甲科，以善歌詩知名。其後，予於他所又得今舍人宋公所爲景山母夫人之墓銘，言夫人好學通經，自教其子。乃知景山出於甌閩數千里之外，負其藝於大衆之中，一賈而售，遂以名知於人者，繄其母之賢也。今年，予自夷陵至許昌，景山出其女弟希孟所爲詩百餘篇。然後又知景山之母不獨成其子之名，而又以其餘遺其女也。

景山嘗學杜甫、杜牧之文，以雄健高逸自喜。希孟之言尤隱約深厚，守禮而不自放，有古幽閒淑女之風，非特婦人之能言者也。然景山嘗從今世賢豪者游，故得聞於當時；而希孟不幸爲女子，莫自章顯於世。昔衛莊姜、許穆夫人録於仲尼而列之《國風》，今有傑然巨人能輕重時人而取信後世者，一爲希孟重之，其不泯没矣。予固力不足者，復何爲哉，復何爲哉！希孟嫁進士陳安國，卒時年二十四。

景祐四年八月一日，守峽州夷陵縣令歐陽修序。

（《文章辨體彙選》卷二九九《謝氏詩序》，《歐陽修全集》卷四三《居士集四三·謝氏詩序》）

《金石録》後序　李易安

《金石録》三十卷者何？趙侯德夫所著書也。取上自三代，下訖五季，鐘、鼎、甗、鬲、槃、匜、尊、敦之款識，豐碑、大碣，顯人、晦士之事迹，凡見於金石刻者二千卷，皆正其僞謬，去取褒貶。上足以合聖人之道，下足以訂史氏之失者，皆具載之，可謂多矣。嗚呼！且王播、元載之禍，書畫與胡椒無異；長輿、元凱之病，錢癖與傳癖何殊。名雖不同，其惑一也。

余建中辛巳，[1]始歸趙氏。時先君作禮部員外郎，丞相時作吏部

① 建中辛巳：宋徽宗建中靖國元年（1101）。

侍郎，[78]侯年二十一，在太學作學生。趙、李族寒，素貧儉。每朔望謁告出，質衣，取半千錢，步入相國寺，市碑文果實。歸，相對展玩咀嚼，自謂葛天氏之民也。後二年，出仕宦，便有飯蔬衣綀，窮遐方絶域，盡天下古文奇字之志。日就月將，漸益堆積。丞相居政府，親舊或在館閣，多有亡詩、逸史，魯壁、汲冢所未見之書遂力傳寫，寖覺有味，不能自已。後或有古今名人書畫，三代奇器，亦復脱衣市易。嘗記崇寧間，有人持徐熙《牡丹圖》，求錢二十萬。當時雖貴家子，求二十萬錢，豈易得耶？留信宿，計無所出而還之，夫婦相向惋悵者數日。後屏居鄉里十年，遍取俯拾，衣食有餘。連守兩郡，竭俸入以事鉛槧。每獲一書，即同共是正校勘，整集籤題；得書畫鼎彝，亦摩玩舒卷，指摘疵病，夜盡一燭爲率。[79]故能筆札精緻，字畫完整，冠諸收書家。

余性偶强記，每飯罷，坐歸來堂烹茶，指堆積書史，言某事在某書某卷第幾葉第幾行，以中否角勝負，爲飲茶先後。中則舉杯大笑，至茶傾覆懷中，反不得飲而歸，甘心老是鄉矣。故雖處憂患困窮，而志不少綏。

收書既成歸來，[80]堂起書庫大厨，[81]簿甲乙，置書册。如要講讀，即請鎖上簿，關出卷帙。或少損污，必徵責揩塗完整，故不復向時之坦夷也。是欲求適意反取憀慄。余性不耐，始謀食去重肉，衣去重采，首無明珠翠羽之飾，室無塗金刺綉之具。遇書史百家，字不刓缺，本不譌謬者，輒市之，儲作副本。自來家傳《周易》《左氏傳》兩家者流，文字最備。于是几案羅列，枕席枕藉，意會心謀，目往神授，樂在聲色狗馬之上。

至靖康丙午歲，①侯守淄川，聞金寇犯京師，四顧茫然，盈箱溢篋，且戀戀，且悵悵，知其必不爲己物矣。建炎丁未春三月，②奔太夫人喪南來，既長物不能盡載，乃先去書之重大印本者，又去畫之多幅者，又

① 靖康丙午：宋欽宗靖康元年(1126)。
② 建炎丁未：宋高宗建炎元年(1127)。

去古器無款識者。後又去書之監本者，畫之尋常者，器之重大者。[82]凡屢减去，尚載書十五車。至東海，連艫渡淮，又渡江，至建康青州故第，而鎖書册什物，用屋十餘間，期明年春再具舟載之他。十二月，金人陷青州，凡所謂十餘屋者，已化爲煨燼矣。

戊申秋九月，①侯起復知建康府。己酉春三月罷建康，②具舟上蕪湖，入姑蘇，將卜居贛水上。夏五月，至池陽，被旨知湖州，過闕上殿，遂駐家池陽，獨赴詔。六月十二日，始負擔，捨舟坐岸上，着衣岸巾，精神如虎，目爛爛光射人，望舟中告别。余意甚惡，呼曰："如傳聞城中緩急，奈何？"戟手遥應曰："從衆。必不得已，先棄輜重，次衣被，[83]次書册，次卷軸，次古器，獨所謂宗器者，[84]可自抱負，與身俱存亡，勿亡之。"遂馳馬去。

塗中奔馳，冒大暑，感疾。至行在，病痁。七月末，書報卧病。余驚怛，念侯性素急，奈何。病痁或熱，[85]必服寒藥，疾可憂。遂解舟下，一日夜行三百里。比至，果大服柴胡、黄芩藥，瘧且痢，病危在膏肓。余悲泣，倉皇不忍問後事。八月十七日，遂不起。取筆而作詩，絶筆而終，殊無分香賣屨之意。葬畢，顧四維無所之，朝廷已分遣六宫，又傳江當禁渡。時猶有書二萬卷，金石刻二千卷，器皿茵褥，可待百客，他長物稱是。余又大病，僅存喘息。事勢日迫，念侯有妹婿任兵部侍郎，從衛在洪州，遂遣二故吏先部送行李往投之。

冬十二月，金寇陷洪州，遂盡委棄。所謂連艫渡江之書，又散爲雲烟矣。獨餘少輕小卷軸書帖，寫本李、杜、韓、柳集，《世説》《鹽鐵論》，漢唐石刻副本數十卷軸，三代鼎鼐十餘事，南唐寫本書數篋，偶病中把玩，般在卧内者，巋然獨存。上江既不可往，又虜勢叵測，有弟任敕局删定官，遂往依之。到臺，臺守已遁。之嵊，出陸，又棄衣被走黄巖，雇舟入海，奔赴行在。時駐蹕章安，從御舟岸道之温，又之越。

① 戊申：宋高宗建炎二年(1128)。

② 己酉：宋高宗建炎三年(1129)。

庚戌十二月，[①]放散百官，遂之衢。紹興辛亥春三月，[②]復赴越。壬子，[③]又赴杭。先侯疾亟時，有張飛卿學士携玉壺過，示侯，便携去，其實珉也。不知何人傳道，遂妄言有頒金之語。或傳亦有密論列者。余大惶怖，不敢言，遂將盡家中所有銅器等物，欲去外廷投進。到越，已移幸四明。不敢留家中，并寫本書寄嵊縣。後官軍收叛卒取去，聞盡入故李將軍家。所謂巋然獨存者，無慮十去五六矣。惟有書畫硯墨，可五七簏，更不忍置他所，常在卧榻所，手自開闔。在會稽，卜居土名鐘氏舍。忽一夕，空壁負五簏去。余悲慟不已，重立賞收贖。後二日，鄰人鐘復皓出十八軸求賞。故知其盜不遠矣。萬計求之，其餘遂不可出。今知盡爲吴説運使賤價得之。所謂巋然獨存者十去七八，所有一二殘零，不能部帙書册數種，平平書帖，猶復愛惜如護頭目，何愚也耶！

忽閲此書，如見故人。因憶侯在東萊静治堂，裝標初就，芸籤縹帶，束十卷爲一帙。每日晚吏散，輒校二卷，跋題一卷。此二千卷，有題跋者五佰二卷耳。今手澤如新，而墓木已拱。悲夫！昔蕭繹江陵陷没，不惜國亡，而毁裂書畫；楊廣江都傾滅，不悲身死，而復取圖書。豈人性之所著，生死不能忘之歟？或者天意以予菲薄，而不足以享此尤物耶？抑亦死者有知，猶斤斤愛惜，不肯留在人間邪？何得之艱而失之易也！

嗚呼！余自少陸機作賦之二年，至過蘧伯玉知非之兩歲，三十四年之間，憂患得失，何其多也。然有有必有無，有聚必有散，理之常。人亡弓，人得之，又胡足道。所以區區記其終始者，亦欲爲後世好古博雅之戒云。

紹興四年玄默壯月朔甲寅日易安居士序。[86]

---

① 庚戌：宋高宗建炎四年(1130)。

② 紹興辛亥：宋高宗紹興元年(1131)。

③ 壬子：宋高宗紹興二年(1132)。

易安居士李氏，[①]趙丞相挺之之子諱明誠字德夫之内子也。才高學博，近代鮮倫，其詩詞行於世甚多。今觀爲其夫作《金石録》後序，使人嘆息不已，以見世間萬事真如夢幻泡影，而終歸於一空也。

（《李清照集校注》卷三《〈金石録〉後序》）

【校勘記】

[1] 柏：《文選》卷四五、《文翰類選大成》卷一一五作“百”。

[2] 此曲：此二字原脱，據《文選》卷四五補。

[3] 擇：《文選》卷四六、《文翰類選大成》卷一一五作“宅”。

[4] 帷：原作“惟”，據《文選》卷四六、《文翰類選大成》卷一一五改。

[5] 鑾：《文選》卷四六、《文翰類選大成》卷一一五作“鸞”。

[6] 裝：《文章類選》同《文翰類選大成》卷一一五，《文選》卷四六作“莊”。

[7] 巾：《文章類選》同《文翰類選大成》卷一一五，《文選》卷四六作“帀”。

[8] 賞：《文章類選》同《唐文粹》卷九六、《古今事文類聚》前集卷三三、《文翰類選大成》卷一一五，《文苑英華》卷七三〇作“賜”。

[9] 畯：《文苑英華》卷七三〇、《唐文粹》卷九六、《古今事文類聚》前集卷三三、《文翰類選大成》卷一一五作“俊”。

[10] 天子：《文苑英華》卷七三〇、《唐文粹》卷九六、《古今事文類聚》前集卷三三作“主上”。

[11] 野：原作“閑”，據《文苑英華》卷七三〇、《唐文粹》卷九六、《古今事文類聚》前集卷三三、《文翰類選大成》卷一一五改。

[12] 望遠：《文章類選》同《唐文粹》卷九六、《古今事文類聚》前集卷三三、《文翰類選大成》卷一一五，《文苑英華》卷七三〇作“遠望”。

[13] 可以稼：《文苑英華》卷七三〇、《唐文粹》卷九六、《古今事文類聚》前集卷三三、《文翰類選大成》卷一一五作“維子之稼”。

[14] 央：原作“殃”，據《文苑英華》卷七三〇、《唐文粹》卷九六、《古今事文類聚》前集卷三三、《文翰類選大成》卷一一五改。

[15] 以屈原鳴：《文章類選》同《文翰類選大成》卷一一五，《文苑英華》卷七三〇作“屈原以鳴”。

[16] 于公：《文章類選》同《文翰類選大成》卷一一五，《文苑英華》卷七三〇作“于公頔”。

[17] 喜：《文苑英華》卷七三〇、《文翰類選大成》卷一一五無此字。

---

① “易安居士李氏”句至本段末當爲《文章類選》編者撰文。

［18］之材：《文章類選》同《文翰類選大成》卷一一五，《文苑英華》卷七三〇作“出群之才”。

［19］與與：《文章類選》同《古今事文類聚》新集卷三一、《文翰類選大成》卷一一五，《文苑英華》卷七一七作“愉愉”。

［20］退：《文章類選》同《古今事文類聚》新集卷三一、《文翰類選大成》卷一一五，《文苑英華》卷七一七作“還”。

［21］不爲：《文苑英華》卷七三四、《古今事文類聚》外集卷一一、《文翰類選大成》卷一一五、《韓昌黎文集校注》卷四作“難爲”。

［22］古所云：《文章類選》同《文翰類選大成》卷一一五，《文苑英華》卷七三〇作“吾所聞”。

［23］事爲：《文苑英華》卷七三一、《唐文粹》卷九八、《古今事文類聚》前集卷三五、《文翰類選大成》卷一一五作“禮樂”。

［24］脱：《文苑英華》卷七三一、《唐文粹》卷九八、《古今事文類聚》前集卷三五、《文翰類選大成》卷一一五作“免”。

［25］簞：《文章類選》同《古今事文類聚》前集卷三五、《文翰類選大成》卷一一五，《文苑英華》卷七三一作“簞食”。

［26］事：此字原脱，據《文苑英華》卷七三一補。

［27］廷：《文章類選》同《文翰類選大成》卷一一五，《文苑英華》卷七三一、《古今事文類聚》前集卷三五作“朝廷”。

［28］南：《文苑英華》卷七三一作“鎮南”。

［29］齊生者既至：《文苑英華》卷七三一作“齊生既不得志”。

［30］未：《文苑英華》卷七三一作“未至”。

［31］張：《文苑英華》卷七三〇、《古今事文類聚》前集卷三二、《文翰類選大成》卷一一五作“帳”。

［32］及：《文章類選》同《古今事文類聚》前集卷三二、《文翰類選大成》卷一一五，《文苑英華》卷七三〇作“方”。

［33］其意豈異也：《文章類選》同《古今事文類聚》前集卷三二、《文翰類選大成》卷一一五，《文苑英華》卷七三〇作“豈其異意耶”。

［34］疋：《文章類選》同《文翰類選大成》卷一一五，《文苑英華》卷七三〇、《古今事文類聚》前集卷三二作“駟”。

［35］白：《文章類選》同《文翰類選大成》卷一一五，《文苑英華》卷七三〇、《古今事文類聚》前集卷三二作“署”。

［36］公：《文章類選》同《文翰類選大成》卷一一五，《文苑英華》卷七三一作“董公”。

［37］辭：《文苑英華》卷七三一、《古今事文類聚》前集卷二八、《文翰類選大成》卷一一五作“免”。

［38］寇：原作“冠”，據《文苑英華》卷七三一、《古今事文類聚》前集卷二八、《文翰類選大成》卷一一五改。

[39] 出：《文章類選》同《古今事文類聚》前集卷二八、《文翰類選大成》卷一一五，《文苑英華》卷七三一作“主”。

[40] 行事：《文章類選》同《文苑英華》卷七三一，《古今事文類聚》前集卷二八、《文翰類選大成》卷一一五作“行李”。

[41] 張：《文章類選》同《文翰類選大成》卷一一五，《文苑英華》卷七三一、《古今事文類聚》前集卷二八作“張筵”。

[42] 圖：《文章類選》同《文苑英華》卷七三一、《文翰類選大成》卷一一五，《古今事文類聚》前集卷二八無此字。

[43] 退：《文苑英華》卷七三一、《古今事文類聚》前集卷二八作“遣”。

[44] 多：《文苑英華》卷七三一、《古今事文類聚》前集卷二八、《文翰類選大成》卷一一五作“多於”。

[45] 市：《文章類選》同《古今事文類聚》前集卷二八、《文翰類選大成》卷一一五，《文苑英華》卷七三一作“賈”。

[46] 治：《文章類選》同《古今事文類聚》前集卷二八、《文翰類選大成》卷一一五，《文苑英華》卷七三一作“理”。

[47] 植汲甘泉：《文苑英華》卷七一四作“但汲井泉”。

[48] 桓譚：原作“相譚”，據《文苑英華》卷七一九、《文翰類選大成》卷一一五、《陳子昂集》卷七改。

[49] 惟孝友于：《文章類選》此四字原同《文苑英華》卷七一八、《文翰類選大成》卷一一五缺，據《王子安集注》卷八補。按，語出《尚書・周書・君陳》。

[50] 上：《文章類選》同《文翰類選大成》卷一一五原均脱此字，據《文苑英華》卷七一八、《王子安集注》卷八補。

[51] 至：《文章類選》同《唐文粹》卷九六、《文翰類選大成》卷一一五、《李遐叔文集》卷一，《文苑英華》卷七一六作“去”。

[52] 司功：此二字原脱，據《文苑英華》卷七一六、《唐文粹》卷九六、《文翰類選大成》卷一一五、《李遐叔文集》卷一補。

[53] 相見：《文章類選》同《文苑英華》卷七一六，《唐文粹》卷九六、《文翰類選大成》卷一一五、《李遐叔文集》卷一作“相顧屬”。

[54] 主：《文苑英華》卷七一四《〈禪月集〉序》作“生”。

[55] 於：《文苑英華》卷七一四作“思”。

[56] 表：原作“毒”，據《文苑英華》卷七一四改。

[57] 五十：原作“五”，據《全唐文》卷五四四改。

[58] 江：原作“工”，據《文苑英華》卷七一二改。

[59] 開：《文苑英華》卷七一二作“間”。

[60] 植情和順：“順”字原脱，據《文苑英華》卷七一二補。

［61］刈苜：《文章類選》同《文翰類選大成》卷一一五，《文苑英華》卷七一一作“割蘛”。

［62］偶：《文苑英華》卷七一一作“遇”。

［63］直：《唐文粹》卷九八、《文翰類選大成》卷一一五作“質”。

［64］睦：《唐文粹》卷九八、《文翰類選大成》卷一一五作“親”。

［65］列：《文章類選》同《文翰類選大成》卷一一五，《唐文粹》卷九八作“任”。

［66］事臣：《文苑英華》卷七三一、《文翰類選大成》卷一一五均作“争臣”。

［67］覆：《文章類選》同《文翰類選大成》卷一一五，《文苑英華》卷七三三作“機”。

［68］十：《文苑英華》卷七三一、《文翰類選大成》卷一一五均作“什”。

［69］地：原作“也”，據《文苑英華》卷七三一改。

［70］間：原作“聞”，據《文苑英華》卷七三一改。

［71］用：《文苑英華》卷七三二作“同”。

［72］所：《文苑英華》卷七三二作“嘗”。

［73］乞：《文苑英華》卷七三二作“乞還”。

［74］曰：《文章類選》同《文苑英華》卷七一七、《古今事文類聚》别集卷一九，《唐文粹》卷九五、《文翰類選大成》卷一一五作“爲”。

［75］乎：《文章類選》同《歐陽修全集》卷六六，《宋文選》卷二作“乘”。

［76］宜其：原作“而具”，《宋文選》卷二作“宜且”，據《歐陽修全集》卷六六注釋改。

［77］于：《文章類選》同《文翰類選大成》卷一一六、《歐陽修全集》卷六六，《宋文選》卷二作“乎”。本篇下同。

［78］丞相時作吏部侍郎：此八字原脱，據《李清照集校注》卷三補。

［79］夜：此字原脱，據《李清照集校注》卷三、《金石録校證》補。

［80］收：此字原脱，據《李清照集校注》卷三、《金石録校證》補。

［81］庫：此字原脱，據《李清照集校注》卷三、《金石録校證》補。

［82］器之重大者：此五字原脱，據《李清照集校注》卷三、《金石録校證》補。

［83］被：原作“袂”，據《李清照集校注》卷三、《金石録校證》改。

［84］宗：原作“宋”，據《李清照集校注》卷三改。

［85］“七月末”至“病痁或熱”之“病痁”：此十九字原脱，據《李清照集校注》卷三、《金石録校證》補。

［86］四年：《李清照集校注》卷三作“二年”。

文章類選卷之六

序　類

送王陶序　歐陽修

六經皆載聖人之道，而《易》著"著"一作"尤明"。① 聖人之用。吉凶、得失、動静、進退，《易》之事也。其所以爲之用者，剛與柔也。《乾》健《坤》順，剛柔之大用也。至于八卦之變，六爻之錯，剛與柔迭居其位，而吉、亨、利、無咎、凶、厲、悔吝之象生焉。蓋剛爲陽、爲德、爲君子，柔爲陰、爲險、爲小人。自《乾》之初九爲《姤》，[1]而上至于《剥》，其卦五，皆陰剥陽之卦也，小人之道長，君子静以退之時也。自《坤》之初六爲《復》，而上至于《夬》，其卦五，皆剛決柔之卦也，小人之道消，君子動以進而用事之時也。

夫剛之爲德，君子之常用也，庇民利物，功莫大焉。其爲卦，一有"也"字。過《泰》之三而四爲《大壯》，一本"畫卦"。五爲《夬》。一本"畫卦"。《壯》者壯也，《夬》者决也。[2]四陽雖盛，而猶有二陰，然陽衆而陰寡，則可用壯以一作"以壯而"。攻之，故其卦爲《壯》。五陽而一陰，陰不足爲，直可決之而已，故其卦爲《夬》。然則君子之用其剛也，審其力，視其時，知陰險小人之必可去，然後以壯而决之。

夫勇者可犯也，强者可詘也。聖人于壯、决之用，必有戒焉。故

---

① 據《歐陽修全集》前言與校勘記，本篇及其後歐陽修撰《〈韵總〉序》《〈蘇氏文集〉序》《〈秘演詩集〉序》《章望之字序》《〈删正黄庭經〉序》《鄭荀改名序》小注"一作"，疑指南宋寧宗慶元二年(1196)周必大刻《歐陽文忠公集》和《四部叢刊》影印元代《歐陽文忠公集》。

《大壯》之《彖辭》曰："大壯利貞。[3]"其《象辭》曰："君子非禮弗履。"①《夬》之《彖辭》曰："健而説，決而和。"其《象辭》曰："居德則忌。"②以明夫剛之不可獨任也。故復始而亨，臨浸而長，泰交而《大壯》，以衆攻其寡，《夬》乘其衰而決之。夫君子之用其剛也，有漸而不失其時，一作"宜"。又不獨任，必以正、以禮、以説、以和而濟之，則功可成，此君子動以進而用事之方也。

太原王陶，字樂道，好剛之士也。常嫉世陰險三字一作"夫君子少"。而小人多，居京師，不妄與人游。力學好古，以一無此字。自一作"篤"。信自守。今其初仕，于《易》得君子動以進之象，故予爲剛説以贈之。《大壯》之初九曰："壯于趾，征凶。"③《夬》之初九亦曰："壯于趾，往不勝爲咎。"④以此見三字一作"此皆"。聖人之戒。用剛也，不獨于其一作"著于"。《彖》《象》，而又常深戒于其初。嗚呼！世之君子少而小人多。君之力學好剛以蓄其志，未始施之於事也。今其往，尤宜慎乎其初。一有"修述"。

（《文翰類選大成》卷一一六《送王陶序》，《宋文選》卷二《送王陶序》，《歐陽修全集》卷四四《居士集四四·送王陶序》）

《韵總》序　歐陽修

倕工於爲弓而不能射，羿與逢蒙，天下之善射者也；奚仲工於爲車而不能御，王良、造父，天下之善御者也。此荀卿子所謂藝之至者不兩能，信哉！儒者學乎聖人，聖人之道直以簡。然至其曲而暢之，以通天下之理，以究陰陽、天地、人鬼、事物之變化，君臣、父子、吉凶、生死，凡人一作"禍福"。之大倫，則六經不能盡其説，而七十子與孟軻、荀、楊之徒各極其辯而莫能殫焉。夫以孔子之好學，而其所道者自堯舜而後則詳之，其前蓋略而弗道，其亦有所不暇者歟。儒之學者，信

① 參見《周易·大壯卦》。
② 參見《周易·夬卦》。
③ 參見《周易·大壯卦》。
④ 參見《周易·夬卦》。

哉遠且大而用功多,則其有所不暇者宜也。

文字之爲學,儒者之所用也。其爲精也,有聲形曲直毫厘之别,音響清濁相生之類,五方言語風俗之殊,故儒者莫暇精之。其有精者,則往往不能乎其他,是以學者莫肯捨其所事而盡心乎,此所謂不兩能者也,必待乎用心專者而或能之,然後儒者有以取焉。

洛僧鑒聿爲《韵總》五篇,推子母輕重之法以定四聲,考求前儒之失,辯正五方之訛。顧其用心之精,可謂入於忽微,若櫛一有"者"字。之於髮,績一有"者"字。之於絲,雖細且多,而條理不亂。儒之學者,莫能難也。鑒聿通於《易》,能知大演之數,又學乎陰陽、地理、黄帝、歧伯之書,其尤盡心者《韵總》也。

世本儒家子,少爲浮圖,入武當山。往來江漢之旁十餘年,不妄與人交,有不可其意,雖王公大人亦莫肯顧。聞士有一藝,雖千里必求之,介然有古獨行之節,所謂用心專者也,宜其學必至焉耳。浮圖之書行乎世者數百萬言,其文字雜以夷、夏,讀者罕得其真,往往就一有"聿"字。而正焉。鑒一無此字。聿之書一作"韵"。非獨有取於吾儒,亦欲傳於其徒也。

(《文翰類選大成》卷一一六《〈韵總〉序》,《宋文選》卷二《〈韵總〉序》,《歐陽修全集》卷四一《居士集四一·〈韵總〉序》)

《蘇氏文集》序　歐陽修

予友蘇子美之亡後四年,始得其平生文章遺藁於太子太傅杜公之家,而集録之以爲十卷。子美,杜氏婿也,遂以其集歸之,而告於公曰:"斯文,金玉也,棄擲埋没糞土,不能銷蝕。其見遺於一時,必有收而寶之於後世者。雖其埋没而未出,其精氣光怪已能常自發見,而物亦不能揜也。故方其擯斥摧挫、流離窮一本作"困"。厄之時,文章已自行于一作"於"。天下。雖其怨家仇人,及嘗能出力而擠之死者,至其文章,則不能少毁而揜蔽一無此字。之也。凡人之情,忽近而貴遠。子美屈於今世猶若此,其伸於後世宜如何也? 公其可無恨。"

予嘗考前世文章政理之盛衰,而怪唐太宗致治幾乎三王之盛,而文章不能革五代之餘習。後百有餘年，韓、李之徒出，然後元和之文始復於古。唐衰兵亂，又百餘年而聖宋興，天下一定，晏然無事。又幾百年，而古文始盛於今。自古治時少而亂時多，幸時治矣，文章或不能純粹，或遲久而不相及，何其難之若是歟？豈非難得其人歟？苟一有其人，又幸而及出於治世，世其可不爲之貴重而愛惜之歟？嗟吾子美，以一酒食之過，至廢爲民，而流落以死。此其可以嘆息流涕，而爲當世仁人君子之一無此字。職位，宜與國家樂育賢材者惜也。

子美之齒少於予，而予學古文反在其後。天聖之間，予舉進士於有司，見時學者務以言語聲偶擿裂，號爲時文，以相誇尚。而子美獨與其兄才翁及穆參軍伯長作爲古歌詩雜文，時人頗共非笑之，而一無此字。子美不顧也。其後，天子患時文之弊，下詔書，諷勉學者以近古。由是其風漸息，而學者稍趨於古焉。獨子美爲於舉世不爲之時，其始終自守，不牽世俗趨舍，可謂特立之士也。

子美官至大理評事、集賢校理而廢，後爲湖州長史以卒，享年四十有一。其狀貌奇偉，望之昂然，而即之温温，久而愈可愛慕。其材雖高，而人亦不甚嫉忌。其擊而去之者，意不在子美也。賴天子聰明仁聖，四字一作“聖明”。凡當時所指名而排斥，二三大臣而下，欲以子美爲根而累之者，皆蒙保全，今並列於榮寵。雖與子美同時飲酒得罪之人，多一時之豪俊，亦被收采，進顯於朝廷。而子美獨不幸死矣，豈非其命也！悲夫！

廬陵歐陽修序。

（《文翰類選大成》卷一一六《〈蘇氏文集〉序》，《文章辨體彙選》卷三〇五《〈蘇氏文集〉序》，《歐陽修全集》卷四三《居士集四三·〈蘇氏文集〉序》）

《釋秘演詩集》序　歐陽修

予少以進士游京師，因得盡交當世之賢豪。然猶以謂國家臣一四海，體兵革，養息天下，以無事者四十年，而智謀雄偉非常之士，無所用其能者，往往伏而不出。山林屠販，必有老死而世莫見者，欲從而求之不可得。其後得吾亡友石曼卿。曼卿爲人，廓然有大志，時人不能用其材，曼卿亦不屈以求合，無所放其意，則往往從布衣野老，酣嬉淋漓，顛倒而不猒。予疑所謂伏而不見者，庶幾狎而得之，故嘗喜從曼卿游，欲因以陰求天下奇士。

浮屠二字一作"僧"。秘演者，與曼卿交最久，亦能遺外世俗，以氣相高，二人懽然無所間。曼卿隱於酒，秘演隱於浮屠，皆奇男子也，然喜爲歌詩以自娱。當其極飲大醉，一作"臨水望月"。歌吟笑呼，以適天下之樂，何其壯也。一時賢士，皆願從其一作"之"。游，予亦時至其室。十年之間，秘演北渡河，東之濟、鄆，[4]無所合，困而歸。曼卿已死，秘演亦老病。嗟一作"若"。夫！二人者，予乃見其盛衰，則余亦將老矣夫。

曼卿詩辭清絶，尤稱秘演之作，以爲雅健有詩人之意。秘演狀貌雄傑，其胸中浩然，既習于佛，無所用，獨其詩可行于世，而懶不自惜。已老，胠其橐，尚得三四百篇，皆可喜者。曼卿死，秘演漠然無所向，聞東南多山水，其顛崖崛峍，江濤洶涌，甚可壯也，遂欲往游焉，足以知其老而志在也。於其將行，爲叙其詩，因道其盛時，以悲其衰。

慶曆二年十二月二十八日，廬陵歐陽修序。

（《宋文鑑》卷八六《〈秘演詩集〉序》，《歐陽修全集》卷四三《居士集四三·〈釋秘演詩集〉序》）

章望之字序　歐陽修

校書郎章君，一作"望之"。嘗一無此字。以其名望之一無二字。來請字，曰："願有所教，使得以勉焉而自勖者。"予爲之字曰"表民"，而告之曰："古之君子所以異乎衆人者，言出而爲民信，事行而爲世法，其動作容貌皆可以表於民一作"皆有以爲民表"。也。故紘綖一作"纓旒"。冕弁以爲首容，佩玉玦環以爲行容，衣裳黼黻"黼黻"一作"設色"。以爲身容。手有手容，足有足容，揖讓登降，獻酬俯仰，莫不有容。"又見其寬柔温厚、剛嚴果毅之色，以爲仁義之容。服其服，載其車，立乎朝廷而正君臣，出入宗廟而臨大事，儼然人皆望而畏之，曰："此吾民之所尊也。"非民之知尊君子，而君子者能自修而尊者也。然而行不充於内，德不備於人，雖盛其服，文其容，民不尊也。一作"民弗尊也已"。

名山大川，一方之望也，山川之岳瀆，一有"則"字。天下之望也。故君子之賢於一鄉者，一鄉之望也；賢於一國者，一國之望也；名烈著於天下者，天下之望也；功德被於後世者，萬世之望也。孝慈友悌，達於一鄉，一作"於州閭"。古所謂鄉先生者，一鄉之望也。春秋之賢大夫，若隨之季良、鄭之子産者，一作"春秋諸侯之大夫若鄭之子産吴之季札之類"。一國之望也。位於二字一作"居"。中而奸臣賊子不敢竊一作"輒"。發於外，如漢之大將軍；出入將相，朝廷以爲輕重，天下繫其一作"以爲"。安危，如唐之裴丞相一有"若此"二字。者，天下之望也。其人已没，一作"死"。其事已久，一作"矣"。聞其名，想其人，若不可及者，夔、龍、稷、契是也。其功可以及百一作"被萬"。世，其道可以師百王，雖有賢一作"後"。聖莫敢過之一作"自謂莫及"。者，周、孔是也。此萬世之望，而皆所以爲民之表也。

傳曰："其在一作"在其"。賢者，識其大者遠三字一作"遠大"。者。一有"若此數者皆可自擇而勉焉者也今"十四字。章君儒其衣冠，氣剛色仁，好學而有志。三字一作"志於古視"。其潔然修乎其外，而煇然充乎其内，以發乎一作"爲"。文辭，則又辯博放一作"宏"。肆而無涯。一作"不流"。是數者皆可以自擇而勉焉者也，一無此十三字。是固一無此字。能識夫一作"其"。遠大者矣，雖予何"何"字一作"信可"。以勖焉。弟一作"敢"。因其志，廣其説，一作"强爲之言"。以塞請。

慶曆三年六月日序。

(《宋文選》卷二《章望之字序》，《歐陽修全集》卷四四《居士集四四·章望之字序》)

《删正黄庭經》序　歐陽修

無仙子，不知爲何人也？無姓名，無爵里，世莫得而名之。其自號爲無仙子，以警世人之學仙者也。其爲言曰：自古有道無仙，而後世之人知有道而不得其道，不知無仙而妄學一作“求”。仙，此我之所哀也。道者，自然之道也，生而必死，亦自然之理也。以自然之道養自然之生，不自戕賊夭閼而盡其天年，此自古聖智之所同也。禹走天下，乘四載，治百川，可謂勞其形矣，而壽百年。顔子蕭然卧於陋巷，簞食瓢飲，外不誘於物，内不動於心，可謂至樂矣，而年不及三十。斯二人者，皆古之仁人也，勞其形者長年，安其樂者短命，蓋命有一作“之”。長短，稟之於天，非人力之所能爲也。惟不自戕賊而各盡其天年，則二人之所同也。此所謂以自然之道養自然之生。

後世貪生之徒，爲養生之術者，無所不至，至茹草木，服金石，呼吸日月之精光。又有以謂此外物不足恃，反求諸内者，於是息慮絶欲，鍊精氣，勤吐納，專於内守，以養其神。其術雖本於貪生，及其至也，尚或可以全形而却疾，猶愈於肆欲稱情以害其生者，是謂養内之術。故上智任之自然，其次養内以却疾，最下妄意而貪生。

世傳《黄庭經》者，魏晋間道士養生之書也。其説專於養内，多奇怪，故其傳之者則易爲訛舛，今家家異本，莫可考正。無仙子既甚好古，家多集録古書文字，以爲玩好之娱。有《黄庭經》石本者，乃永和十三年晋人所書，其文頗簡，以較今世俗所傳者獨爲有理，疑得其真。於是喟然嘆曰：“吾欲曉世以無仙而止人之學者，吾力顧未能也。吾視世人執奇怪訛舛之書，欲求生而反害其生者，可不哀哉！矧以我玩好之餘拯世人之謬惑，何惜而不爲？”乃爲删正諸家之異，一以永和石本爲定，其難曉之言略爲注解，庶幾不爲訛謬之説惑世以害生。是亦不爲無益，若大雅君子，則豈取於此。

（《文章正宗》續集卷一《〈删正黄庭經〉序》，《歐陽修全集》卷六五《居士外集一五·〈删正黄庭經〉序》）

鄭荀改名序 歐陽修

三代之衰，學廢而道不明，然後諸子出。自老子厭周之亂，用其小見，以爲聖人之術止於此，始非仁義而詆聖智。諸子因之，益得肆其異説。至於戰國，蕩而不反。然後山淵、齊秦、堅白異同之論興，聖人之學幾乎其息。最後荀卿子獨用《詩》《書》之言，貶異扶正，著書以非諸子，尤以《勸學》爲急。荀卿，楚人。嘗以學干諸侯，不用，退老蘭陵，楚人尊之。及戰國平，三代《詩》《書》未盡出，漢諸大儒賈生、司馬遷之徒莫不盡用荀卿子，蓋其爲説，最近於聖人而然也。

滎陽鄭昊，少爲詩賦。舉進士，已中第，遂棄之曰："此不足學也。"始從先生長者學問，慨然有好古不及之意。鄭君年尚少，而性淳明，輔一有"之"字。以强力之志，得其是者而師焉，無不至也。將更其名，數以請，予使之自擇，遂改曰荀。於是又見其志之果也。夫荀卿者，未嘗親見聖人，徒讀其書而得之。然自子思、孟子已下，意皆輕之。使其與游、夏並進於孔子之門，吾不知其先後也。世之學者，苟如荀卿，可謂學矣。而又進焉，則孰能禦哉！余既嘉君善自擇而慕焉，因爲之字曰"叔希"，且以勖其成焉。

(《唐宋八大家文鈔》卷四六《鄭荀改名序》，《歐陽修全集》卷四四《居士集四四·鄭荀改名序》)

送孫正之序　王安石

時然而然，衆人也；已然而然，君子也。已然而然，非私己也，聖人之道在焉爾。夫君子有窮苦顛跌，不肯一失詘己以從時者，不以時勝道也。故其得志於君，則變時而之道，若反手然。[5]彼其術素修而志素定也。時乎楊、墨，已不然者，孟軻氏而已；時乎釋、老，[6]已不然者，韓愈氏而已。如孟、韓者，[7]可謂術素修而志素定也，不以時勝道也。

惜也不得志於君，使真儒之效不白於當世，然其於衆人也卓矣。嗚呼！予觀今之世，圓冠峨如，大裙襜如，坐而堯言，起而舜趨，不以孟、韓之心爲心者，果異衆人乎？

予官於揚，得友曰孫正之。正之行古之道，[8]又善爲古文，予知其能以孟、韓之心爲心而不已者也。夫越人之望燕爲絶域也，北轅而首之，苟不已，無不至。孟、韓之道，去吾黨豈若越人之望燕哉？以正之之不已而不至焉，予未之信也。一日得志於吾君，而真儒之效不白於當世，予亦未之信也。正之之兄官於温，奉其親以行，將從之，先爲言以處予，予欲默安得而默也。

（《宋文鑑》卷八七《送孫正之序》，《王安石全集》卷三六《送孫正之序》）

石仲卿字序　王安石

子生而父名之，以别於人云爾。冠而字，成人之道也。奚而爲成人之道也？成人則貴其所以成人，而不敢名之，於是乎命以字之，字之爲有可貴焉。孔子作《春秋》，記人之行事，或名之，或字之，皆因其行事之善惡而貴賤之。二百四十二年之間，字而不名者十二人而已。人有可貴而不失其所以貴，乃爾其少也。

閩人石仲卿來請字，予以"子正"字之，附其名之義而爲之云爾。子正於進士中名知經，往往脱傳注而得經所以云之意。接之久，未見其行已有闕也，庶幾不失其所以貴者與。

（《文翰類選大成》卷一一六《石仲卿字序》，《文章辨體彙選》卷三二九《石仲卿字序》，《王安石全集》卷三六《石仲卿字序》）

送陳升之序　王安石

今世所謂良大夫者有之矣，皆曰：是宜任大臣之事者，作而任大臣之事，則上下一失望，何哉？人之材有小大，而志有遠近也。彼其任者小而責之近，則煦煦然仁，而有餘於仁矣；孑孑然義，而有餘於義矣。人見其仁義有餘也，則曰：是其任者小而責之近，大任將有大此者。然上下俟之云爾，然後作而任大臣之事。作而任大臣之事，宜有大此者焉，然則煦煦然而已矣，孑孑然而已矣，故上下一失望。豈惟失望哉？後日誠有堪大臣之事，[9]其名實烝然於上，上必懲前日之所俟而逆疑焉；暴於下，下必懲前日之所俟而逆疑焉。上下交疑，誠有堪大臣之事者而莫之或任。幸欲任，則左右小人得引前日之所俟懲之矣。噫！聖人謂知人難，君子惡名之溢於實，爲此難則奈何？[10]亦精之而已矣。惡之則奈何？亦充之而已矣。知難而不能精之，惡之而不能充之，其亦殆哉！

予在揚州，朝之人過焉者，多堪大臣之事，可信而望者，陳升之而已矣。今去官於宿州，予不知復幾何時乃一見之也。予知升之作而任大臣之事，固有時矣。煦煦然仁而已矣，孑孑然義而已矣，非予所以望於升之也。

（《宋文鑑》卷八七《送陳升之序》，《文翰類選大成》卷一一六《送陳升之序》，《王安石全集》卷三六《送陳升之序》）

《杜詩後集》序　王安石

予考古之詩，尤愛杜甫氏作者，其辭所從出，一莫知窮極，而病未能學也。世所傳已多，計尚有遺落，思得其完而觀之。然每一篇出，自然人知非人之所能爲，而爲之者惟其甫也，輒能辨之。

予之令鄞，客有授予古之詩世所不傳者二百餘篇。[11]觀之，予知非人之所能爲，而爲之實甫者，其文與意之著也。然甫之詩其完見於今者，自予得之。世之學者至乎甫，而後爲詩不能至，要之不知詩焉爾。嗚呼！詩其難惟有甫哉？自《洗兵馬》下序而次之，以示知甫者，且用自發焉。

皇祐壬辰五月日，①臨川王某序。

（《文章辨體彙選》卷二九九《〈老杜詩後集〉序》，《王安石全集》卷三六《〈老杜詩後集〉序》）

《字說》序　王安石

文者，奇偶剛柔，雜比以相承，如天地之文，故謂之文。字者，始

---

① 皇祐壬辰：宋仁宗皇祐四年（1052）。

於一，一而生於無窮，[12]如母之字子，故謂之字。其聲之抑揚開塞、合散出入，其形之衡從曲直、邪正上下、内外左右，皆有義，皆出於自然，[13]非人私智所能爲也。與伏羲八卦，文王六十四卦，[14]異用而同制，相待而成《易》。先王以爲不可忽，而患天下後世失其法，故三歲一同。同者，所以一道德也。[15]秦燒《詩》《書》，殺學士，而於是時始變古而爲隸。蓋天之喪斯文也，不然，則秦何力之能爲？

而許慎《説文》，[16]於書之意，時有所悟，因序録其説爲二十卷，以與門人所推之義附之。[17]惜乎先王之文缺已久，慎所記不具，又多舛，而以予之淺陋考之，宜有所不合。[18]雖然，庸詎非天之將興斯文也，而以予贊其始，故其教學必自此始，能知此者，則於道德之意，已十九矣。

（《文翰類選大成》卷一一六《〈字説〉序》，《文章辨體彙選》卷三一四《熙寧〈字説〉序》，《王安石全集》卷三六《〈字説〉序》）

《唐文粹》序　姚鉉

五代衰微之弊，極於晋、漢，而漸革於周氏。我宋勃興，始以道德仁義根乎政，次以《詩》《書》《禮》《樂》源乎化。三聖繼作，曄然文明。霸一變至於王，王一變至於帝，風教逮下，將五十年。熙熙蒸黎，久忘干戈戰伐之事；佻佻儒雅，盡識聲明文物之容。《堯典》曰："文思安安。"①《大雅》云："濟濟多士。"②盛德大業，英聲茂實，並届於一代，得非崇文重學之明效歟。

況今歷代墳籍，略無亡逸。内則有龍圖閣，中則有秘書監。崇文院之列三館，國子監之印群書，雖漢唐之盛，無以加此。故天下之人，始知文有江而學有海，識於人而際於天。撰述纂録，悉有依據。由是大中祥符紀號之四祀，皇帝祀汾陰后土之月，吴興姚鉉集《文粹》成。

---

① 參見《尚書·堯典》。

② 參見《詩經·大雅·文王》。

《文粹》謂何？纂唐賢文章之英粹者也。《詩》之作，有雅頌之雍容焉；《書》之興，有典誥之憲度焉。禮備樂舉，則威儀之可觀，鏗鏘之可聽也。大《易》定天下之業，而兆乎爻象。《春秋》爲一王之法，而繫乎褒貶。若是者，得非文之純粹而已乎？是故志其學者必探其道，探其道者必詣其極。然後隱而晦之，則金渾玉璞，君子之道也；發而明之，則龍飛虎變，大人之文也。

自微言絶響，聖道委地，屈平、宋玉之辭，不陷於怨懟，則溺於諷惑。漢興，賈誼始以佐王之道、經世之文，而求用於文帝，絳、灌忌其才，卒罹讒謫。其後公孫洪、董仲舒、晁錯，咸以文進，或用或升，或黜或誅。至若嚴助、徐樂、吾丘壽王、司馬長卿輩，皆才之雄者也，終不得大用，但侍從優游而已。如劉向、司馬遷、楊子雲、東京二班、崔、蔡之徒，皆命世之才，垂後代之法，張大德業，浩然無際。

至於魏晋，文風下衰，宋齊以降，益以澆薄。然其間鼓曹、劉之氣焰，聳潘、陸之風格，舒顔、謝之清麗，藹何、劉之婉雅，雖風興或缺，而篇翰可觀。至梁昭明太子統，始自楚《騷》終於本朝，盡索歷代才士之文，築臺而選之三十卷，號曰《文選》，亦一家之奇書也。厥後徐、庾之輩，淫靡相繼，下逮隋季，咸無取焉。

有唐三百年，用文治天下。陳子昂起於庸蜀，始振風雅。繇是沈、宋嗣興，李、杜傑出，六義四始，一變至道。洎張燕公輔相之才，專撰述之任，雄辭逸氣，聳動群聽。蘇許公繼以宏麗，丕變習俗，而後蕭、李以二《雅》之辭本述作，常、楊以三《盤》之體演絲綸，郁郁之文，於是乎在。惟韓吏部超卓群流，獨高遂古，以二帝、三王爲根本，以六經、四教爲宗師，憑陵轥轢，首唱古文，遏横流於昏墊，闢正道於夷坦。於是柳子厚、李元賓、李翺、皇甫湜又從而和之，則我先聖孔子之道，炳焉懸諸日月。故論者以退之之文，可繼楊、孟，斯得之矣。至於賈常侍、李補闕、元容州、獨孤常州、吕衡州、梁補闕、權文公、劉賓客、白尚書、元江夏，皆文之雄傑者歟！世謂貞元、元和之間，辭人咳唾，皆成珠玉，豈誣也哉！

今世傳唐代之類集者，詩則有《唐詩類選》《英靈》《間氣》《極玄》《又玄》等，集賦則有《甲賦》《賦選》《桂香》等集，率多聲律，鮮及古道。蓋資新進後生，於名求試者之急用爾，豈唐賢之迹兩漢、肩三代而反無類次，以一嗣於《文選》乎？

鉉不揆昧瞶，遍閲群集，耽玩研究，掇菁擷華，十年於兹，始就厥志。得古賦、樂章、歌詩、贊、頌、碑、銘、文、論、箴、表、傳録、書、序，凡爲一百卷，命之曰《文粹》。以類相從，各分首第門目。止於古雅爲命，不以雕篆爲工，故侈言蔓辭，率皆不取。觀夫群賢之作也，氣包元化，理貫六籍，雖復造物者，固亦不能測研幾而窺沉慮。故英辭一發，敻出千古，琅琅之玉聲，粲粲之珠光，不待泛天風、瀲海波而盡在耳目。於戲，李唐一代之文，其至乎！

（《文翰類選大成》卷一一六《〈文粹〉序》）

《六一居士集》序　蘇軾

歐文《六一居士傳》云：[①]"客有問曰：'六一何謂也？'居士曰：'吾家藏書一萬卷，集録三代以來金石遺文一千卷，有琴一張，有棋一局，而嘗置酒一壺。'客曰：'是爲五一爾，奈何？'居士曰：'以吾一翁老於此五物之間，豈不爲六一乎！'"

東萊云："此篇曲折最多，破頭説大，故下面應亦言大。今人文字上面言大，下面未必言大，言遠下面未必言遠。如以文章配天，孔孟配禹，果然大而非誇。"

《唐子西語録》云："凡爲文上句重，下句輕，則或爲上句壓倒。[②]居士集序云'言有大而非誇'，此雖只一句，而體勢則甚重下。乃云'達者信之，衆人疑焉'，非用兩句，亦載上句不起。"

夫言有大而非誇，達者信之，衆人疑焉。孔子曰："天之將喪斯文

① "歐文六一居士傳云"至下文"亦載上句不起"爲《文章類選》編者撰文。
② 參見《唐子西文録》。

也。後死者不得與於斯文也。”①孟子曰:“禹抑洪水,孔子作《春秋》。孟子距楊、墨。”②蓋以是配禹也。文章之得喪,何與於天,而禹之功與天地並,孔子、孟子以空言配之,不已誇乎?

自《春秋》作而亂臣賊子懼,孟子之言行而楊、墨之道廢。天下以爲是固然而不可加其功。孟子既没,有申、商、韓非之學,違道而趨利,殘民以厚生,其説至陋也,而士以是罔其上。上之人僥倖一切之功,靡然從之。而世無大人如孔子、孟子者,推其本末,權其禍福之輕重,以救其惑,故其學遂行。秦以是喪天下,陵夷至於勝、廣、劉、項之禍,死者十八九,天下蕭然。洪水之患,蓋不至此也。方秦之未得志也,使復有一孟子,則申、韓爲空言,作於其心,害於其事,作於其事,害於其政者,必不至若是烈也。使楊、墨得志於天下,其禍豈減於申、韓哉? 由此言之,雖以孟子配禹可也。

太史公曰:“蓋公言黄、老,賈誼、晁錯明申、韓。”③錯不足道也,而誼亦爲之,余以是知邪説之移人,雖豪傑之士有不免者,况衆人乎?自漢以來,道術不出於孔氏,而亂天下者多矣。晋以老莊亡,梁以佛亡,莫或正之,五百餘年而後得韓愈,學者以愈配孟子,蓋庶幾焉。愈之後二百有餘年而後得歐陽子,[19]其學推韓愈、孟子以達於孔氏,著禮樂仁義之實,以合於大道。其言簡而明,信而通,引物連類,折之於至理,以服人心,故天下翕然師尊之。自歐陽子之存,世不悦者嘩而攻之,能折困其身,而不能屈其言。士無賢不肖不謀而同曰:“歐陽子,今之韓愈也。”

宋興七十餘年,民不知兵,富而教之,至天聖、景祐極矣,而斯文終有愧於古。士亦因陋守舊,論卑而氣弱。自歐陽子出,天下争自濯磨,以通經學古爲高,以救時行道爲賢,以犯顔納諫爲忠。長育成就,

① 參見《論語・子罕》。

② 參見《孟子・滕文公下》。

③ 參見《漢書》卷六二《司馬遷傳》。

至嘉祐末，號稱多士。歐陽子之功爲多。嗚呼！此豈人力也哉？非天其孰能使之！

歐陽子没十餘年，士始爲新學，以佛老之似，亂周孔之實，識者憂之。賴天子明聖，詔修取士法，風癘學者，專治孔氏，黜異端，然後風俗一變。考論師友淵源所自，復知誦習歐陽子之書。予得其詩文七百六十六篇於其子棐，乃次而論之曰："歐陽子論大道似韓愈，論事似陸贄，記事似司馬遷，詩賦似李白。此非余言也，天下之言也。"

歐陽子諱修，字永叔。既老，自謂"六一居士"云。

（《宋文鑑》卷八九《〈六一居士集〉序》，《文翰類選大成》卷一一六《〈六一居士集〉序》，《蘇軾文集》卷一〇《〈六一居士集〉叙》）

《邵茂誠詩集》序　蘇軾

貴賤、壽夭，天也。賢者必貴，仁者必壽，人之所欲也。人之所欲，適與天相值實難，譬如匠慶之山而得成鐻，豈可常也哉！因其適相值，而責之以常然，此人之所以多怨而不通也。至於文人，其窮也固宜。勞心以耗神，盛氣以忤物，未老而先衰，無惡而得罪，鮮不以文者。天人之相值既難，而人又自賊如此，雖欲不困，得乎？

茂誠諱迎，姓邵氏，與余同年登進士第。十有五年，而見之於吴興孫莘老之座上。出其詩數百篇，余讀之彌月不厭。其文清和妙麗，如晋宋間人。而詩尤可愛，咀嚼有味，雜以江左唐人之風。其爲人篤學强記，恭儉孝友，而貫穿法律，敏於吏事。其狀若不勝衣，語言氣息僅屬。余固哀其任衆難以瘁其身，且疑其將病也。逾年而茂誠卒。又明年，余過高郵，則其喪在焉。入哭之，敗幃瓦燈，塵埃蕭然，爲之出涕太息。夫原憲之貧，顔回之短命，揚雄之無子，馮衍之不遇，皇甫士安之篤疾，彼遇其一而人哀之至今，而茂誠兼之，豈非命也哉！余是以録其文，哀而不怨，亦茂誠之意也。

（《文章辨體彙選》卷二九九《〈邵茂誠詩集〉序》，《蘇軾文集》卷一〇《〈邵茂誠詩集〉序》）

《章子平詩》序　蘇軾

觀《進士登科録》，自天聖初訖於嘉祐之末，凡四千五百一十有七人。其貴且賢，以名聞於世者，蓋不可勝數。數其上之三人，凡三十有九，而不至於公卿者五人而已，可謂盛矣。《詩》曰："誕后稷之穡，有相之道。"①我仁祖之於士也亦然。較之以聲律，取之以糊名，而異人出焉。是何術哉！目之所閱，手之所歷，口之所及，其人未有不碩大光明秀傑者也。此豈人力乎？天相之也。

天之相人君，莫大於以人遺之。其在位之三十五年，進士蓋十舉矣，而得吾子平以爲首。子平以文章之美，經術之富，政事之敏，守之以正，行之以謙，此功名富貴之所迫逐而不赦者也。雖微舉首，其孰能加之。然且困躓而不信，十年於此矣。意者任重道遠，必老而後大成歟？不然，我仁祖之明，而天相之，遺之人以任其事，而豈徒然哉！熙寧三年冬，[20]子平自右司諫直集賢院，出牧鄭州。士大夫知其將用也，十一月丁未，會於觀音之佛舍，相與賦詩以餞之。余於子平爲同年友，衆以爲宜爲此文也，故不得辭。

（《蘇軾文集》卷一〇《送〈章子平詩〉序》）

送錢塘聰師聞復序　蘇軾

天以一生水，地以六成之，一六合而水可見。雖有神禹，不能知其孰爲一、孰爲六也。子思子曰："自誠明謂之性，自明誠謂之教，誠則明矣，明則誠矣。"②誠明合而道可見。雖有黄帝、孔丘，不能知其孰爲誠、孰爲明也。佛者曰："戒生定，定生慧。"慧獨不成定乎？伶元有言："慧則通，通則流。"③是烏知真慧哉？醉而狂，醒而止，慧之生定，通之不流也審矣。故夫有目而行，則褰裳疾走，常得大道。無目而隨

① 參見《詩經·大雅·生民》。
② 參見《禮記·中庸》。
③ 參見《趙飛燕外傳·伶玄自叙》。

人，則扶輪曳踵，常仆坑阱。慧之生定，速於定之生慧也。

錢塘僧思聰，七歲善彈琴。十二捨琴而學書。書既工，十五捨書而學詩，詩有奇語。雲烟葱蘢，珠琲的皪，識者以爲畫師之流。聰又不已，遂讀《華嚴》諸經，入法界海慧。今年二十有九，老師宿儒，皆敬愛之。秦少游取《楞嚴》文殊語，字之曰"聞復"。使聰日進不止，自聞思修以至於道，則《華嚴》法海，自爲蘧廬，而況《詩》《書》與琴乎？雖然，古之學道，無自虛空入者。輪扁斫輪，痀僂承蜩，苟可以發其智巧，物無陋者，聰若得道，琴與書皆與有力，詩其尤也。聰能如水鏡以一含萬，則書與詩當益奇。吾將觀焉，以爲聰得道深淺之候。

（《文章辨體彙選》卷三二九《送錢塘僧思聰歸孤山序》，《蘇軾文集》卷一〇《送錢塘僧思聰歸孤山序》）

送羅以寧上書歸鄉序　曾丰

淳熙十有五年秋，豐城布衣羅氏子以寧投匭上書，三上而三不報，浩然歸歟。顧余同館，又同爲江西人，獨見善厚行業，具謁來告别。億其辭色，若欲得余贈者，乃與坐。有頃，爲言三代取士，一出於學，故天下無不羈之士。七國取士，一出於客，故天下無有常之士。至於漢，去七國未遠，雖漸興學，而未容頓禁客，故士之出入於客與學常相半，而取士則别設科目，不一途而足。夫科目，繩尺事也。有常之士所樂趨，而不羈之士所厭就。故士之出入於學者，相率而應科目，鼂錯、公孫弘、董仲舒、魏相、杜欽之徒是也。彼出入於客者，往往轉而它售，或上書獻頌，朱買臣、徐樂、司馬相如、車千秋之徒是也。方今取士之法，自廷尉而賜第者十之九，自舍選而釋褐者十之一，自囊封而授官者率千百不一二。故上而禄于朝，次而禄于州縣，大抵有常之士也。不羈之士雖間出焉，求其稍能自致美官者，始有鄧酢，次吴曾，又次戴之邵之徒十數人耳。

夫今天下無事，朝廷之上，惟簿書獄訟是務，雖庸夫高枕而有餘。至於邊烽猝警，羽檄交馳，雖聖人繭足而不給，況區區有常之士哉？

以寧挾不羈之才，乃於庸夫高枕之時，出售其説，三上而三不報，無怪也。横渠張公少喜談兵，①質於范文正公，公責以儒者自有名教，何事於兵？勉之讀《中庸》。横渠公退而變所習，卒爲河南學者宗師。自末言之，講學之功大於談兵，固矣。自初言之，談兵非無益於人之國者，而遽責之，文正公豈沮人赴功名者哉？誠以横渠之資可進於道，不止於兵機，吾遽以談兵予之，彼且自滿，不復折而入於道，是以寧固拂之，俾勉其大，毋姑順之，俾苟安於小。

以寧歸，余敢誦所聞以薦焉。令所上書中天子意，急徵而驟用，雖少慰初志，其終所成，要不過鄧酢輩耳。不然而竟歸，雖初志亦未愜，然繼自今以趨時之心趨古，以談事之口談道，它日學成，則爲横渠公，不俟其成而姑爲時出，猶不失爲有常之士，如公門人，顧决擇如何耳？所親劉純叟，余友也，於理道明。歸以余所告告之，屬爲决擇，會得其當焉。

（《文翰類選大成》卷一一六《送羅以寧上書歸鄉序》，《古文集成》卷一《送羅以寧上書歸鄉序》，《緣督集》卷一七《送布衣羅以寧上書不報歸鄉序》）

送秦少章序　張耒[21]

《詩》不云乎："蒹葭蒼蒼，白露爲霜。"②夫物不受變則才不成，人不涉難則智不明。季秋之月，天地始肅，寒氣欲至。方是時，天地之間，凡植物出於春夏雨露之餘，華澤充溢，支節美茂。及繁霜夜零，旦起而視之，如戰敗之軍，卷旗棄鼓，[22]裹瘡而馳，吏士無人色。豈特如是而已。於是天地閉塞而成冬，則摧敗拉毁之者過半，其爲變亦酷矣。然自是弱者堅，虚者實，津者燥，皆斂其英華於腹心，而各效其成。深山之木，上撓青雲，下庇千人者，莫不病焉，况所謂蒹葭者乎？

① 張公：即張載。
② 參見《詩經·秦風·蒹葭》。

然匠石操斧以游山林，一舉而盡之，以充棟梁桷杙，[23]輪輿輹輻，[24]巨細强弱，無不勝其任者，此之謂損之而益，敗之而成，虐之而樂者是也。

吾黨有秦少章者，自余爲太學官時，以其文章示余，愀然告我曰："惟家貧，奉命大人而勉爲科舉之文也。"異時率其意爲詩章古文，往往清麗奇偉，工於舉業百倍。元祐六年及第，調臨安主簿。舉子中第，可少樂矣，而秦子每見余輒不樂。余問其故，秦子曰："余世之介士也，性所不樂不能爲，言所不合不能交，飲食起居，動静百爲，不能勉以隨人。今一爲吏，皆失己而惟物之應，少自偃蹇，悔禍響至。異時一身資養於父母，今則婦子仰食於我，欲不爲吏，亦不可得。自今以往，如沐漆而求解矣。"

余解之曰："子之前日，春夏之草木也。今日之病子者，蒹葭之霜也。凡人性惟安之求。夫安者，天下之大患也，能遷之爲貴。重耳不十九年於外，則歸不能霸。子胥不奔，則不能入郢。二子者，方其羈窮憂患之時，陰益其所短而進其所不能者，非如學於口耳者之淺淺也。自今吾子思前之所爲，其可悔者衆矣，其所知益加多矣。及身而安之，則行於天下無可憚者矣。能推食與人者，常飢者也。賜之車馬而辭者，不畏徒步者也。苟畏飢而惡步，則將有苟得之心焉，爲害不既多乎。故隕霜不殺者，物之灾也；逸樂終身者，非人之福也。"

（《宋文鑑》卷九二《送秦少章赴臨安簿序》，《張耒集》卷四八《送秦少章赴臨安簿序》）

送友人游武林序　陳同父

古之達者求士，今之達者厭士。嗚呼！其世變愈下矣乎！古之士耕雲釣月，齒石耳泉，幅巾孤頂，扁舟斷涯，或凄歌而愴吟，或詼諧而笑吁，浩乎其自得而頹乎其處順也。與其闖伺於侯門，孰若北窗之高卧，與其乞憐之千言，孰若爐香之一卷。達者曰："是非可以利餌之也。"遜辭以爲媒，厚禮以爲羅，庶乎其致之也。否則彼有南山之南、北山之北而已，[25]而吾君孰與共理哉。故古之達時宜者非掠禮士之美名也。自世變愈下，士無圭田，始喪所守，豢利欲而惡貧賤，蓋溺焉于兹者有年矣。

自晋而觀，望塵之俗，人才衰陋，已不逮兩漢，尚何望其三代如也哉！於是公卿大夫過高而一介之士過卑。[26]過高者日以傲，過卑者日以諂，傲則不求即人，諂則求即於人，是以尊者勢益重而卑者勢益輕。

國朝之初，公卿大夫猶有重士之意，今則亡矣。蓋自渡江以來，士之萃於吴越者肩摩袂錯，欲鋤無田、欲樵無山者十五六，則常産已亡矣。遷徙之無常，滫瀡之所迫，則常心莫能存矣。以其非所有之常産，加之以莫能存之常心，則隨染隨遷，不動而遷於俗者蓋寡。故投書獻記，[27]過媚以圖悦，卑妹以取幸者，亦其勢之必然，無足怪也。又况今之取士皆有定式，羔帛不逮於巖穴，而公卿大夫要以如格而止，又奚必勤勤焉。過求繩墨之外，必如古之薦士也哉！有厭薄貧賤之意而無寵藉後輩之心也亦宜。今吾子之游武林也，武林士夫之叢薄也，子將往而謁之，吾懼子之遭厭薄而亟返也。然士夫之中亦有古人之風者，盍以吾説語之。

（《文翰類選大成》卷一一六《送友人游武林序》，《古文集成》卷一《送友人游武林序》）

子長游贈蓋邦式序　馬存

予友蓋邦式嘗爲予言："司馬子長之文章有奇偉氣，切有志於斯文也。子其爲説以贈我。"予謂："子長之文章不在書，學者每以書求之，則終身不知其奇。予有《史記》一部，載天下名山大川、壯麗奇怪之處，將與子周游而歷覽之，庶幾乎可以知此文矣。"

子長平生喜游，方少年自負之時，足迹不肯一日休，非直爲景物役也，將以盡天下之大觀以助吾氣，然後吐而爲書。今於其書觀之，則其平生所嘗游者皆在焉。南浮長淮，泝大江，見狂瀾驚波，陰風怒號，逆走而横擊，故其文奔放而浩漫。望雲夢洞庭之陂、彭蠡之豬，涵混太虚，呼吸萬壑，[28]而不見介量，故其文停滀而淵深。見九疑之絶綿，[29]巫山之嵯峨，[30]陽臺朝雲，蒼梧暮烟，態度無定，靡曼綽約，春妝如濃，秋飾如薄，故其文妍媚而蔚紆。泛沅渡湘，吊大夫之魂，悼妃子之恨，竹上猶有斑斑，而不知魚腹之骨尚無恙者乎？故其文感憤而傷激。北過大梁之墟，觀楚漢之戰場，想見項羽之喑嗚，高帝之慢罵，龍跳虎躍，千兵萬馬，大弓長戟，俱游而齊呼，故其文雄勇猛健，使人心悸而膽栗。世家龍門，念神禹之鬼功；西使巴蜀，跨劍閣之鳥道。上有摩雲之崖，不見斧鑿之痕，故其文斬絶峻拔而不可攀躋。[31]講業齊魯之都，睹夫子之遺風，鄉射鄒嶧，彷徨乎汶陽洙泗之上，故其文典重温雅，有似乎正人君子之容貌。凡天地之間萬物之變，可驚可愕，可以娱心，使人憂使人悲者，子長盡取而爲文章，是以變化出没，如萬象供四時而無窮，今於其書而觀之，豈不信矣！

予謂欲學子長之爲文，先學其游可也。不知學游以采奇而欲操觚弄墨，[32]組綴腐熟者，[33]乃其常常耳。昔公孫氏善舞劍，而學書者得之，乃入於神。庖丁氏善操刀，而養生者得之，乃極其妙。事固有殊類而相感者，其意同故也。今天下之絶縱詭觀，何以異於昔，子果能爲我游者乎？吾欲觀子矣。醉把杯酒，可以吞江南吴越之清風。拂劍長嘯，可以吸燕趙秦隴之勁氣，然後歸而治文著書，子畏子長乎？子長畏子乎？不然斷編敗册，朝吟而暮誦之，吾不知所得矣。

（《文翰類選大成》卷一一六《子長游贈蓋邦式序》，《古今事文類聚》别集卷二五《子長游贈蓋邦式序》，《東萊集注觀瀾文集》丙集卷一一《子長游贈蓋邦式》）

送陳自然西上序　馬存

朔風驚沙，枯梢號寒，子行亦良苦，聞之京師曰："米如買珠，薪如束桂，膏肉如玉，酒樓如登天，驟雨至矣！黑潦滿道，則馬如游龍，清霜激風，客衣無襦，抱膝而苦調，[34]則火如紅金。子之游京師，所以恃此具者，[35]其挾幾何？豈子之家，位高金多。父母兄弟，渠渠款款，厚撫以遺子乎?”曰:“無有也。”“豈子之鄰里鄉黨,相悦以義,出門辭東家,而西家已待贐矣! 寧有是乎?”曰:“無有也。”“豈子之昵親挾友,入室握手,説無説有,把酒相别,飲酣氣張,有解劍而指廪者乎?”曰:“無有也。”“豈子之於京師公侯富貴之家,舊與款厚,有哀王孫而進食者乎?”曰:“無有也。”“然則子之此游,挾何術以往?”曰:“吾視囊中不見乎有物,視吾胸中耿耿者尚在也。以吾之耿耿者游天地,庶幾必有合乎?”

予聞其言而壯之曰:“今人適百里,必宿舂而淅,乃敢出門户。今子有數千里之役,徒手以往,浩然無憂,予因驚怪子矣![36]果如子言,予來春於江南林石之下,聞北方有熠熠者,必子也矣!”

(《文翰類選大成》卷一一六《送陳自然西上序》,《古今事文類聚》前集卷二七《送陳自然西上序》,《東萊集注觀瀾文集》丙集卷一一《送陳自然西上》)

《唐鑑》序　石介

夫前車覆,後車戒。前事之失,後事之鑑。湯以桀爲鑑,故不敢爲桀之行,而湯德克明,隆祀六百。周以紂爲鑑,故不敢爲紂之惡,而周道至盛,傳世三十。漢以秦爲鑑,故不敢爲秦之無道,而漢業甚茂,延洪四百年。唐以隋爲鑑,故不敢爲隋之暴亂,而唐室攸乂,永光十八葉。國家雖承五代之後,實接唐之緒,則國家亦當以唐爲鑑。

臣逖覽往古,靡不以女后預事而喪國家者,臣觀唐最盛矣。武氏變唐爲周,韋庶人、安樂公主鴆殺中宗,太平公主潛謀逆亂,楊貴妃召天寶之禍。臣歷觀前世,鮮不以閹官用權而傾社稷者,臣視唐尤傷矣。代宗遭輔國之侮蔑,憲宗被陳慶之弑逆,昭宗爲季述之囚辱。臣眇尋歷代,無不以奸臣專政而亂天下者,臣視唐至極矣。禄山之禍,則林甫、國忠爲之也;朱泚之亂,則盧杞爲之也;陳慶之弑,則皇甫鎛爲之也。

嗚呼！奸臣不可使專政，女后不可使預事，宦官不可使任權。明皇始用姚崇、宋璟則治，終用林甫、國忠則亂。德宗始用崔祐甫、陸贄則治，終用盧杞、[37]裴延齡則亂。憲宗始用裴度則治，終用皇甫鎛則亂。自武后奪國，迄于中、睿，暨天寶末年，政由女后而李氏幾喪。自肅宗踐位，歷于代宗、德宗、順宗、憲、穆、文宗、武、宣、僖、昭，權在中官而唐祚終去。《詩》曰："赫赫宗周，褒姒滅之。"①然則巍巍巨唐，女后亂之，奸臣壞之，宦官覆之。臣故採摭唐史中女后、宦官、奸臣事迹，各類集作三卷，謂之《唐鑑》。

噫！唐十八帝，惟武德、貞觀、[38]開元、元和百數十年，禮樂征伐自天子出，女后亂之於前，奸臣壞之於中，宦官覆之於後。顛懏崎危，綿綿延延，乍傾乍安，若續若絕，僅能至於三百年，何足言之。後之爲國者鑑李氏之覆車，勿專政於女后，勿假權於中官，勿委任於奸臣，則國祚延洪，歷世長遠，當傳于子、傳于孫，可至千萬世。豈止齷齪十八帝、局促三百年者哉！伏惟明主戒之。

（《宋文鑑》卷八六《〈唐鑑〉序》，《文翰類選大成》卷一一六《〈唐鑑〉序》，《徂徠石先生文集》卷一八《〈唐鑑〉序》）

《伊川擊壤集》序　邵堯夫

《擊壤集》，伊川翁自樂之詩也。非唯自樂，又能樂時，與萬物之自得也。伊川翁曰："子夏謂'詩者，志之所之也，在心爲志，發言爲詩。情動於中而形於言，聲成其文而謂之音'。是知懷其時則謂之志，感其物則謂之情，發其志則謂之言，揚其情則謂之聲，言成章則謂之詩，聲成文則謂之音，然後聞其詩，聽其音，則人之志情可知之矣。且情有七，其要在二，二謂身也、時也。謂身則一身之休戚也，謂時則一時之否泰也。一身之休戚，則不過貧富貴賤而已；一時之否泰，則在夫興廢治亂者焉。是以仲尼刪《詩》，十去其九。諸侯千有餘國，

① 參見《詩經・小雅・正月》。

《風》取十五；西周十有二王，《雅》取其六。蓋垂訓之道，善惡明著者存焉耳。

近世詩人，窮戚則職於怨憝，榮達則專於淫泆。身之休戚，發於喜怒；時之否泰，出於愛惡。殊不以天下大義而爲言者，故其詩大率溺於情好也。噫！情之溺人也，甚於水。古者謂水能載舟亦能覆舟，是覆載在水也，不在人也。載則爲利，覆則爲害，是利害在人也，不在水也。不知覆載能使人有利害邪？利害能使水有覆載邪？二者之間，必有處焉。就如人能蹈水，非水能蹈人也。然而有稱善蹈者，未始不爲水之所害。人若外利而蹈水，則水之情亦蹈人之情也；若内利而蹈水，則敗壞之患立至於前，又何必分乎人焉水焉，其傷性害命一也。

性者，道之形體也，性傷則道亦從之矣；心者，性之郛廓也，心傷則性亦從之矣；身者，心之區宇也，身傷則心亦從之矣；物者，身之舟車也，物傷則身亦從之矣。是知以道觀性，以性觀心，以心觀身，以身觀物，治則治矣，然猶未離乎害者也。不若以道觀道，以性觀性，以心觀心，以身觀身，以物觀物，則雖欲相傷，其可得乎！若然，則以家觀家，以國觀國，以天下觀天下，亦從而可知之矣。

予自壯歲業於儒術，謂人世之樂何嘗有萬分之一二，而謂名教之樂固有萬萬焉，况觀物之樂，復有萬萬者焉。雖死生榮辱轉戰於前，曾未入於胸中，則何異四時風花雪月一過乎眼也？誠謂能以物觀物，而不相傷者焉。[39]蓋其間情累都兩相忘去爾，[40]所未忘者獨有詩在焉。然而雖曰未忘，其實亦若忘之矣。何者？謂其所作異人之所作也。所作不限聲律，不沿愛惡，不立固必，不希名譽。如鑒之應形，如鐘之應聲。其或經道之餘，因静照物，因時起志，因物寓言，因志發咏，因言成詩，因咏成聲，因詩成音。是故哀而未嘗傷，樂而未嘗淫。雖曰吟咏情性，曾何累性情哉！鐘鼓，樂也；玉帛，禮也。與其嗜鐘鼓、玉帛，則斯言也不能無陋矣，必欲廢鐘鼓、玉帛，則其如禮樂何？人謂風雅之道行於古而不行於今，殆非通論，牽於一身而爲言者也。

吁！獨不念天下爲善者少，害善者多；造危者衆，而持危者寡。志士在畎畝，則以畎畝言，故其詩名之曰《伊川擊壤集》。

（《宋文鑑》卷八七《〈伊川擊壤集〉序》，《文翰類選大成》卷一一六《〈伊川擊壤集〉序》，《邵雍集·〈伊川擊壤集〉序》）

《易講義》序　周行己[41]

《易》之爲書，伏羲始作八卦，文王因而重之，孔子繫之以辭，於是卦、爻、彖、象之義備，而天地萬物之情見，聖人之憂天下來世其至矣。先天下而開其物，後天下而成其務。是故極其數以定天下之象，著其象以定天下之吉凶。六十四卦，三百八十四爻，皆所以順性命之理，盡變化之道也。

散之在理，則有萬殊；統之在道，則無二致。所以，《易》有太極，是生兩儀。太極者，道也；兩儀者，陰陽也。陰陽一道也，太極無極也。萬物之生，負陰而抱陽，莫不有太極，莫不有兩儀。絪緼交感，變化不窮。形一受其生，神一發其知，情僞出焉，萬緒起焉。

《易》，所以定吉凶而生大業也。故《易》者，陰陽之道也；卦者，陰陽之物也；爻者，陰陽之動也。卦雖不同，所同者奇耦；爻雖不同，所同者九六。是以六十四卦爲其體，三百八十四爻互爲其用，遠在六合之外，近在一身之中。暫於瞬息，微於動静，莫不有卦之象焉，莫不有爻之義焉。

至哉《易》乎！其道至大而無不包，其用至神而無不存。時固未始有一，而卦未始有定象；事固未始有窮，而爻亦未始有定位。以一時而索卦，則拘於無變，非《易》也；以一事而明爻，則窒而不通，非《易》也；知所謂卦爻彖象之義，而不知所謂卦爻彖象之用，亦非《易》也。故得之於精神之運、心術之動，與天地合其德，與日月合其明，與四時合其序，與鬼神合其吉凶，然後可以謂之知《易》也。

雖然，《易》之有卦，《易》之已形者也。卦之有爻，卦之已見者也。已形已見者，可以言知；未形未見者，不可以名求，則所謂《易》者，果何如哉？此學者所當知也。

（《文翰類選大成》卷一一六《〈易〉序》，《古文集成》卷五《〈易〉序》，《性理群書句解》前集《新編性理群書句解》卷五《〈易〉序》，《周行己集》卷四《易講義序》）

送應太丞赴闕序　陳耆卿

貴溪應先生以淳熙丁未唱第，①嘉定辛未登朝，②繇棘丞丐外，歷郡守常平使者，陞轉漕，辭不拜，改刺處州。有問處州之政者，皆曰：先生有恢恢之才，而宅以謙；有棱棱之威，而陶以和；有了了之智，而載以默。凝香宴坐，未嘗疾聲躁色也，而千里之人毋愛而師畏之。[42]"古所謂儒者政，真其人歟！和氣川融，歲以稔告。遠近稚耋，免從理入口之相，非飽於稼，飽先生之仁義也。

方將用借寇故事請于朝，然滿且召矣。或謂先生三十二年之科名，八年之班綴，久于外，以部使者屈治郡，今再入，已回翔矣，而未知造物意也。浮花艷卉，無兩日長，[43]而巨柏之亭亭，參天不改，非雪霜畔常有陽春邪？久於外者，惠吾民也；以部使者屈治郡者，辭尊居卑之義也；逾滿而後召者，不輕奪赤子之乳也；召之贊奉常者，有興禮樂致太平之具而以爲之兆也。某下邑勾稽吏爾，樸拙根性，先生覆露之，[44]吹送之，煦我以道德，鞭我以文辭，恩獨厚。念雖束縛千兔，未白此悃，矧一幅剡藤哉！

觀唐人送李正字皆以詩，以序者獨韓退之，意序厚也。然觀退之諸序，有祝體，有規體，今將爲規乎，尚何規？蓋亦不以規而以祝乎。秋浸疏梧，月酣新桂，祖帳溢衢，餞觴浮空。一祝曰：寒燠未齊，宜户牖泰和，壽斯文脉。再祝曰：上方禮羅鴻碩，九鼎宗社。詔爾父老，先生去是邦，非忘之也，起而漸澤八荒，則一州固在其中矣。三祝曰：

---

① 淳熙丁未：宋孝宗淳熙十四年(1187)。

② 嘉定辛未：宋寧宗嘉定四年(1211)。

牛馬走尚伏泥塗，望先生今在何許？巽時邂逅，毋相忘。一祝爲先生也，再祝爲父老也，三祝自爲也。酒三行而祝辭備，體古也。

（《古文集成》卷一《送應太丞赴闕序》，《簣窗集》卷三《送應太丞赴闕序》）

任氏二子名序　王民瞻

眉山任氏名二子曰渥、曰溉，而請字於某。某告之曰："元氣融結爲山川，其烝爲雲雨，其生爲百穀草木之秀麗，人得之爲美俊，均是氣也。然氣之烝不爲祥風時雨，則反而爲沴，物則有焦枯，不遂其性，故着造化不到處手，使萬物滋長，膏其本而末茂者，必假灌注於人焉。歲有雪霜，土膏含和，爲豐盈之瑞，繼以時若之雨，然後秀發而輝光。《詩》曰："益之以霡霂，既優既渥。[45]"故字渥曰益之。取江河之水以善利萬物者謂之溉。溉，言清也，亦及物之廣也。[46]《泂酌》之詩，其初"可以餴饎""可以濯罍"，至其終則"可以濯溉"①，説者謂溉，則無所不用也。故字溉曰用之。夫渥與溉皆本於農事，火耕而水耨，期於有獲而後已，學道亦猶是也。今君之二子，才良而志堅，又博之以《詩》《書》《禮》《樂》六藝之文，澆灌其心胸，輔之以師友，而覚乎薰蒸浸漬之爲益也，所謂耕道而得道，其孰能禦之。

（《盧溪集》卷三六《任氏二子字序》）

《六經論》序　曾幼度

六經未經孔子手，六經者，六籍而已矣。六經一經孔子手，六經者，元氣也。一元之氣，小旋爲日爲月，大旋爲月爲歲。小旋爲歲爲世，大旋爲世爲運。小旋爲運爲會，大旋爲會爲元。自上元至於包犧氏之皇天下之初，[47]蓋十四萬有奇歲矣。茫不可推，皇轉而帝，帝轉而王，王轉而霸，四者之變，蓋元氣之一旋也歟，均是氣也！

---

① 參見《詩經·大雅·泂酌》。

天以清，地以寧，萬物以生。孔氏子切取皇帝王霸之氣脉，以混成六經，而天地萬物之理寓焉。故精，精，故難明。曾氏子高取諸天，卑取諸地，散取諸萬物之理，以論索六經，而皇帝王霸之治悉焉。故明，明，故易精。嗚呼！人苦不自覚爾！内觀返聽，吾一身之中六經具焉。天下人人而能内觀返聽也，則吾之論肬贅矣。[48]

（《緣督集》卷一四《六經總論》）

《周禮》序 吕祖謙

《周禮》，古帝王之舊典禮經也，始于太古，成于周，故曰“周”。若昔生民，有欲而無禮，乃亂。胥戕胥虐，人類且盡，惟皇上帝哀我民無盡劉，首生聖人，本性植禮，以養天下。惟爾靈承，罔敢暇逸，乃始仰乾順坤，以奠崇卑，沿山襲川，以位貴賤。相生者爲父祖子孫，相治者爲君臣民物，相合者爲兄弟、夫婦、賓主、朋友。三者建而天下之爲大紀者定，民始得胥敬愛，胥保惠，以有其躬，以至于兹。今日皇乎篤哉，皆古禮之遺澤也。然自剖極立元，創規兆矩，民生未繁，王業未巨，以故樸而弗雕，伉而弗文，若作室家，既基既宇，而丹雘塗墁之未具，日增月加，以至于大成實有待於來世也。

粤若稽古，陶唐氏作，視包犧之禮已浸克有成，九族萬邦黎民四時百工之道，固已焕乎，其不可掩也。有虞氏、夏后氏率沿而增賁之，禮樂日新，法度日著，稽典揆謨，維見可睹。若七政，若六宗，若五瑞，若四狩，若九官十二牧，若六府三事三壤庶貢，皇皇乎帝王之備典也。而繇後視前，尚曰弗縟，忠賢相病，未有殫極，及于周而王道成焉。當是時也，世變極，治體備，文、武、成、康，四聖代作，周、召、毛、畢，衆正悉登。九土清晏，八荒會同，於以纂四代之彌文，爲萬世之極，則乘時應機，若晝必昃，確乎其不可拔也。越成王即位之七年，太師兼冢宰臣旦定都於洛京，以措太平於千萬年。始具經禮，勒爲成書，識一國號，兹用詔久傳遠，垂範無極。蓋自堯舜至是，凡二千餘年而是書始出，則禮既大備而不可復加矣，嘗試迹之。

凡宇宙之間一物一名，無巨細，無遠近，無幽明生死，罔有絲毫遺軼不具，以勤後業之補苴者，浩乎博哉？圓生方育，海停岳萃，不足以議其博也，非聖人其孰能修之，然嘗輯其凡有三而所以盡者一。何謂三？曰天、曰地、曰人。何謂一？曰中。爰自祭祀推步、占卜、祓禳之官立而天事備，國都郊野、道路險固之官立而地事備，治教刑政、禮樂事工之官立而人事備。惟兹三者，以有目咸覩。乃若厥中，則罔攸覿，六官之元，聖意微見，其辭若曰"以爲民中"。大哉言乎，民非中弗克胥正以生中，非禮罔與範天下與來世，兹實上帝佑民之本旨，而堯、舜、禹、湯所以陳軌立度，以啓我後人而底于大成也。聖人抽關發鑰，俾遐迩是訓，亦瞭然著矣。惟古作書，必序厥指，《易》有序卦，《書》有孔氏之文，《詩》有卜商、毛萇、衛宏，《春秋》三傳有杜預、何休、范寧，惟兹大典，闕然弗修，杜子春、鄭興、康成，更授迭釋，維訓詁句讀是究是圖，莫有秉筆以揭厲宗統，不亦陋哉？是用追述端緒，以訂于前。

（《文翰類選大成》卷一一六《〈周禮〉序》）

《論孟集義》序　朱熹

《論》《孟》之書，學者所以求道之至要。古今爲之説者，蓋已百有餘家，然自秦漢以來，儒者類皆不足以與聞斯道之傳。其溺於卑近者，既得其言，而不得其意。其騖於高遠者，則又支離踳駁，或乃并其言而失之，學者益以病焉。宋興百年，河洛之間有二程先生者出，然後斯道之傳有繼。其於孔子、孟氏之心，蓋異世而同符也，故其所以發明二書之説，言雖近而索之無窮，指雖遠而操之有要。使夫讀者非徒可以得其言，而又可得其意，非徒可以得其意，而又可以并其所以進於此者而得之。其所以興起斯文，開悟後學，可謂至矣。間嘗蒐輯條流，以附於本章之次，既又取夫學之有同於先生者，與其有得於先生者，若横渠張公，若范氏、二吕氏、謝氏、游氏、楊氏、侯氏、尹氏，凡九家之説，以附益之，名曰《論孟精義》，以備觀省。而同志之士有欲從事於此者，亦不隱焉。

抑嘗論之：《論語》之書，無所不包，而其所以示人者，莫非操存涵養之要；七篇之指，無所不究，而其所以示人者，類多體驗充擴之端。夫聖賢之分，其不同固如此。然而體用一源也，顯微無間也。是則非夫先生之學之至，其孰能知之。嗚呼！兹其所以奮乎百世絶學之後，而獨得夫千載不傳之傳也歟。若張公之於先生，論其所至，切意其猶伯夷、伊尹之於孔子，而一時及門之士，考其言行，則又未知其孰可以爲孔氏之顔、曾。今録其言，非敢以爲無少異於先生而悉合乎聖賢之意，亦曰大者既同，則其淺深疏密，毫釐之間，正學者所宜盡心耳。至於近歲以來，學於先生之門人者，又或出其書焉，則意其源遠。末分醇醨異味，而不敢載矣。

或曰："然則凡説之行於世而不列於此者，皆無取已乎？"曰："不然也。漢魏諸儒正音讀、通訓詁、考制度、辨名物，其功博矣。學者苟不先涉其流，則亦何以用力於此。而近世一二名家，與夫所謂學於先生之門人者，其考證推説，亦或時有補於文義之間。學者有得於此而後觀焉，則亦何適而無得哉！特所以求夫聖賢之意者，則在此而不在彼爾。若夫外自托於程氏，而竊其近似之言，以文其異端之説者，則誠不可以入於學者之心。然以其荒幻浮誇，足以欺世也，而流俗頗已歸鄉之矣，其爲害豈淺淺哉！顧其語言氣象之間，則實有不難辨者。學者誠用力於此書而有得焉，則於其言雖欲讀之，亦且有所不暇矣。然則是書之作，其率爾之誚，雖不敢辭，至於明聖傳之統，成衆説之長，折流俗之謬，則竊亦妄意其庶幾焉。"

乾道壬辰，[①]新安朱熹序。

（《文翰類選大成》卷一一六《〈論孟集義〉序》，《性理群書句解》前集《新編性理群書句解》卷六《〈論孟集義〉序》，《晦庵先生朱文公文集》卷七五《〈論孟集義〉序》）

---

① 乾道壬辰：宋孝宗乾道八年（1172）。

鄉飲酒序　黄榦

請賓介、陳器饌、獻賓介、獻僎、旅酬、燕六者，禮之大節也。登降辭受，禮之文也。鼎俎籩豆，禮之器也。脯醢脊脅，禮之用也。此觀禮者所共知也。[49]其數易知，其義難知也。鄉飲，教親睦也。鄉閭親睦，陵犯争訟之風息矣。夫禮主於敬，敬勝則乖，乖則離，聖人制禮必濟之以和。和勝則瀆，瀆則慢，聖人制禮必濟之以敬。始之以禮，教敬也；終之以樂，教和也。拜至、拜洗、拜既，敬之至也。請安、請坐、爵樂無筭，[50]和之至也。敬而和，禮之大義也。此所以親睦鄉閭，而息陵犯争訟之風也。降洗降盥，潔也；辭盥辭洗，[51]遜也。父坐子立，孝也；老者坐上，少者立於下，弟也。飲食必祭，不忘本也；酬賞不舉，[52]不盡人之忠也。序賓以賢，貴德也；序坐以齒，貴長也；序僎以爵，貴貴也。

工歌必獻，不忘功也；美友沃洗，[53]不忘賤也。歌《關雎》《葛覃》《卷耳》，齊家之義著矣。歌《鹿鳴》《四牡》皇皇者華，事君之義著矣。[54]一飲一食、一拜一坐、一揖一降，無非教也，通於義者，又非但可以親睦鄉閭而已也。天理得，人心正，無所施而不可也。聖人著爲禮以教人，凡爲鄉人者皆知此義焉，此成周之世所以人人皆有士君子之行也。禮廢樂墜，鄉人之群飲者未嘗廢，豐飲食，侈供帳，悦聲伎，恣嚾嗷，教侈也，誨淫也，恣欲也，無非所以敗人心者也。此後世之士大夫，曾古之服勤於畎畝之不若也。然則是禮也，雖不行於今之世，學士大夫之存志於古者，其可不思所以講明而肄習之歟。

（《古今事文類聚》續集卷四《趙季仁司直習鄉飲酒儀序》，《黄勉齋先生集》卷二一《趙季仁習鄉飲酒儀序》，《性理群書句解》前集《新編性理群書句解》卷六《習鄉飲酒儀序》）

送馬翰林南歸序　元明善

上患吏弊之深以牢也，思有以抉而破之。於是考取士之法，倣於古而不戾於今者，乃設兩科以待國之士。諸國士、漢士、江南士，第一名，品第六，第二名，品第七。天下翕然以應。英翹之士，被鄉薦而會試南宫者，百三十五人。雍古士馬君伯庸，巍然在一科之首。及廷對大策，復在第二，於是聲震京師，出則群人争先睹焉。既而官之曰應奉翰林文字、承事郎、同知制誥，兼國史院編修官。而其弟祖孝，亦以科名得陳州判官。吁，榮矣哉！來告余，以歸省其母。又以余忝在試官之末，求言以華其歸。伯庸之名，顯於天下，垂於後世，歸不待余言而華也。雖然，竊有告焉。

余，侍臣也，每聞上旨，無或不在儒者。有曰：儒者守綱常如握拳然。嫉者曰：俗儒迂闊多窒。有曰：處大事，立大議，則吏不彼能也。[55]乃黜吏者之秩而發其機牙，峻之隄防，風俗爲之一變，若曰：吾將收儒之效矣。黜者曰：尚相觀彼儒之所爲。噫！爲而輩者，不其殆哉。夫儒效不易立也。不效，則將孤所望。孤所望，且將疑，爾儒之不足恃也。扼掔泄憤，乘隙而攻者林林也。而輩之被攻踣者一人，孤上之人之望，而疑爾儒功，[56]吾且奈何？

今即官守，慎勿挾所得，恃所眷賚，出幾數於辭色，而所誦之書，不有有司之事乎？卿大夫之職乎？宰相之業乎？毋慕高遠，毋忽卑近，盡心於其所試，而我者湛乎其中存，夫如是，何患乎儒之效不立哉？

余之告伯庸者止矣，兄弟以爲然不然歟？然之則出以示而同年進士，嘗試自勉，又何患吏弊之深者、不抉而牢者不破耶。

(《元文類》卷三五《送馬翰林南歸序》,《文翰類選大成》卷一一六《送馬翰林南歸序》)

送李擴序　虞集

國學之置，肇自許文正公。文正以篤實之資，得朱子數書於南北未通之日，讀而領會，起敬起畏。及被遇世祖皇帝，純乎儒者之道，諸公所不及也。世祖皇帝聖明天縱，深知儒術之大，思有以變化其人而用之，以爲學成於下而後進於上，或疏遠未即自達，莫若先取侍御貴近之特異者，使受教焉，則效用立見，故文正自中書罷政爲之師。是時風氣渾厚，人材樸茂。文正故表章朱子《小學》一書以先之，勤之以灑掃、應對以折其外，嚴之以出入、游息而養其中，掇忠孝之大綱以立其本，發禮法之微權以通其用。於是數十年彬彬然號稱名卿材大夫者，皆其門人矣。嗚呼！使國人知有聖賢之學，而朱子之書得行於斯世者，文正之功甚大也。

文正没，國子監始立。官府刻印章如典故，其爲之者，大抵踵襲文正之成迹而已。然余嘗觀其遺書，文正之於聖賢之道、五經之學，蓋所志甚重遠焉。其門人之得於文正者，猶未足以盡文正之心也。子夏曰："君子之道，孰先傳焉，孰後倦焉。"[①]程子曰："聖賢教人有序，非是先教以近者小者，而不教之遠者大者也。"[②]夫天下之理無窮，而學亦無窮也。今日如此，明日又如此，止而不進，非學也，天下之理無由而可窮也。故使文正復生於今日，必有以發明道德之蘊，而大啓夫人心之精微，天理之極致，未必止如前日之法也。而後之隨聲附影者，謂修詞申義爲玩物，而從事於文章，謂辯疑答問爲躐等，而姑因其師長，謂無所猷爲爲涵養德性，謂深中厚貌爲變化氣質，是皆假美言以深護其短，外以聾瞽天下之耳目，内以蠱晦學者之心思。此上負國家，下負天下之大者也，而謂文正之學果出於此乎？

近者吴先生之來爲監官也，見聖世休明，而人材之多美也，慨然思有以作新其人，而學者翕然歸之，大小如一。於是先生之爲教也，辨傳注之得失，而達群經之會同，通儒先之户牖，以極先聖之閫奥。推鬼神之用，以窮物理之變，察天人之際，以知經綸之本。禮樂制作之具，政刑因革之文，考據援引，博極古今，各得其當，而非夸多以穿鑿。靈明通變，不滯於物，而未嘗析事理以爲二。使學者得有所據

① 參見《論語・子張》。

② 參見《二程集》卷八《二先生語》。

依，以爲日用常行之地，得有所標指，以爲歸宿造詣之極。噫！近世以來，未能或之先也。惜夫在官未久，而竟以病歸。

嗚呼！文正與先生學之所至，非所敢知所敢言也，然而皆聖賢之道，則一也。時與位不同，而立教有先後者，勢當然也。至若用世之久速，及人之淺深，致效之遠近小大，天也，非人之所能爲也。僕之爲學官，與先生先後而至。學者天資通塞不齊，聞先生言，或略解，或不能盡解，或暫解而旋失之，或解而推去漸遠。退而論集於僕，僕皆得因其材而達先生之説焉。先生雖歸，祭酒劉公以端重正大臨其上，監丞齊君嚴條約以身先之，故僕得以致其力焉。未幾，二公有他除，近臣以先生薦於上。而議者曰："吴幼清，陸氏之學也，非朱子之學也。不合於許氏之説，不得爲國子。是將率先天下而爲陸子靖矣。"遂罷其事。

嗚呼！陸子豈易言哉？彼又安知朱陸異同之所以然？直妄言以欺世拒人耳！是時僕亦孤立不可留，未數月，移病自免去。鄧文善之，以司業召至，會科詔行，善之請改學法。其言曰："今皇上責成成均至切也，而因循度日，不惟疲庸者無所勸，而英俊者摧敗，無以見成效。"議不合，亦投劾去。於是紛然言吴先生七不可，鄧司業去而投劾爲矯激，而僕之謗尤甚。

悲哉！歸德李擴事吴先生最久，先生之書，皆得授而讀之。先生又嘗使來授古文，故於僕尤親近。去年，以國子生舉。今年有司用科舉法，依條試之，中選，將命以官，間來謁曰："比得官猶歲月間，且歸故鄉治田畝，益得温其舊學，請一言以自警。"會僕將歸江南，故略叙所見以授之。使時觀之，亦足以有所感而興起矣。

（《元文類》卷三五《送李擴序》，《虞集全集·送李擴序》）

【校勘記】

［1］姤：《文章類選》同《文翰類選大成》卷一一六原均作"垢"，據《宋文選》卷二改。

［2］壯者壯也夬：此五字原脱，據《文翰類選大成》卷一一六、《宋文選》卷二補。

[3] 貞：《文章類選》同《文翰類選大成》卷一一六原均作“正”，據《周易·大壯卦》改。
[4] 郭：《宋文鑑》卷八六作“郛”。
[5] 手：原作“子”，據《宋文鑑》卷八七改。
[6] 釋：《宋文鑑》卷八七作“佛”。
[7] 孟韓：《宋文鑑》卷八七作“孟軻韓愈”。
[8] 正之：《宋文鑑》卷八七無此二字。
[9] 日：《文章類選》同《文翰類選大成》卷一一六原均作“曰”，據《宋文鑑》卷八七改。
[10] 難：《宋文鑑》卷八七、《文翰類選大成》卷一一六均無此字。
[11] 二：《文章辨體彙選》卷二九九作“三”。
[12] 一而生於無窮：《文章辨體彙選》卷三一四作“二而生生至於無窮”。
[13] 出：《文章類選》同《文翰類選大成》卷一一六，《文章辨體彙選》卷三一四作“本”。
[14] 卦：此字原脱，據《文章辨體彙選》卷三一四補。
[15] 所以：《文章類選》同《文翰類選大成》卷一一六，《文章辨體彙選》卷三一四無此二字。
[16] 而：《文章類選》同《文翰類選大成》卷一一六，《文章辨體彙選》卷三一四作“余讀”。
[17] 之義：《文章類選》同《文翰類選大成》卷一一六，《文章辨體彙選》卷三一四作“經義”。
[18] 宜：《文章類選》同《文翰類選大成》卷一一六，《文章辨體彙選》卷三一四作“且”。
[19] 二：《文章類選》原同《文翰類選大成》卷一一六作“三”，據《宋文鑑》卷八九及史實改。
[20] 三：原作“二”，據《蘇軾文集》卷一〇、《全宋文》卷一九三一改。
[21] 張耒：原作“張丰”，據《宋文鑑》卷九二、《崇古文訣》卷三九、《張耒集》卷四八等改。
[22] 旗：原作“其”，據《宋文鑑》卷九二、《張耒集》卷四八改。
[23] 杙：此字原脱，據《宋文鑑》卷九二、《張耒集》卷四八補。
[24] 輿：此字原脱，據《宋文鑑》卷九二、《張耒集》卷四八補。
[25] 山：原作“凡”，據《文翰類選大成》卷一一六、《古文集成》卷一改。
[26] 一介：《文章類選》同《文翰類選大成》卷一一六原均作“石介”，據《古文集成》卷一改。
[27] 投：《文章類選》同《文翰類選大成》卷一一六，《古文集成》卷一作“授”。
[28] 吸：《文章類選》同《文翰類選大成》卷一一六、《東萊集注觀瀾文集》丙集卷一一作“羊”，《古今事文類聚》别集卷二五作“嘘”。
[29] 絶：《文章類選》同《文翰類選大成》卷一一六、《東萊集注觀瀾文集》丙集卷一一，《古今事文類聚》别集卷二五作“芊”。
[30] 嵯：《文章類選》同《文翰類選大成》卷一一六、《東萊集注觀瀾文集》丙集卷一一，《古今事文類聚》别集卷二五作“崖”。
[31] 嶄：《文章類選》同《文翰類選大成》卷一一六、《東萊集注觀瀾文集》丙集卷一一，《古今事文類聚》别集卷二五作“蝷”。
[32] 操觚弄墨：《文章類選》同《文翰類選大成》卷一一六、《東萊集注觀瀾文集》丙集卷一一，《古今事文類聚》别集卷二五作“操筆弄斝”。

[33] 熟：《文章類選》同《文翰類選大成》卷一一六、《東萊集注觀瀾文集》丙集卷一一，《古今事文類聚》别集卷二五作“然”。

[34] 抱：《文章類選》同《文翰類選大成》卷一一六、《東萊集注觀瀾文集》丙集卷一一，《古今事文類聚》前集卷二七作“袍”。

[35] 恃：《文章類選》同《文翰類選大成》卷一一六、《東萊集注觀瀾文集》丙集卷一一，《古今事文類聚》前集卷二七作“待”。

[36] 因：《文章類選》同《文翰類選大成》卷一一六、《東萊集注觀瀾文集》丙集卷一一，《古今事文類聚》前集卷二七作“固”。

[37] “終用盧杞”句至下文“憲宗始用裴度則治”：此十七字原脱，據《宋文鑑》卷八六、《徂徠石先生文集》卷一八補。

[38] 貞：《文章類選》原同《宋文鑑》卷八六、《文翰類選大成》卷一一六均作“正”，據《徂徠石先生文集》卷一八改。

[39] 者焉：此二字原脱，據《宋文鑑》卷八七、《文翰類選大成》卷一一六補。

[40] 蓋：此字原脱，據《宋文鑑》卷八七、《文翰類選大成》卷一一六補。

[41] 易講義序周行己：原作“易序程頤”。《周行己集》卷四《易講義序》校勘記(1)載，《四庫全書》館臣認爲序作者是朱熹，今人朱伯崑認爲是程頤，龐萬里則認爲是周行己。整理者引潘(猛補)案：“此序又見《二程全書》，原定爲程頤撰；亦見《性理群書句解》，原定爲朱熹撰。考程頤另有《周易程子傳序》，此文不見于《朱熹集》，故當爲周撰無疑。然周行己之序僅爲《程傳》而作，非其另有《講義》，此孫氏失察。”整理者認爲潘説是。據改。

[42] 毋：《古文集成》卷一作“每”，《篔窗集》卷三作“皆親”。

[43] 兩：《文章類選》同《古文集成》卷一，《篔窗集》卷三作“旬”。

[44] 露：《文章類選》同《古文集成》卷一，《篔窗集》卷三作“翼”。

[45] 優：《盧溪集》卷三六作“瀀”。按，詩句參見《詩經・小雅・信南山》。

[46] 廣：《盧溪集》卷三六作“義”。

[47] 包：《緣督集》卷一四作“庖”。

[48] 肬：《緣督集》卷一四作“誠然”。

[49] 共：《文章類選》同《黄勉齋先生集》卷二一，《古今事文類聚》續集卷四作“具”。

[50] 無筭：《古今事文類聚》續集卷四作“無算”，《黄勉齋先生集》卷二一作“如算”。

[51] 盥：《文章類選》同《黄勉齋先生集》卷二一，《古今事文類聚》續集卷四作“降”。

[52] 賞：《黄勉齋先生集》卷二一、《古今事文類聚》續集卷四均作“爵”。

[53] 美友：《黄勉齋先生集》卷二一、《古今事文類聚》續集卷四均作“燕及”。

[54] 歌鹿鳴四牡皇皇者華事君之義著矣：此十五字原脱，據《古今事文類聚》續集卷四補。

[55] 彼：《文章類選》同《文翰類選大成》卷一一六，《元文類》卷三五作“被”。

[56] 功：《文章類選》同《文翰類選大成》卷一一六，《元文類》卷三五作“也”。

文章類選卷之七

傳類

屈原傳　司馬遷

屈原者，名平，楚之同姓也。爲楚懷王左徒。博聞强志，明於治亂，嫻於辭令。入則與王圖議國事，以出號令；出則接遇賓客，應對諸侯。王甚任之。

上官大夫與之同列，争寵而心害其能。懷王使屈原造爲憲令，屈平屬草藁未定。上官大夫見而欲奪之，屈平不與，因讒之曰："王使屈平爲令，衆莫不知，每一令出，平伐其功，曰以爲'非我莫能爲'也。"王怒而疏屈平。

屈平疾王聽之不聰也，讒諂之蔽明也，邪曲之害公也，方正之不容也，故憂愁幽思而作《離騷》。"離騷"者，猶離憂也。夫天者，人之始也，父母者，人之本也。人窮則反本，故勞苦倦極，未嘗不呼天也，疾痛慘怛，未嘗不呼父母也。屈平正道直行，竭忠盡智以事其君，讒人間之，可謂窮矣。信而見疑，忠而被謗，能無怨乎？屈平之作《離騷》，蓋自怨生也。《國風》好色而不淫，《小雅》怨誹而不亂。若《離騷》者，可謂兼之矣。上稱帝嚳，下道齊桓，中述湯、武，以刺世事。明道德之廣崇，治亂之條貫，靡不畢見。其文約，其辭微，其志潔，其行廉，其稱文小而其指極大，舉類邇而見義遠。其志潔，故其稱物芳，其行廉，故死而不容。自疏濯淖污泥之中，蟬蜕於濁穢，以浮游塵埃之外，不獲世之滋垢，皭然泥而不滓者也。推此志也，雖與日月争光可也。

屈平既絀，其後秦欲伐齊，齊與楚從親，惠王患之，乃令張儀佯去秦，厚幣委質事楚，曰："秦甚憎齊，齊與楚從親，楚誠能絶齊，秦願獻商、於之地六百里。"楚懷王貪而信張儀，遂絶齊，使使如秦受地。張儀詐之曰："儀與王約六里，不聞六百里。"楚使怒去，歸告懷王。懷王怒，大興師伐秦。秦發兵擊之，大破楚師於丹、淅，斬首八萬，虜楚將屈匄，遂取楚之漢中地。懷王乃悉發國中兵以深入擊秦，戰於藍田。魏聞之，襲楚至鄧。楚兵懼，自秦歸。而齊竟怒不救楚，楚大困。

明年，秦割漢中地與楚議和。楚王曰："不願得地，願得張儀而甘心焉。"張儀聞，乃曰："以一儀而當漢中地，臣請往如楚。"如楚，又因厚幣用事者臣靳尚，而設詭辯於懷王之寵姬鄭袖。懷王竟聽鄭袖，復釋去張儀。是時屈平既疏，不復在位，使於齊，顧反，諫懷王曰："何不殺張儀？"懷王悔，追張儀不及。

其後諸侯共擊楚，大破之，殺其將唐眛。

時秦昭王與楚婚，欲與懷王會。懷王欲行，屈平曰："秦虎狼之國，不可信，不如無行。"懷王稚子子蘭勸王行："奈何絶秦歡！"懷王卒行。入武關，秦伏兵絶其後，因留懷王，以求割地。懷王怒，不聽。亡走趙，趙不内，復之秦，竟死於秦而歸葬。

長子頃襄王立，以其弟子蘭爲令尹。楚人既咎子蘭以勸懷王入秦而不反也。

屈平既嫉之，雖放流，眷顧楚國，繫心懷王，不忘欲反。冀幸君之一悟，俗之一改也。其存君興國而欲反覆之，一篇之中三致意焉。然終無可奈何，故不可以反，卒以此見懷王之終不悟也。人君無愚智賢不肖，莫不欲求忠以自爲，舉賢以自佐。然亡國破家相隨屬，而聖君治國累世而不見者，其所謂忠者不忠，而所謂賢者不賢也。懷王以不知忠臣之分，故内惑於鄭袖，外欺於張儀，疏屈平而信上官大夫、令尹子蘭。兵挫地削，亡其六郡，身客死於秦，爲天下笑，此不知人之禍也。《易》曰：“井泄不食，爲我心惻，可以汲。王明，並受其福。”[1]王之不明，豈足福哉！

令尹子蘭聞之大怒，卒使上官大夫短屈原於頃襄王，頃襄王怒而遷之。

屈原至於江濱，被髮行吟澤畔。顔色憔悴，形容枯槁。漁父見而問之曰：“子非三閭大夫歟？何故而至此？”屈原曰：“舉世混濁而我獨清，衆人皆醉而我獨醒，是以見放。”漁父曰：“夫聖人者，不凝滯於物而能與世推移。舉世混濁，何不隨其流而揚其波？衆人皆醉，何不餔其糟而啜其醨？何故懷瑾握瑜，而自令見放爲？”屈原曰：“吾聞之，新沐者必彈冠，新浴者必振衣。人又誰能以身之察察，受物之汶汶者乎！寧赴常流而葬乎江魚腹中耳，又安能以皓皓之白，而蒙世之温蠖乎？”

乃作《懷沙》之賦，其辭云云。於是懷石遂自投汨羅以死。

屈原既死之後，楚有宋玉、唐勒、景差之徒者，皆好辭而以賦見稱，然皆祖屈原之從容辭令，終莫敢直諫。其後楚日以削，數十年竟爲秦所滅。

（《史記》卷八四《屈原賈生列傳》，《文翰類選大成》卷一五一《屈原傳》）

孟子荀卿列傳

太史公曰：“余讀孟子書，至梁惠王問‘何以利吾國’，未嘗不廢書而嘆也。”曰：“嗟乎，利誠亂之始也！夫子罕言利者，常防其原也。”故曰：“放於利而行，多怨。”自天子至於庶人，好利之弊何以異哉！

孟子，騶人也。受業子思之門人。道既通，游事齊宣王，宣王不能用。適梁，梁惠王不果所言，則見以爲迂遠而闊於事情。當是之時，秦用商君，富國强兵，楚、魏用吴起，戰勝弱敵，齊威王、宣王用孫

---

① 參見《周易·井卦》。

子、田忌之徒，而諸侯東面朝齊。天下方務於合從連衡，以攻伐爲賢，而孟軻乃述唐、虞、三代之德，是以所如者不合。退而與萬章之徒序《詩》《書》，述仲尼之意，作《孟子》七篇。其後有騶子之屬。

齊有三騶子。其前騶忌，以鼓琴干威王，因及國政，封爲成侯而受相印，先孟子。

其次騶衍，後孟子。騶衍睹有國者益淫侈，不能尚德，若《大雅》整之於身，施及黎庶矣。乃深觀陰陽消息而作怪迂之變，《終始》《大聖》之篇十餘萬言。其語閎大不經，必先驗小物，推而大之，至於無垠。先序今以上至黄帝，學者所共術，大並世盛衰，因載其禨祥度制，推而遠之，至天地未生，窈冥不可考而原也。先列中國名山大川，通谷禽獸，水土所殖，物類所珍，因而推之，及海外人之所不能睹。稱引天地剖判以來，五德轉移，治各有宜，而符應若兹。以爲儒者所謂中國者，於天下乃八十一分居其一分耳。中國名曰赤縣神州。赤縣神州内自有九州，禹之序九州是也，不得爲州數。中國外如赤縣神州者九，乃所謂九州也。於是有裨海環之，人民禽獸莫能相通者，如一區中者，乃爲一州。如此者九，乃有大瀛海環其外，天地之際焉。其術皆此類也。然要其歸，必止乎仁義節儉，君臣上下六親之施始也濫耳。王公大人初見其術，懼然顧化，其後不能行之，是以騶子重於齊。適梁，惠王郊迎，執賓主之禮。適趙，平原君側行撇席。如燕，昭王擁彗先驅，請列弟子之座而受業，築碣石宫，身親往師之。作主運。其游諸侯見尊禮如此，豈與仲尼菜色陳蔡，孟軻困於齊梁同乎哉！故武王以仁義伐紂而王，伯夷餓不食周粟。衛靈公問陳，而孔子不答。梁惠王謀欲攻趙，孟軻稱大王去邠。此豈有意阿世俗苟合而已哉！持方枘欲内圜鑿，其能入乎？或曰，伊尹負鼎而勉湯以王，百里奚飯牛車下而繆公用霸，作先合，然後引之大道。騶衍其言雖不軌，儻亦有牛鼎之意乎？

自鄒衍與齊之稷下先生，如淳于髡、慎到、環淵、接子、田駢、騶奭之徒，各著書言治亂之事，以干世主，豈可勝道哉！

荀卿，趙人。年五十始來游學於齊。騶衍之術迂大而閎辯，奭也文具難施，淳于髡久與處，時有得善言。故齊人頌曰："談天衍，雕龍奭，炙轂過髡。"田駢之屬皆已死。齊襄王時，而荀卿最爲老師。齊尚修列大夫之缺，而荀卿三爲祭酒焉。齊人或讒荀卿，荀卿乃適楚，而春申君以爲蘭陵令。春申君死而荀卿廢，因家蘭陵。李斯嘗爲弟子，已而相秦。荀卿嫉濁世之政，亡國亂君相屬，不遂大道而營於巫祝，信禨祥，鄙儒小拘，如莊周等又滑稽亂俗，於是推儒、墨、道德之行事興壞，序列著數萬言而卒。因葬蘭陵。

而趙亦有公孫龍，爲堅白同異之辯，劇子之言。魏有李悝，盡地力之教。楚有尸子、長盧，阿之吁子焉。自如孟子至于吁子，世多有其書，故不論其傳云。

蓋墨翟，宋之大夫，善守禦，爲節用。或曰並孔子時，或曰在其後。

（《史記》卷七四《孟子荀卿列傳》，《文翰類選大成》卷一五一《孟子列傳》）

五柳先生傳　陶潛

先生不知何許人，亦不詳其姓字。宅邊有五柳樹，因以爲號焉。閑靖少言，[1]不慕榮利。好讀書，不求甚解，每有意會，便欣然忘食。性嗜酒，家貧不能常得。親舊知其如此，或置酒而招之，造飲輒盡，期在必醉。既醉而退，曾不吝情去留。環堵蕭然，不蔽風日，短褐穿結，簞瓢屢空，晏如也。常著文章自娱，頗示己志。忘懷得失，以此自終。贊曰：

黔婁之妻有言：[2]"不戚戚於貧賤，不汲汲於富貴。"極其言，茲若人之儔乎？酣觴賦詩，以樂其志，無懷氏之民歟？葛天氏之民歟？

（《文翰類選大成》卷一五一《五柳先生傳》，《古今事文類聚》前集卷三二《五柳先生傳》，《陶淵明集箋注》卷六《五柳先生傳》）

負苓者傳[3]　王績

昔者，文中子講道於白牛之溪。弟子捧書北面，環堂成列。

講罷，程生退省於松下，[4]語及《周易》，薛收嘆曰："不及伏羲氏乎，何詞之多也！"俄而，有負苓者皤皤然倚擔而息曰："吾子何嘆也？"薛生曰："叟何爲而徵吾嘆？"負苓者曰："夫麗朱者丹，附墨者黑，蓋漸而得之也。今吾子所服者道而猶有嘆，是六府五藏不能無受也。吾是以問。"薛生曰："收聞之師，易者，道之藴也。伏羲畫卦而文王繫之，不逮省文矣，以爲文王病也，吾是以嘆。"負苓者曰："文王焉病！伏羲氏病甚者也。昔者，伏羲氏之未畫卦也，三才其不立乎？四序其不行乎？百物其不生乎？萬象其不森乎？何營營乎而費畫也。自伏羲氏泄道之密，漏神之幾，分張太和，磔裂元氣，使天下之智者詭道逆出，曰：'我善言《易》象而識物情。'陰陽相摩，遠近相取，作爲剛柔同異之説，以駭人志。於是知者不知而大樸散矣！則伏羲氏始兆亂者，安得羸嘆而嗟文王？"負其苓而行。追而問之居與姓名，不答。文中子聞之曰："隱者也。"

（《文苑英華》卷七九六《負苓者傳》，《唐文粹》卷九九《負苓者傳》，《文翰類選大成》卷一五一《負苓者傳》，《王績文集》卷五《負苓者傳》，《王無功文集》卷五《負苓者傳》）

毛穎傳　韓愈

毛穎者，中山人也。其先明視，佐禹治東方土，[5]養萬物有功，因封於卯地，死爲十二神。嘗曰："吾子孫神明之後，不可與物同，當吐而生。"已而果然。明視八世孫䨲，世傳當殷時居中山，得神仙之術，能匿光使物，竊姮娥，騎蟾蜍入月，其後代遂隱不仕。云居東郭者曰㕙，狡而善走，與韓盧爭能，盧不及。盧怒，與宋鵲謀而殺之，醢其家。

秦始皇時，蒙將軍恬南伐楚，次中山，將大獵以懼楚，召左右庶長與軍尉以《連山》筮之，[6]得天與人文之兆。筮者賀曰："今日之獲，不角不牙，衣褐之徒，缺口而長鬚，八竅而趺居，獨取其髦，簡牘是資。天下其同書，秦其遂兼諸侯乎！”遂獵，圍毛氏之族，拔其豪，載穎而歸，獻俘于章臺宮，聚其族而加束縛焉。秦皇帝使恬賜之湯沐，而封諸管城，號曰管城子，日見親寵任事。

穎爲人强記而便敏，自結繩之代以及秦事，無不纂録。陰陽、卜筮、占相、醫方、族氏、山經、地志、字書、圖畫、九流、百家天人之書，及至浮圖、老子、外國之説，皆所詳悉。又通於當代之務，官府簿書、市井貨錢注記，惟上所使。自秦皇帝及太子扶蘇、胡亥、丞相斯、中車府令高，下及國人，無不愛重。又善隨人意，正直、邪曲、巧拙，一隨其人。雖見廢棄，終默不泄。惟不喜武士，然見請亦時往。累拜中書令，[7]與上益狎，上嘗呼爲“中書君”。上親決事，以衡石自程，雖官人不得立左右，獨穎與執燭者常侍，上休方罷。穎與絳人陳玄、弘農陶泓及會稽褚先生友善，相推致，其出處必偕。上召穎，三人者不待詔，輒俱往，上未嘗怪焉。

後因進見，上將有任使，拂拭之，因免冠謝。上見其髮秃，又所摹畫不能稱上意，上嘻笑曰：“中書君老而秃，不任吾用。吾嘗謂君中書君，今不中書邪？”對曰：“臣所謂盡心者。”因不復召，歸封邑，終于管城。其子孫甚多，散處中國夷狄，皆冒管城。惟居中山者，能繼父祖業。

太史公曰：毛氏有兩族。其一姬姓，文王之子，封於毛，所謂魯、衛、毛、聃者也，戰國時有毛公、毛遂。獨中山之族不知其本所出，子孫最爲蕃昌。《春秋》之成，見絶於孔子，而非其罪。及蒙將軍拔中山之豪，始皇封諸管城，世遂有名，而姬姓之毛無聞。穎始以俘見，卒見任使，秦之滅諸侯，穎與有功，賞不酬勞，以老見疏，秦真少恩哉！

（《文苑英華》卷七九三《毛穎傳》，《唐文粹》卷九九《毛穎傳》，《古今事文類聚》别集卷一四《毛穎傳》，《文翰類選大成》卷一五一《毛穎傳》，《韓昌黎文集校注》卷八《毛穎傳》，《韓愈文集彙校箋注》卷二六《毛穎傳》）

圬者王承福傳　韓愈

圬之爲技，賤且勞者也。有業之其色若自得者，聽其言，約而盡。問之，王其姓，承福其名。世爲京兆長安農夫，天寶之亂，發人爲兵，持弓矢十三年，有官勳，棄之來歸，喪其土田，手鏝衣食，餘三十年。舍於市之主人，而歸其屋食之當焉。視時屋食之貴賤，而上下其圬之傭以償之，有餘，則以與道路之廢疾餓者焉。

又曰："粟，稼而生者也。若布與帛，必蠶績而後成者也。其他所以養生之具，皆待人力而後完也，吾皆賴之。然人不可遍爲，宜乎各致其能以相生也。故君者，理我所以生者也；[8]而百官者，承君之化者也。任有小大，惟其所能，若器皿焉。食焉而怠其事，必有天殃，故吾不敢一日捨鏝以嬉。夫鏝，易能可力焉，又誠有功，取其直，雖勞無愧，吾心安焉。夫力，易强而有功也，心，難强而有智也。用力者使於人，用心者使人，亦其宜也。吾特擇其易爲而無愧者取焉。嘻！吾操鏝以入貴富之家有年矣，有一至者焉，又往過之，則爲墟矣。有再至三至者焉，而往過之，則爲墟矣。問之其鄰，或曰：'噫！刑戮也。'或曰：'身既死，而其子孫不能有也。'或曰：'死而歸之官也。'吾以是觀之，非所謂食焉怠其事而得天殃者邪？非强心以智而不足，不擇其才之稱否而冒之者邪？非多行可愧，知其不可而强爲之者邪？將貴富難守，薄功而厚饗之者邪？抑豐悴有時，一去一來而不可常者邪？吾之心憫焉，是故擇其力之可能者行焉。樂富貴而悲貧賤，我豈異於人哉？"又曰："功大者，其所以自奉也博。妻與子，皆養於我者也。吾能薄而功小，不有之可也。又吾所謂勞力者，若立吾家而力不足，則心又勞也。一身而二任焉，雖聖者不可能也。"

愈始聞而惑之，又從而思之，蓋賢者也！蓋所謂獨善其身者也！然吾有譏焉，謂其自爲也過多，其爲人也過少，其學楊朱之道者邪？楊之道，[9]不肯拔我一毛而利天下，[10]而夫人以有家爲勞心，不肯一動其心以畜其妻子，其肯勞其心以爲人乎哉？雖然，其賢於世之患不得之而患失之者，以濟其生之欲、貪邪而亡道以喪其身者，其亦遠矣！又其言有可以警余者，故余爲之傳而自鑒焉。

（《文苑英華》卷七九三《圬者王承福傳》，《古今事文類聚》前集卷三六《圬者王承福傳》，①《文翰類選大成》卷一五一《圬者王承福傳》，《韓愈文集彙校箋注》卷二《杇者王承福傳》，《韓昌黎文集校注》卷一《圬者王承福傳》）

太學生何蕃傳② 韓愈

太學生何蕃入太學者廿餘年矣。歲舉進士，學成行尊，自太學諸生推頌不敢與蕃齒，相與言於助教、博士。助教、博士以狀申於司業、祭酒，司業、祭酒撰次蕃之群行焯焯者數十餘事，以之升於禮部而以聞於天子。京師諸生以薦蕃名文説者不可選紀，公卿大夫知蕃者比肩立，莫爲禮部。爲禮部者率蕃所不合者，以是無成功。

蕃，淮南人，父母具全。初入太學，歲率一歸，父母止之。其後間一二歲乃一歸，又止之。不歸者五歲矣。蕃，純孝人也，閔親之老，不自克，一日，揖諸生，歸養于和州。諸生不能止，乃閉蕃空舍中。於是太學六館之士百餘人，又以蕃之義行言於司業陽先生城，請諭留蕃。於是太學闕祭酒，會陽先生出道州，不果留。

歐陽詹生言曰："蕃，仁勇人也。"或者曰："蕃居太學，諸生不爲非義，葬死者之無歸，哀其孤而字焉，惠之大小必以力復，斯其所謂仁歟。蕃之力不任其體，其貌不任其心，吾不知其勇也。"歐陽詹生曰："朱泚之亂，太學諸生舉將從之，來請起蕃，蕃正色叱之，六館之士不從亂，兹非其勇歟？"

惜乎蕃之居下，其可以施於人者不流也。譬之水，其爲澤，不爲川乎？川者高，澤者卑，高者流，卑者止。是故蕃之仁義充諸心，行諸

① 《古今事文類聚》前集卷三六節選《圬者王承福傳》内容。

② 《文章類選・目録》著録標題中，無"太學生"三字。

太學,積者多,施者不遐也。天將雨,水氣上,無擇於川澤澗溪之高下,然則澤之道其亦有施乎?抑有待於彼者歟?故凡貧賤之士必有待然後能有所立,獨何蕃歟!吾是以言之,無亦使其無傳焉。

(《文翰類選大成》卷一五一《何蕃傳》,《文章正宗》卷二〇《何蕃傳》,《韓愈文集彙校箋注》卷四《何蕃傳》,《韓昌黎文集校注》卷二《太學生何蕃傳》)

江湖散人傳 陸龜蒙

散人者,散誕之人也。心散意散,形散神散,既無羈限,爲時之怪民。束於禮樂者之外,曰:“此散人也。”散人不知耻,從而稱之。人或笑之曰:“彼病子之散而目之,子反以爲其號,何也?”散人曰:“天地,大者也,在太虛中一物耳,勞乎覆載,勞乎運行。差之晷度,寒暑錯亂。望斯須之散,其可得耶?水土之散,稽有用乎?水之散爲雨爲露,爲霜雪。水之局爲瀦洳,爲黄爲污。[11]土之散,封之之可崇,冗之可深,生可以藝,死可以入。土之局,埴不可以爲埞,甓不可以爲盂。得非散能通變化,局不能耶?退若不散,守名之筌;進若不散,執時之權。筌可守耶?權可執邪?”遂爲《散歌》《散傳》以志其散。

(《文苑英華》卷七九六《江湖散人傳》,《唐文粹》卷九九《江湖散人傳》,《文翰類選大成》卷一五一《江湖散人傳》,《陸龜蒙全集校注》卷一六《江湖散人傳》)

童區寄傳 柳宗元

柳先生曰:越人少恩,生男女必貨視之。自毁齒已上,父兄鬻賣,以覬其利。不足,則盗取他室,束縛鉗梏之。至有鬚鬣者,力不勝,皆屈爲僮。當道相賊殺以爲俗。幸得壯大,則縛取幺弱者。漢官因爲已利,苟得僮,恣所爲不問,以是越中户口滋耗。少得自脱,惟童區寄以十一歲勝,斯亦奇矣。桂部從事杜周士爲余言之。

童寄者,柳州蕘牧兒也,行牧且蕘,二豪賊劫持反接,布囊其口,去逾四十里之虚所賣之。寄僞兒啼，恐慄爲兒恒狀。賊易之，對飲酒，醉。一人去爲市，一人卧，植刃道上。童微伺其睡，以縛背刃，力下上，得絶，因取刃殺之。逃未及遠，市者還，得僮大駭，將殺童，遽曰："爲兩郎僮，孰若爲一郎僮耶？彼不我恩也。郎誠見完與恩，無所不可。"市者良久計曰："與其殺是僮，孰若賣之？與其賣而分，孰若吾得專焉？幸而殺彼，甚善。"即藏其尸，持僮抵主人所，愈束縛牢甚。夜半，童自轉，以縛即爐火，燒絶之，雖瘡手勿憚，復取刃殺市者。[12]因大號，一虚皆驚。童曰："我區氏兒也，不當爲僮。賊二人得我，我幸皆殺之矣！願以聞於官。"

虚吏白州，州白大府，大府召視，兒幼愿耳。刺史顔証奇之，留爲小吏，不肯。與衣裳，吏護還之鄉。鄉之行劫縛者，側目莫敢過其門。皆曰："是兒少秦武陽二歲，而討殺二豪，豈可近耶！"

（《文苑英華》卷七九四《童區寄傳》，《柳宗元集校注》卷一七《童區寄傳》）

種樹郭橐駝傳　柳宗元

郭橐駝，不知始何名。病僂，隆然伏行，有類橐駝者，故鄉人號之"駝"。駝聞之曰："甚善，名我固當。"因捨其名，亦自謂"橐駝"云。其鄉曰豐樂鄉，在長安西。駝業種樹，凡長安豪富人爲觀游及賣果者，[13]皆争迎取養。視駝所種樹，或移徙無不活，且碩茂蚤實以蕃。他植者雖窺伺效慕，莫能如也。

有問之，對曰："橐駝非能使木壽且孳也，能順木之天，以致其性焉爾。凡植木之性，其本欲舒，其培欲平，其土欲故，其築欲密。既然已，勿動勿慮，去不復顧。其莳也若子，其置也若棄，則其天者全而其性得矣。故吾不害其長而已，非有能碩茂之也；不抑耗其實而已，非有能蚤而蕃之也。他植者則不然，根拳而土易，其培之也，若不過焉則不及。苟有能反是者，則又愛之太恩，[14]憂之太勤，旦視而暮撫，已去而復顧。甚者爪其膚以驗其生枯，摇其本以觀其疏密，而木之性日以離矣。雖曰愛之，其實害之；雖曰憂之，其實讎之。故不我若也。吾又何能爲哉?"問者曰："以子之道，移之官理，可乎?"駝曰："我知種樹而已，理非吾業也。然吾居鄉，見長人者好煩其令，若甚憐焉，而卒以禍。旦暮吏來而呼曰：'官命促爾耕，勖爾植，督爾穫，蚤繰而緒，[15]蚤織而縷，字而幼孩，遂而鷄豚。'鳴鼓而聚之，擊木而召之。吾小人輟飧饔以勞吏者，且不得暇，又何以蕃吾生而安吾性耶? 故病且怠。若是，則與吾業者其亦有類乎?"

問者嘻曰："不亦善夫！吾問養樹，得養人術。"傳其事以爲官戒也。

(《文苑英華》卷七九四《種樹郭橐駝傳》，《唐文粹》卷九九《郭橐駝傳》，《文翰類選大成》卷一五一《種樹郭橐駝傳》，《柳宗元集校注》卷一七《種樹郭橐駝傳》)

梓人傳　柳宗元

裴封叔之第在光德里，有梓人款其門，願傭隙宇而處焉。所職尋引、規矩、繩墨，家不居礱斫之器。問其能，曰："吾善度材，視棟宇之制，高深、圓方、短長之宜，吾指使而群工役焉。捨我，衆莫能就一宇。故食于官府，吾受禄三倍；作於私家，吾收其直太半焉。"他日，入其室，其牀闕足而不能理，曰："將求他工。"余甚笑之，謂其無能而貪禄嗜貨者。

其後，京兆尹將飾官署，余往過焉。委群材，會衆工，或執斧斤，或執刀鋸，皆環立嚮之。梓人左持引右執杖而中處焉。量棟宇之任，視木之能，舉揮其杖曰："斧。"彼執斧者奔而右。顧而指曰："鋸。"彼執鋸者趨而左。俄而斤者斫、刀者削，皆視其色、俟其言，莫敢自斷者。其不勝任者，怒而退之，亦莫敢愠焉。畫宫於堵，盈尺而曲盡其制，計其毫厘而構大廈，無進退焉。既成，書于上棟，曰："某年某月某日某建。"則其姓字也，凡執用之工不在列。余圜視大駭，然後知其術之工大矣。

繼而嘆曰："彼將捨其手藝，專其心智，而能知體要者歟！吾聞勞心者役人，勞力者役於人，彼其勞心者歟？能者用而智者謀，彼其智者歟？是足爲佐天子、相天下法矣，物莫近乎此也。彼爲天下者本於人。其執役者，爲徒隸，爲鄉師、里胥，其上爲下士，又其上爲中士、爲上士，又其上爲大夫、爲卿、爲公，離而爲六職，判而爲百役。外薄四海，有方伯、連率。郡有守，邑有宰，皆有佐政。其下有胥吏，又其下皆有嗇夫、版尹，以就役焉，猶衆工之各有執伎以食力也。彼佐天子相天下者，舉而加焉，指而使焉，條其綱紀而盈縮焉，齊其法制而整頓焉，猶梓人之有規矩、繩墨以定制也。擇天下之士使稱其職，居天下之人使安其業，視都知野，視野知國，視國知天下，其遠邇細大，可手據其圖而究焉，猶梓人畫宮於堵，而績于成也。能者進而由之，使無所德；不能者退而休之，亦莫敢慍。不衒能，不矜名，不親小勞，不侵衆宮，日與天下之英才討論其大經，猶梓人之善運衆工而不伐藝也，夫然後相道得而萬國理矣。相道既得，萬國既理，天下舉首而望曰："吾相之工也！"後之人循迹而慕曰："彼相之才也！"士或談殷、周之理者，曰伊、傅、周、召，其百執事之勤勞而不得紀焉，猶梓人自名其功而執用者不列也。大哉相乎！通是道者，所謂相而已矣。其不知體要者反此。以恪勤爲公，以簿書爲尊，衒能矜名，親小勞，侵衆官，竊取六職百役之事，听听於府庭，而遺其大者遠者焉，所謂不通是道者也。猶梓人而不知繩墨之曲直、規矩之方圓、尋引之短長，姑奪衆工之斧斤刀鋸以佐其藝，又不能備其工，以至敗績用而無所成也，不亦謬歟！

或曰："彼主爲室者，儻或發其私智，牽制梓人之慮，奪其世守而道謀是用，雖不能成功，豈其罪耶？亦在任之而已！"余曰不然。夫繩墨誠陳，規矩誠設，高者不可抑而下也，狹者不可張而廣也。由我則固，不由我則圮。彼將樂去固而就圮也，則卷其術、默其智，悠爾而去，不屈吾道，是誠良梓人耳！其或嗜其貨利，忍而不能捨也，喪其制量，屈而不能守也，棟橈屋壞，則曰"非我罪也"，可乎哉？可乎哉？

余謂梓人之道類於相，故書而藏之。梓人，蓋古之審曲面勢者，今謂之都料匠云。余所遇者，楊氏，潛其名。

（《文苑英華》卷七九四《梓人傳》，《唐文粹》卷九九《梓人傳》，《古今事文類聚》新集卷七《梓人傳》，《柳宗元集校注》卷一七《梓人傳》）

宋清傳　柳宗元

宋清，長安西部藥市人也，居善藥。有自山澤來者，必歸宋清氏，清優主之。長安醫工得清藥輔其方，輒易讎，咸譽清。疾病疕瘍者，亦皆樂就清求藥，冀速已。清皆樂然響應，雖不持錢者，皆與善藥，積券如山，未嘗詣取直。或不識，遥與券，清不爲辭。歲終，度不能報，輒焚券，終不復言。市人以其異，皆笑之曰："清，蚩妄人也。"或曰："清其有道者歟？"清聞之曰："清逐利以活妻子耳，非有道也，然謂我蚩妄者亦謬。"

清居藥四十年，所焚券者百數十人，或至大官，或連數州，受俸博，其餽遺清者，相屬於户。雖不能立報，而以賒死者千百，不害清之爲富也。清之取利遠，遠故大，豈若小市人哉？一不得直，則怫然怒，再則駡而仇耳。彼之爲利，不亦翦翦乎。吾見蚩之有在也。清誠以是得大利，又不爲妄，執其道不廢，卒以富，求者益衆，其應益廣。或斥棄沉廢，親與交，視之落然者，清不以怠。遇其人，必與善藥如故。一旦復柄用，益厚報清。其遠取利，皆類此。

吾觀今之交乎人者，炎而附，寒而棄，鮮有能類清之爲者。世之言，徒曰"市道交"。嗚呼！清，市人也，今之交有能望報如清之遠者乎？幸而庶幾，則天下之窮困廢辱得不死亡者衆矣。市道交豈可少耶？或曰："清，非市道人也。"柳先生曰："清居市不爲市之道，然而居朝廷、居官府、居庠塾鄉黨，以士大夫自名者，反争爲之不已，悲夫！然則清非獨異於市人也。"

（《文苑英華》卷七九四《宋清傳》，《古今事文類聚》前集卷三八《宋清傳》，《柳宗元集校注》卷一七《宋清傳》）

蝜蝂傳　柳宗元

蝜蝂者,善負小蟲也。行遇物,輒持取,卬其首負之。背愈重,雖困劇不止也。其背甚澀,物積因不散,卒躓仆不能起。人或憐之,爲去其負。苟能行,又持取如故。又好上高,極其力不已,至墜地死。

今世之嗜取者,遇貨不避,以厚其室,不知爲己累也,[16]唯恐其不積。及其怠而躓也,黜棄之,遷徙之,亦以病矣。[17]苟能起,又不艾。日思高其位,大其禄,而貪取滋甚,以近於危墜,觀前之死亡,不知戒。[18]雖其形魁然大者也,其名人也,而智則小蟲也,亦足哀夫!

(《文苑英華》卷三七四《蝜蝂傳》,《柳宗元集校注》卷一七《蝜蝂傳》)

六一居士傳　歐陽修

六一居士初謫滁山,自號醉翁。既老而衰且病,將退休於潁水之上,則又更號六一居士。

客有問曰:“六一,何謂也?”居士曰:“吾家藏書一萬卷,集録三代以來金石遺文一千卷,有琴一張,有棋一局,而常置酒一壺。”客曰:“是爲五一爾,奈何?”居士曰:“以吾一翁,老於此五物之間,是豈不爲六一乎?”客笑曰:“子欲逃名者乎? 而屢易其號,此莊生所誚畏影而走乎日中也。余將見子疾走大喘渴死,而名不得逃也。”居士曰:“吾固知名之不可逃,然亦知夫不必逃也。吾爲此名,聊以志吾之樂爾。”客曰:“其樂如何?”居士曰:“吾之樂可勝道哉! 方其得意於五物也,[19]太山在前而不見,疾雷破柱而不驚。雖響九奏於洞庭之野,閲大戰於涿鹿之原,未足喻其樂且適也。然常患不得極吾樂於其間者,世事之爲吾累者衆也。其大者有二焉,軒裳珪組勞吾形於外,憂患思慮勞吾心於内,使吾形不病而已悴,心未老而先衰,尚何暇於五物哉? 雖然,吾自乞其身於朝者三年矣。一日天子惻然哀之,賜其骸骨,使得與此五物偕返於田廬,庶幾償其夙願焉。此吾之所以志也。”客復笑曰："子知軒裳珪組之累其形，而不知五物之累其心乎？"居士曰："不然。累於彼者已勞矣，又多憂；累於此者既佚矣，幸無患。吾其何擇哉。"於是與客俱起，握手大笑曰："置之，區區不足較也。"

已而嘆曰："夫士少而仕，老而休，蓋有不待七十者矣。吾素慕之，宜去一也。吾嘗用於時矣，而訖無稱焉，宜去二也。壯猶如此，今既老且病矣，乃以難强之筋骸貪過分之榮禄，是將違其素志而自食其言，宜去三也。吾負三宜去，雖無五物，其去宜矣，復何道哉！"熙寧三年九月七日，六一居士自傳。

（《宋文鑑》卷一四九《六一居士傳》，《文翰類選大成》卷一五一《六一居士傳》，《歐陽修全集》卷四四《居士集四四・六一居士傳》）

圉人傳　司馬光

汧侯有馬，悍戾不可乘服，以爲無用，將棄之野。愛其疾足，募有能馴之者，禄以百金。有圉人叩門而告曰："臣能馴之。"汧侯使養馬數月，益調服，步驟緩急，折還左右，唯人所志。汧侯喜，賞以百金之禄，拜爲圉師。衆觸疾之，譖於汧侯，曰："馬今馴矣，彼何功而徒費侯百金？臣請代之。"侯逐圉人。居數月，馬復悍戾如故。侯乃召圉人而謝曰："子能使悍馬馴，子去而馬復悍，敢問何術也？"對曰："臣賤夫也。不知異術，而惟養馬之知。夫馬太肥則陸梁，太瘠則不能任重。策之急，則駭而難馴；緩則不肯盡力。善爲圉者，渴之飢之，飲之秣之，視其肥瘠而豐殺其菽粟。緩之以盡其材，急之以禁其逸，鞭策以警其怠，御控以馴其心，使之得其宜，適而不勞，亦不使有遺力焉。其術其法，得於心，應於手，己不能傳之於人，人亦不能從己傳也。如此，故馬之材在馬，馬之性在我，雖悍疾，何傷哉？"汧侯曰："善！"圉人曰："是術也，豈特養馬而已？抑治國亦猶是也。夫材智之士，治國者之悍馬也。捨之則不能以興功業，御之不以道，則不獲其利，而桀黠不可制。故明君者，能用材智之士，而以爵禄賞罰御之。是以爵太高則驕，禄太豐則墮，驕墮之臣，雖有智力，君不得而使也。制之急，則不得盡其能;制之緩,則不肯宣其用。不任恩渥,一驅之以威,則愁怨而離心。故明君者,節其爵禄,裁其緩急,恩澤足以結其心,威嚴足以服其志,則士生死貴賤之命,在於君矣。雖慓悍,何憂哉?”汧侯悦,位爲上卿,任以國政,用其術推而行之,汧國大治。

(《文翰類選大成》卷一五一《圉人傳》,《宋文選》卷五《圉人傳》,《司馬温公集編年箋注》卷六七《圉人傳》)

方山子傳　蘇軾

方山子,光、黄間隱人也。少時慕朱家、郭解爲人,閭里之俠皆宗之。稍壯,折節讀書,欲以此馳騁當世。然終不遇,晚乃遁於光、黄間,曰岐亭。庵居蔬食,不與世相聞。棄車馬,毁冠服,徒步往來山中,人莫識也。見其所著帽,方屋而高,[20]曰:“此豈古方山冠之遺像乎?”因謂之“方山子”。

余謫居於黄,過岐亭,適見焉,曰:“嗚呼!此吾故人陳慥季常也,何爲而在此?”方山子亦矍然,問余所以至此者。余告之故,俯而不答,仰而笑,呼余宿其家。環堵蕭然,而妻子奴婢皆有自得之意。余既聳然異之。

獨念方山子少時使酒好劍,用財如糞土。前十有九年,余在岐下,見方山子從兩騎,挾二矢,游西山。鵲起於前,使騎逐而射之,不獲。方山子怒馬獨出,一發得之。因與余馬上論用兵及古今成敗,自謂一世豪士,今幾日耳,精悍之色,猶見於眉間,而豈山中之人哉!

然方山子世有勳閥,當得官,使從事於其間,今已顯聞。而其家在洛陽,園宅壯麗與公侯等。河北有田,歲得帛千匹,亦足以富樂。皆棄不取,獨來窮山中,此豈無得而然哉。

余聞光、黄間多異人,往往陽狂垢污,不可得而見,方山子儻見之與?

(《宋文鑑》卷一五〇《方山子傳》,《蘇軾文集》卷一三《方山子傳》)

陳公弼傳 蘇軾

公諱希亮，字公弼，姓陳氏，眉之青神人。其先京兆人也，唐廣明中始遷於眉。曾祖延禄，祖瓊，父顯忠，皆不仕。

公幼孤，好學，年十六，將從師。其兄難之，使治息錢三十餘萬。公悉召取錢者，焚其券而去。學成，乃召其兄之子庸、諭使學，遂與俱中天聖八年進士第。里人表其閭曰“三雋坊”。

始爲長沙縣。浮屠有海印國師者，交通權貴人，肆爲奸利，人莫敢正視。公捕置諸法，一縣大聳。

去爲雩都。老吏曾腆侮法粥獄，以公少年易之。公視事之日，首得其重罪，腆扣頭出血，願自新。公戒而捨之。會公築縣學，腆以財助官，悉遣子弟入學，卒爲善吏，而子弟有登進士第者。巫覡歲斂民財祭鬼，謂之春齋，否則有火灾。民訛言有緋衣三老人行火，公禁之，民不敢犯，火亦不作。毁淫祠數百區，勒巫爲農者七十餘家。及罷去，父老送之出境，遣去不可，皆泣曰：“公捨我去，緋衣老人復出矣。”

以母老，乞歸蜀，得劍州臨津。以母憂去官，服除，爲開封府司録。福勝塔火，官欲更造，度用錢三萬萬。公言陝西方用兵，願以此餽軍，詔罷之。先趙元昊未反，青州民趙禹上書論事，且言元昊必反。宰相以禹爲狂言，徙建州，而元昊果反。禹自建州逃還京師，上書自理。宰相怒，下禹開封府獄。公言禹可賞，不可罪。與宰相争不已，上卒用公言。以禹爲徐州推官，且欲以公爲御史。會外戚沈氏子以奸盗殺人事下獄，未服。公一問得其情，驚仆立死，沈氏訴之。詔御史劾公及諸掾史。公曰：“殺此賊者，獨我耳。”遂自引罪坐廢。

期年，盗起京西，殺守令，富丞相薦公可用。起知房州。州素無兵備，民凛凛欲亡去。公以牢城卒雜山河户得數百人，日夜部勒，聲振山南。民恃以安，盗不敢入境。而殿侍雷甲以兵百餘人，逐盗至竹山，甲不能戢士，所至爲暴。或告有大盗入境且及門，公自勒兵阻水拒之。身居前行，命士持滿無得發。士皆植立如偶人，甲射之不動，乃下馬拜,請死,曰:“初不知公官軍也。”吏士請斬甲以徇。公不可,獨治爲暴者十餘人,勞其餘而遣之,使甲以捕盗自贖。

時劇賊黨軍子方張,轉運使使供奉官崔德贇捕之。德贇既失黨軍子,則以兵圍竹山民賊所嘗舍者曰向氏,殺其父子三人,梟首南陽市,曰:“此黨軍子也。”公察其冤,下德贇獄。未服,而黨軍子獲於商州。詔賜向氏帛,復其家,流德贇通州。

或言華陰人張元走夏州,爲元昊謀臣,詔徙其族百餘口於房,幾察出入,飢寒且死。公曰:“元事虚實不可知,使誠有之,爲國者終不顧家,徒堅其爲賊耳。此又皆其疏屬,無罪。”乃密以聞,詔釋之。老幼哭庭下,曰:“今當還故卿,然奈何去父母乎?”至今,張氏畫像祠焉。

代還,執政欲以爲大理少卿。公曰:“法吏守文非所願,願得一郡以自效。”乃以爲宿州。州跨汴爲橋,水與橋争,率常壞舟。公始作飛橋,無柱,至今沿汴皆飛橋。

移滑州。奏事殿上,仁宗皇帝勞之曰:“知卿疾惡,無懲沈氏子事。”未行,詔提舉河北便糴。都轉運使魏瓘劾奏公擅增損物價。已而瓘除龍圖閣學士、知開封府,公乞廷辯。既對,上直公,奪瓘職知越州。且欲用公。公言臣與轉運使不和,不得爲無罪。力請還滑。會河溢魚池埽,且决。公發禁兵捍之,廬於所當决。吏民涕泣更諫,公堅卧不動,水亦漸去。人比之王尊。是歲盗起宛句,[21]執濮州通判井淵。上以爲憂,問執政誰可用者?未及對。上曰:“吾得之矣。”乃以公爲曹州。不逾月,悉禽其黨。

淮南餓,安撫、轉運使皆言壽春守王正民不任職,正民坐免。詔公乘傳往代之。轉運使調里胥米而蠲其役,凡十三萬石,謂之折役米。米翔貴,民益飢。公至則除之,且表其事,旁郡皆得除。又言正民無罪,職事辦治。詔復以正民爲鄂州,徙知廬州。

虎翼軍士屯壽春者以謀反誅,而遷其餘不反者數百人於廬。士方自疑不安。一日,有竊入府舍將爲不利者。公笑曰:“此必醉耳!”貸而流之,盡以其餘給左右使令,且以守倉庫。人爲公懼,公益親信之。士皆指心，誓爲公死。

提點刑獄江東，又移河北，入爲開封府判官，改判三司户部勾院，又兼開拆司。滎州煮鹽凡十八井，歲久澹竭，而有司責課如初。民破産籍没者三百一十五家。公爲言，還其所籍，歲蠲三十餘萬斤。三司簿書不治，其滯留者，自天禧以來，朱帳六百有四。[22]明道以來，生事二百一十二萬。公日夜課吏，凡九月而去其三之二。

嘗接伴契丹使還，[23]自請補外。乃以爲京西轉運使。石塘河役兵叛，其首周元自稱周大王，震動汝洛間。公聞之，即日輕騎出按。吏請以兵從，公不許。賊見公輕出，意色閑和，不能測，則相與列訴道周。公徐問其所苦，命一老兵押之，曰："以是付葉縣，聽吾命。"既至，令曰："汝已自首，皆無罪。然必有首謀者。"衆不敢隱，乃斬元以徇，而流軍校一人，其餘悉遣赴役如初。

還京東轉運使。維州參軍王康赴官，道博平。大猾有號截道虎者，毆康及其女幾死，吏不敢問。博平隸河北。公移捕甚急，卒流之海島，而劾吏故縱，坐免者數人。山東群盜，爲之屏息。徐州守陳昭素以酷聞，民不堪命，他使者不敢按。公發其事，徐人至今德之。

移知鳳翔。倉粟支十二年，主者以腐敗爲憂。歲飢，公發十二萬石以貸。有司憂恐，公以身任之。是歲大熟，以新易陳，官民皆便之。于闐使者入朝，過秦州，經略使以客禮享之。使者驕甚，留月餘，壞傳舍什物無數，其徒入市掠飲食，人户晝閉。公聞之，謂其僚曰："吾嘗主契丹使，得其情，虜人初不敢暴横，皆譯者教之，吾痛繩以法。譯者懼，則虜不敢動矣，况此小國乎？"乃使教練使持符告譯者曰："入吾境有秋毫不如法，吾且斬。若取軍令狀以還。"使者亦素聞公威名，至則羅拜庭下，公命坐兩廊飲食之，護出諸境，無一人嘩者。始，州郡以酒相餉，例皆私有之，而法不可。公以遺游士之貧者，既而曰："此亦私也。"以家財償之。且上書自劾，求去不已。坐是分司西京。

未幾，致仕卒，享年六十四。仕至大常少卿，贈工部侍郎。娶程氏，子四人：忱，今爲度支郎中；恪，卒於滑州推官；恂，今爲大理寺丞；慥，未仕。公善著書，尤長於《易》，有集十卷，《制器尚象論》十二篇，《辨鈎隱圖》五十四篇。

爲人清勁寡欲。長不逾中人，面瘦黑。目光如冰，平生不假人以色，自王公貴人，皆嚴憚之。見義勇發，不計禍福，必極其志而後已。所至奸民猾吏，易心改行，不改者必誅，然實出於仁恕，故嚴而不殘。以教學養士爲急，輕財好施，篤於恩義。少與蜀人宋輔游，輔卒於京師，母老子少，公養其母終身，而以女妻其孤端平，使與諸子游學，卒與忱同登進士第。當蔭補子弟，輒先其族人，卒不及其子慥。

公於軾之先君子，爲丈人行。而軾官於鳳翔，實從公二年。方是時，年少氣盛，愚不更事，屢與公爭議，至形於言色，已而悔之。竊嘗以爲古之遺直，而恨其不甚用，無大功名，獨當時士大夫能言其所爲。公没十有四年，故人長老日以衰少，恐遂就湮没，欲私記其行事，而恨不能詳，得范景仁所爲公墓志，又以所聞見補之，爲公傳。軾平生不爲行狀墓碑，而獨爲此文，後有君子得以考覽焉。

贊曰：聞之諸公長者，陳公弼面目嚴冷，語言確訒，好面折人。士大夫相與燕游，聞公弼至，則語笑寡味，飲酒不樂，坐人稍稍引去。其天資如此。然所立有絶人者。諫大夫鄭昌有言“山有猛獸，藜藿爲之不採”。淮南王謀反，論公孫丞相若發蒙耳，所憚獨汲黯。使公弼端委立於朝，其威折衝於千里之外矣。

（《文章正宗》卷一一《陳公弼傳》，《蘇軾文集》卷一三《陳公弼傳》）

巢谷傳　蘇轍

巢谷，字元修，父中世，眉山農家也。少從士大夫讀書，老爲里校師，谷幼傳父學，雖樸而博，舉進士京師，見舉武藝者，心好之。谷素多力，遂棄其舊學，畜弓箭，習騎射，久之業成，而不中第。聞西邊多驍勇，騎射擊刺爲四方冠，去游秦鳳、涇原間，所至友其秀傑。

有韓存寶者，尤與之善，谷教之兵書，二人相與爲金石交。熙寧中，存寶爲河州將，有功，號“熙河名將”，朝廷稍奇之。會瀘州蠻兄弟擾邊,[24]諸郡不能制,乃命存寶出兵討之。存寶不習蠻事,邀谷至軍中問焉。及存寶得罪,將就逮,自料必死,謂谷曰:"我涇原武夫,死非所惜,顧妻子不免寒餓,橐中有銀數百兩,非君莫可使遺之者。"谷許諾,即變姓名,懷銀步行,往授其子,人無知者。存寶死,谷逃避江淮間,會赦乃出。

予以鄉閭,故幼而識之,知其志節,緩急可托者也。予之在朝,谷浮沉里中,未嘗一見。紹聖初,予以罪謫居筠州,自筠徙雷,自雷徙循,予兄子瞻亦自惠再徙昌化。士大夫皆諱與予兄弟游,平生親友,無復相聞者。谷獨慨然,自眉山誦言,欲徒步訪吾兄弟,聞者皆笑其狂。元符二年春正月,自梅州遺予書曰:"我萬里步行見公,不自意全,今至梅矣。不旬日必見,死無恨矣。"予驚喜曰:"此非今世人,古之人也!"既見,握手相泣,已而道平生,逾月不厭。時谷年七十有三矣,瘦瘠多病,非復昔日元修也。將復見子瞻於海南,予愍其老且病,止之曰:"君意則善,然自此至儋數千里,復當渡海,非老人事也。"谷曰:"我自視未即死也,公無止我!"留之不可,閱其橐中,無數千錢,予方乏困,亦强資遣之。船行至新會,有蠻隸竊其橐囊以逃,獲於新州,谷從之至新,遂病死。予聞哭之失聲,恨其不用吾言,然亦奇其不用吾言,而行其志也。

昔趙襄子厄於晋陽,知伯率韓、魏决水圍之,城不没者三板,縣釜而爨,易子而食,群臣皆懈,惟高恭不失人臣之禮。及襄子用張孟談計,三家之圍解,行賞群臣,以恭爲先。談曰:"晋陽之難,惟恭無功,曷爲先之?"襄子曰:"晋陽之難,群臣皆懈,惟恭不失人臣之禮,吾是以先之。"谷於朋友之義,實無愧高恭者,惜其不遇襄子,而前遇存寶,後遇予兄弟。予方雜居南夷,與之起居出入,蓋將終焉,雖知其賢,尚何以發之?聞谷有子蒙在涇原軍中,故爲作傳,異日以授之。谷始名穀,及見之循州,改今名云。

(《宋文鑑》卷一五〇《巢谷傳》,《文翰類選大成》卷一五一《巢谷傳》,《蘇轍集》卷二四《巢谷傳》)

李斯夢鼠傳　陳止齋

李斯見厠鼠食不潔，又犬數驚之，及見倉庫中鼠食粟，又不見驚，嘆曰："人猶鼠也，賢不肖自處耳。"斯既相秦後，爲趙高所譖。將刑，鼠見于夢，曰："臣固相國之溷人也。相國向哀臣，臣今哀相國矣。臣聞禄天下之美者，有利物之功者也，居天下之安者，有高天下之德者也。微功而饕美，不德而盜安者，必及禍。臣雖懵，向豈不知巢于呺然之倉，聚天下之粟其中，不抓不囓，拱得而坐食，充充焉而卧之好也，而不往者，懼禍也。夫不利人而蠹有用之積者，人刑之。無益於世而盜惡於不睹之地者，天刑之。故寧處垢以污近危以自懼，則取多而無尤，忌進而不貪，臣亦計之審矣。夫使天下之烏、鳶、鷃、雀甘不潔之虫豸糞壤，喙烏而數驚於弓繳，則人亦不得誇其肉矣。使天下之鰷、鱨、魦、鯉、鱣、鮪、魴、鱮安不潔之泥淖，遇芬芳之餌倏逝而不嗅，數驚於舟楫罔罟，則人不落其鱗而俎薦之矣。使天下之牛草囓而水飲，不潔其芻，不寢其無驚之牢，則不犧矣。使天下之馬亦草囓而水飲，不美其秣，不寢之無驚之厩，則蹄不雕，鬣不剪，鞭勒銜轡不及矣。夫勇而善搏者，虎也；摯而善擊者，鷹也。人貌而言者，猩猩也。虎不逐豚，鷹不攫雛，猩猩不嗜酒，則天下不能革虎之皮，脱鷹之瓜，血猩猩而染矣。故夫食於無虞之地者，物之械也，禄於不震之朝者，士之賊也。臣是以哀相國之不没也。夫秦，天下之呺然倉者也，三公之禄，聚天下之粟而奉之者也。相公助秦虜漢東諸侯，而剥民以益其富，則秦之倉，六國之寢室也，秦之粟，萬民之脂躰也。相公巢中焉，拱得而坐食久矣。而又誅扶蘇，殺蒙恬，戮群公子，咸陽之市爲之累，則天下之驚相公者削迹矣，臣懼相公之亡，無日矣。"斯寢甚惡矣，明日具五刑以死。君子曰：斯豈賢於鼠哉！

（《文翰類選大成》卷一五一《李斯夢鼠傳》）

李伯淵奇節傳　曹居一

居一北渡河，常欲作《李伯淵傳》。既少暇，且未詳其事，竊有待焉。

歲戊申，[①]夏，卧病相州，俄故人僧洞然過客舍，因語及嚮壬辰之變之後之事，[②]始悉伯淵誅崔立之所自，蓋惠安長老恩公有力焉。

初，京城荒殘，恩公徙居皇建院，一日莫夜，侍者入告曰："有戎衣腰金符者，醉墮馬門外，從者不能起，或致寇，吾得無累乎。"令視之，識者謂總帥李伯淵也。使扶詣方丈憩，俟其醒，語之曰："當此大喪亂，公何心嗜酒如是？生爲男子，與其徒沉溺於亂世，曷若立身後不朽之榮名哉？"伯淵矍然，若有契於衷者，見於色。黎明，乃召同志黄慖元帥者，相與拜恩而師焉。居無何，往詣恩，屏人而言曰："崔立狂竪，乘國家傾危，天子播越，輒敢叛亂乃爾，吾欲誅之久矣。師謂男子身後不朽之榮名，其在是耶？"恩拒不可，曰："爾何遽出此速禍語，殆非老僧所敢聞者？"伯淵泣且誓，恩察之誠也，乃握手嘆曰："吾情亦不能匿矣。公知老僧故不去此禍亂之地否？吾天地間一閑人，自相州遭遇宣宗，荷國厚恩二十餘年矣。圖報萬一，此何愛焉。在吾教中有《大報恩》七篇。是固當爲者，但患力微援寡，事不濟耳。今幸聞公舉非常之事，樹萬世之名，使老僧朝見而夕死無憾。"合爪加額曰："惟以必中爲公賀。"未幾，適驛使有相困者，伯淵因之入見崔立，紿曰："丞相避擾不出，則今日之事有不安者。"立欲出，心動乘墮，輒欲回。伯淵厲聲曰："我輩兵家子，偶墮馬，又何怪焉？"因强其行，至故英邸之西通衢中。忽有人突出抗言曰："屈事願丞相與我作主。"且呼且前，伍伯訶不止。直詣立馬首，挽其鞚。時伯淵驂右，即拔刃抱而刺之，洞貫至自中其左掌，與之俱墜馬。崔尚能語，曰："反爲賊，奴所先。"隨斃。伯淵暨黄慖等五人，實共其事。乃大呼曰："所誅者此逆賊耳！他人無與焉。"稍稍鼠竄蜂逝，帖如也。遂磔崔立之尸祭於承天門下，一軍哀號，聲動天地。翼日，奔宋，恩公在其行，時甲午秋七月也。[③]

---

① 戊申：元武宗至大元年(1308)。

② 壬辰：元世祖至元二十九年(1292)。

③ 甲午：元世祖至元三十一年(1294)。

嗚呼！金之亡也，以忠義聞者，不爲不多，至於表表獨見於後世者，得三人焉。壬辰正月，陽翟軍潰，奉御完顔陳和尚死戰陣，①其駡敵不屈似顔杲卿。癸巳正月，②京城不守，同判睦親府烏古孫孛吉死宗廟，[25]其守節自盡似北地王諶。甲午正月，蔡州陷，右丞完顔仲德死社稷，從殁者幾千人。彼敬翔之死國，田横之感士，有不足方者。太史公曰："非死之難，處死爲難。"蓋貴得其死所也。來歙遇害，光武賜策曰："憂國忘家，忠孝彰著。"此三人者有之。今夫伯淵不幸不得在三人之列，然可重者，身非出於素宦世禄，雖在軍伍中，[26]未嘗爲國家所知，况當易代革命之後，雖賁育之勇安所施，而一旦蔑視犍軀，手誅叛逆，號祭亡社，盡君臣之義，竟不墮寇讎，孤軍出奔，偉哉！後世視之，其亦三人之亞歟！

李姓，伯淵，名也，或云燕都寶坻縣人。餘不可考，姑載此奇節，以附野史之末云。

（《元文類》卷六九《李伯淵奇節傳》）

李節婦傳　揭傒斯

李節婦者，姓馮氏，名淑安，字静君，大名人，山東廉訪使時之孫，湖州録事汝弼之女，山陰令東平李如忠之繼室也。如忠初娶蒙古氏，生子任，數歲而卒。繼室以馮氏，生子仕，一歲而寡，有遺腹子，父没兩月乃生，名之曰伏。訃至東平，李及蒙古之族，相率至山陰，盡取其資及其子任以去。馮乃賣釵釧，質衣服，權厝二喪於山陰蕺山下，[27]獨携二子廬於墓。時年始二十二。唯布衣蔬食，羸形苦節，躬織紝爲女師以自給。居二十餘年，教二子皆成學，遂遷二喪，反葬汶上。邑人王毅以中書平章政事在告，爲親臨其喪而銘其墓。齊魯之人聞之，莫不嗟咨嘆息。有爲泣下者。李及蒙古之族，皆大愧悔，羞見馮母

① 陳和尚，即《元文類》卷六九所載"陳華善"。

② 癸巳：元世祖至元三十年（1293）。

子。馮視子任反出己子上。中書參知政事王士熙、侍御史馬祖常、禮部尚書孛术魯翀、翰林學士吴澂、集賢學士袁桷、奎章閣侍書學士虞集、國子司業李端、太常博士柳貫輩，争爲文章，盛夸道之。山東浙東群有司，交上其事於朝，請褒異焉。其子仕、伏，事母極孝，皆椽太府，有廉直聲而好學不倦。

史氏曰：李之初喪也，其族及其妻之屬，能扶其二喪，携其母子，返乎汝水之上而撫存之，其義孰加焉。乃不遠二千里而來，直利其財也，當時亦豈欲挾其數歲之子以去，惡其無名耳！以二族之人，生長鄒魯之邦，乃不如一寡婦人，哀哉！馮氏其亦早有家教乎。

(《元文類》卷六九《李節婦傳》,《文安集》卷一四《李節婦傳》)

【校勘記】

［1］靖：《文章類選》同《文翰類選大成》卷一五一，《古今事文類聚》前集卷三二作“静”。

［2］之妻：此二字原脱，據《陶淵明集箋注》卷六補。

［3］苓：《文苑英華》卷七九六、《王績文集》卷五均作“笭”。

［4］程生：《文章類選》同《文苑英華》卷七九六、《唐文粹》卷九九、《文翰類選大成》卷一五一，《王無功文集》卷五作“薛生”，《王績文集》卷五作“程生薛生”。

［5］治：《文章類選》同《唐文粹》卷九九、《古今事文類聚》别集卷一四、《文翰類選大成》卷一五一，《文苑英華》卷七九三作“理”。

［6］右：《文章類選》同《文翰類選大成》卷一五一，《文苑英華》卷七九三、《唐文粹》卷九九、《古今事文類聚》别集卷一四無此字。

［7］拜：《文章類選》同《唐文粹》卷九九、《古今事文類聚》别集卷一四、《文翰類選大成》卷一五一，《文苑英華》卷七九三作“遷”。

［8］生：《文章類選》同《文翰類選大成》卷一五一，《文苑英華》卷七九三作“出令”。

［9］楊：《文苑英華》卷七九三、《文翰類選大成》卷一五一作“楊朱”。

［10］毛：《文章類選》同《文翰類選大成》卷一五一，《文苑英華》卷七九三作“毫”。

［11］爲潴洳爲黄爲污：《文章類選》同《唐文粹》卷九九作“爲潴爲洳爲潢污”，《文苑英華》卷七九七、《文翰類選大成》卷一五一作“爲潴爲洳爲潦爲污”。

［12］市：《文苑英華》卷七九四作“是”。

［13］豪富人：《文章類選》同《文翰類選大成》卷一五一，《文苑英華》卷七九四、《唐文粹》卷九九作“豪家富人”。

[14] 恩:《文章類選》同《唐文粹》卷九九、《文翰類選大成》卷一五一,《文苑英華》卷七九四作“殷”。

[15] 緒:《文章類選》同《唐文粹》卷九九、《文翰類選大成》卷一五一,《文苑英華》卷七九四作“絲”。

[16] 不:《文苑英華》卷三七四作“亦”。

[17] 以:《文苑英華》卷三七四作“已”。

[18] 不:《文苑英華》卷三七四作“曾不”。

[19] 五:原作“吾”,據《宋文鑑》卷一四九、《歐陽修全集》卷四四改。

[20] 屋:《文章類選》同《蘇軾文集》卷一三,《宋文鑑》卷一五〇作“聳”。

[21] 宛:原作“死”,據《蘇軾文集》卷一三改。

[22] 朱:原作“末”,據《蘇軾文集》卷一三、《文章正宗續》卷一一改。

[23] 嘗:《文章正宗續》卷一一、《蘇軾文集》卷一三作“會”。

[24] 兄:《文章類選》同《文翰類選大成》卷一五一,《宋文鑑》卷一五〇、《蘇轍集》卷二四作“乞”。

[25] 烏古孫孛吉:《元文類》卷六九作“烏克遜伯奇”。

[26] 在:《元文類》卷六九作“有”。

[27] 厝:《文安集》卷一四、《元文類》卷六九作“立”。

文章類選卷之八

騷　類

離騷經　　屈原

帝高陽之苗裔兮，朕皇考曰伯庸。攝提貞于孟陬子侯。兮，惟庚寅吾以降。皇覽揆余于初度兮，肇錫余以嘉名。名余曰正則兮，字余曰靈均。紛吾既有此内美兮，又重之以修能。扈户。江蘺與辟芷兮，紉秋蘭以爲佩。汨于筆。余若將不及兮，恐年歲之不吾與。朝搴阰毗。之木蘭兮，夕攬洲之宿莽。日月忽其不淹兮，春與秋其代序。惟草木之零落兮，恐美人之遲暮。不撫壯而棄穢兮，何不改其此度也？乘騏驥以馳騁兮，來吾導夫先路。[1]

昔三后之純粹兮，固衆芳之所在。雜申椒與菌桂兮，豈維紉夫蕙茝，昌改。彼堯舜之耿古迥。介兮，既遵道而得路。何桀紂之昌披兮，[2]夫唯捷徑以窘求殯。步。惟黨人之偷樂兮，路幽昧以險隘。豈余身之憚殃兮，恐皇輿之敗績。忽奔走以先後兮，及前王之踵武。荃不察余之中情兮，[3]反信讒而齊怒。余固知謇謇之爲患兮，忍而不能舍也。指九天以爲正兮，夫唯靈修之故也。曰黄昏以爲期兮，[4]羌中道而改路。初既與余成言兮，後悔遁而有他。余既不難離别兮，傷靈修之數化。

余既滋蘭之九畹於遠。兮，又樹蕙之百畝。畦留夷夷。與揭車兮，[5]雜杜蘅與芳芷。冀枝葉之峻茂兮，願俟時乎吾將刈。雖萎絶其亦何傷兮，哀衆芳之蕪穢。

衆皆競進以貪婪力含。兮，憑不猒乎求索。羌内恕已以量人兮，各興心而嫉妒。忽馳騖以追逐兮，非余心之所急。老冉冉其將至兮，恐修名之不立。朝飲木蘭之墜露兮，夕餐秋菊之落英。苟余情其信姱苦瓜。以練要兮，長顑呼感。頷乎感。亦何傷。擥木根以結茝兮，貫薜荔之落蘂。矯菌桂以紉蕙兮，索胡繩之纚纚。謇吾法夫前修兮，非世俗之所服。雖不周於今之人兮，願依彭咸之遺則。

長太息以掩涕兮，哀民生之多艱。余雖好修姱苦瓜。以鞿君衣。羈兮，謇朝誶而夕替。既替余以蕙纕思羊。兮，又申之以攬茝。亦余心之所善兮，雖九死其猶未悔。怨靈修之浩蕩兮，終不察夫民心。衆女嫉余之蛾眉兮，謡諑丁角。謂余以善淫。固時俗之工巧兮，偭規矩而改錯。背繩墨以追曲兮，競周容以爲度。忳鬱悒余侘丑加。傺丑倒。兮，[6]吾獨窮困乎此時也。寧溘苦合。死以流亡兮，余不忍爲此態也。鷙鳥之不群兮，自前世而固然。何方圜之能周兮，夫孰異道而相安，屈心而抑志兮，忍尤而攘詬。呼候。伏清白以死直兮，固前聖之所厚。

悔相道之不察，延佇乎吾將反。回朕車以復路兮，及行迷之未遠。步余馬於蘭皋兮，馳椒丘且焉止息。進不入以離尤兮，退將復修吾初服。制芰荷以爲衣兮，集芙蓉以爲裳。不吾知其亦已兮，苟余情其信芳。高余冠之岌岌兮，長余佩之陸離。芳與澤其雜糅女又。兮，唯昭質其猶未虧。忽反顧以游目兮，將往觀乎四荒。佩繽紛其繁飾兮，芳菲菲其彌章。民生各有所樂兮，余獨好修以爲常。雖體解吾猶未變兮，豈余心之可懲。

女嬃須。之嬋媛兮，申申其詈予。曰鮌婞胡到。直以亡身兮，終然殀乎羽之野。汝何博謇而好修兮，紛獨有此姱節？薋兹。菉緑。葹失移。以盈室兮，判獨離而不服。衆不可户説兮，孰云察余之中情。世並舉而好朋兮，[7]夫何煢獨而不予聽。

依前聖之節中兮，喟憑心而歷兹。濟沅湘以南征兮，就重華而陳詞。啓《九辯》與《九歌》兮，夏康娱以自縱。不顧難以圖後兮，五子用失乎家巷。羿淫游以佚田兮，又好射夫封狐。固亂流其鮮終兮，浞仕角。又貪夫厥家。澆五吊。身被服强圉兮，縱欲而不忍。日康娱而自忘兮，厥首用夫顛隕。夏桀之常違兮，乃遂焉而逢殃。后辛之菹醢兮，殷宗用而不長。湯、禹嚴而祗敬兮，周論道而莫差。舉賢而授能兮，修繩墨而不頗。[8]皇天無私阿兮，覽民德焉錯七故。輔。夫維聖哲以茂行兮，苟得用此下土。瞻前而顧後兮，相觀民之計極。夫孰非義而可用兮，孰非善而可服？阽簷。余身而危死兮，覽余初其猶未悔。不量鑿而正枘而鋭。兮，固前修以菹醢。

曾歔許居。欷許毅。余鬱悒兮，哀朕時之不當。攬茹姑吕。蕙以掩涕兮，沾余襟之浪浪。平。跪敷衽以陳辭兮，耿吾既得此中正。駟玉虬以乘鷖鳥計。兮，溘苦合。埃風余上征。朝發軔刃。於蒼梧兮，夕余至乎縣圃。欲少留此靈璅先果。兮，[9]日忽忽其將暮。吾令羲和弭節兮，望崦於哀。嵫兹。而勿迫。路漫漫其修遠兮，吾將上下而求索。飲余馬於咸池兮，揔余轡乎扶桑。折若木以拂日兮，聊須臾以相羊。[10]前望舒使先驅兮，後飛廉使奔屬。鸞皇爲余先戒兮，雲師告余以未具。[11]吾令鳳皇飛騰兮，[12]又繼之以日夜。飄風屯其相離兮，帥雲霓而來御。音“遇”。紛總總其離合兮，班陸離其上下。吾令帝閽開關兮，倚閶闔而望予。時暧暧其將罷兮，結幽蘭而延佇。世溷濁而不分兮，好蔽美而嫉妒。

朝吾將濟於白水兮，登閬力宕。風而緤息列。馬。忽反顧以流涕兮，哀高丘之無女。溘吾游此春宫兮，折瓊枝以繼佩。及榮華之未落兮，相下女之可貽。[13]吾令豐隆乘雲兮，求虙妃之所在。[14]解佩纕相。以結言兮，吾令蹇修以爲理。紛總總其離合兮，忽緯繣呼陌。其難遷。夕歸次於窮石兮，朝濯髮乎洧于鬼。槃。保厥美以驕傲兮，日康娱以淫游。雖信美而無禮兮，來違棄而改求。覽相觀於四極兮，周流乎天余乃下。望瑶臺之偃蹇兮，見有娀嵩。之佚逸。女。吾令鴆爲媒兮，鴆告余以不好。雄鳩之鳴逝兮，余猶惡其佻他凋。巧。心猶豫而狐疑兮，欲自適而不可。鳳皇既受詒異眉。兮，恐高辛之先我。欲遠集而無所止兮，聊浮游以逍遥。及少康之未家兮，留有虞之二姚。理弱而媒拙兮，恐導言之不固。世溷濁而嫉賢兮，好蔽美而稱惡。閨中既以邃遠兮，哲王又不寤。懷朕情而不發兮，余焉能忍與此終古。

索所革。瓊茅以筳廷。篿專。兮，命靈氛爲余占之。曰：兩美其必合兮，孰信修而慕之？思九州之博大兮，豈唯是其有女。曰：勉遠逝而無狐疑兮，孰求美而釋女？何所獨無芳草兮，爾何懷乎故宇？世幽昧以眩曜兮，孰云察余之美惡。民好惡烏故。其不同兮，惟此黨人其獨異！户服艾以盈要平。兮，謂幽蘭其不可佩。覽察草木其猶未得兮，豈珵池貞。美之能當？蘇糞壤以充幃暉。兮，謂申椒其不芳。欲從靈氛之吉占兮，心猶豫而狐疑。

巫咸將夕降兮，懷椒糈所。而要之。百神翳其備降兮，九疑繽其並迎。皇剡剡琰。其揚靈兮，告余以吉故。曰：勉升降以上下兮，求矩矱紆綽。之所同。湯、禹儼而求合兮，摯咎繇而能調。[15]苟中情其好修兮，何必用夫行媒。説操築於傅巖兮，武丁用而不疑。吕望之鼓刀兮，遭周文而得舉。寧戚之謳歌兮，齊桓聞以該輔。及年歲之未晏兮，時亦猶其未央。恐鶗第。鴂桂。之先鳴兮，使百草爲之不芳。何瓊珮之偃蹇兮，衆薆愛。然而蔽之。惟此黨人之不亮兮，[16]恐嫉妒而折之。時繽紛其變易兮，又何可以淹留。蘭芷變而不芳兮，荃蕙化而爲茅。何昔日之芳草兮，今直爲此蕭艾也。豈其有他故兮，莫好修之害也。余以蘭爲可恃兮，羌無實而容長。委厥美以從俗兮，苟得引乎衆芳。[17]椒專佞以慢謟吐刀。兮，樧殺。又欲充其佩幃。音"惲"。既干進而務入兮，又何芳之能祇？固時俗之從流兮，又孰能無變化？覽椒蘭其若兹兮，又況揭車與江蘺。

惟兹佩之可貴兮，委厥而歷兹。芳菲菲而難虧兮，芬至今猶未沬。亡具。和調度以自娱兮，聊浮游而求女。及余飾之方壯兮，周流觀乎上下。

靈氛既告余以吉占兮，歷吉日乎吾將行。折瓊枝以爲羞兮，精瓊靡音"糜"。以爲粻。音"張"。爲余駕飛龍兮，雜瑶象以爲車。何離心之可同兮？吾將遠逝以自疏。邅吾道夫崑崙兮，路修遠以周流。揚志雲霓之晻藹兮，鳴玉鸞之啾啾。朝發軔於天津兮，夕余至乎西極。鳳皇翼其承旂兮，高翱翔之翼翼。忽吾行此流沙兮，遵赤水而容與。麾蛟龍使梁津兮，詔西皇使涉予。路修遠以多艱兮，騰衆車使徑待。路不周以左轉兮，指西海以爲期。屯余車其千乘兮，齊玉軑大。而並馳。駕八龍之婉婉於阮。兮，載雲旗之委移。抑志而弭節兮，神高馳之邈邈。奏《九歌》而舞《韶》兮，聊假日以婾樂。陟升皇之赫戲平。兮，忽臨睨五計。夫舊鄉。僕夫悲余馬懷兮，蜷奇員。局顧而不行。

亂曰："已矣哉！國無人莫我知兮，又何懷乎故都！既莫足與爲美政兮，吾將從彭咸之所居！"

（《文選》卷三二《離騷經》，《文翰類選大成》卷一〇二《離騷經》，《楚辭補注》卷一《離騷》，《楚辭集注》卷一《離騷經第一》，《屈原集校注・離騷》）

九章　屈平

余幼好此奇服兮，年既老而不衰。帶長鋏頰。之陸離兮，冠切雲之崔巍。五回反。被明月兮佩寶璐。世溷胡困。濁而莫余知兮，吾方高馳而不顧。駕青虬兮驂白螭，吾與重華游兮瑶之圃。登崑崙兮食玉英，與天地兮比壽，與日月兮齊光。

哀南夷之莫吾知兮，旦余濟乎江湘。乘鄂五各。渚而反顧兮，欸哀。秋冬之緒風。步余馬兮山皋，低余車兮方林。[18]乘舲音"零"。船余上沅兮，齊吴榜普孟切。以擊汰。音"太"。船容與而不進兮，淹回水而疑滯。朝發枉渚兮，夕宿辰陽。苟余其端直兮，雖僻遠之何傷。

入溆浦余儃佪兮，迷不知吾之所如。深林杳以冥冥兮，乃猿狖余救。之所居。山峻高以蔽日兮，下幽晦以多雨。霰雪紛其無垠音"銀"。兮，雲霏霏而承宇。哀吾生之無樂兮，幽獨處乎山中。吾不能變心而從俗兮，固將愁苦而終窮。

接輿髡坤。首兮，桑扈臝力果。行。忠不必用兮，賢不必以。伍子逢殃兮，比干菹莊居。醢。呼改反。與前世而皆然兮，吾又何怨乎今之人！余將董道而不豫兮，固將重昏而終身！

右《涉江》。

（《文選》卷三三《九章》，《文翰類選大成》卷一〇二《涉江》，《楚辭補注》卷四《九章·涉江》，《楚辭集注》卷四《九章第四·涉江》，《屈原集校注·九章·涉江》）

卜居　屈平

屈原既放三年，不得復見。竭智盡忠，蔽鄣於讒，心煩意亂，[19]不知所從，乃往見太卜鄭詹尹，曰："余有所疑，願因先生決之。"詹尹乃端策拂龜，曰："君將何以教之？"

屈原曰："吾寧悃悃苦本。款款，樸以忠乎？將送往勞去。來，斯無窮乎？寧誅鉏草茅，以力耕乎？將游大人，以成名乎？寧正言不諱，以危身乎？將從俗富貴，以媮俞。生乎？寧超然高舉，以保真乎？將哫足。訾資。慄栗。斯，喔握。咿伊。嚅唲，以事婦人乎？寧廉潔正直，以自清乎？將突土忽。梯滑骨。稽，如脂如韋，以潔苦結。楹乎？寧昂昂若千里之駒乎？將氾氾若水中之鳧乎？與波上下，偷以全吾軀乎？寧與騏驥抗軛乎，將隨駑馬之迹乎？寧與黄鵠比翼乎？將與鷄鶩争食乎？此孰吉孰凶？何去何從？世溷胡困。濁而不清，蟬翼爲重，千鈞爲輕。黄鍾毁棄，瓦釜雷鳴。讒人高張，賢士無名。吁嗟嘿嘿兮，[20]誰知吾之廉貞！"

詹尹乃釋策而謝，曰："夫尺有所短，寸有所長。物有所不足，智有所不明。數有所不逮，神有所不通。用君之心，行君之意。龜策誠不能知此事。"

（《文選》卷三三《卜居》，《古今事文類聚》别集卷二一《卜居》，《文翰類選大成》卷一〇二《卜居》，《楚辭補注》卷六《卜居》，《楚辭集注》卷五《卜居第六》，《屈原集校注·卜居》）

漁父　屈平

屈原既放，游於江潭，行吟澤畔，顔色憔悴，形容枯槁。考。漁父見而問之曰："子非三閭大夫與？[21]何故至於斯？"屈原曰："舉世皆濁我獨清，衆人皆醉我獨醒，是以見放。"漁父曰："聖人不凝滯於物，而能與世推移。世人皆濁，何不淈其泥而揚其波？衆人皆醉，何不餔其糟而啜其醨？何故深思高舉，自令放爲？"屈原曰："吾聞之，新沐者必彈冠，新浴者必振衣。安能以身之察察，受物之汶汶者乎！寧赴湘流，葬於江魚之腹中，安能以皓皓之白，而蒙世俗之塵埃乎？"漁父莞爾而笑，鼓枻而去，乃歌曰："滄浪之水清兮，可以濯吾纓；滄浪之水濁兮，可以濯吾足。"遂去，不復與言。

（《文選》卷三三《漁父》，《古今事文類聚》前集卷一七《漁父》，《文翰類選大成》卷九五《漁父辭》，《楚辭補注》卷七《漁父》，《楚辭集注》卷五《漁父第七》，《屈原集校·漁父》）

九辯五首　宋玉

悲哉秋之爲氣也！蕭瑟兮草木摇落而變衰。憭了。慄栗。兮若在遠行，登山臨水兮送將歸。泬血寥兮天高而氣清，寂漻聊。兮收潦老。而水清，憯千坎。悽增欷虛穀。兮薄寒之中人，愴怳懭曰廣。悢朗。兮去故而就新，坎壈力敢。兮貧士失職而志不平，廓落兮羇旅而無友生。惆悵兮而私自憐。燕翩翩其辭歸兮，蟬寂寞而無聲。雁廱廱邕。而南游兮，鵾鷄啁竹交。哳陟轄。而悲鳴。獨申旦而不寐兮，哀蟋蟀之宵征。時亹亹尾。而過中兮，蹇淹留而無成。

悲憂窮蹙子六。兮獨處廓，有美一人兮心不繹。去鄉離家兮來遠客，超逍遥兮今焉薄？專思君兮不可化，君不知兮可奈何！蓄怨兮積思，心煩憺徒濫。兮忘食事。願一見兮道余意，君之心兮與余異。車駕兮朅綺列。而歸，不得見兮心悲。倚結軨零。兮太息，涕潺湲兮沾軾。慷慨絶兮不得，中瞀莫構。亂兮迷惑。私自憐兮何極，心怦怦兮諒直。

皇天平分四時兮，竊獨悲此凜秋。白露既下降百草兮，奄離披此梧楸。去白日之昭昭兮，襲長夜之悠悠。離芳藹之方壯兮，余委約而悲愁。秋既先戒以白露兮，冬又申之以嚴霜。[22]收恢臺之孟夏兮，[23]然坎傺敕例。而沈藏。[24]棄菸於。邑而無色兮，枝煩挐而交横，顔淫溢而將罷兮，柯仿撫罔。佛撫貴。而委黄。萷朔。櫹槮森。之可哀兮，形銷鑠而瘀夾預。傷。惟其紛糅女又。而將落兮，恨其失時而無當。覽騑轡而下節兮，聊逍遥以相羊。歲忽忽而遒盡兮，恐余壽之弗將。悼余生之不時兮，逢此世之俇丘王。攘。如羊。澹徒敢。容與而獨倚兮，蟋蟀鳴此西堂。心怵惕而震蕩兮，何所憂之多方！仰明月而太息兮，步列星而極明。

竊悲夫蕙華之曾敷兮，紛旖倚，旎女綺反。乎都房。何曾華之無實兮，從風雨而飛揚？以爲君獨服此蕙兮，嗟無以異於衆芳。[25]閔奇思之不通兮，將去君而高翔。心閔憐之慘凄兮，願一見而有明。重無怨而生離兮，中結軫而增傷。豈不鬱陶而思君兮，君之門以九重。猛犬狺狺銀。而迎吠扶廢。兮，關梁閉而不通。皇天淫溢而秋霖兮，后土何時兮得乾。塊獨守此無澤兮，仰浮雲而永嘆。

何時俗之工巧兮，背繩墨而改錯。七故反。却騏驥而不乘兮，策駑駘徒哀。而取路。當世豈無騏驥兮？誠莫之能善御。見執轡者非其人兮，故駒跳條。而遠去。鳧雁皆唼所甲反。夫梁藻兮，鳳愈飄翔而高舉。圜員。鑿而方枘汭。兮，吾固知其鉏狀舉。鋙語。而難入。衆鳥皆有所登栖兮，鳳獨遑遑而無所集。願銜枚而無言兮，常被君之渥洽。太公九十乃顯榮兮，誠未遇其匹合。謂騏驥兮安歸？謂鳳皇兮安栖？變古易俗兮世衰，今之相者兮舉肥。騏驥伏匿而不見兮，鳳皇高飛而不下。鳥獸猶知懷德兮，何云賢士之不處？驥不驟進而求服兮，鳳亦不貪餵於爲。而妄食。君棄遠而不察兮，雖願忠其焉得？欲寂寞而絶端兮，竊不敢忘初之厚德。獨悲愁其傷人兮，馮鬱鬱其何極。

（《文選》卷三三《九辯》，《文翰類選大成》卷一〇二《九辯》，《楚辭補注》卷八《九辯》，《楚辭集注》卷六《九辯第八》）

秋氣摇落　梁孝元皇帝

秋風起兮寒雁歸，寒蟬鳴兮秋草腓。萍清兮水澈，葉落兮林稀。翠爲蓋兮玳爲席，蘭爲室兮金作扉。水周兮曲堂，花交兮洞房。樹參差兮稍密，紫荷紛披一作"□"。兮疏且黄。雙飛兮翡翠，並泳一作"戲"。兮鴛鴦。神女雲兮初度雨，班妾扇兮始藏光。且淹留兮日云暮，對華燭兮歡未央。

（《文苑英華》卷三五八《秋氣摇落》，《文翰類選大成》卷一〇二《秋氣摇落》）

五悲文並序　盧照鄰

自古爲文者，多以九、七爲題目。乃有《九歌》《九辨》《九章》《七發》《七啓》，其流不一。余以爲天有五星，地有五岳，人有五章，一作"常"。禮有五禮，樂有五聲，五者，亦天地之數。今造《五悲》，以申萬物之情，傳之好事耳。

悲才難

一悲曰：恭聞古之君子兮，將遠適乎百蠻。何故違父母之中國，[26]從禽獸於末班？將矯詞兮不往？將背俗兮不還？寧曲成而薄喪，不直敗以厚顔？彼聖人兮猶若此，况不肖與中間！

古往今來，邈矣悠哉！嵇生玉折，顔子蘭摧。人兮代兮俱盡，代兮人兮共哀。至如左丘失明，冉耕有疾，《兵法》作而猶臏，《史記》修而下室。高明者鬼瞰其門，正直者人怨其筆，雖爲鏡於前代，終抱痛於今日。别有漢陽計掾，郃國臺卿，抗希代之奇節，負超時之令名。坎壈九死，離披再生。伊才智之爲患，故賢哲之所嬰。若乃賈長沙之數奇，崔亭伯之不偶。思欲削魯史之高行，鉗楊墨之辯口。爲書爲禮，驅季俗於三古之前；垂譽垂聲，正頹綱於百王之後。天子聞之而欲用，群公畏之而莫取。徒窘蠢於泥沙，竟龍鐘於塵垢。

異乎！稽之古人則如彼，考之今代又如此。近有魏郡王君曰方，華陰楊氏曰亨，咸能博達奇偉，覃思研精，徵孔門之禮樂，[27]吞鬼谷之縱横。岳秀泉澄，如川如陵。高談則龍騰豹變，下筆則烟飛霧凝。王則官終於郡吏，楊則官止於邑丞。何異夫操太阿以烹小鮮，飛夜光而彈伏翼？灼金龜兮訪兆，邀玉騏兮騁力。雖勞形而竭思，吾固知其不得。

余之昆兮曰杲之，余之季兮曰昂之。杲也，杲杲兮，如三足之烏。昂也，昂昂焉，如千里之駒。杲之爲人也，風流儒雅，爲一代之和玉。昂之爲人也，文章卓犖，爲四海之隋珠。並蘭馨兮桂郁，俱龍駒兮鳳鶵。生於戰國，則管、樂之器；長於闕里，則游、夏之徒。徒以方圓異用，遭遇殊時，故才高而位下，咸默默以遲遲。青青子襟兮時向晚，黄黄我綬兮鬢如絲。昆兮何責？坐乾封兮老矣。季兮何負？横武陵而棄之。舉天下兮稱屈，何暗室之足欺？爲小人之所笑，爲通賢之所悲。童子尚知其不可，矧衡鏡與蓍龜？

故曰至道之精，窅窅冥冥；至道之極，昏昏默默。焚符破壐而人樸鄙，剖斗折衡而人不争，捩《莊子》作"儷"。工倕之指而天下始巧，膠離朱之目而天下始明。然後除其矯黠之患，安其性命之精。太平之代，萬物肫肫，凡聖吻合，賢愚淆昏。公卿不接友，長吏不迎尊。當成康勿用，何暇談其兵甲？典謨既作，焉得耀其書論？雖有晏嬰、子産，將頓伏於閭巷；雖有冉求、季路，且耕牧於田園。彼尋常之才子，又焉可以勝言？命鸞鳳兮逐雀，驅龍驥兮捕鼠。使掌事者校其功兮，孰能與狸焦而齊舉？金爲舟兮瑇瑁楫，不可以涉丘陵些；珠爲衣兮翡翠裳，不可以混樵蒸些。何器用之乖剌，悼斯人之勤奓？一作"些"。倚長巖以爲枕兮，吸流光以高卧。見城市以盈虚，若蚊虻之相過。當其時也，巢、由滿野，不知稷、禼之尊；[28]周、召盈朝，莫救夷、齊之餓。

若夫管仲不遇齊桓，則城陽之贅婿；太公不遭姬伯，亦棘津之漁夫。一仁一義，柴也來兮由也醢；一忠一孝，微子去兮箕子奴。聖人百慮而一致，君子同歸而殊塗。推既焚兮胥既溺，桀亦放兮文亦拘。笙簧六籍，則秦俗有坑儒之痛；黼藻百行，則漢家有黨錮之誅。鄴都傾覆，飛禍纏於高鼻；洛陽板蕩，横死坐其無鬚。喔咿嘌嘶，口含天憲，睚眦蠆分，尸僵路隅。變化與屈伸交逐，窮達與存亡並驅。因其所有而有之，則萬物無不有。就其所無而無之，則萬物無不無。有竅而生，寧唯混沌？無用而飽，何獨侏儒？是以蘧伯玉卷兮長卷，寧武子愚兮更愚。

庭有樹兮樹有荆，園有鳥兮鳥有鴒。鴒其鳴矣，思諸兄矣。荆其悴矣，思諸季矣。巖有芳桂，隰有棠棣。枝巃嵸兮相樛，葉翩翻兮相翳。天之生我，胡寧不惠？何始吉兮初征，悲終凶於未濟。

悲窮道

二悲曰：流泪公子，傷心久之，歷萬古以抽恨，横八荒而選悲。有幽巖之卧客，兀中林而坐思，形枯槁以崎嶬，足聯踡以緇厘。悄悄兮忽愴，眇眇兮惆悵。超遥兮獨蹇，淹留兮空谷。天片片而雲愁，山幽幽而谷哭。露垂泣於幽草，風含悲於拱木。徒觀其頂集飛塵，尻埋積雪，骸骨半死，血氣中絶，四支萎隨，五管欹缺。皮襞積而千皺，衣聯褰而百結。毛落鬢秃，無叔子之明眉；唇亡齒寒，有張儀之羞舌。仰而視睛，翳其若夢；俯而動身，羸而欲折。神若存而若亡，心不生而不滅。其所居也不爨，其所狎也非人。古樹爲伴，朝霞作鄰。下陰森以多晦，[29]傍恍惚兮無垠，松門草合，石路苔新。

公子方撫其背兮曳其裾曰：子非有唐之文士歟？燕地之高門歟？昔也子之少，則玉樹金枝，及其長，則龍章鳳姿，立身則淹中不足言其禮，揮翰則江左莫敢論其詩。每兢兢於暗室，恒詡詡於明時。常謂五府交辟，三臺共推。朝紆會稽之綬，夕獻《長楊》之詞。痛私門之禍速，惜公車之詔遲。豈期晦明乖序，寒燠愆度，鱗傷羽折，筋攣肉蠹。離披於丹澗之隅，觳觫於藪山之路。已焉哉！已焉哉！崑山玉石忽摧頹；事去矣！事去矣！古今賢聖悲何已？

天道如何？自古相嗟。項羽帳中之飲，荆卿易水之歌，何壯夫之懦節？伊兒女之情多。惜如蘇武生還，温序死節，王陵之母伏劍，杞梁之妻泣血，事蓋迫於功名，情有兼於貞烈。若關羽漢陰，田横海島，孤城已迫，疲兵向老。[30]離離碣石之鴻，羃羃江潭之草。回首永訣，吞聲何道。及夫獻帝偷生，懷王客死。哀西都之城闕，憶南荆之朝市。鳳皇樓上隴山雲，鸚鵡洲前吴江水。一離一别兮，漢家宫掖似神仙；獨坐獨愁兮，楚國容華競桃李。别有士安多疾，顔奇不起。馬援因於壺頭，冉耕悲於牖裏。

平生書劍，宿昔琴樽。研精殫於玉册，博思浹於銅渾。思欲爲龜爲鏡，立德立言。成天下之亹亹，定古今之喧喧。[31]一朝溘卧，萬事寧論。君徒見丘中之鐃朽骨，豈知陌上之有游魂。假使百年兮上壽，又何足以存存！

悲昔游[32]

三悲曰：奇峰合沓半隱天，緑蘿蒙籠水潺湲。因嵌巖以爲室，就芬芳以列筵。川谷縈回兮迷徑路，山嶂重復兮無人烟。當谽谺之洞壑，[33]臨決咽之奔泉。中有幽憂之子，長寂寞以思禪。暮色躋躋，朝思綿綿。[34]形半生而半死，氣一絶而一連。自言少一游宦，[35]來從北燕，淮南芳桂之嶺，峴北明珠之川，東魯則過仲尼之故宅，西蜀則耕武侯之薄田。舊鄉舊國白雲邊，飛雪飛蓬暗遠天。暫辭薊門千萬里，少别昭丘三十年。昔時人物都應謝，聞道城隍復可憐。忽憶揚州揚子津，遥思蜀道蜀橋人。鴛鴦渚兮羅綺月，茱萸灣兮楊柳春。烟波淼淼帶平沙，門棧連延狹復斜。山頭交讓之木，浦口同心之花。嚴君平之卜肆，戴安道之貧家。月犯少微，吊吴中之隱士；星干織女，乘海上之仙槎。

長安綺城十二重，金作鳳皇銅作龍。蕩蕩千門如錦綉，巖巖雙闕似芙蓉。題字於扶風之柱，繫馬於驪山之松。灞池則金人列岸，太華則玉女臨峰。平明共戲東陵陌，薄暮遥聞北闕鐘。洛陽大道何紛紛？榮光休氣曉氛氲。交衢近接東西署，複道遥通南北軍。漢帝能拜嵩丘石，陳王巧賦洛川雲。河水河橋木蘭棹，金閨金谷石榴裙。曾入西城看歌舞，也出東郊送使君。

一朝憔悴無氣力，曝骸委骨龍門側。當時相重若鴻鍾，今日相輕比蟬翼。驅代情兮共此，何余哀之能得？使我孤猿哀怨，獨鶴驚鳴，蘿月寡色，風泉罷聲。嗟昊天之不吊，悲后土之無情。松架森沉兮户内掩，石樓摧折兮柱將傾。竊不敢當雨露之恩惠，長痛恨於此生。

悲今日

四悲曰：傾蓋若舊，白頭如新，嘗爲疑作"謂"。談過其實，辨而非真。自高枕箕穎，長揖交親，以蕙蘭爲九族，以風烟爲四鄰。朝朝獨坐，唯見群峰合沓；年年孤卧，常對古樹輪囷。相吊相哭，則有飢鼯啼夜；相慶相賀，則有好鳥歌春。林麌麌兮多鹿，山蒼蒼兮少人。時向南溪汲水，或就東巖負薪。百年之中，皆爲白骨；千里之外，時見黄塵。平生連袂，宿昔銜杯，談風雲於城闕，弄花鳥於池臺，皆是西園上客，東觀高才，超班匹賈，含鄒吐枚。一琴一書，校奇蹤於既往；一歌一咏，垂妙製於將來。弦將調而雪舞，筆屢走而雲回。自謂蘭交永合，松契長并，通宵扼腕，終日盱衡。罵蕭、朱爲賈豎，目張、陳爲老兵。悲蒼黄兮驟變，恨消長之相傾。貴而不驕，人皆共推晏平仲；死且不朽，吾每獨稱楊疑作"范"。巨鄉。

及其蹇産摧聯，支離括撮，已濡首兮將死，尚摇尾兮求活。莊西貸而魚窮，姬東徂而狼跋。今皆慶吊都斷，存亡永闊，憑馹馬而不追，寄雙魚而莫達。向時之清談尚在，今日之相知已末。則有河濱漂母，隴上樵夫，盤食帶粟，粥麵兼麩，藜羹一簋，濁酒一壺。夫負妻戴，男歡女娱。攀重巒之岩崿，歷飛澗之崎嶇。哀王孫而進饋，問公子之所須。因謂余曰："可憐可憐！聖人之過久矣！君子之罪多焉！《詩》《書》《禮》《樂》，適足哀人之神用，宗族朋友，不足駐人之頹年。削迹伐樹，孔席由來不暖；摩頂至足，[36]墨突何時有烟。一朝至此，萬事徒然。自昔相逢，把臂談玄。横雕龍於翠札，飛縞鳳於瓊筵。各自雲騰羽化，谷變鶯遷。鳴香車於闕下，曳珠履於君前。豈憶荒山之幽絶，寧知枯骨之可憐。傳語千秋萬古，寄言白日黄泉，雖有群書萬卷，不及囊中一錢。

悲人生

五悲曰：禮樂既作，仁義不愆；死生有命，富貴在天。一變一化，一虧一全。去其外物，歸於内篇。儒與道兮，方計於前，其書萬卷，其學千年。鐘鼓玉帛，蹩躠躚躚，金木水火，混合推遷。六合之内，慕其風兮如市；百代之後，隨其流兮若川。三界九地，往返周旋；四生六道，出没牽聯。硠硠磕磕，蠢蠢翾翾。受苦受樂，可悲可憐。

有超然之大聖，歷曠劫以爲期，戒定惠解非陰入，慈悲喜捨非見思。聞儒道之高論，乃撞鐘而應之。曰："止止善男子，觀向時之華説，乃天子之辯士。請弄宜僚之丸，以合兩家之美。

若夫正君臣，定名色，威儀俎豆，郊廟社稷，適足誇耀時俗，奔競功名，使六藝相亂，四海相争。我者遺其無我，生者哀其無生。孰與乎身肉手足，濟生人之塗炭。國城府庫，恤貧者之經營。捨其有愛以至於無愛，捨其有行以至於無行。

若夫呼吸吐納，全身養精，反於太素，飛騰上清，與乾坤合其壽，與日月齊其明，適足增長諸見，未能永證無生。孰與夫離常離斷，不始不終，恒在三昧，常游六通？不生不住無所處，不去不滅無所窮。放毫光而普照，盡法界與虚空。苦者代其勞苦，蒙者導其愚蒙。施語行事，未嘗稱倦。根力覺道，不以爲功。"所言未畢，儒道二客離席，再拜稽首而稱曰："大聖哉！丘晚聞道，聃今已老，徒其一，未究其術，何異夫戴盆望天，倚杖逐日？蒼蒼之氣未辨，昭昭之光已失。"嗚呼！傴傴群品，遑遑衆人。雖鑿其竅，未知其身，來從何道？去止何津？誰爲其業？誰作其因？一翻一覆兮如掌，一生一死兮若輪。不有大聖，誰起大悲？請北面而趨伏，願終身而教之。

（《文苑英華》卷三五四《五悲文》，《文翰類選大成》卷一〇三《悲才難》《悲窮道》《悲昔游》《悲今日》《悲人生》，《盧照鄰集校注》卷四《五悲》）

訟風伯　韓愈

維兹之旱兮，其誰之由？我知其端兮，風伯是尤。山升雲兮澤上氣，[37]雷鞭車兮電摇幟。雨瀀瀀兮將墜，風伯怒兮雲不得止。暘烏之仁兮，念此下民。閟其光兮，不鬥其神。

嗟風伯兮，其獨謂何？[38]我於爾兮，豈有其他？求其時兮修祀事，羊甚肥兮酒甚旨。食足飽兮飲足醉，風伯之怒兮誰使？雲屏屏兮吹使醨之，氣將交兮吹使離之。鑠之使氣不得化，寒之使雲不得施。嗟爾風伯兮，欲逃其罪又何辭？

上天孔明兮，有紀有綱。我今上訟兮，其罪誰當？天誅加兮不可悔，風伯雖死兮人誰汝傷？

（《文苑英華》卷三五七《讒風伯》，《古今事文類聚》前集卷五《訟風伯》，《文翰類選大成》卷一〇三《訟風伯》，《韓昌黎文集校注》卷一《訟風伯》，《韓愈文集彙校箋注》卷二《訟風伯》）

吊屈原　柳宗元

後先生蓋千祀兮，余再逐而浮湘。求先生之汨羅兮，擥蘅若以薦芳。願荒忽之顧懷兮，冀陳辭而有明。

先生之不從世兮，惟道是就。支離搶攘兮，遭世孔疚。華蟲薦壤兮，進御羔褎。牝鷄咿嚘兮，孤雄束咮。哇咬環觀兮，蒙耳大吕。堇喙以爲羞兮，焚棄稷黍。岸獄之不知避兮？[39]宫庭之不處。陷塗藉穢兮，榮若綉黼。榱折火烈兮，[40]娛娛笑舞。讒巧之嘵嘵兮，惑以爲咸池。便媚鞠恧兮，[41]美愈西施。謂謨言之怪誣兮，[42]反置瑱而遠違。匿重痼以諱避兮，進俞、緩之不可爲。

何先生之凛凛兮，厲針石而從之。仲尼之去魯兮，曰吾行之遲遲。柳下惠之直道兮，又焉往而可施！今夫世之議夫子兮，曰胡隱忍而懷斯？[43]惟達人之卓軌兮，固僻陋之所疑。委故都以從利兮，吾知先生之不忍。立而視其覆墜兮，又非先生之所志。窮與達固不渝兮，夫惟服道以守義。矧先生之悃愊兮，蹈大故而不貳。[44]沉璜瘞珮兮，孰幽而不光？荃蕙蔽匿兮，胡久而不芳？

先生之貌不可得兮，猶彷佛其文章。托遺編而嘆喟兮，涣余涕之盈眶。呵星辰而驅詭怪兮，夫孰救於崩亡？何揮雲夫雷電兮，[45]苟爲是之荒茫。耀姱辭之矓朗兮，世果以是之爲狂。哀余衷之坎坎兮，獨藴憤而增傷。諒先生之不言兮，後之人又何望。中集作"忠"。①誠之既内激兮，抑咸集作"銜"。忍而不長。芊爲屈之幾何兮，胡獨焚其中腸。

吾哀今之爲仕兮，庸有慮時之否臧。食君之禄畏不厚兮，悼得位之不昌。退自服以默默兮，曰吾言之不行。既媮風之不可去兮，懷先生之可忘。

(《文苑英華》卷三五六《吊屈原》，《文翰類選大成》卷一〇三《吊屈原》，《柳宗元集校注》卷一九《吊屈原文》)

哀溺　柳宗元

永之氓咸善游。一日，水暴甚，有五六氓乘小船絶湘水。中濟，船破，皆游。其一氓盡力而不能尋常，其侣曰："汝善游最也，今何後爲?"曰："吾腰千錢，重，是以後。"曰："何不去之?"不應，摇其首。有頃，益怠。已濟者立岸上，呼且號曰："汝愚之甚，蔽之甚。身且死，何以貨爲?"又摇其首，遂溺死。吾哀之。且若是，得不有大貨之溺大氓者乎？於是作《哀溺》文。

吾哀游者之死貨兮，[46]惟大氓之爲憂。世濤鼓以風涌兮，浩滉蕩而無舟。不讓禄以辭富兮，又旁窺而詭求。手足亂而無如兮，負重逾乎崇丘。既摇頤而滅膂兮，不忍釋利而離尤。呼號者之莫救兮，愈摇首以沉流。髮披鬤以舞淵兮，[47]魂倀倀而焉游。龜鼉互進以争食兮，鱣鮪族而爲羞。[48]始貪贏而嗇厚兮，終負禍而懷讎。前既没而後不知懲兮，更攬取而無時休。哀兹氓之蔽愚兮，反賊己而從仇。不量多以自諫兮，姑指幸者而爲媒。

夫人固靈於鳥魚兮，胡昧罻而蒙鈎。大者死大兮小者死小，善游雖最兮卒以道夭。與害偕行兮以死自繞，推今而鑒古兮鮮克以保其

---

① "集"疑指《柳宗元集》。

生。衣寶焚紂兮，專利滅榮。豺狼死而猶餓兮，牛腹尸而不盈。民既貿貿而無知兮，故與彼咸謚爲氓。死者不足哀，冀中人之爲余再更。噫！

（《文苑英華》卷三五七《哀溺》，《古今事文類聚》前集卷一七《哀溺文》，《文翰類選大成》卷一〇三《哀溺》，《柳宗元集校注》卷一八《哀溺文》）

訴螭　柳宗元

零陵城西有螭，室于江。法曹史唐登浴其涯，螭牽以入。一夕，浮水上。吾聞凡山川必有神司之，抑有是耶？於是作《訴螭》投之江。曰：

天明地幽，孰主之兮？壽善夭殤，終何爲兮？堆山釃江，司者誰兮？突然爲人，使有知兮。畏危慮害，趨走祇兮。父母孔愛，妻子嘻兮。出入公門，不獲非兮。漵漵湘流，清且微兮。陰幽洞石，蓄怪螭兮。胡濯玆熱，[49]卒無歸兮。親戚叫號，閭里思兮。魂其安游，覲湘纍兮。嗟爾怪螭，害江湄兮。游泳重瀾，[50]物莫威兮。蟉形決目，潜伺窺兮。膏血是利，私自肥兮。歲既大旱，澤莫施兮。妖猾下民，使顛危兮。充心飽腹，肆敖嬉兮。洋洋往復，流逶迤兮。惟神高明，胡縱斯兮。蔑棄無辜，逞怪姿兮。胡不降罰，肅川坻兮。舟者欣欣，游者熙兮。蒲魚浸用，吉無疑兮。牲牷玉帛，人是依兮。匪神之訴，將安期兮。神之有亡，於是推兮。投之北流，心孔悲兮。

（《文苑英華》卷三五七《訴螭》，《文翰類選大成》卷一〇三《訴螭文》，《柳宗元集校注》卷一八《訴螭文》）

迎潮送潮辭並序　陸龜蒙

余耕稼所，在松江南。旁田廬門外有溝，通浦漵，而朝夕之潮至焉。天弗雨則軋而留之，用以滌濯灌溉，及物之功甚巨。其羸壯遲速，[51]繫望晦盈虚也。用之則順而進，捨之則默而退，有類乎君子之道。玩而感之，作《迎潮》《送潮》二辭，以寄聲於騷人之末云。

迎潮

江霜嚴兮楓葉丹，潮聲高兮墟落寒。鷗巢卑兮漁箱短，遠岸没兮光爛爛。潮之德兮無涯際，既充其大兮又充其細。没幽徑兮款柴門，寂寞留集作“流”。[1]連兮依稀舊痕，餘波澤槁兮潮之恩，不尸其功兮歸於混元。

送潮

潮西來兮又東下，日染中流兮紅灑灑。汀葭蒼兮嶼蓼枯，北風騷牢兮愁烟以孤。大幾望兮微將晦翳，睆瀛溶兮斂然而退。愛長波兮數數，一幅巾兮無纓可濯。帆生塵兮楫有衣，悵潮之還兮吾猶未歸。

（《文苑英華》卷三五八《迎潮送潮辭》，《唐文粹》卷一七下《迎潮送潮詞》，《文翰類選大成》卷一〇三《迎潮》《送潮》，《陸龜蒙全集校注》卷一六《迎潮送潮辭》）

招隱士　劉安　王逸注

桂樹叢生兮山之幽，偃蹇連卷權。兮枝相繚。居休反。山氣巃嵷則孔。兮石嵯峨，溪谷嶄仕反。巖兮水曾波。猿狖余故。群嘯兮虎豹嘷，胡高反。攀援桂枝兮聊淹留。王孫游兮不歸，春草生兮萋萋。歲暮兮不自聊，蟪惠。蛄姑。鳴兮啾啾。子由反。坱鳥朗。兮軋，鳥點反。山曲岪，佛。心淹留兮洞荒上。忽。罔兮沕，音“勿”。憭聊。兮慄，音“栗”。虎豹穴，叢薄深林兮人上慄。嶔欽。岑吟。碕綺。礒蟻。兮，硱嘆冰。磈於鬼。磳在冰。硊。魚委。樹輪相糾兮，林木茷骫。音“委”。青莎雜樹兮，薠煩。草靃髓。靡。白鹿麏居筠。麚兮或騰或倚。狀貌崟崟吟。兮峨峨，凄凄兮漇漇。疏綺反。獼猴兮熊羆，慕類兮以悲。攀援桂枝兮聊淹留，虎豹鬥兮熊羆咆，蒲交反。禽獸駭兮亡其曹。王孫兮歸來，山中兮不可以久留。

（《文選》卷三三《招隱士》，《古今事文類聚》前集卷三三《招隱士》，《文翰類選大成》卷一〇二《招隱士》，《楚辭補注》卷一二《招隱士》，《楚辭集注》卷八《招隱士第十五》）

---

[1] “集”疑指陸龜蒙撰《唐甫里先生文集》。

辭　類

秋風辭　漢武帝

秋風起兮白雲飛，草木黄落兮雁南歸。蘭有秀兮菊有芳，懷佳人兮不能忘。[52]泛樓船兮濟汾河，横中流兮揚素波。簫鼓鳴兮發棹歌，歡樂極兮哀情多。少壯幾時兮奈老何！

（《文選》卷四五《秋風辭》，《西漢年紀》卷一六《武帝》）

歸去來辭　陶潛

歸去來兮，田園將蕪胡不歸？既自以心爲形役，奚惆悵而獨悲？悟已往之不諫，知來者之可追。實迷塗其未遠，覺今是而昨非。舟遥遥以輕揚，風飄飄而吹衣。問征夫以前路，恨晨光之熹微。

乃瞻衡宇，載欣載奔。僮僕歡迎，稚子候門。三徑就荒，松菊猶存。携幼入室，有酒盈樽。引壺觴以自酌，眄庭柯以怡顔。倚南窗以寄傲，審容膝之易安。園日涉以成趣，門雖設而常關。策扶老以流憩，時矯首而游觀。雲無心以出岫，鳥倦飛而知還。景翳翳以將入，撫孤松而盤桓。

歸去來兮，請息交以絶游。世與我而相遺，復駕言兮焉求？悦親戚之情話，樂琴書以消憂。農人告余以春及，將有事于西疇。或命巾車，或棹孤舟。既窈窕以尋壑，亦崎嶇而經丘。木欣欣以向榮，泉涓涓而始流。善萬物之得時，感吾生之行休。已矣乎！寓形宇内復幾時？曷不委心任去留。胡爲乎遑遑欲何之？富貴非吾願，帝鄉不可期。懷良辰以孤往，或植杖而耘耔。登東皋以舒嘯，臨清流而賦詩。聊乘化以歸盡，樂夫天命復奚疑。

（《文選》卷四五《歸去來》，《陶淵明集》卷五《歸去來兮辭》，《陶淵明集箋注》卷五《歸去來兮辭》，《宋書》卷九三《陶潛傳》，《南史》卷七五《陶潛傳》）

文　類

封禪文　司馬長卿

伊上古之初肇，自昊穹之生民。歷選列辟，以迄于秦。[53]率邇者踵武，逖聽者風聲。紛綸威蕤，湮滅而不稱者，不可勝數也。繼《韶》《夏》，崇號謚，略可道者七十有二君。罔若淑而不昌，疇逆失而能存。軒轅之前，遐哉邈乎，其詳不可得聞已。五三六經載籍之傳，維風可觀也。

《書》曰："元首明哉，股肱良哉。"①因斯以談，君莫盛於唐堯，臣莫賢於后稷。后稷創業於唐，[54]公劉發迹於西戎，文王改制，爰周郅質。隆，大行越成，而後陵遲衰微，千載亡聲，豈不善始善終哉！然無異端，慎所由於前，謹遺教於後耳。故軌迹夷易，易遵也；湛恩厖參汝。鴻，[55]易豐也；憲度著明，易則也；垂統理順，易繼也。是以業隆於繦褓而崇冠於二后。揆厥所元，終都攸卒，未有殊尤絶迹可考於今者也。然猶躡梁父，登泰山，建顯號，施尊名。

大漢之德，逢涌原泉，沕勿。潏聿。曼羨，旁魄蒲莫。四塞，雲布霧散，上暢九垓，古來。下泝八埏。懷生之類，沾濡浸潤，協氣横流，武節猋逝，邇陿游原，遐闊泳音"咏"。沫，音"未"。首惡鬱没，暗昧昭晰，支列反。昆蟲闓苦改。懌，回首面内。然後囿騶虞之珍群，徼工遥。麋鹿之怪獸，導一莖六穗於庖，犧雙觡格。共柢丁禮。之獸，獲周餘珍、放龜於岐，招翠黄、乘龍於沼。鬼神接靈圉，語。賓於閒閑。館。奇物譎詭，俶惕。儻窮變。欽哉，符瑞臻兹，猶以爲德薄，不敢道封禪。

蓋周躍魚隕航，休之以燎，力照。微夫斯之爲符也，以登介丘，不亦恧女六。乎！進讓之道，何其爽歟。

於是大司馬進曰："陛下仁育群生，義征不譓，音"惠"。諸夏樂貢，百蠻執贄，德侔往初，功無與二。休烈浹洽，符瑞衆變，期應紹至，不

---

① 參見《尚書·周書·益稷》。

特創見。意者泰山、梁甫設壇場望幸，蓋號以況榮。上帝垂恩儲祉，將以慶成。陛下謙讓而弗發也，契挈。三神之歡，缺王道之儀，群臣恧焉。或謂且天爲質暗，示珍符固不可辭；若然辭之，是泰山靡記而梁父罔幾也。亦各並時而榮，咸濟厥世而屈，説者尚何稱於後而云七十二君哉？夫修德以錫符，奉命以行事，不爲進越也。故聖王不替，而修禮地祇，謁款天神，勒功中岳，以章至尊，舒盛德，發號榮，受厚福，以浸黎元。皇皇哉斯事！天下之壯觀，王者之丕業，不可貶也。願陛下全之。而後因雜搢紳先生之略術，使獲曜日月之末光絶炎，焰。以展采錯措。事；猶兼正列其義，祓夫勿。飾厥文，作《春秋》一藝，將襲舊六爲七，攄之無窮。俾萬世得激清流，揚微波，飛英聲，[56]騰茂實。前聖所以永保鴻名而常爲稱首者用此，宜命掌故悉奏其儀而覽焉。”

於是天子沛然改容，曰：“俞乎，朕其試哉！”乃遷思回慮，總公卿之議，詢封禪之事，詩大澤之博，廣符瑞之富。遂作頌曰：①

自我天覆，雲之油油。甘露時雨，厥壤可游。滋液滲疏禁。漉，何生不育。嘉穀六穗，我穡曷蓄。非唯雨之，又潤澤之。非唯遍之我，氾似。布護之。萬物熙熙，懷而慕思。名山顯位，望君之來。君乎君乎，侯不邁哉！

般般班。之獸，樂我君圃；白質黑章，其儀可嘉。旼旼旻。穆穆，君子之態。蓋聞其聲，今親其來。厥塗靡從，天瑞之徵。兹爾於舜，虞氏以興。

濯濯之麟，游彼靈畤。孟冬十月，君徂郊祀。馳我君輿，帝用享祉。三代之前，蓋未嘗有。

宛宛黄龍，興德而升；采色炫縣。耀，焕炳煇胡本。煌。正陽顯見，覺悟黎蒸。於傳載之，云受命所乘。

厥之有章，不必諄諄之純反。依類托寓，喻以封巒。披藝觀之，天人之際已交，上下相發允答，聖王之德，兢兢翼翼。故曰：於興必慮

---

① 《文翰類選大成》卷一一〇無其後的頌文。

衰，安必思危。是以湯、武至尊嚴，不失肅祇；舜在假格。典，顧省闕遺，此之謂也。

（《文選》卷四八《封禪文》，《文翰類選大成》卷一一〇《封禪文》，《司馬相如集校注·符命·封禪文》，《史記》卷一一七《司馬相如列傳》，《漢書》卷五七下《司馬相如傳》）

難蜀父老文　司馬長卿

漢興七十有八載，德茂存乎六世，威武紛紜，湛沈。恩汪濊。烏外。群生沾濡，洋溢乎方外。於是乃命使西征，隨流而攘，風之所被，罔不披上。靡。因朝冉從駹，蒙江。定筰鑿。存邛，略斯榆，舉苞蒲。結軌還轅，東鄉向。將報，至於蜀都。耆老大夫、搢紳先生之徒二十有七人，儼然造焉。辭畢，進曰："蓋聞天子之於夷狄也，[57]其義羈縻勿絶而已。今罷皮。三郡之士，通夜郎之塗，三年於兹而功不竟，士卒勞倦，萬民不贍。今又接之以西夷，百姓力屈，恐不能卒業，此亦使者之累也，竊爲左右患之。且夫邛、筰、西夷之與中國並也，歷年兹多，不可記已。仁者不以德來，强者不以力并，意者其殆不可乎！今割齊民以附夷狄，故所恃以事無用。[58]鄙人固陋，不識所謂。"

使者曰："烏謂此乎？必若所云，則是蜀不變服而巴不化俗也。僕常惡聞若説，然斯事體大，固非觀者之所覯也。余之行急，其詳不可得聞已。請爲大夫粗陳其略。蓋世必有非常之人，然後有非常之事。有非常之事，然後有非常之功。夫非常者，固常人之所異也。故曰：非常之原，黎民懼焉。及臻厥成，天下晏如也。昔者洪水沸出，氾汎。濫衍溢，民人升降移徙，崎嶇而不安。夏后氏戚之，乃堙塞洪源，决江疏河，灑沈澹灾，東歸之於海，而天下永寧。當斯之勤，豈唯民哉。心煩於慮而身親其勞，躬腠骿胝竹尸。無胈，[59]薄葛。膚不生毛，故休烈顯乎無窮，聲稱浹乎於兹。

"且夫賢君之踐位也，豈特委瑣喔音"握"。齪，拘文牽俗，修誦習傳，當世取説云爾哉。必將崇論閎議，創業垂統，爲萬世規。故馳鶩乎兼容并包，而勤思乎參天貳地。且《詩》不云乎，'普天之下莫非王土；率土之濱莫非王臣。'[①]是以六合之内，八方之外，浸淫衍溢，懷生之物有不浸潤於澤者，賢君耻之。

"今封疆之内，冠帶之倫，咸獲嘉祉，靡有闕遺矣。而夷狄殊俗之國，遼絶異黨之域，舟車不通，人迹罕至，政教未加，流風猶微，内之則犯義侵禮於邊境，外之則邪行横作，放殺其上，君臣易位，尊卑失序，父兄不辜，幼孤爲奴虜，係縲號泣，内嚮而怨，曰：'蓋聞中國有至仁焉，德洋恩普，物靡不得其所，今獨曷爲遺已！'舉踵思慕，若枯旱之望雨，戾夫爲之垂涕，况乎上聖，又焉能已？

"故北出師以討强胡，南馳使以誚勁越。四面風德，二方之君。鱗集仰流，願得受號者以億計。故乃關沫昧。若，徼叫。牂臧。牱，鏤靈山，梁孫原。創道德之塗，垂仁義之統，將博恩廣施，遠撫長駕，使疏逖不閉，曶晦。爽暗昧，得耀乎光明，以偃甲兵於此，而息討伐於彼。遐邇一體，中外禔支。福，不亦康乎。夫拯民於沈溺，奉至尊之休德，反衰世之陵夷，繼周氏之絶業，天子之亟務也。百姓雖勞，又惡烏。可以已乎哉？且夫王者固未有不始於憂勤，而終於逸樂者也。

"然則受命之符合在於此。方將增太山之封，加梁父之事，鳴和鸞，揚樂頌，上咸五，[60]下登三。觀者未睹旨，聽者未聞音，猶鷦鵬已翔乎寥聊。廓告郭切。之宇，而羅者猶視乎藪澤。悲夫！"

於是諸大夫茫然喪其所懷來，失厥所以進，喟然並稱曰："允哉漢德，此鄙人之所願聞也。百姓雖勞，請以身先之。"敞罔靡徒，遷延而辭退。[61]

（《文選》卷四四《難蜀父老文》，《文翰類選大成》卷一一〇《難蜀父老文》，《成都文類》卷四七《蜀父老難》，《司馬相如集校注·難·難蜀父老文》，《史記》卷一一七《司馬相如列傳》，《漢書》卷五七下《司馬相如傳》，《西漢年紀》卷一二《武帝》）

---

① 參見《詩經·小雅·北山》。

哀永逝文一首　潘安仁

啓夕兮宵興，悲絶緒兮莫承。俄龍輴而。兮門側，嗟俟時兮將升。嫂侄田結。兮慞惶，慈姑兮垂矜。聞鳴鷄兮戒朝，咸驚號兮撫膺。逝日長兮生年淺，憂患衆兮歡樂尠。[62]彼遥思兮離居，嘆河廣兮宋遠。今奈何兮一舉，邈終天兮不反！盡余哀兮祖之晨，揚明燎兮援靈輴。丑倫反。撤房帷兮席庭筵，舉酹觴兮告永遷。凄切兮增欷，俯仰兮揮淚。想孤魂兮眷舊宇，視倏忽兮若仿佛。徒仿佛兮在慮，靡耳目兮一遇。停駕兮淹留，徘徊兮故處。周求兮何獲？引身兮當去。去華輦兮初邁，馬回首兮旋旆。風泠泠兮入帷，雲霏霏兮承蓋。鳥俯翼兮忘林，魚仰沫兮失瀨。

悵悵兮遲遲，遵吉路兮凶歸。思其人兮已滅，覽餘迹兮未夷。昔同塗兮今異世，憶舊歡兮增新悲。謂原隰兮無畔，謂川流兮無岸。望山兮寥廓，臨水兮浩汗。視天日兮蒼茫，面邑里兮蕭散。匪外物兮或改，固歡哀兮情换。嗟潛隧兮既敞，將送形兮長往。委蘭房兮繁華，襲窮泉兮朽壤。中慕叫兮擗標，驃。之子降兮宅兆。撫靈櫬兮訣幽房，棺冥冥兮埏窈窈。户闔兮燈滅，夜何時兮復曉。歸反哭兮殯宫，聲有止兮哀無終。是乎非乎何遑？趣一遇兮目中。既遇目兮無兆，曾寤寐兮弗夢。既顧瞻兮家道，長寄心兮爾躬。

重曰：已矣！此蓋新哀之情然耳。渠懷之其幾何，庶無愧兮莊子。

（《文選》卷五七《哀永逝文》，《潘嶽集校注·哀文·哀永逝文》）

北山移文　孔稚圭

鍾山之英，草堂之靈。馳烟驛路，勒移山庭。夫以耿介拔俗之標，蕭灑出塵之想，度白雪以方潔，干青雲而直上。吾方知之矣。若其亭亭物表，皎皎霞外，芥千金而不眄，屣萬乘其如脱，聞鳳吹於洛浦，值薪歌於延瀨，固亦有焉。豈期始終參差，蒼黄反覆，泪翟子之悲，慟朱公之哭。乍回迹以心染，或先貞而後黷，何其謬哉！嗚呼！尚生不存，仲氏既往，山阿寂寥，千載誰賞！

世有周子，雋俗之士，既文既博，亦玄亦史。然而學遁東魯，習隱南郭；竊吹草堂，[63]濫巾北岳；誘我松桂，欺我雲壑。雖假容於江皋，乃纓情於好爵。其始至也，將欲排巢父，拉許由，傲百世，[64]蔑王侯，風情張日，霜氣横秋，或嘆幽人長往，或怨王孫不游。談空空於釋部，核玄玄於道流。務光何足比，涓子不能儔。

及其鳴騶入谷，鶴書赴隴，形馳魄散，志變神動。爾乃眉軒席次，袂聳筵上；焚芰製而裂荷衣，抗塵容而走俗狀。風雲凄其帶憤，石泉咽而下愴。望林巒而有失，顧草木而如喪。至其紐金章，綰墨綬。跨屬城之雄，冠百里之首，張英風於海甸，馳妙譽於浙右。道帙長擯，法筵久埋，敲扑喧囂犯其慮，牒訴倥偬裝其懷。琴歌既斷，酒賦無續，常綢繆於結課，每紛綸於折獄。籠張、趙於往圖，架卓、魯於前籙。希蹤三輔豪，馳聲九州牧。使其高霞孤映，明月獨舉。青松落陰，白雲誰侶？磵户摧絶無與歸，石徑荒凉徒延佇。至於還飈入幕，寫霧出楹，蕙帳空兮夜鶴怨，[65]山人去兮曉猿驚。昔聞投簪逸海岸，今見解蘭縛塵纓。

於是南岳獻嘲，北隴騰笑，列壑争譏，攢峰竦誚。慨游子之我欺，悲無人以赴弔。故其林慚無盡，澗愧不歇，秋桂遣風，春蘿擺月。騁西山之逸議，馳東皋之素謁。今乃促裝下邑，[66]浪栧上京，雖情投於魏闕，或假步於山扃。豈可使芳杜厚顔，薜荔無耻，碧嶺再辱，丹崖重滓，塵游躅於蕙路，污淥池以洗耳。宜扃岫幌，[67]掩雲關，斂輕霧，藏鳴湍，截來轅於谷口，杜妄轡於郊端。於是叢條瞋膽，叠穎怒魄，或飛柯以折輪，乍低枝而掃迹，請回俗士駕，爲君謝逋客。

（《文選》卷四三《北山移文》，《古今事文類聚》前集卷三三《北山移文》，《文翰類選大成》卷一一〇《北山移文》）

吊古戰場文　李華

浩浩乎平沙無垠，夐不見人。河水縈帶，群山糺紛，黯兮慘悴，風悲日曛。蓬斷草枯，凜若霜晨；鳥飛不下，獸挺亡群。亭長告余曰："此古戰場也，常覆三軍。[68]往往鬼哭，天陰則聞。"傷心哉！秦歟漢歟，將近代歟？吾聞夫齊魏徭戍，[69]荆韓召募。萬里奔走，連年暴露。沙草晨牧，河冰夜渡。地闊天長，不知歸路。寄身鋒刃，腷臆誰訴？秦漢而還，多事四夷，中州耗斁，無世無之。古稱戎夏，不抗王師，文教失宣，武臣用奇。奇兵有異於仁義，王道遷闊而莫爲。

嗚呼噫嘻！吾想夫北風振漠，胡兵伺便。主將驕敵，期門受戰。[70]野竪旌旗，川回組練。法重心駭，威尊命賤。利鏃穿骨，驚沙入面，主客相搏，山川震眩。聲析江河，勢崩雷電。至若窮陰凝閉，凜冽海隅，積雪没脛，堅冰在鬚。鷙鳥休巢，征馬踟躕。[71]繒纊無温，墮指裂膚。當此苦寒，[72]天假强胡，憑陵殺氣，以相翦屠。徑截輜重，横攻士卒。都尉新降，將軍復没。尸填巨港之岸，[73]血滿長城之窟。無貴無賤，同爲枯骨，可勝言哉！

鼓衰兮力盡，[74]矢竭兮弦絶，[75]白刃交兮寶刀折，兩軍蹙兮生死决。降矣哉，終身夷狄；戰矣哉，[76]骨暴沙礫。鳥無聲兮山寂寂，夜正長兮風淅淅。魂魄結兮天沉沉，[77]鬼神聚兮雲冪冪。日光寒兮草短，月色苦兮霜白。傷心慘目，有如是耶！

吾聞之牧用趙卒，大破林胡，開地千里，遁逃匈奴，漢傾天下，財殫力痡，任人而已，其在多乎？周逐獫狁，北至太原。既城朔方，全師而還。飲至策勳，和樂且閑。穆穆棣棣，君臣之間。秦起長城，竟海爲關。荼毒生靈，[78]萬里朱殷。漢擊匈奴，雖得陰山，枕骸遍野，功不補患。平聲。蒼蒼烝民，誰無父母？提携捧負，畏其不壽。誰無兄弟？如足如手。[79]誰無夫婦？如賓如友。生也何恩，殺之何咎？其存其没，家莫聞知。人或有言，將信將疑。娟娟心目，寢寐見之。布奠傾觴，哭望天涯。天地爲愁，[80]草木凄悲。吊祭不至，精魂無依。[81]必有凶年，人其流離。嗚呼噫嘻！時耶命耶？從古如斯！爲之奈何？守在四夷。

（《文苑英華》卷一〇〇〇《吊古戰場文》，《唐文粹》卷三三《吊古戰場文》,《文翰類選大成》卷一一〇《吊古戰場文》,《李遐叔文集》卷四《吊古戰場文》,《東萊集注觀瀾文集》乙集卷二五《吊古戰場文》)

祭鰐魚文 韓愈

維年月日,[82]潮州刺史韓愈,使軍事衙推秦濟,以羊一猪一投惡溪之潭水,以與鰐魚食,而告之曰:

昔先王既有天下,列山澤,罔繩擉刃,以除蟲蛇惡物爲民害者,驅而出之四海之外。及後王德薄,不能遠有,則江漢之間,尚皆棄之以與蠻夷楚越,况潮嶺海之間,去京師萬里哉。鰐魚之涵淹卵育于此,亦固其所。

今天子嗣唐位,神聖慈武。四海之外六合之內,皆撫而有之。况禹迹所揜,揚州之近地,刺史縣令之所治,出貢賦以供天地宗廟百神之祀之壤者哉!鰐魚其不可與刺史雜處此土也!刺史受天子命,守此土,治此民,而鰐魚睅然不安溪潭,據處食民、畜、熊、豕、鹿、獐,以肥其身,以種其子孫,與刺史亢拒,争爲長雄。刺史雖駑弱,亦安肯爲鰐魚低首下心,伈伈睍睍,爲民吏羞,以偷活於此邪。且承天子命以來爲吏,固其勢不得不與鰐魚辨。鰐魚有知,其聽刺史言。

潮之州,大海在其南。鯨鵬之大,[83]蝦蟹之細,無不容歸,以生以食,鰐魚朝發而夕至也。今與鰐魚約,盡三日,其率醜類南徙于海,以避天子之命吏。三日不能至五日,五日不能至七日,七日不能,是終不肯徙也,是不有刺史,聽從其言也。不然,則是鰐魚冥頑不靈,刺史雖有言,不聞不知也。夫傲天子之命吏,不聽其言,不徙以避之,與冥頑不靈而爲民物害者,皆可殺。刺史則選材技吏民,操强弓毒矢,以與鰐魚從事,必盡殺乃止。其無悔!

(《古今事文類聚》後集卷三四《祭鰐魚文》,《文翰類選大成》卷一一〇《祭鰐魚文》,《韓愈文集彙校箋注》卷二六《鱷魚文》,《韓昌黎文集校注》卷八《祭鰐魚文》)

送窮文　韓愈

元和六年正月乙丑晦，主人使奴星結柳作車，縛草爲船，載糗輿粻，[84]牛擊軛下，引帆上檣，三揖窮鬼而告之曰："聞子行有日矣，鄙人不敢問所塗，竊具船與車，[85]備載糗粻。日吉時良，利行四方，子飯一盂，子啜一觴，携朋挈儔，去故就新，駕塵彍風，[86]與電争先，子無底滯之尤，我有資送之恩，子等有意於行乎？"

屏息潛聽，如聞音聲，[87]若嘯若啼，砉呼號切。欻許勿切。嘎於求切。嚶。於骿切。毛髮盡竪，竦肩縮頸。疑有而無，久乃可明，[88]若有言者曰："吾與子居四十年餘，子在孩提，吾不子愚。子學子耕，求官與名，惟子是從，不變于初。門神户靈，我叱我呵，包羞詭隨，志不在他。子遷南荒，熱爍濕蒸，我非其鄉，百鬼欺陵。太學四年，朝齑暮鹽，惟我保汝，人皆汝嫌。自初及終，未始背汝，心無異謀，口絶行語。於何聽聞，云我當去？是必夫子信讒，有間於予也。我鬼非人，[89]安用車船？鼻齅臭香，糗粻可捐。單獨一身，誰爲朋儔？子苟備知，可數已不？子能盡言，可謂聖智，情狀既露，敢不回避。"

主人應之曰："子以吾爲真不知也邪？子之朋儔，非六非四，[90]在十去五，滿七除二，各有主張，私立名字，捩力結切。手覆羹，轉喉觸諱。凡所以使吾面目可憎、語言無味者，皆子之志也。其名曰智窮：矯矯亢亢，惡圓喜方，羞爲奸欺，不忍害傷。其次名曰學窮：傲數與名，摘抉杳微，[91]高挹群言，執神之機。又其次曰文窮：不專一能，怪怪奇奇，不可時施，秖以自嬉。又其次曰命窮：影與行殊，面醜心妍，利居衆後，責在人先。又其次曰交窮：磨肌戛骨，吐出心肝，企足以待，置我讎冤。凡此五鬼，爲吾五患，飢我寒我，興訛造訕，能使我迷，人莫能間，朝悔其行，暮已復然，蠅營狗苟，驅去復還。"

言未畢，五鬼相與張眼吐舌，跳踉偃仆，抵掌頓脚，失笑相顧。徐謂主人曰："子知我名，凡我所爲，驅我令去，小黠大癡。人生一世，其久幾何，吾立子名，百世不磨。小人君子，其心不同，惟乖於時，乃與天通。携持琬琰，易一羊皮，飫於肥甘，慕彼糠糜。天下知子，誰過於予？雖遭斥逐，不忍子疏，謂予不信，請質《詩》《書》。”

主人於是垂頭喪氣，上手稱謝，燒車與船，延之上座。

（《古今事文類聚》别集卷二九《送窮文》，《文翰類選大成》卷一一〇《送窮文》，《韓愈文集彙校箋注》卷二六《送窮文》，《韓昌黎文集校注》卷八《送窮文》）

乞巧文　柳宗元

柳子夜歸自外見有設祠者，[92]餥餌馨香，蔬果交羅，插竹垂綏，剖瓜犬牙，且拜且祈。怪而問焉。女隸進曰：“今兹秋孟七夕，天女之孫將嬪於河鼓，邀而祠者，幸而與之巧，驅去蹇拙，手目開利，組紝縫製，將無滯於心焉。爲是禱也。”

柳子曰：“苟然歟！吾亦有所大拙，儻可因是以求去之。”乃纓弁束衽，促武縮氣，旁趨曲折，傴僂將事，再拜稽首，稱臣而進曰：下土之臣，竊聞天孫。專巧于天，轇轕璇璣。經緯星辰，能成文章。黼黻帝躬，以臨下民。欽聖靈、仰光耀之日久矣。今聞天孫不樂其獨得，貞卜於玄龜，將蹈石梁，款天津，儷于神夫，于漢之濱。兩旗開張，中星耀芒，靈氣翕欻，呼勿切。兹辰之良。幸而弭節，薄游民間，臨臣之庭，曲聽臣言。臣有大拙，智所不化，醫所不功，[93]威不能遷，寬不能容。乾坤之量，包含海岳，臣身甚微，無所投足。蟻適于垤，蝸休于殼，龜黿螺蚌，皆有所伏。臣物之靈，進退唯辱。仿佯爲狂，[94]局束爲諂，吁吁爲詐，坦坦爲忝。他人有身，動必得宜，周旋獲笑，[95]顛倒逢嘻。己所尊昵，人或怒之，變情徇勢，射利抵巇。中心甚憎，爲彼所奇，忍仇佯喜，悦譽遷隨。胡執臣心，常使不移？反人是已，曾不惕疑，貶名絶命，不負所知。抃嘲似傲，貴者啓齒，臣旁震驚，彼且不耻。叩稽匍匐，言語譎詭，令臣縮恧，女六切。彼則大喜。臣若效之，瞋怒叢已，彼誠大巧，臣拙無比。王侯之門，狂吠狴犴，臣到百步，喉喘顛汗，睢盱逆走，魄遁神叛。欣欣巧夫，徐入縱誕。毛群掉尾，百怒一散。

世途昏險，擬步如漆，左低右昂，鬥冒衝突，鬼神恐悸，聖智危慄。泯焉直透，所至如一。是獨何工，縱横不恤，非天所假，彼智焉出？獨嗇於臣，恒使玷黜。[96]沓沓騫騫，恣口所言，迎知喜惡，[97]默測憎憐。摇唇一發，徑中心原。膠加鉗夾，誓死無遷，探心扼膽，踴躍拘牽。彼雖佯退，胡可得旃！獨結臣舌，喑抑銜冤。擘眦流血，一辭莫宣。胡爲賦授，有此奇偏？[98]眩耀爲文，瑣碎排偶，抽黄對白，啽哢飛走，騈四儷六，錦心綉口，宫沉羽振，笙簧觸手。觀者舞悦，誇談雷吼，獨溺臣心，使甘老醜。嚚昏莽鹵，樸鈍枯朽，不期一時，以俟悠久。旁羅萬金，不鬻弊帚，跪呈豪傑，投棄不有。眉矉頞蹙，喙唾胸歐，[99]大赧而歸，填恨低首。天孫司巧，而窮臣若是，卒不余畀，獨何酷歟？敢願聖靈悔禍，矜臣獨艱，付與姿媚，易臣頑顔。鑿臣方心，規以大圓，拔去吶舌，[100]納以工言。文詞婉軟，步武輕便，齒牙饒美，眉睫增妍。突梯卷臠，爲世所賢，公侯卿士，五屬十連。彼獨何人，長享終天！

言訖，又再拜稽首，俯伏以俟。至夜半，不得命，疲極而睡，見有青褏朱裳，手持絳節而來告曰："天孫告汝，汝詞良苦。凡汝之言，吾所極知。汝擇而行，嫉彼不爲，汝之所欲，汝自可期。胡不爲之，而誑我爲？汝唯知耻，諂貌淫辭，[101]寧辱不貴，自適其宜。中心已定，胡妄而祈？堅汝之心，密汝所持，得之爲大，失不污卑。凡吾所有，不敢汝施。致命而昇，汝慎勿疑。"

嗚呼！天之所命，不可中革。泣拜欣受，初悲後懌。抱拙終身，以死誰惕！

(《古今事文類聚》前集卷一〇《乞巧文》,《文翰類選大成》卷一一〇《乞巧文》,《柳宗元集校注》卷一八《乞巧文》)

招海賈文　柳宗元

咨海賈兮，君胡以利易生而卒離其形？大海蕩泊兮，顛倒日月。龍魚傾側兮，神怪隳突。滄茫無形兮，往來遽卒。陰陽開闔兮，氛霧滃渤。君不返兮逝恍惚。舟航軒昂兮，下上飄鼓。騰趠嶢嵲兮，萬里一睹。崒入泓坳兮，視天若畂。即"畝"字。奔螭出抃兮，翔鵬振舞。天吴九首兮，[102]更笑迭怒。垂涎閃舌兮，揮霍旁午。君不返兮終爲虜。墨齒棧鬇鱗文肌，三角駢列兮耳離披。反斷叉牙踔嶔崖，蛇首猘鬣虎豹皮。群没互出讙遨嬉，[103]臭腥百里霧雨瀰。君不返兮以充飢。弱水蓄縮，其下不極。投之必沈，負羽無力。鯨鯢疑畏，淫淫嶷嶷。君不返兮卒自賊。怪石森立涵重淵，高下迾置滔危顛，[104]崩濤搜疏剡戈鋋。君不返兮砉沉顛。其外大泊泙奫淪，終古回薄旋天垠，八方易位更錯陳。君不返兮亂星辰。東極傾海流不屬，[105]音"燭"。泯泯超忽紛蕩沃。殆而一跌兮沸入湯谷，舳艫霏解梢若木。君不返兮魂焉薄。海若嗇貨號風雷，巨鼇頷首丘山頹，猖狂震虩翻九垓。君不返兮糜以摧。咨海賈兮，君胡樂出幽險而疾乎夷，悔駭愁苦而以忘其歸。上黨易野恬以舒，蹈蹂厚土堅無虞。歧路脉布彌九區，出無入有百貨俱。周游傲睨神自如，撞鍾擊鮮恣歡娱。君不返兮欲誰須？膠鬲得聖捐鹽魚，范子去相安陶朱。吕氏行賈南面孤，弘羊心計登謀謨。煮鹽大冶九卿居，禄秩山委收國租。賢智走諸爭下車，逍遥縱傲世所趨。君不返兮謚爲愚。

咨往賈兮，[106]賈尚不可爲，而又海是圖，死爲險魄兮，生爲貪夫。亦獨何樂哉？歸來兮，寧君軀。

（《文苑英華》卷三五七《招海賈》，《古今事文類聚》前集卷一五《招海賈文》，《文翰類選大成》卷一一〇《招海賈文》，《柳宗元集校注》卷一八《招海賈文》）

逐畢方文並序　　柳宗元

永州元和七年夏，多火灾。日夜數十發，少尚五六發，過三月乃止。八年夏，又如之。人咸無安處，老弱燔死，晨不爨，暝不燭，皆列坐屋上，左右視，罷不得休，蓋類物爲之者。訛言相驚，云有怪鳥，莫實其狀。《山海經》云："章義之山，有鳥如鶴，一足，赤文白喙，其名曰畢方，見則其邑有譌火。”①若今火者，其可謂譌歟？而人有以烏傳者，[107]其畢方歟？遂邑中狀而圖之，禳而磔之，爲之文而逐之。

后皇庇人兮，敬授群材。[108]大施棟宇兮，小蔽草萊。各有攸宅焉，時闔而開。火炎爲用兮，化食生財。胡今兹之怪戾兮，日十爇而窮灾。[109]朝儲清以聯邃兮，夕蕩覆而爲灰。焚傷羸老兮，炭死童孩。叫號隳突兮，户駭人哀。祖夫狂走兮，倏忽往來。鬱攸孽暴兮，混合恢臺。民氣不舒兮，僵踣顛頹。休炊息燎兮，仄伏煨煤。門甍晦黑兮，啓伺奸回。若墜之天兮，若生之鬼。令行不訛兮，國恐盍已。問之禹書，畢方是祟。

嗟爾畢方兮，胡肆其志。皇亶聰明兮，念此下地。灾皇所愛兮，僇死無貳。幽形扇毒兮，陰險詭異。汝今不懲兮，衆訴咸至。皇斯震怒兮，殄絶汝類。祝融悔禍兮，回禄屏氣。太陰施威兮，玄冥行事。汝雖赤其文，隻其趾，逞工衒巧，莫救汝死。黠知亟去兮，愚乃止此。高飛兮翱翔，遠伏兮無傷。海之南兮天之裔，汝優游兮可卒歲。皇不怒兮永汝世，[110]日之良兮今速逝。急急如律令。

（《文苑英華》卷三五七《逐畢方》，《古今事文類聚》續集卷一八《逐畢方文》，《文翰類選大成》卷一一〇《逐畢方文》，《柳宗元集校注》卷一八《逐畢方文》）

憎王孫文並序　柳宗元

猿、王孫居異山，德異性，不能相容。猿之德静以恒，碩仁讓孝慈。[111]居相愛，食相先，行有列，飲有序。不幸乖離，則其鳴哀。有難，則内其柔弱者。不踐稼蔬。木實未熟，相與視之謹；既熟，嘯呼群萃，然後食，[112]衎衎焉。山之小草木，必環而行遂其植，故猿之居山恒鬱然。王孫之德躁以囂，勃諍號呶，唶唶强强，雖群不相善也。食相噬齧，行無列，飲無序，乖離而不思。有難，推其柔弱者以免。好踐

① 參見《山海經·西山經》。

稼蔬，所過狼藉披攘。木實未熟，輒齕咬投注。[113]竊取人食，皆知自實其嗛。苦兼切。山之小草木，必凌挫折挽，使之瘁然後已。故王孫之居山恒蒿然。以是猿群衆則逐王孫，王孫群衆亦齚猿。猿棄去，終不與抗。然則物之甚可憎，莫王孫若也。余棄山間久，見其趣如是，作《憎王孫》云：

湘水之悠兮，[114]其上群山。胡兹鬱而彼瘁兮，善惡異居其間。惡者王孫兮善者猿，環行遂植兮止暴殘。王孫兮甚可憎！噫，山之靈兮，胡不賊旃？跳踉叫嚻兮，衝目宣齗。外以敗物兮，内以争群。排鬥善類兮，嘩駭披紛。盗取民食兮，私己不分。充嗛果腹兮，驕傲歡欣。嘉華美木兮碩而繁，群披競嚙兮枯株根。毁成敗實兮更怒喧，居民厭苦兮號穹旻。王孫兮甚可憎！噫，山之靈兮，胡獨不聞？

猿之仁兮受逐不校，退優游兮惟得是效。[115]廉、來同兮聖囚，禹、稷合兮凶誅。群小遂兮君子違，大人聚兮孽無餘。善與惡不同鄉兮，否泰既兆其盈虚。伊細大之固然兮，乃禍福之攸趨。王孫兮甚可憎！噫！山之靈兮，胡逸而居？

（《文苑英華》卷三五七《憎王孫》，《古今事文類聚》後集卷三七《憎王孫文》，《柳宗元集校注》卷一八《憎王孫文》）

宥蝮蛇文并序　　柳宗元

家有僮，善執蛇。晨持一蛇來謁曰："是謂蝮蛇，犯於人，死不治。又善伺人，聞人咳喘步驟，輒不勝其毒。捷取巧噬，音"誓"。肆其害。然或慊不得於人，則愈怒。反嚙草木，草木立死。後人來觸死莖，猶墮指、攣腕、瘇足，爲廢病。必殺之，是不可留。"余曰："汝惡得之？"曰："得之榛中。"曰："榛中若是者可既乎？"曰："不可，其類甚博。"余謂僮曰："彼居榛中，汝居宫内，彼不汝即，而汝即彼，犯而鬥死以執而謁者，汝實健且險，以輕近是物。然而殺之，汝益暴矣。彼耕獲者、求薪蘇者，皆土其鄉，知防而入焉，執耒、操鞭、持芟，摸以遠其害。汝今非有求於榛者也，密汝居，易汝庭，不凌奥，不步暗，是惡能得而害汝？

且彼非樂爲此態也，造物者賦之形，陰與陽命之氣，形甚怪僻，氣甚禍賊，雖欲不爲是不可得也。是獨可悲憐者，又孰能罪而加怒焉？汝勿殺也。”余悲其不得已而所爲若是，叩其脊，諭而宥之。其辭曰：

吾悲乎天形汝軀，絶翼去足，無以自扶，[116]曲膂屈脅，惟行之紆。目兼蜂蠆，色混泥塗，其頸蹙恧，其腹次且。褰鼻鈎牙，穴出榛居，蓄怒而蟠，銜毒而趨。志蘄害物，陰妒潛狙。[117]汝之禀受若是，雖欲爲鼃爲螾，焉可得已？凡汝之爲惡，非樂乎此，緣形役性，不可自止。草摇風動，百毒齊起，首拳脊努，呥舌摇尾。不逞其凶，[118]若病乎已。世皆寒心，我獨悲爾。吾將薙吾庭，葺吾楹，窒吾垣，嚴吾扃，俾奥草不植，而穴隙不萌，與汝異途，不相交争，雖汝之惡，焉得而行？

嘻！造物者胡甚不仁，而巧成汝質！既禀乎此，能無危物，賊害無辜，惟汝之實。陰陽爲戾，假汝忿疾，余胡汝尤，是戮是抶。[119]宥汝于野，自求終吉。彼樵豎持芟，農夫執耒，不幸而遇，將除其害，餘力一揮，應手糜碎。我雖汝活，其惠實大，他人異心，誰釋汝罪？形既不化，中焉能悔，嗚呼悲乎！汝必死乎！毒而不知，反訟乎内。今雖寬焉，後則誰賚？陰陽爾，造化爾，道烏乎在？可不悲歟！

（《古今事文類聚》後集卷三三《宥蝮蛇文》，《文翰類選大成》卷一一〇《宥蝮蛇文》，《柳宗元集校注》卷一八《宥蝮蛇文》）

斬曲几文　柳宗元

后皇植物，所貴乎直，聖主取焉，以建家國。亘爲棟楹，齊爲闑閾，[120]外隅平端，中室謹飾。度焉以几，維量之則，君子凴之，以輔其德。

末代淫巧，不師古式，斵兹揉木，以限肘腋。欹形詭狀，曲程詐力，制類奇邪，用絶繩墨。勾身陋狹，危足僻側，支不得舒，脅不遑息。余胡斯蓄，以亂人極！

追咎厥始，惟物之殘，禀氣失中，遭生不完。托地墝埆，反時燠寒，鬱悶結澀，癃蹇艱難。不可以遂，[121]遂虧其端，離奇詰屈，縮恧嶶峴。[122]含蝎孕蠹，外邪中乾，或因先容，以售其蟠。病夫甘焉，制器以安。彼風毒敗形，陰沴遷魄，禍氣侵骨，淫神化脉。體仄筋倦，榮乖衛逆，乃喜兹物，以爲己適。器之不祥，莫是爲敵，烏可昵近，以招禍癖。音"僻"。

且人道甚惡，惟曲爲先，在心爲賊，在口爲愆。在肩爲僂，在膝爲攣，戚施踦跂，匍匐拘拳。古皆斥遠，莫致於前，問誰其類？惡木盗泉。朝歌回車，簡牘載焉，昭王市骨，樂毅歸燕。今我斬此，以希古賢，諂諛宜惕，正直宜宣。道焉是達，法焉是專，咨爾君子，曷不乾乾。既和且平，獲祐于天，去惡在微，慎保其傳。

(《古今事文類聚》續集卷二八《斬曲几文》，《文翰類選大成》卷一一〇《斬曲几文》，《柳宗元集校注》卷一八《斬曲几文》)

戮鰐魚文　陳堯佐

己亥歲，①予於潮州建昌黎先生祠堂，作《招韓辭》，載鰐魚事以旌之，後又圖其魚爲之贊，凡好事者，即以授之，俾天下之人知韓之道不爲妄也。

明年夏，郡之境上地曰萬江，村曰硫黄，張氏子年始十六，與其母濯於江涘，倏忽鰐魚尾去。其母號之，弗能救，洎中流則食之無餘。予聞而傷之。且謂天子聖武，王澤昭洽。刑不僭，賞不濫。海内海外，罔不率俾。昆虫草木，裕如也。鰐魚何悖焉，而肆毒任虐之如是！是不可不爲之思也。命縣邑李公，詔郡吏楊煦拏小舟，操巨網，馳往捕之。咸謂予曰："彼不可捕也，穴深淵，游駭浪，非人力之所能加也。"予則不然，復之曰："方今普天率土，靡不臣妾。山川陰陽之神，奉天子威命，晦明風雨，弗敢逾。鰐魚恃遠與險，毒兹物。律殺人者死，今魚食人也，又何如焉？昔昌黎文公投之以文，則引而避，是則鰐魚之有知也，若之何而逐之？姑行焉，必有主之者矣。苟不能及，予

①　己亥：宋真宗咸平二年(999)。

當請於帝，躬與鰐魚决。”二吏既往，即以余言告之。且曰：“苟無綱，[123]輒止伏不能舉。”繇是左右前後，力者凡百夫，曳之以出，縅其吻，械其足，檻以巨舟，順流而至。闔郡聞之，悉曰：“是必妄也，安有食人之魚，形越數丈，而能獲之者焉？”既見之，則駭而喜，且曰：“生於世有百歲者矣，凡上下水中，或見其隆伏仿佛之狀，雖相遠百步，尚不敢抗。今二吏捕之，猶拾芥焉，實今古之所未聞也。向非公之義洽於民，公之令嚴於吏，然自誠而不欺也，又安能殲巨害，平大怨，宣王者之威刑焉！”予始慎之，終得之，又意韓愈逐之於前，小子戮之於後，不爲過也。既而鳴鼓召吏，告之以罪，誅其首而烹之。辭曰：

水之性則曰惡兮，魚之悍則曰鰐兮，二者之異，不可度兮。張氏之子，年方弱兮，尾而食之，胡爲虐兮。煢煢母氏，俾何説兮？予實命吏，顔斯怍兮，害而弗去，道將索兮，夙夜思之，哀民瘼兮。赳赳二吏，行斯恪兮。矯矯巨尾，迎而搏兮。獲而獻之，俾人樂兮。鳴鼓召衆，舂而斫兮。而今而後，津其廓兮。

（《宋文鑑》卷一二五《戮鰐魚文》，《古今事文類聚》後集卷三四《戮鰐魚文》，《文翰類選大成》卷一一〇《戮鰐魚文》）

遣拙鬼文　王元之

西山老黜，[124]隳聰塞明，[125]升榻而卧。其寢于于夢游靈臺之上，[126]上手再拜，如見其君。君大言曰：“使子身安體舒，手便足運，咸如所欲，生而能然，自我所使。講學修業，窮經博史，口耳誦觀，記無遺字。日月所習，無忘厥能，包羅古今，皆心之靈。然三應鄉書，[127]不録輒黜，强顔黽勉，仕未有日。今也誰使子之文章，雖摛華麗藻，人厭其質，明性順理，人譏其拂。言出反笑，意動則悖。有司意東，使子意北；有司意華，使子意實。譬之匠氏，繩墨誤宜，琢削反曲，雕虫欲終，捩手輟工。是皆拙鬼所爲，子宜驅之。”予驚而寤，作文以遣之曰：

予心之神，靈於予身。窮經好古，閲無廢文。汝乃反吾巧而使拙，虧吾成而使缺，好辭贈爾，爾行而决。”鬼乃躍然而出，俯首俯躬而言曰：“子命昔窮，我寄爾躬，子命今達，我辭爾室。還子之巧，收吾之拙。聖道是樂，紛華無悦。學海必至，[128]志剛無歇。且戒且勉，且泣且别。”言已翻然而去，予心釋然。

（《五百家播芳大全文粹》卷九一《遣拙鬼文》，《文翰類選大成》卷一一〇《遣拙鬼文》）

諭交趾文　王元之

皇上嗣位之五祀，國家將取交趾歲貢。賤臣王某謹頓首上言，[129]請爲文以諭之曰：

夫中夏之于蠻貊，[130]猶人身之有四肢也，運動伸縮，[131]隨諸人心，故曰：心爲帝王之謂矣。苟一手一足間血脉有滯，筋骸不寧，則必藥餌以攻之。攻之未和，則必針砭以達之，非不知藥餌苦口而針砭破膚也，蓋所損寡而所益多矣。君天下者其猶是歟。我太祖皇帝受禪於周，啓國在宋，聲明文物，一變及古。[132]居帝王之位，視蠻貊之病，故一之二歲，藥庸蜀，餌湘潭，三之四歲，針廣越，砭吴楚。筋髓血脉，涣然小康，非王者神機睿略，疇能至於此乎？洎我后嗣守丕基，躬攬庶政，而以爲并汾者，[133]心腹之病也。苟心腹未治，四肢庸能治乎？于是錬仁義之藥餌，修道德之針砭，大瘳於病，[134]一進而愈。九州四海，既康且寧。顧彼交州，[135]遠在天末，實五服之外，亦四肢之餘，譬之於身，猶一指耳。雖一指有患，聖人得無念乎？是用開爾昏庸，被我聲教，爾其從乎？况在有周，白雉來獻，降及炎漢，銅柱高標，至於皇唐，常曰内地。唐末多難，未遑區平。

今兹聖朝，盂覆萬國。太平之業，亦既成矣，封禪之禮，將以修矣。俟爾至止，康乎帝躬。爾無向隅，爲我小恙，俾我爲絶蹯斷節之計，用屠爾國，悔其焉追？矧夫爾水生珠，我沉於泉，爾巖孕金，我捐於山，非利爾之寶也。爾民頭飛，我有車馬，爾民鼻飲，我有酒食，用革爾之俗也。爾民斷髮我有衣冠，爾民鳥語，我有《詩》《書》，教爾之禮也。煌煌炎洲，烟蒸霧煮，我飛堯雲，灑爾甘雨。湯湯瘴海，火燒日熔，我張舜琴，扇爾薰風。爾天星辰，人謂不識，我回紫微，使之拱極。爾地魑魅，人懼其怪，我鑄大鼎，使之不害。出爾島夷，觀明堂辟雍乎！脱爾卉服，視華衮山龍乎！爾其來乎，無速厥辜。方將整其軍徒，[136]戒其鉦鼓，向化我其赦，逆命我其伐。惟向背吉凶，在爾審。

（《文翰類選大成》卷一一〇《諭交趾文》，《五百家播芳大全文粹》卷九一《諭交趾文》）

遣惰文[①]　林半千

龍火西頹，淫雨告霽，劬書居士，拂几掃搨，噉書列史，呼惰祟而遣之，其辭云：

我處介軒，繹史翻經。孰朋何儔？管君墨卿。青燈夜分，糧食日昃，肩高顧隱，不告劬瘠。今如何其，舍勤就嬉。癡乃躭奕，荒於嗜詩。心窒目妨，尸行骨坐。伊誰爲厲，維汝之惰。汝之爲物，冥頑弗靈。遇我之鋭，盍遁爾形。胡造膏肓，肆行胸臆。窮而伎倆，作我蟊賊。始爲汝惑，尚或汝從。今既汝薄，斷不汝容。禮以遣汝，汝宜亟去。跪而來前，明聽吾語。乃語之曰："世有雕堂綺櫳，翠幬翡帷，高門鼎貴，安居自怡者，汝盍往而從只！有出輿入輦，噉鍾按鼓，美人雜坐，喉歌掌舞者，爾盍往而從只！有寒鷄炙鳧，燸鼈炮羔，飯囊酒瓮，口腹貪饕者，爾盍往而從只！有冰紈火毳，雲組霧縠，喜事容飾，鮮衣衺服者，爾盍往而從只！居當擇人，好當隨時，舍是不往眷我，何爲？"

於是惰祟聞言負愧，再拜而辭，請對以意：今其舍君，毋復我仇，靈臺丹府，盍亦與謀。居士曰嗄，斯言之當，予將忖忖，尚子之望。其徒寔繁，盍率以去，庶無後言。筋骸不支，如醉斯寐，黄昏爲期，伏几就睡，予其與子之友曰："昏者去些！知識頑昧，學問倥蒙，倦編嫩筆，如暗如聾。"子其與子之友曰："愚者去些！出悦紛華，方寸日蹙，腐腸

① 《文章類選・目録》將下篇《英德殿上梁文》編排在《遣惰文》之前。

伐性，東鶩西逐。”子其與子之友曰：“狂者去些！鳴雷隱腹，寒栗饔身，秤薪數米，吟嘯凄辛。”子其與子之友曰：“窮者去些！”言之未既，五鬼前至，若嘯若呼，各請回避。居士乃笑悦軒渠，尉籍纏綿，引觴自釂，以當祖筵。酲醉之醒，神融天全，彼或去而或留，竟不知其所以然。

（《文翰類選大成》卷一一〇《遣情文》）

英德殿上梁文　王安石

天都左界，帝室中經。誕惟仙聖之祠，夙有神靈之宅。嗣開宏構，追奉睟容。方將廣舜孝於無窮，豈特尚漢儀之有舊？

先皇帝道該五泰，德貫二儀。文摛雲漢之章，武布風霆之號。華夏歸仁而砥屬，蠻夷馳義以駿奔。清蹕甫傳，靈輿忽往。超然姑射，山無一物之疵；邈矣壽丘，臺有萬人之畏。已葬鼎湖之弓劍，將游高廟之衣冠。

今皇帝孝奉神明，恩涵動植。纂禹之服，期成萬世之功；見堯於羹，未改三年之政。乃眷熏修之吉壤，載營館御之新宮。考協前彝，述追先志。孝嚴列峙，寢門可象於平居；廟祐旁開，[137]輦路故存於陳迹。官師肅給，斤築隆施。[138]揆吉日以庀徒，[139]舉修梁而考室。敢申善頌，以相歡謡。

兒郎偉！抛梁東，聖主當陽坐禁中。明似九天昇曉日，恩如萬國轉春風。

兒郎偉！抛梁西，瀚海兵銷太白低。王母玉環方自執，大宛金馬不須齎。

兒郎偉！抛梁南，丙地星高每歲占。千障滅烽開嶺徼，萬艘輸賚引江潭。

兒郎偉！抛梁北，邊頭自此無鳴鏑。即看呼韓渭上朝，休誇竇憲燕然勒。

兒郎偉！抛梁上，仿佛神游今可想。風馬雲車世世來，金輿玉輦年年往。

兒郎偉！拋梁下，萬靈隤祉扶宗社。天垂嘉種已豐年，地産珍符方極化。

伏願上梁之後，聖躬樂豫，寶命靈長。松茂獻兩宫之壽，椒繁占六寢之祥。宗室藩維之彦，朝廷表干之良。家傳慶譽，代襲龍光。肩一心而顯相，保饋祀以無疆。

（《宋文鑑》卷一二九《英宗殿上梁文》，《文翰類選大成》卷一一〇《英德殿上梁文》，《五百家播芳大全文粹》卷九二《英德殿上梁文》，《王安石全集》卷三三《英德殿上梁文》）

廣寒殿上梁文　徐世隆

析木星躔，臨士馬雄强之地，瓊華仙島，營帝王游豫之宫。蓋因前代規模，便有内都氣象。金臺南峙，玉泉西流。北襟山勢，真龍屌之區，東帶海濤，盡魚鹽之國。控河朔上流之上，居今日中原之中。是宜均貢賦于四方，定龜鼎于億載。況朝覲必有接見之所，凡宫室本非逸樂而爲。恭惟皇帝陛下，功塞兩間，德光五葉。明俊德以親九族，修文德而來遠人。以至治不世出之英姿，舉累朝未暇行之令典。既嚴先廟，當備行宫。念人疲飛輓而尚未全蘇，雖躬在暴露而不自爲苦。逮至干戈之載戢，始令棟宇之量修。[140]壯未央而襲秦風，鄙蕭相重威之設，葺九成而損隋制，慕唐皇去泰之心。即廣寒之廢基，應清暑之故事。敬涓穀旦，爰舉柏梁。敢陳工誦之言，庸代子來之咏。

拋梁東！海外三韓向化風。鴨緑江頭無戰伐，盡銷金甲事春農。

拋梁南！惠雨仁風洗瘴嵐。干羽兩階苗自格，篚包不數洞庭柑。

拋梁西！鐵嶺兵閑太白低。聞道上都朝會日，降王侍子到來齊。

拋梁北！天道北旋昌水德。周天列宿象臣民，萬歲千秋拱宸極。

拋梁上！雲馭霓旌擁仙仗。長春白鶴自天來，特爲吾皇降靈貺。

拋梁下！輦路春風促龍駕。都人莫訝晚回鑾，秋郊恐損如雲稼。

伏願上梁之後，一人有慶，萬壽無疆。地儀厚配于長秋，天位普臨于諸夏。青宫朱邸，暐暐相輝，玉葉金枝，綿綿不絶。鸞臺鳳閣，咸登柱石之臣，象郡鷄林，永作藩維之守。國無撓棟，民悉奠居。延及魚鳥之微生，亦遂池臺之同樂。

（《元文類》卷四七《廣寒殿上梁文》，《文翰類選大成》卷一一〇《廣寒殿上梁文》）

【校勘記】

［1］導：《文章類選》同《文選》卷三二，《文翰類選大成》卷一〇二、《楚辭補注》卷一作“道”。

［2］昌：《文章類選》同《文選》卷三二、《文翰類選大成》卷一〇二，《楚辭補注》卷一作“猖”。

［3］中：《文章類選》同《文翰類選大成》卷一〇二、《楚辭補注》卷一，《文選》卷三二作“忠”。

［4］“曰黄昏以爲期兮”至下文“羌中道而改路”：此十三字原脱，據《文翰類選大成》卷一〇二、《楚辭補注》卷一補。

［5］葍：《文選》卷三二、《文翰類選大成》卷一〇二、《楚辭補注》卷一作“留”。

［6］悒：《文選》卷三二、《文翰類選大成》卷一〇二、《楚辭補注》卷一作“邑”。本篇下同。

［7］舉：原作“與”，據《文選》卷三二、《文翰類選大成》卷一〇二、《楚辭補注》卷一改。

［8］修繩墨而不頗：《文選》卷三二作“修繩墨而不陂”，《文翰類選大成》卷一〇二、《楚辭補注》卷一作“循繩墨而不頗”。

［9］瑮：《文選》卷三二、《文翰類選大成》卷一〇二、《楚辭補注》卷一作“瑣”。

［10］須臾：《文章類選》同《文選》卷三二，《文翰類選大成》卷一〇二、《楚辭補注》卷一作“逍遥”。

［11］雲：原作“雷”，據《文選》卷三二、《文翰類選大成》卷一〇二、《楚辭補注》卷一改。

［12］皇：《文章類選》同《文選》卷三二，《文翰類選大成》卷一〇二、《楚辭補注》卷一作“鳥”。

［13］貽：原作“貼”，據《文選》卷三二、《文翰類選大成》卷一〇二、《楚辭補注》卷一改。

［14］虙：《文章類選》同《文翰類選大成》卷一〇二，《文選》卷三二、《楚辭補注》卷一作“宓”。

［15］臯：《文章類選》同《文選》卷三二，《文翰類選大成》卷一〇二、《楚辭補注》卷一作“咎”。

［16］亮：《文章類選》同《文選》卷三二，《文翰類選大成》卷一〇二、《楚辭補注》卷一作“諒”。

［17］引：《文章類選》同《文選》卷三二，《文翰類選大成》卷一〇二、《楚辭補注》卷一作“列”。

［18］低：《文選》卷三三、《文翰類選大成》卷一〇二、《楚辭補注》卷四作“邸”。

［19］意：《文章類選》同《文選》卷三三、《文翰類選大成》卷一〇二，《古今事文類聚》别集卷二一、《楚辭補注》卷六作“慮”。

［20］吁嗟嘿嘿兮：“吁”原作“于”，據《文選》卷三三、《古今事文類聚》别集卷二一、《文翰類選大成》卷一〇二、《楚辭補注》卷六改；“嘿嘿”，《文章類選》同《文選》卷三三，《古今事

文類聚》别集卷二一、《文翰類選大成》卷一〇二、《楚辭補注》卷六作“默默”。

[21] “子非三間大夫與”至下文“而蒙世俗之塵埃”句：此一百四十二字原作“灼灼西頽日餘光照我衣迴風吹四壁寒鳥相因依周周尚銜羽蛩蛩亦念飢如何當路子磬折忘所歸豈爲誇共瓜譽名憔悴使心悲寧與鷰雀翔不隨黄鵠飛黄鵠游四海中路將安歸”七十四字，係阮籍《咏懷》之八，刻版亂入。《文章類選》“誇”注音“共瓜”。據《楚辭補注》卷七改。

[22] 又：原作“父”，據《文選》卷三三、《文翰類選大成》卷一〇二、《楚辭補注》卷八改。

[23] 臺：《文章類選》同《文翰類選大成》卷一〇二、《楚辭補注》卷八，《文選》卷三三作“臭”。

[24] 坎：《文章類選》同《文選》卷三三，《楚辭補注》卷八、《文翰類選大成》卷一〇二作“欿”。

[25] 嗟：《文選》卷三三、《文翰類選大成》卷一〇二、《楚辭補注》卷八作“羌”。

[26] 中：《文章類選》同《文翰類選大成》卷一〇三，《文苑英華》卷三五四作“宗”。

[27] 徵：《文章類選》同《文翰類選大成》卷一〇三，《文苑英華》卷三五四作“探”。

[28] 卨：《文章類選》同《文翰類選大成》卷一〇三，《文苑英華》卷三五四作“禹”。

[29] 下：《文章類選》同《文翰類選大成》卷一〇三，《文苑英華》卷三五四作“不”。

[30] 向：《文章類選》同《文翰類選大成》卷一〇三，《文苑英華》卷三五四作“尚”。

[31] 喧喧：《文章類選》同《文翰類選大成》卷一〇三，《文苑英華》卷三五四作“諄諄”。

[32] 游：此字原脱，據《文苑英華》卷三五四補。

[33] 谽谺：《文章類選》同《文翰類選大成》卷一〇三，《文苑英華》卷三五四作“顱顙”。

[34] 暮色躋躋朝思綿綿：《文章類選》同《文翰類選大成》卷一〇三，《文苑英華》卷三五四作“容色蹐蹐形神綿綿”。

[35] 一：《文章類選》同《文翰類選大成》卷一〇三，《文苑英華》卷三五四作“小”。

[36] 足：《文章類選》同《文翰類選大成》卷一〇三，《文苑英華》卷三五四作“踵”。

[37] 升：《文章類選》同《古今事文類聚》前集卷五、《文翰類選大成》卷一〇三，《文苑英華》卷三五七作“外”。

[38] 獨：《文章類選》同《文翰類選大成》卷一〇三，《文苑英華》卷三五七、《古今事文類聚》前集卷五作“將”。

[39] 岸：《文章類選》同《文苑英華》卷三五六，《文翰類選大成》卷一〇三作“犴”。

[40] 榱：《文章類選》同《文翰類選大成》卷一〇三，《文苑英華》卷三五六作“攘”。

[41] 鞠：《文章類選》同《文翰類選大成》卷一〇三，《文苑英華》卷三五六作“鞫”。

[42] 漠：《文苑英華》卷三五六、《文翰類選大成》卷一〇三均作“謨”。

[43] 胡：《文章類選》同《文翰類選大成》卷一〇三，《文苑英華》卷三五六作“何”。

[44] 蹈：原作“陷”，據《文苑英華》卷三五六改。

[45] 雲：《文苑英華》卷三五六、《文翰類選大成》卷一〇三均作“霍”。

[46] 游：《文章類選》同《文苑英華》卷三五七，《文翰類選大成》卷一〇三作“溺”。

[47] 淵：《文章類選》同《文苑英華》卷三五七，《文翰類選大成》卷一〇三作“瀾”。

[48] 鱣：《文章類選》同《文翰類選大成》卷一〇三，《文苑英華》卷三五七作“魚”。

［49］兹：《文章類選》同《文翰類選大成》卷一〇三，《文苑英華》卷三五七作“益”。

［50］游：《文章類選》同《文苑英華》卷三五七，《文翰類選大成》卷一〇三作“涎”。

［51］羸壯：《文章類選》同《唐文粹》卷一七下，《文苑英華》卷三五八作“形狀”。

［52］懷：《文選》卷四五作“携”。

［53］秦：此字原脱，據《文選》卷四八、《司馬相如集校注·符命》補。

［54］唐：《文章類選》同《文翰類選大成》卷一一〇，《文選》卷四八作“唐堯”。

［55］厖鴻：《文章類選》同《文選》卷四八，《文翰類選大成》卷一一〇作“龐鴻”。

［56］飛：《文章類選》同《文翰類選大成》卷一一〇，《文選》卷四八作“蜚”。

［57］於：《文章類選》同《文翰類選大成》卷一一〇，《文選》卷四四作“牧”。

［58］故：《文章類選》同《文翰類選大成》卷一一〇，《文選》卷四四作“敝”。

［59］膝骿：《文章類選》同《文翰類選大成》卷一一〇，《史記》卷一一七中無此二字，《文選》卷四四無“骿”字。“膝”，《漢書》卷五七下、《西漢年紀》卷一二均作“胝”。

［60］咸：《文章類選》同《文翰類選大成》卷一一〇，《文選》卷四四作“減”。

［61］退：《文章類選》同《文翰類選大成》卷一一〇，《文選》卷四四作“避”。

［62］歡：原作“觀”，據《文選》卷五七改。

［63］竊：《文章類選》同《古今事文類聚》前集卷三三、《文翰類選大成》卷一一〇，《文選》卷四三作“偶”。

［64］世：《文章類選》同《文翰類選大成》卷一一〇，《文選》卷四三、《古今事文類聚》前集卷三三作“氏”。

［65］鶴：《文章類選》同《古今事文類聚》前集卷三三、《文翰類選大成》卷一一〇，《文選》卷四三作“鵠”。

［66］乃：《文章類選》同《文翰類選大成》卷一一〇，《文選》卷四三、《古今事文類聚》前集卷三三作“又”。

［67］袖：《文章類選》同《文翰類選大成》卷一一〇，《文選》卷四三、《古今事文類聚》前集卷三三作“岫”。

［68］常：《文苑英華》卷一〇〇〇、《唐文粹》卷三三、《文翰類選大成》卷一一〇作“嘗”。

［69］聞：《文章類選》同《唐文粹》卷三三、《文翰類選大成》卷一一〇，《文苑英華》卷一〇〇〇作“悼”。

［70］期：《文章類選》同《唐文粹》卷三三、《文翰類選大成》卷一一〇，《文苑英華》卷一〇〇〇作“畿”。

［71］征馬：《文章類選》同《唐文粹》卷三三、《文翰類選大成》卷一一〇，《文苑英華》卷一〇〇〇作“馬亦”。

［72］當：《文章類選》同《唐文粹》卷三三、《文翰類選大成》卷一一〇，《文苑英華》卷一〇〇〇作“耐”。

［73］尸填巨港：《文章類選》同《唐文粹》卷三三、《文翰類選大成》卷一一〇，《文苑英華》卷

一〇〇〇作“尸踣渚水”。

［74］盡：《文章類選》同《唐文粹》卷三三、《文翰類選大成》卷一一〇，《文苑英華》卷一〇〇〇作“竭”。

［75］竭：《文章類選》同《唐文粹》卷三三、《文翰類選大成》卷一一〇，《文苑英華》卷一〇〇〇作“盡”。

［76］戰：《文章類選》同《唐文粹》卷三三、《文翰類選大成》卷一一〇，《文苑英華》卷一〇〇〇作“鬭”。

［77］結：《文章類選》同《唐文粹》卷三三、《文翰類選大成》卷一一〇，《文苑英華》卷一〇〇〇作“怨”。

［78］靈：《唐文粹》卷三三、《文翰類選大成》卷一一〇作“人”，《文苑英華》卷一〇〇〇作“民”。

［79］足：《文苑英華》卷一〇〇〇作“是”。

［80］天地爲愁：《文章類選》同《唐文粹》卷三三、《文翰類選大成》卷一一〇，《文苑英華》卷一〇〇〇作“天爲之愁”。

［81］精魂：《文章類選》同《唐文粹》卷三三、《文翰類選大成》卷一一〇，《文苑英華》卷一〇〇〇作“魂靈”。

［82］維年月日：《文章類選》同《文翰類選大成》卷一一〇，《古今事文類聚》後集卷三四作“維元和十四年四月二十四日”。

［83］鵬：《文章類選》同《文翰類選大成》卷一一〇，《古今事文類聚》後集卷三四作“鯢”。

［84］粻：《文章類選》同《文翰類選大成》卷一一〇，《古今事文類聚》別集卷二九作“糧”。本篇下同。

［85］竊具船：《文章類選》同《文翰類選大成》卷一一〇，《古今事文類聚》別集卷二九作“躬具舡”。

［86］彍：《文章類選》同《文翰類選大成》卷一一〇，《古今事文類聚》別集卷二九作“張”。

［87］如聞音聲：《文章類選》《文翰類選大成》卷一一〇，《古今事文類聚》別集卷二九作“耳聞聲音”。

［88］可：《文章類選》同《文翰類選大成》卷一一〇，《古今事文類聚》別集卷二九作“不可”。

［89］鬼：《文章類選》同《文翰類選大成》卷一一〇，《古今事文類聚》別集卷二九作“思”。

［90］六：《文章類選》同《文翰類選大成》卷一一〇，《古今事文類聚》別集卷二九作“三”。

［91］杳：原同《文翰類選大成》卷一一〇作“香”，據《古今事文類聚》別集卷二九改。

［92］見：《文章類選》同《文翰類選大成》卷一一〇，《古今事文類聚》前集卷一〇作“庭”。

［93］功：《文章類選》同《文翰類選大成》卷一一〇，《古今事文類聚》前集卷一〇作“攻”。

［94］狂：《文章類選》同《文翰類選大成》卷一一〇，《古今事文類聚》前集卷一〇作“病”。

［95］笑：《文章類選》同《文翰類選大成》卷一一〇，《古今事文類聚》前集卷一〇作“灾”。

［96］恒：《文章類選》同《文翰類選大成》卷一一〇，《古今事文類聚》前集卷一〇作“常”。

［97］迎：《文章類選》同《文翰類選大成》卷一一〇，《古今事文類聚》前集卷一〇作“逆”。

［98］奇：《文章類選》同《文翰類選大成》卷一一〇，《古今事文類聚》前集卷一〇作“倚”。

［99］歐：《文章類選》同《文翰類選大成》卷一一〇，《古今事文類聚》前集卷一〇作“嘔”。

［100］拔：《文章類選》同《文翰類選大成》卷一一〇，《古今事文類聚》前集卷一〇作“披”。

［101］辭：《文章類選》同《文翰類選大成》卷一一〇，《古今事文類聚》前集卷一〇作“詞”。

［102］九：《文章類選》同《古今事文類聚》前集卷一五、《文翰類選大成》卷一一〇，《文苑英華》卷三五七作“八”。

［103］互：《文章類選》同《文翰類選大成》卷一一〇，《文苑英華》卷三五七作“牙”。

［104］迾：《文章類選》同《文翰類選大成》卷一一〇，《文苑英華》卷三五七作“列”。

［105］傾海流不：《文章類選》同《文翰類選大成》卷一一〇，《文苑英華》卷三五七作“西傾海流下”。

［106］往：《文章類選》同《古今事文類聚》前集卷一五、《文翰類選大成》卷一一〇，《文苑英華》卷三五七作“海”。

［107］有以：《文苑英華》卷三五七、《古今事文類聚》續集卷一八均作“又有”。

［108］群：《文章類選》同《古今事文類聚》續集卷一八、《文翰類選大成》卷一一〇，《文苑英華》卷三五七作“其”。

［109］日：原作“目”，據《文苑英華》卷三五七、《古今事文類聚》續集卷一八改。

［110］怒：《文章類選》同《古今事文類聚》續集卷一八、《文翰類選大成》卷一一〇，《文苑英華》卷三五七作“恕”。

［111］碩：《文苑英華》卷三五七、《古今事文類聚》續集卷一八作“類”。

［112］食：《文章類選》同《古今事文類聚》續集卷一八，《文苑英華》卷三五七無此字。

［113］投：《文章類選》同《古今事文類聚》續集卷一八，《文苑英華》卷三五七作“捉”。

［114］悠：《文苑英華》卷三五七作“滶滶”。

［115］得：《文苑英華》卷三五七作“德”。

［116］自：《文章類選》同《文翰類選大成》卷一一〇，《古今事文類聚》後集卷三三作“相”。

［117］妒：《文章類選》同《文翰類選大成》卷一一〇，《古今事文類聚》後集卷三三作“蠹”。

［118］逞：《文章類選》同《文翰類選大成》卷一一〇，《古今事文類聚》後集卷三三作“足”。

［119］抶：《文章類選》同《文翰類選大成》卷一一〇，《古今事文類聚》後集卷三三作“佚”。

［120］闠：《文章類選》同《文翰類選大成》卷一一〇，《古今事文類聚》續集卷二八作“門”。

［121］遂：《文章類選》同《文翰類選大成》卷一一〇，《古今事文類聚》續集卷二八作“遠”。

［122］惡：《文章類選》同《文翰類選大成》卷一一〇，《古今事文類聚》續集卷二八作“悪”。

［123］苟無綱：《宋文鑑》卷一二五校記改作“苟遇綱”，《古今事文類聚》後集卷三四作“觸吾綱”。

［124］黜：《五百家播芳大全文粹》卷九一作“拙”。

［125］隳：此字原脱，據《五百家播芳大全文粹》卷九一補。

［126］寢于于：《五百家播芳大全文粹》卷九一作“夜”。

［127］三：《五百家播芳大全文粹》卷九一無此字。

［128］必：《五百家播芳大全文粹》卷九一作“心”。

［129］王某：《五百家播芳大全文粹》卷九一作“江集”。

［130］于：《文章類選》同《文翰類選大成》卷一一〇，《五百家播芳大全文粹》卷九一作“有”。

［131］縮：《文章類選》同《文翰類選大成》卷一一〇，《五百家播芳大全文粹》卷九一作“屈”。

［132］及：《文章類選》同《文翰類選大成》卷一一〇，《五百家播芳大全文粹》卷九一作“返”。

［133］并汾：《文章類選》同《文翰類選大成》卷一一〇，《五百家播芳大全文粹》卷九一作“糾紛”。

［134］病：《文章類選》原同《文翰類選大成》卷一一〇均作“并”，據《五百家播芳大全文粹》卷九一改。

［135］彼：《文章類選》同《文翰類選大成》卷一一〇，《五百家播芳大全文粹》卷九一作“爾”。

［136］軍：《文章類選》同《文翰類選大成》卷一一〇，《五百家播芳大全文粹》卷九一作“車”。

［137］廟：《文章類選》同《文翰類選大成》卷一一〇，《宋文鑑》卷一二九、《五百家播芳大全文粹》卷九二作“廣”。

［138］築：《文章類選》同《宋文鑑》卷一二九、《文翰類選大成》卷一一〇，《五百家播芳大全文粹》卷九二作“斫”。

［139］庀：《文章類選》同《宋文鑑》卷一二九、《文翰類選大成》卷一一〇，《五百家播芳大全文粹》卷九二作“筵”。

［140］量：《文章類選》同《文翰類選大成》卷一一〇，《元文類》卷四七作“重”。

文章類選卷之九

説　類

植蘭説　楊夔

或種蘭荃，鄙不遄茂。乃法圃師汲穢以溉，而蘭净荃潔，非頓乎衆莽。[1]苗既驟悴，根亦旋腐。噫！貞哉蘭荃歟？遲發舒守其元和，雖瘠而茂也。假雜壤亂天真，雖沃而斃也。守貞介而擇禄者，[2]其蘭荃乎？樂淫亂而偷位者，其雜莽乎？受莽之僞爵者，[3]孰若龔勝之不仕耶？食述之僭禄者，孰若管寧之不位耶？嗚呼！業圃者以穢爲主，而後見龔管之正。

（《文苑英華》卷三七八《植蘭説》，《古今事文類聚》後集卷二九《植蘭説》，《文翰類選大成》卷一三三《植蘭説》）

相孟子説　劉蜕

孟子之愛人也細，緣其言而不精，以爲習而有利，則心唯恐其不利。[4]至於傷人，故曰：術不可不慎也。嗚呼！術焉得慎，慎則情背也。心則可慎，慎則唯術之惡而不利其傷也。爲仁人之心由術，使之可動，則咎繇之術，治黥割也，而咎繇豈利人之刑？周公之術，治縗絰也，而周公豈利人之喪？以爲愛人者必有其備故也。術善可以化其心歟，則師之術所以導善也，潘崇因師以殺楚子。醫之術所以治生也，晋人因醫以鴆衛侯。是師醫之所術，豈不慎歟？然而亦何嘗心之善歟，果以利能固小人心，而唯禁其術，則函不衛無敵之體，是亦利其敵也。

巫不祝非病之人，是亦果利其病也，豈矢匠之心而已矣。既以不爲利而動其心，[5]則矢匠之利亦不欲殺，函人之利亦不欲死，已有心矣。然良其工，不得不有時而利其殺與死也。以弧矢所以威天下，則征不義，而後可殺也。棺椁所以封中野，降殺有禮，而後死可利也。

嗚呼！爲臣而倍畔，爲子而倍葬，[6]其家人之心，畏其情背也，故術烏可使民慎。古之濟其備，所以教天下之愛也，故尊生送死，愛道盡此，而孟子之愛也細，爲誅矢匠之意歟！聖人所以使匠人也，愛盡其道，何如？

（《文苑英華》卷三六〇《相孟子説》）

儒義説　來鵠

天下之命修文士曰儒士，言其書曰儒書，是謬久矣。夫儒者，可器之士之號也。何者？以其不達於事，濡滯焉。且以《詩》《書》之法未嘗言，以《周易》《春秋》之文未嘗載，斯明矣。唯《論語》言當爲君子儒，豈爲小人儒？[7]《禮記》記《儒行篇》知是，非仲尼之言也。夫聖人言君臣、父子、夫婦、兄弟、朋友、賓主之法而已矣。是儒者無定，不約其事而制之。何必曰儒？苟若是，則曰佛、曰道，何怪邪？

夫士之出也，進道德，行禮樂，以治其身心，能語言，明仁義則曰儒士。不善而爲武夫，夫控弦荷戈、賤隸之徒也。苟修其文而不知武，烏得爲君子。孔子曰："有文事者必有武備，有武事者必有文備。[8]"①夫文所以導乎忠孝，若武所以戢乎叛逆，二事之用，以求于是而已。某是知古今之人慮或未精故也，輒建斯議，以爲世式。

（《文苑英華》卷三六〇《儒義説》，《文翰類選大成》卷一三三《儒義説》）

---

① 參見《史記》卷四七《孔子世家》。

仲由不得配祀説　來鵠

語曰：民生於三，事之如一。[9]父生之，師教之，君食之。唯其所在，則致死焉。孔氏之徒，回聖也，賜辯也，商賢也，子我才也，曾閔孝也。及諸子於夫子皆性而從之也，[10]唯由教而勵之以成也。故夫子訓由而功倍，始衣戎服則攝齊，始衛以劍，則衛以仁，爲蒲宰勞民以簞食壺漿，孔子恐私以食饋民，是明君之無惠，使子貢止之，其於教亦至矣。由也誠宜葆死焉以俟乎致，葆身焉以全乎用，何取臨於衛門，非召忽之死，而致蠹聖人之心。嘆曰："自吾有由，惡言不聞於耳。"①

嘗圍於陳蔡，胡不如衛之於夫子邪？且諸侯有相滅亡者，桓公不能救則耻之。夫諸侯有塹壘以遏寇，有甲兵以禦侮，而小白猶能爲伺其耻，[11]而終爲霸主以救之。矧夫子壘然若喪家之狗，無塹壘，無甲兵，脱載爲宋衛所暴，匡季陵劫，則由也不得施。其後浪死於燔臺，[12]何齊桓爲救異侯之耻，而由反不能終援夫子之窮？使夫子以由在，則曰"惡言不聞於耳"。今日没也，豈惡言不日聞乎？又奚用白羽若月赤羽若日之多爲哉？祭法曰：捍大患則祀之。素王道窮，患非大乎？由不終捍，豈爲祀乎？賜曰：商，汝何無罪？今也由，汝亦何無罪？宜貶其祀以觀來者。

（《文苑英華》卷三六〇《仲由不得配祀説》）

交難説　李觀

交之難兮久矣，且苟合兮爲耻。昔人病於無友，嗟友不可以已矣。絶壑萬丈，歞歞龍吟。玄雲遂興，六合爲陰。碧山嵌空，虒嘯其中。百獸悍慄，歘然長風。夫物以類感，何感不致。交以心契，何心不契，何心不秘。然執可久之契，先古稱利。言求於斯，不可易易。二氣陶甄，曰人是先。足矩地，首規天。大樸摧頽，六情入焉。一與

① 参見《史記》卷六七《仲尼弟子列傳》。

一奪，失其自然。積有億年，人增險難，使我行無所之，居無所安。游流濺濺，潰我素源，源無清流，棄沈逐浮。作色自伐，僞心相求。睢盱竭歡，未竟成讎。一日銷落，速如涼秋。[13]其榮無遺，俗態豈留。獨見神岳寒柏，千尋無儔。直天而生，高略斗牛。下睨群植，匪堪與謀。何者爲交，窮達不偷。樂亦同樂，憂亦同憂。生死循環，其道率由。破産之惠，不相爲酬。如斯之謂也。

昔夷吾九合之策，知者不孤，巨卿千里之哭，今也則無。石父解縛於齊相，智罃負慚於賈夫。行微，其可有乎？知我則友，何微之居。古之奉交，多不穫全。耳餘之初，刎頸慨然。隱憫就辱，激昂自堅。及其據兵而坐，勢不相果。白刃可吹，赤心乃携。憑怒相殺，氣干虹蜺。

嗚呼！噫戲也！交之難兮。二子苟合忿深咆哮，余嘗識之，不妄語交。矧今之人兮無異蒙虺蜥，是故獨處兮而悲蠨蛸。冀幸歟可振，予願言與鄰，驂吾祖之駕，捧仲尼之輪。義者有其義，仁者師其仁，不其仁、不其善歟？何滯於斯憂辛。

（《文苑英華》卷三七八《交難説》，《文翰類選大成》卷一三三《交難説》）

師説　韓愈

古之學者必有師。師者，所以傳道受業解惑也。人非生而知之者，孰能無惑？惑而不從師，其爲惑也，終不解矣。生乎吾前，其聞道也固先乎吾，吾從而師之，生乎吾後，其聞道也亦先乎吾，吾從而師之。吾師道也，夫庸知其年之先後生於吾乎？[14]是故無貴無賤、無長無少，道之所存，師之所存也。

嗟乎！師道之不傳也久矣！欲人之無惑也難矣！古之聖人，其出人也遠矣，猶且從師而問焉，今之衆人，其下聖人也亦遠矣，而恥學於師。是故聖益聖，愚益愚，聖人之所以爲聖，愚人之所以爲愚，其皆出於此乎？

愛其子，擇師而教之，於其身也，則耻師焉。惑矣！彼童子之師，授之書而習其句讀者，非吾所謂傳其道解其惑者也。句讀之不知，惑之不解，或師焉，或不焉，小學而大遺，吾未見其明也。巫醫樂師百工之人，不耻相師。士大夫之族，曰師、曰弟子云者，則群聚而笑之。問之，則曰："彼與彼年相若也，道相似也，位卑則足羞，官盛則近諛。"嗚呼！師道之不復可知矣。巫醫樂師百工之人，君子不齒，今其智乃反不能及，其可怪也歟！

聖人無常師。孔子師郯子、萇弘、師襄、老聃。郯子之徒，其賢不及孔子。孔子："三人行，則必有我師。"[①]是故弟子不必不如師，師不必賢於弟子。聞道有先後，術業有專攻，如是而已。

李氏子蟠，年十七，好古文，六藝經傳皆通習之，不拘於時，學於余。余嘉其能行古道，作《師說》以貽之。

(《唐文粹》卷四七《師説》，《古今事文類聚》前集卷二三《師説》，《文翰類選大成》卷一三三《師説》，《韓愈文集彙校箋注》卷二《師説》，《韓昌黎文集校注》卷一《師説》)

雜説四首[②]　韓愈

龍説

龍噓氣成雲，雲固弗靈於龍也。然龍乘是氣，茫洋窮乎玄間，薄日月，伏光景，感震電，神變化，水下土，汩陵谷。雲亦靈怪矣哉！雲，龍之所能使爲靈也，若龍之靈，則非雲之所能使爲靈也。然龍弗得雲，無以神其靈矣。失其所憑依，信不可歟？異哉！其所憑依，乃其所自爲也。《易》曰："雲從龍。"[③]既曰龍，雲從之矣。

醫説

善醫者，不視人之瘠肥，察其脉之病否而已矣。善計天下者，不

① 參見《論語・述而》。
② 《雜説四首》之《龍説》《醫説》《崔山君傳》《馬説》四題原無，據《韓昌黎文集校注》卷一補。
③ 參見《周易・乾卦》。

視天下之安危，察其紀綱之理亂而已矣。天下者，人也；安危者，肥瘠也；紀綱者，脉也。脉不病，雖瘠不害，脉病而肥者，死矣。通於此説者，其知所以爲天下乎！

夏、殷、周之衰也，諸侯作而戰伐日行矣。傳數十王而天下不傾者，紀綱存焉耳。秦之王天下也，無分勢於諸侯，聚兵而焚之，傳二世而天下傾者，紀綱亡焉耳。是故四支雖無故，不足恃也，脉而已矣。四海雖無事，不足矜也，紀綱而已矣。憂其所可恃，懼其所可矜，善醫善計者，謂之天扶與之。《易》曰："視履考祥。"①善醫善計者爲之。

崔山君傳

談生之爲《崔山君傳》，稱鶴言者，豈不怪哉！然吾觀於人，其能盡吾性而不類於禽獸異物者希矣。將憤世嫉邪，長往而不來者之所爲乎？昔之聖者，其首有若牛者，其形有若蛇者，其喙有若鳥者，其貌有若蒙倛者。彼皆貌似而心不同焉，可謂之非人邪？即有平脅曼膚，顏如渥丹，美而狠者。貌則人，其心則禽獸，又惡可謂之人邪？然則觀貌之是非，不若論其心與其行事之可否爲不失也。怪神之事，孔子之徒不言。余將特取其憤世嫉邪而作之，故題之云爾。

馬説

世有伯樂，然後有千里馬。千里馬常有，而伯樂不常有。故雖有名馬，祇辱於奴隸人之手，駢死於槽櫪之間，不以千里稱也。馬之千里者，一食或盡粟一石。食馬者，不知其能千里而食也。是馬也，雖有千里之能，食不飽，力不足，才美不外見，[15]且欲與常馬等，不可得，安求其能千里也！策之不以其道，食之不能盡其材，鳴之而不能通其意，執策而臨之曰："天下無馬！"[16]嗚呼！其真無馬邪？其真不知馬也！

（《唐文粹》卷四七《雜説四首》，《文翰類選大成》卷一三三《雜説四首》，《韓愈文集彙校箋注》卷一《雜説四首》，《韓昌黎文集校注》卷一《雜説》）

---

① 參見《周易・履卦》。

讀荀卿子説　韓愈

始吾讀孟軻書，然後知孔子之道尊，聖人之道易行，王易王，霸易霸也。以爲孔子之徒没，尊聖人者，孟氏而已。晚得揚雄書，益尊信孟氏。因雄書而孟氏益尊，則雄者，亦聖人之徒歟！聖人之道不傳于世。周之衰，好事者各以其説干時君，紛紛籍籍相亂，六經與百家之説錯雜，然老師大儒猶在。火于秦，黄老于漢，其存而醇者，孟軻氏而止耳，揚雄氏而止耳。

及得荀氏書，於是又知有荀氏者也。考其辭，時若不粹；[17]要其歸，與孔子異者鮮矣。抑猶在軻、雄之間乎？孔子删《詩》《書》，筆削《春秋》，合於道者著之，離於道者黜去之。故《詩》《書》《春秋》無疵。余欲削荀氏之不合者，附于聖人之籍，亦孔子之志歟！

孟氏，醇乎醇者也。荀與揚，大醇而小疵。

（《唐文粹》卷四六《讀荀》，《文翰類選大成》卷一六二《讀荀》，《韓愈文集彙校箋注》卷一《讀荀子》，《韓昌黎文集校注》卷一《讀荀》）

謫龍説　柳宗元

扶風馬孺子言：年十五六時，在澤州與群兒戲郊亭上，頃然，有奇女墜地，有光曄然，被緅裘白紋之裏，首步摇之冠。貴游年少駭且悦之，稍狎焉，奇女頩爾怒曰：不可。吾故居鈞天帝宫，下上星辰，呼嘘陰陽，薄蓬萊，羞崑崙，而不即者。帝以吾心侈大，怒而謫來，七日當復。今吾雖辱塵土中，非若儷也，吾復，且害若。衆恐而退。遂入居佛寺講室焉。及期，進取杯水飲之，嘘成雲氣，五色翛翛也。因取裘反之，化爲白龍，徊翔登天，莫知其所終，亦怪甚矣！

嗚呼！非其類而狎其謫不可哉。孺子，不妄人也，故記其説。

（《古今事文類聚》後集卷三三《謫龍説》，《柳宗元集校注》卷一六《謫龍説》）

捕蛇者説　柳宗元

永州之野產異蛇,黑質而白章,觸草木盡死,以嚙人,無禦之者。然得而腊之以爲餌,可以已大風、攣踠、瘻、癘,去死肌,殺三蟲。其始,太醫以王命聚之,歲賦其二,募有能捕之者,當其租入。永之人争奔走焉。

有蔣氏者,專其利三世矣。問之,則曰:"吾祖死於是,吾父死於是,今吾嗣爲之十二年,幾死者數矣。"言之,貌若甚戚者。余悲之,且曰:"若毒之乎? 余將告于莅事者,更若役,復若賦,則何如?"

蔣氏大戚,汪然出涕,曰:"君將哀而生之乎? 則吾斯役之不幸,未若復吾賦不幸之甚也。嚮吾不爲斯役,則久已病矣。自吾氏三世居是鄉,積于今六十歲矣,而鄉鄰之生日蹙。殫其地之出,竭其廬之入,號呼而轉徙,飢渴而頓踣。觸風雨,犯寒暑,呼噓毒癘,往往而死者相藉也。曩與吾祖居者,今其室十無一焉。與吾父居者,今其室十無二三焉。與吾居十二年者,今其室十無四五焉。非死而徙爾,而吾以捕蛇獨存。悍吏之來吾鄉,叫囂乎東西,隳突乎南北,嘩然而駭者,雖鷄狗不得寧焉。吾恂恂而起,視其缶,而吾蛇尚存,則弛然而卧。謹食之,時而獻焉。退而甘食其土之有,以盡吾齒。蓋一歲之犯死者二焉,其餘則熙熙而樂,豈若吾鄉鄰之旦旦有是哉? 今雖死乎此,比吾鄉鄰之死則已後矣,又安敢毒耶?[18]"

余聞而愈悲。孔子曰:"苛政猛於虎也!"①吾嘗疑乎是,今以蔣氏觀之,猶信。嗚呼! 孰知賦斂之毒,有甚是蛇者乎! 故爲之説,以俟夫觀人風者得焉。

(《文苑英華》卷三七三《捕蛇者説》,《唐文粹》卷四七《捕蛇説》,《古今事文類聚》别集卷二三《捕蛇者説》,《文翰類選大成》卷一三三《捕蛇者説》,《柳宗元集校注》卷一六《捕蛇者説》,《東萊集注觀瀾文集》丙集卷五《捕蛇者説》)

---

① 參見《禮記・檀弓》。

羆説　柳宗元

鹿畏貙，敕俱切。貙畏虎，虎畏羆。羆之狀，被髮人立，絶有力，而甚害人焉。楚之南有獵者，能吹竹爲百獸之音。昔云持弓矢罌火而即之山，[19]爲鹿鳴以感其類，伺其至，發火而射之。貙聞其鹿也，趨而至，其人恐，因爲虎而駭之。貙走而虎至，愈恐，則又爲羆，虎亦亡去。羆聞而求其類，至則人也，捽搏挽裂而食之。今夫不善内而恃外者，未有不爲羆之食也。

（《文苑英華》卷三七三《羆説》，《柳宗元集校注》卷一六《羆説》）

鶻説　柳宗元

有鷙曰鶻者，穴于長安薦福浮圖有年矣，[20]浮圖之人室宇于其下者，伺之甚熟。爲余説之曰：冬日之夕，是鶻也，必取烏之盈握者完而致之，以燠其爪掌，左右而易之。旦則執而上浮圖之跂焉，縱之，延其首以至，[21]極其所如往，必背而去焉。苟東矣，則是日也不東逐，南北亦然。

嗚呼！孰謂爪吻毛翮之物，而不爲仁義器耶？是固無號位爵禄之欲，[22]里閭親戚朋友之愛也，出乎鷇卵，而知攫食决裂之事爾，不爲其他。凡食類之飢，唯旦爲甚，今忍而釋之，以有報也，是不亦卓然有立者乎？[23]用其力而愛其死，以忘其飢，又遠而違之，非仁義之道耶？恒其道，一其志，不欺其心，斯固世之所難得也。

余又疾夫今之説曰："以煦煦而默，徐徐而俯者，善之徒；以翹翹而厲，炳炳而白者，暴之徒。今夫梟鵂，晦於晝而神於夜，鼠不穴寢廟，循墻而走，是不近於煦煦者耶？今夫鶻，其立趯然，其動砉然，其視的然，其鳴革然，是不近於翹翹者耶？由是而觀其所爲，則今之説爲未得也。孰若鶻者，吾願從之。毛耶翮耶，胡不我施？寂寥泰清，樂以忘飢。"

（《文苑英華》卷三七三《説鶻》，《唐文粹》卷四七《説鶻》，《古今事文類聚》後集卷四三《説鶻》，《柳宗元集校注》卷一六《鶻説》）

天説 柳宗元

韓愈謂柳子曰:"若知天之説乎?吾爲子言天之説。今夫人有疾痛、倦辱、饑寒甚者,因仰而呼天曰:'殘民者昌,佑民者殃!'又仰而呼天曰:'何爲使至此極戾也?'若是者,舉不能知天。夫果蓏、飲食既壞,蟲生之;人之血氣敗逆壅底,爲癰瘍、疣贅、瘻痔,蟲生之;木朽而蝎中,草腐而螢飛,是豈不以壞而後出耶?物壞,蟲由之生。元氣陰陽之壞,人由而生。蟲之生而物益壞,食嚙之,攻穴之,蟲之禍物也滋甚。其有能去之者,有功於物者也;繁而息之者,物之讎也。人之壞元氣陰陽也亦滋甚。墾原田,伐山林,鑿泉以井飲,窾墓以送死,而又穴爲偃溲,築爲墻垣、城郭、臺榭、觀游,疏爲川瀆、溝洫、陂池,燧木以燔,革金以熔,陶甄琢磨,悴然使天地萬物不得其情,倖倖衝衝,攻殘敗撓而未嘗息。其爲禍元氣陰陽也,不甚於蟲之所爲乎?吾意有能殘斯人使日薄歲削,禍元氣陰陽者滋少,是則有功于天地者也;蕃而息之者,[24]天地之讎也。今夫人舉不能知天,故爲是呼且怨也。吾意天聞其呼且怨,則有功者受賞必大矣,其禍焉者受罰亦大矣。子以吾言爲何如?"

柳子曰:"子誠有激而爲是耶?則信辯且美矣。吾能終其説。彼上而玄者,世謂之天;下而黄者,世謂之地。渾然而中處者,世謂之元氣;寒而暑者,世之謂陰陽。是雖大,無異果蓏、癰痔、草木也。假而有能去其攻穴者,是物也,其能有報乎?蕃而息之者,其能有怒乎?天地,大果蓏也;元氣,大癰痔也;陰陽,大草木也,其烏能賞功而罰禍乎?功者自功,禍者自禍,欲望其賞罰者大謬;呼而怨,欲望其哀且仁者,愈大謬矣。[25]子而信子之仁義以游其内,生而死爾,烏置存亡得喪於果蓏、癰痔草木耶?"

(《文苑英華》卷三六二《説天》,《唐文粹》卷四七《天説》,《古今事文類聚》前集卷二八《天説》,《柳宗元集校注》卷一六《天説》)

保身説　司馬光

天下有道，君子揚於王庭以正小人之罪而莫敢不服；天下無道，君子囊括不言以避小人之禍而猶或不免。黨人生昏亂之世，不在其位，四海横流，而欲以口舌救之，臧否人物，激濁揚清，撩虺蛇之頭，踐虎狼之尾，以至身被淫刑，禍及朋友，士類殲滅而國隨以亡，不亦悲乎？夫惟郭泰既明且哲，以保其身，申屠蟠見幾而作，不俟終日，卓乎其不可及已！

（《宋文選》卷四《保身説》，《古今事文類聚》别集卷三〇《保身説》，《文翰類選大成》卷一三三《保身説》，《資治通鑑》卷五六《漢紀四十八》，《通鑑紀事本末》卷八《宦官亡漢》）

太極圖説　周敦頤

無極而太極。太極動而生陽，動極而静；静而生陰，静極復動。一動一静，互爲其根；分陰分陽，兩儀立焉。陽變而陰合，而生水、火、木、金、土。五氣順布，四時行焉。五行，一陰陽也。陰陽，一太極也。太極，本無極也。五行之生也，各一其性。無極之真，二五之精，妙合而凝。乾道成男，坤道成女。二氣交感，化生萬物。萬物生生，而變化無窮焉。惟人也，得其秀而最靈。形既生矣，神發知矣，五性感動，而善惡分，萬事出矣。聖人定之以中正仁義，而主静，立人極焉。故聖人與天地合其德，日月合其明，四時合其序，鬼神合其吉凶。君子修之吉，小人悖之凶。故曰："立天之道，曰陰與陽；立地之道，曰柔與剛；立人之道，曰仁與義。"又曰："原始反終，故知死生之説。"大哉《易》也，斯其至矣！

（《宋文鑑》卷一〇七《太極圖説》，《古今事文類聚》前集卷一《太極圖説》，《文翰類選大成》卷一三三《太極圖説》，《周敦頤集》卷一《太極圖説》）

養心亭説　周敦頤

孟子曰："養心莫善於寡欲，其爲人寡欲，雖有不存焉者，寡矣；其爲人多欲,雖有存焉者,寡矣。"①予謂養心不止於寡而存耳,蓋寡焉以至於無,無則誠立、明通。誠立,賢也;明通,聖也。是賢聖非性生,必養心而至之。養心之善有大焉如此,存乎其人而已。

張子宗范有行有文,其居背山而面水。山之麓,構亭甚清净。予偶至而愛之,因題曰"養心"。既謝,且求説,故書以勉。

(《性理群書句解》前集《新編性理群書句解》卷八《養心亭説》,《周敦頤集》卷三《養心亭説》)

愛蓮説　周敦頤

水陸草木之花,可愛者甚蕃。晋陶淵明獨愛菊。自李唐來,世人甚愛牡丹。予獨愛蓮之出淤泥而不染,濯清漣而不妖,中通外直,不蔓不枝,香遠益清,亭亭净植,可遠觀而不可褻玩焉。

予謂菊,花之隱逸者也;牡丹,花之富貴者也;蓮,花之君子者也。噫!菊之愛,陶後鮮有聞。蓮之愛,同予者何人?牡丹之愛,宜乎衆矣。

(《古今事文類聚》後集卷三二《愛蓮説》,《文翰類選大成》卷一三三《愛蓮説》,《周敦頤集》卷三《愛蓮説》)

名二子説　蘇洵

輪輻蓋軫,皆有職乎車,而軾獨若無所爲者。雖然,去軾,則吾未見其爲完車也。軾乎,吾懼汝之不外飾也。[26]天下之車莫不由轍,而言車之功,轍不與焉。雖然,車仆馬斃而患不及轍。是轍者,善處乎禍福之間也。[27]轍乎,吾知免矣。

(《古今事文類聚》後集卷二《名二子説》,《文翰類選大成》卷一三三《名二子説》,《蘇洵集》卷一五《名二子説》)

---

①　參見《孟子·盡心下》。

直不疑蒙垢以求名説①　蘇軾

樂正子春曰：[28]“自吾母而不得吾情，吾安所用其情？”②故不情者，君子之所甚惡也。雖若孝弟者，猶所不與。以德報怨，行之美者也。然孔子不取者，以其不情也。直不疑買金償亡，不辨盜嫂，亦士之美行矣。然非人情。其所以蒙垢受誣，非不求名也，求名之至也。太史公窺見之，故其贊曰：“塞侯微巧，周文處諂，[29]君子非之，[30]爲其近於佞也。”③不疑蒙垢以求名，周文穢迹以求利，均以爲佞。佞之爲言智也。太史公之論，後世莫曉者，吾是以疏之。

（《蘇軾文集》卷六五《直不疑買金償亡》，《三蘇文粹》卷四〇《直不疑買金償亡》）

稼説　蘇軾

蓋嘗觀於富人之稼乎？其田美而多，其食足而有餘。其田美而多，則可以更休，而地方得完。其食足而有餘，則種之常不後時，而斂之常及其熟。故富人之稼常美，少秕而多實，久藏而不腐。今吾十口之家，而共百畝之田，寸寸而取之，日夜而望之，鋤耰銍艾，相尋於其上者如魚鱗，而地力竭矣。種之常不及時，而斂之常不待其熟，此豈能復有美稼哉？古之人，其才非有大過今之人也，其平居所以自養而不敢輕用以待其成，而閔閔焉如嬰兒之望長也。弱者養之以至於剛，虚者養之以至於充。三十而後仕，五十而後爵，信於久屈之中，而用於既足之後，流於既溢之餘，而發於持滿之末，此古之人君子所以大過人，而今之君子所以不及也。吾少也有志於學，不幸而早得與吾子同年，吾子之得亦不可謂不早也。吾今雖欲自以爲不足，而衆且妄推之矣。嗚呼！吾子其去此，而務學也哉。博學而約取，厚積而薄發，

---

① 《文章類選·目録》著録標題中無“蒙垢以”三字。

② 參見《禮記·檀弓下》。

③ 參見《史記》卷一〇三《萬石張叔列傳》。

吾告子止於此矣。子歸過京師而問焉，[31]有曰轍子由者，吾弟也，其亦以是語之。

（《宋文鑑》卷一〇七《稼說送張琥》，《文翰類選大成》卷一三三《稼說》，《蘇軾文集》卷一〇《稼說送張琥》）

歲寒知松柏說　張九成

子曰："歲寒，然後知松柏之後凋也。"①此夫子因物以見興也！夫時當春氣，群英秀發，萬木交榮，松柏於春不變其色。時方凜冽，嚴霜摧折，萬木秃立，松柏於冬亦不變其色。論絢爛顔色則不如夭桃，論摇舞春風則不如菀柳，而論不懼冰雪，飽足風霜，挺然不群，卓爾獨立者，唯松柏爲然。推之於人，固亦有之。蓋不有歲寒，何以見松柏。不有華父之亂，何以見孔父。不有里克之亂，何以見荀息。不有朱萬之亂，何以見仇牧。禄山之亂然後知果卿之節，希烈之亂然後知真卿之節，朱泚之亂然後知段秀實之節。彼是數君子，平昔在公卿大夫中頽然委順於衆人中，猶松柏之在千花萬卉中也。彼方含英咀華，吾則老鱗瘦節。正見棄於兒童，彼方誇多鬥靡，吾則嘯月吟風，正見嗤於婦女。及秋霜一降，前日青紅，皆已飄零隕墜，與糞壤同爲灰塵。倉卒遽生，前日搢紳皆已屈膝叩頭，與逆賊同其歡宴，彼所謂松柏與君子者。方且愈厲愈壯，愈苦愈新，當凜冽猶三春，履艱難猶平地，確乎不拔，浩然自守，而大厦棟梁之幹，日以不傾，三綱五常之倫，得以不墜。然則松柏與君子，豈求之他人哉？皆自得於正氣而已。是故君子之學，不在於投合耳目，取悦世俗而已。要當格物知至，誠意正心。凡艱難險阻之狀，盡安之於飲食起居之間。禍患之來，不枉不隨，何憂何懼。謀其義不謀其利，明其道不計其功。死之與生，付之天命，雍容談笑以趨之。此正孔子之學也，因松柏以發興其旨，不亦遠乎？

（《文翰類選大成》卷一三三《歲寒知松柏說》）

---

① 參見《論語・子罕》。

龍説　王安石

龍之爲物，能合能散，能潛能見，能弱能强，能微能章。惟不可見，所以莫知其鄉；惟不可畜，所以異於牛羊。變而不可測，動而不可馴，則常出乎害人，而未始出乎害人，夫此所以爲仁。爲仁無止，則常至於喪己，而未始出乎喪己，夫此所以爲智。止則身安，曰惟知幾；動則利物，曰惟知時。然則龍終不可見乎？曰：與爲類者常見之。

（《文翰類選大成》卷一三三《龍説》，《王安石全集》卷三二《龍説》）

性説　郭雍

孟子言性善，荀子言性惡，楊子言性善惡混，至韓子以謂性有上中下三品。三子各得其一，皆舉其中而遺其上下者也，得其一而失其二者也。論性至韓子，可謂無以加矣，而後世之論，紛紛未已，何哉？蓋捨孟子之外，諸子皆未知性。

天下失性多矣，荀、楊以來無明之者，是以後世無復知孔孟之道。且性之本一，而所以言性者有二，有所謂性善，有所謂善惡，此二也。言性善者，如《易》言繼道之善、易簡之善，蓋無惡與之爲對，此性之天也。荀、楊不知此，故區區於善惡之辯，則孟氏之所謂性者，已轉而之他矣，又烏可同日而語哉。是必得孔子、子思之意而後孟氏之説可明。苟滯於荀、揚之論，其極不過韓愈氏而止耳。觀荀卿之言曰："其善者僞。"[①]又曰："禮義者生於聖人之僞。"[②]夫以善爲僞，以聖人爲僞，則學道者於善不必爲矣。

又以性爲惡，是使人進退無據，姑守性惡而已。説者謂卿爲欲黜嗜欲求善良，觀卿之言，幾何不使人進於惡乎？夫君子小人，誠僞之間而已，既曰聖人，安得有僞哉！是卿非獨不知性，亦未知聖人誠僞之説也。如卿固不必深怪，楊雄著書立言，最爲尊信孟氏，及其言性，

① 參見《荀子・性惡》。
② 參見《荀子・性惡》。

猶以孟子之道配荀卿而言之。觀此然後知性之果難言也，可勝嘆哉！

告子謂人性無分於善不善，正雄善惡混之説，其失孟子之旨遠矣。韓子以三品之性貫三子於中而以孔子爲上下，其言顧不美哉。此特公都子問或人可以爲善，可以爲不善，有性善有性不善之説。其於孟氏，終不得其門而入矣，是焉得爲知性者邪？《孟子》曰："知其性則知天矣。"①此孟氏言性善之本意。彼區區於善惡之間者，由孟氏觀之，不幾於陋乎？故愚謂人之學自性始，性之失自荀卿始，卿爲亂世之罪人。楊也韓也，不知尊孟氏而闢之，反駕其説以惑後世，而欲自比孟子，亦云過矣。

（《全宋文》卷四〇〇八《性説》）

怪説　石介

三才位焉，各有常道。反厥常道，則謂之怪矣。夫三光代明，四時代終，天之常道也。日月爲薄蝕，五星爲彗孛，可怪也。

夫五岳安焉，四瀆流焉，地之常道也。山爲之崩，川爲之竭，可怪也。

夫君南面，臣北面，君臣之道也。父坐子立，父子之道也。而臣抗於君，子敵於父，可怪也。

夫中國，聖人之所常治也，四民之所常居也，衣冠之所常聚也，而髠髮左衽，不士不農，不工不商，爲夷者半中國，可怪也。

夫中國，道德之所治也，禮樂之所施也，五常之所被也，而汗漫不經之教行焉，妖誕幻惑之説滿焉，可怪也。

夫天子七廟，諸侯五廟，大夫三廟，士一廟，庶人祭於寢，所以不忘孝也，而忘而祖，廢而祭，去事夷狄之鬼，可怪也。

夫法施於民則祀之，以死勤事則祀之，以勞定國則祀之，能禦大菑則祀之，能捍大患則祀之。農能殖百穀，[32]祀以爲稷；后土能平九

① 參見《孟子·盡心上》。

州，祀以爲社。帝嚳、堯、舜、禹、湯、文、武，有功烈於民者，及夫日月星辰，民所瞻仰也，山林、川谷、丘陵，民所取財用也。非此族也，不在祀典。而老觀、佛寺遍滿天下，可怪也。

人君見一日蝕、一星縮、一風雨不調順、一草木不生殖，則能知其爲天地之怪也。乃避寢、減膳、徹樂，恐懼責己，修德以禳除焉。彼其滅君臣之道，絶父子之親，棄道德，悖禮樂，裂五常，遷四民之常居，毁中國之衣冠，去祖宗而祀夷狄，汗漫不經之教行，妖誕幻惑之説滿，則反不知其爲怪，既不能禳除之，又崇奉焉。時人見一狐媚、一鵲噪、一梟鳴、一雉入，則能知其爲人之怪也，乃啓咒所祭以厭勝焉。彼其孫、其子、其父、其女，忘而宗祖，去而父母，離而常業，裂而常服，習夷教，祀夷鬼，[33]則反不知其怪。既厭勝之，又尊異焉。愈可怪也。

甚矣，中國之多怪也！人不爲怪者，幾少矣。噫！一日蝕、一星縮，則天爲之不明；一山崩、一川竭則地爲之不寧。釋、老之爲怪也，千有餘年矣，中國蠹壞亦千有餘年矣，不知更千餘年，釋、老之爲怪也如何？中國之蠹壞也如何？堯、舜、禹、湯、文、武、周公、孔子不生。吁！

（《宋文鑑》卷一〇七《怪説上》，《文翰類選大成》卷一三三《怪説》，《徂徠石先生文集》卷五《怪説上》）

舟説　陳止齋

吾子知舟之所以致遠乎？凡治大舟，其檣以負颿，欲其屹乎其不撓也。其颿以彍風，欲其鶩乎而不靡也。其柁以轄乎軸，欲其壯以殿奔也。其碇以柅乎艫，欲其堅以鎮浮也。其維以縻，欲其固而莫之脱也。其棹若篙以擢，欲其勁而莫之折也。其篷以却雨，欲其績密而厚也。其艡以捍濤，欲其端方以宰也。而又樓焉以達遠，戈焉以禦害。則以航于川，以實萬斛。肆千里，行遭彙洑，柼亂石，晝晦冥，大揚掀而無虞。不然，而斬杙以檣之，裂席以颿之，績綆以維之，析竹以篙之，編蒲以篷之，冒而航焉，以幸一濟之，不覆則溺。

嗚呼！君子者，濟乎世之舟也，而溺乎其器，以空中之質冒焉而求速，能不覆且溺邪？今吾子之舟，其才良而文，其器厚而深，吾所望乎致遠者也。雖然，其所待者，闕如也。吾子而能豐其所中而不倚也爲檣，大其所受。可則舒，否則翕也爲颿。截乎其所守，徑乎其所趨爲柁。正於動，引而不發爲碇。某人宜師，某人宜友，擇而附麗焉爲維。勇而不懈乎，進爲棹若篙。謹重以屏其患焉爲篷，峻整以遠其侮焉爲艒，則吾始無虞於子。不然，其以致遠也，殆也哉！

吾聞子試于學，驟先諸先登，吾亟憂其挾少年之弱器，以其空中而幸然於一濟，冒焉而遂求速也。《詩》不云乎："譬彼舟流，不知所届。心之憂矣，不遑假寐。"①以吾子學夫《詩》也，於是乎贈《舟説》。

（《文翰類選大成》卷一三三《舟説》，《止齋文集》卷五二《舟説》）

責盜蘭説　陳止齋

予寓梓溪，一夕，友人以園隅蘭芳告予，往視之，愛其美，而憫其不知於人也，遂出置於庭。數日，香無聞，欲去而猶遲之。既卒，以不香，遂目之曰盜蘭，而語之曰："吾聞鼠有似豹，大小異形，吾得以辨其爲鼮。[34]鳥有似鳳，赤紫相間，吾得以辨其爲鷟。石雖似玉，疵而不醇，吾固知其爲瑎。草雖似苗，秀而不實，吾固知其爲莠。彼固有近似，吾惑之。今汝蘭其形，蘭其色。花簪焉而癯，葉修焉而特。吾乃薙茹蘆，剪荆棘。出汝於散地，置汝於坐側。汝乃假蘭之名，乏蘭之德，猶如其臭，苕如其賊。吾方汝竊其近似以自欺，深其僞而難測者也。

"向使漢宫舍汝，何以對乃辟？楚人舍汝，何以祛乃祥？鄭君失汝，何取乎七穆之端？[35]屈原去汝，何誇乎九畹之芳？然則汝之盜蘭而香，[36]亦何異人之盜儒而實亡？吾試言汝，以證夫人。陽短石顯，盜吾公也，陰附王鳳，盜吾直也，釣名布被，盜吾儉也，伏死諫墀，盜吾

① 參見《詩經·小雅·小弁》。

忠也，托經以媚婦，盜吾學也，口聖而行市人，盜吾誠也。是皆君子近之而不知其讒，人主俯之而不覺其奸，此社稷所以危覆，忠良所以凋殘。吾今可置汝於中庭，是君可置斯人於百官也。吾故效魯司寇誅少正卯之義，戒鄭寤生去叔段之難，亟命除汝，其何安？”

蘭曰：“伏辜，願屏園樊。”

（《文翰類選大成》卷一三三《責盜蘭説》，《止齋文集》卷五二《責盜蘭説》）

梅説　楊伯子

《易》曰：“乾爲天。”①前輩論乾與天異，謂天者天之形體，乾者天之性情。某因觸類而思之，不但乾與天異而已，事事物物莫不皆有形體、性情。林和靖咏梅，“疏影横斜水清淺，暗香浮動月黄昏”，②此爲梅寫真之句也，梅之形體也。“雪後園林纔半樹，水邊籬落忍横枝”，③此爲梅傳神之句也，梅之性情也。寫梅形體，是謂寫真；傳梅性情，是謂傳神。愚見偶然，未知是否，願商確之。

（《文翰類選大成》卷一三三《梅説》）

獲麟説　胡銓

説《公羊》者以爲《簫韶》作而鳳至，《春秋》成而致麟。而王沿亦云王道之成，乃致天瑞，意鳳皇來儀，自然而致也。西狩獲麟，因狩而獲也。麟果爲瑞而來，則當如鳳之儀於庭，不應獲而致也。獲者得之難，[37]不曰麟來而曰麟獲。以見窮蒐遠狩，[38]搜原滌藪，暴殄天物。雖若麟者且不免焉，則時可知矣。鳳之來儀，亦豈如是而見獲耶？豈春秋之時，亦如舜之時也？使如舜之時，則《簫韶》雖不作而鳳自至，如春秋之時，雖日奏《韶濩》，而鳳亦遠矣。麟肯自出耶？自鳳儀之

① 參見《周易・説卦》。

② 參見《宋文鑑》卷二四林逋撰《小園梅花》。

③ 參見《宋文鑑》卷二四林逋撰《梅花》。又，“忍”，《宋文鑑》卷二四作“忽”。

後,舜政日隆。自麟獲之後,孔子遂卒,宗周遂亡。然則麟之不爲春秋之瑞,應章章明矣。

(《文翰類選大成》卷一三三《獲麟説》,《澹庵文集》卷四《獲麟記》)

元亨利貞説　文公先生

元亨利貞,性也;生長收藏,情也。以元生,以亨長,以利收,以貞藏者,心也。仁義禮智,性也;惻隱、羞惡、辭遜、是非,[39]情也。以仁愛,以義惡,以禮讓,以智知者,心也。性者,心之理也;情者,心之用也;心者,性情之主也。程子曰:"其體則謂之易,其理則謂之道,其用則謂之神。"①正謂此也。又曰:"言天之自然者,謂之天道;言天之付與萬物者,謂之天命。"②又曰:"天地以生物爲心。"③亦謂此也。

(《性理群書句解》前集《新編性理群書句解》卷八《元亨利貞説》,《晦庵先生朱文公文集》卷六七《元亨利貞説》)

孝悌説　朱熹

或曰:"程子以孝悌爲行仁之本。"又曰:"論性則以仁爲孝悌之本。何也?"曰:"仁之爲性,愛之理也。其見於用,則事親從兄,仁民愛物,皆其爲之之事也。此論性以仁爲孝悌之本者然也。但親者我之所自出,兄者同出而先我,故事親而孝,從兄而弟,乃愛之先見而尤切者。若君子以此爲務而力行之,至於行成而德立,則自親親而仁民,仁民而愛物,其愛有等差,其施有漸次,而爲仁之道,生生而不窮矣。此學孝弟所以爲仁之本也。"

(《性理群書句解》前集《新編性理群書句解》卷八《孝悌説》,《晦庵先生朱文公文集》卷六七《論語或問説》)

---

① 參見《二程集》卷一《端伯傳師説》。

② 參見《二程集》卷一一《師訓》。

③ 參見《二程集》外書卷三《程氏本拾遺》。

定性説　朱熹

定性者,存養之功至而得性之本然也。性定則動静如一,而内外無間矣。天地之所以爲天地,聖人之所以爲聖人,不以其定乎?君子之學,亦以求定而已矣。故擴然而大公者,仁之所以爲體也。物來而順應者,義之所以爲用也。仁立義行,則性而天下之動一矣,所謂貞也。夫豈急於外誘之除而反爲是憧憧哉?然常人之所以不定者,非其性之本然也,自私以賊夫仁,用知以害夫義,是以情有所蔽而憧憧耳。不知自反以去其所蔽,顧以惡外物爲心而反求照於無物之地,亦見其用力愈勞而燭理愈昧,益以憧憧而不自知也。艮其背則不自私矣,行無事則不用知矣。内外兩忘,非忘也。一循於理,不是内而非外也。不是内而非外,則大公而順應,尚何事物之爲累哉?

聖人之喜怒,大公而順應天理之極也。衆人之喜怒,自私而用知,人欲之盛也。忘怒則公,觀理則順,二者所以爲自反而去蔽之方也。夫張子之於道,固非後學所敢議。然意其强探力取之意多,涵泳完養之功少,故不能無疑於此。程子以是發之,其旨深哉。

(《文翰類選大成》卷一三三《定性説》,《晦庵先生朱文公文集》卷六七《定性説》)

無極而太極説　吴澂

太極者何也?曰道也。道而稱之曰太極,何也?曰假借之辭也。道不可名也,故假借可名之器以名之也。以其天地萬物之所共由也,則名之曰道。道者,大路也。以其條派縷脉之微密也,則名之曰理。理者,玉膚也。皆假借而爲稱者也。真實無妄曰誠,全體自然曰天,主宰造化曰帝,妙用不測曰神,付與萬物曰命,物受以生曰性,得此性曰德,具于心曰仁,天地萬物之統會曰太極。

道也,理也,誠也,天也,帝也,神也,命也,性也,德也,仁也,太極也。名雖不同,其實一也。極,屋棟之名也。屋之脊檩曰棟。就一屋而言，惟脊檁至高至上，無以加之，故曰極。而凡物之統會處，因假借其義而名爲極焉，辰極、皇極之類是也。道者，天地萬物之統會，至尊至貴，無以加者，故以假借屋棟之名，[40]而稱之曰極也。

然則何以謂之太？曰：太之爲言大之至甚也。夫屋極者，屋棟爲一屋之極而已。辰極者，北辰爲天體之極而已。皇極者，人君一身爲天下衆人之極而已。以至設官爲民之極，京師爲四方之極，皆不過指一物一處而言也。道者，天地萬物之極也。雖假借極之一字强爲稱號，而曾何足以擬議其仿佛哉！故又盡其辭而曰太極者，蓋曰此極乃甚大之極，非若一物一處之極也。然彼一物一處之極，極之小者耳。此天地萬物之極，極之至大者也，故曰太極。

邵子曰："道爲太極。"太祖問曰："何物最大？"答者曰："道理最大。"其斯之謂歟？然則何以謂之無極？曰：道爲天地萬物之體，而無體謂之太極，而非有一物在一處，可得而指名之也，故曰無極。《易》曰："神無方，易無體。"①《詩》曰："上天之載，無聲無臭。"②其斯之謂歟？然則無極而太極，何也？曰：屋極、辰極、皇極、民極、四方之極，凡物之號爲極者，皆有可得而指名者也，是則有所謂極也。道也者，無形無象，無可執著，雖稱曰極，而無所謂極也。雖無所謂極，而實爲天地萬物之極，故曰無極而太極。

（《元文類》卷三八《無極而太極説》，《文翰類選大成》卷一三三《無極而太極説》，《吴文正集》卷四《無極太極説》）

蘇君字説　虞槃

趙郡蘇君閒爲槃曰：[41]"吾名天爵，字伯修，願子爲我著其説。俾因是有省，蓋庶幾朋友之義也。"槃聞之曰："大矣哉，子之所以爲名也，槃嘗惕然思、俯然學于是矣。昔者孔子曰：'修己以敬。'③子思子

① 參見《周易·繫辭上傳》。
② 參見《詩經·大雅·文王》。
③ 參見《論語·憲問》。

曰:'修道之謂教。'①何謂也?目之視,耳之聽,心之思也。何謂道?仁之于父子,義之于君臣,禮之節文,智之辨别也,修之如何?視極其明而無所不見也,聽極其聰而無所不聞也,思極其睿而無所往而不通也,是之謂敬。由其仁而親疏之殺無不愛,由其義而貴賤之等無不宜,由其節文而委曲無不得其當,由其辨别而是非無不致其察,是之謂教。

嗟夫!人之所以爲人者,具于吾身,而耳目之用著焉,接于吾身,而君臣父子之理交焉。舍是其無以致其修矣。然而聰明之所運用,仁義之所擴充者,尤不可以不博也。動焉而念慮之詳,事爲之著也。感焉而天地鬼神之變,鳥獸草木之宜也。苟皆有以窮其理而致其知,則學愈博,守愈約,修之道不已至乎。

或曰:器物必弊也而後修治之,文采必晦也而後修明之。若人之所以爲人,其體固具,何俟于修?嗚呼!爲是説者,亦將清净寂滅之歸,而姑爲是無證之言也。卞之玉也,棠谿之金也,非素爲器也,修其質而器成焉。[42]和之弓也,垂之竹矢也,非素能巧也,修其業而巧著焉。故琢也,範也,弦也,剡也,而工化其質。瑚璉也,戈矛也,弓與矢也,而物致其用。由是言之,學者敏于修而已。敏于修則體無不具,而用無不周,其亦有外此而可以言學者乎?孟子曰:'聖人百世之師也,伯夷柳下惠是也。'②伯夷、柳下惠,無以異于衆人也,而可以爲百世之師者,何哉?修其身而已耳。《書》曰:'慎厥身,修思永。'③則願與吾子共勉之也。"

(《元文類》卷三八《蘇君字説》,《文翰類選大成》卷一三三《蘇君字説》)

---

① 參見《禮記·中庸》。

② 參見《孟子·盡心下》。

③ 參見《尚書·虞書·皋陶謨》。

【校勘記】

［１］非頓乎衆莽：《文章類選》同《文苑英華》卷三七八、《文翰類選大成》卷一三三，《古今事文類聚》後集卷二九"頓"作"類"，"莽"作"卉"。

［２］貞：《文章類選》同《文翰類選大成》卷一三三，《文苑英華》卷三七八、《古今事文類聚》後集卷二九作"真"。

［３］受：此字原脱，據《文苑英華》卷三七八、《古今事文類聚》後集卷二九補。

［４］不利：《文苑英華》卷三六〇作"利"。

［５］不爲：《文苑英華》卷三六〇作"爲不"。

［６］子：《文苑英華》卷三六〇作"臣"。

［７］豈：《文章類選》同《文翰類選大成》卷一三三，《文苑英華》卷三六〇作"毋"。

［８］文備：《文章類選》同《文翰類選大成》卷一三三，《文苑英華》卷三六〇作"文事"。

［９］事：《文苑英華》卷三六〇作"視"。

［10］於：《文苑英華》卷三六〇作"言志"。

［11］伺：《文苑英華》卷三六〇作"辭"。

［12］死：此字原脱，據《文苑英華》卷三六〇補。

［13］速：《文章類選》同《文翰類選大成》卷一三三，《文苑英華》卷三七八作"連"。

［14］庸：《文章類選》同《古今事文類聚》前集卷二三、《文翰類選大成》卷一三三，《唐文粹》卷四七作"豈"。

［15］才：《文章類選》同《文翰類選大成》卷一三三，《唐文粹》卷四七作"材"。

［16］馬：《唐文粹》卷四七、《文翰類選大成》卷一三三作"良馬"。

［17］粹：《文章類選》同《文翰類選大成》卷一六二，《唐文粹》卷四六作"醇粹"。

［18］毒：《文章類選》同《古今事文類聚》别集卷二三、《文翰類選大成》卷一三三，《文苑英華》卷三七三、《唐文粹》卷四七作"懼毒"。

［19］昔：《文苑英華》卷三七三作"嘗"。

［20］穴：《文章類選》同《文苑英華》卷三七三，《唐文粹》卷四七、《古今事文類聚》别集卷四三作"巢"。

［21］至：《文苑英華》卷三七三、《唐文粹》卷四七、《古今事文類聚》别集卷四三均作"望"。

［22］固：《文苑英華》卷三七三、《唐文粹》卷四七作"故"。

［23］然：《文章類選》同《文苑英華》卷三七三，《唐文粹》卷四七作"絶"。

［24］蕃：《文章類選》同《文苑英華》卷三六二、《古今事文類聚》前集卷二八，《唐文粹》卷四七作"繁"。本篇下同。

［25］愈：《文章類選》同《文苑英華》卷三六二、《古今事文類聚》前集卷二八，《唐文粹》卷四七作"亦"。

[26] 懼汝：《文章類選》同《文翰類選大成》卷一三三，《古今事文類聚》後集卷二作"知爾"。

[27] 善處乎：此三字原脱，據《蘇洵集》卷一五補。

[28] 樂正子春：《三蘇文粹》卷四〇作"曾子"。

[29] 周文：《三蘇文粹》卷四〇作"周仁"。本篇下同。

[30] 非：《蘇軾文集》卷六五、《三蘇文粹》卷四〇作"譏"。

[31] 子：此字原脱，據《宋文鑑》卷一〇七、《文翰類選大成》卷一三三、《三蘇文粹》卷四一補。

[32] 農：《文章類選》同《文翰類選大成》卷一三三，《宋文鑑》卷一〇七作"棄"。

[33] 習夷教祀夷鬼：《文章類選》同《文翰類選大成》卷一三三，《宋文鑑》卷一〇七作"習夷鬼"。

[34] 鼫：《文章類選》同《文翰類選大成》卷一三三，《止齋文集》卷五二作"鼠"。

[35] 端：《文章類選》同《文翰類選大成》卷一三三，《止齋文集》卷五二作"瑞"。

[36] 香：《文章類選》同《文翰類選大成》卷一三三，《止齋文集》卷五二作"不香"。

[37] 之難：《文章類選》同《文翰類選大成》卷一三三，《澹庵文集》卷四作"也"。

[38] 狩：《文章類選》同《文翰類選大成》卷一三三，《澹庵文集》卷四作"討"。

[39] 辭遜：《文章類選》同《性理群書句解》前集《新編性理群書句解》卷八，《晦庵先生朱文公文集》卷六七作"辭讓"。

[40] 以：《文章類選》同《文翰類選大成》卷一三三，《元文類》卷三八、《吴文正集》卷四均作"亦"。

[41] 爲：《元文類》卷三八作"謂"。

[42] 質：《文章類選》同《文翰類選大成》卷一三三，《元文類》卷三八作"職"。

文章類選卷之十

論　類

過秦論　　賈誼

秦孝公據殽函之固，擁雍州之地，君臣固守，以窺周室，有席卷天下，包舉宇内，囊括四海之意，並吞八荒之心。當是時也，商君佐之，内立法度，務耕織，修守戰之具，外連衡而鬥諸侯。于是秦人拱手而取西河之外。

孝公既没，惠文、武、昭蒙故業，因遺策，南取漢中，西舉巴、蜀，東割膏腴之地，北收要害之郡。[1]諸侯恐懼，會盟而謀弱秦，不愛珍器重寶肥饒之地，以致天下之士，合從締交，相與爲一。當此之時，齊有孟嘗，趙有平原，楚有春申，魏有信陵。此四君者，皆明智而忠信，寬厚而愛人，尊賢而重士，約從離横，兼韓、魏、燕、趙、宋、衛、中山之衆。於是六國之士，有寧越、徐尚、蘇秦、杜赫之屬爲之謀，齊明、周最、陳軫、召滑、樓緩、翟亭的。景、蘇厲、樂毅之徒通其意，吴起、孫臏、帶佗、駝。兒良、王廖、留。田忌、廉頗、趙奢之倫制其兵。[2]嘗以十倍之地，百萬之衆，叩關而攻秦。秦人開關而延敵，九國之師遁逃而不敢進。秦無亡矢遺鏃之費，而天下諸侯已困矣。於是從散約解，争割地而賂秦。秦有餘力而制其弊，[3]追亡逐北，伏尸百萬，流血漂櫓。因利乘便，宰割天下，分裂河山，强國請伏，弱國入朝。

施及孝文王、莊襄王，享國之日淺，國家無事。及至始皇，奮六世之餘烈，振長策而御宇内，吞二周而亡諸侯。履至尊而制六合，執敲苦交。扑浦木。以鞭笞天下，威振四海。南取百越之地，以爲桂林、象郡。百越之君，俛首係計。頸，委命下吏。乃使蒙恬北築長城而守藩籬，却匈奴七百餘里，胡人不敢南下而牧馬，士不敢彎弓而報怨。於是廢先王之道，燔百家之言，以愚黔首。隳名城，殺豪俊，收天下之兵，聚之咸陽，銷鋒鍉，的。鑄以爲金人十二，以弱天下之民。然後踐華爲城，因河爲池，據億丈之城，臨不測之溪，以爲固。良將勁弩，守要害之處，信臣精卒，陳利兵而誰何。天下已定，始皇之心，自以爲關中之固，金城千里，子孫帝王萬世之業也。

始皇既没，餘威震於殊俗。然而陳涉瓮牖繩樞之子，氓隸之人，而遷徙之徒也。材能不及中庸，[4]非有仲尼、墨翟之賢，陶朱、猗頓之富。躡足行伍之間，俛起阡陌之中，率罷弊之卒，[5]將數百之衆，轉而攻秦。斬木爲兵，揭竿爲旗。天下雲會而響應，[6]贏糧而景從，山東豪俊遂並起而亡秦族矣。

且夫天下非小弱也，雍州之地，殽函之固，自若也。陳涉之位，不尊於齊、楚、燕、趙、韓、魏、宋、衛、中山之君也；鉏耰憂。棘矜，不銛息鹽。於鉤戟長鎩所介。也；[7]謫戍之衆，非抗於九國之師也；深謀遠慮，行軍用兵之道，非及曩時之士也。然而成敗異變，功業相反。試使山東之國與陳涉度長絜大，比權量力，則不可同年而語矣。然秦以區區之地，致萬乘之權，招八州而朝同列，百有餘年矣。然後以六合爲家，殽函爲宫，一夫作難而七廟隳，身死人手，爲天下笑者，何也？仁義不施，而攻守之勢異也。

（《文選》卷五一《過秦論》，《文翰類選大成》卷一二二《過秦論》，《新書校注》卷一《過秦上》，《賈誼集校注·賈子新書·過秦上》，《史記》卷六《秦始皇本紀》）

王命論　班彪

昔在帝堯之禪曰："咨爾舜，天之曆數在爾躬。"舜亦以命禹。暨于稷契，咸佐唐、虞，光濟四海，弈世載德，至于湯、武，而有天下。雖其遭遇異時，禪代不同，至于應天順人，其揆一焉。是故劉氏承堯之祚，氏族之世，著于《春秋》。唐據火德，而漢紹之。始起沛澤，則神母夜號，以彰赤帝之符。由是言之，帝王之祚，必有明聖顯懿之德，豐功厚利積累之業，然後精誠通于神明，流澤加於生民。故能爲鬼神所福饗，天下所歸往。未見運世無本，功德不紀，而得倔起在此位者也。

世俗見高祖興於布衣，不達其故，以爲適遭暴亂，得奮其劍，游説之士，至比天下於逐鹿，幸捷而得之。不知神器有命，不可以智力求。悲夫！此世之所以多亂臣賊子者也。若然者，豈徒暗於天道哉？又不睹之於人事矣！夫餓饉流隸，饑寒道路。思有短褐之襲，檐石之蓄，所願不過一金，終於轉死溝壑。何則？貧窮亦有命也。况乎天子之貴，四海之富，神明之祚，可得而妄處哉？故雖遭罹厄會，竊其權柄，勇如信、布，强如梁、籍，成如王莽，然卒潤鑊伏鑕，質。烹醢海。分裂。又况么鳥飛。麼不及數子，而欲暗干天位者乎？

是故駑蹇之乘，不騁千里之塗；燕雀之疇，不奮六翮之用；楶棁之材，不荷棟梁之任；斗筲之子，不秉帝王之重。《易》曰："鼎折足，覆公餗。速。"[①]不勝其任也。當秦之末，豪傑並起，共推陳嬰而王之，嬰母止之曰："自吾爲子家婦，而世貧賤，今卒富貴，不祥。不如以兵屬人，事成，少受其利，不成，禍有所歸。"嬰從其言，而陳氏以寧。王陵之母，亦見項氏之必亡，而劉氏之將興也。是時，陵爲漢將，而母獲於楚。有漢使來，陵母見之，謂曰："願告吾子，漢王長者，必得天下，子謹事之，無有二心。"遂對漢使伏劍而死，以固勉陵。其後果定於漢，陵爲漢宰相封侯。夫以匹婦之明，猶能推事理之致，探禍福之機，全宗祀於無窮，垂策書於《春秋》，而况大丈夫之事乎？是故窮達有命，吉凶由人，嬰母知廢，陵母知興，審此二者，帝王之分決矣。

蓋在高祖，其興也有五：一曰帝堯之苗裔，二曰體貌多奇異，三曰神武有徵應，四曰寬明而仁恕，五曰知人善任使。加之以信誠好

---

① 參見《周易・鼎卦》。

謀，達於聽受，見善如不及，用人如由己，從諫如順流，趣時如響起。當食吐哺，納子房之策。拔足揮洗，揖酈歷。生之説。悟戍卒之言，斷懷土之情。高四皓之名，割肌膚之愛。舉韓信於行陣，收陳平於亡命。英雄陳力，群策畢舉。此高祖之大略，所以成帝業也。若乃靈瑞符應，又可略聞矣。初，劉媪烏老。妊而鴆。高祖而夢與神遇，震電晦冥，有龍蛇之怪。及長而多靈，有異於衆。是以王武感物而折契，吕公睹形而進女，秦皇東游以厭其氣，吕后望雲而知所處。始受命則白蛇分，西入關則五星聚。故淮陰留侯謂之天授，非人力也。

歷古今之得失，驗行事之成敗，稽帝王之世運，考五者之所謂，取舍不厭斯位，符瑞不同斯度。而苟昧權利，越次妄據，外不量力，内不知命，則必喪保家之主，失天年之壽。遇折足之凶，伏斧鉞之誅。英雄誠知覺寤，畏若禍戒，超然遠覽，淵然深識。收陵、嬰之明分，絶信、布之覬冀。覦，距逐鹿之瞽古。説，審神器之有授。貪不可冀，無爲二母之所笑，則福祚流于子孫，天禄其永終矣。

（《文選》卷五二《王命論》，《文翰類選大成》卷一二二《王命論》，《漢書》卷一〇〇上《叙傳》）

博弈論　韋弘嗣

蓋聞君子耻當年而功不立，疾没世而名不稱，故曰："學如不及，猶恐失之。"①是以古之志士，悼年齒之流邁，而懼名稱之不建也。勉精勵操，晨興夜寐，不遑寧息。經之以歲月，累之以日力。若寧越之勤，董生之篤，漸漬德義之淵，栖遲道藝之域。且以西伯之聖，姬公之才，猶有日昃待旦之勞，故能隆興周道，垂名億載。况在臣庶，而可以已乎？歷觀古今功名之士，皆有積累殊異之迹，勞神苦體，契闊勤思，平居不惰其業，窮困不易其素。是以卜式立志於耕牧，而黄霸受道於囹圄，終有榮顯之福，以成不朽之名。故山甫勤於夙夜而吴漢不離公

① 參見《論語・泰伯》。

門，豈有游惰哉？

今世之人，多不務經術，好玩博弈，廢事棄業，忘寢與食，窮日盡明，繼以脂燭。當其臨局交争，雌雄未决，專精鋭意，神迷體倦，人事曠而不修，賓旅闕而不接，雖有太牢之饌。《韶》《夏》之樂，不暇存也。至或賭及衣物，徒棋易行，廉耻之意弛，而忿戾之色發。然其所志不出一枰之上，所務不過方罫之間。勝敵無封爵之賞，獲地無兼土之實，技非六藝，用非經國，立身者不階其術，徵選者不由其道。求之於戰陣，則非孫吴之倫也。考之於道藝，則非孔氏之門也。以變詐爲務，則非忠信之事也。以劫殺爲名，則非仁者之意也。而空妨日廢業，終無補益。是何異設木而擊之，置石而投之哉！且君子之居室也，勤身以致養，其在朝也，竭命以納忠，臨事且猶旰食，而何暇博弈之足耽？夫然，故孝友之行立，貞純之名彰也。

方今大吴受命，海内未平，聖朝乾乾，務在得人。勇略之士，則受熊虎之任。儒雅之徒，則處龍鳳之署。百行兼包，文武並騖。博選良才，旌簡髦俊。設程試之科，垂金爵之賞。誠千載之嘉會，百世之良遇也。當世之士，宜勉思至道，愛功惜力，以佐明時。使名書史籍，勳在盟府。乃君子之上務，當今之先急也。

夫一木之枰，孰與方國之封。枯棋三百，孰與萬人之將。衮龍之服，金石之樂，足以兼棋局而貿博弈矣。假令世士移博弈之力，用之於《詩》《書》，是有顔閔之志也。用之於智計，是有良平之思也。用之於資貨，是有猗頓之富也。用之於射御，是有將帥之備也。如此，則知名立而鄙賤遠矣。[8]

（《文選》卷五二《博弈論》，《文翰類選大成》卷一二二《博弈論》，《三國志》卷六五《吴書二十·王樓賀韋華傳第二十·韋曜》）

晉武帝革命論　干令升

史臣曰：帝王之興，必俟天命。苟有代謝，非人事也。文質異時，興建不同。故古之有天下者，柏皇、栗陸以前，爲而不有，應而不求，執大象也。鴻黄世及，[9]以一民也。堯舜内禪，體文德也。漢魏外禪，順大名也。湯、武革命，應天人也。高、光争伐，定功業也。各因其運而天下隨時，隨時之義大矣哉！古者敬其事則命以始，今帝王受命而用其終。豈人事乎？其天意乎？

（《文選》卷四九《晋武帝革命論》，《文翰類選大成》卷一二三《晋武帝革命論》，《初學記》卷九《帝王部・總叙帝王》）

宦者傳論 范蔚宗

《易》曰“天垂象”“聖人則之。”①宦者四星，在皇位之側。故《周禮》置官，亦備其數，閽者守中門之禁，寺侍。人掌女宫之戒。又云：“王之正内者五人。”②《月令》：“仲冬，閹尹審門閭，謹房室。”③《詩》之《小雅》，亦有《巷伯》刺讒之篇。然宦人之在王朝者，其來舊矣。將以其體非全氣，情志專良，通關中人，易以役養乎？然而後世因之，才任稍廣。其能者，則勃貂、管蘇有功於楚、晋。景監、繆賢、著庸於秦、趙。及其弊也，則竪刁亂齊，伊戾禍宋。

漢興，仍襲秦制，置中常侍官。然亦引用士人，以參其選，皆銀璫左貂，給事殿省。及高后稱制，乃以張卿爲大謁者，出入卧内，受宣詔命。[10]文帝時，有趙談、北宫伯子，頗見親倖。至於孝武，亦愛李延年。帝數宴後庭，或潜游離館，故請奏機事，多以宦人主之。元帝之世，史游爲黄門令，勤心納忠，有所補益。其後弘恭、石顯以佞險自進，卒有蕭、周之禍，損穢帝德焉。

中興之初，宦官悉用閹人，不復雜調他士。至永平中，始置員數，中常侍四人，小黄門十人。和帝即祚幼弱，而竇憲兄弟專總權威，内外臣僚，莫由親接，所與居者，唯閹宦而已。故鄭衆得專謀禁中，終除大憝，遂享分土之封，超登宫卿之位，於是中官始盛焉。

① 參見《周易・繫辭上傳》。
② 參見《周禮・天官》。
③ 參見《禮記・月令》。

自明帝以後，迄乎延平，委用漸大，而其員數稍增。[11]中常侍至有十人，小黄門二十人，改以金璫右貂，兼領卿署之職。鄧后以女主臨政，而萬機殷遠，朝臣國議，[12]無由參斷帷幄，稱制下令，不出房闈之間，不得不委用刑人，寄之國命。手握王爵，口含天憲，非復掖庭永巷之職，閨牖房闈之任也。其後孫程定立順之功，曹騰參建桓之策，續以五侯合謀，梁冀受鉞，迹因公正，恩固主心。故中外服從，上下屏氣。或稱伊、霍之勳，無謝於往載。或謂良、平之畫，復興於當今。雖時有忠公，而競見排斥。舉動回山海，呼吸變霜露，阿旨曲求，則光寵三族，直情忤意，則參夷五宗。漢之綱紀大亂矣。

若夫高冠長劍，紆朱懷金者，布滿宫闥。苴茅分虎，南面臣民者，蓋以十數。府署第館，基列於都鄙，子弟支附，過半於州國。南金、和寶、冰紈、霧縠之積，盈仞珍藏。嬙墻。媛、侍兒、歌童、舞女之玩，充備綺室。狗馬飾雕文，土木被緹啼。綉。皆剥割氓黎，競恣奢欲。構害明賢，專樹黨類。其有更相援引，希附權强者，皆腐身熏子，以自衒達。同弊相濟，故其徒有繁，敗國蠹政之事，不可殫書。所以海内嗟毒，志士窮栖，寇劇緣間，摇亂區夏。雖忠良懷憤，時或奮發，而言出禍從，旋見孥戮。因復大考鈎黨，轉相誣染，凡稱善士，莫不罹被灾毒。竇武、何進，位崇戚近，乘九服之囂怨，協群英之勢力，而以疑留不斷，至於殄敗。斯亦運之極乎！雖袁紹龔行，芟夷無餘，然以暴易亂，亦何云及！自曹騰説梁冀，竟立昏弱，魏武因之，遂遷龜鼎。所謂“君以此始，必以此終”，信其然矣！

（《文選》卷五〇《宦者傳論》，《文翰類選大成》卷一二三《宦者傳論》，《後漢書》卷七八《宦者列傳》）

二十八將論　范蔚宗

論曰：中興二十八將，前世以爲上應二十八宿，未之詳也。然咸能感會風雲，奮其智勇。稱爲佐命，亦各志能之士也。

議者多非光武不以功臣任職，至使英姿茂績，委而勿用。然原夫深圖遠筭，固將有以爲爾。若乃王道既衰，降及霸德，猶能授受惟庸，勳賢皆序，如管、隰之迭升桓世，先、趙之同列文朝，可謂兼通矣。降自秦漢，世資戰力，至於翼扶王室，皆武人崛起。亦有鬻繒屠狗輕猾之徒。[13]或崇以連城之賞，或任以阿衡之地，故勢疑則隙生，力侔則亂起。蕭、樊且猶縲紲，信、越終見葅戮，不其然乎！自兹以降，迄乎孝武。宰輔五世，莫非公侯。遂使縉紳道塞，賢能蔽壅，朝有世及之私，下多抱關之怨。其懷道無聞，委身草莽者，亦何可勝言。故光武鑒前事之違，存矯枉之志，雖冠、鄧之高勳，耿賈之鴻烈，分土不過大縣數四，所加特進朝請而已。觀其治平臨政，課職責咎，將所謂導之以法，齊之以刑者乎！

若格之功臣，其傷已甚。何者？直繩則虧喪恩舊，撓情則違廢禁典，選德則功不必厚，舉勞則人或未賢，參任則群心難塞，並列則其弊未遠。不得不校其勝否，即以事相權。故高秩厚禮，允答元功，峻文深憲，責成吏職。建武之世，侯者百數，若夫數公者，則與參國議，分均休咎，其餘並優以寬科，完其封禄，莫不終以功名，延慶于後。昔留侯以爲高祖悉用蕭、曹故人，郭伋亦議南陽多顯，鄭興又戒功臣專任。夫崇恩偏授，易啓私溺之失，至公均被，必廣招賢之路，意者不其然乎！

永平中，顯宗追感前世功臣，乃圖畫二十八將於南宫雲臺，其外又有王常、李通、竇融、卓茂，合三十二人。故依其本第，係之篇末，以志功臣次云爾。

（《文選》卷五〇《後漢二十八將論》，《文翰類選大成》卷一二三《二十八將傳論》，《後漢書》卷二二《朱景王杜馬劉傅堅馬列傳第十二・馬武》）

恩倖傳論　沈約

夫君子小人，類物之通稱。蹈道則爲君子，違之則爲小人。屠釣，卑事也，板築，賤役也。太公起爲周師，傳説去爲殷相。非論公侯之世，鼎食之資。明揚幽仄，唯才是與。

逮于二漢，兹道未革，胡廣累世農夫，伯始致位公相。黄憲牛醫之子，叔度名動京師。且士子居朝，咸有職業，雖七葉珥貂，見崇西漢，而侍中身奉奏事，又分掌御服，東方朔爲黄門侍郎，執戟殿下。郡縣掾吏，並出豪家，負戈宿衛，皆由勢族，非若晚代分爲二塗者也。

漢末喪亂，魏武始基，軍中倉卒，權立九品，蓋以論人才優劣，非謂世族高卑。因此相沿，遂爲成法，自魏至晋，莫之能改。州都郡正，以才品人，而舉世人才，升降蓋寡。徒以憑藉世資，用相陵駕，都正俗士，斟酌時宜，品目少多，隨事俯仰，劉毅所云"下品無高門，上品無賤族"者也。① 歲月遷訛，斯風漸篤，凡厥衣冠，莫非二品，自此以還，遂成卑庶。周漢之道，以智役愚，臺隸參差，用成等級。

魏晋以來，以貴役賤，士庶之科，較然有辨。夫人君南面，九重奥絶，陪奉朝夕，義隔卿士，階闥之任，宜有司存。既而恩以狎生，信由恩固，無可憚之姿，有易親之色。孝建泰始，主威獨運。空置百司，權不外假，而刑政糾雜，理難遍通，耳目所寄，事歸近習。賞罰之要，是謂國權，出納王命，由其掌握，於是方塗結軌，輻凑同奔。人主謂其身卑位薄，以爲權不得重，曾不知鼠憑社貴，狐藉虎威，外無逼主之嫌，内有專用之功，勢傾天下，未之或悟。挾朋樹黨，政以賄成。鈇鉞瘡痏，構於牀第之曲，服冕乘軒，出於言笑之下。南金北毳，來悉方艚，徂刀。素縑丹珀，[14]至皆兼兩，西京許、史，蓋不足云，晋朝王、石，未或能比。及太宗晚運，慮經盛衰，權倖之徒，慴憚丁達。宗戚，欲使幼主孤立，永竊國權。構造同異，興樹禍隙，帝弟宗王，相繼屠剿。民忘宋德，雖非一塗，寶祚夙傾，實由於此。嗚呼！《漢書》有《恩澤侯表》，又有《佞倖傳》。今采其名，列以爲《恩倖篇》云。

（《文選》卷五〇《恩倖傳論》，《文翰類選大成》卷一二三《恩倖傳論》，《宋書》卷九四《恩倖傳》）

---

① 參見《晋書》卷四五《劉毅傳》。

養生論　嵇康

世或有謂：[15]神仙可以學得，不死可以力致者。或云：上壽百二十，古今所同，過此以往，莫非妖妄者。此皆兩失其情，請試粗論之。

夫神仙雖不目見，然記籍所載，前史所傳，較角。而論之，其有必矣。似特受異氣，禀之自然，非積學所能致也。至於導養得理，以盡性命，上獲千餘歲，下可數百年，可有之耳。而世皆不精，故莫能得之。何以言之？夫服藥求汗，或有弗獲。而愧情一集，渙然流離。終朝未餐，則囂然思食，而曾子銜哀，七日不飢。夜分而坐，則低迷思寢，内懷殷憂，則達旦不瞑。勁刷理鬢，醇醴發顔，僅乃得之；壯士之怒，赫然殊觀，植髮衝冠。由此言之，精神之於形骸，猶國之有君也。神躁於中，而形喪於外，猶君昏於上，國亂於下也。

夫爲稼於湯世，偏有一溉之功者，雖終歸於燋爛，必一溉者後枯。然則一溉之益，固不可誣也。而世常謂一怒不足以侵性，一哀不足以傷身，輕而肆之。是猶不識一溉之益，而望嘉穀於旱苗者也。是以君子知形恃神以立，神須形以存，悟生理之易失，知一過之害生。故修性以保神，安心以全身，愛憎不棲於情，憂喜不留於意，泊然無感，而體氣和平。又呼吸吐納，服食養身，使形神相親，表裏俱濟也。

夫田種者，一畝十斛，謂之良田，此天下之通稱也，不知區種可百餘斛。田種一也，至於樹養不同，則功收相懸。謂商無十倍之價，農無百斛之望，此守常而不變者也。且豆令人重，榆令人瞑。合歡蠲忿，萱草忘憂，愚智所共知也。薰辛害目，豚魚不養，常世所識也。虱山乙。處頭而黑，麝食柏而香。頸處險而癭，於井。齒居晋而黃。推此而言，凡所食之氣，蒸性染身，莫不相應。豈惟蒸之使重而無使輕，害之使暗而無使明，薰之使黃而無使堅，芬之使香而無使延哉？故神農曰“上藥養命,中藥養性”者。①

誠知性命之理,因輔養以通也。而世人不察,惟五穀是見,聲色是耽。目惑玄黄,耳務淫哇,滋味煎其府藏,醴醪鬻其腸胃,香芳腐其骨髓,喜怒悖其正氣,思慮銷其精神,哀樂殃其平粹。夫以蕞爾之軀,攻之者非一塗,易竭之身,而内外受敵,身非木石,其能久乎?其自用甚者,飲食不節,以生百病;好色不倦,以致乏絶;風寒所灾,百毒所傷。中道夭於衆難,世皆知笑悼,謂之不善持生也。

至於措身失理,亡之於微,積微成損,積損成衰,從衰得白,從白得老,從老得終,悶若無端,中智以下,謂之自然。縱少覺悟,咸嘆恨於所遇之初,而不知慎衆險於未兆。是由桓侯抱將死之疾,而怒扁鵲之先見,以覺痛之日,爲病之始也。害成於微,而救之於著,故有無功之治;馳騁常人之域,故有一切之壽。仰觀俯察,莫不皆然。以多自證,以同自慰,謂天地之理,盡此而已矣。縱聞養性之事,[16]則斷以所見,謂之不然。其次狐疑,雖少庶幾,莫知所由。其次,自力服藥,半年一年,勞而未驗,志以厭衰,中路復廢。或益之以畎古犬。澮,古木。而泄之以尾閭。欲坐望顯報者,或抑情忍欲,割棄榮願,而嗜好常在耳目之前,所希在數十年之後,又恐兩失,内懷猶豫,心戰於内,物誘於外,交賒相傾,如此復敗者。

夫至物微妙,可以理知,難以目識,譬猶豫章,生七年然後可覺耳。今以躁競之心,涉希静之塗,意速而事遲,望近而應遠,故莫能相終。夫悠悠者既未效不求。而求者以不專喪業,偏恃者以不兼無功,追術者以小道自溺。凡若此類,故欲之者,萬無一能成也。

善養生者,則不然矣。清虚静泰,少私寡欲。知名位之傷德,故忽而不營,非欲而强禁也。識厚味之害性,故棄而弗顧,非貪而後抑也。外物以累心不存,神氣以醇白獨著,曠然無憂患,寂然無思慮。又守之以一,養之以和,和理日濟,同乎大順。然後蒸以靈芝,潤以醴

① 參見《神農本草經》。

泉，晞以朝陽，綏以五弦，無爲自得，體妙心玄，忘歡而後樂足，遺生而後身存。若此以往，恕可與羨門比壽，王喬争年，何爲其無有哉？

（《文選》卷五三《養生論》，《文翰類選大成》卷一二三《養生論》，《嵇康集校注》卷三《養生論》）

廣絶交論　劉孝標

客問主人曰："朱公叔《絶交論》，爲是乎？爲非乎？"主人曰："客奚此之問？"客曰："夫草蟲鳴則阜螽終。躍，雕虎嘯而清風起。故絪因。緼於云。相感，霧涌雲蒸，嚶鳴相召，星流電激。是以王陽登則貢公喜，罕生逝而國子悲。且心同琴瑟，言鬱郁於蘭茝，道叶膠漆，志婉孌力持。於塤篪。聖賢以此鏤金版而鐫盤盂，書玉牒牒。而刻鐘鼎。若乃匠人輟成風之妙巧，伯子息流波之雅引。范、張款款於下泉，尹、班陶陶於永夕。駱驛縱横，烟霏雨散，巧歷所不知，心計莫能測。而朱益州汩骨。彝叙，粤謨訓，捶支靡。直切，絶交游。比黔首以鷹鸇，媲人靈於豺虎。蒙有猜焉，請辨其惑。"

主人听魚謹。然而笑曰："客所謂撫弦徽音，未達燥濕變響，張羅沮將預。澤，不睹鴻雁雲飛。蓋聖人握金鏡，闡風烈，龍驤蠖屈，從道汚烏。隆。日月聯璧，贊亹亹之弘致，雲飛電薄，顯棣華之微旨。若五音之變化，濟九成之妙曲。此朱生得玄珠於赤水，謨神睿而爲言。至夫組織仁義，琢磨道德，驩其愉樂，恤其陵夷。寄通靈臺之下，遺迹江湖之上，風雨急而不輟其音，霜雪零而不渝其色。斯賢達之素交，歷萬古而一遇。逮叔世民訛，狙七余。詐飆起，溪谷不能逾其險，鬼神無以究其變，競毛羽之輕，趨錐刀之末。於是素交盡，利交興，天下蚩蚩，鳥驚雷駭。然則利交同源，派流則異，較角。言其略，有五術焉。

"若其寵鈞董石，權壓梁竇，雕刻百工，鑪捶朱靡。萬物。吐漱興雲雨，呼噏吸。下霜露。九域聳其風塵，四海疊其熏灼。靡不望影星奔，藉響川鶩，鷄人始唱，鶴蓋成陰，高門旦開，流水接軫。皆願摩頂至踵，隳膽抽腸，約同要離焚妻子，誓殉荆卿湛沈。七族。是曰勢交，其流一也。

“富埒陶、白，資巨程、羅，山擅銅陵，家藏金穴，出平原而聯騎，居里閈汗。而鳴鐘。則有窮巷之賓，繩樞之士，冀宵燭之末光，邀潤屋之微澤。魚貫鳧躍，颯沓鱗萃，分雁鶩之稻粱，沾玉斝之餘瀝。銜恩遇，進款誠，援青松以示心，指白水而旌信。是曰賄交，其流二也。

“陸大夫宴喜西都，郭有道人倫東國，公卿貴其籍甚，搢紳羨其登仙。加以顩羌錦。頞，[17]遏。涕唾流沫，騁黄馬之劇談，縱碧鷄之雄辯，叙温郁則寒谷成暄，論嚴苦則春叢零葉，飛沈出其顧指，榮辱定其一言。於是有弱冠王孫，綺紈公子，道不挂於通人，聲未遒於雲閣，攀其鱗翼，丐骨頓。其餘論，附驵驥之旄端，軼歸鴻於碣石。是曰談交，其流三也。

“陽舒陰慘，生民大情，憂合歡離，品物恒性。故魚以泉涸而呴沫，鳥因將死而鳴哀。同病相憐，綴河上之悲曲，恐懼置懷，昭《谷風》之盛典。斯則斷金由於湫子小。隘，刎頸起於苫蓋。是以伍員濯溉於宰嚭，浦几。張王撫翼於陳相。是曰窮交，其流四也。

“馳騖之俗，澆薄之倫，無不操權衡，秉纖纊。衡所以揣初委。其輕重，纊所以屬其鼻息。若衡不能舉，纊不能飛，雖顔、冉龍翰鳳雛，曾、史蘭薰雪白，舒、向金玉淵海，卿、雲黼黻河漢，視若游塵，遇同土梗，莫肯費其半菽，罕有落其一毛。若衡重錙銖，纊微彯飄。撇匹滅。雖共工之蒐慝，[18]驩兜之掩義，南荆之跋扈，東陵之巨猾，皆爲匍匐逶迤，折枝舐痔，金膏翠羽將其意，脂韋便辟婢亦。導其誠。故輪蓋所游，必非夷、惠之室，苞苴將余。所入，實行張、霍之家。謀而後動，豪芒寡忒，是曰量交。其流五也。

“凡斯五交，義同賈古。鬻。故桓譚譬之於闤闠，林回諭之於甘醴。夫寒暑遞進，盛衰相襲，或前榮而後悴，或始富而終貧，或初存而末亡，或古約而今泰，循環翻覆，迅若波瀾。此則徇利之情未嘗異，[19]變化之道不得一。由是觀之，張、陳所以凶終，蕭、朱所以隙末，斷焉可知矣。而翟公方規規然勒門以箴客，何所見之晚乎？

“然因此五交，是生三釁；敗德殄義，禽獸相若，一釁也。難固易携，讎訟所聚，二釁也。名陷饕餮，貞介所羞，三釁也。古人知三釁之爲梗，懼五交之速尤。故王丹威子以檟古雅。楚，朱穆昌言而示絶，有旨哉！有旨哉！

“近世有樂安任昉，海内髦傑，早綰銀黄，夙昭民譽。遒文麗藻，方駕曹、王，英跱俊邁，聯横許、郭。類田文之愛客，同鄭莊之好賢。見一善則盱吁。衡扼腕，烏半。遇一才則揚眉抵掌。雌黄出其唇吻，無粉。朱紫由其月旦。於是冠蓋輻凑，衣裳雲合。輜側眉。軿蒲眼。擊轊，爲歲。坐客恒滿。蹈其閫閾，若升闕里之堂，入其隩隅，謂登龍門之阪。至於顧眄增其倍價，剪拂使其長鳴。彯組雲臺者摩肩，趨走丹墀者叠迹。莫不締恩狎，結綢繆，想惠、莊之清塵，庶羊、左之徽烈。及瞑目東粤，歸骸洛浦，繐帳猶懸，門罕漬酒之彦，墳未宿草，野絶動輪之賓。藐爾諸孤，朝不謀夕，流離大海之南，寄命嶂癘之地。自昔把臂之英，金蘭之友，曾無羊舌下泣之仁，寧慕郈成分宅之德。

“嗚呼！世路嶮巇，[20]許宜。一至於此！太行孟門，豈云嶄絶。是以耿介之士，疾其若斯，裂裳裹足，棄之長騖。獨立高山之頂，歡與麋鹿同群，皦皦然絶其雰濁，誠耻之也，誠畏之也。”

（《文選》卷五五《廣絶交論》，《古今事文類聚》前集卷二四《廣絶交論》，《文翰類選大成》卷一二三《廣絶交論》，《梁書》卷一四《任昉傳》，《南史》卷五九《任昉傳》）

八卦卜大演論　王勃

昔者聖人之作《易》也，始畫八卦以通神明之德，以類萬物之情。以爲分太極者兩儀也，分四象者八卦也。八卦者，十六將也。司八卦者，十二月也。分十六將者，三十二侯也。分十二月者，二十四氣也。分三十二侯者，六十四卦也。司二十四氣者，三十六旬也。進退於三百六十六日，屈伸於三百八十四爻，往來飛伏之理盡矣，其孤虚消息之端極矣。三才之道，不可不及也，五行之義，不能復過也。翕之以幽明，張之以寒暑。會之以生死，申之以去就。禍福生焉，吉凶著焉，成敗行焉，逆順興焉。賢者，識其大者、遠者；不賢者，識其小者、近者。奉之者則順，背之者則僽，圓立者稱聖，偏據者號賢。

嘗試論之曰：三才者《易》之門户也，八卦者易之徑路也。引而伸之，終於六十四卦，天下之能事畢矣。陳而别之，極於三百八十四爻，天下之徵理罄矣。夫陰陽之道，一向一背，天地之理，一升一降。故明暗相隨，寒暑相因；剛柔相形，高下相傾；動静相乘，出入相藉。泯之者神也，形之者道也。可以一理徵也，可以一端驗也。

故天尊則地卑矣，水濕則火燥矣，山盈則澤虚矣，雷動則風適矣。是以天下有風可以《姤》矣，則地中有雷可以《復》矣。天下有山可以《遁》矣，則地上於澤可以《臨》矣。天地不變可以《否》矣；則天地既交可以《泰》矣。以風行地上可以《觀》矣，則雷行天上可以《大壯》矣。山附地上可以《剥》矣，則火附天上可以《大有》矣。風行水上可謂《涣》矣，[21]則水在地上可以《比》矣。雷出地奮可以《豫》矣，則風行天上可以《小畜》矣。雷之與水作《解》矣，則風之與火可以《家人》矣。雷在風上可以《恒》矣，則風在雷上可以《益》矣。風在地下可以《升》矣，則雷在天下可以《無妄》矣。風在水下可以《井》矣，則雷在火下可以《噬嗑》矣。風在澤下可謂《大過》矣，則一作“以”。雷在山下可爲《頤》矣。雷在澤下可以《隨》矣，則風在山下可爲《蠱》矣。澤上有水可爲《節》矣，則山上有火可爲《旅》矣。雷在水下可爲《屯》矣，則風在火下可爲《鼎》矣。水在火上可爲《既濟》矣，則火在水上可謂《未濟》矣。澤下有火可以《革》矣，[22]則山下有水可爲《蒙》矣。火在地下可謂《明夷》矣，則水在天下違行可爲《訟》矣。地下有水可爲《師》矣，則山下有火可爲《賁》矣。澤上於天可爲《夬》矣，[23]則澤下有水可爲《困》矣。山下有天可以爲《大畜》矣，則澤下有地可以爲《萃》矣。以山在澤上可爲《損》矣，則澤在山上可爲《咸》矣。澤上有火可爲《睽》矣，則山上有水可爲《蹇》矣。上天下澤可爲《履》矣，則地下有山可爲《謙》矣。澤上有風可爲《中孚》矣，則山下有雷可爲《小過》矣。山上有風可爲《漸》矣，則澤上有雷可以爲《歸妹》矣。此天地以對成之義，陰陽反合之理，故卦相次，則反爻以成義。《易》之八卦是也。

八八相生，則錯卦以興理，因而重之是也。故聖人之道，可縱焉，可横焉，可合焉，可離焉。逆而陳之，未嘗逆焉，順而别之，未嘗順焉。三畫以變，雖天地之數，可無韜也。九六相推，雖萬二千五百之浩蕩，不能逾於三百八十四。三百八十四之糾紛，不能逾於六十四。重之以六十四，不能過於八卦。張之於八卦，不能過四象。紀之兩儀，兩儀之理達，而太極得矣。故古往今來，寒進暑退，死生亂動，是非騰結，未嘗非兩儀也，而未嘗離太極也。故曰有寒有暑，則兩儀不廢也；無思無爲，則太極未嘗遠也。見之則兩儀，忘之則太極。夫然，故不捨二求一，未嘗離動以求静，未嘗離動以達静也。有可有不可，[24]非聖人之謂也，無可無不可，是夫子之心也。

然天下之理不可窮也，天下之往不可盡也。有窮盡之地者，其唯聖心乎？有窮盡之路者，其唯聖言乎？故據滄海而觀衆水，江河之會歸可見也；登泰山而覽群嶽，則岡巒之本末可知也。是以貞一德之極，推六爻之變，[25]振三才之柄，尋萬方之動，又何往而不通乎？又何疑而不釋乎？故孔子曰："必也正名乎！"①名者，義之本也，非聖人孰能正之哉？若抑末執本，研精覃思，非聖人之書則不讀也，非聖人之言則不取也。庶幾乎神明之德可通乎？萬物之情可類乎？本未之思也，夫何遠之有？君子可不務乎矣。

（《文苑英華》卷七五〇《八卦卜大演論》，《王勃集》卷一〇《八卦卜大演論》，《王子安集注》卷一〇《八卦卜大演論》）

蓍龜論　于卲

卜筮生靈之緼耶，必遵以信時日，畏法令、决嫌疑、定猶豫者也。自伏羲畫卦，周公制禮，率先斯道，以惠其人，故立筮人建卜曰卜職。或掌三易以辨乎九筮，或開四兆以作乎八命。俾吉不相習，假爾有

---

①　參見《論語・子路》。

常，叶乎乾坤，調彼昭昧，占兆審卦，異位同功，不其然歟。夫以原始要終，鈎深索隱，則象事知器，占事知來。蓍辨吉凶，則圓神而方知，龜窮禍福，乃戴陽而履陰，繇得蒺蔾，終驗齊莊之難，兆聞鳴鳳，便興敬仲之宗。然則筮短龜長，嘗聞其語，義之何者，今試論之。且其兆體，百有二十，夫其頌聲，千有二百，由是其尚也。

夫龜者，著性命之理，有好惡之情，善出入之端，存生死之變。冠群甲之長，居四靈之間，上高法天，下平象地。受三千歲，而游於蓮葉之上，吸以沆瀣之精，蓋通其聖也，何被叢薄之下，蘙薈之中，生而無靈，長而無識，奉大衍之數而爲準，求元亨之義而爲用。探賾而知其變，審爻而據其辭，豈與夫灼而專達，居然獨見，同年而語矣。史偏以之佐昌，此其效也。墨以之從長，又其效也。衛人以龜爲有知，漆雕以爲善對，又其效也。至如管輅卜鄰之火，孔愉反顧之鑄，蓋小之也，則知靈德感應，觸類而長矣。故朔望則灼，孟冬命釁，蓋先王之重者，萬事之階也，信矣夫。

（《文苑英華》卷七五〇《蓍龜論》）

吴季札論　獨孤及

謹按：季子三以吴國讓而《春秋》褒之。余徵其前聞於舊史氏，竊謂廢先君之命，非孝也；附子臧之義，非公也；執禮全節，使國篡君弑，非仁也；出能觀變，入不討亂，非智也。左丘明、太史公書而無譏，余有惑焉。

夫國之大經，實在擇嗣。王者所慎德而不建，故以賢則廢年，以義則廢卜，以君命則廢禮。是以太伯之奔勾吴也，蓋避季歷。季歷以先王所屬，故篡服嗣位而不私。太伯知公器有歸，亦斷髮文身而無怨。及武王繼統受命作周，不以配天之業讓伯邑考，官天下也。彼諸樊無季歷之賢，王僚無武王之聖，而季子爲太伯之讓，是徇名也，豈曰“至德”？且使争端興於上替，禍機作於内室，遂錯命於子光，覆師於夫差。陵夷不返，二代而吴滅。以季子之閎集作“宏”。達博物，慕義無窮。向使當壽夢之眷命，接餘昧之絶統，必能光啓周道，以霸荆蠻。則大業用康，多難不作。闔廬安得謀於窟室，專諸何所施其匕首？

嗚呼！全身不顧其業，專讓不奪其志。所去者忠，所存者節，善自牧矣，謂先君何？與其觀變周樂，慮危戚鍾，曷若以蕭墻爲心，社稷是恤；復命哭墓，哀死事生，孰與先釁而動，治其未亂。棄室以表義，挂劍以明信，孰與奉君父之命，慰神祇之心。則獨守純白，不義于嗣，是潔已而遺國也。吴之覆亡，[26]君實階禍。且曰"非我生亂"，其孰生之哉，其孰生之哉？

（《文苑英華》卷七四一《吴季札論》，《唐文粹》卷三六《吴季札論》，《文翰類選大成》卷一二三《吴季札論》，《毘陵集校注》卷七《吴季子札論》）

文論　顧况

《周語》之略曰：孝、敬、忠、信、仁、義、智、勇、教、惠、讓，皆文也。天有六氣，地有五行，此十一者，經緯天地，叶和神人，名之爲文，其實行也。文顧行，行顧文，文行相顧，謂之君子之文，爲龍爲光。

上古云"言之無文，行之不遠"。① 堯之爲君，聰明文思，文王既没，文不在兹乎？文王之代，草木鳥獸皆樂。文王之沼曰靈沼，文王之臺曰靈臺。虞芮不識文王，入文王里，所見耕者讓畔，行者讓路，班白不提挈，自相謂曰："吾黨之小子，不可治於君子之庭。"詩人美之云："文王斷虞芮之訟。"②晋文與楚子戰而霸，謚曰文公。

夫以伏羲之文造書契，黄帝之文垂衣裳，重華之文除四凶舉八元，周公之文布法于象魏，夫子之文木鐸徇路，此其所以理文也。伊尹之文放太甲，霍光之文廢昌邑，吕尚之文殺華士，穰苴之文斬莊賈，毛遂之文定楚從，藺相如之文奪趙璧，西門豹之文引漳水沉女巫。[27]

---

①　參見《春秋左傳注·襄公二十五年》。

②　參見《尚書·周書·武成》。

建安正始，洛下鄴中，吟咏風月，此其所以亂文也。

夫以文求士，十致八九，[28]理亂由之，君臣則之。堯舜禹湯有文，桀紂幽厲無文，太顛閎夭有文，飛廉惡來無文。昔霍去病辭第曰："匈奴未滅，無以家爲。"①於國如此，不得謂之無文。范蔚宗著《後漢書》，其妻不勝珠翠，其母唯薪樵一厨，於家如此，不得謂之有文。

且夫日月麗於天，草木麗於地，風雅亦麗於人，是故不可廢。廢文則廢天，莫可法也，廢天則廢地，莫可理也，廢地則廢人，莫可象也。郁郁乎文哉！法天理地象人者也。《周易》贊《乾》曰："至哉乾元，萬物資始。[29]"②贊《坤》曰："至哉坤元，萬物資生。[30]"③唯文大者配《乾》，至者配《坤》，幽者賾鬼神，明者賾禮樂，不失於正，謂之爲文。

(《文苑英華》卷七四二《文論》，《華陽集》卷下《文論》)

倒戈論　楊夔

予讀周書至武王滅紂，倒戈歸馬，示天下不復用，迹其事惑焉。以武王之聖，有望旦之輔，滅獨夫紂，旌其功於一時可矣。且曰終不復用，其未然乎？夫上古淳，結繩知禁。中古樸，赭衣懷畏。末俗巧，嚴法不化。故淳散而樸，樸散而巧。巧之變萬詐生焉，則内荏外剛之心，詎革於干戚之舞乎？

周之祚七百，誠曰永久，然以臣臨君，以兵向闕者多矣。齊桓南伐楚，北伐戎，晋文取叔帶於温，定襄王于鄭。非二國崇示大順，尊獎王室，則周之社稷，存若綴旒。自漢而下，有國者罔不以兵力，秦以黷武而滅，梁以無備而亡。我太宗究滅亡之源，委房、杜以政，房、杜以天下之大，不敢决於胸臆。於是敢諫則先王魏，論兵則讓英衛，深謀宏法，來代有準。洎林甫即明皇既安之日，隨旨順色，以稔君惡。乃以羯夷勇暴之卒，[31]専我兵柄，竟使獸心，爲國禍本，其爲黷亂國常，

① 參見《史記》卷一一一《衛將軍驃騎列傳》。
② 參見《周易・乾卦》。
③ 參見《周易・坤卦》。

褻慢武義，不亦甚乎？且蒐苗獮狩，所以講武經，閲戎事也，故曰：預備其不虞，有備而無患。則武之道，豈可一日而忘諸？

嗚呼！班子之善斫，[32]不能以鉛刀攻其堅；造父之善御，不能以朽索制其逸，則有國者可以棄兵乎。

(《文苑英華》卷七四三《倒戈論》)

二賢論　楊夔

子貢以管夷吾之奢、晏平仲之儉，質于宣尼。宣尼以管仲之奢，賢大夫也，而難爲上。晏平仲賢大夫也，而難爲下，蓋譏其僭上逼下之失。或謂無所輕重，予敢繼其末以論先後焉。

夫齊桓承襄公之失政，接無知之亂常，久亡於外，自莒先入，有國之後，鋭心求其治。及叔牙言夷吾之能，脱囚服，秉國政，有鮑叔之助，隰朋之佐，遂能九合諸侯，以成霸業，此逢時之大者也。若平仲者，立於衰替之朝，有田國之強，有欒高之侈，時非曩時，君非賢君。當崔杼之弑也，能挺然易其盟。陳氏之大也，能曉然商其短。獨立讒諂之伍，自全於紛擾之中。人無間言，時莫與偶。若桓公九合諸侯，不以兵車，信夷吾之力也。使晏子居桓公之世，有鮑隰之助，則其尊周室，霸諸侯，功豈減於管氏乎？以其鏤簋而朱紘，[33]孰若豚肩不掩豆？以其三歸而反坫，孰若一狐裘三十年？

矧國之破家之亡者，以奢乎？以儉乎？語曰："奢則不遜，儉則固。"①與其不遜也寧固，然後知聖人輕重之旨斯在。

(《文苑英華》卷七四四《二賢論》,《文翰類選大成》卷一二三《二賢論》)

樞機論　徐彦伯

時公卿士庶，多以言語不慎，密爲酷吏所陷，彦伯乃著論以誡於

① 參見《論語・述而》。

代，其詞曰：

《書》曰："唯口起羞，惟甲胄起戎。"①又云："齊乃位，度乃口。"②《易》曰："慎言語，節飲食。"③又云："出其言善，千里應之；出其言不善，千里違之。"④《禮》又云："可言也，不可行也，君子不言也；可行也，不可言也，君子不行也。"⑤嗚呼！先聖知言之爲大也，知言之爲急也。精微以勸之，典謨以告之，禮經以防之。守名教者，何可不循其詁訓而服其糟粕乎？[34]故曰：言語者，君子之樞機也。動則物應，物應則得失之兆見也，得之者江海比鄰，失之者肝膽楚、越，然後知否泰榮辱繫於言乎！

夫言者，德之柄也，行之主也，心之志也，[35]身之文也，既可以濟身，亦可以覆身。故中庸鏤其心，右階銘其背，南容三復於白珪，[36]殷子九疇於《洪範》，[37]良有以也。是以掎摭瑕玷，詳黜躁競，[38]審無恒以階亂，將不密以致危。利生於口，森然覆邦之説；道不由衷，變彼如簧之刺。可不懼之哉！其有識暗邪正，思慮微形，[39]破金湯之籥，伐禍福之根，[40]用呫囁爲雄辯，[41]以號奴爲令德。至若梧宫問答，荆、齊所以奔命；韓、魏加肘，智伯所以危殘。蔡侯繩息嬀也，亟招甲兵之罰；鄭曼圍宋卿也，[42]而受鼎鑊之誅。史遷輕議，終下蠶室；張紘詭説，更齒龍淵。

凡此過言，其流匪一。或穢猶糞土，或動成刀劍，或苟且其心，或脂膏其體。[43]挾邪作蠱，守之而不懈；往輒破的，去之而彌遠。亦何異寒皋聚音，[44]尨也群吠，得死爲幸，何修名之立乎？雖復伯玉沮顔，追謝於元凱；蔣濟貽恨，失譽於王陵。犀首没齒於季章，曹瞞齚舌於劉

① 參見《尚書·商書·説命中》。
② 參見《尚書·商書·盤庚》。
③ 參見《周易·頤卦》。
④ 參見《周易·繫辭上傳》。
⑤ 參見《禮記·緇衣》。

主,當何及哉!孔子曰:“予欲無言。”①又云:“終身爲善,一言敗之,惜也!”②老子亦云:“多言數窮。”③又云:“聰明深察而近於死者,議人者也。”④何聖人之深思偉慮,杜漸防萌之至乎!

夫不可言而言者曰狂,可言而不言者曰隱。鉗舌拱默,曷通彼此之懷;括囊而處,孰啓謨明之訓。則上言者,下聽也;下言者,上用也。睿哲之言,猶天地也,人覆燾而生焉;《大雅》之言,猶鐘鼓也,人考擊而樂焉。作以龜鏡,周公之言也;[45]出爲金石,孔子之言也。[46]存其家邦,國僑之言也;立而不朽,臧孫之言也,是謂德音,詣我宗極,滿於天下,貽厥後昆。殷宗甘之於酒醴,孫卿喻之以琴瑟,闕里重於四時,郢都輕其千乘。豈不韙哉,豈不休哉!但懋績遠大,[47]克念丕訓,審思而應,精慮而動,謀其心以後發,定其交以後談,[48]不趑趄於非黨,[49]不屏營於詭遇,非先王之至德不敢行,非先王之法言不敢道,翦其纍纍之緒,[50]撲其炎炎之勢。自然介爾景福,保兹終吉,[51]則悔吝何由而生,怨惡何由而至哉?孔子曰:“終日行不遺己患,終日言不遺己憂。”⑤如此乃可以言也。戒之哉!戒之哉!

(《文苑英華》卷七四五《樞密論》,《文翰類選大成》卷一二三《樞機論》,《舊唐書》卷九四《徐彦伯傳》,《新唐書》卷一一四《徐彦伯傳》)

諍臣論　韓愈

或問諫議大夫陽城於愈:“可以爲有道之士乎哉?學廣而聞多,不求聞於人也。行古人之道,居於晋之鄙。晋之鄙人薰其德,而善良者幾千人。大臣聞而薦之,天子以爲諫議大夫。人皆以爲華,陽子不色喜。居於位五年矣,視其德如在草野,彼豈以富貴移易其心哉?”

---

①　參見《論語·陽貨》。

②　參見《孔子家語》卷三《五性》。

③　參見《老子道德經·虚用》。

④　參見《孔子家語》卷三《觀周》。

⑤　參見《孔子家語》卷三《五性》。

愈應之曰："是《易》所謂'恒其德貞而夫子凶'者也。① 惡得爲有道之士乎哉？在《易·蠱》之上九云：'不事王侯，高尚其事。'②《蹇》之六二則曰：'王臣蹇蹇，匪躬之故。'③夫不以所居之時不一，而所蹈之德不同也。若《蠱》之上九，居無用之地，而致匪躬之節。以《蹇》之六二，在王臣之位，而高不事之心，[52]則冒進之患生，曠官之刺興，志不可則，而尤之不終無也。

"今陽子實一匹夫。[53]陽子在位不爲不久矣，聞天子之得失不爲不熟矣，天子待之不爲不加矣，而未嘗一言及於政。視政之得失，若越人視秦人之肥瘠，忽焉不加喜戚于其心。問其官，則曰諫議也；問其禄，則曰下大夫之秩也；問其政，則曰我不知也。有道之士，固如是乎哉？且吾聞之，有官守者，不得其職則去；有言責者，不得其言則去。今陽子以爲得其言乎哉？得其言而不言，與不得其言而不去，無一可者也。陽子將爲禄仕乎？古之人有云：'仕不爲貧，而有時乎爲貧。'④謂禄仕者也。宜乎辭尊而居卑，辭富而居貧，若抱關擊柝者可也。蓋孔子嘗爲委吏矣，嘗爲乘田矣，亦不敢曠其職，必曰：會計當而已矣，必曰：牛羊遂而已矣。若陽子之秩禄，不爲卑且貧，章章明矣，而如此，其可乎哉？"

或曰："否，非若此也。夫陽子惡訕上者，惡爲人臣招音"橋"。其君之過而以爲名者，故雖諫且議，使人不得而知焉。《書》曰：'爾有嘉謀嘉猷，則入告爾后于内，爾乃順之于外。'曰'斯謀斯猷，惟我后之德。'⑤夫陽子之用心，亦若此者。"

愈應之曰："若陽子之用心如此，玆所謂惑者矣。入則諫其君，出則不使人知者，大臣宰相之事，非陽子之所宜行也。夫陽子，本以布

---

① 參見《周易·恒卦》。
② 參見《周易·蠱卦》。
③ 參見《周易·蹇卦》。
④ 參見《孟子·萬章下》。
⑤ 參見《尚書·周書·君陳》。

衣隱於蓬蒿之下，主上嘉其行誼，擢在此位，官以諫爲名，誠宜有以奉其職，使四方後代知朝廷有直言骨鯁之臣，天子有不僭賞從諫如流之美。庶巖穴之士聞而慕之，束帶結髮，願進於闕下，而伸其辭説，[54]致吾君於堯、[55]舜，熙鴻號於無窮也。若《書》所謂，則大臣宰相之事，非陽子之所宜行也。且陽子之心將使君人者惡聞其過乎？是啓之也。"

或曰："陽子之不求聞而人聞之，不求用而君用之，不得已而仕，[56]守其道而不變，何子過之深也？"

愈曰："自古聖人賢士，皆非有心求於聞用也。閔其時之不平，人之不義，得其道。不敢獨善其身，而必以兼濟天下也。孜孜矻矻，死而後已。故禹過家門不入，孔席不暇暖，[57]而墨突不得黔。彼二聖一賢者，豈不知自安佚之爲樂哉？[58]誠畏天命而悲人窮也。夫天授人以賢聖才能，豈使自有餘而已？誠欲以補其不足者也。耳目之於身也，耳司聞而目司見，聽其是非，視其險易，然後身得安焉。聖賢，時人之耳目也；時人，聖賢之身也。且陽子之不賢，則將役於身以奉其上矣；[59]若果賢，則固畏天命而閔人窮也，惡得以自暇逸乎哉？"

或曰："吾聞君子不欲加諸人，而惡訐以爲直者。若吾子之論，直則直矣，無乃傷於德而費於辭乎？[60]好盡言以招人過，國武子之所以見殺於齊也。吾子其亦聞乎？"

愈曰："君子居其位，則思死其官。未得位，則思修其辭以明其道。我將以明道也，非以爲直而加人也。[61]且國武子不能得善人而好盡言於亂國，[62]是以見殺。《傳》曰：'惟善人，能受盡言。'①謂其聞而能改之也。子告我曰：'陽子可以爲有道之士也。'今雖不能及已，陽子將不得爲善人乎？[63]"

（《文苑英華》卷七四四《諫臣論》，《古今事文類聚》新集卷二一《争臣論》，《文翰類選大成》卷一二三《争臣論》，《韓愈文集彙校箋注》卷四《諫臣論》，《韓昌黎文集校注》卷二《争臣論》）

---

①　參見《國語·周語·單襄公論晋將有亂》。

顔子不貳過論　韓愈

論曰：登孔氏之門者衆矣，[64]三千之徒，四科之目，孰非由聖人之道，爲君子之儒者乎？其於過行過言，[65]亦云鮮矣。而夫子舉不貳過惟顔氏之子，其何故哉？請試論之。

夫聖人抱誠明之正性，根中庸之至德，苟發諸中形諸外者，不惟思慮，[66]莫匪規矩。不善之心，無自入焉；可擇之行，無自加焉，故惟聖人無過。所謂過者，非謂發於行、彰於言，[67]人皆謂之過而後爲過也，生于其心則爲過矣。故顔子之過此類也。不貳者，蓋能止之于始萌，絶之於未形，不貳之於言行也。《中庸》曰："自誠明謂之性，自明誠謂之教。"①自誠明者，不勉而中，不思而得，從容中道，聖人也，無過者也；自明誠者，擇善而固執之者也；不勉則不中，不思則不得，不貳過者也。故夫子之言曰："回之爲人也，擇乎中庸，得一善，則拳拳服膺而不失之矣。"②又曰："顔氏之子，其殆庶幾乎！"③言猶未至也。而孟子亦云："顔子具聖人之體而微者。"皆謂不能無生于其心，而亦不暴之於外，考之於聖人之道，差爲過耳。

顔子自惟其若是也，於是居陋巷以致其誠，飲一瓢以求其志，不以富貴妨其道，不以隱約易其心，確乎不拔，浩然自守，知高堅之可尚，忘鑽仰之爲勞，任重道遠，竟莫之致。是以夫子嘆其"不幸短命，今也則亡"，④謂其不能與己並立於至聖之域，觀教化之大行也。不然，夫行發於身加於人，言發乎邇見乎遠，苟不慎也，敗辱隨之，而後思欲不貳過，其於聖人之道不亦遠乎？而夫子尚肯謂之"其殆庶幾"，⑤孟子尚復謂之"具體而微"者哉？⑥ 則顔子之不貳過，盡在是

---

① 參見《禮記·中庸》。
② 參見《禮記·中庸》。
③ 參見《周易·繫辭下傳》。
④ 參見《論語·雍也》。
⑤ 參見《周易·繫辭下傳》。
⑥ 參見《孟子·公孫丑上》。

矣。謹論。

（《文苑英華》卷七五六《省試顏子不貳過論》，《唐文粹》卷三五《省試顏子不貳過論》，《文翰類選大成》卷一二三《顏子不貳過論》，《韓愈文集彙校箋注》卷四《省試顏子不貳過論》，《韓昌黎文集校注》卷二《省試顏子不貳過論》）

守道論　柳宗元

或問曰："守道不如守官，何如？"對曰："是非聖人之言，傳之者誤也。官也者，道之器也，離之非也，未有守官而失道，守道而失官之事者。是固非聖人言，乃傳之者誤也。

"夫皮冠者，是虞人之物也，物者，道之準也。守其物，由其準，而後其道存焉。苟舍之，是失道也。凡聖人之所以爲經紀，爲名物，無非道者。命之曰官，官是以行吾道云爾。是故立之君臣、官府、衣裳、輿馬、章綬之數，會朝、表著、周旋、行列之等，是道之所存也。則又示之典命、書制、符璽、奏復之文，參伍、殷輔、陪臺之役，是道之所由也。則又勸之以爵禄、慶賞之美，懲之以黜遠、鞭扑、梏拲、斬殺之慘，是道之所行也。故自天子至于庶民，咸守其經分，而無有失道者，和之至也。失其物，去其準，道從而喪矣。易其小者，而大者亦從而喪矣。

"古者居其位思死其官，可易而失之哉？《禮記》曰：'道合則服從，不可則去。'①孟子曰：'有官守者，不得其職則去。'②然則失其道而居其官者，古之人不與也。是故在上不爲抗，在下不爲損，矢人者不爲不仁，函人者不爲仁，率其職，[68]司其局，交相致以全其工也。[69]易位而處，各安其分，而道達於天下也。且夫官所以行道也，而曰守道不如守官，蓋亦喪其本矣。未有守官而失道，守道而失官之事者

① 參見《禮記·内則》。

② 參見《孟子·公孫丑下》。

也。是非聖人之言，傳之者誤也，果矣。”

（《文苑英華》卷七五九《守道論》，《文翰類選大成》卷一二三《守道論》，《柳宗元集校注》卷三《守道論》）

四維論　柳宗元

《管子》以禮、義、廉、恥爲四維，吾疑非管子之言也。

彼所謂廉者，曰“不蔽惡”也。世人之命廉者，曰“不苟得”也。彼所謂恥者，曰“不從枉”也。世人之命恥者，曰“羞爲非”也。然則二者果義歟，非歟？吾見其有二維，未見其所以爲四也。夫不蔽惡者，豈不以蔽惡爲不義而去之乎？夫不苟得者，豈不以苟得爲不義而不爲乎？雖不從枉與羞爲非皆然。然則廉與恥，義之小節也，不得與義抗而爲維。聖人之所以立天下，曰仁義。仁主恩，義主斷，恩者親之，斷者宜之，而理道畢矣。蹈之斯爲道，得之斯爲德，履之斯爲禮，誠之斯爲信，皆由其所之而異名。今管氏所以爲維者，殆非聖人之所立乎？

又曰：“一維絶則傾，二維絶則危，三維絶則覆，四維絶則滅。”若義之絶，則廉與恥其果存乎？廉與恥存，則義果絶乎？人既蔽惡矣，苟得矣，從枉矣，爲非而無羞矣，則義果存乎？

使管子庸人也，則爲此言。管子而少知理道，則四維者非管子之言也。

（《文苑英華》卷七四五《四維論》，《唐文粹》卷三五《四維論》，《文翰類選大成》卷一二三《四維論》，《柳宗元集校注》卷三《四維論》）

封建論　柳宗元

天地果無初乎？吾不得而知之也。生人果有初乎？吾不得而知之也。然則孰爲近？曰：有初爲近。孰明之？由封建而明之也。彼封建者，更古聖王堯、舜、禹、湯、文、武而莫能去之，蓋非不欲去之也，勢不可也。勢之來，其生人之初乎？不初，無以有封建。封建，非聖人意也。

彼其初與萬物皆生，草木榛榛，鹿豕狉狉，人不能搏噬，而且無毛羽，莫克自奉自衛。荀卿有言："必將假物以爲用者也。"夫假物者必争，争而不已，必就其能斷曲直者而聽命焉。其智而明者，所伏必衆，告之以直而不改，必痛之而後畏，由是君長刑政生焉。故近者聚而爲群，群之分，其争必大，大而後有兵。德又大者，[70]衆群之長又就而聽命焉，以安其屬。於是有諸侯之列，則其争又有大者焉。德又大者，諸侯之列又就而聽命焉，以安其封，於是有方伯、連帥之類。則其争又有大者焉，德又大者，方伯、連帥之類又就而聽命，以安其人，然後天下會於一。是故有里胥而後有縣大夫，有縣大夫而後有諸侯，有諸侯而後有方伯、連帥，有方伯、連帥而後有天子。自天子至于里胥，其德在人者，死必求其嗣而奉之，故封建非聖人意也，勢也。

夫堯、舜、禹、湯之事遠矣，及有周而甚詳。周有天下，裂土田而瓜分之，設五等，邦群后，布履星羅，[71]四周于天下，輪運而輻集。合爲朝覲會同，離爲守臣扞城。然而降于夷王，害禮傷尊，下堂而迎覲者。歷于宣王，挾中興復古之德，雄南征北伐之威，卒不能定魯侯之嗣。陵夷迄于幽、厲，王室東徙，而自列爲諸侯。厥後，問鼎之輕重者有之，射王中肩者有之，伐凡伯、誅萇弘者有之，天下乖盭，無君君之心。余以爲周之喪久矣，徒建空名於公侯之上耳，得非諸侯之盛强，末大不掉之咎歟？遂判爲十二，合爲七國，威分于陪臣之邦，國殄於後封之秦，[72]則周之敗端，其在乎此矣。

秦有天下，裂都會而爲之郡邑，廢侯衛而爲之守宰，據天下之雄圖，都六合之上游，攝制四海，運於掌握之内，此其所以爲得也。不數載而天下大壞，其有由矣。亟役萬人，暴其威刑，竭其貨賄。負鋤梃讁戍之徒，圜視而合從，大呼而成群。時則有叛人而無叛吏，人怨于下而吏畏于上，天下相合，殺守劫令而並起。咎在人患，非郡邑之制失也。

漢有天下，矯秦之枉，徇周之制，剖海内而立宗子，封功臣，數年之間，奔命扶傷而不暇。困平城，病流矢，陵遲不救者三代。後乃謀臣獻畫，而離削自守矣。然後封建之始，郡國居半，時則有叛國而無叛郡。秦制之得，亦以明矣。

繼漢而帝者，雖百代可知也。唐興，制州邑，立守宰，此其所以爲宜也。然猶桀猾時起，虐害方域者，失不在於州而在於兵，時則有叛將而無叛州。州縣之設，固不可革也。

或者曰："封建者，必私其土，子其人，適其俗，修其理，施化易也。守宰者，苟其心，思遷其秩而已，何能理乎?"余又非之。周之事迹，斷可見矣。列侯驕盈，黷貨事戎，大凡亂國多，理國寡。侯伯不得變其政，天子不得變其君，私土子人者，百不有一，失在於制，不在於政，周事然也。秦之事迹，亦斷可見矣。有理人之制，而不委郡邑，是矣。有理人之臣，而不使守宰，是矣。郡邑不得正其制，守宰不得行其理，酷刑苦役，而萬人側目。失在於政，不在於制，秦事然也。漢興，天子之政行於郡不行於國，制其守宰，不制其侯王。侯王雖亂，不可變也，國人雖病，不可除也。及夫大逆不道，然後掩捕而遷之，勒兵而夷之耳。大逆未彰，奸利浚財，怙勢作威，大刻于民者，無如之何。及夫郡邑，可謂理且安矣。何以言之?且漢知孟舒于田叔，得魏尚于馮唐，聞黄霸之明審，睹汲黯之簡靖，拜之可也，復其位可也，卧而委之以輯一方可也。有罪得以黜，有能得以賞，[73]朝拜而不道，夕斥之矣;夕受而不法，朝斥之矣。設使漢室盡城邑而侯王之，縱令其亂人，戚之而已。孟舒、魏尚之術莫得而施，黄霸、汲黯之化莫得而行，明譴而導之，拜受而退已違矣。下令而削之，締交合從之謀，[74]周于同列，則相顧裂眦，勃然而起。幸而不起，則削其半，削其半，民猶瘁矣，曷若舉而移之，以全其人乎?漢事然也。今國家盡制郡邑，連置守宰，其不可變也固矣。善制兵，謹擇守，則理平矣。

或者又曰："夏、商、周、漢封建而延，秦郡邑而促。"尤非所謂知理者也。魏之承漢也，封爵猶建。晋之承魏也，因循不革。而二姓陵替，不聞延祚。今矯而變之，垂二百祀，大業彌固，何繫於諸侯哉?

或者又以爲："殷、周，聖王也，而不革其制，固不當復議也。"是大不然。夫殷、周之不革者,是不得已也。蓋以諸侯歸殷者三千焉,資以黜夏,湯不得而廢。歸周者八百焉,資以勝殷,武王不得而易。徇之以爲安,仍之以爲俗,湯武之所不得已也。夫不得已,非公之大者也,私其力於己也,私其衛於子孫也。秦之所以革之者,其爲制,公之大者也,其情私也,私其一己之威也,私其盡臣畜於我也。然而公天下之端自秦始。

夫天下之道,理安,斯得人者也。使賢者居上,不肖者居下,而後可以理安。今夫封建者,繼世而理。繼世而理者,上果賢乎?下果不肖乎?則生人之理亂,未可知也。將欲利其社稷,以一其人之視聽,則又有世大夫世食禄邑,以盡其封略,聖賢生于其時,亦無以立于天下,封建者爲之也,豈聖人之制使至于是乎?吾固曰:"非聖人之意也,勢也。"

(《唐文粹》卷三四《封建論》,《文翰類選大成》卷一二三《封建論》,《柳宗元集校注》卷三《封建論》)

文章論　李德裕

魏文《典論》稱"文以氣爲主,氣之清濁有體"。① 斯言盡之矣。然氣不可以不貫,不貫則雖有英辭麗藻,如編珠綴玉,不得爲金璞之寶矣。[75]鼓氣以勢壯爲美,勢不可以不息,不息則流宕而忘返。亦猶絲竹繁奏,必有希聲窈眇,聽之者悦聞;如川流迅激,必有洄洑逶迤,觀之者不厭。從兄翰嘗言"文章如千兵萬馬,風恬雨霽,寂無人聲。"蓋謂是也。

近世誥命,惟蘇廷碩叙事之外,自爲文章,才實有餘,用之不竭。沈休文獨以音韵爲切,重輕爲難,語雖甚工,旨則未遠。夫荆璧不能無瑕,隋珠不能無纇。文旨高妙,豈音韵爲病哉?此可以言規矩之内,未可以言文章外意也。較其師友,則魏文與王、陳、應、劉討論之

---

①　參見《曹丕集校注·典論·論文》。

矣。江南唯於五言爲妙，故休文長於音韵，而謂“靈均已來，此秘未睹”，不亦誣人甚矣。古人辭高者，蓋以言妙而適情，不取於音韵，意盡而止，成篇不拘於隻耦。故篇無足曲，辭寡累句，譬諸音樂，古辭如金石琴瑟，尚於至音。[76]今文如絲竹鞞鼓，迫於促節，則知音律之爲弊也甚矣。

世有非文章者，曰辭不出於《風》《雅》，思不越於《離騷》，模寫古人，何足貴也。余曰：譬諸日月，雖終古常見而光景常新，此所以爲靈物也。余嘗爲《文箴》，今載於此，曰："文之爲物，自然靈氣。恍惚而來，不思而至。杼軸得之，澹而無味。琢刻藻繪，珍不足貴。[77]如彼璞玉，磨礱成器。奢者爲之，錯以金翠。美質既雕，良寶斯棄。此爲文之大旨也。"

（《文苑英華》卷七四二《文章論》，《唐文粹》卷三六《文章論》，《文翰類選大成》卷一二三《文章論》，《李德裕文集校箋》外集卷三《文章論》）

謀議論　李德裕

欲知謀議之用，捨身名之榮辱，觀其立論何如也。

切於時機，明於利害，人主易曉，當世可行，其謀必用，而終有後咎，晁錯、主父偃是也。何者？切時機，明利害，皆怨誹所由生，主享其利而自罹其害。謀闊意中，言高旨遠，其道可法，其術則疏，必有高名而不用於世，賈山、王陽是也。謀既不行，故能無患。智應變，道可與權，言雖切於人情，意常篤於禮義，謀不盡用，而身無近憂，賈誼是也。故當漢文之世，亦無高位。

余門客崔權，其世叔即宋廣平之維私也。又嘗預燕公、代公之戎幕，故知三丞相才業甚備，曰："廣平好言政事，燕公好言文學，至於經國遠慮，意鮮及之。與代公言，初若涉川，未知其止，寥廓廣大，莫見津涯，味之既深，恩意愈密。"代公嘗爲西北邊將帥，論四夷事，慮必精遠，則崔生之言信有徵矣。凡侍坐於君子，聞其言可以知其才術遠近，用此道也。

（《文苑英華》卷七四五《謀議論》，《文翰類選大成》卷一二三《謀議論》，《李德裕文集校箋》外集卷三《謀議論》）

臣友論　李德裕

君之擇臣，士之擇友，當以志氣爲先，患難爲急。漢高以周勃可屬大事，又曰："安劉氏者必勃也。"①文帝戒太子曰："即有緩急，亞夫真可任將兵。"②此皆得於氣志之間，而後知可以托孤寄命矣。何者？人君不能無緩急，士君子未嘗免於憂患。故漢高知周勃可托，文帝識亞夫可任；信陵降志於朱亥，爰盎不拒於劇孟。[78]且夫周文由閎夭而禦侮，宣孟以彌明而免難，孔聖得仲由而不聞惡言，宋祖失穆之而謂人輕我。則擇臣求友，得不先於此乎？

太倉令淳于公嘆："生子不生男，緩急非有益也。"③女緹縈自傷，乃上書贖父罪。《詩》曰："鶺鴒在原，兄弟急難。"④父子兄弟，未嘗不以赴急難爲仁孝。況朋友之際，本以義合，貴盛則相須以力，憂患而不拯其危，自保榮華，坐觀顛覆，可不痛哉！昔衛青之衰也，故人多事冠軍，而任安不去。吴章之敗也，門人更名他師，而幼孺自效，此所以可貴也。

善人良士，衹可以淡水相成，虚舟相值，聞其患也，則策足先去，曰"見幾而作，不俟終日"；⑤知其危也，則奉身而退，曰："既明且哲，以保其身。"⑥士之於人如是，[79]曷若識劇孟、朱亥哉！

（《文苑英華》卷七四八《臣友論》，《文翰類選大成》卷一二三《臣友論》，《李德裕文集校箋》外集卷二《臣友論》）

---

① 參見《史記》卷八《高祖本紀》。

② 參見《史記》卷五七《絳侯周勃世家》。

③ 參見《史記》卷一〇《孝文本紀》。

④ 參見《詩經·小雅·常棣》。

⑤ 參見《周易·繫辭下傳》。

⑥ 參見《詩經·大雅·烝民》。

表章論　牛希濟

人君尊嚴，臣下之言不可達於九重。表章之用，下情可以上達，得不重乎？歷觀往代策文奏議，及國朝元和以前名臣表疏，詞尚簡要，質勝于文，直旨是非，坦然明白，致時君易爲省覽。夫聰明睿哲之主，非能一一奥學深文，研窮古訓。且理國理家理身之道，唯忠孝仁義而已。苟不逾是，所措自合於典謨，所行自偕於堯舜，豈在乎屬文比事？况人君以表疏爲急者，竊以爲稀。况覽之茫然，又不親近儒臣，必使傍詢左右，小人之寵，用是爲幸。儻或改易文意，以是爲非，逆鱗發怒，略不爲難。故《禮》曰："臣事君，不援其所不及。[80]"①

蓋不可援引深僻，使夫不喻。且一郡一邑之政，訟者之辭，蔓引數幅，尚或棄之，况萬乘之主，萬機之大，焉有三復之理？國史以馬周建議，不可以加一字，不可以减一字，得其簡要。又杜甫嘗雪房琯表，朝廷以爲庾辭。儻端明易曉，必庶幾兑於深僻之弊。[81]夫僻事新對，用以相誇，非切於理道者。名儒尚且杼思移時，豈守文之主可以速達？竊願復師於古，但置於理，何以幽僻文煩爲能也。

(《文苑英華》卷七四二《表章論》,《文翰類選大成》卷一二三《表章論》)

治論　牛希濟

有國家者，未嘗不思治。孜孜焉求才，汲汲焉用人。官無曠位，命不虛日。多不至於治者，何哉？蓋不知重其本也。

夫重其本，莫若安人。安人之本，莫先於農桑。上自天子，下至庶人，未有不須衣食以資養其生，此情性之欲一也。故率公卿以躬耕於千畝，非獨致敬於粢盛也，率嬪御以親蠶於繭絮，非獨致美於黻冕也，皆所以先民之教化也。下之人必曰："王者后妃，尚勤於耕桑，余

---

① 參見《禮記·緇衣》。

何人哉?”若天下之人,皆相率以耕織爲務,則穀帛可指期而取。穀帛既賤,人各足其所欲。所欲之大,唯衣食而已。不飢不寒,則時無怨嗟。時無怨嗟,則和氣充塞,則焉有不豐不稔之歲?既庶且富,然後仁義相及,王道可行。方困飢寒,而能致於仁義者,雖淳樸之世,君子之人幾稀矣。

今天下之人,非不耕也,非不蠶也。率九州之人,一人耕而百人食,一人織而百人衣。王者之征賦在焉,諸侯之車服劍器在焉,職官之禄廪資焉,吏人之求取往焉。俾一人耕,一人織,足上下百人之欲,不亦難乎?僕嘗客於山東,寓於民舍,觀其耕也,候天時,相地宜,遠求種稑,胼胝手足,朝昏引頸,以望膏雨。借貸以成其饋餉,筋力竭盡於磽确。汗流于背,[82]一作“顥”。忽以霡霂,日熾其背,無不黧黑。及婦人之爲蠶也,髮鬢如蓬,晨暮憧憧,[83]高條長梯,蹈險履危,稚女嬰兒,目不暇顧。歲時之成否,斯在外矣。其五稼登於場圃也,未及簸揚,蠶之爲繭也,擇未盈筐。犬吠喧嘵,悍吏繞于居,烹茗飫食,然後乃曰:“若干官之常也,若干歲之逋也。我求之,何以應執事之欲?若不從我,他日之役,余無庇爾焉。”民由是懼其督責之急,憚其恐脅之言,無不强足其欲。粟之熟也,糲食未飽,蠶之績也,家不及絲縷。殆不旬五日,皆已罄矣。至有父子拱手屋壁,相顧而坐。向使不爲盜,不爲非,不鬻不時之物,不犯及時之禁,不受役於鄉豪,不爲污詐之計,以給其家,可乎?故孟子曰:“父母妻子,對之飢寒,而不爲非,未之有也。”誠哉是言。

且古者四人各業,以成其國。士世其《詩》《書》,農本其耒耜,工傳其繩墨,商積其貨財。今士大夫以先王言行政事自守,耻趨時捷急之辯者,固穫用於諸侯矣。農人之家,恒若疑作“苦”。時弊。工之屬也,亦受其役而不受其直。唯賈之利,獨便於時。若關禁之賦薄,市井之不擾,我取積其物以中之。時如不我容,捨而之他邦,非劫取加諸之力,不能爲患。農則不然,父母存焉,桑梓在焉,妻子居焉,懷土之戀,居亦可知。使盡室以往,曰避煩賦,他邦之政,亦我邦也,欲何以往？所以今之世，士亦爲商，農亦爲商，工亦爲商，商之利兼四人矣。審利要時，一中百得。易於耕織，人人爲之。故諸侯庶人，亦争趨之矣。且四人之中，其一爲農，亦以爲鮮矣。加之浮食之衆，曷可勝紀，其大者而有四焉。

自京達于閩嶺，豪右兼并之家，或累思進達其身，或求恃世以庇鄉里者，多以其子納于黄門，俾爲之畤。[84]且北宫之中，唯有四星，蓋上以備左右灑掃之用。國家自開元天寶以來，中官之盛，不下萬人，出詔旨使於四方，或持寵錫之命，宣慰勞之恩。千里伺其聲塵，候騎從其所欲。絶情於親愛，抗禮於君父。不蠶不農，受頑愚之施捨，亦有積蓄寶貨，争名競利。出入乃權倖之門，指揮愈僕隸之中。庸夫此爲弊之深者一也。[85]道德之士，反爲謗議，實可顯加甄别，用永其道，此爲弊之深者二也。

即有衣紫帶金，形貌魁偉，酒食以招於交游，僕馬以溢於巷陌。樗博擊毬以爲之業，自六軍遍于四方，或擊毬一入於門中，天子喜悦，拜爲上將。或都城會府，惣統繁多。[86]阿黨小人，撓于王法。其目儒者，勢欲吞食，竊比仇讎，曰："我武也。"文武之事墜於地。及問其日月風雲，孤虚向背，鐔鍔之所，干戈之别，三和六鈞之制，一沉一浮之財，九地之所宜，五行之制變，攻守之難易，進退之是非，莫我知也。已失其爲武，然用之爲將，欲寄國家之成敗，生人之性命，其可乎？况復喜怒以刑人，視人如草芥，嚴暴以及物，唯物之利已，以至於流亡，以至於敗亂。此爲弊之深者三也。

復有製儒者之冠服，習儒者之威儀，語不知書，百行無取。亦有耳剽心記之學，多背毁於冠蓋之士。其誑不達，我能是也，又道不是者，以勝謗之。敗俗倨傲之儀，咸致游宦於州里。其官也用刑唯嚴，納賄爲能，狡譎之防爲長。[87]其行也總佞媚之術，輕折朋友，交結邪僻，附近左右，炫酒令之奥，恃博奕之精。諸侯遇之曰："奇才也，能狎宴昵，吾與之私焉。"車服器用，無所愛焉。或引之於賓佐，委之以紀綱，授之以守令，[88]必盡刻削之能，致聚散之力。亦有薄通文藝，尤飾狂妄，升之於府，政可知也。薦之於朝，時可知也。冠章甫，處同行，望之君子哉，乃小人也。大凡小人之屬，非高名厚禄貴胄之家而無之也。負販之列，行君子斯君子也。軒冕之上，行小人斯小人也。率是小人在位，爲法必苛，爲政必僻。肉食之外，耗蠹齊人。此爲弊之深者四也。

吁！皆游惰無業，賦疑作“殘”。於國、害於農之大者。自餘瑣瑣，亦易驅除耳。然世無士不可以爲治世，無民不可以爲國。唯明主擇君子之人，有輔相之才，深治理之道，與之爲政。先簡其事，則省其吏，則人易以安。且今吏屬太廣，實擾於時。古者以十羊九牧，不知所從。今十羊百牧矣，啗食之不足，何從之事。夫事簡吏省，[89]然後可以愛惜農人，盡歸其時，什一之外，除其賦斂。驅彼浮食游手之衆，使歸田穡。即倉廪必實，天下之民，食斯足矣。冠婚喪祭，車馬第宅，尊卑之制，皆歸諸令式。豪民富室，不得衣文組金玉，帷幕不得用繒彩，[90]茵褥不得施錦綉。自宫中至於王公之家，咸遵儉約，無使枉費尺帛，則天下之民，衣斯足矣。夫如是，化之於道，孰有不以從？

或曰：“斯論也，乃耳目之常。”夫儒者之言，由人之食，若今日之食，已明之日以爲常。欲不之致而不之食，可乎？况高祖太宗得天下之初，從魏文公之言，以王道爲治，不三年而化成。立國之基，斯爲遠矣。今復用其道，莫若用賢良，遠邪佞，重農桑，禁游惰，廢不急之務，足可以丕復祖宗之耿光，堯舜豈遠乎哉？何獨治爲！

（《文苑英華》卷七四六《治論》）

賞論　牛希濟

賞勸之典，所以表忠尊賢。[91]而待用感人之心，使各盡其材，以顯於時，以爲立身揚名之本。故冠冕衣服車輅祭祀之儀，皆以品秩爲差。君子之人，其甘心焉，孜孜於善。希公朝之禄賞，可以榮於家，可以榮於宗廟祖考。賞之義也大矣哉！

今國家懸高科，虛重位，此文士之賞也。計首級，視所傷，此武士之賞也。文不中理，宗伯所棄。殺傷奔北，軍法所誅。擇善勸人，亦以明矣。衰世之中，文假他人之手，身居書辭之列，名陷澆浮之中，坐登卿相之位。射不穿札，生不見敵，榮持斧鉞之柄，行居將帥之任，皆藉累世之基業。或由勳伐之餘名，竊位尸禄，觀者憤嘆而已。

至有文之衰也，行爲四海推重，不成一名，不沾寸禄，老死凍餒之地。或有獻一書，陳一策，深治亂之精微，[92]盡當世之利病，君上不省察，奸邪者深以爲嫌。縱未能顯加明誅，仿徨焉擠之於散冗，斥之於外任，不復省問，可勝言哉！

武之衰也，弓聲劍氣，立爲勍敵，馳突擊刺於横陣之前，出入如鬼神，謀取必勝，瘡痍遍於面首，身委卒伍之中，老棄瘦馬之列。或有破一大敵，擒一渠帥，賞不逾外藩之職，賜不越繒帛之微。捷聲已振於萬里，姓名未達於九重，降符節，益封土，翻爲統帥之福，豈不悲哉？

文之求也，既不因於行藝，武之用也，又不因於材力。乃有温溲溺之器以媚黄門者，有繫鞋自名以從公相者，履歷官常，出入藩翰，其餘資財，以致名第，以榮郡邑者，不可遽數之。况時君幼主，有宴樂玉堂，從禽豐草，發自愉悦之意，聽從左右之言，淫樂之叟，優倡之子，錫以朱紫，升於官秩，下至飛禽犬馬之微物，亦光於封賞。且國家以五岳四瀆，爲視公侯之秩，乃崇其禮，此尊爵敬神之道也。今厮養禽獸之屬，皆列于官，與士君子比肩于朝，無神怨乎？故志士仁人，甘心草澤，没身白日，不復思用力，以在位者爲深耻。

昔仲叔于奚救公孫文之患，請以繁纓假借也，孔子猶曰："不如多與之邑。"①將以定永代之制，杜萌漸之謂也。漢明帝不以館陶子爲郎，寧賜之百萬。曰："夫郎官，出宰百里，上應列宿，不可虚授。"②信夫爲中興之嗣也。且賞勸不恒，服章紊亂，君子在野，小人在朝，將難

① 參見《周禮·成公》。

② 參見《後漢書》卷二《顯宗孝明帝紀》。

以守四海之業。若善人在位，紀綱大定，賞罰必中，百官稱職，天下焉能爲亂？

（《文苑英華》卷七四九《賞論》，《文翰類選大成》卷一二三《賞論》）

【校勘記】

［1］北：此字原脱，據《賈誼集校注·賈子新書》補。

［2］倫：《文章類選》同《文選》卷五一，《文翰類選大成》卷一二二作“朋”。

［3］秦：此字原脱，據《文選》卷五一、《文翰類選大成》卷一二二補。

［4］中庸：《文章類選》同《文選》卷五一，《文翰類選大成》卷一二二作“中人”。

［5］弊：《文選》卷五一、《文翰類選大成》卷一二二作“散”。

［6］雲會：《文選》卷五一、《文翰類選大成》卷一二二作“雲集”。

［7］銛：《文章類選》同《文選》卷五一，《文翰類選大成》卷一二二作“錟”。

［8］知名：《文章類選》同《文翰類選大成》卷一二二，《文選》卷五二作“功名”。

［9］鴻：此字原脱，據《文選》卷四九、《文翰類選大成》卷一二三補。

［10］命：《文章類選》同《文翰類選大成》卷一二三，《文選》卷五〇作“令”。

［11］員數：《文章類選》同《文翰類選大成》卷一二三，《文選》卷五〇作“資”。

［12］國：《文章類選》同《文翰類選大成》卷一二三，《文選》卷五〇作“圖”。

［13］屠：《文章類選》同《文翰類選大成》卷一二三，《文選》卷五〇作“盗”。

［14］珀：《文章類選》同《文翰類選大成》卷一二三，《文選》卷五〇作“魄”。

［15］謂：此字原脱，據《文選》卷五三補。

［16］性：《文章類選》同《文翰類選大成》卷一二三，《文選》卷五三作“生”。

［17］顩頞：《文選》卷五五、《古今事文類聚》前集卷二四、《文翰類選大成》卷一二三均作“顩頤蹙頞”。

［18］撤：原作“敝”，據《文選》卷五五、《古今事文類聚》前集卷二四、《文翰類選大成》卷一二三改。

［19］徇：《文章類選》同《古今事文類聚》前集卷二四、《文翰類選大成》卷一二三，《文選》卷五五作“殉”。

［20］路：原作“賂”，據《文選》卷五五、《古今事文類聚》前集卷二四、《文翰類選大成》卷一二三改。

［21］風行水上可謂涣矣：此八字原脱，據《文苑英華》卷七五〇補。

［22］澤下：《文苑英華》卷七五〇作“澤上”。

［23］澤上於天可爲夬矣：此八字原脱，據《文苑英華》卷七五〇補。

［24］有可：此二字原脱，據《文苑英華》卷七五〇補。

［25］推：《文苑英華》卷七五〇作“權”。

［26］吴：《文章類選》同《文苑英華》卷七四一、《文翰類選大成》卷一二三，《唐文粹》卷三六作“國”。

［27］引：此字原脱，據《文苑英華》卷七四二、《華陽集》卷下補。

［28］十：此字原脱，據《文苑英華》卷七四二、《華陽集》卷下補。

［29］資始：原作“資生”，據《文苑英華》卷七四二、《華陽集》卷下、《周易・乾卦》改。

［30］資生：原作“資始”，據《文苑英華》卷七四二、《華陽集》卷下、《周易・坤卦》改。

［31］羯：此字原脱，據《文苑英華》卷七四三補。

［32］斫：《文苑英華》卷七四三作“斷”。

［33］紘：《文苑英華》卷七四三作“弦”。

［34］循：《文章類選》同《文苑英華》卷七四五、《文翰類選大成》卷一二三，《舊唐書》卷九四作“修”，下同。

［35］心之志：《文章類選》同《文苑英華》卷七四五、《文翰類選大成》卷一二三，《舊唐書》卷九四作“志之端”。

［36］三：《文章類選》同《文苑英華》卷七四五、《文翰類選大成》卷一二三，《舊唐書》卷九四無此字。

［37］殷子九疇：《文章類選》同《文苑英華》卷七四五、《文翰類選大成》卷一二三，《舊唐書》卷九四作“箕子疇”。

［38］詳黜：《文章類選》同《文苑英華》卷七四五、《文翰類選大成》卷一二三，《舊唐書》卷九四作“参詳”。

［39］思慮微形：《文章類選》同《文苑英華》卷七四五、《文翰類選大成》卷一二三，《舊唐書》卷九四作“慮微形朕”。

［40］伐：《文章類選》同《文苑英華》卷七四五、《文翰類選大成》卷一二三，《舊唐書》卷九四作“封”。

［41］呫囁爲雄辯：《文章類選》同《文苑英華》卷七四五、《文翰類選大成》卷一二三，《舊唐書》卷九四作“詀讘爲全計”。

［42］圍宋卿：《文章類選》同《文苑英華》卷七四五、《文翰類選大成》卷一二三，《舊唐書》卷九四作“圖宗卿”。

［43］體：《文章類選》同《文苑英華》卷七四五、《文翰類選大成》卷一二三，《舊唐書》卷九四作“吻”。

［44］寒：《文章類選》同《文苑英華》卷七四五、《文翰類選大成》卷一二三，《舊唐書》卷九四作“韓”。

［45］周：《文章類選》同《文苑英華》卷七四五、《文翰類選大成》卷一二三，《舊唐書》卷九四作“姬”。

[46] 孔：《文章類選》同《文苑英華》卷七四五、《文翰類選大成》卷一二三，《舊唐書》卷九四作"曾"。

[47] 懋績遠大：《文章類選》同《文苑英華》卷七四五、《文翰類選大成》卷一二三，《舊唐書》卷九四作"楙探世猷"。

[48] 定：《文章類選》同《文苑英華》卷七四五、《文翰類選大成》卷一二三，《舊唐書》卷九四作"擇"。

[49] 趑趄：《文章類選》同《文苑英華》卷七四五、《文翰類選大成》卷一二三，《舊唐書》卷九四作"蹙趨"。

[50] 亹亹：《文章類選》同《文苑英華》卷七四五、《文翰類選大成》卷一二三，《舊唐書》卷九四作"諜諜"。

[51] 保兹終吉：《文章類選》同《文苑英華》卷七四五、《文翰類選大成》卷一二三，《舊唐書》卷九四作"錫兹純嘏"。

[52] 高：《文章類選》同《古今事文類聚》新集卷二一、《文翰類選大成》卷一二三，《文苑英華》卷七四四作"爲"。

[53] 陽子實一匹夫：此六字原脱，據《文苑英華》卷七四四補。

[54] 伸：《文章類選》同《古今事文類聚》新集卷二一、《文翰類選大成》卷一二三，《文苑英華》卷七四四作"信"。

[55] 君：《文章類選》同《古今事文類聚》新集卷二一、《文翰類選大成》卷一二三，《文苑英華》卷七四四作"言"。

[56] 仕：《文苑英華》卷七四四、《古今事文類聚》新集卷二一、《文翰類選大成》卷一二三作"起"。

[57] 暇：《文章類選》同《古今事文類聚》新集卷二一、《文翰類選大成》卷一二三，《文苑英華》卷七四四無此字。

[58] 知自安佚：《文章類選》同《古今事文類聚》新集卷二一、《文翰類選大成》卷一二三，《文苑英華》卷七四四作"以自安逸"。

[59] 役於身：《文章類選》同《文翰類選大成》卷一二三，《文苑英華》卷七四四作"獨役於賢"，《古今事文類聚》新集卷二一作"役於賢"。

[60] 德：《文章類選》同《古今事文類聚》新集卷二一、《文翰類選大成》卷一二三，《文苑英華》卷七四四作"聽"。

[61] 加：《文章類選》同《古今事文類聚》新集卷二一、《文翰類選大成》卷一二三，《文苑英華》卷七四四作"加諸"。

[62] 好：《文章類選》同《古今事文類聚》新集卷二一、《文翰類選大成》卷一二三，《文苑英華》卷七四四作"多盡言"。

[63] 得：《文章類選》同《古今事文類聚》新集卷二一、《文翰類選大成》卷一二三，《文苑英華》卷七四四作"能"。

[64] 衆：《文章類選》同《唐文粹》卷三五、《文翰類選大成》卷一二三，《文苑英華》卷七五六

作“重”。

[65] 於：《文章類選》同《唐文粹》卷三五、《文翰類選大成》卷一二三，《文苑英華》卷七五六作“餘”。

[66] 惟：《文章類選》同《唐文粹》卷三五、《文翰類選大成》卷一二三，《文苑英華》卷七五六作“由”。

[67] 彰：《文章類選》同《唐文粹》卷三五、《文翰類選大成》卷一二三，《文苑英華》卷七五六作“形”。

[68] 其：《文章類選》同《文翰類選大成》卷一二三，《文苑英華》卷七五九作“是”。

[69] 工：《文章類選》同《文翰類選大成》卷一二三，《文苑英華》卷七五九作“功”。

[70] 德又：原作“有德又有”，據《唐文粹》卷三四改。

[71] 履：《文章類選》同《文翰類選大成》卷一二三，《唐文粹》卷三四作“濩”。

[72] 後：原作“人”，據《唐文粹》卷三四、《文翰類選大成》卷一二三改。

[73] 賞：《文章類選》同《文翰類選大成》卷一二三，《唐文粹》卷三四作“獎”。

[74] 合：《文章類選》同《文翰類選大成》卷一二三，《唐文粹》卷三四作“約”。

[75] 金：《文章類選》同《文苑英華》卷七四二、《文翰類選大成》卷一二三，《唐文粹》卷三六作“全”。

[76] 尚：《文章類選》同《文翰類選大成》卷一二三，《文苑英華》卷七四二、《唐文粹》卷三六作“高”。

[77] 珍：《文章類選》同《文苑英華》卷七四二，《唐文粹》卷三六、《文翰類選大成》卷一二三作“彌”。

[78] 爰盎：原作“亞夫”，據《文苑英華》卷七四八、《文翰類選大成》卷一二三改。

[79] 士：《文章類選》同《文苑英華》卷七四八，《文翰類選大成》卷一二三作“良士”。

[80] 援：《文章類選》同《文翰類選大成》卷一二三，《文苑英華》卷七四二作“授”。

[81] 兑：《文章類選》同《文翰類選大成》卷一二三均脱此字，據《文苑英華》卷七四二補。

[82] 于：《文苑英華》卷七四六作“汙”。

[83] 暮：《文苑英華》卷七四六作“昏”。

[84] 時：《文苑英華》卷七四六作“時”。

[85] 此爲弊之深：《文苑英華》卷七四六無此五字。

[86] 惚：《文苑英華》卷七四六作“纔”。

[87] 防：《文苑英華》卷七四六作“行”。

[88] 令：《文苑英華》卷七四六作“人”。

[89] 省：《文苑英華》卷七四六作“者”。

[90] 帷：《文苑英華》卷七四六作“幃”。

[91] 表：《文章類選》同《文翰類選大成》卷一二三，《文苑英華》卷七四九作“顯”。

[92] 深：《文章類選》同《文翰類選大成》卷一二三，《文苑英華》卷七四九作“探”。

文章類選卷之十一

論類

將略論　王睿

炙轂子曰：昔祝其之會，仲尼云："夫有文德者必有武備。"①遂斬萊人，頭足異處。曰：文武之道，未墜於地。是以古之儒者，服縫掖之衣，[1]頂章甫之冠，佩環玦，負櫑劍。近代文儒，耻言兵事，苟或議及，則僉謂之凶人。今以翠華去酆鎬，黄屋軫堯心，率土之濱，莫寧啓處，方可論兵，粗議將略矣。

且自羅亂已來，儒道既息，武弁是崇。然而將帥多以勇力争强，少有精練兵機而懷謀策者。所謂以强陵弱，以衆暴寡，迭相吞噬，適足以塗炭生靈，構怨結禍。夫兵之成敗，在將帥之器能，各有限劑，須定等差。淮陰侯與漢高祖論絳、灌已下用兵多少，信曰："陛下可將十萬衆。所謂能將將，不能將兵。"夫高祖之雄才大略尚如此，况其下哉！楚子玉，賢大夫也，亦不能越三百乘。是以王翦能將六十萬，而李牧不能二十萬，此方見將帥才器之大小也。

凡爲將，料敵之情僞，而後决策制勝，須知彼師之能否，乃操我之所長。假如韓信能設伏走戎，[2]則逐奔不遠難誘也，[3]從襲不及難陷也。[4]白起能攻城野戰，則當深溝高壘，以挫其鋭，俾蜂蠆無所施其毒螫，虎狼不能逞其爪牙。本謀既壞，伺其殆隙而擊之，[5]因變奇正以

① 參見《孔子家語》卷一《相魯》。

待敵，整衡軸以攻險。兵法曰："始如處女，敵人開户；後如脱兔，敵不及距。"①此兵之要也。司馬宣王曰："諸葛孔明志大而不見機，多謀而少決，好兵而無權，雖提卒十萬，已墮吾計中，破之必矣。"及鄭袤亦能知毌丘儉好謀而不達事情，文欽勇而無算，至儉兵敗，皆如其言。又潘濬見樊伷爲武昌從事，與州人設饌十餘，度自起比至日中可得，知以兵五千，足以擒之，果在濬之度内。漢王謂魏大將柏直口尚乳臭，不能當韓信，謂騎將馮敬雖賢，不能當灌嬰，謂步將項他不能當曹參，吾無患矣。乃使韓、灌、曹三將軍，果大破之。後魏高祖宏曰："青、齊之兵，可以禮遇；徐、兖之卒，理須義撫。"斯測度將卒之明驗也。

今之將帥，多不自量其才器，又不知彼之短長，率爾合戰，卒然求勝。由聚卵以擊山，驅羊而鬥虎，欲期弭兵静亂，不亦難哉！帝王宜開英鑒，審將帥之器，量文武之才，則崇勛大業，庶幾可立。夫宰制山河，剸割疆宇，舉大綱則易定，滋苛細則難安。故子房佐漢，畫大謀六七件，遂定天下；孔明創蜀，決沉機三二策，遽成鼎峙。[6]英雄之大略，將帥之宏規也。安危之機，存亡之要，審諸將略，可見徵焉。

（《文苑英華》卷七四三《將略論》，《古今事文類聚》遺集卷一〇《將略論》，《文翰類選大成》卷一二三《將略論》）

三不欺先後論　吕温

昔宓子賤爲單父也，人不忍欺之；國僑爲鄭也，人不能欺之；西門豹爲鄴也，人不敢欺之；此皆爲政不同，同歸于理，作幹事之稱首，貽牧人之經範，汪洋古今，輝焯圖史。窮理而語，固有優劣，擇善而行，豈無先後？請試論之。

子賤仕衰亂之魯，而邑逼强齊。仗義爲城池，倚仁爲干櫓。當鯨吞之大敵，鳩狼顧之遺黎，涣離形檢，妙用心術，惠訓不倦，乃無得而稱，視民如傷，而不有其愛。感而動之，陰陽運於無言，誠而明之，日

① 參見《孫子兵法·九地篇》。

月懸於方寸。是則不求不欺於人，而人不忍欺矣。子産攝晋楚之間，而靖恭爾位，役智利物，飭躬勵俗。守之以信，行之以禮。告之以慈惠，臨之以明察。如鏡洞照，如衡誠懸。是則求人不欺，而人亦不能欺矣。西門豹當戰國之際，而克修茂績，身爲紀律，言有典章。剛包其柔，威克厥愛。權之以法制，董之以刑罰。火烈人望，霜清物心。是則責人不欺，而人固不敢欺矣。

夫不忍欺者，至誠潛感，是曰上德，堯舜之吏也。不能欺者，明智旁達，是曰有政，三王之吏也。不敢欺者，嚴威允濟，是曰能刑，五伯之吏也。誠不足至於智，智不足至於威，大小之間，朗然可見。然而事在折衷，理資漸致，德宜全舉，道貴兼通。必也修誠而棄智，誠未至而政理或虧。任智而廢威，智未周而暴亂將起，不若兼而行之，迭收其效。一之日、二之日，刑明威立，使人畏而不敢欺；三之日、四之日，智達政成，使人敬而不能欺；五之日、六之日，志乎誠格，使人感而不忍欺。以寬濟猛，同二氣之和平，自邇陟遐，比三才之具美，苟非全德大器，其孰能至於此乎？若不暇會其源流，統其宗極，而姑定優劣，直論先後，則堯舜之吏，與王、霸不同年而語矣。

（《文苑英華》卷七四五《三不欺先後論》，《唐文粹》卷三八《三不欺先後論》，《文翰類選大成》卷一二三《三不欺先後論》）

守在四夷論　牛僧孺

《傳》曰："古者天子守在四夷。"①蓋言能令四夷不侵，咸自守境。洎周漢迄隋，多不知守身，但欲令四夷自守，殊不知四夷自守，國内皆成四夷也。因著論以明之，何者？夫守之大旨，以防攻也。善防其攻者，莫若防其敗；善防其敗者，莫若防其亡。夫四夷不守境，不過於略地侵城，是有敗無亡也。若王者之貴，如天如地，苟落一星，伐一樹，不足損天地之光輝。[7]蓋帝王之權，能殺人，能生人，能達人，能窮人，

① 參見《春秋左傳注・昭公二十三年》。

能貧人，能富人，故一國之人思親之，必伺君好而贊之，雖似親之，其實攻之。王者守大道，淪非道，是則不見敗而有亡也。

況四夷之攻，至難者有四。國人之攻，至易者亦有四。四夷之攻以白刃，國人之攻以巧言；四夷之攻以鼓鼙，國人之攻以秘隱；四夷之攻以兵相害，國人之攻以矯相親；四夷之攻以兵相侵，國人之攻以矯相益。故觀白刃則懼而思守也，聆巧言則甘而思受也；[8]聽鼓鼙則警而思備也，遇秘隱則瞶而思述也；逢相害則恚而思讎也，[9]見相親則感而思近也；值相侵則忿而思報也，得相益則和而思隣也。攻邊則人人思守也，攻身則人人思受也，抑人情之常，非所鑽鑿而異也。

且王者之守有六失，守之不固則非道攻之，守之不貞則色攻之，守之不約則聲攻之，守之不廉則聚斂攻之，守之不儉則奢侈攻之，守之不正則邪佞攻之，守之不仁則征伐攻之。夏捨淑德而嬖妹喜，是色攻而亡也。殷捨德音而耽愔愔，是聲攻而亡也。周厲捨廉節而悦勞夷公，是聚斂攻而亡也。秦始皇捨節儉而起阿房，是奢侈攻而亡也。漢靈捨正直而近刑人，是佞倖攻而亡也。隋煬捨慈仁而事遼東，是征伐攻而亡也。自三王百代，無四夷之攻而亡者，皆以守身不謹，爲嗜欲所攻故也。雖得四夷自守，復何益哉？

或云幽王爲犬戎所滅，儈孺以爲幽王自以守道不固，頻舉僞烽，嗷嗷天下，空於杼軸，加以褒姒以色攻，俾諸侯不信而敗，非獨由於四夷也。至於晋之十六國，稽其本則禍生於惠帝也。賈后以色攻，賈謐以佞攻，致令八王並興，生人減半，然後戎夷乘間，敢爲窺覦。可謂四夷先起於内，不由四夷不守於外也。故有德者必先守身而後四夷，無德者不先守身，但令四夷自守，曾不防戎夷在其國中。故攻秦之胡者二世也，豈必東夷、南蠻、西戎、北狄哉？沈尹戌雖舉守四夷之言，而未盡守身之道，是載華而略，實非垂範之旨也。敢因文字，以附簡書之闕。

（《文苑英華》卷七四三《守在四夷論》，《唐文粹》卷三七《守在四夷論》，《文翰類選大成》卷一二三《守在四夷論》）

大人論　王安石

孟子曰:“充實而有光輝之謂大,大而化之之謂聖,聖而不可知之之謂神。”[①]夫此三者皆聖人之名,而所以稱之之不同者,所指異也。由其道而言謂之神,由其德而言謂之聖,由其事業而言謂之大人。古之聖人,其道未嘗不入於神,而其所稱止乎聖人者,以其道存乎虛無寂寞不可見之間。苟存乎人,則所謂德也。是以人之道雖神,而不得以神自名,名乎其德而已。夫神雖至矣,不聖則不顯,聖雖顯矣,不大則不形,故曰此三者皆聖人之名,而所以稱之之不同者,所指異也。

《易》曰:“蓍之德圓而神,卦之德方以智。”[②]夫《易》之爲書,聖人之道於是乎盡矣,而稱卦以智不稱以神者,以其存乎爻也。存乎爻,則道之用見於器,而剛柔有所定之矣。剛柔有所定之,則非其所謂化也。且《易》之道,於乾爲至,而乾之盛莫盛於二、五,而二、五之辭皆稱“利見大人”,言二爻之相求也。夫二爻之道,豈不至於神矣乎?而止稱大人者,則所謂見於器而剛柔有所定爾。蓋剛柔有所定,則聖人之事業也;稱其事業以大人,則其道之爲神、德之爲聖可知也。

孔子曰:“顯諸仁,藏諸用,鼓萬物而不與聖人同憂,盛德大業至矣哉!”[③]此言神之所爲也。神之所爲,雖至而無所見於天下。仁而後著,用而後功,聖人以此洗心,退藏於密。及其仁濟萬物而不窮,用通萬世而不倦也,則所謂聖矣。故神之所爲,當在於盛德大業。德則所謂聖,業則所謂大也。

世蓋有自爲之道而未嘗知此者,以爲德業之卑不足以爲道,道之至在於神耳,於是棄德業而不爲。夫爲君子者皆棄德業而不爲,則萬物何以得其生乎?故孔子稱神而卒之以德業之至,以明其不可棄。蓋神之用在乎德業之間,則德業之至可知矣。故曰神非聖則不顯,聖

---

① 參見《孟子·盡心下》。
② 參見《周易·繫辭上傳》。
③ 參見《周易·繫辭上傳》。

非大則不形。此天地之全,古人之大體也。

(《文翰類選大成》卷一二四《大人論》,《臨川先生文集》卷六六《大人論》)

朋黨論 歐陽修

臣聞朋黨之説,自古有之,惟幸人君辨其君子、小人而已。

大凡君子與君子以同道爲朋,小人與小人以同利爲朋,此自然之理也。然臣謂小人無朋,惟君子則有之,其故何哉?小人所好者利禄也,所貪者貨財也。當其同利之時,暫相黨引以爲朋者,僞也。及其見利則争先,或利盡則交疏,甚者反相賊害,雖其兄弟親戚,不能相保。故臣謂小人無朋,其暫爲朋者,僞也。君子則不然,所守者道義,所行者忠信,所惜者名節。以之修身,則同道而相益;以之事國,則同心而共濟,終始如一,此君子之朋也。

故爲人君者,但當退小人之僞朋,用君子之真朋,則天下治矣。堯之時,小人共工、驩兜等四人爲一朋,君子八元、八凱十六人爲一朋。舜佐堯退四凶小人之朋,而進元、凱君子之朋,堯之時天下大治。及舜自爲天子,而臯、夔、稷、契二十二人並列于朝,更相稱美,更相推讓,凡二十二人爲一朋,而舜皆用之,天下亦大治。《書》曰:"紂有臣億萬,惟億萬心;周有臣三千,惟一心。"[①]紂之時,億萬人各異心,可謂不爲朋矣,然紂以此亡國。周武王之臣,三千人爲一大朋,而周用以興。後漢獻帝時,盡取天下名士囚禁之,目爲"黨人"。及黄巾賊起,漢室大亂,後方悔悟,盡解黨人而釋之,然已無救矣。唐之晚年,漸起朋黨之論。及昭宗時,盡殺朝之名士,或投之黄河,曰"此輩清流,可投濁流",而唐遂亡矣。

夫前世之主,能使人人異心不爲朋,莫如紂;能禁絶善人之朋,莫如漢獻帝;能誅戮清流之朋,莫如唐昭宗之世,然皆亂亡其國。更相

---

① 參見《尚書·書序》。

稱美推讓而不自疑，莫如舜之二十二人，舜亦不疑而皆用之。然而後世不誚舜爲二十二人朋黨所欺，而稱舜爲聰明之聖者，以其能辨君子與小人也。周武之世，舉其國之臣三千人共爲一朋，自古爲朋之多且大莫如周。然周由此而興者，[10]人雖多而不厭也。嗟呼！夫治亂興亡之迹，爲人君者，可以鑒矣。

（《宋文鑑》卷九四《朋黨論》，《文翰類選大成》卷一二四《朋黨論》，《欧阳修詩文集校箋》卷一七《朋黨論》，《歐陽修全集》卷一七《居士集十七・朋黨論》，《續資治通鑑長編》卷一四八）

縱囚論　歐陽修

信義行於君子，而刑戮加於小人，[11]刑入于死者，乃罪大惡極，此又小人之尤甚者也。寧以義死，不苟幸生，而視死如歸，此又君子之尤難者也。方唐太宗之六年，録大辟囚三百餘人，縱使還家，約以自歸以就死，是以君子之難能，責其小人之尤者以必能也。其囚及期，而卒自歸無後者，是君子之所難，而小人之所易也。此豈近於人情哉？

或曰："罪大惡極，誠小人矣，及施恩德以臨之，可使變而爲君子。蓋恩德入人之深，而移人之速，有如是者矣。"曰："太宗之爲此，所以求此名也。然安知夫縱之去也，不意其必來以冀免，所以縱之乎？又安知夫被縱而去也，不意其自歸而必獲免，所以復來乎？夫意其必來而縱之，是上賊下之情也；意其必免而復來，是下賊上之心也。吾見上下交相賊以成此名也，烏有所謂施恩德與夫知信義者哉！不然，太宗施德于天下，於兹六年矣，不能使小人不爲極惡大罪，而一日之恩，能使視死如歸而存信義。此又不通之論也。"

"然則何爲而可？"曰："縱而來歸，殺之無赦，而又縱之，而又來，則可知爲恩德之致爾。然此必無之事也。若夫縱而來歸而赦之，可偶一爲之爾。若屢爲之，則殺人者皆不死，是可爲天下常法乎？不可爲常者，其聖人之法乎？是以堯、舜、三王之治，必本於人情，不立異以爲高,不逆情以干譽。"

(《文翰類選大成》卷一二四《縱囚論》,《歐陽修全集》卷一七《居士集十七·縱囚論》,《歐陽修詩文集校箋》卷一八《縱囚論》)

春秋論　歐陽修

弑逆,大惡也,其爲罪也莫贖,其於人也不容,其在法也無赦。法施於人,雖小必謹,况舉大法而加大惡乎?既輒加之,又輒赦之,則自侮其法而人不畏。《春秋》用法,不如是之輕易也。

三子説《春秋》書趙盾以不討賊,故加之大惡,而以盾非實弑,則又復見乎經,以明盾之無罪,是輒加之而輒赦之爾。以盾爲無弑心乎,其可輕以大惡加之?以盾不討賊,情可責而宜加之乎,則其後頑然未嘗討賊。既不改過以自贖,何爲遽赦,使同無罪之人?其於進退皆不可,此非《春秋》意也。趙穿弑君,大惡也。盾不討賊,不能爲君復讎,而失刑於下。二者輕重,不較可知。就使盾爲可責,然穿焉得免也?今免首罪爲善人,使無辜者受大惡,此决知其不然也。《春秋》之法,使爲惡者不得幸免,疑似者有所辨明,此所謂是非之公也。

據三子之説,初靈公欲殺盾,盾走而免。穿,盾族也,遂弑公。而盾不討,其迹涉於與弑矣。此疑似難明之事,聖人尤當求情責實而明白之。使盾果有弑心乎,則自然罪在盾矣,不得曰爲法受惡而稱其賢也。使果無弑心乎,則當爲之辨明。必先正穿之惡,使罪有所歸,然後責盾縱賊,則穿之大惡不可幸而免,盾疑似之迹獲辨,而不討之責亦不得辭。如此,則是非善惡明矣。今爲惡者獲免,而疑似之人陷于大惡,此决知其不然也。若曰盾不討賊,有幸弑之心,與自弑同,故寧捨穿而罪盾。此乃逆詐用情之吏矯激之爲爾,非孔子忠恕、《春秋》以王道治人之法也。孔子患舊史是非錯亂而善惡不明,所以修《春秋》,就令舊史如此,其肯從而不正之乎?其肯從而稱美,又教人以越境逃惡乎?此可知其謬傳也。[12]

問者曰:"然則夷皋孰弑之?"曰:"孔子所書是矣,趙盾弑其君也。

今有一人焉，父病，躬進藥而不嘗。又有一人焉，父病而不躬進藥。而二父皆死。又有一人焉，操刃以殺其父。使吏治之，是三人者，其罪同乎?”曰:“雖庸吏猶知其不可同也。躬藥而不嘗者，有愛父之心而不習於禮，是可哀也，無罪之人爾。不躬進藥者，誠不孝矣，雖無愛親之心，然未有弑父之意，使善治獄者，蔽之猶當與操刃殊科，況以躬藥之孝，反與操刃者同其罪乎? 此庸吏之所不爲也。然則許世子止實不嘗藥，則孔子决不書曰‘弑君’，孔子書‘弑君’，則止决非不嘗藥。”

難者曰:“聖人借止以垂教爾。”對曰:“不然。夫所謂借止垂教者，不過欲人之知嘗藥爾。聖人一言明以告人，則萬世法也，何必加孝子以大惡之名，又嘗藥之事卒不見於文，使後世但知止爲弑君，而莫知藥之當嘗也。教未可垂而已陷人於大惡矣，聖人垂教，不如是之迂也。果曰罪止，不如是之刻也。”難者曰:“曷爲盾復見于經? 許悼公曷爲書葬?”曰:“弑君之臣不見經，此自三子説爾，果聖人法乎? 悼公之葬，且安知其不討賊而書葬也?[13] 自止以弑見經，後四年，[14] 吴敗許師，又十有八年，當魯定公之四年，許男始見於經而不名。許之書於經者略矣，止之事迹，不可得而知也。”難者曰:“三子之説，非其臆出也，其得於所傳如此。然則所傳者皆不可信乎?”曰:“傳聞何可盡信?《公羊》《穀梁》以尹氏卒爲正卿，左氏以尹氏卒爲隱母，一以爲男子，一以爲婦人。得於所傳者蓋如此，是可盡信乎?”

(《文翰類選大成》卷一二四《春秋論》,《歐陽修全集》卷一八《居士集十八·春秋論下》,《歐陽修詩文集校箋》卷一八《春秋論下》)

禮樂論 王安石

氣之所禀命者，心也。視之能必見，聽之能必聞，行之能必至，思之能必得，是誠之所至也。不聽而聰，不視而明，不思而得，不行而至，是性之所固有，而神之所自生也，盡心盡誠者之所至也。故誠之所以能不測者，性也。

賢者，盡誠以立性者也；聖人，盡性以至誠者也。神生於性，性生於誠，誠生於心，心生於氣，氣生於形。形者，有生之本。故養生在於保形，充形在於育氣，養氣在於寧心，寧心在於致誠，養誠在於盡性，不盡性不足以養生。能盡性者，至誠者也；能至誠者，寧心者也；能寧心者，養氣者也；能養氣者，保形者也；能保形者，養生者也。不養生不足以盡性也。生與性之相因循，志之與氣相爲表裏也。生渾則蔽性，性渾則蔽生，猶志一則動氣，氣一則動志也。先王知其然，是故體天下之性而爲之禮，和天下之性而爲之樂。

禮者，天下之中經；樂者，天下之中和。禮樂者，先王所以養人之神，正人之氣而歸正性也。是故大禮之極，簡而無文；大樂之極，易而希聲。簡易者，先王建禮樂之本意也。世之所重，聖人之所輕；世之所樂，聖人之所悲。非聖人之情與世人相反，聖人内求，世人外求，内求者樂得其性，外求者樂得其欲，欲易發而性難知，此情性之所以正反也。衣食所以養人之形氣，禮樂所以養人之情也。[15]禮反其所自始，樂反其所自生，吾於禮樂見聖人所貴其生者至矣。世俗之言曰：“養生非君子之事。”是未知先王建禮樂之意也。

養生以爲仁，保氣以爲義，去情却欲以盡天下之性，修神致明以趨聖人之域。聖人之言，莫大於顔淵之問，“非禮勿視，非禮勿聽，非禮勿言，非禮勿動”①，則仁之道亦不遠也。耳非取人而後聽，目非取人而後視，口非取諸人而後言也，身非取諸人而後動也，其守至約，其取至近，有心有形者，皆有之也。然而顔子且猶病之，何也？蓋人之道莫大於此。非禮勿聽，非謂掩耳而辟之，天下之物不足以干吾之聰也；非禮勿視，非謂掩目而辟之，天下之物不足以亂吾之明也；非禮勿言，非謂止口而無言也，天下之物不足以易吾之辭也；非禮勿動，非謂止其躬而不動，天下之物不足以干吾之氣也。天下之物，豈特形骸自爲哉？其所由來蓋微矣。

① 參見《論語・顔淵》。

不聽之時，有先聰焉；不視之時，有先明焉；不言之時，有先言焉；不動之時，有先動焉。聖人之門，惟顔子可以當斯語矣。是故非耳以爲聰，而不知所以聰者，不足以盡天下之聽；非目以爲明，而不知所以明者，不足以盡天下之視。聰明者，耳目之所能爲；而所以聰明者，非耳目之所能爲也。是故，待鐘鼓而後樂者，非深於樂者也；待玉帛而後恭者，非深於禮者也。蕢桴立鼓，而樂之道備矣；燔黍捭豚，污尊抔飲，禮既備矣。然大裘無文，大輅無飾，聖人獨以其事之可貴者，何也？所以明禮樂之本也。故曰：禮之近人情，非其至者也。

曾子謂孟敬子曰："君子之所貴乎道者三：動容貌，斯遠暴慢矣；正顔色，斯近信矣；出辭氣，斯遠鄙倍矣。籩豆之事，則有司存。"[①]觀此言也，曾子而不知道也則可，使曾子而爲知道，則道不違乎言貌辭氣之間，何待於外哉？是故古之人目擊而道已存，不言而意已傳，不賞而人自勸，不罰而人自畏，莫不由此也。是故先王之道可以傳諸言、效諸行者，皆其法度刑政，而非神明之用也。《易》曰："神而明之，存乎其人；默而成之，不言而信，存乎德行。"[②]去情却欲而神明生矣，修神致明而物自成矣，是故君子之道鮮矣。

齊明其心，清明其德，則天地之間所有之物皆自至矣。君子之守至約，而其至也廣；其取至近，而其應也遠。《易》曰："擬之而後言，議之而後動，擬議以成其變化。變化之應，天人之極致也。"[③]是以《書》言天人之道莫大於《洪範》，《洪範》之言天人之道莫大於貌、言、視、聽、思。大哉，聖人獨見之理，傳心之言乎，儲精晦息而通神明。

君子之所不失者三：不失色於人，不失口於人，不失足於人。不失色者，容貌精也；不失口者，語默精也；不失足者，行止精也。君子之道也，語其大則天地不足容也，語其小則不見秋毫之末，語其强則天下莫能敵也，語其約則不能致傳記。聖人之遺言曰："大禮與天地

① 參見《曾子·忠恕》。
② 參見《周易·繫辭下傳》。
③ 參見《周易·繫辭上傳》。

同節，大樂與天地同和。”[①]蓋言性也。大禮性之中，大樂性之和，中和之情通乎神明。故聖人儲精九重而儀鳳凰，修五事而關陰陽，是以天地位而三光明，四時行而萬物和。《詩》曰：“鶴鳴于九皋，聲聞于天。”[②]故孟子曰：“我善養吾浩然之氣，充塞乎天地之間。”[③]揚子曰：“貌、言、視、聽、思，性所有，潛天而天，潛地而地也。”[④]

嗚呼！禮樂之意不傳久矣！天下之言養生修性者，歸於浮屠、老子而已。浮屠、老子之説行，而天下爲禮樂者獨以順流俗而已。夫使天下之人驅禮樂之文以順流俗爲事，欲成治其國家者，此梁、晋之君所以取敗之禍也。然而世非知之也者，何邪？特禮樂之意大而難知，老子之言近而易曉。聖人之道得諸己，從容人事之間而不離其類焉；浮屠直空虚窮苦，絶山林之間，然後足以善其身而已。由是觀之，聖人之與釋老，其遠近難易可知也。是故賞與古人同而勸不同，罰與古人同而威不同，仁與古人同而愛不同，智與古人同而識不同，言與古人同而信不同。同者道也，不同者心也。

《易》曰：“苟非其人，道不虚行。”[⑤]昔宓子賤爲單父宰，而單父之人化焉。今王公大人有堯、舜、伊尹之勢，而無子賤一邑之功者，得非學術素淺而道未明與？夫天下之人非不勇爲聖人之道，爲聖人之道者，特務速售諸人以爲進取之階。今夫進取之道，譬諸鈎索物耳，幸而多得其數；則行爲王公大人；若不幸而少得其數，則裂縫掖之衣爲商賈矣。由是觀之，王公大人同商賈之得志者也，此之謂學術淺而道不明。

由此觀之，得志而居人之上，復治聖人之道而不捨焉，幾人矣？内而好愛之容蠱其欲，外有便嬖之諛驕其志，向之所能者日已忘矣，

---

① 參見《禮記・樂記》。
② 參見《詩經・小雅・鶴鳴》。
③ 參見《孟子・公孫丑上》。
④ 參見《法言・學行》。
⑤ 參見《周易・繫辭下傳》。

今之所好者日已至矣。孔子曰："有顔回者，好學，不遷怒，不貳過。"[①]又曰："吾見其進，未見其止也。"[②]夫顔子之所學者，非世人之所學。不遷怒者，求諸己；不貳過者，見不善之端而止之也。世之人所謂退，顔子之所謂進也；人之所謂益，顔子之所謂損也。《易》曰："損，先難而後獲。"[③]顔子之謂也。耳損於聲，目損於色，口損於言，身損於動，非先難與？及其至也，耳無不聞，目無不見，言無不信，動無不服，非後得與？是故君子之學，始如愚人焉，如童蒙焉。及其至也，天地不足大，人物不足多，鬼神不足爲隱，諸子之支離不足惑也。是故天至高也，日月、星辰、陰陽之氣可端策而數也；地至大也，山川、丘陵、萬物之形、人之常産可指籍而定也。是故星曆之數、天地之法、人物之所，皆前世致精好學聖人者之所建也，後世之人守其成法，而安能知其始焉？《傳》曰："百工之事，皆聖人作。"[④]此之謂也。

故古之人言道者莫先於天地，言天地者莫先乎身，言身者莫先乎性，言性者莫先乎精。精者，天之所以高，地之所以厚，聖人所以配之。故御，人莫不盡能，而造父獨得之，非車馬之不同，而造父精之也。射，人莫不盡能，而羿獨得之，非弓矢之不同，羿精之也。今之人與古之人一也，然而用之則二也。造父用之以爲御，羿用之以爲射，盜蹠用之以爲賊。

(《臨川先生文集》卷六六《禮樂論》)

致一論　王安石

萬物莫不有至理焉，能精其理則聖人也。精其理之道，在乎致其一而已。致其一，則天下之物可以不思而得也。《易》曰"一致而百

---

① 參見《論語・學而》。

② 參見《論語・公冶長》。

③ 參見《周易・繫辭下傳》。

④ 參見《周禮・冬官・考公記》。

慮"[①],言百慮之歸乎一也。苟能致一以精天下之理,則可以入神矣。既入於神,則道之至也。夫如是,則無思無爲寂然不動之時也。雖然,天下之事固有可思可爲者,則豈可以不通其故哉?此聖人之所以又貴乎能致用者也。

致用之效,始見乎安身。蓋天下之物,莫親乎吾之身,能利其用以安吾之身,則無所往而不濟也。無所往而不濟,則德其有不崇哉?故《易》曰"精義入神以致用,利用安身以崇德",[②]此道之序也。孔子既已語道之序矣,患乎學者之未明也,於是乎又取於爻以喻焉。非其所困而困,非其所據而據,不耻不仁,不畏不義,以小善爲無益,以小惡爲無傷,凡此皆非所以安身、崇德也。苟欲安其身、崇其德,莫若藏器於身,待時而後動也,故君子舉是兩端以明夫安身、崇德之道。蓋身之安不安、德之崇不崇,莫不由此兩端而已。身既安、德既崇,則可以致用於天下之時也。致用於天下者,莫善乎治不忘亂,安不忘危;莫不善乎德薄而位尊,知小而謀大。孔子之舉此兩端,又以明夫致用之道也,蓋用有利不利者,亦莫不由此兩端而已。

夫身安德崇而又能致用於天下,則其事業可謂備也。事業備而神有未窮者,則又當學以窮神焉。能窮神,則知微知彰,知柔知剛。夫於微彰剛柔之際皆有以知之,則道何以復加哉?聖人之道,至於是而已也。且以顏子之賢而未足以及之,則豈非道之至乎?聖人之學至於此,則其視天下之理皆致乎一矣。天下之理皆致乎一,則莫能以惑其心也。故孔子取《損》之辭以明致一之道曰:"三人行則損一人,一人行則得其友也。"[③]夫危以動、懼以語者,豈有它哉?不能致一以精天下之理故也。故孔子舉《益》之辭以戒曰:"立心勿恒,凶。"[④]勿恒者,蓋不一也。

① 參見《周易·繫辭下傳》。
② 參見《周易·繫辭下傳》。
③ 參見《周易·繫辭下傳》。
④ 參見《周易·繫辭下傳》。

嗚呼！語道之序，則先精義而後崇德，及喻人以修之之道，則先崇德而後精義。蓋道之序則自精而至粗，學之之道則自粗而至精，此不易之理也。夫不能精天下之義，則不能入神矣；不能入神，則天下之義亦不可得而精也。猶之人身之於崇德也，身不安則不能崇德矣；不能崇德，則身豈能安乎？凡此宜若一，而必兩言之者，語其序而已也。

（《文翰類選大成》卷一二四《致一論》，《臨川先生文集》卷六六《致一論》）

漢高祖論　蘇洵

此論因高祖命平、勃即軍中斬樊噲事有所見，遂作一段文字。知有吕氏之禍，而用周勃不去吕后二事，皆是窮思極慮，刻苦作文，非淺學所到，必熟讀暗記方知其好。

漢高祖挾數用術，以制一時之利害，不如陳平；揣摩天下之勢，舉足摇目以劫制項羽，[16]不如張良。微此二人，則天下不歸漢，而高帝乃木强之人而止耳。然天下已定，後世子孫之計，陳平、張良智之所不及，則高帝常先爲之規畫處置，使中後世之所爲，[17]曉然如目見其事而爲之者。蓋高帝之智，明於大而暗於小，至於此而後見也。

帝嘗語吕后曰："周勃厚重少文，然安劉氏必勃也。可令爲太尉。"①方是時，劉氏安矣，勃又將誰安耶？故臣之意曰：高帝之以太尉屬勃也，知有吕氏之禍也。

雖然，其不去吕后，何也？勢不可也。昔者武王没，成王幼，而三監叛。帝意百歲後，將相大臣及諸侯王有如武庚禄父者，而無有以制之也。獨計以爲家有主母，而豪奴悍婢不敢與弱子抗。吕氏佐帝定天下，爲諸將大臣素所畏服，獨此可以鎮壓其邪心，以待嗣子之壯。故不去吕后者，爲惠帝計也。

---

①　參見《兩漢紀》卷四《高祖皇帝紀》。

吕后既不可去，故削其黨以損其權，使雖有變而天下不摇。是故以樊噲之功，一旦遂欲斬之而無疑。嗚呼！彼獨於噲不仁耶？且噲與帝偕起，拔城陷陣，功不爲少。方亞父嗾項莊時，微噲譙讓羽，[18]則漢之爲漢，未可知也。一旦人有惡噲欲滅戚氏者，時噲出伐燕，立命平、勃即軍中斬之。夫噲之罪未形也，惡之者誠僞未必也，且帝之不以一女子斬天下功臣，亦明矣。彼其娶於吕氏，吕氏之族若産、禄輩皆庸才不足恤，獨噲豪傑，[19]諸將所不能制，後世之患，無大於此者矣。夫高帝之視吕后也，猶醫者之視毒也，使其毒可以治病，而不至於殺人而已。[20]噲死，則吕氏之毒將不至於殺人，高帝以爲是足以死而無憂矣。彼平、勃者，遺其憂者也。

噲之死於惠帝之六年也，天也。使其尚在，則吕禄不可紿，太尉不得入北軍矣。或謂噲於高帝最親，使之尚在，未必與産、禄叛。夫韓信、黥布、盧綰皆南面稱孤，而綰又最爲親幸，然及高祖之未亡也，[21]皆相繼以逆誅。誰謂百歲之後，椎埋屠狗之人，見其親戚得爲帝王而不欣然從之耶？[22]臣故曰：彼平、勃者，遺其憂者也。

（《嘉祐集箋注》卷三《權書·高祖》）

春秋論　蘇洵

賞罰者，天下之公也；是非者，一人之私也。位之所在，則聖人以其權爲天下之公，而天下以懲以勸；道之所在，則聖人以其權爲一人之私，而天下以榮以辱。

周之衰也，位不在夫子，而道在焉，夫子以其權是非天下可也。而《春秋》賞人之功，赦人之罪，去人之族，絶人之國，貶人之爵，諸侯而或書其名，大夫而或書其字，不惟其法，惟其意；不徒曰此是此非，而賞罰加焉。則夫子固曰：我可以賞罰人矣。

賞罰人者，天子、諸侯事也。夫子病天下之諸侯、大夫僭天子、諸侯之事而作《春秋》，而己則爲之，其何以責天下？位，公也；道，私也。私不勝公，則道不勝位。位之權得以賞罰，而道之權不過於是非。道在我矣，而不得爲有位者之事，則天下皆曰：位之不可僭也如此！不然，天下其誰不曰道在我。則是道者，位之賊也。曰：夫子豈誠賞罰之耶，徒曰賞罰之耳，庸何傷？曰：我非君也，非吏也，執塗之人而告之曰：某爲善，某爲惡，可也。繼之曰：某爲善，吾賞之；某爲惡，吾誅之，則人有不笑我者乎？夫子之賞罰何以異此？

然則何足以爲夫子？何足以爲《春秋》？曰：夫子之作《春秋》也，非曰孔氏之書也，又非曰我作之也。賞罰之權不得以自與也。曰：此魯之書也，魯作之也。有善而賞之，曰魯賞之也；有惡而罰之，曰魯罰之也。何以知之？曰，夫子繫《易》謂之《繫辭》，言《孝》謂之《孝經》，皆自名之，則夫子私之也。而《春秋》者，魯之所以名史，而夫子托焉，則夫子公之也。公之以魯史之名，而賞罰之權固在魯矣。

《春秋》之賞罰自魯而及於天下，天子之權也；魯之賞罰不出境，而以天子之權與之，何也？曰：天子之權在周，夫子不得已而以與魯也。武王之崩也，天子之位當在成王，而成王幼，周公以爲天下不可以無賞罰，故不得已而攝天子之位以賞罰天下，以存周室。周之東遷也，天子之權當在平王，平王昏亂，[23]故夫子亦曰：天下不可以無賞罰。而魯，周公之國也，居魯之地，宜如周公不得已而假天子之權以賞罰天下，以尊周室，故以天子之權與之也。

然則假天子之權宜如何？曰：如齊桓、晋文可也。夫子欲魯如齊桓、晋文，而不遂以天子之權與齊、晋，何也？齊桓、晋文陽爲尊周，而實欲富强其國。故夫子與其事而不與其心。周公心存王室，雖其子孫不能繼，而夫子思周公而許其假天子之權以賞罰天下。其意曰：有周公之心，而後可以行桓、文之事，此其所以不與齊、晋而與魯也。夫子亦知魯君之才不足以行周公之事矣，顧其心以爲今之天下無周公，故至此。是故以天子之權與其子孫，所以見思周公之意也。

吾觀《春秋》之法，皆周公之法，而又詳内而略外，此其意欲魯法周公之所爲，且先自治而後治人也明矣。夫子嘆禮樂征伐自諸侯出，而田恒弑其君，[24]則沐浴而請討。然則天子之權，夫子固明以與魯矣。子貢之徒不達夫子之意，續經而書孔丘卒。夫子既告老矣，大夫告老而卒不書，而夫子獨書。夫子作《春秋》以公天下，而豈私一孔丘哉？嗚呼！夫子以爲魯國之書，而子貢之徒以爲孔氏之書也歟！

遷、固之史，有是非而無賞罰，彼亦史臣之體宜爾也。後之效孔子作《春秋》者，吾惑焉。《春秋》有天子之權，天下有君，則《春秋》不當作；天下無君，則天子之權，吾不知其誰與。天下之人，烏有如周公之後之可與者？與之而不得其人則亂，不與人而自與則僭，不與人、不自與而無所與則散。嗚呼！後之春秋，亂邪，僭邪，散邪？

（《文翰類選大成》卷一二四《春秋論》，《嘉祐集箋注》卷六《六經論·春秋論》）

大臣論上　蘇軾

以義正君，而無害於國，可謂大臣矣。天下不幸而無明君，使小人執其權，當此之時，天下之忠臣義士莫不欲奮臂而擊之。夫小人者，必先得於其君而自固於天下，是故法不可擊。擊之而不勝身死，其禍止於一身。擊之而勝，君臣不相安，天下必亡。是以《春秋》之法，不待君命而誅其側之惡人，謂之叛。晋趙鞅入于晋陽以叛是也。

世之君子，將有志於天下，欲扶其衰而救其危者，必先計其後而爲可居之功，其濟不濟則命也，是故功成而天下安之。今小人，君不誅而吾誅之，則是侵君之權，而不可居之功也。夫既已侵君之權，而能北面就人臣之位，使君不吾疑者，天下未嘗有也。國之有小人，猶人之有癭。今夫癭，[25]必生於頸而附於咽，是以不可去。有賤丈夫者，不勝其忿而决去之，夫是以去疾而得死。漢之亡，唐之滅，由此故也。自桓、①靈之後，至於獻帝，天下之權，歸於内孺，[26]賢人君子，進不容於朝，退不容於野，天下之怒，可謂極矣。當此之時，議者以爲天下之患獨在宦官，宦官去則天下無事，然竇武、何進之徒擊之不勝，止

① 桓：原作"威"，據謚號用字改。本篇下同。

於身死，袁紹擊之而勝，漢遂以亡。唐之衰也，其迹亦大類此。自輔國、元振之後，天子廢立，聽於宦官。當此之時，士大夫之論，亦惟宦官之爲去。然而李訓、鄭注、元載之徒，擊之不勝，止於身死，至於崔昌遐擊之而勝，唐亦以亡。

方其未去，是纍然者癭而已矣。及其既去，則潰裂四出，而繼之以死。何者？此侵君之權，而不可居之功也。且爲人臣而不顧其君，捐其身於一決，以快天下之望，亦已危矣。故其成則爲袁、爲崔，敗則爲何、竇，爲訓、注。然則忠臣義士，亦奚取於此哉？夫竇武、何進之亡，天下悲之，以爲不幸。然亦幸而不成，使其成也，二子亦將何以居之？故曰：以義正君，而無害於國，可謂大臣矣。

（《蘇軾文集》卷四《大臣論上》）

大臣論下　蘇軾

天下之權，在於小人，君子之欲擊之也，不亡其身，則亡其君。然則是小人者，終不可去乎？聞之曰：迫人者，其智淺；迫於人者，其智深。非才有不同，所居之勢然也。古之爲兵者，圍師勿遏，窮寇勿迫，[27]誠恐其知死而致力，則雖有衆無所用之。故曰："同舟而遇風，則吴越可使相救如左右手。"小人之心，自知其負天下之怨，而君子之莫吾赦也，則將日夜爲計，以備一旦卒然不可測之患；今君子又從而疾惡之，是以其謀不得不深，其交不得不合。交合而謀深，則其致毒也忿戾而不可解。

故凡天下之患，起於小人，而成於君子之速之也。小人在内，君子在外。君子爲客，小人爲主。主未發而客先焉，則小人之詞直，而君子之勢近於不順。直則可以欺衆，而不順則難以令其下。故昔之舉事者，常以中道而衆散，以至於敗，則其理豈不甚明哉？

若夫智者則不然。内以自固其君子之交，而厚集其勢；外以陽浮而不逆於小人之意，以待其間。寬之使不吾疾，狃之使不吾慮，啖之以利，以昏其智，順適其意，以殺其怒。然後待其發而乘其隙，推其墜而挽其絶。故其用力也約，而無後患。莫爲之先，故君不怒而勢不逼。如此者，功成而天下安之。

今夫小人急之則合，寬之則散，是從古以然也。見利不能不争，見患不能不避，無信不能不相詐，無禮不能不相瀆，是故其交易間，其黨易破也。君子不務寬之以待其變，而急之以合其交，亦過矣。君子小人，雜居而未决，爲君子之計者，莫若深交而無爲。苟不能深交而無爲，則小人倒持其柄而乘吾隙。昔漢高之亡，以天下屬平、勃。及高后臨朝，擅王諸吕，廢黜劉氏。平日縱酒，一旦及用陸賈計，[28]以千金交歡絳侯，卒以此誅諸吕，定劉氏。使此二人者而不相能，則是將相相攻之不暇，而何暇及於劉、吕之存亡哉！

故其説曰：將相和調，則士豫附。士豫附，則下雖有變而權不分。嗚呼！知此，其足以爲大臣矣！

（《蘇軾文集》卷四《大臣論下》）

范增論　蘇軾

漢用陳平計，間疏楚君臣，[29]項羽疑范增與漢有私，稍奪其權。增大怒曰："天下事大定矣，君王自爲之。願賜骸骨，歸卒伍。"①未至彭城，疽發背，死。

蘇子曰："增之去，善矣。不去，羽必殺增。獨恨其不早爾。"然則當以何事去？增勸羽殺沛公，羽不聽，終以此失天下。當以是去耶？曰：否。增之欲殺沛公，人臣之分也，羽之不殺，猶有君人之度也。[30]增曷爲以此去哉！《易》曰："知幾其神乎？"②《詩》曰："如彼雨雪，[31]先集爲霰。"③增之去，當於羽殺卿子冠軍時也。

陳涉之得民也，以項燕、扶蘇。[32]項氏之興也，以立楚懷王孫心，而諸侯之叛之也，以殺義帝。且義帝之立，增爲謀主矣，義帝之存亡，

① 參見《史記》卷七《項羽本紀》。

② 參見《周易·繫辭下傳》。

③ 參見《詩經·小雅·頍弁》。

豈獨爲楚之盛衰，亦增之所與同禍福也。未有義帝亡而增獨能久存者也。羽之殺卿子冠軍也，是殺義帝之兆也。其殺義帝，則疑增之本也，豈必待陳平哉？物必先腐也，而後蟲生之；人必先疑也，而後讒入之。陳平雖智，安能間無疑之主哉？

吾嘗論：義帝，天下之賢主也。獨遣沛公入關，而不遣項羽，識卿子冠軍於稠人之中，而擢爲上將，不賢而能如是乎？羽既矯殺卿子冠軍，義帝必不能堪，非羽殺帝，則帝殺羽，不待智者而後知也。增始勸項梁立義帝，諸侯以此服從，中道而弑之，非增之意也。夫豈獨非其意，將必力争而不聽也。不用其言，而殺其所立，羽之疑增，必自此始矣。

方羽殺卿子冠軍，增與羽比肩而事義帝，君臣之分未定也。爲增計者，力能誅羽則誅之，不能則去之，豈不毅然大丈夫也哉？增年七十，合則留，不合即去，不以此明去就之分，而欲依羽以成功，陋矣。雖然，增，高帝之所畏也，增不去，項羽不亡。嗚呼，增亦傑人也哉！[33]

（《文翰類選大成》卷一二四《范增論》，《蘇軾文集》卷五《論項羽范增》）

樂毅論　蘇軾

自知其可以王而王者，三王也。自知其不可以王而霸者，五霸也。或者之論曰："圖王不成，其弊猶可以霸。"嗚呼！使齊桓、晋文而行湯、武之事，將求亡之不暇，雖欲霸，可得乎？

夫王道者，不可小用也。大用則王，小用則亡。昔者徐偃王、宋襄公嘗行仁義矣，然終以亡其身、喪其國者，何哉？其所施者，未足以充其所求也。故夫有可以得天下之道，而無取天下之心，乃可以言王矣。范蠡、留侯，雖非湯、武之佐，然可謂剛毅果敢，卓然不惑，而能有所必爲者也。觀吴王困於姑蘇之上，而求哀請命於勾踐，勾踐欲赦之，彼范蠡者獨以爲不可，援桴進兵，卒刎其頸。項籍之解而東，高帝亦欲罷兵歸國，留侯諫曰："此天亡也，急擊勿失。"此二人者，以爲區區之仁義，不足以易吾之大計也。

嗟夫！樂毅，戰國之雄，未知大道，而竊嘗聞之，則足以亡其身而已矣。論者以爲燕惠王不肖，用反間，以騎劫代將，卒走樂生。此其所以無成者，出於不幸，而非用兵之罪。然當時使昭王尚在，反間不得行，樂毅終亦必敗。何者？燕之并齊，非秦、楚、三晋之利。今以百萬之師，攻兩城之殘寇，而數歲不決，師老於外，此必有乘其虚者矣。諸侯乘之於内，齊擊之於外。當此時，雖太公、穰苴不能無敗。然樂毅以百倍之衆，數歲而不能下兩城者，非其智力不足，蓋欲以仁義服齊之民，故不忍急攻而至於此也。夫以齊人苦湣王之强暴，樂毅苟退而休兵，治其政令，寬其賦役，反其田里，安其老幼，使齊人無復鬥志，則田單者獨與誰戰哉！奈何以百萬之師，相持而不決，此固所以使齊人得徐而爲之謀也。

當戰國時，兵强相吞者，豈獨在我？以燕、齊之衆壓其城，而急攻之，可以滅此而後食，其誰曰不可。嗚呼！欲王則王，不王則審所處，無使兩失焉而爲天下笑也。

（《蘇軾文集》卷四《樂毅論》）

商鞅論　蘇軾

商鞅用於秦，變法定令，行之十年，秦民大悦。道不拾遺，山無盜賊，家給人足。民勇於公戰，怯於私鬥。秦人富强，天子致胙於孝公，諸侯畢賀。

蘇子曰：此皆戰國之游士邪説詭論，而司馬遷暗於大道，取以爲史。吾以爲遷有大罪二，[34]其先黄老後六經，退處士而進奸雄，特其小小者耳。所謂大罪二，則論商鞅、桑洪羊之功也。自漢以來，學者耻言商鞅、桑弘羊，而世主獨甘心焉，皆陽諱其名，而陰用其實，甚者則名實皆宗之，庶幾其功，此司馬遷之罪也。

秦固天下之强國，而孝公亦有志之君也，修其政刑十年，不爲聲色遊畋之所敗，雖微商鞅，有不富强乎！秦之所以富强者，孝公務本力穡之效，[35]非鞅流血刻骨之功也。秦之所以見疾於民，如豺虎毒藥，一夫作難，而子孫無遺種，則鞅實使之。至於桑洪羊，斗筲之才，穿窬之智，無足言者。而遷稱之曰“不加賦而上用足”。善乎，司馬光之言曰：“天下安有此理。天地所生財貨百物，止有此數，不在官則在民。譬如雨澤，夏潦則秋旱。不加賦而上用足，不過設法陰奪民利，其害甚於加賦也。”①二子之名在天下，如蛆蠅糞穢也，言之則汚口舌，書之則汚簡牘。二子之術，用於世者，滅國殘民，覆族亡軀者，相踵也。而世主獨甘心焉，何哉？樂其言之便己也。

夫堯、舜、禹、湯，[36]世主之父師也。諫臣拂士，世主之藥石也。恭敬慈儉，勤勞憂畏，世主之繩約也。今使世主臨父師而親藥石，履繩約，非其所樂也。故爲商鞅、桑洪羊之術者，必先鄙堯笑舜而陋禹也。曰，所貴賢主者，專以天下適己而已。此世主所以人人甘心而不寤也。[37]

世有食鍾乳、烏喙而縱酒色以求長年者，蓋始於何晏。晏少富貴，故服寒食散以濟其欲，無足怪者。彼其所爲，足以殺身滅族者，日相繼也，得死於服寒食散，豈不幸哉。而吾獨何爲效之。世之服寒食散疽背嘔血者，相踵也，用商鞅、桑洪羊之術破國亡宗者，皆是也。然而終不悟者，樂其言之便美，[38]而忘其禍之慘烈也。

（《宋文鑑》卷九八《志林》，《蘇軾文集》卷五《論商鞅》）

六國論　蘇軾

春秋之末，至于戰國，諸侯卿相皆争養士自謀。其謀夫説客、談天雕龍、堅白同異之流，下至擊劍扛鼎、鷄鳴狗盜之徒，莫不賓禮。靡衣玉食，以館於上者，不可勝數。[39]越王勾踐有君子六千人，魏無忌、齊田文、趙勝、黄歇、吕不韋皆有客三千人，而田文招致任俠奸人六萬家於薛，齊稷下談者亦千人，魏文侯、燕昭王、太子丹皆致客無數。下至秦漢之間，張耳、陳餘號多士，賓客厮養皆天下俊傑，而田横亦有士五百人。其略見於傳記者如此。[40]度其餘當倍官吏而半農夫也。此

① 參見《司馬温公集》卷三九《聽宰臣等辭免郊賜札子》。

皆役人以自養者,[41]民何以支,而國何以堪乎?

蘇子曰:此先王之所不能免也。國之有奸,猶鳥獸之有鷙猛,昆蟲之有毒螫也。區處條别,各使安其處,則有之矣;鉏而盡去之,則無是道也。吾考之世變,知六國之所以久存,而秦之所以速亡者,蓋出於此,不可不察也。

夫智、勇、辯、力,此四者皆天民之秀傑也,類不能惡衣食以養人,皆役人以自養也。故先王分天下之貴富與此四者共之。此四者不失職,則民靖矣。四者雖異,先王因俗設法,使出於一。三代以上出於學,戰國至秦出於客,漢以後出於郡縣,魏晋以來出於九品中正,隋、唐至今出於科舉。雖不盡然,取其多者論之。六國之君虐用其民,不減始皇、二世,然當是時百姓無一人叛者,以凡民之秀傑者,多以客養之,不失職也。其力耕以奉上,皆椎魯無能爲者,雖欲怨叛,而莫爲之先,此其所以少安而不即亡也。

始皇初欲逐客,用李斯之言而止。既并天下,則以客爲無用。於是任法而不任人,謂民可以恃法而治,謂吏不必才,取能守吾法而已。故墮名城,殺豪傑,民之秀異者散而歸田畝,向之食於四公子、吕不韋之徒者,皆安歸哉!不知其槁項黄馘以老死於布褐乎?抑將輟耕太息以俟時也?秦之亂雖成於二世,然使始皇知畏此四人者,有以處之,使不失職,秦之亡不至若是速也。縱百萬虎狼於山林而飢渴之,不知其將噬人。世以始皇爲智,吾不信也。

楚漢之禍,生民盡矣,豪傑宜無幾。而代相陳豨過代從車千乘,蕭、曹爲政,莫之禁也。至文、景、武之世,法令至密,然吴濞、淮南、梁王、魏其、武安之流,皆争致賓客,世主不同也。豈懲秦之禍,以謂爵禄不能盡縻天下士,故少寬之,使得或出於此也邪?若夫先王之政則不然,曰:"君子學道則愛人,小人學道則易使也。"嗚呼!此豈秦漢之所及哉!

(《宋文鑑》卷九八《志林》,《蘇軾文集》卷五《論養士》,《東坡志林》卷五《遊士失職之禍》)

管仲論　蘇軾

嘗讀《周官》《司馬法》，得軍旅什伍之數。其後讀管夷吾書，又得《管子》所以變周之制。蓋王者之兵，出於不得已，而非以求勝敵也。故其爲法要以不可敗而已。至於桓、文，非決勝無以定霸，故其法在必勝。繁而曲者所以爲不可敗也，簡而直者所以爲必勝也。周之制，萬二千五百人而爲軍，萬之有二千，二千之有五百，其數奇而不齊，惟其奇而不齊，是以知其所以爲繁且曲也。

今夫天度三百六十，均之十二辰，辰得三十者，此其正也。五日四分之一者，此其奇也。使天度而無奇，則千載之日，雖婦人孺子皆可以坐而計。惟其奇而不齊，是故巧曆有所不能盡也。聖人知其然，故爲之章會統元，以盡其數，以極其變。《司馬法》曰："五人爲伍，五伍爲兩，萬二千五百人而爲隊。二百五十，十取三焉而爲奇，其餘七以爲正，四奇四正，而八陣生焉。"①夫以萬二千五百人均之八陣之中，宜其有奇而不齊者，是以多爲曲折，以盡其數，以極其變，鉤聯蟠屈，各有條理。故三代之興，治其兵、農、軍賦，皆數十百年而後得志於天下。自周之亡，秦漢陣法不復三代。其後諸葛孔明獨識其遺制，以爲可用以取天下，然相持數歲，魏人不敢決戰，而孔明亦卒無尺寸之功。八陣者，先王所以爲不可敗，而非以逐利爭勝者耶！

若夫管仲之制其兵，可謂截然而易曉矣。三分其國，以爲三軍。五人爲軌，軌有長；十軌爲里，里有司；四里爲連，連有長；十連爲鄉，鄉有鄉長人。五鄉一帥，萬人而爲一軍，公將其一，國子、高子將其二。三軍三萬人如貫繩，如畫棋局，疏暢洞達，雖有智者，無所施其巧，故其法令簡一，而民有餘力以致其死。

昔者嘗讀《左氏春秋》，以爲丘明最好兵法。蓋三代之制，至於列國，猶有存者，以區區之鄭，而魚麗、鵝鸛之陣，見於其書。及至管仲

---

① 參見《司馬法》卷中《定爵》。

相桓公，南伐楚，北伐孤竹，九合諸侯，威震天下，而其軍壘陣法，不少概見者，何哉？蓋管仲欲以歲月服天下，故變古司馬法而爲是簡略速勝之兵，是以莫得而見其法也。其後吴、晋争長於黄池，王孫雒教夫差以三萬人壓晋壘而陣，百人爲行，百行爲陣，陣皆徹行，無有隱蔽，援桴而鼓之，勇怯盡應，三軍皆嘩，晋師大駭，卒以得志。

由此觀之，不簡而直，不可以決勝。深惟後世不達繁簡之宜，以取敗亡。而三代什伍之數，與管子所以治齊之兵者，雖不可盡用，而其近於繁而曲者以之固守，近於簡而直者以之決戰，則庶乎其不可敗而有所必勝矣。

（《蘇軾文集》卷三《管仲論》，《文獻通考》卷一四九《兵考一·兵制·齊兵制》）

荀卿論　蘇軾

嘗讀《孔子世家》，觀其言語文章，循循莫不有規矩，不敢放言高論，言必稱先王，然後知聖人憂天下之深也。茫乎不知其畔岸，而非遠也；浩乎不知其津涯，而非深也。其所言者，匹夫匹婦之所共知；而所行者，聖人有所不能盡也。嗚呼！是亦足矣。使後世有能盡吾説者，雖爲聖人無難，而不能者，不失爲寡過而已矣。

子路之勇，子貢之辯，冉有之智，此三者，皆天下之所謂難能而可貴者也。然三子者，每不爲夫子之所悦。顔淵默然不見其所能，若無以異於衆人者，而夫子亟稱之。且夫學聖人者，豈必其言之云爾哉？亦觀其意之所嚮而已。夫子以爲後世必有不足行其説者矣，[42]必有竊其説以爲不義者矣。是故其言平易正直，而不敢爲非常可喜之論，要在於不可易也。

昔者嘗怪李斯事荀卿，既而焚滅其書，[43]大變古先聖王之法，於其師之道，不啻若寇讎。及今觀荀卿之書，然後知李斯之所以事秦者，皆出於荀卿，而不足怪也。

荀卿者，喜爲異説而不遜，[44]敢爲高論而不顧者。以其言愚人之所驚，小人之所喜也。子思、孟軻，世之所謂賢人君子也。荀卿獨曰："亂天下者，子思、孟軻也。"①夫天下之人，如此其衆也；仁人義士，如此其多也。其言獨曰："人性惡。桀、紂，性也。堯、舜，僞也。"②由是觀之，意其爲人必也剛愎不遜，而自許太過。彼李斯者，又特甚者耳。

今夫小人之爲不善，猶必有所顧忌，是以夏、商之亡，桀、紂之殘暴，而先王之法度、禮樂、刑政，猶未至於絶滅而不可考者，是桀、紂猶有所存而不敢盡廢也。彼李斯者，獨能奮而不顧，焚燒夫子之六經，烹滅三代之諸侯，破壞周公之井田，此亦必有所恃者矣。彼見其師歷詆天下之賢人，以自是其愚，以爲古先聖王皆無足法者。不知荀卿特以快一時之論，而荀卿亦不知其禍之至於此也。

其父殺人報仇，其子必且行劫。荀卿明王道，述禮樂，而李斯以其學亂天下，其高談異論有以激之也。孔、孟之論，未嘗異也，而天下卒無有及者。苟天下果無有及者，則尚安以求異爲哉！

（《蘇軾文集》卷四《荀卿論》）

留侯論　蘇軾

古之所謂豪傑之士者，必有過人之節。人情有所不能忍者，匹夫見辱，拔劍而起，挺身而鬥，此不足爲勇也。天下有大勇者，卒然臨之而不驚，無故加之而不怒。此其所挾持者甚大，而其志甚遠也。

夫子房授書於圯上之老人也，其事甚怪，然亦安知其非秦之世有隱君子者出而試之？觀其所以微見其意者，皆聖賢相與警戒之義。而世不察，以爲鬼物，亦已過矣。且其意不在書。

當韓之亡，秦之方盛也，以刀鋸鼎鑊待天下之士，其平居無罪夷滅者，不可勝數。雖有賁、育，無所復施。夫持法太急者，其鋒不可犯，而其勢可乘。[45]子房不忍忿忿之心，以匹夫之力，而逞於一擊之

---

① 參見《荀子·非十二子》。

② 參見《荀子·性惡》。

間。當此之時，子房之不死者，其間不能容髮，蓋亦已危矣。千金之子，不死於盗賊。何者？其身之可愛，而盗賊之不足以死也。子房以蓋世之材，不爲伊尹、太公之謀，而特出於荆軻、聶政之計，以僥倖於不死，此固圯上之老人所爲深惜者也。是故倨傲鮮腆而深折之。彼其能有所忍也，然後可以就大事。故曰："孺子可教也。"①

楚莊王伐鄭，鄭伯肉袒牽羊以逆。莊王曰："其君能下人，必能信用其民矣。"②遂舍之。勾踐之困於會稽而歸，臣妾於吴者，三年而不倦。且夫有報人之志，而不能下人者，是匹夫之剛也。夫老人者，以爲子房才有餘，而憂其度量之不足，故深折其少年剛鋭之氣，使之忍小忿而就大謀。何則？非有平生之素，卒然相遇於草野之間，而命以僕妾之役，油然而不怪者，此固秦皇帝之所不能驚，而項籍之所不能怒也。

觀夫高祖之所以勝，而項籍之所以敗者，在能忍與不能忍之間而已矣。項籍惟不能忍，是以百戰百勝而輕用其鋒。高祖忍之，養其全鋒而待其弊。此子房教之也。當淮陰破齊而欲自王，高祖發怒，見於詞色。由此觀之，猶有剛强不忍之氣，非子房其誰全之？

太史公疑子房以爲魁梧奇偉，而其狀貌乃是婦人女子，[46]不稱其志氣。而愚以爲此其所以爲子房歟！

（《宋文鑑》卷九八《留侯論》，《蘇軾文集》卷四《留侯論》）

霍光論　蘇軾

古之人，惟漢武帝號知人。蓋其平生所用文武將帥、郡國邊鄙之臣，左右侍從、陰陽律曆博學之士，以至於錢穀小吏、治刑獄、使絶域者，莫不獲盡其才，而各當其處。然此猶有所試，其功效著見，天下之所共知而信者。至於霍光，先無尺寸之功，而才氣術數又非有以大過

① 參見《史記》卷五五《留侯世家》。

② 參見《春秋左傳注·宣公十二年》。

於群臣。而武帝擢之於稠人之中，付以天下後世之事。而霍光又能忘身一心，以輔幼主，處於廢立之際，其舉措甚閑而不亂。此其故何也？

夫欲有所立於天下，擊搏進取以求非常之功者，必有卓然可見之才，而後可以有望於其成。至於捐社稷、托幼子，此其難者不在乎才，而在乎節，不在乎節，而在乎氣。天下固有能辦其事者矣，然才高而位重，則有僥倖之心，以一時之功，而易萬世之患，故曰："不在乎才，而在乎節。"古之人有失之者，司馬仲達是也。天下亦有忠義之士，可托以生死之間，而不忍負者矣。然狷介廉潔，不爲不義，則輕死而無謀，能殺其身，而不能全其國，故曰："不在乎節，而在乎氣。"古之人有失之者，晋荀息是也。夫霍光者，才不足而節氣有餘，此武帝之所爲取也。

《書》曰："如有一介臣，斷斷猗，[47]無他伎。其心休休焉，其如有容。人之有技，若己有之。人之彥聖，其心好之，不啻如自其口出，寔能容之，以保我子孫黎民。"①嗟夫！此霍光之謂歟！使霍光而有他技，則其心安能休休焉容天下之才，而樂天下之彥聖，不忌不克，若自己出哉！

才者，争之端也。夫惟聖人在上，驅天下之人各走其職，而争用其所長。苟以人臣之勢，居於廊廟之上，以捍衛幼冲之君，而以其區區之才，與天下争能，則奸臣小人有以乘其隙而奪其權矣。霍光以匹夫之微而操殺生之柄，威蓋人主，而貴寵於天下。[48]其所以歷事三主而終其身，天下莫與争者，以其無他技，而武帝亦以取之歟？

(《蘇軾文集》卷四《霍光論》)

王者不治夷狄論　蘇軾

夷狄不可以中國之治治也。譬若禽獸然，求其大治，必至於大

---

① 參見《尚書·周書·秦誓》。

亂。先王知其然，是故以不治治之。治之以不治者，乃所以深治之也。《春秋》書“公會戎於潛”①。何休曰：“王者不治夷狄，録戎來者不拒，去者不追也。”夫天下之至嚴，而用法之至詳者，莫過於《春秋》。

凡《春秋》之書公、書侯、書字、書名，其君得爲諸侯，其臣得爲大夫者，舉皆齊、晋也。不然，則齊、晋之與國也。其書州、書國、書氏、書人，其君不得爲諸侯，其臣不得爲大夫者，舉皆秦、楚也。不然，則秦、楚之與國也。如崇如介人，如江黄之屬，皆秦、楚相與之國。齊、晋之君所以治其國家擁衛天子而愛養百姓者，豈能盡如古法哉，蓋亦出於詐力，而參之以仁義，是亦未能純爲中國也。秦、楚者，亦非獨貪冒無耻肆行而不顧也，亦有秉道行義之君焉。是秦、楚亦未至於純爲夷狄也。齊、晋之君不能純爲中國，而《春秋》之所與者常嚮焉。有善則汲汲而書之，惟恐其不得聞於後世；有過則多方而開赦之，惟恐其不得爲君子。秦、楚之君，未至於純爲夷狄，而《春秋》之所不與者常在焉。有善則累而後進，有惡則略而不録，以爲不足録也。是非獨私於齊、晋，而偏疾於秦、楚也。以見中國之不可以一日背，[49]而夷狄之不可以一日嚮也。其不純者，足以寄其褒貶，則其純者可知矣。故曰：天下之至嚴，而用法之至詳者，莫如《春秋》。

夫戎者，豈特如秦、楚之流入於戎狄而已哉！然而《春秋》書之曰“公會戎于潛”，公無所貶而戎爲可會，是獨何歟？夫戎之不能以會禮會公亦明矣，此學者之所以深疑而求其説也。[50]故曰：王者不治夷狄，録戎來者不拒，去者不追也。

夫以戎狄之不可化誨懷服也，彼其不悍然執兵，以與我從事於邊鄙，固已幸矣，[51]又况知有所謂會者，而欲行之，是豈不足以深嘉其意乎？不然，將深責其禮，彼將有所不堪，而發其暴怒，[52]則其禍大矣。仲尼深憂之，故因其來而書之以“會”，曰，若是足矣。是將以不治深治之也。由是觀之，《春秋》之疾戎狄者，非疾純戎狄也，疾夫以中國

① 參見《春秋左傳注·隱公二年》。

而流入於戎狄者也。[53]

(《蘇軾文集》卷二《王者不治夷狄論》)

孔子論 蘇軾

魯定公十二年,孔子言於公曰:"臣無藏甲,大夫無百雉之城。"①使仲由爲季氏宰,將墮三都。於是叔孫氏先墮郈。季氏將墮費,公山不狃、[54]叔孫輒率費人襲公,公與二三子入於季氏之宫。孔子命申句須、樂頎下伐之,費人北,二子奔齊。遂墮成,[55]公斂處父以成叛。公圍成,弗克。

或曰:"殆哉,孔子之爲政也,亦危而難成矣。孔融曰:'古者王畿千里,寰内不以封建諸侯。'②曹操疑其論建漸廣,遂殺融。融特言之耳,安能爲哉。操以爲有千里之畿,將不利己,故殺之不旋踵。季氏親逐昭公,昭公死於外,從者皆不敢入,雖子家羈亦亡,季氏之忌克忮害如此,雖其勢不及曹氏,然君臣相猜,蓋不減曹也。孔子安能以是時墮其名都,而出其藏甲也哉!考之《春秋》,方是時,三家雖若不悦,然莫能違。孔子用事於魯,得政與民,而三家畏之歟?則季氏之受女樂也,孔子能却之矣。彼婦之口,可以出走,是孔子畏季氏,季氏不畏孔子也。孔子盍姑修其政刑,以俟三家之隙也哉?"

蘇子曰:"此孔子之所以聖也。蓋田氏、六卿不服,則齊、晋無不亡之道。三家不臣,則魯無可治之理。孔子之用於世,其政無急於此者矣。彼晏嬰者亦知之,曰:'田氏之僭,惟禮可以已之。在禮,家施不及國,大夫不收公利。'齊景公曰:'善哉。吾今而後知禮之可以爲國也。'③嬰能知之,而莫能爲之。嬰非不賢也,其浩然之氣,以直養而無害,塞乎天地之間者,不及孔、孟也。孔子以羈旅之臣,得政期月,而能舉治世之禮,以律亡國之臣,墮名都,出藏甲,而三家不疑其害

---

① 參見《春秋左傳注·定公十二年》。

② 參見《後漢書》卷七〇《鄭孔荀列傳》。

③ 參見《晏子春秋》卷七《外篇·重而異者·景公問後世孰將踐有齊者晏子對以田氏》。

己，此必有不言而信，不怒而威者矣。孔子之聖，見於行事，至此爲無疑矣。嬰之用於齊也，久於孔子，景公之信其臣也，愈於定公，而田氏之禍不少衰。吾是以知孔子之難也。孔子以哀公十六年卒，十四年，陳常弑其君，[56]孔子沐浴而朝，告於哀公，請討之。吾是以知孔子之欲治列國之君臣，如《春秋》之法者，至於老且死而不忘也。”

或曰：“孔子知哀公與二三子之必不從，而以禮告也歟？”曰：“否。孔子實欲伐齊。孔子既告公，公曰：‘魯爲齊弱久矣，子之伐之，將若之何？’對曰：‘陳常弑其君，民之不與者半。以魯之衆，加齊之半，可克也。’①此豈禮告而已哉！哀公患三家之逼，嘗欲以越伐魯而去之矣。夫以蠻夷伐國，民不予也，[57]皋如、出公之事，斷可見矣。豈若從孔子而伐齊乎？若從孔子而伐齊，則凡所以勝齊之道，孔子任之有餘矣。既克田氏，則魯之公室自張，三家不治而自服也。此孔子之志也。”

（《蘇軾文集》卷五《論孔子》）

晁錯論　蘇軾

天下之患，最不可爲者，名爲治平無事，而其實有不測之憂。坐觀其變，而不爲之所，則恐至於不可救。起而强爲之，則天下狃於治平之安，而不吾信。唯仁人君子豪傑之士，爲能出身爲天下犯大難，以求成大功。此固非勉强期月之間，而苟以求名者之所爲也。[58]天下治平，無故而發大難之端，吾發之，吾能收之，然後有以辭於天下。事至而循循焉欲去之，使他人任其責，則天下之禍，必集於我。

昔者晁錯盡忠爲漢，謀弱山東之諸侯。山東諸侯並起，以誅錯爲名。天子不察，以錯爲説。天下悲錯之以忠而受禍，不知錯有以取之也。

古之立大事者，不唯有超世之才，亦必有堅忍不拔之志。昔禹之

① 參見《春秋左傳注·哀公十四年》。

治水，鑿龍門，決大河而放之海。方其功之未成也，蓋亦有潰冒衝突可畏之患，唯能前知其當然，事至不懼，而徐爲之所，[59]是以得至於成功。

夫以七國之强而驟削之，其爲變，豈足怪哉？錯不於此時捐其身，爲天下當大難之衝，而制吴、楚之命，乃爲自全之計，欲使天子自將，而己居守。且夫發七國之難者，誰乎？己欲求其名，安所逃其患。以自將之至危，與居守之至安，己爲難首，擇其至安，而遺天子以其至危，此忠臣義士所以憤惋而不平者也。當此之時，雖無袁盎，錯亦未免於禍。何者？己欲居守，而使人主自將。以情而言，天子固已難之矣。而重違其議，是以袁盎之説，得行於其間？使吴、楚反，錯以身任其危，日夜淬礪，東向而待之，使不至於累其君，則天子將恃之以爲無恐，雖有百袁盎，可得而間哉？

嗟夫！世之君子，欲求非常之功，則無務爲自全之計。使錯自將而討吴楚，未必無功。唯其欲自固其身，而天子不悦，奸臣得以乘其隙。錯之所以自全者，乃其所以自禍歟！

（《文翰類選大成》卷一二四《晁錯論》，《蘇軾文集》卷四《晁錯論》）

秦始皇扶蘇論　蘇軾

秦始皇時，趙高有罪，蒙毅按之當死，始皇赦而用之。長子扶蘇好直諫，上怒，使北監蒙恬兵於上郡。始皇東遊會稽，並蒲浪。海走音"奏"。琅琊，少子胡亥、李斯、蒙毅、趙高從。道病，使蒙毅還禱山川，未及還，上崩。李斯、趙高矯詔立胡亥，殺扶蘇、蒙恬、蒙毅，卒以亡秦。

蘇子曰："始皇制天下輕重之勢，使内外相形，以禁奸備亂，可謂密矣。蒙恬將三十萬人，威震北方，扶蘇監其軍，而蒙毅侍帷幄爲謀臣，雖有大奸賊，敢睥睨其間哉！不幸道病，禱祠山川，尚有人也，而遣蒙毅，故高、斯得成其謀。始皇之遣毅，毅見始皇病，太子未立，而去左右，皆不可以言智。雖然，天之亡人國，其禍敗必出於智之所不及。聖人爲天下，不恃智以防亂，恃其無致亂之道耳。始皇致亂之道，在用趙高。夫閹尹之禍，如毒藥猛獸，未有不裂肝碎首也。自書契以來，惟東漢吕强、後唐張承業，二人號稱善良，[60]豈可望一二於千萬，以取必亡之禍哉？[61]然世主皆甘心而不悔，如漢桓、靈，唐肅、代，猶不足深怪。始皇、漢宣皆英主，亦沉於趙高、恭、顯之禍。[62]彼自以爲聰明人傑也，奴仆薰腐之餘何能爲，及其亡國亂朝，乃與庸主不異。吾故表而出之，以戒後世人主如始皇、漢宣者。”

或曰：“李斯佐始皇定天下，不可謂不智。扶蘇，始皇子，秦人戴之久矣。陳勝假其名，猶足以亂天下，而蒙恬持重兵在外，使二人不即受誅，而復請之，則斯、高無遺類矣。以斯之智，而不慮此，何哉？”

蘇子曰：“嗚呼！秦之失道，有自來矣，豈獨斯、高之罪。[63]自商鞅變法，以誅死爲輕典，以參夷爲常法，人臣狼顧脅息，以得死爲幸，何暇復請。方其法之行也，求無不獲，禁無不止，鞅自以爲軼堯舜而駕湯武矣。及其出亡而無所舍，然後知爲法之弊。夫豈獨鞅悔之，秦亦悔之矣。荆軻之變，持兵者熟視始皇環柱而走而莫之救者，以法重故也。李斯之立胡亥，不復忌二人者，知威令之素行，[64]而臣子不敢復請也。二人之不敢復請，亦知始皇之鷙悍而不可回也，豈料其僞也哉？周公曰：‘平易近民，民必歸之。’①孔子曰：‘有一言而終身行之，其恕矣乎！’②夫以忠恕爲心，而以平易爲政，則上易知下易達，雖有賣國之奸，無所投其隙，倉卒之變，無自發焉。然其令行禁止，[65]蓋有不及商鞅者矣。而聖人終不以此易彼。鞅立信於徙木，立威於棄灰，刑其親戚師傅，無惻容，積威信之極。以至始皇，秦人視其君如雷電鬼神，不可測識。古者，公族有罪，三宥而後致刑，[66]今至使人矯殺其太子而不忌，太子亦不敢請，則威信之過也。夫以法毒天下者，未有不

① 參見《史記》卷三三《魯周公世家》。

② 參見《論語・衛靈公》。

反中其身及其子孫。漢武、始皇，皆果於殺者也。故其子如扶蘇之仁，則寧死而不請；如戾太子之悍，則寧反而不訴。知訴之必不察也。[67]戾太子豈欲反者哉，計出於無聊也。故爲二君之子者，有死與反而已。李斯之智，蓋足以知扶蘇之必不反也。吾又表而出之，以戒後世人主之果於殺者！”

（《宋文鑑》卷九八《秦始皇扶蘇論》，《文翰類選大成》卷一二四《秦始皇扶蘇論》，《蘇軾文集》卷五《論始皇漢宣李斯》）

君體論　鄭湜

人主所以制天下之命者，權也。權之在我，雖不可一日脱於手，然知操之而不知縱，知收而不知散，知翕而不知張，則權雖在我，而我終無以用是權也。有是權而不能用，譬之於物，非不枵然大也，然挈之則不能運，錯之地又懼有負之而去者，不幾於廢物乎？

夫惟聖人者能屬人以權，而權不下移，舉天下之權攬於我。而無吝權，權移於下則國不立。吝權以自用，則國無與共功者。然既屬之人矣，而不下移者，操縱自我也。我既攬之而不吝於人者，我提其要也。世之人主，惟不能自執天子之權，故權移於下。又恐權之下移，執之而至於自用，此所以兩失之也。

今夫人主所爲置宰輔，捐爵禄而崇寵之者，非以夫萬機不可以自治，故擇人而委之耶？然則議論政事，進退人才，乃其職也。若夫政事不出於中書，而指撝悉自於旨意，人才不繇於廟堂，而驟遷驟罷於冥冥無據之中，以此爲能收威福之柄在己，又焉用彼相？

曰政事出於中書，議論皆當耶，人才由於廟堂，進退皆能公耶？使皆當而公，則天子安用自勞哉？既不能皆當而公，則夫天子自執其權者宜也。曰，吾惟擇其人而用之，以議論進退之權而授之，其或當耶否耶，公耶私耶，然後吾從而黜陟之。如是，則議論進退之權雖在宰相，而黜陟宰輔之權實在人主也。苟預疑不能爲公與當也，而奪之權，誤於委任，以制斷由己爲權柄，昧於責成，以齷齪順旨爲忠純，使材者鬱蓄而無所施，不才者得以默默而安其愚，則成敗是非之責，盡歸於人主，而威福之柄，乃陰奪於私門，烏在其爲權在我也？孰若授之權而懲其不公與其不當者，使進得以效其忠，退有所顧忌而不敢，其委任之體豈不博大，而責之之術豈不甚精且覈耶？

且大臣之任，自與有司不同；人主之權，又與臣下不同。人主惟不自用，乃能用人；人主不用，人而自用，何異於臣下乎？大臣侵有司之職猶且不可，而況人主奪臣下之權乎？夫天下人才之夥，政事之繁，决非一人聰明所能了。吾既疑大臣而不敢屬之以權，則夫所與議論進退此者果誰耶？必左右曲躬附耳者得以售其奸矣。然則吾之執權而自用，乃奸人之幸也。夫世之奸臣欲得其君之權，非肆然而據之，彼固陰有以使權於己，雖明主所不悟也。何者？明主必欲操天下之權，彼惟因其欲操天下之權也，故間摘事之可喜而説之，使益奪臣下之權。臣下之權一侵，則彼之説益進，明主惟見威福之出於己，而不知彼實借吾權以行其説，則權實在彼也。此人主所以喜奪大臣之權而忘其機柄之旁落也。

是以自古明主執權而自用者，其遺患於國，或甚於庸主。漢宣帝懲霍氏之敝，躬總核之政，雖甚尊寵丙、魏，然所與出納樞機、裁可政事者，皆出於中書、尚書，故其功雖足以中興，然所以滋恭顯亦不薄也。光武號總攬權綱，然薄三公之任，不付以事。方其無事時，權雖在人主，繼之幼少，而大柄委於内而無所屬，故外戚閹宦乘間而竊之，雖三公憤激而不能救之者，權素奪也。夫二君攬天下之權而執之，所以求爲無失也，然其末流，權歸於嬖戚，乃有甚於大臣之專，何也？患生於所偏，而勢失於所不料。此操權者所深戒。

（《文翰類選大成》卷一二四《君體論》，《古文集成》卷三一《君體論》）

民事論　林少穎

民生乎成周之前，其命制乎君；民生乎成周之後，其命制乎天。命制乎君，凡其所以爲生皆道；命制乎天，凡其所以爲生皆數也。天非獨任乎數，而純乎天則不得不謂之數；以人參焉，乃所謂道。蓋數者行乎適然之間，而道則有必然之理。

天之愛民，豈曰不仁？一歲而豐，一歲而歉，水而旱，蝗而螟，仁有所不行焉，謂之數可也，謂之道不可也。豐而仁行焉，歉而仁亦行焉，水旱蝗螟無所害乎吾仁，是必道行乎其間。惟道也者，濟數於所不及。天之立君，正爲是耳。爲天下者一委民命於天，無乃失天職、虧天道乎哉？

嗚呼！三代往矣，民之任乎天也久矣。以爲法不良歟，未嘗無良法也；以爲吏不賢歟，未嘗無賢吏也。法良而吏賢，民宜無不受其賜矣。法良矣，吏賢矣，民之受賜鮮矣，此其積弊豈一端也哉？堯、湯適遭一時之會，固不能使天無水旱，而能使民無菜色。成周之天下又非幸其無水旱，而必非水旱所能憂也。堯、湯遠矣，吾不得其政之詳矣。周家有司徒之荒政，有遺人之委積，有廩人、倉人以預掌移民頒穀之政，所謂良法可條述矣。自李悝建平糴之策，其苗裔遂爲常平之制，起於中丞壽昌，而宣帝信之。其後東都永平、西晋泰始，皆汲汲舉其策而行之。義倉一法，根於北齊，條於隋，蔓於唐。以此二法爲天下備，吾意天下可使爲堯、湯之世，而民已非堯湯之民矣。

或曰：法有未立，固當議法，法既立矣，非人不行。如常平、義倉，先王美意無以加此，無亦其人不足以舉其法歟？然而天下未嘗無賢人也。考諸史籍，發河内粟，無汲長孺乎？開張掖倉，無第五訪乎？以倉曹而發州粟，不聞韓思復之名乎？以一尉發縣粟，不聞員半千之名乎？散富家之聚以飽貧民之腹，如王起輩又不知其幾人乎。彼皆以民自任，而爲政於法之外，况有良法可守，則若人等輩豈不能沛其澤於下之人哉？君也者，立法任人以相天者也。法既良，吏既賢，而惠不及民，則是民之命終亦制於天而已。是果何故哉？

曰：是其弊固有自來，而法與人俱不免其弊，宜乎其不足恃也。嘗熟思之矣。法雖良，僅舉其大綱；吏雖賢，亦僅有於絶無之中。所貴乎君者，以道制數，而無一之不足。若未盡也，是民之命果制乎天也，又奚疑哉！成周之民，井井而居，[68]於其私也，猶可使之相賙相救。因而斂之以爲委積，則其斂必均；因而散之以爲賑給，則其散必平。後世君民之術得如古乎？惟其與古異也，於是有計田科斂之弊，有輕重肆意之弊；及其出粟也，又有遠近不均之弊，有奸民欺誣之弊，胥吏乘間抵巇，殆有不可勝窮之弊。若夫縣官轉移以爲它費，又不在言也。惟其得賢吏而舉行之，則百弊俱息。

抑今之用人宜無愧於古，而大不如古矣。古者國中自五家爲比，以至於五州爲鄉；郊野自五家爲鄰，以至於五縣爲遂。教化日漸漬於人心，然後賓興其能者賢者，而還以治其政令。曰比曰鄰，其爲長者所治止於五家，猶今之執賤役者耳，必有下士以任其責。後之世取人混於雜流，用人拘於資格，賢與不肖淆雜乎天下。

嗚呼！吾民幸而遇豐年，天也；又幸而遇明時，天也；又幸而遇賢吏，亦天也。天所不能，如之何哉？君天下者誠知民命當制於我，而無任乎天，則廟堂燮理，萬國召和，雖水旱無作焉可也，况水旱之變可得以困吾民乎？

（《文翰類選大成》卷一二四《民事論》，《古文集成》卷三五《民事論》）

君心論　林少穎

帝王遠矣，其常存乎天下者心也，非麗乎形，非依乎象。人有握手而言、同室而居，終其身不能以相得者。沿萬古之下，以泝萬古之上，茫茫昧昧，絶斷簡短，人曰堯、舜、禹、湯、文、武，其心至今存焉，不已戲乎？曰：未之思也，帝王奚遠哉？人與天地，一心也。天地不息，人心亦不息，天地無古今，人心亦無古今。知此説者，帝王胸次盡在人方寸中矣。

嗟乎！百世而下，帝王何寡也，是非心之罪也。心本無異，人自異之，人之有負於心也甚矣。即一而言，塗之負販且不可謂無帝王之心；離異而言，雖與帝王勢均位敵，邈乎藐矣，奚啻相望於霄壤？帝王之治，經緯乎一心，無得於其心，則亦無得於其治，君子謂是不可不熟講也。

天下萬物莫不有偶，善與惡分，邪與正岐。賢之反也爲愚，是之敵也爲非。瞀於色者指白爲黑，迷於方者指東爲西。人常於處事之際方寸了然，所處必當；事至而心弗寧，雖小必敗。况四海九州如何其大，一日之間、一時之頃，事之至者不知其幾，其可以擾心而應之哉！且帝王之心何心也？一者，心體之所以全，帝王之所以同乎萬世者也。心存於一，則體用俱備；擾而雜之，體虧而用喪矣。天下安危治亂之機，特起於存不存之間，而存之奚難？居則喪焉，動而存之難也；隱則息焉，顯而存之難也。優游暇豫則不素養焉，觸事物而存之難也。帝王亦是心爾。日應百事，如未嘗接事，而亦未嘗有遺事，非莫然也，非適然也，亦不至乎臨事而存之耳。存之爲言，特其切也，存之而不覺其存，用之而不知其爲用，存之神、用之妙也。

堯以精一執中三四言併與天下而致之舜，舜受其天下，而守其治天下之法。其後七十年，復以命禹，禹又受其天下，而守其治天下之法。三聖人一心也，三百餘年一日也，亦其親傳之符所宜然者也。湯之於禹，去之五百歲，文、武之於湯，去之五百歲，心惟一心也，治惟一日也。然則求心術者宜於此焉思之也。秦漢以還，治道衰矣，非失於爲治，失於心術矣。天下之大，不越乎此心，心術茫然，奚所取而爲治？化民者必以誠，而心或流於荒也；養民者必以仁，而心或蔽於私也；處事者必以智，而心或昏於疑也；成事者必以武，而心或沉於弱也。而况一人趍向，天下標準，人才之進退、議論之離合，莫不於此焉，古之治亂安危俄且分焉。心體全則必高明，必廣大，卑污淺狹之説必不入。心體一虧，每每反是，反是而望治，猶南行而望燕，其背馳遠矣。

然則如之何？曰：一之。一之者何也？堯、舜、禹之“惟精”，湯之“日新”，文王之“純亦不已”，武王之“罔有不欽”，皆所以一之也。一者全，而萬有餘矣。有復於人主者，必曰正心；人主亦皆知，曰吾惟正心也。噫，心非可以聞人之言而正之也，非可以慕古人之美而正之也。臨朝而正之，未正也；觸類而正之，未正也；卒然加意而鋭於正焉，未正也。一暴十寒，物未有能生者；揠苗助長，無乃速其槁歟！

（《文翰類選大成》卷一二四《君心論》，《古文集成》卷三一《君心論》）

廉論　陳耆卿

廉者，吏之元氣也；他能，肢幹也。肢幹强而元氣弱，則所謂强者，不足以樹福，適所以賈患。今之人，固有夷常齷齪，無赫赫名，而得免於謗藪者，以其廉也。亦有吏事魁梧，機慧捷出，而爲君子之所不恕者，以其貪也。貪之不如廉，信矣！然廉者吏之常也。設若饕餮嗜利如漁獵，然則何吏之爲？然則廉，固未足深異也。乃今天下見能吏，不其掛口；見廉吏，則景星也，鳳皇也，競喜幸歆艷之。其異之若是，豈常者足爲異邪？夫異，蓋生於少也。天下皆廉，則貪者異；天下皆貪，則廉者異。

嗚呼！爲天下而至於使廉者異，亦重可嘆矣！惟其然也，故爲小人者則曰當貪之世，吾可以飽貪之利，浚吾溪，洞吾壑，務得而已矣，於是乎益貪。其中人者曰：吾與彼姻黨也，故等夷也，彼皆然，吾奚爲不可夫？亦與世同波而已矣，於是乎益貪。其中人以上者，則曰：彼爲彼，我爲我，彼雖濁而我清焉，彼雖污而我潔焉。逮夫清不勝濁，則見忌於濁；潔不勝污，則見嫉於污。忌嫉之心生，則胥譁譸張爲怨；怨不已，則罵且攻隨之。以一二而受千百之罵且攻，則亦有不堪焉者矣夫。是以心雖不貪，而亦不得以安行於廉。

嗟夫！小人不足責，中人難深責。中人以上，固可喜者也，而亦不得以安行焉，廉吏之難得也如此哉！曰：天下固有忌之而不沮，嫉之而不困，罵且攻之而不挫、不回者，豈以不得安行而遂輟於行哉！特不多見爾。然吾有説焉。當廉而不廉，貪也；不當廉而廉，亦貪也。當廉而不廉者，貪於利；不當廉而廉者，貪於名。其所以爲貪者不同，而皆不免於議也。世之君子，固有枯槁自命，皓不緇俗，以弗愛禄養爲高，以屏絶人事爲介，斯廉也，亦非所以爲天下訓也。然則將奈何？

曰：非其道，則一簞食不可受於人；如其道，則舜受堯之天下不以爲泰。吾聞諸孟子者如此，作《論廉》。

（《文翰類選大成》卷一二四《廉論》，《古文集成》卷三四《廉論》）

去能論　程大昌

能莫大於無能，而有能爲下；名莫大於不可名，而可名爲小。夫有形於專，專故偏而易見；無泯於兼，兼故莫得窺其全。孰知偏全之分，而擅不可名之能者，其知宰相之體乎？天子之臣，一職一事，等而上之，各有所職，而惟宰相無職。天下之才，明可折獄，文可典禮，武且仁者可爲司寇、司馬，而不聞長於某者可爲宰相。惟其無職，故無所不職；惟其無長，故無所不長。此其能高視天下而獨制其表也歟？

今夫元氣之散也，得其温且燠者，物資以生；得其凄且肅者，物資以成。信有能矣，方其含四氣於未形，而求生且成，其可能乎？能生是春而已，誰與啓秋？能成是秋而已，誰與發春？惟其自處於不生不成之外，則生生而不自生，成成而不自成也。是無能之能，而非有能之能也，知此可以論大能矣。《書》曰："如有一介臣，斷斷猗無他技。其心休休焉，其如有容。人之有技，若己有之。"[①]夫惟其無技也，故凡有技者惟我容，亦惟我用。若彼以其技，而吾亦以其技，則我與彼同物於物，而曾不能以相高，其能裁品長短而運用之歟？故用技者之不可有技也，非禁其有也，亦不容有也。

昔者房、杜之佐唐也，帝定禍亂，而房、杜不言功；王、魏善諫，而房、杜遜其直；英、衛善用兵，而房、杜濟以文。夫自迹觀之，房、杜其亦無能矣。君定亂而我不著功，人善諫而我不著直，人善用兵而我不能武，合是數者，皆無有也。而公議賢之，何賢乎？賢其不專而兼，不偏而全，得體故也。使房、杜亦計其功，則濟武之文，孰與經之？使房、杜自行其直，則王、魏之直，必不能相遜下也。惟其自處於無能，

---

① 參見《尚書·周書·秦誓》。

故能自泯於無迹。所謂輔相彌縫藏諸用，使斯人由而不知，乃其房、杜之大者歟？

（《文翰類選大成》卷一二四《去能論》，《古文集成》卷三四《去能論》，《新安文獻志》卷二七《去能論》）

激俗論　方恬

不有以起天下之懦，無以絶天下之偷；不有以致天下之愧，無以杜天下之奸。天下之俗，天下之人爲之也，而風俗成壞，則必有爲之先者矣。非爲之先者能成壞天下之風俗也，天下之人固視夫斯人者而爲趍向也。天下之人舉不爲，而斯人獨先爲之，則舉天下皆觀夫斯人。斯人者獨奮而上之，人莫之沮也，則天下争先效之矣。是故斯人者天下之鋒也。天下之鋒易以鋭，亦易以折。天下之人其剛毅不屈、直道自守、雖死而不回者，天下固知其少也；天下而有斯人也，則天下之觀必有在矣。是以明主因其獨爲者而優容之，以聳天下之觀，以厲天下之鋒，而不敢輕折天下之鋭，何者？懼其一折而不振也。

昔者漢武之世，汲黯以直道倡於朝矣，而黯以此被疏；元帝之世，蕭望之又嘗以直道倡於朝矣，而望之竟以此遇禍；成帝之世，王章又嘗以直道倡於朝矣，而章竟卒不免。此三人者皆天下之鋒也，而當時之君不能優容之以信天下之氣而遂折其鋒。天下之鋒一折於武帝，而奸佞之風起矣；再折於元帝，而奸佞之風成矣；三折於成帝，而奸佞之風極矣。故漢之風俗始壞於武帝，大壞於元、成。風俗大壞而漢遂以亡，非有能亡之也，漢自亡也。

天下之人，其剛者不百一，而懦者常十九，是懦者常多也。有一人焉，立於群懦之中而卓然有以自奮，此群懦者之所聳觀也。天下方聳觀於斯人，而斯人者不旋踵而逐去，則天下之觀沮矣。天下之觀沮則天下之氣索，天下之氣索則不懦者將折而入於懦，而懦者愈懦矣。天下之士習於偷懦而不羞，則安於爲奸而不耻，平居不敢一犯人主之怒，而有急則臨大事而不敢争，[69]此張禹、孔光之流所以誤人之國而獨全其身者也。嗚呼悲夫！天下之士，豈皆務全其身而誤人之國邪？上之人逆折其鋒而勸之使苟容耳。[70]平居有敢言之士，雖臨難多死義之人。何者？義固有以激之也。

是故明主以名驅人而以義激之，使之震厲奮迅自援於庸人，[71]而不肯爲苟容之行，然後天下之懦風始得而回之矣。天下之人惟其樂於名而勇於義也，是故名可以率而趍，而義可以作而起也，否則惟利之趍而已。而今世議者往往以好名而咎天下之士，士之慷慨勁正好議論者則遂以好名而詆之，不目之以訐，則斥之以狂，而士之立志不堅、中無所守者每有所爲，復以近名而自沮。

嗚呼，近名者不取而惟近利者乃可邪？古今天下惟兩途耳，不入於名則趍於利。伯夷蓋近名之尤者也，盗跖不好名之極者也。以近名者之爲非，則伯夷者曾盗跖之不若耶？爲天下者得伯夷而用之，不若盗跖之可委任邪？則以名駈人而以義激之，愚未見其可廢於今也。

（《文翰類選大成》卷一二四《激俗論》，《古文集成》卷三五《激俗論》）

治體論　陳謙

爲大者不屑於其細，而事之非甚迫者，君子不枉己以從之也。今夫千金之家，必不肯爲負販之所爲。《詩》《書》之後，雖其甚窶，終不敢鬻先世之圖籍。何者？所傷者大也。

夫位者，奸之窺也；名者，孽之乘也。揭二者而制于上，巍焉而尊，確焉而公，圭芒崖角悶焉而不露，是以無所於窺，而無所於争，如操其柄而褻，用之齪齪焉。與民相貸於尋常，彼習其勢之輕也，則誰不欲？如上之所爲欲而不得，則不肖之心誰憚而不發。嗚呼！計天下者，豈不顧區區之小利，而深防乎廉隅之際者以此？

昔晁錯之爲漢謀，欲令民入粟，以授爵免罪。夫上之獲利以佐國也，下之脱禍以省刑也。一舉而二利從，至便也。而識者每不可，曰“長惡而傷死也”。儒之論，大抵迂闊而不切時變。然使稍知體者觀之，慮稽其弊，則寧不食而死，無寧貿貿然以自蹙也。

今天下所可慮，徇一切而忘大體也。淫湎者先王所禁，今反勸焉。减谷粟之養，盛醪醴之設。白晝大都之中，列娼優，具幄，帟耀市人而招之，曰："吾酣爾，吾色爾。"此甚可愧也。

負乘者，聖人所戒，今反誘焉。閭巷之子，儈賈商俠，輕剽以逐什一之利。輩流所不齒。國家捐告身而委之，曰："吾官爾，吾禄爾。"此甚可惜也。問其然，曰："利之也。"豈惟是哉？牒數萬，以髡天下絲粟之入耳。滋異端，耗生齒，不恤也。楮數寸以權，有無歲月之智耳。長奸僞濫，桎梏不顧也。

夫伐冰之家不與民争利，而詭遇以獲禽，一藝者所羞爲，至於朝廷獨安爲之。玩其細而忘其大，愚恐天下之窺且争也。一二年僅有寢者，以今用度，而欲盡革，是固難也。然今之言治者，動皆欲堯舜其君。至反革其所爲，中智以下有不敢刮目焉，然則去其太甚，亦當柄者之所宜講也。賈子曰："使管仲而愚人也則可，管子而少知體，豈不爲之寒心哉？"作《體論》。

（《文翰類選大成》卷一二四《治體論》，《古文集成》卷三八《治體論》）

治術論　張耒

嗚呼！治天下之難也，其爲物也大而難舉，其爲情也雜而不類，爲之不得其要，用之不中其節，用力勞而功不成，是故聖人本諸道而明於術。凡吾所爲術者，制物以使入於吾之道也。然則何其不直致吾之所欲，而爲是委曲迂緩而使之從也？夫人之情，使之從我而劫之以刑，則成功難；陰有以役其心，使之不得不從我，則成功易。今夫欲天下之畏也，而陳之以刀鋸，欲天下之愛也，而陳之以金帛，此直致其畏愛者也。夫刑戮賞賜，非不足以立畏愛也，使必陳其物，設其具，則刀鋸金帛亦不給矣。且天下固有不愛金帛之賞者，則賞之所不能悦也；天下有不畏刀鋸之刑者，則刑之所不能懼也。故務求吾欲而直遂焉者，其事煩，其教粗，吾與物以力相勝，而物之從之也，内有不伏之心,而吾力之所不周者,亂之所從起。

今夫四馬之於車也,奔驟舒遲至難齊也,夫人之於馬,必待夫躬臨之而後如意耶,則一車而四馭未能足也。今以一御,而四馬之遲速惟十指之聽者,以吾所執者轡也。以一轡之約,制四馬之節者,執馬之要,雖欲不吾聽不可得也。是先王之所以役天下者,執天下之轡也。今夫權衡之舉物也,[72]右仰則左俯,右抑則左揚。夫苟欲俯則卑之,而仰者何與焉? 欲揚則舉之,而抑者何與焉?

夫惟卑者有不能使之卑,而後抑者用也;舉者有不能使之舉,而後抑者用也。先王知天下之卑高,有不可以形爲也,故爲其所以卑高者,而不爲其形。古之知是道者,執天下之所以必從者如轡,而制物理之必應者如衡。四凶,天下之巨奸也。商容、比干、箕子,商之望也。舜欲使天下不犯於有司,而度罪之不可以盡刑也。取天下之巨奸者而擊之,天下雖有悍强不服者,知所畏矣。舜非徒能施刀鋸也,能沮其不畏之情也。武王得商之善者,而度其未可盡賞也,取世之望者三人而尊禮之,而商之爲善者悦矣。夫武王非徒知尊賢能也,能動其悦我之心也。故舜、武王善執天下之轡者也。

昔梁惠王以利問孟子,而孟子非之,然其終曰:“未有仁而遺其親者也,未有義而後其君者也。何必曰利?”①夫使不遺其親,不後其君,利之大者也。梁王以爲利而孟子非之,何也? 孟子者以謂不求不遺於民,而後民守之;不求不後於民,而後民先之。彼以利而責望於民,則民散而惟利之從,而卒不獲吾之所求。梁王之術疏,而孟子之術精;梁王之事拙,而孟子之事微。老子之道,紬術者也。其言曰:“將欲翕之,必固張之;將欲奪之,必固與之。”②又曰:“非以其無私耶,故能成其私。”③夫將翕而合之,將取而奪之,行其私以成其私,是以暑致暑,[73]以寒致寒,陰陽之所不能爲也。天之將寒也,不以霜雪爲之也,

① 參見《孟子·梁惠王上》。

② 參見《老子》第三十六章。

③ 參見《老子》第七章。

金石烈、土山焦者，所以爲今日之霰雪也。[74]天之將暑也，不以蒸鬱爲之也。震風積雪者，所以爲今日之炎烈也。故邀其反物之功不能遠，守其復物之情不能伏。故孟子之術，低昂天下之衡也。

夫術有小大，道有邪正。天下之士，徒見夫世之淺人執小術、蹈邪逕而流入於譎詐之域，而曰聖人無術，直道而已矣。嗚呼，亦惑矣！聖人之所謂直道，非無術之言也，過乎術者之言也，故其道平易而常有成。惑者之所謂直道，不及術者之言也，故其道疏魯而多敗。文王以仁義而王，宋襄公以仁義而亡。仁義同而存亡之勢異，何也？烏獲之力，弛而不用，遇盜而三揖之，則盜知服矣。無烏獲之力，遇盜而揖焉，則死矣。文王過乎術者也，宋襄公不及乎術者也，而況乎聖人之未必不尚乎術也。

（《文翰類選大成》卷一二四《治術論》，《古文集成》卷三八《治術論》，《張耒集》卷三五《治術論》）

維民論　劉子翬

古無自固之國，君有維民之道。有國之大，猶人之形，神其君也，氣其民也。神氣相資，形乃生焉；君民相資，國乃固焉。相資之道，必先有與也。神與氣，氣乃與神，君與民，民乃與君。蓋上者下之倡，本者末之附也。民有駭亂離析，與民者之過也；氣有乖戾泮涣，與氣者之過也。是以神存其氣，則氣盛而形充；君維其民，則民歸而國固。

甚哉！民心之無常也，浸浸下歸，蕩蕩俄往，去就之端，最爲難察。自昔觀我政於廟堂之間，得民情於肝鬲之内，有要道矣。政苛歟，刑酷歟，賦斂重歟，徭役數歟，有是四者，民必不樂其生，不待聞其怨嗟之聲，見其蹙頞之色，時雖治安，民必畔己。無是四者，時雖艱難，民必附己。不待足閭巷，訪鰥寡，而知其必樂其生也。夫民之樂不樂，其生至微，何規規察察而欲知之耶？[75]蓋不樂之意，鬱於胸中，亦不能自制也。積而爲怨，怨極則怒，怨怒之心蓄而未發，甚於敵國之兵戈，過於天災之水旱，不見其形，莫不警懼。彼其疾上如仇讎，伺有釁隙，與之偕亡，而爲上者方且偃然撫之，曰："此吾赤子也。"猶木蠹於中，魚潰于腹，一旦披壞，其可支哉？民心無常如此，去就之端難察如此，故有國者兢兢業業，不敢自安，思有以維之也。

自古及今，天下之民，必有所屬。堯舜之民，禹維之，桀解其維而夏亡。商之民，文、武維之，幽、厲解其維而周亡。自秦漢以來，或解或維，此治亂興亡循環不已也。我宋統御十聖，雖武略文經，其道不同，要之皆以寬厚爲治。至哉！仁宗之仁也，三代以來，一人而已。笑言爲恩，咳唾爲澤，薰酣沉浸四十餘年，所以維民者盡矣。故胡虜崛興，過於劉、石、德光之暴，靖康奇禍，同乎永嘉、開運之酷，而人心戴宋，亂而不離，宜乎主上之所以中興也。

切惟南渡以來，天步窘蹙，宸心鬱焦，凡咨詢之及、詔令之頒，惟勤恤元元是先，豈非鑒古昔之治道，紹祖宗之遺澤，以祈安耶？愚嘗考維民之四説焉，政苛無有也，刑酷無有也，徭役之類無有也，惟賦斂一事，不可謂輕。[76]且今日國家，非有横給浮費也，特以軍旅之興，資用不可一日闕耳。有司奉承無術，益費增繁，故常税之外，月有樁，歲有糴，有明耗暗耗，有帶科折科，有和買，有預借。如市庚艮，如貨鹾茗，如賣僧鬻爵，如造甲修船，其微至皮角竹木之類，一取於民。名之曰和，其實强估，名之曰借，其實不償。以瘡痍之民，供多多之賦，豈易枝梧耶！膏萎涼暍，必有道焉。幸兹邊燧暫息，戎事稍紓，當講畫究明，蘇雕甿，活遺噍，以成康阜之治。噫，求瘼必瘼，施恩弗恩，維民之道，輕斂爲急。

(《文翰類選大成》卷一二四《維民論》,《古文集成》卷三五《維民論》)

民論　陳君舉

天下之事，有可畏之勢者易圖，而無可畏之形者難見也。易圖者亦易應，難見者必難支。故明智之君不畏夫方張之敵國，而深畏夫未見其隙之民心。蓋民心之摇慘於敵國之變，其變之遲者，其禍大，而患在於内者，必不可以復爲也。古者，有畏民之君，是以無可畏之民。

後之人君，狃於民之不足畏，而民之大可畏者，始見於天下。嗟夫！民而至於見其可畏，其亦無及也。

夫秦之先，蓋七國也。自孝公至於莊襄，亟耕力戰，薦食諸侯之境，歷七世而并於始皇之手。吁！亦艱矣。始皇唯知天下之難合，而其患在六國也。故歷其社稷，裂其土地，而守置之，以絶内争之釁。中國不足慮，而所以爲吾憂者，猶有四夷也，於是郡桂林，城碛石，頸繫百粤，而却匈奴於千里之外。始皇之心，自以天下舉無可虞，足以安意肆志，拱視於崤函之上，而海内晏然者萬葉矣，而不知夫天下之大可畏者，伏於大澤之卒，隱於鉅鹿之盗，而其睥睨覘覦者，已滿於山之西、江之東也。一呼而起，氓隸雲合，雖邯鄲百萬之師建瓴而下，而全關之地已税駕於灞上之劉季矣。

嗚呼！秦以七世而亡六國，而六國之民以幾月而亡秦。以秦之强，不能當民之弱，天下真可畏者，果安在乎？人君不得已而用其民，以從事於敵國，可不懼哉！

（《古文集成》卷三五《民論》，《止齋先生文集》附録《民論》，《十先生奥論注》後集卷八《民論》）

【校勘記】

［1］縫：《文苑英華》卷七四三作“逢”。

［2］戎：原作“我”，據《文苑英華》卷七四三改。

［3］難誘也：此三字原脱，據《文苑英華》卷七四三補。

［4］難陷也：此三字原脱，據《文苑英華》卷七四三補。

［5］殆：《文苑英華》卷七四三作“大”。

［6］遽：《文苑英華》卷七四三作“據”，《文翰類選大成》卷一二三作“遂”。

［7］輝：《唐文粹》卷三七作“耀”。

［8］甘：《唐文粹》卷三七作“悦”。

［9］思：此字原脱，據《文苑英華》卷七四三、《唐文粹》卷三七補。

［10］由：《宋文鑑》卷九四作“用”。

［11］加：《文翰類選大成》卷一二四作“施”。

[12] 謬：原作“繆”，據《文翰類選大成》卷一二四改。

[13] 討：原作“計”，據《文翰類選大成》卷一二四改。

[14] 四年：《文章類選》原同《文翰類選大成》卷一二四均作“四十年”，據《春秋左傳注·昭公六年》改。

[15] 情：《臨川先生文集》卷六六作“性”。

[16] 足：《嘉祐集箋注》卷三作“指”。

[17] 使：《嘉祐集箋注》卷三作“以”。

[18] 讓：此字原脱，據《嘉祐集箋注》卷三補。

[19] 傑：《嘉祐集箋注》卷三作“健”。

[20] 不：《嘉祐集箋注》卷三作“無”。

[21] 亡：《嘉祐集箋注》卷三作“崩”。

[22] 得：《嘉祐集箋注》卷三作“乘勢”。

[23] 平王昏亂：《嘉祐集箋注》卷六作“而平王昏”。

[24] 恒：《嘉祐集箋注》卷六作“常”。

[25] 今夫瘦：《蘇軾文集》卷四作“人之瘦”。

[26] 孺：《蘇軾文集》卷四作“竪”。

[27] 迫：《蘇軾文集》卷四作“追”。

[28] 一旦：《蘇軾文集》卷四作“無一言”。

[29] 疏：此字原脱，據《蘇軾文集》卷五補。

[30] 君人：《文翰類選大成》卷一二四作“人君”。

[31] 如：《蘇軾文集》卷五作“相”。

[32] 扶蘇：此二字原脱，據《文翰類選大成》卷一二四、《蘇軾文集》卷五補。

[33] 傑人：《文翰類選大成》卷一二四作“人傑”。

[34] 以爲：原作“以謂”，據《宋文鑑》卷九八、《蘇軾文集》卷五改。

[35] 務：《蘇軾文集》卷五作“敦”。

[36] 湯：此字原脱，據《蘇軾文集》卷五補。

[37] 寤：《蘇軾文集》卷五作“悟”。

[38] 便美：《蘇軾文集》卷五作“美便”。

[39] 不：《蘇軾文集》卷五作“何”。

[40] 略：此字原脱，據《蘇軾文集》卷五補。

[41] 役人以自養：《蘇軾文集》卷五作“奸民蠹國”。

[42] 足：《蘇軾文集》卷四作“能”。

[43] 焚：此字原脱，據《蘇軾文集》卷四補。

[44] 遜：《蘇軾文集》卷四作“讓”。

[45] 勢：《蘇軾文集》卷四作“末”。

[46] 是:《蘇軾文集》卷四作“如”。

[47] 猗:《蘇軾文集》卷四作“兮”。

[48] 寵:《蘇軾文集》卷四作“震”。

[49] 以一日:“以”字原脱,據《蘇軾文集》卷二補。

[50] 疑:原作“研”,據《蘇軾文集》卷二改。

[51] 固:《蘇軾文集》卷二作“則”。

[52] 暴:《蘇軾文集》卷二作“憤”。

[53] 疾夫:此二字原脱,據《蘇軾文集》卷二補。

[54] 不:《蘇軾文集》卷五作“弗”。

[55] 遂墮成:《蘇軾文集》卷五作“將墮費”。

[56] 常:《蘇軾文集》卷五作“恒”。下同。

[57] 予:《蘇軾文集》卷五作“與”。

[58] 爲:《文翰類選大成》卷一二四作“能”。

[59] 所:《文翰類選大成》卷一二四作“圖”。

[60] 善良:《蘇軾文集》卷五作“良善”。

[61] 取:《蘇軾文集》卷五作“徼”。

[62] 沉:《蘇軾文集》卷五作“湛”。

[63] 斯高:《蘇軾文集》卷五作“始皇”。

[64] 威:《蘇軾文集》卷五作“法”。

[65] 然:此字原脱,據《宋文鑑》卷九八、《蘇軾文集》卷五補。

[66] 致:《蘇軾文集》卷五作“寘”。

[67] 訴:原作“許”,據《文翰類選大成》卷一二四、《蘇軾文集》卷五改。

[68] 井井:《文章類選》同《文翰類選大成》卷一二四,《古文集成》卷三五作“井裏”。

[69] 而有急則:《文章類選》同《文翰類選大成》卷一二四,《古文集成》卷三五作“則當大難”。

[70] 勸:《文章類選》同《文翰類選大成》卷一二四,《古文集成》卷三五作“勒”。

[71] 厲:《文章類選》同《文翰類選大成》卷一二四,《古文集成》卷三五作“勵”。

[72] 權衡之舉物:《張耒集》卷三五作“橋衡之舉水”。

[73] 致:《張耒集》卷三五作“徵”。

[74] 霰:《張耒集》卷三五作“霜”。

[75] 而欲知之耶:此五字原脱,據《全宋文》卷四二五八補。

[76] 謂:此字原脱,據《全宋文》卷四二五八補。

文章類選

〔明〕朱㮯 等輯　胡玉冰 等校注

中册

朔方文庫

主編　胡玉冰

上海古籍出版社

文章類選卷之十二

論　類

仲尼用論田賦

季孫欲以田賦，使冉有訪諸仲尼。仲尼曰："丘不識也。"三發，卒曰："子爲國老，待子而行，若之何子之不言也？"仲尼不對，而私於冉有曰："君子之行也，度於禮：施取其厚，事舉其中，斂從其薄。如是，則以丘亦足矣。若不度於禮，而貪冒無厭，則雖以田賦，將又不足。且子季孫若欲行而法，則周公之典在；若欲苟而行，又何訪焉？"弗聽。

（《左傳·哀公十一年》）

仲尼論政寬猛

鄭子産有疾。謂子大叔曰："我死，子必爲政。唯有德者能以寬服民，其次莫如猛。夫火烈，民望而畏之，故鮮死焉。水懦弱，民狎而玩之，則多死焉，故寬難。"疾數月而卒。大叔爲政，不忍猛而寬。鄭國多盜，取人於萑苻之澤。大叔悔之，曰："吾早從夫子，不及此。"興徒兵以攻萑苻之盜，盡殺之，盜少止。仲尼曰："善哉！政寬則民慢，慢則糾之以猛；猛則民殘，殘則施之以寬。寬以濟猛，猛以濟寬，政是以和。"《詩》曰："民亦勞止，汔可小康。惠此中國，以綏四方。"[①]施之以寬也。毋從詭隨，以謹無良。式遏寇虐，慘不畏明。糾之以猛也。柔遠能邇，以定我王。平之以和也。又曰："不競不絿，不剛不柔。布

---

① 參見《詩經·大雅·民勞》。

政優優，百禄是遒。”和之至也。及子産卒，仲尼聞之，出涕曰：“古之遺愛也。”

（《左傳·昭公二十年》）

仲尼論賞仲叔于奚

衛侯使孫良夫、石稷、甯相、向禽將侵齊，與齊師遇。石子欲還，孫子曰：“不可。以師伐人，遇其師而還，將謂君何？若知不能，則如無出。今既遇矣，不如戰也。”

夏，有闕文。石成子曰：“師敗矣。子不少須，衆懼盡。子喪師徒，何以復命？”皆不對。又曰：“子，國卿也。隕子，辱矣。子以衆退，我此乃止。”且告車來甚衆。齊師乃止，次于鞫居。新築人仲叔于奚救孫桓子，桓子是以免。

既，衛人賞之以邑，辭，請曲縣、繁纓以朝。許之。

仲尼聞之曰：“惜也，不如多與之邑。唯器與名，不可以假人，君之所司也。名以出信，信以守器，器以藏禮，禮以行義，義以生利，利以平民，政之大節也。若以假人，與人政也。政亡，則國家從之，弗可止也已。”

（《左傳·成公二年》）

子産論伯有爲厲

鄭人相驚以伯有，曰：“伯有至矣。”則皆走，不知所往。鑄刑書之歲二月，或夢伯有介而行，曰：“壬子，余將殺帶也。明年壬寅，余又將殺段也。”及壬子，駟帶卒，國人益懼。齊、燕平之月壬寅，公孫段卒。國人愈懼。其明月，子産立公孫泄及良止以撫之，乃止。子大叔問其故，子産曰：“鬼有所歸，乃不爲厲，吾爲之歸也。”大叔曰：“公孫泄何爲？”子産曰：“説也。爲身無義而圖説，從政有所反之，以取媚也。不媚，不信。不信，民不從也。”

及子産適晋，趙景子問焉，曰：“伯有猶能爲鬼乎？”子産曰：“能。

人生始化曰魄，既生魄，陽曰魂。用物精多，則魂魄强。是以有精爽，至於神明。匹夫匹婦强死，其魂魄猶能馮依於人以爲淫厲。況良霄，我先君穆公之胄，子良之孫，子耳之子，敝邑之卿，從政三世矣。鄭雖無腆，抑諺曰‘蕞爾國’，蕞，小貌。而三世執其政柄，其用物也弘矣，其取精也多矣。其族又大，所馮厚矣，而强死，能爲鬼，不亦宜乎？”

（《左傳·昭公七年》）

子産論晋侯疾

晋侯有疾，鄭伯使公孫僑如晋聘，且問疾。叔向問焉，曰：“寡君之疾病，卜人曰：‘實沈、臺駘爲祟。’史莫之知。敢問此何神也？”子産曰：“昔高辛氏有二子，伯曰閼伯，季曰實沈，居于曠林，不相能也，日尋干戈，以相征討。后帝不臧，遷閼伯于商丘，主辰。商人是因，故辰爲商星。遷實沈于大夏，主參，唐人是因，以服事夏、商，其季世曰唐叔虞。當武王邑姜方震大叔，夢帝謂己：‘余命而子曰虞，將與之唐，屬諸參，而蕃育其子孫。’及生，有文在其手曰‘虞’，遂以命之。及成王滅唐，而封大叔焉，故參爲晋星。由是觀之，則實沈，參神也。昔金天氏有裔子曰昧，爲玄冥師，生允格、臺駘。臺駘能業其官，宣汾、洮，障大澤，以處大原。帝用嘉之，封諸汾川，沈、姒、蓐、黄實守其祀。今晋主汾而滅之矣。由是觀之，則臺駘，汾神也。抑此二者，不及君身。山川之神，則水旱癘疫之灾，於是乎禜之。日月星辰之神，則雪霜風雨之不時，於是乎禜之。若君身，則亦出入、飲食、哀樂之事也，山川星辰之神又何爲焉？僑聞之，君子有四時：朝以聽政，晝以訪問，夕以修令，夜以安身。於是乎節宣其氣，勿使有所壅閉湫底，以露其體。兹心不爽，而昏亂百度。今無乃壹之，則生疾矣。僑又聞之，内官不及同姓，其生不殖，殖，長也。美先盡矣，則相生疾，君子是以惡之。故《志》曰：‘買妾不知其姓，則卜之。’違此二者，古之所慎也。男女辨姓，禮之大司也。今君内實有四姬焉，其無乃是也乎？若由是二者，弗可爲也已。四姬有省猶可，無則必生疾矣。”叔向曰：“善哉！肸未之聞也，此皆然矣。”叔向出，行人揮送之。叔向問鄭故焉，且問子皙，對曰：“其與幾何？無禮而好陵人，怙富而卑其上，弗能久矣。”晉侯聞子産之言，曰：“博物君子也。”重賄之。

（《左傳·昭公元年》）

子罕論向戌去兵

宋左師請賞，曰：“請免死之邑。”公與之邑六十，以示子罕。子罕曰：“凡諸侯小國，晉、楚所以兵威之，畏而後上下慈和，慈和而後能安靖其國家，以事大國，所以存也。無威則驕，驕則亂生，亂生必滅，所以亡也。天生五材，民並用之，廢一不可，誰能去兵？兵之設久矣，所以威不軌而昭文德也。聖人以興，亂人以廢。廢興、存亡、昏明之術，皆兵之由也。而子求去之，不亦誣乎？以誣道蔽諸侯，罪莫大焉。縱無大討，而又求賞，無厭之甚也。”削而投之。左師辭邑。向氏欲攻司城，左師曰：“我將亡，夫子存我，德莫大焉。又可攻乎？”君子曰：“‘彼己之子，邦之司直’，樂喜之謂乎！‘何以恤我，我其收之’，向戌之謂乎！”

（《左傳·襄公二十七年》）

叔向論楚令尹不終

趙孟謂叔向曰：“令尹自以爲王矣，何如？”對曰：“王弱，令尹强，其可哉！雖可，不終。”趙孟曰：“何故？”對曰：“强以克弱而安之，强不義也。不義而强，其斃必速。《詩》曰：‘赫赫宗周，褒姒滅之。’[①]强不義也。令尹爲王，必求諸侯。晉少懦矣，諸侯將往。若獲諸侯，其虐滋甚，民弗堪也，將何以終？夫以强取，不義而克，必以爲道，道以淫虐，弗可久已矣！”

（《左傳·昭公元年》）

---

① 參見《詩經·小雅·正月》。

叔向論楚克蔡

楚子在申，召蔡靈侯。靈侯將往，蔡大夫曰："王貪而無信，唯蔡於感。今幣重而言甘，誘我也，不如無往。"蔡侯不可。三月丙申，楚子伏甲而饗蔡侯於申，醉而執之。夏，四月丁巳，殺之，刑其士七十人。公子棄疾帥師圍蔡。韓宣子問於叔向曰："楚其克乎？"對曰："克哉！蔡侯獲罪於其君，而不能其民，天將假手於楚以斃之，何故不克？然肸聞之：'不信以幸，不可再也。'楚王奉孫吳以討於陳，曰：'將定而國。'陳人聽命，而遂縣之。今又誘蔡而殺其君，以圍其國，雖幸而克，必受其咎，弗能久矣。桀克有緡，以喪其國。紂克東夷，而隕其身。楚小位下，而亟暴於二王，能無咎乎？天之假助不善，非祚之也，厚其凶惡而降之罰也。且譬之如天，其有五材，而將用之，力盡而敝之，是以無拯，不可没振。"

（《左傳·昭公十一年》）

叔向論楚子干得國

子干歸，韓宣子問於叔向曰："子干其濟乎？"對曰："難。"宣子曰："同惡相求，如市賈焉，何難？"對曰："無與同好，誰與同惡？取國有五難：有寵而無人，一也；有人而無主，二也；有主而無謀，三也；有謀而無民，四也；有民而無德，五也。子干在晋十三年矣，晋、楚之從，不聞達者，可謂無人。族盡親叛，可謂無主。無釁而動，可謂無謀。爲羈終世，可謂無民。亡無愛徵，可謂無德。王虐而不忌，楚君子干，涉五難以弑舊君，誰能濟之？有楚國者，其棄疾乎！君陳、蔡，城外屬焉。苛慝不作，盜賊伏隱，私欲不違，民無怨心。先神命之，國民信之，芈姓有亂，必季實立，楚之常也。獲神，一也；有民，二也；令德，三也；寵貴，四也；居常，五也。有五利以去五難，誰能害之？子干之官，則右尹也。數其貴寵，則庶子也。以神所命，則又遠之。其貴亡矣，其寵棄矣，民無懷焉，國無與焉，將何以立？"

宣子曰："齊桓、晋文，不亦是乎？"對曰："齊桓，衛姬之子也，有寵於僖，有鮑叔牙、賓須無、隰朋以爲輔佐，有莒、衛以爲外主，有國、高以爲内主，從善如流，下善齊肅，不藏賄，不從欲，施舍不倦，求善不厭，是以有國，不亦宜乎？我先君文公，狐季姬之子也，有寵於獻。好學不貳，生十七年，有士五人。有先大夫子餘、子犯以爲腹心，有魏犨、賈佗以爲股肱，有齊、宋、秦、楚以爲外主，有欒、郤、狐、先以爲内主。亡十九年，守志彌篤。惠、懷棄民，民從而與之。獻無異親，民無異望，[1]天方相晋，將何以代文？此二君者，異於子干。共有寵子，國有奥主；無施於民，無援於外，去晋而不送，歸楚而不逆，何以興國？"[2]

（《左傳·昭公十三年》）

子西論夫差將敗

吴師在陳，楚大夫皆懼，曰："闔廬惟能用其民，以敗我於柏舉。今聞其嗣又甚焉，將若之何？"子西曰："二三子恤不相睦，無患吴矣。昔闔廬食不二味，居不重席，室不崇壇，器不彤鏤，宫室不觀，舟車不飾，衣服財用，擇不取費。在國，天有菑癘，親巡孤寡，而共其乏困；在軍，熟食者分而後敢食，其所嘗者，卒乘與焉。勤恤其民，而與之勞逸。是以民不罷勞，死知不曠。吾先大夫子常易之，所以敗我也。今聞夫差，次有臺榭陂池焉，宿有妃嬙嬪御焉，一日之行，所欲必成，玩好必從，珍異是聚，觀樂是務，視民如讎而用之日新。夫先自敗也已，安能敗我？"

（《左傳·哀公元年》）

史蘇論驪姬敗國

獻公伐驪戎，克之，滅驪子，獲驪姬以歸，立以爲夫人，生奚齊。其娣生卓子。驪姬請使申生處曲沃以速懸，重耳處蒲城，夷吾處屈，奚齊處絳，以儆無辱之故。公許之。史蘇朝，告大夫曰："二三大夫其戒之乎，亂本生矣！日君以驪姬爲夫人，民之疾心固皆至矣。昔者之伐也，起百姓以爲百姓也，是以民能欣之，故莫不盡忠極勞以致死也。

今君起百姓以自封也，封，厚也。民外不得其利，而内惡其貪，則上下既有判矣。判，離也。然而又生男，其天道也？天强其毒，民疾其態，其亂生哉！吾聞君子好好而惡惡，樂樂而安安，是以能有常。伐木不自其本，必復生；塞水不自源，必復流；滅禍不自其基，必復亂。今君滅其父而畜其子，禍之基也。畜其子又從其欲，子思報父之耻而信其欲，[3]雖好色，必惡心，不可謂好。好，美也。好其色，必授之情。彼得其情，以厚其欲，從其惡心，必敗國，且深亂。亂必自女戎，三代皆然。"驪姬果作難，殺太子而逐二公子。君子曰："知難本矣。"

（《國語集解·晋語一第七·獻公伐驪戎克之》，《册府元龜》卷七九五《總録部四十五·先見》）

魯君論酒味色能亡國

梁王魏嬰觴諸侯於范臺。酒酣，請魯君舉觴。魯君興，避席擇言曰："昔者帝女令儀狄作酒而美，進之禹，禹飲而甘之，遂疏儀狄，絶旨酒，曰：'後世必有以酒亡其國者。'齊桓公夜半不嗛，易牙乃煎熬燔炙，和調五味而進之，桓公食之而飽，至旦不覺，曰：'後世必有以味亡其國者。'晋文公得南之威，三日不聽朝，遂推南之威而遠之，曰：'後世必有以色亡其國者。'楚王登强臺，而望崩山，左江而右湖，以臨彷徨，其樂忘死，遂盟强臺而弗登，曰：'後世必有以高臺陂池亡其國者。'今主君之尊，儀狄之酒也；主君之味，易牙之調也；左白臺而右閭須，皆美人。南威之美也；前夾林而後蘭臺，强臺之樂也。有一於此，足以亡其國。今主君兼此四者，可無戒與！"梁王稱善相屬。

（《戰國策注釋》卷二三《魏策二·梁王魏嬰觴諸侯于范臺章》）

季文子論齊侯無禮

齊侯侵我西鄙，謂諸侯不能也。遂伐曹，入其郛，討其來朝也。季文子曰："齊侯其不免乎？己則無禮，而討於有禮者，曰：'女何故行禮？'禮以順天，天之道也。己則反天，而又以討人，難以免矣。《詩》

曰：'胡不相畏？不畏于天。'君子之不虐幼賤，畏于天也。在《周頌》曰：'畏天之威，于時保之。'①不畏于天，將何能保？以亂取國，奉禮以守，猶懼不終，多行無禮，弗能在矣。"

（《左傳·文公十五年》）

晏嬰叔向論齊晋

齊侯使晏嬰請繼室於晋。既成昏，晏子受禮，叔向從之宴，相與語。叔向曰："齊其何如？"晏子曰："此季世也，吾弗知。齊其爲陳氏矣。公棄其民，而歸於陳氏。齊舊四量：豆、區、釜、鍾。四升爲豆，各自其四，以登於釜，釜十則鍾。陳氏三量，皆登一焉，鍾乃大矣。以家量貸，而以公量收之。山木如市，弗加於山；魚鹽蜃蛤，弗加於海。民參其力，二人於公，而衣食其一。公聚朽蠹，而三老凍餒。國之諸市，屨賤踊貴。民人痛疾，而或燠休之，其愛之如父母，而歸之如流水。欲無獲民，將焉辟之？箕伯、直柄、虞遂、伯戲，其相胡公大姬，已在齊矣。"叔向曰："然。雖吾公室，今亦季世也。戎馬不駕，卿無軍行，公乘無人，卒列無長。庶民罷敝，而宫室滋侈。道殣相望，而女富溢尤。民聞公命，如逃寇讎。欒、郤、胥、原、狐、續、慶、伯，降在皂隸。政在家門，民無所依。君日不悛，[4]以樂慆憂。公室之卑，其何日之有？讒鼎之銘曰：'昧旦丕顯，後世猶怠。'况日不悛，其能久乎？"晏子曰："子將若何？"叔向曰："晋之公族盡矣。肸聞之，公室將卑，其宗族枝葉先落，則公從之。肸之宗十一族。唯羊舌氏在而已。肸又無子，公室無度，幸而得死，豈其獲祀？"

（《左傳·昭公三年》）

子服景伯論黄裳元吉

南蒯枚筮之，遇《坤》之《比》，曰："黄裳元吉。"[5]以爲大吉也，示

---

① 參見《詩經·周頌·我將》。

子服惠伯曰:“即欲有事,何如?”惠伯曰:“吾嘗學此矣,忠信之事則可,不然,必敗。外强内温,忠也。和以率貞,信也。故曰:‘黄裳元吉。’黄,中之色也。裳,下之飾也。元,善之長也。中不忠,不得其色。下不共,不得其飾。事不善,不得其極。外内倡和爲忠,率事以信爲共,供養三德爲善。非此三者,弗當。且夫《易》不可以占險,將何事也?且可飾乎?中美能黄,上美爲元,下美則裳,參成可筮,猶有闕也。筮雖吉,未也。”

(《左傳·昭公十二年》)

史墨論季氏出君

趙簡子問於史墨曰:“季氏出其君,而民服焉,諸侯與之;君死於外,而莫之或罪也。”對曰:“物生有兩,有三,有五,有陪貳。故天有三辰,地有五行,體有左右,各有妃耦。[6]王有公,諸侯有卿,皆有貳也。天生季氏,以貳魯侯,爲日久矣。民之服焉,不亦宜乎?魯君世從其失,季氏世修其勤,民忘君矣。雖死於外,其誰矜之?社稷無常奉,君臣無常位,自古以然。故《詩》曰:‘高岸爲谷,深谷爲陵。’三后之姓,於今爲庶,主所知也。在《易》卦,雷乘《乾》曰《大壯》,天之道也。昔成季友,桓之季也,文姜之愛子也。始震而卜,卜人謁之,曰:‘生有嘉聞,其名曰友,爲公室輔。’及生,如卜人之言,有文在其手,曰‘友’,遂以名之。既而有大功於魯,受費以爲上卿。至於文子、武子,世增其業,不廢舊績。魯文公薨,而東門遂殺適立庶,魯君於是乎失國,政在季氏。於此君也,四公矣。民不知君,何以得國?是以爲君,慎器與名,不可以假人。”

(《左傳·昭公三十二年》)

伍舉論章華之臺

靈王爲章華之臺,與伍舉升焉,曰:“臺美夫!”對曰:“臣聞國君服寵以爲美,安民以爲樂,聽德以爲聰,致遠以爲明。不聞其以土木之崇高、雕鏤爲美，而以金石匏竹之昌大囂庶爲樂；不聞其以觀大、視侈、淫色以爲明，而以察清濁爲聰也。

“先君莊王爲匏居之臺，高不過望國氛，大不過容宴豆，木不妨守備，用不煩官府，民不廢時務，官不易朝常。問誰宴焉，則宋公、鄭伯；問誰相禮，則華元、駟騑；問誰贊事，則陳侯、蔡侯、許男、頓子，其大夫侍之。先君是以除亂克敵，而無惡於諸侯。

“今君爲此臺也，國民罷焉，財用盡焉，年穀敗焉，百官煩焉，舉國留之，數年乃成。願得諸侯與始升焉，諸侯皆距，無有至者。而後使太宰啓疆請於魯侯，懼之以蜀之役，而僅得以來。使富都那豎贊焉，而使長鬣之士相焉，臣不知其美也。

“夫美也者，上下、外内、小大、遠邇皆無害焉，故曰美。若周於目觀則美，[7]縮於財用則匱，是聚民利以自封而瘠民也，胡美之爲？夫君國者，將民之與處，民實瘠矣，君安得肥？且夫私欲弘侈，則德義鮮少；德義不行，則邇者騷離，而遠者距違。天子之貴也，唯其以公侯爲官正，而以伯子男爲師旅。其有美名也，唯其施令德於遠近，而小大安之也。若斂民利以成其私欲，使民蒿焉忘其安樂，而有遠心，其爲惡也甚矣，安用目觀？故先王之爲臺榭也，榭不過講軍實，臺不過望氛祥，故榭度於大卒之居，臺度於臨觀之高。其所不奪穡地，其爲不匱財用，其事不煩官業，其日不廢時務。瘠磽之地，於是乎爲之；城守之木，於是乎用之；官僚之暇，於是乎臨之；四時之隙，於是乎成之。故《周詩》曰：‘經始靈臺，經之營之。庶民攻之，不日成之。經始勿亟，庶民子來。王在靈囿，麀鹿攸伏。’①夫爲臺榭，將以教民利也，不知其以匱之也。若君謂此臺美而爲之正，楚其殆矣！”

（《國語集解·楚語上第十七·靈王爲章華之臺》，《册府元龜》卷七四二《陪臣部十二·規諷第三》）

① 參見《詩經·大雅·靈臺》。

劉康公論成子不敬

公及諸侯朝王，遂從劉康公、成肅公會晉侯伐秦。成子受脤于社，不敬。劉子曰："吾聞之，民受天地之中以生，所謂命也。是以有動作禮義威儀之則，以定命也。能者養之以福，不能者敗以取禍。是故君子勤禮，小人盡力。勤禮莫如致敬，盡力莫如敦篤。敬在養神，篤在守業。國之大事，在祀與戎。祀有執膰，戎有受脤，神之大節也。今成子惰，棄其命矣。其不反乎？"

（《左傳・成公十三年》）

伯陽甫論三川震

幽王二年，西周三川皆震。伯陽父曰："周將亡矣。夫天地之氣，不失其序，若過其序，民亂之也。陽伏而不能出，陰迫而不能烝，於是有地震。今三川實震，是陽失其所而鎮陰也。陽失而在陰，川源必塞，[8]源塞，國必亡。夫水土演而民用也。土無所演，民乏財用，不亡何待！昔伊、洛竭而夏亡，河竭而商亡。今周德若二代之季矣，其川源又塞，塞必竭。夫國必依山川，山崩川竭，亡之徵也，川竭山必崩。若國亡，不過十年，數之紀也。夫天之所棄，不過其紀。"是歲也，三川竭，岐山崩。十一年，幽王乃滅，周乃東遷。

（《國語集解・周語上第一・幽王二年，西周三川皆震》）

北宮文子論威儀

衛侯在楚，北宮文子見令尹圍之威儀，言於衛侯曰："令尹似君矣！將有他志，雖獲其志，不能終也。《詩》云：'靡不有初，鮮克有終。'①終之實難，令尹其將不免？"公曰："子何知之？"[9]對曰："《詩》云：'敬慎威儀，惟民之則。'②令尹無威儀，民無則焉。民所不則，以在

① 參見《詩經・大雅・蕩》。

② 參見《詩經・大雅・抑》。

民上，不可以終。"公曰："善哉！何謂威儀？"

對曰："有威而可畏，謂之威。有儀而可象，謂之儀。君有君之威儀，其臣畏而愛之，則而象之，故能有其國家，令聞長世。臣有臣之威儀，其下畏而愛之，故能守其官職，保族宜家。順是以下皆如是，是以上下能相固也。《衛詩》曰'威儀棣棣，不可選也。'[①]言君臣、上下、父子、兄弟、内外、大小皆有威儀也。《周詩》曰：'朋友攸攝，攝以威儀。'[②]言朋友之道，必相教訓以威儀也。《周書》數文王之德，曰：'大國畏其力，小國懷其德。'言畏而愛之也。《詩》云：'不識不知，順帝之則。'[③]言則而象之也。紂囚文王七年，諸侯皆從之囚。紂於是乎懼而歸之，可謂愛之。文王伐崇，再駕而降爲臣，蠻夷帥服，可謂畏之。文王之功，天下誦而歌舞之，可謂則之。文王之行，至今爲法，可謂象之。有威儀也。故君子在位可畏，施舍可愛，進退可度，周旋可則，容止可觀，作事可法，德行可象，聲氣可樂，動作有文，言語有章，以臨其下，謂之有威儀也。"

（《左傳·襄公三十一年》）

辯　類

諱辯　韓愈

愈與李賀書，勸賀舉進士。賀舉進士有名，與賀争名者毁之曰："賀父名晋肅，賀不舉進士爲是，勸之舉者爲非。"聽者不察也，和而唱之，[10]同然一辭。皇甫湜曰："若不明白，子與賀且得罪。"愈曰："然。"

律曰："二名不偏諱。"釋之者曰："謂若言'徵'不稱'在'，[11]言'在'不稱'徵'是也。"律曰："不諱嫌名。"釋之者曰："謂若'禹'與'雨'、'丘'與'蓲'之類是也。"[④]今賀父名晋肅，賀舉進士，爲犯二名律乎？爲犯

① 參見《詩經·邶風·柏舟》。
② 參見《詩經·大雅·既醉》。
③ 參見《詩經·大雅·皇矣》。
④ 《唐文粹》卷四六本句下有注釋："'丘'與'蓲'同音；烏蓲，草名。"

嫌名律乎？父名晋肅，子不得舉進士；若父名仁，子不得爲人乎？

夫諱始於何時？作法制以教天下者，非周公、孔子歟？周公作詩不諱。孔子不偏諱二名。《春秋》不譏不諱嫌名，康王釗音“招”。之孫，實爲昭王。曾參之父名皙，曾子不諱昔。周之時有騏期，漢之時有杜度，此其子宜如何諱？將諱其嫌，遂諱其姓乎？將不諱其嫌者乎？漢諱武帝名“徹”爲“通”，不聞又諱“車轍”之“轍”爲某字也。諱吕后名“雉”爲“野鷄”，不聞又諱“治天下”之“治”爲某字也。今上章及詔，不聞諱“滸”“勢”“秉”“饑”也。惟宦官宫妾乃不敢言“諭”及“機”，以爲觸犯。士君子言語行事宜何所法守也？今考之於經，質之於律，稽之以國家之典，賀舉進士爲可邪？爲不可邪？

凡事父母得如曾參，可以無譏矣；作人得如周公、孔子，亦可以止矣。今世之士不務行曾參、周公、孔子之行，而諱親之名則務勝於曾參、周公、孔子，亦見其惑也。夫周公、孔子、曾參卒不可勝，勝周公、孔子、曾參，乃比於宦者宫妾，[12]則是宦者宫妾之孝於其親，賢於周公、孔子、曾參者耶？

（《唐文粹》卷四六《諱辯》，《文翰類選大成》卷一三四《諱辯》，《韓愈文集彙校箋注》卷二《諱辯》）

辯列子　柳宗元

劉向古稱博極群書，然其録《列子》獨曰鄭穆公時人，穆公在孔子前幾百歲，《列子》書言鄭國，皆云子産、鄧析，不知向何以言之如此？《史記》：鄭繻公二十四年，楚悼王四年，圍鄭，鄭殺其相駟子陽。子陽正與列子同時。是歲，周安王三年，秦惠王、韓烈侯、趙武侯二年，魏文侯二十七年，燕釐公五年，齊康公七年，宋悼公六年，魯穆公十年。不知向言魯穆公時遂誤爲鄭耶？不然，何乖錯至如是？其後張湛徒知怪《列子》書言穆公後事，亦不能推知其時。然其書亦多增竄，非其實。

要之，莊周爲放依其辭，其稱夏棘、狙公、紀渻子、“渻”音“省”。季咸等，皆出《列子》，不可盡紀。雖不概於孔子道，然其虚泊寥闊，居亂世，遠於利，禍不得逮於身，而其心不窮，《易》之"遁世無悶"者，[①]其近是歟？余故取焉。其文辭類《莊子》，而尤質厚，少爲作，好文者可廢耶？其《楊朱》《力命》，疑其楊子書。其言魏牟、孔穿皆出列子後，不可信。然觀其辭，亦足通知古之多異術也，讀焉者慎取之而已矣。

（《柳宗元集校注》卷四《辯列子》）

桐葉封弟辯　柳宗元

古之傳者有言：成王以桐葉與小弱弟，戲曰："以封汝。"周公入賀，王曰："戲也。"周公曰："天子不可戲。"乃封小弱弟於唐。吾意不然。王之弟當封耶？周公宜以時言於王，不待其戲而賀以成之也。不當封耶，周公乃成其不中之戲，以地以人與小弱者爲之主，其得爲聖乎？且周公以王之言不可苟焉而已，必從而成之耶？設有不幸，王以桐葉戲婦寺，亦將舉而從之乎？凡王者之德，在行之何若，設未得其當，雖十易之不爲病。要於其當，不可使易也，而況以其戲乎？若戲而必行之，是周公教王遂過也。

吾意周公輔成王宜以道，從容優樂，要歸之大中而已，必不逢其失而爲之辭。又不當束縛之，馳驟之，使若牛馬然，急則敗矣。且家人父子尚不能以此自克，况號爲君臣者耶？是直小丈夫缺缺者之事，非周公所宜用，故不可信。或曰：封唐叔，史佚成之。

（《文苑英華》卷三六七《桐葉封弟辯》，《文翰類選大成》卷一三四《桐葉封弟辯》，《柳宗元集校注》卷四《桐葉封弟辯》）

辯晏子春秋　柳宗元

司馬遷讀《晏子春秋》，高之，而莫知其所以爲書。或曰晏子爲之，而人接焉，或曰晏子之後爲之，皆非也。吾疑其墨子之徒有齊人者爲之。墨好儉，晏子以儉名於世，故墨子之徒尊著其事，以增高爲

---

① 參見《周易・乾卦》。

已術者。且其旨多尚同、兼愛、非樂、節用、非厚葬久喪者，是皆出《墨子》。又非孔子，好言鬼事，非儒、明鬼，又出《墨子》。其言問棗及古冶子等尤怪誕，又往往言墨子聞其道而稱之，此甚顯白者。自劉向、歆，班彪、固父子，皆録之儒家中，甚矣，數子之不詳也！蓋非齊人不能具其事，非墨子之徒則其言不若是，後之録諸子書者，宜列之墨家。非晏子爲墨也，爲是書者，墨之道也。

（《柳宗元集校注》卷四《辯晏子春秋》）

辯堯舜説　蘇軾

夫學者載籍極博，猶考信於六藝。[13]《詩》《書》雖闕，然虞夏之文可知也。堯將遜位，遜於虞舜，舜禹之間，岳牧咸薦，乃試之於位，典職數十年，功用既興，然後授政。示天下重器，王者大統，傳天下若斯之難也。而説者曰堯遜天下於許由，[14]由不受，耻之，逃隱。夏之時，有辨隨、務光者。此何以稱焉？東坡先生曰："士有以簞食豆羹見於色者，自吾觀之，亦不足信也。"

（《蘇軾文集》卷六五《堯遜位於許由》，《史記》卷六一《伯夷列傳第一》）

辯四凶説　蘇軾

《史記·舜本紀》："舜歸而言於帝，請流共工於幽陵，以變北狄；放驩兜於崇山，以變南蠻；遷三苗于三危，以變西戎；殛鯀於羽山，以變東夷。"①太史公多見先秦古書，故其言時有可考，以正漢以來儒者之失。四族者，若皆窮奸極惡，則必誅於堯之世，不待舜矣。屈原曰："鯀悻直以亡身。"則鯀蓋剛而犯上耳。若四族者皆小人，則安能以變四夷之俗哉！[15]由是觀之，四族之誅，皆非殊死，亦不廢棄，遷之遠方爲要荒之君長耳。[16]《左氏》之言，皆後世流傳之過。若堯世有大奸在

① 參見《史記》卷一《五帝本紀》。

朝而不能去，則堯不足爲堯也。

（《蘇軾文集》卷六五《堯不誅四凶》）

皇極辯

《洛書》九數而五居中，《洪範》九疇而皇極居五，故自孔氏傳注，訓“皇極”爲“大中”，而後之諸儒，一皆祖其説。嘗以經之文義求之，有以知其必不然也。蓋“皇”者，君之稱也；“極”者，至極之義、標準之名，常在物之中央，而四外望之以取正焉者也。故以“極”爲在中之至則可，而直謂“極”爲中則不可。若北辰之爲“天極”，屋棟之爲“屋極”，其義皆然。而《周禮》所謂“民極”、《詩》所謂“四方之極”者，於“皇極”之義爲尤近。顧今之説者，既誤於此，而失之於彼，是以其説展轉迷謬，而終不能以自明也。即如舊説，姑亦無問其他，但於《洪範》之文易“皇”以“大”、易“極”爲“中”而讀之，則所謂“大”作“中”“大則受之”之屬，爲何等語乎？故予竊獨以爲“皇”者君也，“極”者至極之標準也。人君以一身，立乎天下之中，而能終其身，以爲天下至極之標準，則天下之事，固莫不協於此。而得其本然之正，天下之人，亦莫不歸於此，而得其固有之善焉。所謂“皇極”者也，是其見於經者，蓋皆本於《洛書》之文，其得名，則與夫“天極”“屋極”“民極”，皆取居中而取極之意，初非指中爲極也，則又安得而訓之哉？

曰“皇建其有極”[①]者，言人君以其一身而立至極之標準於天下也。曰“斂時五福，用敷錫厥庶民”者，言人君能建其極。而於五行焉得其性，於五事焉得其理，皆因五福之所聚，而又推以化民，則是布此福而與民也。曰“惟時厥庶民于汝極，錫汝保極”者，言民視君以爲至極之標準而從其化，則是以此還錫其君，而使之長爲天下之標準也。

曰“凡厥庶民，無有淫朋，人無有比德，惟皇作極”者，言民之所以

---

① 本文以下引文均參見《尚書・周書・洪範》。

能若此者，皆君之德，有以爲至極之標準也。曰“凡厥庶民，有猷、有爲、有守，汝則念之；不協于極，不罹于咎，皇則受之”者，言君既立極於上，而民之從化，或有遲速、深淺之不同，則其有謀爲、操守者，固當念之而不忘；其不盡從而不底於大戾者，亦當受之而不拒也。

曰“而康而色”，曰“予攸好德，汝則錫之福，時人斯其惟皇之極”，言人有能革面而以好德自名，雖未必出中心之實，亦當教以修身求福之道，則是人者，亦得以君爲極而勉其實也。曰“無虐煢獨，而畏高明，人之有能有爲，使羞其行，而邦其昌”者，言君之於民，不審問其貴賤、强弱，而皆欲其有以進德，故其有才能者，必皆使之勉進其行，而後國可賴以興也。

曰“凡厥正人，既富乃穀，汝弗能使好於而家，時人斯其辜；於其無好德，汝雖錫之福，其作汝用咎”者，言須正人者，必先有以富之，而後納之於善。若不能使之有所顧於其家，則此人必將陷於不義。不復更有好德之心矣。至此而後始欲告之以修身求福之説，則已緩不及事，而其起而報汝，惟有惡而無善矣。蓋人之氣禀不同，有不可以一律齊者，是以聖人所以立極於上者，至嚴至正，而所以接引於下者，至寬至廣，雖彼之所以趨於此者，遲速真僞，才德高下，有萬不同而吾之所以應於彼者，矜憐撫養，懇惻周盡，未嘗不一也。

曰“無偏無陂，遵王之義。無有作好，遵王之道。無有作惡，遵王之路。無偏無黨，王道蕩蕩。無黨無偏，王道平平。無反無側，王道正直。會其有極，歸其有極”者，言民皆不溺於己之私，以從夫上之化，而歸會於至極之標準也。析而言之，則偏陂好惡，以其生於心者言也。偏黨反側，以其見於事者言也。遵義、遵道、遵路，方會于極也。蕩蕩、平平、正直，則已歸于極矣。曰“皇極之敷言，是彝是訓，于帝其訓”者，言人君以身爲表，而布命於下，則其所以爲常爲教者，一皆循天之理，而不異乎上帝之降衷也。

曰“凡厥庶民，極之敷言，是訓是行，以近天子之光”者，言民於君之所命，能視以爲教，而謹行之，則是能不自絶，而有以親被其道德之光華也。曰“天子作民父母，以爲天下王”[①]者，言能建其有極，所以作民父母，而爲天下之王也。不然，則有其位，無其德，不足以建立標準，子育元元，而履天下之極尊矣。

天之所以錫禹，箕子之所以告武王者，其大指蓋如此。雖其雅奥深微，或非淺聞所能究。然嘗試以是讀之，則亦坦然明白，而無一字之可疑者。但先儒昧於訓義之寔，且未嘗講於人君修身立道之本，既誤以“皇極”爲“大中”，又見其辭，而含洪寬大之意，因復誤認以爲所謂“中”者不過如此。殊不知“居中”之“中”，既與“無過”“不及”不同，而“無過”“不及”之“中”，乃義理精微之極，有不可以毫釐差者，又非含糊苟且，不分善惡之名也。今以誤認之“中”爲誤認之“極”，不謹乎至嚴至密之體，而務爲至寬至廣之量，則漢元帝之優游、唐代宗之姑息，皆是物也。彼其是非雜揉，賢不肖混殽，方且昏亂陵夷之不暇，尚何斂福錫民之可望哉！吾意如此，而或者疑之，以爲經言“無偏無陂，無有好惡”，則所謂“極”者，豈不實有取乎得中之義？而所謂“中”者，豈不真爲無所去就憎愛之意乎？吾應之曰：“無偏無陂”者，不以私意而有去就爾。然曰“遵王之義”，則其去惡而從善，未嘗不力也。“無作好惡”者，不以私意而自爲憎愛爾。然曰“遵王之道”“遵王之路”，則其好善惡惡，固未嘗不明也。是豈但有包容、漫無分别之謂？又况經文所謂“王義”“王道”“王路”者，乃爲“皇建有極”之體，而所謂無所“偏陂”“反側”者，自爲民歸有極之事，其文義亦自不同也耶。必若子言，吾恐天之所以錫禹，箕子之所以告武王者，上則流於老、莊依阿無心之説，下則溺於鄉原同流合污之見，雖欲深體而力行之，是乃所以幸小人而循君子，又何以立大本，而序彝倫哉？作《皇極辯》。

或曰“皇極”之爲“至極”，何也？予應之曰：“人君中天下而立，四方面内，而觀仰之者，至此輻凑，於此而皆極焉。自東而望者，不能過此而西也，自西而望者，不能逾此而東也。以孝言之，則天下之孝至

---

① 參見《尚書·周書·洪範》。

此而無以別加;[17]以弟言之,則天下之弟至此而無以過。此人君之位之德,所以爲天下之至極,而‘皇極’所以得名之本意也。故惟曰:聰明睿智,首出庶物,如所謂天下一人而已者,然後有以履之而不疚。豈曰含容寬裕一德之偏,而足以當此哉?”客曰:“唯唯。”因復記於此,以發前之未盡。

(《古文集成》卷六七《皇極辨》,《性理群書句解》前集《新編性理群書句解》卷八《皇極辨》,《晦庵先生朱文公文集》卷七二《皇極辨》)

無極辯 朱熹

來書反復,其於“無極”“太極”之辯詳矣。然以某觀之,伏羲作《易》,自一畫以下,文王演《易》,自乾元以下,皆未嘗言太極也,而孔子言之。孔子贊《易》,自太極以下,未嘗言無極也,而周子言之。夫先聖後聖,豈不同條而共貫哉?既蒙不鄙而教之,某敢不盡其愚也。

且夫《大傳》太極者,何也?即兩儀、四象、八卦之理,具於三者之先,而藴於三者之内也。聖人之意正以究竟至極,無名可名,故特謂之“太極”。猶曰“舉天下之至極無以加此”云爾,初不以其中而命之也。至如“北極”之“極”、“皇極”之“極”、“民極”之“極”,諸儒雖有解爲中者,蓋以此物之極常在此物之中,非指“極”字而訓之以中也。極者,至極而已。以有形者言之,則其四方八面合湊將來,都無向背,一切停匀,故謂之極耳。後人以其居中而能應四外,故指其處以中言之,非以其義爲可訓中也。至於“太極”,則又初無形象、方所之可言,但以此理至極而謂之“極”耳。今乃以中名之,則是所謂理有未明而不能盡乎人言之意者一也。

《通書·理性命》章,其首二句言理,次三句言性,次八句言命,故其章内無此三字,而特以三字名其章以表之,則章内之言固已各有所屬矣。蓋其所謂“靈”、所謂“一”者,乃爲太極;而所謂“中”者,乃氣禀之得中,與“剛善”“剛惡”“柔善”“柔惡”者爲五性,而屬乎五行,初未嘗以是爲太極也。且曰“中焉止矣”,而又下屬於二氣五行、化生萬物之云，是亦復成何等文字義理乎？今來喻乃指其中者爲太極而屬之下文，則又理有未明而不能盡乎人言之意者二也。

若論"無極"二字，乃是周子灼見道體，説出人不敢説者，令後之學者曉然見得太極之妙不屬有無，不拘方體。若於此看得破，方見得此老真得千聖以來不傳之秘，非但架屋上之屋、疊牀上之牀而已也。今必以爲不然，則是理有未明而不能盡乎人言之意者三也。

至於《大傳》既曰"形而上者謂之道"矣，而又曰"一陰一陽之謂道"，此豈真以陰陽爲形而上者哉？正所以見一陰一陽雖屬形器，然其所以一陰一陽者，是乃道體之所爲也。故語道體之至極，則謂之太極；語太極之流行，則謂之道。雖有兩名，初無兩體。周子所以謂之"無極"，正以其無方所、形狀，以爲在無物之前，而未嘗不立於有物之後；以爲在陰陽之外，而未嘗不行於陰陽之中；以爲通貫全體，無乎不在，又初無聲臭影響之可言也。今乃深詆無極之非，則是以太極爲有形狀、方所矣。直以陰陽爲形而上者，則又昧於道器之分矣。又於"形而上者"之上，復有"况太極乎"之語，則是又以道上别有一物爲太極矣。此又理有未明，而不能盡乎人言之意者四也。

至其前書所謂"不言無極，則太極同於一物，而不足爲萬化根本；不言太極，則無極淪於空寂，而不能爲萬化之根本"，乃是推本周子之意，以爲當時若不如此兩下説破，則讀者錯認語意，必有偏見之病，聞人説有即謂之實有，見人説無即謂之真無耳。自謂如此説得周子之意，已是大故分明，老兄猶以爲未穩。是又理有未明而不能盡乎人言之意者五也。

來書又謂《大傳》明言"易有太極"，今乃言無，何耶？此尤非所望於高明者。老兄且謂《大傳》之所謂"有"，是果如兩儀、四象、八卦之有定位，天地、五行、萬物之有常形耶？周子之所謂"無"，是果空虚斷滅，都無生物之理耶？此又理有未明而不能盡乎人言之意者六也。

老子"復歸於無極"，"無極"乃無窮之義。如"莊生入無窮之門，以遊無極之野"云耳，非若周子所言之意也。今乃引之，而謂周子之言實出於彼，此又理有未明而不能盡乎人言之意者七也。高明以爲如何？

（《性理群書句解》前集《新編性理群書句解》卷八《無極辨》，《周敦頤集》卷一《晦庵與梭山象山辯答》）

東西周辯　吴澂

東西周有二，一以前後建都之殊而名，一以二公封邑之殊而名。昔武王西都鎬京，而東定鼎於郟鄏。周公相成王宅洛邑，營澗水東、瀍水西以朝諸侯，謂之王城，又謂之東都，實郟鄏，於今爲河南。又營瀍水東以處殷頑民，謂之成周，又謂之下都，於今爲洛陽。自武至幽，皆都鎬京。幽王娶于申，生太子宜臼。又嬖褒姒，生伯服，欲立之，黜宜臼。申侯以鄫及犬戎入寇，弑王。諸侯逐犬戎與申侯，共立宜臼，是爲平王。畏戎之逼，去鎬而遷於東都。平以下都王城，曰東周。幽以上都鎬京，曰西周。此以前後建都之殊而名也。

自平東遷，傳世十二，而景王之庶長子朝與王猛争國。猛東居于皇，晋師納之，入于王城。入之次日，[18]猛終丐。及逾半期，而子朝又入，王辟之，東居于狄泉。子朝據王城，曰西王。敬王在狄泉，曰東王。越四年，子朝奔楚，敬王雖得返國，然以子朝餘黨多在王城，乃徙都成周，而王城之都廢。至考王，封其弟揭於王城，以續周公之官職，是爲周桓公。自此以後，東有王，西有公，而東西周之名未立也。

桓公生威公，威公生惠公。惠公之少子班又別封於鞏以奉王，是爲東周惠公。① 以鞏與成周皆在王城之東，故班之兄則仍襲父爵，居于王城，是爲西周武公。以王城在成周之西，故自此以後，西有公，東亦有公。二公各有所食，而周尚爲一也。顯王二年，趙、韓分周地爲二，二周公治之，王寄焉而已矣。周之分東、西自此始。九年，東周惠

① 《元文類》卷四四本句下有四字注釋："父子同謚。"

公卒，子傑嗣，慎靚以上皆在東周，赧王立，始遷于西周，即王城舊都也。[①] 其後西周武公卒，子文君嗣。王五十九年，秦滅西周，西周公入秦，獻其邑而歸。是年赧王崩，次年周民東亡，秦遷西周公於愚孤聚。又六年，秦滅東周，遷東周公於陽人聚。此以二公封邑之殊而名也。

前後建都之殊者，以鎬京爲西周，對洛邑爲東周而言也。二公封邑之殊者，又於洛邑二城之中，以王城爲西周，對成周爲東周而言也。大概周三十六王，前十有二王都鎬京，中十有三王都王城。王城對鎬京，則鎬京在西，而王城在東，其東西之相望也遠。季十王都成周，赧一王都王城。王城對成周，則成周在東，而王城在西，其東西之相距也近。一王城也，昔以東周稱，後以西周稱。

夫周末東、西之分，因武、惠二公各居一都而名王，則或東或西。東、西之名繫乎公，不繫乎王也。邵子《經世書》紀赧王爲西周君，與東周惠公並，而西周公無聞焉，則直以西爲王、東爲公矣。知東之有公，而不知西之亦有公也。知王之在西，而不知赧以前之王固在東也。《戰國策》編題首東周，次西周，豈無意哉？二周分治以來，顯王、慎靚王二代五十餘年王於東，赧一代五十餘年王于西。先東後西，順其序也。近有縉雲鮑彪注謂“西周正統，不應後於東周”，升之爲首卷；於西著王世次，於東著公世次，蓋因邵子而誤者。既不知有西周公，且承宋忠之謬，以西周武公爲赧王别謚，反以徐廣爲疏。是未嘗考於司馬貞《索隱》之説。

鮑又云：“赧徙都西周。”西周，鎬京也。嗚呼！鎬京去王城、成周八百餘里，自平王東遷之後不能有，而以命秦仲曰：“能逐犬戎，即有其地。”鎬之於秦，已四百年於玆。其地在長安上林昆明之北，虎狼所穴，而王得往都于彼哉！高誘注曰：“西周王城，在河南。東周成周，故洛陽。”辭旨明甚。鮑注出高誘後，何乃以西周爲鎬京也乎？鮑又

---

① 《元文類》卷四四本句下有二十六字注釋：“《史記》云：‘王赧時，東西周分治。’今按：顯王二年已分爲二，不待此時矣。”《史記》引文參見《史記》卷四《周本紀》。

云:“郟鄏屬河南,爲東周。”殊不思此昔時所謂東周也,於斯時則名西周矣。斯時之西周與鎬京、郟鄏對稱,西東者不同,顧乃一之,何歟?蓋有不知而作者。我無是也夫!鮑氏之於《國策》,其用心甚勤,而開卷之端,不免謬誤如此,讀者亦或未之察也。與夾谷士常、程鉅夫偶論及此,二公命筆之,遂爲之作《東西周辯》。

(《元文類》卷四四《東西周辯》,《文翰類選大成》卷一三四《東西周辯》)

議　類

入粟贖罪議　蕭望之

民函陰陽之氣,有仁義欲利之心,在教化之所助。堯在上,不能去民欲利之心,而能令其欲利不勝其好義也;雖桀在上,不能去民好義之心,而能令其好義不勝其欲利也。故堯、桀之分,在於義利而已,道民不可不慎也。今欲令民量粟以贖罪,如此則富者得生,貧者獨死,是貧富異刑而法不壹也。

人情,貧窮,父兄囚執,聞出財得以生活,爲人子弟者將不顧死亡之患,敗亂之行,以赴財利,求救親戚。一人得生,十人以喪,[19]如此,伯夷之行壞,公綽之名滅。政教壹傾,雖有周召之佐,恐不能復。古者藏於民,不足則取,有餘則與。《詩》曰“爰及矜人,哀此鰥寡”①,上惠下也。又曰“雨我公田,遂及我私”,②下急上也。[20]今有西邊之役,民失作業,雖户賦口斂以贍其困乏,古之通義,百姓莫以爲非。以死救生,恐未可也。陛下布德施教,教化既成,堯舜亡以加也。今議開利路以傷既成之化,臣竊痛之。

(《文翰類選大成》卷一三一《入粟贖罪議》,《漢書》卷七八《蕭望之傳》,《西漢年紀》卷二〇《宣帝》)

---

① 參見《詩經·小雅·鴻雁》。
② 參見《詩經·小雅·大田》。

復議

先帝聖德，賢良在位，作憲垂法，爲無窮之規，永惟邊竟之不贍，故《金布令甲》曰："邊郡數被兵，離飢寒，夭絶天年，父子相失，令天下共給其費。"固爲軍旅卒暴之事也。

聞天漢四年，常使死罪人入五十萬錢減死罪一等，豪强吏民請奪假貸，至爲盗賊以贖罪。其後奸邪横暴，群盗並起，至攻城邑，殺郡守，充滿山谷，吏不能禁，明詔遣繡衣使者以興兵擊之，誅者過半，然後衰止。愚以爲此使死罪贖之敗也，故曰不便。

(《漢書》卷七八《蕭望之傳》，《西漢年紀》卷二〇《宣帝》)

賢良文學罷鹽鐵議

詔有司問郡國所舉賢良文學民所疾苦。

文學對曰："竊聞治人之道，防淫佚之原，廣道德之端，抑末利而開仁義。毋示以利，然後教化可興而風俗可移也。今郡國有鹽鐵、酒榷、均輸，與民争利。散敦厚之樸，成貪鄙之化，是以百姓就本者寡，趨末者衆。願悉罷之。

御史大夫桑弘羊難以爲"此國家大業，所以制四夷、安邊足用之本，罷之不便"。

文學曰："有國家者，不患寡而患不均，不患貧而患不安。故天子不言多少，諸侯不言利害，大夫不言得喪。畜仁義以風之，廣德行以懷之。是以近者親附而遠者悦服。仁政無敵於天下，惡用費哉?"

大夫曰："古之立國者，開本末之途，通有無之用。《易》曰：'通其變，使民不倦。'《管子》云：[21]'國有沃野之饒而民不足於食者，器械不備也；有山海之貨而民不足於財者，商工不備也。'養生送終之具，待商而通，待工而成。故聖人作爲舟檝之用以通川谷，服牛駕馬以達陵陸；致遠窮深，所以交庶物而便百姓。是以先帝建鐵官以贍費用，開均輸以足財。鹽鐵、均輸，萬民所戴仰而取給者也。"

文學曰:"國有沃野之饒而民不足於食者,工商盛而本業荒也;有山海之貨而民不足於財者,不務民用而淫巧衆也。高帝禁商賈不得仕宦,[22]所以遏貪鄙之俗也。排困市井,防塞利門,而民猶爲非,况上之爲利乎?《傳》曰:'諸侯好利則大夫鄙,大夫鄙則士貪,士貪則庶人盜。'[23]是開利孔爲民罪梯也。"

大夫曰:"均輸則民齊勞逸,平準則民不失職。均輸、平準,所以平萬物而便百姓,非開利孔爲民罪梯者也。"

文學曰:"古之賦税於民也,因其所工,不求所拙。農人納其獲,女工效其功。今釋其所有,責其所無,百姓賤賣貨物以便上求。間者郡國或令民作布絮,吏恣留難,農民重苦,女工再税,未見輸之均也。縣官擅市,則萬物並收;萬物並收,[24]則物騰躍;騰躍而商賈侔利自市;[25]侔利自市,[26]則吏容奸豪,而富商積貨儲物以待其急,輕賈奸利收賤以取貴,未見準之平也。蓋古之均輸,所以齊勞逸而便貢輸,非以爲利而賈物也。"

大夫曰:"家人有寶器,尚匣而藏之,况人主乎!夫權利之處,必在深山窮澤之中,非豪民不能通其利。異時鹽鐵未籠,布衣有朐邴,人君有吴王,專山澤之饒,薄賦擅窮,以成私威。私威積而逆節之心作。今縱民於權利,罷鹽鐵以資强暴,遂其貪心,衆邪群聚,私門成黨,則强禦日以不制,而兼并之徒奸形成矣。"

文學曰:"民人藏於家,諸侯藏於國,天子藏於海内。故民人以垣墻爲藏閉,天子以四海爲匣匱。天子適諸侯,升自阼階,諸侯納管鍵,執策而聽命,示莫爲主也。王者不畜聚,下藏於民,遠浮利,務民之義。義禮立則民化上。若是,雖湯、武生於世,無所容其慮。工商之事,歐冶之任,何奸之能成?三桓專魯、六卿分晋,不以鹽鐵。故權利深者,不在山海,在朝廷;一家害百家,在蕭墻,而不在朐邴也。"

大夫曰:"故扇水都尉彭祖寧歸,[27]言鹽鐵品令甚明。卒徒衣食縣官,作鑄鐵器,給用甚衆,無妨於民。今總一鹽鐵,非獨爲利入也,將以建本抑末,離朋黨,禁淫侈,絶并兼之路也。古者名山大澤不以封，爲下之專利也。鐵器兵刃，天下大用，非衆庶所宜事也。豪民欲擅山海以致富業，故沮事者衆。”

文學曰：“扇水都尉所言，一切之術，非君國子民之道也。陛下繼孝武皇帝之後，公卿宜思所以安集百姓，致利除害，輔明主以仁義。即位六年，公卿無請減除不急之官，省罷機利之人。陛下令郡國賢良文學議三五之道，六藝之風，陳安危利害之分，指意燦然。今公卿辯議未有所定，所謂抱小利而忘大利者也。”

大夫曰：“昔商君相秦也，設百倍之利，收山澤之税，國富民强，蓄積有餘。是以征伐敵國，攘地斥境，不賦百姓而師以贍。故用不竭而民不知，地盡西河而民不苦。今鹽鐵之利，所以佐百姓之急，足軍旅之費，務蓄積以備乏絶，有益於國，無害於人。”

文學曰：“文帝之時，無鹽鐵之利而民富。當今有之而百姓困乏，未見利之所利，而見其害也。且利非從天來，不由地出，一取之民間，謂之百倍，此計之失也。夫李梅多實者，來年爲之衰；新穀熟者，舊穀爲之虧。自天地不能兩盈，而況於人事乎？故利於此者必耗於彼，商鞅峭法長利，秦人不聊生，相與哭孝公。其後秦日以危，利蓄而怨積，地廣而禍搆，惡在利用不竭乎？”

大夫曰：“諸侯以國爲家，其憂在内；天子以八極爲境，其慮在外。故宇小者用菲，功巨者用大。是以縣官開園池，總山海，致利以助貢賦；修溝渠，立諸農，廣田收，盛苑囿。太僕、水衡、少府、大農，歲課諸入，田收之利，池籞之假，及北邊置田官以贍諸用，而猶未足。今欲罷之，上下俱殫，困乏之應也。雖節用，如之何其可？”

文學曰：“古者制地足以養民，民足以承其上。千乘之國，百里之地，公侯伯子男各充其求，贍其欲。秦兼萬國之地，有四海之富，而意不贍，非宇小而用菲者，欲多而下不堪其求也。語曰：‘厨有肥肉，國有飢民，厩有肥馬，路有餧人。’今狗馬之養，蟲獸相食，豈特腐肉秣馬之費哉？無用之官，不急之作，無功而衣食縣官者衆。是以上不足而下困乏也。今不減其本，而與百姓争薦草，與商賈争市利，非所以明主德而相國家也。夫男耕女績,天下之大業也。古者分地而處之,是以業無不食之地,國無乏作之民。今縣官多張苑囿、公田、池澤,公家有鄣假之名,而利歸權家。三輔迫近山河,地狹人衆,四方並臻,粟米不能相贍。公田轉假,桑榆菜菓不殖,地力不盡。愚以爲非先帝所開苑囿池籞,可賦歸之於民,縣官租稅而已。夫如是,匹夫之力盡於南畝,匹婦之力盡於麻枲。田野闢,麻枲治,則上下俱衍,何困乏之有?"

大夫默然,視丞相、御史。

文學曰:"今天下合爲一家,利末惡欲行?淫巧惡欲施?大夫君以心計策國用,構諸侯,參以酒榷,咸陽、孔僅增以鹽鐵,江充、耕谷之等各以鋒鋭言利末之事,析秋毫,無可爲矣。然國家衰耗,城郭空虚,故非崇仁義無以化民,非力本農無以富邦也。"

御史曰:"古者制田百步爲畝,什而籍一。先帝憐百姓衣食不足,制田二百四十步而一畝,率三十而税一。惰民不務田作,飢寒及己,固其理也。鹽鐵又何過乎?"

文學曰:"什一而籍,民之力也。豐好美惡,與民共之。故曰:'什一,天下之中正也。'今田雖三十而頃畝出税,樂歲粒米狼戾而寡取之,凶年饑饉而必求足。加之以口賦更繇之役,率一人之作,中分其功。農夫悉其所得,或假貸而益之。是以百姓力耕疾作,而飢寒遂及己也。"

御史曰:"古者十五入大學,與小役;二十而冠,與戎事;五十以上血脉溢剛,曰艾壯。《詩》曰:'方叔元老,克壯其猶。[28]'今陛下寬力役之政,二十三始賦,五十六而免,所以輔耆壯而息老艾也。丁者治其田里,老者修其唐園,則無飢寒之患。不治其家而訟縣官,亦悖矣。"

文學曰:"十九以下爲殤,未成人也。二十而冠,三十而娶,可以從戎事。五十以上曰艾老,杖於家,不從力役。所以扶不足而息高年也。鄉飲酒耆老異饌,所以優耆耄而明養老也。今五十以上至六十,與子孫服輓輸,並給繇役,非養老之意也。古者有大喪者,君三年不呼其門,通其孝道,遂其哀戚之心也。今或僵尸,衰絰而從戎事,非所以子百姓順孝悌之心也。陛下富於春秋，委任大臣，公卿輔政，政教未均，故庶人議也。”

御史默然不答。

大夫曰：“明主憂勞萬人，思念北邊，故舉賢良文學高第，將欲觀殊議異策，庶幾云得。諸生無能出奇計，徒守空言，不知取舍之宜，時世之變，此豈明主所欲聞哉！”

文學曰：“諸生對策殊路同歸，指在於崇禮義，退財利，從往古之道，[29]匡當世之失，宜可行者焉。執事暗於明禮，而喻於利末，沮事隳議，[30]以故至今未决也。”

大夫視文學，悒悒而不言。

丞相史曰：“辯國家之政事，論執政之得失，何不徐徐道理相喻，何至切切如此乎？”

賢良文學皆離席曰：“鄙人固陋狂言，以逆執事。夫藥酒苦於口而利於病，忠言逆於耳而利於行。諸生之愕，乃公卿之良藥鍼石也。”

大夫色少寬。賢良曰：[31]“今以近世觀之，世殊而事異。文景之際，建元之始，民樸而歸本，吏廉而自重，殷殷屯屯，人衍而家富。今政非改而教非易也，何世之彌薄而俗之滋衰也？”

賢良曰：[32]“竊聞閭里長老之言，往者，常民衣服温暖而不靡，器質樸牢而致用。馬足以易步，車足以自載，酒足以合歡而不湛，樂足以理心而不淫。入無宴樂之聞，出無佚游之觀。行即負羸，止作鋤耘。用約而財饒，本修而民富。送死哀而不華，養生適而不奢。大臣正而無欲，執政寬而不苛。故黎民寧其性，百吏保其官。建元始，崇文修德，其後邪臣各以伎藝，虧亂至治。外障山海，内興諸利。揚可告緡，江充禁服，張大夫革令，杜周治獄。夏蘭之屬妄搏，王温舒之徒妄殺。殘吏萌起，擾亂良民。當此之時，百姓不保其首領，豪富莫必其族姓。聖主覺焉，乃誅滅殘賊，以塞天下之責。居民肆然復安。然其禍累世不復，瘡痍至今未息。故百官尚有殘賊之政，而强宰尚有强奪之心。大臣擅權而斷擊，豪猾多黨而侵凌。富貴奢侈，貧賤篡殺。

女工難成而易弊，車器難就而易敗。常民文杯畫案，婢妾衣紈履絲，匹庶稗飯肉食。[33]無而爲有，貧而强夸。生不養，死厚葬，葬死殫家，遣女滿車。富者欲過，貧者欲及。是以民年急歲促，寡耻而少廉。刑非誅惡而奸猶不止也。”

大夫曰：“吾以賢良爲少愈，乃反若胡車之相隨乎？”

賢良曰：“宫室、輿馬、衣服、器械、喪祭、食飲、聲色、玩好，人情之所不能已也。故聖人爲之制度以防之。間者士大夫務於權利，怠於禮義，故百姓倣效，頗逾制度。古者衣服不中制，器械不中用，不粥於市。今民間雕琢不中之物，刻畫無用之器。

“古者庶人之乘者，馬足以代其勞而已。今富者連車列騎，驂貳輜軿。夫一馬伏櫪，當中家六口之食，亡丁男一人之事。

“古者庶人耋老而後衣絲，其餘則麻枲而已。今富者縟繡羅紈，中者素綈錦縑，常民而被后妃之服，褻人而居婚姻之飾。

“古者庶人糲食藜藿，非鄉飲酒，膢臘祭祀，無酒肉。今閭巷無故烹殺，相聚野外，負粟而往，挈肉而歸。夫一豕之肉，得中年之收十五斗粟，當丁男半月之食。

“古者庶人春秋修其祖祠，以時有事于五祀，蓋無出門之祭。今富者祈名嶽，望山川，椎牛擊鼓，戲倡儛像。[34]

“古者德行求福，故祭祀而寬；仁義求吉，故卜筮而希。今世俗寬於行而求於鬼，怠於禮而篤於祭。

“古者土鼓凷枹，擊木拊石，以盡其歡。及後，卿大夫有管磬，士有琴瑟。今富者鐘鼓五樂，歌兒數曹；中者鳴竽調瑟，鄭儛趙謳。

“古者瓦棺容尸，木板堲周。其後桐棺不衣，采椁不斲。今富者繡牆題凑，中者梓棺楩椁。

“古者明器有形無實，示民不用也。後則有醯醢之藏，桐馬偶人，其物不備。今厚資多藏，器用如生人。[35]

“古者不封不樹，反虞祭於寢，無廟堂之位。其後則封之，庶人之墳半仞，其高可隱。今富者積土成山，列樹成林，臺榭連閣，集觀增樓。

“古者隣有喪，舂不相杵，巷不歌謡，孔子食於有喪者之側，未嘗飽也。今俗因人之喪以求酒肉，幸與小坐而責辦，歌舞俳優，連笑伎戲。

“古者嫁娶之服未之以記，虞、夏之後，表布内絲，骨笄象珥，封君夫人加錦尚褧而已。今富者皮衣朱貉，繁露環佩。[36]

“古者事生盡愛，送死盡哀。今生不能致其愛敬，死以奢侈相高。雖無哀戚之心，而厚葬重幣者則以爲孝，黎民慕效，至於廢屋賣業。[37]

“古者夫婦之好，一男一女而成家室之道。及後士一妾，大夫二，諸侯侄娣而已。今諸侯百數，卿大夫十數。中者侍御，富者盈室。是以女或怨曠失時，男或放死無匹。

“古者不以人力狥於禽獸，不奪民財以養狗馬，是以財衍而力有餘。今猛獸奇蟲不可以耕耘，而令當耕耘者養食之。百姓或短褐不完，而犬馬衣文繡；黎民或糠糟不接，而禽獸食肉。

“夫宫室奢侈，林木之蠹也；器械雕琢，財用之蠹也；衣服靡麗，布帛之蠹也；狗馬食人喰，五穀之蠹也；口腹從恣，魚肉之蠹也；用費不節，府庫之蠹也；漏積不禁，田野之蠹也；喪祭無度，傷生之蠹也。目脩於五色，耳營於五音，體極輕薄，口窮甘脆。功積於無用，財盡於不急。故國病聚不足則政怠，人身病聚不足則身危。[38]”

丞相曰：“治聚不足奈何？”

賢良曰：“昔晏子相齊，民奢，示之以儉；民儉，示之以禮。今公卿大夫誠能節車輿，適衣服，躬親節儉，率以敦樸，罷園池，損田宅，内無事乎市利，外無事乎山澤，農夫有所施其功，女工有所粥其業；如是，則氣脉和平，而無聚不足之患矣。”

大夫曰：“昔公孫布被，兒寬練袍，衣若僕妾，食若庸夫。淮南逆於内，蠻夷暴於外，盗賊不爲禁，奢侈不爲節，何聚不足之能治乎？”

賢良曰：“文景之際，建元之始，大臣尚有争引守正之義。自此以後，多承意從欲，少敢直言面議而正刺，[39]因公而徇私。故武安丞相訟園田，争曲直於人主之前。夫九層之臺一傾，公輸子不能正；本朝一邪，伊、望不能復。故公孫丞相、兒大夫側身行道，分禄以養賢，卑己以下士，無行人子産之繼。而葛繹、澎侯隳壞其緒，毁其客館議堂，以爲馬厩掃舍，[40]無養士之禮，而尚驕矜之色，廉耻陵遲而争於利矣。”

大夫勃然作色，默而不應。

丞相曰：“以賢良文學之議，則有司蒙素飡之耻。使賢良而親民偉仕，亦未見其能醫百姓之疾也。”

賢良曰：“談何容易，而况行之乎？今欲下箴石，通關鬲，則恐有盛、胡之累；懷鐵㯶艾，則被不工之名。‘狼跋其胡，載疐其尾。’君子之路，行止之道固狹耳。”

大夫曰：“今守相，古之方伯，專制千里，善惡在己。己不能耳，道何狹之有哉？”

賢良曰：“今吏道壅而不選，富者以財賈官，勇者以死射功。戲車鼎躍，咸出補吏，累功積日，或至卿相。擅生殺之柄，專萬民之命。是以往者郡國黎民相乘而不能理，或至鋸頸殺不辜而不能正。執紀綱非其道故也。古者封賢禄能，不過百里，百里之中而爲都，[41]强垂不過五十，猶以爲一人之身，明不能照，聰不能達，故立卿、大夫以佐之，而政治乃備。今守相無古諸侯之賢，而莅千里之政，主一郡之政，[42]一人之身，治亂在己，千里與之轉化，不可不熟擇也。故人主有私人之財，不私人以官。”

大夫曰：“吏多不良矣，又侵漁百姓。長吏厲諸小吏，小吏厲諸百姓。”

賢良曰：“今小吏禄薄，郡國繇役遠至三輔，常居則匱於衣食，有故則賣畜鬻産。不徒是也，府求之縣，縣求之鄉，鄉安取之哉？夫欲影正者端其表，欲下廉者先其身。故貪鄙在率不在下，教訓在政不在民。”

大夫曰：“君子内潔己而不能教於彼。[43]周公不能正管、蔡之邪，子産不能正鄧皙之僞。今一一責之有司，有司豈能縛其手足而使之無爲哉？”[44]

賢良曰：“《春秋》譏刺不及庶人，責其率也。古者大夫將臨刑，聲色不御，耻不能以化而傷其不全也。政教暗而不著，百姓蹶而不扶，若此，則何以爲民父母？”

大夫曰：“人君不畜惡民，農夫不畜惡草。鉏惡草而衆苗成，刑惡民而萬夫悦。故刑所以正民，鉏所以别苗也。”

賢良曰：“刑之於治，猶策之於御也。良工不能無策，御者有策而勿用。今廢其紀綱而不能張，壞其禮義而不能防，陷民於罔，從而獵之以刑，是猶開其闌牢發以毒矢也。曾子曰：‘上失其道，民散久矣。如得其情，則哀矜而勿喜。’夫傷民之不治，而伐己之能得奸，猶弋者睹鳥獸挂罻羅而喜也。管子曰：‘倉廩實而知禮節，百姓足而知榮辱。’方今之務，在罷鹽鐵，退權利，分土地，趣本業，養桑麻，盡地力，則民自富。民無飢寒之憂，則教可成也。語曰：‘既富矣，又何加焉？’曰教之夫如是，則民徙義而從善，入孝而出悌，何暴慢之有？”

大夫曰：“縣官鑄農器，使民務本，不營於末，則無飢寒之累。鹽鐵何害而罷？”

賢良曰：“農，天下之大本也；械器，民之大用也。器用便利，則用力少而得作多；功用不具，則田疇荒而穀不殖。往時鹽與五穀同價，器和利而中用。今縣官鼓鑄鐵器，大抵多爲大器，不給民用，鹽鐵賈貴，百姓皆不便。貧民或木耕手耨，土耰啖食，鐵官賣器不售，或頗賦與民卒，[45]徒作不中程，時命助之，徵發無限，百姓苦之。今能務本去末，湛民以禮，示民以樸，則百姓反本而不營末矣。”

丞相曰：“先王之道軼久而難復，賢良文學之言深遠而難行，非當世之所能及也。”於是遂罷議。

（《鹽鐵論校注》卷一《本議第一》、《禁耕》第五、《復古》第六，卷二《非鞅第七》，卷三《園池第十三》《輕重第十四》《未通第十五》，卷五《國疾第二十八》，卷六《散不足第二十九》《救匱第三十》《水旱第三十六》，《西漢年紀》卷一八《昭帝》）

嫂叔舅服議　顔師古

議曰：原夫服紀之制，異統同歸，或本恩情，或申教義，所以慎終追遠，敦風厲俗。[46]輕重各順其適，名實不可相違。喪過乎哀，承象之明訓；其易寧戚，聖達之遺指。[47]所議兩條，實爲舛駁，特降緦紵，俾革遺謬。歷代之所不寤，儒者於是未詳，超然玄覽，獨照深致。竊以舊館脱驂，尚云出涕，鄰里有殯，且輟巷歌。況乎昆弟之妻，嚴親是奉；夫之昆弟，貲業本同。遂乃均諸百姓，絶於五服，當其喪没，闔門縞素，已獨晏然，玄黄莫改，静言至理，殊匪弘通，無益闕防，寔開澆薄。相爲制服，孰謂非宜？在昔子思，宣尼之胄，爲位哭嫂，事著禮文。哭既施位，明其慘怛，苟避凶服，豈曰稱情？又外氏之親，俱緣於母，母舅一列，等屬齊尊。姨既小功，舅乃緦服。曲生異議，[48]兹亦未安。秦康孝思，見舅如母。語其崇重，寧非密戚。三月輕服，靡副本心。愚請爲昆弟之妻，服當五月。夫之昆弟，咸亦如之。爲舅小功，同於姨服。則親疏中節，名數有倫。帷薄之制更嚴，内外之序增睦。至如舅姑爲婦，其服太輕，冢婦止於大功，衆婦小功而已。但著代之重，事義特隆，饋奠之重，誠愛兼極，略其恩禮，有虧慈惠。猶子之婦，並服大功，己子之妻，翻其減降。又是厚薄乖衷，義理相刑，以類而言，未爲允協。今請冢婦期，衆婦大功，既表授室之親，又答執笄之養。叔仲之後，諸婦齊同。則周洽平均，更無窒礙矣。謹議。

（《文苑英華》卷七六七《嫂叔舅服議》，《文翰類選大成》卷一三一《嫂叔舅服議》）

毁廟議　劉歆

哀帝即位，丞相孔光、大司空何武奏言："永光五年制書，高皇帝爲漢太祖，孝文皇帝爲太宗。建昭五年制書，孝武皇帝爲世宗。損益之禮，不敢有與。臣愚以爲迭毁之次，當以時定，非令所爲擅議宗廟之意也。[49]臣請與群臣雜議。"奏可。於是光禄勳彭宣、詹事滿昌、博士左咸等五十三人皆以爲繼祖宗以下，五廟而迭毀，後雖有賢君，猶不得與祖宗並列。子孫雖欲襃大顯揚而立之，鬼神不饗也。孝武皇帝雖有功烈，親盡宜毀。太僕王舜、中壘校尉劉歆議：

“臣聞周室既衰，四夷並侵，獫狁最彊，於今匈奴是也。至宣王而伐之，詩人美而頌之曰：‘薄伐獫狁，至于太原’，又曰‘嘽嘽推推，如霆如雷，顯允方叔，征伐獫狁，荆蠻來威’，故稱中興。及至幽王，犬戎來伐，殺幽王，取宗器。自是之後，南夷與北夷交侵，中國不絶如綫。《春秋》紀齊桓南伐楚，北伐山戎，孔子曰：‘微管仲，吾其被髮左衽矣。’是故棄桓之過而録其功，以爲伯首。及漢興，冒頓始彊，破東胡，禽月氏，并其土地，地廣兵强，爲中國害。南越尉佗總百粤，自稱帝。故中國雖平，猶有四夷之患，且無寧歲。一方有急，三面救之，是天下皆動而被其害也。

“孝文皇帝厚以貨賂，與結和親，猶侵暴無已。甚者，興師十餘萬衆，近屯京師及四邊，歲發屯備虜，其爲患久矣，非一世之漸也。諸侯郡守連匈奴及百粤以爲逆者非一人也。匈奴所殺郡守都尉，略取人民，不可勝數。孝武皇帝愍中國罷勞無安寧之時，乃遣大將軍、驃騎、伏波、樓船之屬，南滅百粤，起七郡；北攘匈奴，降昆邪十萬之衆，置五屬國，起朔方，以奪其肥饒之地；東伐朝鮮，起玄菟、樂浪，以斷匈奴之左臂；西伐大宛，并三十六國，結烏孫，起敦煌、酒泉、張掖，以鬲婼羌，裂匈奴之右肩。單于孤特，遠遁于幕北。四垂無事，斥地遠境，起十餘郡。功業既定，乃封丞相爲富民侯，以大安天下，富實百姓，其規模可見。又招集天下賢俊，與協心同謀，興制度，改正朔，易服色，立天地之祠，建封禪，殊官號，存周後，定諸侯之制，永無逆争之心，至今累世賴之。單于守藩，百蠻服從，萬世之基也，中興之功未有高焉者也。

“高帝建大業，爲太祖；孝文皇帝德至厚也，爲文太宗；孝武皇帝功至著也，爲武世宗；此孝宣帝所以發德音也。《禮記·王制》及《春秋穀梁傳》，天子七廟，諸侯五，大夫三，士二。天子七日而殯，七月而葬；諸侯五日而殯，五月而葬；[50]此喪事尊卑之序也，與廟數相應。其文曰：‘天子三昭三穆，與太祖之廟而七；諸侯二昭二穆，與太祖之廟而五。'故德厚者流光,德薄者流卑。《春秋左氏傳》曰:'名位不同,禮亦異數。'自上以下,降殺以兩,禮也。七者,其正法數,可常數者也。宗不在此數中。宗,變也,苟有功德則宗之,不可預爲設數。故於殷,太甲爲太宗,太戊曰中宗,武丁曰高宗。周公爲《毋逸》之戒,舉殷三宗以勸成王。繇是言之,宗無數也,然則所以勸帝者之功德博矣。以七廟言之,孝武皇帝未宜毁;以所宗言之,則不可謂無功德。《禮記·祀典》曰:'夫聖王之制祀也,功施於民則祀之,以勞定國則祀之,能救大灾則祀之。'竊觀孝武皇帝,功德皆兼而有焉。凡在於異姓,猶將特祀之,况于先祖?或説天子五廟無見文,又説中宗、高宗者,宗其道而毁其廟。名與實異,非尊德貴功之意也。《詩》云:'蔽芾甘棠,勿剪勿伐,邵伯所茇。'[①]思其人猶愛其樹,况宗其道而毁其廟乎?迭毁之禮自有常法,無殊功異德,固以親疏相推及。至祖宗之序,多少之數,經傳無明文,至尊至重,難以疑文虚説定也。孝宣皇帝舉公卿之議,用衆儒之謀,既以爲世宗之廟,建之萬世,宣布天下。臣愚以爲孝武皇帝功烈如彼,孝宣皇帝崇立之如此,不宜毁。"

上覽其議而從之,制曰:"大僕舜、中壘校尉歆議可。"

歆又以爲"禮,去事有殺,《春秋外傳》曰:'日祭,月祀,時享,歲貢,終王。'祖禰則日祭,曾高則月祀,二祧則時享,壇墠則歲貢,大禘則終王。德盛而游廣,親親之殺也;彌遠則彌尊,故禘爲重矣。孫居王父之處,正昭穆,則孫常與祖相代,此遷廟之殺也。聖人於其祖,出於情矣,禮無所不順,故無毁廟。自貢禹建迭毁之議,惠、景及太上寢園廢而爲虚,失禮意矣。"司徒掾班彪曰:"考觀諸儒之議,劉歆博而篤矣。"

(《册府元龜》卷五七三《掌禮部十一·奏議》,《漢書》卷七三《韋賢傳第四十三·韋玄成》,《西漢年紀》卷二八《哀帝》)

---

① 參見《詩經·召南·甘棠》。

象古建侯未可議　魏徵

議曰：臣聞三代之利建藩屏保乂皇家，兩漢之大啓山河同獎王室。故楚國不恭，齊桓有邵陵之師，諸吕稱難，朱虚奮北軍之謀，九鼎絶而復安，諸侯傲而還肅。比夫秦之孤立，子弟爲匹夫，魏氏虚名，藩捍若囹圄，豈可同年而語哉！

至於同憂共樂之談，百不一存，始蒙聖帝敷至仁以流玄，澤沐春風而霑夏雨，一朝棄之，爲諸侯之隸，衆心未定，或致逃亡，其未可一也。既立諸侯，當建社廟，禮樂文物，儀衛左右頓闕，則理必不安，粗修則事在未暇，其未可二也。大夫卿士，咸資禄俸，薄賦則官府困窮，厚斂則人不堪命，其未可三也。王畿千里，征税不多，至於貢賦，所資在於侯甸之外，今並分爲國邑，京師府藏必虚，諸侯朝宗無所取給，其未可四也。今燕、秦、趙、代俱帶蕃夷，黠羌旅拒，匈奴未滅，追兵内地，遠赴邊庭，不堪其勞，將有他變，難安易動，悔或不追，其未可五也。原夫聖人舉事，貴在相時，時或未可，[51]理資於通變。敢進芻蕘之議，惟明主擇焉。謹議。

（《文苑英華》卷七七〇《象古建侯未可議》，《文翰類選大成》卷一三一《象古建侯未可議》，《唐會要》卷四六《封建雜録上》，《文獻通考》卷二七五《封建考十六・唐諸王》）

斷屠議　崔融

議曰：春生秋殺，天之常道；冬狩夏苗，國之大事。豺祭獸，獺祭魚，自然之理也。一乾豆，二賓客，不易之義也。上自天子，下至庶人，莫不揮其鑾刀，烹之鶴鼎，所以充庖厨。故能幽明感通，人祇輯睦，萬王千帝，殊塗同歸。今若禁屠宰，斷弋獵，三驅莫行，一切不許，便恐違聖人之達訓，紊明王之善經，一不可也。且如江南諸州，乃以魚爲命，河西諸國，以肉爲齋，一朝禁止，倍生勞弊，富者未革，貧者難堪，二不可也。加有貧賤之流，刲割爲事，家業倘失，性命不全。雖復日戮一人，終慮未能總絶，但益恐嚇，[52]唯長奸欺，外有斷屠之名，内誠鼓刀者衆，勢利依倚，請托紛紜，[53]三不可也。雖好生惡殺，是人之小心；而考古會今，非國之大體。但使順月令，奉天經，造次合禮儀，從容中刑典，自然人得其性，物遂其生，何必改革，方爲盡善之言。[54]伏惟聖主詳擇。[55]謹議。

（《文苑英華》卷七六八《斷屠議》，《文翰類選大成》卷一三一《斷屠議》，《通典》卷一六九《刑法七・禁屠殺贖生》，《唐會要》卷四一《斷屠釣》）

漢高祖僞遊雲夢議　高参[56]

或曰：漢高祖僞遊雲夢，以擒韓信，果哉其智足稱也。予以爲漢祖不思弘遠之規，[57]而務一時之計，於是乎失政刑矣。

夫聖人貴正不貴幸，與律不與臧。昔者明王五載一巡狩，令諸侯各朝于方岳，[58]大明黜陟，故無德者削地，有功者進律。漢氏君臨萬國，[59]示人以偷，僞遊之名，不可以訓。且當此之時，韓信未有逆節，一朝繫信，而生諸侯之疑，天下皆疑，則所利者少，而所失者多矣。昔崇伯之方命圮族，共工之静言庸違，帝堯以則哲之明，而未有去者，蓋以其行僞象恭，且有四岳之舉故也。向使堯惡四凶之行，拒四岳之舉，不待試用，加之誅放，天下必以爲戮不辜矣。

夫刑一人，使天下知其罪，則服；賞一人，使天下知其賢，則勸。若賞而不勸，刑而不服，則堯所不爲也。漢祖不能斟酌古典，卒用陳平之言，執信而歸于京師。一二年間，韓王信反馬邑，趙相貫高謀柏人，陳豨反代地，彭越黥布盧綰之徒，悉以叛換。豈非服勸用刑之失歟？《傳》曰：“君人執信，臣人執忠。”①古之盟主，耻襲侵之事，況光有天下者乎？於戲！悠悠千載，變詐萌生，使天子不復言巡狩，諸侯不敢議朝覲；大者自嫌强盛，小者懼於囚執，是恩信不流于下，而忠孝不

① 參見《春秋左傳注・襄公二十二年》。

達于上，王者之澤，寖以陵遲，自雲夢始矣。

（《文苑英華》卷七七〇《漢高祖僞遊雲夢議》，《唐文粹》卷四二《漢高祖僞遊雲夢議》，《文翰類選大成》卷一三一《漢高祖僞遊雲夢議》）

奏猫鼠議　崔祐甫

右今月日，中使某宣進止，以籠盛猫鼠示百寮。臣聞天生萬物，剛柔有性，聖人因之，垂訓作則。[60]《禮記·郊特牲篇》曰："迎猫，爲其食田鼠也。"然則猫之食鼠，載在典祀，[61]以其除害利人，雖微必録。今此猫對鼠不食，仁則仁矣，無乃失於性乎？

鼠之爲物，晝伏夜動，詩人賦之曰："相鼠有體，人而無禮。①"又曰："碩鼠碩鼠，無食我黍。②"其序曰："貪而畏人，若大鼠也。③"臣旋觀之，雖云動物，異於麋鹿麏兔，彼皆以時殺獲，爲國家用。[62]此鼠有害，亦何愛而曲全之？猫受人畜養，[63]棄職不修，[64]亦何異於法吏不勤觸邪、疆吏不勤扞敵？又按禮部式具列三瑞，無"猫不食鼠"之目，以此稱慶，臣所未詳。

伏以國家化洽理平，天符薦至，紛綸雜沓，史不絶書。今兹猫鼠，不可濫厠。若以劉向《五行傳》論之，此恐須申命憲司，察視貪吏，[65]誡諸邊候，無失徼巡，猫能致功，鼠不爲害。臣忝樞近，職司聰明，不揆狂愚，輒獻公議。謹議。[66]

（《文苑英華》卷七七〇《奏猫鼠議》，《唐文粹》卷四二《猫鼠議》，《册府元龜》卷五五一《詞臣部二·器識》，《舊唐書》卷一一九《崔祐甫傳》）

酷吏傳議　權德輿

《詩》美仲山甫曰："剛亦不吐，柔亦不茹。"④故體備健順，是爲全

① 參見《詩經·鄘風·相鼠》。
② 參見《詩經·魏風·碩鼠》。
③ 參見《詩經·魏風·碩鼠》。
④ 參見《詩經·大雅·烝民》。

德。[67]不然，則直己循性，能秉一方，事舉於中，皆理道也。得柔之道者爲循吏，失剛之理者爲酷吏，司馬氏修《史記》，始作二傳，[68]以誡世爾。而後以郅都爲《酷吏傳》首，愚有惑焉。

都之爲中郎將，上欲搏野彘活賈姬，從容奏議，引宗廟太后之重。其爲濟南守，誅豪猾首惡，人不拾遺。[69]其爲中尉，宗室貴臣，斂手仄目。其爲雁門守，匈奴不敢近邊，至爲偶人像之，騎射莫能中。然其勇敢氣節，根於公廉，不發私書，不受請寄。具此數者，爲漢名臣。入居命卿，出惣列群，[70]堅剛忠純，終始若一。坐臨江之嫌，當太后之怒，身死漢庭，首足異處，有以見漢氏之不綱，王澤之弛絶也。

蓋在史氏發而明之，以旌事君，以勵使臣，俾百代之下，有所懲勸。子長既首冠《酷吏》，班氏又因而從之，善善惡惡之義，於此缺矣。夫椎埋沈命、舞文巧詆之徒，目爲等夷，雜列篇次，至於述贊，[71]雖云"引是非，争大體"，又何補焉？

噫嚱！《洪範》之沉潛，大《易》之直方，皆臣道也。都雖未蹈之，斯近之矣。不隱忠以避死，不枉道以善官，[72]無處父之華，異申棖之欲，所至之邦，必以稱職聞。其古之剛而無害，[73]怒而中節者歟！剛似酷，弱似仁，在辨之不惑而已。[74]天下似是之爲失多矣，[75]豈獨是哉？

開卷之際，怳然有感。且以司馬氏、班氏，皆良史氏，猶不能辨也，故斐然成文。

（《文苑英華》卷七七〇《酷吏傳議》，《唐文粹》卷四二《酷吏傳議》，《文翰類選大成》卷一三一《酷吏傳議》，《權德輿詩文集編年校注》未繫年文《酷吏傳議》）

復讎議　陳子昂

臣伏見同州下邽人徐元慶者，父爽爲縣吏趙師韞所殺，卒能手刃父讎，束身歸罪。議曰：

先王立禮，所以進人也；明罰，所以齊政也。夫枕干讎敵，人子之義，誅罪禁亂，王政之綱。然則無義不可以訓人，亂綱不可以明法，故聖人修禮理内，飭法防外，使夫守法者不以禮廢刑，居禮者不以法傷義，然後能暴亂不作，廉耻以興，天下所以直道而行也。

竊見同州下邽人徐元慶，先時父爲縣吏趙師韞所殺，[76]元慶潛爲傭保，爲其父報讎，手刃師韞，束身歸罪。雖古烈者，亦何以多？誠足以激清名教，旁感忍辱義士之靡者也。然按之國章，殺人者死，則國家之畫一法也，法之不二，元慶宜伏辜。又按《禮經》："父讎不同天。"亦國家勸人之教者也。教之不苟，元慶不宜誅。

臣聞昔者刑之所生，本以遏亂；仁之所利，蓋以崇德。今元慶報父之仇，意非亂也；行子之道，義能仁也。仁而無利，與亂同誅，是曰能刑，未可以訓，元慶之可宥，顯於此矣。然則邪由正生，理必亂作，昔禮防至密，其弊不勝，先王所以明刑，本實由此。今儻義元慶之節，廢國之刑，將爲後圖，政必多難，則元慶之罪不可廢也。何者？人必有子，子必有親，親親相讎，其亂誰救？[77]聖人作始，必圖其終，非一朝一夕之故，所以全其政也。故曰："信人之義，其政不行。"且夫以私義而害公法，仁者不爲；以公法而徇私義，王道不設。元慶之所以仁高振古，義伏當時，以其能忘生而徇於德也。今若釋元慶之罪以利其生，是奪其德而虧其義，非所謂殺身成仁，全死無生之節也。

如臣等所見，謂宜正國之法，寘之以刑，然後旌其閭墓，嘉其徽烈，可使天下直道而行，編之於令，永爲國典。謹議。

（《文苑英華》卷七六八《復讎議》，《陳子昂集》卷七《復讎議狀》，《舊唐書》卷一九〇中《陳子昂傳》）

駁復讎議　柳宗元

臣伏見天后時，有同州下邽人徐元慶者，[78]父爽爲縣尉趙師韞所殺，卒能手刃父讎，束身歸罪。當時諫臣陳子昂建議誅之而旌其閭，且請編之於令，永爲國典。臣竊獨過之。

臣聞禮之大本，以防亂也，若曰無爲賊虐，凡爲子者殺無赦。刑之大本，亦以防亂也，若曰無爲賊虐，凡爲治者殺無赦。其本則合，其用則異,旌與誅莫得而並焉。誅其可旌,兹謂濫,黷刑甚矣。旌其可誅,兹謂僭,壞禮甚矣。果以是示于天下,傳于後代,趨義者不知所向,違害者不知所立,以是爲典,可乎?

蓋聖人之制,窮理以定賞罰,本情以正褒貶,統於一而已矣。嚮使刺讞其誠僞,考正其曲直,原始而求其端,則刑禮之用,判然離矣。何者?若元慶之父,不陷於公罪,師韞之誅,獨以其私怨,奮其吏氣,虐于非辜,州牧不知罪,刑官不知問,上下蒙冒,籲號不聞,而元慶能以戴天爲大耻,枕戈爲得禮,處心積慮,以衝讎人之胸,介然自克,即死無憾,是守禮而行義也。執事者宜有慚色,將謝之不暇,而又何誅焉?其或元慶之父,不免於罪,[79]師韞之誅,不愆於法,是非死於吏也,是死於法也,法其可讎乎?讎天子之法,而戕奉公之吏,是悖驁而凌上也。執而誅之,所以正邦典,而又何旌焉?

且其議曰:"人必有子,子必有親,親親相讎,其亂誰救?[80]"是惑於禮也甚矣。禮之所謂讎者,蓋以冤抑沉痛,而號無告也,非謂抵罪觸法,陷於大戮。而曰"彼殺之,我乃殺之",不議曲直,暴寡脅弱而已,其非經背聖,不亦甚哉!《周禮》:"調人掌司萬人之讎。凡殺人而義者,令勿讎,讎之則死。有反殺者,邦國交讎之。"又安得親親相讎也?《春秋公羊傳》曰:"父不受誅,子復讎可也。父受誅,子復讎,此推刃之道。復讎不除害。"①今若取此以斷兩下相殺,則合於禮矣。且夫不忘讎,孝也;不受死,義也。元慶能不越於禮,服孝死義,是必達理而聞道者也。夫達理聞道之人,豈其以王法爲敵讎者哉?議者反以爲戮,黷刑壞禮,其不可以爲典,明矣。

請下臣議,附于令,有斷斯獄者,不宜以前議從事。謹議。

(《文苑英華》卷七六八《復讎議》,《唐文粹》卷四〇《駮復讎議》,《文翰類選大成》卷一三一《駮復讎議》,《柳宗元集校注》卷四《駁復讐議》,《新唐書》卷一九五《張琇傳》)

---

① 參見《春秋左傳注·定公四年》。

復讎議　韓愈[81]

元和六年九月，[82]富平縣人梁悦爲父報讎殺人，自投縣請罪。敕："復讎殺人，固有彝典。以其申冤請罪，視死如歸，自詣公門，發於天性，志在徇節，本無求生。寧失不經，特從减死，宜决杖一百，配流循州。"於是史官職方員外郎韓愈獻議。

右伏奉今月五日敕："復讎，據《禮經》則義不同天，徵法令則殺人者死。禮法二事，皆王教之端，[83]有此異同，必資論辯。宜令都省集議聞奏者。"朝議郎行尚書職方員外郎上騎都尉韓愈議曰：

伏以子復父讎，見於《春秋》，見於《禮記》，又見《周官》，又見諸子史，[84]不可勝數，未有非而罪之者也。最宜詳於律，而律無其條。非闕文也，蓋以爲不許復讎，則傷孝子之心，而乖先王之訓；許復讎，則人將倚法專殺，無以禁止其端矣。

夫律雖本於聖人，然執而行之者，有司也。經之所明者，制有司者也。丁寧其義於經，而深没其文於律者，[85]其意將使法吏一斷於法，而經術之士得引經而議也。《周官》曰："凡殺人而義者，令勿讎，讎之則死。"義，宜也，明殺人而不得其宜者，子得復讎也。此百姓之相讎者也。《公羊傳》曰："父不受誅，子復讎可也。"不受誅者，罪不當誅也。誅者，上施於下之辭，非百姓之相殺者也。又《周官》曰："凡報讎讎者，書於士，殺之無罪。"言將復讎，必先言於官，則無罪也。

今陛下垂意典章，思立定制，惜有司之守，憐孝子之心，示不自專，訪議群下。臣愚以爲，復讎之名雖同，而其事各異。或百姓相讎，如《周官》所稱，可議於今者；或爲官所誅，如《公羊》所稱，不可行於今者。又《周官》所稱，將復讎，先告於士則無罪者，若孤稚羸弱，抱微志而伺敵人之便，恐不能自言於官，未可以爲斷於今也。然則殺之與赦，不可一例。宜定其制曰：凡有復父讎者，事發，具其事申尚書省，尚書省集議奏聞，酌其宜而處之，則經律無失其旨矣。[86]謹議。

（《文苑英華》卷七六八《復讎議》，《唐文粹》卷四〇《復讎議》，《古今事文類聚》别集卷三一《復讎議》,《文翰類選大成》卷一三〇《復讎狀》,《韓愈文集彙校箋注》卷二七《復讎狀并序》,《舊唐書》卷五〇《刑法志》)

世祖封不義侯議　權德輿

先師曰:“惟器與名,不可以假人。”①又曰:“必也正名乎!”②又曰:“惟則定國。”③於戲!有國者可不務乎?當東漢世祖之初,天命再集。宜於此時貞百度,正三綱,纂修德教,允答天意。時彭寵以南陽舊恩,位列上將,有舉漁陽之功,饋邯鄲之忠,竟以讒謗獲罪,反側怨望,遂攻朱浮於薊,自稱燕王。其時師旅孔熾,元元苦甚。時君宜以息人紓難爲心,則當録念功用,昭洗瑕穢。次則布之威懷,革其非心。必不得已,則仗大順以討之,出師以征之,[87]明君君臣臣之義。此三者皆不能用,或用之而不能盡。及夫蒼頭子密,有便室之逆,運其狙忍,時伺卧寢,遂使命懸僕隸,倉卒授首。及詣闕也,封爲不義侯。愚以爲伯通之叛命,子密之戕君,同歸于亂,罪不相蔽,宜各致於法,昭示王度。反乃爵於五等,又以不義爲名。且舉以"不義",莫可侯也;而此侯,漢爵爲不足勸矣。《春秋》書齊豹盗,三叛人名之義,無乃異於是乎?

若欒布之哭彭越,孔車之葬主父,使於東漢議罪,罪孰甚焉?況四方甫定,傷痍未復,不稽古訓,以喜怒爲刑賞;使天下陪臺厮養,各幸其君之亂而徼侯印,綬諸侯危疑之勢,[88]鼓臣下叛涣之源,棄名器而汩彝訓,且以憲令爲戲。時風浩浩,蕩而不復,至使桓靈不道,山陽脅奪,本其所以自,庸詎知非封不義之效歟?

(《文苑英華》卷七七〇《世祖封不義侯議》,《唐文粹》卷四二《世祖封不義侯議》,《文翰類選大成》卷一三一《世祖封不義侯議》,《權德輿詩文集編年校注》未繫年文《世祖封不義侯議》)

---

① 參見《春秋左傳注・成公二年》。

② 參見《論語・子路》。

③ 參見《春秋左傳注・僖公九年》。

禘祫議　韓愈

右今月十六日敕旨，宜令百寮議，限五日内聞奏者，將仕郎守國子監四門博士臣韓愈謹獻議曰：

伏以陛下追孝祖宗，肅恭祀事，凡有疑，不敢自專，聿求厥中，延訪群下。然而禮文繁漫，所執各殊，[89]自建中之初，迄至今歲，屢經禘祫，未合適從。臣生遭聖明，涵泳恩澤，雖賤不及議，而志切效忠。[90]今輒先舉衆議之非，然後申明其説。

一曰“獻懿廟主，宜永藏之夾室”①。臣以爲不可。夫祫者，合也。毁廟之主，皆當合食於太祖，獻懿二祖，即毁廟主也。今雖藏於夾室，至禘祫之時，豈得不食於太廟乎？名曰“合祭”，而二祖不得登焉，不可謂之合矣。

二曰“獻懿廟主，宜毁之，宜瘗之”。臣又以爲不可。謹案《禮記》，云天子立七廟，一壇一墠，其毁廟之主，皆藏於祧廟，雖百代不毁，祫則陳於太廟而饗焉。自魏晋已降，始有毁瘗之議，事非經據，竟不可施行。今國家德厚流光，創立九廟，以周制推之，獻懿二祖猶在壇墠之位；况於毁瘗而不禘祫乎？

三曰“獻懿廟主，宜各遷於其陵所”。臣又以爲不可。二祖之祭於京師，列於太廟也，二百年矣。今一朝遷之，豈唯人聽疑惑，抑恐二祖之靈眷顧依遲，不即饗於下國也！

四曰“獻懿廟主，宜附於興聖廟而不禘祫”。臣又以爲不可。《傳》曰：“祭如在。”景皇帝雖爲太祖，於其屬，乃獻懿之子孫也。今欲正其子東嚮之位，廢其父之大祭，固不可爲典矣。

五曰“獻懿二祖，宜别立廟於京師”。臣又以爲不可。夫禮有所降，情有所殺；是故去廟爲祧，去祧爲壇，去壇爲墠，去墠爲鬼；漸而遠之，其祭益稀。昔者魯立煬宫，《春秋》非之，以爲不當取已毁之廟，既

① 本文下文“一曰”至“五曰”引文均參見《禮記・雜記下》。

藏之主，而復築宫以祭。今之所議，與此正同。又雖違禮立廟，至於禘祫也；合食則禘無所主，廢祭則於義不通。

此五説者皆所不可，故臣博采前聞，求其折中。以爲殷祖玄王、周祖后稷，太祖之上，皆自爲帝；又其代數已遠，不復祭之，故太祖得正東嚮之位，子孫從昭穆之列。《禮》所稱者蓋曰紀一時之宜，非傳於後代之法也。《傳》曰："子雖齊聖，不先父食。"[①]蓋言子爲父屈也。景皇帝雖太祖也，其於獻懿則子孫也。當禘祫之時，獻祖宜居東嚮之位，景皇帝宜從昭穆之列；祖以孫尊，孫以祖屈，求之神道，豈遠人情？又常祭甚衆，禘祫甚寡，則是太祖所屈之祭至少，所伸之祭至多；比於伸孫之尊，廢祖之祭，不亦順乎？事異殷周，禮從而變，非所失禮也。

臣伏以制禮作樂者，天子之職也。陛下以臣議爲有可采，粗合天心，斷而行之，是則爲禮；如以爲猶或可疑，乞召臣對面陳得失，庶有發明。謹議。

（《文苑英華》卷七六四《禘祫議》，《唐文粹》卷三九《禘祫議》，《韓愈文集彙校箋注》卷四《禘祫議》，《韓昌黎文集校注》卷二《禘祫議》）

改葬服議　韓愈

經曰："改葬緦。"[②]《春秋穀梁傳》亦曰："改葬之禮緦，舉下緬也。"[③]此皆謂子之於父母，其他則皆無服。何以識其必然？經次五等之服，小功之下然後著改葬之制，更無輕重之差；以此知惟記其最親者，其他無服則不記也。若主人當服斬衰，其餘親各服其服，則經亦言之，不當惟云"緦"也。《傳》稱"舉下緬者"，"緬"猶"遠"也。"下"謂服之最輕者也。以其遠，故其服輕也。江熙曰："禮，天子諸侯易服而葬，以爲交於神明者不可以純凶，況其緬者乎？是故改葬之禮，其服

① 參見《春秋左傳注·文公二年》。

② 參見《儀禮·喪服》。

③ 參見《穀梁傳·莊公三年》。

惟輕。”以此而言，則亦明矣。

衛司徒文子改葬其叔父，問服於子思，子思曰：“禮，父母改葬緦，既葬而除之，不忍無服送至親也；非父母無服，無服則吊服而加麻。”此又其著者也。文子又曰：“喪服既除，然後乃葬者，則其服何服？”子思曰：“三年之喪未葬，服不變，除何有焉？”然則改葬與未葬者有異矣。古者諸侯五月而葬，大夫三月而葬，士逾月；無故，未有過時而不葬者也。“過時而不葬，謂之不能葬”，《春秋》譏之。若有故而未葬，雖出三年，子之服不變，此孝子之所以著其情，先王之所以必其時之道也。雖有其文，未有著其人者，以是知其至少也。

改葬者，爲山崩水涌毁其墓，及葬而禮不備者。若文王之葬王季，以水齧其墓；[91]魯隱公之葬惠公，以有宋師，太子少，葬故有闕之類是也。喪事有進而無退。有易以輕服，無加以重服，殯於堂，則謂之殯；瘞於野，則謂之葬。近代已來，事與古異，或游或仕在千百里之外，或子幼妻稚而不能自還，甚者拘以陰陽畏忌，遂葬於其土；及其反葬也，遠者或至數十年，近者亦出三年，其吉服而從於事也久矣，又安可取未葬不變服之例而反爲之重服歟？在喪當葬，猶宜易以輕服，况既遠而反純凶以葬乎？若果重服，是所謂未可除而除，不當重而更重也。

或曰：“喪與其易也寧戚，雖重服不亦可乎？”曰：“不然，易之與戚，則易固不如戚矣；雖然，未若合禮之爲懿也。儉之與奢，則儉固愈於奢矣；雖然，未若合禮之爲懿也。過猶不及，其此類之謂乎？”

或曰經稱“改葬緦”，而不著其月數，則以三月而後除也。子思之對文子則曰“既葬而除之”，今宜如何？曰：“自啓殯至于既葬而三月，則除之；未三月，則服以終三月也。”曰：“妻爲夫何如？”曰：“如子。”“無吊服而加麻則何如？”曰：“今之吊服，猶古之吊服也。”

（《文苑英華》卷七六七《改葬服議》，《唐文粹》卷四二《改葬服議》，《文翰類選大成》卷一三一《改葬服議》，《韓愈文集彙校箋注》卷四《改葬服議》，《韓昌黎文集校注》卷二《改葬服議》）

晋文公守原議　柳宗元

晋文公既受原於王，難其守，問寺人勃鞮，以畀趙衰。余謂守原，政之大者也，所以承天子、樹霸功，致命諸侯，不宜謀及媟近，以忝王命。而晋君擇大任，不公議於朝，而私議於宫，不博謀於卿相，而獨謀於寺人，雖或衰之賢足以守，國之政不爲敗，而賊賢失政之端，由是滋矣。况當其時不乏言議之臣乎？[92]

狐偃爲謀臣，先軫將中軍，晋君疏而不咨，外而不求，乃卒定於内竪，其可以爲法乎？且晋君將襲齊桓之業，以翼天子，乃大志也。然而齊桓任管仲以興，進竪刁以敗。則獲原啓疆，適其始政，所以觀視諸侯也，而乃背其所以興，迹其所以敗。然而能霸諸侯者，以土則大，以力則强，以義則天子之册也，誠畏之矣，烏能得其心服哉？其後景監得以相衛鞅，弘、石得以殺望之，誤之者，[93]晋公也。

嗚呼！得賢臣以守大邑，則文非失舉也，蓋失問也。然猶羞當時，陷後代若此，况於問與舉又兩失者，其何以救之哉？余故著晋君之罪，以附《春秋》許世子止、趙盾之義。

（《文苑英華》卷七七〇《晋文公守原議》，《文翰類選大成》卷一三一《晋文公守原議》，《柳宗元集校注》卷四《晋文公問守原議》）

乞校正奏議　蘇軾

元祐八年五月七日，端明殿學士兼翰林侍讀學士、左朝奉郎、守禮部尚書蘇軾同吕希哲、吴安詩、豐稷、趙彦若、范祖禹、顧臨札子奏：

臣等猥以空疏，備員講讀，聖明天縱，學問日新，臣等才有限而道無窮，心欲言而口不逮，以此自愧，莫知所爲。竊謂人臣之納忠，譬如醫者之用藥，藥雖進於醫手，方多傳於古人。若已經效於世間，不必皆從於己出。

伏見唐宰相陸贄，才本王佐，學爲帝師。論深切於事情，言不離於道德。智如子房，而文則過；辯如賈誼，而術不疏。上以格君心之非，下以通天下之志。三代已還，一人而已。[94]但其不幸，仕不遇時。德宗以苛刻爲能，而贄諫之以忠厚；德宗以猜疑爲術，而贄勸之以推誠；德宗好用兵，而贄以消兵爲先；德宗好聚財，[95]而贄以散財爲急。至於用人聽言之法，治邊馭將之方，罪己以收人心，改過以應天道，去小人以除民患，惜名器以待有功，如此之流，未易悉數。可謂進苦口之藥石，鍼害身之膏肓。使德宗盡用其言，則貞觀可得而復。

臣等每退自西閣，即私相告言，以陛下聖明，必喜贄議論，但使聖賢之相契，即如臣主之同時。昔馮唐論頗、牧之賢，則漢文爲之太息。魏相條鼂、董之對，則孝宣以致中興。若陛下能自得師，莫若近取諸贄。夫六經三史、諸子百家，非無可觀，皆足爲治。但聖言幽遠，末學支離，譬如山海之崇深，難以一二而推擇。如贄之論，開卷了然。聚古今之精英，實治亂之龜鑑。臣等欲取其奏議，稍加校正，繕寫進呈。願陛下置之坐隅，如見贄面；反復熟讀，[96]如與贄言。必能發聖性之高明，成治功於歲月。臣等不勝區區之意。取進止。

（《文翰類選大成》卷一三〇《乞校陸宣公奏議狀》，《蘇軾文集編年箋注》卷三六《乞校正陸贄奏議上進劄子》，《蘇軾文集校注》卷三六《乞校正陸贄奏議上進劄子》，《續資治通鑑長編》卷四八四）

改月數議　張敷言

或謂："三代改正朔無異議，月數之改，諸儒議論不一，學者病焉。亦嘗考之乎？"曰："夏商之制，世遠無文，不可深究，周制尚可得而言之。"謂："不改可乎？"曰："可。""何以徵之？""'四月維夏，六月徂暑'①，周詩甚明。""謂之改可乎？"曰："可。""何以徵之？""《孟子》書'七八月之間旱'②，《春秋》'正月日南，至二月無冰'③之類是也。""然則無定論乎？"曰："有。間者伏讀《春秋》，至'春王正月'，竊有疑焉。

① 參見《詩經·小雅·四月》。
② 參見《孟子·梁惠王上》。
③ 參見《春秋·成公八年》。

夫正月固王之正月，如後世史書，正月即時王之正月也，何假稱王？

竊意必其别有所謂正月者，故稱王以别之。及讀僖五年，晋獻公伐虢，以克敵之期問於卜偃，答以九月十月之交。考之童謡、星象之驗，皆是夏正十月，而其傳乃書在十二月，其改月明矣。又襄公三十年，絳老人自實其年，稱‘臣生之歲，正月甲子朔，于今四百四十五甲子矣。其季三之一’。所稱正月，亦是夏正寅月，孔疏甚明，文多不載。考之老人所歷，正七十三年，二萬六千六百六十六日。當盡丑月癸未。其傳乃書在二月，其改月又明矣。然卜偃、老人，併是周人，一則對君，一則對執政大夫，其歲月又二事中之切用，非若他事泛言月日，何故舍時王之正月、月數而言夏正哉？聽之者亦何故都不致詰？即知爲寅月起數哉？因是以知周之正朔、月數皆改，必其朝覲聘問頒朔授時。

凡筆之於史册者，即用時王正月月數，其民俗之歲時，相語之話言，則皆以寅月起數，如後世者自若也。而《春秋》書‘王正月’以别民俗爲無疑。周人之詩，孟子之書，亦各有所取也。不然，諸儒之論各執所見，主改者遇不改之文則没而不書，主不改者遇改月之義則諱而不録，終不能曉然相通，以袪學者之惑。”曰：“周以子月爲正，爲一月，信矣。以爲春乎？”曰：“然寒暑反易，可乎？”曰：“未也。先王之制，易姓受命，必改正朔，易衣邑，殊徽號，新民之耳目，以權一時之宜，非謂冬必爲春。子之一月，便可祈穀上帝矣，便可犧牲不用牝矣。”曰：“有未安乎？”曰：“固也。不然，夫子不曰行夏之時矣。周公作禮，正月之後不復曰正歲矣。説正歲者，不謂夏得四時之正，殷周不得矣，必有復以子丑之月爲正者矣。”曰：“子謂必其筆之史册者則用時王正月、月數，《伊訓》之元祀十有二月，蔡氏以爲殷正月者，果何月乎？”曰：“建子月也。殷正固在丑月，然則嗣王祗見及《太甲》篇之‘嗣王奉歸’，舉不在正月乎？”曰：“後世嗣王服考之顧命固有常儀，何待正月？而放桐之事，又人臣大變，周公之聖，猶被流言，阿衡之心，爲如何哉？朝而自怨，夕當復辟，尤不須於正月也。况正月但書十二，以《虞書》

‘上日正月朔旦’及秦漢而下例之，殷不其獨無正乎？”曰：“秦以亥正，猶稱十月，不亦同乎？”曰：“秦正之謬，安足取法？蓋秦於寅月書正。歲首十月，其制又異，不若殷之全無正也。”

曰：“或者謂用夏正，故卜偃、老人之言如此，則又何説也？”曰：“是又不然。老人之言在晋文伯後，容或有之。卜偃老人之言，乃獻公之世。是時簒國日淺，[97]二軍始備，晋文未興，齊桓尚在。雖嘗滅耿滅霍，小小得志，方朝周納貢之不暇，亦何故毁冠裂冕，更姓改物而用夏正哉？然則愚之所見爲有據。而‘春王正月’之一辭，今古諸儒不敢輕議者，固著明矣。”

（《元文類》卷四四《改月數議》，《文翰類選大成》卷一三一《改月數議》）

立政議　郝經

臣聞，所貴乎有天下者，謂其能作新樹立，列爲明聖，德澤加於人，令聞施於後也。非謂其志得意滿，苟且而已也。志得意滿，苟且一時，與草木並朽而無聞，是爲身者也，於天下何有？有志於天下者不貴也，爲人之所不能爲，立人之所不能立，變人之所不能變，卓然與天地並，沛然與造化同，雷厲風飛，日星明而江河流，天下莫不貴之，而己不以爲貴，以爲己所當爲之職分也。古之有天下者莫不然，後之有天下者亦莫不當然。

天下，一大器也。用之久則必弊窳殘缺，甚則至於破碎分裂，置而不修，則委而去之耳。生民萬物者，器之所中者也。器弊而委，則其中者亦必壞爛而不收。有志於天下者則爲之倡，率其群而修之，追琢而俾之完，扶持而置之安，藻飾而新之，滌蕩而潔之，使其中者可以食，可以藏，可以積而豐，可以饜而飫，爲器之主而天下王之，安富尊榮而享天下。彼志得意滿、苟且一時者，見器之所有，而不見器之殘缺，染指垂涎，放飯流歠，始則枵然，終則哆然，既飫而足，并其器與其餘舉而棄之，不知餒之復至矣。至於神器之主，中藏盡亡，而天下餒者衆，於是群起而争其餘，天下亂矣。

夫綱紀禮義者，天下之元氣也；文物典章者，天下之命脉也。非是，則天下之器不能安。小廢則小壞，大廢則大壞。小爲之修完則小康，大爲之修完則太平。故有志於天下者，必爲之修而不棄也。以致治自期，以天下自任，孳孳汲汲，持扶安全，必至於成功而後已，使天下後世稱之曰：天下之禍至某君而除，天下之亂至某君而治，天下之亡者至某君而存，天下之未作者至某君而作，配天立極，繼統作帝，熙鴻號於無窮。若是，則可謂有志於天下矣。

由漢以來尚志之君六七作。於漢則曰高帝，曰文帝，曰武帝，曰昭帝，曰宣帝，曰世祖，曰明帝，曰章帝，凡八帝。於三國則曰昭烈，一帝。於晋則曰孝武，一帝。於元魏則曰孝文，一帝。於宇文周則曰武帝，一帝。於唐則曰高祖，曰文皇，曰玄宗，曰憲宗，曰武宗，曰宣宗，凡六帝。於後周則曰世宗，一帝。於宋則曰太祖，曰太宗，曰仁宗，曰高宗，曰孝宗，凡五帝。於金源則曰世宗，曰章宗，凡二帝。是皆光大炳燿，[98]不辱於君人之名，有功於天下甚大，有德於生民甚厚。人之類不至於盡亡，天下不至於皆爲草木鳥獸，天下之人猶知有君臣父子、夫婦昆弟，人倫不至於大亂，綱紀禮義、典章文物不至於大壞，數君之力也。

嗚呼！上下數千載，有志之君僅是數者。何苟且一時者多，而致治之君鮮也。[99]雖然，是數君者，獨能樹立，功成治定，揄揚於千載之下，豈不爲英主也哉！其視壞法亂紀，斁彝倫，毒海内，覆宗社，碌碌以偷生，孑孑以自蔽，甘爲慵懦者，可爲憫笑也。國家光有天下，綿歷四紀，恢拓疆宇，古莫與京。惜乎攻取之計甚切，而修完之功弗逮，天下之器日益弊，而生民日益憊也。蓋其幾一失，而其弊遂成。初下燕雲，奄有河朔，便當創法立制，而不爲。既并西域，滅金源，蹂荆、襄，國勢大張，兵力崛阜，民物稠夥，大有爲之時也。苟於是時，正紀綱，立法度，改元建號，比隆前代，使天下一新，漢、唐之舉也而不爲。於是法度廢則綱紀亡，官制廢則政事亡，都邑廢則宫室亡，學校廢則人材亡，廉耻廢則風俗亡，紀律廢則軍政亡，守令廢則民政亡，財賦廢則國用亡，天下之器雖存，而其實則無有。賴社稷之靈，祖宗之福，兵鋒所向，無不摧破，穿徹海嶽之鋭，跨凌宇宙之氣，騰擲天地之力，隆隆殷殷，天下莫不慴伏。

當太宗皇帝臨御之時，耶律楚材爲相，定税賦，立造作，推宣課，分郡縣，籍户口，理獄訟，别軍民，設科舉，推恩肆赦，方有志於天下，而一二不逞之人，投隙抵罅，相與排擯，百計攻訐，乘宫闈違豫之際，恣爲矯誣，卒使楚材憤悒以死。既而牽連黨與，倚疊締構，援進宵人，畀之以政，相與割剥天下，而天下被其禍，荼毒宛轉，十有餘年，生民顒顒，莫不引領望明君之出。

先皇帝初踐寳位，皆以爲致治之主，不世出也。既而下令鳩括符璽，督察郵傳，遣使四出，究核徭賦，以求民瘼，污吏濫官黜責殆遍，其願治之心亦切也。惜其授任皆前日害民之尤者，舊弊未去，新弊復生，其爲煩擾，又益劇甚，而致治之幾又失也。

今皇帝陛下統承先王，聖謨英略，恢廓正大，有一天下之勢。自金源以來，綱紀禮義、文物典章，皆已墜没，其緒餘土苴，萬億之能一存。若不大爲振澡，與天下更始，以國朝之成法，援唐、宋之故典，參遼、金之遺制，設官分職，立政安民，成一王法，是亦因仍苟且，終於不可爲，使天下後世以爲無志於天下，歷代綱紀典刑至今而盡，前無以貽謀，後無以取法，壞天地之元氣，愚生民之耳目，後世之人因以竊笑而非之，痛惜而嘆惋也。

昔元魏始有代地，便參用漢法。至孝文遷都洛陽，一以漢法爲政，典章文物粲然與前代比隆，天下至今稱爲賢君。王通修《元經》，即與爲正統，是可以爲監也。

金源氏起東北小夷，部曲數百人，渡鴨緑，取黄龍，便建位號，一用遼、宋制度，收二國名士，置之近要，使藻飾王化，號“十學士”，至世宗，與宋定盟，内外無事，天下晏然，法制修明，風俗完厚。真德秀謂“金源氏典章法度在元魏右”，天下亦至今稱爲賢君。燕都故老語及先皇者，必爲流涕，其德澤在人之深如此。是又可以爲監也。

今有漢、唐之地而加大，有漢、唐之民而加多，雖不能便如漢、唐，爲元魏、金源之治亦可也。恭惟皇帝陛下睿禀仁慈，天錫勇智，喜衣冠，崇禮讓，愛養中國，有志於爲治，而爲豪傑所歸，生民所望久矣。但斷然有爲，存典章，立綱紀，以安天下之器，不爲苟且一時之計，奮揚乾剛，應天革命，進退黜陟，使各厭伏，天下不勞而治也。

今自踐祚以來，下明詔，蠲苛煩，立新政，去舊污，登進茂異，舉用老成，緣飾以文，附會漢法，斂江上之兵，先輸平之使，一視以仁，兼愛兩國，天下顒顒，莫不思見德化之盛、至治之美也。但恐害民餘孽，扳附奸邪，更相援引，比佽以進。若不辨之於早，猶夫前日也。以有爲之姿，據有爲之位，乘有爲之勢，而不爲有爲之事，與前代英主比隆，陛下亦必愧怍而不爲。

《書》曰："罔不在厥初。"[①]《易》曰："履霜堅冰至。"[②]《詩》曰："如彼雨雪，先集維霰。"[③]《春秋》書："元年春王正月。"[④]皆謹之於初，辨之於早也。有有爲之志，而不辨奸邪於早而郤之，則鑠剛以柔，蔽明以晦，終不能以有爲。蓋彼奸人，易合難去，誘之以甘言，承之以怡色，賂之以重寶，便辟迎合，無所不至。不辨之於早而拒之，皆墮其計，授之以柄而隨之耳。

昔王安石拜參政，吕獻可即以十罪章之，温公謂之太早，獻可曰："去天下之害，不可不速，異日諸君必受其禍。"安石得政，宋果以亡。温公曰："吕獻可之先見，范景仁之勇决，吾不及也。"夫月暈而風，礎潤而雨，理有所必然。雖天地亦可先見，况於人乎？

方今之勢，在於卓然有爲，斷之而已。去舊污，立新政，創法制，辨人材，綰結皇綱，藻飾王化，偃戈郤馬，文致太平。陛下今日之事

① 參見《尚書·周書·君奭》。
② 參見《周易·坤卦》。
③ 參見《詩經·小雅·頍弁》。
④ 參見《公羊傳·隱公元年》。

也。毋以爲難而不爲，毋以爲易而不足爲，投幾肇會，比隆前王，政在此時。毋累於宵人，不惑於群言，兼聽俯納，賁若一代，號爲英主，臣之所願也。

臣草木愚昧，既被知遇，而又遠離軒陛，日以隔越，迫於事幾，故不避斧鉞，冒觸神威，庶奸黨少卻，綱紀粗立，雖萬死無恨。

（《元文類》卷一四《立政議》，《文翰類選大成》卷一三一《立政議》，《陵川集》卷三二《立政議》，《郝經集校勘箋注卷三二《立政議》》）

三本書議　陳祐

嘉議大夫、衛輝路總管臣陳祐謹齋沐百拜獻書于皇帝陛下：

臣今越職言事，事曰三本，皆國家大計，非不知獲罪于時也。顧臣起身微賤，臣之先王拔臣於畎畝之中，進臣於陛下。陛下任臣以方面之重，錫臣以虎符之榮。臣叨居陛下之官，食陛下之禄，將逾十年矣。是以朝夕感愧，每思敷陳國計效死以報陛下，亦所以報先王也。儻蒙陛下察臣愚忠，以臣言萬一有補於時貰，以不死俾開言路，臣之幸也。若以臣言狂瞽冒犯時忌，其罪當死，死於國計，臣之義也。伏望陛下賜以燕閑之暇，熟覽臣言，則臣纖芥之忠、山嶽之罪，舉無逃於聖鑑矣！惟陛下仁聖裁之。

臣聞殷周漢唐之有天下也，天生創業之君，必生守文之主。蓋創業之君，天所以定禍亂也；守文之主，天所以致隆平也。昔我聖朝之興也，太祖皇帝龍飛朔方，雷震雲合，天下響應，統一四海，君臨萬邦，雖湯武之盛，未之有也。天眷聖朝，實生陛下。陛下神武聖文經天緯地，能盡守文之美，兼隆創業之基，兆民歡康，品物咸遂，典章文物燦然可觀。暨遐域遠方之民，上古所不能臣者，陛下悉能臣之。雖高宗之興殷，成康宣王之興周，文景光武之興漢，太宗憲宗之興唐，無以過也。是以海内豪傑之士，翕然嚮風。

咸謂天命陛下啓太平之運者有四，民望陛下樹太平之本者有三，臣請條列而言之。陛下昔在藩邸之初，奉辭伐罪，西舉大理，勢若摧枯，南渡長江，神於反掌，此天命陛下揚萬里之威，定四方之亂，將降大任於陛下。即位之後，内難方殷，藩王之階亂者在北，逆賊之連禍者在東。然天戈一指，俱從平蕩，此天命陛下削藩鎮有釁之權，新唐虞無爲之化，將以躋斯民於仁壽之域也。

臣故曰天命陛下啓太平之本者有三，其一曰：太子國本，建立之計宜早。臣聞三代盛王有天下者皆以傳子，非不欲法堯舜禪讓之美也，顧其勢有不能爾。何則？時俗有厚薄之殊，民情有變遷之異，苟或傳非其人，禍源一啓，則後世争之之亂未易息也。以是見聖人公天下之憂深矣！故孟軻曰："天與賢，則與賢；天與子，則與子。"[①]夫所謂天與子者，非謂天有諄諄之言告諭人主，以傳子之計也。政謂時運，推移無非天理，聖人能與時消息，動合天意，故自天祐之吉無不利。是以三代享祚長久，至有逾六七百年者，以其傳子之心公於爲天下，不私於己故也。

伏見聖代隆興，不崇儲貳，故授受之際，天下憂危。曩者建藩屏之國，授諸侯之兵，所以尊王室，衛社稷，實祖宗創業之弘規也。迨乎中統之初，頗異於是。恃其國之大也，謀傾王室者有之；恃其兵之强也，圖危社稷者有之。當是之時，賴陛下斷自聖衷，筭無遺策。故總攬權綱，則藩鎮之禍銷矣！深固根本，則朝廷之計定矣！此陛下守文之善經也。何以言之"天下者，太祖之天下也；法令者，太祖之法令也"？陛下豈欲變易舊章，作爲新制，以快天下耳目之觀聽哉？誠以時移事變，理勢當然，不得不爾，期於宗社之安而已矣！由此觀之，國本之議，昭然甚明，不可緩也。

語曰："雖有智慧，不如乘勢；雖有鎡基，不如待時。"[②]今年穀屢登，四海晏然，此其時矣！億兆載德，侯王向化，此其勢矣！誠萬世一時也。夫天與不受則違天意，民望不副則失民心。失民心則可憂，違

---

① 參見《孟子·萬章上》。

② 參見《孟子·公孫丑上》。

天意則可懼。此安危之機，不可不察也。

伏惟陛下上承天意，下順民心，體三代宏遠之規，法《春秋》嫡長之義，内親九族，外協萬邦，建皇儲於春宫，隆帝基於聖代，俾入監國事，出撫戎政，絶覬覦之心，壹中外之望，則民心不摇，邦本自固矣！陛下藴謙光之德，縱不欲以天下傳子孫，獨不念宗廟之靈、社稷之重、生民之塗炭乎？願陛下熟計而爲之，則天下臣民之幸甚矣！

其二曰：中書政本，責成之任宜專。臣伏見陛下勵精爲治，頃年以來，建官分職，綱理衆務，可謂備矣！曰中書、曰御史、曰樞密、曰制國用、曰左右部。夫承命宣制，奉行文書，銓叙流品，編齊户口，均賦役，平獄訟，此左右部之責也。通漕運，謹出納，充府庫，實倉廪，百姓富饒，國用豐備，此制國用之職也。修軍政，嚴武備，闢疆場，肅號令，謹先事之防，銷未形之患，士馬精强，敵人畏服，此樞密之任也。若夫屏貴近，退奸邪，絶臣下之威福，强公室，杜私門，[100]糾劾非違，肅清朝野，非御史不能也。如斗之承天，斟酌元氣，運行四時，條舉綱維，[101]著明紀律，總百揆，平萬機，求賢審官，獻可替否，内親同姓，外撫四夷，綏之以利，鎮之以静，涵養人材，變化風俗，立經國之遠圖，建長世之大議，孜孜奉國，知無不爲，作新太平之化，非中書不可也。且皇天以億兆之命懸之於陛下之手，陛下父事上天，子愛下民，其道無他，要在慎擇宰相，委任責成而已。欽惟陛下元首之尊也，中書股肱之任也，御史耳目之司也。方今之宜，非中書則無以尊上，非御史則無以肅下。下不肅則内慢，上不尊則外侮。内慢外侮，亂之始也；上尊下肅，治之基也。故《虞書》載明良之歌，賈生設堂陛之論，其旨豈不深且遠哉！凡今之所以未臻於至治者，良由法無定體，人無定分，政出多門，不相統一故也。

臣謂諸外路軍民錢穀之官宜悉委中書通行遷轉，其賞罰黜陟一聽於中書，其善惡能否一審於御史。如此，則官有定名之實，法有書一之規矣！又大臣貴和不貴同。和於義則公道昭明，有揖讓之治；同於利則私怨萌生，起忿争之亂。此必然之效也。誠能中外戮力，將相同心,和若鹽梅,固如金石,各慕相如寇恂相下之義,夾輔王室,叶贊聖猷,陛下臨之以日月之明,懷之以天地之量,操威福之權,執文武之柄,俾法有定體,人有定分,上之使下如身之運臂,臂之任指,下之事上如使足之承身,身之尊首,各勤厥職,各盡乃心,夫如是,天下何憂不理,國勢何憂不振乎?雖西北諸子未覲天顔,東南一隅未霑聖化,其來庭之議,稱藩之奏,可尅日而待,不足爲陛下憂也。所可憂者,大臣未和,大政未通,群小流言熒惑聖聽,干撓庶政,虧損國威,摧壯士之心,鉗直臣之口,至使人情以緘默爲賢,以盡節爲愚,以告訐爲忠,以直言爲諱,是皆奸人敵國之幸,非陛下之福也。臣恐此弊不已,習以成風,將見私門萬啓於下,公道孤立於上,雖有夔皋爲臣,伊周作輔,亦不能善治矣!陛下有垂成太平之功,而復有小人基亂之釁,此臣所以爲陛下惜也。今大臣設有奸邪不忠,竊弄威柄者,御史自當言之,乃其職也,百官自當論之,乃其分也。烏在無賴小人不爲鄉黨所齒者,驟興攻訐之風於朝廷之上乎?臣知國家承平,吉祥之言必不出於若輩之口也,惟陛下遠之,則天下幸甚!

其三曰:人材治本,選舉之方宜審。臣聞君天下者,勞於求賢,逸於得人,其來尚矣!蓋天地間有中和至順之氣,生而爲聰明特達之人以待明君之用。是以聖王遭時定制,不借材於異代,皆取士於當時。臣愚以爲,今之天下,猶古之天下也;今之君臣,猶古之君臣也;今之人材,猶古之人材也。賢俊經綸之士,豈皆生於曩代而獨不生於當今哉?顧惟陛下求之與否爾。

伏見取人之法,今之議者互有異同,或以選舉爲盡美而賤科第,或以科第爲至公而輕選舉,是皆一己之偏見,非古今之通論也。夫二帝三王之下,隋唐以上,數千百年之間,明君睿主所得社稷之臣、王霸之輔,蓋亦多矣!其豐功盛烈,章章然著於天下,後世之耳目者迹其從來亦可考也。或起於耕耘,或求之於版築,或獵之於屠釣,或遇之獻言而入侍,或由薦進而登朝。至於賢良、方正、直言、孝廉、貢舉之著,遭際萬殊,不可勝紀,豈一出於科第乎?自隋唐以降迄于宋金,數百年間代不乏人，名臣偉器，例皆以科第進，豈皆一出於選舉乎？及乎遇合於君，聚精會神於朝廷之上，皆能尊主庇民論道佐時，寧復有彼優此劣之間哉？夫士之處世，亦猶魚之處水。今魴之在河，鯉之在洛，人皆知之。其取之術，固有筌罾罟釣之不同，期於得魴得鯉則一也。

臣愚謂方今取士，宜設三科，以盡天下之材，以公天下之用。亡金之士以第進士，并歷顯官，耆年宿德，老成之人，分布臺省，諮詢典故，一也。内則將相公卿大夫各舉所知，外則府尹州牧歲貢有差，進賢良則受賞，進不肖則受罰，二也。頒降詔書，布告天下，限以某年，開設科舉，三也。三科之外，繼以門廕勞效參之，可謂才德兼收，勛賢並進。如此，則人人自勵，安敢苟且！庶幾野無遺材，多士盈朝，將相得人於上，守令稱職於下，時雍丕變，政化日新，陛下端拱無爲而天下治矣！夫天下猶重器也。器之安危，置之在人。陛下誠欲措天下於泰山之安，基宗社於磐石之固，可不以求材爲急務乎？《詩》曰"濟濟多士，文王以寧"①，其斯之謂歟！

抑臣又聞，凡人臣進深計之言於上，自古爲難。昔漢賈誼，當文帝治平之世，建言諸侯强大，將不利於社稷，譬猶抱火厝之積薪之下而寢其上，火未及然，因謂之安，甚非安上全下之計，莫若衆建諸侯而以少其力。[102]可謂切中時病矣！然當時舉皆以誼言爲過，故帝雖嘉之而不能用。逮景帝之世，七國連兵，幾危漢室，誼之言始驗於此矣。董仲舒當武帝窮兵黷武之初，重斂苛刑之際，一踵亡秦之餘敝，唯崇尚虛文而欲求至治。仲舒以爲更化而更化，雖有大賢，不能善治，譬之琴瑟不調，甚者當更張，而不更張，雖有良工，不能善鼓耳。又言，臨淵羨魚，不如退而結網；臨政願治，不如退而更化。可謂深識治體矣！然當時舉朝皆以其言爲迂，故帝雖納之而不果行。逮季年之後，海内虛耗，户口減半，帝於是發仁聖之言，下哀痛之詔，仲舒之言，實

---

① 參見《詩經・大雅・文王》。

驗於此矣！向若文帝用賈誼之言，武帝行仲舒之策，其禍亂之極，必不至此！漢之爲漢，又豈止如是而已哉！

暨乎有唐，馭宇太宗皇帝，清明在躬，以納諫爲心，而魏徵之倫，耻其君不及堯舜，是以知無不言，言無不聽，聽無不行，故能身致太平，比功較德，優邁前主矣。臣誠才識駑鈍，不足以比擬前賢，如霄壤涇渭固自有間。然於遭逢聖明，誠誠懇懇，志在納忠，其義一也。臣請以人身之計言之，且冬之祁寒，夏之甚暑，此天時變于上者也。在修人事以應之，故祁寒則衣之以裘，甚暑則服之以葛。非人情惡常而好變也，蓋亦理勢當然，不得不爾，期於康寧其身而已矣！或者安於循習，昧於變通，冬之裘且加於流火鑠金之夏，夏之葛苟施乎堅冰拆地之冬，將見嚴酷癘人。危在朝夕矣！又烏能答天地之正筭，養喬松之上壽哉！國計安危，理亦如此。

臣愚切謂，三本之策，若施之於太祖用武之世，有所未遑，行之於陛下文明之時，誠得其宜矣！此實天下之公論，非臣一人之私意也。願陛下不以人廢言，力而行之，則可以塞禍亂之源，可以興太平之化，可以保子孫於萬世，可以福蒼生於無窮矣！臣猥寄外藩，不明大體，加以性識愚戇，干冒宸嚴，不勝戰慄隕越之至。

（《元文類》卷一四《三本書》，《文翰類選大成》卷一三一《三本書議》）

【校勘記】

［1］民從而與之獻無異親民無異望：此十三字原脱，據《春秋左傳注・昭公十三年》補。

［2］與：《春秋左傳注・昭公十三年》作“冀”。

［3］欲：此字原脱，據《國語》卷一《周語・西周三川皆震伯陽父論周將亡》補。

［4］日：此字原脱，據《春秋左傳注・昭公三年》補。

［5］曰黄裳元吉：此五字原脱，據《春秋左傳注・昭公十二年》補。

［6］耦：《春秋左傳注・昭公三十二年》作“偶”。

［7］周：此字原脱，據《國語》卷一七《楚語・伍舉論臺美而楚殆》補。

［8］川：此字原脱，據《國語》卷一《周語・西周三川皆震伯陽父論周將亡》補。
［9］何：《春秋左傳注・襄公三十一年》作“何以”。
［10］唱：《文翰類選大成》卷一三四作“倡”。
［11］稱：《唐文粹》卷四六作“言”。本篇下同。
［12］者：《唐文粹》卷四六作“官”。本篇下同。
［13］考：此字原脱，據《史記》卷六一《伯夷列傳》補。
［14］遜：《史記》卷六一《伯夷列傳》作“讓”。
［15］以：《蘇軾文集》卷六五作“用以”。
［16］耳：原作“其”，據《蘇軾文集》卷六五改。
［17］加：此字原脱，據《性理群書句解》前集《新編性理群書句解》卷八補。
［18］日：《元文類》卷四四作“月”。
［19］以：《文翰類選大成》卷一三一作“已”。
［20］急：原作“惠”，據《文翰類選大成》卷一三一、《漢書》卷七八改。
［21］管子云：此三字原脱，據《西漢年紀》卷一八補。
［22］賈：此字原脱，據《西漢年紀》卷一八補。
［23］大夫鄙則士貪士貪則庶人盗：原作“大夫鄙則庶人盗”，據《西漢年紀》卷一八改。
［24］萬物並收：此四字原脱，據《西漢年紀》卷一八補。
［25］騰躍：此二字原脱，據《西漢年紀》卷一八補。
［26］侔利自市：此四字原脱，據《西漢年紀》卷一八補。
［27］歸：此字原脱，據《西漢年紀》卷一八補。
［28］猶：原作“猷”，據《西漢年紀》卷一八及《詩經・小雅・南有嘉鱼之什・采芑》改。
［29］從：《西漢年紀》卷一八作“復”。
［30］隳：原作“隋”，據《西漢年紀》卷一八改。
［31］賢良：《西漢年紀》卷一八作“丞相史”。
［32］賢良曰：此三字原脱，據《西漢年紀》卷一八補。
［33］稗：原作“粺”，據《西漢年紀》卷一八改。
［34］儛：《西漢年紀》卷一八作“舞”，該篇以下全同。
［35］器：此字原脱，據《西漢年紀》卷一八補。
［36］露：原作“路”，據《西漢年紀》卷一八改。
［37］廢：原作“發”，據《西漢年紀》卷一八改。
［38］故國病聚不足則政怠人身病聚不足則身危：原作“故國病聚不足則身危”，據《西漢年紀》卷一八改。
［39］敢：原作“取”，據《西漢年紀》卷一八改。
［40］掃：《西漢年紀》卷一八作“婦”。
［41］百里：此二字原脱，據《西漢年紀》卷一八補。

[42] 政：《西漢年紀》卷一八作“衆”。

[43] 潔：原作“絜”，據《西漢年紀》卷一八改。

[44] 有司：此二字原脱，據《西漢年紀》卷一八補。

[45] 與：《西漢年紀》卷一八作“於”。

[46] 厲：《文翰類選大成》卷一三一作“勵”。

[47] 達：《文章類選》同《文翰類選大成》卷一三一，《文苑英華》卷七六七作“道”。

[48] 議：原作“莪”，據《文苑英華》卷七六七、《文翰類選大成》卷一三一改。

[49] 非令所爲擅議宗廟之意也：此十一字原脱，據《漢書》卷七三補。

[50] 諸侯五日而殯五月而葬：此十字原脱，據《漢書》卷七三補。

[51] 時：此字原脱，據《唐會要》卷四六、《文獻通考》卷二七五補。

[52] 嚇：原作“赫”，據《文苑英華》卷七六八改。

[53] 紛紜：《文苑英華》卷七六八作“紛紛”。

[54] 之言：《文苑英華》卷七六八無此二字。

[55] 詳：《文苑英華》卷七六八作“採”。

[56] 高參：原作“高恭”，據《文章類選・目録》、《文苑英华》卷七七〇、《唐文粹》卷四二及人名用字改。

[57] 爲：《唐文粹》卷四二作“謂”。

[58] 令：《唐文粹》卷四二作“合”。

[59] 氏：《文章類選》同《唐文粹》卷四二、《文翰類選大成》卷一三一，《文苑英华》卷七七〇作“時”。

[60] 訓：《唐文粹》卷四二作“範”。

[61] 典祀：《唐文粹》卷四二作“禮經”。

[62] 家：《唐文粹》卷四二作“之”。

[63] 畜養：《唐文粹》卷四二作“養育”。

[64] 棄職不修：《唐文粹》卷四二作“職既不備”。

[65] 視：《唐文粹》卷四二作“聽”。

[66] 臣忝樞近職司聰明不揆狂愚輒獻公議謹議：《唐文粹》卷四二無此十八字。

[67] 爲：《唐文粹》卷四二、《文翰類選大成》卷一三一均作“謂”。

[68] 作：《唐文粹》卷四二、《文翰類選大成》卷一三一均作“始作”。

[69] 人：《唐文粹》卷四二、《文翰類選大成》卷一三一均作“道”。

[70] 列群：《文苑英華》卷七七〇、《唐文粹》卷四二作“列郡”，《文翰類選大成》卷一三一作“郡守”。

[71] 至於：《唐文粹》卷四二、《文翰類選大成》卷一三一均作“其”。

[72] 善：《唐文粹》卷四二、《文翰類選大成》卷一三一均作“莅”。

[73] 害：《唐文粹》卷四二、《文翰類選大成》卷一三一作“虐”。

［74］辨：原作“辯”，據《唐文粹》卷四二、《文翰類選大成》卷一三一改。
［75］之爲失：《唐文粹》卷四二、《文翰類選大成》卷一三一均作“而非失之”。
［76］吏：《文苑英華》卷七六八作“令”。
［77］亂：《文苑英華》卷七六八作“禮”。
［78］元慶：《唐文粹》卷四〇作“君先”。本篇下同。
［79］罪：《文苑英華》卷七六八作“死”。
［80］救：《文苑英華》卷七六八作“教”。
［81］韓愈：此二字原在“復讎議”三字前，據《文章類選・目録》及《文章類選》編修體例改。
［82］九月：《文苑英華》卷七六八此二字後有“七日”二字。
［83］端：《文苑英華》卷七六八作“大端”。
［84］子：《唐文粹》卷四〇、《古今事文類聚》别集卷三一作“信”。
［85］而：原作“西”，據《韓愈文集彙校箋注》卷二七改。
［86］旨：原作“指”，據《文苑英華》卷七六八、《唐文粹》卷四〇、《古今事文類聚》别集卷三一、《文翰類選大成》卷一三〇改。
［87］師：《文苑英華》卷七七〇作“王師”。
［88］綏：《文苑英華》卷七七〇、《唐文粹》卷四二均作“授”。
［89］各：原作“名”，據《文苑英華》卷七六四、《唐文粹》卷三九改。
［90］切：《唐文粹》卷三九作“在”。
［91］謅：《文翰類選大成》卷一三一作“噏”。
［92］言：《文翰類選大成》卷一三一作“謀”。
［93］誤：原作“設”，據《文苑英華》卷七七〇、《文翰類選大成》卷一三一改。
［94］三代已還一人而已：此八字原脱，據《蘇軾文集校注》卷三六補。
［95］好聚財：《文翰類選大成》卷一三〇作“吝用財”。
［96］復：《文翰類選大成》卷一三〇作“覆”。
［97］時：此字原脱，據《元文類》卷四四補。
［98］燿：《文翰類選大成》卷一三一作“烺”。
［99］鮮：原作“群”，據《元文類》卷一四、《文翰類選大成》卷一三一改。
［100］鬥：原作“門”，據《元文類》卷一四、《文翰類選大成》卷一三一改。
［101］維：此字原脱，據《元文類》卷一四補。
［102］少：此字原脱，據《元文類》卷一四、《文翰類選大成》卷一三一補。

文章類選卷之十三

謚議類[1]

大尉晋國公韓滉謚議　　顧況

議曰：韓滉天然風操，自建名實，馭下威重，允凝績用。頃天下兵興，務給財食，月計億費，王府一空。中歲，滉領小司徒，實專出納，平準齒革之材，貿遷虞衡之賦，邸無斂貨，市均靡物，加以嗇用，殆復充盈。洎擁旄吴楚，封略數千里，盛名大烈，[2]豈望而斯畏，[3]嚴令山鎮，不可輕沮。諭意維揚，則張瑗之謀戢矣；飛書斬將，則沉清之亂平矣。采衛邦伯，文武陪寮，怙勢之徒，負阻之族，莫不軋軋顒顒如也。且天寶以來，江左無事，[4]物産資贍，文法浸寬。貪夫狥財，小人趨利，求兹官者，十恒八九。滉梶能制動，絲克理棼，過之所至，刑必糾之，非簡能之不知，方矯時而爲理。興元初，奸宄偷變，震驚我師，滉首獻方物，奔貢漢中。慶賜遂行，邦用由濟。貞元初，歲不有秋，秦將歉食，上憂乏用，人心大摇。滉發廩救灾，不俟終日，萬鍾繼至，三輔斯給。昔蕭何轉漕關中，寇恂資用河内，皆以勤王幹蠱，推功第一。若敵而言，則滉之功非細也。爰命作相，咨以財計，用統邦賦，漢粟誠多，超古之才，高謝主臣而已。會登用日淺，其道未光，然累行疇庸，可得而擬。

《謚法》曰："慮國忘家曰忠，安君不念己危曰忠。"滉安國荒饉，濟君艱難，屬時多虞，立權修賦，危已從怨，忘家在公，得非忠乎？《謚法》曰："剛德克就曰肅，執心决斷曰肅。"滉剛而得位，師克以貞，令出惟行，刑其必犯，得非肅乎？臣聞舉善不必求備，易名是其大者。昔謝琰定謚，特以忠肅褒榮，何曾議謚？詔以忠肅追美，稽滉勛勞，無忝前烈。伏請謚曰忠肅。謹議。

（《文苑英華》卷八四一《太尉晋國公韓滉謚議》）

左常侍柳渾謚議　柳宗元

尚書考功。伏以《魯史》褒貶，《虞書》黜陟，彰善癉惡，王教之端。自周公已來，謚法未改。謹按柳公累歷臺閣清貫，茂著名節，貞亮存誠，潔廉中禮。納忠爲諍臣之表，出守乃牧人之良。剌舉必聞，澄清可紀。冒危而大節不奪，更名而純誠克彰。遂踐鼎司，以匡王國。奉上盡陪輔之志，退迹有推讓之高。珪璋問望，洽於人聽。所以聳厲在位，關於政教。聲聞王者，其事實繁。褒善勸能，固將不廢。宗元既當族屬，且又通家，傳信克備其遺芳，考行敢徵於故事。謹具署其懿續，布以懿詞，定謚之制，請如律令。謹狀。下太常博士裴堪謚議曰貞。奉敕依。

（《文苑英華》卷八四一《左常侍柳渾謚議》，《柳宗元集》卷八《謚議》，《柳宗元集校注》卷八《謚議》）

贈太保于頔謚議　王彦威

議曰：于頔剛毅特立，博游文藝，蘊開物成務之志，爲從横倜儻之才。刺湖州，復南朝舊陂，以溉人田，由是斥鹵生稻粱，歲時大化。得丁壯之物籍者，取什一代貧人租入，故輕重以濟。江南卑濕，送終者無懸窆封樹之制，高則不隱，深則及泉，土纔周棺，水至露胔。頔悉命以官地收瘞，當時稱之。爲蘇州，則繕完堤防，疏鑿畎澮，列樹以表道，决水以溉田。其爲襄陽，當吴少誠弄兵，王師不乏糧，軍未嘗退衄。克吴房、朗山，[5]生得賊將，遽以兵柄授之，推誠於人，有古將略。

然惜其不能善終如始，奉初以還。跋扈立名，滿盈不戒。則有司擬議之際，安可不善善而惡惡哉！元洪刺郡以官事被謫，中貴人銜命部領便道之徒所，路出于漢，頔遽命武士持刃捕捽，洪既就執，王人徒歸。又不奉詔出師，而西抵于鄧，軍聲甚雄，人聽日駭。夫師出以律，其出不命，時人不能識其指歸。王者功成而作樂，諸侯則否，頔之反旆於蔡也，作《文武順聖樂》。貞元御寓，務求寵綏，有司請編，優詔許之。事出一時之澤，樂作諸侯之庭，良可惜哉！然則如頔者，是知樂之可作，而不知禮之不可作者也。迹其馭衆爲政之術，蓋初以利興害去爲己任，而令行禁止，其源出於法家者流。文深意苛，有犯無捨，至有屋誅同命之慘。然未嘗别白其罪，以示顯戮，人到于今而冤之。洎乎天姻下浹，元侯入覲。朝廷申婚姻之好，復以宰相待之，則又子罪官貶，而連起國獄。搢紳之論，寖益非之。謹按謚法，"殺戮不辜曰厲，愎狠遂過曰厲"。請謚爲"厲"。

或曰："頔繇文學政事而揚歷中外，卒當登壇補衮之寄，推於事任，亦謂難能。則易其名者，宜兼舉美惡二字，以正褒貶。今特謚爲厲，或有未安。"愚以爲不然。誄類能而授，聖人之勸勉；議謚貴當，有司之職分。禮經言謚，蓋節以一惠。至於論譔之際，要當美惡咸在，細大無遺。議乎謚名，則以優迹，《春秋》之義也。況援其功不足以補過，挈其美不足以掩瑕。[6]其馭下也，任威少恩；其事上也，失忠與敬。謚之爲"厲"，不亦宜乎！敕賜謚曰"思"。

（《文苑英華》卷八四一《贈太保于頔謚議》，《唐會要》卷八〇《謚法》）

晋謚恭世子議　白居易

晋侯以驪姬之惑，殺太子申生。或謂申生得殺身成仁之道，是以晋人謚爲"恭世子"。載在方册，古今以爲然。居易獨以爲不然也。大凡恭之義有三：以孝保身，子之恭；以正承命，臣之恭；以道守嗣，君之恭。若棄嗣以非禮，[7]不可謂道；受命於非義，不可謂正；殺身以非罪，不可謂孝。三者率非恭也，申生有焉，而謚曰"恭"，不知其可。若垂之來代，以爲訓戒，居易懼後之臣子有失大義、守小節者，將奔走之。將欲商榷，敢徵義類。

在昔虞舜，父頑母嚚，舜既克諧，瞽亦允若。申生父之昏，姬之惡，誠宜率子道以幾諫，感君心以至誠。雖申生之孝，不侔於舜，而獻公之頑，亦不逌於瞽。盍以蒸蒸之乂，俾不格於姧乎？故咎之始形，則齋慄祇載，爲虞舜可也。若不能及，禍之將兆，則讓位去國，爲吴太伯可也。若又不能及，難之既作，[8]則全身遠害，爲公子重耳可也。三失無一得，於是乎致身於不義不祇，陷父於不德不慈，負罪被名，以至於死。臣子之道，不其惑歟？

夫以堯之聖，《書》美曰“允恭”。舜之孝，《書》美曰“温恭”。今以申生之失道，亦謂曰“恭”，庸可稱乎？周之衰也，楚子以霸王之器，奄有荆蠻，光啓土宇，赫赫楚國，由之而興。謚之爲“恭”，猶曰薄德。今申生殉其死不顧其義，輕其身不圖其君，俾死之後弑三君，殺十有五臣。實啓禍先，大亂晋國。則楚恭之得也如彼，申生之失也若此，異德同謚，無乃不可乎？

左氏修《魯史》，受經於仲尼。蓋仲尼之志，丘明從而明之，無善惡，無小大，莫不徼婉而發揮焉。至於申生之死也、之謚也，略而無譏，何其謬哉？何以覈諸？且仲尼修《春秋》，明則有凡例，幽則有微旨。其有君不君，臣不臣，父不父，子不子者，率書名以貶之。故書曰“晋侯殺其太子申生”①。不言晋人，而書“晋侯”且名“太子”者，蓋明晋侯不道，且罪申生陷君父於不義也。以微旨考之，則仲尼之明貶可知也。以凡例推之，則左氏之闕文可知矣。

嗚呼！先王之制謚，豈容易哉？善惡始終，必褒貶於一字。所以彰明往者，而勸沮來者。故君子於其謚，無所苟而已矣。繇是而言，則“恭世子”之謚，不亦誣乎，不亦誣乎！

(《文苑英華》卷八四一《晋謚恭世子議》，《唐文粹》卷四一《晋謚恭世子議》，《白居易集箋校》卷四六《晋謚恭世子議》，《白居易文集校注》卷九《晋謚恭世子議》)

---

① 參見《春秋·僖公五年》。

恭太子謚議　李溪

魯僖公五年，晋殺其太子申生。先聖之書，惡用讒也。是時國中請謚，不亦過乎？《詩》曰："温温恭人，唯德之基。"①亦曰："温恭朝夕，執事有恪。"②皆極言也。是故子服景伯戒其徒曰："陷而入於恭，閔子馬笑之，爲周恭王能庇其昭穆之闕而爲恭。"③楚王能知其過而曰恭。先王恭亦不敢自專，稱曰自古在昔，[9]由是知恭固不易名也。今觀申生之事，未有得其稱者。夫禍機將發，[10]子輿之謀，狐突之諫，明而知之。既不肯用，至於將死之日，復不能以六日之狀自明，而曰"君安驪姬，君非姬氏居不安食不飽，我辭姬必有罪，是我傷公之心也。"④乃受賜而死。嘻！越哉其過也。獻公雖暗昧好聽讒，非中心知之而猶好之也。以晋國之地方千里，財用之給，士女之衆，求聘妃后，豈無超於驪姬者哉？然而獨任專寵諸姬莫奪者，得非希意釣情，機切其密，以蕩君心使然耶？如此，則必以姬之行爲善，以姬之言爲善。安而任之，漸至作亂。史蘇所謂甘受逞而不知，至夫事狀明著，奸詐漏洩，知其不善，顯其不實，如醉而醒，如寐而覺，震電憑怒，執而戮之，必使夬然剛决矣，復安有傷心至於不安居飽食哉？設令既戮之，復思其儀質而怊悵者，則亦念其欺罔忿恨矣。謂恐傷心，無乃謬歟？

且申生將使獻公達嘉聲於億載，鎮令譽於千古，甚於安其居飽其食也。失令名於後裔，貽讒言於孫謀，甚於居不安食不飽也。推此大義，傷心猶亦不害，况於無傷，而遽至死耶？遂使長惡不懲，譖二公子，豈曰能庇其昭穆之闕乎？沉迷不返，人諫而拒，豈曰能知過乎？親不能庇，非執事有恪也。過不能知，非爲德之基也。此乃凝滯不通之論，謂之恭君，亦以過矣。謚法曰："壅遏不通曰幽。"如申生者真是

---

① 參見《詩經·大雅·抑》。
② 參見《詩經·商頌·那》。
③ 參見《國語·魯語下》。
④ 參見《春秋左傳注·僖公四年》。

也。稽之典法，改謚曰“幽太子”，使夫後代知所以事君父之道，必左右輔弼。使不陷令名於簡册之中，不獨虚死其身，偷安尊者於日夕而已。

（《文苑英華》卷八四一《改恭太子謚議》）

何忠肅公謚議　虞集

嘗聞善相天下者，蓋必本忠厚之心，廓容受之量，明事理之識，周經營之材，極久遠之慮，躬負荷之責，而後可庶幾也。是故待事有先幾，應變有餘智，持久有定功，處物有成謀，其功業始可得而論矣。若夫以狹薄之資，隱忍爲術，污陋爲習，巧佞爲伎，[11]命與時遇位以倖致者，充數之羞，欺世之禍，彼且無逃於天地之間，生民何賴焉。

觀於至元、大德之間，以大臣贊國論，不爲近利細故所動摇，本之以祖宗之舊典，定之以禮律之微意，以成天下之務者，平章政事何公何可少耶！公爲御史中丞，時權臣用事，數爲所危。公守職不變，終以是去位，天下之望，固已在公矣。成宗皇帝在位，完澤公之威重沈毅，答剌罕公之仁明正大，實相左右，朝多君子正人，而公獨以耆老精練，彌縫條理於其間，豈漫焉嘗試而爲之者哉？卒能成太平之盛，非偶然也。然於是時，好功興利之徒，間出其間，偵國家財用之急，積慮密講，將有所作爲。議數上，公必正坐堂上，奮仁者之勇，明目張膽，論民命國脉之所以然，發言折其謀，使不得行。[12]耕田鑿井之民，晏然無所顧慮，以遂其生理於當時者，公存心之最著者也。揚歷臺省數十年，皆要官重任。然衣服飲食之奉儉約，不異於儒素。身死之日，賜金給用之外，略無餘貲。此其立志，非常人所及，宜其所成就如此。謹按謚法：廉方公正曰“忠”，[13]執心决斷曰“肅”。請易公名，不亦宜乎。

（《元文類》卷四八《何忠肅公謚議》，《文翰類選大成》卷一三一《何忠肅公謚議》）

陳文靖公謚議　虞集

昔者，有道之君子，内充然而有餘，無所待乎外也；未嘗求用於世，亦未嘗不求用於世也。有天下國家者，知其有道，尊敬而信用之，則爲之出。於是應之以文學政事，隨施而見，不爲喜幸，不用則不爲變移，其志大矣！然或者假事以自售，[14]已見用而無足以行也，則以偃蹇，日取盛名，終身不一試，謂古今爲可誣也耶！

故翰林學士陳公，方盛年時，閉户讀書，未始有求用之心。及爲朝廷所用，諄諄然視其職事之所在，而謹奉之略無厭。常喜奇高自標致之意，始終清要。蓋迫而後動，來而後應，定而後就，恒無心於其間，此其視無能而求用，避事而取名，以傲忽欺罔一時者，爲何如也？故其高文大册以華國者，皆舒遲温厚之言，横經論道以淑人者，皆文質兼備之教。論禮，則欲修一代之經；司刑，則知先無訟之本。至於處己接物，温恭退讓。君子視之，則樂其雍容；小人仰之，則失其鄙暴。謂之大儒先生，斯無忝矣！謚法：道德博聞曰"文"，仕不躁進曰"靖"，謚曰"文靖"。其合公之行也哉！

（《元文類》卷四八《陳文靖公謚議》，《文翰類選大成》卷一三一《陳文靖公謚議》）

姚文公謚議　柳貫

天地真元之氣一會，則聖神代作，揚熙秉耀，承華協瑞，以開太平。而必有不世出之臣，挺生其間，攬結粹精，敷爲制述，於以增焕盛德大業，而聳之三五載籍之上，蓋數百年而得一二人焉。其有關於氣運者如是，豈徒乎文哉！

乃若先正魏國許文正公之在吾元，實當世祖皇帝恢拓基國之始，倡明道宗，振起來學。一時及門之士，獨稱集賢大學士姚公燧，爲能式纂厥緒，以大其承。然觀公之言，而考夫文正之學，則其機籥之相須，殆不啻山鳴而谷應，雲起而龍翔也。故大德、至大、皇慶之間，三宗繼照，天下乂寧。而公之文章，蔚爲宗匠。典册之雅奧，詔令之深淳，固已抉去浮靡，一返古轍。而銘志箴頌之雄偉光潔，凡鏤金刻石，昭德麗功者，[15]又將等先秦兩漢而上之，以闖夫作者之域。排沮詆訾不一二，而家傳人誦已十百。雖欲揜之，孰得揜之哉？他日良史執筆，以傳儒林，則公在文正之門，豈直儕之游、夏而已也？《易》曰："黄裳元吉，文在中也。"①然則以之節惠，公奚慊焉？謹按謚法：博文多見曰"文"，敬直慈惠曰"文"，請謚之曰"文"。

（《元文類》卷四八《姚文公謚議》，《文翰類選大成》卷一三一《姚文公謚議》，《柳貫集》卷八《姚燧謚文》）

蕭貞敏公謚議　劉致

聖王之治天下也，必有所不召之臣。蓋志意修則驕富貴，道義重則輕王公，蟬蜕塵埃之中，翱游萬物之表，不事王侯，高尚其事者以之。《傳》曰"舉逸民"②，天下之民歸心焉。故必蒲車旌帛，側席以俟其至，冀以勵俗興化。猶或長往而不返，亦有既至而不屈，則束帛戔戔，賁于丘園者，治天下者以之也。

於吾元得二人焉：曰容城劉因，京兆蕭𣂏。君始由平章咸寧王野仙薦，世祖徵不至，授陝西儒學提舉。繼而成宗、武宗、仁宗累徵，授國子司業集賢直學士，未赴，改集賢侍講。又以太子右諭德徵，始至京師，授集賢學士、國子祭酒、諭德如故。尋得告還山，年七十七以壽終。

士君子之趣向不同，期各得所志而已。彼不求人知而人知之，不希世用而世用之。至於上徹帝聰，鶴書天出，薜蘿動色，巖户騰輝，猶堅卧不起，不得已焉始一至。卒不撓其節，不隳所守而去，亦可謂得所志也已。方之於古，則嚴光、周黨之流亞歟？雖其道不周於用，[16]

---

① 參見《周易·坤卦》。

② 參見《論語·堯曰》。

而廉頑立懦，勵俗興化之功，亦已多矣。且其累徵而不起，蹔出而即歸，不既貞乎？以勤自居，其好古好學之心，不既敏乎？按謚法：清白守節曰“貞”，好古不怠曰“敏”。請謚曰“貞敏”。

（《元文類》卷四八《蕭貞敏公謚議》，《文翰類選大成》卷一三一《蕭貞敏公謚議》）

懿宗先太后謚議　杜宣猷

議曰：臣聞慶都誕堯，唐風稱盛；塗山育啓，夏道克昌。坤德既刑於邦家，帝籙方傳於悠久。況母儀夙著，壼教自高。夢日昭其休祥，俔天衷表其鴻慶。晦耀未兆，逢時乃彰。殊榮不在於生前，縟禮必行於身後。詳觀國史，逖聽皇王，步驟以來，其道一貫。

伏惟先太后應二儀而作合，齊兩耀而降祥。派流弄印之榮，道叶握圖之聖。柔明初進，慈儉用光。蘋蘩遵助祭之儀，紘綖展親蠶之禮。四德之姿始耀，六宫之望攸歸。服浣濯而自修，抑華侈而不御。大行皇帝道資内助，禮冠中闈。[17]越辭輦之遵聞，體釐降之盛則。二河之族難並，五麓之慶方遥。進賢才而益恭，辭進封而奪志。子一人而不享其福，母四海而不居其尊。行成楷模，言著箴誡。名器尚虚於椒掖，輝華俄缺於桂輪。全德則崇，備物猶爽。當海晏河清之日，屬賓天上漢之朝。故劍軫皇情之深，新阡赴丹禁之慟。[18]於是痛環珮之絶響，感詩禮之無聞。爰詔近臣，俾誄明淑。神筭添句，用寫悲情。豈八字之能倫，與三光而齊朗。嘆纏綿凄愴之痛，陋撫存悼亡之詞。天文照臨，哀榮兼極，其後必大，倚伏有徵。

皇上繼明之初，遽思顧復。遂發宫女，副以内臣。恭告薦之誠，度陵寢之制。實遵近禮，即兆爲山。改馬鬣之形，就鮒隅之式。璇宫對立，蘭殿上尊。[19]想像如覆於玉衣，[20]盻蠁疑游於金屋。上仙之日，都人不簪於奈花；追榮之辰，國風空賦於荇菜。昔處虞嬪之列，今當文母之崇。體内範而素深，因子貴而昭慶。秦原松檟，佳氣久凝；漢后褘褕，盛禮俄及。道光前古，德冠後宫。發睿感於賜衣，軫孝思於遺鏡。遂揚翟褕之禮，以慰昭靈之慈。

謹按《易》曰：元者善之長。① 謚法曰：宣慈惠和曰"元"。又曰：明德有功曰"昭"。伏以爲太后待年之初，已標仁懿之則；儷極之後，益章柔煦之風。[21]得不謂宣慈惠和乎！輔佐昌期，聿修陰教，克生聖嗣，光啓中興。得不謂明德有功乎！請上尊謚曰"元昭皇太后"。[22]謹議。

（《文苑英華》卷八四〇《懿宗先太后謚議》）

【校勘記】

［1］謚議類：此三字原脱，據《文章類選序》《文章類選・目録》及《文章類選》書例補。

［2］大：原作"火"，據《文苑英華》卷八四一改。

［3］望：此字原脱，據《文苑英華》卷八四一補。

［4］事：此字原脱，據《全唐文》卷五二八補。

［5］朗：《文苑英華》卷八四一作"郎"。

［6］挈：《文苑英華》卷八四一作"契"。

［7］以：《唐文粹》卷四一作"於"。

［8］既：《唐文粹》卷四一作"將"。

［9］古：原作"士"，據《文苑英華》卷八四一改。

［10］夫：原作"去"，據《文苑英華》卷八四一改。

［11］夫以徠薄之資隱忍爲術污陋爲習巧佞爲伎：此十八字原脱，據《全元文》卷八一六補。

［12］不：原作"朮"，據《元文類》卷四八、《文翰類選大成》卷一三一改。

［13］方：原作"外"，據《元文類》卷四八、《文翰類選大成》卷一三一改。

［14］或：原作"哉"，據《元文類》卷四八、《文翰類選大成》卷一三一改。

［15］昭：原作"招"，據《元文類》卷四八改。

［16］周：原作"同"，據《元文類》卷四八、《文翰類選大成》卷一三一改。

［17］闈：原作"圍"，據《文苑英華》卷八四〇改。

［18］赴：原作"起"，據《文苑英華》卷八四〇改。

［19］上尊：《文苑英華》卷八四〇作"焕開"。

［20］想：原作"懇"，據《文苑英華》卷八四〇改。

［21］煦：原作"照"，據《文苑英華》卷八四〇改。

［22］元：原作"慰"，據《文苑英華》卷八四〇、《舊唐書》卷五二《后妃列傳》改。

---

① 參見《周易・乾卦》。

文章類選卷之十四

書類

報燕惠王書　樂毅

臣不佞，不能奉承王命，以順左右之心，恐傷先王之明，有害足下之義，故遁逃走趙。今足下使人數之以罪，臣恐侍御者不察先王之所以畜幸臣之理，又不白臣之所以事先王之心，故敢以書對。

臣聞賢聖之君不以禄私親，其功多者賞之，其能當者處之。故察能而授官者，成功之君也；論行而結交者，立名之士也。臣切觀先王之舉也，見有高世主之心，故假節於魏，以身得察於燕。先王過舉，厠之賓客之中，立之群臣之上，不謀父兄，以爲亞卿。臣竊不自知，自以爲奉令承教，可幸無罪，故受令而不辭。先王命之曰："我有積怨深怒於齊，不量輕弱，而欲以齊爲事。"臣曰："夫齊，伯國之餘業而最勝之遺事也。練於甲兵，習於戰攻。王若欲伐之，必與天下圖之。與天下圖之，莫若結於趙。且又淮北、宋地，楚、魏之所欲也，趙若許而約，四國攻之，齊可大破也。"先王以爲然，具符節南使臣於趙。顧反命，起兵擊齊。以天之道，先王之靈，河北之地隨先王而舉之濟上。濟上之軍受命擊齊，大敗齊人。輕卒鋭兵，長驅至國。齊王遁而走莒，僅以身免；珠玉財寶車甲珍器盡收入于燕。齊器設於寧臺，大吕陳於元英，故鼎反乎磨室，薊丘之植植於汶篁，自五伯已來，功未有及先王者也。先王以爲慊於志，故裂地而封之，使得比小國諸侯。臣切不自知，自以爲奉命承教，可幸無罪，是以受命不辭。

臣聞賢聖之君，功立而不廢，故著於《春秋》；蚤知之士，名成而不毁，故稱於後世。若先王之報怨雪耻，夷萬乘之强國，收八百歲之蓄積，及至棄群臣之日，餘教未衰，執政任事之臣，修法令，謹庶孽，施及乎萌隸，皆可以教後世。

臣聞之，善作者不必善成，善始者不必善終。昔伍子胥説聽於闔閭，而吴王遠迹至郢；夫差弗是也，賜之鴟夷而浮之江。吴王不寤先論之可以立功，故沉子胥而不悔；子胥不蚤見主之不同量，是以至於入江而不化。夫免身立功，以明先王之迹，臣之上計也。離毁辱之誹謗，[1]墮先王之名，臣之所大恐也。[2]臨不測之罪，以幸爲利，義之所不敢出也。

臣聞古之君子，交絶不出惡聲；忠臣去國，不絜其名。臣雖不佞，數奉教於君子矣。恐侍御者之親左右之説，不察疏遠之行，故敢獻書以聞，唯君王之留意焉。

(《文翰類選大成》卷一一八《答燕惠王書》,《史記》卷八〇《乐毅列傳》)

絶秦書　吕相

成公十三年夏四月戊午，晋侯使吕相絶秦，曰："昔逮我獻公及穆公相好，戮力同心，申之以盟誓，重之以昏姻。天禍晋國，文公如齊，惠公如秦。無禄，獻公即世。穆公不忘舊德，俾我惠公用能奉祀于晋。又不能成大勛，而爲韓之師。亦悔于厥心，用集我文公。是穆之成也。

文公躬擐甲胄，跋履山川，逾越險阻，征東之諸侯，虞、夏、商、周之胤而朝諸秦，則亦既報舊德矣。鄭人怒君之疆埸，我文公帥諸侯及秦圍鄭。秦大夫不詢于我寡君，擅及鄭盟。諸侯疾之，將致命于秦。文公恐懼，綏静諸侯。秦師克還無害，則是我有大造于西也。

無禄，文公即世。穆爲不吊，蔑死我君，寡我襄公，迭我殽地，奸絶我好，伐我保城，殄滅我費滑，散離我兄弟，撓亂我同盟，傾覆我國家。我襄公未忘君之舊勛，而懼社稷之隕，是以有殽之師。猶願赦罪于穆公，穆公弗聽，而即楚謀我。天誘其衷，成王隕命，穆公是以不克逞志于我。

穆、襄即世，康、靈即位。康公，我之自出，又欲闕翦我公室，傾覆我社稷，帥我蝥賊以來蕩摇我邊疆，我是以有令狐之役。康猶不悛，入我河曲，伐我涑川，俘我王官，剪我羈馬，我是以有河曲之戰。東道之不通，則是康公絶我好也。

及君之嗣也，我君景公引領西望，曰："庶撫我乎！"君亦不惠稱盟，利吾有狄難，入我河縣，焚我箕、郜，芟夷我農功，虔劉我邊垂，我是以有輔氏之聚。君亦悔禍之延，而欲徼福于先君獻、穆，使伯車來命我景公曰："吾與女同好棄惡，復修舊德，以追念前勛。"言誓未就，景公即世，我寡君是以有令狐之會。君又不祥，背棄明誓。白狄及君同州，君之仇讎，而我昏姻也。君來賜命曰："吾與女伐狄。"寡君不敢顧昏姻，畏君之威，而受命于吏。君有二心於狄，曰："晋將伐女。"狄應且憎，是用告我。楚人惡君之二三其德也，亦來告我，曰："秦背令狐之盟，而來求盟于我，昭告昊天上帝、秦三公、秦三王曰：'余雖與晋出入，余唯利是視。'不穀惡其無成德，是用宣之，以懲不壹。"諸侯備聞此言，斯是用痛心疾首，暱就寡人。寡人帥以聽命，唯好是求。君若惠顧諸侯，矜哀寡人，而賜之盟，則寡人之願也。其承寧諸侯以退，豈敢徼亂？君若不施大惠，寡人不佞，其不能以諸侯退矣。敢盡布之執事，俾執事實圖利之。[3]

（《左傳·成公十三年》，《古文集成》卷一五《絶秦書》）

遺燕將書　魯仲連

燕攻齊，取七十餘城，唯莒、即墨未下。齊田單以即墨破燕，殺騎劫。初，燕將攻下聊城，人或讒之，燕將懼誅，遂保守聊城，不敢歸。田單攻之，歲餘，士卒多死而聊城不下。魯連乃爲書，約之矢以射城中，遺燕將曰："吾聞之，智者不倍時而棄利，勇士不怯死而滅名，忠臣不先身而後君。今公行一朝之忿，不顧燕王之無臣，非忠也；殺身亡聊城，而威不信於齊，非勇也；功廢名滅，後世無稱，非智也。三者世主不臣，說士不載，[4]故智者不再計，勇士不怯死。今死生榮辱，尊卑貴賤，此其一時也。願公之詳計，而無與俗同也。

"且楚攻南陽，魏攻平陸，齊無南面之心，以爲亡南陽之害，不若得濟北之利，故定計而堅守之。今秦人下兵，魏不敢東面；橫秦之勢合，則楚國之形危；且棄南陽，斷石壤，存濟北，計必爲之。今楚、魏交退，燕救不至，齊無天下之規，與聊城共據期年之敝，即臣見公之不能得也。齊必決之於聊城，公無再計。彼燕大亂，君臣過計，上下迷惑，栗腹誤以十萬之衆，五折於外，萬乘之國，被圍於趙，壤削主困，爲天下戮，公聞之乎？

"今燕王方寒心獨立，大臣不足恃，國敝禍多，民心無所歸。今公又以聊城之民，距全齊之兵，期年不解，是墨翟之守也；食人炊骨，士無反北之心，是孫臏、吴起之兵也。能已見於天下矣！故爲公計，不如罷兵休士，全車甲，歸報燕王，燕王必喜。士民見公，如見父母，交游攘臂而議於世，功業可明矣。上輔孤主以制群臣，下養百姓以資說士，矯國革俗於天下，功名可立也。意者，亦捐燕棄世，東游於齊乎？請裂地定封，富比陶、衛，世世稱寡，與齊久存，此亦一計也。二者顯名厚實也，願公熟計而審處一也。

"且吾聞，效小節者不能行大威，惡小耻者不能立榮名。昔管仲射桓公中鉤，篡也；遺公子糾而不能死，怯也；束縛桎梏，辱身也。此三行者，鄉里不通也，世王不臣也。使管仲終窮抑，幽囚而不出，慚耻而不見。窮年沒壽，不免爲辱人賤行矣。然管子并三行之過據，齊國之政，一匡天下，九合諸侯，爲五霸首，名高天下，光照鄰國。曹沫爲魯君將，三戰三北，而喪地千里，使曹子之足不離陳，計不顧後，出必死而不生，則不免爲敗軍禽將。曹子以敗軍禽將，非勇也；功廢名滅，後世無稱，非智也。故去三北之耻，退而與魯君計也，曹子以爲遭。齊桓公有天下，朝諸侯，曹子以一劍之任，劫桓公於壇位之上，顔色不變，而辭氣不悖，三戰之所喪，一朝而反之，天下震動驚駭，威信吴、楚，傳名後世。若此二公者，非不能行小節，死小耻也，以爲殺身絶世，功名不立，非智也。故去忿恚之心，而成終身之名；除感忿之耻，而立累世之功。故業與三王争流，名與天壤相敝也。公其圖之！"

（《文翰類選大成》卷一一八《遺燕將書》，《史記》卷八三《魯仲連鄒陽列傳》，《戰國策注釋》卷一三《齊策六·燕攻齊取七十餘城章》）

上秦皇逐客書　李斯

臣聞吏議逐客，切以爲過矣。昔者繆公求士，西取由余於戎，東得百里奚於宛，迎蹇叔於宋，來邳豹、公孫支於晋。此五子者，不産於秦，而繆公用之，并國二十，[5]遂霸西戎。孝公用商鞅之法，移風易俗，民以殷盛，國以富强，百姓樂用，諸侯親服，獲楚、魏之師，舉地千里，至今治强。惠王用張儀之計，拔三川之地，西并巴蜀，北收上郡，南取漢中，包九夷，制鄢、郢，東據成皋之險，割膏腴之壤，遂散六國之從，使之西面事秦，功施到今。昭王得范雎，廢穰侯，逐華陽，强公室，杜私門，蠶食諸侯，使秦成帝業。此四君者，皆以客之功。由此觀之，客何負於秦哉！向使四君却客而不内，疏士而不用，是使國無富利之實而秦無强大之名也。

今陛下致昆山之玉，有隋和之寶，垂明月之珠，服太阿之劍，乘纖離之馬，建翠鳳之旗，樹靈鼉之鼓。此數寶者，秦不生一焉，而陛下説之，何也？必秦國之所生然後可，則是夜光之璧不飾朝廷，犀象之器不爲玩好，鄭、衛之女不充後宫，而駿良駃騠不實外厩，江南金錫不爲用，西蜀丹青不爲采。所以飾後宫、充下陳、娱心意、説耳目者，必出於秦然後可，則是宛珠之簪，傅璣之珥，阿縞之衣，錦綉之飾不進於前，而隨俗雅化、佳冶窈窕、趙女不立於側也。夫擊甕叩缶彈筝搏髀，而歌呼嗚嗚快耳目者，真秦之聲也；《鄭》《衛》《桑間》《昭》《虞》《象》《武》者，異國之樂也。今棄擊甕叩缶而就《鄭》《衛》，退彈筝而取《昭》《虞》，若是者何也？快意當前，適觀而已矣。今取人則不然。不問可否,不論曲直,非秦者去,爲客者逐。然則是所重者在乎色樂珠玉,而所輕者在乎人民也。此非所以跨海内制諸侯之術也。

臣聞地廣者粟多,國大者人衆,兵强則士勇。是以泰山不辭土壤,故能成其大;河海不擇細流,故能就其深;王者不却衆庶,故能明其德。是以地無四方,民無異國,四時充美,鬼神降福,此五帝、三王之所以無敵也。今乃棄黔首以資敵國,却賓客以業諸侯,使天下之士退而不敢西向,裹足不入秦,此所謂"藉寇兵而賫盗糧者"也。夫物不産於秦,可寶者多;士不産於秦,願忠者衆。今逐客以資敵國,損民以益讎,内自虚而外樹怨於諸侯,求國無危,不可得也。

(《文選》卷三九《上秦始皇書》,《古今事文類聚》前集卷二四《下令逐客》,《文翰類選大成》卷一一八《上秦皇逐客書》,《史記》卷八七《李斯列傳》)

救太子書　壺關三老

臣聞父者猶天,母者猶地,子猶萬物也,故天平地安,陰陽和調,物乃茂成;父慈母愛,室家之中,子乃孝順。陰陽不和則萬物夭傷,父子不和則室家喪亡。故父不父則子不子,君不君則臣不臣,雖有粟,吾豈得而食諸!

昔者虞舜,孝之至也,而不中於瞽叟;孝已被謗,伯奇放流,骨肉至親,父子相疑。何者?積毁之所生也。由是觀之,子無不孝,而父有不察。今皇子爲漢適嗣,承萬世之業,體祖宗之重,親則皇帝之宗子也。江充,布衣之人,閭閻之隸臣耳,陛下顯而用之,銜至尊之命以迫蹵皇太子,造飾奸詐,群邪錯謬,是以親戚之路鬲塞而不通。太子進則不得上見,退則困於亂臣,獨冤結而亡告,不忍忿忿之心,起而殺充,恐懼逋逃,子盗父兵以救難自免耳。臣竊以爲無邪心。

《詩》曰:"營營青蠅,止于藩;愷悌君子,無信讒言;讒言罔極,交亂四國。”[①]往者江充讒殺趙太子，天下莫不聞，其罪固宜。陛下不省察，深過太子，發盛怒，舉大兵而求之，三公自將，智者不敢言，辯士不敢説，臣竊痛之！

臣聞子胥盡忠而忘其號，比干盡仁而遺其身，忠臣竭誠不顧鈇鉞之誅，以陳其愚，志在匡君、安社稷也。《詩》云：“取彼譖人，投畀豺虎。”[②]唯陛下寬心慰意，少察所親，毋患大子之非，亟罷甲兵，無令太子久亡！臣不勝惓惓，出一旦之命，待罪建章闕下。

（《漢書》卷六三《武五子傳第三十三·戾太子劉據》，《西漢年紀》卷一七《武帝》）

文帝賜尉佗書

皇帝謹問南粤王，甚苦心勞思。[6]朕，高皇帝側室之子，棄外奉北藩于代，道里遼遠，壅蔽樸愚，未嘗致書。高皇帝棄群臣，孝惠皇帝即世，高后自臨事，不幸有疾，日進不衰，以故誖暴乎治。諸吕爲變故亂法，不能獨制，乃取他姓子爲孝惠皇帝嗣。賴宗廟之靈，功臣之力，誅之已畢。朕以王侯吏不釋之故，不得不立，今即位。

乃者聞王遺將軍隆慮侯書，求親昆弟，請罷長沙兩將軍。朕以王書罷將軍博陽侯，親昆弟在真定者，已遣人存問，修治先人冢。前日聞王發兵於邊，爲寇灾不止。當其時長沙苦之，南郡尤甚，雖王之國，庸獨利乎！必多殺士卒，傷良將吏，寡人之妻，孤人之子，獨人父母，得一亡十，朕不忍爲也。朕欲定地犬牙相入者，以問吏，吏曰“高皇帝所以介長沙土也”，朕不得擅變焉。吏曰：“得王之地不足以爲大，得王之財不足以爲富，服領以南，王自治之。”雖然，王之號爲帝。兩帝並立，亡一乘之使以通其道，是争也；争而不讓，仁者不爲也。願與王分棄前患，終今以來，通使如故。故使賈，馳諭告王朕意，王亦受之，

---

① 參見《詩經·小雅·青蠅》。

② 參見《詩經·小雅·巷伯》。

毋爲寇灾矣。上褚五十衣，中褚三十衣，下褚二十衣，遺王。願王聽樂娱憂，存問鄰國。

（《文翰類選大成》卷一一八《賜南粤王佗書》，《漢書》卷九五《西南夷兩粤朝鮮傳第六十五·南粤》，《西漢年紀》卷五《文帝》，《資治通鑑》卷一三《漢紀五·太宗孝文皇帝上·元年》，《安南志略》卷二《前朝書命·漢文帝賜越王趙佗書》）

諫獵書　司馬相如

臣聞物有同類而殊能者，故力稱烏獲，捷言慶忌，勇期賁、育。臣之愚，[7]竊以爲人誠有之，獸亦宜然。今陛下好陵阻險，射猛獸，卒然遇逸材之獸，駭不存之地，犯屬車之清塵，輿不及還轅，人不暇施巧，[8]雖有烏獲、逢蒙之技不得用，[9]枯木朽株盡爲難矣。是胡越起於轂下，而羌夷接軫也，豈不殆哉！雖萬全而無患，然本非天子之所宜近也。且夫清道而後行，中路而後馳，[10]猶時有銜橜之變，况乎涉豐草，騁丘虚，前有利獸之樂而内無存變之意，其爲害也不難矣！夫輕萬乘之重不以爲安樂，出萬有一危之塗以爲娱，臣竊爲陛下不取。

蓋明者遠見於未萌而知者避危於無形，禍固多藏於隱微而發於人之所忽者也。故鄙諺曰："家纍千金，坐不垂堂。"此言雖小，可以諭大。臣願陛下留意幸察。

（《文選》卷三九《上書諫獵》，《文翰類選大成》卷一一八《諫獵》，《史記》卷一一七《司馬相如列傳》，《漢書》卷五七下《司馬相如傳》，《資治通鑑》卷一七《漢紀九·世宗孝武皇帝上之上·三年》）

諫吴王書　鄒陽

臣聞秦倚曲臺之宫，懸衡天下，畫地而人不犯，兵加胡越；至其晚節末路，張耳、陳勝連從兵之據，以叩函谷，咸陽遂危。何則？列郡不相親，萬室不相救也。今胡數涉北河之外，上覆飛鳥，下不見伏菟，鬥城不休，救兵不止，死者相隨，輦車相屬，轉粟流輸，千里不絶。何則？

强趙責於河間，六齊望於惠后，城陽顧於盧博，三淮南之心思墳墓。大王不憂，臣恐救兵之不專，胡馬遂進窺於邯鄲，越水長沙，還舟青陽。雖使梁并淮陽之兵，下淮東，越廣陵，以遏越人之糧，漢亦折西河而下，北守漳水，以輔大國，胡亦益進，越亦益深。此臣之所爲大王患也。

臣聞蛟龍驤首奮翼，[11]則浮雲出游，霧雨咸集。聖王底節修德，則游談之士歸義思名。今臣盡智畢議，易精極慮，則無國不可奸；飾固陋之心，則何王之門不可曳長裾乎？然臣所以歷數主之朝，背淮千里而自致者，非惡臣國而樂吴民也，竊高下風之行，尤説大王之義。故願大王之無忽，察聽其志。

臣聞鷙鳥纍百，不如一鶚。夫全趙之時，武力鼎士袨服叢臺之下者一旦成市，而不能止幽王之湛患。淮南連山東之俠，死士盈朝，不能還厲王之西也。然而計議不得，雖諸、賁不能安其位，亦明矣。故願大王審畫而已。

始孝文皇帝據關入立，寒心銷志，不明求衣。自立天子之後，使東牟朱虚東褒義父之後，深割嬰兒王之。壤子王梁、代，[12]益以淮陽。卒仆濟北，囚弟於雍者，豈非象新垣平等哉！今天子新據先帝之遺業，左規山東，右制關中，變權易勢，[13]大臣難知。大王弗察，臣恐周鼎復起於漢，新垣過計於朝，則我吴遺嗣，不可期於世矣。高皇帝燒棧道，灌章邯，兵不留行，收弊民之倦，東馳函谷，西楚大破。水攻則章邯以亡其城，陸擊則荆王以失其地，此皆國家之不幾者也。願大王熟察之。

（《文選》卷三九《上書吴王》，《文翰類選大成》卷一一八《上書吴王》，《漢書》卷五一《賈鄒枚路傳第二十一·鄒陽》）

答任安書　司馬遷

少卿足下：曩者辱賜書，教以慎於接物，推賢進士爲務，意氣勤勤懇懇，若望僕不相師，而用流俗人之言。僕非敢如是也。雖罷駑，亦嘗側聞長者遺風矣。顧自以爲身殘處穢，動而見尤，欲益反損，是以抑鬱而無誰語。諺曰："誰爲爲之？孰令聽之？"蓋鍾子期死，伯牙終身不復鼓琴。何則？士爲知己用，女爲説己容。若僕大質已虧闕，雖材懷隨和，行若由夷，終不可以爲榮，適足以發笑而自點耳。書辭宜答，會東從上來，又迫賤事，相見日淺，卒卒無須臾之間得竭指意。今少卿抱不測之罪，涉旬月，迫季冬，僕又薄從上上雍，恐卒然不可諱。是僕終已不得舒憤懣以曉左右，則長逝者魂魄私恨無窮。請略陳固陋。闕然不報，幸勿過。

僕聞之，修身者智之府也，愛施者仁之端也，取予者義之符也，耻辱者勇之决也，立名者行之極也。士有此五者，然後可以托於世，列於君子之林矣。故禍莫憯於欲利，悲莫痛於傷心，行莫醜於辱先，而詬莫大於宮刑。刑餘之人，無所比數，非一世也，所從來遠矣。昔衞靈公與雍渠載，孔子適陳；商鞅因景監見，趙良寒心；同子參乘，爰絲變色：自古而耻之。夫中材之人，事關於宦豎，莫不傷氣，况忼慨之士乎！如今朝雖乏人，奈何令刀鋸之餘薦天下豪雋哉！

僕賴先人緒業，得待罪輦轂下，二十餘年矣。所以自惟：上之，不能納忠效信，有奇策材力之譽，自結明主；次之，又不能拾遺補闕，招賢進能，顯巖穴之士；外之，不能備行伍，攻城野戰，有斬將搴旗之功；下之，不能累日積勞，取尊官厚禄，以爲宗族交游光寵。四者無一遂，苟合取容，無所短長之效，可見於此矣。鄉者，僕亦嘗厠下大夫之列，陪外庭末議。不以此時引維綱，盡思慮，今已虧形爲埽除之隸，在闒茸之中，乃欲卬首信眉，論列是非，不亦輕朝廷，羞當世之士邪！嗟乎！嗟乎！如僕，尚何言哉！尚何言哉！

且事本末未易明也。僕少負不羈之才，長無鄉曲之譽，主上幸以先人之故，使得奉薄技，出入周衞之中。僕以爲戴盆何以望天，故絶賓客之知，忘室家之業，日夜思竭其不肖之材力，務壹心營職，以求親媚於主上，而事乃有大謬不然者。

夫僕與李陵俱居門下，素非相善也，趣舍異路，未嘗銜杯酒接殷勤之歡。然僕觀其爲人自奇士，事親孝，與士信，臨財廉，取予以義，分别有讓，恭儉下人，常思奮不顧身以徇國家之急。其素所畜積也，僕以爲有國士之風。夫人臣出萬死不顧一生之計，赴公家之難，斯已奇矣。今舉事壹不當，而全軀保妻子之臣隨而媒孽其短，僕誠私心痛之。且李陵提步卒不滿五千，深踐戎馬之地，足歷王庭，垂餌虎口，横挑彊胡，卬億萬之師，與單于連戰十餘日，所殺過當。虜救死扶傷不給，旃裘之君長咸震怖，乃悉徵左右賢王，舉引弓之民，一國共攻而圍之。轉鬥千里，矢盡道窮，救兵不至，士卒死傷如積。然李陵壹呼勞軍，士無不起，躬流涕，沫血飲泣，張空弮，冒白刃，北首爭死敵。陵未没時，使有來報，漢公卿王侯皆奉觴上壽。後數日，陵敗書聞，主上爲之食不甘味，聽朝不怡。大臣憂懼，不知所出。僕竊不自料其卑賤，見主上慘悽怛悼，誠欲效其款款之愚。爲李陵素與士大夫絶甘分少，能得人之死力，雖古名將不過也。身雖陷敗，彼觀其意，且欲得其當而報漢。事已無可奈何，其所摧敗，功亦足以暴於天下。僕懷欲陳之，而未有路。適會召問，即以此指推言陵功，欲以廣主上之意，塞睚眦之辭。未能盡明，明主不深曉，以爲僕沮貳師，而爲李陵游説，遂下於理。拳拳之忠，終不能自列，因爲誣上，卒從吏議。家貧，財賂不足以自贖，交游莫救，左右親近不爲壹言。身非木石，獨與法吏爲伍，深幽囹圄之中，誰可告愬者！此正少卿所親見，僕行事豈不然邪？李陵既生降，隤其家聲，而僕又佴之蠶室，[14]重爲天下觀笑。悲夫！悲夫！事未易一二爲俗人言也。

僕之先人非有剖符丹書之功，文史星歷近乎卜祝之間，固主上所戲弄，倡優畜之，流俗之所輕也。假令僕伏法受誅，若九牛亡一毛，與螻螘何異？而世又不與能死節者比，特以爲智窮罪極，不能自免，卒就死耳。何也？素所自樹立使然。人固有一死，死有重於泰山，或輕於鴻毛，用之所趣異也。太上不辱先，[15]其次不辱身，其次不辱理色，其次不辱辭令，其次詘體受辱，其次易服受辱，其次關木索、被箠楚受辱，其次鬄毛髮、嬰金鐵受辱，其次毁肌膚、斷支體受辱，最下腐刑，極矣。《傳》曰“刑不上大夫”①，此言士節不可不勵也。

猛虎處深山，百獸震恐，及其在穽檻之中，摇尾而求食，積威約之漸也。故士有畫地爲牢勢不入，[16]削木爲吏議不對，定計於鮮也。今交手足，受木索，暴肌膚，受榜箠，幽於圜墻之中，當此之時，見獄吏則頭槍地，視徒隸則心惕息。何者？積威約之勢也。及已至此，言不辱者，所謂强顔耳，曷足貴乎！且西伯，伯也，拘牖里；李斯，相也，具五刑；淮陰，王也，受械於陳；彭越、張敖南鄉稱孤，繫獄具罪；絳侯誅諸吕，權傾五伯，囚於請室；魏其，大將也，衣赭關三木；季布爲朱家鉗奴；灌夫受辱居室。此人皆身至王侯將相，聲聞鄰國，及罪至罔加，不能引決自財。在塵埃之中，古今一體，安在其不辱也！由此言之，勇怯，勢也；强弱，形也。審矣，曷足怪乎！且人不能蚤自財繩墨之外，已稍陵夷至於鞭箠之間，乃欲引節，斯不亦遠乎！古人所重施刑於大夫者，殆爲此也。

夫人情莫不貪生惡死，念親戚，顧妻子，至激於義理者不然，乃有不得已也。今僕不幸，蚤失二親，無兄弟之親，獨身孤立，少卿視僕於妻子何如哉？且勇者不必死節，怯夫慕義，何處不勉焉！僕雖怯懦欲苟活，亦頗識去就之分矣，何至自湛溺累紲之辱哉！且夫臧獲婢妾猶能引決，况若僕之不得已乎！所以隱忍苟活，函糞土之中而不辭者，恨私心有所不盡，鄙没世而文采不表於後也。

古者富貴而名摩滅，不可勝記，唯俶儻非常之人稱焉。蓋西伯拘而演《周易》；仲尼厄而作《春秋》；屈原放逐，乃賦《離騷》；左丘失明，厥有《國語》；孫子髕脚，兵法修列；不韋遷蜀，世傳《吕覽》；韓非囚秦，《説難》《孤憤》。《詩》三百篇，大氐賢聖發憤之所爲作也。此人皆意有所鬱結，不得通其道，故述往事，思來者。及如左丘明無目，孫子斷足，終不可用，退論書策以舒其憤，思垂空文以自見。

僕竊不遜，近自托於無能之辭，網羅天下放失舊聞，考之行事，稽

---

① 參見《禮記・曲禮上》。

其成敗興壞之理，凡百三十篇，亦欲以究天人之際，通古今之變，成一家之言。草創未就，適會此禍，惜其不成，是以就極刑而無愠色。僕誠已著此書，藏之名山，傳之其人通邑大都，則僕償前辱之責，雖萬被戮，豈有悔哉！此可爲智者道，難爲俗人言也！

且負下未易居，[17]下流多謗議。僕以口語遇遭此禍，重爲鄉黨戮笑，汙辱先人，亦何面目復上父母之丘墓乎？雖累百世，垢彌甚耳！是以腸一日而九回，居則忽忽若有所亡，出則不知所如往。每念斯耻，汗未嘗不發背霑衣也。身直爲閨閤之臣，寧得自引深藏於巖穴邪！故且從俗浮沈，與時俯仰，以通其狂惑。今少卿乃教以推賢進士，無乃與僕之私指謬乎。今雖欲自雕琢，曼辭以自解，無益，於俗不信，祇取辱耳。要之死日，然後是非乃定。書不能盡意，故略陳固陋。

（《文選》卷四一《報任少卿書》，《文翰類選大成》卷一一八《答任安書》，《漢書》卷六二《司馬遷傳》）

諫伐閩越書　淮南王安

陛下臨天下，布德施惠，緩刑罰，薄賦斂，哀鰥寡，恤孤獨，養耆老，振匱乏，盛德上隆，和澤下洽，近者親附，遠者懷德，天下攝然，人安其生，自以没身不見兵革。今聞有司舉兵將以誅越，臣安竊爲陛下重之。

越，方外之地，劗髮文身之民也。不可以冠帶之國法度理也。自三代之盛，胡越不與受正朔，非强弗能服，威弗能制也，以爲不居之地，不牧之民，不足以煩中國也。故古者封内甸服，封外侯服，侯衞賓服，蠻夷要服，戎狄荒服，遠近勢異也。[18]自漢初定已來七十二年，吴越人相攻擊者不可勝數，然天子未嘗舉兵而入其地也。臣聞越非有城郭邑里也，處谿谷之間，篁竹之中，習於水鬥，便於用舟，地深昧而多水險，中國之人不知其勢阻而入其地，雖百不當其一。得其地，不可郡縣也；攻之，不可暴取也。以地圖察其山川要塞，相去不過寸數，而間獨數百千里，阻險林叢弗能盡著。視之若易，行之甚難。天下賴宗廟之靈，方内大寧，戴白之老不見兵革，民得夫婦相守，父子相保，陛下之德也。越人名爲藩臣，貢酎之奉，不輸大内，一卒之用不給上事。自相攻擊而陛下發兵救之，是反以中國而勞蠻夷也。且越人愚戇輕薄，負約反覆，其不用天子之法度，非一日之積也。壹不奉詔，舉兵誅之，臣恐後兵革無時得息也。

間者數年，歲比不登，民待賣爵贅子以接衣食，賴陛下德澤振救之，得毋轉死溝壑。四年不登，五年復蝗，民生未復。今發兵行數千里，資衣糧，入越地，輿轎而隃領，拕舟而入水，行數百千里，夾以深林叢竹，水道上下擊石，林中多蝮蛇猛獸，夏月暑時，歐泄霍亂之病相隨屬也，曾未施兵接刃，死傷者必衆矣。前時南海王反，陛下先臣使將軍間忌將兵擊之，以其軍降，處之上淦。後復反，會天暑多雨，樓船卒水居擊櫂，未戰而疾死者過半。親老涕泣，孤子謕號，破家散業，迎尸千里之外，裹骸骨而歸。悲哀之氣數年不息，長老至今以爲記。曾未入其地而禍已至此矣。臣聞軍旅之後必有凶年，言民之各以其愁苦之氣薄陰陽之和，感天地之精，而災氣爲之生也。陛下德配天地，明象日月，恩至禽獸，澤及草木，一人有飢寒不終其天年而死者，爲之悽愴於心。今方内無狗吠之警，而使陛下甲卒死亡，暴露中原，霑漬山谷，邊境之民爲之早閉晏開，鼂不及夕，臣安竊爲陛下重之。

不習南方地形者，多以越爲人衆兵强，能難邊城。淮南全國之時，多爲邊吏。臣竊聞之，與中國異。限以高山，人迹所絶，車道不通，天地所以隔外内也。其入中國必下領水，領水之山峭峻，漂石破舟，不可以大船載食糧下也。越人欲爲變，必先田餘干界中，積食糧，乃入伐材治船。邊城守候誠謹，越人有入伐材者，輒收捕，焚其積聚，雖百越，奈邊城何！且越人緜力薄材，不能陸戰，又無車騎弓弩之用，然而不可入者，以保地險，而中國之人不能其水土也。臣聞越甲卒不下數十萬，所以入之，五倍乃足，輓車奉饟者，不在其中。南方暑溼，近夏癉熱，暴露水居，蝮蛇蠚生，[19]疾疢多作，兵未血刃而病死者什二三，雖舉越國而虜之，不足以償所亡。臣聞道路言，閩越王弟甲弑而殺之，甲以誅死，其民未有所屬。陛下若欲來内，處之中國，使重臣臨存，施德垂賞以招致之，此必携幼扶老以歸聖德。若陛下無所用之，則繼其絶世，存其亡國，建其王侯，以爲畜越，此必委質爲藩臣，世共貢職。陛下以方寸之印，丈二之組，填撫方外，不勞一卒，不頓一戟，而威德並行。

今以兵入其地，此必震恐，以有司爲欲屠滅之也，必雉兔逃入山林險阻。背而去之，則復相群聚；留而守之，歷歲經年，則士卒罷倦，食糧乏絶，男子不得耕稼樹種，婦人不得紡績織紝，丁壯從軍，老弱轉餉，居者無食，行者無糧。民苦兵事，亡逃者必衆，隨而誅之，[20]不可勝盡，盗賊必起。臣聞長老言，秦之时嘗使尉屠睢擊越，又使監禄鑿渠通道。越人逃入深山林叢，不可得攻。留軍屯守空地，曠日引久，士卒勞倦，越出擊之。秦兵大破，乃發適戍以備之。當此之時，外内騷動，百姓靡敝，行者不還，往者莫反，皆不聊生，亡逃相從，群爲盗賊，於是山東之難始興。此老子所謂“師之所處，荆棘生之”①者也。兵者凶事，一方有急，四面皆從。臣恐變故之生，奸邪之作，由此始也。《周易》曰：“高宗伐鬼方，三年而克之。”②鬼方，小蠻夷；高宗，殷之盛天子也。以盛天子伐小蠻夷，三年而後克，言用兵之不可不重也。臣聞天子之兵有征而無戰，言莫敢校也。如使越人蒙徼幸以逆執事之顔行，厮輿之卒有一不備而歸者，雖得越王之首，臣猶竊爲大漢羞之。

陛下以四海爲境，九州爲家，八藪爲囿，江漢爲池，生民之屬皆爲臣妾。人徒之衆足以奉千官之共，租税之收足以給乘輿之御。玩心神明，秉執聖道，負黼依，馮玉几，南面而聽斷，號令天下，四海之内莫不嚮應。陛下垂德惠以覆露之，使元元之民安生樂業，則澤被萬世，傳之子孫，施之無窮。天下之安猶泰山而四維之也，夷狄之地何足以

① 參見《老子》第三〇章。

② 參見《周易·既濟卦》。

爲一日之間，而煩汗馬之勞乎！

《詩》云“王猶允塞，徐方既來”[①]，言王道甚大，而遠方懷之也。臣聞之，農夫勞而君子養焉，愚者言而智者擇焉。臣安幸得爲陛下守藩，以身爲鄣蔽，人臣之任也。邊境有警，愛身之死而不畢其愚，非忠臣也。臣安竊恐將吏之以十萬之師爲一使之任也！

（《文翰類選大成》卷一二五《諫伐閩越書》，《漢書》卷六四上《嚴朱吾丘主父徐嚴終王賈傳第三十四上·嚴助》，《資治通鑑》卷一七《漢紀九·世宗孝武皇帝上之上·六年》，《安南志略》卷五《前朝書疏·閩越擊南越漢武帝興兵誅閩越淮南王安上書諫略云》）

答蘇武書　李陵

子卿足下：勤宣令德，策名清時，榮問休暢，幸甚，幸甚！遠托異國，昔人所悲，望風懷想，能不依依！昔者不遺，遠辱還答，慰誨勤勤，有逾骨肉。陵雖不敏，能不慨然！

自從初降，以至今日，身之窮困，獨坐愁苦，終日無睹，但見異類。韋韝毳幕，以禦風雨；羶肉酪漿，以充飢渴。舉目言笑，誰與爲歡？胡地玄冰，邊土慘裂，但聞悲風蕭條之聲。凉秋九月，塞外草衰。夜不能寐，側耳遠聽，胡笳互動，牧馬悲鳴，吟嘯成群，邊聲四起。晨坐聽之，不覺淚下。嗟乎子卿！陵獨何心，能不悲哉！與子別後，益復無聊。上念老母，臨年被戮；妻子無辜，並爲鯨鯢；身負國恩，爲世所悲。子歸受榮，我留受辱，命也如何！身出禮義之鄉，而入無知之俗，違棄君親之恩，長爲蠻夷之域，傷已！令先君之嗣，更成戎狄之族，又自悲矣！功大罪小，不蒙明察，孤負陵心，區區之意，每一念至，忽然忘生。陵不難刺心以自明，刎頸以見志，顧國家於我已矣。殺身無益，適足增羞，故每攘臂忍辱，輒復苟活。左右之人，見陵如此，以爲不入耳之歡，來相勸勉。異方之樂，衹令人悲，增忉怛耳。嗟乎子卿！人之相

---

① 參見《詩經·大雅·常武》。

知，貴相知心。前書倉卒，未盡所懷，故復略而言之：

昔先帝授陵步卒五千，出征絶域，五將失道，陵獨遇戰。而裹萬里之糧，帥徒步之師，出大漠之外，入强胡之域。以五千之衆，對十萬之軍，策疲乏之兵，當新羈之馬。然猶斬將搴旗，追奔逐北，滅迹埽塵，斬其梟帥。使三軍之士，視死如歸。陵也不才，希當大任，意謂此時，功難堪矣。匈奴既敗，舉國興師，更練精兵，强逾十萬。單于臨陣，親自合圍。客主之形，既不相如；步馬之勢，又甚懸絶。疲兵再戰，一以當千，然猶扶乘創痛，决命争首，死傷積野，餘不滿百，而皆扶病，不任干戈。然陵振臂一呼，創病皆起，舉刃指虜，胡馬奔走；兵盡矢窮，人無尺鐵，猶復徒首奮呼，争爲先登。當此時也，天地爲陵震怒，戰士爲陵飲血。單于謂陵不可復得，便欲引還。而賊臣教之，遂便復戰。故陵不得免耳。

昔高皇帝以三十萬衆，困於平城。當此之時，猛將如雲，謀臣如雨，然猶七日不食，僅乃得免。况當陵者，豈易爲力哉？而執事者云云，苟怨陵以不死。然陵不死，罪也。子卿視陵，豈偷生之士，而惜死之人哉？寧有背君親，捐妻子，而反爲利者乎？然陵不死，有爲也，故欲如前書之言，報恩於國主耳。誠以虚死不如立節，滅名不如報德也。昔范蠡不殉會稽之耻，曹沫不死三敗之辱，卒復勾踐之讎，報魯國之羞。區區之心，竊慕此耳。何圖志未立而怨已成，計未從而骨肉受刑，此陵所以仰天椎心而泣血也！

足下又云：漢與功臣不薄。子爲漢臣，安得不云爾乎？昔蕭、樊囚縶，韓、彭葅醢，鼂錯受戮，周、魏見辜。其餘佐命立功之士，賈誼、亞夫之徒，皆信命世之才，抱將相之具，而受小人之讒，並受禍敗之辱，卒使懷才受謗，能不得展。彼二子之遐舉，誰不爲之痛心哉？陵先將軍，功略蓋天地，義勇冠三軍，徒失貴臣之意，剄身絶域之表。此功臣義士所以負戟而長嘆者也！何謂不薄哉？

且足下昔以單車之使，適萬乘之虜，遭時不遇，至於伏劍不顧，流離辛苦，幾死朔北之野。丁年奉使，皓首而歸。老母終堂，生妻去帷。

此天下所希聞，古今所未有也。蠻貊之人，尚猶嘉子之節，况爲天下之主乎？陵謂足下，當享茅土之薦，受千乘之賞。聞子之歸，賜不過二百萬，位不過典屬國，無尺土之封加子之勤。而妨功害能之臣，盡爲萬户侯；親戚貪佞之類，悉爲廊廟宰。子尚如此，陵復何望哉？且漢厚誅陵以不死，薄賞子以守節，欲使遠聽之臣望風馳命，此實難矣。所以每顧而不悔者也。陵雖孤恩，漢亦負德。昔人有言："雖忠不烈，視死如歸。"陵誠能安，而主豈復能眷眷乎？男兒生以不成名，死則葬蠻夷中，誰復能屈身稽顙，還向北闕，使刀筆之吏弄其文墨耶？願足下勿復望陵！

嗟乎，子卿！夫復何言！相去萬里，人絶路殊。生爲别世之人，死爲異域之鬼，長與足下生死辭矣！幸謝故人，勉事聖君。足下胤子無恙，勿以爲念，努力自愛。時因北風，復惠德音。李陵頓首。

（《文選》卷四一《答蘇武書》，《文翰類選大成》卷一二五《答蘇武書》）

言傅喜書　何武

喜行義修絜，忠誠憂國，内輔之臣也。今以寢病，一旦遣歸，衆庶失望，皆曰傅氏賢子，以論議不合於定陶太后故退，百寮莫不爲國恨之。忠臣，社稷之衞，魯以季友治亂，楚以子玉輕重，魏以無忌折衝，項以范增存亡。故楚跨有南土，帶甲百萬，鄰國不以爲難，子玉爲將，則文公側席而坐，及其死也，君臣相慶。百萬之衆，不如一賢，故秦行千金以問廉頗，漢散萬金以疏亞父。喜立於朝，陛下之光輝，傅氏之廢興也。

（《文翰類選大成》卷一二五《言傅喜書》，《漢書》卷八二《王商史丹傅喜傳第五十二·傅喜》）

諫不受單于朝書　楊雄

臣聞《六經》之治，貴於未亂；兵家之勝，貴於未戰。二者皆微，然而大事之本，不可不察也。今單于上書求朝，國家不許而辭之，臣愚以爲漢與匈奴從此隙矣。本北地之狄，五帝所不能臣，三王所不能制，其不可使隙甚明。臣不敢遠稱，請引秦以來明之：

以秦始皇之强，蒙恬之威，帶甲四十餘萬，然不敢窺西河，乃築長城以界之。會漢初興，以高祖之威靈，三十萬衆困於平城，士或七日不食。時奇譎之士石畫之臣甚衆，卒其所以脱者，世莫得而言也。又高皇后嘗忿匈奴，群臣庭議，樊噲請以十萬衆横行匈奴中，季布曰："噲可斬也，妄阿順指！"於是大臣權書遺之，然後匈奴之結解，中國之憂平。及孝文時，匈奴侵暴北邊，候騎至雍甘泉，京師大駭，發三將軍屯細柳、棘門、霸上以備之，數月乃罷。孝武即位，設馬邑之權，欲誘匈奴，使韓安國將三十萬衆徼於便墜，匈奴覺之而去。徒費財勞師，一虜不可得見，況單于之面乎！其後深惟社稷之計，規恢萬載之策，乃大興師數十萬，使衛青、霍去病操兵，前後十餘年。於是浮西河，絶大幕，破寘顔，襲王庭，窮極其地，追奔逐北，封狼居胥山，禪於姑衍，以臨瀚海，虜名王貴人以百數。自是之後，匈奴震怖，益求和親，然而未肯稱臣也。

且夫前世豈樂傾無量之費，役無罪之人，快心於狼望之北哉？以爲不壹勞者不久佚，不暫費者不永寧，是以忍百萬之師以摧餓虎之喙，運府庫之財填盧山之壑而不悔也。至本始之初，匈奴有桀心，欲掠烏孫，侵公主，乃發五將之師十五萬騎獵其南，而長羅侯以烏孫五萬騎震其西，皆至質而還。時鮮有所獲，徒奮揚威武，明漢兵若風雷耳。雖空行空反，尚誅兩將軍。故北狄不服，中國未得高枕安寢也。

逮至元康、神爵之間，大化神明，鴻恩博洽，而匈奴内亂，五單于争立，日逐、呼韓邪携國歸死，扶伏稱臣，然尚羈縻之，計不顓制。自此之後，欲朝者不距，不欲者不强。何者？外國天性忿鷙，形容魁健，負力怙氣，難化以善，易隸以惡，其强難詘，其和難得。故未服之時，勞師遠攻，傾國殫貨，伏尸流血，破堅拔敵，如彼之難也，既服之後，慰薦撫循，交接賂遺，威儀俯仰，如此之備也。往時嘗屠大宛之城，蹈烏柏之壘，探姑繒之壁，藉蕩姐之場，艾朝鮮之旃，拔兩越之旗，近不過旬月之役，遠不離二時之勞，固已犂其庭，掃其閭，郡縣而置之，雲徹席卷，後無餘菑。惟北狄爲不然，真中國之堅敵也；三垂比之懸矣，前世重之兹甚，未易可輕也。

今單于歸義，懷款誠之心，欲離其庭，陳見於前，此乃上世之遺策，神靈之所想望，國家雖費，不得已者也。奈何距以來厭之辭，疏以無日之期，消往昔之恩，開將來之隙！夫款而隙之，使有恨心，負前言，緣往辭，歸怨於漢，因以自絶，終無北面之心，威之不可，諭之不能，焉得不爲大憂乎！夫明者視於無形，聰者聽於無聲，誠先於未然，即蒙恬、樊噲不復施，棘門、細柳不復備，馬邑之策安所設，衛、霍之功何得用，五將之威安所震？不然，壹有隙之後，雖智者勞心於内，辯者轂擊於外，猶不若未然之時也。且往者圖西域，制車師，置城都護三十六國，費歲以大萬計者，豈爲康居、烏孫能逾白龍堆而寇西邊哉？乃以制匈奴也。夫百年勞之，一日失之，費十而愛一，臣竊爲國不安也。惟陛下少留意於未亂未戰，以遏邊萌之禍。

（《文翰類選大成》卷一二五《諫不受單于朝》，《通典》卷一九五《邊防十一·北狄二·匈奴下》，《漢書》卷九四下《匈奴傳》，《資治通鑑》卷三四《漢紀二十六·孝哀皇帝中·四年》）

上訟陳湯書　耿育

延壽、湯爲聖漢揚鉤深致遠之威，雪國家累年之耻，討絶域不羈之君，繫萬里難制之虜，豈有比哉！先帝嘉之，仍下明詔，宣著其功，改年垂歷，傳之無窮。應是，南郡獻白虎，邊垂無警備。會先帝寢疾，然猶垂意不忘，數使尚書責問丞相，趣立其功。獨丞相匡衡排而不予，封延壽、湯數百户，此功臣戰士所以失望也。

孝成皇帝承建業之基，乘征伐之威，兵革不動，國家無事，而大臣傾邪，讒佞在朝，曾不深惟本末之難，以防未然之戒，欲專主威，排妒有功，使湯塊然被冤拘囚，不能自明，卒以無罪。老棄燉煌，正當西域通道，令威名折衝之臣旋踵及身，復爲郅支遺虜所笑，誠可悲也！至今奉使外蠻者,未嘗不陳郅支之誅,以揚漢國之盛。夫授人之功以懼敵,棄人之身以快讒,豈不痛哉!

且安不忘危,盛必慮衰。今國家素無文帝累年節儉富饒之畜,又無武帝薦延梟俊禽敵之臣,獨有一陳湯耳!假使異世不及陛下,尚望國家追録其功,封表其墓,以勸後進也。湯幸得身當聖世,功曾未久,反聽邪臣,鞭逐斥遠,使亡逃分竄,死無處所。遠覽之士,莫不計度,以爲湯功累世不可及,而湯過人情所有,湯尚如此,雖復破絶筋骨,暴露形骸,猶復制於唇舌,爲嫉妒之臣所繫虜耳。此臣所以爲國家尤戚戚也。

(《漢書》卷七〇《傅常鄭甘陳段傳第四十·陳湯》,《資治通鑑》卷三三《漢紀二十五·孝成皇帝下·綏和二年》)

論征伐書　嚴安

臣聞周有天下,其治三百餘歲,成、康其隆也,刑錯四十餘年而不用。及其衰也,亦三百餘歲,故五伯更起。五伯者,[21]常佐天子興利除害,誅暴禁邪,匡正海内,以尊天子。五伯既没,賢聖莫續,天子孤弱,號令不行。諸侯恣行,强陵弱,衆暴寡,田常簒齊,六卿分晋,並爲戰國,此民之始苦也。於是强國務攻,弱國備守,合從連横,馳車擊轂,介胄生蟣蝨,民無所告愬。

及至秦王,蠶食天下,并吞戰國,稱號曰皇帝,一海内之政,壞諸侯之城,銷其兵,鑄之爲鍾虡,示不復用。元元黎民得免於戰國,逢明天子,人人自以爲更生。嚮使秦緩其刑罰,薄賦斂,省繇役,貴仁義,賤權利,上篤厚,下智巧,變風易俗,化於海内,則世世必安矣。秦不行是風而循其故俗,爲智巧權利者進,篤厚忠信者退;法嚴政峻,諂諛者衆,日聞其美,意廣心軼。欲肆威海外,乃使蒙恬將兵以北攻胡,辟地進境,戍於北河,蜚芻輓粟以隨其後。又使尉佗屠睢將樓船之士南攻百越,使監禄鑿渠運糧,深入越地,越人遁逃。曠日持久,糧食乏絶,越人擊之,秦兵大敗。秦乃使尉佗將卒以戍越。當是時,秦禍北搆於胡，南桂於越，宿兵於無用之地，進而不得退。行十餘年，丁男被甲，丁女轉輸，苦不聊生，自經於道樹，死者相望。及秦皇帝崩，天下大畔。陳勝、吴廣舉陳，武臣、張耳舉趙，項梁舉吴，田儋舉齊，景駒舉郢，周市舉魏，韓廣舉燕，窮山通谷豪士並起，不可勝戰也。然皆非公侯之後，非長官之吏。無尺寸之勢，起閭巷，杖棘矜，應時而皆動，不謀而俱起，不約而同會，壤長地進，至于霸王，時教使然也。秦貴爲天子，富有天下，滅世絶祀者，窮兵之禍也。故周失之弱，秦失之强，不變之患也。

今欲招南夷，朝夜郎，降羌僰，略薉州，建城邑，深入匈奴，燔其龍城，議者美之。此人臣之利也，非天下之長策也。今中國無狗吠之警，而外累於遠方之備，靡敝國家，非所以子民也。行無窮之欲，甘心快意，結怨於匈奴，非所以安邊也。禍結而不解，兵休而復起，近者愁苦，遠者驚駭，非所以持久也。今天下鍛甲砥劍，矯箭累弦，轉輸軍糧，未見休時，此天下之所共憂也。夫兵久而變起，事煩而慮生。今外郡之地或幾千里，列城數十，形束壤制，旁脅諸侯，非公室之利也。上觀齊、晋之所以亡者，公室卑削，六卿大盛也；下觀秦之所以滅者，嚴法刻深，欲大無窮也。今郡守之權，非特六卿之重也；地幾千里，非特閭巷之資也；甲兵器械，非特棘矜之用也；以遭萬世之變，則不可稱諱也。

（《文翰類選大成》卷一一八《論征伐書》，《史記》卷一一二《平津侯主父列傳》，《漢書》卷六四下《嚴朱吾丘主父徐嚴終王賈傳第三十四下・嚴安》，《西漢年紀》卷一三《武帝》）

救劉輔書　谷永[①]

臣聞明王垂寬容之聽，崇諫争之官，廣開忠直之路，不罪狂狷之言，然後百僚正位，竭忠盡謀，不懼後患，朝廷無諂諛之士，元首無失

---

① 《全上古三代秦漢三國六朝文・全漢文》卷三三載作者爲辛慶忌。

道之詧。竊見諫大夫劉輔，前以縣令求見，擢爲諫大夫，此其言必有卓詭切至，當聖心者，故得拔至於此。旬日之間，收下秘獄，臣等愚，以爲輔幸得托公族之親，在諫臣之列，新從下土來，未知朝廷體，獨觸忌諱，不足深過。小罪宜隱忍而已，如有大惡，宜暴治理官，與衆共之。昔趙簡子殺其大夫鳴犢，孔子臨河而還。今天心未豫，灾異屢降，水旱迭臻，方當隆寬廣問，褒直盡下之時也。而行慘急之誅於諫争之臣，震驚群下，失忠直心。假令輔不坐直言，所坐不著，天下不可户曉。[22]同姓近臣本以言顯，其於治親養忠之義誠不宜幽囚而掖庭獄。公卿以下，見陛下進用輔亟，而折傷之暴，人有懼心，精鋭銷耎，莫敢盡節正言，非所以昭有虞之聽，廣德美之風。臣等竊深傷之，惟陛下留神省察。

（《文翰類選大成》卷一一八《救劉輔書》，《漢書》卷七七《蓋諸葛劉鄭孫毋將何傳第四十七・劉輔》，《西漢年紀》卷二六《成帝》）

上尚德緩刑書　路温舒

臣聞齊有無知之禍，而桓公以興；晋有驪姬之難，而文公用伯。近世趙王不終，諸吕作亂，而孝文爲太宗。繇是觀之，禍亂之作，將以開聖人也。故桓、文扶微興壞，尊文武之業，澤加百姓，功潤諸侯，雖不及三王，天下歸仁焉。文帝永思至德，以承天心，崇仁義，省刑罰，通關梁，一遠近，敬賢如大賓，愛民如赤子，内恕情之所安，而施之於海内，是以囹圄空虚，天下太平。

夫繼變化之後，必有異舊之恩，此聖賢所以昭天命也。往者，昭帝即位而無嗣，大臣憂戚，焦心合謀，皆以昌邑尊親，援而立之。然天不授命，淫亂其心，遂以自亡。深察禍變之故，乃皇天之所以開至聖也。故大將軍受命武帝，股肱漢國，披肝膽，决大計，黜亡義，立有德，輔天而行，然後宗廟以安，天下咸寧。

臣聞《春秋》正即位，大一統而慎始也。陛下初登至尊，與天合符，宜改前世之失，正始受命之統，滌煩文，除民疾，存亡繼絶，以應天意。

臣聞秦有十失，其一尚存，治獄之吏是也。秦之時，羞文學，好武勇，賤仁義之士，貴治獄之吏；正言者謂之誹謗，遏過者謂之妖言。故盛服先生不用於世，忠良切言皆鬱於胸，譽諛之聲日滿於耳；虛美熏心，實禍蔽塞，此乃秦之所以亡天下也。方今天下賴陛下恩厚，亡金革之危、飢寒之患，父子夫妻戮力安家，然太平未洽者，獄亂之也。

夫獄者，天下之大命也，死者不可復生，斷者不可復屬。《書》曰："與其殺不辜，寧失不經。"①今治獄吏則不然，上下相敺，以刻爲明；深者獲公名，平者多後患。故治獄之吏，皆欲人死，非憎人也，自安之道在人之死。是以死人之血流離於市，被刑之徒比肩而立，大辟之計歲以萬數，此仁聖之所以傷也。太平之未洽，凡以此也。[23]夫人情安則樂生，痛則思死。捶楚之下，何求而不得？故囚人不勝痛，則飾辭以視之；吏治者利其然，則指道以明之；上奏畏却，則鍛練而周内之。蓋奏當之成，雖咎繇聽之，猶以爲死有餘辜。何則？成練者衆，文致之罪明也。是以獄吏專爲深刻，殘賊而亡極，媮爲一切，不顧國患，此世之大賊也。故俗語曰："畫地爲獄，議不入；刻木爲吏，期不對。"此皆疾吏之風，悲痛之辭也。故天下之患，莫深於獄；敗法亂正，離親塞道，莫甚乎治獄之吏。此所謂一尚存者也。

臣聞烏鳶之卵不毁，而後鳳皇集；誹謗之罪不誅，而後良言進。故古人有言："山藪藏疾，川澤納污，瑾瑜匿惡，國君含詬。"惟陛下除誹謗以招切言，開天下之口，廣箴諫之路，掃亡秦之失，尊文武之德，省法制，寬刑罰，以廢治獄，則太平之風可興於世，永履和樂，與天亡極，天下幸甚。

（《文翰類選大成》卷一一八《上尚德緩刑書》，《漢書》卷五一《賈鄒枚路傳第二十一・路温舒》，《文獻通考》卷一六三《刑考二・刑制》）

① 參見《尚書・虞書・大禹謨》。

論王氏書　梅福

臣聞箕子佯狂於殷，而爲周陳《洪範》；叔孫通遁秦歸漢，制作儀品。夫叔孫先非不忠也，箕子非疏其家而畔親也，不可爲言也。昔高祖納善若不及，從諫若轉圜，聽言不求其能，舉功不考其素。陳平起於亡命而爲謀主，韓信拔於行陳而建上將。故天下之士雲合歸漢，争進奇異，知者竭其策，愚者盡其慮，勇士極其節，怯夫勉其死。合天下之知，并天下之威，是以舉秦如鴻毛，取楚若拾遺，此高祖所以亡敵於天下也。

孝文皇帝起於代谷，非有周、召之師，伊、吕之佐也，循高祖之法，加以恭儉。當此之時，天下幾平。繇是言之，循高祖之法則治，不循則亂。何者？秦爲亡道，削仲尼之迹，滅周公之軌，壞井田，除五等，禮廢樂崩，王道不通，故欲行王道者莫能致其功也。

孝武皇帝好忠諫，説至言，出爵不待廉茂，慶賜不須顯功，是以天下布衣各厲志竭精以赴闕廷自衒鬻者不可勝數。漢家得賢，於此爲盛。使孝武皇帝聽用其計，升平可致。於是積尸暴骨，快心胡越，故淮南王安緣間而起。所以計慮不成而謀議泄者，以衆賢聚於本朝，故其大臣勢陵不敢和從也。[24]方今布衣乃窺國家之隙，見間而起者，蜀郡是也。及山陽亡徒蘇令之群，蹈藉名都大郡，求黨與，索隨和，而亡逃匿之意。此皆輕量大臣，亡所畏忌，國家之權輕，故匹夫欲與上争衡也。

士者，國之重器；得士則重，失士則輕。《詩》云："濟濟多士，文王以寧。"①廟堂之議，非草茅所當言也。臣誠恐身塗野草，尸併卒伍，故數上書求見，輒報罷。臣聞齊桓之時有以九九見者，桓公不逆，欲以致大也。今臣所言非特九九也，陛下距臣者三矣，此天下士所以不至也。昔秦武王好力，任鄙叩關自鬻；繆公行伯，繇余歸德。今欲致天

① 參見《詩經・大雅・文王》。

下之士，民有上書求見者，輒使詣尚書，問其所言，言可采取者，秩以升斗之禄，賜以一束之帛。若此，則天下之士發憤懣，吐忠言，嘉謀日聞於上，天下條貫，國家表裏，爛然可睹矣。夫以四海之廣，士民之數，能言之類至衆多也。然其儁桀指世陳政，言成文章，質之先聖而不繆，施之當世合時務，若此者，亦亡幾人。故爵禄束帛者，天下之底石，高祖所以厲世摩鈍也。孔子曰："工欲善其事，必先利其器。"[①]至秦則不然，張誹謗之罔，以爲漢敺除，倒持泰阿，授楚其柄。故誠能勿失其柄，天下雖有不順，莫敢觸其鋒，此孝武皇帝所以辟地建功爲漢世宗也。今不循伯者之道，乃欲以三代選舉之法取當世之士，猶察伯樂之圖，求騏驥於市，而不可得，亦已明矣。故高祖棄陳平之過而獲其謀，晋文召天王，齊桓用其讎，亡益於時，不顧逆順，此所謂伯道者也。一色成體謂之醇，白黑雜合謂之駁。欲以承平之法治暴秦之緒，猶以鄉飲酒之禮理軍市也。

今陛下既不納天下之言，又加戮焉。䳄鵲遭害，則仁鳥增逝；愚者蒙戮，則知士深退。間者愚民上疏，多觸不急之法，或下廷尉，而死者衆。自陽朔以來，天下以言爲諱，朝廷尤甚，群臣皆承順上指，莫有執正。何以明其然也？取民所上書，陛下之所善，試下之廷尉，廷尉必曰"非所宜言，大不敬"。以此卜之，一矣。故京兆尹王章，資質忠直，敢面引廷争，孝元皇帝擢之，以厲具臣而矯曲朝。及至陛下，戮及妻子，且惡惡止其身，王章非有反畔之辜，而殃及家。折直士之節，結諫臣之舌，群臣皆知其非，然不敢争，天下以言爲戒，最國家之大患也。願陛下循高祖之軌，杜亡秦之路，數御《十月》之歌，留意《亡逸》之戒，除不急之法，下亡諱之詔，博覽兼聽，謀及疏賤，令深者不隱，遠者不塞，所謂"辟四門，明四目"也。且不急之法，誹謗之微者也。"往者不可及，來者猶可追。"方今君命犯而主威奪，外戚之權日以益隆，陛下不見其形，願察其景。建始以來，日食、地震，以率言之，三倍春

① 參見《論語・衛靈公》。

秋，水灾亡與比數。陰盛陽微，金鐵爲飛，此何景也！漢興以來，社稷三危，吕、霍、上官，皆母后之家也，親親之道，全之爲右，當與之賢師良博，教以忠孝之道。今乃尊寵其位，授以魁柄，使之驕逆，至於夷滅，此失親親之大者也。自霍光之賢，不能爲子孫慮，故權臣易世則危。《書》曰："毋若火，始庸庸。"[①]勢陵於君，權隆於主，然後防之，亦亡及已。

（《文翰類選大成》卷一一八《論王氏書》，《漢書》卷六七《楊胡朱梅云傳第三十七・梅福》，《資治通鑑》卷三一《漢紀二十三・孝成皇帝上之下・三年》）

論董賢書 鮑宣

陛下父事天，母事地，子養黎民，即位已來，父虧明，母震動，子訛言相驚恐。今日蝕於三始，誠可畏懼。小民正月朔日尚恐毁敗器物，何况於日虧乎！陛下深内自責，避正殿，舉直言，求過失，罷退外親及旁仄素餐之人，徵拜孔光爲光禄大夫，發覺孫寵、息夫躬過惡，免官遣就國，衆庶歙然，莫不説喜。天人同心，人心説則天意解矣。乃二月丙戌，白虹奸日，連陰不雨，此天有憂結未解，民有怨望未塞者也。

侍中駙馬都尉董賢本無葭莩之親，但以令色諛言自進，賞賜亡度，竭盡府臧，并合三第尚以爲小，復壞暴室。賢父子坐使天子使者將作治第，行夜吏卒皆得賞賜。上冢有會，輒太官爲供。海内貢獻當養一君，今反盡之賢家，豈天意與民意邪！天不可久負，厚之如此，反所以害之也。誠欲哀賢，宜爲謝過天地，解讎海内，免遣就國，收乘輿器物，還之縣官。如此，可以父子終其性命；不否，海内之所仇，未有得久安者也。

孫寵、息夫躬不宜居國，可皆免以視天下。復徵何武、師丹、彭宣、傅喜，曠然使民易視，以應天心，建立大政，以興太平之端。

---

① 參見《尚書・周書・酒誥》。

高門去省户數十步，求見出入，二年未省，欲使海瀕仄陋自通，遠矣！願賜數刻之間，極竭𥳑𥳑之思，退入三泉，死亡所恨。

（《文翰類選大成》卷一一八《論董賢書》，《漢書》卷七二《王貢兩龔鮑傳第四十二·鮑宣》）

報友人孫會宗書　楊惲

惲材朽行穢，文質無所底，幸賴先人餘業，得備宿衛。遭遇時變，以獲爵位，終非其任，卒與禍會。足下哀其愚蒙，賜書教督以所不及，殷勤甚厚。然切恨足下不深惟其終始，而猥隨俗之毁譽也。言鄙陋之愚心，則若逆指而文過；默而息乎，[25]恐違孔氏各言爾志之義。故敢略陳其愚，唯君子察焉！

惲家方隆盛時，乘朱輪者十人，位在列卿，爵爲通侯，總領從官，與聞政事。曾不能以此時有所建明，以宣德化。又不能與群僚同心并力，陪輔朝廷之遺忘，已負竊位素餐之責久矣。懷禄貪勢，不能自退，遂遭變故，横被口語，身幽北闕，妻子滿獄。當此之時，自以夷滅不足以塞責，豈意得全首領，復奉先人之丘墓乎？伏惟聖主之恩，不可勝量。君子游道，樂以忘憂；小人全軀，説以忘罪。切自思念過已大矣，行已虧矣，長爲農夫以没世矣。是故身率妻子，戮力耕桑，灌園治産，以給公上，不意當復用此爲譏議也。

夫人情所不能止者，聖人弗禁。故君父至尊親，送其終也，有時而既。臣之得罪，已三年矣。田家作苦，歲時伏臘，烹羊炰羔，斗酒自勞。家本秦也，能爲秦聲。婦趙女也，雅善鼓瑟。奴婢歌者數人，酒後耳熱，仰天拊缶而呼嗚嗚。其詩曰：“田彼南山，蕪穢不治。種一頃豆，落而爲萁。”人生行樂耳，須富貴何時？是日也，拂衣而喜，奮袖低昂，[26]頓足起舞，誠荒淫無度，不知其不可也。惲幸有餘禄，方糴賤販貴，逐什一之利。此賈豎之事，污辱之處，惲親行之。下流之人，衆毁所歸，不寒而慄。雖雅知惲者，猶隨風而靡，尚何稱譽之有？董生不云乎：“明明求仁義，常恐不能化民者，卿大夫之意也。明明求財利，常恐困乏者，庶人之事也。”故道不同不相爲謀。今子尚安得以卿大夫之制而責僕哉？

夫西河魏土，文侯所興，有段干木、田子方之遺風，凛然皆有節概，知去就之分，頃者足下離舊土，臨安定。安定山谷之間，昆夷舊壤，子弟貪鄙，豈習俗之移人哉！於今乃睹子之志矣。方當盛漢之隆，願勉旃，毋多談。

(《文選》卷四一《報孫會宗書》,《文翰類選大成》卷一一八《報友人孫會宗書》,《漢書》卷六六《公孫劉田王楊蔡陳鄭傳第三十六·楊惲》)

上太常博士書　劉歆

昔唐虞既衰，而三代迭興，聖帝明王，累起相襲，其道甚著。周室既微而禮樂不正，道之難全也如此。是故孔子憂道之不行，歷國應聘。自衛反魯然後樂正，《雅》《頌》乃得其所；修《易》序《書》，制作《春秋》，以紀帝王之道。及孔子没而微言絶，七十子終而大義乖。重遭戰國，棄籩豆之禮，理軍旅之陳，孔子之道抑，而孫、吴之術興。陵夷至于暴秦，燔經書，殺儒士，設挾書之法，行是古之罪，道術由是遂滅。

漢興，去聖帝明王遐遠，仲尼之道又絶，法度無所因襲。時獨有一叔孫通略定禮儀，天下唯有《易》卜，未有它書。至孝惠之世，乃除挾書之律，然公卿大臣絳、灌之屬咸介胄武夫，莫以爲意。至孝文皇帝，始使掌故晁錯從伏生受《尚書》。[27]《尚書》初出于屋壁，朽折散絶，今其書見在，時師傳讀而已。《詩》始萌芽。天下衆書往往頗出，皆諸子傳説，猶廣立於學官，爲置博士。在漢朝之儒，唯賈生而已。至孝武皇帝，然後鄒、魯、梁、趙頗有《詩》《禮》《春秋》先師，皆起於建元之間。當此之時，一人不能獨盡其經，或爲《雅》，或爲《頌》，相合而成。《泰誓》後得，博士集而讀之。故詔書稱曰："禮壞樂崩，書缺簡脱，朕甚閔焉。"時漢興已七八十年，離於全經固已遠矣。

及魯恭王壞孔子宅，欲以爲宫，而得古文於壞壁之中，《逸禮》有三十九，《書》十六篇。天漢之後，孔安國獻之，遭巫蠱倉卒之難，未及施行。及《春秋》左氏丘明所修，皆古文舊書，多者二十餘通，藏於秘府,伏而未發。孝成皇帝閔學殘文缺,稍離其真,乃陳發秘臧,校理舊文,得此三事,以考學官所傳,經或脱簡,傳或間編。傳問民間,則有魯國桓公、趙國貫公、膠東庸生之遺學與此同,抑而未施。此乃有識者之所惜閔,士君子之所嗟痛也。

往者綴學之士不思廢絶之闕,苟因陋就寡,分文析字,煩言碎辭,學者罷老且不能究其一藝。[28]信口説而皆傳記,是末師而非往古,[29]至於國家將有大事,若立辟雍封禪巡狩之儀,則幽冥而莫知其原。猶欲保殘守缺,挾恐見破之私意,而無從善服義之公心,或懷妒嫉,不考情實,雷同相從,隨聲是非,抑此三學,以《尚書》爲備,謂左氏爲不傳《春秋》,豈不哀哉!

今聖上德通神明,繼統揚業,亦閔文學錯亂,學士若兹,雖昭其情,猶依違謙讓,樂與士君子同之。故下明詔,試左氏可立不,遣近臣奉指銜命,將以輔弱扶微,與二三君子比意同力,冀得廢遺。今則不然,深閉固距,而不肯試,猥以不誦絶之,欲以杜塞餘道,絶滅微學。夫可與樂成,難與慮始,此乃衆庶之所爲耳,非所望士君子也。

且此數家之事,皆先帝所親論,今上所考視,其古文舊書,皆有徵驗,外内相應,豈苟而已哉!夫禮失求之於野,[30]古文不猶愈於野乎?往者博士《書》有歐陽,《春秋》公羊,易則施、孟,然孝宣皇帝猶廣立《穀梁春秋》、《梁丘易》、大小《夏侯尚書》,義雖相反,猶並置之。何則?與其過而廢之也,寧過而立之。《傳》曰:"文武之道未墜於地,在人;賢者志其大者,不賢者志其小者。"①今此數家之言所以兼包大小之義,豈可偏絶哉!若必專己守殘,黨同門,妒道真,違明詔,失聖意,以陷於文吏之議,甚爲二三君子不取也。

(《文選》卷四三《移書讓太常博士並序》,《文翰類選大成》卷一一八《上太常博士書》,《漢書》卷三六《楚元王傳第六·劉歆》,《西漢年紀》卷二八《哀帝》)

---

① 參見《論語·子張》。

論盛孝章書　孔融

歲月不居，時節如流，五十之年，忽焉已至。公爲始滿，融又過二，海内知識，零落殆盡，惟會稽盛孝章尚存。其人困於孫氏，妻孥湮没，單孑獨立，孤危愁苦，若使憂能傷人，此子不得復永年矣。《春秋傳》曰："諸侯有相滅亡者，桓公不能救，則桓公耻之。"①今孝章實丈夫之雄也，天下談士依以揚聲，而身不免於幽執，命不期於旦夕，是吾祖不當復論損益之友，而朱穆所以絶交也。公誠能馳一介之使，加咫尺之書，則孝章可致，友道可弘矣。

今之少年，喜謗前輩，或能譏平孝章；孝章要爲有天下大名，九牧之人所共稱嘆。燕君市駿馬之骨，非欲以騁道里，乃當以招絶足也。惟公匡復漢室，宗社將絶，又能正之，正之之術，實須得賢。珠玉無脛而自至者，以人好之也，况賢者之有足乎？昭王築臺以尊郭隗，隗雖小才，而逢大遇，竟能發明主之至心，故樂毅自魏往，劇辛自趙往，鄒衍自齊往。嚮使郭隗倒懸而王不解，臨溺而王不拯，[31]則士亦將高翔遠引，莫有北首燕路者矣。凡所稱引，自公所知，而復有云者，欲公崇篤斯義也，因表不悉。

（《文選》卷四一《論盛孝章書》，《文翰類選大成》卷一一八《論盛孝章書》，《建安七子集》卷一《孔融集·文·與曹公論盛孝章書》，《三國志》卷五一《吴書六·宗室傳第六·孫韶》）

與楊德祖書　曹子建

植白：數日不見，思子爲勞；想同之也。

僕少小好爲文章，迄至于今二十有五年矣。然今世作者可略而言也：昔仲宣獨步於漢南，孔璋鷹揚於河朔，偉長擅名於青土，公幹振藻於海隅，德璉發迹於北魏，足下高視於上京。當此之時，人人自謂握靈蛇之珠，家家自謂抱荆山之玉。吾王於是設天網以該之，頓八

---

①　參見《春秋公羊傳·僖公元年》。

紘以掩之，今悉集兹國矣！然此數子猶復不能飛騫絶迹，[32]一舉千里也。以孔璋之才，不閑於辭賦，而多自謂能與司馬長卿同風；譬畫虎不成，反爲狗者也。前有書嘲之，反作論盛道僕贊其文。夫鍾期不失聽，于今稱之，吾亦不能妄嘆者，畏後世之嗤余也。

世人著述，不能無病。僕常好人譏彈其文，有不善，應時改定。昔丁敬禮嘗作小文，使僕潤飾之。僕自以才不過若人，辭不爲也。敬禮謂僕："卿何所疑難？文之佳惡，吾自得之。後世誰相知定吾文者邪？"吾常嘆此達言，以爲美談。昔尼父之文辭，與人通流，至於制《春秋》，游夏之徒乃不能措一辭。過此而言不病者，吾未之見也！蓋有南威之容，乃可以論於淑媛；有龍淵之利，[33]乃可以議於斷割。劉季緒才不能逮於作者，而好詆訶文章，掎摭利病。昔田巴毁五帝，罪三王，呰五霸於稷下，一旦而服千人，魯連一説，使終身杜口。劉生之辯，未若田氏，今之仲連，求之不難，可無嘆息乎？人各有好尚，蘭茝孫蕙之芳，衆人所好，而海畔有逐臭之夫。咸池六莖之發，衆人所共樂，而墨翟有非之之論，豈可同哉！

今往僕少小所著辭賦一通相與，夫街談巷説，必有可采。擊轅之歌，有應風雅，匹夫之思未易輕棄也。辭賦小道，固未足以揄扬大義，彰示來世也。昔楊子雲先朝執戟之臣耳，猶稱壯夫不爲也。吾雖薄德，位爲蕃侯，猶庶幾勠力上國，流惠下民，建永世之業，流金石之功，[34]豈徒以翰墨爲勛績，辭賦爲君子哉！若吾志未果，吾道不行，則將采庶官之實録，辯時俗之得失，定仁義之衷，成一家之言，雖未能藏之於名山，將以傳之於同好，非要之皓首，豈今日之論乎？其言之不慚，恃惠子之知我也。[35]

明早相迎，書不盡懷，曹植白。

（《文選》卷四二《與楊德祖書》，《文翰類選大成》卷一一八《與楊德祖書》，《建安七子集》附録《四、建安七子年譜》，《曹植集校注》卷一《與楊德祖書》，《三國志》卷一九《魏書十九·任城陳蕭王傳第十九·陳思王植》）

魏文帝與梁朝歌令吴質書

五月二十八日，丕白：季重無恙！塗路雖局，官守有限，願言之懷，良不可任。足下所理僻左，書問致簡，益用增勞。每念昔日南皮之游，誠不可忘。既妙思六經，逍遥百氏，彈棋間設，終以六博，高談娱心，哀箏順耳。馳騁北場，旅食南館，浮甘瓜於清泉，沈朱李於寒水。白日既匿，繼以朗月，同乘並載，以游後園。輿輪徐動，參從無聲，清風夜起，悲笳微吟，樂往哀來，愴然傷懷。

余顧而言，斯樂難常，足下之徒，咸以爲然。今果分别，各在一方，元瑜長逝，化爲異物，每一念至，何時可言？方今蕤賓紀時，景風扇物，天氣和暖，衆果具繁。時駕而游，北遵河曲，從者鳴笳以啓路，文學托乘於後車。節同時異，物是人非，我勞如何！今遣騎到鄴，故使枉道相過。行矣自愛。丕白。

（《文選》卷四二《魏文帝與朝歌令吴質書》，《文翰類選大成》卷一一九《與朝歌令吴質書》，《建安七子集》附録《四、建安七子年譜》，《曹丕集校注·魏文帝與梁朝歌令吴質書》，《三國志》卷二一《魏書二十一·王衛二劉傅傳第二十一·吴質》）

與山巨源絶交書　嵇叔夜

康白：足下昔稱吾於潁川，吾常謂之知言。然經怪此意，尚未熟悉於足下，何從便得之也。前年從河東還，顯宗、阿都説足下議以吾自代，事雖不行，知足下故不知之。足下傍通，多可而少怪。吾直性狹中，多所不堪，偶與足下相知耳。間聞足下遷，惕然不喜，恐足下羞庖人之獨割，引尸祝以自助，手薦鸞刀，漫之羶腥，故具爲足下陳其可否。

吾昔讀書，得并介之人，或謂無之，今乃信其真有耳。性有所不堪，真不可强。今空語同知有達人，無所不堪，外不殊俗，而内不失正，與一世同其波流，而悔吝不生耳。老子、莊周，吾之師也，親居賤職;柳下惠、東方朔,達人也,安乎卑位,吾豈敢短之哉！又仲尼兼愛,不羞執鞭;子文無欲卿相,而三登令尹,是乃君子思濟物之意也。所謂達能兼善而不渝,窮則自得而無悶。以此觀之,故堯舜之君世,許由之巖栖,子房之佐漢,接輿之行歌,其揆一也。仰瞻數君,可謂能遂其志者也。故君子百行,殊塗而同致,循性而動,各附所安。故有處朝廷而不出,入山林而不反之論。且延陵高子臧之風,長卿慕相如之節,志氣所托,不可奪也。

吾每讀尚子平、臺孝威傳,慨然慕之,想其爲人。少加孤露,母兄見驕,不涉經學,性復疏懶,筋駑肉緩,頭面常一月十五日不洗,不大悶癢,不能沐也。每常小便而忍不起,令胞中略轉乃起耳。又縱逸來久,情意傲散,簡與禮相背,懶與慢相成,而爲儕類見寬,不攻其過。又讀《莊》《老》,重增其放,故使榮進之心日頹,任實之情轉篤。此由禽鹿少見馴育,則服從教制,長而見羈,則狂顧頓纓,赴蹈湯火,雖飾以金鑣,饗以嘉肴,愈思長林而志在豐草也。[36]

阮嗣宗口不論人過,吾每師之,而未能及,至性過人,與物無傷,唯飲酒過差耳。至爲禮法之士所繩,疾之如讎,幸賴大將軍保持之耳。以不如嗣宗之賢,而有慢弛之闕,又不識人情,暗於機宜;無萬石之慎,而有好盡之累,久與事接,疵釁日興,雖欲無患,其可得乎?

又人倫有禮,朝廷有法,自惟至熟,有必不堪者七,甚不可者二:卧喜晚起,而當關呼之不置,一不堪也。抱琴行吟,弋釣草野,而吏卒守之,不得妄動,二不堪也。危坐一時,痺不得摇,性復多蝨,把搔無已,而當裹以章服,揖拜上官,三不堪也。素不便書,不喜作書,而人間多事,堆案盈機,不相酬答,則犯教傷義,欲自勉强,則不能久,四不堪也。不喜吊喪,而人道以此爲重,己爲未見恕者所怨,至欲見中傷者,雖瞿然自責,然性不可化,欲降心順俗,則詭故不情,亦終不能獲無咎無譽,如此,五不堪也。不喜俗人,而當與之共事,或賓客盈坐,鳴聲聒耳,囂塵臭處,千變百伎,在人目前,六不堪也。心不耐煩,而官事鞅掌,機務纏其心,世故繁其慮,七不堪也。又每非汤、武而薄周、孔,在人間不止,此事會顯,世教所不容,此甚不可一也。剛腸疾惡,輕肆直言,遇事便發,此甚不可二也。以促中小心之性,統此九患,不有外難,當有内病,寧可久處人間邪?又聞道士遺言:餌术黄精,令人久壽,意甚信之;游山澤,觀魚鳥,心甚樂之;一行作吏,此事俱廢,[37]安能舍其所樂,而從其所懼哉?

夫人之相知,貴識其天性,因而濟之。禹不逼伯成子高,全其節也;仲尼不假蓋於子夏,護其短也;近諸葛孔明不逼元直以入蜀,華子魚不强幼安以卿相,此可謂能相終始,真相知者也。足下見直木不可以爲輪,曲者不可以爲桷,蓋不欲以枉其天才,令得其所也。故四民有業,各以得志爲樂,唯達者爲能通之,此足下度内耳。不可自見好章甫,强越人以文冕也;己嗜臭腐,養鴛雛以死鼠也。吾頃學養生之術,方外榮華,去滋味,游心於寂漠,以無爲爲貴。縱無九患,尚不顧足下所好者。又有心悶疾,頃轉增篤,私意自試,不能堪其所不樂,自小已審,[38]若道盡塗窮則已耳。足下無事冤之,令轉於溝壑也。

吾新失母兄之歡,意常凄切。女年十三,男年八歲,未及成人,况復多病。顧此悢悢,如何可言!今但願守陋巷,教養子孫,時與親舊叙離闊,陳説平生,濁酒一杯,彈琴一曲,志願畢矣。足下若嬲之不置,不過欲爲官得人,以益時用耳。足下舊知吾潦倒麤疏,不切事情,自惟亦皆不如今日之賢能也。若以俗人皆喜榮華,獨能離之,以此爲快,此最近之可得言耳。然使長才廣度,無所不淹,而能不營,乃可貴耳。若吾多病困,欲離事自全,以保餘年,此真所之耳,豈可見黄門而稱貞哉?若趣欲共登王塗,期於相致,時爲歡益,一旦迫之,必發其狂疾,自非重怨,不至於此也。

野人有快炙背而美芹子者,欲獻之至尊,雖有區區之意,亦已疏矣。願足下勿似之,其意如此,既以解足下,并爲别。稽康白。

(《文選》卷四三《與山巨源絶交書》,《古今事文類聚》前集卷三三《與山巨源絶交書》,《文翰類選大成》卷一一九《與山巨源絶交書》,《嵇康集校注》卷二《與山巨源絶交書》)

詣建平王上書 江淹

昔者賤臣叩心，飛霜擊於燕地；庶女告天，振風襲於齊臺。下官每讀其書，未嘗不廢卷流涕。何者？士有一定之論，女有不易之行。信而見疑，貞而爲戮，是以壯夫義士伏死而不顧者此也。下官聞仁不可恃，善不可依，謂徒虚語，乃今知之。伏願大王蹔停左右，少加憐察。

下官本蓬户桑樞之人，布衣韋帶之士，退不飾《詩》《書》以驚愚，進不買名聲於天下。日者，謬得升降承明之闕，出入金華之殿，何嘗不局影凝嚴，側身扃禁者乎？切慕大王之義，復爲門下之賓，備鳴盜淺術之餘，預三五賤伎之末。大王惠以恩光，顧以顔色，實佩荆卿黄金之賜，切感豫讓國士之分矣。常欲結纓伏劍，少謝萬一，剖心摩踵，以報所天。不圖小人固陋，坐貽謗缺，迹墜昭憲，身限幽圄。履影吊心，酸鼻痛骨。下官聞虧名爲辱，虧形次之，是以每一念來，忽若有遺。加以涉旬月，迫季秋，天光沈陰，左右無色。身非木石，與獄吏爲伍。此少卿所以仰天槌心，泣尽而繼之以血者也。下官雖乏鄉曲之譽，然嘗聞君子之行矣。其上則隱於簾肆之間，卧於巖石之下；次則結綬金馬之庭，高議雲臺之上，退則虜南越之君，係單于之頸：俱啓丹册，並圖青史。寧當争分寸之末，競錐刀之利哉！

下官聞積毁銷金，積讒磨骨，遠則直生取疑於盜金，近則伯魚被名於不義。彼之二子，猶或如是，况在下官，焉能自免？昔上將之耻，絳侯幽獄；名臣之羞，史遷下室，至如下官，當何言哉？夫以魯連之智，辭禄而不返；接輿之賢，行歌而志歸。子陵閉關於東越，仲蔚杜門於西秦，亦良可知也。若使下官事非其虚，罪得其實，亦當鉗口吞舌，伏匕首以殞身，何以見齊魯奇節之人，[39]燕趙悲歌之士乎？

方今聖歷欽明，天下樂業，青雲浮洛，榮光塞河。西洎臨洮、狄道，北距飛狐、陽原，莫不浸仁沐義，昭景飲醴。而下官抱痛圓門，含憤獄户，一物之微，有足悲者。仰惟大王少垂明白，則梧丘之魂，不愧於沈首；鵠亭之鬼，無恨於灰骨。不任肝膽之切，敬因執事以聞。

（《文選》卷三九《詣建平王上書》，《文翰類選大成》卷一一九《詣建平王上書》，《江文通集彙注》卷九《詣建平王上書》，《江文通集校注》卷五《詣建平王上書》，《梁書》卷一四《江淹傳》，《南史》卷五九《江淹傳》，《建康實録》卷一八《功臣・江淹》）

與李翺書　韓愈

使至，辱足下書，歡愧來并，不容于心。嗟乎！子之言意皆是也。僕雖巧説，何能逃其責邪？然皆子之愛我多，重我厚，不酌時人待我之情，而以子之待我之意，使我望於時人也。

僕之家本窮空，重遇攻劫，衣服無所得，養生之具無所有，家累僅三十口，携此將安所歸托乎？捨之入京不可也，挈之而行不可也，足下將安以爲我謀哉？此一事耳，足下謂我入京城有所益乎？僕之有子，猶有不知者，時人能知我哉？持僕所守，驅而使奔走伺候公卿間，開口論議，其安能有以合乎？僕在京城八九年，無所取資，日求於人以度時月，當時行之不覺也，今而思之，如痛定之人思當痛之時，不知何能自處也。今年加長矣，復驅之使就其故地，是亦難矣。

所貴乎京師者，不以明天子在上，賢公卿在下，布衣韋帶之士談道義者多乎？以僕遑遑於其中，能上聞而下達乎？其知我者固少，知而相愛不相忌者又加少。内無所資，外無所從，終安所爲乎？

嗟乎！子之責我誠是也，愛我誠多也，今天下之人有如子者乎？自堯舜已來，士有不遇者乎，無也？子獨安能使我潔清不洿，而處其所可樂哉？非不願爲子之所云者，力不足，勢不便故也。僕於此豈以爲大相知乎？累累随行，役役逐隊，飢而食，飽而嬉者也。其所以止而不去者，以其心誠有愛於僕也。然所愛於我者少，不知我者猶多，吾豈樂於此乎哉？[40]將亦有所病而求息於此也。

嗟乎！子誠愛我矣，子之所責於我者誠是矣；然恐子有時不暇責我而悲我，不暇悲我而自責且自悲也；及之而後知，履之而後難耳。

孔子稱顏回“一簞食,一瓢飲,人不堪其憂,回也不改其樂”①。彼人者,有聖者爲之依歸,而又有簞食瓢飲足以不死,其不憂而樂也豈不易哉！若僕無所依歸,無簞食,無瓢飲,無所取資,則餓而死,其不亦難乎？子之聞我言亦悲矣。嗟乎！子亦慎其所之哉！

離違久,乍還侍左右,當日歡喜,故專使馳此候足下意,并以自解。愈再拜。

(《文苑英華》卷六九三《與李翱書》,《韓愈文集彙校箋注》卷六《答李翱書》,《韓昌黎文集校注》卷三《與李翱書》)

與于襄陽書　韓愈

七月三日,將仕郎守國子四門博士韓愈,謹奉書尚書閣下:

士之能享大名顯當世者,莫不有先達之士負天下之望者爲之前焉;士之能垂休光照後世者,亦莫不有後進之士負天下之望者爲之後焉。莫爲之前,雖美而不彰;莫爲之後,雖盛而不傳。是二人者,未始不相須也,然而千百載乃一相遇焉;豈上之人無可援、下之人無可推歟？何其相須之殷而相遇之疏也？其故在下之人負其能不肯諂其上,上之人負其位不肯顧其下;故高材多戚戚之窮,盛位無赫赫之光;是二人者之所爲皆過也。未嘗干之,不可謂上無其人;未嘗求之,不可謂下無其人。愈之誦此言久矣,未嘗敢以聞於人。

側聞閣下抱不世之才,[41]特立而獨行,道方而事實,卷舒不隨乎時,文武唯其所用,豈愈所謂其人哉？抑未聞後進之士,有遇知於左右、獲禮於門下者,豈求之而未得邪？將志存乎立功,而事專乎報主,雖遇其人,未暇禮邪？何其宜聞而久不聞也！愈雖不材,其自處不敢後於恒,閣下將求之而未得歟？古人有言:“請自隗始。”②

愈今者惟朝夕芻米、僕賃之資是急,不過費閣下一朝之享而足

① 參見《論語・雍也》。

② 參見《史記》卷三四《燕召公世家》。

也。如曰“吾志存乎立功，而事專乎報主，雖遇其人，未暇禮焉”，則非愈之所敢知也。世之齪齪者既不足以語之，磊落奇偉之人又不能聽焉，則信乎命之窮也！

謹獻舊所爲文一十八首，如賜覽觀，亦足知其志之所存。愈恐懼再拜。

（《文苑英華》卷六七二《與于襄陽書》，《文翰類選大成》卷一二〇《與于襄陽書》，《韓愈文集彙校箋注》卷七《上于襄陽書》，《韓昌黎文集校注》卷三《上于襄陽書》）

與孟尚書書　韓愈

愈白：行官自南迴，過吉州，得吾兄二十四日手書數番，忻悚兼至，未審入秋來眠食何似，伏惟萬福！

來示云：有人傳愈近少信奉釋氏，此傳之者妄也。潮州時，有一老僧號大顛，頗聰明，識道理，遠地無可與語者，故自山召至州郭，留十數日，實能外形骸以理自勝，不爲事物侵亂。與之語，雖不盡解，要自胸中無滯礙；以爲難得，因與來往。及祭神至海上，遂造其廬。及來袁州，留衣服爲别。乃人之情，非崇信其法，求福田利益也。

孔子云：“丘之禱久矣。”①凡君子行己立身，自有法度，聖賢事業，具在方册，可效可師。仰不愧天，俯不愧人，内不愧心。積善積惡，殃慶自各以其類至，何有去聖人之道，捨先王之法，而從夷狄之教以求福利也？《詩》不云乎：“愷悌君子，求福不回。”②《傳》又曰：“不爲威惕，不爲利疚。”假如釋氏能與人爲禍祟，[42]非守道君子之所懼也，况萬萬無此理。且彼佛者，果何人哉？其行事類君子邪？小人邪？若君子也，必不妄加禍於守道之人。如小人也，其身已死，其鬼不靈。天地神祇，昭布森列，非可誣也，又肯令其鬼行胸臆，作威福於其間

① 參見《論語·述而》。
② 參見《詩經·大雅·旱麓》。

哉？進退無所據，而信奉之，亦且惑矣！

且愈不助釋氏而排之者，其亦有説。《孟子》云："今天下不之楊，則之墨。"楊墨交亂，而聖賢之道不明，則三綱淪而九法斁，禮樂崩而夷狄横，幾何其不爲禽獸也！故曰："能言距楊墨者，皆聖人之徒也。"[①]揚子雲云："古者楊墨塞路，孟子辭而闢之，廓如也。"夫楊墨行，正道廢，且將數百年，以至於秦，卒滅先王之法，燒除其經，坑殺學士，天下遂大亂。及秦滅，漢興且百年，尚未知修明先王之道。其后始除挾書之律，稍求亡書，招學士，經雖少得，尚皆殘缺，十亡二三。故學士多老死，新者不見全經，不能盡知先王之事，各以所見爲守，分離乖隔，不合不公，二帝三王群聖人之道，於是大壞。後之學者，無所尋逐，以至於今泯泯也，其禍出於楊墨肆行而莫之禁故也。

孟子雖賢聖，不得位，空言無施，雖切何補？然賴其言，而今學者尚知宗孔氏，崇仁義，貴王賤霸而已。其大經大法，皆亡滅而不救，壞爛而不收，所謂存十一於千百，安在其能廓如也？然向無孟氏，則皆服左衽而言侏離矣，故愈嘗推尊孟氏，以爲功不在禹下者，爲此也。

漢氏已來，群儒區區修補，百孔千瘡，隨亂隨失，其危如一髮引千鈞，緜緜延延，寖以微滅。於是時也，而唱釋老於其間，鼓天下之衆而從之。嗚呼！其亦不仁甚矣。釋老之害過於楊墨，韓愈之賢不及孟子，孟子不能救之於未亡之前，而韓愈乃欲全之於已壞之後。嗚呼！其亦不量其力且見其身之危，莫之救以死也。雖然，使其道由愈而粗傳，雖滅死萬萬無恨！天地鬼神，臨之在上，質之在傍，又安得因一摧折，自毁其道以從於邪也！籍湜輩雖屢指教，不知果能不叛去否？

辱吾兄眷厚而不獲承命，惟增慚懼，死罪死罪！愈再拜。

（《文翰類選大成》卷一二〇《與孟尚書書》，《韓愈文集彙校箋注》卷八《與孟簡尚書書》，《韓昌黎文集校注》卷三《與孟尚書書》）

---

① 參見《孟子·滕文公下》。

上張僕射第二書　韓愈

愈再拜：以擊毬事諫執事者多矣，諫者不休，執事不止，此非爲其樂不可捨、其諫不足聽故哉？諫不足聽者，辭不足感心也。[43]樂不可捨者，患不能切身也。今之言毬之害者必曰"有危墮之憂，有激射之虞，小者傷面目，大者殘形軀"。執事聞之若不聞者，其意必曰"進若習熟，則無危墮之憂；避能便捷，則免激射之虞；小何傷於面目，大何累於形軀者哉"！愈今所言皆不在此，其指要非以他事外物牽引相比也，特以擊毬之間之事明之耳。

馬之與人，情性殊異。至於筋骸之相束，血氣之相持，安佚則適，勞頓則疲者同也。乘之有道，步驟折中，少必無疾，老必後衰。及以之馳毬於場，蕩摇其心腑，振撓其骨筋，氣不及出入，走不及回旋。遠者三四年，近者一二年，無全馬矣。然則毬之害於人也决矣！凡五藏之繫絡甚微，坐立必懸垂於胸臆之間，而以之顛頓馳騁。嗚呼，其危哉！

《春秋傳》曰："夫有尤物，足以移人，苟非德義，則必有禍。"①雖豈弟君子，[44]神明所扶持，然廣慮之，深思之，亦養壽命之一端也。愈恐懼再拜。

（《文翰類選大成》卷一二〇《上張僕射第二書》，《韓愈文集彙校箋注》卷七《上張僕射第二書》，《韓昌黎文集校注》卷三《上張僕射第二書》）

上丞相書　韓愈

正月二十七日，前鄉貢進士韓愈謹伏光範門下，再拜獻書相公閣下：

《詩》之序曰："菁菁者莪，樂育材也。君子能長育人材，則天下喜

① 參見《春秋左傳注·昭公二十八年》。

樂之矣。”其詩曰:“菁菁者莪,在彼中阿;既見君子,樂且有儀。”[①]説者曰:“菁菁”者,盛也;“莪”,微草也;“阿”,大陵也! 言君子之長育人材,若大陵之長育微草,能使之菁菁然盛也。“既見君子,樂且有儀”云者,天下美之之辭也。其三章曰:“既見君子,錫我百朋。”説者曰:“百朋”,多之之辭也。言君子既長育人材,又當爵命之,賜之厚禄以寵貴之云爾。其卒章曰:“泛泛楊舟,載沈載浮,既見君子,我心則休。”説者曰:“載”,載也;“沈浮”者,物也;言君子之於人才,無所不取,若舟之於物,浮沈皆載之云爾。“既見君子,我心則休”云者,言若此則天下之心美之也。君子之於人也,既長育之,又當爵命寵貴之,而於其才無所遺焉。孟子曰:“君子有三樂,正天下不與存焉。”其一曰“樂得天下之英才而教育之”[②]。此皆聖人賢士之所極言至論,古今之所宜法者也。然則孰能長育天下之人材,將非吾君與吾相乎? 孰能教育天下之英才,將非吾君與吾相乎? 幸今天下無事,小大之官各守其職,錢穀甲兵之問不至於廟堂;論道經邦之暇,捨此宜無大者焉。

今有人生二十八年矣,名不著於農工商賈之版,其業則讀書著文,歌頌堯舜之道。鷄鳴而起,孜孜焉,亦不爲利。其所讀,皆聖人之書,楊墨釋老之學無所入於其心。其所著,皆約六經之旨而成文,抑邪與正,辨時俗之所惑。居窮守約,亦時有感激怨懟奇怪之辭,以求知於天下。亦不悖於教化,妖淫諛佞譸張之説,無所出於其中。四舉於禮部,乃一得,三選於吏部,卒無成。九品之位其可望,一畝之宫其可懷。[45]遑遑乎四海無所歸,恤恤乎飢不得食,寒不得衣;濱於死而益固,得其所者争笑之。忽將棄其舊而新是圖,求老農老圃而爲師,悼本志之變化,中夜涕泗交頤。雖不足當詩人、孟子之謂,抑長育之使成材,其亦可矣。教育之使成木,其亦可矣。

抑又聞古之君子相其君也,一夫不獲其所,若己推而内之溝中。

---

① 本文下引詩句,均參見《詩經·小雅·菁菁者莪》。

② 參見《孟子·盡心上》。

今有人生七年而學聖人之道以修其身，積二十年，不得已一朝而毁之，是亦不獲其所矣！伏念今有仁人在上位，若不往告之而遂行，是果於自棄，而不以古之君子之道待吾相也，其可乎？寧往告焉，若不得志，則命也，其亦行矣！

《洪範》曰："凡厥庶民，有猷、有爲、有守，汝則念之。不協于極，不罹于咎，皇則受之。而康而色，曰予攸好德，汝則錫之福。"①是皆與善之辭也。抑又聞古之人有自進者，而君子不逆之矣，曰"予攸好德，汝則錫之福"之謂也。抑又聞上之設官制禄，必求其人而授之者，非苟慕其才而富貴其身也，蓋將用其能理不能，用其明理不明者耳。下之修己立誠，必求其位而居之者，非苟没於利而榮於名也，[46]蓋將推己之所餘以濟其不足者耳。然則上之於求人，下之於求位，交相求而一其致焉耳。苟以是而爲心，則上之道不必難其下，下之道不必難其上，可舉而舉焉，不必讓其自舉也，可進而進焉，不必廉於自進也。抑又聞上之化下，得其道，則勸賞不必遍加乎天下，而天下從焉，因人之所欲爲而遂推之之謂也。

今天下不由吏部而仕進者幾希矣。主上感傷山林之士有逸遺者，屢詔内外之臣，旁求於四海。[47]而其至者蓋闕焉，豈其無人乎哉？亦見國家不以非常之道禮之而不來耳。彼之處隱就閑者亦人耳，其耳目鼻口之所欲，其心之所樂，其體之所安，豈有異於人乎哉？今所以惡衣食，窮體膚，麋鹿之與處，猨狖之與居，[48]固自以其身不能與時從順俯仰，故甘心自絶而不悔焉。而方聞國家之仕進者，必舉於州縣，然後升於禮部吏部，試之以繡繪雕琢之文，[49]考之以聲勢之逆順、章句之短長，中其程式者，然後得從下士之列，雖有化俗之方、安邊之畫，不繇是而稍進，萬不有一得焉。彼惟恐入山之不深，入林之不密，其影響昧昧，惟恐聞於人也。今若聞有以書進宰相而求仕者，而宰相不辱焉，而薦之天子，而爵命之，而布其書於四方，枯槁沈溺魁閎寬通

① 參見《尚書·周書·洪範》。

之士，必且洋洋焉動其心，峨峨焉纓其冠，于于焉而來矣。此所謂勸賞不必徧加乎天下而天下從焉者也，因人之所欲爲而遂推之之謂者也。

伏惟覽《詩》《書》《孟子》之所指，念育才錫福之所以。考古之君子相其君之道，而忘自進自舉之罪。思設官制禄之故，以誘致山林逸遺之士，庶天下之行道者知所歸焉。

小子不敢自幸，其嘗所著文，輒採其可者若干首，録在異卷，冀辱賜觀焉。干黷尊嚴，伏地待罪。愈再拜。

（《唐文粹》卷八七《上宰相書》，《韓愈文集彙校箋注》卷六《上宰相書》，《韓昌黎文集校注》卷三《上宰相書》）

後十九日復上丞相書　韓愈

二月十六日，前鄉貢進士韓愈謹再拜言相公閣下：

向上書及所著文後，待命凡十有九日，不得命。恐懼不敢逃遁，不知所爲，乃復敢自納於不測之誅，以求畢其説，而請命於左右。

愈聞之：蹈水火者之求免於人也，不惟其父兄子弟之慈愛，然後呼而望之也。將有介於其側者，雖其所憎怨，[50]苟不至乎欲其死者，則將大其聲疾呼而望其人之救也。彼介於其側者，聞其聲而見其事，不惟其父兄子弟之慈愛，然後往而全之也。雖有所憎怨，苟不至乎欲其死者，則將狂奔盡氣，濡手足，焦毛髮，救之而不辭也。若是者何哉？其勢誠急，而其情誠可悲也。

愈之强學力行有年矣。愚不惟道之險夷，行且不息，以蹈於窮餓之水火，其既危且亟矣，大其聲而疾呼矣。閣下其亦聞而見之矣，其將往而全之歟？抑將安而不救歟？有來言於閣下者曰："有觀溺於水而爇於火者，有可救之道，而終莫之救也。"閣下且以爲仁人乎哉？不然，若愈者，亦君子之所宜動心者也。

或謂愈："子言則然矣，宰相則知子矣，如時不可何？"愈竊謂之不知言者，誠其材能不足當吾賢相之舉耳。若所謂時者，固在上位者之爲耳，非天之所爲也。前五六年時，宰相薦聞尚有自布衣蒙抽擢者，與今豈異時哉？且今節度觀察使及防禦營田諸小使等，尚得自舉判官，無間於已仕未仕者，況在宰相，吾君所尊敬者，而曰不可乎？

古之進人者，或取於盜，或舉於管庫。今布衣雖賤，猶足以方於此。情隘辭蹙，不知所裁，亦惟少垂憐焉。愈再拜。

（《唐文粹》卷八七《後十九日復上書》，《文翰類選大成》卷一二〇《後十九日復上宰相書》，《韓愈文集彙校箋注》卷六《後十九日復上書》，《韓昌黎文集校注》卷三《後十九日復上書》）

後二十九日復上丞相書　韓愈

三月十六日，前鄉貢進士韓愈謹再拜言相公閣下：

愈聞周公之爲輔相，其急於見賢也，方一食三吐其哺，方一沐三握其髮。當是時，天下之賢才皆已舉用，奸邪讒佞欺負之徒皆已除去，四海皆已無虞，九夷八蠻之在荒服之外者皆已賓貢，天災時變、昆蟲草木之妖皆已銷息，天下之所謂禮、樂、刑、政教化之具皆已修理，風俗皆已敦厚，動植之物、風雨霜露之所沾被者皆已得宜，休徵嘉瑞、麟鳳龜龍之屬皆已備至，而周公以聖人之才，憑叔父之親，其所輔理承化之功又盡章章如是。其所求進見之士，豈復有賢於周公者哉？不惟不賢於周公而已，豈復有賢於時百執事者哉？豈復有所計議、能補於周公之化者哉？然而周公求之如此其急，惟恐耳目有所不聞見，思慮有所未及，以負成王托周公之意，不得於天下之心。如周公之心，設使其時輔理承化之功未盡章章如是，而非聖人之才，而無叔父之親，則將不暇食與沐矣。豈特吐哺握髮爲勤而止哉！[51]維其如是，故于今頌成王之德，而稱周公之功不衰。

今閣下爲輔相亦近耳，天下之賢才豈盡舉用？奸邪讒佞欺負之徒豈盡除去？四海豈盡無虞？九夷、八蠻之在荒服之外者豈盡賓貢？天災時變、昆蟲草木之妖豈盡銷息？天下之所謂禮、樂、刑、政教化之具豈盡修理？風俗豈盡敦厚？動植之物、風雨霜露之所沾被者豈盡得宜？休徵嘉瑞、麟鳳龜龍之屬豈盡備至？其所求進見之士，雖不足以希望盛德，至比於百執事，豈盡出其下哉？其所稱説，豈盡無所補哉？今雖不能如周公吐哺握髮，亦宜引而進之，察其所以而去就之，[52]不宜默默而已也。愈之待命四十餘日矣，書再上，而志不得通；足三及門，而閽人辭焉。惟其昏愚，不知逃遁，故復有周公之説焉。閣下其亦察之！

古之士三月不仕則相吊，故出疆必載質，然所以重於自進者，以其於周不可，則去之魯，於魯不可，則去之齊，於齊不可，則去之宋、之鄭、之秦、之楚也。今天下一君，四海一國，舍乎此則夷狄矣，去父母之邦矣。故士之行道者不得於朝，則山林而已矣。山林者，士之所獨善自養而不憂天下者之所能安也。如有憂天下之心，則不能矣，故愈每自進而不知愧焉。書亟上，足數及門，而不知止焉。寧獨如此而已？惴惴焉惟不得出大賢之門下是懼，亦惟少垂察焉。瀆冒威尊，惶恐無已。愈再拜。

（《唐文粹》卷八七《後二十九日復上書》，《文翰類選大成》卷一二〇《後二十九日復上宰相書》，《韓愈文集彙校箋注》卷六《後二十九日復上書》，《韓昌黎文集校注》卷三《後二十九日復上書》）

應科目時與人書　韓愈

月日愈再拜：天池之濱，大江之濆，曰有怪物焉，蓋非常鱗凡介之品彙匹儔也！其得水，變化風雨上下于天不難也，其不及水，蓋尋常尺寸之間耳。無高山大陵曠塗絶險爲之關隔也，然其窮涸不能自致乎水，爲獱獺之笑者，蓋十八九矣。如有力者，哀其窮而轉運之，蓋一舉手一投足之勞也。

然是物也，負其異於衆也，且曰："爛死於沙泥，吾寧樂之。若俛首帖耳摇尾而乞憐者，非我之志也。"是以有力者遇之，熟視之若無睹也。其死其生，固不可知也。今又有有力者當其前矣，聊試仰首一鳴號焉，庸詎知有力者不哀其窮，而忘一舉手一投足之勞而轉之清波乎？

其哀之，命也。其不哀之，命也。知其在命而且鳴號之者，亦命也。愈今者實有類於是。是以忘其疏愚之罪，而有是説焉。閣下其亦憐察之！

（《古今事文類聚》别集卷二八《與韋舍人書》，《文翰類選大成》卷一二〇《應科目時與人書》，《韓愈文集彙校箋注》卷八《應科目時與韋舍人書》，《韓昌黎文集校注》卷三《應科目時與人書》）

答陳商書　韓愈

愈白：辱惠書，語高而旨深，三四讀尚不能通曉，茫然增愧赧。又不以其淺弊無過人知識，且喻以所守，幸甚！敢不吐情實？然自識其不足補吾子所須也。

齊王好竽，有求仕於齊者操瑟而往，立王之門，三年不得入，叱曰："吾瑟鼓之，能使鬼神上下。吾鼓瑟，合軒轅氏之律吕。"客駡之曰："王好竽，而子鼓瑟，雖工，如王不好何？"是所謂工於瑟而不工於求齊也。

今舉進士於此世，求禄利行道於此世，而爲文必使一世人不好，得無與操瑟立齊門者比歟？文雖工不利於求，[53]求不得則怒且怨，不知君子必爾爲不也！故區區之心，每有來訪者，皆有意於不肖者也。略不辭讓，[54]遂盡言之，惟吾子諒察。愈白。

（《古今事文類聚》别集卷二八《答陳商書》，《文翰類選大成》卷一二〇《答陳商書》，《韓愈文集彙校箋注》卷八《答陳商書》，《韓昌黎文集校注》卷三《答陳商書》）

答李秀才書　韓愈

愈白：故友李觀元賓十年之前示愈《别吴中故人》詩六章，其首章則吾子也，盛有所稱引。元賓行峻潔清，其中狹隘不能苞容，於尋常人不肯苟有論説。因究其所以，於是知吾子非痛衆人。時吾子在吴中,其後愈出在外,無因緣相見。元賓既殁,其文益可貴重。思元賓而不見,見元賓之所與者則如元賓焉。

今者辱惠書及文章,觀其姓名,元賓之聲容怳若相接。讀其文辭,見元賓之知人,交道之不污。甚矣,子之心有似於吾元賓也!

子之言以愈所爲不違孔子,不以琢雕爲工,將相從於此。愈敢自愛其道,而以辭讓爲事乎?然愈之所志於古者,不惟其辭之好,好其道焉爾。讀吾子之辭而得其所用心,將復有深於是者與吾子樂之,[55]况其外之文乎?愈頓首。

(《韓愈文集彙校箋注》卷六《答李圖南秀才書》,《韓昌黎文集校注》卷三《答李秀才書》)

與鄂州柳中丞書　韓愈

淮右殘孽,尚守巢窟,環寇之師,殆且十萬,瞋目語難。自以爲武人不肯循法度,頡頏作氣勢,竊爵位自尊大者,肩相磨、地相屬也。不聞有一人援桴鼓誓衆而前者,但日令走馬來求賞給,助寇爲聲勢而已!

閣下書生也。《詩》《書》《禮》《樂》是習,仁義是修,法度是束。一旦去文就武,鼓三軍而進之,陳師鞠旅,親與爲辛苦,慷慨感激,同食下卒,將二州之牧以壯士氣,斬所乘馬以祭踶死之士,雖古名將,何以加兹!此由天資忠孝,鬱於中而大作於外,動皆中於機會,以取勝於當世。而爲戎臣師,豈常習於威暴之事,而樂其鬥戰之危也哉?

愈誠怯弱,不適於用,聽於下風,竊自增氣。誇於中朝稠人廣衆會集之中,所以羞武夫之顔,令議者知將國兵而爲人之司命者,不在彼而在此也。臨敵重慎,誡輕出入,良用自愛,以副見慕之徒之心,而果爲國立大功也。幸甚,幸甚!

不宣。愈再拜。

(《韓愈文集彙校箋注》卷九《與鄂州柳公綽中丞書》,《韓昌黎文集校注》卷三《與鄂州柳中丞書》)

與陳給事書　韓愈

愈再拜：愈之獲見於閣下有年矣，始者未嘗辱一言之譽。貧賤也，衣食於奔走，不得朝夕繼見，其後閣下位益尊，伺候於門墻者日益進。夫位益尊，則賤者日隔。伺候於門墻者日益進，則愛博而情不專。愈也道不加修，而文日益有名。夫道不加修，則賢者不與。文日益有名，則同進者忌。始之以日隔之疏，加之以不專之望，以不與者之心，而聽忌者之説："由是閣下之庭無愈之迹矣。"

去年春，亦嘗一進謁於左右矣，温乎其容若加其新也，[56]屬乎其言若閔其窮也。退而喜也以告於人。其後如東京取妻子，又不得朝夕繼見，及其還也，亦嘗一進謁于左右矣，邈乎其容若不察其愚也，悄乎其言若不接其情也，[57]退而懼也不敢復進。今則釋然悟，翻然悔曰："其邈也，乃所以怒其來之不繼也。其悄也，乃所以示其意也。不敏之誅，無所逃避。"不敢遂進，輒自疏其所以，并獻近所爲《復志賦》已下十首爲一卷，卷有標軸。《送孟郊序》一首，生紙寫，不加裝飾。皆有楷字注字處，急於自解而謝，不能俟更寫，閣下取其意而略其禮可也。愈恐懼再拜。

（《文苑英華》卷六六九《與陳京給事書》，《文翰類選大成》卷一二〇《與陳給事書》，《韓愈文集彙校箋注》卷七《與陳京給事書》，《韓昌黎文集校注》卷三《與陳京給事書》）

與祠部陸員外書　韓愈

執事好賢樂善，孜孜以薦進良士、明白是非爲己任，方今天下，一人而已。愈之獲幸於左右，其足迹接於門墻之間，升乎堂而望乎室者，亦將一年於今矣。念慮所及，輒欲不自疑外，竭其愚而道其志，况在執事之所孜孜爲己任者，得不少助而張之乎？誠不自識其言之可采與否；其事則小人之事君子盡心之道也。天下之事，不可遽數，又執事之志，或有待而爲，未敢一二言也。[58]今但言其最近而切者爾：

執事之與司貢士者相知誠深矣。彼之所望於執事，執事之所以待乎彼者，可謂至而無間疑矣。彼之職在乎得人，執事之志在乎進賢，如得其人而授之，所謂兩得其求，順乎其必從也。執事之知人其亦博矣，夫子之言曰"舉爾所知"①，然則愈之知者亦可言已。

文章之尤者，有侯喜者、侯雲長者。喜之家，在開元中，衣冠而朝者，兄弟五六人，及喜之父仕不達，棄官而歸。喜率兄弟操耒耜而耕于野，地薄而賦多，不足以養其親，則以其耕之暇讀書而爲文，以干於有位者，而取足焉。喜之文章，學西京而爲也，舉進士十五六年矣。雲長之文，執事所自知。其爲人淳重方實，可任以事，其文與喜相上下。有劉述古者，其文長於爲詩，文麗而思深，當今舉於禮部者，其詩無與爲比，[59]而又工於應主司之試。其爲人温良誠信，無邪佞詐妄之心，强志而婉容，和平而有立。其趍事静以敏，著美名而負屈稱者，其日已久矣。有韋群玉者，京兆之從子，其文有可取者，其進而未止者也，其爲人賢而有材，志剛而氣和，樂於薦賢爲善。其在家無子弟之過，居京兆之側，遇事輒争，不從其令而從其義，求子弟之賢而能業其家者，群玉是也。

凡此四子，皆可以當執事首薦而極論者。主司疑焉，則以辨之。問焉，則以告之。未知焉，則殷勤而語之。期乎有成而後止可也。有沈杞者、[60]張苰者、尉遲汾者、李紳者、張後餘者、李翊者，或文或行，皆出群之才也。凡此數子，與之足以收人望、得才實，主司疑焉則與解之，問焉則以對之，廣求焉則以告之可也。

往者陸相公司貢士，考文章甚詳，愈時亦幸在得中，而未知陸之得人也。其後一二年，所與及第者，皆赫然有聲。原其所以，亦由梁補闕肅、王郎中礎佐之。梁舉八人，無有失者，其餘則王皆與謀焉。陸相之考文章甚詳也，待梁與王如此不疑也，梁與王舉人如此之當也，至今以爲美談。自後主司不能信人，人亦無足信者，故蔑蔑無

① 參見《論語·子路》。

聞。[61]今執事之與司貢士者，有相信之資、謀行之道，惜乎其不可失也！

方今在朝廷者，多以游讌娱樂爲事，獨執事眇然高舉，有深思長慮，爲國家樹根本之道。宜乎！小子之以此言聞於左右也。愈恐懼再拜。

（《文苑英華》卷六八九《與祠部陸員外薦士書》，《古今事文類聚》卷一三《與祠部陸員外書》，《韓愈文集彙校箋注》卷七《與祠部陸參員外薦士書》，《韓昌黎文集校注》卷三《與祠部陸員外書》）

【校勘記】

[1] 辭：《文翰類選大成》卷一一八作“離”。
[2] 所：《文翰類選大成》卷一一八作“所以”。
[3] 俾：此字原脱，據《春秋左傳注・成公十三年》補。
[4] 三者世主不臣説士不載：此十字原脱，據《史記》卷八三補。
[5] 二：《文選》卷三九作“三”。
[6] 思：《文翰類選大成》卷一一八、《漢書》卷九五作“意”。
[7] 愚：《文選》卷三九作“愚暗”。
[8] 巧：《文選》卷三九作“功”。
[9] 技不得用：《文選》卷三九作“伎力不得用”。
[10] 後：此字原脱，據《史記》卷一一七補。
[11] 蛟龍驤首：原作“交龍襄首”，據《文選》卷三九、《文翰類選大成》卷一一八改。
[12] 壤：原作“攘”，據《漢書》卷五一改。
[13] 勢：原作“埶”，據《漢書》卷五一改。本篇下同。
[14] 佴：《漢書》卷六二、《文翰類選大成》卷一一八作“茸”。
[15] 太：原作“大”，據《漢書》卷六二改。
[16] 勢：原作“埶”，據《漢書》卷六二改。本篇下同。
[17] 負：原作“貧”，據《文選》卷四一、《漢書》卷六二改。
[18] 勢：原作“埶”，據《漢書》卷六四改。本篇下同。
[19] 蟁：《漢書》卷六四作“蚉”。
[20] 隨：原作“陸”，據《漢書》卷六四改。
[21] 五：此字原脱，據《史記》卷一一二補。

［22］户：原作“尸”，據《漢書》卷七七、《文翰類選大成》卷一一八改。
［23］凡：原作“几”，據《漢書》卷五一、《文翰類選大成》卷一一八改。
［24］勢：原作“埶”，據《漢書》卷六七改。本篇下同。
［25］息乎：《文選》卷四一《報孫會宗書》作“自守”。
［26］袖：原作“柚”，據《漢書》卷六六、《文選》卷四一改。
［27］晁：原作“朝”，據《漢書》卷三六、《文選》卷四三、《文翰類選大成》卷一一八改。
［28］藝：原作“蓺”，據《漢書》卷三六、《文選》卷四三、《文翰類選大成》卷一一八改。
［29］末：原作“未”，據《漢書》卷三六、《文選》卷四三、《文翰類選大成》卷一一八改。
［30］禮：原作“視”，據《漢書》卷三六、《文選》卷四三、《文翰類選大成》卷一一八改。
［31］溺：《文選》卷四一作“難”。
［32］騫：《文選》卷四二作“軒”。
［33］淵：《文選》卷四二作“泉”。
［34］流：《文選》卷四二作“留”。
［35］恃：原作“待”，據《三國志》卷一九《魏書・任城陳蕭王傳》、《文選》卷四二改。
［36］思：原作“畏”，據《文選》卷四三、《文翰類選大成》卷一一九改。
［37］俱：《文選》卷四三、《古今事文類聚》前集卷三三、《文翰類選大成》卷一一九均作“便”。
［38］小：《文選》卷四三作“卜”，《文翰類選大成》卷一一九作“決”。
［39］節：原作“即”，據《文選》卷三九、《文翰類選大成》卷一一九改。
［40］此乎：原作“比子”，據《文苑英華》卷六九三改。
［41］世：《文翰類選大成》卷一二〇作“世出”。
［42］祟：《文翰類選大成》卷一二〇作“福”。
［43］感：《文翰類選大成》卷一二〇作“感人”。
［44］豈弟：《文翰類選大成》卷一二〇作“愷悌”。
［45］宫：《唐文粹》卷八七作“宅”。
［46］没：《唐文粹》卷八七作“役”。
［47］旁求：《唐文粹》卷八七此二字下有“儒士”二字。
［48］狖：原作“犺”，據《唐文粹》卷八七改。
［49］繪：《唐文粹》卷八七作“繢”。
［50］怨：《唐文粹》卷八七作“惡”。
［51］勤：原作“動”，據《唐文粹》卷八七、《文翰類選大成》卷一二〇改。
［52］去就：《文翰類選大成》卷一二〇作“進退”。
［53］雖：《古今事文類聚》别集卷二八、《文翰類選大成》卷一二〇作“誠”。
［54］讓：《古今事文類聚》别集卷二八作“謬”。
［55］與：原作“歟”，據《韓昌黎文集校注》卷三改。
［56］新：《文苑英華》卷六六九作“親”。

[57] 其:《文苑英華》卷六六九作“於”。

[58] 一二:《古今事文類聚》卷一三作“一一”。

[59] 與:《古今事文類聚》卷一三作“以”。

[60] 杞:原作“杷”,據《古今事文類聚》卷一三改。

[61] 蔑蔑:《古今事文類聚》卷一三作“蔑然”。

文章類選卷之十五

書　類

上張僕射書　韓愈

九月一日愈再拜：受牒之明日，在使院中，有小吏持院中故事節目十餘事來示愈。其中不可者，有自九月至明年二月之終，皆晨入夜歸，非有疾病事故輒不許出。當時以初受命不敢言，古人有言曰："人各有能有不能。"①若此者，非愈之所能也。抑而行之，必發狂疾，上無以承事於公，忘其將所以報德者；下無以自立，喪失其所以爲心。夫如是，則安得而不言？

凡執事之擇於愈者，非爲其能晨入夜歸也，必將有以取之。苟有以取之，雖不晨入而夜歸，其所取者猶在也。下之事上，不一其事；上之使下，不一其事。量力而任之，度才而處之，其所不能，不强使爲是，故爲下者不獲罪於上，爲上者不得怨於下矣。孟子有云：今之諸侯無大相過者，以其皆"好臣其所教，而不好臣其所受教"②。今之時，與孟子之時又加遠矣，皆好其聞命而奔走者，不好其直己而行道者。聞命而奔走者，好利者也；直己而行道者，好義者也。未有好利而愛其君者，未有好義而忘其君者。今之王公大人惟執事可以聞此言，惟愈於執事也可以此言進。

愈蒙幸於執事，其所從舊矣。若寬假之使不失其性，加待之使足

---

① 參見《春秋左傳注·定公五年》。

② 參見《孟子·公孙丑下》。

以爲名，寅而入，盡辰而退，申而入，終酉而退，率以爲常，亦不廢事。天下之人聞執事之於愈如是也，必皆曰："執事之好士也如此，執事之待士以禮如此，執事之使人不枉其性而能有容如此，執事之欲成人之名如此，執事之厚於故舊如此。"又將曰："韓愈之識其所依歸也如此，韓愈之不諂屈於富貴之人如此，韓愈之賢能使其主待之以禮如此，則死於執事之門無悔也。"若使隨行而入，逐隊而趨，言不敢盡其誠，道有所屈於己，天下之人聞執事之於愈如此，皆曰："執事之用韓愈，哀其窮收之而已耳，韓愈之事執事不以道，利之而已耳。"苟如是，雖日受千金之賜，一歲九遷其官，感恩則有之矣。將以稱於天下曰：知己知己！則未也。

伏惟哀其所不足，矜其愚，不録其罪，察其辭，而垂仁采納焉。愈恐懼再拜。

（《文苑英華》卷六七一《上張僕射書》，《韓愈文集彙校箋注》卷七《上張建封僕射書》，《韓昌黎文集校注》卷三《上張僕射書》）

代張籍與李浙東書　韓愈

月日，前某官某謹東向再拜，寓書浙東觀察使中丞李公閣下：籍聞議論者皆云，方今居古方伯連帥之職，坐一方得專制於其境内者，惟閣下心事犖犖，與俗輩不同。籍固以藏之胸中矣！

近者閣下從事李協律翶到京師，籍於李君友也，不見六七年，聞其至，馳往省之，問無恙外，不暇出一言，且先賀其得賢主人。李君曰："子豈盡知之乎？吾將盡言之。"數日籍益聞所不聞。籍私獨喜，常以爲自今已後，不復有如古人者，於今忽有之。退自悲不幸兩目不見物，無用於天下，胸中雖有知識，家無錢財，寸步不能自致。今去李中丞五千里，何由致其身於其人之側，開口一吐出胸中之奇乎？因飲泣不能語。

既數日，復自奮曰，無所能人乃宜以盲廢，有所能人雖盲，當廢於俗輩，不當廢於行古人之道者。浙水東七州，户不下數十萬，[1]不盲者何限？李中丞取人固當問其賢不賢，不當計其盲與不盲也。當今盲於心者皆是，若籍自謂獨盲於目爾，其心則能別是非。若賜之坐而問之，其口固能言也。幸未死，實欲一吐出心中平生所知見，閣下能信而致之於門邪？籍又善於古詩，使其心不以憂衣食亂，閣下無事時一致之座側，使跪進其所有，閣下憑几而聽之，未必不如聽吹竹彈絲敲金擊石也。夫盲者業專於藝必精，[2]故樂工皆盲。籍儻可與此輩比并乎！

使籍誠不以蓄妻子憂飢寒亂心，有錢財以濟醫藥，其盲未甚，庶幾其復見天地日月，因得不廢，則自今至死之年，皆閣下之賜。閣下濟之以已絶之年，賜之以既盲之視，其恩輕重大小，籍宜如何報也！閣下裁之度之。籍慚靦音"腆"。再拜。

（《文苑英華》卷六七二《代張籍與李浙東遜書》，《韓愈文集彙校箋注》卷六《代張籍與浙東觀察李中丞書》，《韓昌黎文集校注》卷三《代張籍與李浙東書》）

答張籍書　韓愈

愈始者望見吾子於人人之中，固有異焉。及聆其音聲，接其辭氣，則有願交之志。因緣幸會，遂得所圖，豈惟吾子之不遺，抑僕之所遇有時焉耳。近者嘗有意吾子之闕焉無言，意僕所以交之之道不至也。今乃大得所圖，脱然若沈痾去體，灑然若執熱者之濯清風也。然吾子所論，排釋老不若著書，囂囂多言，徒相爲訾。若僕之見，則有異乎此也！

夫所謂著書者，義止於辭耳。宣之於口，書之於簡，何擇焉？孟軻之書，非軻自著，軻既歿，其徒萬章公孫丑相與記軻所言焉耳。僕自得聖人之道而誦之，排前二家有年矣。不知者以僕爲好辯也。然從而化者亦有矣，聞而疑者又有倍焉。頑然不入者，親以言諭之不入，則其觀吾書也固將無得矣。爲此而止，吾豈有愛於力乎哉？

然有一説：化當世莫若口，傳來世莫若書。又懼吾力之未至也。

三十而立，四十而不惑，吾於聖人，既過之猶懼不及，矧今未至，固有所未至耳。請待五六十然後爲之，冀其少過也。

吾子又譏吾與人人爲無實駁雜之説，此吾所以爲戲耳。比之酒色，不有間乎？吾子譏之，似同浴而譏裸裎也。若商論不能下氣，或似有之，當更思而悔之耳。博塞之譏，敢不承教，其他俟相見。

薄晚須到公府，言不能盡。愈再拜。

（《韓愈文集彙校箋注》卷四《答張籍書》，《韓昌黎文集校注》卷二《答張籍書》）

與韓愈論史書　柳子厚

正月二十一日，某頓首十八丈退之侍者前：[3]獲書言史事，云具《與劉秀才書》，及今乃見書藁，私心甚不喜，與退之往年言史事甚大謬。

若書中言，退之不宜一日在館下，安有探宰相意，以爲苟以史榮一韓退之耶？若果爾，退之豈宜虛受宰相榮已，而冒居館下，近密地，食奉養，役使掌固，利紙筆爲私書，取以供子弟費？古之志於道者，不若是。[4]且退之以爲紀録者有刑禍，避不肯就，尤非也。史以名爲褒貶，猶且恐懼不敢爲。設使退之爲御史中丞、大夫，其褒貶成敗人愈益顯，其宜恐懼尤大也，則又將揚揚入臺府，[5]美食安坐，行呼唱於朝廷而已耶？在御史猶爾，設使退之爲宰相，生殺出入升黜天下士，其敵益衆，則又將揚揚入政事堂，美食安坐，行呼唱於内庭外衢而已耶？[6]何以異不爲史而榮其號、[7]利其禄者也？

又言"不有人禍，則有天刑"。若以罪夫前古之爲史者，然亦甚惑。凡居其位，思直其道。道苟直，雖死不可回也。如回之，莫若亟去其位。孔子之困於魯、衛、陳、宋、蔡、齊、楚者，其時暗，諸侯不能以也。其不遇而死，不以作《春秋》故也。當其時，雖不作《春秋》，孔子猶不遇而死也。若周公、史佚，雖紀言書事，猶遇且顯也。又不得以《春秋》爲孔子累。范曄悖亂，雖不爲史，其族亦赤。司馬遷觸天子喜怒，班固不檢下，崔浩沽其直以鬥暴虜，皆非中道。左丘明以疾盲，出於不幸。子夏不爲史亦盲，不可以是爲戒。其餘皆不出此。是退之宜守中道，不忘其直，無以他事自恐。退之之恐，唯在不直，不得中道，刑禍非所恐也。

凡言二百年文武士多有誠如此者。[8]今退之曰："我一人也，何能明？"則同職者又所云若是，後來繼今者又所云若是，人人皆曰"我一人"，則卒誰能紀傳之耶？如退之但以所聞知孜孜不敢怠，同職者、後來繼今者，亦各以所聞知孜孜不敢怠，則庶幾不墜，使卒有明也。不然，徒信人口語，每每異辭，日以滋久，則所云"磊磊軒天地"者决必不沉没，且亂雜無可考，非有志者所忍恣也。果有志，豈當待人督責迫蹙然後爲官守耶？

又凡鬼神事，眇茫荒惑無可準，明者所不道。退之之智而猶懼於此。今學如退之，辭如退之，好言論如退之，慷慨自謂正直行行焉如退之，[9]猶所云若是，則唐之史述其卒無可托乎？明天子賢宰相得史才如此，而又不果，甚可痛哉！退之宜更思，可爲速爲，果卒以爲恐懼不敢，則一日可引去，又何以云"行且謀"也？今當爲而不爲，[10]又誘館中他人及後生者，[11]此大惑已。不勉己而欲勉人，難矣哉！

（《唐文粹》卷八二《答韓愈論史官書》，《古今事文類聚》新集卷二二《與韓愈論史官書》，《柳宗元集校注》卷三一《與韓愈論史官書》）

與太學生喜留陽城司業書　柳子厚

二十六日，集賢殿正字柳宗元敬致尺牘太學諸生足下：始朝廷用諫議大夫陽公爲司業，諸生陶煦醇懿，熙然大洽，於兹四祀而已，詔書出爲道州。僕時通籍光範門，就職書府，聞之悒然不喜。非特爲諸生戚戚也，乃僕亦失其師表，而莫有所矜式焉。既而署吏有傳致詔草者，僕得觀之。蓋主上知陽公甚熟，嘉美顯寵，勤至備厚，乃知欲煩陽公宣風裔土，覃布美化於黎獻也。遂寬然少喜，如獲慰薦於天子休命。然而退自感悼，幸生明聖不諱之代，不能布露所蓄，論列大體，聞於下執事，冀少見采取，而還陽公之南也。翌日，退自書府，就車於司馬門外，聞之於抱關掌管者，道諸生愛慕陽公之德教，不忍其去，頓首西闕下，懇悃至願，乞留如故者百數十人。輒用撫手喜甚，震抃不寧，不意古道復形於今。僕嘗讀李元禮、嵇叔夜傳，觀其言太學生徒仰闕赴訴者，僕謂訖千百年不可睹聞，乃今日聞而睹之，誠諸生見賜甚盛。

於戲！始僕少時，嘗有意游太學，受師說，以植志持身焉。當時說者咸曰："太學生聚爲朋曹，侮老慢賢，有墮窳以主。敗業而利口食者，有崇飾惡言而肆鬥訟者，有淩傲長上而誶駡有司者，其退然自克，特殊於衆人者無幾耳。[12]"僕聞之，恂震勇。駭怛當割。悸，其李。良痛其游聖人之門，而衆爲是嗒嗒從合。[13]也。遂退托鄉閭家塾，考厲志業，過太學之門而不敢跼音"局"。顧，尚何能仰視其學徒者哉！今乃奮志厲義，出乎千百年之表，何聞見之乖剌盧達。歟？豈說者過也？將亦時異人異，無嚮時之桀害者耶？其無乃陽公之漸漬導訓明效所致乎？夫如是，服聖人遺教，居天子太學，可無愧矣。

於戲！陽公有博厚恢弘之德，能容善僞，來者不拒。曩聞有狂惑小生，依託門下，或乃飛文陳愚，醜行無賴，而論者以爲言，謂陽公過於納污，無人師之道，是大不然。仲尼吾黨狂狷，南郭獻譏，曾參徒七十二人，致禍負芻。孟軻館齊，從者竊屨。彼一聖兩賢人，[14]繼爲大儒，然猶不免，如之何其拒人也？俞、扁之門，不拒病夫；繩墨之側，不拒枉材；師儒之席，[15]不拒曲士。理固然也。且陽公之在於朝，四方聞風，仰而尊之，貪冒苟進邪薄之夫，庶得少沮其志，不遂其惡，雖微師尹之位，而人實具瞻焉。與其宣風一方，覃化一州，其功之遠近，又可量哉！[16]諸生之言非獨爲已也，於國體實甚宜，願諸生勿得私之。想復再上，故少佐筆端耳。勖此良志，俾爲史者有以紀述也。努力多賀。柳宗元白。

（《古今事文類聚》新集卷三一《與太學諸生喜詣闕留陽城司業書》，《柳宗元集校注》卷三四《與太學諸生喜詣闕留陽城司業書》）

答貢士元公瑾書 柳宗元

二十八日,宗元白:前時所枉文章,諷讀累日,辱致來簡,受賜無量。然竊觀足下所以殷勤其文旨者,豈非深寡和胡卧。之憤,積無徒之嘆,懷不能已,赴訴於僕乎?如僕尚何爲者哉?且士之求售於有司,或以文進,或以行達者,稱之不患無成,足下之文,左馮翊崔公先唱之矣,秉筆之徒由是增敬。足下之行,汝南周穎客又先唱之矣,逢掖之列亦以加慕。夫如是,致隆隆之譽不久矣,又何戚焉?

古之道,上延乎下,下倍乎上,上下洽通,而薦能之功行焉。故天子得宜爲天子者,薦之於天;諸侯得宜爲諸侯者,薦之於王;大夫得宜爲大夫者,薦之於君;士得宜爲士者,薦之於有司。薦於天,堯舜是也。薦於王,周公之徒是也。薦於君,鮑叔牙、子罕、子皮是也。薦於有司而專其美者,則僕未之聞也,是誠難矣。古猶難之,而況今乎?獨不得與足下偕生中古之間,進相援也,退相拯也,已乃出乎今世,雖王林國、韓長孺復生,不能爲足下抗手而進,以取僇笑,矧僕之齷乙角。齪側角。者哉!若將致僕於奔走先後之地而役使之,則勉充雅素,不敢告憊。蒲拜。

嗚呼!始僕之志學也,甚自尊大,頗慕古之大有爲者。汩没至今,自視缺然,知其不盈素望久矣。上之不能交誠明,達德行,延孔子之光燭於後來;次之未能勵材能,興功力,致大康於民,垂不滅之聲。退乃倀倀於下列,呫呫於末位。偃仰驕矜,道人短長,不亦冒先聖之誅乎?固吾不得已耳,樹勢使然也。穀梁子曰:"心志既通,而名譽不聞,友之過也。"①蓋舉知揚善,聖人不非。況足下有文行,唱之者有其人矣,繼其聲者,吾敢闕焉!其餘去就之説,則足下觀時而已。不悉。宗元白。

(《文翰類選大成》卷一二〇《答貢士元公瑾書》,《柳宗元集校注》卷三四《答貢士元公瑾論仕進書》)

---

① 參見《春秋穀梁傳》。

與李睦州論服氣書　柳宗元

二十六日，宗元再拜。前四五日，與邑中可與游者游愚溪，上池西小丘，坐柳下，酒行甚歡。坐者咸望兄，不能俱。以爲兄由服氣以來，貌加老而心少歡愉，不若前去年時。是時既言，皆沮然眄睞，洛代。思有以已。兄用斯術，而未得路。間一日，濮陽吴武陵最輕健，先作書，道天地、日月、黄帝等，下及列仙方士皆死狀，出千餘字，頗甚快辯。

伏睹兄貌笑口順而神不偕來，及食時，竊睨和糅忍九、女救。燥濕與啖飲多寡猶自若。[17]是兄陽德其言，而陰黜其忠也。若古之强大諸侯然。負固怙力，[18]敵至則諾，去則肆，是不可變之尤者也。攻之不得，則宜濟師。今吴子之師已遭諸而退矣。愚敢厲鋭擐音"患"。堅，鳴鐘鼓以進，决於城下。惟兄明聽之。

凡服氣之大不可者，吴子已悉陳矣。悉陳而不變者無他，以服氣書多美言，以爲得恒久大利，則又安得棄吾美言大利，而從他人之苦言哉？今愚甚吶奴骨。不能多言。大凡服氣之可不死歟？不可歟？壽歟？夭歟？康寧歟？疾病歟？若是者，愚皆不言。但以世之兩事己所經見者類之，以明兄所信書必無可用。愚幼時嘗嗜音，見有學操琴者，不能得碩師，而偶傳其譜，讀其聲，以布其爪指。蚤起則嘐嘐火苞。譊譊馨么。以逮夜，又增以脂燭，燭不足則諷而鼓諸席，如是十年，以爲極工。出至大都邑，操於衆人之座，則皆得大笑曰："嘻！何清濁之亂，而疾舒之乖歟？"卒大慚而歸。及年少長，則嗜書，又見有學書者，亦不能得碩書，獨得國故書，伏而攻之。其勤若向之爲琴者，而年又倍焉。出曰："吾書之工，能爲若是。"知書者又大笑曰："是形縱而理逆。"卒爲天下棄，又大慚而歸。是二者，皆極工而反棄者，何哉？無所師而徒狀其文也。其所不可傳者，卒不能得，故雖窮日夜，弊歲紀，愈遠而不近也。今兄之所以爲服氣者，果誰師耶？始者獨見兄傳得氣書於盧遵所，伏讀三兩日，遂用之。其次得氣訣於李計所，又參取而大施行焉。是書是訣，遵與計皆不能知，然則兄之所以學者無碩師矣，是與向之兩事者無毫末差矣。宋人有得遺契者，密數其齒曰："吾富可待矣。"兄之術，或者其類是歟？

兄之不信，今使號於天下曰："孰爲李睦州友者？今欲已睦州氣術者左袒，不欲者右袒。"則凡兄之友皆左袒矣。[19]則又號曰："孰爲李睦州客者？今欲已睦州氣術者左袒，不欲者右袒。"則凡兄之客皆左袒矣。則又以是號於兄之宗族，皆左袒矣。號姻婭，則左袒矣。入而號之閨門之内子姓親昵，則子姓親昵皆左袒矣。下之號於臧獲僕妾，則臧獲僕妾皆左袒矣。出而號於素爲將率胥吏者，則將率胥吏皆左袒矣。則又之天下號曰："孰爲李睦州仇者？今欲已睦州氣術者左袒，不欲者右袒。"則凡兄之仇者皆右袒矣。然則利害之源不可知也。友者欲久存其道，客者欲久存其利，宗族姻婭欲久存其戚，閨門之内子姓親昵欲久存其恩，臧獲僕妾欲久存其生，將率胥吏欲久存其勢，仇欲速去其害。兄之爲是術，凡今天下欲兄久存者皆懼，而欲兄速去者獨喜。兄爲而不已，則是背親而與仇。夫背親而與仇，不及中人者皆知其爲大戾，而兄安焉，固小子之所懔懔也。

兄其有意乎卓然自更，平聲。使仇者失望而慄，親者得欲而抃，則愚願椎肥牛，擊大豕，刲群羊，以爲兄饍。窮隴西之麥，殫江南之稻，以爲兄壽。監東海之水以爲鹹，醯吁啼。敖倉之粟以爲酸，極五味之適，致五藏之安，心恬而志逸，貌美而身胖，蒲官。醉飽謳歌，愉懌訢欣同。歡，流聲譽於無窮，垂功烈而不刊，不亦旨哉？孰與去味以即淡，[20]去樂以即愁，悴悴焉膚日皺，肌日虚，守無所師之術，尊不可傳之書，悲所愛而慶所憎，徒曰"我能堅壁拒境"，以爲强大，是豈所謂强而大也哉？無任疑懼之甚。謹再拜。

（《文翰類選大成》卷一二〇《與李睦州論服氣書》，《柳宗元集校注》卷三二《與李睦州論服氣書》）

答韋中立書　柳宗元

二十一日，宗元白：辱書云欲相師，僕道不篤，業甚淺近，環顧其中,未見可師者。雖嘗好言論,爲文章,甚不自是也。不意吾子自京師來蠻夷間,乃幸見取。僕自卜固無取,假令有取,亦不敢爲人師。爲衆人師且不敢,[21]况敢爲吾子師乎?

孟子稱"人之患在好爲人師"①。由魏晋氏以下,人益不事師。今之世,不聞有師,有輒譁笑之,[22]以爲狂人。獨韓愈奮不顧流俗,犯笑侮,收召後學,作《師説》,因抗顔而爲師。世果群怪聚駡,指目牽引,而增與爲言詞。[23]愈以是得狂名。居長安,炊不暇熟,又挈挈而東,[24]如是者數色角。矣。[25]屈子賦曰:"邑犬群吠,吠所怪也。"②僕往聞庸蜀之南,恒雨少日,日出則犬吠,予以爲過言。前六七年,僕來南,二年冬,幸大雪,踰嶺被南越中數州,數州之犬,皆蒼黄吠噬,狂走者累日,至無雪乃已,然後始信前所聞者。今韓愈既自以爲蜀之日,而吾子又欲使吾爲越之雪,不以病乎?[26]非獨見病,亦以病吾子。然雪與日豈有過哉?顧吠者犬耳。度今天下不吠者幾人,而誰敢衒怪於群目,以召鬧取怒乎?

僕自謫過以來,益少志慮。居南中九年,增脚氣病,漸不喜鬧,豈可使呶呶原交。者早暮咈吾耳、[27]騷吾心?則固僵音"姜"。仆音"富"。煩憒,愈不可過矣。平居望外,遭齒舌不少,獨欠爲人師耳。[28]抑又聞之,古者重冠禮,將以責成人之道,是聖人所尤用心者也。數百年來,人不復行。近有孫昌胤者,獨發憤行之。既成禮,明日造朝至外廷,薦笏言於卿士曰:"某子冠畢。"應之者咸憮音"武"。然。京兆尹鄭叔則怫然曳笏却立,曰:"何預我耶?"廷中皆大笑。天下不以非鄭尹而快孫子,何哉?獨爲所不爲也。今之命師者大類此。

吾子行厚而辭深,凡所作皆恢恢然有古人形貌,雖僕敢爲師,亦何所增加也?假而以僕年先吾子,聞道著書之日不後,誠欲往來言所聞,則僕固願悉陳中所得者,吾子苟自擇之,取某事去某事,則可矣。

---

① 參見《孟子·離婁上》。

② 參見《懷沙賦》。

若定是非以教吾子，僕材不足，而又畏前所陳者，其爲不敢也決矣。吾子前所欲見吾文，既悉以陳之，非以耀明於子，聊欲以觀子氣色誠好惡何如也。今書來，言者皆大過。吾子誠非佞譽誣諛之徒，直見愛甚，故然耳。

始吾幼且少，爲文章，以辭爲工。及長，乃知文者以明道，是固不苟爲炳炳烺烺，[29]務采色、夸聲音而以爲能也。凡吾所陳，皆自謂近道，而不知道之果近乎？遠乎？吾子好道而可吾文，或者其於道不遠矣。故吾每爲文章，未嘗敢以輕心掉徒吊。之，懼其剽而不留也；未嘗敢以怠心易之，懼其弛而不嚴也；未嘗敢以昏氣出之，懼其昧没而雜也；未嘗敢以矜氣作之，懼其偃蹇而驕也。抑之欲其奥，揚之欲其明，疏之欲其通，廉之欲其節，激而發之欲其清，固而存之欲其重，此吾所以羽翼夫道也。本之《書》以求其質，本之《詩》以求其恒，本之《禮》以求其宜，本之《春秋》以求其斷，本之《易》以求其動，此吾所以取道之原也。參之穀梁氏以厲其氣，參之《孟》《荀》以暢其支，參之《莊》《老》以肆其端，參之《國語》以博其趣，參之《離騷》以致其幽，參之太史以著其潔，此吾所以旁推交通而以爲之文也。凡若此者，果是耶，非耶？[30]有取乎？抑其無取乎？吾子幸觀焉擇焉，有餘以告焉。苟亟來以廣是道，子不有得焉，則我得矣，又何以師云爾哉？取其實而去其名，無招越、蜀吠怪，而爲外廷所笑，則幸矣。宗元復白。

（《唐文粹》卷八六《答韋中立書》，《古今事文類聚》外集卷一三《上韋中立書》，《文翰類選大成》卷一二〇《答韋中立書》，《柳宗元集校注》卷三四《答韋中立論師道書》）

與蕭翰林書　柳宗元

思謙兄足下：昨祁縣王師範過永州，爲僕言得張左司書，道思謙蹇然有當官之心，乃誠助太平者也。僕聞之喜甚，然徵王生之説，僕豈不素知耶？所喜者耳與心叶，果於不謬焉爾。

僕不幸，嚮者進當臲倪結。卼五忽。不安之勢，平居閉門，口舌無數，况又有久與游者，乃岌岌逆及。而操其間。[31]其求進而退者，皆聚爲仇怨，造作粉飾，蔓延益肆。非的然昭晰，自斷於内，則孰能了僕於冥冥之間哉？然僕當時年三十三，甚少，自御史裏行得禮部員外郎，超取顯美，欲免世之求進者怪怒媢嫉，其可得乎？凡人皆欲自達，僕先得顯處，才不能踰同列，名不能壓當世，世之怒僕宜也。與罪人交十年，官又以是進，辱在附會。聖朝弘大，貶黜甚薄，不能塞衆人之怒，謗語轉移，囂囂嗷嗷，漸成怪人。[32]飾智求仕者，更言僕以悦仇人之心，日爲新奇，務相喜可，自以速援引之路。而僕輩坐益困辱，萬罪横生，不知其端。伏自思念，過大恩甚，乃以致此，悲夫！人生少得六七十者，今已三十七矣。長來覺日月益促，歲歲更甚，大都不過數十寒暑，則無此身矣。是非榮辱，又何足道！云云不已，秖益爲罪。兄知之勿爲他人言也。

居蠻夷中久，慣習炎毒，昏眊重膇，馳偈。意以爲常。忽遇北風晨起，薄寒中體，則肌革慘七感。懍，來感。毛髮蕭條，瞿九遇。然注視怵惕，以爲異候，意緒殆非中國人。楚越間聲音特異，鴂舌啅譟，今聽之怡然不怪，已與爲類矣。家生小童，皆自然嘵嘵，馨幺。晝夜滿耳，聞北人言，則啼呼走匿，雖病夫亦怛然駭之。出門見適州閭市井者，其十有八九，杖而後興。自料居此尚復幾何，豈可更不知止，言説長短，重爲一世非笑哉？讀《周易·困卦》至“有言不信，尚口乃窮”也，往復益喜，曰：“嗟乎！余雖家置一喙以自稱道，詬益甚耳。”用是更樂喑余金。默，思與木石爲徒，不復致意。

今天子興教化，定邪正，海内皆欣欣怡愉，而僕與四五子者獨淪陷如此，豈非命歟？命乃天也，非云云者所制，余又何恨？獨喜思謙之徒，遭時言道。道之行，物得其利。僕誠有罪，然豈不在一物之數耶？身被之，目睹之，足矣。何必攘袂用力，而矜自我出耶？果矜之，又非道也。事誠如此。然居理平之世，終身爲頑人之類，猶有少耻，未能盡忘。儻因賊平慶賞之際，得以見白，使受天澤餘潤，雖朽枿牙割。敗腐，不能生植，猶足蒸出芝菌，九隕。以爲瑞物。一釋廢錮，移數縣之地，則世必曰罪稍解矣。然後收召魂魄，買土一廛爲耕甿，朝夕歌謡，使成文章。庶木鐸者采取，獻之法宫，增聖唐大雅之什，雖不得位，亦不虚爲太平之人矣。此在望外，然終欲爲兄一言焉。宗元再拜。

（《文章正宗》卷一五《與蕭翰林俛書》，《柳宗元集校注》卷三〇《與蕭翰林俛書》，《新唐書》卷一六八《柳宗元傳》）

與顧十郎書　柳宗元

四月五日，門生守永州司馬員外置同正員柳宗元，謹致書十郎執事：[33]凡號門生而不知恩之所自者，非人也。纓冠束衽而趨以進者，咸曰我知恩。知恩則惡乎辨？然而辨之亦非難也。大底當隆赫柄用，[34]而蜂附蟻合，煦煦吁句。趄趄，千余。便毗連。僻匍匐，以非乎人，而售乎己。若是者，一旦勢異，則電滅飈逝，不爲門下用矣。其或少知耻懼，恐世人之非己也，則矯於中以貌於外，其實亦莫能至焉。然則當其時而確固自守，蓄力秉志，不爲嚮者之態，則於勢之異也固有望焉。

大凡以文出門下，由庶士而登司徒者七十有九人。執事試追狀其態，則果能效用者出矣。然而中間招衆口飛語，譁然譸張者，豈他人耶？夫固出自門下，賴中山劉禹錫等，遑遑惕憂，無日不在信臣之門，以務白大德。順宗時，顯增榮謚，[35]揚於天官，敷於天下，以爲親戚門生光寵。不意璅璅者復以病執事，此誠私心痛之，堙鬱洶湧，不知所發，常以自憾。在朝不能有奇節宏議，以立於當世，卒就廢逐，居窮厄，又不能著書，斷往古，明聖法，以致無窮之名。進退無以異於衆人，不克顯明門下得士之大。今抱德厚，蓄憤悱，思有以效於前者，則既乖謬於時，離散擯抑，而無所施用，長爲孤囚，不能自明。恐執事終以不知其始偃蹇退匿者，將以有爲也。猶流於嚮時求進者之言，而下情無以通，盛德無以酬，用爲大恨，[36]固嘗不欲言之。今懼老死瘴土，而他人無以辨其志，故爲執事一出之。古之人耻躬之不逮，儻或萬萬有一可冀，復得處人間，則斯言幾乎踐矣。因言感激，浪音“郎”。然出涕，書不能既。宗元謹再拜。

（《文翰類選大成》卷一二〇《與顧十郎書》，《文章正宗》卷一五《與顧十郎書》，《柳宗元集校注》卷三〇《與顧十郎書》）

與楊京兆憑書　柳宗元

月日，宗元再拜，獻書丈人座前：[37]役人胡要返命，奉教誨，壯厲感發，鋪陳廣大。上言推延賢雋之道，難於今之世，次及文章，末以愚蒙剥喪頓悴，無以守宗族、復田畝爲念，憂憫備極。不惟其親密故舊是與，復有公言顯賞，許其素尚，而激其忠誠者。用是踊躍敬懼，類嚮時所被簡牘，萬萬有加焉。故敢悉其愚，以獻左右。

大凡薦舉之道，古人之所謂難者，其難非苟一而已矣。知之難，言之難，聽信之難。夫人有有之而耻言之者，有有之而樂言之者，有無之而工言之者，有無之而不言似有之者。有之而耻言之者，上也。雖舜猶難知之。孔子亦曰“失之子羽”①。下斯而言知而不失者，妄矣。有之而言之者，次也。德如漢光武，馮衍不用；才如王景略，以尹緯爲令史。是皆終日號鳴大吒，陟駕。而卒莫之省。無之而工言者，賊也。趙括得以代廉頗，馬謖得以惑孔明。今之若此類者，不乏於世。將相大臣聞其言，而必能辨之者，亦妄矣。無之而不言者，土木類也。周仁以重臣爲二千石，許靖以人譽而致位三公。近世尤好此類，以爲長者，最得薦寵。

夫言樸愚無害者，其於田野鄉閭爲匹夫，雖稱爲長者可也，自抱關擊柝以往，則必敬其事，愈上則及物者愈大，何事無用之樸哉？今之言曰：“某子長者，可以爲大官。”類非古之所謂長者也，則必土木而已矣。夫捧土揭木而致之巖廊之上，蒙以紱冕，翼以徒隸，趨走其左右，豈有補於萬民之勞苦哉！聖人之道，不益於世用，凡以此也，故曰

---

① 參見《孔子家語》卷五。

知之難。孔子曰“仁者其言也訒”[①],孟子病未同而言。然則彼未吾信,而吾告之以士,必有三間。是將曰:“彼誠知士歟?知文歟?”疑之而未重,一間也。又曰:“彼無乃私好歟?交以利歟?”二間也。又曰:“彼不足我而惎渠記。我哉?兹咈吾事。”三間也。畏是而不言,故曰言之難。言而有是患,故曰聽信之難。唯明者爲能得其所以薦,得其所以言,[38]得其所以聽,一不至則不可冀矣。然而君子不以言聽之難,而不務取士。士,理之本也。苟有司之不吾信,吾知之不捨,其必有信吾者矣。苟知之,雖無有司,而士可以顯,則吾一旦操用人之柄,其必有施矣。故公卿之大任,莫若索士。士不預備而熟講之,卒然君有問焉,宰相有咨焉,有司有求焉,其無所以應之,則大臣之道或闕,故不可憚煩。

今之世言士者先文章,文章,士之末也。然立言存乎其中,即末而操其本,可十七八,未易忽也。自古文士之多莫如今。今之後生爲文,希屈、馬者,可得數人。希王褒、劉向之徒者,又可得十人。至陸機、潘嶽之比,累累相望。若皆爲之不已,則文章之大盛,古未有也。後代乃可知之。今之俗耳庸目,無所取信,傑然特異者,乃見此耳。丈人以文律通流當世,叔仲鼎列,天下號爲文章家。今又生敬之。敬之,希屈馬者之一也。天下方理平,今之文士咸能先理。理不一,斷於古書,老生直趣堯舜大道、孔氏之志,明而出之,又古之所難有也。然則文章未必爲士之末,獨采取何如耳。

宗元自小學爲文章,中間幸聯得甲乙科第,至尚書郎,專百官章奏,然未能究知爲文之道。自貶官來無事,讀百家書,上下馳騁,乃少得知文章利病。去年吴武陵來,美其齒少,才氣壯健,可以興西漢之文章,日與之言,因爲之出數十篇書。庶幾鏗鏘陶冶,時時得見古人情狀。然彼古人亦人耳,夫何遠哉!凡人可以言古,不可以言今。桓

---

① 參見《論語·顏淵》。

譚亦云：[39]“親見楊子雲，容貌不能動人。”①安肯傳其書？誠使博如莊周，哀如屈原，奥如孟軻，壯如李斯，峻如馬遷，富如相如，明如賈誼，專如揚雄，猶爲今之人，則世之高者至少矣。由此觀之，古之人未必不薄於當世，而榮於後世也。若吴子之直，非丈人無以知之。獨恐世人之才高者，不肯久學，無以盡訓詁風雅之道，以爲一世甚盛。若宗元者，才力缺敗，不能遠騁高厲，與諸生摩九霄、撫四海，夸耀於後之人矣。何也？

凡爲文，以神志爲主。自遭責逐，繼以大故，荒亂耗竭，又常積憂恐，神志少矣，所讀書隨又遺忘。一二年來，痞氣尤甚，加以衆疾，動作不常。眊眊然騷擾内生，霾霧填擁慘沮，雖有意窮文章，而病奪其志矣。每聞人大言，則蹶氣震怖，撫心按膽，不能自止。又永州多火灾，五年之間，四爲大火所迫，徒跣走出，壞墻穴牖，僅免燔灼。書籍散亂毁裂，不知所往。一遇火恐，累日茫洋，不能出言，又安能盡意於筆硯，矻矻丘八。自苦，以傷危敗之魂哉？中心之悃愊鬱結，具載所獻《許京兆丈人書》，[40]不能重煩於陳列。凡人之黜棄，皆望望思得效用，而宗元獨以無有是念。自以罪大不可解，才質無所入，苟焉以叙憂慄爲幸，敢有他志？

伏以先君稟孝德，秉直道，高於天下，仕再登朝，至六品官。宗元無似，亦嘗再登朝至六品矣，何以堪此！且柳氏號爲大族，五六從以來無爲朝士者，豈愚蒙獨出數百人右哉？以是自忖，官已過矣，寵已厚矣。夫知足與知止異，宗元知足矣。若便止不受禄位，亦所未能。今復得好官，猶不辭讓，何也？以人望人，尚足自進。如其不至，則故無憾，進取之志息矣。身世孑然，無可以爲家，雖甚崇寵之，孰與爲榮？獨恨不幸獲托姻好，而早凋落，寡居十餘年。嘗有一男子，[41]然無一日之命，至今無以托嗣續，恨痛常在心目。

---

①　參見《漢書》卷八七《揚雄傳》。

孟子稱"不孝有三,無後爲大。"①今之汲汲於世者,唯懼此而已矣。天若不棄先君之德,所有世嗣,或者猶望延壽命,以及大宥,得歸鄉閭,立家室,則子道畢矣。過是而猶競於寵利者,天厭之!天厭之!丈人旦夕歸朝廷,復爲大僚,伏惟以此爲念。流涕頓顙,布之座右,不勝感激之至。宗元再拜。

(《文章正宗》卷一五《與楊京兆憑書》,《柳宗元集校注》卷三〇《與楊京兆憑書》)

答周君巢書　柳宗元

奉二月九日書,所以撫教甚具,無以加焉。[42]丈人用文雅,從知己,日以悖大府之政,甚適。東西來者,皆曰:"海上多君子,周爲倡焉。"敢再拜稱賀。

宗元以罪大擯廢,居小州,與囚徒爲朋,行則若帶纆索,處則若關桎梏,彳丑石。亍恥六。而無所趨,[43]拳拘而不能肆,槁焉若枿,五結。隤焉若璞。其形固若是,則其中者可得矣,然猶未嘗肯道鬼神等事。[44]今丈人乃盛譽山澤之臞者,以爲壽且神,其道若與堯、舜、孔子似不相類焉,何哉?又曰餌藥可以久壽,將分以見與,固小人之所不欲得也。嘗以君子之道,處焉則外愚而内益智,外訥而内益辯,外柔而内益剛。出焉則外内若一,而時動以取其宜當,而生人之性得以安,聖人之道得以光。獲是而中,雖不至耇老,其道壽矣。今夫山澤之臞,於我無有焉。視世之亂若理,視人之害若利,視道之悖若義,我壽而生,彼夭而死,固無能動其肺肝焉。昧昧而趨,屯屯而居,浩然若有餘,掘草烹石,以私其筋骨,而日以益愚,他人莫利,己獨以愉。若是者愈千百年,滋所謂夭也,又何以爲高明之圖哉?

宗元始者講道不篤,以蒙世顯利,動獲大僇,用是奔竄禁錮,爲世

① 参見《孟子·離婁上》。

之所詬病。凡所設施，皆以爲戾，從而吠者成群。己不能明，而況人乎？然苟守先聖之道，由大中以出，雖萬受擯棄，不更乎其內。大都類往時京城西與丈人言者，愚不能改。亦欲丈人固往時所執，推而大之，不爲方士所惑。仕雖未達，無忘生人之患，則聖人之道幸甚，其必有陳矣。不宣。宗元再拜。

（《文章正宗》卷一四《柳宗元答周巢書》，《文翰類選大成》卷一六三《答周君巢書》，《柳宗元集校注》卷三二《答周君巢餌藥久壽書》）

答蕭纂求爲師書　柳宗元

十二日，宗元白：始者負載經籍，退迹草廬，塊守蒙陋，坐自擁塞，不意足下曲見記憶，遠辱書訊，貺以高文，開其知思。而又超僕以宗師之位，貸僕以丘山之號，流汗伏地，不知逃匿，幸過厚也。

前時獲足下《灌鍾城銘》，竊用唱導於聞人，僕常赧然，羞其僭踰。今覽足下尺牘，殷勤備厚，似欲僕贊譽者，此固所願也。詳視所貺，曠然以喜，是何旨趣之博大，詞采之蔚然乎！鼓行於秀造之列，此其戈矛矣。舉以見投，爲賜甚大。俯用討度，不自謂宜，顧視何德而克堪哉！且又教以耘其蕪穢，甚非所宜，僕不敢聞也。其他唯命。宗元白。

（《文翰類選大成》卷一二〇《答蕭纂求爲師書》，《柳宗元集校注》卷三四《答貢士蕭纂欲相師書》）

答吴秀才書　柳宗元

某白：向得秀才書及文章，類前時所辱遠甚，多賀多賀。秀才志爲文章，又在族父處，蚤夜孜孜，何畏不日日新又日新也！雖間不奉對，苟文益日新，則若亟見矣。夫觀文章，宜若懸衡然，增之銖兩則俯，反是則仰，無可私者。秀才誠欲令吾俯乎，則莫若增重其文。今觀秀才所增益者，不啻銖兩，吾固伏膺而俯矣。愈重，則吾俯兹甚，秀才其懋焉。苟增而不已，則吾首懼至地耳，又何闊疏之患乎？還答不悉。宗元白。

(《文翰類選大成》卷一二〇《答吴秀才書》,《柳宗元集校注》卷三四《答吴秀才謝示新文書》)

京兆尹許孟容書　柳宗元

宗元再拜五丈座前:伏蒙賜書誨諭,微悉重厚,欣踊怳惚,疑若夢寐,捧書叩頭,悸不自定。伏念得罪來五年,未嘗有故舊大臣肯以書見及者。何則?罪謗交積,群疑當道,誠可怪而畏也。是以兀兀忘行,尤負重憂,殘骸餘魂,百病所集,痞結伏積,不食自飽。或時寒熱,水火互至,[45]内消肌骨,非獨瘴癘爲也。忽奉教命,乃知幸爲大君子所宥,欲使膏肓沉没,復起爲人。夫何素望,敢以及此?

宗元早歲與負罪者親善,始奇其能,謂可以共立仁義,裨教化。過不自料,勤勤勉勵,唯以中正信義爲志,以興堯、舜、孔子之道,利安元元爲務,不知愚陋,不可力强,其素意如此也。末路厄塞臲倪結。兀,事既壅隔,很忤貴近,狂疏繆戾,蹈不測之辜,群言沸騰,鬼神交怒。加以素卑賤,暴起領事,人所不信。射利求進者,填門排户,百不一得,一旦快意,更造怨讟。以此大罪之外,詆訶萬端,旁午搆扇,便爲敵仇,協心同攻,外連强暴失職者以致其事。此皆丈人所聞見,不敢爲他人道説。懷不能已,復載簡牘。此人雖萬被誅戮,不足塞責,而豈有賞哉?今其黨與,幸獲寬貸,各得善地,無公事,坐食俸禄,明德至渥也,尚何敢更俟除棄廢痼,以希望外之澤哉?年少氣鋭,不識幾微,不知當不,一作"否"。但欲一心直遂,果陷刑法,皆自所求取得之,又何怪也?

宗元於衆黨人中,罪狀最甚。神理降罰,又不能即死。猶對人言語,求食自活,迷不知耻,日復一日。然亦有大故。自以得姓來二千五百年,代爲冢嗣。今抱非常之罪,居夷獠音"潦"。之鄉,卑濕昏霧,恐一日填委溝壑,曠墜先緒,以是怛然痛恨,心骨沸熱。煢煢孤立,未有子息。荒陬中少士人女子,無與爲婚,世亦不肯與罪人親昵,以是嗣續之重，不絶如縷。每常春秋時饗，孑立捧奠，顧眄無後繼者，懍懍然欷歔惴惕。恐此事便已，摧心傷骨，若受鋒刃。此誠丈人所共憫惜也。

先墓所在城南無異，[46]子弟爲主，獨托村鄰。自譴逐來，消息存亡不一至鄉閭，主守者固以益怠。晝夜哀憤，懼便毁傷松柏，芻牧不禁，以成大戾。近世禮重拜掃，今已闕者四年矣。每遇寒食，則北向長號，以首頓地。想田野道路，士女遍滿，皂隸庸丐，皆得上父母丘墓，馬醫夏畦之鬼，無不受子孫追養者。然此已息望，又何以云哉！

城西有數頃田，樹果數百株，多先人手自封植，今已荒穢，恐便斬伐，無復愛惜。家有賜書三千卷，尚在善和里舊宅，宅今已三易主，書存亡不可知，皆付受所重，常繫心腑，然無可爲者。立身一敗，萬事瓦裂，身殘家破，[47]爲世大僇戮同。復何敢更望大君子撫慰收恤，尚置人數中耶！是以當食不知辛鹹節適，洗沐盥潄，動逾歲時，一搔皮膚，塵垢滿爪。誠憂恐悲傷，無所告愬，以至此也。

自古賢人才士，秉志遵分，被謗議不能自明者，僅以百數。故有無兄盜嫂，娶孤女云撾婦翁者。然賴當世豪傑，分明辨别，卒光史籍。管仲遇盜，升爲功臣；①匡章被不孝之名，孟子禮之。② 今已無古人之實，爲而有詬，許侯。欲望世人之明己，不可得也。直不疑買金以償同舍，劉寬下車，歸牛鄉人，此誠知疑似之不可辯，非口舌所能勝也。鄭詹束縛於晋，終以無死。鍾儀南音，卒獲返國。叔向囚虜，自期必免。范痤騎危，以生易死。蒯通據鼎耳，爲齊上客。張蒼、韓信伏斧鑕，戢日。終取將相。鄒陽獄中，以書自活。賈生斥逐，復召宣室。倪寬擯死，後至御史大夫。董仲舒、劉向下獄當誅，爲漢儒宗。此皆瓌偉博辯奇壯之士，能自解脱。今以恇怯淟他殄。涊，乃殄。下才末伎，又嬰恐懼痼病，雖欲慷慨攘臂，自同昔人，愈疏闊矣。

---

① 参見《禮記·雜技下》。

② 参見《孟子·離婁下》。

賢者不得志於今，必取貴於後，古之著書者皆是也。宗元近欲務此，然力薄才劣，無異能解。雖欲秉筆覼力和。縷，神志荒耗，前後遺忘，無放。終不能成章。往時讀書，自以不至觝滯，今皆頑然無復省録。每讀古人一傳，數紙已後，則再三伸卷，復觀姓氏，旋又廢失。假令萬一除刑部囚籍，復爲士列，亦不堪當世用矣。伏惟興哀於無用之地，垂德於不報之所，但以通家宗祀爲念，有可動心者，操之勿失。不敢望歸掃塋域，退托先人之廬，以盡餘齒，姑遂少北，益輕瘴癘，就婚娶，求胤嗣，有可付托，即冥然長辭，如得甘寢，無復恨矣。書辭繁委，無以自道。然即文以求其志，君子固得其肺肝焉。無任懇戀之至。不宣。宗元再拜。

（《文章正宗》卷一五《寄許京兆孟容書》，《柳宗元集校注》卷三〇《寄許京兆孟容書》）

請韓文公配享書　皮日休

於戲！聖人之道，不過乎求用。用於生前，則一時可知也；用於死後，則百世可知也。故孔子之封賞，自漢至隋，其爵不過乎公侯，至於吾唐，乃策王號。七十子之爵命，自漢至隋，或卿大夫，至於吾唐，乃封公侯。曾參之孝道，動天地，感鬼神。自漢至隋，不過乎諸子，至於吾唐，乃旌入十哲。噫！天地久否，忽泰則平；日月久昏，忽開則明；雷霆久息，忽震則驚；雲霧久鬱，忽廓則清。仲尼之道，否於周、秦，而昏於漢、魏，息於晉、宋，而鬱於陳、隋。遇於吾唐，萬世之憤，一朝而釋。儻死者可作，其志可知也。今有人，身行聖人道，口吐聖人言。[48]行如顏、閔，文若游、夏，死不得配食於夫子之側，愚又不知尊先聖之道也。

夫孟子、荀卿翼傳孔道，以至於文中子。文中子之末，降及貞觀、開元，其傳者醨，[49]其繼者淺，或引刑名以爲文，或援縱横以爲理，或作詞賦以爲雅，文中之道，曠百祀而得室授者，唯昌黎文公之文。[50]蹴揚、墨於不毛之地，蹂釋、老於無人之境，故得孔道巍然而自正。夫今之文人千百士之作,[51]釋其卷,觀其詞,無不裨造化,補時政,繄公之力也。公之文曰:"僕自度,若世無孔子,僕不當在弟子之列。"設使公生孔子之世,公未必不在四科焉。國家以二十賢者,[52]代用其書,垂於國胄,并配享於孔聖廟堂者,其爲典禮也大矣美矣。苟以代用其書,不能以釋聖人之詞,[53]箋聖人之義哉?況有身行其道,口傳其文,吾唐以來,一人而已。死反不得在二十一賢之列,[54]則未以乎典禮爲備。伏請命有司,定其配享之位。則自兹已後,天下以文化,未必不由夫是也。

(《文苑英華》卷六九〇《請韓文公配饗太學書》,《唐文粹》卷二六上《請韓文公配饗書》,《皮子文藪》卷九《請韓文公配饗太學書》)

與回紇可汗書　陸贄

皇帝敬問可汗弟:[55]兩國和好,積有歲年,申之以婚姻,約之以兄弟,誠信至重,情義至深。頃因賊臣背恩,構成嫌釁,天不長惡,尋已誅夷,使我兄弟,恩好如舊。周皓及踏本啜黑達干等至,得弟來書,省覽久之,良以爲慰。弟天資雄傑,智識通明,親仁善鄰,敦信明義。罷戰争之患,弘禮讓之風,保合太和,[56]用寧區宇,惟兹盛美,何以加焉。

朕之素懷,與弟叶契。爲君之道,本務愛人,同日月之照臨,體天地之覆育,其於廣被,彼此何殊。况累代以來,繼敦姻戚,與弟俱承先業,所宜遵奉令圖,自兹以還,情契彌固,垂之百代,永遠無窮。緬想至誠,當同此意。所附踏本啜奏,請降公主,姻不失舊,頗叶通規,待弟表到,即依所請,宣示百寮,擇日發遣。緣諸軍兵馬,收京破賊,頻立功勛,賞給數多,府藏虚竭,其馬價物,且付十二萬匹,至來年三月,更發遣一般,餘并續續支付,弟宜悉也。安西、北庭使人入奏,并却歸本道,[57]至彼宜差人送過,令其速達。弟所寄馬并到,深愧厚意。

(《文苑英華》卷四六八《與回紇可汗書》,《文翰類選大成》卷一一九《與回紇可汗書》,《陸贄集》卷一〇《與回紇可汗書》)

與吐蕃將書[58] 陸贄

勑尚覽鑠：論莫陵悉繼等至，省所陳奏，朕具悉之。國家與大蕃，親則舅甥，義則鄰援，悉人繼好，固是常規。朕嗣位君臨，思安兆庶，常以信讓爲事，不以争競爲心，區域雖殊，覆育寧别？贊普天資仁德，好生惡殺，與朕同心，重修舊好。會蕃、漢將相，告天地神祇，約誓之言，至嚴至重。大信一立，義無改移，所請奉天盟書，勒於清水碑石。審詳事理，頗甚乖違。

往歲賊臣稱兵，竊據城闕，尚結贊志惟嫉惡，義在救灾，頓獻表章，請收京邑。朕以宗廟社稷，悉在上都，但平寇戎，豈惜酬賞，遂許四鎮之地，以答收京之功。旋屬炎蒸，又多疾疫，大蕃兵馬，便自抽歸。既未至京，有乖始望，奉天盟約，豈合更論？朕欲苟徇彼情，便令鐫刻，則是非務實，信不由衷，欺天罔神，莫大於此。凡曰通好，貴於推誠，將垂百代之名，豈顧一時之利！但以事之去就，須定是非，若不辨明，便成姑息，親鄰之義，豈所宜然？故遣使臣，與卿詳議。

卿是大蕃輔佐，必當智識通明，事理昭然，不足疑惑；儻有他見，宜具奏聞，審細研窮，須歸至當。所論先許每年與贊普彩絹一萬匹段者，本來立約，亦爲收京，然於舅甥之情，此乃甚爲小事。二國和好，即同一家，此有所須，彼當不恡，[59]彼有所要，此固合供，以有均無，蓋是常理。贊普若須繒帛，朕即隨要支分，多少之間，豈拘定限，假使踰於萬匹，亦當稱彼所求。朕之所重者信誠，所輕者財利，思與率土，同臻太和。[60]想卿深體至公，務存大義，安人保境，垂美無窮，勉思令圖，以副朕意。今遣倉部郎中、兼侍御史趙聿與來使同往，書中意有不盡，并令趙聿口宣。

尚結贊、論莽羅等，嘗總師徒，遠來赴難，功雖未就，義則可嘉，其所領將士等，[61]朕先許與賜物一萬匹段，并已排比，許卿所商量指定，此使却回，即發遣往。今各賜卿少物，至宜領之。

（《文苑英華》卷四六九《勑吐蕃將相書》，《文翰類選大成》卷一一九《與土蕃將書》，《陸贄集》卷一〇《賜吐蕃將書》）

論裴延齡奸蠹書　陸贄

十一月三日，具官臣某，惶恐頓首，獻書皇帝陛下：臣聞君子小人，用捨不并，國家否泰，恒必由之。君子道長，小人道消，於是上下交而萬物通，此所以爲泰也。小人道長，君子道消，於是上下不交而萬物不通，此所以爲否也。

夫小人於蔽明害理，如目之有眯，耳之有充，嘉穀之有蟊，梁木之有蠹也。眯離婁之目，則天地四方之位不分矣。充子野之耳，則雷霆蠅黽之聲莫辨矣。雖后稷之穡，禾易長畝，而蟊傷其本，則零瘁而不植矣。雖公輸之巧，臺成九層，而蠹空其中，則圮折而不支矣。是以古先聖哲之立言垂訓，必殷勤切至，以小人爲戒者，豈將有意仇而沮之哉！誠以其蔽主之明，害時之理，致禍之源博，傷善之釁深，所以有國有家者不得不去耳。其在《周易》則曰："大君有命，開國承家，小人勿用，必亂邦也。"[①]在《尚書》則曰："除惡務本"[②]"去邪勿疑"[③]。在《毛詩》則曰："無縱詭隨，以謹無良。"[④]"曾是掊克，斂怨以爲德。"[⑤]"盗言孔甘，亂是用餤。"[⑥]"讒人罔極，交亂四國。"[⑦]在《論語》則曰："惡利口之覆邦家者。"[⑧]在《春秋》則曰："聚斂積實，不知紀極。毁信廢忠，崇飾惡言，靖譖庸回，服讒蒐慝。天下之人，謂之四凶。"[⑨]在《禮記》則曰："小人行險以徼幸。"[⑩]"長國家而務財用者，必自小人矣。小人使爲國家，而灾害并至，雖有善人，無如之何。"[⑪]臣頃因讀書，常憤

---

① 参見《周易・師卦》。
② 参見《尚書・周書・泰誓下》。
③ 参見《尚書・虞書・大禹謨》。
④ 参見《詩經・大雅・民勞》。
⑤ 参見《詩經・大雅・蕩》。
⑥ 参見《詩經・小雅・巧言》。
⑦ 参見《詩經・小雅・青蠅》。
⑧ 参見《論語・陽貨》。
⑨ 参見《春秋左傳注・文公十八年》。
⑩ 参見《禮記・中庸》。
⑪ 参見《禮記・大學》。

此類，不圖聖代，目睹斯人！

户部侍郎裴延齡者，其性邪，其行險，其口利，其志凶，其矯妄不疑，其敗亂無耻，以聚斂爲長策，以詭妄爲嘉謀，以掊克斂怨爲匪躬，以靖譖服讒爲盡節，總典籍之所惡以爲智術，冒聖哲之所戒以爲行能，可謂堯代之共工，魯邦之少卯。伏惟陛下恊放勛文思之德而鑒其方鳩僝功，體仲尼天縱之明而辨其順非堅僞，則天討斯得，聖化允孚，小往大來，孰不欣幸！迹其奸蠹，日長月滋，陰秘者固未盡彰，敗露者猶難悉數。今請粗舉數事，用明欺罔大端，悉非隱微，皆可覆驗。陛下若意其負謗，則誠宜亟爲辨明。陛下若知其無良，又安可曲加容掩！願擇左右親信，兼與舉朝公卿，據臣所言，閲實其事。儻延齡罪惡無狀，即臣之奏議是誣，宜申典刊，以制虚忘。俾四海法朝廷之理，兆人戴陛下之明，得失之間，其體甚大，不當復有疑慮，使辨之不早，以竟失天下之望也。

前歲秋首，班宏喪亡，特詔延齡，繼司邦賦。數月之内，遽衒功能，奏稱："勾獲隱欺，計錢二十萬貫，請貯别庫，以爲羡財，供御所須，永無匱乏。"陛下欣然信納，因謂委任得人。既賴贏餘之資，稍弘心意之欲，興作浸廣，宣索漸多。延齡務實前言，且希睿旨，不敢告闕，不敢辭難。勾獲既是虚言，無以應命；供辦皆承嚴約，苟在及期。遂乃搜求市鄽，豪奪入獻，追捕夫匠，迫脅就功。以"敕索"爲名，而不酬其直；以"和雇"爲稱，而不償其傭。都城之中，列肆爲之晝閉；興役之所，百工比於幽囚。聚詛連群，遮訴盈路，持綱者莫敢致詰，巡察者莫敢爲言。時有致詰爲言，翻謂黨邪醜直。天子轂下，囂聲沸騰，四方觀瞻，何所取則。蕩心於上，斂怨於人，欺天陷君，遠邇危懼，此其罪之大者也。

總制邦用，度支是司；出納貨財，太府攸職。凡是太府出納，皆禀度支文符，太府依符以奉行，度支憑按以勘覆，互相關鍵，用絶奸欺。其出納之數，則每旬申聞，其見在之數，則每月計奏。皆經度支勾覆，又有御史監臨，旬旬相承，月月相繼，明若指掌，端如貫珠，財貨少多，無容隱漏。延齡務行邪謟，公肆誣欺，遂奏云："左藏庫司多有失落，近因檢閱使置簿書，乃於糞土之中，收得銀十三萬兩，其匹段雜貨百萬有餘，皆是文帳脱遺，并同已棄之物。今所收獲，即是羡餘，悉合移入雜庫，以供别敕支用者。"其時特宣進止，[62]悉依所奏施行。太府少卿韋少華抗表上陳，殊不引伏，確稱："每月申奏，皆是見在數中，請令推尋，足驗奸計。"兩司既相論執，理須辨鞠是非，臣等具以奏聞，請定三司詳覆。若左藏庫遺漏不謬，隱匿固合抵刑；如度支舉奏是虚，誣詆亦宜得罪。陛下既不許差三司按問，又不令檢奏辨明。[63]度支言太府隱漏至多，而少華所任如舊。太府論度支奸欺頗甚，而延齡見信不渝。往直兩存，法度都弛。以在庫之物爲收獲之功，以常賦之財爲羡餘之費，罔上無畏，示人不慚，此又罪之大者也。

國之府庫，用置貨財。物合入官，則納於其内；事合給用，則出乎其中。所納無非法之財，所出無不道之用，坦然明白，何曲何私？而延齡險猾售奸，詭譎求媚，遂於左藏之内，分建六庫之名，意在别貯贏餘，以奉人主私欲。曾不知王者之體，天下爲家，國不足則取之於人，人不足乃資之於國，在國爲官物，在人爲私財，何謂贏餘，復須别貯？是必巧詐以變移官物，暴法以刻斂私財，捨此二途，其將焉取？陛下方務崇信，不加檢裁，延齡既怙寵私，益復放肆。遂録積久逋欠，妄云察獲奸贓，總計緡錢八百餘萬。聽其言則利益雖大，考其事則虚誕自彰。或是水火漂焚，或緣旱澇傷敗，或因兵亂散失，或遭寇賊攽斁。或准法免徵，或經恩合放。或人户逃逸，[64]無處追尋；或綱典拘囚，不克填納。[65]或没入店宅，歲久摧殘；或收獲舟船，年深破壞。類皆如此，難以殫論。在人者并無可科徵，屬官者悉不任貨賣，但存名額，虚卦簿書。大抵錢穀之司，皆耻財物減少，所以相承積累，不肯滌除，每當計奏之時，常充應在之數。延齡苟稱察獲，遂請徵收，恢張利門，誘動天聽。貽誚侮於方岳，賈愁怨於烝黎，於兹累年，一無所得，其爲疏妄，亦曰殆哉！

陛下姑欲保持，曾無詰問，延齡謂能蔽惑，不復懼思，奸威既沮於四方，儉態復行於内府。由是蹂躪官屬，傾倒貨財，移東就西，便爲課績，取此適彼，遂號羨餘，愚弄朝廷，有同兒戲。諸州輸送布帛，度支不務準平，抑制市人，賤通估價，計其所折，即更下徵，重困疲甿，展轉流弊，既彰忍害，且示不誠。及其支送邊州，用充和糴，則於本價之外，例增一倍有餘。布帛不殊，貴賤有異。剥徵罔下，既以折估爲名；抑配傷人，又以出估爲利。事多矛盾，交駭物情。窮邊穡夫，痛憤切於骨髓；下土編户，冤叫徹於蒼旻。而延齡以冒取折估爲公忠，苟得出估爲賸利，所謂失人心而聚財賄，亦何異割支體以徇口腹哉！殊不寤支體分披，口安能食；人心離析，財豈能存。此又罪之大者也。

平凉遠鎮，[66]扼制蕃戎；五原要衝，控帶靈、夏。芟夷榛薉，翦逐豺狼，崎嶇繕完，功力纔畢，地猶敻絶，勢頗孤危。新集之兵，志猶未固，尤資贍恤，俾漸安居。頻敕度支，令貯軍糧，常使平凉有一年之蓄，鹽州積半年之儲，循環轉輸，不得闕數。近者二鎮告急，俱稱絶糧。陛下召延齡令赴中書，遣希顔宣旨質問。延齡確言饋餉不絶，儲蓄殊多，歲内以來，必無闕乏。希顔懼其推互，邀令草狀自陳，狀亦如言，略無疑畏。陛下覽其所奏，翻謂軍吏不誠，遂遣中官馳往檢覆，道路無轉運之迹，軍城無旬日之儲，將卒嗷嗷，幾將不守。有如是之顛沛，有如是之欺謾，按驗既明，恩勞靡替，其爲蠱媚，曠代罕聞，此又罪之大者也。

國之憲度，會府是司。位列諸郎，猶應辰象。任居六事，實代天工。内總轄於庶官，外敷化於列郡，舉措繫生靈之命，得失關理亂之源，爲人軌儀，安可容易！未有大官弛縱，而能使群吏服從；朝典陵遲，而欲禁天下暴慢。是以天寶將季，楊國忠爲吏部尚書，亟於私庭詮集選士，果令逆豎得以爲詞。史策書之，足爲國耻。而延齡放情亂紀，又甚國忠。懈於夙興，多闕會朝之禮；徇其鄙次，大隳省署之儀。徙郎曹於里閭，視公事於私第。盡室飲宮厨之饍，填街持簿領之書。[67]復有諸部參辭，四方申請，決遣資其判署，去就俟其指撝。延齡或聚客大詼，不令白事；或縱酒憑怒，莫敢入言。至有迫切而來，逾旬未省，輸納之後，累月不歸，資糧罄於滯淹，筋力困於朝集。晨趨夕散，十百爲群，里中喧闐，常若闤闠。衢巷列屠沽之肆，邑居成逆旅之津。離次慢官，虐人斁法，求之今古，鮮有其倫，此又罪之大者也。

總領財賦，號爲殷繁。自非識究變通，智權輕重，大不失體，細能析微，濟之以均平，莅之以勤肅，近無滯事，遠無壅情，綱條之下無亂繩，鑒照之内無隱匿，然後人不困而公用足，威不厲而奸吏懲。苟或未然，則非稱職。况延齡以素本僻戾之質，[68]而加之以狂躁滿盈，既懵且驕，事何由理！遂以國家大計，委於胥吏末流，當給者無賄而不支，應徵者受賕而縱免，紀綱大壞，貨賂公行，苟操利權，實竊邦柄。近者度支小吏，屢爲府縣所繩，鞫其奸贓，無不狼藉，通結動連於節將，交私匪止於苞苴，威福潛移，乃至於是！職司失序，固亦可知，此又罪之大者也。

風教之大，禮讓爲先。禮讓之行，朝廷爲首。朝廷者，萬方之所宗仰，群士之所楷模，觀而效焉，必有甚者。是以朝廷好禮則俗尚敬恭，朝廷尊讓則時耻貪競，朝廷有失容之慢則凌暴之弊播於人，朝廷有動色之争則攻鬥之禍流於下。聖王知其然也，故選建賢德，以爲公卿，使人具瞻，不諭而化。昔周之方盛，多士盈朝，時靡有争，用能俾乂。故其《詩》曰："慎爾出話，敬爾威儀，無不柔嘉。"①又曰："有來雍雍，至止肅肅，相維辟公，天子穆穆。"②言群臣相與事上，敬而能和，言語動作，靡有不善也。周德既衰，小人在位，務相侵侮，以至危亡。故其《詩》曰："方茂爾惡，相爾矛矣。"③又曰："既之陰汝，反予來赫。[69]"又曰："涼曰不可，覆背善詈。"④言小人得志，惡怒是憑，肆其褊心，以相訴病也。

陛下勤修儀式，以靖四方；慎選庶官，以貞百度。内選則股肱耳

① 參見《詩經·大雅·抑》。
② 參見《詩經·大雅·雝》。
③ 參見《詩經·小雅·節南山》。
④ 參見《詩經·大雅·桑柔》。

目，外選則垣翰藩維，濟濟師師，咸欽至化，庶相感率，馴致大和。而度支憑寵作威，恃權縱暴，侵刻軍鎮，匱闕資糧。將帥每使申論，延齡率加毀訾，或指誣隱盜，[70]或謗訐陰私，或數其出處賤微，或億其心志邪悖，詞皆醜媟，事悉加諸。[71]匹夫見凌，猶或生患，況將帥素加委遇，多著勛庸，縱有踰分取求，但宜執理裁處，苟當其所，孰敢不從？豈可對彼偏裨，恣行侵辱，使其慚靦於麾下，憤耻於朝廷。惟口起羞，諒非細故，爲國聚釁，實由斯人。而又虐害群司，幸其闕敗，蔑彼彝典，逞於凶懷，氣吞等夷，隸蓄郎吏。時有履道而不爲屈撓，守官而莫肯由從，遭其詆訶，事則尤劇，或辱兼祖父，或毁及家門，皆名教所不忍聞，叙述所不堪紀。其爲構陷，抑復多端，故示凶威，使人懾憚。人之狂險，乃至於斯。上虧大猷，下扇流俗，忥烋禮義之府，巇污清明之朝，此又罪之大者也。

度支舊管牛驢三千餘頭，車八百餘乘，循環載負，供饋邊軍，既有番遞之倫，永無科配之擾。延齡苟逞近效，不務遠圖，廢其葺修，減其芻秣，[72]車破畜耗，略無孑遺。每須載運軍資，則令府縣差雇。或有卒承别旨，須赴促期，遂於街市之間，虜奪公私雜畜，披猖頗甚，費損尤多。吏因生奸，人不堪命。所減者則奏以爲利，所費者則隱而不論，破實徇虚，多如此類。度支應給宫内及諸司使芻藁薪炭等，除税草之外，餘并市供，所用既多，恒須貯備。舊例每至秋穫之後，冬收之時，散開諸場，逐便和市，免費高價，復資貧人，公私之間，頗謂兼濟。延齡悉隳舊制，但飾奸情，旋計芻薪價錢，以爲節減剩利。及乎春夏之際，藁秸已殫，霖潦之中，樵蘇不繼，軍厩輟莝。官厨待然，告闕頻煩於聖聰，徵催絡繹於省署。崎嶇求買，何暇計量，糜損官錢，[73]不啻累倍，聯蹇狼狽，率以爲常。此則睿鑒之所明知，物情之所深駭。事之舛繆，觸緒皆然。臣愚以謂若斯之流，不過歲費國家百萬緡錢，及事體非宜耳。其爲罪惡，未足傾危，事之可憂，不在於此，是以不復詳舉，以煩聽覽也。至如矯詭之態，誣罔之辭，遇事輒行，應口便發，靡日不有，靡時不爲，自非狀迹尤彰，足致其禍者，又難以備陳也。

延齡有詐僞亂邦之罪七，而重之以秏斁闕遺，愚智共知，士庶同憤。以陛下英明鑒照，物無遁情，固非延齡所能蔽虧而莫之辨也。或者聖旨以其甚招嫉怨，而謂之孤貞，可托腹心；以其好進讒諛，而謂之盡誠，可寄耳目；以其縱暴無畏，而謂之强直，可肅奸欺；以其大言不疑，而謂之智能，可富財用；將欲排衆議而收其獨行，假殊寵而冀其大成。儻陛下誠有意乎在兹，臣竊以爲過矣。

夫君天下者，必以天下之心爲心，而不私其心，以天下之耳目爲耳目，而不私其耳目，故能通天下之志，盡天下之情。夫以天下之心爲心，則我之好惡，乃天下之好惡也。是以惡者無謬，好者不邪，安在私托腹心，以售其側媚也。以天下之耳目爲耳目，則天下之聰明，皆我之聰明也。是以明無不鑒，聰無不聞，安在偏寄耳目，以招其蔽惑也。夫布腹心而用耳目，舜與紂俱用之矣。舜之意務求己之過，以與天下同欲，而無所偏私。由是天下臣庶，莫不歸心。忠讜既聞，玄德逾邁。故《虞書》云："臣作朕股肱耳目。"①又云："明四目，達四聰。"②言廣大也。紂之意務求人之過，以與天下違欲，而溺於偏私。由是天下臣庶，莫不離心。險詖既行，昏德彌熾。故《商書》云："崇信奸回。"③《大雅》云："流言以對，寇攘式内。"④言邪僻也。與天下同欲者，謂之聖帝；與天下違欲者，謂之獨夫。其所以布腹心而任耳目之意不殊，然於美惡成敗，若此相遠，豈非求過之情有異，[74]任人之道不同哉！

太宗嘗問侍臣："何者爲明君？何者爲暗主？"魏徵對曰："君之所以明者，兼聽也；其所以暗者，偏信也。"又曰："秦之胡亥偏信，趙高肆其奸欺，卒至顛覆。"徵之此説，理致甚明，簡册備書，足爲鑒戒。趙高指鹿爲馬，愚弄厥君，歷代流傳，莫不痛憤。陛下每覽前史，詳考興

---

① 參見《尚書・虞書・益稷》。
② 參見《尚書・虞書・舜典》。
③ 參見《尚書・周書・泰誓下》。
④ 參見《詩經・大雅・蕩》。

亡，固亦切齒於斯人，傷心於其主。臣謂鹿之與馬，物類猶同，豈若延齡掩有而爲無，指無而爲有！陛下若不以時省察，得無使後代嗟誚，又甚趙高者乎？斯愚臣所以焦慮疚懷，以陛下爲過者，良有所以也。

夫理天下者，以義爲本，以利爲末；以人爲本，以財爲末。本盛則其末自舉，末大則其本必傾。自古及今，德義立而利用不豐，人庶安而財貨不給，因以喪邦失位者，未之有也。故曰："不患寡而患不均，不患貧而患不安。"[①]"有德必有人，有人必有土，有土必有財。"[②]"百姓足，君孰與不足？"[③]蓋謂此也。自古及今，德義不立而利用克宣，人庶不安而財貨可保，因以興邦固位者，亦未之有焉。故曰："財散則人聚，財聚則人散。""與其有聚斂之臣，寧有盗臣。"[④]"無令侵削兆庶，以爲天子取怨於下。其有若此者，行罰無赦。"[⑤]蓋爲此也。殷紂以貪冒失人而亡，周武以散發得人而昌。則紂之多藏，適所以爲害己者之資耳，尚何賴於財賄哉！太宗亦云："務蓄積而不恤人，甚非國家之計。"隋氏不道，聚斂無猒，所實洛口諸倉，卒爲李密所利。此則前代已行之明效，聖祖垂裕之格言，是而不懲，何以爲理？

陛下初膺寶曆，志翦群凶，師旅繁興，徵求寖廣，榷筭侵剥，下無聊生。是以涇原叛徒，乘人怨咨，白晝犯闕，都邑甿庶，恬然不驚，反與賊衆相從，比肩而入宫殿。雖蚩蚩之性，靡所不爲，然亦由德澤未浹於人，而暴令驅迫，以至於是也。於時内府之積，尚如丘山，竟資凶渠，以餌貪卒，此時陛下躬睹之矣。是乃失人而聚貨，夫何利之有焉！

車駕既幸奉天，逆泚旋肆圍逼，一壘之内，萬衆所屯，窘如涸流，庶物空匱。嘗欲發一健步出視賊軍，其人懇以苦寒爲辭，跪奏乞一襦袴，陛下爲之求覓不致，竟憫默而遣之。又嘗宫壼之中，服用有闕，聖

---

① 參見《論語・季氏》。
② 參見《禮記・大學》。
③ 參見《論語・顔淵》。
④ 參見《禮記・大學》。
⑤ 參見《吕氏春秋・紀・孟冬紀》。

旨方以戎事之急，不忍重煩於人，乃剥親王飾帶之金，賣以給直。是時行從將吏，赴難師徒，倉黄奔馳，咸未冬服，漸屬凝沍，且無薪烝，飢凍内攻，矢石外迫，晝則荷戈奮迅，夜則映堞呻吟，凌風飈，冒霜霰，踰四旬而衆無携貳，[75]卒能走强賊、全危城者，陛下豈有嚴刑重賞使之然耶？唯以不厚其身，不藏其資，與衆庶同其憂患，與士伍共其有無，乃能使捐軀命而捍寇仇，餒之不離，凍之不憾，臨危而不易其守，見死而不去其君。所謂聖人感人心而天下和平，此其效也。

及乎重圍既解，諸道稍通，賦税漸臻，貢獻繼至，乃於行宫外廡之下，復列瓊林、大盈之司。未賞功勞，遽私賄玩，甚沮惟新之望，頗携死義之心，於是輿誦興譏，而軍士始怨矣。財聚人散，不其然歟！旋屬蟊賊内攻，翠華南狩，奉天所積財貨，悉復殲於亂軍。既遷岷、梁，日不暇給，獨憑大順，遂復皇都。是知天子者，以得人爲資，以蓄義爲富，人苟歸附，何患篋資，義苟修崇，何憂不富，豈在貯之内府，方爲己有哉！故藏於天下者，天子之富也；藏於境内者，諸侯之富也；藏於囷倉、篋匱者，農夫、商賈之富也。奈何以天子之貴，海内之富，而猥行諸侯之棄德，躄守農、商之鄙業哉！

陛下若謂厚取可以恢武功，則建中之取既無成矣。若謂多積可以爲己有，則建中之積又不在矣。若謂徇欲不足傷理化，則建中之失傷已甚矣。若謂斂怨不足致危亡，則建中之亂危亦至矣。然而遽能靖滔天之禍，成中興之功者，良以陛下有側身修勵之志，有罪己悔懼之詞，罷息誅求，敦尚節儉，涣發大號，與人更新。故靈祇嘉陛下之誠，[76]臣庶感陛下之意，釋憾回慮，化危爲安。陛下亦當爲宗廟社稷建不傾不拔之永圖，爲子孫黎元垂可久可大之休業，懲前事徇欲之失，復日新盛德之言。豈宜更縱惓邪，復行刻暴？事之追悔，其可再乎！

臣又竊慮陛下納彼盗言，墮其奸計，以爲搏噬拏攫，怨集有司，積聚豐盈，利歸君上。是又大繆，所宜慎思。夫人主昏明，繫於所任，咎繇、夔、契之道長，而虞舜享濬哲之名；皇甫、聚、楀之嬖行，而周厲嬰顛覆之禍。自古何嘗有小人柄用，而灾禍不及邦國者乎！譬猶操兵以刃人，天下不委罪於兵，而委罪於所操之主；畜蠱以殃物，天下不歸咎於蠱，而歸咎於所蓄之家。理有必然，不可不察。

臣竊慮陛下以延齡之進，獨出聖衷，延齡之言，多順宸旨，今若以罪置辟，則似爲衆所擠，故欲保持，用彰堅斷。若然者，陛下與人終始之意則善矣，其於改過不吝，去邪勿疑之道，或未盡善焉。夫人之難知，著自淳古。試可乃已，載於典謨。陛下意其賢而任之，知其惡而棄之，此理之常，於何不可？儻陛下猶未知惡，但疑見擠，固有象恭挾詐之人，亦有黨邪害直之士，所資考覈，兩絶欺誣。陛下以延齡爲能，愚臣以延齡爲罪，能必有迹，罪必有端，陛下胡不指明其所效之能，以表忠賢，按驗其所論之罪，以考虛實，與衆同辨，示人不私。若能迹可稱，而罪端無據，則是黨邪害直之驗也，陛下當繩其傷善，以勵事君。罪端有徵，而能迹無實，則是象恭挾詐之驗也，陛下當糾其包禍，以戒亂邦。如此則上之於下，釋嫌構之疑；下之於上，絶偏惑之議。何必忠邪無辨，枉直莫分！薰蕕同藏，其臭終勝，此則小人道長之象也，實時運否泰安危之所繫，豈但有虧聖德，不利善人而已乎！

陛下若以必與己同者爲忠良，自我作者無改變，如此則上之所欲莫不諂，上之所失莫不從，水火相濟不爲非，金礪相須不爲是，耻過怍非不足戒，[77]捨己從人不足稱，惟意是行，[78]則匡輔或幾乎息矣。匡輔息則理不可致，仲尼所謂一言喪邦者，在於予之言而莫予違也。事關興亡，固不可忽！希旨順默，浸已成風，奬之使言，猶懼不既，若又阻抑，誰當貢誠。伏恐未亮斯言，請以一事爲證。只如延齡凶妄，流布寰區，上自公卿近臣，下逮輿臺賤品，諠諠談議，億萬爲徒，能以上言，其人有幾！

陛下試令親信博采輿詞，[79]參校比來所聞，足鑒人間情僞。臣以卑鄙，任當台衡，既極崇高，又承渥澤，豈不知觀時附會，足保舊恩，隨衆沈浮，免貽厚責。謝病黜退。獲知幾之名；黨奸苟容，無見嫉之患。何急自苦，獨當豺狼，上違懽情，下餌讒口。良由内顧庸昧，一無所堪，夙蒙眷知，唯在誠直。綢繆帳扆，一紀於兹，聖慈既以此見容，愚臣亦以此自負。從陛下歷播遷之鵕廰，睹陛下致興復之艱難，至今追思，猶爲心悸。所以畏覆車而駭懼，慮燬室而悲鳴，蓋情激於衷，雖欲罷而不能自默也。因事陳執，雖已頻繁，天聽尚高，未垂諒察，輒申悃款，以極愚誠。憂深故語煩，懇迫故詞切。以微臣自固之謀則過，爲陛下慮患之計則忠。糜軀奉君，非旂敢避，沽名衒直，亦不忍爲。願回睿聰，爲國熟慮，社稷是賴，豈唯微臣！不勝荷恩報德之誠。謹昧死奉書以聞。臣誠惶誠恐，頓首再拜。

（《唐文鑑》卷一二《論裴延齡奸蠹書》，《翰苑集》卷二一《論裴延齡奸蠹書一首》，《陸宣公文集》卷一一《論裴延齡奸蠹書》，《陸贄集》卷二一《論裴延齡奸蠹書一首》）

與趙元昊書　范仲淹

伏以先大王歸向朝廷，心如金石。我真宗皇帝命爲同姓，待以骨肉之親，封爲夏王。履此山河之大，旌旗車服，降天子一等，恩意隆厚，始終如一，齊桓、晋文之盛，無以過此。朝聘之使，往來如家。牛馬駞羊之産，金銀繒帛之貨，交受其利，不可勝紀。塞垣之下，逾三十年，有耕無戰。禾黍雲合，甲胄塵委。養生葬死，各終天年。使蕃漢之民，爲堯舜之俗，此真宗皇帝之至化，亦先大王之大功也。

自先大王薨背，今皇震悼，累日噎吁，遣使行吊賻之禮，以大王嗣守其國，爵命崇重，一如先大王。昨者大王以本國衆多之情，推立大位，誠不獲讓，理有未安，而遣行人告於天子，又遣行人歸其旌節，朝廷中外莫不驚憤，請收行人戮於都市。皇帝詔曰："非不能以四海之力支其一方，念先帝歲寒之本意、故夏王忠順之大功，豈一朝之失而驟絶之？"乃不殺而還。假有本國諸蕃之長抗禮於大王，而能含容之若此乎？省初念終，天子何負於大王哉？

二年以來，疆事紛起，耕者廢耒，織者廢杼，邊界蕭然，豈獨漢民之勞邪？使戰守之人，日夜豺虎，[80]競爲吞噬，死傷相枕，哭泣相聞，仁人爲之流涕，智士爲之扼腕。天子遣仲淹經度西事，[81]而命之曰："有征無戰，不殺非辜，[82]王者之兵也。汝往欽哉！"仲淹拜手稽首，敢不夙夜於懷？至邊之日，見諸將帥多務小功，不爲大略，甚未副天子之意。仲淹與大王雖未嘗高會，[83]嚮者同事於朝廷，於天子則父母也，於大王則兄弟也，豈有孝於父母而欲害於兄弟哉？可不爲大王一二而陳之？

《傳》曰："名不正則言不順，言不順則事不成。"①大王世居西土，衣冠、語言皆從本國之俗，何獨名稱與中朝天子侔擬？名豈正而言豈順乎？如衆情莫奪，亦有漢唐故事。單于、可汗，皆本國極尊之稱，具在方册。仲淹料大王必以契丹爲比，故自謂可行。且契丹，自石晋朝有援立之功，時已稱帝。今大王世受天子建國封王之恩，如諸蕃中有叛朝廷者，大王當爲霸主，率諸侯以伐之，則世世有功，王王不絶。乃欲擬契丹之稱，究其體勢，昭然不同。徒使瘡痍萬民，拒朝廷之禮，傷天地之仁。《易》曰："天地之大德曰生，聖人之大寶曰位，何以守位曰仁。"②是以天地養萬物，故其道不窮；聖人養萬民，故其位不傾。又《傳》曰："國家以仁獲之以仁守之者，百世之朝。"

昔在唐末，天下洶洶，群雄咆哮，日尋干戈，血我生靈，腥我天地，滅我禮樂，絶我稼穡，皇天震怒，罰其不仁，五代王侯，覆亡相續。老氏曰："樂殺人者，不可如志於天下。"誠不誣矣。後唐顯宗祈於上天曰："願早生聖人，以救天下。"是年，我太祖皇帝應祈而生。及歷試諸難，中外忻戴，不血一刃，受禪於周。廣南、江南、荆湖、西川，有九江萬里之限，一舉而下，豈非應天順人之至乎？由是罷諸侯之兵，革五代之暴，垂八十年，天下無禍亂之憂。

太宗皇帝聖文神武，表正萬邦，吴越納疆，并晋就縛。真宗皇帝奉天體道，清净無爲，與契丹通好，受先大王貢禮，自兹四海熙然同

① 參見《論語·子路》。
② 參見《周易·繫辭下傳》。

春。今皇帝坐朝至晏，從諫如流，有忤雷霆，雖死必赦。故四海之心，望如父母。此所謂以仁獲之，以仁守之，百世之朝也。仲淹料大王建議之初，[84]人有離間，妄言邊城無備，士心不齊，長驅而來，所向必下。今以强人猛馬，奔衝漢地，二年於兹，漢之兵民蓋有血戰而死者，無一城一將願歸大王者。此可見聖宋仁及天下，邦本不摇之驗也，與夫間者之説，毋乃異乎！

今天下久平，人人泰然，不習戰鬥，不熟紀律。劉平之徒，忠敢而進，不顧衆寡，自取其困。餘則或勝或負，殺傷俱多。[85]大王國人，必以獲劉平爲賀。昔鄭人侵蔡，[86]獲司馬公子燮，鄭人皆喜，惟子産曰："小國無文德而有武功，禍莫大焉。"①而後鄭國之禍，皆如子産之言。今邊上訓練漸精，恩威已立，有功必賞，敗事必誅，將帥而下，大知紀律，莫不各思奮力效命，争議進兵。如其不然，何時可了？

今招討司統兵四十萬，約五路入界，著其律曰：生降者賞，殺降者斬；[87]獲精强者賞，害老弱婦女者斬；遇堅必戰，遇險必奪；可取則取，可城則城。縱未能入賀蘭之居，彼之兵民降者死者，所失多矣。是大王自禍其民，官軍之勢不獲而已也。仲淹又念皇帝"有征無戰，不殺非辜"之訓，夙夜於懷。雖師帥之行，君命有所不受，奈何鋒刃之交相傷必衆？且蕃兵戰死者，非有罪也，忠於大王耳；漢兵戰死者，非有罪也，忠於天子耳。使忠孝之人肝腦塗地，積累怨魄，爲妖爲灾，大王其可忽諸？

朝廷以王者無外，有生之民，皆爲赤子，何蕃漢之限哉？何勝負之言哉？仲淹與招討太尉夏公、經略密學韓公嘗議其事，莫若通問於大王，計而决之，重人命也，其美利甚衆。[88]大王如能以愛民爲意，禮下朝廷，復其王爵，承先大王之志，天下孰不稱其賢哉？一也。如衆多之情，三讓不獲，前所謂漢唐故事，如單于、可汗之稱，尚有可稽於本國語言爲便，復不失其尊大，二也。但臣貢上國，存中外之體，不召

① 參見《春秋左傳注·襄公八年》。

天下之怨，不速天下之兵，使蕃漢邊人復見康樂，無死傷相枕、哭泣相聞之醜，三也。又大王之國，府用或闕，朝廷每歲必有物帛之厚賜爲大王助，四也。又從來入貢使人，止稱蕃吏之職，[89]以避中朝之尊。按漢諸侯王相皆出真拜，又吴越王錢氏有承制補官故事，功高者受朝廷之命，亦足隆大王之體，五也。昨有邊臣上書，乞招致蕃部首領，仲淹亦已請罷。大王告諭諸蕃首領，不須去父母之邦，但回意中朝，則太平之樂，遐邇同之，六也。國家以四海之廣，豈無遺才？有在大王國者，朝廷不戮其家，安全如故，宜善事主，以報國士之知。惟同心嚮順，自不失其富貴，而宗族之人必更優恤，七也。又馬牛駞羊之産，金銀繒帛之貨，有無交易，各得其所，八也。[90]大王從之，則上下同其美利，生民之患幾乎息矣。不從，則上下失其美利，生民之患何時而息哉？

仲淹今日之言，非獨利於大王，蓋以奉君親之訓，救生民之患，合天地之仁而已！惟大王擇焉。

（《宋文鑑》卷一一三《答趙元昊書》，《范仲淹全集·文集卷》卷一〇《答趙元昊書》）

請杜醇先生入縣學書　王安石

人之生久矣，父子、夫婦、兄弟、賓客、朋交其倫也。孰持其倫？禮樂、刑政、文物、數制、事爲其具也。其具孰持之？爲之君臣，所以持之也。君不得師，則不知所以爲君，臣不得師，則不知所以爲臣。爲之師，所以并持之也。君不知所以爲君，臣不知所以爲臣，人之類其不相賊殺以至於盡者，非幸歟？信乎其爲師之重也。

古之君子，尊其身，耻在舜下。雖然，有鄙夫問焉而不敢忽，斂然後其身似不及者，有歸之以師之重而不辭，曰："天之有斯道，固將公之，而我先得之，得之而不推餘於人，使同我所有，非天意，且有所不忍也。"

某得縣於此踰年矣，方因孔子廟爲學，以教養縣子弟，願先生留聽而賜臨之以爲之師,某與有聞焉。伏惟先生不與古之君子者異意也,幸甚。

(《宋文鑑》卷一一六《請杜醇先生入縣學書》,《臨川先生文集》卷七七《請杜醇先生入縣學書》,《王安石全集》卷五《請杜醇先生入縣學書》)

答孫元規大資書　王安石

某不學無術,少孤以賤,材行無可道,而名聲不聞於當世,巨公貴人之門無可進之路,而亦不敢輒有意於求通,以故聞閣下之名於天下之日久,而獨未嘗得望履舄於門。比者得邑海上,而聞左右之别業實在弊境,猶不敢因是以求聞名於從者,卒然蒙賜教督,讀之茫然不知其爲愧且恐也。

伏惟閣下危言讜論,流風善政,簡在天子之心,而諷於士大夫之口,名聲之盛,位勢之尊,不宜以細故苟自貶損。今咳唾之餘,先加於新進之小生,疑左右者之誤,而非閣下之本意也。以是不敢即時報謝,以忤視聽,以累左右,而自得不敏之誅,顧未嘗一日而忘拜賜也。

今兹使來,又拜教之辱,然後知閣下真有意其存之也。夫禮之有施報,自敵以下不可廢,况王公大人而先加禮新進之小生,而其報謝之禮缺然者久之,其爲罪也大矣。雖聰明寬閎其有以容而察於此,而獨區區之心不知所以裁焉。

(《文翰類選大成》卷一二一《答孫元規大資書》,《臨川先生文集》卷七七《答孫元規大資書》,《王安石全集》卷六《答孫元規大資書》)

答司馬諫議書　王安石

某啓:昨日蒙教,竊以爲與君實游處相好之日久,而議事每不合,所操之術多異故也。雖欲强聒,終必不蒙見察,故略上報,不復一一自辯。重念蒙君實視遇厚,於反覆不宜鹵莽,故今具道所以,冀君實或見恕也。

蓋儒者所争,尤在於名實。名實已明,而天下之理得矣。今君實所以見教者，以爲侵官、生事、征利、拒諫以致天下怨謗，皆不足問也。某則以謂受命於人主，議法度而修之於朝廷，以授之於有司，不爲侵官。舉先王之政，以興利除弊，不爲生事。爲天下理財，不爲征利。闢邪説，難任人，不爲拒諫。至於怨誹之多，則固前知其如此也。

人習於苟且非一日，士大夫多以不恤國事，同俗自媚於衆爲善。上乃欲變此，而某不量敵之衆寡，欲出力助上以抗之，則衆何爲而不洶洶然？盤庚之遷，胥怨者民也，非特朝廷士大夫而已。盤庚不罪怨者，亦不改其度。蓋度義而後動，是而不見可悔故也。

如君實責我以在位久，未能助上大有爲，以膏澤斯民，則某知罪矣。曰今有當一切不事，守前所爲而已，則非某之所敢知。無由會晤，不任區區向往之至。

（《臨川先生文集》卷七三《答司馬諫議書》，《王安石全集》卷八《答司馬諫議書》）

上范司諫書　歐陽修

月日，具官謹齋沐拜書司諫學士執事。前月中得進奏吏報，云自陳州召至闕拜司諫，即欲爲一書以賀，多事匆卒未能也。

司諫，七品官爾，於執事得之不爲喜，而獨區區欲一賀者，誠以諫官者，天下之得失、一時之公議係焉。今世之官，自九卿、百執事，外至一郡縣吏，非無貴官大職可以行其道也。然縣越其封，郡逾其境，雖賢守長不得行，以其有守也。吏部之官不得理兵部，鴻臚之卿不得理光禄，以其有司也。若天下之得失、生民之利害、社稷之大計，惟所見聞而不繫職司者，獨宰相可行之，諫官可言之爾。故士學古懷道者仕於時，不得爲宰相，必爲諫官，諫官雖卑，與宰相等。

天子曰不可，宰相曰可，天子曰然，宰相曰不然，坐乎廟堂之上，[91]與天子相可否者，宰相也。天子曰是，諫官曰非，天子曰必行，諫官曰必不可行，立殿陛之前與天子争是非者，[92]諫官也。宰相尊，行其道；諫官卑，行其言。言行，道亦行也。九卿、百司、郡縣之吏守一職者，任一職之責，宰相、諫官係天下之事，亦任天下之責。然宰相、九卿而下失職者，受責於有司；諫官之失職也，取譏於君子。有司之法行乎一時，君子之譏著之簡册而昭明，垂之百世而不泯，甚可懼也。夫七品之官，任天下之責，懼百世之譏，豈不重邪！非材且賢者，不能爲也。[93]

近執事始被召於陳州，洛之士大夫相與語曰：[94]"我識范君，知其材也。其來不爲御史，必爲諫官。"及命下，果然，則又相與語曰："我識范君，知其賢也。他日聞有立天子陛下，直辭正色面争庭論者，非他人，必范君也。"拜命以來，翹首企足，竚乎有聞，而卒未也。竊惑之，豈洛之士大夫能料於前而不能料於後也，將執事有待而爲也？

昔韓退之作《争臣論》，以譏陽城不能極諫，卒以諫顯。人皆謂城之不諫蓋有待而然，退之不識其意而妄譏，修獨以謂不然。當退之作論時，城爲諫議大夫已五年，後又二年，始庭論陸贄，及沮裴延齡作相，欲裂其麻，纔兩事耳。當德宗時，可謂多事矣，授受失宜，叛將强臣羅列天下，又多猜忌，進任小人。於此之時，豈無一事可言，而須七年耶？當時之事，豈無急於沮延齡、論陸贄兩事耶？謂宜朝拜官而夕奏疏也。幸而城爲諫官七年，適遇延齡、陸贄事，一諫而罷，以塞其責。向使止五年六年，而遂遷司業，是終無一言而去也，何所取哉！

今之居官者，率三歲而一遷，或一二歲，甚者半歲而遷也，此又非可以待乎七年也。今天子躬親庶政，化理清明，雖爲無事，然自千里詔執事而拜是官者，豈不欲聞正議而樂讜言乎？然今未聞有所言説，[95]使天下知朝廷有正士，而彰吾君有納諫之明也。

夫布衣韋帶之士，窮居草茅，坐誦書史，常恨不見用。及用也，又曰彼非我職，不敢言；或曰我位猶卑，不得言；得言矣，又曰我有待，是終無一人言也，可不惜哉！伏惟執事思天子所以見用之意，懼君子百世之譏，一陳昌言，以塞重望，且解洛士大夫之惑，則幸甚幸甚。

（《宋文鑑》卷一一三《上范司諫書》，《古今事文類聚》新集卷二一《上范司諫書》，《文翰類選大成》卷一二一《上范司諫書》，《歐陽修全集》卷六七《居士外集十七·上范司諫書》）

上田樞密書　蘇洵

天之所以與我者，夫豈偶然哉？[96]堯不得以與丹朱，舜不得以與商均，而瞽瞍不得奪諸舜。發於其心，出於其言，見於其事，確乎其不可易也。聖人不得以與人，父不得奪諸其子，於此見天之所以與我者不偶然也。

夫其所以與我者，必有以用我也。我知之不得行之，不以告人，天固用之，我實置之，其名曰棄天。自卑以求幸其言，自小以求用其道，天之所以與我者何如，而我如此也，其名曰褻天。棄天，我之罪也；褻天，亦我之罪也。不棄不褻，而人不我用，不我用之罪也，其名曰逆天。然則棄天、褻天者其責在我，逆天者其責在人。在我者，吾將盡吾力之所能爲者，以塞夫天之所以與我之意，而求免夫天下後世之譏。在人者，吾何知焉？吾知免夫一身之責之不暇，而暇爲人憂乎哉？[97]

孔子、孟軻之不遇，老於道途而不倦不愠、不怍不沮者，夫固知夫道之所在也。衛靈、魯哀、齊宣、梁惠之徒不足相與以有爲也，我亦知之矣，抑將盡吾心焉耳。吾心之不盡，吾恐天下後世無以責夫衛靈、魯哀、齊宣、梁惠之徒，而彼亦將有以辭其責也。然則孔子、孟軻之目將不瞑於地下矣。

夫聖人賢人之用心也固如此，如此而生，如此而死，如此而貧賤，如此而富貴，升而爲天，沉而爲淵，流而爲川，止而爲山，彼不預吾事，吾事畢矣。切怪夫後之賢者不能自處其身也，飢寒困窮之不勝而號於人。嗚呼！使吾誠死於飢寒困窮邪，則天下後世之責將必有在，彼其身之責不自任以爲憂，而我取而加之吾身，不亦過乎？

今洵之不肖，何敢自列于聖賢！然其心亦有所不甚自輕者。[98]何則？天下之學者，孰不欲一蹴而造聖人之域，然及其不成也，求一言之幾乎道而不可得也。千金之子，可以貧人，可以富人。非天之所與，雖以貧人富人之權，求一言之幾乎道，不可得也。天子之宰相，可以生人,可以殺人。非天之所與,雖以生人殺人之權,求一言之幾乎道,不可得也。今洵用力於聖人賢人之術亦已久矣。其言語、其文章,雖不識其果可以有用於今而傳於後與否,獨怪其得之之不勞。方其致思於心也,若或起之;得之心而書之紙也,若或相之。夫豈無一言之幾於道者乎? 千金之子,天子之宰相,求而不得者,一旦在已,故其心有以自負,或者天其亦有以與我也。

曩者見執事於益州,當時之文,淺狹可笑,飢寒困窮亂其心,而聲律記問又從而破壞其體,不足觀也已。數年來退居山野,自分永棄,與世俗日疏闊,得以大肆其力於文章。詩人之優柔,騷人之清深,孟、韓之温醇,遷、固之雄剛,孫、吴之簡切,投之所向,無不如意。嘗試以爲董生得聖人之經,其失也流而爲迂;晁錯得聖人之權,其失也流而爲詐。有二子之材而不流者,[99]其惟賈生乎! 惜乎今之世,愚未見其人也。作策二道,曰《審勢》《審敵》,作書十篇曰《權書》。洵有山田一頃,非凶歲可以無飢,力耕而節用,亦足以自老。不肖之身不足惜,而天之所與者不忍棄,且不敢褻也。執事之名滿天下,天下之士用與不用在執事。故敢以所謂《策》二道、《權書》十篇爲獻,平生之文,遠不可多致,有《洪範論》《史論》十篇,[100]近以獻内翰歐陽公。度執事與之朝夕相從議天下之事,則斯文也,其亦庶乎得陳於前矣。若夫其言之可用與其身之可貴與否者,[101]執事事也,執事責也,於洵何有哉!

(《文翰類選大成》卷一二一《上田樞密書》,《嘉祐集箋注》卷一一《上田樞密書》)

上神宗萬言書　蘇軾

熙寧四年二月日,殿中丞直史館判官告院權開封府推官臣蘇軾,謹昧萬死,上書皇帝陛下。

臣近者不度愚賤,輒上封章言買燈事。自知瀆犯天威,罪在不赦,席藁私室,以待斧鉞之誅,而側聽逾旬,威命不至,問之府司,則買燈之事,尋已停罷。乃知陛下不惟赦之,又能聽之,驚喜過望,以至感泣。何者？改過不吝，從善如流，此堯舜禹湯之所勉强而力行，秦漢以來之所絶無而僅有。顧此買燈毫髮之失，豈能上累日月之明，而陛下翻然改命，曾不移刻，則所謂智出天下，而聽於至愚，威加四海，而屈於匹夫。臣今知陛下可與爲堯舜，可與爲湯武，可與富民而措刑，可與强兵而服戎虜矣。有君如此，其忍負之。惟當披露腹心，捐棄肝腦，盡力所至，不知其他。乃者，臣亦知天下之事，有大於買燈者矣，而獨區區以此爲先者，蓋未信而諫，聖人不與，交淺言深，君子所戒，是以試論其小者，[102]而其大者固將有待而後言。今陛下果赦而不誅，則是既已許之矣，許而不言，臣則有罪，是以願終言之。臣之所欲言者三，願陛下結人心、厚風俗、存紀綱而已。

人莫不有所恃。人臣恃陛下之命，故能役使小民，恃陛下之法，故能勝伏强暴。至於人主所恃者誰與？《書》曰："予臨兆民，懔乎若朽索之馭六馬。"①言天下莫危於人主也。聚則爲君民，散則爲仇讎，聚散之間，不容毫釐。故天下歸往謂之王，人各有心謂之獨夫。由此觀之，人主之所恃者，人心而已。人心之於人主也，如木之有根，如燈之有膏，如魚之有水，如農夫之有田，如商賈之有財。木無根則槁，燈無膏則滅，魚無水則死，農夫無田則飢，商賈無財則貧，人主失人心則亡。此必然之理，[103]不可逭之灾也。其爲可畏，從古以然。苟非樂禍好狂，[104]輕易喪志，[105]則孰敢肆其胸臆，輕犯人心？昔子産焚《載書》以弭衆言，賂伯石以安巨室，以爲衆怒難犯，專欲難成。而子夏亦曰："信，而後勞其民；未信，則以爲厲己也。"②惟商鞅變法，不顧人言，雖能驟至富强，亦以召怨天下，使其民知利而不知義，見刑而不見德，雖得天下，旋踵而亡。至於其身，亦卒不免，負罪出走，而諸侯不納，車裂以徇，而秦人莫哀。君臣之間，豈願如此。宋襄公雖行仁義，失衆而亡。田常雖不義，得衆而强。是以君子未論行事之是非，先觀衆

① 參見《尚書・夏書・五子之歌》。

② 參見《論語・子張》。

心之向背。謝安之用諸桓未必是，而衆之所樂，則國以乂安。庾亮之召蘇峻未必非，而勢有不可，則反爲危辱。自古及今，未有和易同衆而不安，剛果自用而不危者也。

今陛下亦知人心之不悦矣。中外之人，無賢不肖，皆言祖宗以來，治財用者不過三司使副判官，經今百年，未嘗闕事。今者無故又創一司，號曰制置三司條例。使六七少年日夜講求於内，使者四十餘輩，分行營幹於外，造端宏大，民實驚疑，創法新奇，吏皆惶惑。賢者則求其説而不可得，未免於憂，小人則以其意而度朝廷，[106]遂以爲謗。謂陛下以萬乘之主而言利，謂執政以天子之宰而治財，商賈不行，物價騰踊。近自淮甸，遠及川蜀，喧傳百口，論説百端。或言京師正店，議置監官，夔路深山，當行酒禁，拘收僧尼常住，減刻兵吏廩禄，如此等類，不可勝言。而甚者至以爲欲復肉刑，斯言一出，民且狼顧。

陛下與二三大臣，亦聞其語矣。[107]然而莫之顧者，徒曰我無其事，又無其意，何恤於人言。夫人言雖未必皆然，而疑似則有以致謗。人必貪財也，而後人疑其盜。人必好色也，而後人疑其淫。何者？未置此司，則無此謗，豈去歲之人皆忠厚，而今歲之人皆虚浮？孔子曰："工欲善其事，必先利其器。"①又曰："必也正名乎。"②今陛下操其器而諱其事，有其名而辭其意，雖家置一喙以自解，市列千金以募人，[108]人必不信，謗亦不止。夫制置三司條例司，求利之名也。六七少年與使者四十餘輩，求利之器也。驅鷹犬而赴林藪，語人曰"我非獵也"，不如放鷹犬而獸自馴；操網罟而入江湖；語人曰"我非漁也"，不如捐網罟而人自信。故臣以爲消讒慝以召和氣，復人心而安國本，則莫若罷制置三司條例司。夫陛下之所以創此司者，不過以興利除害也。[109]使罷之利不興，[110]害不除，則勿罷。罷之而天下悦，人心安，興利除害，無所不可，則何苦而不罷。陛下欲去積弊而立法，必使

① 參見《論語·衛靈公》。
② 參見《論語·子路》。

宰相熟議而後行，事若不由中書，則是亂世之法，聖君賢相，夫豈其然。必若立法不免由中書，熟議不免使宰相，則此司之設，無乃冗長而無名。

智者所圖，貴於無迹。漢之文、景，《紀》無可書之事，唐之房、杜，《傳》無可載之功，而天下之言治者與文、景，言賢者與房、杜。蓋事已立而迹不見，功已成而人不知。故曰："善用兵者，無赫赫之功。"豈惟用兵，事莫不然。今所圖者，萬分未獲其一也，而迹之布於天下，已若泥中之鬥獸，亦可謂拙謀矣。陛下誠欲富國，擇三司官屬與漕運使副，而陛下與二三大臣，孜孜講求，磨以歲月，則積弊自去而人不知。但恐立志不堅，中道而廢。孟子有言："其進鋭者其退速。"①若有始有卒，自可徐徐，十年之後，何事不立。孔子曰："欲速則不達，見小利則大事不成。"②使孔子而非聖人，則此言亦不可用。《書》曰："謀及卿士，至於庶人，翕然大同，乃底元吉。"③若逆多而從少，則静吉而作凶。今上自宰相大臣，[111]既已辭免不爲，則外之議論，斷亦可知。宰相，人臣也，且不欲以此自污，而陛下獨安受其名而不辭，[112]非臣愚之所識也。君臣宵旰，幾一年矣。而富國之效，茫如捕風，徒聞内帑出數百萬緡，祠部度五千餘人耳。[113]以此爲術，其誰不能。

且遣使縱横，本非令典。漢武遣綉衣直指，桓帝遣八使，[114]皆以守宰狼籍，盗賊公行，[115]出於無術，行此下策。宋文帝元嘉之政，[116]比於文、景，當時責成郡縣，未嘗遣使。及至孝武，以郡縣遲緩，始命臺使督之，以至蕭齊，此弊不革。故景陵王子良上疏，極言其事，[117]以爲此等朝辭禁門，[118]情態即異，暮宿州縣，威福便行，驅迫郵傳，折辱守宰，公私煩擾，民不聊生。唐開元中，宇文融奏置勸農判官使裴寬等二十九人，并攝御史，[119]分行天下，招携户口，檢責漏田。時張説、楊瑒、皇甫璟、[120]楊相如皆以爲不便，而相繼罷黜。雖得户八十

① 參見《孟子・盡心上》。

② 參見《論語・子路》。

③ 參見《尚書・周書・洪範》。

餘萬，皆州縣希旨，以主爲客，以少爲多。及使百官集議都省，而公卿以下，懼融威勢，不敢異辭。陛下試取其《傳》而讀之，[121]觀其所行，爲是爲否？近者均税寬恤，冠蓋相望，朝廷亦旋覺其非，[122]而天下至今以爲謗。曾未數歲，是非較然。臣恐後之視今，亦猶今之視昔。且其所遣，尤不適宜。事少而員多，人輕而權重。夫人輕而權重，則人多不服，或致侮慢以興争。事少而員多，則無以爲功，必須生事以塞責。陛下雖嚴賜束約，不許邀功，然人臣事君之常情，不從其令而從其意。今朝廷之意，好動而惡静，好同而惡異，指趣所在，誰敢不從。臣恐陛下赤子，自此無寧歲矣。

至於所行之事，行路皆知其難。何者？汴水濁流，自生民以來，不以種稻。秦人之歌曰："涇水一石，其泥數斗。且溉且糞，長我禾黍。"①何嘗言長我粳稻耶？今欲陂而清之，萬頃之稻，必用千頃之陂，一歲一淤，三歲而滿矣。陛下遽信其説，即使相視地形，萬一官吏苟且順從，真謂陛下有意興作，上糜帑廩，下奪農時，堤防一開，水失故道，雖食議者之肉，何補於民。天下久平，民物滋息，四方遺利，蓋略盡矣。今欲鑿空尋訪水利，所謂即鹿無虞，豈惟徒勞，必大煩擾。凡有擘畫利害，不問何人，小則隨事酬勞，大則量才録用。若官私格沮，并重行黜降，不以赦原，若材力不辦興修，便許申奏替换，賞可謂重，罰可謂輕。然并終不言諸色人妄有申陳或官私誤興工役，[123]當得何罪。如此，則妄庸輕剽，浮浪奸人，自此争言水利矣。成功則有賞，敗事則無誅。官司雖知其疏，豈可便行抑退。所在追集老少，相視可否，吏卒所過，鷄犬一空。若非灼然難行，必須且爲興役。何則？格沮之罪重，而誤興之過輕。人多愛身，勢必如此。且古陂廢堰，多爲側近冒耕，歲月既深，已同永業，苟欲興復，必盡追收，人心或摇，甚非善政。又有好訟之黨，多怨之人，妄言某處可作陂渠，規壞所怨田産，或指人舊業，以爲官陂，冒佃之訟，必倍今日。臣不知朝廷本無一事，

① 參見《漢書》卷二九《溝洫志》。

何苦而行此哉。

自古役人，必用鄉户，猶食之必用五穀，衣之必用絲麻，濟川之必用舟楫，行地之必用牛馬，雖其間或有以他物充代，然終非天下所可常行。今者徒聞江浙之間，數郡雇役，而欲措之天下，是猶見燕晋之棗栗，岷蜀之蹲鴟，[124]而欲以廢五穀，豈不難哉。又欲官賣所在坊場，以充衙前雇直，雖有長役，更無酬勞，長役所得既微，自此必漸衰散，則州郡事體，憔悴可知。士大夫捐親戚，棄墳墓，以從官於四方者，宣力之餘，亦欲取樂，此人之至情也。若凋弊太甚，厨傳蕭然，則似危邦之陋風，恐非太平之盛觀。陛下誠慮及此，必不肯爲。[125]且今法令莫嚴於御軍，軍法莫嚴於逃竄，禁軍三犯，厢軍五犯，大率處死。然逃軍常半天下，不知雇人爲役，與厢軍何異。若有逃者，何以罪之，[126]其勢必輕於逃軍，則其逃必甚於今日，爲其官長，不亦難乎？近雖使鄉户頗得雇人，然而所雇逃亡，[127]鄉户猶任其責。令遂欲於兩税之外，[128]别立一科，謂之庸錢，以備官雇。則雇人之責，官所自任矣。

自唐楊炎廢租庸調以爲兩税，取大曆十四年應干賦斂之數，以立兩税之額，則是租調與庸，兩税既兼之矣。今兩税如故，奈何復欲取庸。聖人之立法，必慮後世，豈可於常税之外，生出科名哉！[129]萬一不幸，後世有多欲之君，輔之以聚斂之臣，庸錢不除，差役仍舊，使天下怨毒，推所從來，則必有任其咎者矣。又欲使坊郭等第之民，與鄉户均役，品官形勢之家，與齊民并事。其説曰："《周禮》'田不耕者出屋粟，宅不毛者有里布。而漢世宰相之子，不免戍邊。'①"此其所以藉口也。古者官養民，今者民養官。給之以田而不耕，勸之以農而不力，於是乎有里布屋粟夫家之征。而民無以爲生，去爲商賈，事勢當耳，何名役之。且一歲之戍，不過三日，三日之雇，其直三百。今世三大户之役，自公卿以降，無得免者，其費豈特三百而已。大抵事若可

① 參見《周禮·地官·載師》。

行,不必皆有故事。若民所不悦,俗所不安,縱有經典明文,無補於怨。若行此二者,必怨無疑。女户單丁,蓋天民之窮者也。古之王者,首務恤此。而今陛下首欲役之,此等苟非户將絶而未亡,則是家有丁而尚幼,若假之數歲,則必成丁而就役,老死而没官。富有四海,忍不加恤。

孟子曰:"始作俑者,其無後乎?"①《春秋》書"作丘甲"②"用田賦"③,皆重其始爲民患也。青苗放錢,[130]自昔有禁。今陛下始立成法,每歲常行,雖云不許抑配,而數世之後,暴君污吏,陛下能保之歟?異日天下恨之,國史記之曰,青苗錢自陛下始,豈不惜哉!且東南買絹,本用見錢,陝西糧草,不許折兑,朝廷既有著令,職司又每舉行。然而買絹未嘗不折鹽,糧草未嘗不折抄,乃知青苗不許抑配之説,亦是空文。只如治平之初,揀刺義勇,當時詔旨慰諭,明言永不戍邊,著在簡書,有如盟約。於今幾日,議論已摇,或已代還東軍,或欲抵换弓手,[131]約束難恃,豈不明哉。縱使此令决行,果不抑配,計其間願請人户,必皆孤貧不濟之人,家若自有嬴餘,何至與官交易。此等鞭撻已急,則繼之以逃亡,逃亡之餘,則均之鄰保。勢有必至,理有固然。且夫常平之爲法也,可謂至矣。所守者約,而所及者廣。借使萬家之邑,止有千斛,而穀貴之際,千斛在市,物價自平。一市之價既平,一邦之食自足,無操瓢乞匄之弊,[132]無里正催驅之勞。今若變爲青苗,家貸一斛,則千户之外,孰救其飢?且常平官錢,常患其少,若盡數收糴,則無借貸,若留充借貸,則所糴幾何,乃知常平青苗,其勢不能兩立,壞彼成此,所得幾何,[133]虧官害民,雖悔何逮。臣竊計陛下欲考其實,則必然問人,人知陛下方欲力行,必謂此法有利無害。以臣愚見,恐未可憑。何以明之?臣頃在陝西,見刺義勇,提舉諸騎,[134]臣常親行,愁怨之民,哭聲振野。當時奉使還者,皆言民盡樂爲。希合

① 參見《孟子·梁惠王上》。

② 參見《春秋左傳注·成公元年》。

③ 參見《春秋左傳注·哀公十二年》。

取容，自古如此。不然，則山東之盗，二世何缘不覺，南詔之敗，明皇何缘不知。今雖未至於斯，亦望陛下審聽而已。

昔漢武之世，財力匱竭，用賈人桑弘羊之説，[135]買賤賣貴，謂之均輸。於時商賈不行，盗賊滋熾，幾至於亂。孝昭既立，學者争排其説，霍光順民所欲，從而予之，天下歸心，遂以無事。不意今者此論復興。立法之初，其説尚淺，徒言徙貴就賤，用近易遠。然而廣置官屬，多出緡錢，豪商大賈，皆疑而不敢動，以爲雖不明言販賣，然既已許之變易，變易既行，而不與商賈争利者，未之聞也。夫商賈之事，曲折難行，其買也先期而與錢，其賣也後期而取直，多方相濟，委曲相通，倍稱之息，由此而得。今官買是物，必先設官置吏，簿書廪禄，爲費已厚，非良不售，非賄不行，是以官買之價，比民必貴，及其賣也，[136]弊復如前，商賈之利，何缘而得。朝廷不知慮此，乃捐五百萬緡以與之。此錢一出，恐不可復。縱使其間薄有所獲，而征商之額，所損必多。今有人爲其主牧牛羊，不告其主，而以一牛易五羊，一牛之失，則隱而不言，五羊之獲，則指爲勞績。陛下以爲壞常平而言青苗之功，虧商税而取均輸之利，何以異此？

陛下天機洞照，聖略如神，此旨至明，[137]豈有不曉？必謂已行之事，不欲中變，恐天下必以爲執德之不一，用人之不終，是以遲留歲月，庶幾萬一，臣切以爲過矣。古之英主，無出漢高。酈生謀撓楚權，欲復六國，高祖曰善，趣刻印，及聞留侯之言，吐哺而罵之曰，趣銷印。夫稱善未幾，繼之以罵，刻印、銷印，有同兒戲。何嘗累高祖之知人，適足明聖人之無我。陛下以爲可而行之，知其不可而罷之，至聖至明，無以加此。議者必謂民可與樂成，難與慮始，故勸陛下堅執不顧，期於必行。此乃戰國貪功之人，行險僥幸之説，陛下若信而用之，則是徇高論而逆至情，持空名而邀實禍，未及樂成，而怨已起矣。臣之所願結人心者，此之謂也。

士之進言者，爲不少矣，亦嘗有以國家之所以存亡、曆數之所以長短告陛下者乎？夫國家之所以存亡者，在道德之淺深，而不在乎强與弱，曆數之所以長短者，在風俗之厚薄，而不在乎富與貧。道德誠深，風俗誠厚，雖貧且弱，不害於長而存。道德誠淺，風俗誠薄，雖富且强，不救於短而亡。人主知此，則知所輕重矣。是以古之賢君，不以弱而忘道德，不以貧而傷風俗，而智者觀人之國，亦以此而察之。

齊至强也，周公知其後必有篡弑之臣。衛至弱也，季子知其後亡。吴破楚入郢，而陳大夫逢滑知楚之必復。晋武既平吴，何曾知其將亂。隋文既平陳，房喬知其不久。元帝斬郅支，朝呼韓，功多於武、宣矣，偷安而王氏之釁生。宣宗收燕趙，復河湟，力强於憲、武矣，銷兵而龐勛之亂起。故臣願陛下務崇道德而厚風俗，[138]不願陛下急於有功而貪富强。使陛下富如隋，强如秦，西取靈武，北取燕薊，謂之有功可也，而國之長短，則不在此。

夫國之長短，如人之壽夭，人之壽夭在元氣，國之長短在風俗。世有尫羸而壽考，亦有盛壯而暴亡。若元氣猶存，則尫羸而無害。及其已耗，則盛壯而愈危。是以善養生者，謹起居，節飲食，導引關節，吐故納新。不得已而用藥，則擇其品之上、性之良，可以久服而無害者，則五臟和平而壽命長。不善養生者，薄節慎之功，遲吐納之效，厭上藥而用下品，伐真氣而助强陽，根本已危，僵仆無日。天下之勢，與此無殊。故臣願陛下愛惜風俗，如護元氣。

古之聖人，非不知深刻之法可以齊衆，勇悍之夫可以集事，忠厚近於迂闊，老成初若遲鈍。然終不肯以彼而易此者，顧其所得小而所喪大也。曹參，賢相也，曰慎無擾獄市。黄霸，循吏也，曰治道去泰甚。或譏謝安以清談廢事，安笑曰，秦用法吏，二世而亡。劉晏爲度支，專用果鋭少年，務在急速集事，好利之黨，相師成風。德宗初即位，擢崔祐甫爲相。祐甫以道德寬大，推廣上意，[139]故建中之政，其聲翕然，天下想望，庶幾貞觀。及盧杞爲相，諷上以刑名整齊天下，馴致澆薄，以及播遷。

我仁祖之御天下也，持法至寬，用人有叙，專務掩覆過失，未嘗輕改舊章。然考其成功，則曰未至，以言乎用兵，則十出而九敗，以言乎府庫,則僅足而無餘。徒以德澤在人,風俗知義。是以升遐之日,天下如喪考妣,社稷長遠,終必賴之,則仁祖可謂知本矣。今議者不察,徒見其末年吏多因循,事不振舉,乃欲矯之以苛察,齊之以智能,招來新進勇鋭之人,以圖一切速成之效,未享其利,澆風已成。且天時不齊,人誰無過,國君含垢,至察無徒。若陛下多方包容,則人材取次可用,必欲廣置耳目,務求瑕疵,則人不自安,各圖苟免,恐非朝廷之福,亦豈陛下所願哉?漢文欲拜虎圈嗇夫,釋之以爲利口傷俗,今若以口舌捷給而取士,以應對遲鈍而退人,以虚誕無實爲能文,以矯激不仕爲有德,則先王之澤,遂將散微。

苟欲用之,[140]必須歷試。雖有卓異之器,必有已成之功。一則使其更變而知難,事不輕作,一則待其功高而望重,人自無辭。昔先主以黄忠爲後將軍,而諸葛亮憂其不可,以爲忠之名望,素非關、張之倫,若班爵遽同,則必不悦,其後關羽果以爲言。以黄忠豪勇之姿,以先主君臣之契,尚復慮此,而況其他?世嘗謂漢文不用賈生,以爲深恨。臣嘗推究其旨,切謂不然。賈生固天下之奇才,所言亦一時之良策。然請爲屬國欲係單于,則是處士之大言,少年之鋭氣。昔高祖以三十萬衆,困於平城,當時將相群臣,豈無賈生之比,三表五餌,人知其疏,而欲以困中行説,尤不可信矣。

兵,凶器也,而易言之,[141]正如趙括之輕秦,李信之易楚。若文帝亟用其説,則天下殆將不安。使賈生嘗歷艱難,亦必自悔其説,施之晚歲,其術必精,不幸喪亡,非意所及。不然,文帝豈棄才之主,絳、灌豈蔽賢之士。至於晁錯,尤號刻薄,文帝之世,止於太子家令,而景帝既立,以爲御史大夫,申屠嘉賢相,[142]發憤而死,滋更政令,[143]天下騷然。及至七國發難,而錯之術亦窮矣。文、景優劣,於此可見。大抵名器爵禄,人所奔趨,必使積勞而後遷,[144]以明持久而難得。則人各安其分,不敢躁求。今若多開驟進之門,使有意外之得,公卿侍從,跬步可圖,其得者既不以僥幸自名,則其不得者必皆以沉淪爲恨。使天下常調,舉生妄心,耻不若人,何所不至,欲望風俗之厚,豈可得哉。選人之改京官，常須十年以上，薦更險阻，計析毫釐。其間一事聱牙，常至終身淪棄。今乃以一言之薦，舉而予之，猶恐未稱，章服隨至。使積勞久次而得者，何以厭服哉。夫常調之人，非守則令，員多闕少，久已患之，不可復開多門以待巧進。若巧者侵奪已甚，則拙者迫怵無聊，[145]利害相形，不得不察。故近歲樸拙之人愈少，而巧佞之士益多。惟陛下重之惜之，哀之救之。如近日三司獻言，使天下郡選一人，催驅三司文字，許之先次指射以酬其勞，則數年之後，[146]審官吏部，又有三百餘人得先占闕，常調待次，不其愈難。此外勾當發運均輸，[147]按行農田水利，已振監司之體，各懷進用之心，轉對者望以稱旨而驟遷，奏課者求爲優等而速化，相勝以力，相高以言，而名實亂矣。

惟陛下以簡易爲法，以清净爲心，使奸無所緣，而民德歸厚。臣之所願厚風俗者，此之謂也。

古者建國，使内外相制，輕重相權。如周如唐，則外重而内輕。如秦如魏，則外輕而内重。内重之弊，必有奸臣指鹿之患。外重之弊，必有大國問鼎之憂。聖人方盛而慮衰，常先立法以救弊。我國家租賦總於計省，重兵聚於京師，以古揆今，則似内重。恭惟祖宗所以深計而預慮，固非小臣所能臆度而周知。然觀其委任臺諫之一端，則是聖人過防之至計。歷觀秦、漢以及五代，諫諍而死，蓋數百人。而自建隆以來，未嘗罪一言者，縱有薄責，旋即超升，許以風聞，而無官長，風采所繫，不問尊卑，言及乘輿，則天子改容，事關廊廟，則宰相待罪。故仁宗之世，議者譏宰相但奉行臺諫風旨而已。聖人深意，流俗豈知。蓋擢用臺諫未必皆賢，所言亦未必皆是，然須養其鋭氣而借之重權者，豈徒然哉，將以折奸臣之萌，而救内重之弊也。夫奸臣之始，以臺諫折之而有餘，及其既成，以干戈取之而不足。今法令細密，朝廷清明，所謂奸臣，萬無此理。然而養猫所以去鼠，[148]不可以無鼠而養不捕之猫。蓄狗所以防奸，不可以無奸而蓄不吠之狗。陛下得不上念祖宗設此官之意，下爲子孫立萬世之防，朝廷紀綱，孰大於此？

臣自幼小所記，及聞長老之談，皆謂臺諫所言，常隨天下公議，公議所與，臺諫亦與之，公議所擊，臺諫亦擊之。及至英廟之初，始建稱親之議，本非人主大過，亦無禮典明文，徒以衆心未安，公議不允，當時臺諫，以死争之。今者物論沸騰，怨讟交至，公議所在，亦可知矣，而相顧不發，[149]中外失望。夫彈劾積威之後，雖庸人可以奮揚，風采消委之餘，雖豪傑有所不能振起。臣恐自兹以往，習慣成風，盡爲執政私人，以致人主孤立，綱紀一廢，何事不生。

孔子曰："鄙夫可與事君也歟，其未得之也。患得之，既得之，患失之，苟患失之，無所不至矣。"①臣始讀此書，疑其太過，以爲鄙夫之患失，不過備位而苟容。及觀李斯憂蒙恬之奪其權，則立二世以亡秦，盧杞憂李懷光之數其惡，則誤德宗以再亂。其心本生於患失，而其禍乃至於喪邦。[150]孔子之言，良不爲過。是以知爲國者，平居必常有忘軀犯顔之士，則臨難庶幾有徇義守死之臣。若平居尚不能一言，則臨難何以責其死節。人臣苟皆如此，天下亦曰殆哉。君子和而不同，小人同而不和。和如和羹，同如濟水。故孫寶有言：[151]"周公上聖，召公大賢，猶不相悦，著於經典。兩不相損。"②晉之王導，可謂元臣，每與客言，舉坐稱善，而王述不悦，以爲人非堯舜，安得每事盡善，導亦斂衽謝之。若使言無不同，意無不合，更唱迭和，何者非賢。萬一有小人居其間，則人主何緣得知覺。臣之所謂願存紀綱者，[152]此之謂也。

臣非敢歷詆新政，苟爲異論，如近日裁減皇族恩例、刊定任子條式、修完器械、[153]閲習鼓旗，皆陛下神算之至明，乾剛之必斷，物議既允，臣安敢有辭。然至於所獻三言，則非臣之私見，中外所病，其誰不知。昔禹戒舜曰："無若丹朱傲，惟慢游是好。"③舜豈有是哉！周公戒

---

① 参見《論語・陽貨》。

② 参見《漢書》卷七七《孫寶傳》。

③ 参見《尚書・虞書・益稷》。

成王曰:"毋若商王,受之迷亂,湎於酒德。[154]"①成王豈有是哉!周昌以漢高爲桀紂,劉毅以晋武爲桓、靈,當時人君,曾莫之罪,而書之史册,以爲美談。使臣所獻三言,皆朝廷未嘗有此,則天下之幸,臣與有焉。若有萬一似之,則陛下安可不察。然而臣之爲計,可謂愚矣。以螻蟻之命,試雷霆之威,積其狂愚,豈可屢赦,大則身首異處,破壞家門,小則削籍投荒,流離道路。雖然,陛下必不爲此,何也?臣天賦至愚,篤於自信。

向者與議學校貢舉,首違大臣本意,已期竄逐,敢意自全。而陛下獨然其言,曲賜召對,從容久之,至謂臣曰:"方今政令得失安在,雖朕過失,指陳可也。"臣即對曰:"陛下生知之性,天縱文武,不患不明,不患不勤,不患不斷,但患求治太速,進人太鋭,聽言太廣。"又俾具述所以然之狀,陛下頷之曰:"卿所獻三言,朕當熟思之。"臣之狂愚,非獨今日,陛下容之久矣。豈其容之於始而不赦之於終,恃此而言,所以不懼。臣之所懼者,譏刺既衆,怨仇實多,必將詆臣以深文,中臣以危法,使陛下雖欲赦臣而不可得,豈不殆哉。死亡不辭,但恐天下以臣爲戒,無復言者,是以思之經月,夜以繼日,書成復毁,至於再三。感陛下聽其一言,懷不能已,卒吐其説。惟陛下憐其愚忠而卒赦之,不勝俯伏待罪憂恐之至。

(《宋文鑑》卷五四《上皇帝書》,《經進東坡文集事略》卷二四《上神宗萬言書》,《蘇軾文集》卷二五《上神宗皇帝書》)

上梅直講書　蘇軾

某官執事。軾每讀《詩》至《鴟鴞》,[155]讀《書》至《君奭》,常竊悲周公之不遇。及觀《史》,[156]見孔子厄於陳、[157]蔡之間,而弦歌之聲不絶,顔淵、仲由之徒相與問答。夫子曰:"'匪兕匪虎,率彼曠野'②,

① 參見《尚書·周書·無逸》。
② 參見《詩經·小雅·何草不黄》。

吾道非邪，吾何爲至此？”[158]顔淵曰：“夫子之道至大，故天下莫能容。雖然，不容何病，不容然後見君子。”夫子油然而笑曰：“回，使爾多財，吾爲爾宰。”①夫天下雖不能容，而其徒自足以相樂如此。乃今知周公之富貴，有不如夫子之貧賤。夫以召公之賢，以管、蔡之親而不知其心，則周公誰與樂其富貴。而夫子之所與共貧賤者，皆天下之賢才，則亦足與樂乎此矣。

軾七八歲時，始知讀書。聞今天下有歐陽公者，其爲人如古孟軻、韓愈之徒。而又有梅公者從之游，而與之上下其議論。其後益壯，始能讀其文詞，[159]想見其爲人，意其飄然脱去世俗之樂而自樂其樂也。方學爲對偶聲律之文，求斗升之禄，自度無以進見於諸公之間。來京師逾年，未嘗窺其門。

今年春，天下之士群至於禮部，執事與歐陽公實親試之。誠不自意，獲在第二。既而聞之人，執事愛其文，以爲有孟軻之風，而歐陽公亦以其能不爲世俗之文也而取焉。是以在此。非左右爲之先容，非親舊爲之請屬，而向之十餘年間，聞其名而不得見者，一朝爲知己。退而思之，人不可以苟富貴，亦不可以徒貧賤。有大賢焉而爲其徒，則亦足恃矣。苟其僥一時之幸，[160]從車騎數十人，使閭巷小民聚觀而贊嘆之，亦何以易此樂也。

《傳》曰：“不怨天，不尤人。”②蓋優哉游哉，可以卒歲。執事名滿天下，而位不過五品。其容色温然而不怒，其文章寬厚敦樸而無怨言，此必有所樂乎斯道也。軾願與聞焉。[161]

（《宋文鑑》卷一一八《上梅直講書》，《蘇軾文集》卷四八《上梅直講書》）

代張方平諫用兵書　蘇軾

臣聞好兵猶好色也。傷生之事非一，而好色者必死。賊民之事

① 參見《史記》卷四七《孔子世家》。

② 參見《論語・憲問》。

非一，而好兵者必亡。此理之必然者也。

夫惟聖人之兵，皆出於不得已，故其勝也，享安全之福。其不勝也，必無意外之患。後世用兵，皆得已而不已，故其勝也，則變遲而禍大，其不勝也，則變速而禍小。是以聖人不計勝負之功，而深戒用兵之禍。何者？興師十萬，日費千金，内外騷動，怠於道路者，七十萬家。内則府庫空虚，外則百姓窮匱。飢寒逼迫，其後必有盗賊之憂，死傷愁怨，其終必致水旱之報。上則將帥擁衆，有跋扈之心，下則士衆久役，有潰叛之志。變故百出，皆由用兵。至於興事首議之人，冥謫尤重。蓋以平民無故緣兵而死，怨氣充積，必有任其咎者。是以聖人畏之重之，非不得已，不敢用也。

自古人主好動干戈，由敗而亡者，不可勝數，臣今不敢復言。請爲陛下言其勝者。秦始皇既平六國，復事胡越，戍役之患，被於四海。雖拓地千里，遠過三代，而墳土未乾，天下怨叛，二世被害，子嬰被擒，滅亡之酷，自古所未嘗有也。漢武帝承文、景富溢之餘，首挑匈奴，兵連不解，遂使侵尋及於諸國，歲歲調發，所向成功。建元之間，兵禍始作，是時蚩尤旗出，長與天等，其春戾太子生。自是師行三十餘年，死者無數。及巫蠱事起，京師流血，僵尸數萬，太子父子皆敗。班固以爲太子生長於兵，與之終始。帝雖悔悟自克，而歿身之恨，已無及矣。隋文帝既下江南，繼事夷狄。煬帝嗣位，此心不衰。皆能誅滅强國，威震萬里。然而民怨盗起，亡不旋踵。

唐太宗神武無敵，尤喜用兵，既已破滅突厥、高昌、吐谷渾等，猶且未厭，親駕遼東。皆志在立功，非不得已而用。其後武氏之難，唐室陵遲，不絶如綫。蓋用兵之禍，物理難逃。不然，太宗仁聖寬厚，克己裕人，幾至刑措，而一傳之後，子孫塗炭，此豈爲善之報也哉。由此觀之，漢、唐用兵於寬仁之後，故其勝而僅存。秦、隋用兵於殘暴之餘，故其勝而遂滅。臣每讀書至此，未嘗不掩卷流涕，傷其計之過也。若使此四君者，方其用兵之初，隨即敗衄，惕然戒懼，知用兵之難，則禍敗之興，當不至此。不幸每舉輒勝，故使狃於功利，慮患不深，臣故曰:"勝則變遲而禍大,不勝則變速而禍小,不可不察也。"

昔仁宗皇帝覆育天下,無意於兵。將士惰偷,兵革朽鈍,元昊乘間竊發,西鄙廷安、涇、原、麟、府之間,敗者三四,所喪動以萬計,而海內晏然。兵休事已,而民無怨言,國無遺患。何者? 天下臣庶知其無好兵之心,天地鬼神諒其有不得已之實故也。

今陛下天錫勇智,意在富强。即位以來,繕甲治兵,伺候鄰國。群臣百僚,窺見此指,多言用兵。其始也,弼臣執國命者,無憂深思遠之心。樞臣當國論者,無慮害持難之識。在臺諫之職者,無獻替納忠之議。從微至著,遂成厲階。既而薛向爲横山之謀,韓絳效深入之計,陳升之、吕公弼等,陰與之協力,師徒喪敗,財用耗屈。較之寶元、慶曆之敗,不及十一,然而天怒人怨,邊兵背叛,京師騷然,陛下爲之旰食者累月。何者? 用兵之端,陛下作之。是以吏士無怒敵之意而不直陛下也。尚賴祖宗積累之厚,皇天保佑之深,故使兵出無功,感悟聖意。然淺見之士,方且以敗爲耻,力欲求勝。以稱上心。於是王韶結禍於熙河,章惇造釁於梅山,熊本發難於渝瀘。然此等皆戕賊已降,俘纍老弱,困弊腹心,而取空虚無用之地,以爲武功。使陛下受此虚名而忽於實禍,勉强砥礪,奮於功名。故沈起、劉彝,復發於安南,使十餘萬人暴露瘴毒,死者十而五六,道路之人,斃於輸送,貲糧器械,不見敵而盡。以爲用兵之意,必且少衰。而李憲之師,復出於洮州矣。今師徒克捷,鋭氣方盛,陛下喜於一勝,必有輕視四夷陵侮敵國之意。天意難測,臣實畏之。

且夫戰勝之後,陛下可得而知者,凱旋捷奏,拜表稱賀,赫然耳目之觀耳。至於遠方之民,肝腦屠於白刃,筋骨絶於餽餉,流離破産,鬻賣男女,薰眼折臂自經之狀,陛下必不得而見也。慈父孝子孤臣寡婦之哭聲,陛下必不得而聞也。譬猶屠殺牛羊、刳臠魚鼈以爲膳羞,食者甚美,死者甚苦。使陛下見其號呼於挺刃之下,宛轉於刀几之間,雖八珍之美,必將投筯而不忍食,而况用人之命,以爲耳目之觀乎? 且使陛下將卒精强,府庫充實,如秦、漢、隋、唐之君。既勝之後,禍亂方興，尚不可救，而況所在將吏罷軟凡庸，較之古人，萬萬不逮。而數年以來，公私窘乏，内府累世之積，掃地無餘，州郡征税之儲，上供殆盡，百官俸廪，僅而能繼，南郊賞給，久而未辦，以此舉動，雖有智者，無以善其後矣。且饑疫之後，所在盗賊蜂起，京東、河北，尤不可言。若軍事一興，横斂隨作，民窮而無告，其勢不爲大盗。無以自全。邊事方深，内患復起，則勝、廣之形，將在於此。此老臣所以終夜不寐，臨食而嘆，至於慟哭而不能自止也。

且臣聞之，凡舉大事，必順天心。天之所向，以之舉事必成；天之所背，以之舉事必敗。蓋天心向背之迹，見於灾祥豐歉之間。今自近歲日蝕星變，地震山崩，水旱癘疫，連年不解，民死將半。天心之向背，可以見矣。而陛下方且斷然不顧，興事不已，譬如人子得過於父母，惟有恭順静思，引咎自責，庶幾可解。今乃紛然詰責奴婢，恣行箠楚，以此事親，未有見赦於父母者。故臣願陛下遠覽前世興亡之迹，深察天心向背之理，絶意兵革之事，保疆睦鄰，安静無爲，固社稷長久之計。上以安二宫朝夕之養，下以濟四方億兆之命。則臣雖老死溝壑，瞑目於地下矣。

昔漢祖破滅群雄，遂有天下，光武百戰百勝，祀漢配天。然至白登被圍，則講和親之議；西域請吏，則出謝絶之言。此二帝者，非不知兵也。蓋經變既多，則慮患深遠。今陛下深居九重，而輕議討伐，老臣庸儒，私竊以爲過矣。然人臣納説於君，因其既厭而止之，則易爲力，迎其方鋭而折之，則難爲功。凡有血氣之倫，皆有好勝之意。方其氣之盛也，雖布衣賤士，有不可奪，自非智識特達，度量過人，未有能勇於奮發之中，舍己從人，惟義是聽者也。今陛下盛氣於用武，勢不可回，臣非不知，而獻言不已者，誠見陛下聖德寬大，聽納不疑。故不敢以衆人好勝之常心望於陛下，且意陛下他日親見用兵之害，必將哀痛悔恨，而追咎左右大臣未嘗一言，臣亦將老且死見先帝於地下，亦有以藉口矣。惟陛下哀而察之。

（《文編》卷一二《上代張方平諫用兵書》，《蘇軾文集》卷三七《代張方平諫用兵書》，《續資治通鑑長編》卷二八六）

代滕甫辨謗乞郡書　蘇軾

臣聞人情不問賢愚，莫不畏天而嚴父。然而疾痛則呼父，窮窘則號天，蓋情發於中，言無所擇。豈以號呼之故，謂無嚴畏之心。人臣之所患，不止於疾痛，而所憂有甚於窮窘，若不號呼於君父，更將趨赴於何人。伏望聖慈，少加憐察。

臣本無學術，亦無材能，惟有忠義之心，生而自許。昔季孫有言："見有禮於其君者，事之，如孝子之養父母也。見無禮於其君者，誅之，如鷹鸇之逐鳥雀也。"[①]臣雖不肖，允蹈斯言。但信道直前，謂人如己。既蒙深知於聖主，肯復借交於衆人！任其蠢愚，積成仇怨。一自離去左右，十有二年，浸潤之言，何所不有。至謂臣陰黨反者，故縱罪人，若快斯言，死未塞責。

竊伏思宣帝，漢之英主也。以片言而誅楊惲。太宗，唐之興王也。以單詞而殺劉洎。自古忠臣烈士，遭時得君而不免於禍者，何可勝數。而臣獨蒙皇帝陛下始終照察，愛惜保全，則陛下聖度已過於宣帝、太宗，而臣之遭逢，亦古人所未有。日月在上，更何憂虞。但念世之憎臣者多，而臣之賦命至薄，積毁銷骨，巧言鑠金，市虎成於三人，投杼起於屢至，儻因疑似，復致人言，至時雖欲自明，陛下亦難屢赦。是以及今無事之日，少陳危苦之詞。

晋王導，乃王淳之弟也，而不害其爲元臣。崔造，源休之甥也，而不廢其爲宰相。臣與反者，義同路人。獨於寬大之朝，爲臣終身之累，亦可悲矣。凡今游宦之士，稍與貴近之人有葭莩之親，半面之舊，則所至便蒙異待，人亦不敢交攻。况臣受知於陛下中興之初，效力於衆人未遇之日，而乃毁訾不忌，踐踏無嚴，臣何足言，有辱天眷。此臣所以涕泣而自傷者也。

今臣既安善地，又忝清班，非敢别有僥求，更思録用。但患難之

① 參見《春秋左傳注·文公十八年》。

後，積憂傷心，風波之間，怖畏成疾。敢望陛下憫餘生之無幾，究前日之異恩。或乞移臣淮浙間一小郡，稍近墳墓，漸謀歸休。異日復得以枯朽之餘，仰瞻天日之表，然後退伏田野，自稱老臣，追叙始終之遭逢，以詫鄉鄰之父老，區區志願，永畢於斯。伏願陛下憐其志、察其愚而赦其罪，臣無任感恩知罪激切屏營之至。

（《文翰類選大成》卷一二一《代滕甫辨謗乞郡書》，《文編》卷一五《代滕甫辨謗乞郡書》，《蘇軾文集》卷三七《代滕甫辨謗乞郡書》）

上歐陽内翰書　蘇軾

軾竊以天下之事，難於改爲。自昔五代之餘，文教衰落，風俗靡靡，日以塗地。聖上慨然太息，思有以澄其源，疏其流，明詔天下，曉諭厥旨。於是招來雄俊魁偉敦厚樸直之士，[162]罷去浮巧輕媚叢錯采繡之文，將以追兩漢之餘，而漸復三代之故。士大夫不深明天子之心，用意過當，求深者或至於迂，務奇者怪僻而不可讀，餘風未殄，新弊復作。大者鏤之金石，以傳久遠；小者轉相摹寫，號稱古文。紛紛肆行，莫之或禁。

蓋唐之古文，自韓愈始。其後學韓而不至者爲皇甫湜，學皇甫湜而不至者爲孫樵。自樵以降，無足觀矣。伏惟内翰執事，天之所付以收拾先王之遺文，天下之所待以覺悟學者。恭承王命，親執文柄，意其必得天下之奇士以塞明詔。軾也遠方之鄙人，家居碌碌，無所稱道，及來京師，久不知名，將治行西歸，不意執事擢在第二。惟其素所蓄積，無以慰士大夫之心，是以群嘲而聚罵者，動滿千百。亦惟恃有執事之知，[163]與衆君子之議論，故恬然不以動其心。猶幸御試不爲有司之所排，使得搢笏跪起，謝恩於門下。

聞之古人，士無賢愚，惟其所遇。蓋樂毅去燕，不復一戰，而范蠡去越，亦終不能有所爲。軾願長在下風，與賓客之末，使其區區之心，長有所發。夫豈惟軾之幸，亦執事將有取一二焉。[164]不宣。

（《宋文鑑》卷一二二《謝南省主文與歐陽内翰啓》，《蘇軾文集》卷四九《謝歐陽内翰書》）

上耶律中書書 元好問

四月二十有二日，門下士太原元好問謹齋沐獻書中書相公閣下：《易》有之"天造草昧""君子以經綸"①。伏惟閣下輔佐王室，奄有四方，當天造草昧之時，極君子經綸之道，凡所以經造功業，考定制度者，本末次第，宜有成策，非門下賤士所敢與聞。獨有一事系斯文爲甚重，故不得不爲閣下言之。

自漢、唐以來，言良相者，在漢則有蕭、曹、丙、魏，在唐則有房、杜、姚、宋。數公者固有致太平之功，而當時百執事之人毗助贊益者亦不爲不多。傳記具在，蓋可考也。夫天下大器，非一人之力可舉。而國家所以成就人材者，亦非一日之事也。從古以來士之有立於世，必藉學校教育、父兄淵源、師友講習，三者備而後可。喻如修明堂、總章，必得楩楠豫章、節目磥砢、萬牛挽致之材，預爲儲蓄數十年之間，乃能備一旦之用。非若起尋丈之屋，欂櫨榥楔、楹杙甍桷，雜出於榆柳槐柏，可以朝求而暮足也。

竊見南中大夫士歸河朔者，在所有之。聖者之後如衍聖孔公；耆舊如馮内翰叔獻、梁都運斗南、高户部唐卿、王延州從之；時輩如平陽王狀元綱，東明王狀元鶚，濱人王賁，臨淄李浩，秦人張徽、楊奂、[165]李庭訓，河中李獻卿，武安樂夔，固安李天翼，沛縣劉汝翼，齊人謝良弼，鄭人吕大鵬，山西魏璠，澤人李恒簡、李禹翼，燕人張聖俞，太原張緯、李謙、冀致君、張德輝、[166]高鳴，孟津李蔚，真定李治，相人胡德珪，易州敬鉉，雲中李微，中山楊果，東平李昶，[167]西華徐世隆，濟陽張輔之，燕人曹居一、王鑄，渾源劉祁及其弟郁、李仝，平定賈庭揚、楊恕，濟南杜仁傑，洺水張仲經，虞鄉麻革，東明商挺，漁陽趙著，平陽趙維道，汝南楊鴻，河中張肅，河朔句龍瀛，東勝程思温及其從弟思忠。凡此諸人，雖其學業操行參差不齊，要之皆天民之秀，有用於世者也。

---

① 參見《周易·屯卦》。

百年以來，教育講習非不至，而其所成就者無幾。喪亂以來，三四十人而止矣。夫生之難，成之又難。乃今不死於兵，不死於寒餓，造物者挈而授之維新之朝，其亦有意乎？無意乎？

誠以閣下之力，使脱措使之辱，息奔走之役，聚養之，分處之，學館之奉不必盡具，饘粥足以糊口，布絮足以蔽體，無甚大費，然施之諸家，固已骨而肉之矣。他日閣下求百執事之人，隨左右而取之，衣冠禮樂、紀綱文章，盡在於是，將不能少助閣下蕭、曹、丙、魏、房、杜、姚、宋之功乎？假而不爲世用，此諸人者可以立言，可以立節，不能泯泯默默，以與草木同腐。其所以報閣下終始生成之賜者，宜如何哉？閣下主盟吾道，且樂得賢才而教育之。一言之利，一引手之勞，宜不爲諸生惜也。

（《元文類》卷三七《上耶律中書書》，《文翰類選大成》卷一二一《上耶律中書書》，《元好問全集》卷三九《寄中書耶律公書》，《元好問文編年校注》卷四《癸巳歲寄中書耶律公書》，《金文最》卷五五《寄中書耶律公書》）

答董中丞書　吴澂

正月十一日，臨川儒生吴澂再拜中丞相公閣下：澂聞學者非以求知於人也，欲其德業有於身而已矣；仕者非以自榮其身也，欲其惠澤及於人而已矣。

澂，江南鄙人也，自幼讀聖賢之書，觀其迹，探其心，知聖賢之學得之於心爲實德，行之於身爲實行，見之日用、施之家國爲實事業。資之不敏，力之不勤，學之四十年矣而未有成。是以日夜孜孜矻矻，惟恐無以自立於己，而不敢求用於時也。閑居方册中，以古之聖人爲師，以古之賢人爲友，而於今世位尊而有德，位卑而有學者，皆所願事，皆所願交也。

往年閣下分正江右，側聞閣下之風，剛正公廉，卓然不倚，皎然不滓，特立獨行於衆醉群污之中，[168]心竊慕焉。二年之後，始得與同游之友嘗出入門下者，一望道德之光，以一朝之所見，而益信二年之所聞。未幾，澂居山中持喪，而閣下自南豐入覲，足迹無復再至閣下之庭。勢位之相懸，道里之相隔，如九地之視九天，無一言可以達閣下之耳，無一字可以達閣下之目。疏賤姓名，何翅一草之微意閣下且忘之矣。不謂克勤小物，過取其不足，而以聞於朝。聖上聽言如流，賢相急才如渴，繇布衣授七品官。成命既頒，而閣下又先之以翰墨，敦請敦諭，如前代起處士之禮。澂何人斯，而足以當之？

夫朝廷用人之不次，公卿薦人之不私，布衣之受特知、蒙特恩如此，近世以來所希有也。雖木石猶當思所以報，而况於人乎？昔夫子勸漆雕開仕，對以吾斯之未能信，而夫子説之，何哉？説其不自欺也。然則開之可仕不可仕，雖夫子不能知，惟開自知之耳。閣下之舉，古大臣宰相之所爲也，澂敢不以古賢人君子之所自處者自勉以事閣下哉！邇年習俗日頽，儒者不免事於奔競，急於進取，媚竈乞墦，何所不至。今之大臣宰相，當有以微斡其機，丕變其俗。若俾疏賤之人驟得美仕，非所以遏其徼幸冒進之萌也。澂以古之賢人君子自期，則其出處進退必有道矣。不然，貪榮嗜進，亦若而人也，閣下奚取焉？

愛人以德，成人之美，是所望於今之大臣宰相能如古人者，愛之以德而成其美，豈必其仕哉！邵堯夫《詩》云："幸逢堯舜爲真主，且放巢由作外臣。"[①]澂雖不肖，願自附於前修。成之者在閣下，澂感恩報知，非言可殫，未繇庭參，敢冀爲家國天下保重，臨筆不勝拳拳。不宣。澂再拜。

（《元文類》卷三七《答董中丞書》，《文翰類選大成》卷一二一《答董中丞書》，《吴文正集》卷一一《復董中丞書》）

與竇先生書　許衡

老病侵尋，歸心急迫，思所以上請，未得其門也。邇來相從，實望

① 參見《邵氏聞見録》卷一八。

見教。不意復有引薦之言，聞之踧踖，且驚且懼，邸舍中懇陳所以不可之故，至於再三，始蒙惠許。違别三數日，復慮他説間之，不終前惠。是用喋喋，重陳向來懇禱不可意。

嘗謂天下古今，一治一亂。治無常治，亂無常亂。亂之中有治焉，治之中有亂焉。亂極而入於治，治極而入於亂。亂之終，治之始也；治之終，亂之始也。治亂相循，天人交勝。天之勝，質揜文也；人之勝，文犯質也。[169]天勝不已，則復而至於平，平則文著而行矣。故凡善惡得失之應，無妄然者，而世謂之治，治非一日之爲也。其來有素也。人勝不已，則積而至於偏，偏則文没不用矣。故凡善惡得失之迹，若謬焉者，而世謂之亂，亂非一日之爲也，其來有素也。

析而言之，有天焉，有人焉。究而言之，莫非命也。命之所在，時也。時之所向，勢也。勢不可爲，[170]時不可犯。順而處之，則進退出處，窮達得喪，[171]莫非義也。古之所謂聰明睿智者，唯能識此也；所謂神武而不殺者，唯能體此也。或者横加己意，欲先天而開之，拂時而舉之，是揠苗也，是代大匠斲也。揠苗則害稼，代匠則傷手，是豈成己成物之道哉？即其違順之多寡，乃其吉凶悔吝之多寡也。生平拙學，認此爲的。信而守之，罔敢自易。

今先生直欲以助長之力，擠之傷手之地，是果相知者所爲耶？無益清朝，徒重後悔。豈交游之泛，[172]不足爲之慮耶？抑真以樗散爲可用之材也？相愛之深，未應乃爾。若夫春日池塘，秋風禾黍，夏未兩，蠶老麥收，冬將寒，囷盈箱積，門喧童稚，架滿琴書，山色水光，詩懷酒興，拙謀或可以辦此也。[173]是以心思意嚮，日日在此，安此樂此，言亦此，書亦此。百周千折，必期得此而後已。先生不此之助，而彼之助，是不可其所可，而可其所不可也。其可哉？將愛之，實害之，萬惟恕察。言不能櫽栝，悚息待罪。

(《元文類》卷三七《與竇先生書》，《文翰類選大成》卷一二一《與竇先生書》，《許衡集》卷九《與竇先生》)

【校勘記】

［1］十：《文苑英華》卷六七二作"百"。
［2］業專於藝必精：《文苑英華》卷六七二作"業於藝必專"。
［3］某：《文章類選》同《古今事文類聚》新集卷二二，《唐文粹》卷八二作"宗元"。
［4］不：《文章類選》同《古今事文類聚》新集卷二二，《唐文粹》卷八二作"不宜"。
［5］又：《文章類選》同《古今事文類聚》新集卷二二，《唐文粹》卷八二作"尤"。
［6］庭：《文章類選》同《古今事文類聚》新集卷二二，《唐文粹》卷八二作"廷"。
［7］何：《文章類選》同《古今事文類聚》新集卷二二，《唐文粹》卷八二此字前有一"又"字。
［8］士：原作"事"，據《柳宗元集校注》卷三一校記(11)改。
［9］謂：原作"爲"，據《唐文粹》卷八二改。
［10］今：《文章類選》同《古今事文類聚》新集卷二二，《唐文粹》卷八二作"今人"。
［11］又：原作"人"，據《唐文粹》卷八二改。
［12］特殊：原作"時殊"，據《古今事文類聚》新集卷三一改。
［13］喈喈：《古今事文類聚》新集卷三一作"沓沓"。
［14］兩：《古今事文類聚》新集卷三一作"二"。
［15］席：《古今事文類聚》新集卷三一作"習"。
［16］可：《古今事文類聚》新集卷三一作"何"。
［17］燥濕：此二字原脱，據《柳宗元集校注》卷三二補。
［18］怙：原作"恃"，據《文翰類選大成》卷一二〇改。
［19］矣：原作"者"，據《文翰類選大成》卷一二〇改。
［20］即：原作"則"，據《文翰類選大成》卷一二〇改。
［21］且：《文章類選》同《古今事文類聚》外集卷一三，《唐文粹》卷八六作"尚"。
［22］有：《文章類選》同《古今事文類聚》外集卷一三，《唐文粹》卷八六無此字。
［23］與：《文章類選》同《古今事文類聚》外集卷一三，《唐文粹》卷八六無此字。
［24］東：《文章類選》同《古今事文類聚》外集卷一三，《唐文粹》卷八六作"東西"。
［25］者：《文章類選》同《古今事文類聚》外集卷一三，《唐文粹》卷八六無此字。
［26］以：《文章類選》同《古今事文類聚》外集卷一三，《唐文粹》卷八六作"亦"。
［27］暮：《文章類選》同《古今事文類聚》外集卷一三，《唐文粹》卷八六作"夜"。
［28］獨：《文章類選》同《古今事文類聚》外集卷一三，《唐文粹》卷八六作"不獨"。
［29］苟：《文章類選》同《古今事文類聚》外集卷一三，《唐文粹》卷八六無此字。
［30］非：《文章類選》同《古今事文類聚》外集卷一三，《唐文粹》卷八六作"果非"。
［31］操其間：《文章正宗》卷一五作"造其門"。
［32］人：原作"民"，據《柳宗元集校注》卷三〇校勘記(6)改。

[33] 執事：此二字原脱，據《文章正宗》卷一五補。

[34] 用：此字原脱，據《文章正宗》卷一五補。

[35] 增：《文章類選》同《文翰類選大成》卷一二〇，《文章正宗》卷一五作“贈”。

[36] 恨：原作“限”，據《文翰類選大成》卷一二〇、《文章正宗》卷一五改。

[37] 座前：此二字原脱，據《文章正宗》卷一五補。

[38] 得其所以言：此五字原脱，據《文章正宗》卷一五補。

[39] 桓譚：原作“亘譚”，據《文章正宗》卷一五改。

[40] 丈：原作“文”，據《文章正宗》卷一五改。

[41] 一：此字原脱，據《文章正宗》卷一五補。

[42] 加：原作“知”，據《文翰類選大成》卷一六三、《文章正宗》卷一四改。

[43] 彳：原作“行”，據《文翰類選大成》卷一六三、《文章正宗》卷一四改。

[44] 猶：原作“由”，據《文翰類選大成》卷一六三、《文章正宗》卷一四改。

[45] 互至：原作“至至”，據《文章正宗》卷一五改。

[46] 所：此字原脱，據《文章正宗》卷一五補。

[47] 殘：原作“成”，據《文章正宗》卷一五改。

[48] 身行聖人道口吐聖人言：《文章類選》同《唐文粹》卷二六上，《皮子文藪》卷九作“身行聖人之道口吐聖人之言”。《文苑英華》卷六九〇兩處“人”字之下皆有“集有‘之’字”雙行小字。

[49] 醨：原作“漓”，據《文苑英華》卷六九〇、《唐文粹》卷二六上、《皮子文藪》卷九改。

[50] 之文：此二字原脱，據《文苑英華》卷六九〇、《唐文粹》卷二六上補。

[51] 文人：《文章類選》同《唐文粹》卷二六上，《皮子文藪》卷九作“文”。

[52] 二十：《文章類選》同《唐文粹》卷二六上，《文苑英華》卷六九〇作“二十一”，《皮子文藪》卷九作“二十二”。

[53] 不能：原在“不能”二字前衍一“得”字，據《文苑英華》卷六九〇、《唐文粹》卷二六上、《皮子文藪》卷九删。

[54] 死反：《文章類選》同《文翰類選大成》卷一二〇，《文苑英華》卷六九〇、《唐文粹》卷二六上作“反”。

[55] 皇帝：《文苑英華》卷四六八此二字下有一“兄”字。

[56] 太：原作“大”，據《文苑英華》卷四六八、《文翰類選大成》卷一一九改。

[57] 却：《文苑英華》卷四六八作“今并知”。

[58] 吐：原作“土”，據《文章類選·目録》改。

[59] 彼：原作“便”，據《文苑英華》卷四六九改。

[60] 太：原作“大”，據《文苑英華》卷四六九改。

[61] 其：原作“冥”，據《文苑英華》卷四六九改。

[62] 特：原作“時”，據《翰苑集》卷二一改。

［63］又：原作“文”，據《翰苑集》卷二一改。
［64］逸：原作“迸”，據《翰苑集》卷二一改。
［65］克：原作“免”，據《翰苑集》卷二一改。
［66］平凉：原作“平原”，據《陸贄集》卷二一校勘記(18)改。本篇下同。
［67］領：原作“書”，據《翰苑集》卷二一改。
［68］本：原作“所”，據《翰苑集》卷二一改。
［69］赫：原作“嚇”，據《翰苑集》卷二一、《陸宣公文集》卷一一改。
［70］指：原作“措”，據《翰苑集》卷二一改。
［71］諸：《文章類選》同《歷代名臣奏議》卷一七四作“諸”，《翰苑集》卷二一、《陸宣公文集》卷一一作“誣”。
［72］芻：原作“蒭”，據《翰苑集》卷二一、《陸宣公文集》卷一一改。下同。
［73］損：原作“捐”，據《翰苑集》卷二一、《陸宣公文集》卷一一改。
［74］非：原作“不”，據《翰苑集》卷二一改。
［75］四：此字原脱，據《翰苑集》卷二一補。
［76］祗：原作“祇”，據《翰苑集》卷二一、《陸宣公文集》卷一一改。
［77］怍：原作“作”，據《翰苑集》卷二一改。
［78］惟：原作“爲”，據《翰苑集》卷二一改。
［79］試：原作“誠”，據《翰苑集》卷二一改。
［80］虎：原作“沈”，據《宋文鑑》卷一一三改。
［81］度：原作“略”，據《宋文鑑》卷一一三改。
［82］辜：原作“辛”，據《宋文鑑》卷一一三改。
［83］高：原作“享”，據《宋文鑑》卷一一三改。
［84］大王：此二字原脱，據《宋文鑑》卷一一三補。
［85］俱：《宋文鑑》卷一一三作“甚”。
［86］昔：原作“者”，據《宋文鑑》卷一一三改。
［87］者斬：此二字原脱，據《宋文鑑》卷一一三補。
［88］莫若通問於大王計而决之重人命也其美利甚衆：此二十字原脱，據《宋文鑑》卷一一三補。
［89］止：原作“口”，據《宋文鑑》卷一一三改。
［90］八：原作“入”，據《宋文鑑》卷一一三改。
［91］坐：《古今事文類聚》新集卷二一作“立”。
［92］殿：此字前原衍“於”字，據《宋文鑑》卷一一三删。
［93］爲：此字原脱，據《宋文鑑》卷一一三補。
［94］士：此字原脱，據《宋文鑑》卷一一三補。
［95］然：此字原脱，據《宋文鑑》卷一一三補。

[96] 夫：此字原脱，據《文翰類選大成》卷一二一補。
[97] 而暇：此二字原脱，據《文翰類選大成》卷一二一補。
[98] 不甚：原作"甚不"，據《文翰類選大成》卷一二一改。
[99] 材：原作"村"，據《文翰類選大成》卷一二一改。
[100] 十：《文章類選》同《文翰類選大成》卷一二一，《嘉祐集箋注》卷一一作"七"。
[101] 其言之可：此四字原脱，據《文翰類選大成》卷一二一補。
[102] 试：原作"誠"，據《宋文鑑》卷五四改。
[103] 必然之理：原作"理之必然"，據《宋文鑑》卷五四、《蘇軾文集》卷二五校勘記(9)改。
[104] 狂：《文章類選》同《經進東坡文集事略》卷二四，《宋文鑑》卷五四作"亡"。
[105] 輕：《文章類選》同《經進東坡文集事略》卷二四，《宋文鑑》卷五四作"狂"。
[106] 以其意而度朝廷："其"原脱，據《宋文鑑》卷五四補；"度朝"二字間原衍"於"字，據《宋文鑑》卷五四删。
[107] 矣：此字原脱，據《宋文鑑》卷五四補。
[108] 募：《文章類選》同《經進東坡文集事略》卷二四，《宋文鑑》卷五四作"購"。
[109] 也：此字原脱，據《宋文鑑》卷五四補。
[110] 使：此字原脱，據《宋文鑑》卷五四補。
[111] 上：此字原脱，據《宋文鑑》卷五四補。
[112] 而：此字原脱，據《宋文鑑》卷五四補。
[113] 度餘人：此三字原脱，據《宋文鑑》卷五四補。
[114] 桓：原作"順"，據《宋文鑑》卷五四改。
[115] 盜賊公行：此四字原脱，據《宋文鑑》卷五四補。
[116] 宋：此字原脱，據《宋文鑑》卷五四補。
[117] 事：原作"弊"，據《宋文鑑》卷五四改。
[118] 爲：原作"謂"，據《宋文鑑》卷五四改。
[119] 并攝御史：此四字原脱，據《宋文鑑》卷五四補。
[120] 璟：原作"憬"，據《宋文鑑》卷五四改。
[121] 試取其傳而：此五字原脱，據《宋文鑑》卷五四補。
[122] 亦：原作"已"，據《宋文鑑》卷五四改。
[123] 并：此字原脱，據《宋文鑑》卷五四補。
[124] 蜀：原作"頃"，據《宋文鑑》卷五四改。
[125] 陛下誠慮及此必不肯爲：此十字原脱，據《宋文鑑》卷五四補。
[126] 若有逃者何以罪之：此八字原脱，據《宋文鑑》卷五四補。
[127] 然而：原作"然至於"，據《蘇軾文集》卷二五校勘記(34)改。
[128] 欲於：此二字原脱，據《宋文鑑》卷五四補。
[129] 生：《文章類選》同《經進東坡文集事略》卷二四，《宋文鑑》卷五四作"别"。

[130] 放：此字原脱，據《宋文鑑》卷五四補。
[131] 弓：此字原脱，據《宋文鑑》卷五四補。
[132] 操瓢：原作"專斗"，據《宋文鑑》卷五四改。
[133] 所得幾何：《文章類選》同《經進東坡文集事略》卷二四，《宋文鑑》卷五四作"所喪愈多"。
[134] 騎：《文章類選》同《經進東坡文集事略》卷二四，《宋文鑑》卷五四作"縣"。
[135] 弘：此字原脱，據《宋文鑑》卷五四校勘記(3)補。
[136] 及：此字原脱，據《宋文鑑》卷五四補。
[137] 旨：《文章類選》同《經進東坡文集事略》卷二四，《宋文鑑》卷五四作"事"。
[138] 故：此字原脱，據《宋文鑑》卷五四補。
[139] 推：原作"開"，據《宋文鑑》卷五四改。
[140] 苟欲用之：《文章類選》同《經進東坡文集事略》卷二四，《宋文鑑》卷五四作"自古用人"。
[141] 言：此字原脱，據《宋文鑑》卷五四補。
[142] 嘉：此字原脱，據《蘇軾文集》卷二五補。
[143] 滋：《宋文鑑》卷五四作"紛"。
[144] 使：此字原脱，據《宋文鑑》卷五四補。
[145] 怵：原作"隘"，據《宋文鑑》卷五四改。
[146] 則數：此二字間原衍"是"，據《宋文鑑》卷五四删。
[147] 勾：原作"幹"，據《宋文鑑》卷五四改。
[148] 所：此字原脱，據《宋文鑑》卷五四補。
[149] 而：此字原脱，據《宋文鑑》卷五四補。
[150] 而：此字原脱，據《宋文鑑》卷五四補。
[151] 故：《宋文鑑》卷五四作"是故"。
[152] 所謂：《宋文鑑》卷五四作"所"。
[153] 完：原作"營"，據《宋文鑑》卷五四改。
[154] 湎：《文章類選》同《經進東坡文集事略》卷二四，《宋文鑑》卷五四作"酗"。
[155] 軾：此字原脱，據《宋文鑑》卷一一八補。
[156] 史：此字原脱，據《宋文鑑》卷一一八補。
[157] 見：此字原脱，據《宋文鑑》卷一一八補。
[158] 至：《宋文鑑》卷一一八作"於"。
[159] 詞：原作"辭"，據《宋文鑑》卷一一八改。
[160] 僥一：此二字間原衍"幸"，據《宋文鑑》卷一一八删。
[161] 與：此字原脱，據《宋文鑑》卷一一八補。
[162] 敦：原作"淳"，據《宋文鑑》卷一二二改。

[163] 亦：此字原脱，據《宋文鑑》卷一二二補。

[164] 一二：原作"之"，據《宋文鑑》卷一二二改。

[165] 楊奂：《文章類選》同《文翰類選大成》卷一二一，《元好問文編年校注》卷四作"楊焕然"。

[166] 張德輝：《文章類選》同《文翰類選大成》卷一二一，《元好問文編年校注》卷四作"張耀卿"。

[167] 李昶：《文章類選》同《文翰類選大成》卷一二一，《元好問文編年校注》卷四作"李彦"。

[168] 迷：《文章類選》同《文翰類選大成》卷一二一，《吴文正集》卷一一作"沔"。

[169] 犯：《文章類選》同《元文類》卷三七、《文翰類選大成》卷一二一，《許衡集》卷九作"胜"。

[170] 爲：《文章類選》同《元文類》卷三七、《文翰類選大成》卷一二一，《許衡集》卷九作"違"。

[171] 喪：《文章類選》同《元文類》卷三七、《文翰類選大成》卷一二一，《許衡集》卷九作"失"。

[172] 泛：《文章類選》同《元文類》卷三七、《文翰類選大成》卷一二一，《許衡集》卷九作"浮"。

[173] 辨：原作"辨"，據《元文類》卷三七、《許衡集》卷九改。

文章類選卷之十六

頌　類

聖主得賢臣頌　王褒

夫荷旃被毳者，難與道純緜之麗密；羹藜含糗者，不足與論太牢之滋味。今臣僻在西蜀，生於窮巷之中，長於蓬茨之下，無有游觀廣覽之知，顧有至愚極陋之累，不足以塞厚望，應明旨。雖然，敢不略陳其愚心，而抒情素！

記曰：恭惟《春秋》法五始之要，在乎審己正統而已。夫賢者，國家之器用也。所任賢，則趨舍省而功施普；器用利，則用力少而就效衆。故工人之用鈍器也，勞筋苦骨，終日矻矻。及至巧冶鑄干將之樸，[1]清水淬其鋒，越砥斂其鍔，水斷蛟龍，陸剸犀革，忽若彗氾畫塗。如此則使離婁督繩，公輸削墨，雖崇臺五層，延袤百丈而不混者，工用相得也。庸人之御駑馬，亦傷吻敝策而不進於行，胸喘膚汗，人極馬倦。及至駕齧膝，參乘旦，王良執靶，韓哀附輿，縱騁馳騖，忽如景靡，過都越國，蹶如歷塊。追奔電，逐遺風，周流八極，萬里一息。何期遼哉？人馬相得也。故服絺綌之凉者，不苦盛暑之鬱燠；襲狐貉之煖者，不憂至寒之凄愴。何則？有其具者易其備。賢人君子，亦聖王之所以易海内也。是以嘔喻受之，開寬裕之路，以延天下之英俊也。夫竭智附賢者，必建仁策；索人求士者，[2]必樹伯迹。昔周公躬吐握之勞，故有圉空之隆；齊桓設庭燎之禮，故有匡合之功。由此觀之，君人者勤於求賢而逸於得人。

人臣亦然。昔賢者之未遭遇也，圖事揆策，則君不用其謀，陳見悃誠，則上不然其信。進仕不得施效，斥逐又非其愆。是故伊尹勤於鼎俎，太公困於鼓刀，百里自鬻，寧子飯牛，[①]離此患也。及其遇明君、遭聖主也，運籌合上意，諫諍則見聽，進退得關其忠，任職得行其術，去卑辱奥渫而升本朝，離蔬釋蹻而享膏粱，剖符錫壤，而光祖考，傳之子孫，以資説士。故世必有聖智之君，而後有賢明之臣。故虎嘯而風冽，龍興而致雲，蟋蟀俟秋吟，蜉蝣出以陰。《易》曰："飛龍在天，利見大人。"[②]《詩》曰："思皇多士，生此王國。"[③]故世平主聖，俊乂將自至，若堯舜禹湯文武之君，獲稷契皋陶伊尹吕望之臣，明明在朝，穆穆列布，聚精會神，相得益章。雖伯牙操遞鍾，逢門子彎烏號，猶未足以喻其意也。

故聖主必待賢臣而弘功業，俊士亦俟明主以顯其德。上下俱欲，歡然交欣，千載一會，論説無疑。翼乎如鴻毛遇順風，沛乎若巨魚縱大壑。其得意如此，則胡禁不止，曷令不行？化溢四表，横被無窮，遐夷貢獻，萬祥必臻。是以聖主不遍窺望而視已明，不殫傾耳而聽已聰。恩從祥風翺，德與和氣游，太平之責塞，優游之望得。遵游自然之勢，恬淡無爲之場。休徵自至，壽考無疆，雍容垂拱，永永萬年。何必偃仰屈申若彭祖，[3]呴嘘呼吸如喬松，眇然絶俗離世哉。《詩》曰："濟濟多士，文王以寧。"[④]蓋信乎其以寧也。

（《文選》卷四七《聖主得賢臣頌》，《古今事文類聚》别集卷八《聖主得賢臣頌》，《文翰類選大成》卷一六〇《聖主得賢臣頌》）

趙充國頌　楊雄

明靈惟宣，戎有先零，怜。先零猖狂，侵漢西疆。漢命虎臣，惟後

① 寧子：即寧戚。
② 參見《周易·乾卦》。
③ 參見《詩經·大雅·文王》。
④ 參見《詩經·大雅·文王》。

將軍，整我六師，是討是震。音"真"。既臨其域，喻以威德，有守矜功，謂之弗克。請奮其旅，於罕之羌。天子命我，從之鮮陽。營平守節，屢奏封章，料敵制勝，威謀靡亢。音"剛"。遂克西戎，還師於京，鬼方賓服，罔有不庭。昔周之宣，有方有虎，詩人歌功，乃列於《雅》。在漢中興，充國作武，赳赳桓桓，亦紹厥後。

（《文選》卷四七《趙充國頌》，《文翰類選大成》卷一六〇《趙充國頌》，《楊雄集校注·頌誄·趙充國頌》，《漢書》卷六九《趙充國辛慶忌傳第三十九·趙充國》）

酒德頌　劉伶

有大人先生，以天地爲一朝，萬期爲須臾，日月爲扃牖，八荒爲庭衢。行無轍迹，居無室廬，幕天席地，縱意所如。止則操卮執觚，姑。動則挈榼提壺。惟酒是務，焉知其餘。

有貴介公子、搢紳處士，聞吾風聲，議其所以，乃奮袂攘衿，怒目切齒。陳説禮法，是非鋒起。先生於是方捧罌鶯。承槽，銜杯漱醪，奮髯踑舉其。踞，據。枕麴藉糟，無思無慮，其樂陶陶。兀然而醉，豁爾而醒。静聽不聞雷霆之聲。熟視不睹泰山之形。[4]不覺寒暑之切肌，利欲之感情。俯觀萬物，擾擾焉如江漢之載浮萍。二豪侍側，焉如蜾果。蠃力果。之與螟名。蛉。音"靈"。

（《文選》卷四七《酒德頌》，《古今事文類聚》續集卷一五《酒德頌》，《文翰類選大成》卷一六〇《酒德頌》，《晋書》卷四九《劉伶傳》）

出師頌　史孝山

茫茫上天，降祚有漢。兆基開業，人神攸贊。五曜霄映，素靈夜嘆。皇運來授，萬寶增焕。歷紀十二，天命中易。西零不順，東夷構逆。乃命上將，授以雄戟。桓桓上將，實天所啓。允文允武，明詩悦禮。憲章百揆，爲世作楷。昔在孟津，惟師尚父。素旄一麾，渾一區宇。蒼生更始，朔風變律。[5]薄伐獫狁，至於太原。詩人歌之，猶嘆其艱。况我將軍，窮城極邊。鼓無停響，旗不暫褰。澤霑遐荒，功銘鼎鉉。我出我師，於彼西疆。天子餞我，路車乘黄。言念伯舅，恩深渭陽。介珪既削，列壤酬勛。今我將軍，啓土上郡。傳子傳孫，顯顯令問。

(《文選》卷四七《出師頌》,《文翰類選大成》卷一六〇《出師頌》)

漢高祖功臣頌　陸士衡

相國酇文終侯沛蕭何、相國平陽懿侯沛曹參、太子太傅留文成侯韓張良、丞相曲逆獻侯陽武陳平、楚王淮陰韓信、梁王昌邑彭越、[6]淮南王六黥布、趙景王大梁張耳、韓王韓信、燕王豐盧綰、長沙文王吴芮、荆王沛劉賈、太傅安國懿侯王陵、左丞相絳武侯沛周勃、相國舞陽侯沛樊噲、右丞相曲周景侯高陽酈商、太僕汝陰文侯沛夏侯嬰、丞相潁陰懿侯睢陽灌嬰、代丞相陽陵景候魏傅寬、車騎將軍信武肅侯靳歙、大行廣野君高陽酈食其、中郎建信侯齊劉敬、太中大夫楚陸賈、太子太傅稷嗣君薛叔孫通、魏無知、護軍中尉隨何、新成三老董公、轅生、將軍紀信、御史大夫沛周苛、平國君侯公，右三十一人，與定天下、安社稷者也。頌曰：

芒芒宇宙，上墋楚錦。下黷。波振四海，塵飛五岳。九服徘徊，三靈改卜。赫矣高祖，肇載天禄。沈迹中鄉，飛名帝録。慶雲應輝，皇階授木。龍興泗濱，虎嘯豐谷。彤雲晝聚，素靈夜哭。金精仍頹，朱光以渥。萬邦宅心，駿民效足。

堂堂蕭公，王迹是因。綢繆睿后，無競惟人。外濟六師，内撫三秦。拔奇夷難，邁德振民。體國垂制，上穆下親。名蓋群後，是謂宗臣。

平陽樂道，在變則通。爰淵爰嘿，有此武功。長驅河朔，電擊壤東。協策淮陰，亞迹蕭公。

文成作師，通幽洞冥。永言配命，因心則靈。窮神觀化，望影揣情。鬼無隱謀，物無遁形。武關是闢，鴻門是寧。隨難滎陽，即謀下邑。銷印惎忌。廢，推齊勸立。運籌固陵，定策東襲。三王從風，五侯允集。霸楚實喪，皇漢凱入，怡顔高覽，弭翼鳳戢。托迹黄老，辭世却粒。

曲區句。逆過。宏達，好謀能深。游精杳漠，神迹是尋。重玄匪奥，九地匪沈。伐謀先兆，擠濟。響於音。奇謀六奮，嘉慮四迴。規主於足，離項於懷。恪人乃謝，楚翼實摧。韓王窘執，胡馬洞開。迎文以謀，哭高以哀。

灼灼淮陰，靈武冠世。策出無方，思入神契。奮臂雲興，騰迹虎噬。陵險必夷，摧剛則脆。肇謀漢濱，還定渭表。京索桑洛。既扼，引師北討。濟河夷魏，登山滅趙。威亮火列，勢踰風掃。拾代如遺，偃齊猶草。二州肅清，四邦咸舉。乃眷北燕，遂表東海。克滅龍且，于余。爰取其旅。劉項懸命，民謀是與。念功惟德，辭通絶楚。

彭越觀時，弢迹匿光。民具爾瞻，翼爾鷹揚。威凌楚域，質委漢王。靖難河濟，即宫舊梁。

烈烈黥布，眈眈其眄。名冠强楚，鋒猶駭電。睹幾蟬蜕，稅。悟主革面。肇彼梟風，翻爲我扇。天命方輯，王在東夏。矯矯三雄，至於垓下。元凶既夷，寵禄來假。保大全祚，非德孰可？謀之不臧，舍福取禍。

張耳之賢，有聲梁魏。士也罔極，自詒伊愧。俯思舊恩，仰察五緯。脱迹違難，披榛來洎。改策西秦，報辱北冀。悴葉更輝，枯條以肆。

王信韓孽，宅土開疆。我圖爾才，越遷晋陽。

盧綰自微，婉孌我皇。跨功逾德，祚爾輝章。民之貪禍，[7]寧爲亂亡。

吴芮之王，祚由梅鋗。功微勢弱，世載忠賢。

肅肅荆王，董我王軍，我圖四方，殷薦其勛。庸親作勞，舊楚是分。往踐厥宇，大啓淮濆。

安國違親，悠悠我思。依依哲母，既明且慈。引身伏劍，永言固之。淑人君子，實邦之基。義形於色，憤發於辭。主亡與亡，末命是期。

絳侯質木，多略寡言。曾是忠勇，惟帝攸嘆。雲騖靈丘，景逸上蘭。平代禽狶，奄有燕韓。寧亂以武，斃呂以權。滌穢紫宫，徵帝太原。實惟太尉，劉宗以安。挾功震主，自古所難。勛耀上代，身終下藩。

舞陽道迎，延帝幽藪。宣力王室，匪惟厥武。總干鴻門，披闥帝宇。聳顔誚項，掩泪悟主。

曲周之進，於其哲兄。俾率爾徒，從王於征。振威龍蜕，攄武墉城。六師實因，克荼禽黥。

猗歟汝陰，綽綽有裕。戎軒肇迹，荷策來附。馬煩轡殆，不釋擁樹。皇儲時乂，平城有謀。

潁陰鋭敏，屢爲軍鋒。奮戈東城，禽項定功。乘風藉響，高步長江。收吴引淮，光啓於東。

陽陵之勛，元帥是承。信武薄伐，揚節江陵。夷王殄國，俾亂作懲。

恢恢廣野，誕節令圖。進謁嘉謀，退守名都。東規白馬，北距飛狐。即倉敖庾，據險三塗。輶軒東踐，漢風載徂。身死於齊，非説之辜。我皇實念，言祚爾孤。

建信委輅，胡格。被褐獻寶。指明周漢，銓時論道。移帝伊洛，定都酆鎬。柔遠鎮邇，實敬攸考。

抑抑陸生，知言之貫。往制勁越，來訪皇漢。附會平勃，夷凶翦亂。所謂伊人，邦家之彦。

百王之極，舊章靡存。漢德雖朗，朝儀則昏。稷嗣制禮，下肅上尊。穆穆帝典，焕其盈門。風睎三代，憲流後昆。

無知睿敏，獨昭奇迹。察侔蕭相，貺同師錫。

隨何辯達，因資於敵。紓漢披楚，唯生之績。

皤皤音"婆"。董叟，謀我平陰。三軍縞素，天下歸心。

袁生秀朗，沈心善照。漢旆南振，楚威自撓。奴教切。大略淵回，元功響效。邈哉惟人，何識之妙。

紀信誑項，軺以焦。軒是乘。攝齋赴節，用死孰懲？身與烟消，名與風興。

周苛慷慨，心若懷冰。形可以暴，志不可凌。貞軌偕没，亮迹雙升。帝疇爾庸，後嗣是膺。

天地雖順，王心有違。懷親望楚，永言長悲。侯公伏軾，皇媪烏若。來歸。是謂平國，寵命有輝。

震風過物，清濁效響。大人於興，利在攸往。弘海者川，崇山惟壤。《韶》《護》錯音，衮龍比象。明明衆哲，同濟天網。劍宣其利，鑒獻其朗。文武四充，漢祚克廣。悠悠遐風，千載是仰。

（《文選》卷四七《漢高祖功臣頌》，《文翰類選大成》卷一六〇《漢高祖功臣頌》，《陸士衡文集校注》卷九《漢高祖功臣頌·題解》，《陸機集校箋》卷九《漢高祖功臣頌》，《陸機集》卷九《漢高祖功臣頌》）

大唐中興頌並序　元結

天寶十四年，安禄山陷洛陽，明年陷長安。天子幸蜀，太子即位於靈武。明年，皇帝移軍鳳翔，其年復兩京。上皇還京師，於戲！前代帝王有盛德大業者，必見於歌頌。若令歌頌大業，刻之金石，非老於文學，其誰宜爲？頌曰：

噫嘻前朝！孽臣奸驕，爲昏爲妖。邊將騁兵，毒亂國經，群生失寧。大駕南巡，百僚竄身，奉賊稱臣。天將昌唐，繄睨我皇，匹馬北方。獨立一呼，千麾萬旗，戎卒前驅。我師其東，儲皇撫戎，蕩攘群凶。復服指期，[8]曾不逾時，有國無之。事有至難，宗廟再安，二聖重歡。地闢天開，蠲除妖灾，瑞慶大來。凶徒逆儔，涵濡天休，死生堪羞。功勞位尊，忠烈名存，澤流子孫。盛德之興，山高日升，萬福是膺。能令大君，聲容沄沄，不在斯文。湘江東西，中直浯溪，石崖天齊。可磨可鐫，刊此頌焉，何千萬年。

（《唐文粹》卷二〇《大唐中興頌並序》，《古今事文類聚》别集卷八《大唐中興頌並序》，《次山集》卷六《大唐中興頌》）

河中府連理木頌　韓愈

司空咸寧王尹蒲之七年，木連理生於河之東邑。野夫來告，且曰：吾不知古，殆氣之交暢也。維吾王之德，交暢者有五，是其應乎：訓戎奮威，蕩戮凶回；舉政宣和，人則寧嘉；入踐臺階，庶尹克司；來帥熊羆，四方作儀；閔仁鰥寡，不寧燕息。人樂王德，祝年萬億，府有群吏，王有從事，異體同心，歸民於理。天子是嘉，俾錫勞王，王拜稽首："天子之光，庶德昭融，神斯降祥。"殊本連理之柯，同榮異壟之禾，吾傒之産兹土也久矣。今欲明於大君，紀於策書，王抑余也；冶金伐石，垂耀無極，王余抑也。奮肆姁媮，不知所如，願托頌詞，長言之於康衢。頌曰：

木何爲兮此祥，洵厥美兮在吾王。願封植兮永固，俾斯人兮不忘。

（《文翰類選大成》卷一六〇《河中府連理木頌》，《韓愈文集彙校箋注》卷三《河中府連理木頌》，《韓昌黎文集校注》卷二《河中府連理木頌》）

子産不毁鄉校頌　韓愈

我思古人，伊鄭之僑。以禮相國，人未安其教。游於鄉之校，衆口囂囂。或謂子産："毁鄉校則止。"曰："何患焉，可以成美。夫豈多言，亦各其志。善也吾行，不善吾避。維善維否，我於此視。川不可防，言不可弭，下塞上聾，邦其傾矣。"既鄉校不毁，而鄭國以理。

在周之興，養老乞言。及其已衰，謗者使監。成敗之迹，昭哉可觀。維是子産，執政之式。維其不遇，化止一國。誠率此道，相天下君。交暢旁達，[9]施及無垠。於呼！四海所以不理，有君無臣。誰其嗣之，我思古人。

（《古今事文類聚》别集卷八《子産不毁鄉校頌》，《韓愈文集彙校箋注》卷三《子産不毁鄉校頌》，《韓昌黎文集校注》卷二《子産不毁鄉校頌》）

伯夷頌　韓愈

士之特立獨行,適於義而已,不顧人之是非、皆豪傑之士,信道篤而自知明者也。一家非之,力行而不惑者,寡矣。[10]至於一國一州非之,力行而不惑者,蓋天下一人而已矣。若至於舉世非之,力行而不惑者,則千百年乃一人而已耳。若伯夷者,窮天地亘萬世而不顧者也。昭乎日月不足爲明,崒乎泰山不足爲高,巍乎天地不足爲容也!

當殷之亡、周之興,微子賢也,抱祭器而去之。武王周公聖也,從天下之賢士與天下之諸侯而往攻之,[11]未嘗聞有非之者也。[12]彼伯夷叔齊者,[13]乃獨以爲不可。殷既滅矣,天下宗周,彼二子乃獨耻食其粟,餓死而不顧。繇是而言,夫豈有求而爲哉?信道篤而自知明也。

今世之所謂士者,一凡人譽之,則自以爲有餘;一凡人沮之,則自以爲不足。彼獨非聖人,而自是如此。夫聖人乃萬世之標準也。余故曰:若伯夷者,特立獨行,窮天地亘萬世而不顧者也。雖然,微二子,亂臣賊子接迹於後世矣。

(《唐文粹》卷二〇《伯夷頌》,《古今事文類聚》别集卷一七《伯夷頌》,《文翰類選大成》卷一六〇《伯夷頌》,《韓愈文集彙校箋注》卷二《伯夷頌》,《韓昌黎文集校注》卷一《伯夷頌》)

宋太祖閲武便殿頌　吕祖謙

臣仰惟藝祖皇帝天造神斷,手提干將,灑掃華夷,以丕靈承上帝之威命。建隆之元,詔天下揀驍鋭之士,咸集闕下,罷其巽儒者,命郡國蒐補其數焉。四方之兵,魚鱗雜襲,投石思奮,什伯其耦。閲集以程其能,[14]親臨以作其氣,所以摩厲之者甚。

至於三年,乃屈鑾輅御便殿而閲武。陛戟百重,彤庭如砥,扛鼎翹關之雄,落雕穿楊之技,剽纓鳴劍之鋭,并效其能。天容日表,不違咫尺,視其勇怯以爲殿最。賞春罰秋,風動營壘,用能東征西伐,顯有丕功，一舉而平荆湖，再舉而平蜀漢，三舉而平劉鋹，四舉而平李煜。兵鋒所向，如雷如霆，如摧枯，如破竹，無不殞滅者，蓋藝祖閱習之功有以先之也。

嗚呼！藝祖閱之於殿陛之間，而收功於千里之外；閱之於踐祚之初，而收功於歷年之遠。所以啓佑列聖，開拓炎宋丕丕之基者，閱武之功居其多焉。大矣哉！聖人創始之沉幾也。臣切述其事，拜手稽首而作頌。曰：

天造草昧，野戰群龍。分割河山，風氣不通。皇矣藝祖，受天景命。神武奮張，六合底定。開乾闢坤，厥惟初元。肆彼神指，布於幅員。尺籍伍符，簡其剽鋭。造於王庭，庸較厥藝。羊質虎皮，力不勝兵。是汰是斥，練擇惟精。時其三年，天臨廣殿。曰熊曰羆，賈勇自獻。陛廉九級，左墄右平。旌旗如植，有聞無聲。貝冑朱綅，流星白羽。肅其戎容，行行伍伍。前壘楊葉，後貫戟支。連袂逢蒙，比肩由基。劍躍長虹，弓翻滿月。怒氣回薄，髮衝眦裂。静如磐石，動如飄風。出奇入正，滅没無蹤。帝臨軒陛，乃嘉乃奬。積金至斗，視勞第賞。轅門之下，交相激揚。雖怯必勇，雖柔必强。靈旗南指，荆湖銜璧。萬仞劍門，如入吾室。俘囚劉鋹，海波不興。煜惟狂童，羈以長繩。於赫王旅，動而無敵。揆厥本原，繄閱習力。藝祖聖武，同符禹湯。混一書契，於古有光。藝祖聖謨，真開鴻業。列聖閱武，相望史牒。豈無顯德，其規未洪。亦有驪山，其刑未公。大哉斯舉，百王之極。小臣作頌，揚之金石。

（《文翰類選大成》卷一六〇《宋太祖閱武便殿頌》，《新編事文類聚翰墨全書》甲集卷六《太祖皇帝閱武便殿頌》，《東萊吕太史集》外集卷四《試卷六篇・太祖皇帝閱武便殿頌》）

青宫受寶頌　虞集

天曆二年六月己酉，皇太子受寶於行幄，臣等拜手稽首而言曰：臣聞古之所謂能以天下讓者，審幾於先事，謂之至德。既勸而庸巽，謂之予賢。是皆人道之常，而未若今日之盛者也。我皇太子以仁文之資、知勇之德，當撥亂反正、以纘祖宗之統，則躬當大難，嬰犯霜露而不辭。及功成治定，既膺歷服之歸，則推奉聖兄，謙居儲貳而不伐。剛明之斷，堅於金石而無變。素定之誠，質諸天地而無疑。求仁得仁，若處固有。樂道忘勢，欣然無爲。此實帝王之所難能，古昔之所未有，而卓然特見於前後，千萬世之内者也。臣嘗讀《周易》，而觀於乾龍之象，自潛至躍，時升位異九五天，飛中正極矣。益進而上，庸知退夫，而仲尼之贊上九曰："唯聖人知進退之正言，非聖人不能及此。"噫！仲尼發此義於千五百年之前，而昉見其事於聖代，宗社生靈萬世無疆之福也。於乎，盛哉！臣等幸以文學得備延閣之顧問，親逢盛禮，爰敢作頌以獻。頌曰：

於穆皇儲，文武聖明。於赫大帝，受命輯成。[15]天運日行，既明既健。神交意孚，曾是修遠。帝載龍旗，其行遲遲。萬民徯來，皇儲有思。載思載瞻，於廬於旅。式好在原，莫敢寧處。風雨孔時，道無游塵。肅肅鑾車，通宵及晨。帝曰勞止，毋趣行邁。會言近止，交喜更慨。灤陽之京，世皇所營。我母即安，次於郊坰。坰有豐草，雨露既渥。差坰於牧，繁纓濯濯。皇儲攸止，百靈具扶。群臣受詔，奉寶來趨。維時范金，龍光上燭。匪舊以新，景命攸屬。寶來自南，追琢有章。卿雲隨之，五色景芒。有親有尊，有友有愛。以承武皇，聖孝斯在。古人有言，兄弟家邦。咨爾臣庶，於乎勿忘。史臣作頌，丕昭盛德。既壽以昌，子孫千億。

（《元文類》卷一〇八《青宫受寶頌》，《文翰類選大成》卷一六〇《青宫受寶頌》，《虞集全集·皇太子受寶頌》）

駐驛頌　孛术魯翀

繼天體道敬文仁武大昭孝皇帝即位，修明世祖皇帝隆平故事，以故東平忠憲王之孫、司徒忠簡王之子拜住丞相中書。至治元年，詔若曰：忠憲弼我世皇，功在社稷，德在生民。其敕詞臣，即王所有范陽采地、朔南康莊碑之，昭示悠久。冬，刻銘既完，十有二月，丞相承詔蕆事。凡犒工勞衆，郡邑無所擾，饋賀無所受。天子遣使牲牢之饗，秬鬯之禋，數異禮隆，不一而止。父老聚觀，或至感泣。明年春正月，帝幸涿州，至碑所，重瞳凝竚，顧瞻有懷。秋九月，幸易州還。丙午，帳殿碑垣之南，駐輦御殿，上顧丞相若曰："汝祖考之績之盛，世載帝室，維朕不忘，亦惟汝之賢，有以相朕，益懋世德故也。"丞相頓首謝。翌日既旦，大官饌已，[16]上步自帳殿，御金椅座碑右。丞相稱觴，獻萬歲壽。從臣以次進觴，天顔和怡，甚久乃去。丞相諭翀曰："皇上眷我祖考至此，不刻以志，則未有以稱，汝其銘之。"翀祇栗奉命，用敢叙曰：

太祖皇帝開創大業，忠宣王孔温窟哇、太師魯國忠、武王木華黎佐佑神謨，[17]拓定疆宇，繼世國王皆著大功。忠憲五繇國王世胄，年十有八，嶷然以鉅德大人相世廟，統六合，舉百度，底雍熙，仁覆天下，以垂大猷，以迪來哲。皇上念垂統之艱難，守成之不易，懷往烈，慰股肱，聖度淵深，非一介臣能闚萬一，敢即所聞見以獻。頌曰：

赫赫聖明，嗣大寶位。祖武斯繩，昭我皇制。慨想先正，孰佐我家。奄奠八紘，帝業以華。昔我太祖，疆理萬國。忠宣忠武，功高輔翼。雷雨方屯，忠武汛掃。華夏之民，國王蔭葆。巍巍世皇，幅員既同。弼成治隆，忠憲之功。奕奕忠憲，虎變莫測。年未及冠，烜著明烈。端冕正笏，不動色聲。俊傑在職，儒碩在廷。何昧不昭，何墜不舉。何絶不紹，何遠不睹。三十年間，[18]再秉鈞軸。天極地蟠，孰匪亭毒。至元始終，中外人心。大耋齠童，締慕至今。[19]天日清明，終古莫晦。柱石廟廊，宗社永賴。相國今誰，忠憲徧嗣。民之望之，忠憲是繼。克繼克庸，滋益光大。一以至公，熙我天載。帝謂侍臣，丞相之賢。家世所因，其敕詞垣。于忠憲勛，大侈以文。配永河山，以竦見聞。涿鹿范陽，王有采食。山川蒼蒼，北拱帝極。蛟螭盤拏，大鰲負之。德音不劘，神訶護之。六龍翺翔，馭日霄漢。再狩郊垌，目此銘篆。淵鑑昭回，駐驆永懷。廓清烟霾，以霽九垓。從臣焜煌，千乘萬騎。能不激昂,以勵忠義。世世夔契,生此德門。君臣道合,豈徒示恩。忠憲來雲,源源裔裔。臣頌兹刊,丕告無既。

(《元文類》卷一〇八《駐驛頌》,《文翰類選大成》卷一六〇《駐驛頌》,《菊潭集》卷二《駐驛頌》)

【校勘記】

[1] 樸:《文章類選》同《文選》卷四七、《古今事文類聚》别集卷八、《文翰類選大成》卷一六〇作"璞"。

[2] 人:原作"遠",據《文選》卷四七、《古今事文類聚》别集卷八、《文翰類選大成》卷一六〇改。

[3] 屈申:《文選》卷四七、《文翰類選大成》卷一六〇作"詘信",《古今事文類聚》别集卷八作"屈信"。

[4] 睹:《古今事文類聚》續集卷一五作"見"。

[5] 律:《文章類選》同《文翰類選大成》卷一六〇,《文選》卷四七作"楚"。

[6] 邑:此字原脱,據《文選》卷四七補。

[7] 民:原作"人",據《陸機集校箋》卷九《校》改。

[8] 復服:原作"復復",據《唐文粹》卷二〇、《次山集》卷六改。

[9] 交:原作"父",據《古今事文類聚》别集卷八改。

[10] 寡:《唐文粹》卷二〇、《古今事文類聚》别集卷一七、《文翰類選大成》卷一六〇均作"鮮"。

[11] 與天下之諸侯而往攻之:"與",《唐文粹》卷二〇、《古今事文類聚》别集卷一七、《文翰類選大成》卷一六〇作"從";"往",《唐文粹》卷二〇、《古今事文類聚》别集卷一七、《文翰類選大成》卷一六〇無此字。

[12] 聞:《唐文粹》卷二〇、《古今事文類聚》别集卷一七、《文翰類選大成》卷一六〇無此字。

[13] 者:《唐文粹》卷二〇、《古今事文類聚》别集卷一七、《文翰類選大成》卷一六〇無此字。

[14] 集:原作"習",據《新編事文類聚翰墨全書》甲集卷六改。

[15] 受:原作"爰",據《元文類》卷一八改。

[16] 大:原作"太",據《元文類》卷一八改。

[17] 木華黎:《元文類》卷一八作"穆呼哩"。

[18] 三:《文章類選》同《文翰類選大成》卷一六〇,《元文類》卷一八作"二"。

[19] 締:《文章類選》同《文翰類選大成》卷一六〇,《元文類》卷一八作"統"。

文章類選卷之十七

贊　類

贊文帝

孝文皇帝即位二十三年，宫室、苑囿、車騎、服御無所增益。有不便，輒弛以利民。嘗欲作露臺，召匠計之，直百金。上曰："百金，中人十家之産也。吾奉先帝宫室，常恐羞之，何以臺爲！"身衣弋綈，所幸慎夫人衣不曳地，帷帳無文繡，以示敦樸，爲天下先。治霸陵，皆瓦器，不得以金銀銅錫爲飾，因其山，不起墳。南越尉佗自立爲帝，召貴佗兄弟，以德懷之，佗遂稱臣。與匈奴結和親，後而背約入盜，令邊備守，不發兵深入，恐煩百姓。吴王詐病不朝，賜以几杖。群臣袁盎等諫説雖切，常假借納用焉。張武等受賂金錢，覺，便加賞賜，以愧其心。專務以德化民，是以海内殷富，興於禮義，斷獄數百，幾致刑措。烏呼，仁哉！

（《漢書》卷四《文帝紀》）

贊武帝

漢承百王之弊，高祖撥亂反正，文、景務在養民，至於稽古禮文之事，猶多闕焉。孝武初立，卓然罷黜百家，表章《六經》。遂疇咨海内，舉其俊茂，與之立功。興太學，修郊祀，改正朔，定曆數，協音律，作詩樂，建封禪，禮百神，紹周後，號令文章，焕焉可述。後嗣得遵洪業，而有三代之風。如武帝之雄材大略，不改文景之恭儉以濟斯民，[1]雖《詩》《書》所稱，何有加焉！

（《漢書》卷六《武帝紀》）

贊宣帝

孝宣之治，信賞必罰，綜核名實，政事、文學、法理之士咸精其能，至於技巧、工匠、器械，自元、成間鮮能及之，亦足以知吏稱其職，民安其業也。遭值匈奴乖亂，推亡固存，信威北夷，單于慕義，稽首稱藩。功光祖宗，業垂後嗣，可謂中興，侔德殷宗，周宣矣。

（《漢書》卷八《宣帝紀》）

贊劉向

仲尼稱："材難不其然與！"[1]自孔子後，綴文之士衆矣，唯孟軻、荀況、董仲舒、司馬遷、劉向、揚雄。此數公者，皆博物洽聞，通達古今，其言有補於世；傳曰："聖人不出，其間必有命世者焉"，豈近是乎？劉氏《鴻範論》，發明《大傳》，著天人之應；《七略》剖判藝文，總百家之緒；《三統曆譜》考步日月五星之度。有意其推本之也。嗚呼！向言山陵之戒，于今察之，哀哉！指明梓柱以推廢興，昭矣！豈非直諒多聞，古之益友與！

（《漢書》卷三六《楚元王傳》）

贊蕭曹

蕭何、曹參皆起秦刀筆吏，當時録録未有奇節。漢興，依日月之末光，何以信謹守管籥，參與韓信俱征伐。天下既定，因民之疾秦法，順流與之更始，二人同心。遂安海内。淮陰、黥布等已滅，唯何、參擅功名，位冠群后，聲施後世，爲一代之宗臣，慶流苗裔，盛矣哉！

（《漢書》卷三九《蕭何曹參傳》）

---

① 參見《論語・泰伯》。

贊蒯通等

仲尼"惡利口之覆邦家",[①]蒯通一説而喪三俊,其得不亨者,幸也。伍被安於危國,身爲謀主,忠不終而詐仇,誅夷不亦宜乎。《書》放四罪,《詩》歌《青蠅》,春秋以來,禍敗多矣。昔子翬謀桓而魯隱危,欒書搆郤而晋厲弑。竪牛奔仲,叔孫卒;郈伯毁季,昭公逐;費忌納女,楚建走;宰嚭譖胥,夫差喪;李園進妹,春申斃;上官訴屈,懷王執;趙高敗斯,二世縊;伊戾坎盟,宋痤死;江充造蠱,太子殺;息夫作奸,東平誅;皆自小覆大,繇疏陷親,可不懼哉! 可不懼哉!

(《漢書》卷四五《蒯伍江息夫傳》)

贊賈誼

劉向稱:"賈誼言三代與秦治亂之意,其論甚美,通達國體,雖古之伊、管未能遠過也。使時見用,功化必盛,爲庸臣所害,甚可悼痛!"追觀孝文玄默躬行以移風俗,誼之所陳略施行矣。及欲改定制度,以漢爲土德,色上黄,數用五,及欲試屬國。施五餌三表以係單于,其術固以疏矣。誼以天年早終,雖不至公卿,未爲不遇也。凡所著述五十八篇,掇其切於世事者著于傳云。

(《漢書》卷四八《賈誼傳》)

贊董仲舒

劉向稱:"董仲舒有王佐之材,雖伊吕亡以加,管晏之屬,伯者之佐,殆不及也。"至向子歆以爲:"伊吕乃聖人之耦,王者不得則不興。故顔淵死。孔子曰:'噫! 天喪予。'唯此一人爲能當之,自宰我、子貢、子游、子夏不與焉。仲舒遭漢承秦滅學之後,《六經》離析,[2]下帷發憤,潛心大業,令後學者有所統壹,爲群儒首。然考其師友淵源所

① 參見《論語·陽貨》。

漸，猶未及呼游夏，而曰管晏弗及，伊吕不加，過矣。”至向曾孫龔，篤論君子也，以歆之言爲然。

（《漢書》卷五六《董仲舒傳》）

贊司馬相如

司馬遷稱：《春秋》推見至隱，《易本》隱以之顯，《大雅》言王公大人，而德逮黎庶，《小雅》譏小己之得失，其流及上。所言雖殊，其合德一也。相如雖多虚辭濫説，然要其歸引之於節倫，此亦《詩》之風諫何異？楊雄以爲靡麗之賦，勸百而風一，猶騁鄭、衛之聲，曲終而奏雅，不已戲乎！

（《漢書》卷五七《司馬相如傳》）

贊公孫弘等

公孫弘、卜式、兒寬皆以鴻漸之翼困於燕爵，[3]遠迹羊豕之間，非遇其時，焉能致此位乎？是時，漢興六十餘載，海内乂安，[4]府庫充實，而四夷未賓，制度多闕。上方欲用文武，求之如弗及，始以蒲輪迎枚生，見主父而嘆息。群士慕嚮，異人并出。卜式拔於芻牧，弘羊擢於賈豎，衛青奮於奴僕，日磾出於降虜，斯亦曩時版築飯牛之朋已。漢之得人，於兹爲盛，儒雅則公孫弘、董仲舒、兒寬，篤行則石建、石慶，質直則汲黯、卜式，推賢則韓安國、鄭當時，定令則趙禹、張湯，文章則司馬遷、相如，滑稽則東方朔、枚皋，應對則嚴助、朱買臣，曆數則唐都、洛下閎，協律則李延年，運籌則桑弘羊，奉使則張騫、蘇武，將率則衛青、霍去病，受遺則霍光、金日磾，其餘不可勝紀。是以興造功業，制度遺文，後世莫及、孝宣承統，纂修洪業，亦講論六藝，招選茂異，而蕭望之、梁丘賀、夏侯勝、韋玄成、嚴彭祖，尹更始以儒術進，劉向，王褒以文章顯，將相則張安世、趙充國、魏相、丙吉、于定國、杜延年，治民同黄霸、王成、龔遂、鄭弘、召信臣、韓延壽、尹翁歸、趙廣漢、嚴延年、張敞之屬，皆有功迹見述於世、[5]參其名臣，亦其次也。

（《文選》卷四九《公孫弘傳贊》，《漢書》卷五八《公孫弘卜式兒寬傳》）

贊司馬遷

自古書契之作而有史官，其載籍博矣。至孔氏簒之，上繼唐堯，下訖秦繆。唐、虞以前雖有遺文，其語不經，故言黄帝、顓頊之事未可明也。及孔子因魯史記而作《春秋》，而左丘明論輯其本事以爲之傳，又簒異同爲《國語》。又有《世本》，録黄帝以來至春秋時帝王公侯卿大夫祖世所出。春秋之後，七國并争，秦兼諸侯，有《戰國策》。漢興伐秦定天下，有《楚漢春秋》。故司馬遷據《左氏》《國語》，采《世本》《戰國策》，述《楚漢春秋》，接其後事，訖於天漢。其言秦、漢詳矣。

至於采經摭傳，分散數家之事，甚多疏略，或有抵梧。亦其涉獵者廣博，貫穿經傳，馳騁古今，上下數千載間，斯以勤矣。又其是非頗繆於聖人，論大道則先黄、老而後《六經》，序游俠則退處士而進奸雄，述貨殖則崇勢利而羞賤貧，此其所蔽也。然自劉向、揚雄博極群書，皆稱遷有良史之材，服其善序事理，辨而不華，質而不俚，其文直，其事核，不虚美，不隱惡，故謂之實録。

嗚呼！以遷之博物洽聞，而不能以知自全，既陷極刑，幽而發憤，書亦信矣。迹其所以自傷悼，《小雅》巷伯之倫，夫唯《大雅》“既明且哲，能保其身”①，難矣哉！

（《漢書》卷六二《司馬遷傳》）

贊東方朔

劉向言少時數問長老賢人通於事及朔時者，皆曰朔口諧倡辯，不能持論，喜爲庸人誦説，故令後世多傳聞者。而揚雄亦以爲朔言不純師，行不純德，其流風遺書蔑如也。然朔名過實者，以其詼達多端，不

① 參見《詩經・大雅・烝民》。

名一行，應諧似優，不窮似智，正諫似直，穢德似隱。非夷、齊而是柳下惠，戒其子以上容："首陽爲拙，[6]柱下爲工；飽食安步，以仕易農；依隱玩世，詭時不逢。"其滑稽之雄乎！朔之詼諧，逢占射覆，其事浮淺，行於衆庶，童兒牧竪莫不眩耀。而後世好事者因取奇言怪語附著之朔，故詳録焉。

（《漢書》卷六五《東方朔傳》）

贊揚雄

雄之自序云爾。初，雄年四十餘，自蜀來至游京師，大司馬車騎將軍王音奇其文雅，召以爲門下史，薦雄待詔，歲餘，奏《羽獵賦》，除爲郎，給事黄門，與王莽、劉歆并。哀帝之初，又與董賢同官。當成、哀、平間，莽、賢皆爲三公，權傾人主，所薦莫不拔擢，而雄三世不徙官。及莽篡位，談説之士用符命稱功德獲封爵者甚衆，雄復不侯，以耆老久次轉爲大夫，恬於埶利乃如是。實好古而樂道，其意欲求文章成名於後世，以爲經莫大於《易》，故作《太玄》；傳莫大《論語》，作《法言》；史篇莫善於《倉頡》，作《訓纂》；箴莫善於《虞箴》，作《州箴》；賦莫深於《離騷》，反而廣之；辭莫麗於相如，作四賦；皆斟酌其本，相與放依而馳騁云。用心於内，不求於外，於時人皆忽之，唯劉歆及范逡敬焉，而桓譚以爲絶倫。

王莽時，劉歆、甄豐皆爲上公，莽既以符命自立，即位之後欲絶其原以神前事，而豐子尋、歆子棻復獻之。莽誅豐父子，投棻四裔，辭所連及，便收不請。時雄校書天禄閣上，治獄使者來，欲收雄，雄恐不能自免，乃從閣上自投下，幾死。莽聞之曰："雄素不與事，何故在此？"間請問其故，乃劉棻嘗從雄學作奇字，雄不知情。有詔勿問。然京師爲之語曰："惟寂寞，自投閣；爰清静，作符命。"

雄以病免，復召爲大夫。家素貧，耆酒，人希至其門。時有好事者載酒肴從游學，而鉅鹿侯芭常從雄居。受其《太玄》《法言》焉。劉歆亦嘗觀之，謂雄曰："空自苦！今學者有禄利，然尚不能明《易》，又如《玄》何？吾恐後人用覆醬瓿也。"雄笑而不應。年七十一，天鳳五年卒，侯芭爲起墳，喪之三年。

時大司空王邑、納言嚴尤聞雄死，謂桓譚曰："子嘗稱揚雄書，豈能傳於後世乎?"譚曰："必傳。顧君與譚不及見也。凡人賤近而貴遠，親見揚子雲禄位容貌不能動人，故輕其書。昔老聃著虛無之言兩篇，薄仁義，非禮學，然後世好之者尚以爲過於《五經》，自漢文景之君及司馬遷皆有是言。今揚子之書文義至深，[7]而論不詭於聖人，若使遭遇時君，更閲賢知，[8]爲所稱善，則必度越諸子矣。"諸儒或譏以爲雄非聖人而作經，猶春秋吴楚之君僭號稱王，蓋誅絶之罪也。自雄之没至今四十餘年，其《法言》大行，而《玄》終不顯，然篇籍具存。

(《漢書》卷八七《揚雄傳》)

東方朔畫贊　夏侯孝若

大夫諱朔，字曼倩，平原厭次人也。魏建安中，分厭次以爲樂陵郡，故又爲郡人焉。事漢武帝，《漢書》具載其事。

先生瓌瑋博達，思周變通。以爲濁世不可以富貴也，故薄游以取位。苟出不可以直道也，故頡頏以傲世。傲世不可以垂訓也，故正諫以明節。明節不可以久安也，故詼諧以取容。潔其道而穢其迹，清其質而濁其文。弛張而不爲邪，進退而不離群。若乃遠心曠度，贍智宏材。倜儻博物，觸類多能。合變以明筭，幽贊以知來。自《三墳》《五典》《八索》《九丘》，陰陽圖緯之學，百家衆流之論，周給敏捷之辯，支離覆逆之數，經脉藥石之藝，射御書計之術，乃研精而究其理，不習而盡其功，經目而諷於口，過耳而暗於心。夫其明濟開豁，包含弘大，陵轢卿相，嘲哂豪傑，籠罩靡前，跆籍貴勢，出不休顯，賤不憂戚，戲萬乘若寮友，視儔列如草芥。雄節邁倫，高氣蓋世，可謂拔乎其萃，游方之外者已。談者又以先生嘘吸冲和，吐故納新，蟬蜕龍變，棄俗登仙，神交造化，靈爲星辰。此又奇怪惚恍，不可備論者也。

大人來守此國，僕自京都言歸定省，睹先生之縣邑，想先生之高風；徘徊路寢，見先生之遺像；逍遥城郭，觀先生之祠宇。慨然有懷，乃作頌焉。其辭曰：

矯矯先生，肥遁居貞。退不終否，進亦避榮。[9]臨世濯足，希古振纓。涅而無滓，既濁能清。無滓伊何，高明克柔。能清伊何，視污若浮。樂在必行，處儉罔憂。跨世陵時，遠蹈獨游。

瞻望往代，爰想遐蹤。邈邈先生，其道猶龍。染迹朝隱，和而不同。栖遲下位，聊以從容。我來自東，言適兹邑。敬問墟墳，企佇原隰。墟墓徒存，精靈永戢。民思其軌，祠宇斯立。

徘徊寺寢，遺像在圖。周旋祠宇，庭序荒蕪。榱棟傾落，草萊弗除。肅肅先生，豈焉是居？是居弗形，悠悠我情。昔在有德，罔不遺靈。天秩有禮，神監孔明。仿佛風塵，用垂頌聲。

（《文選》卷四七《東方朔畫贊》，《古今事文類聚》前集卷四一《東方朔畫像贊》，《漢魏六朝百三家集·夏侯常侍集·東方朔畫贊》）

三國名臣序贊　袁彦伯

夫百姓不能自治，故立君以治之；明君不能獨治，則爲臣以佐之。然則三五迭隆，歷世承基，揖讓之與干戈，文德之與武功，莫不宗匠陶鈞而群才緝熙，元首經略而股肱肆力。雖遭離不同，且迹有優劣。[10]至於體分冥固，道契不墜，風美所扇，訓革千載，其揆一也。故二八升而唐朝盛，伊吕用而湯武寧，三賢進而小白興，五臣顯而重耳霸。中古凌遲，斯道替矣。居上者不以至公理物，爲下者必以私路期榮；御圓者不以信誠率衆，執方者必以權謀自顯。於是君臣離而名教薄，世多亂而時不治。故蘧寧以之卷舒，柳下以之三黜，接輿以之行歌，魯連以之赴海。衰世之中，保持名節，[11]君臣相體，若合符契。則燕昭樂毅，古之流也。

夫未遇伯樂，則千載無一驥。時值龍顔，則當年控三傑。漢之得材，於斯爲貴。高祖雖不以道勝御物，群下得盡其忠。蕭曹雖不以三代事主，百姓不失其業。静亂庇人，抑亦其次。夫時方顛沛，則顯不如隱；萬物思治，則默不如語。是以古之君子，不患弘道難，遭時難；遭時不難，[12]遇君難。故有道無時，孟子所以咨嗟；有時無君，賈生所以垂泣。夫萬歲一期，有生之通塗；千載一遇，賢智之嘉會。遇之不能無欣，喪之何能無慨？古人之言，信有情哉！

余以暇日，常覽《國志》，考其君臣，比其行事，雖道謝先代，亦異世一時也。文若懷獨見之明，而有救世之心。論時則民方塗炭，計能則莫出魏武。故委面霸朝，豫議世事。舉才不以標鑒，故久之而後顯；籌畫不以要功，故事至而後定。雖亡身明順，識亦高矣！董卓之亂，神器遷逼，公達慨然，志在致命。由斯而談，故以大存名節。至如身爲漢隸，而迹入魏幕，源流趣舍，其亦文若之謂。所以存亡殊致，始終不同，將以文若既明，名教有寄乎？

夫仁義不可不明，則時宗舉其致；生理不可不全，故達識攝其契。相與弘道，豈不遠哉！崔生高朗，折而不撓，所以策名魏武，執笏霸朝者，蓋以漢主當陽，魏后北面者哉！若乃一旦進璽，君臣易位，則崔子所不與，魏武所不容。夫江湖所以濟舟，亦所以覆舟；仁義所以全身，亦所以亡身。然而先賢玉摧於前，來哲攘袂於後，豈非天懷發中，而名教束物者乎？

孔明盤桓，俟時而動，遐想管樂，遠明風流。治國以禮，民無怨聲，刑罰不濫，没有餘泣。雖古之遺愛，何以加兹！及其臨終顧托，受遺作相，劉后授之無疑心，武侯處之無懼色，繼體納之無貳情，百姓信之無異辭，君臣之際，良可咏矣！公瑾卓爾，逸志不群。總角料主，則素契於伯符；晚節曜奇，則叁分於赤壁。惜其齡促，志未可量。子布佐策，致延譽之美，輟哭止哀，有翼戴之功。神情所涉，豈徒謇愕而已哉！然而杜門不用，登壇受譏。夫一人之身，所照未異，而用舍之間，俄有不同，况沈迹溝壑，遇與不遇者乎？

夫詩頌之作，有自來矣。或以吟咏情性，或以述德顯功，雖大旨同歸，所托或乖，若夫出處有道，名體不滯，風軌德音，爲世作範，不可廢也。故復撰序所懷，以爲之贊云。

《魏志》九人,《蜀志》四人,《吴志》七人。荀彧字文若,諸葛亮字孔明,周瑜字公瑾,荀攸字公達,龐統字士元,張昭字子布,袁涣字曜卿,蔣琬字公琰,魯肅字子敬,崔琰字季珪,[13]黄權字公衡,諸葛瑾字子瑜,徐邈字景山,陸遜字伯言,陳群字長文,顧雍字元嘆,夏侯玄字泰初,虞翻字仲翔,王經字承宗,陳泰字玄伯。

火德既微,運纏《大過》。洪飈扇海,二溟揚波。虬虎雖驚,風雲未和。潛魚擇淵,高鳥候柯。赫赫三雄,并回乾軸。競收杞梓,争采松竹。鳳不及栖,龍不暇伏。谷無幽蘭,嶺無亭菊。

英英文若,靈鑒洞照。應變知微,探頤賞要。日月在躬,隱之彌曜。文明映心,鑽之愈妙。滄海横流,玉石同碎。達人兼善,廢已存愛。謀解時紛,功濟宇内。始救生人,終明風概。

公達潛朗,思同蓍蔡。運用無方,動攝群會。爰初發迹,遘此顛沛。神情玄定,處之彌泰。愔愔幕裹,筭無不經。亹亹通韵,迹不暫停。雖懷尺壁,[14]顧哂連城。知能拯物,愚足全生。

郎中温稚,器識純素。貞而不諒,通而能固。恂恂德心,汪汪軌度。志成弱冠,道敷歲暮。仁者必勇,德亦有言。雖遇履虎,神氣恬然。行不修飾,名迹無愆。操不激切,素風愈鮮。

邈哉崔生,體正心直。天骨疏郎,墻宇高嶷。忠存軌迹,[15]義形風色。思樹芳蘭,剪除荆棘。人惡其上,時不容哲。琅琅先生,雅杖名節。雖遇塵霧,猶振霜雪。運極道消,碎此明月。

景山恢誕,韻與道合。形器不存,方寸海納。和而不同,通而不雜。遇醉忘辭,在醒貽答。

長文通雅,義格終始。思戴元首,擬伊同耻。民未知德,懼若在已,嘉謀肆庭,讜言盈耳。玉生雖麗,光不踰把。德積雖微,道映天下。

淵哉泰初,宇量高雅。器範自然,標準無假。全身由直,迹洿必僞。處死匪難,理存則易。萬物波蕩,孰任其累?六合徒廣,容身靡寄。

君親自然，匪由名教。敬授既同，情禮兼到。烈烈王生，知死不撓。求仁不遠，期在忠孝。

玄伯剛簡，大存名體。志在高構，增堂及陛。端委虎門，正言彌啓。臨危致命，盡其心禮。

堂堂孔明，基宇宏邈。器同生民，獨禀先覺。標榜風流，遠明管樂。初九龍盤，雅志彌確，百六道喪，干戈迭用。苟非命世，孰掃雰霧？宗子思寧，薄言解控。釋褐中林，鬱爲時棟。

士元弘長，雅性内融。崇善愛物，觀始知終。喪亂備矣，勝塗未隆。先生標之，振起清風。綢繆哲后，無妄惟時。夙夜匪懈，義在緝熙。三略既陳，霸業已基。

公琰殖根，不忘中正。豈曰摸擬，實在雅性。亦既羈勒，負荷時命。推賢恭已，久而可敬。

公衡冲達，秉心淵塞。媚兹一人，臨難不感。疇昔不造，假翮鄰國。進能徽音，退不失德。

六合紛紜，民心將變。鳥擇高梧，臣須顧眄。公瑾英達，朗心獨見。披草求君，定交一面。桓桓魏武，外托霸迹。志掩衡霍，恃戰忘敵。卓卓若人，曜奇赤壁。三光參分，宇宙暫隔。

子布擅名，遭世方擾。撫翼桑梓，息肩江表。王略威夷，吴魏同寶。遂獻宏謨，匡此霸道。桓王之薨，大業未純。把臂托孤，惟賢與親。輟哭止哀，臨難忘身。成此南面，實由老臣。

才爲世出，世亦須才。得而能任，貴在無猜。昂昂子敬，拔迹草萊。荷檐吐奇，乃構雲臺。

子瑜都長，體性純懿。諫而不犯，正而不毅。將命公庭，退忘私位。豈無鶺鴒，固慎名器。

伯言蹇蹇，以道佐世。出能勤功，入能獻替。謀寧社稷，解紛挫鋭。正以招疑，忠而獲戾。

元嘆穆遠，神和形檢。如彼白珪，質無塵玷。立上以桓，匡上以漸。清不增潔，濁不加染。

仲翔高亮，性不和物。好是不群，折而不屈。屢摧逆鱗，直道受黜。嘆過孫陽，放同賈屈。

誅誅衆賢，千載一遇。整轡高衢，驤首天路。仰挹玄流，俯弘時務。名節殊途，雅致同趣。日月麗天，瞻之不墜。仁義在躬，用之不匱。尚想遐風，[16]載挹載味。後生擊節。懦夫增氣。

（《文選》卷四七《三國名臣序贊》，《文翰類選大成》卷一九〇《三國名臣贊》，《晋書》卷九二《袁宏傳》）

凌烟閣勛臣贊二十二首並序　　吕温

我二后受成命，撫興運，[17]軋坤軸，撼乾樞。鼓元氣而雷域中，騰百川而雨天下。雷收雨霽，如再開闢。蕩焉與太極同功。貞觀十七年，太宗以功成治定，[18]秉爲而不有之道，讓德於祖考，推勞於群臣，念匡濟於艱難，感風雲於疇昔，思所以攄之無窮，乃詔有司，擬其形容。圖像於凌烟閣者二十有四人，[19]蓋象乎二十四氣之佐天，昭勛德也。

昔者舜以五人致理，[20]周以十亂反正，高祖以三傑作漢，光武以二十八將中興，若夫錯綜勛賢，牢籠今古，雄四代而高視者，其惟聖唐乎？至若唐莒公、劉渝公之倫，探元符，建帝圖，首戴神堯，舉晋陽而活天下，此則大禹之極溺也。魏鄭公以致君爲己任，諫若不及，謇謇左右，秉心宣猷，此則咎繇之揚言也。虞永興糾合群儒，旁求百代，明備王禮，克諧帝樂，使我大國焕乎其有文章，此則夷夔之制作也。長孫趙公，舉大義，除二凶，安宗廟，定社稷，以振我丕赫無疆之休，此則周公之匡救也。英，衛受天勇智，雄武佐聖，鼓竹海内，麾定四方，此則太公之鷹揚也。房、杜、玄機朗識，并運帷幄，神發響效，謨成天功，此則蕭何之指縱也，子房之决勝也。尉遲秦程，剛毅木訥，氣鎮三軍，力崩大敵，匹馬孤劍，爲王前驅，此則吴漢之樸忠。賈復之雄勇也。其餘皆榱棟殊材，黼黻異制，儔諸古烈，罔有慚德。皇王之際，[21]於斯爲盛。其始也，文爲經，武爲緯，智斯作，忠斯述。其末也，大不愊，小不遏，退者全，來者達。控而縱之，使自用之；推而引之，使自盡之。不設籠檻，以觀遼廓之致，不頓繮鎖，以極權奇之變，執一德而衆力展，[22]懸大信而群情竭。高祖聚之以義，太宗用之以道，高宗終之以仁，傳聖萬代，享其功利，此非盛歟？昔陸機、袁宏爲晋人，而歌功於漢魏，作者猶或稱之。况乎游聖代，觀國光，目睨凌烟，而頌聲不作。某不揣賤劣，有斐然之志，輒盡所蓄，各爲贊一章，上以見王業之艱難，中以明聖賢之相須，次以朗前哲之光韵，末以聳後人之誠節。[23]侯君集、張亮負勛跋扈，自陷大逆，敢没其名，用彰天刑，[24]使伐勞懷貳者懼。《春秋》之義，異姓爲後，故以河間元王爲贊首云。

河間元王孝恭

太極構天，本由一氣。大人創業，資我族類。堂堂河間，仁勇是經。遹駿有聲，爲唐宗英。暴隋天亡，[25]群盗猖狂，我伐用張。時爲哲王，武有烈光。爲爪翼肺腸，[26]經綸八方。自南徂東，晏海澄江。使父兄帝天下，[27]化家爲邦。用竭爾力，寵臻其極。言不伐，色不德。以遜以默，柔嘉維則。佐高祖建大勛，如周旦奭。與太宗守大成，如漢間平。宜君宜王，盤石無疆。

房梁公元齡

梁公先覺，龍卧待君。長彗流光，掃天布新。義師雷興，公躍其鱗。杖策千里，[28]來謁帝閽。[29]婉婉梁公，實懿實聰。實公實融，[30]羽義翼忠。若鶱若鴻，大風動地。儒服從容，静運胸中。弛張折衝，左右太宗。夷屯廓蒙，定高祖功。功告武成，翊開太平。我雖忘勞，時靡有争。網羅遺賢，推轂群英。玉不韜輝，[31]蘭無沈馨。飛鴻出冥，[32]振鷺在庭。濟濟多士，太宗以寧，[33]公無事矣。闕衮有補，惟仲山甫。經營四方，方叔召虎。大邦鈞軸，至則委汝。閑居臺輔，撝默自處，亦莫敢予侮。高朗令終，嗚呼梁公。

杜萊公如晦

穆穆萊公，奇姿粹靈。藴元和氣，爲大國楨，乘時恢能。唐室大開,[34]故人相携。直上太階,更爲陰陽,迭作日月。佐明四海,贊育萬物。[35]王度是欽,如玉如金。德音愔愔,萬有千古,永稱房杜,如周申甫。

魏鄭公徵

堂堂魏公,崇節大志。喬幹直聳,摩天自致。遭風雲時,得霸王器。一言委質,有死無二。撫我則后,各盡其志。沈浮變通,龍戰既息。皇建其極,俾補衮職。其繩則直,諤諤嶷嶷。危言正色,保太宗德。弼違替否,日月不蝕。黜漢霸雜,行周王道。人或有言,秉德不撓。禮興樂崇,德合道豐。[36]保合太和,昭明有融。起四年中,復三代風。言出化成,神哉厥功。伊躬佐商,有耻於湯。公以其志,[37]匡飭聖唐。爲唐宗臣,致唐無疆,永式萬邦。

長孫趙公無忌

趙國之先,發祥朔土。乃祖乃父,受天之祐。有女兒聖,[38]爲天下母。[39]有子而賢,爲唐室輔。聖賢同氣,[40]千載一睹。丕顯趙公,允文允武。克忠克仁,實有大勛。高祖受命,太宗歸尊。翼翼乾乾,恪居於藩。群孽亂嗣,争窺神器。鴻業將墜,公揭大義,一匡天地。人到於今,家受其賜。帝將傳聖,爰有顧命。汝忠汝誠,莫與汝京。與我聖子,守唐太平。公相高宗,有太宗遺風。刑措財豐,八荒來同,和氣大融。妖星襲月,禍起中宫。公將正之,[41]以王帝躬,[42]力屈群邪,誠阻天聰。黜非其由,[43]令問無窮。

唐莒公儉

歲寒陰凝,冰雪皚皚。有鳥擇木,先陽春來。誰歟莒公,王佐之材。間運未開,登潛龍臺。代萬姓請命,與天爲媒。扶龍而興,振起雲雷。權輿帝圖,經始唐基。始覆一簣,勃焉巍巍。易失者時,難知惟幾。知幾其神,莒公元勛。

劉渝公政會

河出崑崙,來潤中夏。連山合沓,[44]横擁其派。巨靈勃然,手擘太華。[45]决注東海，[46]功平造化。[47]粤我聖君，[48]將舉晋陽，帝命是將，往拯溺於四方。[49]亦既載旆，亦既秉鉞。强凶當路，拒不得發。渝公慷慨，感義激節，用奇制變，大事立决。雷奮霆越，[50]天衢八達，則莫我敢遏。如巨靈破山，河勢始豁。赫矣渝公，與神齊烈，迹如仙掌，炯炯不滅。

李衛公靖

有隋之末，群盗熾爇。帝怒震發，五星從太白，焕照參野。將有聖人，兵定天下。金精下射，猛毅感激。李公矯矯，從此奮迹。躍於中原，王者則獲。壯士不死，唐威載赫。帝曰汝傑，致天之罰。手付金鉞，俾往式遏，不庭則殺。如飈發發，如火烈烈。摧枯爍雪，應鼓如截。遠若荆巫，險若江湖。强若匈奴，莫不率從，莫不震恭。車書混同，氛祲蕩空。衛侯之功，功則維何。威明惠和，策勇駕智。長驅仁義，仁義曠蕩。帝王之將，萬古曷瞻，鐵山巋巋。[51]

李英公勣

横流莫極，大亂無象。[52]英公傑出，應運爲將。與楚楚霸，與漢漢王。天時人事，隨我所向。長蛇縱蠚，東據河洛。棼棼封豕，來濟同惡。虓吼連聲，如雷如霆。萬里震驚，時維英公。諒我太宗，斬豕以鉞。取蛇於穴，群穢殄滅。乃定九鼎，乃開明堂。奄有大邦，金甲同光。告成於王，[53]皇業用昌。帝命英公，北伐獫狁。雷鼓殷殷，旄頭幾殞。掃雲黑山，[54]布唐陽春。五原草緑，不見南牧。島夷未庭，天子親征。其鋒維英，莫拒莫抗。是震是蕩，破東海浪。天下既和，解鞍投戈。衮服委他，[55]華髮皤皤。終始三朝，無玷可磨。

劉夔公弘基

夔公峥嶸，金虎之精。應時而生，與運俱行。捴帝元戎，震唐天聲。瞋目張膽，前無金城。别建龍節，中分虎旅。啓行萬里，乘氣一鼓。劍揮雷霆，[56]旆卷風雨。先馳咸陽，鎮定天府。天府既定，唐集大命。入揚王庭，出權兵柄。[57]薄伐獫狁，朔風不競。徂征島夷，東海如鏡。義始忠卒，元勛之盛。

長孫邳公順德

泰山未明，雷鬱幽崖。[58]日觀赫開，舒爲丹霞。昔我太宗，[59]賢傑潛屯。帝出於震，爛其盈門。邳公炳焉，實耀其間。功參造物，[60]謀協先天。執殳前驅，捧轂南轅。以勞以舊，佐命之元。

虞永興公世南

英英永興，華德素行。以文富國，以道佐命。天下既定，爲唐儒宗。東觀石渠，始生古風。乘精繹思，[61]假道書圃。驅馳百代，出入三古。問羲黄心，[62]聽堯舜語。歸來帝側，獻可替否。帝告永興，與鴻儒之倫。[63]闡六籍三墳，建樂章禮文。先師是宗，於廓辟雍。辟雍沉沉，天子所臨。或弦或歌，講古述今。其從八千，纓弁森森。獩貊羌髳，咸咏德音。羽林孤兒，亦垂青衿。洋洋聲教，無遠不暨。[64]日月所照，皆成文字。鬱開古始，掃蕩澆季。實我群儒，成太宗之志。英英永興，宜曰文懿。

尉遲鄂公敬德

侁侁鄂公，[65]百鍊龍泉。[66]沈鬱未宣，[67]氣衝斗間。佩非其人，躍入大川。神武獲焉，提之上天。天地之内，指麾無前。熊威虎力，隱若敵國。剛毅木訥，安劉必勃。武德之屯，手拔禍根。掃除氛昏，[68]捧出日月。[69]耀於天門，功成名遂。高謝戎事，烈烈猛志。化爲和氣，深地高堂。頤性保命，[70]屑瓊飲露。静奏清商，商爲臣，勵事君，鄂公之志之仁。[71]

蕭宋公瑀

隋氏不君，忠賢莫用。桐生朝陽，有集惟鳳。捨彼頽厦，鬱爲新棟。路車玄衮，開國有宋。武德之暮，群孽内蠹。巍巍宋公，聳節高步。不吐不茹，不來不去。屹屼中立，[72]爲天一柱。從容而言，社稷遂安。持誠秉忠，光輔二君。激濁揚清，欲人如身。[73]道至廣莫我敢群，[74]境至大不容纖塵。雪山倚空，冰鑿照人，耿介絶倫，[75]爲唐貞臣。

張郯公公謹

有倬郯公，仡仡而貞，[76]侁侁而仁，[77]實太宗信臣。有宗守藩，[78]内難未夷。圖之則安，捨之則危。帝臨安危，機以懼以疑。以蓍爲先，[79]知是筮是咨。郯公嶷然，排闥折蓍。抗憤正詞，用人事定天意。身爲元龜，不知不識，順義之則。[80]以定社稷，郯公之力。公之云亡，帝念其勤，苦痛在身。天懷發中，哭不避辰。君臣之間，敻古未聞。

屈突蔣公通

五運相推，土火革期。隋化爲唐，忠臣不知。猶驅義徒，奮拒王師。指心誓天，摩頸待時。[81]人歸有德，四海皆叛。春日滿川，流冰未泮。[82]亡家徇國，方寸不亂。力屈勢窮，排空落翰。東南慟哭，聲盡魂斷。[83]伏忠就禽，[84]萬國瞻漢。[85]帝曰爾通，古之烈士。孝於其親，誰不欲子。俾侯於蔣，授以師紀。感恩不死。宣力如彼。佐唐扶隋，名教之美。

高申公士廉

維嶽降神，佐唐生申。忠貞自天，孝友如春。德爲邦基，仁厚人倫。[86]肅肅雍雍，真王者臣。慶因歸妹，光延天配。[87]婚媾之中，雲龍潛會。建公南海，[88]廓我無外。諒我撥亂，弼文開泰。遏彼庸蜀，薦鍾澆季。文翁之化，若掃於地。申公攸徂，有教無類。父子兄弟，望風相愧。勃興儒雅，大復禮義。西南頌聲，到今不墜。名登元勛，理冠群吏。全材大器，於鑠厥懿。

殷鄖公開山

温温殷公，初若懦夫。銅印試吏，褒衣爲儒。大風驅雲，忽與之俱。遭逢真宰，參造化謨。天地既闢，厥功有赫。從王龔行，佐帝光宅。遠展驥足，高揮鳳翮。以永終譽，垂於竹帛。

秦胡公叔寶

洛汭之役，龍戰未決。秦公應變，臨陣電拔。鋭氣盡來，我盈彼竭。成敗反掌，存亡奄忽。虎來風壯，鼇轉山没。遂作心膂，爰從討伐。崩圍陷陣，火迸冰裂。翕若鶚聲，縱若鯨突。功成國定，萬古壯骨。

程盧公知節

盧公倬然，動軼幾先。轉禍爲福，攀龍上天。繽翻鵬翼，積風乃聳。桓桓將軍，大敵則勇。雷崩山谷，貔虎頓伏。飆倒溟波，鯨鯢蹉跎。見危而進，當死不讓。干城三朝，身老氣壯。

段褒公志玄

褒公虎臣，先運而臻。謁帝太原，許唐與身。擁劍駕氣，騰風躍雲。積忠累仁，光有厥勛。建旄北伐，細柳宵屯。風謐霜凝，嚴扃達晨。天子之使，駐軍軍門。[89]安衆秉威，此真將軍。侁侁桓桓，[90]克壯有聞。

許譙公紹

群動相食，血流中原。譙公夷陵，豺虎爲鄰。[91]列境連城，火炎烟昏。皎其一邦，如玉不焚。三光忽開，萬象皆新。誰有天下，平生故人。引忠歸誠，豹變蠖伸。金石之契，移爲君臣。[92]弈弈煌煌，爲龍爲光。元戎啓行，大旆央央。式遏大江，奄征南方。恩斯勤斯，兩不可忘。[93]

（《文苑英華》卷七七六《凌烟閣勛臣頌二十二首並序》，《唐文粹》卷二三《凌烟閣勛臣贊二十二首並序》，《文翰類選大成》卷一九〇《凌烟閣勛臣贊》，《吕衡州文集》卷九《凌烟閣勛臣贊並序》，《東萊集注觀瀾文集》丙集卷一四《凌烟閣勛臣贊・河間元王孝恭》）

四皓贊並序　　梁肅

道可佐皇而隘於帝治，是以崆峒、箕山之長揖於軒、堯也。德宜輔王而偶生霸世，則四皓之所以晦明於漢氏也。

噫！周道絶而王澤涸，秦短世而漢雜興。六合披攘，兵不暇戢，則四公軒軒然鳴飛於冥，時也。天下大寶，一人攸擊。苟蔑嫡崇庶，則亂是用長。而公僂僂然俯定儲后，權也。處則以時，出則以權。時以全已之道，權以安天下之器。得非知幾者歟？《易》謂"知幾其神乎"，四公躲之，故曰："時合道合，時塞道塞。生非其時，與道消息，四公之謂歟？"贊曰：

秦失其鹿，豪傑并逐。鷥鳳何依，白雲深谷。英英南山，采采紫芝。漢以劍起，吾誰與歸？栖心化元，澹泊無爲。禮物雖至，先生默而。惟彼貞石，確不可轉。儲皇不安，我德用顯。大君是驚，惠位是寧。四公屈身，天下和平。弋者何思？鴻飛冥冥。

(《唐文粹》卷二四《四皓贊並序》，《梁肅文集》卷四《四皓贊》)

伊尹五就桀贊　柳宗元

伊尹五就桀。或疑曰："湯之仁聞且見矣。桀之不仁聞且見矣，夫胡去就之亟也？"柳子曰："惡，是吾所以見伊尹之大者也。彼伊尹，聖人也。聖人出於天下，不夏、商其心，心乎生民而已。曰：孰能由吾言？[94]由吾言者爲堯舜，而吾生人，堯舜人矣。退而思曰：'湯誠仁，其功遲。桀誠不仁，朝吾從而暮及於天下可也。'於是就桀，桀果不可得，反而從湯。既而又思曰：'尚可十一乎？使斯人蚤被其澤也。'又往就桀。桀不可，而又從湯。以至於百一、千一、萬一。卒不可，乃相湯伐桀。俾湯爲堯舜，而人爲堯舜之人，是吾所以見伊尹之大者也。仁至於湯矣，四去之；不仁至於桀矣，五就之，大人之欲速其功如此。不然，湯、桀之辨，一恒人盡之矣，又奚以憧憧聖人之足觀乎？吾觀聖人之急生人，莫若伊尹。伊尹之大，[95]莫若於五就桀。"作《伊尹五就桀贊》：

聖有伊尹，思德於民。住歸湯之仁，曰仁則仁矣，非久不親。退思其速之道，宜夏是因。就焉不可，復反亳殷。猶不忍其遲，亟往以觀。庶狂作聖，一日勝殘。至千萬冀一，卒無其端。五往不疲，其心乃安。遂升自陑，黜桀尊湯，遺民以完。大人無形，與道爲偶。道之爲大，爲人父母。大矣伊尹，惟聖之首。既得其仁，猶病其久。恒人所疑，我之所大。嗚呼遠哉，忘以爲誨。

（《文苑英華》卷七八〇《伊尹五就桀贊並序》，《柳宗元集校注》卷一九《伊尹五就桀贊》）

霹靂琴贊引　柳宗元

霹靂琴，零陵湘水西震餘枯桐之爲也。始枯桐生石上，説者言有蛟龍伏其竅，一夕暴震，爲火之焚，至旦乃已，其餘硿然倒卧道上。震旁之民，稍柴薪之。超道人聞，取以爲三琴。琴莫良於桐，桐之良莫良於生石上，石上之枯又加良焉，火之餘又加良焉，震之於火爲異。是琴也，既良且異，合而爲美，[96]天下將不可載焉。微道人，天下之美幾喪。余作贊辭，識其越之左與右，以著其事。又益以序，以爲他傳。辭曰：

惟湘之涯，惟石之危。龍伏之靈，震焚之奇。既良而異，爰合其美。超實爲之，贊者柳子。

（《文苑英華》卷七八四《霹靂琴贊並序》，《唐文粹》卷二四《霹靂琴贊並序》，《柳宗元集校注》卷一九《霹靂琴贊引》）

龍馬圖贊並序　柳宗元

始吾聞明皇帝在位，靈昌郡得異馬於河，而莫知其形。[97]好事者涿人盧遵以其圖來示余。其狀龍鱗、虺尾、拳毛、[98]環目、肉鬣，馬之靈怪有是耶?[99]居帝閑，爲馬幾二十年，從封禪、郊籍，鳴和鑾者數十事。遇禍亂，帝西幸，馬至咸陽西，[100]入渭水，化爲龍泳去，不知所終。且其來也宜於時，其去也存其神，是全德也。既睹其形，不可以不贊：

靈和粹異，孕至神兮。倮尾童鬣，疏紫鱗兮。巍然特出，瑞聖人兮。理平和樂，百樂陳兮。[101]鳴鑾在御，大路遵兮。世痝道悖，還吾真兮。哀鳴延首，慕水濱兮。[102]沛焉潛泳，旋踰淪兮。淵居海逝，[103]靈無鄰兮。出處孔時，類至仁兮。嘆爾衆類，[104]孰是倫兮。進昏死亂，阽厥身兮。匪馬之慕，吾誰親兮？贊之斯圖，宜世珍兮！

（《文苑英華》卷七八四《龍馬圖贊並序》，《唐文粹》卷二四《龍馬圖贊並序》，《柳宗元集校注》卷一九《龍馬圖贊並序》）

孔北海贊　蘇軾

文舉以英偉冠世之資，師表海内，意所予奪，天下從之，此人中龍也。而曹操陰賊險狠，[105]特鬼蜮之雄者耳。其勢決不兩立，非公誅操，則操害公，此理之常。而前史乃謂公負其高氣，志在靖難。而才疏意廣，訖無成功，此蓋當時奴婢小人論公之語。

公之無成，天也。使天未欲亡漢，公誅操如殺狐兔，何足道哉！世之議公者，[106]才氣各有高卑，然皆以臨難不懼，談笑就死爲雄。操以病亡，子孫滿前而咿嚶涕泣，留連妾婦，分香賣履，區處衣物，平生奸僞，死見真性。世以成敗論人物，故操得在英雄之列。而公見謂才疏意廣，[107]豈不悲哉！操平生畏劉備，而備以公知天下有己爲喜，天若胙漢，公使玄德，誅操無難也。予觀公所作《楊四公贊》，嘆曰："方操害公，復有魯國一男子慨然争之，[108]公庶幾不免。[109]乃作《孔北海贊》曰：

晋有匈奴，[110]盗賊之靡。欺孤如操，又羯所耻。我書《春秋》，與齊豹齒。文舉在天，雖亡不死。我宗若人，尚友千祀。[111]視公如龍，視操如鬼。

（《古今事文類聚》别集卷八《孔北海贊並序》，《蘇軾文集》卷二一《孔北海贊並序》）

二疏贊　蘇軾

惟天爲健，而不干時。沈潛剛克，以燮和之。於赫漢高，以智力王。凛然君臣，師友道喪。孝宣中興，以法馭人。殺蓋、韓、楊，蓋三良臣。先生憐之，振袂脱屣。使知區區，不足驕士。此意莫陳，千載於今。我觀畫圖，涕下沾襟。

（《宋文鑑》卷七五《二疏圖贊》，《蘇軾文集》卷二一《二疏圖贊》）

王元之畫像贊　蘇軾

《傳》曰："不有君子，其能國乎？"①予嘗三復斯言，未嘗不流涕太息也。如漢汲黯、蕭望之、李固，吴張昭，唐魏鄭公、狄仁傑，皆以身徇義，[112]招之不來，麾之不去，正色而立於朝，則豺狼狐狸，自相吞噬，故能消禍於未形，救危於將亡。使皆如公孫丞相、張禹、胡廣，雖累千百，緩急豈可望哉！

故翰林王公元之，以雄文直道，獨立當世，足以追配此六君子者。[113]方是時，朝廷清明，無大奸慝。然公猶不容於中，耿然如秋霜夏日，不可狎玩，至於三黜以死。有如不幸而居於衆邪之間，[114]安危之際，則公之所爲，必將驚世絶俗，使斗筲穿窬之流，心破膽裂，豈特如此而已乎？始余過蘇州虎丘寺，見公之畫像，想其遺風餘烈，願爲執鞭而不可得。其後爲徐州，而公之曾孫汾爲兖州，以公墓碑示余，乃追爲之贊，以附其《家傳》云。[115]

維昔聖賢，患莫己知。公遇太宗，允也其時。帝欲用公，[116]公不少貶。三黜窮山，雖死靡憾。[117]咸平以來，獨爲名臣。一時之屈，萬世之信。紛紛鄙夫，亦拜公像。何以占之，有泚其顙。公能泚之，不能已之。茫茫九原，愛莫起之。

（《宋文鑑》卷七五《王元之畫像贊》，《經進東坡文集事略》卷五九《王元之畫像贊》，《蘇軾文集》卷二一《王元之畫像贊》）

李端叔真贊　蘇軾

鬚髮之拳然，眉宇之淵然，披胸腹之掀然，以爲可得而見歟？則

① 參見《春秋左傳注·文公十二年》。

漠乎其無言。以爲不可得而見歟？則已見畫於龍眠矣。嗚呼，其將爲不雨之雲，以抱其全乎？其將爲既琢之玉，以役其天乎？抑將游戲此世，而時出於兩者之間也。

（《文翰類選大成》卷一九〇《李端叔真贊》，《蘇軾文集》卷二一《李端叔真贊》）

蘇東坡贊　黄庭堅

子瞻堂堂，出於蛾眉，司馬班揚。金馬石渠，閲士如墻。上前論事，[118]釋之馮唐。言語以爲階，而投諸雲夢之黄。東坡之酒，赤壁之笛，嬉笑怒駡，皆成文章。解羈而歸，紫微玉堂。子瞻之德未變於初爾，而名之曰元祐之黨，貶之珠崖儋耳。方其金馬石渠，不自知其東坡赤壁也。及其東坡赤壁，不自意其紫微玉堂也。及其紫微玉堂，不自知其朱崖儋耳也。九州四海，知有東坡。東坡歸矣，民笑且歌。一日不朝，其间容戈。至其一丘一壑，則無如此道人何。

又

岌岌堂堂，如山如河。其愛之也，引之上西掖鑾坡。[119]是亦一東坡，非亦一東坡。[120]槁項黄馘，觸時干戈。其惡之也，投之於鯤鯨之波。是亦一東坡，非亦一東坡。計東坡之在天下，如太倉之一稊米。至於臨大節而不可奪，則與天地相終始。

（《古今事文類聚》前集卷四一《東坡畫像贊》，《黄庭堅全集》卷二二《東坡先生真贊三首》）

山谷自寫真贊

飲不過一瓢，食不過一簞，田夫亦不改其樂，而夫子乃謂之賢，何也？顔淵當首出萬物，[121]而奉以四海九州，而厚之若是，故曰："人不堪其憂。"①若余之於山澤，魚在深藻，鹿得豐草。伊其野性則然，蓋非

① 參見《論語·雍也》。

抱沉陸之屈，懷迷邦之寶。既不能詩成無色之畫，畫出無聲之詩，又白首不聞道，則奚取於似摩詰爲！若乃登山臨水，喜見於清揚，豈似優孟爲孫叔敖，虎賁似蔡中郎者邪！

（《文翰類選大成》卷一九〇《自寫真贊》，《黄庭堅全集》第卷二二《寫真自贊五首》）

警學贊　朱熹

讀《易》之法，先正其心。肅容端席，有翼其臨。於卦於爻，如筮斯得。假彼《象辭》，爲我儀則。字從其訓，句逆其情。事因其理，意適其平。曰否曰臧，如目斯見。曰止曰行，如足斯踐。毋寬以略，毋密以窮。毋固而可，毋必而通。平易從容，自表而裏。及其貫之，萬事一理。理定既實，事來尚虚。用應始有，體該本無。稽實待虚，存體應用。執古御今，由静制動。潔静精微，是之謂易。體之在我，動有常吉。在昔程氏，繼周紹孔。奥旨宏綱，星陳極拱。惟斯未啓，以俟後人。小子狂簡，敢述而申。

（《文翰類選大成》卷一九〇《警學贊》，《朱子全書》卷八五《警學》）

諸葛孔明畫像贊　張南軒

惟忠武侯，識其大者。仗義履正，卓然不舍。方卧南陽，若將終身。三顧而起，時哉屈伸。難平者事，不昧者幾。大綱既得，萬目乃隨。我奉天討，不震不竦。維其一心，而以時動。噫侯此心，萬世不泯。遺像有嚴，瞻者起敬。

（《古今事文類聚》前集卷四一《諸葛武侯畫像贊》，《新刊南軒先生文集》卷三六《漢丞相諸葛忠武侯畫像贊》，《南軒先生文集》卷三六《漢丞相諸葛忠武侯畫像贊》，《張栻集》卷三六《漢丞相諸葛忠武侯畫像贊》）

原象贊　朱熹

太乙肇判，陰降陽升。陽一以施，陰兩而承。惟皇昊羲，仰觀俯察。奇耦既陳，兩儀斯設。既幹乃支，一各生兩。陰陽交錯，以立四象。奇加以奇，曰陽之陽。奇而加耦，陽陰以章。耦而加奇，陰内陽外。耦復加耦，陰與陰會。兩一既分，一復生兩。三才在目，八卦指掌。奇奇而奇，初一曰《乾》。奇奇而耦，《兑》次二焉。奇耦而奇，次三曰《離》。奇耦而耦，四《震》以隨。耦奇而奇，《巽》居次五。[122]耦奇而耦，《坎》六斯睹。耦耦而奇，《艮》居次七。耦耦而耦，八《坤》以畢。初畫爲儀，中畫爲象。上畫卦成，人文斯朗。因而重之，一貞八悔。六十四卦，由内達外。交易爲體，往此來彼。變易爲用，時静而動。降帝而王，傳夏歷商。有占無文，民用弗彰。文王繫《彖》，周公繫《爻》。視此八卦，二純六交。乃《乾》斯父，乃《坤》斯母。《震》《坎》《艮》男，《巽》《離》《兑》女。《離》南《坎》北，《震》東《兑》西。《乾》《坤》《艮》《巽》，位以四維。建官立師，命曰《周易》。孔聖傳之，是爲《十翼》。遭秦弗燼，及宋而明。邵傳羲畫，程演周經。象陳數列，言盡理得。彌意萬年，永著常式。

(《文翰類選大成》卷一九〇《原象贊》，《朱子全書》卷八五《原象》)

稽類贊　朱熹

八卦之象，《説卦》已全。考之於經，其用弗專。《彖》以情言，《象》以像告。惟是之求，斯得其要。《乾》健天行，《坤》順地從。《震》動爲雷，《巽》入木風。《坎》險水泉，亦雲亦雨。《離》麗文明，電日而火。《艮》止爲山，《兑》説爲澤。以是舉之，其要斯得。凡卦六虚，奇耦殊位。奇陽耦陰，各以其類。得位爲正，二五爲中。二臣五君，初始上終。貞悔體分，爻以位應。陰陽相求，乃得其正。凡陽斯淑，君子居之。凡陰斯慝，小人是爲。常可類求，變非例測。非常曷變？謹此爲則。

（《文翰類選大成》卷一九〇《稽類贊》，《性理群書句解》前集《新編性理群書句解》卷一《稽類贊》，《朱子全書》卷八五《稽類》）

復卦贊　朱熹

萬物職職，其生不窮。孰其尸之？造化爲工。陰闔陽開，一静一動。於穆無疆，全體妙用。奚獨於斯，潛陽壯陰。而曰昭哉，此天地心。蓋翕無餘，斯闢之始。生意闖然，具此全美。其在於人，曰性之仁。斂藏方寸，包括無垠。有茁其萌，有惻其隱。於以充之，四海其準。曰惟茲今，眇綿之間。是用齋戒，掩身閉關。仰止《羲圖》，稽經協傳。敢贊一辭，以詔無倦。

（《文翰類選大成》卷一九〇《復卦贊》，《朱子全書》卷八五《復卦贊》）

心經贊　真西山

舜禹授受，十有六言。萬世心學，此其淵源。人心伊何，生於形氣。有好有樂，有忿有懥。惟欲易流，是之謂危。須臾或放，衆慝從之。道心伊何，根於性命。曰義曰仁，曰中曰正。惟理無形，是之謂微。毫芒或失，其存幾希。二者之間，曾弗容隙。察之必精，如辨白黑。知及仁守，相爲始終。惟精故一，惟一故中。聖賢迭興，體姚法姒。持綱挈維，[123]昭示來世。戒懼謹獨，閑邪存誠。曰忿曰欲，必窒必懲。上帝實臨，其敢或貳。屋漏雖隱，寧使有愧。四非當克，如敵斯攻。四端既發，皆廣而充。[124]意必之萌。雲卷席撤，[125]子諒之生，春嘘物茁。鷄犬之放，欲知其求。[126]牛羊之牧，濯濯是憂。一指肩背，孰貴孰賤。簞食萬鍾，辭受必辨。克治存養，交致其功。舜何人哉，期與之同。維此道心，[127]萬善之主。天之與我，此其大者。斂之方寸，大極在躬。散之萬事，其用弗窮。若寶靈龜，若奉拱璧。念茲在茲，其可弗力？相古先民，以敬相傳。[128]操約施博，孰此爲先。我來作州，茅塞是懼。爰輯格言，以滌肺腑。明窗棐几，清晝爐熏。開卷肅然，事我天君。

（《文翰類選大成》卷一九〇《心經贊》，《性理群書句解》前集《新編性理群書句解》卷一《心經贊》）

西夏相斡公畫像贊　虞集

公姓斡氏，其先靈武人，從夏主遷興州，世掌夏國史。公諱道冲，字宗聖。八歲以《尚書》中童子舉，長通五經，爲蕃漢教授。譯《論語注》，别作《解義》廿卷，曰《論語小義》。又作《周易卜筮斷》，以其國字書之，行於國中，至今存焉。官至其國之中書宰相而殁。夏人嘗尊孔子爲至聖文宣帝，是以畫公象列諸從祀。其國郡縣之學，率是行之。

夏亡，群縣廢於兵，廟學盡壞，獨甘州僅存其迹。興州有帝廟門，榜及夏主《靈芝歌》石刻，凉州有殿及廡。至元間，公之曾孫雲南廉訪使道明奉詔使過凉州，見殿廡有公從祀遺像，欷歔流涕不能去，求工人摹而藏諸家。延祐間，荆王修廟學，盡撤其舊而新之，所像亡矣。

廉訪之孫奎章閣典籤玉倫都嘗以《禮記》舉進士，從予成均，於閣下又爲僚焉。間來告曰："昔故國崇尚文治，先中書與有功焉。國中從祀廟學之像，僅存於兵火之餘，而泯隊於今日，不亦悲夫？先世至元所摹像，固無恙也，願有述與，以貽我後之人。"乃爲録其事而述贊曰：

西夏之盛，禮事孔子。極其尊親，以帝廟祀。乃有儒臣，早究典謨。通經同文，教其國都。遂相其君，作服施采。顧瞻學宫，遺像斯在。國廢時遠，人鮮克知。壞宫改作，不聞金絲。不忘其親，在賢孫子。載圖丹青，取徵良史。

（《元文類》卷一八《西夏相斡公畫像贊》，《虞集全集·故西夏相斡公畫像贊並序》，《西夏書校補》卷三《斡道冲傳》）

魯齋先生畫像贊　王磐

氣和而志剛，外圓而内方。隨時屈伸，與道翱翔。或躬耕太行之麓，或判事中書之堂。布褐蓬茅，不爲荒凉；珪組軒冕，不爲輝光。虚舟江湖，晴雲卷舒。上友千古，誰與爲徒？管幼安、王彦方、元魯山、陽道州，蓋異世而同符者也。

（《元文類》卷一八《魯齋先生畫像贊》，《許衡集》卷首《像·附贊》）

王允中真贊　劉因

齒未老，鬢胡爲而白耶？隱然含四海之憂。鬢雖衰，顔胡爲而壯耶？凛然横千仞之秋。竹石丹心，砥柱中流。百折而必東，寸折而不柔。其履危犯，險幾禍一身。然視循默苟容、貽害當世者，不優耶？

（《元文類》卷一八《王允中真贊》，《静修先生文集》卷二〇《王允中真贊》）

静修劉先生畫像贊　歐陽玄

微點之狂，而有沂上風雩之樂；資由之勇，而無北鄙鼓瑟之聲。於裕皇之仁，而見不可留之四皓。以世祖之略，而遇不能致之兩生。烏呼！麒麟、鳳凰，固宇内之不常有也，然而一鳴而《六典》作，一出而《春秋》成，則其志不欲遺世而獨往也明矣。亦將從周公、孔子之後，爲往聖繼絶學，爲來世開太平者耶！

（《文翰類選大成》卷一九〇《静修劉先生畫像贊》，《元史》卷一七一《劉因劉述傳》，《元朝名臣事略》卷一五《静修劉先生卷十五之二》，《歐陽玄集》卷一五《静修先生畫像贊》，《圭齋文集》卷一五《贊静修先生像贊》）

王定國真贊　蘇軾

温然而澤者，道人之腴也。凛然而清者，詩人之癯也。雍容委蛇者，貴介之公子。而短小精悍者，游俠之徒也。人何足以知之，此皆其膚也。若人者，泰不驕，困不撓，而老不枯也。

（《文編》卷三九《王定國真贊》，《蘇軾文集》卷二一《王定國真贊》）

【校勘記】

［1］以：原作“吕”，據《漢書》卷六改。

［2］析：原作“柝”，據《漢書》卷五六改。

［3］兒寬皆以鴻漸之翼困於燕爵：“兒”“爵”，《文章類選》同《漢書》卷五八，《文選》卷四九分别作“倪”“雀”。本篇下同。

［4］乂：《文章類選》同《文選》卷四九，《漢書》卷五八作“艾”。

［5］世：《文選》卷四九作“後世”。

［6］首陽爲拙：此四字原脱，據《漢書》卷六五《東方朔傳》補。

［7］文：原作“其”，據《漢書》卷八七《揚雄傳》改。

［8］閲：原作“越”，據《漢書》卷八七《揚雄傳》改。

［9］亦：《文章類選》同《文選》卷四七，《古今事文類聚》前集卷四一作“不”。

［10］雖遭離不同且迹有優劣：《文選》卷四七無“雖”“且”二字。

［11］名：原作“明”，據《文選》卷四七改。

［12］不：《文選》卷四七作“匪”。

［13］珪：原作“琰”，據《文選》卷四七改。

［14］尺：原作“赤”，據《文選》卷四七改。

［15］存：原作“有”，據《文選》卷四七、《文翰類選大成》卷一九〇改。

［16］遐風：《文章類選》同《文翰類選大成》卷一九〇，《文選》卷四七作“重暉”。

［17］興：原作“昌”，據《文苑英華》卷七七六、《唐文粹》卷二三改。

［18］治：《文章類選》同《唐文粹》卷二三，《文苑英華》卷七七六作“理”。

［19］像：《文苑英華》卷七七六、《唐文粹》卷二三均作“畫”。

［20］五人：《文苑英華》卷七七六作“九官”，《唐文粹》卷二三作“五臣”。

［21］際：《文章類選》同《唐文粹》卷二三，《文苑英華》卷七七六作“業”。

［22］衆：原作“振”，據《文苑英華》卷七七六、《唐文粹》卷二三改。

［23］誠：《文章類選》同《唐文粹》卷二三，《文苑英華》卷七七六作“盛”。

［24］刑：《文章類選》同《唐文粹》卷二三，《文苑英華》卷七七六作“罰”。

［25］隋：原作“隨”，據《文苑英華》卷七七六、《唐文粹》卷二三改。

［26］翼：《文章類選》同《唐文粹》卷二三，《文苑英華》卷七七六作“牙”。

［27］父兄：《文章類選》同《唐文粹》卷二三，《文苑英華》卷七七六作“我父”。

［28］杖：原作“仗”，據《文苑英華》卷七七六、《唐文粹》卷二三、《文翰類選大成》卷一九〇改。

［29］謌：《文章類選》同《唐文粹》卷二三、《文翰類選大成》卷一九〇，《文苑英華》卷七七六作“排”。

［30］公：《文章類選》同《文翰類選大成》卷一九〇，《文苑英華》卷七七六、《唐文粹》卷二三均作"光"。

［31］輝：《文章類選》同《唐文粹》卷二三，《文苑英華》卷七七六作"光"。

［32］鴻：此字原脱，據《文苑英華》卷七七六、《唐文粹》卷二三補。

［33］太宗以寧：《文苑英華》卷七七六此四字下有"太宗寧矣"四字。

［34］大：《文章類選》同《唐文粹》卷二三，《文苑英華》卷七七六作"天"。

［35］育：原作"有"，據《文苑英華》卷七七六、《唐文粹》卷二三改。

［36］合：《文章類選》同《文翰類選大成》卷一九〇，《文苑英華》卷七七六、《唐文粹》卷二三作"洽"。

［37］志：《文章類選》同《唐文粹》卷二三、《文翰類選大成》卷一九〇，《文苑英華》卷七七六作"心"。

［38］有女兒聖：此四字原脱，據《文苑英華》卷七七六補。

［39］母：原作"父"，據《文苑英華》卷七七六、《唐文粹》卷二三改。

［40］氣：《文章類選》同《唐文粹》卷二三，《文苑英華》卷七七六作"契"。

［41］之：《文章類選》同《唐文粹》卷二三，《文苑英華》卷七七六作"言"。

［42］王：《文章類選》同《唐文粹》卷二三，《文苑英華》卷七七六作"正"。

［43］由：《文章類選》同《文翰類選大成》卷一九〇，《文苑英華》卷七七六、《唐文粹》卷二三作"尤"。

［44］合：原作"含"，據《文苑英華》卷七七六、《唐文粹》卷二三改。

［45］擘：《文章類選》同《唐文粹》卷二三，《文苑英華》卷七七六作"拆"。

［46］決注東海：《文章類選》同《文翰類選大成》卷一九〇，《文苑英華》卷七七六、《唐文粹》卷二三、《吕衡州文集》卷九作"決流東注"。

［47］平：《文章類選》同《文翰類選大成》卷一九〇，《文苑英華》卷七七六、《唐文粹》卷二三、《吕衡州文集》卷九均作"并"。

［48］君：《文章類選》同《文翰類選大成》卷一九〇，《文苑英華》卷七七六、《唐文粹》卷二三、《吕衡州文集》卷九作"唐"。

［49］拯：原作"極"，據《文苑英華》卷七七六、《唐文粹》卷二三改。

［50］霆：《文章類選》同《唐文粹》卷二三，《文苑英華》卷七七六作"電"。

［51］巉：《文章類選》同《唐文粹》卷二三，《文苑英華》卷七七六作"巖"。

［52］無：原作"莫"，據《文苑英華》卷七七六、《唐文粹》卷二三、《東萊集注觀瀾文集》丙集卷一四改。

［53］王：《文章類選》同《唐文粹》卷二三，《文苑英華》卷七七六作"皇"。

［54］雲：《文章類選》同《唐文粹》卷二三，《文苑英華》卷七七六作"雪"。

［55］他：《文章類選》同《唐文粹》卷二三，《文苑英華》卷七七六作"蛇"。

［56］霆：原作"庭"，據《唐文粹》卷二三改。

[57] 權:《文章類選》同《唐文粹》卷二三,《文苑英華》卷七七六作"握"。

[58] 幽:原作"出",據《文苑英華》卷七七六、《唐文粹》卷二三改。

[59] 宗:《文章類選》同《唐文粹》卷二三,《文苑英華》卷七七六作"原"。

[60] 物:《文章類選》同《唐文粹》卷二三,《文苑英華》卷七七六作"化"。

[61] 繹:《文章類選》同《唐文粹》卷二三,《文苑英華》卷七七六作"驛"。

[62] 問:《文章類選》同《唐文粹》卷二三,《文苑英華》卷七七六作"開"。

[63] 儒:《文章類選》同《文翰類選大成》卷一九〇,《文苑英華》卷七七六、《唐文粹》卷二三均作"碩"。

[64] 暨:《文章類選》同《文翰類選大成》卷一九〇,《文苑英華》卷七七六、《唐文粹》卷二三作"洎"。

[65] 侁侁:《文章類選》同《唐文粹》卷二三,《文苑英華》卷七七六作"洸洸"。

[66] 泉:《文章類選》同《唐文粹》卷二三,《文苑英華》卷七七六作"鋒"。

[67] 欝:《文章類選》同《文翰類選大成》卷一九〇,《文苑英華》卷七七六、《唐文粹》卷二三作"翳"。

[68] 氣:《文章類選》同《文翰類選大成》卷一九〇,《文苑英華》卷七七六、《唐文粹》卷二三作"氛"。

[69] 日月:《文章類選》同《唐文粹》卷二三,《文苑英華》卷七七六作"白日"。

[70] 命:《文章類選》同《唐文粹》卷二三、《文翰類選大成》卷一九〇,《文苑英華》卷七七六作"常"。

[71] 仁:《文章類選》同《唐文粹》卷二三,《文苑英華》卷七七六作"勳"。

[72] 屼:《文章類選》同《唐文粹》卷二三,《文苑英華》卷七七六作"崛"。

[73] 欲:《文章類選》同《唐文粹》卷二三,《文苑英華》卷七七六作"育"。

[74] 莫:此字原脱,據《文苑英華》卷七七六、《唐文粹》卷二三補。

[75] 倫:《文章類選》同《唐文粹》卷二三,《文苑英華》卷七七六作"鄰"。

[76] 貞:《文章類選》同《唐文粹》卷二三,《文苑英華》卷七七六作"仁"。

[77] 侁侁:《文章類選》同《唐文粹》卷二三,《文苑英華》卷七七六作"洸洸"。

[78] 有:《文章類選》同《唐文粹》卷二三,《文苑英華》卷七七六作"太"。

[79] 先:《文章類選》同《唐文粹》卷二三,《文苑英華》卷七七六作"有"。

[80] 義:《文章類選》同《唐文粹》卷二三,《文苑英華》卷七七六作"帝"。

[81] 頸:原作"頂",據《文苑英華》卷七七六、《唐文粹》卷二三改。

[82] 流冰:"流",《文章類選》同《唐文粹》卷二三,《文苑英華》卷七七六作"孤";"冰"原作"水",據《文苑英華》卷七七六、《唐文粹》卷二三、《文翰類選大成》卷一九〇改。

[83] 聲:《文章類選》同《唐文粹》卷二三,《文苑英華》卷七七六作"血"。

[84] 伏:《文章類選》同《文翰類選大成》卷一九〇,《文苑英華》卷七七六、《唐文粹》卷二三均作"仗"。

[85] 漢：《文章類選》同《唐文粹》卷二三、《文翰類選大成》卷一九〇，《文苑英華》卷七七六作“嘆”。

[86] 仁：《文章類選》同《唐文粹》卷二三，《文苑英華》卷七七六作“行”。

[87] 延：《文章類選》同《唐文粹》卷二三，《文苑英華》卷七七六作“誕”。

[88] 公：《文章類選》同《唐文粹》卷二三，《文苑英華》卷七七六作“功”。

[89] 軍軍：《文苑英華》卷七七六、《唐文粹》卷二三均作“車軍”。

[90] 侊侊：《文章類選》同《唐文粹》卷二三，《文苑英華》卷七七六作“洸洸”。

[91] 爲：《文章類選》同《唐文粹》卷二三，《文苑英華》卷七七六作“與”。

[92] 君：原作“忠”，據《文苑英華》卷七七六、《唐文粹》卷二三改。

[93] 可：《文章類選》同《唐文粹》卷二三，《文苑英華》卷七七六作“相”。

[94] 由吾言：此三字原脱，據《文苑英華》卷七八〇補。

[95] 伊尹：此二字原脱，據《文苑英華》卷七八〇補。

[96] 合而爲美：《文章類選》同《文苑英華》卷七八四，《唐文粹》卷二四作“合爲二美”。

[97] 知：《文章類選》同《唐文粹》卷二四，《文苑英華》卷七八四作“睹”。

[98] 毛：《文章類選》同《唐文粹》卷二四，《文苑英華》卷七八四作“髪”。

[99] 馬：原作“鳴”，據《文苑英華》卷七八四、《唐文粹》卷二四改。

[100] 馬：《文章類選》同《文苑英華》卷七八四，《唐文粹》卷二四無此字。

[101] 樂：《唐文粹》卷二四作“禮”。

[102] 慕：《文章類選》同《文苑英華》卷七八四，《唐文粹》卷二四作“渭”。

[103] 逝：《文苑英華》卷七八四、《唐文粹》卷二四作“游”。

[104] 嘆：《文苑英華》卷七八四、《唐文粹》卷二四均作“嗟”。

[105] 而：此字原脱，據《古今事文類聚》卷八補。

[106] 議公：《文章類選》同《永樂大典》卷一〇三一〇《宋蘇東坡集》，《古今事文類聚》卷八作“稱人豪”。

[107] 見：原作“且”，據《古今事文類聚》卷八改。

[108] 國：原作“公”，據《古今事文類聚》卷八改。

[109] 免：《古今事文類聚》卷八作“死”。

[110] 匈奴：《古今事文類聚》卷八作“羯奴”。

[111] 友：原作“有”，據《古今事文類聚》卷八改。

[112] 身：原作“承”，據《宋文鑑》卷七五改。

[113] 追：原作“進”，據《宋文鑑》卷七五改。

[114] 居：《宋文鑑》卷七五作“處”。

[115] 其：此字原脱，據《宋文鑑》卷七五補。

[116] 帝：原作“常”，據《宋文鑑》卷七五改。

[117] 雖：《文章類選》同《經進東坡文集事略》卷五九，《宋文鑑》卷七五作“之”。

[118] 事：原作“士”，據《古今事文類聚》前集卷四一改。

[119] 鑾：原作“鸾”，據《古今事文類聚》前集卷四一改。

[120] 亦一：原作“一亦”，據《古今事文類聚》前集卷四一改。

[121] 出：此字原脱，據《黄庭堅全集》卷二二補。

[122] 次：原作“坎”，據《朱子全書》卷八五改。

[123] 持：《文章類選》同《文翰類選大成》卷一九〇，《新編性理群書句解》卷一作“提”。

[124] 廣：《文翰類選大成》卷一九〇作“擴”。

[125] 卷：原作“必”，據《新編性理群書句解》卷一改。

[126] 知其：《文章類選》同《文翰類選大成》卷一九〇，《新編性理群書句解》卷一作“其知”。

[127] 此：原作“大”，據《新編性理群書句解》卷一改。

[128] 以敬：《文章類選》同《文翰類選大成》卷一九〇，《新編性理群書句解》卷一作“歷歷”。

文章類選卷之十八

銘　類

燕然山銘　　班固

惟永元元年秋七月，有漢元舅曰車騎將軍竇憲，寅亮聖明，[1]登翼王室，納於大麓，惟清緝熙。乃與執金吾耿秉，述職巡御，理兵於朔方。鷹揚之校，螭虎之士，爰該六師，暨南單于、東烏桓、[2]西戎氐羌、侯王君長之群，驍騎三萬，[3]元戎輕武，長轂四分，雲輜蔽路，[4]萬有三千餘乘。勒以八陣，莅以威神，玄甲耀日，朱旗絳天。遂陵高闕，下雞鹿，經磧鹵，絶大漠，斬温禺以釁鼓，血尸逐以染鍔。然後四校横徂，星流彗掃，蕭條萬里，野無遺寇。

於是域滅區單，[5]反旆而旋，考傳驗圖，窮覽其山川。[6]遂踰涿郡，跨安侯，乘燕然，躡冒頓之區落，焚老上之龍庭。將上以攄高文之宿憤，[7]光祖宗之玄靈，下以安固後嗣，恢拓境宇，振大漢之天聲。兹所謂一勞而久逸，暫費而永寧者也。

乃遂封山刊石，昭銘上德。[8]其辭曰：鑠王師兮征荒裔，剿凶虐兮截海外，夐其邈兮亘地界，封神丘兮建隆碣，熙帝載兮振萬世。

（《文選》卷五六《封燕然山銘》，《新編事文類聚翰墨全書》甲集卷一《燕然山銘》，《班蘭臺集校注·銘·封燕然山銘》，《後漢書》卷二三《竇融列傳第十三·竇憲》，《東漢會要》卷三四《刻石紀功》）

座右銘　　崔瑗

無道人之短，無説己之長。施人慎勿念，[9]受施慎勿忘。世譽不足慕，唯仁爲紀綱。隱心而後動，謗議庸何傷？無使名過實，守愚聖所臧。在涅貴不淄，曖曖内含光。柔弱生之徒，老氏誡剛强。行行鄙夫志，悠悠故難量。慎言節飲食，知足勝不祥。行之苟有恒，久久自芬芳。

（《文選》卷五六《座右銘》，《古今事文類聚》别集卷八《座右銘》）

劍閣銘　張孟陽

巖巖梁山，積石峨峨。遠屬荆衡，近綴岷嶓。南通邛僰，北達褒斜。狹過彭碣，高踰嵩華。惟蜀之門，作固作鎮。是曰劍閣，壁立千仞。窮地之險，極路之峻。世濁則逆，[10]道清斯順。閉由往漢，開自有晋。秦得百二，并吞諸侯。齊得十二，田生獻籌。矧兹狹隘，土之外區。一人荷戟，萬夫趑趄。形勝之地，匪親勿居。昔在武侯，中流而喜。山河之固，見屈吴起。興實在德，險亦難恃。洞庭孟門，二國不祀。自古迄今，天命匪易。憑阻作昏，鮮不敗績。公孫既滅，劉氏銜壁。覆車之軌，無或重迹。勒銘山河，敢告梁益。

（《文選》卷五六《劍閣銘》，《漢魏六朝百三家集·張孟陽集·劍閣銘》，《晋書》卷五五《張載傳》）

石闕銘　陸佐公

昔在舜格文祖，禹至神宗。周變商俗，湯黜夏政。雖革命殊乎因襲，揖讓異於干戈。而晷緯冥合，天人啓基。克明俊德，大庇生民，其揆一也。

在齊之季，昏虐君臨。威侮五行，怠棄三正。刑酷然炭，暴踰膏柱。民怨神怒，衆叛親離。蹐地無歸，瞻烏靡托。於是我皇帝拯之。乃操斗極，把鉤陳，翼百神，禔萬福。於是龍飛黑水，[11]虎步西河。雷動風驅，天行地止。命旅致屯雲之應，登壇有降火之祥，龜筮協從，人祇響附。穿胸露頂之豪，箕坐椎髻之長。莫不援旗請奮，執鋭争先。夏首憑固，庸岷負阻。協彼離心，抗兹同德。帝赫斯怒，秣馬訓兵。

嚴鼓未通，凶渠泥首。弘舸連軸，巨艦接艫。鐵馬千群，朱旗萬里。折簡而禽廬九，傳檄以下相羅。兵不血刃，士無遺鏃。而樊鄧威懷，巴黔底定。

於是流湯之黨，握炭之徒。守以藩籬，[12]戰同枯朽。革車近次，師營商牧。華夷士女，冠蓋相望，扶老携幼，一旦雲集。壺漿塞野，簞食盈塗。似夏民之附成湯，殷士之窺周武。安老懷少，伐罪吊民。農不遷業，市無易賈。八方入計，四隩奉圖。羽檄交馳，軍書狎至。一日二日，非止萬機。而尊嚴之度，不信於師旅；[13]淵默之容，無改於行陣。計如投水，思若轉規。策定帷幄，謀成几案。曾未浹辰，獨夫授首。乃焚其綺席，棄彼寶衣。歸璇臺之珠，反諸侯之玉。指麾而四海隆平，下車而天下大定。拯兹塗炭，救此横流。功均天地，明并日月。

於是仰協三靈，俯從億兆。受昭華之玉，納龍叙之圖。類帝禋宗，光有神器。升中以祀群望，攝袂而朝諸夏。布教都畿，班政方外。謀協上策，刑從中典。南服緩耳，西羇反舌。劍騎穹廬之國，同川共穴之人，莫不屈膝交臂，厥角稽顙。鑿空萬里，攘地千都。幕南罷鄣，河西無警。

於是治定功成，邇安遠肅。忘兹鹿駭，息此狼顧。乃正六樂，治五禮，改章程，創法律。置博士之職，而著録之生若雲；開集雅之館，而款關之學如市。興建庠序，啓設郊丘。一介之才必記，無文之典咸秩。

於是天下學士，靡然向風。人識廉隅，家知禮讓。教臻侍子，化治期門。區宇乂安，方面静息。役休務簡，歲阜民和。歷代規謩，前王典故，莫不芟夷翦截，允執厥中。以爲象闕之制，其來已遠。《春秋》設舊章之教，《經禮》垂布憲之文，《戴記》顯游觀之言，《周史》書樹闕之夢。北荒明月，西極流精。海岳黄金，河庭紫貝。蒼龍玄武之制，銅爵鐵鳳之工。或以聽窮省冤。或以布治懸法，或以表正王居，或以光崇帝里。晋氏浸弱，宋歷威夷。《禮經》舊典，寂寥無記。鴻規盛烈，湮没罕稱。乃假天闕於牛頭，托遠圖於博望，有欺耳目，無補憲章。乃命審曲之官，選明中之士。陳圭置臬，瞻星揆地。興復表門，草創華闕。

於是歲次天紀，月旅太簇。皇帝御天下之七載也。構兹盛則，興此崇麗。方且趨以表敬，觀而知法。物睹雙碣之容，人識百重之典。作範垂訓，赫矣壯乎！爰命下臣，式銘磐石。其辭曰：

惟帝建國，正位辨方。周營洛涘，漢啓岐梁。居因業盛，文以化光。爰有象闕，是惟舊章。青蓋南泊，黄旗東指。懸法無聞，藏書弗紀。大人造物，龍德休否。建此百常，興兹雙起。偉哉偃蹇，壯矣巍巍。旁映重疊，上連翠微。布教方顯，浹日初輝。懸書有附，委篋知歸。鬱崫重軒，穹隆反宇。形聳飛棟，勢超浮柱。色法上圓，制模下矩。周望原隰，俛臨烟雨。前賓四會，却背九房。北通二轍，南凑五方。暑來寒往，地久天長。神哉華觀，永配無疆。

（《文選》卷五六《石闕銘》，《四六法海》卷一二《石闕銘》，《漢魏六朝百三家集·陸太常集·銘·石闕銘》）

文冢銘　劉蜕

文冢者，長沙劉蜕復愚爲文，不忍棄其草，聚而封之也。蜕愚而不鋭於用，百工之技，天不工蜕也。而獨文蜕焉。故飲食不忘於文，晦冥不忘於文。悲戚怨憤，疾病嬉游，群居行役，未嘗不以文爲懷也。

適當無事，而天下將以文爲號，文明代生殖明晦皆效文用，故日月星辰文乎旗常，昆虫鳥獸文乎彝器，徐方之土文於侯社，夏翟之羽文於旌旄。登龍於章，升玉於藻。百工婦人，雕鶗涂涑，[14]以供宗廟祭祀之文。[15]豈獨蜕也，生知效用，不及時文哉。然而意常獲助於天，而不獲助於人。故其雖窮，無憾也。當勤意之時，[16]不敢嚏，不敢咳，不敢唾，不敢跛倚。嗜欲躁競，忘之於心。其祇祇畏畏，如臨上帝。故有粲如星光，如貝氣，如蛟宫之水。又有黯如屯雲，如久陰，如枯腐熬燥之色。則有如春陽，如華川，逶逶迤迤；則有如海運，如震怒，動盪怪異。夫十爲文不滿十如意，[17]少如意，則豈非天助乎！常欲使天下聞之而必行，觀之而必蹈，[18]散之茫洋以爲道，演之浸淫以及物，[19]然後爲農文之，使風雨以時；兵文之，使戎虜以順。文於野，文於市。使其所隱之士以出，口者使之言，材者使之用。然而自振者無力，終知者甚稀，豈非不獲人助乎？

嗚呼！十五年矣，實得二千一百八十紙。[20]有塗者乙者，有注楷者，有覆背者，有朱墨圍者。於是以《周易》筮之，遇《復》䷗之《同人》䷌，筮者曰："嗚於地中，殷殷隆隆。七日而復，復來而天下昭融乎。"他日，更召龜而合，[21]將聽襲吉。卜於火，如秦兆，惟曰不吉；卜於水，不成乎河洛兆，則亦惟曰不吉；卜於木而閼閼，土協吉。纍纍爲冢，則汲之兆乎？峭峭爲壁，則魯之兆乎？且其占曰，土之文，爲山河，爲華英。將不崩不竭，爲滋味而傳乎？結爲丘陵，爲其設險乎？融爲川瀆，率其朝宗乎？華爲百穀，以絜祭祀之粢盛乎？[22]不然，使其速化爲墟壤，[23]生芻藁以食牛羊乎？化塗泥爲陶甄以作器乎？將塊爲五色，而茅社分封乎？流爲樂，[24]爲土鼓，爲凷桴，以洩其和聲乎？夷爲都邑，以興宫廟乎？坎爲洿池，以澤生殖乎？祀爲壇竈乎？窾爲井墓乎？吾皆不得而知也。當既不爲吾用，唯速化爲百工之用，慎無朽爲芝菌，以怪人自媚。慎無堅爲金鐵，以作貨起争。慎無潏爲醴泉，以味乎諂口。慎無禱爲城社，以狐鼠憑妖。慎無聳爲良材，以雕琢傷性。慎無萌爲蘭茝，以佩服見藝。[25]

嗚呼！介而爲石，使之能言，[26]舒而爲蟦，使之飲泉。既而他年游魂之未返者，亦命巫師而吊。三招之號曰："在几閣而來歸兮，掩爲塵垢。在耳目而來歸兮，奄視汝醜。[27]在口吻而來歸兮，譽不汝久。"噫！筆絶之年，而麟見祟。文其無祟乎？唅非珠玉，斂無裙襦。後世詩禮之儒，無驚吾之幽墟。其冢也，在莽蒼之野，大塊之丘。時有唐大中丁卯，①而戊辰之季秋。② 銘曰：

---

① 唐大中丁卯：唐宣宗大中元年(847)。

② 戊辰：唐宣宗大中二年(848)。

文乎文乎，有鬼神乎。風水惟貞，將利其子孫乎。

（《唐文粹》卷六七《梓州兜率寺文冢銘》，《文苑英華》卷七九〇《梓州兜率寺文冢銘》，《楚寶》卷一七《文苑三·劉蜕》，《文泉子集》卷三《梓州兜率寺文冢銘》）

新修刻漏銘　陸佐公

夫自天觀象，昏旦之刻未分；治歷明時，盈縮之度無準。挈壺命氏，遠哉義用，揆景測辰，儆宫戒井。守以水火，分兹日夜。而司歷亡官，疇人廢業，孟陬殄滅，攝提無紀。衛宏載傳呼之節，較而未詳；霍融叙分至之差，詳而不密。陸機之賦，虚握靈珠；孫綽之銘，空擅昆玉。弘度遺篇，承天垂旨。布在方册，無彰器用。譬彼春華，同夫海棗。寧可以軌物字民，作範垂訓者乎？且今之官漏，出自會稽，積水違方，導流乖則，六日無辨，五行不分，[28]歲躔閹茂。月次姑洗。皇帝有天下之五載也，樂遷夏諺，禮變商俗，業類補天，功均柱地。河海夷晏，風雲律吕。坐朝晏罷，每旦晨興，屬傳漏之音，聽鷄人之響。以爲星火謬中，金水違用。時乖啓閉，箭異錙銖。爰命日官，草創新器。

於是俯察旁羅，登臺升庫。則於地四，參以天一。建武遺蠹，咸和餘舛，金筒方員之制，飛流吐納之規，變律改經，一皆懲革，天監六年。太歲丁亥，十月丁亥朔，十六日壬寅，漏成進御。以考辰正晷，測表候陰，不謬圭撮，無乖黍累。又可以校運筭之睽合，辨分天之邪正，察四氣之盈虚，課六歷之疏密。永世貽則，傳之無窮。赫矣焕乎，無德而稱也。

昔嘉量微物，盤盂小器。猶其昭德記功，載在銘典。况入神之制，與造化合符；成物之能，與坤元等契。勛倍楹席，事百巾机。寧可使多謝曾水，有陋昆吾，金字不傳，銀書未勒者哉？乃詔小臣爲其銘曰：

一暑一寒，有明有晦。神道無迹，天工罕代。乃置挈壺，是惟熙載。氣均衡石，晷正權概。世道交喪，禮術銷亡。遽遷水火，争倒衣裳。擊刁舛次，聚木乖方。爰究爰度，時惟我皇。方壺外次，圓流内襲。洪殺殊等，高卑異級。靈虬承注，陰蟲吐噏。倏往忽來，鬼出神入。微若抽繭，逝如激電。耳不輟音，眼無留眄。銅史司刻，金徒抱箭。履薄非競，臨深罔戰。授受靡愆，登降弗爽。唯精唯一，可法可象。月不知來，[29]日無藏往。分似符契，[30]至猶影響。合昏暮卷，蓂莢晨生。尚辨天意，猶測地情。況我神造，通幽洞靈。配皇等極，爲世作程。

（《文選》卷五六《新刻漏銘》，《四六法海》卷一二《新刻漏銘》，《漢魏六朝百三家集·陸太常集·銘·新刻漏銘》）

瘞硯銘　韓愈

隴西李觀元賓始從進士貢在京師，或貽之硯。既四年，悲歡窮泰，未嘗廢其用。凡與之試藝春官，實二年登上第。行於褒谷，役者劉侐誤墜之地，毁焉，乃匣歸埋於京師里中。昌黎韓愈，其友人也。贊且識云：

土乎質，陶乎成器。復其質，非生死類。全斯用，毁不忍棄。埋而識，之仁之義。硯乎硯乎，與瓦礫異！

（《文章辨體》卷四二《瘞硯銘》，《韓愈文集彙校箋注》卷二六《瘞破硯銘》，《韓昌黎文集校注》卷八《瘞硯銘》）

壽州安豐縣孝門銘　柳宗元

壽州刺史臣承思言："九月丁亥，安豐縣令臣某上所部編户甿李興，父被惡疾，歲月就亟，興自刃股肉，假托饋獻。其父老病已不能啖啜，經宿而死。[31]興號呼撫臆，口鼻垂血，捧土就墳，沾漬涕洟。墳左作小廬，蒙以苫茨，伏匿其中，扶服頓踊，晝夜哭訴。孝誠幽達，神爲見異，廬上産紫芝、白芝二本，各長一寸。廬中醴泉涌出，奇形異狀，應驗圖記。此皆陛下孝理神化，陰中其心，而克致斯事。謹案興亡庶賤陋，循習淺下，性非文字所導，生與耨耒爲業，而能鍾彼醇孝，超出古列，天意神道，猶錫瑞物，以表殊異。

“伏惟陛下有唐堯如天如神之德，宜加旌褒，合於上下，請表其里閭，刻石明白，宣延風美，觀示後祀，永永無極。臣昧死上請。”制曰：“可。”其銘云：

懿厥孝思，兹惟淑靈，禀承粹和，篤守天經。泣侍羸疾，默禱隱冥。引刃自嚮，殘肌敗形。羞膳奉進，憂勞孝誠，惟時高高，曾不是聽。創巨痛仍，號於穹旻，捧土濡涕，頓首成墳。陷膺腐背，[32]寒暑在廬，草木悴死，鳥獸踟躕。殊類異族，亦相其哀，肇有二位，孝道爰興。克修厥猷，載籍是登。在位有虞，[33]以孝烝烝。仲尼述經，以教於曾。惟昔魯侯，見命夷宫。亦有考叔，寤莊稱醇。顯顯李氏，實與之倫。哀嗟道路，涕慕里鄰，邦伯章奏，稽首殷勤。上動帝心，旁達明神，神錫祕祉，三秀靈泉。帝命薦加，亦表其門，統合上下，交贊天人。建此碑號，億齡揚芬。

（《唐文粹》卷六七《壽州安豐縣孝門銘》，《柳宗元集校注》卷二〇《壽州安豐縣孝門銘並序》）

塗山銘　柳宗元

惟夏后氏建大功，定大位，立大政，勤勞萬邦，和寧四極，威懷之道，[34]儀刑後王。當乎洪流方割，灾被下土，自壺口而導百川，大功建焉。虞帝耄期，順承天曆，自南河而受四海，大位定焉。萬國既同，宣省風教，自塗山而會諸侯，大政立焉。功莫崇乎禦大灾，乃賜玄圭，以承帝命；位莫尊乎執大象，乃輯五瑞，以建皇極；政莫先乎齊大統，乃朝玉帛，以混經制。是所以承唐虞之後，垂子孫之丕業，立商周之前，樹帝王之洪範者也。

嗚呼！天地之道尚德而右功，帝王之政崇德而賞功，故堯舜至德而位不及嗣，湯武大功而祚延於世。有夏德配於二聖，而唐虞讓功焉；功冠於三代，而商周讓德焉。宜乎立極垂統，貽於後裔，當位作聖，著爲世準。則塗山者，功之所由定，德之所由濟，政之所由立，有天下者宜取於此。追惟大號既發，華蓋既狩，方岳列位，奔走來同，山川守神,莫敢遑寧,羽旄四合,衣裳咸會,虔恭就列,俯僂聽命。然後示之以禮樂,和氣周洽;申之以德刑,天威震耀。制立謨訓,宜在長久。厥後啓征有扈,而夏德始衰;羿距太康,而帝業不守。皇祖之訓不由,人亡政墜,卒就陵替。向使繼代守文之君,又能紹其功德,修其政統,卑宫室,惡衣服,拜昌言,平均賦入,制定朝會,則諸侯常至而天命不去矣。玆山之會,安得獨光於後歟?是以周穆遐追遺法,復會於是山,聲垂天下,亦紹前軌,用此道也。故余爲之銘,庶後代朝諸侯、制天下者,仰則於此。其辭曰:

惟禹體道,功厚德茂。會朝侯衞,統壹憲度。省方宣教,化制殊類。咸會壇位,承奉儀矩。禮具樂備,德容既孚。乃舉明刑,以弼聖謨。則戮防風,遺骨專車。克明克威,疇敢以渝。宣昭黎憲,耆定混區。[35]傳祚後胤,丕承帝圖。塗山巖巖,界彼東國。唯禹之德,配天無極。即山刊碑,貽後訓則。

(《唐文粹》卷六六《塗山銘並序》,《柳宗元集校注》卷二〇《塗山銘並序》)

井銘　柳宗元

始州之人,各以罌甈負江水,莫克井飲。崖岸峻厚,旱則水益遠,人陟降大艱。雨多,塗則滑而顛。恒惟咨嗟,怨惑訛言,終不能就。元和十一年三月朔,命爲井城北隍上。未晦,果寒食洌而多泉,邑人以灌。其土堅垍,其利悠久。其相者,浮圖談康、諸軍事牙將米景。[36]鑿者蔣晏。凡用罰布六千三百,役庸三十六,大磚千七百。其深八尋有二尺。銘曰:

盈以其神,其來不窮,惠我後之人。噫!疇肯似於,政其來日新。

(《唐文粹》卷六七《井銘》,《柳宗元集校注》卷二〇《井銘並序》)

武岡銘　柳宗元

元和七年四月,黔巫東鄙,蠻獠雜擾,盗弄庫兵,賊脅守帥,南鈎牂牁，外誘西原，置魁立帥，殺牲盟誓，洞窟林麓，嘯呼成群。皇帝下銅獸符，發庸、蜀、荆、漢、南越、東甌之師，四面討問。畏罪憑阻，逃遁不即誅。時惟潭部戎帥御史中丞柳公綽練立將校，提卒五百，屯於武岡，不震不騫，如山如林，告天子威命，明白信順。亂人大恐，視公之師如百萬，視公之令如風雷，怨號呻吟，喜有攸訴，投刃頓伏，願完父子。卒爲忠信，奉職輸賦，進比華人，無敢不龔。母弟生婿，繼來於潭，咸致天延。皇帝休嘉，式新厥命。凶渠同惡，革面向化，如醉之醒，如狂之寧。公爲藥石，俾復其性。詔書顯異，進臨江漢，益兵三倍，爲時碩臣，殿於大邦。文儒申申，有此武功。於是夷人始復。聞公之去，相與高蹈涕呼，若寒去裘。昔公不夸首級爲己能力，專務教誨，俾邦斯平。我老洎幼，由公之仁，小不爲虺蜮，大不爲鯨鯢，恩重事持，不邇而遠，莫可追已。願銘武岡首，以慰我思，以昭我類，[37]以示我子孫。彌億萬年，俾我奉國，如令之誠；鄰之我懷，如公之勤。其辭曰：

黔山之巑，巫水之磻，魚駭而離，獸犯而殘。户恐合竄，彼攘仍亂，王師來誅，期死以緩。公明不疑，公信不欺。援師定命，俾邦克正。皇仁天施，我反其性。我塗四闔，公示之門，我愚抵死，公示之恩。既骨而完，既亡而存，奉公之訓，貽我子孫。我始螫賊，由公而仁，我始寇酹，由公而親。山畋澤獻，輸賦於都。陶冗刊木，室我姻族。烹牲是祀，公受介福，揲蓍以占，公宜百禄。皇懋公功，陟於大邦，遠哉去我，誰嗣其良。有穴之丹，有犀之顛。匪曰余固，公不可賂。祝鄰之德，恒遵公則。勖余之世，永謹邦制。南夷作詩，刻示來裔。

（《柳宗元集校注》卷二〇《武崗銘並序》）

陋室銘　劉禹錫

山不在高，有仙則名。水不在深，有龍則靈。斯是陋室，惟吾德馨。苔痕上階緑，草色入簾青。談笑有洪儒，往來無白丁。可以調素琴,閲金經。無絲竹之亂耳,無案牘之勞形。南陽諸葛廬,西蜀子雲亭,孔子云:“何陋之有?”

(《古文集成》卷四八《陋室銘》,《劉禹錫全集編年校注》附録三《備考詩文·陋室銘》,《劉禹錫集·詩文補遺·遺文目録·陋室銘》)

傅巖銘　吕温

昔商高宗恭默思道,至誠動天,天將報之,以説爲瑞。王在於寢,[38]降神夢中,審形旁求,實得於此。曾不待敷奏以言,明試以功,脱刑人之衣,被公衮之服。授受之際,君不疑,臣不慚。大哉邈乎,[39]商之所以興也。若非武丁之心,周乎天地,[40]傅説之德,通乎神明,何感動訴合,[41]如此其易。厥後惟文王以兆用太公,[42]自漁父而登國師,白旄一麾,光定天下,抑其鄰歟。由兹而還,[43]莫不先顯後幽,右資左德,勒以漢秩,束於周行,使特達自致之士無聞焉,吁可嘆也。

夫以天驥之材,而造父御之,則必翼輕軒,凌高衢,風翔電邁,一日千里。若制非其人,服非其車,忘權奇,務牽束,挫盛氣,頓逸足,使遵乎尋常之躅,[44]則終歲疾驅,望駑駘而不及矣。遇與不遇,又何疑哉。

嗚呼!見賢非難,知之難;[45]知之非難,用之難;用之非難,特達難。君人者,苟以特達爲心,假無商宗之夢,必自得説。不然,則雖使咎、夔、稷、契,盡入其庭,亦葉公之見龍,反疑懼矣。况氤氲之中乎,恍惚之際乎。貞元九年,[46]予自鎬徂洛,息駕於虞虢之間,外墟瞰原,仿佛其地,遠迹雖昧,清風若存,想《説命》三篇,幾墮秦火,百代之後,德音如何,乃作銘曰:

赫赫湯德,如日不滅。滔滔商祚,如海不竭。發祥播氣,世作聖哲。國誕武丁,野生傅説。説始胥靡,武丁即祚。德通神交,忽夢如悟。若帝導我,期於顥素。有無之間,邂逅相遇。宵衣而起,爰得其人。貌符心冥,如舊君臣。飛龍在天,山川出雲。感激自致,其間無因。捨築傅巖,脱鱗鵬升。作霖時和,奮檝川澄。金在吾勵,木從吾繩。君何言哉，殷道中興。元凱攀堯，微舜曷階。阿衡要湯，[47]抱鼎徘徊。會合之際，厥惟艱哉。何如夢中，天授神開。惟賢是登，道貴特達。匪次勿用，才其壅遏。高宗得説，乃在恍惚。揭銘檎光，萬古不没。

（《文苑英華》卷七八七《傅巖銘》，《吕衡州文集》卷八《傅巖銘》）

秦坑銘　司空圖

秦術戾儒，厥民斯酷。秦儒既坑，厥祀隨覆。天復儒仇，儒祀而家。秦坑儒耶，儒坑秦耶！

（《唐文粹》卷六七《銘秦坑》，《司空表聖文集》卷一《銘秦坑》）

三槐堂銘　蘇軾

天可必乎？賢者不必貴，仁者不必壽。[48]天不可必乎？仁者必有後。二者將安取衷哉！吾聞之申包胥曰："人衆者勝天，[49]天定亦能勝人。"①世之論天者，皆不待其定而求之，故以天爲茫茫。善者以怠，惡者以肆。[50]盗跖之壽，孔顔之厄，此皆天之未定者也。松柏生於山林，其始也困於蓬蒿，厄於牛羊，而其終也，貫四時閲千歲而不改者，其天定也。善惡之報，至於子孫，而其定也久矣。吾以所見所聞所傳聞考之，而其可必也審矣。國之將興，必有世德之臣，[51]厚施而不食其報，然後其子孫能與守文太平之主共天下之福。故兵部侍郎晋國王公顯於漢、周之際，歷事太祖、太宗，文武忠孝，天下望以爲相，而公卒以直道不容於時。

蓋嘗手植三槐於庭曰："吾子孫必有爲三公者。"已而其子魏國文正公相真宗皇帝於景德、祥符之間朝廷清明天下無事之時，享其福禄榮名者十有八年。今夫寓物於人，明日而取之，有得有否。而晋公修德於身，責報於天，取必於數十年之後，如持左契，交手相付。吾是以

---

① 參見《史記》卷六六《伍子胥列傳》。

知天之果可必也。吾不及見魏公，而見其子懿敏公，以直諫事仁宗皇帝，出入待從將帥王十餘年，位不滿其德。天將復興王氏也歟？何其子孫之多賢也。世有以晋公比李栖筠者，其雄才直氣，真不相上下，而栖筠之子吉甫，其孫德裕，功名富貴，略與王氏等，而忠信仁厚，[52]不及魏公父子。由此觀之，王氏之福蓋未艾也。懿敏公之子鞏與吾游，好德而文，以世其家。吾以是銘之。[53]銘曰：

嗚呼休哉。魏公之業，與槐俱萌。封植之勤，必世乃成。既相真宗，四方砥平。歸視其家，槐陰滿庭。吾儕小人，朝不及夕。相時射利，皇恤厥德。庶幾僥幸，不種而穫。不有君子，其何能國。王城之東，晋公所廬。鬱鬱三槐，惟德之符，嗚呼休哉！

（《宋文鑑》卷七三《三槐堂銘》，《古今事文類聚》别集卷三二《三槐堂銘》，《蘇軾文集》卷一九《三槐堂銘》）

漢鼎銘　蘇軾

禹鑄九鼎，用器也，初不以爲寶，象物以飾之，亦非所以使民遠不若也。[54]武王遷之洛邑，蓋已見笑於伯夷、叔齊矣。方周之盛也，鼎爲宗廟之觀美而已。及其衰也，爲周之患，有不可勝言者。匹夫無罪，懷璧其罪。周之衰也，與匹夫何異。嗟夫，孰知九鼎之爲周之角齒也哉？自春秋時，楚莊王始已問其輕重大小。[55]而戰國之際，秦與齊、楚皆欲之，周人惴惴焉，視三虎之垂涎而睨己也。絶周之祀不足以致寇，裂周之地不足以肥國，然三國之君，未嘗一日而忘周者，以寶在焉故也。三國争之，周人莫知所適與。[56]得鼎者未必能存周，而不得者必碎之，此九鼎之所以亡也。周顯王之四十二年，宋太丘社亡，而鼎淪没於泗水，[57]此周人毁鼎以緩禍，而假之神妖以爲之説也。秦始皇、漢武帝乃始萬方以出鼎，此與兒童之見無異。善夫吾丘壽王之説也，曰："汾陰之鼎，漢鼎也，非周鼎。"夫周有鼎，漢亦有鼎，此《易》所謂正位凝命者，豈三趾兩耳之謂哉！恨壽王小子方以諛進，不能究其義，予故作《漢鼎銘》，以遺後世君子。其詞曰：

惟五帝三代及秦漢以來受命之君,[58]靡不有玆鼎。鼎存而昌,鼎亡而亡。蓋鼎必先壞而國隨之,豈有易姓而猶傳者乎? 不寶此器,而拳拳於一物,孺子之智,婦人之仁,嗚呼! 悲夫。

(《古今事文類聚》續集卷二七《漢鼎銘》,《蘇軾文集》卷一九《漢鼎銘并引》)

洗玉池銘　蘇軾

世忽不踐,以用爲急。秦漢以還,龜玉道熄。六器僅存,五瑞莫輯。趙璧婦玩,魯璜盗竊。鼠亂鄭璞,鵲抵晋棘。維伯時父,吊古啜泣。道逢玉人,解驂推食。劍璏鏚柲,錯落其室。既獲拱寶,遂空四壁。哀此命世,久就淪蟄。時節沐浴,以幸斯石。孰推是心,施及王國。如伯時父,琅然環玦。援手之勞,終睨莫拾。得喪在我,匪玉欣戚。和仲父銘之,維以咏德。

(《古文集成》卷四八《洗玉池銘》,《經進東坡文集事略》卷五九《洗玉池銘》,《蘇軾文集》卷一九《洗玉池銘》)

崆峒山銘　王元之

軒轅氏之爲聖也,天下首冠足履者皆知之,况通儒巨賢乎? 然則枉萬乘之駕,不自爲尊也;降匹夫之室,不自爲辱也;陟千巖之險,不自爲勞也。所以然者,下風問道而已哉。故放勛法之以師許由,重華繼之以讓善卷,文命宗之以尊子高。凡數帝者,天下非不理也,諸侯非不賓也,兆民非不安也,陰陽非不和也,祥瑞非不至也,所以孜孜於一山翁林叟者,何哉? 蓋恐後世失尊賢好問之道爾。聖人之用心也,其有旨乎? 洎去帝及王,厥道漸喪。君以尊爲極,[59]臣以賤爲隔。極則以下問爲耻,隔則以上達爲患。尊賤之不通,上下之不安,厥有萌矣。然亦有審象於《傳》者謂之聖,獵賢於渭者謂之明,吐握於朝者謂之勤。雖去道愈遠,亦庶幾乎。

及王化下衰,柏圖孔熾,殉良之哀起,逐客之議作。高祖,一沛公也，見奉春君箕踞而坐。霍光，一將軍也，使蕭望之挾持而入。遂使賢者抱道以思退，不肖者忍耻而求進。至有劗勵其脣吻，詭怪其容儀，囁嚅於閽寺之前，趑趄於廊廡之下，朝佞夕媚，髮白而不知其已者，又何屑屑哉？夫如是，則抱帝王之道，藴經綸之材者，老死空谷，寂寞無聞，未嘗降一尺之書，飛一介之使，矧肯辱萬乘而顧匹夫者哉！斯後代未復於古也，可痛惜哉。

是故首陽二老，佐帝者也，耻於王也，乃去周而采薇；商山四皓，佐王者也，耻於霸也，乃去秦而茹芝。豈無意於君邪？無意於民邪？蓋尊賤不通，上下不交之致也。嗚呼！不自尊者，取萬世之尊也；自尊者，取一時之尊也。君天下者，得無思邪？某讀軒轅之紀，嘉崆峒之請，美德垂誡，乃賡作歌。其辭曰：

崆峒之叟，心豈聖兮。軒轅聖也，不自聖哉。崆峒之叟，目豈明兮。軒轅明也，不自明哉。崆峒之叟，耳豈聰兮。軒轅聰也，不自聰哉。寂寞巖隈，孰爲來哉。吁嗟後君，得無鑒哉。

（《古文集成》卷四七《崆峒山銘》）

王氣臺銘　　王元之

古之王者，築靈臺，視雲物，察氣候之吉凶，知政教之善惡。苟理合天道，垂休降禎，則必日新其德以奉之；化失民心，爲妖作沴，則必夕惕其躬以懼之。如是，則變禍福而反灾祥，不爲難矣。烏有築高臺，厭王氣，行巫覡之事，禦天地之灾者乎？嬴政之有天下也，始以利觜長距，鷄鬥六國而擅場；復以鉤爪鋸牙，虎噬萬方而擇肉；終以多藏厚斂，蚕食兆民而富國。然後戍五嶺，築阿房。驅周孔之書，盡付回禄；惑神仙之術，但崇方士。收太半之賦，則黔首豆分；用三夷之刑，則赭衣櫛比。鯨鯢國政，螻蟻人命，原膏野血，風腥雨膻。六國嗷嗷，[60]上訴求主。天將使民息肩於炎漢，故望氣者云："東南有天子氣。"於是祖龍巡狩，築臺以厭之。殊不知民厭秦也，訴之於天，天厭秦也，授之於漢，秦獨厭天厭民而自王乎？向使築是臺，告天引咎，遷善樹德,封六國之嗣,復萬民之業,薄賦斂,省徭役,銷戈鎔兵,勖稼穡,誅高、斯之暴政,修唐、虞之墜典,下從人望,上答天意,則王氣不厭而自銷矣,劉、項之族何由而興哉?某游豐沛間,睹臺之舊址,思古懷覽,[61]悵然有懷,泥輪濡毫,遂爲銘曰:

臺之築兮,救秦之衰。救之不得,爲漢之基。氣之厭兮,慮漢之昌。厭之不得,速秦之亡。秦之厭漢,甘惟一身。漢之厭秦,乃有萬民。高臺巍峨,王氣氤氲。秦政已矣,漢德惟新。怏怏前古,茫茫後塵。故國蕪没,荒臺草春。行人環睇,惻愴斯文。

(《古文集成》卷四七《王氣臺銘》)

西銘　張横渠

乾稱父,坤稱母。予兹藐焉,乃混然中處。故天地之塞,吾其體;天地之帥,吾其性。民吾同胞,物吾與也。

大君者,吾父母宗子;其大臣,宗子之家相也。尊高年,所以長其長;慈孤弱,所以幼吾幼。聖其合德,賢其秀也。

凡天下疲癃殘疾、惸獨鰥寡,皆吾兄弟之顛連而無告者也。於時保之,子之翼也。樂且不憂,純乎孝者也。[62]

違曰悖德,害仁曰賊。濟惡者不才,其踐形,惟肖者也。知化則善述其事,窮神則善繼其志。不愧屋漏爲無忝,存心養性爲匪懈。

惡旨酒,崇伯子之顧養;育英材,穎封人之錫類。不弛勞而底豫,舜其功也;無所逃而待烹,申生其恭也。體其受而歸全者,參乎!勇於從順而順令者,伯奇也。

富貴福澤,將厚吾之生也;貧賤憂戚,庸玉汝於成也。存,吾順事,没,吾寧也。

(《古今事文類聚》别集卷八《西銘》,《宋文鑑》卷七三《西銘》,《性理群書句解》前集《新編性理群書句解》卷三《西銘》,《張子全書》卷一《西銘》)

東銘　張横渠

戲言出於思也，戲動作於謀也。發乎聲，[63]見乎四支，謂非己心，不明也；欲人無己疑，不能也。

過言非心也，過動非誠也。失於聲，繆迷其四體，謂己當然，自誣也；欲他人己從，誣人也。

或者謂出於心者，歸咎於己戲。失於思者自誣爲己誠，不知戒其出汝者，歸咎其不出汝者，長傲且遂非，不智孰甚焉！

（《古今事文類聚》别集卷八《東銘》，《宋文鑑》卷七三《東銘》，《張子全書》卷三《東銘》）

魯壁銘　王元之

在天成象，壁星主文。聖人藏書，所以順乎天也。噫，乾坤不可以久否，故交之以泰；日月不可以久晦，又繼之以明；文籍不可以久廢，亦受之以興。我夫子當周之衰則否，屬魯之亂則晦，及秦之暴則廢，遇漢之王則興。其廢也，賴斯壁而藏之；其興也，自斯壁而發之。矧乎三《墳》，言大道也。述乎君，則堯、舜、禹、湯、文、武之業備矣；述乎臣，則皋、夔、稷、契、伊、吕之功盡矣；濟乎世，則六府存矣；化乎人，則五教立矣。

向使不藏魯壁，盡委秦坑，熖飛聖言，灰歇帝道，則後之爲君者，不聞堯舜禪讓之德，禹湯征伐之功，文武憲章之義，將欲化民，不亦難乎！後之爲臣者，又不聞皋之述九德，夔之諧八音，稷之播百穀，契之遜五品，伊之翊贊，吕之攻伐，復欲致君，不亦難乎！世不知六府，則無火食之人，有卉服之衆，與夷狄攸同矣。人不知五教，則忘父子之慈孝，兄弟之友恭，與鳥獸無别矣。欲見熙熙之國政，平平之王道，不其遠乎！

嗚呼，金有篋，玉有櫝，防之以關鍵，固之以緘縢，人必有竊而求之者，蓋重利也。斯壁藏君臣之道、父子之教，人無求而行者，益輕義也。天恐壞斯壁，毁斯文，命恭王以壤之，伏生以誦之，使天下皎然復知上古之道，其大矣哉。銘曰：

據山高兮爲秦城，鑿池深兮爲秦坑。城之高兮胡先壞？坑之深兮胡先平？伊斯壁兮藏家書，歷幫亂兮猶不傾。壞之者恭王，誦之者伏生。發《典》《謨》《訓》《誥》之義，振金石絲竹之聲。如天地兮否而忽泰，如日月兮晦而復明。秦之焚兮未盡，我不爲燼；秦之坑兮未得，爾滅其國。江海涸竭，乾坤傾側，唯斯文兮用之不息。

（《五百家播芳大全文粹》卷一〇九《魯壁銘》，《古文集成》卷四七《魯壁銘》，《文翰類選大成》卷一七〇《魯壁銘》）

克己銘　呂大臨

凡厥有生，均氣同體。胡爲不仁？我則有己。立己與物，私爲町畦，勝心横生，擾擾不齊。大人存誠，心見帝則，初無吝驕，作我蟊賊。志以爲帥，氣爲卒徒，奉辭於天，誰敢侮予？且戰且徠，勝私窒欲，昔焉寇仇，今則臣僕。方其未克，窘我室廬，婦姑勃谿，安取其餘？[64]亦既克之，皇皇四達，洞然八荒，皆在我闥。孰曰天下，不歸吾仁？痒痾疾痛，舉切吾身。一日至之，莫非吾事。顔何人哉，晞之則是。

（《宋文鑑》卷七三《克己銘》，《古今事文類聚》别集卷八《克己銘》，《能改齋漫録》卷一四《呂與叔克己銘》，《藍田呂氏集・遺著輯校・文集佚存・克己銘》）

虚舟銘　真德秀

萬斛之舟，不楫不維。潎潎長川，縱其所之。云誰有船，適與之觸。舟本何心，奚怨奚仇。德人天游，其中休休。我無愛憎，物自春秋。雨露零零，孰知其德。雪霜凝凝，豈曰子刻。伯氏無尤，季平見思。懷哉兩賢，心事可師。紛紛小夫，欲蔽私室。森然戈矛，動與物敵。涪翁有言，吾誰疏親。子今自名，豈其後人。世塗漫漫，濤激浪汹。往安子行，萬變勿動。

（《文翰類選大成》卷一七〇《虚舟銘》，《古文集成》卷五二《虚舟銘》，《西山先生真文忠公文集》卷三《虚舟銘》）

顔樂亭銘　程顥

天之生民，是爲物則。非學非師，孰覺孰識？聖賢之分，古難其明。有孔之遇，有顔之生。聖以道化，賢以學行。[65]萬世心目，破昏爲醒。周爰闕里，惟顔舊止。巷污以榛，井堙而圮。鄉閭蚩蚩，弗視弗履。有卓其誰，師門之嗣。追古念今，有惻其心。良價善諭，發帑出金。巷治以闢，井渫而深。清泉澤物，佳木成陰。載基載落，[66]亭曰顔樂。昔人有心，予忖予度。千載之上，顔惟孔學。百世之下，顔居孔作。盛德彌光，風流日長。道之無疆，古今所常。水不忍廢，地不忍荒。嗚呼正學，其何可忘！

（《宋文鑑》卷一二《顔樂亭》，《古今事文類聚》續集卷八《顔樂亭詩》，《古文集成》卷五二《顔樂亭銘》，《二程集》卷三《顔樂亭銘》）

至樂齋銘　晦庵

呻吟北窗，氣鬱不舒。我讀我書，如病得甦。客問此書，中作何味？君乃嗜之，如此其至。趣爲子語，無味乃然。是有味者，乃痏乃羶。天下之樂，我不敢知。至歐陽子，乃陳斯詩。我思古人，實感我心。惟曰愔愔，式鈎且深。

（《文翰類選大成》卷一七〇《至樂齋銘》，《古文集成》卷五〇《至樂齋銘》，《朱子全書》卷八五《至樂齋銘》）

省庵銘　誠齋

人無鑑銅，當鑑以身。人無鑑身，當鑑以心。一善之萌，鬼神知之。非鬼神之知，吾心已知。一不善之作，海甌亦覺。非海甌之覺，吾心已作。知之斯行，吾心吾朋。作之斯絶，吾心吾鉞。孰鉞孰朋？省則勇而。朋亡鉞喪，省則縱而。以省攻昧，維聖作對。以昧翳省，擿埴觀井。參省以日，吾省以時。參省以三，吾省千之。維聖無過，維賢寡過。欲寡未能,吾其敢惰!

(《文翰類選大成》卷一七〇《省庵銘》,《古文集成》卷五二《省庵銘》,《楊萬里集箋校》卷九七《省庵銘》)

學古齋銘　晦庵

相古先民,學以爲己。今也不然,爲人而已。爲己之學,先誠其身。君臣之義,父子之仁。聚辨居行,無怠無忽。至足之餘,澤及萬物。爲人之學,燁然春華。誦數是力,纂組是誇。結駟懷金,煌煌煒煒。世俗之榮,君子之鄙。維是二者,其端則微。眇綿不察,胡越其歸。卓哉周侯,克承先志。日新此齋,以迪來裔。此齋何有? 有圖有書。厥裔伊何? 衣冠進趨。夜思晝行,咨詢謀度。絶今不爲,惟古是學。先難後獲,匪極匪徐。[67]我則銘之,以警厥初。

(《文翰類選大成》卷一七〇《學古齋銘》,《古文集成》卷五〇《學古齋銘》,《朱子全書》卷八五《學古齋銘》)

敬恕齋銘　晦庵

出門如賓,承事如祭。以是存之,敢有失墜?"己所不欲,勿施於人"①,以是行之,與物皆春。胡世之人,恣己窮物,惟我所便,謂彼奚恤? 孰能反是,斂焉厥躬? 於墻於羹,仲尼子弓。内順於家,外同於鄰。無小無大,罔時怨恫。爲仁之功,曰此其極。敬哉恕哉,永永無斁。

(《文翰類選大成》卷一七〇《敬恕齋銘》,《古文集成》卷五〇《敬恕齋銘》,《朱子全書》卷八五《敬恕齋銘》)

求放心齋銘　晦庵

天地變化,其心孔仁。成之在我,則主於身。其主伊何? 神明不測。發揮萬變,立此人極。晷刻放之,千里其奔。非誠曷有? 非敬曷

① 參見《論語·顔淵》。

存？孰放孰求？孰亡孰有？屈伸在臂，反覆惟手。防微謹獨，兹守之常。切問近思，曰惟以相。

（《古今事文類聚》後集卷二〇《求其放心齋銘》，《文翰類選大成》卷一七〇《求放心齋銘》，《朱子全書》卷八五《求放心齋銘》）

藏書閣書厨銘　晦庵

於穆元聖，繼天測靈。出此謨訓，惠我光明。永言寶之，匪金厥籯。含英咀華，[68]百世其承。

（《古今事文類聚》别集卷三《藏書閣書厨字號銘》，《文翰類選大成》卷一七〇《藏書閣書厨銘》，《永樂大典》卷八二六九《書厨子號銘》，《朱子全書》卷八五《藏書閣書厨字號銘》）

蘇氏藏書室銘　袁桷

六學鴻烈，代天昭明。精思纂微，辭以立誠。匪事於言，不文奚宣。析理日繁，[69]直致衍傳。謂默足以通，絶其知聞。敬焉孰持？道焉孰存？趙郡氏蘇，崇其書楹。剖决雲章，經緯有程。靈根湛虚，服習粹精。廣以觀萬，約以守一。迎之莫尋，倚兮不躓。仰止元聖，學海彌溢。

（《元文類》卷一七《蘇氏藏書室銘》，《文翰類選大成》卷一七〇《蘇氏藏書室銘》，《袁桷集校注》卷一七《藏書室銘》）

安氏尊經堂銘　孛术魯翀

明明尊經，安氏堂之。用有儆惕，予其銘之。於在古昔，挺起神聖。越紹上帝，昭我明命。曁蒼姬氏，四術乃崇。《詩》《書》《禮》《樂》，順古範鎔。文武道衰，四教崩弛。孰其捄之，天縱夫子。龍馬獻圖，用著蓍策。吉凶悔吝，開我人則。二禪三繼，曰帝曰王。典謨訓誥，明我天常。志欲有言，刑於咏歌。《雅》《頌》得所，神人以和。王綱失維，列侯遞霸。其敢僭踰，筆討無赦。是謂四府，其用不窮。大禮大樂，升降污隆。宇宙有經，終古莫忒。民無能名，功載人極。

鼎鼎儒者，相與守之。孰吾堯桀，相與掊之。曾子思孟，荀董王韓。周程張朱，以達聖元。不息不泯，皇衷民彝。其有能奮，立百世師。安氏東垣，世以儒名。味道之醇，服義之精。百氏謏聞，寧不有當。處宜下陳，經無二上。至小無内，至大無外。晦不加蹙，顯不加泰。風雨震凌，帲幪是屋。六籍鳳峙，疇匪雌伏。安父之嗣，伯仲叔季。[70]稺子齠孫，繩繩繼繼。豈徒藏之，斯務明之。豈徒尊之，斯務勤之。其徒之賢，蘇伯修甫。將以所聞，往相告語。多歧亡羊，克敬克念。無或怠墮，請以銘鑑。

（《元文類》卷一七《安氏尊經堂銘》，《文翰類選大成》卷一七〇《安氏尊經堂銘》，《菊潭集》卷三《安氏尊經堂銘》）

瓶城齋銘　閻復

利欲之兵，或隳吾城；躁厲之機，或發吾瓶。墨其守，不若修仁義之干櫓；金其緘，不若駕聖賢之説鈐。若然，則城何懼於脱扃，瓶何患乎建瓴哉？

（《元文類》卷一七《瓶城齋銘》，《文翰類選大成》卷一七〇《瓶城齋銘》）

訥齋銘　吴澂[71]

君子之訥，不盡其有餘；小人之訥，將言而囁嚅。得善敏於行，近仁者歟？是爲君子儒，非小人儒。

（《元文類》卷一七《訥齋銘》，《文翰類選大成》卷一七〇《訥齋銘》，《吴文正集》卷五三《訥齋銘》）

箴　類

女史箴　張華

茫茫造化，二儀既分。散氣流形，既陶既甄。在帝庖羲，肇經天人。爰始夫婦，以及君臣。家道以正，而王猷有倫。婦德尚柔，含章貞吉。婉嫕淑慎，正位居室。施衿結褵，虔恭中饋。肅慎爾儀，式瞻清懿。樊姬感莊，不食鮮禽。衛女矯桓，耳忘和音。志厲義高，而二主易心。玄熊攀檻，馮媛趨進。夫豈無畏？知死不佑。[72]班妾有辭，割歡同輦。夫豈不懷？防微慮遠。

道罔隆而不殺，物無盛而不衰。日中則昃，月滿則微。崇猶塵積，替若駭機。人咸知飾其容，而莫知飾其性。性之不飾，或愆禮正。斧之藻之，克念作聖。出其言善，千里應之。苟違斯義，則同衾以疑。夫出言如微，而榮辱由兹。勿謂幽昧，靈監無象。勿謂玄漠，神聽無響。無矜爾榮，天道惡盈。無恃爾貴，隆隆者墜。鑒於《小星》，戒彼攸遂。比心《螽斯》，則繁爾類。歡不可以黷，寵不可以專。專實生慢，愛極則遷。致盈必損，理有固然。美者自美，翩以取尤。冶容求好，君子所仇。結恩而絶，職此之由。

故曰：翼翼矜矜，福所以興。靖恭自思，榮顯所期。女史司箴，敢告庶姬。

（《文選》卷五六《女史箴》，《漢魏六朝百三家集·張茂先集·箴·女史箴》）

大寶箴　張藴古

今來古往，俯察仰觀，惟辟作福，惟君實難。[73]主普天之下，[74]處王公之上，任土貢其所求，具僚陳其所唱。是故恐懼之心日弛，邪僻之情轉放。豈知事起乎所忽，禍生乎無妄。固以聖人受命，拯溺亨屯，歸罪於己，因心於民。大明無私照，至公無私親。故以一人治天下，不以天下奉一人。禮以禁其奢，樂以防其佚。左言而右事，出警而入蹕。四時調其慘舒，三光同其得失。故身爲之度，而聲爲之律。勿謂無知，居高聽卑；勿謂何害，積小就大。樂不可極，樂極生哀；欲不可縱，縱欲成灾。壯九重於内，所居不過容膝，彼昏不知，瑶其臺而瓊其室。羅八珍於前，所食不過適口，惟狂罔念，丘其糟而池其酒。

勿内荒於色，勿外荒於禽，勿貴難得貨，勿聽亡國音。内荒伐人性，外荒蕩人心，難得之貨侈，亡國之音淫。勿謂我尊而傲賢慢士，勿謂我智而拒諫矜己。聞之夏后，據饋頻起；亦有魏帝，牽裾不止。安彼反側，如春陽秋露，巍巍蕩蕩，恢漢高大度。撫兹庶事，如履薄臨深，戰戰栗栗，用周文小心。

《詩》之“不識不知”①，《書》之“無偏無黨”②。一彼此於胸臆，捐好惡於心想。[75]衆棄而後加刑，衆悦而後行賞。弱其强而治其亂，伸其屈而直其枉。故曰：如衡如石，不定物以限，物之懸者，輕重自見；如水如鏡，不示物以情，物之鑒者，妍蚩自生。勿渾渾而濁，勿皎皎而清，勿汶汶而閽，[76]勿察察而明。雖冕旒蔽目而視於未形，雖黈纊塞耳而聽於無聲。縱心乎湛然之域，[77]游神於至道之精。知之者，應洪纖而效響，酌之者，隨深淺而皆盈。故曰天之經，地之寧，王之貞，四時不言而代序，萬物無言而化成。豈知帝力，而天下和平。吾王撥亂，戡以智力，民懼其威，未懷其德。我皇撫運，扇以淳風，民懷其始，未保其終。爰述金鏡，窮神盡聖。使人以心，應言以行。包括治體，抑揚詞令。天下爲公，一人有慶。開羅起祝，援琴命詩。一日二日，念兹在兹。惟人所召，自天祐之。諍臣司直，敢告前疑。

(《唐文粹》卷七八《大寶箴》，《古今事文類聚》别集卷七《大寶箴》，《舊唐書》卷一九〇上《張藴古傳》)

丹扆箴六首　李德裕

唐李德裕《傳》：敬宗立，昏荒數游幸，押比群小，聽朝簡忽。德裕上《丹扆》六箴表言：“心乎愛矣，遐不謂矣”③，此古之賢人篤於事君者也。夫迹疏而言親者危，地遠而意忠者忤。臣切惟念，拔自先聖，偏荷寵私，私能竭忠，是負靈鑒云云。辭皆明直婉切。帝雖不能用其

① 參見《列子·仲尼》。
② 參見《尚書·周書·洪範》。
③ 參見《詩經·小雅·隰桑》。

言，猶敕韋處厚諄諄作詔，厚謝其意。

宵衣箴

諷視朝希晚也。

先王聽政，昧爽以俟。鷄鳴既盈，日出而視。伯禹大聖，寸陰爲貴。光武至仁，反仄不忌。[78]無俾姜后，獨去簪珥。彤管記言，克念前志。

正服箴

諷服御非法也。

聖人作服，法象可觀。雖在宴游，尚不懷安。汲黯莊色，能正不冠。楊阜慨然，亦譏縹紈。四時所御，各有其官。非此勿服，惟辟所難。[79]

罷獻箴

諷斂求怪珍也。

漢文罷獻，詔還騄駬。鑾輅徐驅，焉用千里？厥後令王，亦能恭己。翟裘既焚，筒布則毁。道德爲麗，慈儉爲美。不過天道，斯爲至理。

納誨箴

諷侮棄忠言也。

惟后納誨，以求厥中。從善如流，乃能成功。漢鶩沉酒，舉白浮鍾。魏睿汏侈，[80]凌霄作宫。忠雖不忤，而善不從。[81]以視爲瑱，是謂塞聰。

辨邪箴[82]

諷任群小也。

居上處深，在察微萌。雖有讒慝，不能蔽明。漢之孝昭，睿過周成。上書知詐，照奸得情。燕蓋既折，王猷治平。[83]百代之後，乃流淑聲。

防微箴

諷僞游輕出也。

天子之孝，敬遵王度。安必思危，乃無遺慮。亂臣猖獗，非可遽數。玄服莫辨，觸瑟始仆。柏谷微行，豺豕塞路。睹貌獻飧，斯可戒懼。

（《唐文粹》卷七八《丹扆箴》，《古今事文類聚》别集卷七《知名箴》《宵衣箴》《正服箴》《罷獻箴》《納誨箴》《辨邪箴》，《文翰類選大成》卷一八〇《丹扆箴》，《李德裕文集校箋》别集卷八《丹扆箴》，《舊唐書》卷一七四《李德裕傳》）

五箴並序　韓愈

人患不知其過，既知之不能改，是無勇也。余生三十有八年，[84]髮之短者日益白，齒之摇者日益脱，聰明不及於前時，道德日負於初心，其不至於君子而卒爲小人也，昭昭矣！作《五箴》以訟其惡云。

游箴

余少之時，[85]將求多能，蚤夜以孜孜；余今之時，[86]既飽而嬉，蚤夜以無爲。嗚呼余乎，[87]其無知乎？君子之棄，而小人之歸乎？

言箴

不知言之人，烏可與言？知言之人，[88]默焉而其意已傳。[89]幕中之辯，人反以汝爲叛；臺中之評，人反以汝爲傾。汝不懲邪！而呶呶以害其生邪！

行箴

行與義乖，言與法違，後雖無害，汝可以悔。行也無邪，言也無頗，死而不死，汝悔而何？宜悔而休，汝惡曷瘳？宜休而悔，汝善安在？悔不可追，[90]悔不可爲。思而斯得，汝則弗思。

好惡箴

無善而好，[91]不觀其道。無悖而惡，不詳其故。前之所好，今見其尤。從也爲比，捨也爲仇。前之所惡，今見其臧。從也爲愧，捨也爲狂。維仇維比，維狂維愧。於身不祥，於德不義。不義不祥，維惡之大。幾如是爲，而不顛沛？齒之尚少，庸有不思。今其老矣，不慎胡爲!

知名箴

内不足者,急於人知。霈焉有餘,厥聞四馳。今日告汝,知名之法。勿病無聞,病其曄曄。昔者子路,惟恐有聞。赫然千載,德譽愈尊。矜汝文章,負汝言語。乘人不能,揜以自取。汝非其父,汝非其師。不請而教,誰云不欺?欺以賈憎,揜以媒怨。汝曾不寤,以及於難。小人在辱,亦克知悔。及其既寧,終莫能戒。既出汝心,又銘汝前。汝如不顧,禍亦宜然![92]

(《文苑英華》卷七九一《五箴五首并序》,《唐文粹》卷七八《五箴》,《古今事文類聚》別集卷七《五箴》,《韓昌黎文集校注》卷一《五箴五首並序》,《韓愈文集彙校箋注》卷二《五箴并序》)

誡懼箴　柳宗元

人不知懼,惡可有爲?知之爲美,莫若去之。非曰童昏,昧昧勿思。禍至而懼,是誠不知。君子之懼,懼乎未始。幾動乎微,事還乎理。將言以思,將行以止。中決道符,乃順而起。起而獲禍,君子不耻。非道之愆,非中之詭。懼而爲懼,雖懼焉如?君子不懼,爲懼之初。

(《文苑英華》卷七九一《懼箴》,《柳宗元集校注》卷一九《誡懼箴》)

師友箴　柳宗元

今之世,爲人師者衆笑之,舉世不師,故道益離。爲人友者,不以道而以利,舉世無友,故道益棄。嗚呼!生於是病矣,歌以爲箴。既以儆己,又以誡人。

不師如之何?吾何以成?不友如之何,吾何以增?吾欲從師,可從者誰?借有可從,舉世笑之。吾欲取友,誰可取者?借有可取,中道或捨。仲尼不生,牙也久死。二人可作,懼吾不似。[93]中焉可師,耻焉可友。謹是二物，用惕爾後。道苟在焉，傭丐爲偶。道之反是，公侯以走。内考諸古，外考諸物，師乎友乎，敬爾無忽。

（《文苑英華》卷七九一《師友箴》，《柳宗元集校注》卷一九《師友箴》）

四箴　程頤

程子曰："顏淵問克己復禮之目。"夫子曰：[94]"非禮勿視，非禮勿聽，非禮勿言，非禮勿動。"①四者身之用也，由乎中而應乎外，制於外所以養其中也。[95]顏淵事斯語，所以進於聖人。後之學聖人者，宜服膺而勿失也。因箴以自警。

視箴

心兮本虚，應物無迹。操之有要，視爲之則。蔽交於前，其中則遷。制之於外，以安其内。克己復禮，久而誠矣。

聽箴

人有秉彝，本乎天性。知誘物化，遂亡其正。卓彼先覺，知止有定。閑邪存誠，非禮勿聽。

言箴

人心之動，因言以宣。發禁躁妄，内斯静專。矧是樞機，興戎出好。吉凶榮辱，惟其所召。傷易則誕，傷煩則支。己肆物忤，出悖來違。非法不道，欽哉訓辭！

動箴

哲人知幾，誠之於思。志士勵行，守之於爲。順理則裕，從欲惟危。造次克念，戰兢自持。習與性成，聖賢同歸。

（《宋文鑑》卷七二《視聽言動四箴序》，《古今事文類聚》别集卷七《四箴》，《二程集》卷八《四箴有序》）

---

①　參見《論語・顏淵》。

端拱箴　王元之

天生烝民，樹之司牧。開物成務，膺圖授籙。爲君實難，惟辟作福。在以欲而從人，不以人而從欲。位既尊大，時惟開泰。漸忘焦勞，或生懈怠。乃有諫諍，乃陳箴誡。箴誡惟艱，斥君之過。諫諍惟艱，救君之禍。君或好諫，臣何不忠？臣或盡忠，君何不從？君臣之義，今古攸同。

普天之下，人誰不賓。如父如母，爲妾爲臣。虐之則仇，撫之則親。是以王者，可畏惟民。率土之濱，物何不足？乃犀乃貝，惟珠惟玉。寒不被體，餒不充腹。是以聖人，所寶惟穀。無侈乘輿，無奢宫宇。當念貧民，室無環堵。無崇臺榭，無廣陂池。當念流民，地無立錐。御服煌煌，有采有章。一裘之費，百家衣裳。御饍郁郁，有粱有肉。一食之用，千夫口腹。勿謂豐財，經費之竭。須知府庫，聚民膏血。勿謂强兵，征伐不息。須知干戈，害民稼穡。

賞罰者，國之大柄；喜怒者，人之常刑。[96]賞雖由己，勿因喜而行；罰雖在我，勿因怒而刑。喜賞或濫，虧損天鑒。怒刑不正，枉屈人命。

大臣元老，經邦論道。裨補聰明，於何不照？欒成尹壽，所以爲其師友。小臣閹宦，執巾沃盥，干議政事，於何不亂？豎刀易牙，所以敗其國家。孰爲君子？先人後己。信而用之，斯爲至理。孰爲小人？害物謀身。察而斥之，斯爲至仁。無好人辯，或有虚誕。喋喋之言，侈而多訕。無惡人訥，或有淳質。期期之口，直而不屈。

浮圖之教，乃戎乃蕃。漢明之際，始入中原。行之既久，存而勿論。匈奴之種，無義無仁。秦皇之後，常苦邊塵。禦之以道，疏而勿親。

計口授田，兼并何有？是謂仁政，及於黔首。約人署吏，侵漁則少。是謂能官，惠於無告。父天母地，日兄月姊。乃郊乃禋，勸其孝悌。左輔右弼，前疑後丞。一舉一動，戒其驕矜。罔或明察，政體用傷。罔或弛紊，國經不張。行乎大中之道，漸乎無何之鄉。游神乎簡易之域，息慮乎清净之場。斯則妙有，垂之無疆。誰謂古道，革而不還？君或行之，是亦非難。誰謂淳風，去而不返？君或繼之，是亦何遠？慎始則多，克終蓋鮮。朽索當手，覆車在眼。庸庸祇祇，兢兢戰戰。小臣司箴，敢告旒冕。

（《文翰類選大成》卷一八〇《端拱箴》，《古文集成》卷五三《端拱箴》，《小畜外集》卷一〇《端拱箴》）

調息箴　晦庵

鼻端有白，我其觀之。隨時隨處，容與猗移。静極而嘘，[97]如春沼魚。動已而翕，[98]如百蟲蟄。氤氳開闔，[99]其妙無窮。[100]孰其尸之？不宰之功。雲卧天行，非予敢議。守一處和，千二百歲。

（《古今事文類聚》後集卷一九《調息箴》，《文翰類選大成》卷一八〇《調息箴》，《朱子全書》卷八五《調息箴》）

勿齋箴　真德秀

天命之性，得之者人。人之有心，其孰不仁。人而不仁，曰爲物役。耳蕩於聲，目眩於色。以言則肆，以動則輕。人欲放紛，天理晦冥。於焉有道，禮以爲準。惟禮是繇，匪禮勿徇。曰禮伊何，理之當然。不雜以人，一循乎天。勿之爲言，如防止水。孰其尸之，曰心而已。聖言十六，一字其機。機牙既幹，鈞石必隨。我乘我車，駟馬交驟。孰範其驅，維轡在手。是以君子，必正其心。翼翼兢兢，不顯亦臨。萬夫之屯，一將之令。霆鍧飈馳，孰敢奸命。衆形役之，[101]統於心官。外止弗留，内守愈安。其道伊何，所主者敬。表裏相維，動静俱正。莠盡苗長，醅化醴醇。方寸盎然，無物不春。惟勿一言，萬善自出。念兹在兹，其永無斁。

（《古文集成》卷五四《勿齋箴》，《文翰類選大成》卷一八〇《勿齋箴》，《西山先生真文忠公文集》卷三三《勿齋箴》）

思誠齋箴　真德秀

誠者天道，本乎自然。誠之者人，以人合天。曰天與人，其本則一。云胡差殊，蓋累於物。心爲物誘，性逐情移。天理之真，其存幾希。豈惟與天，邈不相似。形雖人斯，實則物只。皇皇上帝，命我以人。我顧物之，抑何弗仁？維子思子，深憫斯世。指其本原，祛俗之蔽。學問辨行，統之以思。擇善固執，惟日孜孜。狂聖本同，其忍自棄。人十己千，弗至弗已。雲披霧卷，太虚湛然。塵掃鏡空，清光自全。曰人與天，既判復合。渾然一真，諸妄弗作。孟氏繼之，命曰思誠。更兩鉅賢，其指益明。大哉思乎，作聖之本。歸而求之，實近非遠。

（《古文集成》卷五四《思誠齋箴》，《西山先生真文忠公文集》卷三三《思誠箴》）

心箴　范浚

茫茫堪輿，俯仰無垠。人於其間，眇然有身。是身之微，太倉稊米。參爲三才，曰惟心耳。往古來今，孰無此心？心爲形役，乃獸乃禽。惟口耳目，手足動静。投間抵隙，爲厥心病。一心之微，衆欲攻之。其與存者，嗚呼幾希！君子存誠，克念克敬。天君泰然，百體從令。

（《古今事文類聚》别集卷八《心銘》，《古文集成》卷五四《心箴》，《范浚集》卷一四《心箴》）

敬齋箴　晦庵

正其衣冠，尊其瞻視。潛心以居，對越上帝。足容必重，手容必恭。擇地而蹈，折旋蟻封。出門如賓，承事如祭。戰戰兢兢，罔敢或易。守口如瓶，防意如城。洞洞屬屬，毋敢或輕。[102]不東以西，[103]不南以北。當事而存，靡他其適。勿貳以二，[104]勿參以三。惟精惟一，萬變是監。從事於斯,是曰持敬。動静弗違,表裏交正。須臾有間,私欲萬端。不火而熱,不冰而寒。毫釐有差,天壤易處。三綱既淪,九法亦斁。於乎小子,念哉敬哉!墨卿司戒,敢告靈臺。

(《古今事文類聚》别集卷七《敬齋箴》,《朱子全書》卷八五《敬齋箴》)

絅齋箴　鄧文原

元坦使君以"絅"名齋,屬巴西鄧文原敷繹其義,乃作箴曰:

維古哲人,德美内植。揚休弗矜,及躬藏密。在《易》坤厚,含章可貞。明夷莅衆,用晦而明。善欲淵潜,志無衒飾。辟諸裼襲,身章之則。彼夸毗者,内視歆如。乃崇澆僞,[105]以眩群愚。鼓鍾有聞,屋漏滋愧。爾車甚澤,而人斯瘁。緊南郭子,尚絅是遵。匪曰隱几,式企書紳。

(《巴西文集·絅齋箴》,《鄧文原集·文集補遺·巴西文集鮑廷博補遺一·絅齋箴》)

慎獨箴　安熙

可尊者德,可畏者天。無處不有,無時不然。念慮之發,必有其幾。勿隱其隱,勿微乎微。從事於斯,是曰慎獨。自此精之,萬物并育。毫髮有間,天理弗存。利欲紛拏,厥心則昏。於乎戒哉,敬作此箴。書諸座隅,以警某心。

(《文翰類選大成》卷一八〇《慎獨箴》,《默庵集》卷四《慎獨箴》)

【校勘記】

[1] 明:《文章類選》同《新編事文類聚翰墨全書》甲集卷一,《文選》卷五六作"皇"。

[2] 東烏桓:《文章類選》同《後漢書》卷二三,《文選》卷五六作"東胡烏桓"。

[3] 三:《文章類選》同《後漢書》卷二三,《文選》卷五六作"十"。

[4] 雲:《文章類選》同《後漢書》卷二三,《文選》卷五六作"雷"。

［5］單：《文章類選》同《後漢書》卷二三，《文選》卷五六作"殫"。
［6］川：此字原脱，據《文選》卷五六補。
［7］將上以攄高文："將"字原脱，據《文選》卷五六補；"文"原作"皋"，據《文選》卷五六、《後漢書》卷二三改。
［8］土：《後漢書》卷二三作"上"，《文選》卷五六作"盛"。
［9］慎勿念：《文章類選》同《文選》卷五六，《古今事文類聚》别集卷八作"勿望報"。
［10］則：原作"之"，據《文選》卷五六改。
［11］於是：《文選》卷五六無此二字。
［12］以：《文選》卷五六作"似"。
［13］信：《文選》卷五六作"愆"。
［14］涂：《文章類選》同《唐文粹》卷六七，《文苑英華》卷七九〇、《文泉子集》卷三作"染"。
［15］文：《文章類選》同《唐文粹》卷六七，《文苑英華》卷七九〇作"用"。
［16］當：《文章類選》同《文苑英華》卷七九〇，《唐文粹》卷六七作"常"。
［17］滿：《文章類選》同《唐文粹》卷六七，《文苑英華》卷七九〇作"得"。
［18］觀：《唐文粹》卷六七作"睹"。
［19］浸淫：《文章類選》同《唐文粹》卷六七，《文苑英華》卷七九〇作"侵潤"。
［20］二：《文章類選》同《唐文粹》卷六七，《文苑英華》卷七九〇作"一"。
［21］合：《文章類選》同《唐文粹》卷六七，《文苑英華》卷七九〇作"令之"。
［22］祀：《文章類選》同《唐文粹》卷六七，《文苑英華》卷七九〇作"禮"。
［23］化：《文苑英華》卷七九〇、《唐文粹》卷六七均作"腐"。
［24］爲：《文章類選》同《文苑英華》卷七九〇，《唐文粹》卷六七作"於"。
［25］藝：《文章類選》同《唐文粹》卷六七，《文苑英華》卷七九〇作"褻"。
［26］能：《文章類選》同《唐文粹》卷六七，《文苑英華》卷七九〇作"服"。
［27］奄視：《文章類選》同《唐文粹》卷六七，《文苑英華》卷七九〇作"視不"。
［28］行：《文選》卷五六作"夜"。
［29］知：《文選》卷五六作"遁"。
［30］似：《文章類選》同《漢魏六朝百三家集·陸太常集》，《文選》卷五六作"以"。
［31］經：此字原脱，據《唐文粹》卷六七補。
［32］背：原作"皆"，據《唐文粹》卷六七改。
［33］位：《唐文粹》卷六七作"帝"。
［34］之道：《唐文粹》卷六六作"九有"。
［35］耆定混區：《唐文粹》卷六六作"底定寰區"。
［36］諸：此字原脱，據《唐文粹》卷六七補。
［37］類：據《柳宗元集校注》卷二〇校勘記(4)，又一作"鄰"。
［38］寢：《文苑英華》卷七八七作"鎬"。

[39] 邈：原作“逸”，據《文苑英華》卷七八七改。

[40] 周：《文苑英華》卷七八七作“同”。

[41] 動：原作“會”，據《文苑英華》卷七八七改。

[42] “厥後惟文王以兆用太公”句至下文“又何疑哉”句：此一百四十字原脱，據《文苑英華》卷七八七補。

[43] 還：《文苑英華》卷七八七作“遷”。

[44] 尋：原作“循”，據《文苑英華》卷七八七改。

[45] 難：原作“爲難”，據《文苑英華》卷七八七改。

[46] “貞元九年”句至下文“乃作”：此五十三字原脱，據《文苑英華》卷七八七補。

[47] 要：《文章類選》同《文翰類選大成》卷一七〇，《文苑英華》卷七八七作“干”。

[48] 貴仁者不必壽：此六字原脱，據《宋文鑑》卷七三、《古今事文類聚》别集卷三二補。

[49] 衆：《文章類選》同《宋文鑑》卷七三，《古今事文類聚》别集卷三二作“定”。

[50] 肆：原作“恣”，據《宋文鑑》卷七三改。

[51] 德：原作“禄”，據《宋文鑑》卷七三改。

[52] 信：《文章類選》同《宋文鑑》卷七三，《古今事文類聚》别集卷三二作“恕”。

[53] 銘：《宋文鑑》卷七三作“録”。

[54] 亦：此字原脱，據《古今事文類聚》續集卷二七補。

[55] 已：此字原脱，據《古今事文類聚》續集卷二七補。

[56] 知：原作“之”，據《古今事文類聚》續集卷二七改。

[57] 淪：此字原脱，據《古今事文類聚》續集卷二七補。

[58] 代：《古今事文類聚》别集卷三二作“王”。

[59] 尊：《古文集成》卷四七作“重”。

[60] 六國：《古文集成》卷四七作“六合”。

[61] 懷：《古文集成》卷四七作“遠”。

[62] 孝：此字原脱，據《宋文鑑》卷七三補。

[63] 發乎聲：《宋文鑑》卷七三作“發於聲”，《古今事文類聚》别集卷八作“發於心”。

[64] 其：《宋文鑑》卷七三、《古今事文類聚》續集卷八作“厥”。

[65] 行：《文章類選》同《宋文鑑》卷一二，《古今事文類聚》續集卷八作“成”。

[66] 落：原作“洛”，據《宋文鑑》卷一二、《古今事文類聚》續集卷八改。

[67] 極：《文翰類選大成》卷一七〇作“亟”。

[68] 華：《文章類選》同《文翰類選大成》卷一七〇，《古今事文類聚》别集卷三作“實”。

[69] 析：原作“折”，據《元文類》卷一七、《文翰類選大成》卷一七〇改。

[70] 伯：原作“孟”，據《元文類》卷一七、《文翰類選大成》卷一七〇改。

[71] 吴澂：原作“吴徵”，據人名用字改。

[72] 佑：《文選》卷五六作“吝”。

[73] 惟:《文章類選》同《唐文粹》卷七八,《古今事文類聚》别集卷七作“爲”。

[74] 主:《文章類選》同《唐文粹》卷七八,《古今事文類聚》别集卷七作“宅”。

[75] 挶:原作“損”,據《唐文粹》卷七八、《古今事文類聚》别集卷七改。

[76] 聞:《文章類選》同《唐文粹》卷七八,《古今事文類聚》别集卷七作“暗”。

[77] 域:《文章類選》同《唐文粹》卷七八,《古今事文類聚》别集卷七作“境”。

[78] 仄:《文章類選》同《文翰類選大成》卷一八〇,《唐文粹》卷七八《丹扆箴》,《古今事文類聚》别集卷七作“支”。

[79] 所:《文章類選》同《唐文粹》卷七八,《古今事文類聚》别集卷七作“爲”。

[80] 汰侈:《文章類選》同《古今事文類聚》别集卷七,《唐文粹》卷七八作“侈伏”。

[81] 不:《文章類選》同《古今事文類聚》别集卷七,《唐文粹》卷七八作“亦”。

[82] 辨:《舊唐書》卷一七四均作“辯”。

[83] 治:《文章類選》同《古今事文類聚》别集卷七,《唐文粹》卷七八作“洽”。

[84] 三:《文章類選》同《唐文粹》卷七八,《文苑英華》卷七九一、《古今事文類聚》别集卷七作“四”。

[85] 余:《文章類選》同《古今事文類聚》别集卷七,《文苑英華》卷七九一、《唐文粹》卷七八作“於”。

[86] 余:《文章類選》同《古今事文類聚》别集卷七,《文苑英華》卷七九一、《唐文粹》卷七八作“於”。

[87] 余:《文章類選》同《古今事文類聚》别集卷七,《文苑英華》卷七九一、《唐文粹》卷七八作“予”。

[88] 知言之人:《文章類選》同《唐文粹》卷七八、《古今事文類聚》别集卷七,《文苑英華》卷七九一作“知人之言”。

[89] 焉:《文章類選》同《唐文粹》卷七八,《文苑英華》卷七九一、《古今事文類聚》别集卷七作“然”。

[90] 追:《文章類選》同《文苑英華》卷七九一、《古今事文類聚》别集卷七,《唐文粹》卷七八作“止”。

[91] 善:《文苑英華》卷七九一、《唐文粹》卷七八、《古今事文類聚》别集卷七作“悖”。

[92] 禍亦:《文章類選》同《古今事文類聚》别集卷七,《文苑英華》卷七九一、《唐文粹》卷七八作“辱則”。

[93] 吾不似:《文苑英華》卷七九一作“不吾以”。

[94] 夫:此字原脱,據《宋文鑑》卷七二、《二程集》卷八補。

[95] 於:原作“乎”,據《宋文鑑》卷七二、《二程集》卷八改。

[96] 刑:《文章類選》同《文翰類選大成》卷一八〇,《古文集成》卷五三作“情”。

[97] 噓:原作“虚”,據《古今事文類聚》後集卷一九改。

[98] 已:《文章類選》同《文翰類選大成》卷一八〇,《古今事文類聚》後集卷一九作“極”。

[99] 闔:《文章類選》同《文翰類選大成》卷一八〇,《古今事文類聚》後集卷一九作“闢”。

[100] 妙無:《古今事文類聚》後集卷一九作“好不”。

[101] 之:《文章類選》同《文翰類選大成》卷一八〇,《古文集成》卷五四作“役”。

[102] 毋:《古今事文類聚》别集卷七作“罔”。

[103] 不東以西:《古今事文類聚》别集卷七作“不西以東”。

[104] 勿:《古今事文類聚》别集卷七作“弗”。本篇下同。

[105] 崇:原作“從”,據《文翰類選大成》卷一八〇改。

文章類選卷之十九

解　類

解嘲並序　　楊雄

哀帝時，丁、傅、董賢用事，諸附離之者起家至二千石。時雄方草創《太玄》，有以自守，泊如也。人有嘲雄以玄尚白，而雄解之，號曰《解嘲》。其辭曰：

客嘲楊子曰："吾聞上世之士，人綱人紀，不生則已，生必上尊人君，下榮父母，析先歷。人之珪，儋都甘。人之爵，懷人之符，分人之禄，紆青拖徒可。紫，朱丹其轂。今吾子幸得遭明盛之世，處不諱之朝，與群賢同行，歷金門，上玉堂，有日矣，曾不能畫一奇，出一策，上説人主，下談公卿。目如燿星，舌如電光，一從子恭。一横，論者莫當，顧默而作《太玄》五千文，枝葉扶疏，獨説數十餘萬言，深者入黄泉，高者出蒼天，大者含元氣，纖者入無倫，[1]然而位不過侍郎，擢纔給事黄門。意者玄，得無尚白乎？何爲官之拓落也？"

楊子笑而應之曰："客徒欲朱丹吾轂，不知一跌睹結。將赤吾之族也！往者周綱解結，群鹿争逸，離爲十二，合爲六七，四分五剖，并爲戰國。士無常君，國無定臣，得士者富，失士者貧，矯翼厲翮，恣意所存，故士或自盛以橐托，或鑿壞普回。以遁。是故鄒衍以頡賢挈。頏苦良。而取世資，孟軻雖連去。蹇，猶爲萬乘師。

"今大漢左東海，右渠搜，前番潘。禺，音"愚"。後陶塗。[2]東南一尉，西北一候，徽以糾墨，製以鑕鈇。方無。散以禮樂，風以《詩》《書》，曠以歲月，結以倚廬。是以天下之士，[3]雷動雲合，魚鱗雜襲，咸營於八區，家家自以爲稷契，人人自以爲皋繇，戴縰垂纓而談者，皆擬於阿衡，五尺童子羞比晏嬰與夷吾。當途者升青雲，失路者委溝渠，旦握權則爲卿相，夕失勢則爲匹夫。譬若江湖之崖，渤澥之島，乘去。雁集不爲之多，雙鳧飛不爲之少。

"昔三仁去而殷墟，二老歸而周熾，子胥死而吴亡，種蠡禮。存而越霸，五羖古。入而秦喜，樂毅出而燕懼，范睢以折支列。摺力答。而危穰侯，蔡澤以噤欺稟。吟疑甚。而笑唐舉。故當其有事也，非蕭、曹、子房、平、勃、樊、霍則不能安；當其無事也，章句之徒相與坐而守之，亦無所患。故世亂，則聖哲馳騖而不足；世治，則庸夫高枕而有餘。

"夫上世之士，或解縛而相，或釋褐而傅，或倚夷門而笑，或横江潭而漁，或七十説而不遇，或立談間而封侯，或枉千乘於陋巷，或擁篲而先驅。是以士頗得信其舌而奮其筆，窒竹栗。隙蹈瑕，而無所詘也。當今縣令不請士，郡守不迎師，群卿不揖客，將相不俛眉；言奇者見疑，行胡庚。殊者得辟，是以欲談者卷舌而同聲，欲步者擬足而投迹。嚮使上世之士處乎今世，策非甲科，行非孝廉，舉非方正，獨可抗疏，時道是非，高得待詔，下觸聞罷，又安得青紫？

"且吾聞之也，炎炎者滅，隆隆者絶；觀雷觀火，爲盈爲實，天收其聲，地藏其熱。高明之家，鬼瞰其室。攫拏女加。者亡，[4]默默者存；位極者高危，自守者身全。是故知玄知默，守道之極；爰清爰静，游神之庭；惟寂惟漠，守德之宅。世異事變，人道不殊，彼我易時，未知何如。今子乃以鴟梟而笑鳳皇，執蝘鳥典。蜓徒典。而嘲龜龍，不亦病乎！子之笑我玄之尚白，吾亦笑子病甚，不遇俞跗附。與扁鵲也，悲夫！"

客曰："然則靡《玄》無所成名乎？范蔡以下何必《玄》哉？"

楊子曰："范睢，魏之亡命者也。折脅拉髂，口亞。免於徽索，翕肩蹈背，扶服入橐，激卬萬乘之主，介涇陽抵征氏。穰侯而代之，當也。蔡澤，山東之匹夫也，顩綺險。頤折支列。頞，於達。涕唾流沫，呼憤。西揖强秦之相，搤鳥革。其咽，而亢其氣，㨗其背而奪其位，時也。天下已定，金革已平，都於洛陽。婁敬委輅胡輩。脱輓，亡遠。掉三寸之舌，建不拔之策，舉中國徙之長安，適也。五帝垂典，三王傳禮，百世不易。叔孫通起於枹夫。鼓之間，解甲投戈，遂作君臣之儀，得也。《吕刑》靡敝，秦法酷烈，聖漢權制，而蕭何造律，宜也。故有造蕭何律於唐虞之世，則誖矣。[5]有作叔孫通儀於夏殷之時，則惑矣。有建婁敬之策於成周之世，[6]則繆矣。[7]有談范蔡之説於金張許史之間，則狂矣。

"夫蕭規曹隨，留侯畫策，陳平出奇，功若泰山，響若坻隤，雖其人之贍智哉，亦會其時之可爲也。故爲可爲於可爲之時，則從；爲不可爲於不可爲之時，則凶。若夫藺先生收功於章臺，四皓采榮於南山，公孫創業於金馬，驃騎發迹於祁連，司馬長卿竊貲於卓氏，東方朔割炙於細君。僕誠不能與此數子并，故默然獨守吾《太玄》。"

（《文選》卷四五《解嘲》，《古今事文類聚》别集卷二〇《解嘲》，《楊雄集校注・文・解嘲並序》，《漢書》卷八七下《揚雄傳》）

廣陵散解　　韓皋

妙哉，嵇生之爲是曲也，其當晋、魏之際乎！其音商，主秋聲。秋也者，天將摇落肅殺，其歲之晏乎！又晋承金運，商，金聲也，所以知魏云季，而晋將代也。慢其商絃，而與宫同音，是臣奪君之義也，此所以知司馬氏將簒也。司馬懿受魏明帝顧托後嗣，反有簒奪之心，自誅曹爽，逆節彌露。王陵都督揚州，謀立荆王彪。毌丘儉、文欽、諸葛誕前後相繼爲揚州都督，咸有匡復魏室之謀，皆爲懿父子所殺。叔夜以揚州故廣陵之地，彼四人者皆魏室文武大臣，咸敗散於廣陵，故名其曲爲《廣陵散》，[8]言魏氏散自廣陵始也。《止息》者，晋雖暴興，終止息於此也。其哀憤躁蹙憯痛迫脅之旨，盡在於是矣。永嘉之亂，其應乎！叔夜撰此，將貽後代之知音者。且避晋魏之禍，所以托之神鬼也。

（《文苑英華》卷三七九《廣陵散解》，《嵇康集校注・廣陵散考・韓皋之廣陵散解》）

獲麟解　韓愈

麟之爲靈昭昭也。咏於《詩》,書於《春秋》,雜出於傳記百家之書,雖婦人小子皆知其爲祥也。[9]

然麟之爲物,不畜於家,不恒有於天下。其爲形也不類,非若馬牛犬豕豺狼麋鹿然。然則雖有麟,不可知其爲麟也。

角者吾知其爲牛,鬣者吾知其爲馬,犬豕豺狼麋鹿,吾知其爲犬豕豺狼麋鹿,惟麟也不可知。不可知,則其謂之不祥也亦宜。雖然,麟之出,必有聖人在乎位,麟爲聖人出也。聖人者,必知麟,麟之果不爲不祥也?

又曰:麟之所以爲麟者,以德不以形。若麟之出不待聖人,則謂之不祥也亦宜。

(《唐文粹》卷四六《獲麟解》,《古今事文類聚》後集卷三六《獲麟解》,《韓愈文集彙校箋注》卷二《獲麟解》,《韓昌黎文集校注》卷一《獲麟解》)

進學解　韓愈

國子先生晨入太學,招諸生立館下,誨之曰:"業精於勤荒於嬉,行成於思毁於隨。方今聖賢相逢,治具畢張,[10]拔去凶邪,登崇畯良。占小善者率以録,名一藝者無不庸。爬羅剔抉,刮垢磨光。蓋有幸而獲選,孰云多而不揚。諸生業患不能精,無患有司之不明;行患不能成,無患有司之不公。"

言未既,有笑於列者曰:"先生欺余哉!弟子事先生於兹有年矣。先生口不絶吟於六藝之文,手不停披於百家之編。記事者必提其要,纂言者必鉤其玄。貪多務得,細大不捐,焚膏油以繼晷,恒兀兀以窮年。[11]先生之業可謂勤矣。觝排異端,攘斥佛老,補苴罅漏,張皇幽眇。尋墜緒之茫茫,獨旁搜而遠紹。障百川而東之,回狂瀾於既倒。先生之於儒,可謂有勞矣。沈浸醲郁,含英咀華,作爲文章,其書滿家。上規姚姒，渾渾無涯。《周誥》《殷盤》，佶屈聱牙。《春秋》謹嚴，《左氏》浮誇，《易》奇而法，《詩》正而葩。下逮《莊》《騷》，太史所録，子雲、相如，同工異曲。先生之於文，[12]可謂閎其中而肆其外矣。少始知學，勇於敢爲；長通於方，左右具宜。先生之於爲人，可謂成矣。然而公不見信於人，私不見助於友，跋前躓音“次”。後，[13]動輒得咎。暫爲御史，遂竄南夷。三年博士，冗不見治。命與仇謀，取敗幾時。冬暖而兒號寒，年豐而妻啼飢。頭童齒豁，竟死何裨。不知慮此，而反教人爲?”

先生曰:“吁，子來前！夫大木爲宎，音“盲”。細木爲桷，欂櫨侏儒，椳音“隈”。闑魚列。扂亭點。楔，音“屑”。各得其宜，施以成室者，匠氏之工也。玉札丹砂，赤箭青芝，牛溲音“瘦”。馬勃，敗鼓之皮，俱收并蓄，待用無遺者，醫師之良也。登明選公，雜進巧拙，紆音“迂”。餘爲妍，卓犖爲傑，校短量長，惟器是適者，宰相之方也。昔者孟軻好辯，孔道以明，轍環天下，卒老於行。荀卿守正，大論是弘。[14]逃讒於楚，廢死蘭陵。是二儒者，吐辭爲經，舉足爲法，絶類離倫，優入聖域，其遇於世何如也?

“今先生學雖勤而不繇其統，言雖多而不要其中，文雖奇而不濟於用，行雖修而不顯於衆，猶且月費俸錢，歲靡廩粟，子不知耕，婦不知織，乘馬從徒，安坐而食，踵常途之促促，[15]窺陳編以盜竊。然而聖主不加誅，宰臣不見斥，兹非其幸歟?動而得謗，名亦隨之，投閑置散，乃分之宜。若夫商財賄之有亡，計班資之崇庳，音“卑”。忘己量之所稱，指前人之瑕疵，是所謂詰匠氏之不以杙音“代”。爲楹，而訾音“紫”。醫師以昌陽引年，欲進其豨苓也。”

(《古今事文類聚》前集卷二三《進學解》，《唐文粹》卷四六《進學解》，《韓愈文集彙校箋注》卷二《進學解》，《韓昌黎文集校注》卷一《進學解》，《舊唐書》卷一六〇《韓愈傳》，《新唐書》卷一七六《韓愈傳》)

卦名解　王安石

剛柔始交而難生，動乎險中，故曰“雲雷《屯》”。屯已大亨，則雷雨之動滿盈，而爲《解》，故曰“雷雨作，《解》”，“動而免乎險，《解》”。山下有險，非險在前也，可往而止焉，必蒙者也，故爲《蒙》。《蹇》，則險在前者也，險在前則不可以往，故爲《蹇》。《彖》曰：“見險而能止，知矣哉。”[①]知者，反乎蒙者也。《需》，亦險在前也，其不爲《乾》健而進也，非若《艮》之止也，非《坎》之所能陷也，待時而進耳，故爲《需》。柔得位而上下應之，小者之畜也；小者畜，則其畜亦小矣，故爲《小畜》。以小而畜大，非柔之中也。柔得位而不中，不中而上下應之，《小畜》之道也。能止健，大者之畜也；大者畜，則其畜亦大矣，故爲《大畜》。四陽過二陰，而陽得中，故爲《大過》。《大過》者，大者過也；大者過，則亦事之大過越也。四陰過二陽，而陰得中，故爲《小過》。《小過》，小者過也；小者過，則亦事之小過越者耳。《大有》，能有大者也，大者應之也；柔得尊位，大有者也。《同人》，同乎人者也，柔得位、得中而應乎《乾》者也。巽而麗乎内，故爲《家人》；止而麗乎外，故爲《旅》。少男長女必惑，山下有風必撓。蠱者，撓惑之名也，爲天下之蠱者事也，故爲《蠱》。少女少男，男下女，故爲《咸》。咸者，交感之名也。長男長女，男上女下，故爲《恒》。姤陰遇陽，故爲《姤》。陽終决陰，故爲《夬》。柔履剛，故爲《履》。履，禮也。禮者，以柔履剛者也。剛應順而以動，故爲《豫》。上下交，故爲《泰》；不交，故爲《否》。以剛中爲主而下順從，故爲《比》。順而止，故爲《謙》。動而説，故爲《隨》。大者在上，故爲《觀》。大者壯，故爲《大壯》。剛浸長以臨柔，故爲《臨》。臨者，大臨小之名，故曰：“臨者大也”。柔來文剛，分剛上而文柔，故爲《賁》。柔變剛爲《剥》。剥者，消爛之名也。剥窮上而剛反，故曰《復》。復者，反而得其所之名也。天下雷行，物應之，故爲《無妄》。雷之感物，物之所以應，無妄者也。剛退，故爲《遁》。明入地中，故爲《明夷》。明夷者，傷於暗之名也，文王與紂當其象矣。以爻考之，自三以下，周象也；自四以上，殷象也。明出地上，《晋》，臣進之象卦也。

---

① 參見《周易・彖辭》。

明出地上，則方晝而未至乎中，中則照天下。晝則進之盛而不亢乎王者也。損上益下，主於自損者也，故爲《益》；損下益上，主於自益者也，故爲《損》。《乾》道成男，《坤》道成女。凡女卦皆受損者也，凡男卦皆受《益》者也。損上益下，損下益上，此之謂也。巽乎水而上水，故爲《井》。以木巽火，故爲《鼎》。明以動，故爲《豐》。《豐》者，光明盛大之卦也。剛上下而實在其間，頤中有物之象也。頤中有物必噬，噬則合矣，故爲《噬嗑》。嗑者，有間而通之之卦也。上險下説，説以行險，故爲《節》。柔在内而剛得中，説而巽，故爲《中孚》。無妄柔亦在内，可謂對矣。《中孚》者，至誠之卦也；《無妄》，則不妄而已。一陽陷於二陰，故爲《坎》。坎者，陷也；内明，水象也。一陰麗于二陽，故爲《離》。離，麗也；外明，火象也。水之爲物，陷者也；火之爲物，麗者也。推此則《震》《巽》《艮》《兑》可以類知之也。上火下澤，《睽》。《睽》者，不合之名也，二女之卦也。火在水上，《未濟》。《未濟》者，有濟之道也，男女之卦也。水上火下，男女相逮之卦也，故爲《既濟》。澤上火下，二女不相得之卦也，故爲《革》。不相得而相違，革之所以生也。以衆行險，故爲《師》。上剛下險，險而健，故爲《訟》。上動而下止，止而動，故爲《頤》。止而動，頤之道也。上説而下順，故爲《萃》。上巽而下險，險而巽，故爲《涣》。涣者，離散之名也。巽而免乎險，則不蹇不困；下雖險，上巽而不健，則不訟。故爲《涣》而已，困則剛見揜者也。在難中者也，不可以不動矣。《蹇》則難在前者也，不可以往而已，故《彖》曰“利西南”也。順而巽，其進也孰禦焉？故爲《升》。止而巽，有止之道，故爲《漸》。《歸妹》者，歸女之卦也。妹，少女也，少女爲主於内，故曰歸妹。《歸妹》，女歸之以其時也，故曰“動而説，所以爲歸妹”[①]也。陽在下，則動而進，故爲《震》。進在陰上，已得其所則止，故爲《艮》。内柔伏，故爲《巽》。外柔見，故爲《兑》。

此其文皆在《繫辭》，或《彖辭》所不言，以其所言反求其所不言，

① 參見《周易・彖辭》。

則知其所以然也。

（《文翰類選大成》卷一三二《卦名解》，《王安石全集》卷三〇《卦名解》）

復仇解　王安石

或問復仇，對曰：非治世之道也。明天子在上，自方伯、諸侯以至於有司，各修其職，其能殺不辜者少矣。不幸而有焉，則其子弟以告於有司，有司不能聽；以告於其君，其君不能聽；以告於方伯，方伯不能聽；以告於天子，則天子誅其不能聽者，而爲之施刑於其仇。亂世則天子、諸侯、方伯皆不可以告。故《書》説紂曰："凡有辜罪，乃罔恒獲。小男方興，相爲敵仇。"[①]蓋仇之所以興，以上之不可告，辜罪之不常獲也。方是時，有父兄之仇而輒殺之者，君子權其勢，恕其情而與之，可也。故復仇之義，見於《春秋傳》，見於《禮記》，爲亂世之爲子弟者言之也。

《春秋傳》以爲父受誅，子復仇，不可也。此言不敢以身之私，而害天下之公。又以爲父不受誅，子復仇，可也。此言不以有可絶之義，廢不可絶之恩也。

《周官》之説曰："凡復仇者，書於士，殺之無罪。"[②]疑此非周公之法也。凡所以有復仇者，以天下之亂，而士之不能聽也。有士矣，不使聽其殺人之罪以施行，而使爲人之子弟者仇之，然則何取於士而禄之也？古之於殺人，其聽之可謂盡矣，猶懼其未也，曰："與其殺不辜，寧失不經。"[③]今書於士則殺之無罪，則所謂復仇者，果所謂可仇者乎？庸詎知其不獨有可言者乎？就當聽其罪矣，則不殺於士師，而使仇者殺之，何也？故疑此非周公之法也。

或曰：世亂而有復仇之禁，則寧殺身以復仇乎？將無復仇而以

---

① 參見《尚書・商書・微子》。
② 參見《周禮・秋官》。
③ 參見《尚書・虞書・大禹謨》。

存人之祀乎！曰：可以復仇而不復，非孝也；復仇而殄祀，亦非孝也。以仇未復之耻，居之終身焉，蓋可也。仇之不復者，天也。不忘復仇者，已也。克已以畏天，心不忘其親，不亦可矣。

（《文翰類選大成》卷一三二《復仇解》，《王安石全集》卷三二《復仇解》）

原　類

原道　韓愈

博愛之謂仁，行而宜之之謂義，由是而之焉之謂道，足乎已，無待於外之謂德。仁與義，爲定名；道與德，爲虚位。故道有君子、小人。而德有凶有吉，老子之小仁義，非毁之也，其見者小也。坐井而觀天，曰天小者，非天小也，[16]彼以煦煦爲仁，孑孑爲義，其小之也則宜。其所謂道，道其所道，非吾所謂道也。其所謂德，德其所德，非吾所謂德也。凡吾所謂道德云者，合仁與義言之也，天下之公言也。老子之所謂道德云者，去仁與義言之也，一人之私言也。周道衰，孔子没，火於秦，黄老於漢，佛於晋、魏、梁、[17]隋之間，其言道德仁義者，不入於楊，則入於墨；[18]不入於老，則入於佛。入於彼，必出於此。入者主之，出者奴之；入者附之，出者污之。噫！後之人其欲聞仁義道德之説，孰從而聽之？

老者曰："孔子，吾師之弟子也。"佛者曰："孔子，吾師之弟子也。"爲孔子者，習聞其説，樂其誕而自小也，亦曰："吾師亦嘗師之云爾。[19]"不惟舉之於其口，而又筆之於其書。噫！後之人雖欲聞仁義道德之説，其孰從而求之？甚矣，人之好怪也！不求其端，不訊其末，[20]惟怪之欲聞。古之爲民者四，今之爲民者六。古之教者處其一，今之教者處其三。農之家一，而食粟之家六。工之家一，而用器之家六。賈之家一，而資焉之家六。奈之何民不窮且盜也！

古之時，人之害多矣。有聖人者立，然後教之以相生養之道。爲之君，爲之師，驅其蟲蛇禽獸而處之中土。寒，然後爲之衣，飢，然後爲之食。木處而顛，土處而病也，然後爲之宫室。爲之工，以贍其器用；爲之賈，以通其有無；爲之醫藥，以濟其夭死；爲之葬埋祭祀，以長其恩愛；爲之禮，以次其先後；爲之樂，以宣其壹鬱；爲之政，以率其怠倦；爲之刑，以鋤其强梗。相欺也，爲之符璽、斗斛、權衡以信之；相奪也，爲之城郭、甲兵以守之。害至而爲之備，患生而爲之防。今其言曰："聖人不死，大盗不止；剖斗折衡，而民不争。"①嗚呼，其亦不思而已矣！如古之無聖人，人之類滅久矣。何也？無羽毛鱗介以居寒熱也，無爪牙以争食也。是故君者，出令者也；臣者，行君之令而致之民者也；民者，出粟米麻絲，作器皿、通貨財，以事其上者也。君不出令，則失其所以爲君；臣不行君之令而致之民，民不出粟米麻絲，作器皿、通貨財，以事其上，則誅。今其法曰："必棄而君臣，去而父子，禁而相生養之道，以求其所謂清浄寂滅者。"嗚呼！其亦幸而出於三代之後，不見黜於禹、湯、文、武、周公、孔子也；其亦不幸而不出於三代之前，不見正於禹、湯、文、武、周公、孔子也。

帝之與王，其號名殊，其所以爲聖一也。夏葛而冬裘，渴飲而飢食，其事殊，其所以爲智一也。今其言曰曷不爲太古之無事，是亦責冬之裘者曰曷不爲葛之之易也，責飢之食者曰曷不爲飲之之易也。

《傳》曰："古之欲明明德於天下者，先治其國；欲治其國者，先齊其家；欲齊其家者，先修其身；欲修其身者，先正其心；欲正其心者，先誠其意。"②然則古之所謂正心而誠意者，將以有爲也。今也欲治其心，而外天下國家，滅其天常，[21]子焉而不父其父，臣焉而不君其君，民焉而不事其事。孔子之作《春秋》也，諸侯用夷禮則夷之，進於中國則中國之。經曰："夷狄之有君，不如諸夏之亡。"③《詩》曰："戎狄是膺，荆舒是懲。"④今也，舉夷狄之法，而加之先王之教之上，幾何其不

① 參見《莊子·胠篋》。

② 參見《禮記·大學》。

③ 參見《論語·八佾》。

④ 參見《詩經·魯頌·閟宫》。

胥而爲夷也！

夫所謂先王之教者，何也？博愛之謂仁，行而宜之之謂義，由是而之焉之謂道，足乎己，無待於外之謂德。其文《詩》《書》《易》《春秋》，其法禮樂刑政，其民士農工賈，其位君臣、父子、師友、賓主、昆弟、夫婦，其服麻絲，其居宫室，其食粟米果蔬魚肉。其爲道易明，而其爲教易行也。是故以之爲己，則順而祥；以之爲人，則愛而公；以之爲心，則和而平；以之爲天下國家，無所處而不當。是故生則得其情，死則盡其常，郊焉而天神假，廟焉而人鬼饗。曰："斯道也，何道也？"曰："斯吾所謂道也，非向所謂老與佛之道也。堯以是傳之舜，舜以是傳之禹，禹以是傳之湯，湯以是傳之文、武、周公，文、武、周公傳之孔子，孔子傳之孟軻，軻之死，不得其傳焉。荀與揚也，擇焉而不精，語焉而不詳。由周公而上，上而爲君，故其事行；由周公而下，下而爲臣，故其説長。""然則如之何而可也？"曰："不塞不流，不止不行。人其人，火其書，廬其居，明先王之道以道之，鰥寡孤獨廢疾者有養也，其亦庶乎其可也？"

（《文苑英華》卷三六三《原道》，《唐文粹》卷四三《原道》，《韓愈文集彙校箋注》卷一《原道》，《韓昌黎文集校注》卷一《原道》）

原性　韓愈

性也者，與生俱生也；情也者，接於物而生也。性之品有三，而其所以爲性者五；情之品有三，而其所以爲情者七。曰何也？曰：性之品有上中下三。上焉者。善焉而已矣。中焉者，可導而上下也。下焉者，惡焉而已矣。其所以爲性者五：曰仁、曰禮、曰信、曰義、曰智。[22]上焉者之於五也，主於一而行於四。中焉者之於五也，一不少有焉，則少反焉，其於四也混。下焉者之於五也，反於一而悖於四。性之於情視其品。情之品有上中下三，其所以爲情者七：曰喜、曰怒、曰哀、曰懼、曰愛、曰惡、曰欲。上焉者之於七也，動而處其中；中焉者之於七也，有所甚，有所亡，然而求合其中者也；下焉者之於七也，亡與甚，直情而行者也。情之於性視其品。

孟子之言性曰“人之性善”，荀子之言性曰“人之性惡”，揚子之言性曰“人之性善惡混”。夫始善而進惡與？始惡而進善與？始也混而今也善惡，皆舉其中而遺其上下者也，得其一而失其二者也。叔魚之生也，其母視之，知其必以賄死。楊食我之生也，叔向之母聞其號也，知必滅其宗。越椒之生也，子文以爲大戚，知若敖氏之鬼不食也。人之性果善乎？后稷之生也，其母無災，其始匍匐也，則岐岐然，嶷嶷然。文王之在母也，母不憂，既生也，傅不勤，既學也，師不煩。人之性果惡乎？堯之朱、舜之均、文王之管蔡，習非不善也，而卒爲姦；瞽叟之舜、鯀之禹，習非不惡也，而卒爲聖。人之性善惡果混乎？故曰：“三子之言性也，舉其中而遺其上下者也，得其一而失其二者也。”

曰：“然則性之上下者，其終不可移乎？”曰：“上之性，就學而愈明；下之性，畏威而寡罪。是故上者可教，[23]而下者可制也。其品則孔子謂不移也。”曰：“今之言性者異於此，何也？”曰：“今之言者，[24]雜佛老而言也。雜佛老而言也者，奚言而不異！”

（《文苑英華》卷三六三《原性》，《唐文粹》卷四三《原性》，《韓愈文集彙校箋注》卷一《原性》，《韓昌黎文集校注》卷一《原性》）

原人　韓愈

形於上者謂之天，形於下者謂之地，命於其兩間者謂之人。形於上，日月、星辰皆天也；形於下，草木、山川皆地也；命於其兩間，夷狄、禽獸皆人也。

曰：然則吾謂禽獸人，可乎？曰：非也。指山而問焉，曰山乎，曰山可也，山有草木、禽獸，皆舉之矣。指山之一草而問焉，曰山乎，曰山則不可。

故天道亂，而日月、星辰不得其行；地道亂，而草木、山川不得其平；人道亂，而夷狄、禽獸不得其情。天者，日月、星辰之主也；地者，草木、山川之主也；人者，夷狄、禽獸之主也。主而暴之，不得其爲主之道矣。是故聖人一視而同仁，篤近而舉遠。

(《唐文粹》卷四三《原人》，《韓愈文集彙校箋注》卷一《原人》，《韓昌黎文集校注》卷一《原人》)

原鬼　韓愈

有嘯於梁，從而燭之，無見也，斯鬼乎？曰：非也，鬼無聲。有立於堂，從而視之，無見也，斯鬼乎？曰：非也，鬼無形。有觸吾躬，從而執之，無得也，斯鬼乎？曰：非也，鬼無聲與形，安有氣？曰：鬼無聲也，無形也，無氣也，果無鬼乎？曰：有形而無聲者，物有之矣，土石是也；有聲而無形者，物有之矣，風霆是也；有聲與形者，物有之矣，人獸是也；無聲與形者，物有之矣，鬼神是也。

曰：然則有怪而與民物接者，何也？曰：是有二，有鬼，有物。[25]漠然無形與聲者，鬼之常也。民有忤於天，有違於民，有爽於物，逆於倫而感於氣，於是乎鬼有形於形，[26]有憑於聲以應之，而下殃禍焉，皆民之爲之也。其既也，又反乎其常。曰：何謂物？曰：成於形與聲者，土石、風霆、人獸是也；反乎無聲與形者，鬼神是也；不能有形與聲，不能無形與聲者，物怪是也。故其作而接於民也無恒，故有動於民而爲禍，亦有動於民而爲福，亦有動於民而莫之爲禍福。適丁民之有是時也。作《原鬼》。

(《文苑英華》卷三六三《原鬼》，《唐文粹》卷四三《原鬼》，《古今事文類聚》前集卷四八《原鬼》，《韓愈文集彙校箋注》卷一《原鬼》，《韓昌黎文集校注》卷一《原鬼》)

原毁　韓愈

古之君子，其責己也重以周，其待人也輕以約。重以周，故不怠；輕以約，故人樂爲善。聞古之人有舜者，其爲人也，仁義人也。求其所以爲舜者，責於己曰："彼人也，予人也；彼能是，而我乃不能是？"早夜以思，去其不如舜者，就其如舜者。聞古之人有周公者，其爲人也，多才與藝人也。求其所以爲周公者，責於己曰："彼人也，予人也。彼能是,而我乃不能是?”早夜以思,去其不如周公者,就其如周公者。舜,大聖人也,後世無及焉。周公,大聖人也,後世無及焉。是人也,乃曰:“不如舜,不如周公,吾之病也。”是不亦責於身者重以周乎?其於人也,曰:“彼人也,能有是,是足爲良人矣。能善是,是足爲藝人矣。”取其一,不責其二,即其新,不究其舊。恐恐然惟懼其人之不得爲善之利。一善易修也,一藝易能也,其於人也,乃曰:“能有是,是亦足矣。”曰:“能善是,是亦足矣。”不亦待於人者輕以約乎!

今之君子則不然。[27]其責人也詳,其待己也廉。詳,故人難於爲善;廉,故自取也少。己未有善,曰:“我善是,是亦足矣。”己未有能,曰:“我能是,是亦足矣。”外以欺於人,内以欺於心,未少有得而止矣,不亦待其身者已廉乎?其於人也,曰:“彼雖能是,其人不足稱也;彼雖善是,其用不足稱也。”舉其一,不計其十,究其舊,不圖其新。恐恐然惟懼其人之有聞也,是不亦責於人者已詳乎!夫是之謂不以衆人待其身,而以聖人望於人,吾未見其尊己也。

雖然,爲是者有本有原。怠與忌之謂也。怠者不能修,而忌者畏人修。吾常試之矣,嘗試語於衆曰:“某良士,某良士。”其應者,必其人之與也。不然,則其所疏遠不與同其利者也。不然,則其畏也。不若是,强者必怒於言,懦者必怒於色矣。又嘗語於衆曰:“某非良士,某非良士。”其不應者,必其人之與也。不然,則其所疏遠不與同其利者也。不然,則其畏也。不若是,强者必説於言,懦者必説於色矣。[28]是故事修而謗興,德高而毁來。嗚呼!士之處此世,而望名譽之光、道德之行,難已!

將有作於上者,得吾説而存之,其國家可幾而理歟!

(《唐文粹》卷四三《原毁》,《韓愈文集彙校箋注》卷一《原毁》,《韓昌黎文集校注》卷一《原毁》)

原教　王安石

善教者藏其用,民化上而不知所以教之之源。不善教者反此,民知所以教之之源,而不誠化上之意。

善教者之爲教也，致吾義忠，而天下之君臣義且忠矣；致吾孝慈，而天下之父子孝且慈矣；致吾恩於兄弟，而天下之兄弟相爲恩矣；致吾禮於夫婦，而天下之夫婦相爲禮矣。天下之君君臣臣、父父子子、兄兄弟弟、夫夫婦婦，皆吾教也。民則曰："我何賴於彼哉？"此謂化上而不知所以教之之源也。

不善教者之爲教也，不此之務，而暴爲之制，煩爲之防，劬劬於法令誥戒之間，藏於府，憲於市，屬民於鄙野，必曰臣而臣，君而君，子而子，父而父，兄弟者無失其爲兄弟也，夫婦者無失其爲夫婦也，率是也有賞，不然則罪。鄉閭之師，族鄰之長，疏者時讀，密者月告，若是其悉矣。顧有不服教而附於刑者，於是嘉石以慚之，圜土以苦之，甚者棄之於市朝，放之於裔末，卒不可以已也。此謂民知所以教之之源，而不誠化上之意也。

善教者浹於民心，而耳目無聞焉，以道擾民者也。不善教者施於民之耳目，而求浹於心，以道强民者也。擾之爲言，猶山藪之擾毛羽，川澤之擾鱗介也，豈有制哉？自然然耳。强之爲言，其猶囿毛羽、沼鱗介乎，一失其制，脱然逝矣。噫！古之所以爲古，無異焉，由前而已矣。今之所以不爲古，無異焉，由後而已矣。

或曰："法令誥戒不足以爲教乎？"曰："法令誥戒，文也，吾云爾者，本也。失其本，求之文，吾不知其可也。"

（《文翰類選大成》卷一三五《原教》，《王安石全集》卷三二《原教》）

原過　王安石

天有過乎？有之，陵歷鬥蝕是也。地有過乎？有之，崩弛竭塞是也。天地舉有過，卒不累覆且載者何？善復常也。人介乎天地之間，則固不能無過，卒不害聖且賢者何？亦善復常也。故太甲思庸，孔子曰："勿憚改過。"①楊雄貴遷善，皆是術也。

① 參見《論語·學而》。

予之朋，有過而能悔，悔而能改，人則曰："是向之從事云爾，今從事與向之從事弗類，非其性也，飾表以疑世也。"夫豈知言哉？

天播五行於萬靈，人固備而有之。有而不思則失，思而不行則廢。一日咎前之非，沛然思而行之，是失而復得，廢而復舉也。顧曰非其性，是率天下而戕性也。

且如人有財，見篡於盜，已而得之，曰："非夫人之財，向篡於盜矣。"可歟？不可也。財之在己，固不若性之爲己有也。財失復得，曰非其財，且不可，性失復得，曰非其性，可乎？

（《宋文鑑》卷九六《原過》，《古文集成》卷六九《原過》，《王安石全集》卷三二《原過》）

【校勘記】

［1］纖者入無倫："纖"，《文章類選》同《古今事文類聚》別集卷二〇，《文選》卷四五作"細"；"倫"，《文選》卷四五、《古今事文類聚》別集卷二〇作"間"。

［2］陶：《文章類選》同《古今事文類聚》別集卷二〇，《文選》卷四五作"椒"。

［3］是以天下：《文章類選》同《文翰類選大成》卷一三二，《文選》卷四五作"天下"。

［4］攫拏：二字間原衍"執"，據《文選》卷四五删。

［5］誖：《文章類選》同《楊雄集校注・文》，《文選》卷四五作"悖"。

［6］有：此字原脱，據《文選》卷四五補。

［7］繆：《文選》卷四五作"乖"。

［8］爲：原作"焉"，據《文苑英華》卷三七九改。

［9］小：《文章類選》同《唐文粹》卷四六，《古今事文類聚》後集卷三六作"女"。

［10］畢：《文章類選》同《古今事文類聚》前集卷二三，《唐文粹》卷四六作"必"。

［11］兀兀：《文章類選》同《古今事文類聚》前集卷二三，《唐文粹》卷四六作"矻矻"。

［12］文：《文章類選》同《古今事文類聚》前集卷二三，《唐文粹》卷四六作"德"。

［13］躓：《古今事文類聚》前集卷二三、《唐文粹》卷四六作"疐"。

［14］是弘：《古今事文類聚》前集卷二三、《唐文粹》卷四六作"以興"。

［15］促促：《古今事文類聚》前集卷二三、《唐文粹》卷四六作"役役"。

［16］小：《文苑英華》卷三六三作"之罪"，《唐文粹》卷四三作"罪"。

［17］魏梁：《文章類選》同《唐文粹》卷四三，《文苑英華》卷三六三作"宋齊梁魏"。

［18］則入於墨：《文苑英華》卷三六三此四字下有"不入於墨則入於老"八字。

［19］師之：此二字原脱，據《文苑英華》卷三六三、《唐文粹》卷四三補。

［20］訊：《文章類選》同《文苑英華》卷三六三，《唐文粹》卷四三作“計”。

［21］滅：此字原脱，據《唐文粹》卷四三補。

［22］曰禮曰信曰義曰智：《文章類選》同《唐文粹》卷四三，《文苑英華》卷三六三作“曰義曰禮曰智曰信”。

［23］教：《文章類選》同《唐文粹》卷四三，《文苑英華》卷三六三作“學”。

［24］言：《文苑英華》卷三六三、《唐文粹》卷四三此字下均有一“性”字。

［25］有鬼有物：《文苑英華》卷三六三、《唐文粹》卷四三作“二”。

［26］形於形：《文苑英華》卷三六三作“托於形”。

［27］則不然：《唐文粹》卷四三無此三字。

［28］强者必説於言懦者必説於色矣：二“説”，《唐文粹》卷四三皆作“悦”。

文章類選卷之二十

論諫類

芮良夫諫專利

厲王説榮夷公，芮良夫曰："王室其將卑乎！夫榮公好專利而不知大難。夫利，百物之所生也，天地之所載也，而或專之，其害多矣。天地百物，皆將取焉，胡可專也？所怒甚多，而不備大難，以是教王，王能久乎？夫王人者，將導利而布之上下者也，使神人百物無不得其極，猶日怵惕，懼怨之來也。故《頌》曰：'思文后稷，克配彼天。立我烝民，莫匪爾極。'①《大雅》曰：'陳錫載周。'②是不布利而懼難乎？故能載周，以至於今。今王學專利，其可乎？匹夫專利，猶謂之盜，王而行之，其歸鮮矣。榮公若用，周必敗。"既，榮公爲卿士，諸侯不享，王流於彘。

（《文翰類選大成》卷一二五《諫專利》，《國語集解·周語上第一·厲王説榮夷公》，《史記》卷四《周本紀》）

虢文公諫不藉千畝

宣王即位，不藉千畝。虢文公諫曰："不可。夫民之大事在農，上帝之粢盛於是乎出，民之蕃庶於是乎生，事之共給於是乎在，和協輯睦於是乎興，財用蕃殖於是乎始，敦庬純固於是乎成，是故稷爲大官。

① 參見《詩經·周頌·思文》。

② 參見《詩經·大雅·文王》。

古者，大史順時覛音“脉”。土，覛，視也。陽癉丁佐反。憤盈，土氣震發，農祥晨正，日月底於天廟，土乃脉發。

“先時九日，太史告稷曰：‘自今至於初吉，陽氣俱烝，土膏其動。弗震弗渝，脉其滿眚，穀乃不殖。’稷以告王曰：‘史帥陽官以命我司事曰：距今九日，土其俱動，距，去也。王其祗祓，監古懺反。農不易。’王乃使司徒咸戒公卿、百吏、庶民，司空除壇於藉，命農大夫咸戒農用。

“先時五日，瞽告有協風至，王即齊宫，百官御事，各即其齊三日。王乃淳濯饗醴，及期，鬱人薦鬯，犧人薦醴，王祼鬯，饗醴乃行，百吏、庶民畢從。及藉，后稷監之，膳夫、農正陳藉禮，太史贊王，王敬從之。王耕一墢，班三之，庶人終於千畝。其后稷省功，太史監之；司徒省民，大師監之；畢，宰夫陳饗，膳宰監之。膳夫贊王，王歆大牢，歆，饗也。班嘗之，庶人終食。

“是日也，瞽帥、音官以省風土。廩於藉東南，鍾而藏之，而時布之於農。布，賤也。稷則遍戒百姓，紀農協功，曰：‘陰陽分布，震雷出滯。’土不備墾，辟在司寇。乃命其旅曰：‘徇，農師一之，農正再之，后稷三之，司空四之，司徒五之，太保六之，太師七之，太史八之，宗伯九之，王則大徇。耨穫亦如之。’民用莫不震動，恪恭於農，修其疆畔，日服其鎛，不解於時，財用不乏，民用和同。

“是時也，王事唯農是務，無有求利於其官，以干農功，三時務農而一時講武，故征則有威，守則有財。若是，乃能媚於神而和於民矣，則享祀時至而布施優裕也。今天子欲修先王之緒而棄其大功，匱神乏祀而困民之財，將何以求福用民？”

王弗聽。三十九年，戰於千畝，王師敗績於姜氏之戎。[1]

（《文翰類選大成》卷一二五《諫不籍千畝》，《國語集解·周語上第一·宣王即位不籍千畝》，《史記》卷四《周本紀》）

仲山父諫立少

魯武公以括與戲見王，王立戲。以爲大子。樊仲山父諫曰：“不可立也！不順必犯，犯王命必誅，故出令不可不順也。令之不行，政之不立，行而不順，民將棄上。夫下事上，少事長，所以爲順也。今天子立諸侯而建其少，是教逆也。若魯從之而諸侯效之，王命將有所壅，若不從而誅之，是自誅王命也。是事也，誅亦失，不誅亦失，天子其圖之！”王卒立之。魯侯歸而卒，及魯人殺懿公而立伯御。三十二年，宣王伐魯，立孝公，諸侯從是而不睦。

（《文翰類選大成》卷一二五《諫立少》，《國語集解·周語上第一·魯武公以括與戲見王》，《史記》卷三三《魯周公世家第三》）

富辰諫以狄伐鄭

鄭之入滑也，滑人聽命。師還，又即衛。[2]鄭公子士、洩堵俞彌帥師伐滑。王使伯服、游孫伯如鄭請滑。二子。鄭伯怨惠王之入而不與厲公爵也，又怨襄王之與衛滑也。故不聽王命，而執二子。王怒，將以狄伐鄭。富辰諫曰：“不可。臣聞之大上以德撫民，其次親親，以相及也。昔周公弔二叔之不咸，故封建親戚以蕃屏周。管、蔡、郕、霍、魯、衛、毛、聃、郜、雍、曹、滕、畢、原、酆、郇，文之昭也。邘、晋、應、韓，武之穆也。凡、蔣、邢、茅、胙、祭，周公之胤也。胤，嗣也。召穆公思周德之不類，故糾合宗族於成周而作詩，曰：‘常棣之華，鄂不韡韡。凡今之人，莫如兄弟。’①其四章曰：‘兄弟鬩於墻，外禦其侮。’②如是，則兄弟雖有小忿，不廢懿親。今天子不忍小忿以棄鄭親，其若之何？庸勛、親親、暱近、尊賢，德之大者也。即聾、從昧、與頑、用嚚，奸之大者也。棄德、崇奸，禍之大者也。鄭有平、惠之勛，又有厲、宣之親，棄嬖寵而用三良，於諸姬爲近，四德具矣。耳不聽五聲之和爲聾，目不别五色之章爲昧，心不則德義之經爲頑，口不道忠信之言爲嚚。狄皆則之，四奸具矣。周之有懿德也，猶曰‘莫如兄弟’，故封建之。其懷柔

① 參見《詩經·小雅·常棣》。
② 參見《詩經·小雅·常棣》。

天下也，猶懼有外侮；捍禦侮者，莫如親親，故以親屏周。召穆公亦云。今周德既衰，於是乎又渝周、召，以從諸奸，無乃不可乎？民未忘禍，王又興之，其若文、武何？"王弗聽，使頽叔、桃子出狄師。

夏，狄伐鄭，取櫟。王德狄人，將以其女爲后。富辰諫曰："不可。臣聞之曰'報者倦矣，施者未厭。'狄固貪婪，王又啓之。女德無極，婦怨無終，狄必爲患。"王又弗聽。

（《文翰類選大成》卷一二五《諫以狄伐鄭》，《左傳注疏》卷一五《僖公》，《春秋左傳注·僖公二十四年》）

富辰諫以翟女爲后

王降翟師以伐鄭。王德翟人，將以其女爲后。富辰諫曰："不可。夫婚姻，禍福之階也。利内則福由之，利外則取禍。今王外利矣，其無乃階禍乎？昔摯、疇之國也由大任，杞、繒由大姒，齊、許、申、吕由大姜，陳由大姒，是皆能内利親親者也。昔鄢之亡也由仲任，密須由伯姞，鄶由叔妘，聃由鄭姬，息由陳嬀，鄧由楚曼，羅由季姬，盧由荆嬀，是皆外利離親者也。"

王曰："利何如而内，何如而外？"對曰："尊貴、明賢、庸勛、長老、愛親、禮新、親舊。然則民莫不審固其心力以役上令，官不易方，而財不匱竭，求無不至，動無不濟。百姓兆民，夫人奉利而歸諸上，是利之内也。若七德離判，民乃携貳，各以利退，上求不暨，是其外利也。夫翟無列於王室，鄭伯南也，王而卑之，是不尊貴也。翟，豺狼之德也，鄭未失周典，王而蔑之，是不明賢也。平、桓、莊、惠皆受鄭勞，王而棄之，是不庸勛也。鄭伯捷之齒長矣，王而弱之，是不長老也。翟，隗姓也，鄭出自宣王，王而虐之，是不愛親也。夫禮，新不間舊，王以翟女間姜、任，非禮且棄舊也。王一舉而棄七德，臣故曰利外矣。《書》有之曰：'必有忍也，若能有濟也。'[①]王不忍小忿而棄鄭，又登叔隗以階

---

① 參見《尚書·周書·君陳》。

翟。翟，封豕豺狼也。不可厭也。”王弗聽。

十八年，王黜翟后，翟人來誅殺譚伯。富辰曰：“昔吾驟諫王，王弗從，以及此難。若我不出，王其以我爲懟乎！”乃以其屬死之。

（《文翰類選大成》卷一二五《諫以翟女爲后》，《國語集解·周語中第二·十七年王黜狄后》）

石碏諫寵州吁

衛莊公娶於齊東宫得臣之妹，曰莊姜，美而無子，衛人所爲賦《碩人》也。又娶於陳，曰厲嬀，生孝伯，早死。其娣戴嬀，生桓公，莊姜以爲己子。

公子州吁，嬖人之子也。嬖，親幸也。有寵而好兵，公弗禁。莊姜惡之。石碏諫曰：“臣聞愛子，教之以義方，弗納於邪。驕、奢、淫、佚，所自邪也。四者之來，寵禄過也。將立州吁，乃定之矣，若猶未也，階之爲禍。夫寵而不驕，驕而能降，降而不憾，憾而能眕者，鮮矣。且夫賤妨貴，少陵長，遠間親，新間舊，小加大，淫破義，所謂六逆也。君義，臣行，父慈，子孝，兄愛，弟敬，所謂六順也。去順效逆，所以速禍也。君人者，將禍是務去，而速之，無乃不可乎？”弗聽。其子厚與州吁游，禁之，不可。桓公立，乃老。

（《文翰類選大成》卷一二五《諫寵州吁》，《左傳注疏》卷三《隱公》，《春秋左傳注·隱公三年》）

臧僖伯諫觀魚

公將如棠觀魚者，臧僖伯諫曰：“凡物不足以講大事，其材不足以備器用，則君不舉焉。君，將納民於軌、物者也。故講事以度軌量謂之軌，取材以章物采謂之物。不軌不物，謂之亂政。亂政亟行，所以敗也。故春蒐、夏苗、秋獮、冬狩，皆於農隙以講事也。三年而治兵，入而振旅。歸而飲至，以數軍實。昭文章，明貴賤，辨等列，等别行伍。順少長，習威儀也。鳥獸之肉不登於俎，皮革、齒牙、骨角、毛羽不登於器，則公不射，古之制也。若夫山林、川澤之實，器用之資，皂隸之事，官司之守，非君所及也。”公曰：“吾將略地焉。”遂往，陳魚而觀之，僖伯稱疾不從。書曰“公矢魚於棠”，非禮也，且言遠地也。

（《文翰類選大成》卷一二五《諫觀魚》，《左傳注疏》卷三《隱公》，《春秋左傳注·隱公五年》）

屠蒯諫晋侯

晋荀盈如齊逆女，還，六月，卒於戲陽。殯於絳，未葬。晋侯飲酒，樂。膳宰屠蒯趨入，請佐公使尊，許之。公許之。而遂酌以飲工，曰：“女爲君耳，將司聰也。辰在子、卯，謂之疾日，君徹宴樂，學人舍業，爲疾故也。君之卿佐，是謂股肱。股肱或虧，何痛如之？女弗聞而樂，是不聰也。”又飲外嬖嬖叔，曰：“女爲君目，將司明也。服以旌禮，旌，表也。禮以行事，事有其物，物有其容。今君之容，非其物也，而女不見，是不明也。”亦自飲也，曰：“味以行氣，氣以實志，志以定言，言以出令。臣實司味，二御失官，而君弗命，臣之罪也。”公説，徹酒。

初，公欲廢知氏而立其外嬖，爲是悛而止。秋八月，使荀躒佐下軍以説焉。

（《文翰類選大成》卷一二五《諫晋侯》，《左傳注疏》卷四五《昭公》，《春秋左傳注·昭公九年》）

宫之奇諫假道

晋侯復假道於虞以伐虢。宫之奇諫曰：“虢，虞之表也，虢亡，虞必從之。晋不可啓，寇不可玩。玩，習也。一之謂甚，其可再乎？諺所謂‘輔車相依，脣亡齒寒’者，其虞、虢之謂也。”公曰：“晋，吾宗也，豈害我哉？”對曰：“大伯、虞仲，大王之昭也，大伯不從，是以不嗣。虢仲、虢叔，王季之穆也，爲文王卿士，勛在王室，藏於盟府。將虢是滅，何愛乎虞？[3]且虞能親於桓、莊乎？其愛之也，桓、莊之族何罪？而以爲戮，不唯逼乎？親以寵逼，猶尚害之，况以國乎？”公曰：“吾享祀豐潔，神必據我。”對曰：“臣聞之，鬼神非人實親，惟德是依。故《周書》曰：‘皇天無親，惟德是輔。’[①]又曰：‘黍稷非馨，明德惟馨。’[②]又曰：‘民不易物，惟德繄物。’如是，則非德，民不和，神不享矣。神所馮依，將在德矣。若晋取虞，而明德以薦馨香，神其吐之乎？”弗聽，許晋使。宫之奇以其族行，曰：“虞不臘矣。在此行也，晋不更舉矣。”

（《文翰類選大成》卷一二五《諫假道》，《左傳注疏》卷一二《僖公》，《春秋左傳注・僖公五年》）

召公諫監謗

厲王虐，國人謗王。召公告王曰：“民不堪命矣！”王怒，得衛巫，使監謗者，以告，則殺之。國人莫敢言，道路以目。王喜，告召公曰：“吾能弭謗矣，乃不敢言。”召公曰：“是障之也。防民之口，甚於防川。川壅而潰，傷人必多，民亦如之。是故爲川者，决之使導，爲民者宣之使言。故天子聽政，使公卿至於列士獻詩，瞽獻典，史獻書，師箴，瞍賦，矇誦，百工諫，庶人傳語，近臣盡規，親戚補察，瞽、史教誨，耆、艾修之，而後王斟酌焉，是以事行而不悖。民之有口也，猶土之有山川也，財用於是乎出；猶其有原隰衍沃也，衣食於是乎生。口之宣言也，善敗於是乎興，行善而備敗，所以阜財用、衣食者也。夫民慮之心而宣之於口，成而行之，胡可壅也？若壅其口，其與能幾何？”王弗聽，於是國人莫敢出言。三年，乃流王於彘。

（《文翰類選大成》卷一二五《諫監謗》，《國語集解・周語上第一・厲王虐國人謗王》）

臧文仲諫卑邾

邾人以須句故出師。公卑邾，不設備而禦之。臧文仲曰：“國無小，不可易也。無備，雖衆，不可恃也。《詩》曰：‘戰戰兢兢，如臨深淵，

---

① 參見《尚書・周書・蔡仲之命》。
② 參見《尚書・周書・君陳》。

如履薄冰。'[①]又曰:'敬之敬之!天惟顯思,命不易哉!'[②]先王之明德,猶無不難也,無不懼也,况我小國乎!君其無謂邾小,蜂蠆有毒,而况國乎!"弗聽。

八月丁未,公及邾師戰於升陘,我師敗績。邾人獲公冑,縣諸魚門。

(《文翰類選大成》卷一二五《諫卑邾》,《左傳注疏》卷一五《僖公》,《春秋左傳注·僖公二十二年》)

晏子諫誅祝史

齊侯疥,遂痁,期而不瘳。諸侯之賓問疾者多在。梁丘據與裔款言於公曰:"吾事鬼神豐,於先君有加矣。今君疾病,爲諸侯憂,是祝、史之罪也。諸侯不知,其謂我不敬,君盍誅於祝固、史嚚以辭賓?"公説,告晏子。晏子曰:"日宋之盟,屈建問范會之德於趙武。趙武曰:'夫子之家事治,言於晋國,竭情無私。其祝、史祭祀,陳信不愧。其家事無猜,其祝、史不祈。'建以語康王。康王曰:'神、人無怨,宜夫子之光輔五君以爲諸侯主也。'"公曰:"據與款謂寡人能事鬼神,故欲誅於祝、史,子稱是語,何故?"對曰:"若有德之君,外内不廢,上下無怨,動無違事,其祝、史薦信,無愧心矣。是以鬼神用饗,國受其福,祝、史與焉。其所以蕃祉老壽者,爲信君使也,其言忠信於鬼神。其適遇淫君,外内頗邪,上下怨疾,動作辟違,從欲厭私,高臺深池,撞鐘舞女。斬刈民力,輸掠其聚,以成其違,不恤後人,暴虐淫從,肆行無度,[4]無所還忌,不思謗讟,不憚鬼神。神怒民痛,無悛於心。其祝、史薦信,是言罪也;其蓋失數美,是矯誣也。進退無辭,則虚以求媚。是以鬼神不饗其國以禍之,祝、史與焉。所以夭昏孤疾者,爲暴君使也,其言僭嫚於鬼神。"公曰:"然則若之何?"對曰:"不可爲也。山林之木,衡

---

① 參見《詩經·小雅·小旻》。

② 參見《詩經·周頌·敬之》。

鹿守之；澤之萑蒲，舟鮫守之；藪之薪蒸，虞候守之；海之鹽、蜃，祈望守之。縣鄙之人，入從其政；逼介之關，暴征其私；承嗣大夫，强易其賄。布常無藝，征斂無度；宫室日更，淫樂不違。内寵之妾，肆奪於市；外寵之臣，僭令於鄙。私欲養求，不給則應。民人苦病，夫婦皆詛。祝有益也，詛亦有損。聊、攝以東，姑、尤以西，其爲人也多矣。雖其善祝，豈能勝億兆人之詛？君若欲誅於祝、史。修德而後可。”公説，使有司寬政，毁關去禁，薄斂已責。

（《文翰類選大成》卷一二五《諫誅祝史》，《左傳注疏》卷四九《昭公》，《春秋左傳注·昭公二十年》）

鮑文子諫伐魯

陽虎使焚萊門，師驚，犯之而出奔齊，[5]請師以伐魯，曰：“三加，必取之。”齊侯將許之。鮑文子諫曰：“臣嘗爲隸於施氏矣，魯未可取也。上下猶和，衆庶猶睦，能事大國，而無天灾，若之何取之？陽虎欲勤齊師也，齊師罷，大臣必多死亡，己於是乎奪其詐謀。夫陽虎有寵於季氏，而將殺季孫，以不利魯國，而求容焉。親富不親仁，君焉用之？君富於季氏，而大於魯國，兹陽虎所欲傾覆也。魯免其疾，而君又收之，無乃害乎？”齊侯執陽虎。

（《左傳注疏》卷五五《定公》，《春秋左傳注·定公九年》）

伍員諫吴王許越成

吴王夫差敗越於夫椒，報檇李也。遂入越。越子以甲楯五千保於會稽，使大夫種因吴大宰嚭以行成。吴子將許之。伍員曰：“不可。臣聞之‘樹德莫如滋，去疾莫如盡’①。昔有過澆殺斟灌以伐斟鄩，滅夏后相，后緡方娠，逃出自竇，歸於有仍，生少康焉。爲仍牧正，惎澆能戒之。澆使椒求之，逃奔有虞，爲之庖正，以除其害。虞思於是妻之以

---

① 參見《尚書·周書·泰誓》。

二姚，而邑諸綸，有田一成，有衆一旅。能布其德，而兆其謀，以收夏衆，撫其官職。使女艾諜澆，使季杼誘豷。遂滅過、戈，復禹之績，祀夏配天，不失舊物。今吴不如過，而越大於少康，或將豐之，不亦難乎！勾踐能親而務施，施不失人，親不棄勞。與我同壤，而世爲仇讎。於是乎克而弗取，將又存之，違天而長寇仇，後雖悔之，不可食已。姬之衰也，日可俟也。介在蠻夷，而長寇仇，以是求伯，必不行矣。"弗聽。退而告人曰："越十年生聚，而十年教訓，二十年之外，吴其爲沼乎！"

（《文翰類選大成》卷一二五《諫吴王許越成》，《左傳注疏》卷五七《哀公》，《春秋左傳注・哀公元年》）

子胥諫伐齊

吴將伐齊，越子率其衆以朝焉，王及列士皆有饋賂。吴人皆喜，唯子胥懼，曰："是豢吴也夫！"諫曰："越在我，心腹之疾也，壤地同，而有欲於我。夫其柔服，求濟其欲也，不如早從事焉。得忠於齊，猶獲石田也，無所用之。越不爲沼，吴其泯矣。使醫除疾，而曰：'必遺類焉'者，未之有也。盤庚之《誥》曰'其有顛越不共，則劓殄無遺育，無俾易種於兹邑'[①]，是商所以興也。今君易之，將以求大，不亦難乎！"弗聽。使於齊，屬其子於鮑氏，爲王孫氏。反役，王聞之，使賜之屬鏤以死。將死，曰："樹吾墓檟，檟可材也。吴其亡乎！三年，其始弱矣。盈必毁，天之道也。"

（《文翰類選大成》卷一二五《諫伐齊》，《左傳注疏》卷五八《哀公》，《春秋左傳注・哀公十一年》）

白公子張諫靈王

靈王虐，白公子張驟諫。王患之，謂史老曰："吾欲已子張之諫，若何？"對曰："用之實難，已之易矣。若諫，君則曰：'余左執鬼中，右

---

① 參見《尚書・商書・盤庚中》。

執殤宫,凡百箴諫,吾盡聞之矣。寧聞它言?'"

白公又諫,王如史老之言。對曰:"昔殷武丁能聳其德,至於神明,以入於河,自河徂亳,於是乎三年,默以思道。卿士患之,曰:'王言以出令也,若不言,是無所稟令也。'武丁於是作書,曰:'以余正四方,余恐德之不類,兹故不言。'如是而又使以象夢旁求四方之賢聖,得傅説以來,升以爲公,而使朝夕規諫,曰:'若金,用女作礪。若濟川,[6]用女作舟。若大旱,[7]用女作霖雨。啓乃心,沃朕心。若藥不瞑眩,厥疾不瘳。若跣不視,[8]厥足用傷。若武丁之神明也,其聖之睿廣也,其知之不疚也,猶自謂未乂,故三年默以思道。既得道,猶不敢專制,使以象旁求聖人。既得以爲輔,又恐其荒失遺忘,故使朝夕規誨箴諫,曰:'必交修餘,無餘棄也。'今君或者未及武丁,而惡規諫者,不亦難乎!

"齊桓、晋文,皆非嗣也,還軫諸侯,不敢淫逸,心類德音,以得有國。近臣諫,遠臣謗,輿人誦,以自誥也。是以其入也,四封不備一同。而至於有畿田,以屬諸侯,至於今爲令君。桓、文皆然,君不度憂於二令君,而欲自逸也,無乃不可乎?《周詩》有之曰:'弗躬弗親,庶民弗信。'①臣懼民之不信君也,故不敢不言。不然,何急其以言取罪也?"

王病之,曰:"子復語。不穀雖不能用,吾慭置之於耳。"對曰:"賴君用之也,故言。不然,巴浦之犀、犛、兕、象,其可盡乎,其又以規爲瑱也?"遂趨而退,歸,杜門不出。七月,乃有乾溪之亂,靈王死之。

(《文翰類選大成》卷一二五《諫靈王》,《國語集解·楚語上第十七·靈王虐白公子張驟諫》)

太子晋諫壅川

靈王三十二年,穀、洛鬥,將毀王宫。王欲壅之,太子晋諫曰:"不可。晋聞古之長民者,不墮山,不崇藪,不防川,不竇澤。夫山,土之

---

① 參見《詩經·小雅·節南山》。

聚也；藪，物之歸也；川，氣之導也；澤，水之鍾也。夫天地成而聚於高，歸物於下，疏爲川谷，以導其氣，陂塘污庳，以鍾其美。是故聚不阤崩，而物有所歸，氣不沉滯，而亦不散越。是以民生有財用，而死有所葬。然則無夭、昏、札、瘥之憂，而無飢、寒、乏、匱之患。故上下能相固。以待不虞。古之聖王唯此之慎。

“昔共工棄此道也，虞於湛樂，淫失其身，欲壅防百川，墮高堙庳，以害天下。皇天弗福，庶民弗助，禍亂并興，共工用滅。其在有虞，有崇伯鯀，播其淫心，稱遂共工之過，堯用殛之於羽山。其後伯禹念前之非度，厘改制量，象物天地，比類百則，儀之於民，而度之於群生，共之從孫四岳佐之，高高下下，疏川導滯，鍾水豐物，封崇九山，決汩九川，陂障九澤，豐殖九藪，汩越九原，宅居九隩，合通四海。故天無伏陰，地無散陽，水無沉氣，火無灾燀，神無間行，民無淫心，時無逆數，物無害生。帥象禹之功，度之於儀軌，莫非嘉績，克厭帝心。皇天嘉之，胙以天下，賜姓曰‘姒’，氏曰‘有夏’，謂其能以嘉祉殷富生物也。胙四岳國，命以侯伯，賜姓曰‘姜’，氏曰‘有吕’，謂其能爲禹股肱心膂，以養物豐民人也。

“此一王四伯，豈繄多寵？皆亡王之後。唯能厘舉嘉義，以有胤在下，守祀不替其典。有夏雖衰，杞、鄫猶在；申、吕雖衰，齊、許猶在。唯有嘉功，以命姓受祀，迄於天下。及其失之也，必有慆淫之心間之。故亡其氏姓，踣斃不振，絶後無主，湮替隸圉。夫亡者豈繄無寵？皆黄、炎之後也。唯不帥天地之度，不順四時之序，不度民神之義，不儀生物之則，以殄滅無胤，至於今不祀。及其得之也，必有忠信之心間之。度於天地而順於時動，和於民神而儀於物則，故高朗令終，顯明昭融，[9]命姓授氏，而附之以令名。若啓先王之遺訓，省其典圖刑法，而觀其廢興者，皆可知也。其興者，必有夏、吕之功焉；其廢者，必有共、鯀之敗焉。今吾執政毋乃實有所避，而滑夫二川之神。使至於争明，以妨王宫，王而飾之，毋乃不可乎！”

（《文翰類選大成》卷一二五《諫壅川》，《國語集解·周語下第三·靈王二十二年穀洛鬥》）

單穆公諫鑄大錢

景王二十一年，將鑄大錢。單穆公曰："不可。古者，天災降戾，於是乎量資幣，權輕重，以振救民。民患輕，則爲之作重幣以行之，於是乎有母權子而行，民皆得焉。若不堪重，則多作輕而行之，亦不廢重，於是乎有子權母而行，小大利之。

"今王廢輕而作重，民失其資，能無匱乎？若匱，王用將有所乏，乏則將厚取於民。民不給，將有遠志，是離民也。且夫備有未至而設之，有至而後救之，是不相入也。可先而不備，謂之怠；可後而先之，謂之召災。周固羸國也，天未厭禍焉，而又離民以佐災，無乃不可乎？將民之與處而離之，將災是備禦而召之，則何以經國？國無經，則何以出令？令之不從，上之患也。故聖人樹德於民以除之。

"《夏書》有之曰：'關石、和鈞，王府則有。'①《詩》亦有之曰：'瞻彼旱麓，榛楛濟濟。愷悌君子，干祿愷悌。'②夫旱麓之榛楛殖，故君子得以易樂干祿焉。若夫山林匱竭，林麓散亡，藪澤肆既，民力雕盡，田疇荒蕪，資用乏匱，君子將險哀之不暇，而何易樂之有焉？

"且絶民用以實王府，猶塞川原而爲潢污也，其竭也無日矣。若民離而財匱，災至而備亡，王其若之何？吾周官之於災備也，其所怠棄者多矣，而又奪之資，以益其災，是去其藏而翳其人也。王其圖之！"王弗聽，卒鑄大錢。

（《文翰類選大成》卷一二五《諫鑄大錢》，《國語集解·周語下第三·景王二十一年將鑄大錢》）

【校勘記】

［1］三十九年戰於千畝王師敗績於姜氏之戎：此十七字原脱，據《國語》卷一《周語》補。

① 參見《尚書·夏書·五子之歌》。

② 參見《詩經·大雅·旱麓》。

［2］又：原作“人”，據《春秋左傳注・僖公二十四年》改。

［3］乎：《春秋左傳注・僖公五年》作“於”。

［4］無：《文翰類選大成》卷一二五、《春秋左傳注・昭公二十年》均作“非”。

［5］使焚萊門師驚犯之而出：此十字原脱，據《春秋左傳注・定公九年》補。

［6］濟川：《文章類選》同《文翰類選大成》卷一二五，《國語》卷一七作“津水”。

［7］大：《文章類選》同《文翰類選大成》卷一二五，《國語》卷一七作“天”。

［8］若跣不視：《文章類選》同《文翰類選大成》卷一二五，《國語》卷一七作“若跣不視地”。

［9］顯明昭融：《文章類選》同《文翰類選大成》卷一二五，《國語》卷三作“顯融昭明”。

文章類選卷之二十一

封事類

極諫外家封事　劉向

臣聞人君莫不欲安，然而常危；莫不欲存，然而常亡。失御臣之術也。夫大臣操權柄，持國政，未有不爲害者也。昔晋有六卿，齊有田、崔，衛有孫、甯，魯有季、孟，常掌國事，世執朝柄。終後田氏取齊，六卿分晋，崔杼弑其君光，孫林父、甯殖出其君衎，弑其君剽；季氏八佾舞於庭，三家者以《雍》徹，并專國政，卒逐昭公。周大夫尹氏管朝事，濁亂王室，子朝、子猛更立，連年乃定。故經曰"王室亂"，又曰"尹氏殺王子克"，甚之也。《春秋》舉成敗，録禍福，如此類甚衆，皆陰盛而陽微，下失臣道之所致也。故《書》曰："臣之有作威作福，害於而家，凶於而國。"① 孔子曰："禄去公室，政逮大夫。"②危亡之兆。秦昭王舅穰侯及涇陽、葉陽君專國擅執，[1]上假太后之威，三人者權重於昭王，家富於秦國，國甚危殆，賴寤范雎之言，而秦復存。二世委任趙高，專權自恣，壅蔽大臣，終有閻樂望夷之禍，秦遂以亡。近事不遠，即漢所代也。

漢興，諸吕無道，擅相尊王。吕産、吕禄席太后之寵，據將相之位，兼南北軍之衆，擁梁、趙王之尊，驕盈無厭，欲危劉氏。賴忠正大臣絳侯、朱虚侯等竭誠盡節以誅滅之，然後劉氏復安。今王氏一姓乘朱輪華轂者二十三人，青紫貂蟬充盈幄内，魚鱗左右。大將軍秉事用

---

① 參見《尚書・周書・洪範》。
② 參見《論語・季氏》。

權，五侯驕奢僭盛，并作威福，擊斷自恣，行污而寄治，身私而托公，依東宫之尊，假甥舅之親，以爲威重。尚書九卿州牧郡守皆出其門，管執樞機，朋黨比周。稱譽者登進，忤恨者誅傷。游談者助之説，執政者爲之言。排擯宗室，孤弱公族，其有智能者，尤非毁而不進。遠絶宗室之任，不令得給事朝省，恐其與己分權。數稱燕王、蓋主以疑上心，避諱吕、霍而弗肯稱。内有管、蔡之萌，外假周公之論，兄弟據重，宗族磐互。歷上古至秦漢，外戚僭貴未有如王氏者也。雖周皇甫、秦穰侯、漢武安、吕、霍、上官之屬，皆不及也。

物盛必有非常之變先見，爲其人微象。孝昭帝時，冠石立於泰山，仆柳起於上林，而孝宣帝即位。今王氏先祖墳墓在濟南者，其梓柱生枝葉，扶疏上出屋，根垂地中，雖立石起柳，無以過此之明也。事執不兩大，王氏與劉氏亦且不并立，如下有泰山之安，則上有累卵之危。陛下爲人子孫，守持宗廟，而令國祚移於外親，降爲皂隸，縱不爲身，奈宗廟何！婦人内夫家，外父母家，此亦非皇太后之福也。孝宣皇帝不與舅平昌、樂昌侯權，[2]所以全安之也。

夫明者起福於無形，銷患於未然。宜發明詔，吐德音，援近宗室，親而納信，黜遠外戚，毋授以政，皆罷令就第，以則效先帝之所行，厚安外戚，全其宗族，誠東宫之意，外家之福也。王氏永存，保其爵禄，劉氏長安，不失社稷，所以褒睦外内之姓，子子孫孫無疆之計也。如不行此策，田氏復見於今，六卿必起於漢，爲後嗣憂，昭昭甚明，不可不深圖，不可不蚤慮。《易》曰："君不密，則失臣；臣不密，則失身；幾事不密，則害成。"①惟陛下深留聖思，審固幾密，覽往事之戒，以折中取信，居萬安之實，用保宗廟，久承皇太后，天下幸甚。

（《文翰類選大成》卷一二九《極諫外家封事》，《漢書》卷三六《楚元王傳第六・劉向》，《資治通鑑》卷三〇《漢紀二十二・孝成皇帝上之上・二年》）

---

①　參見《周易・節卦》。

元光封事　劉向

臣前幸得以骨肉備九卿，奉法不謹，乃復蒙恩。竊見灾異并起，天地失常，徵表爲國。欲終不言，念忠臣雖在甽畝，猶不忘君，惓惓之義也。况重以骨肉之親，又加以舊恩未報乎！欲竭愚誠，又恐越職，然惟二恩未報，忠臣之義，一抒愚意，退就農畝，死無所恨。

臣聞舜命九官，濟濟相讓，和之至也。衆賢和於朝，則萬物和於野。故簫韶九成，而鳳凰來儀；擊石拊石，百獸率舞。四海之内，靡不和寧。及至周文，開基西郊，雜沓衆賢，罔不肅和，崇推讓之風，以銷分争之訟。文王既没，周公思慕，歌咏文王之德，其《詩》曰："於穆清廟，肅雍顯相；濟濟多士，秉文之德。"[①]當此之時，武王、周公繼政，朝臣和於内，萬國歡於外，故盡得其歡心，以事其先祖。其《詩》曰："有來雍雍，至止肅肅，相維辟公，天子穆穆。"[②]言四方皆以和來也。諸侯和於下，天應報於上，故《周頌》曰"降福穰穰"[③]，又曰"飴我釐麰"[④]。音"牟"。釐麰，麥也，始自天降。此皆以和致和，獲天助也。

下至幽、厲之際，朝廷不和，轉相非怨，詩人疾而憂之曰："民之無良，相怨一方。"[⑤]衆小在位而從邪議，歙歙相是而背君子，故其《詩》曰："歙歙訿訿，亦孔之哀！謀之其臧，則具是違；謀之不臧，則具是依！"[⑥]君子獨處守正，不撓衆枉，勉强以從王事則反見憎毒讒訴，故其《詩》曰："密勿從事，[⑦]不敢告勞。無罪無辜，讒口嗷嗷！"當是之時，日月薄蝕而無光，其《詩》曰："朔日辛卯，日有蝕之，亦孔之丑！"又曰："彼月而微，此日而微，今此下民，亦孔之哀！"又曰："日月鞠凶，不用

---

① 參見《詩經・周頌・清廟》。
② 參見《詩經・周頌・雍》。
③ 參見《詩經・周頌・執競》。
④ 參見《詩經・周頌・思文》。
⑤ 參見《詩經・小雅・角弓》。
⑥ 參見《詩經・小雅・小旻》。
⑦ 本文引"詩曰"，自"密勿從事"句至下文"胡憯莫懲"句，均參見《詩經・小雅・十月之交》。

其行；四國無政，不用其良！"天變見於上，地變動於下，水泉沸騰，山谷易處，其《詩》曰："百川沸騰，山冢卒崩，高岸爲谷，深谷爲陵。哀今之人，胡憯莫懲！"霜降失節，不以其時，其《詩》曰："正月繁霜，我心憂傷；民之訛言，亦孔之將！"①言民以是爲非，甚衆大也。此皆不和，賢不肖易位之所致也。

自此之後，天下大亂，篡殺殃禍并作，厲王奔彘，幽王見殺。至乎平王末年，魯隱之始即位也，周大夫祭伯乖離不和，出奔於魯，而《春秋》爲諱。不言來奔，傷其禍殃自此始也。是後尹氏世卿而專恣，諸侯背畔而不朝，周室卑微。二百四十二年之間，日食三十六，地震五，山陵崩阤二，彗星三見，夜常星不見，夜中星隕如雨一，火灾十四，長狄入三國，五石隕墜，六鶂退飛，多麋，有蜮、蜚、鸜鵒來巢者，皆一見。晝冥晦，雨木冰。李梅冬實。七月霜降，草木不死。八月殺菽。大雨雹。雨雪靁霆失序相乘。水、旱、饑、蝝、螽、螟螽午并起。當是時，禍亂輒應，弑君三十六，亡國五十二，諸侯奔走，不得保其社稷者，不可勝數也。周室多禍，晋敗其師於貿戎，伐其郊，鄭傷桓王，戎執其使，衛侯朔召不往，齊逆命而助朔，五大夫争權，三君更立，莫能正理，遂至陵夷不能復興。

由此觀之，和氣致祥，乖氣致異，祥多者其國安，異衆者其國危，天地之常經，古今之通義也。今陛下開三代之業，招文學之士，優游寬容，使得并進。今賢不肖渾殽，白黑不分，邪正雜揉，忠讒并進。章交公車，人滿北軍。朝臣舛午，膠戾乖剌，更相讒訴，轉相是非。傳授增加，文書紛糾，前後錯謬，毁譽混亂，所以營惑耳目，感移心意，不可勝載。分曹爲黨，往往群朋，將同心以陷正臣。正臣進者，治之表也；正臣陷者，亂之機也。乘治亂之機，未知孰任，而灾異數見，此臣所以寒心者也。

夫乘權藉勢之人，子弟鱗集於朝，羽翼陰附者衆，輻凑於前，毁譽

---

① 參見《詩經·小雅·正月》。

將必用，以終乖離之咎。是以日月無光，雪霜夏隕，海水沸出，陵谷易處，列星失行，皆怨氣之所致也。夫遵衰周之軌迹，循詩人之所刺，而欲以成太平，致雅頌，猶却行而求及前人也。初元以來六年矣，案《春秋》六年之中，灾異未有稠如今者也。夫有《春秋》之異，無孔子之救，猶不能解紛，况甚於《春秋》乎？

原其所以然者，讒邪并進也。讒邪之所以并進者，由上多疑心，既已用賢人而行善政，如或譖之，則賢人退而善政還。夫執狐疑之心者，來讒賊之口；持不斷之意者，開群枉之門。讒邪進則衆賢退，群枉盛則正士消。故《易》有《否》《泰》。小人道長，君子道消，君子道消，則政日亂，故爲《否》。否者，閉而亂也。君子道長，小人道消，小人道消，則政日治，故爲《泰》。泰者，通而治也。《詩》文云："雨雪麃麃，見晛聿消。"[①]與《易》同義。

昔者鯀、共工、驩兜與舜、禹雜處堯朝，周公與管、蔡并居周位，當是時，迭進相毁，流言相謗，豈可勝道哉！帝堯、成王能賢舜、禹、周公而消共工、管、蔡，故以大治，榮華至今。孔子與季、孟偕仕於魯，李斯與叔孫俱宦於秦，定公、始皇賢季、孟、李斯而消孔子、叔孫，故以大亂，污辱至今。故治亂榮辱之端，在所信任，信任既賢，在於堅固而不移。《詩》云："我心匪石，不可轉也。"[②]言守善篤也。《易》曰："涣汗其大號"。[③] 言號令如汗，汗出而不反者也。今出善令，未能踰時而反，是反汗也。用賢未能三旬而退，是轉石也。《論語》曰："見不善如探湯。"[④]今二府奏佞讇不當在位，歷年而不去。故出令則如反汗，用賢則如轉石，去佞則如拔山，如此望陰陽之調，不亦難乎！是以群小窺見間隙，緣飾文字，巧言醜詆，流言飛文。譁於民間，故《詩》云："憂心

---

① 參見《詩經·小雅·角弓》。

② 參見《詩經·邶風·柏舟》。

③ 參見《周易·涣卦》。

④ 參見《論語·季氏》。

悄悄，愠于群小。"[①]小人成群，誠足愠也。

昔孔子與顏淵、子貢更相稱譽，不爲朋黨；禹、稷與皋陶傳相汲引，不爲比周。何則？忠於爲國，無邪心也。故賢人在上位，則引其類而聚之於朝，《易》曰："飛龍在天，大人聚也。"[②]在下位，則思與其類俱進，《易》曰："拔茅茹以其彙，征吉。"[③]在上則引其類，在下則推其類，故湯用伊尹，不仁者遠，而衆賢至，類相致也。今佞邪與賢臣并交戟之内，合黨共謀，違善依惡，歙歙訿訿，數設危險之言，欲以傾移主上。如忽然用之，此天地之所以先戒，灾異之所以重至者也。

自古明聖，未有無誅而治者也，故舜有四放之罰，而孔子有兩觀之誅，然後聖化可得而行也。今以陛下明知，誠深思天地之心，迹察兩觀之誅，覽《否》《泰》之卦，觀雨雪之詩，歷周、唐之所進以爲法，原秦、魯之所消以爲戒，考祥應之福，省灾異之禍，以揆當世之變，放遠佞邪之黨，壞散險詖之聚，杜閉群枉之門，廣開衆正之路，决斷狐疑，分别猶豫，使是非炳然可知，則百異消滅，而衆祥并至，太平之基，萬世之利也。

臣幸得托肺附，誠見陰陽不調，不敢不通所聞。切推《春秋》灾異，以救今事一二，條其所以，不宜宣泄。

（《文翰類選大成》卷一二九《條灾異封事》，《漢書》卷三六《楚元王傳第六·劉向》，《西漢年紀》卷二三《元帝》）

再論董賢封事　王嘉

臣聞爵禄土地，天之有也。《書》云："天命有德，五服五章哉！"[④]王者代天爵人，尤宜慎之。裂地而封，不得其宜，則衆庶不服，感動陰陽，其害疾自深。今聖體久不平，此臣嘉所内懼也。高安侯賢，佞幸

① 參見《詩經·邶風·柏舟》。
② 參見《周易·乾卦》。
③ 參見《周易·泰卦·初九》。
④ 參見《尚書·虞書·皋陶謨》。

之臣，陛下傾爵位以貴之，單貨財以富之，損至尊以寵之，主威已黜，府藏已竭，惟恐不足。財皆民力所爲，孝文皇帝欲起露臺，重百金之費，克己不作。今賢散公賦以施私惠，一家至受千金，往古以來貴臣未嘗有此，流聞四方，皆同怨之。里諺曰："千人所指，無病而死。"臣常爲之寒心。

今太皇太后以永信太后遺詔，詔丞相御史益賢户，賜三侯國，臣嘉竊惑。山崩地動，日食於三朝，皆陰侵陽之戒也。前賢已再封，晏、商再增田，[3]業緣私横求，恩已過厚，求索自恣，不知厭足，甚傷尊尊之義，不可以示天下，爲害痛矣。臣驕侵罔，陰陽失節，氣感相動，害及身體。陛下寢疾久不平，繼嗣未立，宜思正萬事，順天人之心，以求福祐，奈何輕身肆意，不念高祖之勤苦垂立制度欲傳之於無窮哉！《孝經》曰："天子有争臣七人，雖無道，不失其天下。"①臣謹封上詔書，不敢露見，非愛死而不自法，恐天下聞之，故不敢自效。愚戇數犯忌諱，惟陛下省察。

（《文翰類選大成》卷一二九《封還詔書封事》，《漢書》卷八六《何武王嘉師丹傳第五十六·王嘉》，《資治通鑑》卷三五《漢紀二十七·孝哀皇帝下·元壽元年》）

大雨水溢封事　岑文本

貞觀十一年，大雨，穀水溢，入洛陽宫，毁宫寺十九，太宗令百官各上封事。

臣聞開撥亂之業，其功既難；守已成之基，[4]其道不易。故居安思危，所以定其業也；有始有卒，所以崇其基也。[5]今雖億兆乂安，方隅寧謐，音"密"。既承喪亂之後，又接凋弊之餘，户口減損尚多，田疇墾闢猶少。[6]覆燾之恩著矣，而瘡痍未復；德教之風被矣，而資産屢空。是以古人譬之種樹，年祀綿遠，則枝葉扶疏。若種之日淺，根本未固，

① 參見《孝經·諫諍章》。

雖壅之以黑墳，暖之以春日，一人摇之，必致枯槁。今之百姓，頗類於此。常加含養，則日就滋恩；[7]暫有征役，則隨日凋耗。[8]凋耗既甚，[9]則人不聊生，人不聊生，則怨氣充塞，怨氣充塞，則離叛之心生矣。故帝舜曰："可愛非君，可畏非民。"①孔安國曰："人以君爲命，故可愛；君失道，人叛之，故可畏。"仲尼曰："君猶舟也，人猶水也，水所以載舟，亦所以覆舟。"②是以古之哲王，雖休勿休，日慎一日者，良爲此也。

伏惟陛下覽古今之事，察安危之機，上以社稷爲重，下以億兆在念。明選舉，慎賞罰，進賢才，退不肖。聞過即改，從諫如流。爲善在於不疑，出令期於必信。頤神養性，省游畋之娱；去奢從儉，减工役之費。務静方内，而不求闢土；載櫜弓矢，而不忘武備。凡此數者，雖爲國之恒道，陛下之所常行，臣之愚昧，[10]惟願陛下思而不倦，行之而不怠，[11]則至道之美與三五比隆，[12]億載之祚與天地長久。[13]雖使桑穀爲妖，龍蛇作孽，雉雊於鼎耳，石言於晋地，猶當轉禍爲福，變灾爲祥。[14]况雨水之患，陰陽恒理，豈可謂天譴而繫聖心哉。

臣聞古人有言："農夫勞而君子養焉，愚者言而智者擇焉。"輒陳狂瞽，伏待斧鉞。

（《唐文粹》卷二六《諫太宗勤政改過書》，《文翰類選大成》卷一二九《大雨水溢封事》，《貞觀政要集校》卷一〇《論災祥第三十九》，《舊唐書》卷七〇《岑文本傳》）

上高宗封事　胡澹庵

謹按：王倫本一狎邪小人，市井無賴，頃緣宰相無識，遂舉以使虜。惟務詐誕，欺罔天聽，驟得美官，天下之人切齒唾駡。今者無故誘致虜使，以"詔諭江南"爲名，是欲臣妾我也，是欲劉豫我也。劉豫臣事醜虜，南面稱王，自以爲子孫帝王萬世不拔之業。一旦豺狼改

① 參見《尚書·虞書·大禹謨》。
② 參見《禮記·荀子·王制》。

慮，捽而縛之，父子爲虜。商鑒不遠，而倫又欲陛下效之！

夫天下者，祖宗之天下也。陛下所居之位，祖宗之位也。奈何以祖宗之天下爲犬戎之天下，[15]以祖宗之位爲犬戎藩臣之位？陛下一屈膝，則祖宗廟社之靈盡污夷狄，祖宗數百年之赤子盡爲左衽，朝廷宰執盡爲陪臣，天下士大夫皆當裂冠毁冕，變爲胡服。異時豺狼無厭之求，安知不加我無禮如劉豫也哉！

夫三尺童子，至無知也，指犬豕而使之拜，則怫然怒。今醜虜，則犬豕也。堂堂天朝，相率而拜犬豕，曾童孺之所羞，而陛下忍爲之耶？倫之議乃曰："我一屈膝，則梓宫可還，太后可復，淵聖可歸，中原可得。"嗚呼！自變故以來，主和議者誰不以此啗陛下哉？而卒無一驗，是虜之情僞已可知矣。陛下尚不覺悟，竭民膏血而不恤，忘國大仇而不報，含垢忍耻，舉天下而臣之甘心焉。就令虜决可和，盡如倫議，天下後世謂陛下何如主？况醜虜變詐百出，而倫又以奸邪濟之。梓宫决不可還，太后决不可復，淵聖决不可歸，中原决不可得。而此膝一屈，不可復伸，國勢陵夷，不可復振，可爲痛哭流涕長太息也！

向者陛下間關海道，危如累卵，當時尚不肯北面臣虜，况今國勢稍張，諸將盛鋭，[16]士卒思奮。只如頃者醜虜陸梁，僞豫入寇，固嘗敗之於襄陽，敗之於淮上，敗之於渦口，敗之於淮陰，較之前日蹈海之危，已萬萬矣。儻不得已而遂至於用兵，[17]則我豈遽出虜人下哉！今無故而反臣之，欲屈萬乘之尊，下穹廬之拜，三軍之士，不戰而氣亦索。此魯仲連所以義不帝秦，非惜夫帝秦之虚名，惜夫天下大勢有所不可也。今内而百官，外而軍民，萬口一談，皆欲食倫之肉。謗議洶洶，陛下不聞，正恐一旦變作，禍且不測。臣切謂不斬王倫，國之存亡，未可知也。

雖然，倫不足道也。秦檜以腹心大臣而亦爲之。陛下有堯舜之資，檜不能致陛下如唐、虞，而欲導陛下如石晋。近者禮部侍郎曾開等引古誼以折之，檜乃厲聲曰："侍郎知故事，我獨不知！"則檜之遂非狠愎，已自可見。而乃建白，令臺諫從臣僉議可否，是乃畏天下議己，[18]而令臺諫從臣共分謗耳。有識之士皆以爲朝廷無人。吁，可惜哉！

孔子曰："微管仲，吾其被髮左衽矣！"①夫管仲，霸者之佐耳，尚能變左衽之區爲衣冠之會。秦檜，大國之相也，反驅衣冠之俗，歸左衽之鄉。則檜也不唯陛下之罪人，實管仲之罪人矣。孫近附會檜議，遂得參知政事。天下望治，有如飢渴，而近伴食中書，漫不可否事。檜曰"虜可講和"，近亦曰"可和"，檜曰"天子當拜"，近亦曰"當拜"。臣嘗至政事堂，三發問而近不答，但曰："已令臺諫侍從議矣。"嗚呼！參贊大政，徒取充位如此，有如虜騎長驅，尚能折衝禦侮耶？臣竊謂秦檜、孫近亦可斬也。

臣備員樞屬，義不與檜等共戴天。區區之心，願斬三人頭，竿之藁街，然後羈留虜使，責以無禮，徐興問罪之師，則三軍之士不戰而氣自倍。不然，臣有赴東海而死耳，寧能處小朝廷求活耶？

（《文翰類選大成》卷一二九《上高宗封事》，《澹庵文集》卷二《上高宗封事》，《宋史》卷三七四《胡銓傳》，《建炎以來繫年要録》卷一二三）

己酉擬上封事　朱熹

具位臣朱熹敢拜手稽首言曰：臣竊惟皇帝陛下，有聰明睿智之姿，有孝友温恭之德，有寬仁博愛之度，有神武不殺之威。養德春宫垂二十年，一旦受命慈皇，親傳大寶，龍飛虎變，御極當天。凡在覆載之間稍有血氣之屬，莫不延頸舉踵，觀德聽風。而臣適逢斯時，首蒙趣召，且辱賜對，得近日月之光，感幸之深，其敢無説，以效愚忠之一二？

蓋臣聞古之聖賢，窮理盡性，備道全德，其所施爲雖無不中於義理，然猶未嘗少有自足之心。是其平居所以操存省察而致其懲忿窒

① 參見《論語·憲問》。

欲、遷善改過之功者，固無一念之間斷。及其身之所履有大變革，則又必因是而有以大警動於其心焉，所以謹初始而重自新也。伊尹之告太甲曰："今王嗣厥德，罔不在初。"①又曰："今嗣王新服厥命，惟新厥德。"②召公之戒成王曰："若生子，罔不在厥初生，自貽哲命。今天其命哲、命吉凶、命歷年，知今我初服，肆惟王其疾敬德。"③蓋深以是而望於其君，其意亦已切矣。

今者陛下自儲貳而履至尊，由監撫而專聽斷，其爲身之變革，孰有大於此者？則凡所以警動其心而謹始自新者，計已無所不用其極矣，而臣之愚猶切有懼焉者，誠恐萬分有一所以警動自新之目或未悉舉，則孽孽之萌將有作於眇綿之間、出於防慮之外者。是以輒忘疏賤，而妄以平日私憂過計之所及者深爲陛下籌之。則若講學以正心，若修身以齊家，若遠便嬖以近忠直，若抑私恩以抗公道，若明義理以絶神奸，若擇師傅以輔皇儲，若精選任以明體統，若振綱紀以厲風俗，若節財用以固邦本，若修政事以攘夷狄，凡是十者，皆陛下所當警動自新，而不可一有闕焉者也。臣不勝犬馬愛君憂國之誠，輒取事爲之説而昧死以獻。[19]謹條其事如左：

其一，所謂講學以正心者。臣聞天下之事，其本在於一人，而一人之身，其主在於一心。故人主之心一正，則天下之事無有不正；人主之心一邪，則天下之事無有不邪。如表端而影直，源濁而流污，其理有必然者。是以古先哲王欲明其德於天下者，莫不壹以正心爲本。然本心之善，其體至微，而利欲之攻，不勝其衆。嘗試驗之，一日之間，聲色臭味游衍馳驅，土木之華、貨利之殖雜進於前，日新月盛，其間心體湛然、善端呈露之時，蓋絶無而僅有也。苟非講學之功有以開明其心，而不迷於是非邪正之所在，又必信其理之在我而不可以須臾離焉，則亦何以得此心之正、勝利欲之私，而應事物無窮之變乎？然

① 參見《尚書・商書・伊訓》。

② 參見《尚書・商書・咸有一德》。

③ 參見《尚書・周書・召誥》。

所謂學，則又有邪正之别焉。味聖賢之言以求義理之當，察古今之變以極得失之幾，而必反之身以踐其實者，學之正也。涉獵記誦而以雜博相高，割裂裝綴而以華靡相勝，反之身則無實，措之事則無當者，學之邪也。學之正而心有不正者鮮矣，學之邪而心有不邪者亦鮮矣。故講學雖所以爲正心之要，而學之邪正，其係於所行之得失而不可不審者又如此。《易》曰："正其本，萬事理。差之毫釐，繆以千里。"[①]惟聖明之留意焉，則天下幸甚。

其二，所謂修身以齊家者。臣聞天下之本在國，國之本在家。故人主之家齊，則天下無不治；人主之家不齊，則未有能治其天下者也。是以三代之盛，聖賢之君能修其政者，莫不本於齊家。蓋男正位乎外，女正位乎内，而夫婦之别嚴者，家之齊也。妻齊體於上，妾接承於下，而嫡庶之分定者，家之齊也。采有德、戒聲色、近嚴敬、遠技能者，家之齊也。内言不出，外言不入，苞苴不達，請謁不行者，家之齊也。然閨門之内，恩常掩義，是以雖以英雄之才，尚有困於酒色、溺於情愛而不能自克者。苟非正心修身，動由禮義，使之有以服吾之德而畏吾之威，則亦何以正其宫壼、杜其請托、檢其姻戚而防禍亂之萌哉？《書》曰："牝鷄之晨，惟家之索。"[②]《傳》曰："福之興，莫不本乎室家；道之衰，莫不始乎梱内。"[③]惟聖明之留意焉，則天下幸甚。

其三，所謂遠便嬖以近忠直者。臣聞蓬生麻中，不扶而直；白沙在泥，不染而黑。故賈誼之言曰："習與正人居之，不能無正，猶生長於齊之地，不能不齊言也。習與不正人居之，不能無不正，猶生長於楚之地，不能不楚言也。"[④]是以古之聖賢欲修身以治人者，必遠便嬖以近忠直，蓋君子小人如冰炭之不相容、薰蕕之不相入。小人進則君子必退，君子親則小人必疏，未有可以兼收并蓄而不相害者也。能審

① 参見《大戴禮記解詁》卷三《保傅》。
② 参見《尚書・周書・牧誓》。
③ 参見《漢書》卷八一《匡衡傳》。
④ 参見《漢書》卷四八《賈誼傳》。

乎此以定取舍，則其見聞之益、薰陶之助，所以謹邪僻之防、安義理之習者自不能已，而其舉措刑賞所以施於外者，必無偏陂之失。一有不審，則不惟其妄行請托、竊弄威權，有以害吾之政事，而其導諛薰染，使人不自知覺而與之俱化，則其害吾之本心正性又有不可勝言者。然而此輩其類不同，蓋有本出下流，不知禮義而稍通文墨者，亦有服儒衣冠，叨竊科第，而實全無行檢者。是皆國家之大賊，人主之大蝛。苟非心正身修，有以灼見其情狀如臭惡之可惡，則亦何以遠之而來忠直之士、望德業之成乎？諸葛亮有言："親賢臣，遠小人，此先漢所以興隆也。親小人，遠賢臣，此後漢所以傾頹也。先帝在時，每與臣論此事，未嘗不嘆息痛恨於威靈也。"①本朝大儒程頤在元祐間常進言於朝，以爲人主當使一日之中親賢士大夫之時多，親宦官宫妾之時少，則可以涵養氣質，薰陶德性，此皆切至之言也。然後主不能用亮之言，故卒以黄皓、陳祗而亡其國。元祐大臣亦不能白用頤説，故紹聖、元符之禍，至今言之，猶可哀痛。前事不遠，惟聖明之留意焉，則天下幸甚。

其四，所謂抑私恩以抗公道者。臣聞天無私覆，地無私載，日月無私照，故王者奉三無私以勞於天下，則兼臨博愛，廓然大公，而天下之人莫不心悦而誠服。儻於其間復以新舊而爲親疏，則其偏黨之情、褊狹之度固已使人憪然有不服之心，而其好惡取舍又必不能中於義理，而甚則至於沮謀敗國、妨德亂政，而其害有不可勝言者。蓋左右厮役横加官賞，宫府寮屬例得褒遷，固不問前例之是非，而或者又不問其有無，此固舊事之失，而不可以不正。况今又有蚤懷奸心、預自憑結者，又將貪天之功以爲己力，而不顧其仰累於聖德，妒賢嫉能，禦下蔽上，而不憂其有害於聖政也。苟不有以深抑私情，痛加屏絶，則何以明公道而服衆心、革宿弊而防後患乎？唐太宗之責寵相壽曰："我昔爲王，爲一府作主。今爲天子，爲四海作主。爲四海作主，不可

①　參見諸葛亮撰《出師表》。

偏與一府恩澤。若復令爾重位，必使爲善者皆不用心。”正爲此也。又况有國家者當存遠慮，若漢高祖之戮丁公，我太祖之薄王溥，此其深識雄斷，皆可以爲後聖法。惟聖明之留意焉，則天下幸甚。

其五，所謂明義理以絶神奸者。臣聞天有顯道，厥類惟彰。作善者降之百祥，作不善者降之百殃。是以人之禍福，皆其自取。未有不爲善而以諂禱得福者也，未有不爲惡而以守正得禍者也。而况帝王之生，實受天命，以爲郊廟社稷神人之主，苟能修德行政，康濟兆民，則灾害之去，何待於禳？福禄之來，何待於禱？如其反此，則獲罪於天，人怨神怒，雖欲辟惡鬼以來貞人，亦無所益。又况先王制禮，自天子以至於庶人，報本享親，皆有常典，牲器時日，皆有常度，明有禮樂，幽有鬼神，一理貫通，初無間隔。苟禮之所不載，即神之所不享。是以祭非其鬼，即爲淫祀。淫祀無福，經有明文，非固設此以禁之，乃其理之自然，不可得而易也。其或恍惚之間，如有影響，乃是心無所主，妄有憂疑，遂爲巫祝妖人乘間投隙，以逞其奸欺。誑惑之術既行，則其爲禍又將無所不至。古今以此坐致亂亡者，何可勝數？其監蓋亦非遠。苟非致精學問，以明性命之理，使此心洞然無所疑惑，當有即有，當無即無，則亦何據以秉禮執法而絶妖妄之原乎？先王之政，執左道以亂政，假鬼神以疑衆者，皆必誅而不以聽，其慮深矣。然《傳》有之：“明於天地之性者，不可惑以神怪；明於萬物之情者，不可罔以非類。”①則其爲妄，蓋亦不甚難察。惟聖明之留意焉，則天下幸甚。

其六，所謂擇師傅以輔皇儲者。臣聞賈誼作《保傅傳》，其言有曰：“天下之命係於太子，太子之善在於早諭教與選左右。教得而左右正，則太子正，太子正而天下定矣。”②此天下之至言，萬世不可易之定論也。至論所以教諭之方，則必以孝仁禮義爲本，而其條目之詳，則至於容貌詞氣之微、衣服器用之細，纖悉曲折，皆有法度。一有過

① 參見《漢紀》卷二六《孝成皇帝紀》。

② 參見賈誼《治安策》。

失，則史書之策、宰撤其膳，而又必有進善之旌、誹謗之木、敢諫之鼓，瞽誦史書，工誦箴諫，士傳民語，必使至於化與心成，中道若性，而猶不敢怠焉。其選左右之法，則有三公之尊，有三少之親，有道有充，有弼有承。[20]上之必得周公、太公、召公、史佚之流方勝其任，下之猶必取於孝弟博聞有道術者。不幸一有邪人厠乎其間，則必逐而去之。是以太子朝夕所與，居處出入，左右前後，無非正人，而未嘗見一惡行。此三代之君所以有道之長，至於累數百年而不失其天下也。當誼之時，固已病於此法之不備。然考孝昭之詔，則猶知誦習誼之所言而有以不忘乎先王之意。降而及於近世，則帝王所以教子之法益疏略矣。蓋其所以教者不過記誦書札之工，而未嘗開以仁孝禮義之習。至於容貌詞氣、衣服器用，則雖極於邪侈而未嘗有以裁之也。寮屬具員而無保傅之嚴，講讀備禮而無箴規之益，至於朝夕所與出入居處而親密無間者，則不過宦官近習、掃除趨走之流而已。夫以帝王之世，當傳付之統，上有宗廟社稷之重，下有四海烝民之生，前有祖宗垂創之艱，後有子孫長久之計，而所以輔養之具疏略如此，是猶家有明月之珠、夜光之璧而委之衢路之側、盗賊之衝也，豈不危哉！《詩》曰："豐水有芑，武王豈不仕？貽厥孫謀，以燕翼子。"①惟聖明之留意焉，則天下幸甚。

其七，所謂精選任以明體統者。臣聞人主以論相爲職，宰相以正君爲職。二者各得其職，然後體統正而朝廷尊，天下之政必出於一，而無多門之弊。苟當論相者求其適己而不求其正己，取其可愛而不取其可畏，[21]則人主失其職矣。當正君者不以獻可替否爲事，而以趨和承意爲能，不以經世宰物爲心，而以容身固寵爲術，則宰相失其職矣。二者交失其職，是以體統不正，綱紀不立，而左右近習皆得以竊弄威權，賣官鬻獄，使政體日亂，國勢日卑。雖有非常之禍伏於冥冥之中，而上恬下嬉，亦莫知以爲慮者。是可不察其所以然者而反之，

① 參見《詩經・大雅・文王有聲》。

以汰其所已用而審其所將用者乎？選之以其能正已而可畏，則必有以得自重之士，而吾所以任之不得不重，任之既重，則彼得以盡其獻可替否之志，而行其經世宰物之心。而又公選天下直諒敢言之士，使爲臺諫給舍，以參其議論，使吾腹心耳目之寄，常在於賢士大夫而不在於群小，陟罰臧否之柄，常在於廊廟而不出於私門。如此而主威不立，國勢不强，綱維不舉，刑政不清，民力不裕，軍政不修者，臣不信也。《書》曰："成王畏相。"①語曰："和臣不忠。"且以唐之太宗之聰明英武，號爲身兼將相，然猶必使天下之事關由宰相，審熟便安，然後施行。蓋謂理勢之當然，有不可得而易者。惟聖明留意，則天下幸甚。

其八，所謂振綱紀以厲風俗者。臣聞四海之廣，兆民至衆，人各有意，欲行其私。而善爲治者，乃能總攝而整齊之，使之各循其理而莫敢不如吾志之所欲者，則以先有紀綱以持之於上，而後有風俗以驅之於下也。何謂綱紀？辨賢否以定上下之分，[22]核功罪以公賞罰之施也。何謂風俗？使人皆知善之可慕而必爲，皆知不善之可羞而必去也。然綱紀之所以振，則以宰執秉持而不敢失，臺諫補察而無所私，人主又以其大公至正之心恭已於上而照臨之。是以賢者必上，不肖者必下，有功者必賞，有罪者必刑，而萬事之統無所闕也。綱紀既振，則天下之人自將各自矜奮，更相勸勉以去惡而從善，蓋不待黜陟刑賞一一加於其身，而禮義之風、廉耻之俗已丕變矣。惟至公之道不行於上，是以宰執、臺諫有不得人，黜陟刑賞多出私意，而天下之俗遂至於靡然不知名節行檢之可貴，而唯阿諛軟熟、奔競交結之爲務。一有端言正色於其間，則群譏衆排，必使無所容於斯世而後已。此其形勢，如將傾之屋，輪奂丹雘，雖未覺其有變於外，而材木之心已皆蠹朽腐爛，而不可復支持矣。苟非斷自聖志，洒濯其心，而有以大警敕之，使小大之臣各舉其職，以明黜陟，以信刑賞，則何以振已頽之綱紀而

① 參見《尚書・周書・酒誥》。

厲已壞之風俗乎？管子曰："禮義廉耻，是謂四維。四維不張，國乃滅亡。"[①]賈誼嘗爲漢文誦之，而曰："使管子而愚人也則可，使管子少知治體，是豈可不爲寒心也哉？"[②]二子之言明白深切，非虛語者。惟聖明留意，天下幸甚。

其九，所謂節財用以固邦本者。臣聞先聖之言治國，而有節用愛人之説。蓋國家財用皆出於民，如有不節而用度有闕，則横賦暴斂，必將有及於民者。雖有愛人之心，而民不被其澤矣。是以將愛人者必先節用，此不易之理也。國家承五季之弊，祖宗創業之初，日不暇給，未及大爲經制，故其所以取於民者，比之前代已爲過厚，重以熙豐變法，頗有增加。而建炎以來，地削兵多，權宜科須，又復數倍，供輸日久，民力已殫。而間者諸路上供多入内帑，是致户部經費不足，遂廢祖宗破分之法，而上供歲額，必取十分登足而後已。期限迫促，科責嚴峻，監司州縣更相督迫，惟務自寬己責，何暇更察民情？捶撻號呼，有使人不忍聞者。而州縣歲入，多作上供起發，則又於額外巧作名色，寅緣刻剥，此民力之所以大窮也。計其所以至此，雖云多是贍軍，然内自京師，外達郡邑，上自宫禁，下至胥徒，無名浮費，亦豈無可省者？竊計若能還内帑之入於版曹、復破分之法於諸路，然後大計中外冗費之可省者，悉從廢罷，則亦豈不能少有所濟？而又擇將帥、核軍籍、汰浮食、廣屯田，因時制宜，大爲分别，則供軍不貲之費庶幾亦可減節，而民力之寬，於是始可議矣。此其事體至大，而綱目叢細，類非一言之可盡。

今亦未暇盡爲陛下言之，惟聖明留意其本如上八者，而後圖之，則天下幸甚。

（《文翰類選大成》卷一二九《己酉擬上封事》，《古文集成》卷五九《己酉擬上封事》，《朱子全書》卷一二《己酉擬上封事》）

---

① 參見《管子・牧民・國頌》。

② 參見賈誼《治安策》。

壬午應詔封事　朱熹

八月七日，左迪功郎、監潭州南岳廟臣朱熹謹昧死再拜，上書於皇帝闕下：臣恭惟太上皇帝再造區夏，受命中興，[23]憂勤恭儉三十六年，春秋未高，方内無事，乃深惟天下國家之至計，一旦而舉四海之廣、天位之尊，斷自宸衷，傳之聖子。皇帝陛下恭承慈訓，應期御歷，爰初踐祚，曾未幾何，而設施注措之間，所以大慰斯民之望者，新而又新，曾靡虚日，其規模固已宏遠矣。然猶且謙冲退托，不以聖智自居，首下明詔，以求直言。此尤足以見帝王之高致，知爲治之先務也。天下幸甚！

臣切伏草茅，深自惟念天下之大，不爲無人，忠言嘉謨、崇論竑議，計已日陳於陛下之前，尚恐不足仰望清光，無以少備采擇，况臣之愚，雖欲效其區區，豈能有補於萬分之一哉？又惟即位求言，累聖相承，以爲故事，則未知今日陛下之意，姑以備故事而已耶，抑真欲博盡群言以冀萬一之助也？臣誠愚昧，不知所出，然愛君尊主，出於犬馬之誠，有不能自已者，故昧死言之，惟陛下留聽。

臣伏讀詔書，有曰"朕躬有過失，朝廷有闕遺，斯民有戚休，四海有利病，并許中外士庶直言極諫"者。臣切以陛下潜德宫府幾三十年，不邇聲色，不殖貨利，無一物之嗜好形於宴私，無一事之過失聞於中外，昧爽而朝，嚴恭寅畏，仁孝之德，孚於上下。所以大係群生之仰望，濬發太上之深慈，以至於膺受付托，奄有萬方者，其必有以致之矣。然則聖躬之過失，臣未之聞也。今者臨御未幾，而延登故老，召用直臣，抑僥幸以正朝綱，雪冤憤以作士氣，貢奉之私不輸於内帑，恭儉之德日聞於四方。凡天下之人所欲而未行、所患而未去者，以次罷行，幾無遺恨。然則朝政之闕遺，臣亦未之聞也。至於斯民之戚休，四海之利病，則有之矣。然臣屏伏閭呬十有餘年，足迹未嘗及乎四方，其見聞所及之一二，内自隱度，皆非今日所宜道於陛下之前者，不敢毛舉以混聖聽。至若陰拱噤默，終不爲陛下一言，則又非臣之所敢安也。

臣聞召公之戒成王曰："若生子，罔不在厥初生，自貽哲命。"[①]孟子之言亦曰："雖有智慧，不如乘勢。"[②]方今天命之眷顧方新，人心之蘄向方切，此亦陛下端本正始、自貽哲命之時，因時順理、乘勢有爲之會也。又況陛下聖德隆盛，天下之人傳誦道説，有年於兹。今者正位宸極，萬物咸睹其心，蓋皆以非常之事、非常之功望於陛下，不但爲守文之良主而已也。然而祖宗之境土未復，宗廟之仇耻未除，戎虜之奸譎不常，生民之困悴已極，方此之時，陛下所以汲汲有爲，以副生靈之望者，當如何哉！然則今日之事，非獨陛下不可失之時，抑國家盛衰治亂之機，廟社安危榮辱之兆，亦皆决乎此矣。蓋陛下者，我宋之盛主，而今日者，陛下之盛時。於此而不副其望焉，則祖宗之遺黎裔胄不復有所歸心矣，可不懼哉！可不懼哉！

臣愚死罪，切以爲聖躬雖未有過失，而帝王之學不可以不熟講也。朝政雖未有闕遺，而修攘之計不可以不早定也。利害休戚雖不可遍以疏舉，然本原之地不可以不加意也。蓋學不講則過失萌矣，計不定則闕遺大矣，本不端則末流之弊不可勝言矣。臣請得爲陛下詳言之。

臣聞之堯、舜、禹之相授也，其言曰："人心惟危，道心惟微。惟精惟一，允執厥中。"[③]夫堯、舜、禹皆大聖人也，生而知之，宜無事於學矣。而猶曰精，猶曰一，猶曰執者，明雖生而知之，亦資學以成之也。陛下聖德純茂，同符古聖，生而知之，臣所不得而窺也。然切聞之道路，陛下毓德之初，親御簡策，衡石之程，不過諷誦文辭、吟咏情性而已。比年以來，聖心獨詣，欲求大道之要，又頗留意於老子、釋氏之書。疏遠傳聞，未知信否？然私獨以爲若果如此，則非所以奉承天錫神聖之資而躋之堯舜之盛者也。蓋記誦華藻，非所以探淵源而出治

---

① 參見《尚書・周書・召誥》。
② 參見《孟子・公孫丑上》。
③ 參見《尚書・虞書・大禹謨》。

道;虚無寂滅,非所以貫本末而立大中。是以古者聖帝明王之學,必將格物致知以極夫事物之變,使事物之過乎前者,義理所存,纖微畢照,瞭然乎心目之間,不容毫髪之隱,則自然意誠心正,而所以應天下之務者,若數一二、辨黑白矣。苟惟不學,與學焉而不主乎此,則内外本末顛倒繆戾,雖有聰明睿智之資、孝友恭儉之德,而智不足以明善,識不足以窮理,終亦無補乎天下之治亂矣。然則人君之學與不學、所學之正與不正,在乎方寸之間,而天下國家之治不治,見乎彼者如此其大,所繫豈淺淺哉!《易》所謂"差之毫釐,繆以千里",此類之謂也。

蓋"致知格物"者,堯舜所謂"精""一"也。"正心誠意"者,堯舜所謂"執中"也。自古聖人口授心傳而見於行事者,惟此而已。至於孔子,集厥大成,然進而不得其位以施之天下,故退而筆之以爲《六經》,以示後世之爲天下國家者。於其間語其本末終始先後之序尤詳且明者,則今見於戴氏之記,所謂《大學》篇者是也。故承議郎程顥與其弟崇政殿説書頤,近世大儒,實得孔孟以來不傳之學,皆以爲此篇乃孔孟遺書,學者所當先務,誠至論也。臣愚伏願陛下捐去舊習無用浮華之文,攘斥似是而非邪詖之説,少留聖意於此遺經,延訪真儒深明厥旨者,置諸左右,以備顧問,研究充廣,務於至精至一之地,而知天下國家之所以治者不出乎此,然後知體用之一原、顯微之無間,而獨得乎堯、舜、禹、湯、文、武、周公、孔子之所傳矣。於是考之以《六經》之文,監以歷代之迹,會之於心,以應當世無窮之變,以陛下之明聖,而所以浚其源、輔其志者如此其備,則其所至,豈臣愚昧所能量哉!然臣非知道者,凡此所陳,特其所聞於師友之梗概端緒而已。陛下由是講學而自得之,則必有非臣之言所能及者。惟陛下深留聖意毋忽,則天下幸甚。

臣又聞之爲天下國家者,必有一定不易之計。而今日之計不過乎修政事、攘夷狄而已矣,非隱奥而難知也。然其計所以不時定者,以講和之説疑之也。夫金虜於我有不共戴天之仇,則其不可和也,義理明矣。而或者猶爲是説者,其意必曰,今本根未固,形勢未成,進未有可以恢復中原之策，退未有可以備禦衝突之方，不若縻以虚禮，因其來聘，遣使報之，請復土疆，示之以弱，使之優游驕怠，未遽謀我，而我得以其間從容興補，而大爲之備。萬一天意悔禍，或誘其衷，則我之所大欲者，將不用一士之命而可以坐得，何憚而不爲哉？臣切以爲知義理之不可爲矣，而猶爲之者，必以有利而無害故也。

而以臣策之，所謂講和者，有百害無一利，何苦而必爲之？夫復仇討賊、自强爲善之説見於經者，不啻詳矣。陛下聰明稽古，固不待臣一二言之，請姑陳其利害，而陛下擇焉。夫議者所謂本根未固，形勢未成，進不能攻，退不能守，何爲而然哉？正以有講和之説故也。此説不罷，則天下之事無一可成之理。何哉？進無死生一決之計，而退有遷延可已之資，則人之情雖欲勉强自力於進爲，而其氣固已涣然離沮而莫之應矣。其守之也必不堅，其發之也必不勇，此非其志之本然，氣爲勢所分，志爲氣所奪故也。故今日講和之説不罷，則陛下之勵志必淺，大臣之任責必輕，將士之赴功必緩，官人百吏之奉承必不能悉其心力，以聽其上之所欲爲。然則本根終欲何時而固，形勢終欲何時而成，恢復又何時而可圖，守備又何時而可恃哉？其不可冀明矣。

若曰以虚禮縻之，則彼雖仁義不足而凶狡有餘，誠有謀我之心，則豈爲區區之虚禮而驕？誠有兼我之勢，則亦豈爲區區之虚禮而輟哉？若曰示之以弱，則是披腹心、露情實而示之以本然之弱，非强而示之弱之謂也。適所以使之窺見我底藴，知我之無謀而益無忌憚耳。縱其不來，我恃此以自安，勢分氣奪，日復一日，如前所云者，雖復曠日十年，亦將何計之可成哉？則是所以驕敵者，乃所以啓敵而自驕；所以緩寇者，乃所以養寇而自緩。爲虜計則善矣，而非吾臣子所宜言也。

且彼盗有中原，歲取金幣，據全盛之勢以制和與不和之權。少懦則以和要我，而我不敢動；力足則大舉深入，而我不及支。蓋彼以從容制和，而其操術常行乎和之外，是以利伸否蟠而進退皆得。而我方且仰首於人，以聽和與不和之命，謀國者惟恐失虜人之歡，而不爲久遠之計，進則失中原事機之會，退則沮忠臣義士之心。蓋我以汲汲欲和，而志慮常陷乎和之中，是以跋前疐後，而進退皆失。自宣和、靖康以來，首尾三四十年，虜人專持此計，中吾腹心，決策制勝，縱橫前却，無不如其意者。而我墮其術中，曾不省悟，危國亡師，如出一轍。去歲之事，人謂朝廷其知之矣，而解嚴未幾，虜使復至。彼何憚於我而遽爲若是？是又欲以前策得志於我，而我猶不悟也。受而報之，信節未還，而海州之圍已急矣。此其包藏反覆，豈易可測？而議者猶欲以已試敗事之餘謀當之，其亦不思之甚也哉！

至於請復土疆而冀其萬一之得，此又不思之大者。夫土疆，我之舊也，雖不幸淪没，而豈可使彼仇讎之虜得以制其予奪之權哉？顧吾之德之力如何耳。我有以取之，則彼將不能有而自歸於我；我無以取之，則彼安肯舉吾力之所不能取者而與我哉？且彼能有之而我不能取，則我弱彼强，不較明矣。縱其與我，我亦豈能據而有之？彼有大恩，我有大費，而所得者未必堅也。向者燕、雲、三京之事可以監矣。是豈可不爲之寒心也哉？假使萬有一而出於必不然之計，彼誠不我欺而不責其報，我必能自保而永無它虞，則固善矣。然以堂堂大宋，不能自力以復祖宗之土宇，顧乃乞丐於仇讎之戎狄以爲國家，臣雖不肖，切爲陛下羞之。夫前日之遣使報聘，以是爲請，既失之矣。及陛下嗣位，天下之望曰“庶幾乎”，而赦書下者，方且禁切諸將毋得進兵，申遣使介，告諭纂承之意，繼修和好之禮，亦若有意於和議之必成，而坐待土疆之自復者。遠近傳聞，頓失所望。臣愚不能識其何説，而切嘆左右者用計之不詳也。

古語有之：“疑事無功，疑行無名。”[①]今虜以好來而兵不戢，我所以應之者，常不免出於兩塗而無一定之計，豈非所謂疑事也哉？以此號令，使觀聽熒惑，離心解體，是乃未攻而已却，未戰而已敗也。欲以此成恢復之功，亦已難矣。然失之未遠，易以改圖，往者不可諫，而來

---

① 參見《史記》卷六八《商君列傳》。

者猶可追。願陛下疇咨大臣，總攬群策，鑒失之之由，求應之之術，斷以義理之公，參以利害之實，罷黜和議，追還使人，苟未渡淮，猶將可及。自是以往，閉關絶約，任賢使能，立紀綱，厲風俗，使吾修政事、攘夷狄之外，孑然無一毫可恃以爲遷延中已之資，而不敢懷頃刻自安之意，然後將相軍民，遠近中外，無不曉然知陛下之志，必於復仇啓土，而無玩歲愒日之心，更相激厲，以圖事功。數年之外，志定氣飽，國富兵强，於是視吾力之强弱，觀彼釁之淺深，徐起而圖之，中原故地不爲吾有，而將焉往？此不過少遲數年之久，而理得勢全，名正實利，其與講和請地、苟且僥幸必不可成之虚計，不可同年而語也。惟陛下深留聖意毋忽，則天下幸甚。

至於四海之利病，臣則以爲係於斯民之戚休。斯民之戚休，臣則以爲係乎守令之賢否。然而監司者，守令之綱也；朝廷者，監司之本也。欲斯民之皆得其所，本原之地，亦在乎朝廷而已！

陛下以爲今日之監司奸贓狼藉，肆虐以病民者誰？則非宰執臺諫之親舊賓客乎？其既失勢者，陛下既按見其交私之狀而斥去之矣，將在勢者，豈無其人，顧陛下無自而知之耳。然則某事之利爲民之休，某事之病爲民之戚，陛下雖欲聞之，亦誰與奉承而致諸民哉？臣以爲惟以正朝廷爲先務，則其患可不日而自革，而陛下似亦有意乎此矣。蓋日前所號召數君子者，皆天下所謂忠臣賢士也。所以正朝廷之具，豈有大於此者哉！

然其才之所長者不同，則任之所宜者亦異。願陛下於其大者使之贊元經體，以亮天工；於其細者使之居官任職，以熙庶績。能外事者使任典戎幹方之責，明治體者使備拾遺補過之官。又使之各舉所知，布之列位，以共圖天下之事，使疏而賢者雖遠不遺，親而否者雖邇必棄。毋主先入，以致偏聽獨任之機；毋篤私恩，以犯示人不廣之戒。進退取舍，惟公論之所在是稽，則朝廷正，而内外遠近莫敢不一於正矣。監司得其人，而後列郡之得失可得而知；郡守得其人，而後屬縣之治否可得而察。重其任以責其成，舉其善而懲其惡。夫如是，則事之所謂利，民之所謂休，將無所不舉；事之所謂病，民之所謂戚，將無所不除，又何足以勞聖慮哉？苟惟不然，而切切然今日降一詔，明日行一事，欲以惠民而適增其擾者有之，欲以興利而益重其害者有之，紛紜叢脞，既非君道所宜，宣布奉行，徒爲觀聽之美而已，則亦何補之有？况今旱蝗四起，民食將乏，圖所以寬賦役、備賑贍、業流逋、銷盜賊之計，尤在於守令之得其人，而其本原之地，則又有在。願陛下深留聖意毋忽，則天下幸甚。

蓋天下之事至於今日，無一不弊而不可以勝陳。以獻言者之衆，則或已能略盡之矣。然求其所謂要道先務而不可緩者，此三事是也。夫講學所以明理而導之於前，定計所以養氣而督之於後，任賢所以修政而經緯乎其中，天下之事無出乎此者矣。伏惟陛下因此初政，端本正始、自貽哲命之時，因時順理、乘勢有爲之會，於此三言深加察納，果斷力行以幸天下。則夫所謂不可勝陳之事，凡見於議者之言而合乎義理之公、切於利害之計者，自然循次及之，各得其所。若其不然，今雖有求治之心而致之不得其方，雖有致治之方而爲之不得其序，一旦恭勞儉苦，憂勤過甚，有所不堪而不見其效，則亦終於因循怠惰而無所成矣。豈天下之人所以延頸舉踵而望陛下之初心哉！至於是時，雖欲悔之，臣恐其倍勞聖慮而成效不可期也。

又况旱蝗之灾環數千里，陛下始初清明，行誼未過，而天戒赫然若此其甚，其必有説矣。臣愚切以爲此乃天心仁愛陛下之厚，不待改過行失而先致其警戒之意，以啓聖心，使盛德大美始終純全，無可非間，如商中宗、周宣王，因灾異而修德以致中興也。是宜於此三術屢省而亟圖之，以順民心，以答天意。以陛下之聖明，必將有以處此。

愚臣所慮，獨患議者不深惟其所以然之故，以爲其間不免有所更張，或非太上皇帝之意者，陛下所不宜爲，以咈親志。臣切以爲誤矣。恭惟太上皇帝至公無心，合德天地，臨御三紀，艱難百爲，其用人造事，皆因時循理以應事變，未嘗膠於一定之説。先後始末之不同，如春秋冬夏之變，相反以成歲功，存神過化，而無有毫髮私意凝滯於其間。其所以能超然遠引，屣脱萬乘而不以爲難者，由是而已。本其傳位陛下之志，豈不以陛下必能緝熙帝學以繼迹堯、禹乎？豈不以陛下必能復仇啓土以增光祖宗乎？豈不以陛下必能任賢修政以惠康小民乎？誠如是也，則臣之所陳，乃所以大奉太上詒謀燕翼之聖心，而助成陛下尊親承志之聖孝也。議者顧欲守一時偶然之迹一二以循之，以是爲太上皇帝之本心，則是以事物有形之粗而語天地變化之神也，豈不誤哉！

且古者禪授之懿，莫如堯舜之盛，而舜承堯禪，二十有八年之間，其於禮樂刑政，更張多矣。其大者，舉十六相，皆堯之所未舉；去四凶，皆堯之所未去。然而舜不以爲嫌，堯不以爲罪，天下之人不以爲非，載在《虞書》，孔子録之以爲大典，垂萬世法。而况臣之所陳，非欲盡取太上皇帝約束紛更之也，非貴其所賤、賤其所貴而悉更置之也，因革損益，顧義理如何耳，亦何不可？而陛下何嫌之有哉？願早圖之，以幸天下，毋疑於臣之計也。

若夫戰守之機、形制之勢，則臣未之學，不敢妄有所陳。然切聞之上流督帥物望素輕，黜陟失宜，效於已試；下流戍兵直棄淮甸，長江之險，與虜共之。斯乃古今之所共憂，愚智之所同惑。臣雖鄙暗，亦切疑之。况今秋氣已高，虜情叵測，傳聞洶洶，咸謂當復有去歲之舉。雖虚實未可知，然是二者實强弱安危形勢所繫，呼噏俯仰之間，未足以喻其急也。願陛下并留聖意，臣不勝大願。

臣凡愚不學，頃歲冒昧群試有司，太上皇帝賜之末第，獲叨官禄。既又誤聽人言，猥加收召，適以疾病，留落不前。今則血氣益衰，精神益耗，屏居山田，未知所以仰報大恩之日。敢因明詔，罄竭愚衷，昧死獻書以聞。迂疏狂妄，[24]不識忌諱，忤犯貴近，切劘事機，罪當萬死。惟陛下哀憐財赦而擇其中。干冒天威，臣無任震懼兢惶、俯伏待罪之至。臣熹昧死再拜。

（《文翰類選大成》卷一二九《壬午應詔封事》，《古文集成》卷五六《壬午應詔封事》，《朱子全書》卷一一《壬午應詔封事》）

疏　類

請立梁王疏　賈誼

陛下即不定制，如今之勢，不過一傳再傳，諸侯猶且人恣而不制，豪植而大强，漢法不得行矣。陛下所以爲蕃捍及皇太子之所恃者，唯淮陽、代二國耳。代北邊匈奴，與强敵爲鄰，能自完則足矣。而淮陽之比大諸侯，廑如黑子之著面，適足以餌大國耳，不足以有所禁禦。方今制在陛下，制國而令子適足以爲餌，豈可謂工哉！人主之行異布衣。布衣者，飾小行，競小廉，以自托於鄉黨，人主唯天下安社稷固不耳。高皇帝瓜分天下以王功臣，反者如蝟毛而起，以爲不可，故蕲去不義諸侯而虚其國。擇良日，立諸子雒陽上東門之外，畢以爲王，而天下安。故大人者，不牽小行，以成大功。

今淮南地遠者或數千里，越兩諸侯，而縣屬於漢。其吏民繇役往來長安者，自悉而補，中道衣敝，錢用諸費稱此，其苦屬漢而欲得王至甚，逋逃而歸諸侯者已不少矣。其勢不可久。臣之愚計，願舉淮南地以益淮陽，而爲梁王立后，割淮陽北邊二三列城與東郡以益梁。[25]不可者，可徙代王而都睢陽。[26]梁起於新郪以北著之河，淮陽包陳以南健之江，則大諸侯之有異心者，破膽而不敢謀。梁足以捍齊、趙，淮陽足以禁吴、楚，陛下高枕，終無山東之憂矣。此二世之利也。當今恬然，適遇諸侯之皆少，數歲之後，陛下且見之矣。夫秦日夜苦心勞力以除六國之禍，今陛下力制天下，頤指如意，高拱以成六國之禍，難以言智。苟身亡事，畜亂宿禍，熟視而不定，萬年之後，傳之老母弱子，將使不寧，不可謂仁。臣聞聖主言問其臣而不自造事，故使人臣得畢其愚忠。唯陛下財幸！

（《古文集成》卷六〇《請立梁王疏》，《漢書》卷四八《賈誼傳》，《資治通鑑》卷一五《漢紀七・太宗孝文皇帝下・前十一年》）

論治性正家疏　匡衡

臣聞治亂安危之機,在乎審所用心,蓋受命之王務在創業垂統傳之無窮,繼體之君心存於承宣先王之德而褒大其功。昔者成王之嗣位,思述文武之道以養其心,休烈盛美皆歸之二后而不敢專其名,是以上天歆享,鬼神祐焉。其《詩》曰:"念我皇祖,陟降廷止。"①言成王常思祖考之業,而鬼神佑助其治也。陛下聖德天覆,子愛海内,然陰陽未和,奸邪未禁者,殆論議者未丕揚先帝之盛功,争言制度不可用也,務變更之,所更或不可行,而復復之,是以群下更相是非,吏民無所信。臣竊恨國家釋樂成之業,而虚爲此紛紛也。願陛下詳覽統業之事,留神於遵制揚功,以定群下之心。《大雅》曰:"無念爾祖,聿修厥德。"②孔子著之《孝經》首章,蓋至德之本也。

《傳》曰:"審好惡,理情性,而王道畢矣。"③能盡其性,然後能盡人物之性。能盡人物之性,[27]可以贊天地之化。治性之道,必審己之所有餘,而强其所不足。蓋聰明疏通者戒於大察,寡聞少見者戒於壅蔽,勇猛剛强者戒於大暴,仁愛温良者戒於無斷,湛静安舒者戒於後時,廣心浩大者戒於遺忘。必審己之所當戒,而齊之以義,然後中和之化應,而巧僞之徒不敢比周而望進。唯陛下戒所以崇聖德。

臣又聞室家之道修,則天下之理得,故《詩》始《國風》,《禮》本《冠》《婚》。始乎《國風》,原情性而明人倫也;本乎《冠》《婚》,正基兆而防未然也。福之興莫不本乎室家,道之衰莫始乎梱内。故聖王必慎妃后之際,别適長之位。禮之於内也,卑不隃尊,新不先故,所以統人情而理陰氣也。其尊適而卑庶也,適子冠乎阼,禮之用醴,衆子不得與列,所以貴正體而明嫌疑也。非虚加其禮文而已,乃中心與之殊異,故禮探其情而見之外也。聖人動静游燕,所親物得其序;得其序,

---

① 參見《詩經·周頌·閔予小子》。

② 參見《詩經·大雅·文王》。

③ 參見《韓詩外傳箋疏》卷二。

則海内自修，百姓從化。如當親者疏，當尊者卑，則佞巧之奸因時而動，以亂國家。故聖人慎防其端，禁於未然，不以私恩害公義。陛下聖德純備，莫不修正，則天下無爲而治。《詩》云："於以四方，克定厥家。"①《傳》曰："正家而天下定矣。"②

（《漢書》卷八一《匡張孔馬傳第五十一·匡衡》，《資治通鑑》卷二九《漢紀二十一·孝元皇帝下·五年》）

論陰陽不和疏　薛宣

"陛下至德仁厚，哀閔元元，躬有日昃之勞，而亡佚豫之樂，允執聖道，刑罰惟中，然而嘉氣尚凝，陰陽不和，是臣下未稱，而聖化獨有不洽者也。臣竊伏思其一端，殆吏多苛政，政教煩碎，大率咎在部刺史，或不循守條職，舉錯各以其意，多與郡縣事，至開私門，聽讒佞，以求吏民過失，譴訶及細微，責義不量力。郡縣相迫促，亦内相刻，流至衆庶。是故鄉黨闕於嘉賓之歡，九族忘其親親之恩，飲食周急之厚彌衰，送往勞來之禮不行。夫人道不通，則陰陽否鬲，和氣不興，未必不由此也。《詩》云：'民之失德，乾餱以愆。'③鄙語曰：'苛政不親，煩苦傷恩。'方刺史奏事時，宜明申敕，使昭然知本朝之要務。臣愚不知治道，唯明主察焉。[28]"上嘉納之。

（《漢書》卷八三《薛宣朱博傳第五十三·薛宣》，《西漢年紀》卷二四《成帝》）

諫昌邑王疏　王吉

臣聞古者師日行三十里，吉行五十里。《詩》云："匪風發兮，匪車揭兮。顧瞻周道，中心怛兮。"④説曰：是非古之風也，發發者；是非古

① 參見《詩經·周頌·桓》。
② 參見《周易·彖傳》。
③ 參見《詩經·小雅·伐木》。
④ 參見《詩經·檜風·匪風》。

之車也，揭揭者。蓋傷之也，今者大王幸方與，曾不半日而馳二百里，百姓頗廢耕桑，治道牽馬，臣愚以爲民不可數變也。昔召公述職，當民事時，舍於棠下而聽斷焉。是時人皆得其所，後世思其仁恩，至呼不伐甘棠，《甘棠》之詩是也。

大王不好書術而樂逸游，馮式撙銜，馳驅不止，口倦乎叱詫，手苦於箠轡，身勞乎車輿。朝則冒霧露，晝則被塵埃，夏則爲大暑之所暴炙，冬則爲風寒之所匽薄。數以耎脆之玉體犯勤勞之煩毒，非所以全壽命之宗也，又非所以進仁義之隆也。

夫廣厦之下，細旃之上，明師居前，勸誦在後，上論唐、虞之際，下及殷、周之盛，考仁聖之風，習治國之道，訢訢焉發憤忘食，日新厥德，其樂豈徒銜橛之間哉！休則俛仰屈信以利形，進退步趨以實下，吸新吐故以練藏，專意積精以適神，於以養生，豈不長哉！大王誠留意如此，則心有堯舜之志，體有喬、松之壽，美聲廣譽登而上聞，則福禄其臻而社稷安矣。

皇帝仁聖，至今思慕未怠，於宫館囿池弋獵之樂未有所幸，大王宜夙夜念此，以承聖意。諸侯骨肉，莫親大王，大王於屬則子也，於位則臣也，一身而二任之責加焉，恩愛行義孅介有不具者，於以上聞，非饗國之福也。臣吉愚戇，願大王察之。

（《漢書》卷七二《王貢兩龔鮑傳第四十二·王吉》，《西漢年紀》卷一八《昭帝》）

言得失疏　王吉

陛下躬聖質，總萬方，帝王圖籍日陳於前，惟思世務，將興太平。詔書每下，民欣然若更生。臣伏而思之，可謂至恩，未可謂本務也。

欲治之主不世出，公卿幸得遭遇其時，言聽諫從，然未有建萬世之長策，舉明主於三代之隆者也。其務在於期會簿書，斷獄聽訟而已，此非太平之基也。

臣聞聖王宣德流化，必自近始。朝廷不備，難以言治；左右不正，難以化遠。民者，弱而不可勝，愚而不可欺也。聖主獨行於深宮，得則天下稱誦之，失則天下咸言之。行發於近，必見於遠，故謹選左右，審擇所使。左右所以正身也，所使所以宣德也。《詩》云：“濟濟多士，文王以寧。”①此其本也。

《春秋》所以大一統者，六合同風，九州共貫也。今俗吏所以牧民者，非有禮義科指可世世通行者也，獨設刑法以守之。其欲治者，不知所繇，以意穿鑿，各取一切，權譎自在，[29]故一變之後不可復修也。是以百里不同風，千里不同俗，户異政，人殊服，詐僞萌生，刑罰無極，質樸日銷，恩愛寖薄。孔子曰：“安上治民，莫善於禮。”②非空言也。王者未制禮之時，引先王禮宜於今者而用之。臣願陛下承天心，發大業，與公卿大臣延及儒生，述舊禮，明王制，驅一世之民竊之仁壽之域，[30]則俗何以不若成、康，壽何以不若高宗？竊見當世趨務不合於道者，[31]謹條奏，惟陛下財擇焉。

吉意以爲：“夫婦，人倫大綱，夭壽之萌也。世俗嫁娶太早，未知爲人父母之道而有子，是以教化不明而民多夭。聘妻送女亡節，則貧人不及，故不舉子。又漢家列侯尚公主，諸侯則國人承翁主，使男事女，夫詘於婦，逆陰陽之位，故多女亂。古者衣服車馬貴賤有章，以褒有德而别尊卑，今上下僭差，人人自制，是以貪財趨利，不畏死亡。周之所以能致治，刑措而不用者，以其禁邪於冥冥，絶惡於未萌也。”又言：“舜、湯不用三公九卿之世而舉皋陶、伊尹，不仁者遠。今使俗吏得任子弟，率多驕驁，不通古今，至於積功治人，亡益於民，此《伐檀》所爲作也。宜明選求賢，除任子之令。外家及故人可厚以財，不宜居位。去角抵，減樂府，省尚方，明視天下以儉。古者工不造雕瑑，商不通侈靡，非工商之獨賢，政教使之然也。民見儉則歸本，本立而末

① 參見《詩經・小雅・文王》。
② 參見《孝經・廣要道》。

成。”其指如此，上以其言迂闊，不甚寵異也。吉遂謝病歸琅邪。[32]

（《文翰類選大成》卷一二七《言得失疏》，《漢書》卷七二《王貢兩龔鮑傳第四十二・王吉》）

上救陳湯疏　谷永

臣聞楚有子玉得臣，文公爲之側席而坐。[33]趙有廉頗、馬服，强秦不敢窺兵井陘。近漢有郅都、魏尚，匈奴不敢南鄉沙幕。由是言之，戰克之將，國之爪牙，不可不重也。蓋“君子聞鼓鼙之聲，則思將率之臣”。竊見關内侯陳湯，前使副西域都護，忿郅支之無道，閔王誅之不加，策慮愊億，義勇奮發，卒興師奔逝，横厲烏孫，踰集都賴，屠三重城，斬郅支首，報十年之逋誅，雪邊吏之宿恥，威震百蠻，武暢四海。漢元以來，征伐方外之將，未嘗有也。今湯坐言事非是，幽囚久繫，歷時不决，執憲之吏欲致之大辟。昔白起爲秦將，南拔郢都，北坑趙括，以纖介之過，賜死杜郵，秦民憐之，莫不隕涕。今湯親秉鉞，席卷喋血萬里之外，薦功祖廟，告類上帝，介胄之士靡不慕義。以言事爲罪，無赫赫之惡。《周書》曰：“記人之功，忘人之過，宜爲君者也。”①夫犬馬有勞於人，尚加帷蓋之報，况國之功臣者哉！竊恐陛下忽於鼓鼙之聲，不察《周書》之意，而忘帷蓋之施，庸臣遇湯，卒從吏議，使百姓介然有秦民之恨，非所以厲死難之臣也。

（《文翰類選大成》卷一二七《上救陳湯疏》，《漢書》卷七〇《傅常鄭甘陳段傳第四十・陳湯》，《西漢年紀》卷二四《成帝》，《資治通鑑》卷三〇《漢紀二十二・孝成皇帝上之上・四年》）

舉薛宣疏　谷永

帝王之德莫大於知人，知人則百僚任職，天工不曠。故臯陶曰：

---

① 參見《漢書》卷七〇《張儀列傳》。

“知人則哲，能官人。”[①]御史大夫内承本朝之風化，外佐丞相統理天下，任重職大，非庸材所能堪。今當選於群卿，以充其缺。得其人則萬姓欣喜，百僚説服；不得其人則大職墮斁，王功不興。虞帝之明，在兹一舉，可不致詳！

竊見少府宣，材茂行潔，達於從政，前爲御史中丞，執憲轂下，不吐剛不茹柔，舉錯時當。出守臨淮、陳留，二郡稱治。爲左馮翊，崇教養善，威德并行，衆職修理，奸軌絶息，辭訟者歷年不至丞相府，赦後餘盜賊什分三輔之一。功效卓爾，自左内史初置以來未嘗有也。孔子曰：“如有所譽，其有所試。”[②]宣考績功課，簡在兩府，不敢過稱以奸欺誣之罪。臣聞賢材莫大於治人，宣已有效。其法律任廷尉有餘，經術文雅足以謀王體，斷國論，身兼數器，有“退食自公”之節。宣無私黨游説之助，臣恐陛下忽於《羔羊》之詩，舍公實之臣，任華虚之譽，是以越職，陳宣行能，惟陛下留神考察。

（《文翰類選大成》卷一二七《舉薛宣疏》，《漢書》卷八三《薛宣朱博傳第五十三・薛宣》，《西漢年紀》卷二六《成帝》）

論梁王淫亂疏　谷永

“臣聞‘禮，天子外屏，不欲見外’[③]也。是故帝王之意，不窺人閨門之私，聽聞中冓之言。《春秋》爲親者諱。《詩》云：‘戚戚兄弟，莫遠具爾。’[④]今梁王年少，頗有狂病，始以惡言按驗，既亡事實，而發閨門之私，非本章所指。王辭又不服，猥强劾力，傳致難明之事，獨以偏辭成罪斷獄，亡益於治道。污衊宗室，以内亂之惡披布宣揚於天下，非所以爲公族隱諱，增朝廷之榮華，昭聖德之風化。臣愚以爲王少，而父同産長，年齒不倫；梁國之富，足以厚聘美女，招致妖麗；父同

---

① 參見《尚書・虞書・皋陶謨》。
② 參見《論語・衛靈公》。
③ 參見《荀子・大略》。
④ 參見《詩經・大雅・行葦》。

産亦有耻辱之心。案事者乃驗問惡言,何故猥自發舒?以三者揆之,殆非人情,疑有所迫切,過誤失言,文吏躡尋,不得轉移。萌牙之時,加恩勿治,上也。既已案驗舉憲,宜及王辭不服,詔廷尉選上德通理之吏,更審考清問,著不然之效,定失誤之法,而反命於下吏,以廣公族附疏之德,爲宗室刷污亂之耻,甚得治親之誼。"天子由是寢而不治。

(《漢書》卷四七《文三王傳第十七·梁懷王劉揖》,《資治通鑑》卷三二《漢紀二十四·孝成皇帝中·永始四年》)

十漸疏　魏徵

臣奉侍帷幄十餘年,陛下許臣以仁義之道,守而不失;儉約樸素,終始弗渝。德音在耳,不敢忘也。頃年以來,寖不克終。謹用條陳,裨萬分一。

陛下在貞觀初,清静寡欲,化被荒外。今萬里遣使,市索駿馬,并訪怪珍。昔漢文帝却千里馬,晋武帝焚雉頭裘。陛下居常議論,遠輩堯舜,今所爲,更欲處漢文、晋武下乎?此不克終一漸也。

子貢問治人。孔子曰:"懔乎若朽索之馭六馬。"[①]子貢曰:"何畏?"哉對曰:"不以道導之,則吾仇也,若何不畏!"陛下在貞觀初,護民之勞,煦光羽。之如子,不輕營爲。頃既奢肆,思用人力,乃曰:"百姓無事則易驕,勞役則易使。"自古未有百姓逸樂而致傾敗者,何有逆畏其驕而爲勞役哉?此不克終二漸也。

陛下在貞觀初,役己以利物,比來縱欲以勞人。雖憂人之言不絶於口,而樂身之事實切諸心。無慮營構,輒曰:"弗爲此,不便我身。"推之人情,誰敢復争?此不克終三漸也。

在貞觀初,親君子,斥小人。比來輕褻小人,禮重君子。重君子也,恭而遠之;輕小人也,狎而近之。近之莫見其非,遠之莫見其是。

① 參見《尚書·夏書·五子之歌》。

莫見其是，則不待間而疏；莫見其非，則有時而昵。昵小人，疏君子，而欲致治，非所聞也。此不克終四漸也。

在貞觀初，不貴異物，不作無益。而今難得之貨雜然并進，玩好之作無時而息。上奢靡而望下樸素，力役廣而冀農業興，不可得已。此不克終五漸也。

在貞觀之初，求士如渴，賢者所舉，即信而任之，取其所長，常恐不及。比來由心好惡，以衆賢舉而用，以一人毁而棄，雖積年任而信，或一朝疑而斥。夫行有素履，事有成迹，一人之毁未必可信，積年之行不應頓虧。陛下不察其言，[34]以爲臧否，使讒佞得行，守道疏間。此不克終六漸也。

在貞觀初，高居深拱，無田獵畢弋之好。數年之後，志不克固，鷹犬之貢，遠及四夷，晨出夕返，馳騁爲樂，變起不測，其及救乎？此不克終七漸也。

在貞觀初，遇下有禮，群情上達。今外官奏事，顔色不接，間因所短，詰其細過，雖有忠款，而不得申。此不克終八漸也。

在貞觀初，孜孜治道，常若不足。比恃功業之大，負聖智之明，長傲縱欲，無事興兵，問罪遠裔。親狎者阿旨不肯諫，疏遠者畏威不敢言。積而不已，所損非細。此不克終九漸也。

貞觀初，頻年霜旱，畿内户口并就關外，携老扶幼，來往數年，卒無一户亡去。此由陛下矜育撫寧，故死不携貳也。比者疲於徭役，關中之人，勞弊尤甚。雜匠當下，顧而不遣。正兵番上，復别驅任。市物鏹屬於廛，遞子背望於道。脱有一穀不收，百姓之心，恐不能如前日之帖泰。此不克終十漸也。

夫禍福無門，惟人所召，人無釁焉，妖不妄作。今旱熯之灾，遠被郡國，凶醜之孽，起於轂下，此上天示戒，乃陛下恐懼憂勤之日也。千載休期，時難再得，明主可爲而不爲，臣所以鬱結長嘆者也。

（《文翰類選大成》卷一二五《諫十漸》，《古文集成》卷六〇《十漸疏》，《魏鄭公文集》卷一《十漸疏》，《新唐書》卷九七《魏徵傳》）

議楊綰條奏貢舉疏　賈至

謹按夏之政尚忠，殷之政尚敬，周之政尚文，然則文與忠敬，皆統人之行也。[35]且夫述行，[36]美極人文，人文興則忠敬存焉。是故前代以文取士，本文行也。由辭以觀行，則及辭也。宣父稱顏子不遷怒，不貳過，謂之好學。至乎修《春秋》，則游夏之徒不能措一辭，不亦明乎。間者禮部取人，有乖斯義。《易》曰："觀乎人文，以化成天下。"①《關雎》之義曰："先王以是經夫婦，成孝敬，厚人倫，美教化，移風俗。"②蓋王政之所由廢興也。[37]故延陵聽樂，[38]知諸侯之存亡。今試學者以帖字爲精通，而不窮旨義，豈能知遷怒貳過之道乎？考文者以聲病爲是非，而務擇浮艷，豈能知移風易俗化天下之事乎？是以上失其源，而不襲其流，乘流波蕩，不知所止，先王之道，莫能行也。

夫先王之道消，則小人之道長；小人之道長，則亂臣賊子由是生焉。臣弑其君，[39]子弑其父，非一朝一夕之故，其所由來者漸矣。漸者何？謂忠信之陵頽，耻尚之失所，末學之馳騁，儒道之不舉。四者皆由取士之失也。

夫一國之事，[40]繫一人之本，謂之風。贊揚其風，繫卿大夫也。卿大夫何嘗不出於士乎？今取士試之小道，而不以遠者大者，使干禄之徒，趨馳末術，[41]是誘導之差也。[42]夫以蝸蚓之餌，雜垂滄海，而望吞舟之魚至，不亦難乎？所以食垂餌者皆小魚，就科目者皆小藝。四人之業，士最關於風化。近代趨仕，靡然向風，[43]致使禄山一呼而四海震蕩，思明再亂而十年不復。向使禮讓之道弘，仁義之道著，[44]則忠臣孝子，比屋可封，逆節不得而萌也，人心不得而摇也。

且夏有天下四百載，禹之道喪，而殷始興焉。殷有天下六百祀，湯之法棄，而周始興焉。[45]周有天下八百年，文武之政廢，而秦始并

---

① 參見《周易・賁卦》。
② 參見《毛詩大序》。

焉。觀三代之選士任賢，皆考實行，故能風俗淳一，運祚長遠。秦坑儒士，[46]二代而亡。漢興，雜三代之政，弘四科之舉，西京始振經術之學，東都終持名節之行，[47]至有近戚竊位，[48]强臣擅權，弱主孤立，[49]母后專政，而社稷不隕，終彼四百，豈非學行扇化於鄉里哉？厥後文章道弊，尚於浮奢，取士術異，苟濟一時。自魏至隋，僅四百載，三光分景，九州阻域，竊號僭位，德義不修，是以子孫連顛，享國咸促。國家革魏、晋、梁、隋之弊，承夏、殷、周、漢之業，四隩既宅，九州攸同，覆燾亭育，合德天地，安有捨皇王舉士之道，蹤亂代取人之術。此公卿大夫之辱。

楊綰所奏，實爲正論。然自典午覆敗，中原板蕩，夷狄亂華，衣冠遷徙，南北分裂，人多僑處。聖朝一平區宇，尚復因循，版圖則張，閭井未設，士居鄉土，百無一二。因緣官族，所在耕築，地望繫之數百年之外，而身皆東西南北之人焉。今欲依古制，鄉舉里選，猶恐取士之未盡也。

請兼廣學校，以弘訓誘。今兩京有太學，州縣有小學，兵革一動，生徒流離，儒臣師氏，禄廩無向，貢士不稱行實，胄子何嘗講習？獨禮部每歲擢甲乙之第，謂弘奬擢，[50]不其謬哉？[51]秖足長浮薄之風，啓僥幸之路矣。其國子博士等，望加員數，厚其禄秩，選通儒碩生，間居其職。十道大郡，量置太學館，令博士出外兼領，郡官召置生徒，依乎故事。保桑梓者，鄉里舉焉；在流寓者，庠序推焉。朝而行之，夕見其利。如此，則青青不復興刺，擾擾由其歸本矣。人倫之始，王化之先，不是過也。[52]

（《文苑英華》卷七六五《貢舉議并序》，《唐文粹》卷二八《奏表書疏·議楊綰條奏貢舉疏》，《舊唐書》卷一一九《楊綰傳》）

招慰拓拔疏　李大亮

臣聞欲綏遠者，必先安近。中國百姓，天下根本，四夷之人，猶於枝葉，擾其根本以厚枝葉，而求久安，未之有也。自古明王，化中國以信，馭夷狄以權。故《春秋》云："戎狄豺狼，不可厭也；諸夏親昵，不可棄也。"①自陛下君臨區宇，深根固本，人逸兵强，九州殷富，四夷自服。今者招致突厥，雖入提封，臣愚稍覺勞費，未悟其有益也。然河西民庶，鎮禦藩夷，州縣蕭條，户口鮮少，加因隋亂，減耗尤多。突厥未平之前尚不安業，匈奴微弱以來始就農畝。若即勞役，恐致妨損。以臣愚惑，請停招慰。且謂之荒服者，故臣而不納。是以周室愛民攘狄，竟延七百之齡；秦王輕戰事胡，故四十載而絶滅。

漢文養兵静守，天下安豐；孝武揚威遠略，海内虚耗。雖悔輪臺，[53]追已不及。至於隋室，早得伊吾，兼統鄯善，且既得之後，勞費日甚，虚内致外，竟損無益。遠尋秦、漢，近觀隋室，動静安危，昭然備矣。伊吾雖已臣附，遠在藩磧，民非夏人，地多沙鹵，其自竪立稱藩附庸者，請羈縻受之，使居塞外，必畏威懷德，永爲藩臣，蓋行虚惠而收實福矣。近日突厥傾國入朝，既不能俘之江淮以變其俗，乃置於内地，去京不遠，雖則寬仁之義，亦非久安之計也。每見一人初降，賜物五匹，袍一領，酋長悉授大官，禄厚位尊，理多糜費。以中國之租賦，供積惡之匈虜，其衆益多，非中國之利也。

（《文翰類選大成》卷一二七《招慰拓拔疏》，《貞觀政要集校》卷九《議安邊第三十六》，《舊唐書》卷六二《李大亮傳》）

平高昌疏　褚遂良

臣聞古者哲后臨朝，明王創業，必先華夏而後夷狄，廣諸德化，不事遐荒。是以周宣薄伐，至境而反，始皇遠塞，中國分離。陛下誅滅高昌，威加西域，收其鯨鯢，以爲州縣。然則王師初發之歲，河西供役之年，飛蒭挽粟，十室九空，數郡蕭然，五年不復。陛下每歲遣千餘人而遠事屯戍，終年離别，萬里思歸。去者資裝，自須營辦，既賣菽粟，傾其機杼。經途死亡，復在方外。兼遣罪人，增其防遏，所遣之内，復

① 參見《春秋左傳注・閔公元年》。

有逃亡，官司捕捉，爲國生事。

高昌塗路，沙磧千里，冬風冰冽，夏風如焚，行人遇之多死。《易》云：“安不忘危，理不忘亂。”①設令張掖塵飛，酒泉烽舉，陛下豈能得高昌一人菽粟及事乎？終須發隴右諸州，星馳雷擊。由斯而言，此河西者方於心腹，彼高昌者他人手足，豈得糜費中華，以事無用？陛下平頡利於沙塞，滅吐渾於西海，突厥餘落，爲立可汗，吐渾遺萌，更樹君長，音“掌”。復立高昌，非無前例。此所謂有罪而誅之，既服而存之。宜擇高昌可立者，徵給首領，遣還本國，負戴洪恩，長爲藩翰。中國不擾，既富且寧，傳之子孫，以貽後代也。

（《文翰類選大成》卷一二七《平高昌疏》，《貞觀政要集校》卷九《議安邊第三十六》，《舊唐書》卷八〇《褚遂良傳》）

諫軍旅宮室疏　充容徐氏

自貞觀已來，[54]二十有餘載，[55]風調雨順，年登歲稔，人無水旱之弊，國無饑饉之災。昔漢武帝守文之常主，猶登刻玉之符；齊桓公小國之庸君，尚圖泥金之望。[56]陛下推功損己，讓德不居。億兆傾心，猶闕告成之禮；云亭佇謁，未展升中之儀。此之功德，足以咀嚼百王，網羅千代者矣。然古人有云：“雖休勿休”②，良有以也。守初保末，[57]聖哲罕兼。是知業大者易驕，願陛下難之；善始者難終，願陛下易之。

竊見頃年以來，力役兼總，東有遼海之軍，西有昆丘之役，士馬疲於甲胄，舟車倦於轉輸。且召募投戎，去留懷死生之痛；[58]因風阻浪，往來有漂溺之危。[59]一夫力耕，年無數十之獲；[60]一船致損，則傾覆數百之糧。是猶運有盡之農功，填無窮之巨浪，圖未獲之他衆，喪已成之我軍。雖除凶伐暴，有國常規，然黷武習兵，先哲所戒。昔秦皇

①　參見《周易・繫辭下傳》。

②　參見《尚書・周書・吕刑》。

并吞六國，反速危亡之兆；[61]晋武奄有三方，翻成覆敗之業。豈非矜功恃大，棄德輕邦，圖利忘害，肆情縱欲。遂使悠悠六合，雖廣不救其亡；嗷嗷黎庶，因弊以成其禍。是知地廣非常安之術，人勞乃易亂之源。願陛下布澤流仁，矜弊恤乏，[62]減行役之煩。增雨露之惠。[63]

妾又聞爲政之本，貴在無爲。竊見土木之功，不可兼遂。北闕初建，南營翠微，曾未逾時，玉華創制。雖復因山藉水，[64]非惟構架之勞；[65]損之又損，[66]頗有工力之費。[67]雖復茅茨示約，[68]猶興木石之疲。假使和雇取人，不無煩擾之弊。是以卑宫菲室，[69]聖主之所安；金屋瑶臺，驕主之爲麗。故有道之君，以逸逸人；無道之君，以樂樂身。願陛下使之以時，則力無竭矣；用而息之，則人斯悦矣。[70]

夫珍玩技巧，爲喪國之斧斤；珠玉錦繡，實迷心之酖毒。竊見服玩鮮靡，如變化於自然；職貢奇珍，若神仙之所製。雖馳華於季俗，實敗素於淳風。是知漆器非延叛之方，桀造之而人叛；[71]玉杯豈招亡之術，紂用之而國亡。方驗侈麗之源，不可不遏。夫作法於儉，猶恐其奢，作法於奢，何以制後？

伏惟陛下明鑒未形，智周無際，窮奥秘於麟閣，盡探賾於儒林。千王理亂之蹤，百代安危之迹，興亡衰亂之數，[72]得失成敗之機，固亦包吞心府之中，循環目圍之内，乃宸衷久察，無假一二言焉。惟恐知之非難，[73]行之不易，志驕於業著，[74]體逸於時安。伏願抑志摧心，[75]慎終成始，[76]削輕過以添重德，[77]擇今是以替前非，[78]則鴻名與日月無窮，盛業與乾坤永泰矣。

（《文翰類選大成》卷一二五《諫軍旅宫室》，《唐文粹》卷二七《諫太宗息兵罷役疏》，《貞觀政要集校》卷九《議征伐第三十五》，《舊唐書》卷五一《賢妃徐氏傳》）

畋獵疏　虞世南

臣聞秋獮冬狩，蓋惟恒典。射隼從禽，備乎前誥。伏惟陛下因聽覽之餘辰，順天道以殺伐，將欲摧斑碎掌，親御皮軒，窮猛獸之窟穴，盡逸材之林藪。夷凶剪暴，以衛黎元，收革擢羽，用充軍器，舉旗效獲，[79]式遵前古。[80]

然黄屋之尊，金輿之貴，八方之所仰德，萬國之所係心。清道而行，猶戒銜橛，斯蓋重慎防微，爲社計稷也。[81]是以馬卿直諫於前，張昭變色於後，臣誠細微，[82]敢忘斯義？

且天弧、星罼，所殪已多，頒禽賜獲，皇恩亦溥。伏願時息獵車，且韜長戟。不拒芻蕘之請，降納畎澮之流。[83]袒裼徒搏，任之群下。貽範百王，永光萬代也。

（《文苑英華》卷六九四《諫太宗畋獵疏》，《虞世南文集》卷三《諫獵疏》，《貞觀政要集校》卷一〇《論畋獵第三十八》，《唐會要》卷二八《蒐狩》，《舊唐書》卷七二《虞世南傳》）

陳時政疏①　　馬周

臣歷睹前代，[84]自夏、殷、周及漢氏之有天下，[85]傳祚相繼，多者八百餘年，少者猶四五百年，皆爲積德累業，恩結於人心。豈無僻王，賴前哲以免爾！自魏、晋以還，降及周、隋，多者不過五六十年，少者纔二三十年而亡。良由創業之君不務廣恩化，當時僅能自守，後無遺德可思。故傳嗣之主政教少衰，[86]一夫大呼而天下土崩矣。今陛下雖以大功定天下，而積德日淺，固當崇禹、湯、文、武之道，廣施德化，使恩有餘地，爲子孫立萬代之基。豈欲但令政教無失，以持當年而已。且自古明王聖主雖因人設教，寬猛隨時，而大要以節儉於身、恩加於人二者是務。故其下愛之如父母，仰之如日月，敬之如神明，畏之如雷霆，此其所以卜祚遐長而禍亂不作也。

今百姓承喪亂之後，比於隋時纔十分之一，而供官徭役，道路相繼，兄去弟還，首尾不絶。遠者往來五六千里，春秋冬夏，略無休時。陛下雖每有恩詔，令其減省，而有司作既不廢，自然須人，徒行文書，

① 《文章類選》録文爲節選，《文苑英華》卷六九五、《唐文粹》卷二七録文完整。

役之如故。臣每訪問，四五年來，百姓頗有怨嗟之言，以陛下不存養之。昔唐堯茅茨土階，夏禹惡衣菲食，如此之事，臣知不可行復於今。[87]漢文帝惜百金之費，輟露臺之役，集上書囊，[88]以爲殿帷，所幸慎夫人衣不曳地。[89]至景帝以錦繡纂組妨害女工，[90]特詔除之，所以百姓安樂。[91]至孝武帝雖窮奢極侈，而承文、景遺德，故人心不動。向使高祖之後，即有武帝，天下必不能全。此於時代差近，事迹可見。今京師及益州諸處營造供奉器物，并諸王妃主服飾，議者皆不以爲儉。臣聞昧旦丕顯，後世猶怠，作法於理，其弊猶亂。陛下少處人間，知百姓辛苦，前代成敗，目所親見，尚猶如此，而皇太子生長深宫，不更外事，即萬歲之後，固聖慮所當憂也。

臣竊尋往代以來成敗之事，但有黎庶怨叛，聚爲盜賊，其國無不即滅，人主雖欲改悔，未有重能安全者。凡修政教，當修之於可修之時，若事變一起，而後悔之，則無益也。故人主每見前代之亡，則知其政教之所由喪，而皆不知其身之有失。[92]是以殷紂笑夏桀之亡，而幽、厲亦笑殷紂之滅。隋煬帝大業之初，[93]又笑周、齊之失國，[94]然今之視煬帝，亦猶煬帝之視周、齊也。故京房謂漢元帝云："臣恐後之視今，亦猶今之視古。"①此言不可不戒也。

往者貞觀之初，率土霜儉，[95]一匹絹纔得粟一斗，[96]而天下怡然。百姓知陛下甚憂憐之，[97]故人人自安，曾無謗讟。自五六年來，頻歲豐稔，一匹絹得十餘石粟，而百姓皆以陛下不憂憐之，咸有怨言，又今所營爲者，頗多不急之務故也。自古以來，國之興亡不由蓄積多少，唯在百姓苦樂。且以近事驗之，隋家貯洛口倉，而李密因之，東市積布帛，王世充據之，[98]西京府庫亦爲國家之用，至今未盡。向使洛口、東都無粟帛，則世充、李密未能必聚大衆。但貯積者固是國之常事，要當人有餘力，而後收之。若人勞而彊斂之，更以資寇，[99]積之無益也。然儉以息人，貞觀之初，陛下已躬爲之。故今行之不難也。爲

---

① 參見《漢書》卷七五《京房傳》。

之一日，則天下知之，式歌且舞矣。若人既勞矣，而用之不息，儻中國被水旱之災，邊方有風塵之警，狂狡因之竊發，則有不可測之事，非徒聖躬旰食晏寢而已。古語云："動人以行不行言，應天以實不以文。"[100]若以陛下之聖明，誠欲勵精爲政，不煩遠求上古之術，但及貞觀之初，則天下幸甚。

（《文苑英華》卷六九五《請崇節儉及制諸王疏》，《唐文粹》卷二七《請陳節儉及制諸王疏》，《貞觀政要集校》卷六《論奢縱第二十五》，《舊唐書》卷七四《馬周傳》）

【校勘記】

[1] 執：《文翰類選大成》卷一二九、《漢書》卷三六《楚元王傳》均作"勢"。
[2] 樂昌：此二字原脱，據《漢書》卷三六《楚元王傳》補。
[3] 增田：《漢書》卷八六《何武王嘉師丹傳》作"易邑"。
[4] 基：《文章類選》同《文翰類選大成》卷一二九，《唐文粹》卷二六作"位"。
[5] 崇其基也：《文章類選》同《文翰類選大成》卷一二九，《唐文粹》卷二六作"保其位也"。
[6] 猶：《文章類選》同《文翰類選大成》卷一二九，《唐文粹》卷二六作"尚"。
[7] 恩：《唐文粹》卷二六作"息"。
[8] 日：《文章類選》同《文翰類選大成》卷一二九，《唐文粹》卷二六作"之"。
[9] 凋耗：此二字原脱，據《唐文粹》卷二六補。
[10] 昧：《文章類選》同《文翰類選大成》卷一二九，《唐文粹》卷二六作"心"。
[11] 倦行之而不：此五字原脱，據《唐文粹》卷二六補。
[12] 隆：《文章類選》同《文翰類選大成》卷一二九，《唐文粹》卷二六作"崇"。
[13] 與：《文章類選》同《文翰類選大成》卷一二九，《唐文粹》卷二六作"隨"。
[14] 災：《文章類選》同《文翰類選大成》卷一二九，《唐文粹》卷二六作"咎"。
[15] 犬戎：《文章類選》同《文翰類選大成》卷一二九，《澹庵文集》卷二作"仇敵"。下句"以祖宗之位爲犬戎藩臣之位"之"犬戎"同。
[16] 盛：《文章類選》同《文翰類選大成》卷一二九，《澹庵文集》卷二作"盡"。
[17] 遂：此字原脱，據《文翰類選大成》卷一二九補。
[18] 乃：《文章類選》同《文翰類選大成》卷一二九，《澹庵文集》卷二作"明"。
[19] 取：《文章類選》同《文翰類選大成》卷一二九，《朱子全書》卷一二作"敢"。
[20] 承：《文章類選》同《文翰類選大成》卷一二九，《朱子全書》卷一二作"丞"。

［21］ 𧰼：《文章類選》同《文翰類選大成》卷一二九原均作“長”，據《朱子全書》卷一二改。
［22］ 辨：原作“卞”，據《文翰類選大成》卷一二九改。
［23］ 受：此字原脱，據《朱子全書》卷一一補。
［24］ “迂疏狂妄”句至下文“臣熹昧死再拜”句：此五十四字原脱，據《朱子全書》卷一一補。
［25］ 北邊：此二字原脱，據《賈誼集校注》附録二補。
［26］ 睢：原作“淮”，據《賈誼集校注》附録二改。
［27］ 能盡人物之性：此六字原脱，據《漢書》卷八一補。
［28］ 主：原作“王”，據《漢書》卷八三改。
［29］ 任：《文章類選》同《文翰類選大成》卷一二七，《漢書》卷七二作“在”。
［30］ 驅：原作“歐”，據《漢書》卷七二改。
［31］ 竊：原作“躋”，據《漢書》卷七二改。
［32］ 其指如此上以其言迂闊不甚寵異也吉遂謝病歸琅邪：此二十二字原脱，據《漢書》卷七二補。
［33］ 側：《文章類選》同《文翰類選大成》卷一二七，《漢書》卷七〇作“仄”。
［34］ 言：《文翰類選大成》卷一二五、《魏鄭公文集》卷一作“原”。
［35］ 統：《文章類選》同《唐文粹》卷二八，《文苑英華》卷七六五作“競”。
［36］ 夫：《文章類選》同《唐文粹》卷二八，《文苑英華》卷七六五作“謚號”。
［37］ 王：《文章類選》同《唐文粹》卷二八，《文苑英華》卷七六五作“化”。
［38］ 樂：《文章類選》同《唐文粹》卷二八，《文苑英華》卷七六五作“詩”。
［39］ 弑：《文章類選》同《唐文粹》卷二八，《文苑英華》卷七六五作“賊”。
［40］ 事：《文章類選》同《唐文粹》卷二八，《文苑英華》卷七六五作“士”。
［41］ 馳：《文章類選》同《唐文粹》卷二八，《文苑英華》卷七六五作“於”。
［42］ 誘導：《文章類選》同《唐文粹》卷二八，《文苑英華》卷七六五作“有道”。
［43］ 向：《文章類選》同《唐文粹》卷二八，《文苑英華》卷七六五作“同”。
［44］ 道：《文章類選》同《唐文粹》卷二八，《文苑英華》卷七六五作“風”。
［45］ 殷有天下六百祀湯之法棄而周始興焉：此十六字原脱，據《文苑英華》卷七六五、《唐文粹》卷二八補。
［46］ 儒士：《文章類選》同《唐文粹》卷二八，《文苑英華》卷七六五作“儒生”。
［47］ 東都：《文章類選》同《唐文粹》卷二八，《文苑英華》卷七六五作“東京”。
［48］ 近：《文章類選》同《唐文粹》卷二八，《文苑英華》卷七六五作“外”。
［49］ 孤立：《文章類選》同《唐文粹》卷二八，《文苑英華》卷七六五作“臨朝”。
［50］ 擢：《文章類選》同《唐文粹》卷二八，《文苑英華》卷七六五作“勸”。
［51］ 其：《文章類選》同《文苑英華》卷七六五，《唐文粹》卷二八作“甚”。
［52］ 不是過也：《文章類選》同《唐文粹》卷二八，《文苑英華》卷七六五作“不過是也”。
［53］ 輸：原作“靈”，據《文翰類選大成》卷一二七改。

[54] 自：此字原脱，據《唐文粹》卷二七補。

[55] 二十有餘：《文章類選》同《文翰類選大成》卷一二五，《唐文粹》卷二七作“二十有二”。

[56] 圖：原作“塗”，據《唐文粹》卷二七、《文翰類選大成》卷一二五改。

[57] 初保末：原作“保未備”，據《唐文粹》卷二七改。

[58] 生：此字原脱，據《唐文粹》卷二七補。

[59] 往來：原作“人”，據《唐文粹》卷二七、《文翰類選大成》卷一二五改。

[60] 年：《文章類選》同《文翰類選大成》卷一二五，《唐文粹》卷二七作“卒”。

[61] 危亡之兆：“亡”原作“禍”，據《唐文粹》卷二七、《文翰類選大成》卷一二五改；“兆”原作“基”，據《唐文粹》卷二七改。

[62] 矜弊恤乏：此四字原脱，據《唐文粹》卷二七補。

[63] 雨：《唐文粹》卷二七作“湛”。

[64] 雖複因山藉水：此六字原脱，據《唐文粹》卷二七補。

[65] 惟構架：《唐文粹》卷二七作“無架築”。

[66] 損之又損：此四字原脱，據《唐文粹》卷二七、《文翰類選大成》卷一二五補。

[67] 費：《唐文粹》卷二七、《文翰類選大成》卷一二五均作“賞”。

[68] 雖復：《唐文粹》卷二七、《文翰類選大成》卷一二五均作“終以”。

[69] 室：《唐文粹》卷二七作“食”。

[70] 人：原作“心”，據《唐文粹》卷二七、《文翰類選大成》卷一二五改。

[71] 桀：原作“舜”，據《唐文粹》卷二七改。

[72] 興亡衰亂：《唐文粹》卷二七作“興衰禍福”。

[73] 恐：此字原脱，據《唐文粹》卷二七補。

[74] 著：《唐文粹》卷二七作“泰”。

[75] 伏願抑志摧心：《唐文粹》卷二七作“伏惟抑志裁心”。

[76] 成：《唐文粹》卷二七作“如”。

[77] 添：《唐文粹》卷二七作“滋”。

[78] 今：《唐文粹》卷二七作“後”。

[79] 效獲：《文章類選》同《文翰類選大成》卷一二七，《文苑英華》卷六九四作“較獵”。

[80] 前古：《文苑英華》卷六九四作“古典”。

[81] 計：此字原脱，據《文苑英華》卷六九四補。

[82] 細微：《文苑英華》卷六九四作“賤微”。

[83] 畎：《文苑英華》卷六九四作“涓”。

[84] 睹：《文章類選》同《文翰類選大成》卷一二七，《文苑英華》卷六九五、《唐文粹》卷二七作“觀”。

[85] 夏殷周及漢：《文章類選》同《文翰類選大成》卷一二七，《文苑英華》卷六九五、《唐文粹》卷二七作“夏殷及漢”。

［86］少：原作“多”，據《文苑英華》卷六九五、《唐文粹》卷二七改。

［87］不可復行：原作“復可行”，據《文苑英華》卷六九五、《唐文粹》卷二七改。

［88］上：原作“工”，據《文苑英華》卷六九五、《唐文粹》卷二七補。

［89］慎：此字原脱，據《文苑英華》卷六九五、《唐文粹》卷二七補。

［90］纂：原作“綦”，據《文苑英華》卷六九五、《唐文粹》卷二七改。

［91］安樂：《文章類選》同《文苑英華》卷六九五，《唐文粹》卷二七作“乂安”。

［92］身之有失：《文章類選》同《文翰類選大成》卷一二七，《文苑英華》卷六九五、《唐文粹》卷二七作“身之失”。

［93］煬：此字原脱，據《文苑英華》卷六九五、《唐文粹》卷二七補。

［94］周齊：《文章類選》同《文翰類選大成》卷一二七，《文苑英華》卷六九五、《唐文粹》卷二七作“齊魏”。本文下句同。

［95］霜：《文章類選》同《文苑英華》卷六九五，《唐文粹》卷二七作“饑”。

［96］粟一斗：《文章類選》同《文翰類選大成》卷一二七，《文苑英華》卷六九五、《唐文粹》卷二七作“一斗米”。

［97］憂：《文章類選》同《文翰類選大成》卷一二七，《文苑英華》卷六九五、《唐文粹》卷二七作“愛”。

［98］王世充：《文章類選》同《文翰類選大成》卷一二七，《文苑英華》卷六九五、《唐文粹》卷二七作“王充”。

［99］更：原作“竟”，據《文苑英華》卷六九五、《唐文粹》卷二七改。

［100］古語云動人以行不行言應天以實不以文：此十七字原脱，據《文苑英華》卷六九五、《唐文粹》卷二七補。

文章類選卷之二十二

策　類

文帝問賢良文學策

皇帝曰：昔者大禹勤求賢士，施及方外，四極之内，舟車所至，人迹所及，靡不聞命，以輔其不逮。近者獻其明，遠者通厥聰，比善戮力，以翼天子。是以大禹能亡失德，夏以長楙。高皇帝親除大害，去亂從，並建豪英，以爲官師，爲諫争，輔天子之闕，而翼戴漢宗也。賴天之靈，宗社之福，方内以安，澤及四夷。今朕獲執天子之正，以承宗廟之祀，朕既不德，又不敏，明弗能燭，而智不能治，此大夫之所著聞也。故詔有司、諸侯王、三公、九卿及主郡吏，各帥其志，以選賢良明於國家之大體，通於人事之終始，及能直言極諫者，各有人數，將以匡朕之不逮。二三大夫之行，當此三道，朕甚嘉之，故登大夫于朝，親諭朕志。大夫其上三道之要，及永惟朕之不德，吏之不平，政之不宣，民之不寧，四者之闕，悉陳其志，毋有所隱。上以薦先帝之宗廟，下以興萬民之休利，著之于篇，朕親覽焉，觀大夫所以佐朕，至與不至。書之，周之密之，重之閉之。興自朕躬，大夫其正論，毋枉執事。烏呼，戒之！二三大夫其帥志毋怠。

（《漢書》卷四九《爰盎鼂錯傳第十九·鼂錯》，《西漢年紀》卷八《文帝》）

武帝問賢良策

朕聞昔在唐虞，畫象而民不犯，日月所燭，莫不率俾。周之成康，刑錯不用，德及鳥獸，教通四海。海内肅慎，[1]北發渠搜，氐羌徠服。

星辰不孛，日月不蝕，山陵不崩，川谷不塞。麟鳳在郊藪，河洛出圖書。嗚呼，何施而臻此與！今朕獲奉宗廟，夙興以求，夜寐以思，若涉淵水，未知所濟，猗與偉與！何行而可以章先帝之洪業休德，上參堯舜，下配三王，朕之不敏，不能遠德，此子大夫之所睹聞也。賢良明於古今王事之體，受策察問，咸以書對，著之于篇，朕親覽焉。

二

朕獲承至尊休德，傳之亡窮，施之罔極，任大而守重。是以夙夜不皇康寧，永惟萬事之統，猶懼有闕。故廣延四方之豪俊，郡國諸侯公選賢良修潔博習之士，欲聞大道之要，至論之極。今子大夫褎然爲舉首，朕甚嘉之。子大夫其精心致思，朕垂聽而問焉。

蓋聞五帝三王之道，改制作樂而天下洽和，百王同之。當虞氏之樂莫盛於《韶》，於周莫盛於《勺》。聖王已没，鐘鼓筦絃之聲未衰，而大道微缺，陵夷至虖桀紂之行，王道大壞矣。夫五百年之間，守文之君，當塗之士，欲則先王之法以戴翼其世者甚衆，然猶不能反日以仆滅，至後王而後止，豈其所持操或悖謬而失其統與？固天降命不可復反，必推之於大衰而後息與？烏虖！凡所爲屑屑，夙興夜寐，務法上古者，又將無補與？三代受命，其符安在，灾異之變，何緣而起。性命之情，或夭或壽，或仁或鄙，習聞其號，未燭厥理。伊欲風流而令行，刑清而奸改，百姓和樂，政事宣昭，何修何飾而膏露降、百穀登，德潤四海，澤臻中木，三光全，寒暑平，受天之祐，享鬼神之靈，德澤洋溢，施虖方外，延及群生。

子大夫明先聖之業，習俗化之變，終始之序，講聞高誼之日久矣，宜明以諭朕。科別其條，勿猥勿并，取之於術，慎其所出，乃其不正、不直、不忠、不極，枉于執事，書之不泄，興自朕躬，毋悼後害。子大夫其盡心，靡有所隱，朕將親覽焉。

三

蓋聞虞舜之時，游於巖廊之上，垂拱無爲，而天下太平。周文王至于日昃不暇食，而宇内亦治。夫帝王之道，豈不同條共貫與？何逸勞之殊也。

蓋儉者不造玄黄旌旗之飾，及至周室，設兩觀，乘大路，朱干玉戚，八佾陳於庭，而頌聲興。夫帝王之道，豈異指哉？或曰良玉不琢，又云非文亡以輔德，二端異焉。殷人執五刑以督奸，傷肌膚以懲惡。成康不式，四十餘年天下不犯，囹圄空虚。秦國用之，死者甚衆，刑者相望秏矣。哀哉！

烏呼！朕夙寤晨興，惟前帝王之憲，永思所以奉至尊，章洪業，皆在力本任賢。今朕親耕藉田以爲農先，勸孝弟，崇有德，使者冠蓋相望，問勤勞，恤孤獨，盡思竭神，功烈休德未始云獲也。今陰陽錯繆，氛氣充塞，群生寡遂，黎民未濟，廉耻貿亂，賢不肖渾殽，未得其真，故詳延特起之士，意庶幾乎。今子大夫待詔百有餘人，或道世務而未濟，稽諸上古之不同，考之于今而難行，毋乃牽於文繫而不得騁與？將所繇異術，所聞殊方與？各悉對，著于篇，毋諱有司。明其指略，切磋究之，以稱朕意。

四

蓋聞善言天者，必有徵於人；善言古者，必有驗於今。故朕垂問乎天人之應，上嘉唐虞，下悼桀紂，寖微寖滅，寖明寖昌之道，虚心以改。今子大夫明於陰陽所以造化，習於先聖之道業，然而文采未極，豈惑乎當世之務哉。條貫靡竟，統紀未終，意朕之不明與？聽若眩與？夫三王之教，所祖不同而皆有失，或謂久而不易者道也，意豈異哉？子大夫既已著大道之極，陳治亂之端矣。其悉之究之，熟之復之，《詩》不云呼？"嗟爾君子，毋常安息"。"神之聽之，介爾景福"①。朕將親覽焉，子大夫其茂明之。

五

蓋聞上古至治，畫衣冠，異章服，而民不犯；陰陽和，五穀登，六畜蕃，甘露降，風雨時，嘉禾興，朱草生，山不童，澤不涸，麟鳳在郊藪，龜

---

① 參見《詩經·小雅·小明》。

龍游於沼，河洛出圖書；父不喪子，兄不哭弟；北發渠搜，南撫交阯。舟車所至，人迹所及，跂行喙息，咸得其宜。朕甚嘉之，今何道而臻乎此？子大夫修先聖之術，明君臣之義，講論洽聞，有聲乎當世，敢問子大夫，天人之道，何所本始？吉凶之效，安所期焉？禹、湯水旱，厥咎何由？仁、義、禮、智四者之宜，當安設施？屬統垂業，物鬼變化，天命之符，廢興何如？天文、地理、人事之紀，子大夫習焉。其悉意正議，詳具其對，著之于篇，朕將親覽焉，靡有所隱。

（《董子文集・賢良策一》至《賢良策四》，《漢書》卷六《武帝紀第六》、卷五六《董仲舒傳》）

對賢良策一　董仲舒

陛下發德音、下明詔，求天命與情性，皆非愚臣之所能及也。臣謹案：《春秋》之中，視前世已行之事，以觀天人相與之際，甚可畏也。國家將有失道之敗，而天乃先出灾害以譴告之，不知自省，又出怪異以警懼之。尚不知變，而傷敗乃至，以此見天心之仁愛人君而欲止其亂也。自非大亡道之世者，天盡欲扶持而全安之，事在强勉而已矣。强勉學問，則聞見博而知益明；强勉行道，則德日起而大有功。此皆可使還至而立有效者也。《詩》曰："夙夜匪解。"[①]《書》云："茂哉茂哉。"[②]皆强勉之謂也。

道者，所繇適於治之路也，仁義禮樂皆其具也。故聖王已没，而子孫長久安寧數百歲，此皆禮樂教化之功也。王者未作樂之時，乃用先王之樂宜於世者，而以深入教化於民，教化之情不得，雅頌之樂不成，故王者功成作樂，樂其德也。樂者，所以變民風、化民俗也，其變民也易，其化人也著。故聲發於和而本於情，接於肌膚，藏於骨髓。故王道雖微缺，而筦絃之聲未衰也。夫虞氏之不爲政久矣，然而樂頌

---

① 參見《詩經・大雅・烝民》。

② 參見《尚書・咎繇謨》。

遺風猶有存者，是以孔子在齊而聞《韶》也。夫人君莫不欲安存而惡危亡，然而政亂國危者甚衆，所任者非其人，而所繇者非其道，是以政日以仆滅也。夫周道衰於幽厲，非道亡也，幽厲不繇也。至於宣王，思昔先王之德，興滯補弊，明文武之功業，周道粲然復興，詩人美之，而作上天祐之，爲生賢佐，後世稱誦，至今不絶。此夙夜不解，行善之所致也。孔子曰："人能弘道，非道弘人也。"①故治亂廢興在於己，非天降命，不得可反，其所操持悖謬，失其統也。

臣聞天之所大奉使之王者，必有非人力所能致而自至者，此受命之符也。天下之人，同心歸之，若歸父母，故天瑞應誠而至。《書》曰"白魚入于王舟"，"有火復于王屋，流爲烏"②。此蓋受命之符也。周公曰："復哉！復哉！"③孔子曰："德不孤，必有鄰。"④皆積善累德之效也。及至後世，淫泆衰微，不能統理群生，諸侯背畔，殘賊良民以争壤土，廢德教而任刑罰。刑罰不中，則生邪氣，邪氣積於下，怨惡畜於上。上下不和，則陰陽繆盭而妖孽生矣。此灾異所緣而起也。

臣聞，命者，天之令也；性者，生之質也；情者，人之欲也。或夭或壽，或仁或鄙，陶冶而成之，不能粹美，有治亂之所生，故不齊也。孔子曰："君子之德風，小人之德中，中上之風必偃。"⑤故堯舜行德，則民仁壽；桀紂行暴，則民鄙夭。夫上之化下，下之從上，猶泥之在鈞，唯甄者之所爲，猶金之在鎔，唯冶者之所鑄。"綏之斯倈，動之斯和"⑥，此之謂也。

臣謹案《春秋》之文，求王道之端，得之於正。正次王，王次春。春者，天之所爲也；正者，王之所爲也。其意曰，上承天之所爲，而下以正其所爲，正王道之端云爾。然則王者欲有所爲，宜求其端於天。

① 參見《論語・衛靈公》。
② 參見《尚書・泰誓》。
③ 參見《尚書・泰誓》。
④ 參見《論語・里仁》。
⑤ 參見《論語・顔淵》。
⑥ 參見《論語・子張》。

天道之大者在陰陽，陽爲德，陰爲刑，刑主殺，而德主生。是故陽常居大夏，而以生育長養爲事；陰常居大冬，而積於空虚不用之處。以此見天之任德不任刑也。天使陽出布施於上而主歲功，使陰入伏於下而時出佐陽，陽不得陰之助，亦不能獨成歲。終陽以成歲爲名，此天意也。王者承天意以從事，故任德教而不任刑。刑者不可任以治世，猶陰之不可任以成歲也。

爲政而任刑，不順於天，故先王莫之肯爲也。今廢先王德教之官，而獨任執法之吏治民，毋乃任刑之意與。孔子曰："不教而誅謂之虐。"①虐政用於下，而欲德教之被四海，故難成也。臣謹案《春秋》謂一元之意。一者，萬物之所從始也，元者，辭之所謂大也。謂一爲元者，視大始而欲正本也。《春秋》深探其本，而反自貴者始。故爲人君者正心以正朝廷，正朝廷以正百官，正百官以正萬民，正萬民以正四方。四方正，遠近莫敢不壹於正，而亡有邪氣奸其間者。

是以陰陽調而風雨時，群生和而萬民殖，五穀熟而山木茂，天地之間被潤澤而大豐美，四海之内聞盛德而皆徠臣。諸福之物，可致之祥，莫不畢至，而王道終矣。孔子曰："鳳鳥不至，河不出《圖》，吾已矣夫！"②自悲可致此物，而身卑賤不得致也。今陛下貴爲天子，富有四海，居得致之位，操可致之勢，又有能致之資，行高而恩厚，知明而意美，愛民而好士，可謂誼主矣。然而天地未應，而美祥莫至者，何也？凡以教化不立，而萬民不正也。夫萬民之從利也，如水之走下，不以教化隄防之，不能止也。是故教化立而奸邪皆止者，其隄防完也。教化廢而奸邪並立，刑罰不能勝者，其隄防壞也。古之王者明於此，是故南面而治天下，莫不以教化爲大務。立大學以教於國，設庠序以化於邑，漸民以仁，摩民以誼，節民以禮，故其刑罰甚輕而禁不犯者，教化行而習俗美也。

---

①　參見《論語·述而》。

②　參見《論語·子罕》。

聖王之繼亂世也，埽除其迹而悉去之，復修教化而崇起之。教化已明，習俗已成，子孫循之，行五六百歲，尚未散也。至周之末世，大爲亡道以失天下。秦繼其後，獨不能改，又益甚之，重禁文學，不行挾書，棄捐禮誼而惡聞之。其心欲盡滅先聖之道，而顓爲自恣苟簡之治，故立爲天子十四歲而國破亡矣。自古以來，未嘗有以亂濟亂，大敗天下之民如秦者也。其遺毒餘烈至今未滅，使習俗薄惡，人民嚚頑，抵冒殊扞，孰爛如此之盛者也。孔子曰："腐朽之木不可雕也，糞土之墻不可圬也。"①今漢繼秦之後，如朽木糞墻矣，雖欲善治之，亡可奈何。法出而奸生，令下而詐起，如以湯止沸，抱薪救火，愈甚亡益也。

竊譬之琴瑟不調，甚者必解而更張之，乃可鼓也；爲政而不行，甚者必變而更化之，乃可理也。當更張而不更張，雖有良工不能善調也；當更化而不更化，雖有大賢不能善治也。故漢得天下以來，常欲善治，而至今不可善治者，失之於當更化而不更化也。古人有言曰："臨淵羨魚，不如退而結網。"今臨政而願治，七十餘歲矣，不如退而更化，更化則可善治，善治則灾害日去，福禄日來。《詩》云："宜民宜人，受禄于天。"②爲政而宜於民者，固當受禄于天。夫仁、誼、禮、知、信五常之道，王者所當修飾也，五者修飾，故受天之祐，而享鬼神之靈，德施于方外，延及群生也。

（《董子文集·賢良策一》，《漢書》卷五六《董仲舒傳》，《西漢年紀》卷一一《武帝》）

對賢良策二　董仲舒

臣聞堯受命以天下爲憂，而未以位爲樂也。故誅逐亂臣，務求賢聖，是以得舜、禹、稷、卨、咎繇。衆聖輔德，賢能佐職，教化大行，天下

① 參見《論語·公長治》。
② 參見《詩經·大雅·假樂》。

和洽，萬民皆安仁樂誼，各得其宜，動作應禮，從容中道。故孔子曰："如有王者，必世而後仁。"[1]此之謂也。堯在位七十載，乃遜于位以禪虞舜。堯崩，天下不歸堯子丹朱而歸舜。舜知不可辟，乃即天子之位，以禹爲相，因堯之輔佐，繼其統業，是以垂拱無爲而天下治。孔子曰："《韶》盡美矣，又盡善也。"[2]此之謂也。

至於殷紂，逆天暴物，殺戮賢知，殘賊百姓。伯夷、太公皆當世賢者，隱處而不爲臣。守職之人，皆奔走逃亡入于河海。天下耗亂，萬民不安，故天下去殷而從周。文王順天理物，師用賢聖，是以閎夭、大顛、散宜生等，亦聚於朝廷。愛施逃民，天下歸之，故大公起海濱而即三公也。當此之時，紂尚在上，尊卑昏亂，百姓散亡，故文王悼得而欲安之，是以日昃而不暇食也。孔子作《春秋》，先正王而繫萬事，見素王之文焉。繇此觀之，帝王之條貫同，然而勞逸異者，所遇之時異也。孔子曰："《武》盡美矣，未盡善也。"[3]此之謂也。

臣聞制度文采玄黄之飾，所以明尊卑，異貴賤，而勸有德也。故《春秋》受命所先制者，改正朔，易服色，所以應天也。然則宫室旌旗之制，有法而然者也。故孔子曰："奢則不遜，儉則固。"[4]儉非聖人之中制也。臣聞良玉不琢，資質潤美，不待刻琢，此亡異於達巷黨人，不學而自知也。然則常玉不琢，不成文章；君子不學，不成其德。

臣聞聖王之治天下也，少則習之學，長則材諸位，爵禄以養其德，刑罰以威其惡，故民曉於禮誼而耻犯其上。武王行大誼，平殘賊，周公作禮樂以文之。至於成康之隆，囹圄空虚四十餘年，此亦教化之漸，而仁誼之流，非獨傷肌膚之效也。至秦則不然，師申商之法，行韓非之説，憎帝王之道，以貪狼爲俗，非有文德以教訓於下也。誅名而不察實，爲善者不必免，而犯惡者未必刑也。是以百官皆飾虚辭而不

---

① 參見《論語・子路》。
② 參見《論語・八佾》。
③ 參見《論語・八佾》。
④ 參見《論語・述而》。

顧實，外有事君之禮，内有背上之心。造僞飾詐，趣利無耻。又好用憯酷之吏，賦斂亡度，竭民財力，百姓散亡不得從耕織之業，群盗並起。是以刑者甚衆，死者相望而奸不息，俗化使然也。故孔子曰："道之以政，齊之以刑，民免而無耻。"[①]此之謂也。

今陛下并有天下，海内莫不率服，廣覽兼聽，極群下之知，盡天下之美，至德昭然施于方外。夜郎康居，殊方萬里，説德歸誼，此太平之致也。然而功不加於百姓者，殆王心未加焉。曾子曰："尊其所聞，則高明矣；行其所知，則光大矣。高明光大不在於他，在乎加之意而已。"[②]願陛下因用所聞，設誠於内而致行之，則三王何異哉。

陛下親耕籍田，以爲農先，夙寤晨興，憂勞萬民，思惟往古，而務以求賢。此亦堯舜之用心也，然而未云獲者，士素不厲也。夫不素養士而欲求賢，譬猶不琢玉而求文采也。故養士之大者，莫大虖太學，太學者，賢士之所關也，教化之本原也。今以一郡一國之衆，對亡應書者，是王道往往而絶也。臣願陛下興太學，置明師以養天下之士，數考問以盡其材，則英俊宜可得矣。今之郡守、縣令，民之師帥，所使承流而宣化也。故師帥不賢，則主德不宣，恩澤不流。今吏既亡，教訓於下，或不承用主上之法，暴虐百姓，與奸爲市，貧窮孤弱，冤苦失職，甚不稱陛下之意。是以陰陽錯繆，氛氣充塞，群生寡遂，黎民未濟，皆長吏不明，使至於此也。

夫長吏多出於郎中，中郎吏二千石，子弟選郎吏，又以富訾未必賢也。且古所謂功者，以任官稱職爲差，非謂積日累久也。故小材雖絫日，不離於小官，賢材未久，不害爲輔佐。是以有司竭力盡知，務治其業而以赴功。今則不然，累日以取貴，積久以致官，是以廉耻貿亂，賢不肖渾殽，未得其真。臣愚以爲使諸列侯、郡守、二千石，各擇其吏民之賢者，歲貢各二人以給宿衛，且以觀大臣之能。所貢賢者有賞，

① 參見《論語・爲政》。
② 參見《大戴禮記・曾子疾病》。

所貢不肖者有罰，夫如是諸侯、吏二千石皆盡心於求賢，天下之士可得而官使也。遍得天下之賢人，則三王之盛易爲，而堯舜之名可及也。毋以日月爲功，實試賢能爲上，量材而授官，録德而定位，則廉耻殊路，賢不肖異處矣。陛下加惠，寬臣之罪，令勿牽制於文，使得切磋究之，臣敢不盡愚。

（《董子文集·賢良策二》，《漢書》卷五六《董仲舒傳》，《西漢年紀》卷一一《武帝》）

對賢良策三　董仲舒

臣聞《論語》曰："有始有卒者，其唯聖人虖！"[①]今陛下幸加惠，留聽於承學之臣，復下明册以切其意，而究盡聖德，非愚臣之所能具也。前所上對，條貫靡竟，統紀不終，辭不别白，指不分明，此臣淺陋之罪也。

册曰："善言天者必有徵於人，善言古者必有驗於今。"臣聞天者，群物之祖也。故遍覆包函而無所殊，建日月風雨以和之，經陰陽寒暑以成之。故聖人法天而立道，亦溥愛而亡私，布德施仁以厚之，設誼立禮以導之。春者，天之所以生也；仁者，君之所以愛也；夏者，天之所以長也；德者，君之所以養也；霜者，天之所以殺也；刑者，君之所以罰也。繇此言之，天人之徵，古今之道也。孔子作《春秋》，上揆之天道，下質諸人情，參之於古，考之於今。故《春秋》之所譏，灾害之所加也；《春秋》之所惡，怪異之所施也。書邦家之過，兼灾異之變。以此見人之所爲，其美惡之極乃與天地流通而往來相應，此亦言天之一端也。

古者修教訓之官，務以德善化民，民已大化之後，天下常亡一人之獄矣。今世廢而不修，亡以化民，民以故棄行誼而死財利，是以犯法而罪多，一歲之獄以萬千數，以此見古之不可不用也。故《春秋》變

---

① 參見《論語·子張》。

古則譏之，天令之謂命，命非聖人不行；質樸之謂性，性非教化不成；人欲之謂情，情非度制不節。是故王者上謹於承天意，以順命也；下務明教化民，以成性也；正法度之宜別上下之序，以防欲也。修此三者而大本舉矣。人受命於天，固超然異於群生，入有父子兄弟之親，出有君臣上下之誼，會聚相遇，則有耆老長幼之施，粲然有文以相接，驩然有恩以相愛，此人之所以貴也。生五穀以食之，桑麻以衣之，六畜以養之，服牛乘馬，圈豹檻虎，是其得天之靈，貴於物也。故孔子曰："天地之性人爲貴。"明於天性，知自貴於物，知自貴於物然後知仁誼，知仁誼然後重禮節，重禮節然後安處善，安處善然後樂循理，樂循理然後謂之君子。故孔子曰："不知命，亡以爲君子。"[①]此之謂也。

册曰："上嘉唐虞，下悼桀紂，寖微、寖滅、寖明、寖昌之道，虚心以改。"臣聞聚少成多，積小致巨，故聖人莫不以晻致明，以微致顯。是以堯發於諸侯，舜興虖深山，非一日而顯也，蓋有漸以致之矣。言出於已不可塞也，行發於身不可掩也。言行，治之大者，君子之所以動天地也。故盡小者大，慎微者著。《詩》云："惟此文王，小心翼翼。"[②]故堯兢兢日行其道，而舜業業日致其孝，善積而名顯，德章而身尊，此其寖明、寖昌之道也。積善在身，猶長日加益，而人不知也；積惡在身，猶火銷膏，而人不見也。非明虖情性，察虖流俗者，孰能知之？此唐、虞之所以得令名，而桀紂之可爲悼懼者也。夫善惡之相從，如景鄉之應形聲也。故桀紂暴慢，讒賊並進，賢知隱伏，惡日顯，國日亂，晏然自以如日在天，終陵夷而大壞。夫暴逆不仁者，非一日而亡也，亦以漸至，故桀紂雖亡道，然猶享國十餘年，此其寖微、寖滅之道也。

册曰："三王之教所祖不同，而皆有失，或謂久而不易者道也，意豈異哉？"臣聞夫樂而不亂、復而不厭者謂之道，道者萬世亡弊，弊者

---

① 參見《論語・堯曰》。
② 參見《詩經・大雅・大明》。

道之失也。先王之道，必有偏而不起之處，故政有眊而不行，舉其偏者以補其弊而已矣。三王之道所祖不同，非其相反，將以捄溢扶衰，所遭之變然也。故孔子曰："無爲而治者，其舜虖！"[2]改正朔，易服色，以順天命而已。其餘盡循堯道，何更爲哉。故王者有改制之名，亡變道之實，然夏上忠，殷上敬，周上文者，所繼之捄當用此也。孔子曰："殷因於夏禮，所損益可知也；周因於殷禮，所損益可知也；其或繼周者，雖百世可知也。"①此言百王之用以此三者矣。夏因於虞，而獨不言所損益者，其道如一而所上同也。道之大原出于天，天不變道亦不變，是以禹繼舜，舜繼堯，三聖相受，而守一道亡救弊之政也，故不言其所損益也。繇是觀之，繼治世者其道同，繼亂世者其道變。今漢繼大亂之後，若宜少損周之文致，用夏之忠者。陛下有明德嘉道，愍世俗之靡薄，悼王道之不昭，故舉賢良方正之士，論誼考問，將欲興仁誼之休德，明帝王之法制，建太平之道也。臣愚不肖述，所聞誦，所學道，師之言厪，能勿失耳。若乃論政事之得失，察天下之息耗，此大臣輔佐之職，三公九卿之任，非臣仲舒所能及也。

然而臣竊有怪者。夫古之天下亦今之天下，今之天下亦古之天下，共是天下。古亦大治，上下和睦，習俗美盛，不令而行，不禁而止，吏亡奸邪，民亡盗賊，囹圄空虚，德潤草木，澤被四海，鳳皇來集，麒麟來游，以古準今，一何不相逮之遠也。安所繆盭而陵夷若是？意者有所失於古之道與？有所詭於天之理與？試迹之古，返之於天，黨可得見乎？夫天亦有所分予，予之齒者去其角，傅其翼者兩其足，是所受大者不得取小也。古之所予禄者，不食於力，不動於末，是亦受大者不得取小，與天同意者也。夫已受大，又取小，天不能足，而况人呼？此民之所以囂囂苦不足也。身寵而載高位，家温而食厚禄，因乘富貴之資力，以與民争利於下，民安能如之哉！是故衆其奴婢，多其牛羊，廣其田宅，博其産業，畜其積委，務此而亡已，以迫蹵民，民日削月朘，

---

① 參見《論語・爲政》。

寖以大窮。富者奢侈羡溢，貧者窮急愁苦，窮急愁苦而上不救，則民不樂生，民不樂生，尚不避死，安能避罪。此刑罰之所以蕃，而奸邪不可勝者也。故受禄之家，食禄而已，不與民争業，然後利可均布，而民可家足。此上天之理，而亦太古之道，天子之所宜法以爲制也。故公儀子相魯，之其家見織帛，怒而出其妻食，於舍而茹葵，愠而拔其葵，曰："吾已食禄，又奪園夫紅女利呼？"[①]古之賢人君子在列位者皆如是。是故下高其行而從其教，民化其廉而不貪鄙。及至周室之衰，其卿大夫緩於誼而急於利，亡推讓之風，而有争田之訟。故詩人疾而刺之，曰："節彼南山，惟石巖巖，赫赫師尹，民具爾瞻。"[②]爾好誼，則民鄉仁而俗善；爾好利，則民好邪而俗敗。

由是觀之，天子大夫者，下民之所視效，遠方之所四面而内望也。近者視而放之，遠者望而效之，豈可以居賢人之位而爲庶人行哉？夫皇皇求財利常恐之匱者，庶人之意也；皇皇求仁義常恐不能化民者，大夫之意也。《易》曰："負且乘，致寇至。"[③]乘車者，君子之位也；負擔者，小人之事也。此言居君子之位而爲庶人之行者，其患禍必至也。若居君子之位，當君子之行，則舍公儀休之相魯，亡可爲者矣。

《春秋》大一統者，天地之常經，古今之通誼也。今師異道，人異論，百家殊方，指意不同，是以上亡以持一統，法制數變，下不知所守。臣愚以爲諸不在六藝之科、孔子之術者，皆絶其道，勿使並進。邪辟之説滅息，然後統紀可一，而法度可明，民知所從矣。

（《資治通鑑》卷一七《世宗孝武皇帝上之上·建元元年》，《董子文集·賢良策三》，《漢書》卷五六《董仲舒傳》）

治安策　賈誼

臣竊惟事執，可爲痛哭者一，可爲流涕者二，可爲長太息者六。

---

① 參見《韓非子·外儲説右下》。

② 參見《詩經·小雅·節南山》。

③ 參見《周易·解卦》。

若其它背理而傷道者，難遍以疏舉。進言者皆曰天下已安已治矣，臣獨以爲未也。曰安且治者，非愚則諛，皆非事實知治亂之體者也。夫抱火厝之積薪之下而寢其上，火未及然，因謂之安，方今之埶，何以異此！本末舛逆，首尾衡決，國制搶攘，非甚有紀，胡可謂治！陛下何不一令臣得孰數之於前，因陳治安之策，試詳擇焉。

夫射獵之娱與安危之機，孰急？使爲治勞智慮，苦身體，乏鐘鼓之樂，勿爲可也。樂與今同，而加之諸侯軌道，兵革不動，民保首領，匈奴賓服，四荒鄉風，百姓素樸，獄訟衰息。大數既得，則天下順治，海内之氣，清和咸理。生爲明帝，没爲明神，名譽之美，垂於無窮。《禮》祖有功而宗有德，使顧成之廟稱爲太宗，上配太祖，與漢亡極。建久安之埶，成長治之業。以承祖廟，以奉六親，至孝也；以幸天下，以育群生，至仁也。立經陳紀，輕重同得，後可以爲萬世法程，雖有愚幼不肖之嗣，猶得蒙業而安，至明也。以陛下之明達，因使少知治體者得佐下風，致此非難也。其具可素陳於前，願幸無忽。臣謹稽之天地，驗之往古，按之當今之務，日夜念此，至熟也。雖使舜、禹復生，爲陛下計，亡以易此。

夫樹國固必相疑之埶，下數被其殃，上數爽其憂，甚非所以安上而全下也。今或親弟謀爲東帝，親兄之子西鄉而擊，今吴又見告矣。天子春秋鼎盛，行義未過，德澤有加焉，猶尚如是，况莫大諸侯，權力且十此者虖？

然而天下少安，何也？大國之王幼弱未壯，漢之所置傅相方握其事。數年之後，諸侯之王大抵皆冠，血氣方剛，漢之傅相稱病而賜罷，彼自丞尉以上偏置私人。如此，有異淮南、濟北之爲邪？此時而欲爲治安，雖堯舜不治。

黄帝曰："日中必熭，操刀必割。"①今令此道順，而全安甚易，不肯早爲，已乃墮骨肉之屬而抗剄之，豈有異秦之季世虖！夫以天子之

① 參見《六韜・文韜・守土》。

位,乘令之時,因天之助,尚憚以危爲安,以亂爲治。假設陛下居齊桓之處,將不合諸侯而匡天下乎?臣又知陛下有所必不能矣。假設天下如曩時,淮陰侯尚王楚,黥布王淮南,彭越王梁,韓信王韓,張敖王趙,貫高爲相,盧綰王燕,陳豨王代。令此六七公者皆亡恙,當是時而陛下即天子位,能自安乎?臣有以知陛下之不能也。天下殽亂,高皇帝與諸公併起,非有仄室之埶以豫席之也。諸公幸者乃爲中涓,其次廑得舍人,材之不逮至遠也。高皇帝以明聖威武即天子位,割膏腴之地以王諸公,多者百餘城,少者乃三四十縣,悳至渥也。然其後十年之間,反者九起。陛下之與諸公,非親角材而臣之也,又非身封王之也,自高皇帝不能以是一歲爲安,故臣知陛下之不能也。

然尚有可諉者,曰疏,臣請試言其親者。假令悼惠王王齊,元王王楚,中子王趙,幽王王淮陽,共王王梁,靈王王燕,厲王王淮南,六七貴人皆亡恙。當是時陛下即位,能爲治虖?臣又知陛下之不能也。若此諸王雖名爲臣,實皆有布衣昆弟之心,慮亡不帝制而天子自爲者。擅爵人,赦死罪,甚者或戴黄屋,漢法令非行也。雖行不軌如厲王者,令之不肯聽,召之安可致乎!幸而來至,法安可得加!動一親戚,天下圜視而起。陛下之臣雖有悍如馮敬者,適啓其口,匕首已陷其匈矣。陛下雖賢,誰與領此?故疏者必危,親者必亂,已然之效也。其異姓負强而動者,漢已幸勝之矣,又不易其所以然。同姓襲是迹而動,既有徵矣,其勢盡又復然。殃禍之變,未知所移,明帝處之尚不能以安,後世將如之何!

屠牛坦一朝解十二牛,而芒刃不頓者,所排擊剥割,皆衆理解也。至於髖髀之所,非斤則斧。夫仁義恩厚,人主之芒刃也;權執法制,人主之斤斧也。今諸侯王皆衆髖髀也,釋斤斧之用,而欲嬰以芒刃,臣以爲不缺則折。胡不用之淮南、濟北?埶不可也。

臣竊迹前事,大抵强者先反,淮陰王楚最强,則最先反;韓信倚胡,則又反;貫高因趙資,則又反;陳豨兵精,則又反;彭越用梁,則又反;黥布用淮南,則又反;盧綰最弱,最後反。長沙乃在二萬五千户耳，功少而最完，執疏而最忠，非獨性異人也，亦形執然也。曩令樊、酈、絳、灌摅數十城而王，令雖以殘亡可也；令信、越之倫列爲徹侯而居，雖至令存可也。然則天下之大計可知已。欲諸王之皆忠附，則莫若令如長沙王；欲臣子之勿葅醢，則莫若令如樊、酈等；欲天下之治安，莫若衆建諸侯而少其力。力少則易使以義，國小則亡邪心。令海内之執如身之使臂，臂之使指，莫不制從，諸侯之君不敢有異心，輻凑並進而歸命天子。雖在細民，且知其安，故天下咸知陛下之明。割地定制，令齊、趙、楚各爲若干國，使悼惠王、幽王、元王之子孫畢以次各受祖之分地，地盡而止，及燕、梁它國皆然。其分地衆而子孫少者，建以爲國，空而置之，須其子孫生者，舉使君之。諸侯之地其削頗入漢者，爲徙其侯國及封其子孫也，所以數償之。一寸之地，一人之衆，天子亡所利焉，誠以定治而已，故天下咸知陛下之廉。地制壹定，宗室子孫莫慮不王，下無倍畔之心，上無誅伐之志，故天下咸知陛下之仁。法立而不犯，令行而不逆，貫高、利幾之謀不生，柴奇、開章之計不萌，細民鄉善，大臣致順，故天下咸知陛下之義。卧赤子天下之上而安，植遺腹，朝委裘，而天下不亂，當時大治，後世誦聖。壹動而五業附，陛下誰憚而久不爲此？

天下之執方病大瘇。一脛之大幾如要，一指之大幾如股，平居不可屈信，一二指搐，身慮亡聊。失令不治，必爲錮疾，後雖有扁鵲，不能爲已。病非徒瘇也，又苦蹠盭。元王之子，帝之從弟也；今之王者，從弟之子也，惠王親兄子也。今之王者，兄子之子也。親者或亡分地以安天下，疏者或制大權以逼天子。臣故曰："非徒病瘇也，又苦蹠盭。"可痛哭者，此病是也。

天下之執方倒縣。凡天子者，天下之首，何也？上也。蠻夷者天下之足，何也？下也。今匈奴嫚娒侵掠至不敬也，爲天下患，至亡已也，而漢歲致金絮綵繒以奉之。夷狄徵令，是主上之操也；天子共貢，是臣下之禮也。足反居上，首顧居下，倒縣如此，莫之能解，猶爲國有人乎？非亶倒縣而已，又類辟，且病痱。夫辟者一面病，痱者一方痛。

今西邊北邊之郡，雖有長爵不輕得復，五尺以上不輕得息，斥侯望烽燧不得卧，將吏被介冑而睡。臣故曰“一方病矣”。醫能治之，而上不使，可爲流涕者此也。

陛下何忍以帝皇之號爲戎人諸侯，執既卑辱，而禍不息，長此安窮。進謀者率以爲是，固不可解也，亡具甚矣。臣竊料匈奴之衆不過漢一大縣，以天下之大困於一縣之衆，甚爲執事者羞之。陛下何不試以臣爲屬國之官以主匈奴？行臣之計，請必係單于之頸而制其命，伏中行説而笞其背，舉匈奴之衆唯上之令。今不獵猛敵而獵田彘，不搏反寇而搏畜菟，玩細娱而不圖大患，非所以爲安也。德可遠施，威可遠加，而直數百里外威令不信，可爲流涕者此也。

今民賣僮者，爲之綉衣絲履偏諸緣，内之閑中，是古天子后服，所以廟而不宴者也，而庶人得以衣婢妾。白縠之表，薄紈之裏，緁以偏諸，美者黼綉，是古天子之服，今富人大賈嘉會召客者以被墻。古者以奉一帝一后而節適，今庶人屋壁得爲帝服，倡優下賤得爲后飾，然而天下不屈者，殆未有也。且帝之身自衣皂綈，而富民墻屋被文綉；天子之后以緣其領，庶人孽妾緣其履：此臣所謂舛也。夫百人作之，不能衣一人，欲天下亡寒，胡可得也？一人耕之，十人聚而食之，欲天下亡飢，不可得也。飢寒切於民之肌膚，欲其亡爲奸邪，不可得也。國已屈矣，盗賊直須時耳，然而獻計者曰“毋動爲大”耳。失俗至大不敬也，至亡等也，至冒上也，進計者猶曰“毋爲”，可長太息者此也。

商君遺禮義，棄仁恩，并心於進取。行之二歲，秦俗日敗。故秦人家富子壯則出分，家貧子壯則出贅。借父耰鉏，慮有德色；母取箕箒，立而誶語。抱哺其子，與公併倨；婦姑不相説，則反唇而相稽。其慈子耆利，不同禽獸者亡幾耳。然并心而赴時，猶曰蹷六國，兼天下。功成求得矣，終不知反廉愧之節、仁義之厚，信并兼之法，遂進取之業，天下大敗。衆掩寡，智欺愚，勇威怯，壯陵衰，其亂至矣。是以大賢起之，威震海内，德從天下。曩之爲秦者，今轉而爲漢矣。然其遺風餘俗，猶尚未改。今世以侈靡相競，而上亡制度，棄禮誼，捐廉耻日甚,可謂月異而歲不同矣。逐利不耳,慮非顧行也,今其甚者殺父兄矣,盜者剟寢户之簾,搴兩廟之器,白晝大都之中剽吏而奪之金。矯僞者出幾十萬石粟,賦六百餘萬錢,乘傳而行郡國,此其亡行義之先至者也。而大臣特以薄書不報,期會之間,以爲大故。至於俗流失,世敗壞,因恬而不知怪,慮不動於耳目,以爲是適然耳。夫移風易俗,使天下回心而鄉道,類非俗吏之所能爲也。俗吏之所務,在於刀筆筐篋,而不知大體。陛下又不自憂,竊爲陛下惜之。

夫立君臣,等上下,使父子有禮,六親有紀,此非天之所爲,人之所設也。夫人之所設,不爲不立,不植則僵,不修則壞。筦子曰:"禮義廉耻,是謂四維,四維不張,國乃滅亡。"[①]使筦子愚人則可,筦子而少知治體,則是豈可不爲寒心哉?秦滅四維而不張,故君臣乖亂,六親殃戮,奸人並起,萬民離叛,凡十三歲而社稷爲虚。今四維猶未備也,故奸人幾幸,而衆心疑惑。豈如今定經制,令君君臣臣上下有差,父子六親各得其宜,奸人亡所幾幸,而群臣衆信上不疑惑。此業壹定,世世常安而後有所持循矣。若夫經制不定,是猶度江河亡維楫,中流而遇風波,船必覆矣。可爲長太息者此也。

夏爲天子,十有餘世,而殷受之。殷爲天子,二十餘世,而周受之。周爲天子,三十餘世,而秦受之。秦爲天子,二世而亡。人性不甚相遠也,何三代之君有道之長,而秦無道之暴也?其故可知也。古之王者,太子乃生,固舉以禮,使士負之,有司齊肅端冕,見之南郊,見于天也。過闕則下,過廟則趨,孝子之道也。故自爲赤子而教固已行矣。昔者成王幼在襁抱之中,召公爲太保,周公爲太傅,太公爲太師。保,保其身體;傅,傅之德義;師,道之教訓:此三公之職也。於是爲置三少,皆上大夫也,曰少保、少傅、少師,是與太子宴者也。故乃孩提有識,三公、三少固明孝仁禮義以道習之,逐去邪人,不使見惡行。於是皆選天下之端士,孝悌博聞有道術者,以衛翼之,使與太子居處

① 參見《管子·牧民》。

出入，故太子乃生而見正事，聞正言，行正道，左右前後皆正人也。夫習與正人居之，不能毋正，猶生長於齊不能不齊言也；習與不正人居之，不能毋不正，猶生長於楚之地不能不楚言也。故擇其所耆，必先受業，乃得嘗之；擇其所樂，必先有習，乃得爲之。孔子曰："少成若天性，習貫如自然。"①

及太子少長，知妃色，則入于學。學者，所學之官也。《學禮》曰："帝入東學，上親而貴仁，則親疏有序而恩相及矣；帝入南學，上齒而貴信，則長幼有差而民不誣矣；帝入西學，上賢而貴德，則聖智在位而功不遺矣；帝入北學，上貴而尊爵，則貴賤有等而下不逾矣；帝入太學，承師問道，退習而考於太傅，太傅罰其不則而匡其不及，則德智長而治道得矣。此五學者既成於上，則百姓黎民化輯於下矣。"及太子既冠成人，免於保傅之嚴，則有記過之史，徹膳之宰，進善之旌，誹謗之木，敢諫之鼓。瞽史誦詩，工誦箴諫，大夫進謀，士傳民語。習與智長，故切而不愧；化與心成，故中道若性。三代之禮：春朝朝日，秋暮夕月，所以明有敬也；春秋入學，坐國老，執醬而親饋之，所以明有孝也；行以鸞和，步中《采齊》，趣中《肆夏》，所以明有度也；其於禽獸，見其生不食其死，聞其聲不食其肉，故遠庖厨，所以長恩，且明有仁也。

夫三代之所以長久者，以其輔翼太子有此具也。及秦而不然。其俗固非貴辭讓也，所上者告訐也；固非貴禮義也，所上者刑罰也。使趙高傅胡亥而教之獄，所習者非斬劓人，則夷人之三族也。故明亥今日即位而明日射人，忠諫者謂之誹謗，深計者謂之妖言，其視殺人若艾草管然。豈惟胡亥之性惡哉？彼其所以道之者非其理故也。

鄙諺曰："不習爲吏，視已成事。"又曰："前車覆，後車誡。"②夫三代之所以長久者，其已事可知也；然而不能從者，是不法聖智也。秦世之所以亟絶者，其轍迹可見也；然而不避，是後車又將覆也。夫存

---

① 參見《賈子新書・保傅》。

② 參見《大戴禮記・保傅》。

亡之變，治亂之機，其要在是矣。天下之命，縣於太子；太子之善，在於早諭教與選左右。夫心未濫而先諭教，則化易成也；開於道術、智誼之指，則教之力也。若其服習積貫，則左右而已。夫胡、粤之人，生而同聲，耆欲不異，及其長而成俗，累數譯而不能相通，行者雖死而不相爲者，則教習然也。臣故曰："選左右早諭教最急。"夫教得而左右正，則太子正矣，太子正而天下定矣。《書》曰："一人有慶，兆民賴之。"[①]此時務也。

凡人之智，能見已然，不能見將然。夫禮者禁於將然之前，法者禁於已然之後，是故法之所用易見，而禮之所爲生難知也。若夫慶賞以勸善，刑罰以懲惡，先王執此之政，堅如金石，行此之令，信如四時，據此之公，無私如天地耳，豈顧不用哉？然而曰禮云禮云者，貴絶惡於未萌，而起教於微眇，使民日遷善遠罪而不自知也。孔子曰："聽訟，吾猶人也，必也使毋訟乎！"[②]爲人主計者，莫如先審取舍，取舍之極定於内，而安危之萌應於外矣。安者非一日而安也，危者非一日而危也，皆以積漸然，不可不察也。人主之所積，在其取舍。以禮義治之者，積禮義；以刑罰治之者，積刑罰。刑罰積而民怨背，禮義積而民和親。故世主欲民之善同，而所以使民善者或異。或道之以德教，或歐之以法令。道之以德教者，德教洽而民氣樂；歐之以法令者，法令極而民風哀。哀樂之感，禍福之應也。秦王之欲尊宗廟而安子孫，與湯、武同，然而湯、武廣大其德行，六七百歲而弗失，秦王治天下，十餘歲則大敗。此亡它故矣，湯、武之定取舍審，而秦王之定取舍不審矣。

夫天下，大器也。今人之置器，置諸安處則安，置諸危處則危。天下之情與器亡以異，在天子之所置之。湯、武置天下於仁義禮樂，而德澤洽，禽獸草木廣裕，德被蠻貊四夷，累子孫數十世，此天下所共聞也。秦王置天下於法令刑罰，德澤亡一有，而怨毒盈於世，下憎惡

---

① 參見《尚書・周書・吕刑》。

② 參見《論語・顏淵》。

之如仇讎，禍幾及身，子孫誅絶，此天下之所共見也。是非其明效大驗邪！人之言曰："聽言之道，必以其事觀之，則言者莫敢妄言。"今或言禮誼之不如法令，教化之不如刑罰，人主胡不引殷、周、秦事以觀之也？

人主之尊譬如堂，群臣如陛，衆庶如地。故陛九級上，廉遠地，則堂高；陛亡級，廉近地，則堂卑。高者難攀，卑者易陵，理勢然也。故古者聖王制爲等列，内有公卿大夫士，外有公侯伯子男，然後有官師小吏延及庶人，等級分明，而天子加焉，故其尊不可及也。里諺曰："欲投鼠而忌器。"此善諭也。鼠近於器，尚憚不投，恐傷其器，況於貴臣之近主乎！廉恥節禮以治君子，故有賜死而亡戮辱。是以黥劓之罪不及大夫，以其離主上不遠也。禮不敢齒君之路馬，蹵其芻者有罰；見君之几杖則起，遭君之乘車則下，入正門則趍；君之寵臣雖或有過，刑戮之罪不加其身者，尊君之故也。此所以爲主上豫遠不敬也，所以體貌大臣而厲其節也。今自王侯三公之貴，皆天子之所改容而禮之也，古天子之所謂伯父、伯舅也，而今與衆庶同黥劓、髡刖、笞傌棄市之法，然則堂不亡陛虖？被戮辱者不泰迫虖？廉恥不行，大臣無乃握重權，大官而有徒隸亡恥之心呼？夫望夷之事，二世見當以重法者，投鼠而不忌器之習也。

臣聞之，履雖鮮不加於枕，冠雖敝不以苴履。夫嘗已在貴寵之位，天子改容而體貌之矣，吏民嘗俯伏以敬畏之矣。今而有過，帝令廢之可也，退之可也，賜之死可也，滅之可也。若夫束縛之，係緤之，輸之司寇，編之徒官，司寇、小吏詈駡而傍笞之，殆非所以令衆庶見也。夫卑賤者習知尊貴者之一旦，吾亦乃可以加此也，非所以習天下也，非尊尊貴貴之化也。夫天子之所嘗敬，衆庶之所嘗寵，死而死耳，賤人安宜得如此而頓辱之哉！

豫讓事中行之君，智伯伐而滅之，移事智伯。及趙滅智伯，豫讓釁面吞炭，必報襄子，五起而不中。人問豫子，豫子曰："中行衆人畜我，我故衆人事之；智伯國士遇我，我故國士報之。"故此一豫讓也，反君事讎，行若狗彘，已而抗節致忠，行出虖列士，人主使然也。故主上遇其大臣如遇犬馬，彼將犬馬自爲也；如遇官徒，彼將官徒自爲也。頑頓亡耻，奊詬亡節，廉耻不立，且不自好，苟若而可，故見利則逝，見便則奪。主上有敗，則因而挺之矣；主上有患，則吾苟免而已。立而觀之耳：有便吾身者，則欺賣而利之耳。人主將何便於此？群下至衆，而主上至少也，所托財器職業者粹於群下也。俱亡耻，俱苟妄，則主上最病。故古者禮不及庶人，刑不至士夫，所以厲寵臣之節也。古者大臣有坐不廉而廢者，不謂不廉，曰"簠簋不飾"；坐污穢淫亂、男女亡别者，不曰污穢，曰"帷薄不修"；坐罷軟不勝任者，不謂罷軟，曰"下官不職"。故貴大臣定有其罪矣，猶未斥然正以譁之也，尚遷就而爲之諱也。故其在大譴大何之域者，聞譴何則白冠氂纓，盤水加劍，造請室而請罪耳，上不執縛係引而行也。其有中罪者，聞命而自弛，上不使人頸盭而加也。其有大罪者，聞命則北面再拜，跪而自裁，上不使捽抑而刑之也。曰："子大夫自有過耳！吾遇子有禮矣。"遇之有禮，故群臣自憙；嬰以廉耻，故人矜節行。上設廉耻禮義以遇其臣，而臣不以節行報其上者，則非人類也。

故化成俗定，則爲人臣者，主耳忘身，國耳忘家，公耳忘私，利不苟就，害不苟去，唯義所在，上之化也。故父兄之臣誠死宗廟，法度之臣誠死社稷，輔翼之臣誠死君上，守圄捍敵之臣誠死城郭封疆。故曰"聖人有金城"者，此物此志也。彼且爲我死，故吾得與之俱生；彼且爲我亡，故吾得與之俱存；夫將爲我危，故吾得與之皆安。顧行而忘利，守節而伏義，故可以托不御之權，可以寄六尺之孤。此厲廉耻行禮誼之所致也，主上何喪焉！此之不爲，而顧彼之久行，故曰可爲長太息者此也。

（《賈誼集校注》附録二《治安策》，《漢書》卷四八《賈誼傳》，《資治通鑑》卷一四《漢紀六・太宗孝文皇帝中・六年》，《西漢年紀》卷七《文帝》）

審勢策　蘇明允

治天下者定所尚，所尚一定，至于千萬年而不變，使民之耳目純于一，而子孫有所守，易以爲治。故三代聖人，其後世遠者至七八百年。夫豈惟其民之不忘其功以至於是，蓋其子孫得其祖宗之法而爲據依，可以永久。夏之尚忠，商之尚質，周之尚文，視天下之所宜尚而固執之，以此而始，以此而終，不朝文而暮質，以自瀆亂。故聖人者出，必先定一代之所尚。周之世，蓋有周公爲之制禮，而天下遂尚文。後世有賈誼者説漢文帝，亦欲先定制度，而其説不果用。今者天下幸方治安，子孫萬世帝王之計，不可不預定於此時。然萬世帝王之計，常先定所尚，使其子孫可以安坐而守其舊。至於政弊，然後變其小節，而其大體卒不可革易。故享世長遠，而民不苟簡。

今也考之於朝野之間，以觀國家之所尚者，而愚猶有惑也。何則？天下之勢有强弱，聖人審其勢而應之以權。勢强矣，强甚而不已則折；勢弱矣，弱甚而不已則屈。聖人權之使其甚不至於折與屈者，威與惠也。夫强甚者，威竭而不振；弱甚者，惠褻而下不以爲德。故處弱者利用威，而處强者利用惠。乘强之威以行惠，則惠尊；乘弱之惠以養威，則威發而天下震栗。故威與惠者，所以裁節天下强弱之勢也。然而不知强弱之勢者，有殺人之威而下不懼，有生人之惠而下不喜。何者？威竭而惠褻故也。故有天下者，必先審知天下之勢，而後可與言用威惠。不先審知其勢，而徒曰我能用威，我能用惠者，末也。故有强而益之以威，弱而益之以惠，以至于折與屈者，是可悼也。譬之一人之身，將欲飲樂餌石以養其生，必先審觀其性之爲陰，其性之爲陽，而投之以藥石。藥石之陽而投之陰，藥石之陰而投之陽，故陰不至於涸，而陽不至於亢。苟不能先審觀己之爲陰與己之爲陽，而以陰攻陰，以陽攻陽，則陰者固死於陰，陽者固死於陽，不可救也。是以善養身者先審其陰陽，而善制天下者先審其强弱以爲之謀。

昔者周有天下，諸侯大盛。當其盛時，大者已有地五百里，而畿内反不過千里，其勢爲弱。秦有天下，散爲郡縣，聚爲京師，守令無大權柄，伸縮進退無不在我，其勢爲强。然方其成、康在上，諸侯無小大莫不臣服，弱之勢未見于外。及其後世失德，而諸侯禽奔獸遁，各固其國以相侵攘，而其上之人卒不悟，區區守姑息之道，而望其能以制服强國，是謂以弱政濟弱勢，故周之天下卒斃於弱。秦自孝公，其勢固已駸駸焉日趨於强大，及其子孫已并天下，而亦不悟，專任法制以斬撻平民。是謂以强政濟强勢，故秦之天下卒斃於强。周拘於惠而不知權，秦勇於威而不知本，二者皆不審天下之勢也。

我宋制治，有縣令，有郡守，有轉運使，以大係小，絲牽繩聯，總合于上。雖其地在萬里外，方數千里，擁兵百萬，而天子一呼于殿陛間，三尺豎子馳傳捧詔，召而歸之京師，則解印趍走，惟恐不及。如此之勢，秦之所恃以强之勢也。勢强矣，然天下之病，常病於弱。噫！有可强之勢如秦而反陷於弱者，何也？習於惠而怯於威也，惠太甚而威不勝也。夫其所以習於惠而惠太甚者，賞數而加於無功也；怯於威而威不勝者，刑弛而兵不振也。由賞與刑與兵之不得其道，是以有弱之實著於外焉。何謂弱之實？曰官吏曠惰，職廢不舉，而敗官之罰不加嚴也；多贖數赦，不問有罪，而典刑之禁不能行也；冗兵驕狂，負力幸賞，而維持姑息之恩不敢節也；將帥覆軍，匹馬不返，而敗軍之責不加重也；羌胡强盛，陵壓中國，而邀金繒，增幣帛之耻不爲怒也。若此類者，大弱之實也。久而不治，則又將有大於此，而遂浸微浸消，釋然而潰，以至於不可救止者乘之矣。然愚以爲弱在於政，而不在於勢，是謂以弱政敗强勢。今夫一輿薪之火，衆人之所憚而不敢犯者也，舉而投之河，則何熱之能爲？是以負强秦之勢，而溺於弱周之弊，而天下不知其强焉者以此也。

雖然，政之弱，非若勢之弱難治也。借如弱周之勢，必變易其諸侯，而後强可能也。天下之諸侯，固未易變易，此又非一日之故也。若夫弱政，則用威而已矣，可以朝改而夕定也。夫齊，古之强國也，而威王又齊之賢王也。當其即位，委政不治，諸侯並侵，而人不知其國之爲强國也。一旦發怒，裂萬家封即墨大夫，召烹阿大夫與常譽阿大夫者，而發兵擊趙、魏、衛，趙、魏、衛盡走請和，而齊國人人震懼，不敢飾非者，彼誠知其政之弱，而能用其威以濟其弱也。况今以天子之尊，藉郡縣之勢，言脱於口而四方響應，其所以用威之資固已完具。且有天下者患不爲，焉有欲爲焉無不可者？今誠能一留意於用威，一賞罰，一號令，一舉動，無不一切出於威，嚴用刑法而不赦有罪，力行果斷而不牽衆人之是非，用不測之刑，用不測之賞，而使天下之人視之如風雨雷霆，遽然而至，截然而下，不知其所從發而不可逃遁。朝廷如此，然後平民益務檢慎，而奸民猾吏亦常恐，恐然懼刑法之及其身而斂其手足，而不敢輒犯法，此之謂强政。政强矣，爲之數年，而天下之勢可以復强。愚故曰：乘弱之惠以養威，則威發而天下震栗。然則以當今之勢，求所謂萬世爲帝王，而其大體卒不可革易者，其尚威而已矣。

或曰：當今之勢，事誠無便於尚威者。然孰知夫萬世之間。其政不變而必曰威耶？愚應之曰：威者，君之所恃以爲君也，一日而無威，是無君也。久而政弊，變其小節而參之以惠，使不至若秦之甚可也。舉而棄之，過矣。或者又曰，王者“任德不任刑”。任刑，則霸者之事，非所宜言，此又非所謂知理者也。夫湯、武皆王也，桓、文皆霸也。武王乘紂之暴，出民於炮烙斬刈之地，苟又遂多殺人、多刑人以爲治，則民之心去矣。故其治一出於禮義。彼湯則不然，桀之惡固無以異於紂，然其刑不若紂暴之甚也，天下之民化之其風，淫惰不事法度，《書》曰：“有衆率怠，弗協。”[①]而又諸侯昆吾氏首爲亂，於是誅耡其强梗、怠惰、不法之人，以定紛亂。故《記》曰，商人“先罰而後賞”[②]。至于桓、文之事，則又非皆任刑也。桓公任管仲，管仲之書好言刑，故桓公之治常任刑。文公長者，其佐狐、趙、先、魏皆不就以刑法，其治

① 參見《尚書・商書・湯誓》。
② 參見《禮記・表記》。

亦未嘗以刑爲本，而號亦爲伯。而謂湯非王而文非霸也，得乎？故用刑不必霸，用德不必王，各觀其執之何所宜用而已。然則今之勢，何爲不可用刑？用刑何爲不曰王道？彼不先審天下之勢，而欲應天下之務，難矣！

（《蘇洵集》卷一《審勢》）

君術策　蘇轍

將求御天下之術，必先明於天下之情。不先明於天下之情，則與無術何異矣？夫天下之術，臣固已略言之矣，而又將竊言其情。今使天子皆得賢人而任之，雖可以無憂乎其爲奸，然猶有情焉，而不可以不知。

蓋臣聞之：有好爲名高者，臨財而推之，以讓其親；見位而去之，以讓其下。進而天子禮焉，則以爲歡；進而不禮焉，則雖逼之而不食其禄，力爲廉耻之節，以高天下。若是而天子不知焉，而豢之以厚利，則其心赧然有所不平。人有好爲厚利者，見禄而就之，以優其身，見利而取之，以豐其家。良田大屋，惟其與之，則可以致其才。如是而天子不知焉，而强之以名高，則其心缺然，有所不悦於其中。人惟其好自勝也，好自勝而不少柔之，則忿鬥而不和；人惟無所相惡也，有所相惡而不爲少避之，則奮其私怒而不求成功。素剛則無以折之也，素畏則無以强之也。强之則將不勝，而折之則將不振也。凡此數者，皆所以求用其才而不傷其心也。然猶非所以御天下之奸雄。

蓋臣聞：天下之奸雄，其爲心也甚深，其爲迹也甚微。將營其東，而形之於西；將馭其右，而擊之於左。古之人有欲得其君之權者，不求之其君也，優游翱翔而聽其君之所欲爲，使之得其所欲而油然自放，以釋天下之權。天下之權既去，其君而無所歸，然後徐起而收之，故能取其權，而其君不之知。古之人有爲之者，李林甫是也。

夫人之既獲此權也，則思專而有之，專而有之，則常恐天下之人從而傾之。夫人惟能自顧其身，而後可以謀人。自固之不暇，而欲謀人也實難。故古之權臣，常合天下之争。天下日相與争而不解，則其勢毋暇及我，是故可以久居而不可去。古之人有爲之者，亦李林甫是也。

世之人君，苟無好善之心。幸而有好善之心，則天下之小人皆將賣之以爲奸疑。何者？有好善之名，而不察其爲善之實。天下之善，固有可謂之惡，而天下之惡固有可謂之善者。彼知吾之欲善也，則或先之以善，而終之以惡。或有指天下之惡，而飾之以善。古之人有爲之者，石顯是也。

人之將欲爲此釁也，將欲建此事也，必先得於其君。欲成事，而君有所不悦，則事不可以成。故古之奸雄，劫之以其所必不能，其所必不能者，不可爲也，則將反而從吾之所欲爲。妙古之人有爲之者，驪姬之説獻公，使之老而避禍是也。

此數者，天下之至情。故聖人見其初而求其終，聞其聲而推其形。蓋惟能察人於無故之中，故天下莫能欺。何者？無故者，必有其故也。古者明王在上，天下之小人伏而不見。夫小人者，豈能無意於天下也？舉而見其情，發而中其病，是以愧耻退縮而不敢進。臣欲天子明知君子之情，以養當世之賢公名卿，而深察小人之病，以絶其自進之漸，此亦天下之至明也。

（《蘇轍集・欒城應詔集》卷六《君術第二道》）

臣事策　蘇轍

天下有無窮之才，不叩則不鳴，不觸則不發。是以古之聖人，迎其好善之端，而作其勉强之氣，洗濯磨淬，日夜不息，凡此將以求盡天下之無窮也。

夫天下譬如大器焉。有器不用，而寘諸牖下，久則蟲生其中。故善用器者，提携不去，時濯而溉之，使之日親於人而獲盡其力，以無速敗。有小丈夫徒知愛其器，而不知所以爲愛也，知措諸地之安，而不知不釋吾手之爲不壞也。是以事不得成，而其器速朽。

且夫天下之物，人則皆用其形而不求其神也。神者何也？物之精華果鋭之氣也。精華果鋭之氣在物也，曄然而有光，確然而能堅。是氣也，亡則枵然無所用之。夫是氣也，時叩而存之，則日長而不衰；置而不知求，則脱去而不居。是氣也，物莫不有也，而人爲甚。《孟子》有言曰："人之日夜之所息，與平旦之氣，旦晝之所爲，有以梏亡之矣。梏之反覆，則其夜氣不足以存。"[①]夫夜氣者，所謂精華果鋭之氣也。天下亂，則君子有以自養而全之；而天下治，則天子養之以我其用。今夫朝廷之精明、戰陣之勇力、獄訟之所以能盡其情，而錢穀之所以能治其要，處天下之紛紜而物莫能亂者，皆是氣之所爲也。

蓋古者英雄之君，唯能叩天下之才而存之，是以所求而必從，所欲而必得。漢琥帝、唐太宗國富而兵强，所欲如意，而天下之才用之不見其盡。當其季年，元臣宿將，死者太半，而新進之士亦自足以辦天下。由此觀之，則天下固有無窮之才，而獨患乎上之不叩不觸，而使其神弛放而不張也。

臣切觀當今之人，治文章，習議論，明會計，聽獄訟，所以爲治者，其類莫不備具，而天下所少者，獨將帥武力之臣。往者，天下既安，先世老將已死，而西寇作難。當此之時，天子茫然反顧，思得奇才良將以屬之兵，而終莫可得。其後數年，邊鄙日蹙，兵勢日急，士大夫始漸習兵，而西夏臣服。以至于今又將十有餘年，而曩之所謂西邊之良將者，亦已略盡矣。而天下之人，未知誰可任以爲將？此甚可慮也。夫天下之事，莫難於用兵，而今世之所畏，莫甚於爲將。責之以難事，强之以所甚畏，而不作其氣，是以將帥之士若此，不可得也。蓋嘗聞之，善用兵者，雖匹夫之賤，亦莫不養其氣，而後求其用。方其未戰也，使之投石超距以致其勇，故其後遇敵而不懼，見難而效死。何者？氣盛故也。

今天下有大弊二：以天下之治安，而薄天下之武臣；以天下之冗

---

① 參見《孟子·告子上》。

官，而廢天下之武舉。彼其見天下之方，然則摧沮退縮而無自喜之意。今之武臣，其子孫之往往轉而從進士矣。故臣欲復武舉，重武臣，而天子時亦親試之以騎射，以觀其能否而爲之賞罰，如唐貞觀之故事，雖未足以盡天下之奇才，要以使之知上意之所悦，有以自重而争盡其力，則夫將帥之士可以漸見矣。

（《蘇轍集·欒城應詔集》卷七《臣事上第三道》）

厲法禁策　蘇軾

昔者聖人制刑賞，知天下之樂乎賞而畏乎刑也，是故施其所樂者，自下而上。民有一介之善，不終朝而賞隨之，是以上之爲善者，[3]足以知其無有不賞也。施其所畏者，自上而下。公卿大臣有毫髮之罪，不終朝而罰隨之，是以下之爲不善者，亦足以知其無有不罰也。《詩》曰："剛亦不吐，柔亦不茹。"①夫天下之所謂權豪貴顯而難令者，此乃聖人之所借以徇天下也。舜誅四凶而天下服，何也？此四族者，天下之大族也。夫惟聖人惟能擊天下之大族，以服小民之心，故其刑罰至於措而不用。

周之衰也，商鞅、韓非峻刑酷法，以督責天下，然所以爲得者，用法始於貴戚大臣，而後及於疏賤，故能以其國霸。由此觀之，商鞅、韓非之刑，非舜之刑，而所以用刑者，舜之術也。後之庸人，不深原其本末，而猥以舜之用刑之術，與商鞅、韓非同類而棄之。法禁之不行，奸宄之不止，由此其故也。

今夫州縣之吏，受賂以鬻獄，其罪至於除名，而其官不足以贖，則至于嬰木索，受笞箠，此亦天下之至辱也。而士大夫或冒行之。何者？其心有所不服也。今夫大吏之爲不善，非特簿書米鹽出入之間也，其位愈尊，則其所害愈大，其權愈重，則其下愈不敢言。幸而有不畏强禦之士，出力而排之，又幸而不爲上下之所抑，以遂成其罪，則其

① 參見《詩經·大雅·烝民》。

官之所減者，至于罰金，蓋無幾矣。夫過惡暴著于天下，而罰不傷其毫毛；鹵莽於公卿之間，而纖悉於州縣之小吏。用法如此，宜其天下之不心服也。用法而不服其心，雖刀鋸斧鉞，猶將有所不避，而况木索、笞箠哉！

方今法令至繁，觀其所以隄防之具，一舉足且入其中，而大吏犯之，不至於可畏，其故何也？天下之議者曰：古者之制，“刑不上大夫”，大臣不可以法加也。嗟夫！“刑不上大夫”者，豈曰大夫以上有罪而不刑歟？古之人君，待其公卿大臣至重，[4]而待其士庶人至輕也。責之至重，故其所以約束之者愈寬；待之至輕，故其所以隄防之者甚密。夫所貴乎大臣者，惟其不待約束而後免於罪戾也。是故約束愈寬，而大臣益以畏法。何者？其心以爲人君之不我疑而不忍欺也。苟幸其不疑而輕犯法，則固已不容於誅矣。故夫大夫以上有罪，不從於訊鞫論報，如士庶人之法。斯以爲“刑不上大夫”而已矣。

天下之吏，自一命以上，其蒞官臨民苟有罪，皆書於其所謂歷者，而至于館閣之臣出爲郡縣者，則遂罷去。此真聖人之意，欲有以重責之也。奈何其與士庶人較罪之輕重，而又以其爵減耶？夫律，有罪而得以首免者，所以開盜賊小人自新之塗，而今之卿大夫有罪亦得以首免，是以盜賊小人待之歟？天下惟無罪也，是以罰不可得而加。知其有罪而特免其罰，則何以令天下。今夫大臣有不法，或者既已舉之，而詔曰勿推，此何爲者也。聖人爲天下，豈容有此曖昧而不決。故曰：厲法禁自大臣始，小臣不犯矣。

（《古文關鍵》卷下《東坡文·厲法禁》，《蘇軾文集》卷八《策别課百官一》）

抑僥倖策　蘇軾

夫所貴乎人君者，予奪自我，而不牽於衆人之論也。天下之學者，莫不欲仕，仕者莫不欲貴，如從其欲，則舉天下皆貴而後可。惟其不可從也，是故仕不可以輕得，而貴不可以易致。此非有所吝也。爵禄，出乎我者也，我以爲可予而予之，我以爲可奪而奪之，彼雖有言者，不足畏也。天下有可畏者，賦斂不可以不均，刑罰不可以不平，守令不可以不擇，此誠足以致天下之安危而可畏者也。我欲謹爵賞，惜名器，而囂囂者以爲不可，是烏足卹哉？

國家近歲以來，吏多而闕少，率一官而三人共之。居者一人，去者一人，而伺之者又一人，是一官而有一人者無事而食也。[5]且其蒞官之日淺，而閑居之日長，以其蒞官之所得，而爲閑居仰給之資，是以貧吏常多而不可禁，此用人之大弊也。

古之用人其取之至寬，而用之至狹。取之至寬，故賢者不隔。用之至狹，故不肖者無所容。《記》曰："司馬辯論官材，論進士之賢者，以告於王，而定其論，論定然後官之，任官然後爵之，位定然後禄之。"①然則是取之者未必用也。今之進士，自二人以下者皆試官，夫試之者，豈一定之謂哉？固將有所廢置焉耳。國家取人，有制策，有進士，有明經，有詞科，有任子，有府史雜流，凡此者，雖衆無害也。其終身進退之决，在乎召見改官之日，此尤不可不愛惜謹重者也。今之議者，不過曰多其資考，而責之以舉官之數。且彼有勉强而已，資考既足，而舉官之數亦以及格，則將執文墨以取必於我，雖千百爲輩，莫敢不盡與。臣切以爲今之患，正在於任法大過。是以爲一定之制，使天下可以歲月必得，甚可惜也。

方今之便，莫若使吏六考以上，皆得以名聞于吏部，吏部以其資考之遠近，舉官之衆寡，而次第其名，然後使一二大臣雜治之，參之以其才器之優劣而定其等，歲終而奏之，以詔天子廢置。度天下之吏，每歲以物故罪免者幾人，而增損其數，以所奏之等補之，及數而止，使其予奪亦雜出于賢不肖之間，而無有一定之制。則天下之吏不敢有必得之心，將自奮磨淬，以求聞于時。而嚮之所謂用人之大弊者，亦不勞而自去。

---

①　參見《禮記·王制》。

然而議者必曰：法不一定，而以才之優劣爲差，則是好惡之私有以啓也。臣以爲不然。夫法者，本以存其大綱，而其出入變化，固將付之於人。昔者唐有天下，舉進士者，群至於有司之門。唐之制，惟有司之信也。是故有司得以搜羅天下之賢士，而習知其爲人，至於一日之試，則固以不取也。唐之得人，於斯爲盛。今以名聞於吏部者，每歲不過數十百人，使一二大臣得以訪問參考其才，雖有失者，蓋已寡矣。如必曰任法而不任人，天下之人必不可信。則人一定之制，臣未知其果不可以爲奸也。

（《東萊標注三蘇文集・東坡先生文集》卷一三《抑僥倖》，《蘇軾文集》卷八《策别課百官二》）

决壅蔽策　蘇軾

所貴乎朝廷清明而天下治平者，何也？天下不訴而無冤，不謁而得其所欲，此堯舜之盛也。其次不能無訴，訴而必見察；不能無謁，謁而必見省。使遠方之賤吏，不知朝廷之高；而一介之小民，不識官府之難。而後天下治。

令夫一人之身，有一心兩手而已。疾痛苛癢，動於百體之中，雖甚微不足以爲患，而手隨至。夫手之至，豈其一一而聽之心哉，心之所以素愛其身者深，而手之所以素聽於心者熟，是故不待使令而卒然以自至。聖人之治天下，亦如此而已。百官之衆，四海之廣，使其關節脉理相通爲一。叩之而必聞，觸之而必應。夫是以天下可使爲一身。天子之貴，士民之賤，可使相愛。憂患可使同，緩急可使救。

今也不然。天下有不幸而訴其冤，如訴之於天。有不得已而謁其所欲，如謁之於鬼神。公卿大臣不能究其詳悉，而付之於胥吏，故凡賄賂先至者，朝請而夕得，徒手而來者，終年而不獲。至於故常之事，人之所當得而無疑者，莫不務爲留滯，以待請屬。舉天下一毫之事，非金錢無以行之。

昔者漢唐之弊，患法不明，而用之不密，使吏得以空虚無據之法而繩天下，故小人以舞法爲奸。今也法令明具，而用之至密，舉天下惟法之知。所欲排者，有小不如法，而可指以爲瑕。所欲與者，雖有所乖戾，而可借法以爲解。故小人以法爲奸。

今天下所爲多事者，豈事之誠多耶？吏欲有所鬻而不得，則新故相仍，紛然而不決，此王化之所以壅遏而不行也。昔桓、文之霸，百官承職，不待教令而辦，四方之賓至，不求有司。王猛之治秦，事至纖悉，莫不盡舉，而人不以爲煩。蓋史之所記：麻思還冀州，請於猛。猛曰："速裝，行矣。"至暮而符下。及出關，郡縣皆已被符。其令行禁止而無留事者，至于纖悉，莫不皆然。苻堅以戎狄之種，至爲霸王，兵彊國富，垂及昇平者，猛之所爲，固宜其然也。

今天下治安，大吏奉法，不敢顧私，而府史之屬招權鬻法，長吏心知而不問，以爲當然。此其弊有二而已。事繁而官不勤，故權在胥吏。欲去其弊也，莫如省事而厲精。省事莫如任人，厲精莫如自上率之。

今之所謂至繁，天下之事，關於其中，訴者之多，而謁者之衆，莫如中書與三司。天下之事，分于百官，而中書聽其治要。郡縣錢幣制于轉運使，而三司受其會計。此宜若不至繁多。然中書不待奏課以定其黜陟而關與其事，則是不任有司也。三司之吏，推折贏虛至於毫毛以繩郡縣，則是不任轉運也。故曰：省事莫如任人。

古之聖王愛日以求治，辨色而視朝，苟少安焉而至於日出，則終日爲之不給。以少而言之，一日而廢一事，一月則可知也，一歲，則事之積者不可勝數也。故欲事之無繁，則必勞於始而逸於終。晨興而晏罷，天子未退，則宰相不敢歸安于私第，宰相日昃而不退，則百官莫不震悚盡力於王事，而不敢宴游。如此，則纖悉隱微莫不舉矣。天子求治之勤，過于先王，而議者不稱王季之晏朝而稱舜之無爲，不論文王之日昃不論始皇之量書。此何以率天下怠耶？臣故曰：厲精莫如自上率之，則壅蔽決矣。

（《宋文鑑》卷一〇三《决壅蔽》，《蘇軾文集》卷八《策别課百官三》）

崇教化策　蘇軾

夫聖人之於天下，所恃以爲牢固不拔者，在乎天下之民可與爲善，而不可與爲惡也。昔者三代之民，見危而授命，見利而不忘義。此非必有爵賞勸乎其前，而刑罰驅乎其後也。其心安於爲善，而忸怩於不義，是故有所不爲。夫民知有所不爲，則天下不可以敵，甲兵不可以威，利禄不可以誘，可殺可辱、可飢可寒而不可與叛，此三代之所以享國長久而不拔也。

及至秦、漢之際，其民見利而忘義，見危而不能授命。法禁之所不及，則巧僞變詐，無所不爲，疾視其長上而幸其灾。因之以水旱，加之以盜賊，則天下蕩然無復天子之民矣。世之儒者常有言曰："三代之時，其所以教民之具，甚詳且密也。學校之制，射鄉之節，冠昏喪祭之禮，粲然莫不有法。及至後世，教化之道衰，而盡廢其具，是以若此無耻也。"然世之儒者，蓋亦嘗試以此等教天下之民矣，而卒以無效，使民好文而益媮，飾詐而相高，則有之矣，此亦儒者之過也。臣愚以爲若此者，皆好古而無術，知有教化而不知名實之所存者也。實者所以信其名，而名者所以求其實也。有名而無實，則其名不行；有實而無名，則其實不長。凡今儒潜之所論，皆其名也。

昔武王既克商，散財發粟，使天下知其不貪。禮下賢俊，使天下知其不驕。封先聖之後，使天下知其仁。誅飛廉、惡來，使天下知其義。如此，則其教化天下之實，固已立矣。天下聳然皆有忠信廉耻之心，然後文之以禮樂，教之以學校，觀之以射鄉，而謹之以冠昏喪祭，民是以目擊而心諭，安行而自得也。及至秦、漢之世，專用法吏以督責其民，至于今千有餘年，而民日以貪冒嗜利而無耻。儒者乃始以三代之禮所謂名者而繩之！彼見其登降揖遜盤辟俯僂之容，則掩口而竊笑，聞鐘鼓管磬希夷嘽緩之音，則驚顧而不樂。如此，而欲望其遷善遠罪，不已難乎？

臣愚以爲宜先其實而後其名，擇其近於人情者而先之。今夫民不知信，則不可與久居於安。民不知義，則不可與同處於危。平居則欺其吏，而有急則叛其君。此教化之實不至，天下之所以無變者，幸也。欲民之知信，則莫若務實其言；欲民之知義，則莫若務去其貪。往者西河用兵，而務人子弟皆籍以爲軍。其始也，官告以權時之宜，非久役者，事已當復爾業。少焉皆刺其額，無一人得免。自寶元以來，諸道以兵興爲辭而增賦者，至今皆不爲除去。夫如是，將何以止民之詐欺哉！

夫所貴乎縣官之尊者，爲其恃於四海之富，而不争於錐刀之末也。其與民也優，其取利也緩。古之聖人不得已而取，則時有所置，以明其不貪。何者？小民不知其説，而惟貪之知。令鷄鳴而起，百工雜作，匹夫入市，操挾尺寸，吏且隨而税之，扼腕拊背，以收絲毫之利。古之設官者，求以裕民，今之設官者，求以勝之。賦斂有常限，而以先期爲賢。出納有常數，而以羡息爲能。天地之間，苟可以取者，莫不有禁。求利太廣，而用法太密，故民日趍於貪。臣愚以爲難行之言，當有所必行。而可取之利，當有所不取。以教民信，而示之義。若曰"國用不足而未可以行"，則臣恐其失之多於得也。

（《蘇軾文集》卷八《策别安萬民一》）

教戰守策　蘇軾

夫當今生民之患，果安在哉？在於知安而不知危，能逸而不能勞，此其患不見於今，而將見於他日。今不爲之計，其後將有所不可救者。昔者先王知兵之不可去也，是故天下雖平，不敢忘戰。秋冬之隙，致民田獵以講武，教之以進退坐作之方，使其耳目習於鐘鼓旌旗之間而不亂，使其心志安於斬刈殺伐之際而不懾。是以雖有盜賊之變，而民不至於驚潰。及至後世，用迂儒之議，以去兵爲王者之盛節，天下既定，則卷甲而藏之。數十年之後，甲兵頓弊，而人民日以安於佚樂。卒有盜賊之警，則相與恐懼訛言，不戰而走。開元、天寶之際，天下豈不大治。惟其民安於太平之樂，豢於游戲酒食之間，其剛心勇氣，消耗鈍眊，痿蹶而不復振，是以區區之禄山一出而乘之，四方之民，獸奔鳥竄，乞爲囚虜之不暇，天下分裂，而唐室固以微矣。

蓋嘗試論之。天下之勢，譬如一身。王公貴人所以養其身者，豈不至哉，而其平居常苦於多疾。至於農夫小民，終歲勤苦，而未嘗告病，此其故何也？夫風雨霜露寒暑之變，此疾之所由生也。農夫小民，盛夏力作，而窮冬暴露，其筋骸之所衝犯，肌膚之所浸漬，輕霜露而狎風雨，是故寒暑不能爲之毒。今王公貴人處於重屋之下，出則乘輿，風則襲裘，雨則御蓋，凡所以慮患之具，莫不備至。畏之太甚，而養之太過，小不如意，則寒暑入之矣。是故善養身者，使之能逸而能勞，步趍動作，使其四體狃於寒暑之變，然後可以剛健强力，涉險而不傷。

夫民亦然。今者治平之日久，天下之人驕惰脆弱，如婦人孺子不出於閨門，論戰鬥之事，則縮頸而股慄；聞盜賊之名，則掩耳而不願聽。而士大夫亦未嘗言兵，以爲生事擾民，漸不可長。此不亦畏之太甚而養之太過歟？且夫天下固有意外之患也，愚者見四方之無事，則以爲變故無自而有，此亦不然矣。今國家所以奉西北之虜者，歲以百萬計，奉之者有限，而求之者無厭，此其勢必至於戰。戰者，必然之勢也。不先於我，則先於彼，不出於西，則出於北。所不可知者，有遲速遠近，而要以不能免也。天下苟不免於用兵，而用之不以漸，使民於安樂無事之中，一旦出身而蹈死地，則其爲患必有不測。故曰："天下之民知安而不知危，能逸而不能勞。"此臣所謂大患也。

臣欲使士大夫尊尚武勇，講習兵法。庶人之在官者，教以行陣之節。役民之司盜者，授以擊刺之術。每歲終則聚於郡府，如古都試之法，有勝負，有賞罰，而行之既久，則又以軍法從事。然議者必以爲無故而動民，又撓以軍法，則民將不安，而臣以爲此所以安民也。天下果未能去兵，則其一旦將以不教之民而驅之戰。夫無故而動民，雖有小恐，然孰與夫一旦之危哉？令天下屯聚之兵，驕豪而多怨，陵壓百姓而邀其上者何故？此其心以爲天下之知戰者，惟我而已。如使平民皆習於兵，彼知有所敵，則固已破其奸謀，而折其驕氣。利害之際，豈不亦甚明歟？

（《蘇軾文集》卷八《策别安萬民五》）

省費用策　蘇軾

夫天下未嘗無財也。昔周之興，文王、武王之國不過百里，當其受命，四方之君長交至於其廷，軍旅四出，以征伐不義之諸侯，而未嘗患無財。方此之時，關市無征，而山澤不禁，取於民者不過什一，而財有餘。及其衰也，内食千里之租，外牧千八百國之貢，而不足於用。由此觀之，夫財豈有多少哉！

人君之於天下，俯己以就人，則易爲功；仰人以援己，則難爲力。是故廣取以給用，不如節用以廉取之爲易也。臣請得以小民之家而推之。夫民方其窮困時，所望不過十金之資，妻子之奉，出入於十金之中，寬然而有餘。及其一旦稍稍蓄聚，衣食既足，則心意之欲，日以漸廣，所入益衆，而所欲益以不給。不知罪其用之不節，而以爲求之未至也。是以富而愈貪，求愈多而財愈不供，此其爲惑，未可以知其所終也。盍亦反其始而思之？夫嚮者民能寒而不衣，飢而不食乎？今天下汲汲乎以財之不足爲病者何以異此。

國家創業之初，四方割據，中國之地至狹也。然歲歲出師以誅討僭亂之國，南取荆楚，西平巴蜀，東下并潞，其費用之多，又百倍於今可知也。然天下之士未嘗思其始，而惴惴焉，患今世之不足，則亦甚惑矣。

夫爲國有三計，有萬世之計，有一時之計，有不終月之計。古者三年耕必有一年之蓄，以三十年之通計，則可以九年而無飢也。歲之所入，足用而有餘。是以九年之蓄，常閑而無用。卒有水旱之變，盗賊之憂，則官可以自辦而民不知。如此者，天不能使之灾，地不能使之貧，四海盗賊不能使之困，此萬世之計也。而其不能者，一歲之入，纔足以爲一歲之出，天下之産，僅足以供天下之用，其平居雖不至於虐取其民，而有急則不免於厚賦。故其國可静而不可動，可逸而不可勞，此亦一時之計也。至于最下而無謀者，量出以爲入，用之不給則取之益多。天下晏然無大患難，而盡用衰世苟且之法，[6]不知有急則將何以加之，此所謂不終月之計也。

今天下之利，莫不盡取；山陵林麓，莫不有禁。關有征，市有租，鹽鐵有榷，酒有課，茶有筭，凡衰世苟且之法莫不盡用矣。譬之於人，其少壯之時豐健勇武，然後可以望其無疾以至於壽考。今未五六十，而衰老之候，具見而無遺，若八九十者，將何以待其後耶？然天下之人，方且窮思竭慮，以廣求利之門。且人而不急，則以爲費用不可復省，使天下而無鹽鐵酒茗之税，將不爲國乎？臣有以知其不然也。天下之費，固有去之甚易而無損，存之甚難而無益者矣。臣不能盡知，請舉其所聞，而其餘可以類求焉。

夫無益之費，名重而實輕，以不急之實，而被之以莫大之名，是以疑而不敢去。三歲而郊，郊而赦，赦而賞，此縣官有不得已者。天下吏士，數日而待賜，此誠不可以盡去。至於大吏，所謂股肱耳目，與縣官同其憂樂者，此豈亦不得已而有所畏耶！天子有七廟，今又飾老佛之宫，而爲之祠，固已過矣。又使大臣以使領之，歲給以巨萬計，此何爲者也！天下之吏，爲不少矣。將患未得其人，苟得其人，則凡民之利莫不備舉，而其患莫不盡去。今河水爲患，不使濱河州郡之吏親視其灾，而責之以救灾之術，徒爲都水監。夫四方之水患，豈其一人坐籌於京師，而盡其利害！天下有轉運使足矣。今江淮之間，又有發運禄賜之厚，徒兵之衆，其爲費豈勝計哉。蓋嘗聞之，里有蓄馬者，患牧人欺之而盗芻菽也，又使一人焉爲之厩長，厩長立而馬益癯。今爲政不求其本，而治其末，自是而推之，天下無益之費，不爲不多矣。

臣以爲凡若此者，日求而去之，自毫厘以往，莫不有益。惟無輕其毫厘而積之，則天下庶乎少息也。

（《蘇軾文集》卷八《策别厚貨財一》）

蓄材用策　蘇軾

夫今之所患兵弱而不振者，豈士卒寡少而不足使歟？器械頽弊而不足用歟？抑爲城郭不足守歟？廩食不足給歟？此數者皆非也。然所以弱而不振，則是無材用也。

夫國之有材，譬如山澤之有猛獸，江河之有蛟龍，伏乎其中而威乎其外，悚然有所不可狎者。至于鰍蚖之所蟠，豕羊豚之所伏，雖千仞之山，百尋之溪，而人易之。何則？其見于外者不可欺也。天下之大，不可謂無人。朝廷之尊，百官之富，不可謂無材。然以區區之二虜，聚數州之衆以臨中國，抗天子之威，犯天下之怒，而其氣未嘗少衰，其詞未嘗少挫，則是其心無所畏也。主憂則臣辱，主辱則臣死。今朝廷之上不能無憂，而大臣恬然未有拒絶之議，非不欲絶也，而未有以待之，則是朝廷無所恃也。緣邊之民，西顧而戰栗，牧馬之士，不敢彎弓而北嚮。吏士未戰而先期於敗，則是民輕其上也。外之蠻夷無所畏，内之朝廷無所恃，而民又自輕其上，此猶足以爲有人乎！

天下未嘗無材，患所以求材之道不至。古之聖人，以無益之名，而致天下之實，以可見之實，而較天下之虚名。二者相爲用而不可廢。是故其始也，天下莫不紛然奔走從事於其間，而要之以其終，不肖者無以欺其上。此無它，先名而後實也。不先其名，而惟實之求，則來者寡。來者寡，則不可以有所擇。以一旦之急，而用不擇之人，則是不先名之過也。天子之所嚮，天下之所奔也。今夫孫、吴之書，其讀之者未必能戰也。多言之士，喜論兵者未必能用也。進之以武舉，試之以騎射，天下之奇才未必至也。然將以求天下之實，則非此三者召可以致。以爲未必然而棄之，則是其必然者終不可得而見也。

往者西師之興，其先也，惟不以虚名多致天下之材而擇之，以待一旦之用。故其兵興之際，四顧惶惑而不知所措。於是設武舉，募方略，收勇悍之士，而開猖狂之言，不愛高爵重賞，以求强兵之術。當此之時，天下囂然，莫不自以爲知兵也。來者日多，而其言益以無據，至於臨事，終不可用，執事之臣亦遂厭之，而知其無益，故兵休之日，從而廢之。今之論者以謂武舉、方略之類，適足以開僥倖之門，而天下之實才，終不可以求得。此一者，[7]皆過也。夫既已用天下之虚名，而不較之以實，至其弊也，又舉而廢其名，使天下之士不復以兵術進，亦已過矣。

天下之實才，不可以求之於言語，又不可以較之於武力，獨見之於戰耳。戰不可得而試也，是故見之於治兵。子玉治兵於蔿，終日而畢，鞭七人、貫三人耳。蔿賈觀之，以爲剛而無禮，知其必敗。孫武始見，試以婦人，而猶足以取信於闔廬，使知其可用。故凡欲觀將帥之才否，莫如治兵之不可欺也。今夫新募之兵，驕豪而難令，勇悍而不知戰，此真足以觀天下之才也。武舉、方略之類以來之，新兵以試之，觀其顔色和易，則足以見其氣；約束堅明，則足以見其威；坐作進退，各得其所，則足以見其能。凡此者皆不可强也。故曰："先之以無益之虚名，而較之以可見之實。"庶乎可得而用也。

（《蘇軾文集》卷九《策別訓兵旅一》）

倡勇敢策　蘇軾

臣聞戰以勇爲主，以氣爲决。天子無皆勇之將，而將軍無皆勇之士，是故致勇有術。致勇莫先乎倡，倡莫善乎私。此二者，兵之微權，英雄豪杰之士，所以陰用而不言於人，而人亦莫之識也。

臣請得以備言之。夫倡者，何也？氣之先也。有人人之勇怯，有三軍之勇怯。人人而較之，則勇怯之相去，若挺與楹。至于三軍之勇怯，則一也。出於反覆之間，而差於毫厘之際，故其權在將與君。人固有暴猛獸而不操兵，出入於白刃之中而色不變者。有見虺蜴而却走，聞鐘鼓之聲而戰慄者。是勇怯之不齊，至於如此。然閭閻之小民，争鬥戲笑，卒然之間，而或至於殺人。當其發也，其心翻然，其色勃然，若不可以已者，雖天下之勇夫，無以過之。及其退而思其身，顧其妻子，未始不惻然悔也。此非不勇者也。氣之所乘，則奪其性而忘其故。故古之善用兵者,用其翻然勃然於未悔之間。而其不善者,沮其翻然勃然之心,而開其自悔之意。則是不戰而先自敗也。故曰:“致勇有術。”

致勇莫先乎倡。均是人也,皆食其食,皆任其事,天下有急,而有一人焉奮而争先而致其死,則翻然者衆矣。弓矢相及,劍楯相搏,勝負之勢,未有所决。而三軍之士,屬目於一夫之先登,則勃然者相繼矣。天下之大,可以名劫也;三軍之衆,可以氣使也。諺曰:“一人善射,百夫决拾。”苟有以發之,及其翻然之間而用其鋒,是之謂倡。

倡莫善乎私。天下之人,怯者居其百,勇者居其一,是勇者難得也。捐其妻子,棄其身以蹈白刃,是勇者難能也。以難得之人,行難能之事,此必有難報之恩者矣。天子必有所私之將,將軍必有所私之士,視其勇者而陰厚之。人之有異材者,雖未有功,而其心莫不自異。曲盡人情,上不異之,則緩急不可以望其爲倡。故凡緩急而肯爲倡者,必其上之所異也。昔漢武帝欲觀兵于四夷,以逞其無厭之求,不愛通侯之賞,以招勇士,風告天下,以求奮擊之人,然卒無有應者。於是嚴刑峻法,致之死亡,而聽其以深入贖罪,使勉强不得已之人,馳騾於死地之地。是故其將降,而兵破敗,而天下幾至於不測。何者?先無所異之人,而望其爲倡,不已難乎!

私者,天下之所惡也。然而爲己而私之,則私不可用。爲其賢於人而私之,則非私無以濟。蓋有無功而可賞,有罪而可赦者,所以愧其心而責其爲倡也。天下之禍,莫大於上作而下不應。上作而下不應,則上亦將窮而自止。方西戎之叛也,天子非不欲赫然誅之,而將帥之臣,謹守封略,收視内顧,莫有一人先奮而致命。而士卒亦循循焉莫肯盡力,不得已而出,争先而歸。故西戎得以肆其猖狂,而吾無以應,則其勢不得不重賂而求和。其患起於天子無同憂患之臣,而將軍無腹心之士。西師之休,十有餘年矣。用法益密,而進人益難,賢者不見異,勇者不見私,天下務爲奉法循令,要以如式而止,臣不知其緩急將誰爲之倡哉?

(《蘇軾文集》卷九《策别訓兵旅三》)

文章策　陳君舉

三代無文人，六經無文法。非無文人也，不以文論人也；非無文法也，不以文爲法也。是故文非古人所急也。古者，道德同而風俗一，天下未嘗惟文之尚也。學校進士無文教也，鄉黨選士無文科也，朝廷爵士無文品也。士之有文，皆涵養之素。而談笑之發，蹈履之熟，而議論之及，非有意也。是故雖其所出，而非其所爲，雖其所有，而非其所知，文之在天下郁郁矣。

昔者，嘗疑夫子於《詩》之三百篇，斷之一辭，則曰："思無邪。"夫《易》也，《書》也，《春秋》《禮》《樂》也，皆其無邪思也，而聖人獨及夫《詩》，蓋思而得之。聖人謂是以爲天下之文也，出於數人之手，非一人也。出於數十國之風，非一國也。出於數百載之間，非一世也。或出於小夫、賤隸，非止於學士、大夫也。或出於暴政虐世，非止於寬時暇日也。而其辭其義，粹焉一軌。上之化深，下之化厚，固如此也。

嗚呼！道盛則文俱盛，文盛則道始衰矣。射策之晁厝，不如木强之申屠；談經之公孫，不如戇愚之汲黯。自漢以來，甚矣。文之日勝，而士俗之日漓。人才之日乏，而國家之日不理也。華藻之厚，而忠信之薄也。詞辨之工，而事業之陋也。學問之該，而器識之淺也。吾不意夫文之爲，天下患如此也。漢之文，揚雄其尤美新之作，庸人耻之；唐之文，韓愈其尤諛墓之誚，在當時固不免。嗚呼！他何望哉！愚方惟是自獻而先生辱問焉，故愚不敢道其末，而願聞其本。惟先生賜之。

（《文翰類選大成》卷一四五《文章策》）

守令策　陳君舉

古之天下，無冗官亦無窮人，無倖法亦無怨吏。夫官不濫，則人無滯嘆；法不屈，則吏無滿心，勢亦然也。而官若是其甚簡也，敷奏賓興又若彼其衆也；法若是其嚴也，黜陟用廢又若彼其果也。以甚簡之官待人才之衆，以甚嚴之法行賞罰之果，而人無滯嘆，吏無不滿之心。何也？上之人無愧，則下之人無憾也。用者必公，則未獲者不敢議也；顯者此賢，則繼者不敢覬也；内之者非所昵，則所外者不敢浮也；遠之者非所怨，則所邇者不敢偷也。

是舉天下之官皆可以用人，抱關擊柝，府史胥吏，士不耻爲也。嘗觀周公立政之書，論文、武得人之盛，而至於夷微盧之烝、三亳阪之尹，皆有常之士，而其選無異於三宅，彼皆遠方也，皆卑職也。遠方非要地，卑職非膴仕，而天下之美，材居之宜，亦有所不安焉。而莫之問者，何也？有君如文、武，非棄才之主；有臣如周公，非蔽賢之相。則遠之非疏之，卑之非薄之也。且夫周公，大聖也，天下所共知也，而諸侯無伯，則出爲東伯六卿無宰，則俯爲蒙宰，畢公大賢也，亦天下所共知也。而周公不没，則未得以爲伯，則未得以爲監商。聖如周公，而下闕人也，則降而爲之，不以爲辱；賢如畢公，而上有人焉，則淹而留之，不以爲恨。天下之不聖於周公，不賢於畢公者，又何擇也。

愚故謂："今日難於久任，非誠難於久任也；難於外任，非誠難於外任也。"以古之官視今之官，則今冗也；以古之法視今之法，則今倖也。以其甚冗猶苦其不足，以其甚倖猶苦其不平，無他，下有所要者，上有所畏也。用者未必公，人固不恬於退也；顯者未必賢，人固不屑於其小也。内之者或所昵，人斯競於求也；遠之者或所怨，人斯艱於去也。夫如是，則盡今之官，應今之人，廢今之法，娱今之吏。天下日愈嗷嗷矣。

嗚呼！天下非怨吏之可畏也，民怨之可畏也。今日遷某守，明日易某令，其擾則妨民，其費則傷民。其無意於留而苟簡於治，則弊民，其自以爲亟遷，而求足其欲，則又困民。故夫吏之便，民之病也。有便民之法，而又有不便吏之憂，愚所不敢知也。故凡執事之三策，愚不暇憂，而所深憂者。上有所畏，則下有所要也。

（《文翰類選大成》卷一四五《文章策》）

收民心策　陳君舉

漢文之仁，不在復租，而見於復租；《周官》之仁，不在荒政，而見於荒政；武王之仁，不在散財發粟，而見於散財發粟。聖人之仁，其積之有源，其發之有機，其所以厚天下無窮，而見於卹天下者，特其有限者也。天下之人，不以其有限之施，而致不足之望，而常以是信其無所不愛之心，而懷不盡之感者。

蓋於其所發，占所積聖人之心，始形見乎此。夫媒人而盛譽之，人不以爲喜，役人而强飯之，人不以爲德，何也？媒之而譽之，吾固有所私也；役之而飯之，吾固有所利也。故夫一譽之及必謝者，必其無所私之之初；一飯之施必謝者，必其無所利之之素。聖人之仁，形見之日，而天下吾戴者，非其形見之日也。其心無所事於形見之末，而所召之速，則形見其機也。昔嘗恠宣王咎己之急辭，罪歲之觖望。夫咎己之急辭，生於自治之不足；罪歲之觖望，則又窮焉而尤天也。而中興之雅，實先是詩。序詩者，顧以爲中興之根本，何也？彼真心未有係天下之心也。宣王之機，所藏者甚微，而澤之及人者，尚自淺也。藏乎中者甚微，非力久，則未易以著，而澤之所及猶淺，則亦難乎遽乎。《雲漢》之旱，[①]宣王之惻怛忠愛一旦而大彰彰焉。天下以是爲文、武、成、康之心也，《車攻》未作，[②]復古之業就矣。不然，遇災而懼，漢、唐人主如此者，總總也，彼其令下而民玩，而此則速中興之功，未可以言語及也。人皆曰："《雲漢》之旱，中興之災。"吾則曰："《雲漢》之旱，中興之福也。"無《雲漢》，宣王之仁不加損；有《雲漢》，宣王之仁亦不加益。而中興之機也，是《詩》也，故嘗爲之説曰："商非具於解網，而實具於解網；周非具於扇暍，而實具於扇暍；宣王非興於遇災，而實具於遇災。"聖人之仁，不外假以收天下，而天下之歸心，則嘗有

---

① 參見《詩・大雅・雲漢》。
② 參見《詩經・小雅・車攻》。

俟也。天地之德，非止於雨露，而物則德天地之雨露；父母之恩，非止於乳哺，而子則恩父母之乳哺也。愚固爲今日賀，而爲吾君勉也。

方今版圖未盡復也，主上踐祚以來，江浙之間飢饉薦臻，水旱相仍，固斯民病也。而聖心惻然，勤恤民隱，下減租之詔，遣振飢之使，却免錢之請，又斯民幸也，愚則以爲是宣王中興之機也。嘗讀《孟子》，至於鄒魯之鬨有司死焉，而莫之救。孟子以爲是凶年不發之報，而不可以尤民，至梁惠王移粟於民勤矣，而孟氏又以爲非先王之政。夫飢而勿恤，穆公固有愧也；飢而惠之，惠王稱無政，何也？天下之事，安於莫之爲者非也。迫而爲之，而不反其本者亦非也。是故以梁之政視鄒之政，梁若可喜；以鄒之治責梁之治，梁之及民未矣。愚故因鄒之失，賀今日之所以得，以梁之所未至，勉吾君大之。

（《文翰類選大成》卷一四五《收民心策》）

治原策　呂伯恭

治道有大原，不本其原，徒欲以力救斯世，君子許其志不許其學。天下之事，要不可以力爲也。憂世之士、喜功名之人，慷慨摩厲，將欲挽一世而回之，其意氣豈不甚壯矣哉？激之欲其急，而聽者愈緩；邀之欲其堅，而守者終渝。未逢其原而倚辦於區區之力，固不可邪。

漢之文帝，寓内昌阜，烟火萬里，仰視成、康雖小歉，俯視春秋、戰國以降，則既有餘矣。痛哭者一，流涕者二，長太息者六，賈誼之論，何其不與事儷也？意者危言駭世，姑一快胸中之憤邪？長沙之歸，歷變履險，動心忍性，少年之氣，剥落殆盡。固未易以故意待誼，是殆必有所以，而論者或未之竟也。

誼誠見文帝，以如是之資，得如是之時，顧乃湛於卑陋，安於小成，愛之深，望之切，大聲疾呼，冀其一悟爾。雖然誼誠愛君也，誠望治也。開導扶掖，豈無其術，何至遂攘臂以扼之邪？文帝之齒長矣，閲天下之事衆矣，四躰伸縮，寧不自諳？誼乃激其言，張旦夕之，憂以迫之，宜其付之嬉笑，待以書生之論也。若昔聖賢急天下之病，豈後於誼，稽其猷告，自原徂流，具有條理，未嘗置本而言末也。伯益論來四夷，而儆以怠荒；召公論格遠人，而首以謹德。而仲尼爲魯慮，亦緩顓臾而急蕭墻。聖賢之言，自有次第如此。誼序天下之事，所先者外憂，所後者内治，於爲治之大原，似未深講也。當是時，近有專土桀驁之諸侯，遠有乘邊侵侮之匈奴，漢廷公卿玩細娱而忘遠慮，誼之憂亦豈可厚非哉？至於不尋其原，遽欲斧其髀而繫其頸，則疏矣。

天下之患，懦者常欲一切不爲，鋭者常欲一切亟爲。甲兵朽，斧鉞鈍，養癰護疽，媮取爵秩，各飽其欲，而日朘月削之患，獨歸國家，是滔滔者既不可勝誅，號爲有意斯世者，又復不審前後，不量彼已而輕發之，終無於是。兩者之間，參訂審裁，立其本，循其序，摹之於前，而收之於後者也。誼與漢廷公卿俱墮一偏，文帝卒罔知所倚，雖略行其策，迄不能並三五之隆也。誼而概嘗有聞，肯墮其説於一偏，而挈諸侯、匈奴爲發語之端哉？必將首明帝學，大定其本，而嗜卑憚高，令今可行之言不肯出也；必將繼論儲貳，趣擇師傅，而刑名慘刻、術數臨制之習不能入也；必將深絶私昵，防微杜漸，而近戚幸臣、干法嫚朝之惡不敢肆也。今攬其疏，或泛數而置四五之間，或遺落而無一言之及，尚得爲知大原乎？大原既失，無惑乎用力雖勞，言者急而聽者緩也。

若夫姚崇在唐，埒之於誼，則非匹矣。自下求上，賈誼之於文帝也；自上求下，元宗之於姚崇也。一則蹻足，而覬其聽；一則虚心而俟其言，孰可同日而語哉？元宗始初，清明求治之意，如川之方至，欽重崇之舊德宿望，起於藩維而相之，傒於崇者何如也？崇苟學知大原，則一舉其綱而天下定矣。方且逡巡不拜，歷述十事，邀其諾而後就位。仇敵相交則有盟，市道相質則有券，君臣聚精會神之際，而用要約焉，吁，何薄也！將闓端垂統，基一代之治，而君相畀付之初，已恃要約以爲固，則爲治之大原已隳矣。雖力邀强制，僅致小康，時改意衰，必潰決而不可遏。紐解絲棼，不待觀天寶之季，固已兆於開元之元也。傅説旦胥靡而暮輔相，以匹夫而躐處父兄、百官之上，《説命》

三篇，其對揚何其甚暇而有餘邪？始之曰："後從諫則聖。"[①]蓋泝大原之舟楫也。申之曰："惟厥攸居，政事惟醇。"[②]蓋指大原而示之也。終之曰："念終始，典于學。"[③]蓋造大原而使勿失之也。

合堂同席而議，如甲冑，如衣裳，如官爵，如祭祀，棋布繩聯，亦非縷數條陳而力邀之也。然則相天下之道，可知已崇肩隨管晏，固不敢以傅説自命。然天資權譎，亦足以逆料，其君之鋭始怠終也。故及其睠之方新，畫是十條，以堅其君之心慮，經終吾世而已，何暇恤其後哉？考之於史，元宗渝其約，不待他日，方崇秉國政之時，既班班見矣。問以峻法繩下之約，曷爲而按鍾紹京之獄，猶有待於崇之救也？問以法行自近之約，曷爲而疑王仙童之劾，猶有待於崇之奏也？問以班序荒雜之約，曷爲而許閻楚挂之官，猶有待於崇之却也？此猶力争而幸勝者爾。高力士、楊思勉名出宫壼，駸駸宦者預政之漸。薛訥、契丹之師，不惟驟棄崇諫，又增重其事權而遣之。至郭虔瓘募兵擊安西，崇雖以爲不然，已喑默而不敢争矣。是不倖邊功之約，元宗視之亡如也。身未去位而約已寒，况上印綬之後乎？不務格其君之心而以力邀之，此已事之明效大驗也。

蓋嘗讀賈誼之書，而得文帝之所以克終。次姚崇之本末，然後知蠱元宗之心者，有自來矣，豈獨一李林甫之罪哉？誼之一書，肆言不忌，前此數十年，必抵誹謗之辟，後此數十年，亦伏非所宜言、大不敬之誅矣。文帝雖未盡用，不斥不愠，待之有加。帝非徒謂容納爲帝王盛德，實以言路通塞，乃人主切身利害也。侈心邪念，闕政舛令，出於我而恬不自覺者，夫豈一端？而亂萌禍基，群情衆論，隱匿壅閼而不得上聞者，亦何可勝數哉？待言者之飭正宣達，不啻疹之待砭、躄之待杖也。容養奬納，此自吾切身利害，其遜其悖，彼蓋言者事爾，吾何爲預之哉？誼雖氣激辭憤，闊於事情，姑善之以勸來者。自時厥後，

---

① 參見《尚書・商書・説命上》。

② 參見《尚書・商書・説命中》。

③ 參見《禮記・學記》。

馮唐、申屠嘉之屬，規儆輔指，不絶於朝，終置文帝於寡過之地，是固有以召之也。人主進德之驗，它未即見，惟於陳者之言先見之。言之委曲遷就，是君德未信於人，而猶有所畏也。言之剴切侵訐，是君德已信於人，而既無所畏也。委曲遷就，剴切侵訐，言者之得失則二，在人主爲進德之驗則一。誼之論雖未叶於中，文帝獨不可自賀而爲進德之驗乎？一時風俗，猶皆醇厚，雖前日害誼之寵者，不過尤其紛亂諸事，所謂求名歸過之論，當時之人蓋未解作此等語也。至隋煬帝而始有諫以求名之忿，至唐德宗而始有矜衒歸過之疑，其所見亦既徠矣。風雨霜露，無一氣而非天；芽甲根荄，無一物而非地。天下之善，誰非人主之善乎？小夫窶人，借隙光以自飾，切勺水以自多，要不出範圍之内。天覆地載，豈與是瑣瑣者争衡哉？煬帝、德宗，忘其君道之大，下與一士較短論長，若閭巷儕輩互相奪攘者，何其小也！苟文帝之世此論已立，誼之所遭，豈直吊湘賦鵩而已哉？

史稱姚崇善應變，以成天下之務。然變或非正，失亦隨之，其尤大章明者兩端焉。元宗在藩，俠氣已蓋諸王，手鉏逆韋太平之難，肇履大位，雋進英毅，若太阿出柙，莫之敢干，所慮者輕視天下而不自抑畏也。庬臣碩輔，政當厲之以畏天之誠，啓之以尊儒重道之實。左右規矩，猶懼或肆，崇復以水濟水，投棄準繩，略無齟齬於其間。日食歷差，而以不虧班賀；太室自壞，而以材朽獻諛。畏天之説，典謨訓誥，誓命之書，異篇而同指者也。崇矯誣上天，一旦破其扃鐍而芟夷之，使其君蕩然無所顧忌，馴致漁陽之變，撤其防而導其侈者，實崇也。度崇始意不過容悦迎逢耳，亦不自知其禍之至此。末流泛濫，雖崇尚存，亦非捧上所能塞矣。莫大於天而猶不畏焉，於一崇乎何有？自有書契，嚴畏天之説以相付者，豈以人君尊無與敵，復借天以壓之哉？

兢業祗懼，是乃天心之所存，而堯、舜、禹、湯、文、武所傳之大原也。上帝臨女，無貳爾心，貳之以適莫偏詖之私，則作於心、害於事，凶於而家而國矣。崇學不足以語此而遽敢慢之，此崇之大失一也。崇之捕蝗也，議者方譁，元宗問焉，崇以庸儒泥文而不知變對。除蝗之法，列于古訓，雜然而議者，信庸儒也。然元宗尊儒重道之意，本自不篤，崇又以泥文不知變之語入其心，使益加姍侮。繼自令以往，雖先王之典訓不便於己者，亦可以是語斷之矣。自張九齡、韓休之去，儒者盡詘，坐於朝、議於堂、扞於邊，皆便捷輕鋭，知變而不泥文者也，其效今可睹已。崇徒見所謂庸儒者拘攣固滯，遂概厭薄之，亦嘗循其本而思之乎？以一人而制六合，下至衆而上至寡也。群天下之樂、萃天下之所貴而集有之，雖悍强狠暴，屈首尊戴，無敢不循者，以君臣之典叙於天，而儒者實品節扶持之也。今惡庸儒而并廢其品節扶持者，是理既泯，萬目睽睽，見利則逝，見便則奪，上之人其危哉！儒者舌弊唇腐，本爲誰計，而輕欲銷廢之乎？此崇之大失二也。並置十事二失而委之天下，夫人而能平其功罪之輕重矣。參誼、崇而論之，所到固有淺深，其未知大原之所在則一也。明天子方屈群策以圖大業，尚論前世，誼與崇之所條，固已久經乙夜之覽，亦既采取而時措之事業矣。愚不敢復踵其論，顧私功有所疑焉，幸因奏篇之上而附見其説。

古之興王所以震服天下者，不過一二大政，而薄物細故，則初未嘗躬其勞也。漢高帝之約法三章，齊威王之誅賞阿、即墨大夫，終身尤可稱者，斯此事皆足以隨世而就功名。明天子嗣服以來，天造神斷，自古庸主依違牽制數十年而不能改者，夾之於一日。自古諫臣懇切覼縷千百疏而不能回者，從之於一言。大經畫，大黜陟，大因革，歷數其目，既已兼前代之長，徐計其成，尚未能半。前代之效，讎耻未復，版圖未歸，風俗未正，國用未充，民力未厚，軍政未核，覆按誼、崇爲漢、唐憂者，尚十居其五六焉？是獨何説也？意者統宗會元，尚有可思者邪？漢高、齊威之事淺矣，然就其規模論之，亦粗能持其初説者也。如使約三章之明歲，而苛法復生，誅賞阿、即墨之後日，而嬖倖復聽，則首尾衡决，人誰信之哉？今日大政數十，皆絶出漢、唐之表，惟其統宗會元者，尚有可思。除一弊事，是一弊事而已也；去一小人，是一小人而已也。四海九州之廣，萬官億醜之衆，博覽遠馭，焉能無毫髮之遺哉？德意志慮，所示者未及遍乎，所遺者已或先見。命令之布，黎獻稚耋，訢怪未已而惶惑繼之，激昂未已而懈馳繼之，暢息未已而僥覬繼之。向若淳固專壹，無間雜之病，則所謂大政數十者，出其一二已足以鼓舞群動，而立丕丕之基。寧至宵旰十年，尚勤願治之嘆乎？此愚所以冒昧而獻統宗會元之説也。誠諸神爲治之大原，提其統，據其會，則出治者無一出一入之素，而觀治者亦無一喜一懼之移矣。講大原之所在，間燕咨訪，將有人焉。愚不敢躐等而議。

（《文翰類選大成》卷一四五《治原策》，《東萊吕太史集·文集》卷五《策館職策》）

【校勘記】

［1］海内：《全上古三代秦漢三國六朝文·全漢文》卷三作“海外”。

［2］其舜虖：《論語·衛靈公》作“其舜也與”。

［3］上：《文章類選》同《古文關鍵》卷下，《蘇軾文集》卷八作“下”。

［4］待：《古文關鍵》卷下作“責”。

［5］一人：《東萊標注三蘇文集·東坡先生文集》卷一三、《蘇軾文集》卷八均作“二人”。

［6］苟：此字原脱，據《蘇軾文集》卷八、《全宋文》卷一九五九補。

［7］一：《蘇軾文集》卷九、《全宋文》卷一九六〇均作“二”。

文章類選卷之二十三

檄文類

喻巴蜀檄　司馬相如

告巴蜀太守：蠻夷自擅，不討之日久矣，時侵犯邊境，勞士大夫。陛下即位，存撫天下，安集中國，然後興師出兵，北征匈奴。單于怖駭，交臂受事，屈膝請和。康居西域，重譯納貢，稽顙來享。移師東指，閩越相誅；右吊番禺，太子入朝。南夷之君，西僰之長，常效貢職，不敢墮怠，延頸舉踵，喁喁然皆嚮風慕義，欲爲臣妾。道里遼遠，山川阻深，不能自致。夫不順者已誅，而爲善者未賞，故遣中郎將往賓之。

發巴蜀之士各五百人，以奉幣帛，衛使者不然，靡有兵革之事，戰鬥之患。今聞其乃發軍興制，驚懼子弟，憂患長老，郡又擅爲轉粟運輸，皆非陛下之意也。

當行者或亡逃自賊殺，亦非人臣之節也。夫邊郡之士，聞烽舉燧燔，皆攝弓而馳，荷兵而走，流汗相屬，唯恐居後；觸白刃，冒流矢，議不反顧，[1]計不旋踵，人懷怒心，如報私讎。彼豈樂死惡生，非編列之民，而與巴蜀異主哉？計深慮遠，急國家之難，而樂盡人臣之道也。故有剖符之封，析珪而爵，位爲通侯，處列東第，終則遺顯號於後世，傳土地於子孫。行事甚忠敬，居位甚安逸，名聲施於無窮，功烈著而不滅。是以賢人君子，肝腦塗中原，膏液潤野草而不辭也。

今奉幣役至南夷，即自賊殺，或亡逃抵誅，身死無名，謚爲至愚，耻及父母，爲天下笑。人之度量相越，豈不遠哉！然此非獨行者之罪也，父兄之教不先，子弟之率不謹，寡廉鮮耻，而俗不長厚也。其被刑戮，不亦宜乎！

陛下患使者有司之若彼，悼不肖愚民之如此，故遣信使曉喻百姓以發卒之事，因數之以不忠死亡之罪，讓三老孝悌以不教誨之過。方今田時，重煩百姓，已親見近縣，恐遠所溪谷山澤之民不遍聞，檄到，亟下縣道，使咸喻陛下之意，無忽。

（《文選》卷四四《喻巴蜀檄》，《古今事文類聚》别集卷七《諭巴蜀檄》，《文翰類選大成》卷一三九《喻巴蜀檄》，《新編事文類聚翰墨全書》卷一《喻巴蜀檄》，《史記》卷一一七《司馬相如列傳》，《漢書》卷五七下《司馬相如傳》，《西漢年紀》卷一二《武帝》）

爲袁紹檄豫州　陳孔璋

左將軍領豫州刺史郡國相守。蓋聞明主圖危以制變，忠臣慮難以立權。是以有非常之人，然後有非常之事；有非常之事，然後立非常之功。夫非常者，故非常人所擬也。

曩者彊秦弱主，趙高執柄，專制朝權，威福由己。時人迫脅，莫敢正言，終有望夷之敗。祖宗焚滅，污辱至今，永爲世鑒。及臻吕后季年，産、禄專政，内兼二軍，外統梁、趙，擅斷萬機，决事省禁，下陵上替，海内寒心。於是絳侯、朱虚，興兵奮怒，誅夷逆暴，尊立太宗。故能王道興隆，光明顯融。此則大臣立權之明表也。

司空曹操，祖父中常侍騰，與左悺、徐璜並作妖孽，饕餮放横，傷化虐民。父嵩，乞匄蓋。携養，因贓假位，輿金輦璧，輸貨權門，竊盗鼎司，傾覆重器。操贅幟汭。閹遺醜，本無懿德，[2]猽匹妙。狡鋒協，好亂樂禍。幕府董統鷹揚，掃除凶逆，續遇董卓，侵官暴國。於是提劍揮鼓，發命東夏，收羅英雄，棄瑕取用。故遂與操同諮合謀，授以裨脾。師，謂其鷹犬之才，爪牙可任。至乃愚佻短略，輕進易退。傷夷折衄，女六。數喪師徒，幕府輒復分兵命鋭，修完補輯，表行東郡太守，[3]領兖州刺史。被以虎文，獎蹴子六。威柄，冀獲秦師一尅之報。而操遂承資跋扈，肆行凶忒。割剥元元，殘賢害善。故九江太守邊讓，英才俊偉，天下知名，直言正色，論不阿諂，身首被梟懸之誅，妻孥受灰滅之咎。自是士林憤痛，民怨彌重。一夫奮臂，舉州同聲。故躬破於徐方，地奪于吕布，彷徨東裔，蹈據無所。幕府惟彊幹弱枝之義，且不登叛人之黨。故復援旌擐甲，席卷起征，金鼓響振，布衆奔沮，拯其死亡之患，復其方伯之位。則幕府無德於兖土之民，而有大造於操也。

後會鸞駕反旆，群虜寇攻。時冀州方有北鄙之警，匪遑離局。故使從事中郎徐勛，就發遣操，使繕修郊廟，翊衛幼主。操便放志，專行脅遷當御省禁，卑侮王室，敗法亂紀，坐領三臺，專制朝政，爵賞由心，刑戮在口，所愛光五宗，所惡滅三族，群談者受顯誅，腹議者蒙隱戮。百寮鉗口，道路以目，尚書記朝會，公卿充員品而已。故太尉楊彪，典歷二司，享國極位。操因緣眦柴□。睚，五□。被以非罪，榜楚參并，五毒備至，觸情任忒，不顧憲網。又議郎趙彦，忠諫直言，義有可納，是以聖朝含聽，改容加飾。操欲迷奪時明，杜絶言路，擅收立殺，不俟報聞。

又梁孝王先帝母昆，墳陵尊顯，桑梓松柏，猶宜肅恭，而操帥將吏士，親臨發掘，破棺裸胡寡。尸，掠取金寶，至令聖朝流涕，士民傷懷。操又特置發丘中郎將摸金校尉，所過隳突，無骸不露。身處三公之位，而行桀虜之態，污國虐民，毒施人鬼。加其細政慘苛，科防互設，罾繳充蹊，坑穽塞路，舉手挂網羅，動足觸機陷，是以兖豫有無聊之民，帝都有吁嗟之怨。歷觀載籍，無道之臣，貪殘酷烈，於操爲甚。

幕府方詰外奸，未及整訓，加緒含容，冀可彌縫。而操豺狼野心，潛包禍謀，乃欲摧撓女教。棟梁，孤弱漢室，除滅忠正，專爲梟雄。往者伐鼓北征公孫瓚，彊寇桀逆，拒圍一年。操因其未破，陰交書命，外助王師，内相掩襲，故引兵造河，方舟北濟。會其行人發露，瓚亦梟夷，故使鋒芒挫縮，厥圖不果。爾乃大軍過蕩西山，屠各左校，皆束手奉質，争爲前登，犬羊殘醜，消淪山谷。於是操師震慴，章獵。晨夜逋遁，屯據敖倉，阻河爲固，欲以螗蜋之斧，禦隆車之隧。鮮不仆矣。幕府奉漢威靈，折衝宇宙，長戟百萬，胡騎千群，奮中黄、育、獲之士，騁良弓勁弩之勢。并州越太行，青州涉濟、漯，大軍汎黄河而角其前，荆州下宛、葉而掎居蟻。其後。雷霆虎步，並集虜庭。若舉炎火以焫飛蓬，覆滄海以沃熛炭，有何不消滅者哉！

又操軍吏士，其可戰者，皆出自幽冀，或故營部曲，咸怨曠思歸，流涕北顧。其餘兖豫之民，及吕布張揚之遺衆，覆亡迫脅，權時苟從，各被創痍，人爲讎敵。若回旆方徂，登高岡而擊鼓吹，楊素揮以啓降路，必土崩瓦解，不俟血刃。

方今漢室陵遲，綱維弛絶，聖朝無一介之輔，股肱無折衝之勢。方畿之内，簡練之臣，皆垂頭搨翼，莫所憑恃。雖有忠義之佐，脅於暴虐之臣，焉能展其節？又操持部曲精兵七百，圍守宫闕，外托宿衛，内實拘執，懼其篡逆之萌，因斯而作。此乃忠臣肝腦塗地之秋，列士立功之會，可不勖哉！

操又矯命稱制，遣使發兵，恐邊遠州郡，過聽給與，疆寇物主，[4]違衆旅叛，舉以喪名，爲天下笑，則明哲不取也。即日幽、并、青、冀四州並進。書到荆州，便勒見兵，與建忠將軍協同聲勢。州郡各整戎馬，羅落境界，舉師揚威，並匡社稷，則非常之功，於是乎著。其得操首者，封五千户侯，賞錢五千萬。部曲偏裨將校諸吏降者，勿有所問，廣宣恩信，班揚符賞，布告天下，咸使知聖朝有拘逼之難。如律令。

（《文選》卷四四《爲袁紹檄豫州》，《建安七子集校注》卷二《陳琳集校注·爲袁绍檄豫州》）

檄吴將校部曲　陳孔璋

年月朔日子，尚書令彧告江東諸將校部曲，及孫權宗親中外：蓋聞“禍福無門，唯人所召”。夫見機而作，不處凶危，上聖之明也；臨事制變，困而能通，智者之慮也；漸漬荒沈，往而不反，下愚之蔽也。是以大雅君子，於安思危，以遠咎悔；小人臨禍懷佚，以待死亡。二者之量，不亦殊乎！

孫權小子，未辨菽麥。要領不足以膏齊斧，名字不足以洿簡墨。譬猶鷇角口。卵，始生翰毛，而便陸梁放肆，顧行吠主。謂爲舟楫足以距皇威，江湖可以逃靈誅，不知天網設張，以在綱目；爨鑊之魚，期於消爛也。若使水而可恃，則洞庭無三苗之墟，子陽無荆門之敗，朝鮮之壘不刊，南越之旌不拔也。昔夫差承闔閭之遠迹，用申胥之訓兵，棲越會稽，可謂强矣。及其抗衡上國，與晋争長，都城屠於勾踐，武卒散於黄池，終於覆滅，身罄越軍。及吴王濞，浦秘。驕恣屈崛。强，猖吕。猾始亂，自以兵强國富，勢陵京城。太尉帥師，甫下滎陽，則七國之軍，瓦解冰泮。濞之罵言未絶於口，而丹徒之刃以陷其胸。何則？天威不可當，而恒逆之罪重也，[5]且江湖之衆不足恃也。

自董卓作亂以迄於今，將三十載。其間豪桀縱横，熊據虎跱，强如二袁，勇如吕布，跨州連郡，有盛有名者，十有餘輩。其餘鋒捍特起，鸇視狼顧，争爲梟雄者，不可勝數。然皆伏鈇嬰鉞，首腰分離，雲散原燎，罔有孑遺。近者關中諸將，復相合聚，續爲叛亂。阻二華，據河渭，驅率羌胡，齊鋒東向，氣高志遠，似若無敵。丞相秉鉞鷹揚，順風烈火，元戎啓行，未鼓而破。伏尸千萬，流血漂櫓，魯。此皆天下所共知也。是後大軍所以臨江而不濟者，以韓約馬超，逋逸迸脱，走還凉州，復欲鳴吠。逆賊宋建，僭號河首，同惡相救，並爲脣齒。又鎮南將軍張魯，負固不恭，皆我王誅所當先加。故且觀兵旋旆，復整六師，長驅西征，致天下誅。偏將涉隴，則建約梟夷，旍首萬里。軍入散關，則群氐率服，王侯豪帥，奔走前驅。進臨漢中，則陽平不守，十萬之師，土崩魚爛，張魯逋竄，走入巴中，懷恩悔過，委質還降。巴夷王樸胡，賨琮。邑侯杜濩，各帥種落，共舉巴郡，以奉王職。鉦鼓一動，二方俱定，利盡西海，兵不鈍鋒。若此之事，皆上天威明，社稷神武，非徒人力所能立也。

聖朝寬仁覆載，允信允文，大啓爵命，以示四方。魯及胡、濩，皆享萬户之封，魯之五子，各受千室之邑，胡濩子弟、部曲將校，爲列侯、將軍已下千有餘人。百姓安堵，四民反業。而建、約支屬，皆爲鯨鯢，超之妻孥，焚首金城，父母嬰孩，覆尸許市。非國家鍾禍於彼，降福於此也，逆順之分，不得不然。

夫鷙鳥之擊先高，攫俱縛。鷙之勢也；牧野之威，孟津之退也。今者枳棘翦捍，戎夏以清，萬里肅齊，六師無事。故大舉天師百萬之衆，與匈奴南單于呼完厨及六郡烏桓、丁令屠各、湟中羌僰，霆奮席卷，自壽春而南。又使征西將軍夏侯淵等，率精甲五萬，及武都氐羌，巴漢鋭卒，南臨汶江，搤厄。據庸蜀。江夏、襄陽諸軍，横截湘沅，以臨豫章，樓船横海之師，直指吴會。萬里剋期，五道並入，權之期命，於是至矣。

丞相銜奉國威，爲人除害，元惡大憝，必當梟夷。至於枝附葉從，皆非詔書所特禽疾。故每破滅强，敵未嘗不務在先降後誅，拔將取才，各盡其用。是以立功之士，莫不翹足引領，望風響應。昔袁術僭逆，王誅將加，則廬江太守劉勛，先舉其郡，還歸國家。吕布作亂，師臨下邳，張遼侯成，率衆出降。還討眭固，薛洪樛尚，開城就化。官度之役，則張郃、烏合。高奂，舉事立功。後討袁尚，則都督將軍馬延、故豫州刺史陰夔、射聲校尉郭昭臨陣來降。圍守鄴城，則將軍蘇游，反爲内應，審配兄子，開門入兵。既誅袁譚，則幽州大將焦觸，攻逐袁熙，舉縣來服。[6]凡此之輩數百人，皆忠壯果烈，有智有仁，悉與丞相參圖畫策，折衝討難，芟敵搴旗，静安海内，豈輕舉措也哉！

誠乃天啓其心，計深慮遠，審邪正之津，明可否之分，勇不虚死，節不苟立，屈伸變化，唯道所存，故乃建丘山之功，享不訾之禄。朝爲仇虜，夕爲上將，所謂臨難知變，轉禍爲福者也。若夫説誘甘言，懷寶小惠，泥滯苟且，没而不覺，隨波漂流，與熛俱滅者，亦甚衆多，吉凶得失，豈不哀哉！

昔歲軍在漢中，東西懸隔，合肥遺守，不滿五千。權親以數萬之衆，破敗奔走，今乃欲當禦雷霆，難以冀矣。夫天道助順，人道助信，事上之謂義，親親之謂仁。盛孝章，君也，而權誅之；孫輔，兄也，而權殺之。賊義殘仁,莫斯爲甚。乃神靈之逋罪,下民所同讎,辜讎之人,謂之凶賊。是故伊摯去夏,不爲傷德;飛廉死紂,不可謂賢。何者?去就之道,各有宜也。丞相深惟江東舊德名臣,多在載籍。近魏叔英秀出高峙,著名海内;虞文繡砥礪清節,耽學好古;周泰明當世雋彦,德行修明。皆宜膺受多福,保乂子孫。而周盛門户,無辜被戮,遺類流離,湮没林莽,言之可爲愴然。聞魏周榮、虞仲翔,各紹堂構,能負析薪。及吴諸顧陸舊族長者,世有高位,當報漢德,顯祖揚名。又諸將校,[7]孫權婚親,皆我國家良寶利器,而並見驅迮,窄。雨絶於天,有斧無柯,何以自濟?相隨顛没,不亦哀乎!

蓋鳳鳴高岡,以遠罻羅,賢聖之德也。鸋寧。鴂決。之鳥巢於葦苕,苕折子破,下愚之惑也。今江東之地,無異葦苕,諸賢處之,信亦危矣。聖朝開弘曠蕩,重惜民命,誅在一人,與衆無忌。故設非常之賞,以待非常之功。乃霸夫烈士奮命之良時也,可不勉乎!若能翻然大舉,建立元勛,以膺顯禄福之上也。如其未能,筭量大小,以存易亡,亦其次也。夫係蹄在足,則猛虎絶其蹯;蝮蛇在手,則壯士斷其節。何則?以其所全者重,以其所棄者輕。若乃樂禍懷寧,迷而忘復,闇《大雅》之所保,背先賢之去就,忽朝陽之安,甘折苕之末,日忘一日,以至覆没,大兵一放,玉石俱碎,雖欲救之,亦無及已。故令往購募爵賞,科條如左。檄到,詳思至言,詔如律令。

(《文選》卷四四《吴將校部曲文》,《建安七子集校注》卷二《陳琳集校注·檄吴將校部曲文》)

檄蜀文　鍾士季

往者漢祚衰微,率土分崩,生民之命,幾於泯滅。我太祖武皇帝神武聖哲,撥亂反正,拯其將墜,造我區夏。高祖文皇帝,應天順民,受命踐祚。烈祖明皇帝,奕世重光,恢拓洪業。然江山之外,異政殊俗,率土齊民,未蒙王化,此三祖所以顧懷遺志也。今主上聖德欽明,紹隆前緒,宰輔忠肅明允,劬勞王室。布政垂惠,而萬邦協和。施德百蠻，而肅慎致貢。悼彼巴蜀，獨爲匪民。愍此百姓，勞役未已，是以命授六師，龔行天罰，征西雍州，鎮西諸軍，五道並進。古之行軍，以仁爲本，以義治之，王者之師，有征無戰。故虞舜舞干戚而服有苗，周武有散財發廩表閭之義。今鎮西奉辭銜命，攝統戎車。庶弘文告之訓，以濟元元之命。非欲窮武極戰，以快一朝之志。故略陳安危之要，其敬聽話言。

益州先主以命世英才，興兵新野，困躓冀、徐之郊，制命紹、布之手。太祖拯而濟之，興隆大好，中更背違，棄同即異。諸葛孔明仍規秦川，姜伯約屢出隴右。勞動我邊境，侵擾我氐、羌，方國家多故，未遑修九伐之征也。今邊境乂清，方内無事，蓄力待時，併兵一向。而巴蜀一州之衆，分張守備，難以禦天下之師。段谷侯和沮傷之氣，難以敵堂堂之陣。比年已來，曾無寧歲，征夫勤瘁萃。難以當子來之民。此皆諸賢所共親見，蜀侯見禽於秦，公孫述授首於漢，九州之險，是非一姓。此皆諸公所備聞也。明者見危於無形，智者規福於未萌。是以微子去商，長爲周賓。陳平背項，立功於漢，豈宴安鴆毒，懷禄而不變哉？

今國朝隆天覆之恩，宰輔弘寬恕之德，先惠後誅，好生惡殺。往者吴將孫壹，舉衆内附，位爲上司，寵秩殊異。文欽、唐咨爲國大害，叛主讎賊，還爲戎首。咨困逼禽獲，欽二子還降，皆將軍封侯，咨豫聞國事。壹等窮踧歸命，猶加上寵，况巴蜀賢智見機而作者哉！誠能深鑒成敗，邈然高蹈，投迹微子之蹤，措身陳平之軌，則福同古人，慶流來裔，百姓士民，安堵樂業。農不易畝，市不回肆，去累卵之危，就永安之計，豈不美與？若偷安旦夕，迷而不反，六兵一放，玉石俱碎，雖欲悔之，亦無及也。各具宣布，咸使知聞。

（《文選》卷四四《檄蜀文》，《成都文類》卷四七《檄蜀文》，《三國志》卷二八《魏書二十八・王毌丘諸葛鄧鍾傳第二十八・鍾會》）

内夷檄　程晏

四夷之民長有重譯而至，慕中華之仁義忠信。雖身出異域，能馳心於華，吾不謂之夷矣。中國之民長有倔强王化，忘棄仁義忠信，雖身出於華，反竄心於夷，吾不謂之華矣。竄心於夷，非國家之竄爾也，自竄心于惡也。豈止華其名謂之華，夷其名謂之夷邪？華其名有夷其心者，夷其名有華其心者。是知棄仁義忠信於中國者，即爲中國之夷矣。不待四夷之侵我也，有悖命中國，專倨不王，棄彼仁義忠信，則不可與人倫齒，豈不爲中國之夷乎？四夷内嚮，樂我仁義忠信，願爲人倫齒者，豈不爲四夷之華乎？記吾言者，夷其名尚不爲夷矣，華其名反不如夷其名者也。

（《唐文粹》卷四九卷《内夷檄》）

狀　類

與汝州盧郎中論薦侯喜狀　韓愈

右其人爲文甚古，立志甚堅，行止取捨，有士君子之操。家貧親老，無援於朝，在舉場十餘年，竟無知遇。愈常慕其才而恨其屈，與之還往，歲月已多。嘗欲薦之於主司，言之於上位，名卑官賤，其路無由。觀其所爲文，未嘗不揜卷長嘆。

去年，愈從調選，本欲携持同行，適遇其人自有家事，迍邅坎軻，又廢一年。及春末自京還，怪其久絶消息。五月初至此，自言爲閣下所知。辭氣激揚，面有矜色。曰："侯喜死不恨矣！喜辭親入關，羇旅道路，見王公數百，未嘗有如盧公之知我也。比者分將委棄泥塗，老死草野，今胸中之氣，勃勃然復有仕進之路矣。"

愈感其言，賀之以酒，謂之曰："盧公，天下之賢刺史也，未聞有所推引，蓋難其人而重其事。今子鬱爲選首，其言'死不恨'，固宜也。古所謂知己者正如此耳。身在貧賤，爲天下所不知，獨見遇於大賢，乃可貴耳。若自有名聲，又托形勢，此乃市道之事，又何足貴乎？子之遇知於盧公，真所謂知己者也。士之修身立節，而竟不遇知己，前古已來，不可勝數。或日接膝而不相知，或異世而相慕。以其遭逢之難,故曰:‘士爲知己者死。’不其然乎! 不其然乎!”

閣下既已知侯生,而愈復以侯生言於閣下者,非爲侯生謀也。感知己之難遇,大閣下之德,而憐侯生之心,故因其行而獻於左右焉。謹狀。

(《韓愈文集彙校箋注》卷二七《與汝州盧郎中論薦侯喜狀》,《唐宋八大家文鈔》卷五《與汝州盧郎中論薦侯喜狀》)

御史臺上論天旱人饑狀　韓愈

右臣伏以今年已來,京畿諸縣夏逢亢旱,秋又早霜,田種所收,十不存一。陛下恩逾慈母,仁過春陽,租賦之間,例皆蠲免。所徵至少,所放至多;上恩雖弘,下困猶甚。至聞有棄子逐妻,以求口食;坼屋伐樹,以納税錢。寒餒道塗,斃踣溝壑。有者皆已輸納,無者徒被追徵。臣愚以爲此皆群臣之所未言,陛下之所未知者也。

臣竊見陛下憐念黎元,同於赤子。至或犯法當戮,猶且寬而宥之,況此無辜之人,豈有知而不救? 又京師者,四方之腹心,國家之根本,其百姓實宜倍加憂恤。今瑞雪頻降,來年必豐,急之則得少而人傷,緩之則事存而利遠。伏乞特敕京兆府,應今年税錢及草粟等在百姓腹内徵未得者,並且停徵,容至來年蠶麥,庶得少有存立。

臣至陋至愚,無所知識,受恩思效,有見輒言,無任懇款慚懼之至。謹録奏聞。謹奏。

(《韓愈文集彙校箋注》卷二七《御史臺上論天旱人饑狀》)

復讎狀　韓愈

右伏奉今月五日敕:“復讎,據《禮經》則義不同天,徵法令則殺人者死。禮、法二事,皆王教之端,有此異同,必資論辯,宜令都省集議聞奏者。”

朝議郎行尚書職方員外郎上騎都尉韓愈議曰:伏以子復父讎,見於《春秋》,見於《禮記》,又見《周官》,又見諸子史,不可勝數,未有非而罪之者也。最宜詳於律，而律無其條，非闕文也。蓋以爲不許復讎，則傷孝子之心，而乖先王之訓。許復讎，則人將倚法專殺，無以禁止其端矣。夫律雖本於聖人，然執而行之者有司也。經之所明者，制有司者也，丁寧其義於經，而深没其文於律者，其意將使法吏一斷於法，而經術之士得引經而議也。

《周官》曰："凡殺人而義者，令勿讎，讎之則死。"①義，宜也。明殺人而不得其宜者，子得復讎也。此百姓之相讎者也。《公羊傳》曰："父不受誅，子復讎可也。"②不受誅者，罪不當誅也。誅者，上施於下之辭，非百姓之相殺者也。又《周官》曰："凡報仇讎者，書於士，殺之無罪。"③言將復讎，必先言於官，則無罪也。[8]

今陛下垂意典章，思立定制。惜有司之守，憐孝子之心，示不自專，訪議群下。臣愚以爲復讎之名雖同，而其事各異。或百姓相讎，如《周官》所稱可議於今者；或爲官吏所誅，如《公羊》所稱不可行於今者。又《周官》所稱"將復仇先告於士則無罪"者，若孤稚羸弱，抱微志而伺敵人之便，恐不能自言於官，未可以爲斷於今也。

然則殺之與赦，不可一例，宜定其制曰：凡有復父讎者，事發，具其事由下尚書省。尚書省集議奏聞，酌其宜而處之。則經律無失其指矣。謹議。

（《韓愈文集彙校箋注》卷二七《復讎狀並序》，《舊唐書》卷五〇《刑法》）

舉馬總自代狀　韓愈

銀青光禄大夫檢校尚書右僕射兼户部尚書馬總。右伏准建中元年正月五日制，常參官上後三日，舉一人自代者。伏以近者京尹用人稍輕，所以市井之間，盗賊未斷；郊野之外，疲瘵尚多。前件官文武兼

---

① 參見《尚書・周書・周官》。

② 參見《公羊傳・定公四年》。

③ 參見《周禮・朝士》。

資，寬猛得所，累更方鎮，皆有功能。若以代臣，實爲至當。謹録奏聞。謹奏。

（《韓愈文集彙校箋注》卷三〇《舉馬總自代狀》）

爲浙東薛中丞奏五色雲狀　柳宗元

右臣得管内台州奏，月日，[①]五色雲見者。一州官吏僧道耆老悉皆瞻觀，已具奏聞，并寫圖奉進者。伏以景雲上瑞，王者祉符，焕彩彰之在天，知聖德之昭感。伏惟陛下化孚有截，道洽無垠，承天地之貞明，導陰陽之和氣。遂使紛紛郁郁，自東而徂西；若烟非烟，一旬而再至。徵諸古諜，事罕前聞。伏乞宣付史官，以昭簡册。

（《柳宗元集校注》卷三九《爲薛中丞浙東奏五色雲狀》）

論宣令除裴延齡度支使狀　陸贄

右緣班宏喪亡，臣今日面取進止。今當此選，總有四人：杜佑、盧徵、李衡、李巽。並曾掌判財賦，各有績用可稱，資望人才，亦堪奬任。聖旨以淮南未可移動，盧徵又近改官，令臣擇一人與江西追取李衡者。臣以支計之司，當今所切，常須銜制黠吏，不可斯須闕人，待追李衡，數月方到，或恐綱條弛紊，錢物隱欺。李巽近追到城，請授給事中，且令權判，若處理稱職，便除户部侍郎。如材不相當，則待李衡到，别商量處分。既免曠廢於事，又得閲試其能，兩人之中，必有可取。陛下累稱穩便，許依所奏施行。臣又退更詳思，以爲無易於此。

希顔適宣進止：李巽知度支，恐未相當，且空與給事中。朕更思量，司農少卿裴延齡，甚公清有才，宜令判度支，便進擬狀來。其李衡亦從追取者。

伏以周制六官，實司理本。冢宰制國用，量入爲出；司徒掌邦賦，敷教恤人。今之度支，兼此二柄，準平萬貨，均節百司，有無懋遷，豐

① 五色雲見具體時間不詳，故未寫明具體的月和日。

敗相補，利害關黎元之性命，費省繫財物之盈虛。加以餽餉邊軍，資給禁旅，刻吝則生患，寬假則容奸，若非其人，不可輕授。裴延齡僻戾而好動，躁妄而多言，遂非不悛，堅僞無耻，豈獨有識深鄙，兼爲流俗所嗤。頃列班行，已塵清貫，更居要重，必斁大猷。是將取笑四方，貽泱兆庶。尸禄之責，固宜及於微臣；知人之明，亦恐傷於聖鑒。伏願重循前議，俯察愚誠，更於四人之中，選擇取其尤者，庶諧僉屬，不紊朝經。延齡妄誕小人，任之交駭物聽，臣雖熟知不可，猶慮所見未周。趙憬眼疾漸瘳，後日即合假滿，待其朝謁，乞更參詳。去邪勿疑，天下幸甚。謹奏。

（《陸贄集》卷一八《論宣令除裴延齡度支使狀》）

興元論賜渾瑊詔書爲取散失内人等議狀　陸贄

右德亮承旨，并録先所散失内人名字，令臣撰詔書以賜渾瑊，遣於奉天尋訪，以得爲限，仍量與資裝，速送赴行在者。

頃以理道乖錯，禍亂薦鍾，陛下思咎懼灾，裕人罪己，屢降大號，誓將更新。天下之人，垂涕相賀。懲忿釋怨，煦仁戴明。畢力同心，共平多難。止土崩於絶岸，收板蕩於横流。殄寇清都，不失舊物。實由陛下至誠動於天地，深悔感於神人，故得百靈降康，兆庶歸德。苟不如此，自古嘗有擲棄宫闕，失守宗祧，繼逆於赴難之師，再遷於蒙塵之日，不逾半歲，而復興大業者乎？

今渠魁始平，法駕將返，近自郊甸，遠周寰瀛。百役疲瘵之甿，重傷殘廢之卒，皆忍死扶病，傾耳竦肩，想聞德聲，翹望聖澤。陛下固當感上天悔禍之眷，荷烈祖垂裕之休，念將士鋒刃之殃，愍參元塗炭之酷。以致寇爲戒，以居上爲危，以務理爲憂，以復官爲急。損之又損，尚懼汰侈之易滋；艱之惟艱，猶患戒慎之難久。謀始盡善，克終已稀，始而不謀，終則何有！夫以内人爲號，蓋是中壺末流，天子之尊，富有宫掖，如此等輩，固繁有徒，但恐傷多，豈憂乏使？翦除元惡，曾未浹辰，奔賀往來，道路如織，何必自虧君德，首訪婦人？又令資裝，速赴行在，萬目閲視，衆口流傳，恐非所以答慶賴之心，副惟新之望也。

夫事有先後，義有重輕，重者宜務之於先，輕者宜措之於後。故武王剋殷，有未及下車而爲之者，有下車而爲之者，蓋美其不失先後之宜也。自翠華播越，萬姓靡依，清廟震驚，三時乏祀，當今所務，莫大於斯！誠宜速遣大臣，馳傳先往，迎復神主，修整郊壇，展禋享之儀，申告謝之意。然後吊恤死義，慰犒有功。綏輯黎烝，優問耆耋。安定反側，寬宥脅從。宣暢鬱堙，褒獎忠直。官失職之士，復廢業之人。是皆宜先，不可後也。至如崇飾服器，繕緝殿臺，備耳目之娱，選巾櫛之侍，是皆宜後，不可先也。宜後而先，則爲君之道喪；宜先而後，則理國之義差。古之興王，必慎於此。陛下將務興復，又安可不慎乎！

且散失内人，已經累月，既當離亂之際，必爲將卒所私。其人若稍有知，不求當自陳獻；其人若甚無識，求之適使憂虞。自因寇亂喪亡，頗有大於此者，一聞搜索，懷懼必多。餘孽尚繁，群情未一，因而善撫，猶恐危疑，若又懼之，於何不有！昔人所以掩絶纓而飲盗馬者，豈必忘其情愛？蓋知爲君之體然也。以小妨大，明者不爲。天下固多美人，何必獨在於此。

《易》曰："危者安其位者也，亂者有其理者也。故君子安不忘危，理不忘亂，是以身安而國家可保也。"①《春秋傳》曰："或多難以固其國，或無難以喪其邦。"②誠以處危則思安之情切，遭亂則求理之志深。切於思安，深於求理，國之固也，不亦宜乎！及夫居安而驕，恃理而怠，驕則縱肆其奢欲，怠則厭惡於忠言，奢欲日行，忠言日梗，國之喪也，不亦宜乎！

昔衛獻出奔，久而復國，大夫迎於境者，執其手而與之言，迎於門者，頷之而已，言其驕怠之易生也。齊桓將圖霸功，管仲戒之以無忘

① 參見《周易·繫辭下傳》。

② 參見《左傳·昭公四年》。

在莒，懼其情志之易變也。今臣亦願陛下企思危固國如不及，懲忘亂喪國如探湯，以在莒爲書紳之規，以衰衛爲覆車之鑒，則德爲帝範，理致時雍，與夫貪逸欲而踐禍機，其利害亦云遠矣。所令撰賜渾瑊詔，未敢承旨，伏惟聖裁。謹奏。

(《陸贄集》卷一六《興元論賜渾瑊詔書爲取散失内人等議狀》，《舊唐書》卷一三九《陸贄傳》)

興元論解姜公輔狀　陸贄

右欽溦奉宣聖旨：緣唐安公主喪亡，不可向此間遷厝，權令造一塔安置，待收復京城，即擬將歸，以禮葬送。所造塔役功費用，亦甚微小，都不合是宰相所論之事。姜公輔忽有表奏，都無道理，但欲指朕過失，擬自取名。朕本拔擢，將爲腹心，今却如此，豈不負朕至深！卿宜商量如何穩便者。

公輔頃在翰林，與臣久同職任。臣今據理辨直，則涉於私黨之嫌；希旨順承，則違於匡輔之義。涉嫌止貽於身患，違義實玷於君恩。徇身忘君，臣之耻也；别嫌奬義，主之明也。臣今不敢冒行所耻，亦賴陛下明聖而鑒焉。

古語有之："順旨者愛所由來，逆意者惡所從至。故人臣皆争順旨而避逆意，非忘家爲國，捐身成君者，誰能犯顔色，觸忌諱，建一言，開一説哉！"是以哲后興王，知其若此，求諫如不及，納善如轉圜。諒直者嘉之，訐犯者義之，愚淺者恕之，狂誕者容之。仍慮驕汰之易滋，而忠實之不聞也，於是置敢諫之鼓，植告善之旌，懸戒慎之鞀，立司過之士。猶懼其未也，又設官制，以言爲常。由是有史爲書，瞽爲詩，工誦箴諫，大夫規誨，士傳言，庶人謗。尚恐其怠也，每歲孟春，遒人以木鐸徇于路，而振警之。官師相規，工執藝事以諫。其或不恭，邦有常刑。然非明智不能招直言，非聖德不能求過行。招直則其智彌大，求過則其德彌光。

唯衰亂之朝，闇惑之主，則必諱其過行，忿其直言，以阿諛爲納忠，以諫争爲揚惡。怨讟溢於下國，而耳不欲聞；腥德達於上天，而心不求寤。迨乎顛覆，猶未知非，情之昏迷，乃至於是。故明者廣納以成德，闇者獨用而敗身。成敗之途，千古相襲。與敗同轍者罔不覆，與成同軌者罔不昌。以陛下日月之明，江海之量，自當矯夏癸、殷辛拒諫飾非之慝，協大禹、成湯拜言改過之誠。矧又時運方屯，物情猶鬱，乃是陛下握髪吐哺之日，宵衣旰食之辰。士無賢愚，咸宜録用，言無大小，皆務招延，固不可復有忤逆之嫌，甘辛之忌也。

夫君人者，以衆智爲智，以衆心爲心。恒恐一夫不盡其情，一事不得其理，孜孜訪納，唯善是求，豈但從諫不咈而已哉！乃至求謗言，聽輿誦。葑菲不以下體而不采，故英華靡遺；芻蕘不以賤品而不詢，故幽隱必達。今公輔官在諫議，任居宰衡，獻替彌綸，乃其職分，比於芻蕘葑菲，豈不優而且重哉。此理之常，奚足怪也。縱使引喻非當，不猶愈於輿誦乎？矯激過深，不猶愈於謗言乎？晋文聽輿人之誦而霸業興，虞舜設誹謗之木而帝德廣，斯實聖賢之高躅，陛下何疾焉。

聖旨又以造塔役費微小，非宰臣所論之事。下臣愚戇，竊謂不然。當問理之是非，豈論事之大小。若造塔爲是，役雖大而作之何傷；若造塔爲非，費雖小而言者何罪。夫小者大之漸，微者著之萌。故君子慎初，聖人存戒。知幾者所貴乎不遠而復，制理者必在於未亂之前。本立輔臣，置之左右，朝夕納誨，意在防微，微而弼之，乃其職也。涓涓不遏，終變桑田；燄燄靡除，卒燎原野。流煽已甚，禍灾已成，雖欲救之，固無及矣。《書》曰："不矜細行，終累大德。"①《易》曰："小人以小善爲無益而不爲也，以小惡爲無傷而不去也，故惡積而不可掩，罪大而不可解。"②然則小之不可不慎也，如此，陛下安得使之勿論乎？虞書載咎繇之言曰："兢兢業業，一日二日萬幾。"兢兢，慎也；業業，危也；幾者，動之微也。唐、虞之際，主聖臣賢，庶績咸熙，萬邦

① 參見《尚書・周書・旅獒》。

② 參見《周易・繫辭下傳》。

已協，而猶上下相戒，既慎且危，慮事之微，日至萬數。然則微之不可不重也如此，陛下又安可忽而勿念乎？

舜之爲君，始作漆器，群臣固争，咸謂非宜。漆器之爲用也甚堅，其爲費也蓋寡，然猶相繼諷諫者，豈不欲杜其漸而慎其初歟？是知君臣之間，義同一體，事罔大小，相須而成。故舜命其臣曰："作朕股肱耳目。"夫股肱之奉元首，不以煩細而闕於運行；耳目之助於心靈，不以么微而廢於視聽。是以臣子之於君父也，盡其敬而敬焉，盡其愛而愛焉。敬則願極於尊榮，愛則懼陷於過惡。萬邦黎獻，莫不皆然。而况位列朝廷，任當輔弼，主辱與辱，主安與安，此而不言，誰復言者？

《禮》曰："近而不諫，則尸利也。"[①]若宰相者，可謂近矣，事或乖悮，得無諫乎？武丁賢君也，傅説賢相也，而武丁引金作礪以命其相，説諭木從繩以戒其君。是則輔弼之任，匡救攸屬，巨細之事，悉宜盡規。陛下所言役費微小，非宰相所論之事。又謂指朕過失，擬自取名。此誠異乎愚臣之所聞，是以願披肺腸而不敢自默者也。若以諫争爲指過，則剖心之主，不宜見罪於哲王。若以諫争爲取名，則匪躬之臣，不應垂訓於聖典。獻替列職，竟使奚爲？左右有人，復將焉用？

臣竊謂指過以示直，固不如改過以見稱；進諫以取名，固不如納諫之爲美。假有意將指過，諫以取名，但能聞善而遷，見諫不逆，則所指者適足以彰陛下莫大之善，所取者適足以資陛下無疆之休。因而利焉，所獲多矣。儻或怒其指過而不改，則陛下招惡直之譏；黜其取名而不容，則陛下被違諫之謗。是乃掩己過而過彌著，損彼名而名益彰。果而行之，所失大矣。一獲一失，可不慎乎？

伏願嘉忤旨之忠，祛逆耳之吝，平積憤之氣，弭逆詐之情。然後試以愚言，反覆參校，庶臻至理，且亮微誠。謹奏。

（《陸贄集》卷一五《興元論解姜公輔狀》）

---

① 參見《禮記・表記》。

奉天論尊號加字狀　陸贄

右冀寧奉宣聖旨：往年百官請上尊號曰“聖神文武皇帝”。今緣經此寇難，諸事並宜改變。衆議欲得於朕舊號之中，更加一兩字，卿宜商量事體穩便得否者。

伏以睿德神功，參天配地，巍巍蕩蕩，無得而名。臣子之心，務崇美號，雖或增累盈百，猶恐稱述未周。陛下既越常情，俯稽至理，愚衷未諭，安敢不言！竊以尊號之興，本非古制。行於安泰之日，已累謙冲；襲乎喪亂之時，尤傷事體。今者鑾輿播越，未復宫闈，宗祏震驚，尚愆禋祀，中區多梗，大憝猶存。此乃人情向背之秋，天意去就之際。陛下誠宜深自懲勵，以收攬群心；痛自貶損，以答謝靈譴。豈可近從末議，重益美名，既虧追咎之誠，必累中興之業！以臣庸蔽，未見其宜。乞更詳思，不爲凶孽所幸，此臣之至願也。謹奏。

（《陸贄集》卷一三《奉天論尊號加字狀》）

奉天請罷瓊林大盈二庫狀　陸贄

右臣聞：作法於凉，其弊猶貪；作法於貪，弊將安救？示人以義，其患猶私；示人以私，患必難弭。故聖人之立教也，賤貨而尊讓，遠利而尚廉。天子不問有無，諸侯不言多少，百乘之室，不畜聚斂之臣。夫豈皆能忘其欲賄之心哉！誠懼賄之生人心而開禍端，傷風教而亂邦家耳。是以務鳩斂而厚其帑櫝之積者，匹夫之富也；務散發而收其兆庶之心者，天子之富也。天子所作，與天同方。生之長之，而不恃其爲；成之收之，而不私其有。付物以道，混然忘情。取之不爲貪，散之不爲費。以言乎體則博大，以言乎術則精微。亦何必撓廢公方，崇聚私貨，降至尊而代有司之守，辱萬乘以效匹夫之藏。虧法失人，誘奸聚怨，以斯制事，豈不過哉！

今之瓊林、大盈，自古悉無其制，傳諸耆舊之説，皆云創自開元。貴臣貪權，飾巧求媚，乃言：“郡邑貢賦所用，盍各區分。税賦當委之有司，以給經用；貢獻宜歸乎天子，以奉私求。"玄宗悦之，新是二庫，蕩心侈欲，萌祇於兹。迨乎失邦，終以餌寇。《記》曰："貨悖而入，必悖而出。"[①]豈其明效歟？

陛下嗣位之初，務遵理道，敦行約儉，斥遠貪饕。雖内庫舊藏，未歸太府，而諸方曲獻，不入禁闈。清風肅然，海内丕變。議者咸謂漢文却馬，晋武焚裘之事，復見於當今。近以寇逆亂常，鑾輿外幸，既屬憂危之運，宜增儆勵之誠。臣昨奉使軍營，出遊行殿，忽覩右廊之下，榜列二庫之名，懼然若驚，不識所以。何則？天衢尚梗，師旅方殷。瘡痛呻吟之聲，噢咻未息；忠勤戰守之效，賞賚未行。而諸道貢珍，遽私别庫，萬目所視，孰能忍懷。竊揣軍情，或生觖望。試詢候館之吏，兼采道路之言。果如所虞，積憾已甚。或忿形謗讟，或醜肆謳謡。頗含思亂之情，亦有悔忠之意。是知甿俗昏鄙，識昧高卑。不可以尊極臨，而可以誠義感。

頃者六師初降，百物無儲。外捍凶徒，内防危堞。晝夜不息，迨將五旬。凍餒交侵，死傷相枕。畢命同力，竟夷大艱。良以陛下不厚其身，不私其欲，絶甘以同卒伍，輟食以啗功勞。無猛制而人不携，懷所感也；無厚賞而人不怨，悉所無也。今者攻圍已解，衣食已豐，而謡讟方興，軍情稍阻，豈不以勇夫恒性，嗜貨矜功。其患難既與之同憂，而好樂不與之同利，苟異恬默，能無怨咨？此理之常，固不足怪。《記》曰"財散則民聚"，[②]豈其殷鑒歟！衆怒難任，蓄怨終泄，其患豈徒人散而已，亦將慮有構奸鼓亂，干紀而强取者焉！

夫國家作事，以公共爲心者，人必樂而從之；以私奉爲心者，人必咈而叛之。故燕昭築金臺，天下稱其賢；殷紂作玉杯，百代傳其惡。蓋爲人與爲己殊也。周文之囿百里，時患其尚小；齊宣之囿四十里，時病其太大。蓋同利與專利異也。爲人上者，當辨察兹理，洒濯其

---

① 參見《禮記·大學》。

② 參見《禮記·大學》。

心。奉三無私，以壹有衆。人或不率，於是用刑。然則宣其利而禁其私，天子所恃以理天下之具也。捨此不務，而壅利行私，欲人無貪，不可得已。

今兹二庫，珍幣所歸，不領度支，是行私也；不給經費，非宣利也；物情離怨，不亦宜乎。智者因危而建安，明者矯失而成德。以陛下天姿英聖，儻加之見善必遷，是將化蓄怨爲銜恩，反過差爲至當。促殄遺孽，永垂鴻名。易如轉規，指顧可致。然事有未可知者，但在陛下行與否耳。能則安，否則危；能則成德，否則失道。此乃必定之理也。願陛下慎之惜之！

陛下誠能近想重圍之殷憂，追戒平居之專欲，器用取給，不在過豐，衣食所安，必以分下。凡在二庫貨賄，盡令出賜有功，坦然布懷，與衆同欲。是後納貢，必歸有司。每獲珍華，先給軍賞。瓌異纖麗，一無上供。推赤心於其腹中，降殊恩於其望外。將卒慕陛下必信之賞，人思建功；兆庶悅陛下改過之誠，孰不歸德。如此則亂必靖，賊必平，徐駕六龍，旋復都邑，興行墜典，整緝棼綱。乘輿有舊儀，郡國有恒賦，天子之貴，豈當憂貧。是乃散其小儲而成其大儲也，損其小寶而固其大寶也。舉一事而衆美具，行之又何疑焉。恡少失多，廉賈不處，溺近迷遠，中人所非。况乎大聖應機，固當不俟終日。不勝管窺願效之至。謹陳冒以聞。謹奏。

（《陸贄集》卷一四《奉天請罷瓊林大盈二庫狀》）

論叙遷幸之由狀　陸贄

臣前日蒙恩召見，陛下叙説涇原叛卒驚犯宫闕，及初行幸之事，因自剋責，辭旨過深。臣奏云："陛下引咎在躬，誠堯舜至德之意。臣竊有所見，以爲致今日之患者，群臣之罪也。"陛下又曰："卿以君臣之禮，不忍歸過於朕，故有此言。然自古國家興衰，皆有天命，今遇此厄運，雖則是朕失德，亦應事不由人。未及對詔之間，陛下遂言及宗祧，涕泗交集。主憂臣憤，人理之常，情激於衷，不覺嗚咽。旋屬游瓌請對，臣言未獲畢辭。今輒上煩，以盡愚懇。

臣所謂致今日之患，是群臣之罪者，非敢徒飾浮説，苟寬聖懷，事皆有由，言庶可復。自胡羯稱亂，遺患未除，朝廷因循，久務容養，事多僭越，禮闕會朝。陛下神武統天，將壹區宇，乃命將帥四征不庭。凶渠稽誅，逆將繼亂，兵連禍結，行及三年，徵師四方，無遠不暨，父子訣别，夫妻分離。一人征行，十室資奉。居者有饋送之苦，行者有鋒刃之憂。去留騷然，而閭里不寧矣。聚兵日衆，供費日多。常賦不充，乃令促限；促限纔畢，復命加徵；加徵既殫，又使别配；别配不足，於是榷筭之科設，率貸之法興。禁防滋章，條目纖碎，吏不堪命，人無聊生。農桑廢於徵呼，膏血竭於笞捶。市井愁苦，室家怨咨。兆庶嗷然，而郡邑不寧矣。

邊陲之戍，用保封疆；禁衛之師，以備巡警。二者或闕，則生戎心。國之大防，莫重於此。陛下急於靖難，累遣東征，邊備空虚，親軍寡弱。尋又搜閲私牧以取馬，薄責將家以出兵。凡有私牧者，例元勛貴戚之門；所謂將家者，皆統帥岳牧之後。是乃嘗蒙親委，或著忠勞，復除征徭，固有常典。今忽奪其畜牧，事其子孫。有乞假以給資裝，有破産以營卒乘。道路凄憫，部曲感傷，貴位崇勛，孰不解體？加以聚斂之法，轂下尤嚴。邸第侯王，咸輸屋税，裨販夫婦，畢筭緡錢。貴而不見優，近而不見異。其爲憤惑，又甚諸方。誅求轉繁，庶類恐懼。興發無已，群情動摇。朝野囂然，而京邑關畿不寧矣。

陛下又以百度弛廢，志期肅清，持義以掩恩，任法以成理。神斷失於太速，睿察傷於太精。斷速則寡恕於人，而疑似之間不容辯也。察精則多猜於物，而臆度之際未必然也。寡恕則重臣懼禍，反側之釁易生；多猜則群下防嫌，苟且之風漸扇。是以叛亂繼起，怨讟並興，非常之虞，億兆同慮。惟陛下穆然凝邃，獨不得聞，至使凶卒鼓行，白晝犯闕，重門無結草之禦，環衛無誰何之人。自古禍變之興，未有若斯之易，豈不以乘我閑隙，因人携離哉？陛下有股肱之臣，有耳目之任，有諫諍之列，有備衛之司，見危不能竭其誠，臨難不能效其死，所謂致今日之患，是群臣之罪者，豈徒言歟？

聖旨又以家國興衰，皆有天命，今遇此厄運，應不由人者。臣志性介劣，學識庸淺，凡是占筭秘術，都不涉其源流，至於興衰大端，則嘗聞諸典籍。《書》曰："天視自我人視，天聽自我人聽。"[①]又曰："德惟一，動罔不吉；德二三，動罔不凶。惟吉凶不僭在人，惟天降灾祥在德。"[②]又曰："天難忱，命靡常。常厥德，保厥位。厥德靡常，九有以亡。"[③]此則天所視聽，皆因於人，天降灾祥，皆考其德，非於人事之外，别有天命也。故祖伊責紂之辭曰："我生不有命在天。"[④]武王數紂之罪曰："吾有命，罔懲其侮。"[⑤]此又捨人事而推天命，必不可之理也。

《易》曰："自天祐之，吉無不利。"[⑥]仲尼以爲："祐者，助也。天之所助者，順也，人之所助者，信也。履信思乎順，又以尚賢，是以自天祐之，吉無不利。"又曰："危者，安其位者也；亡者，保其存者也；亂者，有其理者也。故君子安而不忘危，存而不忘亡，理而不忘亂，是以身安而國家可保。"[⑦]又曰："視履考祥。"[⑧]又曰："吉凶者，得失之象也。"[⑨]夫易之爲書，窮變知化，其於性命，可謂研精。及乎論天人祐助之由，辯安危理亂之故，必本於履行得失，而吉凶之報象焉。此乃天命由人，其義明矣。

《春秋傳》曰："禍福無門，唯人所召。"[⑩]又曰："人受天地之中以生，所謂命也。是以有動作威儀禮義之則以定命。能者養之以福，不

① 參見《尚書・周書・泰誓》。
② 參見《尚書・商書・咸有一德》。
③ 參見《尚書・商書・咸有一德》。
④ 參見《尚書・商書・西伯戡黎》。
⑤ 參見《尚書・周書・泰誓上第一》。
⑥ 參見《周易・大有卦》。
⑦ 參見《周易・繫辭上傳》。
⑧ 參見《周易・履卦・上九》。
⑨ 參見《周易・繫辭上傳》。
⑩ 參見《春秋左傳注・襄公二十三年》。

能者敗以取禍。"[①]《禮記》引《詩》而釋之曰:"《大雅》云:'殷之未喪師,克配上帝。儀監于殷,駿命不易。'言得衆則得國,失衆則失國也。"又引《書》而釋之曰:"《康誥》云:'惟命不于常。'言善則得之,不善則失之。"[②]此則聖哲之意,《六經》會通,皆爲禍福由人,不言盛衰有命。蓋人事著於下,而天命降於上。是以事有得失,而命有吉凶,天人之間,影響相准。《詩》、《書》已後,《史》《傳》相承,理亂廢興,大略可記。人事理而天命降亂者,未之有也;人事亂而天命降康者,亦未之有也。

《六經》之教既如彼,歷代明驗又如此,尚恐其中有可疑者,臣請復以近事證之。自頃征討頗頻,刑網稍密,物力竭耗,人心驚疑。如居風濤,洶洶靡定。上自朝列,下達烝黎,日夕族黨聚謀,咸憂必有變故。旋屬涇原叛卒,果如衆庶所虞。京師之人,動逾億計,固非悉知筭術,皆曉占書,則明致寇之由,未必盡關天命。伏惟陛下鑒既往之深失,建將來之令圖。拯宗社阽危,刷億兆憤耻。在於審察時變,博詢人謀。王化聿修,天祐自至,恐不宜推引厄運,謂爲當然,撓追咎之誠,沮惟新之望。

臣聞理或生亂,亂或資理。有以無難而失守,有因多難而興邦。理或生亂者,恃理而不修也;亂或資理者,遭亂而能懼也。無難失守者,忽萬機之重,而忘憂畏也;多難興邦者,涉庶事之艱,而知敕慎也。今生亂失守之事,則既往不可復追矣,其資理興邦之業,在陛下剋勵而謹修之。當至危至難之機,得其道則興,失其道則廢,其間不容復有所悔也。惟陛下勤思焉,熟計焉,捨己以從衆焉,違欲以遵道焉,遠憸佞而親忠直焉,推至誠而去逆詐焉,杜讒沮之路、廣諫諍之門焉,掃求利之法、務息人之術焉,録片善片能以盡群材焉,忘小瑕小怨俾無棄物焉。斯道甚易知,甚易行,不勞神,不苦力,但在約之於心耳。

又陛下天資睿哲,有必致之具,安得捨而不爲哉。斯道夕誓之於

---

① 參見《春秋左傳注・成公十三年》。

② 參見《禮記・大學》。

心,則可以感神明,動天地。朝施之於事,則可以服庶類,懷萬方。何憂乎亂人,何畏乎厄運,何患乎天下不寧！昔太公以避狄而興,周文以百里而王,是乃因危難而恢盛業,由僻小而闡丕圖。況陛下稟英姿,承寶曆,四海之利權由己,列聖之德澤在人。苟能增修,蔑有不濟。

至如東北群孽,荏苒逋誅,涇原亂兵,倉卒犯禁。蓋上玄保祐陛下,恐陛下神武果斷,有輕天下之心,使知艱難,將永福祚耳。伏願悔前禍以答天戒,新聖化以承天休。勿謂時鍾厄運而自疑,勿謂事不由人而自解。勤勵不息,足致昇平,豈止盪滌祆氛,旋復宮闕而已。愚臣不勝區區憂國奉君之至,誠有所切,辭不覺煩。伏惟陛下不以人廢言,不以言廢直。千慮一得,或有取焉。謹奏。

(《陸贄集》卷一二《論叙遷幸之由狀》,《資治通鑑》卷二二八《唐紀四十四·德宗神武聖文皇帝三·建中四年》)

論進瓜果人擬官狀　陸贄

右欽溆賫中書所與進瓜果人擬官狀示臣,仍奉宣聖旨：朕所到處,欲得人心喜悦,試官虚名,無損於事,宰臣已商量進擬,與亦無妨者。

臣愚以謂：信賞必罰,霸王之資。輕爵褻刑,衰亂之漸。信賞在功無不報,必罰在罪無不懲。非功而獲爵,則爵輕;非罪而肆刑,則刑褻。爵賞刑罰,國之大綱,一綱或棼,萬目皆弛,雖有善理,末如之何。天寶季年,嬖倖傾國,爵以情授,賞以寵加,天下蕩然,紀綱始紊。逆羯乘釁,遂亂中原,遣戍歲增,策勛日廣。財賦不足以供賜,而職官之賞興焉;職員不足以容功,而散試之號行焉。青朱雜沓於胥徒,金紫普施於輿皁。薰蕕無辨,涇渭不分。二紀於兹,莫之能整。當今所病,方在爵輕,設法貴之,猶恐不重,若又自棄,將何勸人。聖旨以爲試官虚名,無損於事,臣伏恐陛下思之未熟,偶有是言。儻或謂之信然,臣竊以爲過矣。

夫立國之道，惟義與權；誘人之方，惟名與利。名近虛而於教爲重，利近實而於德爲輕。凡所以裁是非、立法制者，則存乎其義。至於參虛實、揣輕重，並行而不傷，迭用而不悖。因衆之欲，度時之宜，消息盈虛，使人不倦者，則存乎其權。專實利而不濟之以虛，則耗匱而物力不給；專虛名而不副之以實，則誕謾而人情不趨。故國家之制賞典、錫貨財、賦秩廩，所以彰實也；差品列、異服章，所以飾虛也。居上者必明其義，達其變，相須以爲表裏，使人日用而不知，則爲國之權得矣。

謹按命秩之載于甲令者，有職事官焉，有散官焉，有勛官焉，有爵號焉，雖以類而分，其流有四。然其掌務而授俸者，唯繫於職事之一官，以序才能，以位賢德，此所謂施實利而寓之虛名者也。其勛、散、爵號三者所繫，大抵止於服色、資蔭而已。以馭崇貴，以甄功勞，此所謂假虛名以佐其實利者也。虛實交相養，故人不瀆賞；輕重互相制，故國不廢權。今之員外、試官，頗同勛、散、爵號，雖則授無費禄，受不占員，然而突銛鋒、排患難者，則以是賞之，竭筋力、展勤效者，又以是酬之。其爲用也，可謂重矣。

今或捧瓜一器，挈果一盛，亦授試官以酬所獻，則彼突銛鋒而竭筋力者，必相謂曰："吾以忘軀命而獲官，此以進瓜果而獲官，是乃國家以吾之軀命同於瓜果矣。"瓜果草木也，視人如草木，誰復爲用哉。且員外試官，無俸禄之資，無攝管之柄，無見敬之貴，無免役之優，唯假空名以寵浮俗，浮俗所以若存，若亡而未甚猒棄者，徒以上之所借耳。今陛下若又輕用之，以爲無損於事，人寤斯旨，復何賴焉。後之立功，曷用爲賞？陛下若欲賞之以職事，則官員有限，而勛伐無窮，固不勝其用矣。陛下若欲賞之以貨財，則人力已殫，而帑藏皆匱，固不充其費矣。既未有實利以敦勸，又不重虛名而濫施，人無藉焉，何以爲國？且植瓜樹果，多是野人貧者，所資唯在衣食，假以冗號，亦奚用焉？必欲使之歡欣，不如厚賞錢帛。人不失利，國不失權，各得所宜，兩全其實，何有不可，固傷大猷。願留睿思，更少詳度。謹奏。

（《陸贄集》卷一四《又論進瓜果人擬官狀》）

論關中事宜狀　陸贄

右臣頃覽載籍，每至理亂廢興之際，必反覆參考，究其端由。與理同道，罔不興；與亂同趣，罔不廢。此理之常也。其或措置不異，安危則殊，此時之變也。至於君人有大柄，立國有大權，得之必强，失之必弱，是則歷代不易，百王所同。夫君人之柄，在明其德威；立國之權，在審其輕重。德與威不可偏廢也，輕與重不可倒持也。蓄威以昭德，偏廢則危；居重以馭輕，倒持則悖。恃威則德喪於身，取敗之道也；失重則輕移諸己，啓禍之門也。

陛下天錫勇智，志期削平，忿兹昏迷，整旅奮伐，海内震疊，莫敢寧居。此誠英主撥亂拯物，不得已而用之。然威武四加，非謂蓄矣。所可兢兢保惜，慎守而不失者，唯居重馭輕之權耳。陛下又果於成務，急於應機，竭國以奉軍，傾中以資外，倒持之勢，今又似焉。臣是以疚心如狂，不覺妄發，輒逾顧問之旨，深測憂危之端。此臣之愚於自量，而忠於事主之分也。古人所謂“愚夫言之，而明主擇之”，惟陛下幸留聽焉。

臣聞“國家之立也，本大而末小，是以能固”。又聞理天下者，“若身之使臂，臂之使指”，則小大適稱而不悖焉。身所以能使臂者，身大於臂故也；臂所以能使指者，臂大於指故也。王畿者，四方之本也；京邑者，又王畿之本也。其勢當令京邑如身，王畿如臂，四方如指，故用即不悖，處則不危。斯乃居重馭輕，天子之大權也。非獨爲御諸夏而已，抑又有鎮撫戎狄之術焉。是以前代之制，轉天下租税，委之京師；徙郡縣豪杰，處之陵邑。選四方壯勇，實之邊城。其賦役則輕近而重遠也，其惠化則悦近以來遠也。太宗文皇帝既定大業，萬方底乂，猶務戎備，不忘慮危。列置府兵，分隸禁衛，大凡諸府八百餘所，而在關中者殆五百焉。舉天下不敵關中，則居重馭輕之意明矣。

承平漸久，武備浸微，雖府衛具存，而卒乘罕習。故禄山竊倒持之柄，乘外重之資，一舉滔天，兩京不守。尚賴經制，頗存典刑，强本之意則忘,緣邊之備猶在,加以諸牧有馬,每州有糧,故肅宗得以爲資,中復興運。乾元之後,大憝初夷,繼有外虞,悉師東討,邊備既弛,禁戎亦空。吐蕃乘虚深入爲寇,故先皇帝莫與爲禦,避之東遊。是皆失居重馭輕之權,忘深根固柢之慮。内寇則崤、函失險,外侵則汧、渭爲戎。于斯之時,朝市離析,事變可慮,須臾萬端。雖有四方之師,寧救一朝之患。陛下追想及此,豈不爲之寒心哉。尚賴宗社威靈,先皇仁聖,攘却醜類,再安宸居,城邑具全,宫廟無貰。此又非常之幸,振古所未聞焉。足以見天意之於皇家,保祐深矣,故示大儆,將弘永圖。陛下誠宜上副玄心,下察時變,遠考前代成敗,近鑒國朝盛衰,垂無疆之休,建不拔之業。今則勢可危慮,又甚於前。伏惟聖謀,已有成筭,愚臣未達,敢獻所憂。

先皇帝還自陝郛,懲艾往事,稍益禁衛,漸修邊防。是時關中有朔方、涇原、隴右三帥,以捍西戎,河東有太原全軍,以控北虜。此四軍者,皆聲勢雄盛,士馬精强。又徵諸道盛兵,每歲乘秋備塞,尚不能保固封守,遏其奔衝,京師戒嚴,比比而有。陛下嗣膺寶位,威懾殊鄰。蠢兹昆夷,猶肆毒螫,舉國來寇,志吞岷、梁。貪冒既深,覆亡幾盡,遂求通好,少息交侵。蓋緣馬喪兵疲,務以計謀相緩,固非畏威懷德,必欲守信結和。所以歷年優柔,竟未堅定要約。息兵稍久,育馬漸蕃,必假小事忿争,因復大肆侵掠。張光晟又於振武誘殺群胡,自爾已來,絶無虜使,其爲嫌怨,足可明徵。借如吐蕃實和,回紇無憾,戎狄貪詐,乃其常情。苟有便利可窺,豈肯端然自守。今朔方、太原之衆,遠在山東;神策、六軍之兵,繼出關外。儻有賊臣啗寇,黠虜窺邊,伺隙乘虚,微犯亭障,此愚臣所竊爲憂者也。未審陛下其何禦之。

側聞伐叛之初,議者多易其事,僉謂有征無戰,役不逾時。計兵未甚多,度費未甚廣。於事爲無擾,於人爲不勞。曾不料兵連禍拏,變故難測,日引月長,漸乖始圖。故前志以兵爲凶器,戰爲危事,至戒至慎,不敢輕用之者,蓋爲此也。當勝而反敗,當安而倒危,變亡而爲存,化小而成大,在覆掌之間耳,何可不畏而重之乎。近事甚明,足以爲鑒。往歲爲天下所患，咸謂除之則可致昇平者，李正己、李寶臣、梁崇義、田悦是也。往歲爲國家所信，咸謂任之則可除禍亂者，朱滔、李希烈是也。既而正己死，李納繼之；寶臣死，惟岳繼之。崇義卒，希烈叛；惟岳戮，朱滔携。然則往歲之所患者，四去其三矣，而患竟不衰。往歲之所信者，今則自叛矣，而又難保。是知立國之安危在勢，任事之濟否在人。勢苟安，則異類同心也；勢苟危，則舟中敵國也。陛下豈可不追鑒往事，惟新令圖，循偏廢之柄以靖人，復倒持之權以固國。而乃孜孜汲汲，極思勞神，徇無已之求，望難必之效。其於爲人除害之意，則已至矣；其爲宗社自重之計，恐未至焉。

自頃將帥徂征，久未盡敵，苟以藉口，則請濟師。陛下乃爲之輟邊軍，缺環衛，虚内厩之馬，竭武庫之兵，占將家之子以益師，賦私養之畜以增騎。猶且未戰，則曰乏財。陛下又爲之筭室廬、貸商賈，傾司府之幣，設請榷之科。關、輔之間，徵發已甚；宫苑之内，備衛不全。萬一將帥之中又如朱滔、希烈，或負固邊壘，誘致豺狼，或竊發郊畿，驚犯城闕。此亦愚臣所竊爲憂者也。未審陛下復何以備之。以陛下聖德君臨，率土欣戴，非常之慮，豈所宜言？然居安備危，哲王是務；以言爲諱，中主不行。若備之已嚴，則言亦何害。儻忽而未備，又安可勿言？臣是以罄陳狂愚，無所諱避，罔敢以中主不行之事，有虞於聖朝也。惟陛下熟察之，過防之。

且今之關中，即古者邦畿千里之地也，王業根本，於是在焉。秦嘗用之以傾諸侯，漢嘗因之以定四海，蓋由憑山河之形勝，宅田里之上腴。弱則内保一方，當天下之半，可以養力俟時也；强則外制東夏，據域中之大，可以蓄威昭德也。豪勇之在關中者，與籍於營衛不殊；車乘之在關中者，與列於厩牧不殊；財用之在關中者，與貯於帑藏不殊。有急而須，一朝可聚。今執事者先拔其本，棄重取輕，所謂倒持太阿，授人以柄。議制置則强幹弱枝之術反，語綏懷則悦近來遠之道乖。求諸通方，無適而可。顧臣庸懦，竊爲陛下惜之。

往者不可追，來者猶可補。臣不勝悃悃憂國之至，輒敢效其狂鄙，以備采擇之一端。陛下儻俯照微誠，過聽愚計，使李芃援東洛，懷光救襄城，希烈凶徒，勢必退屻。則所遣神策、六軍士馬，及點召節將子弟東行應援者，悉可追還。河北既有馬燧、抱貞，固亦無藉李晟，亦令旋旆，完復禁軍。明敕涇、隴、邠、寧，但令嚴備封守，仍云更不徵發，使知各保安居。又降德音，勞徠畿甸，具言京輦之下，百役殷繁。且又萬方會同，諸道朝奏，邮勤懷遠，理合優容。其京城及畿縣，所税間架、榷酒、抽貫、貸商、點召等，諸如此類，一切停罷。則冀已輸者弭怨，見處者獲寧，人心不摇，邦本自固。禍亂無從而作，朝廷由是益尊，然後可以度時宜，施教令，弛張自我，何有不從？端本整棼，無易於此。謹奏。

（《陸贄集》卷一一《論關中事宜狀》）

論兩河及淮西利害狀　陸贄

内侍朱冀寧奉宣進旨：緣兩河寇賊未平殄，又淮西凶黨攻逼襄城，卿識古知今，合有良策，宜具陳利害封進者。

臣質性凡鈍，聞見陋狹，幸因乏使，簪組昇朝，薦承過恩，文學入侍。每自奮勵，思酬奬遇，感激所至，亦能忘身。但以越職干議，典制所禁，未信而言，聖人不尚。是以循循默默，尸居榮近。日日以愧，自春徂秋。心雖懷憂，言不敢發，此臣之罪也，亦臣之分也。

陛下天縱聖德，神授英謀，明照八表，思周萬務，猶慮闕漏，下詢芻蕘，此堯舜捨己從人，好問而好察邇言之意也。臣每讀前史，見開説納忠之士，乃有泣血碎首、牽裾斷鞅者，皆以進議見拒，懇誠激忠，遂至發憤逾禮，而不能自止故也。況今勢有危迫，事有機宜，當聖主開懷訪納之時，無昔人逆鱗顛沛之患。儻又上探微旨，慮匪悦聞，傍懼貴臣，將爲沮議，首尾憂畏，前後顧瞻，是乃偷合苟容之徒，非有扶危救亂之意。此愚臣之所痛心切齒於既往，是以不忍復躬行於當世也。心蘊忠憤，固願披陳，職居禁闈，當備顧問。承問而對，臣之職也；寫誠無隱，臣之忠也。謹具件如後，惟明主循省而備慮之，豈有微臣獨荷容納之恩，實億兆之幸，社稷之福也。

臣本書生，不習戎事。竊惟霍去病，漢將之良者也，每言行軍用師之道，“顧方略何如耳，不在學古兵法”。是知兵法者無他，見其情而通其變，則得失可辯，成敗可知。古人所以坐籌樽俎之間，制勝千里之外者，得此道也。臣才不逮古人，而頗窺其意，是敢承詔不默，輒陳狂愚。伏以剋敵之要，在乎將得其人；馭將之方，在乎操得其柄。將非其人者，兵雖衆不足恃；操失其柄者，將雖材不爲用。兵不足恃，與無兵同；將不爲用，與無將同。將不能使兵，國不能馭將，非止費財玩寇之弊，亦有不戢自焚之灾。自昔禍亂之興，何嘗不由於此？

今兩河、淮西，爲叛亂之帥者，獨四五凶人而已。尚恐其中或有傍遭詿誤，内蓄危疑，蒼黄失圖，勢不得止，亦未必皆是處心積慮，果爲奸逆，以僭帝稱王者也。況其餘衆，蓋並脅從，苟知全生，豈願爲惡。若招携以法，悔禍以誠，使來者必安，安者必久，斯道積著，人誰不懷。縱有野心難馴，臣知其從化者必過半矣。舞干苗格，豈獨虚言，假使四五凶渠，俱禀梟鴟之性，其下同惡，復有十百相從，是皆卒伍庸流，闒茸下品。其志好，不過聲色財貨之樂；其材用，不過蹴踘距踴之能。其約從締交，則迭相侮詐，以爲智謀；其御衆使人，則例質妻孥，以爲術數。斯乃盜竊偷安之伍，非有奸雄特異之資。以陛下英神，志期平壹，君臣之勢不類，逆順之理不侔，形勢之大小不倫，師徒之衆寡不敵，然尚曠歲持久。師老費財，加筭不止於舟車，徵卒殆窮於闆、濮。笞肉捶骨，呻吟里閭。送父别夫，號呼道路。杼軸已空，輿發已殫。而將帥者尚曰財不足，兵不多，此微臣所以千慮百思，而不悟其理也。未審陛下嘗徵其説，察其由乎？股肱之臣，日月獻納，復爲陛下察其事乎？臣愚無知，實所深惑。遂乃過爲臆度，輒肆討論，以爲：剋敵之要，在乎將得其人；馭將之方，在乎操得其柄。將非其人者，兵雖衆不足恃；操失其柄者，將雖材不爲用。今以陛下效其明聖，群帥畏威，雖萬無此虞，然亦不可不試省察也。陛下若謂臣此説蓋虚體耳，不足徵焉，臣請復爲陛下效其明徵，以實前説。

田悦唱亂之始，氣盛力全，恒、趙、青、齊，迭爲脣齒。陛下特詔馬燧，委之專征，抱真、李芃，聲勢相援。于時士吏畏法，將帥感恩，俱藴勝殘盡敵之誠，未有争功邀利之釁，故能累摧堅陣，深抵窮巢，元惡幸脱於俘囚，凶徒幾盡於鋒刃。臣故曰：剋敵之要，在乎將得其人；馭將之方，在乎操得其柄。此其明效也。

田悦既敗，力屈勢窮，且皆離心，莫有固志。乘我師勝捷之氣，躡亡虜傷夷之餘，比於前功，難易百倍。既而大軍遂駐，遺孽復安；其後饋運日增，師徒日益，于兹再稔，竟不交鋒。量兵力，則前者寡而今者多；議軍資，則前者薄而今者厚；論氣勢，則前者新集而今者乘勝；度攻具，則前者草創而今者繕完；計凶黨，則前者盛而今者殘；揣敵情，則前者鋭而今者挫。然而勢因時變，事與理乖，當易而反難，當進而中止，本末殊趣，前後易方，順理之常，必不如此。臣故曰：將非其人者，兵雖衆不足恃；操失其柄者，將雖材不爲用。此自昔必然之效，但未審今兹事實，得無近於此乎？在陛下熟察而亟救之耳。固不在益兵以生事，加賦以殄人，無紓目前之虞，或興意外之患。

人者，邦之本也；財者，人之心也；兵者，財之蠹也。其心傷則其本傷，其本傷則枝幹顛瘁，而根柢蹷拔矣。惟陛下重慎之，愍惜之。今師興三年，可謂久矣；税及百物，可謂繁矣；陛下爲之宵衣旰食，可謂憂勤矣；海内爲之行賫居送，可謂勞弊矣。而寇亂有益，翦滅無期，人摇不寧，事變難測。是以兵貴拙速，不尚巧遲，速則乘機，遲則生變，此兵法深切之誡，往事明著之驗也。

夫投膠以變濁，不如澄其源而濁變之愈也；揚湯以止沸，不如絶其薪而沸止之速也。是以勞心於服遠者，莫若修近而其遠自來；多方以救失者，莫若改行而其失自去。若不靖於本，而務救於末，則救之所爲，乃禍之所起也。修近之道，改行之方，易於舉毛，但在陛下然之與否耳。儻或重難易制，姑務持危，則當校禍患之重輕，辯攻守之緩急。臣謂幽、燕、恒、魏之寇，勢緩而禍輕；汝、洛、滎、汴之虞，勢急而禍重。緩者宜圖之以計，今失於屯戍太多；急者宜備之以嚴，今失於守禦不足。何以言其然也?

自胡羯稱亂,首起薊門,中興已來,未暇芟蕩,因其降將,即而撫之。朝廷置河朔於度外,殆三十年,非一朝一夕之所急也。田悦累經覆敗,氣沮勢羸,偷全餘生,無復遠略。武俊蕃種,有勇無謀。朱滔卒材,多疑少决。皆受田悦誘陷,遂爲猖狂出師。事起無名,衆情不附,進退遑惑,内外防虞。所以纔至魏郊,遽又退歸巢穴。意在自保,勢無他圖。加以洪河、太行禦其衝,并汾、洺、潞壓其腹,雖欲放肆,亦何能爲?又此郡凶徒,互相劫制,急則合力,退則背憎,是皆苟且之徒,必無越軼之患。此臣所謂幽、燕、恒、魏之寇,勢緩而禍輕。希烈忍於傷殘,果於吞噬,據蔡、許富全之地,益鄧、襄鹵獲之資,意殊無厭,兵且未衂,東寇則轉輸將阻,北窺則都城或驚。此臣所謂汝、洛、滎、汴之虞,勢急而禍重。

代、朔、邠、靈之騎士,自昔之精騎也;上黨、盟津之步卒,當今之練卒也。悉此强勁,委之山東,勢分於將多,財屈於兵廣,以攻則曠歲不進,以守則數倍有餘,各懷顧瞻,遞欲推倚。此臣所謂緩者宜圖之以計,今失於屯戍太多。李勉以文吏之材,當浚郊奔突之會;哥舒曜以烏合之衆,捍襄野豺狼之群。陛下雖連發禁軍,以爲繼援,累敕諸鎮,務使協同,睿旨殷憂,人思自效,但恐本非素習,令不適從。奔鯨觸羅,倉卒難制,首鼠應敵,因循莫前。此臣所謂急者宜備之以嚴,今失於守禦不足。

陛下若察其緩急,審其重輕,使懷光帥師救襄城之圍,李芃還鎮爲東都之援,汝、洛既固,梁、宋亦安。是乃取有餘,救不足,罷關右賦車籍馬之擾,減山東飛芻輓粟之勞。無擾則禍亂不生,息勞則物力可濟,非止排難於變切,亦將防患於未然。徵發既停,守備且固,足得徐觀事勢,更選良圖。此於紓亂解紛,抑亦計之次也。

議者若曰:"河朔群盗,尚未殲夷,儻又减兵,必更生患。"此蓋好異不思之説耳,臣請有以詰之。前歲伐叛之初,唯馬燧、抱真、李芃三帥而已,以攻必剋,以戰必强,是則力非不足明矣。洎遲留不進,乃請益師，於是選神策鋭卒以繼之，而李晟往矣。猶曰未足，復請益師，於是徵朔方全軍以赴之，而懷光往矣。幾遣加半之戍，竟無分寸之功，是則師不在衆又明矣。

然而可托以爲解者，必曰："王師雖益，賊黨亦增，曩獨田悦、寶臣，今兼朱滔、武俊。"臣請再詰以塞其辭。曩之田悦、寶臣，皆蓄鋭養謀，劇賊之方强者也。尋而田悦喪敗，寶臣殲夷。雖復朱滔、武俊加於前，亦有孝忠、日知乘其後。是則賊勢不滋於曩日，王師有溢於昔時又明矣。曩以太原、澤潞、河陽三將之衆，當田悦、朱滔、武俊三寇之兵。今朱滔遁歸，武俊退縮，唯此田悦，假息危城。設使我師悉歸，彼亦纔能自守。况留抱真、馬燧，足得觀釁討除。是則减兵東征，勢必無患又明矣。留之則彼爲冗食，徙之則此得長城。化危爲安，息費從省，舉一而兼數利，惟陛下圖之。謹奏。

(《陸贄集》卷一一《論兩河及淮西利害狀》)

奉天論奏當今所切務狀　陸贄

隱朝昨日奉宣聖旨：逆賊雖退，猶未收城，令臣審思當今所務，何者最切，具條録奏來者。

伏以初經大變，海内震驚，無論順逆賢愚，必皆企竦觀聽。陛下一言失則四方解體，一事當則萬姓屬心。動關安危，不可不慎。臣謂當今急務，在於審察群情。若群情之所甚欲者，陛下先行之；群情之所甚惡者，陛下先去之。欲惡與天下同，而天下不歸者，自古及今未之有也。夫理亂之本，繫於人心，况乎當變故動摇之時，在危疑向背之際，人之所歸則植，人之所去則傾。陛下安可不審察群情，同其欲惡，使億兆歸趣，以靖邦家乎。此誠當今之所急也。

然尚恐爲之不易者，蓋以朝廷播越，王命未行，施之空言，人或不信，何以言其然？今天下之所欲者，在息兵，在安業；天下之所惡者，在斂重，在法苛。陛下欲息兵，則寇孽猶存，兵固不可息矣。欲安業，則征徭未罷，業固未可安矣。欲薄斂，則郡縣懼乏軍用，令必不從矣；

欲去苛，則行在素霽威嚴，言且無驗矣。此皆勢有所未制，意有所未從，雖施於德音，足慰來蘇之望，而稽諸事實，未符悔禍之誠。且動人以言者，其感不深；動人以行者，其應必速。蓋以言因事而易發，行違欲而難成，易發故有所未孚，難成故無思不服。今陛下將欲平禍亂，拯阽危，恤烝黎，安反側，既未有息人之實，又乏於施惠之資，唯當違欲以行己所難，布誠以除人所病，乃可以彰追咎之意，副惟新之言。若猶不然，未見其可。

頃者竊聞輿議，頗究群情，四方則患於中外意乖，百辟又患於君臣道隔。郡國之志，不達於朝廷；朝廷之誠，不升於軒陛。上澤闕於下布，下情壅於上聞，實事不必知，知事不必實，上下否隔於其際，真僞雜糅於其間，聚怨囂囂，騰謗藉藉，欲無疑阻，其可得乎。物論則然，人心可見。蓋謂含弘聽納，是聖主之所難；鬱抑猜嫌，是衆情之所病。伏惟陛下神無滯用，鑒必窮微，愈其病而易其難，如淬鋒潰疣，決防注水耳。可以崇德美，可以濟艱難，陛下何慮不行，而直爲此懔懔也。

臣謂宜因文武群官入參之日，陛下特加延接，親與叙言，備詢禍亂之由，明示咎悔之意，各使極言得失，仍令一一面陳。軍務之際，到即引對，不拘時限，用表憂勤。周公勤握髮吐餐，而天下歸心，則此義也。又當假之優禮，悦以温顏。言切而理愜者，必賞導以盡其情；識寡而辭拙者，亦容恕以嘉其意。有諫諍無隱者，願陛下叶成湯改過之美，褒其直而勿吝其非；有謀猷可用者，願陛下體大禹拜言之誠，獎其能而亟行其策。至於匹夫片善，采録不遺；庶士傳言，聽納無倦。是乃總天下之智，以助聰明；順天下之心，以施教令。則君臣同志，何有不從。遠邇歸心，孰與爲亂。化疑梗爲訢合，易怨謗爲謳歌，浹辰之間，可使丕變。陛下儻行之不厭，用之得中，從義如轉圓，進善如不及，推廣此道，足致和平。其於昭德塞違，恐不止當今所急也。慮有愚而近道，事有要而似迂，冀垂睿思，反覆詳覽，必或無足觀采，捨棄非遥。謹奏。

（《陸贄集》卷一二《奉天論奏當今所切務狀》，《資治通鑑》卷二二九《唐紀四十五・德宗神武聖文皇帝四・建中四年》）

議學校貢舉狀　蘇軾

熙寧四年正月日，殿中丞直史館判官告院蘇軾狀奏：准敕講求學校貢舉利害，令臣等各具議狀聞奏者。[9]

臣伏以得人之道，在於知人，知人之法，在於責實。使君相有知人之才，朝廷有責實之政，則胥史皂隸，未嘗無人，而況於學校貢舉乎？雖因今之法，臣以爲有餘。使君相無知人之才，朝廷無責實之政，則公卿侍從，常患無人，况學校貢舉乎？雖復古之制，臣以爲不足矣。

夫時有可否，物有廢興。方其所安，雖暴君不能廢；及其既厭，雖聖人不能復。故風俗之變，法制隨之。譬如江河之徙移，順其所欲行而治之，則易爲功；强其所不欲行而復之，則難爲力。使三代聖人復生於今，其選舉養才，亦必有道矣，何必由學？且天下固嘗立學矣。慶曆之間，以爲太平可待，至於今日，惟有空名僅存。今陛下必欲求德行道藝之士，責九年大成之業，則將變今之禮，易今之俗，又當發民力以治宮室，斂民財以養游士，百里之内，置官立師，獄訟聽于是，軍旅謀於是，又當以時簡不率教者，屏之遠方，終身不齒，則無乃徒爲紛亂，以患苦天下耶？若乃無大變改，而望有益於時，則與慶曆之際何異？故臣以爲今之學校，特可因循舊制，使先王之舊物不廢於吾世，足矣。

至於貢舉之法，行之百年，治亂盛衰，初不由此。陛下視祖宗之世貢舉之法，與今爲孰精？言語文章，與今爲孰優？所得文武長才，與今爲孰多？天下之事，與今爲孰辦？較此數者，[10]而長短之議决矣。今議者所欲變改，不過數端，或曰鄉舉德行，而略文章；或曰專取策論，而罷詩賦；或欲舉唐室故事，兼采譽望，而罷封彌；或欲罷經生樸學，不用貼墨，而考大義。此數者皆知其一，不知其二者也。

臣請歷言之。夫欲興德行，在於君人者修身以格物，審好惡以表俗，孟子所謂“君仁莫不仁，君義莫不義”。① 君之所向，天下趨焉。若

---

① 參見《孟子·離婁上》。

欲設科立名以取之，則是教天下相率而爲僞也。上以孝取人，則勇者割股，怯者廬墓；上以廉取人，則弊車羸馬，惡衣菲食。凡可以中上意，無所不至矣。德行之弊，一至於此！自文章而言之，則策論爲有用，詩賦爲無益；自政事言之，則詩賦、策論均爲無用矣。雖知其無用，然自祖宗以來莫之廢者，以爲設法取士，不過如此也。豈獨吾祖宗，自古堯舜亦然。《書》曰："敷奏以言，明試以功。"[①]自堯舜以來，進人何嘗不以言，試人何嘗不以功乎？議者必欲以策論定賢愚、決能否，臣請有以質之。

近世士大夫文章華靡者，莫如楊億。使楊億尚在，則忠清鯁亮之士也，豈得以華靡少之。通經學古者，莫如孫復、石介，使孫復、石介尚在，則迂闊矯誕之士也，又可施之於政事之間乎？自唐至今，以詩賦爲名臣者，不可勝數，何負於天下，而必欲廢之。近歲士人纂類經史，綴緝時務，謂之策括。待問條目，搜抉略盡，臨時剽竊，竄易首尾，以眩有司，有司莫能辨也。且其爲文也，無規矩準繩，故學之易成；無聲病對偶，故考之難精。以易學之文，付難考之吏，其弊有甚於詩賦者矣。唐之通牓，故是弊法。雖有以名取人，厭伏衆論之美，亦有貨賂公行，權要請托之害，一使恩去王室，權歸私門，降及中葉，結爲朋黨之論。通牓取人，又豈足尚哉。

設科舉人，多出三路。能文者既已變而爲進士矣，曉義者又皆去以爲明經矣，其餘皆樸魯不能化也。至於人才，則有定分，施之有政，能否自彰。今進士日夜治經傳，附之以子史，貫穿馳騖，可謂博矣。至於臨政，曷嘗用其一二？顧視舊學，已爲虚器，而欲使此等分别注疏，粗識大義，而望其才能增長，亦已疏矣。臣故曰：此數者皆知其一，而不知其二也。特願陛下留意其遠者、大者。必欲登俊良，黜庸回，總覽衆才，經略世務，則在陛下與二三大臣，下至諸路職司與良二千石耳，區區之法何預焉。

① 參見《尚書·虞書·舜典》。

然臣竊有私憂過計者，敢不以告。昔王衍好老莊，天下皆師之，風俗陵夷，以至南渡。王縉好佛，捨人事而修異教，大曆之政，至今爲笑。故孔子罕言命，則爲知者少也。子貢曰："夫子之文章，可得而聞也。夫子之言性與天道，不可得而聞也。"①夫性命之説，自子貢不得聞，而今之學者，耻不言性命，此可信也哉！今士大夫至以佛老爲聖人，鬻書於市者，非莊老之書弗售也。讀其文，浩然無當而不可窮；觀其貌，超然無着而不可挹。此豈真能然哉？蓋中人之性，安於放而樂於誕耳。使天下之士，能如莊周齊死生，一毁譽，輕富貴，安貧賤，則人主之名器爵禄，所以礪世磨鈍者，廢矣。陛下亦安用之？而况其實不然，而竊取其言以欺世者哉。臣願陛下明敕有司，試之以法言，取之以實學。博通經術者，雖樸不廢；稍涉浮誕者，雖工必黜。則風俗稍厚，學術近正，庶幾得忠實之士，不至蹈衰季之風，則天下幸甚。

（《蘇軾文集》卷二五《議學校貢舉狀》）

論時政狀　蘇軾

熙寧四年三月日，殿中丞直史館判官告院權開封府推官臣蘇軾謹昧萬死再拜上書皇帝陛下。

臣聞之，益戒于禹曰："任賢勿貳，去邪勿疑。"仲虺言湯之德曰："用人惟己，改過不吝。"②秦穆喪師於崤，悔痛自誓，孔子録之。自古聰明豪杰之主，以漢高帝、唐太宗皆以受責如流，改過不憚，號爲秦漢以來百王之冠。孔子曰："君子之過，如日月之食焉。過也，人皆見之；更也，人皆仰之。"③聖賢舉動，明白正直，不當如是耶？所用之人，有邪有正；所作之事，有是有非。是非邪正，兩言而足，正則用之，[11]邪則去之，是則行之，非則破之。此理甚明，如飢之必食，渴之必飲，豈有别生義理，曲加粉飾，而能欺天下者哉！

---

① 參見《論語・公冶長》。

② 參見《尚書・商書・仲虺之誥》。

③ 參見《論語・子張》。

《書》曰:“與治同道,罔不興;與亂同事,罔不亡。”[1]陛下自去歲以來,所行新政,皆不與治同道。立條例司,遣青苗使,斂助役錢,行均輸法,四海騷然,行路怨咨。自宰相已下,皆知其非而不敢争。臣愚蠢不識忌諱,乃者上疏論之詳矣。而學術淺陋,不足以感動聖明。近者故相舊臣,藩鎮侍從,雜然争言其不便,以至於臺諫二三人者,本其所與締建唱和表裏之人也,然猶不免一言其非者,豈非物議沸騰,事勢迫切,而不可止歟?自非見利忘義居之不疑者,孰肯終始膠固,不自湔洗。如吴師孟乞免提舉,胡宗愈不願檢詳,如逃垢穢,惟恐不脱之。人情畏惡,一至於此。近者中外歡言,已有悔悟意,道路相慶,如蒙大賚,實望陛下旬日之間,涣發德音,洗蕩乖僻,追還使者,而罷條例司。今者側聽所爲,蓋不過使監司體量抑配而已,比之未悟,所較幾何。此孟子所謂知兄臂之不可紾,而勸以姑徐。知鄰鷄之不可攘,而月取其一。帝王改過,豈如是哉?

臣又聞陛下以爲此法且可試之三路。臣以爲此法,譬如醫者之用毒藥,以人之死生,試其未效之方。三路之民,豈非陛下赤子,而可試以毒藥乎。今是政,小用則小敗,大用則大敗,若力行而不已,則亂亡隨之。臣非敢過爲危論,以聳動陛下也。自古存亡之所寄者,四人而已,一曰民,二曰軍,三曰吏,四曰士。四人者一失其心,則足以生變。今陛下一舉而兼犯之。青苗、助役之法行,則農不安。均輸之令出,則商賈不行,而民始憂矣。併省諸軍,迫逐老病,至使戍兵之妻,與士卒雜處其間,貶殺軍分,有同降配,遷徙淮甸,僅若流放,年近五十,人人懷憂,而軍始怨矣。内則不取謀於元臣侍從,而專用新進小生,外則不責成守令監司,而專用青苗使者,多置閑局,以擯老成,而吏始解體矣。陛下臨軒選士,天下謂之龍飛榜,而進士一人首削舊恩,示不復用。所削者一人而已,士莫不悵恨,以陛下有厭薄其徒之害也。今用事者,又欲漸銷進士,純取明經,雖未有成法,而小人招

① 參見《尚書·太甲下》。

權,自以爲功,更相扇摇,以謂必行,而士始失望矣。今進士半天下,自二十以上,便不能誦記注義爲明經之學,若法令一更,則士各懷廢棄之憂,而人才短長,終不在此。昔秦禁挾書,而諸生皆抱其業以歸勝、廣,相與出力而亡秦者,豈有他哉?亦以失業而無所歸也。故臣願陛下勿復言此。民憂軍怨,吏解體而士失望,禍亂之源,有大於此者乎?今未見也,一旦有急,則致命之士必寡矣。方是時,不知希合苟容之徒,能爲陛下收板蕩而止土崩乎?

去歲諸軍之始併也,左右之人,皆以士心樂併告陛下。近者放停軍人李興,告虎翼吏率錢行賂以求不併,則士卒不樂可知矣。夫諂諛之人,苟務合意,不憚欺罔者,類皆如此。故凡言百姓樂請青苗錢,樂出助役錢者,皆不可信。陛下以爲青苗抑配果可禁乎?不惟不可禁,乃不當禁也。何以言之?若此錢放而不收,則州縣官吏,不免責罰;若此錢果不抑配,則願請之户,後必難收。前有抑配之禁,後有失陷之罰,爲陛下官吏,不亦難乎。故臣以爲既行青苗錢,則不當禁抑配,其勢然也。人皆謂陛下聖明神武,必能徙義修慝,以致太平。而近日之事,乃有文過遂非之風,此臣之所以憤懣太息而不能已也。

昔賈充用事,天下憂恐,而庾純、任愷戮力排之。及充出鎮秦凉,忠臣義士,莫不相慶,屈指數日,以望惟新之化。而馮紞之徒,更相告曰:"賈公遠放,吾等失勢矣。"於是相爲獻謀而充復留。則晋氏之亂,成於此矣。自古惟小人爲難去。何則?去一人而其黨莫不破壞。是以爲之計謀游説者衆也。今天下賢者,亦將以此觀陛下,以爲進退之決。或再失望,則知幾之士,相率而逝耳。豈特皆如臣等輩,偷安懷禄而不忍去哉?猖狂不遜,忤陛下多矣,不敢復望寬赦,俯伏引領,以待誅殛。[12]

(《蘇軾文集》卷二五《再上皇帝書》)

諫買浙燈狀　蘇軾

熙寧四年正月日,殿中丞直史館判官告院權開封府推官臣蘇軾狀奏：右。臣嚮蒙召對便殿，親奉德音，以爲凡在館閣，皆當爲深思治亂，指陳得失，無有所隱者。是以臣每見同列，臣未嘗不爲道陛下此語，非獨以稱頌盛德，亦欲朝廷之間如臣等輩，皆知陛下不以疏賤間廢其言，共獻所聞，以輔成太平之功業。然竊謂空言率人，不如有實而人自勸。欲知陛下能受其言之實，莫如以臣試之。故臣願以身先天下試其小者，上以補助聖明之萬一，下以爲賢者卜其可否，雖以此獲罪，萬死無悔。

臣伏見中使傳宣下府市司買浙燈四千餘盞，有司具實直以聞，陛下又令減價收買，見已盡數拘收，禁止私買，以須上令。臣始聞之，驚愕不信，咨嗟累日。何者？竊謂陛下惜此舉動也。臣雖至愚，亦知陛下游心經術，動法堯舜，窮天下之嗜欲，不足以易其樂；盡天下之玩好，不足以解其憂。而豈以燈爲悦者哉。此不過以奉二親之歡，而極天下之養耳。然大孝在乎養志，百姓不可户曉，皆謂陛下以耳目不急之玩，而奪其口體必用之資。賣燈之民，例非豪民，舉債出息，蓄之彌年。衣食之計，望此旬日，陛下爲民父母，惟可添價貴買，豈可減價賤酬？此事至小，體則甚大。凡陛下所以減價者，非欲以與此小民争此毫末，豈以其無用而厚費也？如知其無用，何必更索，惡其厚費，則如勿買。且内廷故事，每遇放燈，不過令内東門雜買務臨時收買，數目既少，又無拘收督迫之嚴，費用不多，民亦無憾。故臣願追還前命，凡悉如舊。京城百姓，不慣侵擾，恩德已厚，怨讟易生，可不謹歟！可不畏歟！

近日小人妄造非語，士人有展年科場之説，商賈有京城榷酒之議，吏憂減俸，兵憂減廩。雖此數事，朝廷所决，無此紛紛，亦有以見陛下勤恤之德，未信於下，而有司聚斂之意，或形於民。當責己自求，以消讒慝之口。而臺官又勸陛下以嚴刑捍吏捕而戮之，虧損聖德，莫大於此。而又重以買燈之事，使得因緣以爲口實，臣實惜之。

方今百冗未除，物力凋弊，陛下縱出内帑財物，不用大司農錢，而内帑所儲，孰非民力？與其平時耗於不急之用，曷若留貯以待乏絶之供？故臣願陛下將來放燈，與凡游觀苑囿宴好賜予之類，皆飭有司，務從儉約。頃者詔旨裁減皇族恩例，此實陛下至明至斷，所以深計遠慮，割愛爲民。然竊揆其間，不能無少望於陛下，唯當痛自刻損，以身先之，使知人主且猶若此，而況於吾徒哉。非惟省費，亦且弭怨。

昔唐太宗遣使往涼州，諷李大亮獻其名鷹，大亮不可，太宗深嘉之。詔曰："有臣若此，朕復何憂。"明皇遣使江南采鵁鶄，梓州刺史倪若水論之，爲反其使。又令益州織半臂背子、琵琶捍撥、鏤牙合子等，蘇許公不奉詔。李德裕在浙西，詔造銀盝子妝具二十事，織綾一千匹，[13]德裕上疏極論，亦爲罷之。使陛下内之臺諫有如此數人者，則買燈之事，必不奉詔。陛下聰明睿聖，追迹堯舜，而群臣不以唐太宗、明皇事陛下，竊嘗深咎之。臣忝備府僚，親見其事，若又不言，臣罪大矣。陛下若赦之不誅，則臣又有非職之言大於此者，忍不爲陛下盡之。若不赦，亦臣之分也。

（《蘇軾文集》卷二五《諫買浙燈狀》）

論盧世榮奸邪狀　陳天祥

竊惟御史臺受國家腹心之寄，爲朝廷耳目之司，選置官僚，扶持國政，肅清風，憲鎮遏奸邪。卑職等在内外百司之間，伺察非違知，無不糾非於人，有宿讎私怨而懷報復之心也。

蓋於國家事體所繫者大，臣子之分不得不然。往者阿合馬以梟獍之資，處鈞軸之重，内懷陰狡，外事欺謾，專擅朝權，收羅奸黨，子侄親戚分制州軍腹心，爪牙布滿中外，威福由己，生殺任情，稔惡之心，爲謀不淺。實賴聖上洪福，幸殞其命，妻子誅竄，無有孑遺，此乃前途之覆車，後人之明鑒也。於其貪暴曠代罕聞，遺毒於今未能湔洗。人思至元之初，數年之治，莫能忘也。

去春，安童大丞相自遠而還，天下聞之，室家相慶，咸望復膺柄用，再整宏綱，思仰治期，謂可立待。十一月二十八日，忽聞丞相果承恩命，復領中書省事，貴賤老幼，喜動京師。繼而知有前江西道榷茶轉運使盧世榮者亦拜中書右丞，中外諠譁，皆云："彼實阿合馬黨人，乃當時貪横之尤者。"訪其根因來歷，往往能道本末之詳。今自罪廢中僥倖崛起，率爾驟當宰相之任，分布黨與，内外連結，見者爲之寒心，聞之莫不驚駭。斯乃生民休戚之所，關國家利害之所，繫事之大者，莫大於此。卑職食禄居官任當言路，舍此不言，將復何用？且宰相之於國家，猶棟梁之於巨室也。所居職任，荷負非輕，非有才望壓服人心，必致將來傾覆之患。《易》曰："開國承家，小人勿用，必亂邦也。"①《傳》曰："小人之使爲國家，菑害並至。雖有善者，亦無如之何。"②由是言之，置立相臣，寧容不審。

彼盧世榮者，素無文藝，亦無武功，實由趨附賊臣阿合馬濫獲進用。始憑商販之資，圖欲白身入仕，輿贓輦賄，輸送其門。所獻不充，又别立與欠少課銀一千定，文卷買充江西道榷茶轉運使。其於任所，靡有不爲，所犯贓私，動以萬計。其隱秘者，固難悉舉，惟發露者，乃可明言。凡其取受於人及所盜官物，通計鈔二萬九千一百一十九定，金二十五定，銀一百六十八定，茶引一萬二千四百五十八引，馬二十五匹，玉器七件。其餘繁雜物件，今皆不録，已經追納到官，及未納見合追徵者俱有文案，人所共知。今竟不悟前非，狂悖愈甚，以苛刻爲自安之策，以誅求爲干進之門，既懷無厭之心，廣設貪奪之計，而又身當要路，手握重權。雖其位在丞相之下，朝省大政實得專之，是猶以盜跖之徒，掌阿衡之任，不上流殃於見代，亦恐取笑於將來。朝廷信其虚誕之説，用居相職，名爲試驗，實授正權。校其能，敗闕如此；考其行，毫髮無稱。斯皆既往之真蹤，可謂已然之明驗。若謂必須再試，止可叙以他官。宰相之權，豈宜輕授？夫宰天下，譬猶製錦，初欲驗其能否，先當試以布帛。如無能效，所損或輕。今乃捐相位試驗賢愚，亦猶捨美錦校量工拙，脱致隳壞，悔將何追。雖有良工在傍，亦莫

① 參見《周易·師卦》。
② 參見《禮記·大學》。

如之何矣。

今也丞相以孤忠在上，渠輩以同志合從，中間縱有二三善人，勢亦安能與彼相抗。惟以一齊人之語，寧堪衆楚人之咻，終恐事效無徵，同歸不勝其任。自古國有名賢，不能信任，而爲群小所沮，以致大事隳廢者多矣。如樂毅之於燕，屈平之於楚，廉頗之爲趙將，子胥之爲吴臣，漢蕭望之、楊震之流，唐陸宣公、裴度之類，千數百年之後，讀其傳，想其人，無不斂容而長嘆者。今丞相亦國家之名賢也，時政治與不治，民心安與不安，繫在丞相用與不用之間耳。又如玉昔帖木兒大夫、伯顔丞相，皆爲天下之所敬仰、海内之所瞻依者。朝廷果實專任，此三名相，事無大小，必取决而後行，無使餘人有所沮撓，仍須三相博采衆議。於内外耆舊之中，取其聲望素著、衆所推尊者爲之參贊，則天下之才，悉展效用。能者各得盡其能，善者皆得行其善。此誠厚天下之大本，理天下之大策。爲今致治之方，莫有過於此者。

又安用掊克者，在位倚以爲治哉？如以三相，總其綱，領群才，各得其職。下順民欲，上合天心。兆庶之氣既和，天地之和斯應。天地交而品物遂，風雨調而年事稔。上天所賜，獲益良多。若聽聚斂之人專爲刻剥之計，民力既困，國用遂空，兆庶誠有慘傷，天地必生灾異。水旱相仍，螟蝗作孽，年歲荒窘，百姓流離，於其所損，亦豈輕哉？愚嘗推校古今事理，國家之與百姓，上下如同一身。民乃國之血氣，國乃民之膚體。血氣完實則膚體康强，血氣損傷則膚體羸病。未有耗其血氣，能使膚體豐榮者。是故民富則國富，民貧則國貧，民安則國安，民困則國困，其理然也。

昔魯哀公欲重斂於民，問於有若，對曰："百姓足，君孰與不足；百姓不足，君孰與足？"以此推之，民必須賦輕而後足，國必待民足而後豐。《書》曰："民惟邦本，本固邦寧。"[①]歷考前代國家，因其百姓富安以致亂，百姓貧困以致治，自有天地以來未之聞也。薄賦輕徭者天下

---

① 參見《尚書・夏書・五子之歌》。

未嘗不安也,急征暴斂者天下未嘗不危也。故孟獻子曰:“與其有聚斂之臣,寧有盜臣。”誠以爲聚斂之患,過於盜賊蠹國,害民莫斯爲甚也。

夫財者土地所生,民力所集。天地之間,歲有常數,惟能取之有節,故其用之不乏。今盧世榮欲以一歲之期,將致十年之積,危萬民之命,易一己之榮。廣邀增羡之功,不恤顛連之患,期錙銖之悉取,帥上下以交征。視民如讎,爲國斂怨。果欲不爲國家有遠慮,惟取速效於目前。肆意誅求,何所不得,然其生財之道既已不存,斂財之方亦何所賴,將見民間由此凋耗,天下由此空虛,安危利害之機,殆有不勝言者。

計本人任事以來,百有餘日,驗其事迹,備有顯明。今取本人所行與所言,已不相副者昭舉數事。始言能令鈔法如舊,鈔今愈虛。始言能令百物自賤,物今愈貴。始言課程增添三百萬定,不取於民,而能自辦,今却迫脅諸路官司,勒令盡數包認。始言能令民皆快樂,凡今所爲,無非敗法擾民之事。既及於民者民已不堪其生,未及於民者民又難爲後慮。若不早爲更張,須其所行自弊,蠹雖除去,木病已深。始嫌曲突移薪,終見焦頭爛額。事至於此,救將何及。

所謂早有更張者,宜將本人移置他處,量與一職,待其行事果異於前,治政實有成效,然後陞用,未以爲遲。不使驟專非分之任,無令致有横侈之權,則朝廷無將來後悔之患,本人無阿合馬喪家之禍。君臣父子之間,上下兩全其美,非惟國家之幸,實亦本人之大幸也。彼心能自審此,卑職必不是憎。如或不然,亦何敢避。

愚亦知阿附權要則寵榮可期,違忤重臣則禍患難測。緘默自固,亦豈不能?正以事在國家,關係不淺,憂深慮切,不得無言。又況阿合馬事敗之後,朝臣以當時不言之故,致蒙聖旨詰讓者多矣。今卑職忝預言官,適值有此,若復默無一語,實有懼於將來。正須盡此愚直之心,庶免知而不言之責。既已言矣,敬聽所裁。俯伏於兹,待罪而已。

(《元文類》卷一四《論盧世榮奸邪狀》,《文翰類選大成》卷一三〇《論盧世榮奸邪狀》,《元朝名臣事略》卷一《丞相東平忠憲王》卷一之二)

【校勘記】

[1] 議：《古今事文類聚》别集卷七作“義”。

[2] 懿：《文章類選》同《文選》卷四四，《後漢書》卷七四《袁紹劉表列傳》作“令”。

[3] 太守：《文選》卷四四無此二字。

[4] 物：《文選》卷四四作“弱”。

[5] 恒：《文選》卷四四作“悖”。

[6] 縣：《文選》卷四四作“事”。

[7] 又：《文選》卷四四作“及”。

[8] “則無罪也”之“也”字至本文結束句“謹議”：“無罪”二字後，原誤刻韓愈《錢重物輕狀》“以錢出嶺及違令以買賣者”句至其文末“謹奏”共一百八十二字，兹據《文章類選》書例，據《韓愈文集彙校箋注》卷二七《復讎狀》删改。

[9] 狀：原作“鬱”，據《蘇軾文集》卷二五、《全宋文》卷一八六七改。

[10] 數：《蘇軾文集》卷二五、《全宋文》卷一八六七均作“四”。

[11] “正則用之”句至本篇下文“戮力排之”之“戮力”二字：《文章類選》此段内容共五十六行，刻成兩塊整版，《四庫存目叢書》《朔方文庫》影印本均錯版，誤將其排於下文蘇軾撰《諫買浙燈狀》“德裕上疏極論”句和“亦爲罷之”句間，現據《蘇軾文集》卷二五恢復其内容順序。

[12] 以待誅殛：《蘇軾文集》卷二五、《全宋文》卷一八六八此四字後有“臣軾誠惶誠恐頓首頓首謹言”十二字。

[13] 一：《蘇軾文集》卷二五、《全宋文》卷一八六七均作“二”。

文章類選卷之二十四

詔　類

尊太上皇詔

人之至親，莫親於父子。故父有天下，傳歸於子，子有天下，尊歸於父，此人道之極也。前日天下大亂，兵革並起，萬民苦殃，朕親被堅執鋭，自帥士卒，犯危難，平暴亂，立諸侯，偃兵息民，天下大安。此皆太公之教訓也。諸王、通侯、將軍、群卿、大夫已尊朕爲皇帝，而太公未有號，今上尊太公曰太上皇。

（《漢書》卷一下《高帝紀第一下》，《西漢年紀》卷一《高祖》，《西漢會要》卷一五《禮九・嘉禮・上尊號》）

養老詔

老者非帛不暖，非肉不飽。今歲首，不時使人存問長老，又無布帛酒肉之賜，將何以佐天下子孫孝養其親？今聞吏稟當受鬻者，或以陳粟，豈稱養老之意哉！具爲令。

（《文苑英華》卷四九四《問養老・對》，《漢書》卷四《文帝紀第四》，《西漢會要》卷四八《民政三・尊高年》）

疑獄詔

制詔御史："獄之疑者，吏或不敢决；有罪者，久而不論；無罪者，久繫不决。自今以來，縣道官獄，疑者各讞所屬二千石官。二千石官以其罪名當報所不能决者，皆移廷尉。廷尉亦當報之。廷尉所不能决，謹具爲奏，傅所當比律令以聞。

（《漢書》卷二三《刑法志第三》，《西漢年紀》卷二《高祖》，《西漢會要》卷六二《刑法二・疑讞》，《通典》卷一六八《刑法六・詳讞》）

封爵之誓

使黄河如帶，泰山若厲。國以永存，爰及苗裔。

（《史記》卷一八《高祖功臣侯者年表第六》，《漢書》卷一六《高惠高后文功臣表第四》，《資治通鑑》卷二一《漢紀十三・世宗孝武皇帝下之上・三年》，《西漢年紀》卷一《高祖》）

又

非劉氏不王。若有亡功非上所置而侯者，天下共誅之。

（《漢書》卷一八《外戚恩澤侯表第六》，《西漢會要》卷三四《職官四・封建・封外戚》）

三月詔

吾立爲天子，帝有天下，十二年于今矣。與天下之豪士、賢大夫共定天下，同安輯之。其有功者上致之王，次爲列侯，下爲食邑。而重臣之親，或爲列侯，皆令自致吏，得賦斂，女子公主。爲列侯食邑者皆佩之印，賜大第室。吏二千石，徙之長安，受小第室。入蜀、漢定三秦者，皆世世復。吾於天下賢士功臣，可謂亡負矣。其有不義背天子擅起兵者，與天下共伐誅之。布告天下，使明知朕意。

（《漢書》卷一下《高帝紀第一下》，《西漢年紀》卷二《高祖》，《西漢會要》卷三四《職官四・封建・封功臣》）

封功臣詔

前吕産自置爲相國，吕禄爲上將軍，擅遣將軍灌嬰將兵擊齊，欲代劉氏。嬰留滎陽，與諸侯合謀以誅吕氏。吕産欲爲不善，丞相平與太尉勃等謀奪産等軍。朱虚侯章首先捕斬産，太尉勃身率襄平侯通持節承詔入北軍。典客揭奪吕禄印。其益封太尉勃邑萬户,賜金五千斤。

(《漢書》卷四《文帝紀第四》)

不受獻詔

鸞旗在前,屬車在後,吉行日五十里,師行三十里。朕乘千里之馬,獨先安之。朕不受獻也,其令四方毋求來獻。

(《資治通鑑》卷一三《漢紀五・太宗孝文皇帝上・元年》,《西漢年紀》卷五《文帝》)

除肉刑詔

制詔御史:蓋聞有虞氏之時,畫衣冠,異章服,以爲戮,而民弗犯,何治之至也!今法有肉刑三,而奸不止,其咎安在?非乃朕德之薄,教不明與?吾甚自愧。故夫訓道不純而愚民陷焉。《詩》曰:"愷弟君子,民之父母。"[①]今人有過,教未施而刑已加焉,或欲改行爲善,而道亡繇至,朕甚憐之。夫刑至斷支體,刻肌膚,終身不息,何其刑之痛而不德也!豈爲民父母之意哉?其除肉刑,有以易之。及今罪人,各以輕重不亡逃,有年而免。具爲令。

(《文翰類選大成》卷一三六《除肉刑詔》,《史記》卷一〇《孝文本紀第十》,《漢書》卷二三《刑法志第三》,《西漢會要》卷六一《刑法一・刑制》)

漢武帝詔

詔曰:蓋有非常之功,必待非常之人。故馬或奔踶而致千里,士或有負俗之累而立功名。夫泛駕之馬,跅弛之士,亦在御之而已。其令州縣察吏民有茂才異等可爲將相及使絶國者。

(《文選》卷三五《漢武帝詔》,《文翰類選大成》卷一三六《察茂才異等詔》,《漢書》卷六《武帝紀第六》)

---

① 參見《詩經・大雅・泂酌》。

賢良詔

朕聞昔在唐虞，畫象而民不犯，日月所燭，莫不率俾。周之成康，刑錯不用，德及鳥獸，教通四海。海外肅慎，[1]北發渠搜，氐羌來服。星辰不悖，日月不蝕，山陵不崩，川谷不塞。麟鳳在郊藪，[2]河洛出圖書。烏呼！何施而臻此乎？

今朕獲奉宗廟，夙興以求，夜寐以思。若涉淵水，未知所濟。猗歟偉歟！何行而可以章先帝之洪業休德？上參堯舜，下配三王，朕之不敏，不能遠德，此子大夫之所睹聞也。賢良明於古今王事之體，受策察問，咸以書對。著之于篇，朕親覽焉。

（《文選》卷三五《賢良詔》，《文翰類選大成》卷一四五《問賢良策》，《漢書》卷六《武帝紀第六》）

求賢詔

朕思遲直士，側席異聞。其先至者，各以發憤吐懣，略聞子大夫之志矣。皆欲置於左右，顧問省納。建武詔書又曰："堯試臣以職，不直以言語筆札。"今外官多曠，並可以補任。

（《後漢書》卷三《肅宗孝章帝紀第三》，《資治通鑑》卷四六《漢紀三十八・肅宗孝章皇帝上・五年》）

勸農詔

農，天下之大本也，民所恃以生也。而民或不務本而事末，故生不遂。朕憂其然，故今兹親率群臣農以勸之。其賜天下民今年田租之半。

（《漢書》卷四《文帝紀第四》，《資治通鑑》卷一三《漢紀五・太宗孝文皇帝上・二年》，《西漢會要》卷五〇《食貨一・勸農桑》）

止田輪臺等詔

前有司奏，欲益民賦三十助邊用，是重困老弱孤獨也。而今又請遣卒田輪臺。輪臺西於車師千餘里，前開陵侯擊車師時，危須、尉犁、樓蘭六國子弟在京師者皆先歸，發畜食迎漢軍，又自發兵，凡數萬人，王各自將，共圍車師，降其王。諸國兵便罷，力不能復至道上食漢軍。漢軍破城，食至多，然士自載不足以竟師，强者盡食畜産，羸者道死數千人。朕發酒泉驢、橐駞負食，出玉門迎軍。吏卒起張掖，不甚遠，然尚廝留甚衆。

曩者，朕之不明，以軍候弘上書言"匈奴縛馬前後足，置城下，馳言'秦人，我匄若馬'"，又漢使者久留不還，故興師遣貳師將軍，欲以爲使者威重也。古者卿大夫與謀，參以蓍龜，不吉不行。乃者以縛馬書遍視丞相、御史、二千石、諸大夫、郎、爲文學者，乃至郡屬國都尉成忠、趙破奴等，皆以"虜自縛其馬，不祥甚哉"。或以爲"欲以見强，夫不足者視人有餘"。《易》之，卦得《大過》，爻在九五，匈奴困敗。公車、方士、太史、治星、望氣及太卜龜蓍皆以爲吉，匈奴必破，時不可再得也。又曰："北伐行將，於鬴山必克。"卦，諸將貳師最吉。故朕親發貳師下鬴山，詔之必毋深入。今計謀、卦兆皆反繆。

重合侯得虜候者，言："聞漢軍當來，匈奴使巫埋羊牛所出諸道及水上以詛軍。單于遺天子馬裘，常使巫祝之。縛馬者，詛軍事也。"又卜"漢軍一將不吉"。匈奴常言："漢極大，然不能飢渴。失一狼，走千羊。"乃者貳師敗，漢軍士死略離散，悲痛常在朕心。今請遠田輪臺，欲起亭隧，是擾勞天下，非所以憂民也。今朕不忍聞，大鴻臚等又議，欲募囚徒送匈奴使者，明封侯之賞以報忿，五伯所弗能爲也。且匈奴得漢降者，常提掖搜索，問以所聞。今邊塞未正，闌出不禁，障候長吏使卒獵獸，以皮肉爲利，卒苦而烽火乏失，亦上集不得，後降者來，若捕生口虜，乃知之。當今務在禁苛暴，止擅賦，力本農，修馬復令以補缺，毋乏武備而已。郡國二千石各上進畜馬方略補邊狀，與計對。

（《文選補遺》卷一《止田輪臺等詔》，《文翰類選大成》卷一三六《止田輪臺等詔》，《漢書》卷九六下《西域傳第六十六下・渠犂》，《資治通鑑》卷二二《漢紀十四・世宗孝武皇帝下之下・四年》）

封卓茂詔

前密令卓茂，束身自修，執節淳固，誠能爲人所不能爲。夫名冠天下，當受天下重賞，故武王誅紂，封比干之墓，表商容之閭。今以茂爲太傅，封褒德侯，食邑二千户。

(《文翰類選大成》卷一三六《封卓茂詔》,《文選補遺》卷二《封卓茂詔》,《後漢書》卷二五《卓魯魏劉列傳第十五·卓茂》,《東觀漢記校注》卷一三《卓茂傳》)

議省刑法詔

頃獄多冤人，用刑深刻，朕甚愍之。孔子云：“刑罰不中，則民無。”①所措手足，其與中二千石、[3]諸大夫、博士、議郎議省刑法。

(《文選補遺》卷二《議省刑法詔》,《文翰類選大成》卷一三六《議省刑法詔》,《後漢書》卷一上《光武帝紀第一上》)

報馮異詔

將軍之於國家，義爲君臣，恩猶父子，何嫌何疑？而有懼意。

(《後漢書》卷一七《馮岑賈列傳第七·馮異》,《資治通鑑》卷四一《漢紀三十三·世祖光武皇帝上之下·五年》)

賜東平國傅手詔

辭别之後，獨坐不樂，因就車歸，伏軾而吟。瞻望永懷，實勞我心。誦及《采菽》，以增嘆息。日者問東平王處家，何等最樂？王言：“爲善最樂。”其言甚大，副是要腹矣。今送列侯印十九枚，諸王子年五歲已上能趨拜者，皆令帶之。

(《後漢書》卷四二《光武十王列傳第三十二·東平憲王蒼》)

---

① 參見《論語·子路》。

沈文季加侍中詔

門下。散騎常侍、尚書左僕射、西豐縣開國侯、新除鎮軍將軍文季，業宇流正，鑒識通允。[4]秉兹恭恪，誠著匪躬。難起非慮，密邇墉圻。罄力盡勤，萬雉增固。寵服攸加，實爲朝典。可侍中僕射，新除侯如故。主者速施行。

（《文苑英華》卷三八〇《沈文季加侍中詔》）

建國號詔

誕膺景命，奄四海以宅尊；必有美名，紹百王而紀統。肇從隆古，匪獨我家。且唐之爲言蕩也，堯以之而著稱；虞之爲言樂也，舜因之而作號。馴至禹興而湯造，互名夏大以殷中。世降以還，事殊非古。雖乘時而有國，不以義而制稱。爲秦爲漢者，蓋從初起之地名；曰隋曰唐者，又即始封之爵邑。是皆徇百姓見聞之狃習，要一時經制之權宜，概以至公，得無少貶。

我太祖聖武皇帝，握乾符而起朔土，以神武而膺帝圖，四振天聲，大恢土宇，輿圖之廣，歷古所無。頃者耆宿詣庭，奏章伸請，謂既成于大業，宜早定於鴻名。在古制以當然，於朕心乎何有。可建國號曰大元，蓋取《易經》“乾元”之義。兹大冶流形於庶品，孰名資始之功；予一人底寧於萬邦，尤切體仁之要。事從因革，道協天人。於戲！稱義而名，固匪爲之溢美；孚休惟永，尚不負於投艱。嘉與敷天，共隆大號。

（《元文類》卷九《建國號詔》，《文翰類選大成》卷一三六《建國號詔》，《元史》卷七《世祖本紀》）

即位詔　王鶚

朕惟祖宗肇造區宇，奄有四方，武功迭興，文治多闕，五十餘年於此矣。蓋時有先後，事有緩急，天下大業，非一聖一朝所能兼備也。

先皇帝即位之初，風飛雷厲，將大有爲。憂國愛民之心雖切於己，尊賢使能之道未得其人。方董夔門之師，遽遺鼎湖之泣。豈期餘恨，竟弗克終。

肆予冲人，渡江之後，蓋將深入焉。乃聞國中重以僉軍之擾，黎庶驚駭，若不能一朝居者。予爲此懼，馹騎馳歸。目前之急雖紓，境外之兵未戢。乃會群議，以集良規。不意宗盟，輒先推戴。左右萬里，名王巨僚，不召而來者有之，不謀而同者皆是。[5]咸謂國家之大統不可久曠，神人之重寄不可暫虚。求之今日，太祖嫡孫之中，先皇母弟之列，以賢以長，止予一人。雖在征伐之間，每存仁愛之念，博施濟衆，實可爲天下主。天道助順，人謨與能。祖訓傳國大典，於是乎在，孰敢不從。

朕峻辭固讓，至于再三，祈懇益堅，誓以死請。於是俯循輿情，勉登大寶。自惟寡昧，屬時多艱，若涉淵水，罔知攸濟。爰當臨御之始，宜新弘遠之規。祖述變通，正在今日。務施實德，不尚虚文。雖承平未易遽臻，而飢渴所當先務。略舉其切時便民者條列於後。嗚呼！曆數攸歸，欽應上天之命；勛親斯托，敢忘烈祖之規！建極體元，與民更始。朕所不逮，更賴我遠近宗族、中外文武，同心協力，獻可替否之助也。誕告多方，體予至意！

（《元文類》卷九《即位詔》，《元史》卷四《世祖本紀》）

親祀南郊赦　虞集

朕膺昊天之成命，承祖宗之貽謀，[6]祗纘丕基，于今三載，撫萬幾之兢業，[7]思兆姓之雍熙。式舉禮文，聿嚴報祀。爰以今年十月初四日，躬服衮冕，致明禋于南郊。尊我太祖法天啓運聖武皇帝，配享上帝。方至誠之孚格，嘉景貺之旋臻。宜施作解之恩，[8]用洽溥天之慶。於戲！永言配命，克肩昭事之心；一視同仁，益廣鴻寧之福。

（《元文類》卷九《親祀南郊赦》）

【校勘記】

［1］愼：《漢書》卷六作“昚”。

［2］麟：此字原脱，據《文選》卷三五、《漢書》卷六補。

［3］二千石：此三字後原衍“二千石”三字，據《後漢書》卷一上改。

［4］通允：《文苑英華》卷三八〇作“超凡”。

［5］“者皆是”三字至下文“求之今日”之“今日”二字：此二十六字原脱，據《元史》卷四《世祖本纪》、《元文類》卷九補。

［6］祖宗：《元文類》卷九作“聖祖”。

［7］撫：《元文類》卷九作“統”。

［8］作解：《元文類》卷九作“曠蕩”。

文章類選卷之二十五

制類

授崔群右僕射兼太常卿制　　李虞仲

敕：僕射，貳令之職也；奉常，正卿之選也。假中臺之極稱，冠列寺之崇秩，無此兼命，必資重賢。前荆南節度管内觀察處置等使、銀青光禄大夫、檢校吏部尚書、江陵尹、御史大夫、上柱國、清河縣開國公、食邑一千五百户崔群，道合時中，識通政本。含五行之秀氣，爲一代之偉人。文學致名，公忠莅職。清貞不撓，方廉自持。曩升臺階，助我憲祖。實著贊時之績，用存經國之規。周旋累朝，揚歷大位。出作垣翰，入標羽儀。風雨有不已之鳴，雪霜無可變之色。秉是全德，罔聞異詞。乃者輟自夏卿，授之戎閫。統荆衡之巨鎮，嗣羊杜之前聲。政推洽平，理在徵復。禮樂之器，予心所難。冀流合雅之音，將考依經之制。慎簡斯久，僉諧乃俞。俾迴軍旅之謀，式暢人祇之職。伯夷官業，佇乃修明。可檢校尚書右僕射兼太常卿，散官、勛封如故。

（《文苑英華》卷三九六《授崔群右僕射兼太常卿制》，《文翰類選大成》卷一三七《授崔群右僕射兼太常卿制》）

授李曄宗正卿制　　賈至

門下：前弘農太守李曄，體正心和，操端行潔。或政能茂異，所蒞必聞；或忠孝兼全，避權勤讓。咸推公議，多負卿才。官惟其人，用必有適。宜欽爾職，以弼予教，可守宗正卿。

（《文苑英華》卷三九六《授李曄宗正卿制》，《文翰類選大成》卷一

三七《授李曄宗正卿制》)

授張沛司膳少卿制　李嶠

鸞臺：新除齊州刺史張沛，禮義高族，忠賢令緒。才優識通，學敏詞贍。實藴幹時之具，雅懷在公之節。絃歌出撫，亟動於謳謡；符傳所經，必聞於課最。允稱衣冠之胄，是謂廊廟之珍。三署爲卿，九流莫尚。宜迴負海之駕，俾登象河之列。可司膳少卿，主者施行。

(《文苑英華》卷三九八《授張沛司膳少卿制》,《文翰類選大成》卷一三七《授張沛司膳少卿制》)

授韓愈比部郎中史館修撰制　白居易

敕：太學博士韓愈，學術精博，文力雄健。立詞措意，有班、馬之風。求之一時，甚不易得。加以性方道直，介然有守。不交勢利，自致名望。可使執簡，列爲史官。記事書法，必無所苟。仍遷郎位，用示褒升。可依前件。

(《文苑英華》卷四〇〇《授韓愈比部郎中史館修撰制》,《文翰類選大成》卷一三七《授韓愈比部郎中史館修撰制》,《白居易文集校注》卷一八《韓愈比部郎中史館修撰制》)

姚崇等北伐制　蘇頲

黄門：朕聞上古聖王之政理，則教之以戰，陳之以兵，蓋威不讋而服不順也。故始於禁暴，終於偃革，斯不得已而用之。朕以寡昧，誕膺鴻業。思欲率於動静，歸之教化，豈要荒之外，棄爲匪人，而亭育之中，視則如子？罔不遵我文軌，修其貢賦。歲時相望，道路抵屬。而默啜素稱桀驁，鳴鏑於狼居；頃自懷柔，屢書於象魏。朝廷所以許其通好，議以和親，使臣累賫繒帛，侍子令襲冠帶，庶中國無事，長城罷守，戢干戈而銷劍戟者，朕之意焉。豈謂我盟不渝，爾約斯背。伊庭之際，遂敢侵軼。西北偏隅，尚聞嘯聚。雖摧其精鋭，而困於圍逼，此不虞之失也，朕甚憐之。犬羊無親，不可恃信而輕敵；熊羆有勇，咸能宣威而制勝。朕由是詢卿士之奏，攬英雄之心，謀元帥而得佐軍。恢遠圖而舉長策，隨時之義，其在豫乎！

兵部尚書兼紫微令、監修國史上柱國梁國公姚崇，天降其才，[1]日新厥德。禮義爲本，居有四鄰。[2]謩猷是先，坐知千里。以仲山甫之操，管夷吾之能，智涌泉而不窮，精貫日而逾勵。信廟堂之柱石，鼎鼐之鹽梅，必能奮爾六奇，光我三傑。可持節靈武道行軍大總管，管内諸軍，咸受節度。

右領軍衛大將軍兼檢校單于大都護鎮守軍使張知運，寬厚沉毅，外方内直。威而勇决，自攝單于之臺。惠則撫循，咸仰將軍之樹。可中軍副大總管。

權檢校原州都督李欽憲，家承將相，器兼文武。求古人之節，臨事不回；讀前史之言，好謀而斷。可左軍副大總管。

檢校左威衛將軍靈州都督吕休璟，慣知邊要，久探戎律。誠期報國，去病安用家爲？奮不顧身，伯昭不持賊遺。可右軍副大總管。

左驍衛將軍論弓仁、右金吾衛大將軍勿部珣、左領軍衛郎將攝本衛將軍張直楷、[3]單于副都護臧懷亮、右領軍衛中郎將王海賓、前朔州刺史劉元楷、右武衛郎將楊楚客、並州定清府果毅元蕭然等，頗牧爲用，關張其敵。懷才倜儻，嘗邀百勝之功；立志經營，備習九章之訓。弓仁及珣並可前鋒總管，直楷可左虞候總管，懷亮可右虞候總管，海賓、元楷、楚客、蕭然等並可行軍總管。

太僕少卿田崇璧、鄜州刺史韓思復等，强力從政，精心在公。知無不爲，利有攸往。入敷事典，省閣稱其閑練；出綜條察，吏人畏其嚴明。崇璧可兼行軍長史，思復可兼行軍司馬。

兵部郎中李休光、司勛郎中張敬忠、兵部員外郎王上客、刑部員外郎楊欽明、江州别駕李邕等，或特達珪璋，所謂登壇之寶；或翩翩書記，曾聞及霤之詞。可以光贊出車，弘宣入幕，並可行軍判官。

靈武軍兵加滿十萬人，舊馬既少，宜於内外閑廐抽壯馬，添滿六萬匹。原、夏等州要害處亦量加馬。其後軍兵六萬人,馬二萬匹,先來點定。宜令衛尉卿李延昌、左羽林將軍楊敬述等至冬檢閱,且當處團結,待後進止。其有先鋒破賊、斬馘摧堅、功效灼然者,並委軍將便定功賞,不須限以常格。總管以下,有損失兵馬,不能力戰,棄軍逃命者便殺。[4]其有棄軍入賊,不能死節者,妻子依叛緣坐法。凡此和衆,誓于師兵,統燕犀冀馬之雄,屯斬蛟挐黿之勇。鼓鼙沸野,旌旗彗雲,豈式遏於河塞,方震驚於沙漠。於是乎單醪以信之,芳餌以賞之。戮揚干之僕,必行其令;持穰苴之兵,不枉其法。堅壁清野,則投石而有餘;追奔逐北,則掃塵而無類。俾權宜於閫外,仍布告於天下,暫勞永逸,在此行焉。主者施行。

(《文苑英華》卷四五九《命姚崇等北伐制》,《文翰類選大成》卷一三七《命姚崇等北伐制》,《唐大詔令集》卷一三〇《命姚崇等北伐制》)

授宋璟御史大夫制　蘇頲

黄門:三臺副職,百寮之師,紀綱是任,莅事惟能。國子祭酒、上柱國、廣平郡開國公、東都留守宋璟,含純粹之德,稟清剛之氣,學研精以辨政,文體要以經遠。吉人之寡,敷言有訓。君子之慎,擇行無違。正色而自具陽秋,立誠而不僭風雨。必能静專動直,獻忠納規。嘗聞沃心之任,靡憚犯顔之情。使其坐以鎮俗,毅然當朝,則不能者退,不仁者遠。王臣蹇蹇,懦夫有立。俾光天憲,式副人瞻。可御史大夫,勛封如故。主者施行。

(《文苑英華》卷三九三《授宋璟御史大夫制》,《文翰類選大成》卷一三七《授宋璟御史大夫制》)

授韓弘河中節度使制　李紳

門下:王者統馭萬寓,緝熙庶政,必有文武全器。柱石之臣,出壯藩岳,入和臺鼎,使其效彰中外,聲播華夷。所居而人心自寧,所莅而軍令自肅。克是任者,其惟至公。開府儀同三司、守司徒兼中書令、上柱國、許國公、食邑三千户韓弘，受天地凝粹之氣，得山川崇深之靈，厚其體而壯其容，虚其心而宏其量。早洞戎韜之學，久膺節制之權。隱然大梁，克有成績。及功宣盪寇，志展勤王。懇申戀闕之誠，竟遂來朝之禮，位高百辟，榮冠一時。恩極而愈恭，名光而益勵。朕方欲樹以垣翰，仗乎忠賢，乃睠關河之首，實惟股肱之郡。自昔重寄，無非元勛，是用命以上公，復兹雄鎮。於戲！頃居東夏，父子偕分閫之榮；今處近郊，伯仲並登壇之貴。道苟積於忠實，顧何愛於寵章。往惟欽哉，副我明命。可守司徒兼中書令、河中尹，充河中、晋、絳、慈、隰等州節度觀察處置等使，散官、勛封如故。主者施行。

（《文苑英華》卷四五五《授韓弘河中節度使制》，《文翰類選大成》卷一三七《授韓弘河中節度使制》，《李紳集校注·授韓弘河中節度使制》）

授薛存誠御史中丞制　白居易

敕：庶官之政，得人則舉，况中執憲準繩之司，所以提振紀綱，端肅内外，蓋一職修者，其斯任之謂歟。給事中薛存誠，選自郎署，列于左曹。居必静專，言皆讜正。章疏駁議，多所忠益。可以執憲，立于朝端。况副相方缺，臺綱是領。糾正百官，爾得專之。夫直而不絞，威而不猛。不附上而急下，不犯弱而違强。率是而行，號爲稱職。敬服斯命，往其懋哉。可御史中丞，餘如故。

（《文苑英華》卷三九三《授薛存誠御史中丞制》，《文翰類選大成》卷一三七《授薛存誠御史中丞制》，《白居易文集校注》卷一八《薛存誠除御史中丞制》）

韓琦加恩制　王安石

朕祗率舊章，肇稱吉禮。對越天地，具獲靈明之歆；相維公卿，並膺休顯之賜。其孚大號，以寵元勛。推誠保德、崇仁守正、協恭贊治、亮節佐運翊戴功臣，淮南節度、揚州管内觀察處置營田等使，開府儀同三司、守司徒、檢校太師、兼侍中、行揚州大都督府長史、上柱國、魏國公，食邑一萬三千七百户，食實封五千户韓琦，躬受偉材，出陪熙運。保兹天子，進無浮實之名；正是國人，退有顧言之行。開朝廷之兩社，揉方域之萬邦。辰猷具臧，器寶加重。中辭機軸之要，外即蕃屏之安。衡紞紘綖，備三公服飾之盛；櫜兜戟纛，兼大將威儀之多。序績既崇，修方彌謹。協成宗祀之禮，與有顯助之勞。肆衍本封，申加美稱。於戲！恩典徽數，所以旌帝臣；明德茂功，所以奬王室。往惟勵翼，服此褒嘉！[5]

（《宋文鑑》卷三四《韓琦加恩制》）

待制司馬光可禮部郎中制　王安石

敕：左右侍從之臣，皆先帝所遺以助興政理者也。有勞可録，朕敢忘哉？具官某，行義信於朝庭，文學稱於天下，比更任使，會課當遷。進位二等，以嘉爾績。爾方以經術入侍，而又兼諫諍之官，往其思致厥身，使朕之聰明無所不通，爾亦維有無窮之聞。可。

（《司馬温公集編年箋注》附録卷一四《待制司马光禮部郎中制》，《王荆公文集箋注·外制》卷一二《待制司馬光禮部郎中制》）

吕公著同平章制　蘇軾

仁莫大於求舊，智莫良於用衆。既得天下之大老，彼將安歸；以至國人皆曰賢，夫然後用。今朕一舉，仁智在焉。宜告治朝，以孚大號。金紫光禄大夫、守尚書右僕射兼中書侍郎、上柱國、東平郡開國公吕公著，訏謨經遠，[6]精識造微。非堯舜不談，昔聞其語；以社稷爲悦，今見其心。三年有成，百揆時叙。維乃烈考，相于昭陵。蓋清净以寧民，亦勞謙而得士。凡我儀刑之老，多其賓客之餘。在武丁時，雖莫追於前烈；作召公考，固無易於象賢。而乃屢貢封章，力求退避。朕重失此三益之友，而閔勞以萬幾之煩。是用遷平土之司，釋文昌之任。毋廢議論，時遊廟堂。於戲！大事雖咨於房喬，非如晦莫能果斷；重德無逾於郭令，而裴度亦寄安危。罔俾斯人，專美唐世。可特授守司空、同平章軍國事、加食邑七百户、食實封三百户，[7]餘如故。仍一月三赴經筵，二日一入朝，因至都堂，議軍國事。

（《宋文鑑》卷三六《除吕公著守司空同平章軍國事制》，《文翰類選大成》卷一三七《除吕公著守司空同平章軍國事制》，《蘇軾文集》卷三八《除吕公著特授守司空同平章軍國事加食邑實封餘如故制》）

范純仁右僕射制　蘇軾

朕惟朝廷之盛衰，常以輔相爲輕重。若根本强固，則精神折衝。故薦吕臣奉己而不在民，則晋文無復憂色；汲長孺直諫而守死節，則淮南爲之寢謀。朕思得其人，付之以政。使天下聞風而心服，則人主無爲而日尊。咨爾在廷，咸聽朕命。中大夫、同知樞密院事、上柱國、高平縣開國伯范純仁，[8]器遠任重，才周識明。進如孟子之敬王，退若蕭生之憂國。朕覽觀仁祖之遺迹，永懷慶曆之元臣。强諫不忘，喜臧孫之有後；我心是似，[9]命召虎以來宣。雖兵政之與聞，疑遠猷之未究。坐論西省，進貳文昌；增秩益封，兼隆異數。於戲！時難得而易失，民難安而易危。予欲守在四夷，以汝爲偃兵之姚、宋；予欲藏於百姓，以汝爲息民之蕭、曹。勉思古人，以稱朕意。可特授太中大夫、守尚書右僕射兼中書侍郎、進封高平郡開國侯。

（《宋文鑑》卷三六《除范純仁太中大夫守尚書右僕射兼中書侍郎制》，《文翰類選大成》卷一三七《除范純仁太中大夫守尚書右僕射兼中書侍郎制》，《蘇軾文集》卷三八《除范純仁特授太中大夫守尚書右僕射兼中書侍郎進封高平郡國開侯加食邑實封餘如故制》，《宋大詔令集》卷五七《同知樞密院范純仁拜右相制》）

文彦博平章制　鄧潤甫

師傅道之教訓，先王所以迪厥官；老成重於典刑，天下所以資其智。乃眷舊德，時謂元勛。謀合祖宗之心，名載鼎彝之器，申頒贊策，播告外朝。河東節度管内觀察處置等使、守太師、開府儀同三司、太原尹致仕、上柱國、潞國公文彦博，敦大而清明，[10]方嚴而信厚。[11]出則秉乎旄鉞，入則總我鈞衡。文武兼備其才，夷險能致其力。畢公之弼四世，三紀于兹；傅説之總百官，萬邦其乂。爵隆無富溢之累，名遂有身退之榮。神明相其壽康，人心想其風采。是用還之論道，倚以經邦。以帝者之師臣，謀議廟堂之上；以天下之大老，制馭夷狄之情。庶幾有爲，底于極治，陪敦多井，申衍真封。於戲！吕望惟賢，起佐文王之治；周公已老，留爲孺子之師。矧我耆英，無愧前哲。往宣一德，用格多盤。

（《宋文鑑》卷三六《除文彦博平章軍國重事制》，《文翰類選大成》卷一三七《文彦博平章制》，《宋大詔令集》卷五七《守太師致仕文彦博拜太師平章軍國重事制》）

加封孔子制　閻復

蓋聞先孔子而聖者，非孔子無以明；後孔子而聖者，非孔子無以法。所謂祖述堯舜，憲章文武，儀范百王，師表萬世者也。朕纂承丕緒，敬仰休風。循治古之良規，舉追封之盛典。加號大成至聖文宣王，遣使闕里，祀以太牢。於戲！父子之親，君臣之義，永惟聖教之尊；天地之大，日月之明，奚罄名言之妙。[12]尚資神化，祚我皇元。

（《元文類》卷一一《加封孔子制》，《文翰類選大成》卷一三七《加封孔子制》）

左丞董文炳贈謚制　李槃

折衝禦侮，誠社稷之良臣；崇德報功，實國家之令典。途雖殊於生死，禮當極於哀榮。故資德大夫、中書左丞、僉書樞密院事董文炳，王佐之才，將家之子。自出宰於劇縣，嘗入侍於潛藩。山路間關，諷戎輅遠趨於六詔；風濤洶涌，扈龍舟首渡於三江。迨予嗣服之年，委以專征之任。截彼淮浦，至于海邦。招降兩浙之新民，撫定七閩之故地。大小數百戰，奮不顧身；勤勞三十年，厥有成績。往者睢陽城下，父已殁於兵鋒；比來揚子橋邊，男復終於王事。一門忠孝，萬古芳香。及兹幹事而回，方以不次而待。何言中路，殲我良人。蓋非卿，孰佐於朕躬，而獨朕悉知於卿意。弗頒異數，曷慰永懷。其升一品之榮，以賁九泉之隧。倘其有識，歆此無窮。可贈金紫光禄大夫、平章政事，謚忠獻公。

（《元文類》卷一一《左丞董文炳贈謚制》，《文翰類選大成》卷一三七《左丞董文炳贈謚制》）

左丞許衡贈官制　姚燧

天非繼聖學之墜緒，則不生命世之大才；國欲與王道以比隆，肆用爲烝民之多覺。何物故之已久，尚人思之未忘？故資善大夫、中書左丞、集賢大學士兼國子祭酒、教領太史院事許衡，玉裕而金相，準平而繩直。出處則惟義所在，言動亦以禮自持。休休焉有容，翼翼乎其敬。人能弘道，惟朝聞夕死之是期；我欲至仁，匪晝誦夜思而不得。行已似秋霜烈日，化人如時雨和風。來席下之摳衣，滿户外者列屨。達簡在帝心者，率多丞弼；窮固守師説者，[13]不失善良。鶴鳴九皋，而聲聞於高；鳳翔千仞，必德輝乃下。爰立相，以堯君舜民之志；所告上，皆《伊訓》《説命》之言。丹扆斥奸，少不避雷霆之軋擊；青臺治曆，本於筴日月而送迎。繇理窮而智益明，隨任使而職斯舉。今既亡矣，誰其嗣之？於戲！在爾身有垂没世之名，于朕心有失同時之恨。雖成廟納書以命謚，固已振木鐸之高風；而功臣胙土則未加，用申錫蜜章于下地。光靈如在，寵數其承。可加贈正學垂憲佐運功臣、太傅、開府儀同三司，追封魏國公，謚文正。

（《元文類》卷一一《左丞許衡贈官制》，《文翰類選大成》卷一三七《左丞許衡贈官制》，《四六法海》卷一《左丞許衡贈官制》，《許衡集》卷首《元朝詔誥》）

口宣類

賜文彦博致仕不允口宣　蘇軾

有敕：卿德望冠於累世，風采聞於四夷。方兹仰成，倚以爲重。退老之請，所未欲聞。

（《蘇軾文集》卷四一《賜太師文彦博乞致仕不允批答口宣》）

賜吕公著乞退不允口宣　蘇軾

有敕：卿柱石本朝，著龜當代。方兹注意，實所仰成。宜體朕心，姑安其位。

（《蘇軾文集》卷四一《賜宰相吕公著乞退不允批答口宣》）

賜遼使射弓例物口宣　蘇軾

敕：卿等致命國寶，出游禁籞，爰修射事，以佐賓歡。宜旌審固之能，式厚珍良之賜。

（《蘇軾文集》卷四一《玉津園賜大遼賀坤成節人使射弓例物口宣》）

賜真定府路臣寮等初冬衣襖　王安石

有敕：卿汝等水澤將堅，風飆載厲。永懷黎獻，方寄外憂。當飭使軺，就頒篋服。

（《臨川先生文集》卷四八《賜真定府路臣寮等初冬衣襖口宣》）

【校勘記】

［1］降：《文章類選》同《文苑英華》卷四五九，《唐大詔令集》卷一三〇作“假”。
［2］鄰：《文章類選》同《文苑英華》卷四五九，《唐大詔令集》卷一三〇作“科”。
［3］直：《文章類選》同《文苑英華》卷四五九，《唐大詔令集》卷一三〇作“真”。
［4］殺：《文章類選》同《文苑英華》卷四五九，《唐大詔令集》卷一三〇作“斬”。

［5］服此褒嘉：此句後原有"可特授依前守司徒檢校太師兼侍中行揚州大都督府長史魏國公充淮南節度揚州管内觀察處置營田等使加食邑七百户食實封四百户仍賜推誠保德崇正守仁協恭贊治亮節佐運翊戴功臣散勛封如故"八十三字，此係《除韓琦制》的内容，據《宋文鑑》卷三四《韓琦加恩制》删改。

［6］訏：原作"謀"，據《宋文鑑》卷三六改。

［7］加食邑七百户實封三百户：此十一字原脱，據《蘇軾文集》卷三八補。

［8］開國伯：《宋文鑑》卷三六、《文翰類選大成》卷一三七此三字下有"賜紫金魚袋"五字，《蘇軾文集》卷三八此三字下有"食邑九百户食實封二百户賜紫金魚袋"十六字。

［9］我心：《宋文鑑》卷三六作"戎公"。

［10］敦：《宋文鑑》卷三六作"惇"。

［11］厚：原作"源"，據《宋文鑑》卷三六、《四六法海》卷一改。

［12］妙：《元文類》卷一一作"教"。

［13］固：《文章類選》同《四六法海》卷一，《元文類》卷一一作"困"。

胡方文庫

主編　胡玉冰

文章類選

〔明〕朱㮵　等輯

胡玉冰　等校注

下册

上海古籍出版社

文章類選卷之二十六

符命類

劇秦美新並序　　楊子雲

諸吏中散大夫臣雄稽首再拜，上封事皇帝陛下：臣雄經術淺薄，行能無異，數蒙渥恩，拔擢倫比，與群賢並位，愧無以稱職。臣伏惟陛下至聖之德，龍興登庸，欽明尚古，作民父母，爲天下主。執粹清之道，鏡照四海。聽聆風俗，博覽廣包。參天貳地，兼併神明。配五帝，冠三王，開闢以來，未之聞也。臣誠樂昭著新德，光之罔極。往時司馬相如作《封禪》文一篇，以彰漢氏之休。臣常有顛眴縣。病，恐一旦先犬馬填溝壑，所懷不章，長恨黄泉，敢竭肝膽，寫腹心，作《劇秦美新》一篇，雖未究萬分之一，亦臣之極思也。臣雄稽首再拜以聞，曰：

權輿，天地未祛，睢睢許惟。盱盱，吁。或玄而萌，或黄而牙，玄黄剖判，上下相嘔，音“吁”。爰初生民，帝王始存。在乎混混茫茫之時，亹聞罕漫而不昭察，世莫得而云也。厥有云者：上罔顯於羲皇，中莫盛於唐虞，邇靡著於成周。仲尼不遭用，《春秋》困斯發。言神明所祚，兆民所托，罔不云道德仁義禮智。獨秦屈起西戎邠荒岐雍之疆，因襄文宣靈之僭迹，立基孝公，茂惠文，奮昭莊，至政破縱擅衡，横。并吞六國，遂稱乎始皇。盛從鞅於仰。儀韋斯之邪，政馳鶩起翦恬賁奔。之用兵。划滅古文，刮語燒書，弛禮崩樂，塗民耳目。遂欲流唐漂虞，滌殷蕩周，譙然。除仲尼之篇籍。自勤功業，[1]改制度軌量，咸稽之於《秦紀》。是以耆儒碩老，抱其書而遠遜；禮官博士，卷其舌而不談。來儀之鳥，肉角之獸，狙獷古猛。而不臻。甘露嘉醴，景曜浸潭之瑞潜；大茀浦汲。經貫，隕。巨狄鬼信之妖發。神歇靈繹，海水群飛，二世而亡，何其劇與！帝王之道，兢兢乎不可離已。

夫能貞而明之者窮祥瑞，回而昧之者極妖愆。上覽古在昔，有憑應而尚缺，焉壞徹而能全？故若古者稱堯舜，威侮者陷桀紂，況盡汛埽前聖數千載功業，專用己之私，而能享祐者哉？

會漢祖龍騰豐沛，奮迅宛冤。葉。攝。自武關與項羽戮力咸陽，創業蜀漢，發迹三秦，克項山東，而帝天下。擿秦政慘酷尤煩者，應時而蠲，如儒林、刑辟、曆紀、圖典之用稍增焉。秦餘制度，項氏爵號，雖違古而猶襲之。是以帝典闕而不補，王綱弛而未張，道極數殫，闇忽不還。

逮至大新受命，上帝還資，后土顧懷，玄符靈契，黄瑞涌出。滭必。浡沕勿。潏，聿。川流海渟。音"庭"。雲動風偃，霧集雨散。誕彌八圻，上陳天庭。震聲日景，炎光飛響。盈塞天淵之間，必有不可辭讓云爾。於是乃奉若天命，窮寵極崇，與天剖神符，地合靈契。創億兆，規萬世，奇偉倜儻譎詭，天祭地事。其異物殊怪，存乎五威將帥，班乎天下者，四十有八章。登假皇穹，鋪衍下土，非新家其疇離之。卓哉煌煌，真天子之表也。

若夫白鳩丹烏，素魚斷蛇，方斯蔑矣。受命甚易，格來甚勤。昔帝纘皇，王纘帝，隨前踵古，或無爲而治，或損益而亡。豈知新室委心積意，儲思垂務，旁作穆穆，明旦也不寐，勤勤懇懇者，非秦之爲與？夫不勤勤，則前人不當，不懇懇，則覺德不愷。是以發秘府，覽書林，遥集乎文雅之囿，翱翔乎禮樂之場。胤殷周之失業，紹唐虞之絶風。懿律嘉量，金科玉條。神卦靈兆，古文畢發。焕炳照曜，靡不宣臻。式軨軒旂旗以示之，揚和鸞肆夏以節之，施黼黻衮冕以昭之，正嫁娶送終以尊之，親九族淑賢以穆之。

夫改定神祇，上儀也；欽修百祀，咸秩也；明堂雍臺，壯觀也；九廟長壽，極孝也；製成六經，洪業也；北懷單于，廣德也。若復五爵，度三壞，經井田，免人役，方《甫刑》，匡《馬法》，恢崇祗庸爍德懿和之風，廣彼搢紳講習言諫箴誦之塗，振鷺之聲充庭，鴻鸞之黨漸階。俾前聖之緒，布濩流衍而不韞韣，郁郁乎焕哉！天人之事盛矣，鬼神之望允塞。群公先正，罔不夷儀；奸宄寇賊，罔不振威。紹少典之苗，著黄虞之裔。帝典闕者已補，王綱弛者已張。炳炳麟麟，豈不懿哉！

厥被風濡化者，京師沈潛，甸内布洽。[2]侯衛厲揭，要荒濯沐。而述前典，[3]巡四民，迄四嶽，增封泰山，廣禪梁甫，[4]斯受命者之典業也。蓋受命，日不暇給，或不受命，然猶有事矣。況堂堂有新，正丁厥時，崇嶽渟庭。海通瀆之神，咸設壇場，望受命之臻焉。海外遐方，信延頸企踵，回面内嚮，喁喁魚恭。如也。帝者雖勤，惡烏。可以已乎？宜命賢哲，作《帝典》一篇，舊三爲一，襲以示來人，摛之罔極。令萬世常戴巍巍，履栗栗，臭馨香，含甘實。鏡純粹之至精，聆清和之正聲。則百工伊凝，庶積越熙。[5]荷天衢，提地釐，斯天下之上則已。庶可試哉。

（《文選》卷四八《劇秦美新論》，《楊雄集校注·文·劇秦美新並序》）

典引　班固

臣固言：永平十七年，臣與賈逵、傅毅、杜矩、展隆、郗萌等，召詣雲龍門。小黄門趙宣持《秦始皇帝本紀》問臣等曰："太史遷下贊語中，寧有非耶？"臣等對曰：[6]"此贊賈誼《過秦篇》言'向使子嬰有庸主之才，僅得中佐，秦之社稷，未宜絶也'，此言非是。"即召臣入，問："本聞此論非邪？將見問意開寤邪？"臣具對素聞知狀。

詔因曰："司馬遷著書，成一家言，揚名後世。至以身陷刑之故，反微文刺譏，貶損當世，非誼士也。司馬相如洿行無節，但有浮華之詞，不周於用。至於疾病而遺忠，主上求取其書，竟得頌述功德，言封禪事，忠臣效也。至是賢遷遠矣。"臣固常伏刻誦聖論，昭明好惡，不遺微細。緣事斷誼，動有規矩，雖仲尼之因史見意，亦無以加。臣固被學最舊，受恩浸深，誠思畢力竭情。昊天罔極，臣固頓首。伏惟相如《封禪》，靡而不典，楊雄《美新》，典而無實，然皆游揚後世，垂爲舊式。臣固才朽，不及前人。蓋咏《雲門》者難爲音，觀隋和者難爲珍。不勝區區，竊作《典引》一篇，雖不足雍容明盛萬分之一，猶樂啓發憤滿，[7]覺悟童蒙，光揚大漢，軼聲前代，然後退入溝壑，死而不朽。臣固愚戇，頓首頓首曰：

太極之元，兩儀始分。烟烟因。熅熅，有沈而奥，有浮而清。沈浮交錯，庶類混成。肇命民主，五德初起，[8]同于草昧。玄混之中，逾繩越契，寂寥而亡無詔者，系不得而綴也。厥有氏號，紹天闡繹，亦。莫不開元於太昊皇初之首。上哉敻乎，其書猶可得而修也。[9]亞斯之世，通變神化，函含光而未曜。[10]若夫上稽乾則，降承龍翼，而炳諸典謨，以冠德卓絶者，[11]莫崇乎陶唐。陶唐舍胤而禪有虞，有虞亦命夏后。稷、契熙載，越成湯、武，股肱既周，天乃歸功元首，將授漢劉，俾其承三季之荒末，值亢龍之灾孽。縣象暗而恒文乖，彝倫斁而舊章缺，故先命玄聖，使綴學立制，宏亮洪業，表相祖宗，贊揚迪哲，備哉粲爛，真神明之式也。雖皋、夔、衡、旦密勿之輔，比兹褊矣。是以高、光二聖，宸居其域，時至氣動，乃龍見淵躍。拊翼而未舉，則威靈紛紜，海内雲蒸，雷動電熛，胡縊莽分，尚不莅其誅。然後欽若上下，恭揖群后，正位度宗，有于德不臺淵穆之讓，靡號師矢敦奮撝之容。蓋以膺當天之正統，受克讓之歸運，蓄炎上之烈精，藴孔佐之弘陳云爾。

洋洋乎若德，帝者之上儀，誥誓所不及已。鋪觀二代洪纖之度，其賾可探也。並開迹於一簣，同受侯甸之服，奕世勤民，以方伯統牧，乘其命賜彤弧黄鉞之威，用討韋、顧、黎、崇之不恪。至于參三。五華夏，京遷鎬、皓。亳，遂自北面。虎螭其師，革滅天邑，是故誼士華而不敦，《武》稱未盡，《護》有慚德，不其然與？亦猶於烏。穆猗那，翕純皦皎。繹，亦。以崇嚴祖考，殷薦宗配帝，發祥流慶。對越天地者，舄奕乎千載，豈不克自神明哉！誕略有常，審言行於篇籍，光藻朗而不渝耳。

矧夫赫赫聖漢，巍巍唐基，泝測其源，乃先孕虞育夏，甄殷陶周，然後宣二祖之重光，襲四宗之緝熙。神靈日照，光被六幽。仁風翔乎海表,威靈行乎鬼區。慝亡無。回而不泯,微胡瑣而不頤。故夫顯定三才昭登之績,匪堯不興;鋪聞遺策在下之訓,匪漢不弘厥道。至於經緯乾坤,出入三光,外運渾元,内沾豪芒,性類循理,品物咸亨,其已久矣。

盛哉!皇家帝世,德臣列辟。功君百王,榮鏡宇宙。尊亡與亢,乃始虔鞏勞謙,兢兢業業。貶成抑定,不敢論制作。至於遷正黜色賓監之事,涣揚寓内。而禮官儒林屯用篤誨之士,不傳祖宗之髣髴,雖雲優慎,無乃葸與!於是三事嶽牧之寮,僉爾而進曰:"陛下仰監唐典,中述祖則,俯蹈宗軌。躬奉天經,惇敦。睦辨章之化洽;巡靖黎蒸,懷保鰥寡之惠浹;燔瘞縣沈,肅祇群神之禮備。是以來儀集羽族于觀魏,肉角馴毛宗於外囿,擾緇文皓質於郊,升黄輝采鱗於沼,甘露宵零于豐草,三足軒翥於茂樹。若乃嘉穀靈草,奇獸神禽,應圖合諜,窮祥極瑞者,朝夕坰牧,日月邦畿,卓犖乎方州,洋溢乎要荒。昔姬有素雉、朱烏、玄秬、黄𪎭莫侯。之事耳,君臣動色,左右相趨,濟濟翼翼,峨峨如也。蓋用昭明寅畏,承聿懷之福,亦以寵靈文武,貽燕後昆,覆以懿鑠,豈其爲身而有顓辭也?若然受之,亦宜勤恁旅力,以充厥道,啓恭館之金滕,御東序之秘寶,以流其占。

夫圖書亮章,天哲也。孔猷先命,聖孚也;體行德本,正性也;逢吉丁辰,景命也。順命以創制,因定以和神。答三靈之蕃祉,展放唐之明文,兹事體大而允,寤寐次於聖心,瞻前顧後,豈蔑清廟、憚敕天命也?伊考自遂古,乃降戾爰兹,作者七十有四人,有不俾而假素,罔光度而遺章,今其如台而獨闕也。是時聖上固以垂精游神,苞舉藝文。屢訪群儒,諭諮故老。與之斟酌道德之淵源,肴覈仁誼之林藪,以望元符之臻焉。既感群后之讜辭,又悉經五繇宙。之碩慮矣。將絣萬嗣,揚洪輝,奮景炎,扇遺風,播芳烈,久而愈新,用而不竭。汪汪乎丕天之大律,其疇能亘之哉!唐哉皇哉,皇哉唐哉!

(《文選》卷四八《典引》,《文翰類選大成》卷一六二《典引并序》,《後漢書》卷四〇下《班彪列傳第三十下·班固》)

貞符並序　　柳宗元

負罪臣宗元惶恐言，臣所貶州流人吴武陵爲臣言："董仲舒對三代受命之符，誠然，非耶？"臣曰："非也，何獨仲舒爾！自司馬相如、劉向、楊雄、班彪、彪子固，皆沿襲嗤嗤，推古瑞物以配受命。[12]其言類淫巫瞽史，誑亂後代，不足以知聖人立極之本。顯至德，揚大功，甚失厥趣。"臣爲尚書郎時，嘗著《貞符》，言唐家正德受命於生人之意，累積厚久，宜享無極之義，本末閎闊。會貶逐中輟，不克備究。武陵即叩頭邀臣："此大事，不宜以辱故休缺，使聖王之典不立，無以抑詭類，拔正道，表覈萬代。"臣不勝奮激，即具爲書。念終泯没蠻夷，不聞于時，猶不爲也。苟一明大道，施于人世，死無所憾，用是自决。臣宗元稽首拜手以聞，曰：

孰稱古初樸蒙空侗而無争，厥流以訛，越乃奮敚，鬥怒振動，專肆爲淫威？曰：是不知道。惟人之初，總總而生，林林而群。雪霜風雨雷雹暴其外，於是乃知架巢空穴，挽草木，取皮革；飢渴牝牡之欲歐其内，於是乃知噬禽獸，咀果穀，合偶而居。交焉而争，睽焉而鬥。力大者搏，齒利者齧，爪剛者决，群衆者軋，兵良者殺。披披藉藉，草野塗血。然後强有力者出而治之，往往爲曹於險阻，用號令起，而君臣什伍之法立。德紹者嗣，道怠者奪。於是有聖人焉曰黄帝，游其兵車，[13]交貫乎其内。一統類，齊制量，然猶大公之道不克建。於是有聖人焉曰堯，置州牧四嶽，持而綱之，立有德、有功、有能者參而維之。運臂率指，屈伸把握，莫不統率。堯年老，舉聖人而禪焉，大公乃克建。由是觀之，厥初罔匪極亂，[14]而後稍可爲也，非德不樹。故仲尼叙《書》，於堯曰"克明俊德"①；於舜曰"濬哲文明"②；於禹曰"文命祗承"③；於帝、於

---

① 參見《尚書·虞書·堯典》。
② 參見《尚書·虞書·舜典》。
③ 參見《尚書·虞書·大禹謨》。

湯曰“克寬克仁，彰信兆民”①；於武王曰“有道曾孫”。稽揆典誓，貞哉！惟茲德實受命之符，以奠永祀。

後之妖淫囂昏好怪之徒，乃始陳大電、大虹、玄鳥、巨迹、白狼、白魚、流火之烏以爲符。斯皆詭譎闊誕，其可羞也，[15]而莫知本于厥貞。漢用大度，克懷于有氓，登能庸賢，濯痍煦寒，以瘳以熙，茲其爲符也。而其妄臣乃下取虺蛇，上引天光，推類號休，用夸誣於無知氓。增以騶虞神鼎，脅驅縱臾，俾東之泰山石閭，作大號，謂之封禪，皆《尚書》所無有。莽述承效，卒奮驁逆。其後有賢帝曰光武，克綏天下，復承舊物，猶崇赤伏，以玷厥德。魏晋而下，尨亂鈎裂，厥符不貞，邦用不靖，亦罔克久，駁乎無以議爲也。積大亂至於隋氏，環四海以爲鼎，跨九垠以爲爐，爨以毒燎，煽以虐焰。其人沸涌灼爛，號呼騰蹈，莫有救止。

於是大聖乃起，丕降霖雨，浚滌蕩沃，蒸爲清氛，[16]疏爲泠風。人乃漻然休然，相睎以生，相持以成，相彌以寧。琢斮屠剔，膏流節離之禍不作，而人乃克完平舒愉，尸其肌膚，以達於夷途。焚坼抵掎，奔走轉死之害不起，[17]而人乃克鳩類集族，歌舞悦懌，用祇于元德。徒奮袒呼，犒迎義旅，歡動六合，至於麾下。大盜豪據，阻命遏德。義威殄戮，咸墜厥緒，無劉於虐。人乃並受休嘉，去隋氏，克歸於唐。躑躅謳歌，灝灝和寧。帝庸威栗，惟人之爲。敬奠厥賦，積藏於下，是謂豐國。鄉爲義廩，斂發謹飭，歲丁大侵，人以有年。簡于厥刑，不殘而懲，是謂嚴威。小屬而支，大生而孥，愷悌祇敬，用底於理。凡其所欲，[18]不謁而獲；凡其所惡，不祈而息。四夷稽服，不作兵革，不竭貨力，丕揚于後嗣，用垂于帝式。十聖濟厥治，孝仁平寬，惟祖之則。澤久而逾深，仁增而益高。人之戴唐，永永無窮。

是故受命不于天，于其人；休符不于祥，于其仁。惟人之仁，匪祥於天；匪祥于天，茲惟貞符哉！未有喪仁而久者也，未有恃祥而壽者

① 參見《尚書·商書·仲虺之誥》。

也。商之王以桑穀昌，以雉雊大，宋之君以法星壽，鄭以龍衰，魯以麟弱，白雉亡漢，黄犀死莽，惡在其爲符也不勝？唐德之代，光紹明浚，深鴻庬大，保人斯無疆。宜薦于郊廟，文之雅詩，祗告於德之休。帝曰："諶哉！"乃黜休祥之奏，究貞符之奥，思德之所未大，求仁之所未備，以極於邦理，以敬於人事。其詩曰：

於穆敬德，黎人皇之。惟貞厥符，浩浩將之。仁函于膚，刃莫畢屠。澤熯於爨，沸炎以浣。殄厥凶德，乃驅乃夷。懿其休風，是煦是吹。父子熙熙，相寧以嬉。賦徹而藏，厚我糗粻。刑輕以清，我肌靡傷。貽我子孫，百代是康。十聖嗣於理，仁后之子，子思孝父，易患于己。拱之戴之，神具爾宜。載揚于雅，承天之嘏。天之誠神，宜鑒于仁。神之曷依？宜仁之歸。濮鉛于北，[19]祝栗于南。幅員西東，祗一乃心。祝唐之紀，後天罔墜。祝皇之壽，與地咸久。曷徒祝之，心誠篤之。神協人同，道以告之。俾爾億萬年，不震不危，我代之延，永永毗之。仁增以崇，曷不爾思？有號於天，僉曰嗚呼。咨爾皇靈，無替厥符！

（《唐文粹》卷四八《貞符》，《柳宗元集校注》卷一《雅詩歌曲・貞符》，《新唐書》卷一六八《柳宗元傳》）

册文類

武帝封齊王册

惟元狩六年四月乙巳，皇帝使御史大夫湯廟立于閎爲齊王。嗚呼！小子閎，受茲青社。朕承天序，惟稽古，建爾國家，封于東土，世爲漢藩輔。嗚呼！念哉，恭朕之詔。惟命不于常，人之好德，克明顯光；義之不圖，俾君子怠。悉爾心，允執其中，天禄永終。厥有愆不臧，乃凶于乃國，害于爾躬。嗚呼！保國艾民，可不敬與！王其戒之！

（《文選補遺》卷三《武帝封齊王册》，《史記》卷六〇《三王世家》，《漢書》卷六三《武五子傳第三十三・齊懷王劉閎》，《西漢年紀》卷一四《武帝》）

封燕王册

嗚呼！小子旦，受兹玄社！建爾國家，封于北土，世爲漢藩輔。嗚呼！薰鬻氏虐老獸心，以奸巧邊甿。朕命將率徂征厥罪，萬夫長，千夫長，三十有二帥，降旗奔師，薰鬻徙域，北州以安。[20]悉爾心，毋作怨，毋作棐德，毋乃廢備。非教士不得從徵。王其戒之。

（《文選補遺》卷三《封燕王册》，《史記》卷六〇《三王世家》，《漢書》卷六三《武五子傳第三十三·燕剌王劉旦》，《西漢年紀》卷一四《武帝》）

封廣陵王册

嗚呼！小子胥，受兹赤社！建爾國家，封于南土，世世爲漢藩輔。古人有言曰："大江之南，五湖之間，其人輕心。揚州保强，三代要服，不及以正。"嗚呼！悉爾心，祗祗兢兢，乃惠乃順，[21]毋桐好逸，毋邇宵人，惟法惟則。《書》云："臣不作福，不作威，靡有後羞。"王其戒之！

（《文選補遺》卷三《封廣陵王册》，《史記》卷六〇《三王世家》，《漢書》卷六三《武五子傳第三十三·廣陵厲王劉胥》）

昭帝賜韓福册

朕閔勞以官職之事，其務修孝弟以教鄉里，令郡縣常以正月賜羊酒，有不幸者賜衣被一襲，祠以中牢。

（《文選補遺》卷三《賜韓福册》，《漢書》卷七《昭帝紀第七》）

光武賜諸侯册

册曰：在上不驕，高而不危。制節謹度，滿而不溢。敬之戒之。傳爾子孫，長爲漢藩。

（《後漢書》卷一上《光武帝紀》）

魏王九錫册文　潘元茂

制詔：使持節丞相領冀州牧武平侯，朕以不德，少遭閔凶。越在西土，遷于唐、衛。當此之時，若綴旒然。宗廟乏祀，社稷無位。群凶覬覦，分裂諸夏。一人尺土，朕無獲焉。即我高祖之命，將墜於地。朕用夙興假寐，震悼于厥心，曰：惟祖惟父，股肱先正，其孰恤朕躬？乃誘天衷，誕育丞相。保乂我皇家，弘濟于艱難。朕實賴之。今將授君典禮，其敬聽朕命。

昔者董卓，初興國難。群后釋位，[22]以謀王室。君則攝進，首啓戎行，此君之忠於本朝也。後及黄巾，反易天常。侵我三州，延于平民。君又討之，剪除其迹，以寧東夏，此又君之功也。韓暹、楊奉，專用威命。又賴君勛，克黜其難。遂建許都，造我京畿。設官兆祀，不失舊物。天地鬼神，於是獲乂，此又君之功也。袁術僭逆，肆于淮南。懾憚君靈，用丕顯謀。蘄陽之役，橋蕤授首。棱威南厲，術以殞潰，此又君之功也。回戈東指，吕布就戮。乘軒將反，張、揚沮斃。眭固伏罪，張綉稽服，此又君之功也。袁紹逆常，謀危社稷。憑恃其衆，稱兵内侮。當此之時，王師寡弱。天下寒心，莫有固志。君執大節，精貫白日。奮其武怒，運諸神策。致届官度，大殲醜類。俾我國家，拯於危墜，此又君之功也。濟師洪河，拓定四州。袁譚、高幹，咸梟其首。海盗奔迸，黑山順軌，此又君之功也。烏丸三種，崇亂二世。袁尚因之，逼據塞北。束馬懸車，一征而滅，此又君之功也。劉表背誕，不供貢職。王師首路，威風先逝。百城八郡，交臂屈膝，此又君之功也。馬超、成宜，同惡相濟。濱據河潼，求逞所欲。殄之渭南，獻馘萬計。遂定邊城，撫和戎狄，此又君之功也。鮮卑、丁令，重譯而至。單于、白屋，請吏帥職，此又君之功也。君有定天下之功，重以明德。班叙海内，宣美風俗。旁施勤教，恤慎刑獄。吏無苛政，民不回慝。敦崇帝族，援繼絶世。舊德前功，罔不咸秩。雖伊尹格於皇天，周公光于四海，方之蔑如也。

朕聞先王並建明德，胙之以土，分之以民，崇其寵章，備其禮物，所以蕃衛王室，左右厥世也。其在周成，管、蔡不靖，懲難念功，乃使邵康公錫齊太公履，東至與于海，西至於河，南至于穆陵，北至于無棣，五侯九伯，實得征之，世胙太師，以表東海。爰及襄王，亦有楚人，不供王職。又命晋文，登爲侯伯，錫以二輅，虎賁、鈇鉞，秬鬯、弓矢，大啓南陽，世作盟主。故周室之不壞，緊二國之是賴。

今君稱丕顯德，明保朕躬。奉答天命，導揚弘烈。綏爰九域，罔不率俾。功高乎伊、周，而賞卑乎齊、晋，朕甚恧焉。朕以眇身，托于兆民之上，永思厥艱。若涉淵水，非君攸濟，朕無任焉。今以冀州之河東、河内、魏郡、趙國、中山、巨鹿、常山、安平、甘陵、平原凡十郡，封君爲魏公。使使持節御史大夫慮授君印綬册書，金虎符第一至第五，竹使符第一至第十，錫君玄土，苴以白茅，爰契爾龜，用建冢社。昔在周室，畢公、毛公，入爲卿佐。周、邵師保，出爲二伯。外内之任，君實宜之。其以丞相領冀州牧如故，今更下傳璽，肅將朕命，以允華夏。其上故傳武平侯印綬，今又加君九錫，其敬聽後命。以君經緯禮律，爲民軌儀，使安職業，無或遷志，是用錫君大輅、戎輅各一，玄牡二駟。

君勸分務本，嗇民昏作，粟帛滯積，大業惟興，是用錫君衮冕之服，赤舃副焉。君敦尚謙讓，俾民興行，少長有禮，上下咸和，是用錫君軒懸之樂，六佾之舞。君翼宣風化，爰發四方，遠人回面，華夏充實，是用錫君朱户以居。君研其明哲，思帝所難，官才任賢，群善必舉，是用錫君納陛以登。君秉國之均，正色處中，纖毫之惡，靡不抑退，是用錫君虎賁之士三百人。君糾虔天刑，章厥有罪，犯關干紀，莫不誅殛，是用錫君鈇、鉞各一。君龍驤虎視，旁眺八維，掩討逆節，折衝四海，是用錫君彤同。弓一，彤矢百，玈盧。弓十，玈矢千。君以温恭爲基，孝友爲德，明允篤誠，感乎朕思，是用錫君秬鬯一卣，珪瓚副焉。魏國置丞相以下群卿百僚，皆如漢初諸王之制。君往欽哉！敬服朕命，簡恤爾衆，時亮庶功，用終爾顯德，對揚我高祖之休命。

（《文選》卷三五《魏王九錫文》，《三國志》卷一《魏書一・武帝紀第一》）

告謝昊天上帝册文　陸贄

維貞元元年，歲次乙丑，十一月癸巳朔，十一日癸卯，嗣天子臣某，敢昭告于昊天上帝：顧惟寡昧，不克明道。丕膺眷命，俾作神主。常恐獲戾上下，而播灾於人，兢兢業業，夙夜祗畏。居位五祀，德馨蔑聞，皇靈不歆，是用大儆。殷憂播蕩，逾歷三時。誠懼烈祖之耿光，墜而不耀，側身思咎，庶補將來。上帝顧懷，誘衷悔禍。剿凶慝之凌暴，雪人神之憤耻。舊物不改，神心載新。兹乃九廟遺休，兆人介福，以臣之責，其何解焉。間屬寇虞，久稽告謝。今近郊甫定，長至在辰，謹以玉帛犧牲，[23]粢盛庶品，冀憑禋燎，式薦至誠。太祖景皇帝配神作主。尚饗。

（《唐文粹》卷三一《唐德宗神武皇帝平朱泚後告謝昊夫上帝祝册》，《陸贄集》卷六《告謝昊天上帝册文》）

皇帝尊號玉册文　姚燧

維至大二年正月乙酉朔，越七日，辛卯，皇太子中書令樞密使臣某，謹率中外文武百僚，頓首頓首謹言：

昔我世祖既平炎趙質，之於書幅員，廣長振古。無倫覆燾之下，八紘萬國，莫敢不庭。何獨一王，西北岸然，憑道阻修方，命正朔德，綏之而不摯威，董之而不讋。夫豈不能聲罪致罰，深入其地，終以聖人親其宗廟，包荒有年。成宗繼序，憤久驁頑，天鑒昭明，於裕皇孫獨異。陛下授以太祖皇帝信寶，撫軍漠北，是固以張，足付神器之本。時未及冠，承命即行。其視萬里莽閬寒洌之鄉，不遠不難，如堂適庭。至則獎厲諸軍，修明法制。簡拔果毅，均苦分勞。解衣燠寒，推食飫飢。洸洸汔汔，士氣日作。睿算伐謀，待寇歲至，奪人以先，身踐戎行，霆馳電擊。大北其群，虛己不矜。日慎一日，始終十年，不狃屢勝。狂狡不懲，悉鋭來加，當以選鋒，伺間出奇，盡襲輜重。彷徨無歸，度不能軍，耄倪纍纍，降口百萬，致兹敉寧。平四十年未靖之梗，成兩祖宗未究之志。天下之人聞其風聲，思睹天光者，顒顒翹翹。九圍一心，握是乾符，歸正宸極。弛武事之夙習，洽新化以文治。立愛自親，曾未旬浹，上尊太后，問安以時，下建儲宮，庶政是先。

又舉列聖未遑之典，欽崇元祀，玉瓚黄流，薦裸太室，還蹕龍興，徘徊太祖，龍旗九斿，贊金于斯，肇基帝業，爲城中都。又以孔子垂範百王將二千年，而顯謚未稱，加“大成”於“至聖文宣王”上。立勞于軍，與凡庭臣，悉大賚之。間歲不登，既賑既恤，虞施未博，民罹罪罟，再肆大宥。至德難名，赫赫巍巍。惟天爲大，挂一漏萬，井觀如斯。求可盡臣下歸美報上者，惟是徽稱。謹奉玉册玉寶，上尊號曰：統天繼聖欽文英武大章孝皇帝。欽惟陛下立心天地，立極生民，茂對鴻名，于億萬年。

（《元文類》卷一〇《皇帝尊號玉册文》，《牧庵集》卷一《皇帝尊號玉册文》）

皇太子册文　徒單公履

皇帝若曰：祖宗聖緒，恭承丕顯之謨；兄弟懿親，宜正元良之號。立天下之大本，示天下以至公。咨爾皇太子仁廟御名。阿裕爾巴里巴特喇，[24]德器淵深，英姿玉粹，武奮清宫之偉績，[25]文參定策之殊勛。[26]豈特華蕚交輝之情，式相好矣；其在鳧鷖守成之治，須汝贊之。故於連枝同氣之間，付以監國撫軍之任。兹上承於母意，蓋允出於朕心。已於六月朔旦，面授爾皇太子金寶。今復遣攝太尉丞相塔思不花，[27]持節授爾玉册，維寵命之薦膺，尚謙恭而自牧。益盡寧親之孝，益勤事上之忠。以敦九族内睦之風，以衍億祀無疆之慶。

（《元文類》卷一〇《皇太子册文》，《文翰類選大成》卷一四〇《皇太子册》）

皇后册文　程鉅夫

維皇慶二年歲次癸丑三月辛卯朔，越十有六日丙午，皇帝若曰：

朕荷天地祖宗之祐，皇太后之訓，嗣大歷服。思底于治，必立元配，表正六宫。咨爾弘吉剌氏，實我家世戚嫡嗣所自出。積德流慶，肆啓爾來嬪於朕。淑慎孝恭，令譽昭聞，承命慈闈，爰正爾位。今遣攝太尉、中書右丞相秃忽魯授爾玉册玉寶，[28]命爾爲皇后。惟天地定位，萬物以生，日月並照，萬國以明。君后合德，萬化以成。上以事上帝，奉宗廟，下以親九族，正萬邦。爲朕内助，惟爾之賢。其永念厥德，履中體順，俾聖母暨予一人以寧。豈惟爾嘉天，亦永相念。爾共享我有國。欽哉！

（《元文類》卷一〇《皇后册文》）

皇后册文　袁桷

皇帝若曰：在昔正始之道，必先内治，于以奉承宗祧，化成天下。朕嗣大歷服，祇循憲章。宜資配助，用彰位號。咨爾皇后甕吉剌氏，[29]淑慎柔嘉，遵道是行。輔佐王邸，謙抑自持。實生元子，國本斯建。興龍重鎮，介子紹封。粤若臨御之初，贊畫計慮，厥相維多。正位中宫，天人恊祥。今遣攝太尉、中書右丞相旭邁傑授爾玉册寶章，[30]坤順承天，人道攸則。表正母儀，萬邦是觀。惟躬儉節用，則徽音是嗣。惟求賢審官，則私謁靡干。匡朕德，格朕心，實爲有賴。《詩》《書》所稱，罔專美於前代。噫！敬厥初，終有慶，尚其念之，以膺爾景命。

（《元文類》卷一〇《皇后册文》，《袁桷集校注》卷三五《皇后册文》）

赦　類

赦天下　漢赦

蓋聞聖賢在位，陰陽和，風雨時，日月光，星辰静。黎庶康寧，考終厥命。今朕恭承天地，托于公侯之上。[31]明不能燭，德不能綏，灾異並臻，連年不息。乃二月戊午，地震于隴西郡，毁落太上皇廟殿壁木飾，壞敗豲道縣城郭官寺及民室屋，壓殺人衆。山崩地裂，[32]水泉涌出。天惟降災，震驚朕師。治有大虧，咎至於斯。夙夜兢兢，不通大變，深惟鬱悼，未知其序。間者歲數不登，元元困乏。不勝飢寒，以陷刑辟，朕甚閔之。郡國被地動災甚者，無出租賦。赦天下。有可蠲除減省以便萬姓者，條奏，毋有所諱。丞相、御史、中二千石舉茂材異等、直言極諫之士，朕將親覽焉。

（《册府元龜》卷一四三《帝王部·弭災》，《漢書》卷九《元帝紀》、卷七五《眭兩夏侯京翼李傳第四十五·翼奉》）

赦天下　漢赦

乃者火災降於孝武園館，[33]朕戰栗恐懼。不燭變異，咎在朕躬。群司又未肯極言朕過，以至於斯，將何以寤焉！百姓仍遭凶厄，無以相振。加以煩擾乎苛吏，拘牽乎微文，不得永終性命，朕甚閔焉。[34]其赦天下！[35]

（《漢書》卷九《元帝紀》）

赦殊死以下　漢赦

惟天水、隴西、安定、北地吏人爲隗囂所詿誤者，又三輔遭難赤眉，有犯法不道者，自殊死以下，皆赦除之。

（《後漢書》卷一下《光武帝紀》）

即位赦天下　漢赦

制詔丞相、太尉、御史大夫：間者諸吕用事擅權，謀爲大逆，欲危劉氏宗廟，賴將、相、列侯、宗室、大臣誅之，皆伏其辜。朕初即位，其赦天下，賜民爵一級，女子百户牛酒，酺五日。

（《史記》卷一〇《孝文本紀》，《漢書》卷四《文帝紀》）

奉天改元赦　陸贄

門下：致理興化，必在推誠；忘己濟人，不吝改過。朕嗣服丕構，[36]君臨萬邦，[37]失守宗祧，越在草莽。不念率德，誠莫追於既往；永言思咎，期有復於將來。明徵厥初，以示天下。

惟我烈祖，邁德庇人，致俗化於和平，拯生靈於塗炭。重熙積慶，垂二百年。伊邇卿尹庶官，洎億兆之衆，代受亭育，以迄于今。功存于人，澤垂於後。肆予小子，獲纘鴻業，懼德不嗣，罔敢怠荒。然以長於深宫之中，暗於經國之務。[38]積習易溺，居安忘危。不知稼穡之艱難，不恤征戍之勞苦。澤靡下究，情不上通，事既壅隔，人懷疑阻。猶昧省己，遂致興戎。[39]徵師四方，轉餉千里。賦車籍馬，遠近騷然。行賫居送，衆庶勞止。或一日屢交鋒刃，或連年不解甲胄。祀奠乏主，[40]室家靡依。生死流離，怨氣凝結。力役不息，田萊多荒。暴命峻於誅求，疲甿空於杼軸。轉死溝壑，離去鄉閭，邑裏丘墟，人烟斷絶。天譴於上而朕不悟，人怨於下而朕不知。馴致亂階，變興都邑。賊臣乘釁，肆逆滔天。曾莫愧畏，敢行凌逼。萬品失序，九廟震驚。上辱於祖宗，下負於黎庶。痛心靦貌，罪實在予。永言愧悼，若墜淵谷。[41]賴夫天地降祐，人神葉謀。將相竭誠，爪牙宣力。屏除大盗，[42]載張皇維。將弘永圖，必布新令。

朕晨興夕惕，唯念前非。乃者公卿百寮，累抗章疏，擬以徽號，加於朕躬。固辭不獲，俯遂輿論。[43]昨因内省，良用矍然！體陰陽不測之謂“神”，與天地合德之謂“聖”。顧惟淺昧，非所宜當。“文”者所以化成，“武”者所以定亂。今化之不被，亂是用興，豈可更徇群情，苟膺虚美，重予不德，祗益懷慚！自今已後，中外所上書奏，不得更稱“聖神文武”之號。

夫人情不常，繫於時化，大道既隱，亂獄滋豐。朕既不能弘德導人，又不能一法齊衆。苟設密網，以羅非辜，[44]爲之父母，實增愧悼！今上元統曆，獻歲發生，宜革紀年之號，式敷在宥之澤。與人更始，用答天休。可大赦天下，改建中五年爲興元元年。自正月一日昧爽已前，大辟罪已下，罪無輕重，咸赦除之。

李希烈、田悦、王武俊、李納等，有以忠勞，任膺將相；有以勛舊，繼守藩維。朕撫馭乖方，信誠靡著，致令疑懼，不自保安。兵興累年，海内騷擾，皆由上失其道，下罹其灾，朕實不君，人則何罪？屈己弘物，予何愛焉！庶懷引慝之誠，以洽好生之德。其李希烈、田悦、王武俊、李納及所管將士、官吏等，一切並與洗滌，各復爵位，待之如初。仍即遣使，分道宣諭。朱滔雖與賊泚連坐，路遠未必同謀。朕方推以至誠，務欲弘貸，如能效順，亦與惟新。其河南、河北諸軍兵馬，並宜各於本道，自固封疆，勿相侵軼。

朱泚大爲不道，棄義蔑恩。反易天常，盗竊名器。暴犯陵寢，所不忍言。獲罪祖宗，朕不敢赦。其應被朱泚脅從將士、官吏、百姓及諸色人等，有遭其扇誘，有迫以凶威，苟能自新，理可矜宥。但官軍未到京城以前，能去逆效順，及散歸本道者，並從赦例原免，一切不問。

天下左降官即與量移近處，已量移者，更與量移。流人配隸，及罰藩鎮效力，並緣罪犯與諸使驅使官，兼别敕諸州縣安置，及得罪人家口未許歸者，一切放還。應先有痕累禁錮，反逆緣坐，承前恩赦所不該者，並宜洗雪。亡官失爵，放歸勿齒者，量加收叙。人之行業，或未必兼。構大厦者，方集於群材；建奇功者，不限於常檢。苟在適用，則無棄人。况黜免之稜，[45]沈鬱頗久，朝過夕改，[46]仁何遠哉！流移降黜、亡官失爵、配隸人等，有材能著聞者，特加録用，勿拘常例。

諸軍、諸道赴奉天及進收京城將士等，或百戰摧敵，或萬里勤王，扞固全城，驅除大憝。濟危難者其節著，復社稷者其業崇。我圖爾功，特加彝典，錫名疇賦，永永無窮。宜並賜名“奉天定難功臣”。身有過犯，遞减罪三等；子孫有過犯，[47]遞减罪二等；當户應有差科使役，一切蠲免。其功臣已後，雖衰老疾患，不任軍旅，當分糧賜，並宜全給。身死之後，十年仍回給家口。其有食實封者，子孫相繼，代代無絶。其餘叙録及功賞條件，待收京日，並准去年十月十七日、十一月十四日敕處分。

諸道、諸軍將士等，久勤扞禦，累著功勛，方鎮克寧，惟爾之力。其應在行營者，並超三資與官，仍賜勛五轉。不離鎮者，依資與官，賜勛三轉。其累加勛爵,[48]仍許回授周親。[49]内外文武官,三品已上,賜爵一級,四品已下,[50]各加一階,仍並賜勛兩轉。

見危致命,先哲攸貴;掩骼埋胔,禮經所先。雖效用而或殊,在惻隱而何間?諸道兵士有死王事者,[51]各委所在州縣急遞送歸,[52]本管官爲葬祭。其有因戰陣殺戮,及擒獲伏辜、暴骨鄉原者,[53]亦委所在逐近便收葬。應緣流貶及犯罪未葬者,並許其家各據本官品以禮收葬。

自頃軍旅所給,賦役繁興,吏因爲奸,人不堪命。諮嗟怨苦,道路無聊。汔可小康,與之休息。其墊陌及税間架、竹、木、茶、漆、榷鐵等諸色名目,悉宜停罷。京畿之内,屬此寇戎,攻劫焚燒,靡有寧室。王師仰給,人以重勞,特宜減放今年夏税之半。朕以凶醜犯闕,遽用于征,爰度近郊,息駕兹邑,供儲克辦,師旅攸寧,式當褒旌,以志吾過。其奉天宜升爲赤縣,百姓並給復五年。

尚德者,教化之所先;求賢者,邦家之大本。永言兹道,夢想勞懷。而澆薄之風,趨競不息,幽棲之士,寂寞無聞。蓋誠所未孚,故求之不至。天下有隱居行義、才德高遠、晦迹丘園、不求聞達者,委所在長吏,具名聞奏,當備禮邀致。諸色人中,有賢良方正,能直言極諫,及博通墳典,達於教化,並識洞韜略,堪任將帥者,委常參官及所在長吏聞薦。天下孤老鰥寡惸獨不能自活者,並委州縣長吏量事優恤。其有年九十以上者,刺史、縣令就門存問。義夫、節婦、孝子、順孫,旌表門閭,終身勿事。

大兵之後,内外耗竭,貶食省用,宜自朕躬。朕當節乘輿之服御,絶宫室之華飾,率已師儉,爲天下先。諸道貢獻,自非供宗廟軍國之用,一切並停。應内外官有冗員,及百司不急之費,委中書門下即商議條件,停減奏聞。

布澤行賞,抑惟舊章。今以餘孽未平,帑藏空竭,有乖慶賜,深愧於懷。赦書有所未該者,所司類例條件聞奏。敢以赦前事相言告者,[54]以其罪罪之。亡命山澤,挾藏軍器,百日不首,復罪如初。赦書日行五百里，布告遐邇，咸使聞知。

（《文苑英華》卷四二一《奉天改元大赦制》，《文章辨體彙選》卷三〇《德宗神武皇帝奉天改元大赦文》，《陸贄集》卷一《奉天改元大赦制》，《唐大詔令集》卷五《奉天改興元元年赦》）

貞元改元大赦

門下：王者體元立極，欽若乎天地；纂業承統，嚴奉于祖宗。所以敬事修誠，[55]務本敦孝，尊其上以御於下，謹其身而訓於人。用能百神允諧，兆庶永賴。立國之本，斯其大經。朕燭理不明，違道招損，往遭多難，淪陷國都，天地宗祧，曠而莫主，則是“欽若”“嚴奉”之義缺矣，甚用懼焉。自復京師，遽將告謝，有司以人力耗斁，禮物廢隳，日居月諸，歲聿雲暮。

卜其吉日，俯在上春，齊心永懷，坐以待曙。而百辟卿士抗疏上言，咸謂“人心未寧，不足以盡敬；寇孽猶在，不足以告功”。迫於群情，俯抑誠願，郊廟孔邇，瞻言莫從，悼心慚顔，胡寧自處！重以和平未洽，灾沴薦臻，去歲旱蝗，兩河爲甚，人流不息，師出靡居。加之以徵求，因之以荒饉，困窮殍餒，轉死邱墟。關輔之間，冬無積雪，土膏未發，宿麥不滋。詳思咎徵，有爲而致。兵戎之後，餘祲尚存，獄犴之中，深冤未釋。又河中、[56]淮右，逆將阻兵，污脅齊人，陷之死地，雖欲自雪，厥路無由，抱義銜冤，足傷和氣。此皆由朕爽德，播灾于人，爲之父母，實用愧耻。

今玄陰已謝，春日載陽，勾萌畢伸，幽蟄咸震。思與海内，同心自新。發號更元，用符天意。宜改興元二年爲貞元元年。自正月一日昧爽已前，大辟罪已下，已發覺未發覺，已結正未結正，繫囚見徒，罪無輕重，咸赦除之。先准敕令量移收叙人，所司據節文速與處分。

應河中脅從將士，多是奉天赴難功臣。本居朔陲，夙尚忠節，豈以一夫詿誤，棄其累代勛庸？朕於此軍，尤所不忍，特宜洗滌，待以初誠。自非與官軍决戰，死於鋒刃，其餘雖臨陣擒獲，亦從釋放。棄逆歸順者，有身先有官爵、實封，一切如舊，仍准前後敕，所在便給賞錢，并與甄叙。如有因危效節，建立殊庸，量其事績，特加獎擢。李懷光若能翻然悔過，束身赴朝，念其嘗有大勛，必當終始全護，仍准前敕，授之官封。朕於功臣，庶亦無負。

淮西將吏、百姓等，皆被劫制，久爲匪人，詢事原情，諒非獲已。今王師四合，計日誅夷，玉石俱焚，用增惻憫。宜令諸道進軍之日，唯存首惡一人，自餘徒黨，悉從原宥。如有歸順及立功者，並准河中將士例褒獎。

夫爲國之要，在於審官。共理分憂，守宰彌切。闔境性命，繫乎其人。將使里閭無愁苦之聲，風俗興廉讓之教，得不慎柬髦彦，寄之化源。自今已後，諸州刺史有闕，中書門下於朝官中精擇有理人才術者授之。如刺史、縣令在任，頻年課績尤異者，擢授侍郎、給、舍、郎官、御史。中外迭處，用觀其能。賞罰必行，期於競勸。自頃選曹署吏，唯以書判求人，務騁浮華，莫稽實行。且能言者不必適用，藴用者或未能言。凡爲擇人，其在精覈。宜令清資常參官，每年於吏部選人中各舉所知一人，堪任縣令、録事參軍者，所司依資叙注擬，便於甲歷之内，具標舉主名銜，仍牒報御史臺。如到任後，政尤異者，有贓犯事迹著明者，所司録舉官姓名聞奏，以爲褒貶。

其内外員及京城諸使名目，委御史審勘會商量并省停減，仍集百寮定議，務從簡約，息費便人。其京官職田，及息利官錢等，黠吏詆欺，移易疆畔，或貧人轉徙，捕繫親鄰，日月滋深，耗弊彌甚，亦令百寮議其折衷，擇善而行。

往以賦役殷繁，人不堪命，定爲兩税，事額易從。比屬軍興，或逾始制，法無所守，吏益爲奸，哀我勞人，汔可小息。自諸道州府，除兩税外，應有權宜科率差使，一切悉停。京畿及近縣所欠百姓和糴價直，委度支即勘會支給。諸道非臨寇賊州縣，自冬已來，[57]點召官健子弟，並宜放散，任營生業。應經陷賊州縣，百姓屋宇被焚毁，並貧病老弱，及遭傷損之類，所在量加優恤，使得安存。

天下名山、大川，並自古聖帝、明王、賢臣、烈士祠廟墳墓，各委當處長吏，擇日致祭，必資精潔，以達志誠。

班制有差，所以序賢也；廩秩有等，所以明勸也。今或高卑失序，中外相逾，至於卿士之家，尚罹凍餒之患，忠信重禄，豈其然耶！內外官禄及俸錢手力雜給等，委中書門下、度支，即參詳定額聞奏。應赴奉天及收城將士等，並功存社稷，節著艱危，中心藏之，豈忘酬報？頃緣府藏空竭，賞給未周，乃眷勛臣，實用增愧。應准元敕，合請賞錢人，委所司節減在官及百司費用，據所有財物，速與給付。應在京城及諸道立功將士等，先有詔旨，並許甄升，所司勘會，淹歷時月，委中書門下即准元敕處分。諸軍行營并河中、朝邑被脅從將士家口在京及諸州府者，宜令本道節度、觀察使安存賑恤，各令優給。應諸軍使立仗，見在城將士等，共賜七萬匹。

制書有未該備，所司速比類條件聞奏。敢以赦前事相言告者，以其罪罪之。亡命山澤，挾藏軍器，百日不首，復罪如初。赦書日行五百里，遐邇咸知。

（《文苑英華》卷四二一《興元二年改爲貞元元年正月一日大赦天下》，《陸贄集》卷一《貞元改元大赦制》，《唐大詔令集》卷五《改元貞元並招討河中李懷光淮西李希烈赦》）

奏　類

明堂月令奏　魏相

臣相幸得備員，奉職不修，不能宣廣教化。陰陽未和，災害未息，咎在臣等。臣聞《易》曰："天地以順動，故日月不過，四時不忒；聖王以順，[58]動故刑罰清而民服。"①天地變化，必繇陰陽，陰陽之分，以日爲紀。日冬夏至，則八風之序立，萬物之性成，各有常職，不得相干。

① 參見《周易·豫卦第一六·彖辭》。

東方之神太昊，乘《震》執規司春；南方之神炎帝，乘《離》執衡司夏；西方之神少昊，乘《兑》執矩司秋；北方之神顓頊，乘《坎》執權司冬；中央之神黄帝，乘《坤》《艮》執繩司下土。兹五帝所司，各有時也。東方之卦不可以治西方，南方之卦不可以治北方。春興《兑》治則饑，秋興《震》治則華，冬興《離》治則泄，夏興《坎》治則雹。明王謹於尊天，慎于養人，故立羲和之官以乘四時，節授民事。君動静以道，奉順陰陽，則日月光明，風雨時節，寒暑調和。三者得叙，則灾害不生，五穀熟，[59]絲麻遂，草木茂，鳥獸蕃，民不夭疾，衣食有餘。若是，則君尊民説，上下亡怨，政教不違，[60]禮讓可興。風雨不時，則傷農桑；農桑傷，則民飢寒；飢寒在身，則亡廉耻，寇賊奸宄所繇生也。

"臣愚以爲陰陽者，王事之本，群生之命，自古賢聖未有不繇者也。天子之義，必純取法天地，而觀於先聖。高皇帝所述書《天子所服第八》曰：'大謁者臣章受詔長樂宫，曰："令群臣議天子所服，以安治天下。"相國臣何、御史大夫臣昌謹與將軍臣陵、太子太傅臣通等議："春、夏、秋、冬天子所服，當法天地之數，中得人和。故自天子王侯有土之君，下及兆民，能法天地，順四時，以治國家，身亡禍殃，年壽永究，是奉宗廟安天下之大禮也。臣請法之。中謁者趙堯舉春，李舜舉夏，兒湯舉秋，貢禹舉冬，四人各職一時。"大謁者襄章奏，制曰"可"。孝文皇帝時，以二月施恩惠於天下，賜孝弟力田及罷軍卒，祠死事者，頗非時節。御史大夫朝錯時爲太子家令，奏言其狀。臣相伏念陛下恩澤甚厚，然而灾氣未息，竊恐詔令有未合當時者也。願陛下選明經通知陰陽者四人，各主一時，時至明言所職，以和陰陽，天下幸甚！"相數陳便宜，上納用焉。

（《文選補遺》卷五《明堂月令奏》，《文翰類選大成》卷一二六《明堂月令奏》，《漢書》卷七四《魏相丙吉傳》，《西漢年紀》卷二〇《宣帝》）

奏記詣蔣公文　阮嗣宗

藉死罪死罪。伏惟明公以含一之德，據上臺之位，群英翹首，俊賢抗足。開府之日,人人自以爲掾以胡。屬,辟書始下,下走爲首。子夏處西河之上而文侯擁彗,鄒子居黍谷之陰而昭王陪乘。夫布衣窮居韋帶之士,王公大人所以屈體而下之者,爲道存也。籍無鄒卜之德,而有其陋,猥煩大禮,何以當之。[61]方將耕於東皋之陽,輸黍稷之税,以避當塗者之路。負薪疲病,足力不强,補吏之召,非所克堪。乞回謬恩,以光清舉。

(《文選》卷四〇《奏記詣蔣公》,《文翰類選大成》卷一二六《奏記詣蔣公》,《阮籍集校注》卷上《辭蔣太尉辟命奏記》,《晋書》卷四九《阮籍傳》)

畋獵奏　魏徵

臣聞書美文王,不敢盤于遊畋;傳述虞箴,稱夷羿以爲戒。昔漢文臨灞阪,欲馳下,袁盎攬轡曰:"聖主不乘危,不僥倖。"今陛下騁六飛,馳不測之山,如有馬驚車覆,[62]陛下縱欲自輕,奈高廟何?孝武好格猛獸,相如進諫:"力稱烏獲,捷言慶忌,人誠有之,獸亦宜然。卒遇逸材之獸,駭不存之地,雖烏獲、慶忌之伎,[63]不得用,而枯木朽株,盡爲難矣。雖萬全而無患,然本非天子所宜近。"孝元帝郊泰畤,因留射獵,薛廣德奏稱:"竊見關東困極,百姓罹灾。今日撞亡秦之鍾,歌鄭衛之樂,士卒暴露,從官勞倦,欲安宗廟社稷何?[64]憑河暴虎,[65]未之比也。[66]"臣竊思此數帝心,豈木石,獨不好馳騁之樂。而剖情屈己,從臣下之言者,志存爲國,不爲身也。

臣伏聞車駕近出,親格猛獸,晨往夜還,以萬乘之尊,暗行荒野,踐深林,涉豐草,甚非萬全之計。願陛下割私情之娱,罷格獸之樂,上爲宗廟社稷,下慰群寮兆庶也。

(《文苑英華》卷六二〇《諫格猛獸表》,《文翰類選大成》卷一二六《畋獵奏》,《貞觀政要集校》卷一〇《論畋獵》)

教　類

爲宋公修張良廟教　傅季友

綱紀：夫盛德不泯，義存祀典。微管之嘆，撫事彌深。張子房道亞黄中，照鄰殆庶，風雲玄感，蔚爲帝師。夷項定漢，大拯横流，固以參軌伊、望，冠德如仁。若乃交神圮與也。上，道契商洛，顯默之際，窅然難究，[67]淵流浩瀁，[68]莫測其端矣。塗次舊沛，佇駕留城，靈廟荒頓，[69]遺像陳昧，撫迹懷人，永嘆實深。[70]過大梁者，或佇想於夷門；游九原者，亦流連於隨會。擬之若人，亦足以云。[71]可改構棟宇，[72]修飾丹青，蘋蘩行潦，以時致薦。抒懷古之情，存不刊之烈。主者施行。

（《文選》卷三六《爲宋公修張良廟教》，《宋書》卷二《武帝本紀》）

修楚元王墓教　傅季友

綱紀：夫褒賢崇德，千載彌光，尊本敬始，義隆自遠。楚元王積仁吉德，啓藩斯境。素風道業，作範後昆。本支之祚，實隆鄙宗。遺芳餘烈，奮乎百世。而丘封翳然，墳塋莫翦，感遠存往，慨然永懷。夫愛人懷樹，甘棠且猶勿翦；追甄墟墓，信陵尚或不泯。况瓜瓞庭結。所興，開源自本者乎。可蠲復近墓五家，長給灑掃，便可施行。

（《文選》卷三六《修楚元王廟教》）

【校勘記】

［1］勤：《文選》卷四八作“勒”。

［2］布：《文選》卷四八作“匝”。

［3］述：《文選》卷四八作“術”。

［4］廣：《文選》卷四八無此字。

［5］越熙：《文選》卷四八作“咸喜”。

[6] 臣等對曰：《文選》卷四八作"臣對"。

[7] 樂：《文選》卷四八無此字。

[8] 起：《文選》卷四八作"始"。

[9] 可：《文選》卷四八無此字。

[10] 含：《文選》卷四八無此字。

[11] 綽：《文選》卷四八作"絶"。

[12] 受：《唐文粹》卷四八作"天"。

[13] 游：《唐文粹》卷四八作"造"。

[14] 匪：《唐文粹》卷四八作"不"。

[15] 其：《唐文粹》卷四八作"甚"。

[16] 氛：《唐文粹》卷四八作"氣"。

[17] 轉死之害不起："死"，《唐文粹》卷四八作"徙"；"起"，《唐文粹》卷四八作"作"。

[18] 其：《唐文粹》卷四八作"有"。下句同。

[19] 鉛：原作"沿"，據《唐文粹》卷四八改。

[20] 安：《文選補遺》卷三、《漢書》卷六三均作"妥"。

[21] 恭：《文選補遺》卷三、《漢書》卷六三作"惠"。

[22] 釋：《文選》卷三五作"失"。

[23] 牲：原作"齊"，據《唐文粹》卷三一改。

[24] 阿裕爾巴里巴特喇：此八字原無，據《元文類》卷一〇補。

[25] 偉：《元文類》卷一〇無此字。

[26] 殊：《元文類》卷一〇無此字。

[27] 塔思不花：《元文類》卷一〇作"塔斯巴哈"。

[28] 禿忽魯：《元文類》卷一〇作"圖古勒"。

[29] 甕吉刺氏：《元文類》卷一〇作"鴻吉哩氏"。

[30] 旭邁傑：《元文類》卷一〇作"舒瑪爾節"。

[31] 公候：《文章類選》同《漢書》卷九《元帝紀》，《册府元龜》卷一四三《帝王部》作"王公"。

[32] 崩：《文章類選》同《漢書》卷九《元帝紀》，《册府元龜》卷一四三《帝王部》作"摧"。

[33] 火：《文章類選》同《漢書》卷九《元帝紀》，《册府元龜》卷一四三《帝王部》作"天"。

[34] 朕甚閔焉：此四字後原有"惟烝庶之飢寒遠離父母妻子勞於非業之作衛於不居之宫恐非所以佐陰陽之道也其罷甘泉建章宫衛令就農百官各省費條奏毋有所諱有司勉之毋犯四時之禁丞相御史舉天下明陰陽灾異者各三人"八十三字，此係《求言詔》的内容，據《漢書》卷九《元帝紀》删。

[35] 其赦天下：此四字原脱，據《漢書》卷九《元帝紀》、《册府元龜》卷一四三《帝王部》補。

[36] 服：《文章類選》同《唐大詔令集》卷五，《文苑英華》卷四二一作"守"。

[37] 邦：《文章類選》同《唐大詔令集》卷五，《文苑英華》卷四二一作"方"。

[38] 暗：原作“指”，據《唐大詔令集》卷五改。
[39] 致：《文章類選》同《唐大詔令集》卷五，《文苑英華》卷四二一作“用”。
[40] 祝奠：《唐大詔令集》卷五作“典祀”，《文苑英華》卷四二一作“祀奠”。
[41] 淵：《文苑英華》卷四二一、《唐大詔令集》卷五作“泉”。
[42] 除：《唐大詔令集》卷五作“逐”。
[43] 論：《文苑英華》卷四二一、《唐大詔令集》卷五作“議”。
[44] 羅：《唐大詔令集》卷五作“爲”。
[45] 稜：《唐大詔令集》卷五作“徒”，《文苑英華》卷四二一作“人”。
[46] “朝過夕改”之“改”字至下文“特加録用”之“特加録”三字：《文章類選》同《唐大詔令集》卷五原脱此二十六字，據《陸贄集》卷一補。
[47] 犯：此字的脱，據《唐大詔令集》卷五補。
[48] 爵：此字原脱，據《唐大詔令集》卷五補。
[49] 仍：此字原脱，據《唐大詔令集》卷五補。
[50] 下：《文章類選》同《唐大詔令集》卷五，《陸贄集》卷一作“上”。
[51] 兵：《唐大詔令集》卷五作“將”。
[52] 急：《唐大詔令集》卷五作“給”。
[53] 鄉原：《唐大詔令集》卷五作“原野”。
[54] “敢以赦前事相言告者”句至下文“咸使聞知”句：此四十五字原脱，據《唐大詔令集》卷五補。
[55] “所以敬事修誠”句至下文“謹其身而訓於人”句：此二十四字原脱，據《唐大詔令集》卷五補。
[56] 中：《文苑英華》卷四二一作“左”。
[57] 冬：《文苑英華》卷四二一作“去冬”。
[58] 王：《文章類選》同《文翰類選大成》卷一二六、《漢書》卷七四《魏相丙吉傳》，《文選補遺》卷五作“人”。
[59] “五穀熟”至“鳥獸蕃”：此十二字原脱，據《漢書》卷七四《魏相丙吉傳》、《文選補遺》卷五補。
[60] 政教不違：此四字原脱，據《漢書》卷七四《魏相丙吉傳》、《文選補遺》卷五補。
[61] 猥煩大禮何以當之：《文選》卷四〇、《晋書》卷四九《阮籍》均作“猥見採擇無以稱當”。
[62] 覆：《文苑英華》卷六二〇作“敗”。
[63] 慶忌：《文苑英華》卷六二〇作“逢蒙”。
[64] 欲安：《文苑英華》卷六二〇作“顧如”。
[65] 虎：《文苑英華》卷六二〇作“武”。
[66] 未之比也：《文苑英華》卷六二〇作“未至之誠也”。
[67] 窅：《宋書》卷二《武帝本紀》、《册府元龜》卷二一〇《閏位部・旌表》作“窈”。

［68］淵流浩瀁：《宋書》卷二《武帝本紀》、《册府元龜》卷二一〇《閏位部・旌表》作"源流淵浩"。

［69］頓：《宋書》卷二《武帝本紀》、《册府元龜》卷二一〇《閏位部・旌表》作"殘"。

［70］永嘆實深：《宋書》卷二《武帝本紀》、《册府元龜》卷二一〇《閏位部・旌表》作"慨然永嘆"。

［71］擬之若人亦足以云：《宋書》卷二《武帝本紀》、《册府元龜》卷二一〇《閏位部・旌表》無此八字。

［72］棟宇：《宋書》卷二《武帝本紀》、《册府元龜》卷二一〇《閏位部・旌表》作"榱桷"。

文章類選卷之二十七

表類

薦禰衡表　　孔文舉

臣聞洪水橫流，帝思俾乂，旁求四方，以招賢俊。昔世宗繼統，將弘祖業，疇諮熙載，群士響臻。陛下睿聖，纂承基緒，遭遇厄運，勞謙日仄，[1]惟嶽降神，異人並出。

竊見處士平原禰衡，年二十四，字正平，淑質貞亮，英才卓躒。初涉藝文，升堂睹奥。目所一見，輒誦於口。耳所暫聞，不忘於心。性與道合，思若有神。弘羊潛計，安世默識。以衡准之，誠不足怪。忠果正直，志懷霜雪。見善若驚，疾惡若仇。任座抗行，史魚厲節，殆無以過也。

鷙鳥累百，不如一鶚。使衡立朝，必有可觀。飛辯騁辭，溢氣坌涌。解疑釋結，臨敵有餘。昔賈誼求試屬國，詭系單于。終軍欲以長纓，牽致勁越。弱冠慷慨，前代美之。近日路粹、嚴象，亦用異才，擢拜臺郎，衡宜與爲比。如得龍躍天衢，振翼雲漢，揚聲紫微，垂光虹蜺，足以昭近署之多士，增四門之穆穆。鈞天廣樂，必有奇麗之觀；帝室皇居，必畜非常之寶。若衡等輩，不可多得。《激楚》《陽阿》，至妙之容，掌技者之所貪；飛兔、騕褭，絶足奔放，良、樂之所急也。臣等區區，敢不以聞！

陛下篤慎取士，必須效試，乞令衡以褐衣召見。必無可觀采，臣等受面欺之罪。

（《文選》卷三七《薦禰衡表》，《文翰類選大成》卷一四一《薦禰衡表》，《建安七子集》卷一《孔融集·薦禰衡表》，《後漢書》卷八〇下《禰衡傳》）

出師表前　諸葛孔明

臣亮言：先帝創業未半，而中道崩殂。今天下三分，益州罷弊，此誠危急存亡之秋也。然侍衛之臣，不懈於内，忠志之士，亡身於外者，蓋追先帝之遇，欲報之於陛下也。誠宜開張聖聽，以光先帝遺德，恢志士之氣，不宜妄自菲薄，引喻失義，以塞忠諫之路也。

宫中府中，俱爲一體，陟罰臧否，不宜異同。若有作奸犯科及爲忠善者，宜付有司論其刑賞，以昭陛下平明之治，不宜偏私，使内外異法也。侍中、侍郎郭攸之、費禕、董允等，此皆良實，志慮忠純，是以先帝簡拔以遺陛下。愚以爲宫中之事，事無大小，悉以咨之，然後施行，必能裨補闕漏，有所廣益也。將軍向寵，性行淑均，曉暢軍事，試用於昔日，先帝稱之曰“能”，是以衆議舉寵爲督。愚以爲營中之事，悉以諮之，必能使行陣和睦，優劣得所也。親賢臣，遠小人，此先漢所以興隆也；親小人，遠賢臣，此後漢所以傾頽也。先帝在時，每與臣論此事，未嘗不嘆息痛恨於桓、靈也。侍中、尚書、長史、參軍，此悉貞亮死節之臣也，願陛下親之信之，則漢室之隆，可計日而待也。

臣本布衣，躬耕於南陽。苟全性命於亂世，不求聞達于諸侯。先帝不以臣卑鄙，猥自枉屈，三顧臣於草廬之中，諮臣以當世之事，由是感激，遂許先帝以驅馳。後值傾覆，受任於敗軍之際，奉命於危難之間，爾來二十有一年矣。先帝知臣謹慎，故臨崩寄臣以大事也。受命以來，夙夜憂嘆，恐托付不效，以傷先帝之明。故五月渡瀘，深入不毛。今南方已定，兵甲已足，當獎率三軍，北定中原，庶竭駑鈍，攘除奸凶，興復漢室，還于舊都，此臣之所以報先帝，而忠陛下之職分也。

至於斟酌損益，進盡忠言，則攸之、禕、允之任也。願陛下托臣以討賊興復之效，不效則治臣之罪，以告先帝之靈。若無興德之言，則戮允等，以章其慢。[2]陛下亦宜自謀，以咨諏善道，察納雅言，深追先帝遺詔。[3]臣不勝受恩感激。今當遠離，臨表涕泣，[4]不知所云。

（《文選》卷三七《出師表》，《文翰類選大成》卷一四一《出師表》，《諸葛亮集·文集》卷一《前出師表》，《三國志》卷三五《蜀書五·諸葛亮傳》）

後出師表　諸葛亮

先帝慮漢、賊不兩立，王業不偏安，故托臣以討賊也。以先帝之明，量臣之才，故知臣伐賊才弱敵强也。然不伐賊，王業亦亡。惟坐而待亡，孰與伐之？是故托臣而弗疑也。

臣受命之日，寢不安席，食不甘味。思惟北征，宜先入南。故五月渡瀘，深入不毛，並日而食；臣非不自惜也。顧王業不可得偏全於蜀都，故冒危難以奉先帝之遺意，而議者謂爲非計。今賊適疲於西，又務於東，兵法乘勞，此進趨之時也。謹陳其事如左：

高帝明並日月，謀臣淵深，然涉險被創，危然後安。今陛下未及高帝，謀臣不如良、平，而欲以長策取勝，坐定天下，此臣之未解一也。劉繇、王朗各據州郡，論安言計，動引聖人，群疑滿腹，衆難塞胸，今歲不戰，明年不征，使孫策坐大，遂並江東，此臣之未解二也。曹操智計殊絶於人，其用兵也，仿佛孫、吴，然困於南陽，險於烏巢，危於祁連，逼於黎陽，幾敗北山，殆死潼關，然後僞定一時耳。况臣才弱，而欲以不危而定之，此臣之未解三也。曹操五攻昌霸不下，四越巢湖不成，任用李服，而李服圖之，委任夏侯而夏侯敗亡，先帝每稱操爲能，猶有此失，况臣駑下，何能必勝？此臣之未解四也。自臣到漢中，中間朞年耳，然喪趙雲、陽群、馬玉、閻芝、丁立、白壽、劉郃、鄧銅等及曲長、屯將七十餘人，突將無前。賨叟、青羌散騎、武騎一千餘人，①此皆數

① 突將無前賨叟青羌散騎武騎一千餘人：本句話各書標點互異。《三國志》卷三五注釋標點作“突將無前。賨、叟、青羌散騎、武騎一千餘人”，《資治通鑑》卷七一同《諸葛亮集·文集》卷一標點作“突將、無前、賨叟、青羌、散騎、武騎一千餘人”，《文獻通考》卷一五〇《兵考二·兵制》標點作“突將無前、賨、叟、青羌散騎、武騎一千餘人”。

十年之内所糾合四方之精鋭，非一州之所有，若復數年，則損三分之二也，當何以圖敵？此臣之未解五也。今民窮兵疲，而事不可息，事不可息，[5]則住與行，勞費正等。而不及虚圖之，欲以一州之地與賊持久，[6]此臣之未解六也。

夫難平者，事也。昔先帝敗軍於楚，當此時，曹操拊手，謂天下以定。然後先帝東連吴、越，西取巴、蜀，舉兵北征，夏侯授首，此操之失計而漢事將成也。然後吴更違盟，關羽毁敗，秭歸蹉跌，曹丕稱帝。凡事如是，難可逆見。臣鞠躬盡瘁，[7]死而後已。至於成敗利鈍，非臣之明所能逆睹也。

（《文翰類選大成》卷一四一《後出師表》，《諸葛亮集·文集》卷一《後出師表》，《三國志》卷三五《蜀書五·諸葛亮傳》，《資治通鑑》卷七一《魏紀三·烈祖明皇帝上之下·太和二年》，《文獻通考》卷一五〇《兵考二·兵制》）

求自試表　曹子建

臣植言：臣聞士之生世，入則事父，出則事君。事父尚於榮親，事君貴於興國。故慈父不能愛無益之子，仁君不能畜無用之臣。夫論德而授官者，成功之君也；量能而受爵者，畢命之臣也。故君無虚授，臣無虚受。虚授謂之謬舉，虚受謂之尸禄，《詩》之素餐，所由作也。昔二虢不辭兩國之任，其德厚也；旦、奭不讓燕、魯之封，其功大也。今臣蒙國重恩，三世於今矣。正值陛下升平之際，沐浴聖澤，潛潤德教，可謂厚幸矣！而位竊東藩，爵在上列，身被輕煖，口厭百味，目極華靡，耳倦絲竹者，爵重禄厚之所致也。退念古之受爵禄者，有異於此，皆以功勤濟國，輔主惠民。今臣無德可述，無功可紀，若此終年，無益國朝，將挂風人“彼已”之譏。[8]是以上慚玄冕，俯愧朱紱。

方今天下一統，九州晏如。顧西尚有違命之蜀，東有不臣之吴。使邊境未得税甲，謀士未得高枕者，誠欲混同宇内，以致太和也。故啓滅有扈，而夏功昭，成克商奄，而周德著。今陛下以聖明統世，將欲卒文、武之功，繼成、康之隆，簡良授能。以方叔、召虎之臣，鎮衛四境，爲國爪牙者，可謂當矣。然而高鳥未挂於輕繳，淵魚未懸於鉤餌者，恐釣射之術，或未盡也。昔耿弇不俟光武，亟擊張步，言不以賊遺於君父也。故車右伏劍於鳴轂，雍門刎于齊境，若此二子，豈惡生而尚死哉？誠忿其慢主而陵君也。

夫君之寵臣，欲以除患興利；[9]臣之事君，必殺身靜亂。以功報主也。昔賈誼弱冠，求試屬國，請係單于之頸，而制其命。終軍以妙年使越，欲得長纓，占其王，羈致北闕。此二臣豈好爲誇主而耀世俗哉！志或鬱結，欲逞才力，輸能於明君也。昔漢武爲霍去病治第，辭曰："匈奴未滅，臣無以家爲。"固夫憂國忘家，捐軀濟難，忠臣之志也。今臣居外，非不厚也，而寢不安席，食不遑味者，伏以二方未克爲念。

伏見先帝武臣宿兵，[10]年耆即世者有聞矣。雖賢不乏世，宿將舊卒，猶習戰也。竊不自量，志在效命，庶立毛髮之功，以報所受之恩。若使陛下出不世之詔，效臣錐刀之用，使得西屬大將軍，當一校之隊。若東屬大司馬，統偏師之任，必乘危躡險，[11]騁舟奮驪，突刃觸鋒，爲士卒先。雖未能擒權馘亮，庶將虜其雄率，殲其醜類。必效須臾之捷，以滅終身之愧，使名挂史筆，事列朝榮。雖身分蜀境，首懸吴闕，猶生之年也。如微才不試，没世無聞，徒榮其軀而豐其體，生無益於事，死無損於數，虚荷上位，而忝重禄，禽息鳥視，終於白首，此徒圈牢之養物，非臣之所志也。流聞東軍失備，師徒小衂，輟食棄餐，奮袂攘衽，撫劍東顧，而心已馳於吴會矣。

臣昔從先武皇帝南極赤岸，東臨滄海，西望玉門，北出玄塞，伏見所以行軍用兵之勢，可謂神妙矣。故兵者不可預言，臨難而制變者也。志欲自效於明時，立功於聖世。每覽史籍，觀古忠臣義士，出一朝之命，以殉國家之難，身雖屠裂，而功銘著於景鍾，名稱垂於竹帛，未嘗不拊心而嘆息也。臣聞明主使臣，不廢有罪。故奔北敗軍之將用，秦、魯以成其功；絶纓盗馬之臣赦，楚、趙以濟其難。臣竊感先帝早崩，威王棄世，臣獨何人，以堪長久！常恐先朝露，填溝壑，墳土未幹，而身名並滅。臣聞騏驥長鳴，伯樂昭其能；盧狗悲號，韓國知其才。是以效之齊、楚之路，以逞千里之任；試之狡兔之捷，以驗搏噬之用。今臣志狗馬之微功，竊自惟度，終無伯樂韓國之舉，是以於邑而竊自痛者也。

夫臨博而企竦，聞樂而竊抃者，或有賞音而識道也。昔毛遂趙之陪隸，猶假錐囊之喻，以寤主立功，何况巍巍大魏多士之朝，而無慷慨死難之臣乎！夫自衒自媒者，士女之醜行也；干時求進者，道家之明忌也。而臣敢陳聞於陛下者，誠與國分形同氣，憂患共之者也。冀以塵露之微，補益山海，螢燭末光，增輝日月。是以敢冒其醜，而獻其忠，知必爲朝士所笑。聖主不以人廢言，伏惟陛下少垂神聽，臣則幸矣。

（《文選》卷三七《求自試表》，《文翰類選大成》卷一四一《求自試表》，《曹植集校注》卷三《求自試表》，《三國志》卷一九《魏書十九·任城陳蕭王傳第十九·陳思王植》）

求通親親表 曹子建

臣植言：臣聞天稱其高者，以無不覆；地稱其廣者，以無不載；日月稱其明者，以無不照；江海稱其大者，以無不容。故孔子曰："大哉堯之爲君。惟天爲大，惟堯則之。"①夫天德之於萬物，可謂弘廣矣。蓋堯之爲教，先親後疏，自近及遠。其《傳》曰："克明俊德，以親九族；九族既睦，平章百姓。"及周之文王，亦崇厥化，其《詩》曰："刑于寡妻，至于兄弟，以御于家邦。"②是以雍雍穆穆，風人咏之。昔周公吊管、蔡之不咸，廣封懿親，以藩屏王室，《傳》曰："周之宗盟，異姓爲後。"③誠骨肉之恩，爽而不離，親親之義，實在敦固，未有義而後其君，仁而遺其親者也。

---

① 參見《孟子·滕文公上》。

② 參見《詩·大雅·思齊》。

③ 參見《左傳·隱公十一年》。

伏惟陛下咨帝唐欽明之德，體文王翼翼之仁。惠洽椒房，恩昭九親。群臣百僚，番休遞上。執政不廢於公朝，下情得展於私室。親理之路通，慶吊之情展，誠可謂恕己治人，推惠施恩者矣。至於臣者，人道絶緒，禁固明時，臣竊自傷也。不敢乃望交氣類，修人事，叙人倫。近且婚媾不通，兄弟永絶，吉凶之問塞，慶吊之禮廢，恩紀之違，甚於路人，隔閡之異，殊於胡越。今臣以一切之制，永無朝覲之望，至於注心皇極，結情紫闥，神明知之矣。然天實爲之，謂之何哉！退省諸王，常有戚戚具爾之心，願陛下沛然垂詔，使諸國慶問，四節得展，以叙骨肉之歡恩，全怡怡之篤義，妃妾之家，膏沐之遺，歲得再通，齊義於貴宗，等惠於百司。如此則古人之所嘆，風雅之所咏，復存於聖世矣。

臣伏自惟省，無錐刀之用。及觀陛下之所拔授，若以臣爲異姓，竊自料度，不後於朝士矣。若得辭遠游，戴武弁，解朱組，佩青紱，駙馬、奉車，趣得一號，安宅京室，執鞭珥筆，出從華蓋，入侍輦轂，承答聖問，拾遺左右，乃臣丹情之至願，不離於夢想者也。遠慕《鹿鳴》君臣之宴，中咏《棠棣》匪他之誡，下思《伐木》友生之義，終懷《蓼莪》罔極之哀。每四節之會，塊然獨處，左右唯僕隸，所對唯妻子，高談無所與陳，發義無所與展，未嘗不聞樂而拊心，臨觴而嘆息也。臣伏以爲犬馬之誠，不能動人，譬人之誠，不能動天。崩城、隕霜，臣初信之，以臣心况，徒虚語耳。若葵藿之傾葉，太陽雖不爲之回光，然終向之者，誠也。臣竊自比葵藿，若降天地之施，垂三光之明者，實在陛下。

臣聞文子曰："不爲福始，不爲禍先。"今之否隔，友于同憂，而臣獨唱言者，何也？竊不願於聖代使有不蒙施之物，必有慘毒之懷，故《柏舟》有"天只"之怨，《谷風》有"棄予"之嘆。伊尹耻其君不爲堯舜，孟子曰："不以舜之所以事堯事其君者，不敬其君者也。"[①]臣之愚蔽，固非虞、伊，至於欲使陛下崇光被時雍之美，宣緝熙章明之德者，是臣慺慺之誠，竊所獨守，實懷鶴立企佇之心。敢復陳聞者，冀陛下儻發

---

① 參見《孟子·離婁上》。

天聰而垂神聽也。

（《文選》卷三七《求通親表》，《文翰類選大成》卷一四一《求通親親表》，《曹植集校注》卷三《求通親親表》，《三國志》卷一九《魏書十九·任城陳蕭王傳第十九·陳思王植》）

陳情表　李令伯

臣密言：臣以險釁，夙遭閔凶。生孩六月，慈父見背；行年四歲，舅奪母志。祖母劉，愍臣孤弱，躬親撫養。臣少多疾病，[12]九歲不行，零丁孤苦，至於成立。既無伯叔，終鮮兄弟，門衰祚薄，晚有兒息。外無朞功强近之親，内無應門五尺之僮，煢煢獨立，[13]形影相吊。而劉夙嬰疾病，常在牀蓐，臣侍湯藥，未曾廢離。

逮奉聖朝，沐浴清化。前太守臣逵，察臣孝廉；後刺史臣榮，舉臣秀才。臣以供養無主，辭不赴命。詔書特下，拜臣郎中，尋蒙國恩，除臣洗馬。猥以微賤，當侍東宫，非臣隕首所能上報。臣具以表聞，辭不就職。詔書切峻，責臣逋慢；郡縣逼迫，催臣上道；州司臨門，急於星火。臣欲奉詔奔馳，則劉病日篤，欲苟順私情，則告訴不許。臣之進退，實爲狼狽。

伏惟聖朝以孝治天下，凡在故老，猶蒙矜育，况臣孤苦，特爲尤甚。且臣少仕僞朝，歷職郎署，本圖宦達，[14]不矜名節。今臣亡國賤俘，至微至陋，過蒙拔擢，寵命優渥，豈敢盤桓，有所希冀。但以劉日薄西山，氣息奄奄，人命危淺，朝不慮夕。臣無祖母，無以至今日；祖母無臣，無以終餘年。母孫二人，更相爲命，是以區區不能廢遠。臣密今年四十有四，祖母劉今年九十有六，是臣盡節於陛下之日長，報養劉之日短也。[15]烏鳥私情，願乞終養。

臣之辛苦，非獨蜀之人士及二州牧伯所見明知，皇天后土實所共鑒。願陛下矜愍愚誠，聽臣微志，庶劉僥倖，保卒餘年。臣生當隕首，死當結草。臣不勝犬馬怖懼之情，謹拜表以聞。

（《文選》卷三七《陳情表》，《文翰類選大成》卷一四一《陳情表》，《東萊集注觀瀾文集》甲集卷一七《陳情表》，《晋書》卷八八《李密傳》）

勸進表　劉越石

建興五年，三月癸未朔，十八日辛丑，使持節散騎常侍、都督河北并冀幽三州諸軍事領護軍匈奴中郎將、司空、并州刺史、廣武侯臣琨，使持節侍中都督冀州諸軍事、撫軍大將軍、冀州刺史、左賢王、渤海公臣匹磾，頓首死罪，上書。

臣琨、臣匹磾，[16]頓首頓首，死罪死罪。臣聞天生蒸人，樹之以君，所以對越天地，司牧黎元。聖帝明王，鑒其若此。知天地不可以乏饗，故屈其身以奉之；知黎元不可以無主，故不得已而臨之。社稷時難，則戚藩定其傾；郊廟或替，則宗哲纂其祀。所以弘振遐風，式固萬世，三五以降，靡不由之。

臣琨、臣匹殫，頓首頓首，死罪死罪。伏惟高祖宣皇帝，肇基景命，世祖武皇帝，遂造區夏，三葉重光，四聖繼軌，惠澤侔於有虞，卜年過於周氏。自元康以來，艱禍繁興，永嘉之際，氛厲彌昏，宸極失御，登遐醜裔，國家之危，有若綴旒。賴先后之德，宗廟之靈，皇帝嗣建，舊物克甄。誕授欽明，服膺聰哲。玉質幼彰，金聲夙振。冢宰攝其綱，百辟輔其治。四海想中興之美，群生懷來蘇之望。不圖天不悔禍，大灾薦臻，國未忘難，寇害尋興。逆胡劉曜，縱逸西都，敢肆犬羊，凌虐天邑。臣等奉表使還，仍承西朝。以去年十一月不守，主上幽劫，復沈虜庭，神器流離，再辱荒逆。臣每覽史籍，觀之前載，厄運之極，古今未有。苟在食土之毛，含氣之類，莫不叩心絶氣，行號巷哭。況臣等荷寵三世，位厠鼎司，承問震惶，精爽飛越。且悲且惋，五情無主。舉哀朔垂，上下泣血。

臣琨、臣匹磾，頓首頓首，死罪死罪。臣聞昏明迭用，否泰相濟。天命未改，曆數有歸。或多難以固邦國，或殷憂以啓聖明。是以齊有無知之禍，[17]而小白爲五伯之長；晋有驪姬之難，而重耳主諸侯之盟。社稷靡安，必將有以扶其危；黔首幾絶，必將有以繼其緒。伏惟陛下，玄德通於神明，聖姿合於兩儀。應命代之期，紹千載之運。

夫符瑞之表，天人有徵，中興之兆，圖讖垂典。自京畿隕喪，九服崩離，天下囂然無所歸懷，雖有夏之遘夷羿，宗姬之離犬戎，蔑以過之。陛下撫寧江左，奄有舊吴，柔服以德，伐叛以刑，抗明威以攝不類，杖大順以肅宇内。純化既敷，則率土宅心；義風既暢，則遐方企踵。百揆時叙於上，四門穆穆於下。昔少康之隆，夏訓以爲美談；宣王之興，周詩以爲休咏。况茂勛格于皇天，清輝光于四海。蒼生顒然，莫不欣戴。聲教所加，願爲臣妾者哉！且宣皇之胤，惟有陛下，億兆攸歸，曾無與二。天祚大晋，必將有主，主晋祀者，非陛下而誰？是以邇無異言，遠無異望，謳歌者無不吟咏徽猷，獄訟者無不思於聖德。天地之際既交，華裔之情允洽。一角之獸，連理之木，以爲休徵者，蓋有百數；冠帶之倫，要荒之衆，不謀而同辭者，動以萬計。是以臣等敢考天地之心，因函夏之趣，昧死以上尊號。願陛下存舜禹至公之情，狹巢由抗矯之節，以社稷爲務，不以小行爲先。以黔首爲憂，不以克讓爲事。上以慰宗廟乃顧之懷，下以釋普天傾首之望。則所謂生繁華於枯荑，育豐肌於朽骨，神人獲安，無不幸甚。

臣琨、臣匹磾，頓首頓首，死罪死罪。臣聞尊位不可久虚，萬機不可久曠。虚之一日，則尊位以殆；曠之浹辰，則萬機以亂。方今鍾百王之季，當陽九之會，狡寇窺窬，伺國瑕隙，齊人波蕩，無所系心，安可以廢而不恤哉！陛下雖欲逡巡，其若宗廟何，其若百姓何！昔惠公虜秦，晋國震駭，吕郤之謀，欲立子圉。外以絶敵人之志，内以固闔境之情，故曰："喪君有君，群臣輯穆。好我者勸，惡我者懼。前事之不忘，後代之元龜也。"陛下明並日月，無幽不燭，深謀遠慮，出自胸懷，不勝犬馬憂國之情，遲睹人神開泰之路。是以陳其乃誠，布之執事。臣等各忝守方任，職在遐外，不得陪列闕庭，共觀盛禮，踊躍之懷，南望罔極。謹上。

臣琨謹遣兼左長史右司馬臣温嶠，主簿臣辟閭訓，臣磾遣散騎常侍、征虜將軍、清河太守、領右長史、高平亭侯臣榮劭，輕車將軍關内侯臣郭穆奉表。臣琨、臣匹磾等，[18]頓首頓首，死罪死罪。

（《文選》卷三七《勸進表》，《文翰類選大成》卷一四一《勸進表》，《晉書》卷六《元帝紀》）

讓開府表　羊叔子

臣祜言：臣昨出，臣伏聞恩詔，拔臣使同臺司。臣自出身以來，適十數年，受任外内，每極顯重之地。常以智力不可强進，恩寵不可久謬，夙夜戰栗，以榮爲憂。臣聞古人之言，德未爲衆所服，而受高爵，則使才臣不進；功未爲衆所歸，而荷厚禄，則使勞臣不勸。今臣身托外戚，事遭運會，誡在過寵，不患見遺。

而猥超然降發中之詔，加非次之榮。臣有何功可以堪之，何心可以安之。以身誤陛下，辱高位，傾覆亦尋而至，願復守先人弊廬，豈可得哉！違命誠忤天威，曲從即復若此。蓋聞古人申於見知，大臣之節，不可則止。臣雖小人，敢緣所蒙，念存斯義。

今天下自服化已來，方漸八年，雖側席求賢，不遺幽賤，然臣等不能推有德，進有功，使聖聽知勝臣者多，而未達者不少。假令有遺德於版築之下，有隱才於屠釣之間，而令朝議用臣不以爲非，臣處之不以爲愧，所失豈不大哉！

且臣忝竊雖久，未若今日兼文武之極寵，等宰輔之高位也。臣所見雖狹，據光禄大夫李喜秉節高亮，正身在朝；光禄大夫魯芝潔身寡欲，和而不同；光禄大夫李胤莅政弘簡，在公正色，皆服事華髮，以禮終始。雖歷内外之寵，不異寒賤之家，而猶未蒙此選，臣更越之，何以塞天下之望，少益日月！

是以誓心守節，無苟進之志。今道路未通，方隅多事，乞留前恩，使臣得速還屯。不爾留連，必於外虞有闕。臣不勝憂懼，謹觸冒拜表。惟陛下察匹夫之志不可以奪。

（《文選》卷三七《讓開府表》，《文翰類選大成》卷一四一《讓開府表》，《晉書》卷三四《羊祜傳》）

讓中書令表　庾元規

臣亮言：臣凡庸固陋，少無檢操。昔以中州多故，舊邦喪亂，隨侍先臣，遠庇有道，爰客逃難，求食而已。不悟邀時之福，遭遇嘉運。先帝龍興，乘異常之顧，既眷同國士，又申之婚姻。遂階親寵，累忝非服，弱冠濯纓，沐浴玄風。頻繁省闥，出領六軍，[19]十餘年間，位超先達。無勞被遇，無與臣比。小人禄薄，福過灾生，止足之分，臣所宜守。而偷榮昧進，日爾一日，謗讟既集，上塵聖朝，始欲自聞，而先帝登遐。區區微誠，竟未上達。

陛下踐祚，聖政維新。宰輔賢明，庶寮咸允，康哉之歌，實在至公。而國恩不已，復以臣領中書。臣領中書，[20]則示天下以私矣。何者？臣於陛下，后之兄也。姻婭之嫌，實與骨肉中表不同。雖太上至公，聖德無私。然世之喪道，有自來矣。悠悠六合，皆私其姻者也。人皆有私，則謂天下無公矣。是以前後二漢，咸以抑後黨安，進婚族危。向使西京七族，東京六姓，皆非姻黨，各以平進，縱不悉全，决不盡敗。今之盡敗，更由姻昵。臣歷觀庶姓在世，無黨於朝，無援於時，植根之本，輕也薄也。苟無大瑕，猶或見容。至於外戚，憑托天地，勢連四時，根援扶疏，重矣大矣！而財居權寵，四海側目，事有不允，罪不容誅。身既招殃，國爲之弊，其故何耶？直由婚媾之私，群情之所不能免。故率其所嫌，而嫌之於國。是以疏附則信，姻進則疑。疑積於百姓之心，則禍成重闥之内矣。此皆往代成鑒，可爲寒心者也。

夫萬物之所不通，聖賢因而不奪。冒親以求一才之用，未若方嫌以明公道。今以臣之才，兼如此之嫌，而使内處心膂，外總兵權。以此求治，未之聞也。以此招禍，可立待也。雖陛下二相，明其愚款。朝士百寮，頗識其情。天下之人，何可門到户説，使皆坦然耶！

夫富貴寵榮，臣所不能忘也；刑罰貧賤，臣所不能甘也。今恭命則愈，違命則苦，臣雖不達，何事背時違上，自貽患責？我仰覽殷鑒，[21]量己知敝，[22]身不足惜，爲國取悔。是以悾悾，屢陳丹款，而微誠淺薄，未垂察諒，憂惶屏營，不知所厝。以臣今地，不可以進明矣，且違命已久，臣之罪又積矣。歸骸私門，以待刑書。願陛下垂天地之鑒，察臣之愚，則雖死之日，猶生之年矣。

（《文選》卷三八《讓中書令表》，《文翰類選大成》卷一四一《讓中書令表》，《文章辨體彙選》卷一二七《讓中書令表》，《晋書》卷七三《庾亮傳》）

解尚書表　殷仲文

臣聞洪波振壑，川無恬鱗；驚飈拂野，林無静柯。何者？勢弱則受制於巨力，[23]質微則莫以自保。於理雖可得而言，於臣實所敢喻。昔桓玄之世，誠復驅迫者衆。至於愚臣，罪實深矣。進不能見危授命，[24]忘身殉國；退不能辭粟首陽，拂衣高謝。遂乃宴安昏寵，叨昧僞封，錫文篡事，曾無獨固。名義以之俱淪，情節自兹兼撓，女教。宜其極法，以判忠邪。鎮軍臣裕匡復社稷，大弘善貸，佇一戮於微命，申三驅於大信，既惠之以首領，復引之以縶知立。維。于時皇輿否隔，天人未泰，用忘進退，唯力是視。是以僶俛從事，自同全人。今宸極反正，惟新告始，憲章既明，品物思舊，臣亦胡顔之厚，可以顯居榮次！乞解所職，待罪私門。違謝闕庭，[25]乃心愧戀。謹拜表以聞。

（《文選》卷三八《解尚書表》①，《文翰類選大成》卷一四一《解尚書表》，《晋書》卷九九《殷仲文傳》）

諫重討高麗表　房玄齡

臣聞兵惡不戢，武貴止戈。當今聖化所覃，無遠不暨，[26]上古所不臣者，陛下皆能臣之；所不制者，皆能制之。詳觀古今爲中國患害，無過突厥，遂能坐運神策，不下殿堂，[27]大小可汗，相次束手，分典禁衛，執戟行間“行”音“杭”。其後延陀鴟張，尋就夷滅，[28]鐵勒慕義，請置

① 《文選·目録》題作“自解表”。

州縣，沙漠已北，萬里無塵。至如高昌叛涣於流沙，吐渾首鼠於積石，偏師薄伐，俱從平蕩。高麗，歷代逋誅，莫能討擊。[29]陛下責其逆亂，殺主虐民，親總六軍，問罪遼、碣。未經旬日，即拔遼東，前後虜獲，數十萬計，分配諸州，無處不滿。雪往代之宿耻，掩崤陵之枯骨，比功校德，萬倍前王。[30]此聖主所自知，微臣安敢備説？

且陛下仁風被于率土，孝德彰於配天。睹夷狄之將亡，則指期數歲；[31]授將帥之節度，則决機萬里。屈指而候驛，[32]視景而望書，符應若神，筭無遺策。[33]擢將於行伍之中，取士於凡庸之末。遠夷單使，一見不忘；小臣之名，未嘗再問。箭穿七札，弓貫六鈞。加以留情墳典，屬意篇什，[34]“屬”音“囑”。筆邁鍾、[35]張，辭窮賈、[36]馬。文鋒既振，則宫徵自諧；“徵”音“止”。輕翰暫飛，[37]則花葩競發。撫萬姓以慈，[38]遇群臣以禮。[39]褒秋毫之善，[40]解吞舟之網。逆耳之諫必聽，膚受之訴斯絶。好生之德，禁障塞於江湖；惡殺之仁，息鼓刀於屠肆。鳧鶴荷稻粱之惠，犬馬蒙帷蓋之恩。降尊吮思摩之瘡，登堂臨魏徵之柩。哭戰亡之卒，則哀動六軍；負填道之薪，則情感天地。[41]重黔黎之大命，特盡心於庶獄，臣心識昏憒，豈足論聖功之深遠，談天德之高大哉！陛下兼衆美而有之，靡不備具。微臣深爲陛下惜之、重之、愛之、寶之。

《周易》曰：“知進而不知退，知存而不知亡，知得而不知喪。”又曰：“知進退存亡，而不失其正者，其惟聖人乎？”①由此言之，進有退之義，存有亡之機，得是喪之理。老臣所以爲陛下惜之者，蓋謂此也。老子曰：“知足不辱，知耻不殆。”②臣謂陛下威名功德，亦可足矣；拓地開疆，[42]亦可止矣。彼高麗者，邊夷賤類，不足待以仁義，不可責以常禮，古來以魚鱉畜之，宜從闊略。必欲絶其種類，深恐獸窮則搏。且陛下每决死囚，必令三覆五奏，進素食、停音樂者，蓋以人命所重，感

① 參見《周易·乾卦·文言》。

② 參見《老子》第四十四章。

動聖慈也。況今兵士之徒，無一罪戾，無故驅之於戰陣之間，[43]委之於鋒刃之下，使肝腦塗地，魂魄無歸，令其老父孤兒，寡妻慈母，望轊車而掩泣，抱枯骨而摧心，足變動陰陽，感傷和氣，實天下之冤痛也。[44]且兵凶器，戰危事，不得已而用之。向使高麗違失臣節，而陛下誅之可也；侵擾百姓，而陛下滅之可也；久長能爲中國患，而陛下除之可也。有一於此，雖日殺萬夫，不足爲愧。今無此三條，坐煩中國，内爲舊主雪怨，[45]外爲新羅報讎，豈非所存者小，所損者大？

願陛下遵皇祖老子止足之誡，[46]以保萬代巍巍之名，發霈然之恩，降寬大之詔，順陽春以布澤，許高麗以自新。焚凌波之船，罷應募之衆，自然華夷慶賴，遠肅邇安。臣老病三公，朝夕入地，[47]所恨竟無塵露，微增海岳，[48]謹罄殘魂餘息，[49]豫代結草之誠，儻蒙録此哀鳴，即臣死骨不朽也。

唐貞觀二十三年，①太宗將重討高麗。是時房玄齡寢疾增劇，顧謂其諸子曰："當今天下寧謐，咸得其宜，而主上准欲東討高麗，方爲國害，吾知而不言，可謂銜恨入地矣。"遂上此表。及太宗見表嘆曰："此人寢疾危篤，尚能憂我國家如此。"玄齡此表，雖諫太宗不從，然終爲善策也。

（《文苑英華》卷六二六《遺表》，《文翰類選大成》卷一四一《諫重討高麗表》，《貞觀政要集校》卷九《議征伐》，《舊唐書》卷六六《房玄齡傳》，《太平寰宇記》卷一七三《高句麗國》）

賀祥雲見表　張九齡

臣某等伏見道門威儀司馬秀表稱：今月十日夜，陛下親臨同明殿道場，爲宗廟蒼生祈福，有祥雲見。伏以聖德，以精至動天，天意以肸蠁符聖。其應甚速，豈云玄遠？陛下孝敬之深，勤恤所至，靈心如

① "唐貞觀二十三年"句至下文"終爲善策也"句：本段内容蓋爲《文章類選》編者所加，非房玄齡表文。

答，神道何言？自表休期，以介景福，生人大賴，天下幸甚！臣等忝居近侍，倍百恒情，謹奉表陳賀以聞。

（《文苑英華》卷五六二《表·賀祥雲見表》，《張九齡集校注》卷一四《賀祥雲見狀》）

賀甘露表　武元衡

臣某言：伏奉今月九日，聖恩以元和殿前所降甘露，宣示百寮者。伏聞聖德至而和風應，元氣滋而靈液降。不有上瑞，曷彰盛時？況甘惟旨味，露則仁澤，豈無外野？故呈祥于禁中，不於别殿，特表慶於元和。光凝棲鳳之林，氣浥傳香之樹，將使五靈集祉，奕葉流芳。伏惟陛下先天奉時，王道立極，不言而風雨咸若，無爲而禎祥薦至。故得蒸雲降液，睹陽不晞，如脂如飴，珠連星綴。可以彰聖感，可以保豐年。漢致金盤，魏稱瓊爵，方兹冥貺，固有慚德。臣遇斯鴻造，幸偶昌期，希代珍符，[50]微生畢睹。載欣載賀，徒竭犬馬之誠；舞之咏之，其樂華胥之俗。[51]無任。

（《文苑英華》卷五六二《賀甘露表》）

賀慶雲表　韓愈

臣某言：臣所領州，今月十六日申時有慶雲見於西北，至暮方散，臣及舉州官吏百姓等無不見者。五采五色，光華不可遍觀；非烟非雲，容狀巨能詳述。抱日增麗，浮空不收。既變化而無窮，亦卷舒而莫定。斯爲上瑞，實應太平。臣某誠歡誠喜，頓首頓首。

謹按：沈約《宋書》云："慶雲五色者，太平之應。"①又據《孝經援神契》曰："王者德至山陵，則慶雲出。"故黄帝因之以紀事，虞舜由之而作歌。又按：季夏六月，土王用事，其日景戌，亦主於土。西北方者，京師所在。土爲國家之德，祥見京師之位。既徵於古，又驗於今。

① 參見《宋書》卷二七《符瑞志》。

伏惟皇帝陛下，德合覆載，道光軒虞；嗣位之初，禎祥繼至，昇平之符既兆，仁壽之域以躋。“以”或作“已”。微臣往在先朝，以論事得罪，身居貶黜之地，目睹殊常之慶，抃躍欣幸，實倍常情。伏乞宣付史官，以彰聖德所致。瞻戀闕廷，心魂飛馳，無任欣抃踴躍之至。謹差某官奉表陳賀以聞。

（《韓愈文集彙校箋注》卷二九《賀慶雲表》，《韓昌黎文集注釋》卷八《賀慶雲表》）

賀雨表　韓愈

臣某言：臣聞聖人之德，與天地通。誠發於中，事應於外。始聞其語，今見其真。臣誠歡誠喜，頓首頓首。

伏以季夏以來，雨澤不降。臣職司京邑，祈禱實頻；青天湛然，旱氣轉甚。陛下憫兹黎庶，有事山川。中使纔出於九門，陰雲已垂於四野。龍神效職，雷雨應期。嘉穀奮興，根葉肥潤。抽莖展穗，不失時宜。人和年豐，莫大之慶。

微臣幸蒙寵任，獲睹殊祥。慶抃歡呼，倍於常品。無任踴躍之至。謹奉表陳賀以聞。

（《韓愈文集彙校箋注》卷三〇《賀雨表》，《韓昌黎文集注釋》卷八《賀雨表》）

御史臺賀嘉禾表　柳子厚

臣某言：今月日，宰臣以幽州所進《嘉禾圖》各一軸示百寮者。伏以嘉穀順成，靈貺昭格，天人合應，遐邇同風。臣某誠歡誠慶，頓首頓首。

伏惟皇帝陛下睿謀廣運，神化旁行。植物知仁，祥圖應聖。靈嶽不愆於贊祐，燕谷用遂於生成。豐捻既均，知朔南之被澤；休嘉克叶，見天地之同和。六穗慚稱於漢臣，異畝耻書於周典。自中形外，均慶同歡。臣某謬職憲司，獲睹休瑞，無任抃躍之至。

（《柳宗元集校注》卷三七《御史臺賀嘉禾表》）

禮部賀册尊號表　柳子厚

臣某伏奉月日制：陛下膺受尊號，率土臣子，慶抃無窮。臣聞立極之大，四海無以報神功；配天之尊，萬物不能崇聖德。唯有徽號，是彰中興，所以上探天心，下極人欲。

伏惟元和聖文神武法天應道皇帝陛下，統承千載，光被六幽，蟊賊盡除，福應皆集。有首有趾，咸識太平。勛臣增爵禄之榮，戎士加賞延之寵。片善必録，微功盡昇。獨惟聖謩，事絶酬答。萬國觖望，百工怨思。是以啓元和之盛典，延昊穹之景祚。理歷凝命，實曰聖文。和衆定功，時惟神武。運行有法天之用，變化乃應道之方。鬼神協謀，夷夏同志。大禮既建，鴻恩遂行。歡呼遠市於九圍，滲漉普周於八裔。慶超遂古，美冠將來。

臣獲守蠻荒，遠承大典。潢污比陋，河清幸遂於千年；塵壤均微，山呼願同於萬歲。無任慶賀屏營之至。

（《文翰類選大成》卷一四一《禮部賀册尊號表》，《柳宗元集校注》卷三七《賀册尊號表》）

上《資治通鑑》表　司馬光

元豐七年十一月上。臣光言：先奉敕編集《歷代君臣事迹》，又奉聖旨賜名《資治通鑑》，今已了畢者。伏念臣性識愚魯，學術荒疏，凡百事爲，皆出人下。獨於前史，粗嘗盡心，自幼至老，嗜之不厭。每患遷、固以來，文字繁多。自布衣之士，讀之不遍。況於人主，日有萬機，何暇周覽？臣常不自揆，欲删削冗長，舉撮機要，專取關國家興衰，係生民休戚，善可爲法，惡可爲戒者，爲《編年》一書，庶使前後有倫，精粗不雜。私家力薄，無由可成。

伏遇英宗皇帝，資睿智之性，敷文明之治。思歷覽古事，用恢張大猷。爰詔下臣，俾之編集。臣夙昔所願，一朝獲伸，踴躍奉承，惟懼不稱。先帝仍命自選辟官屬，於崇文殿置局，許借龍圖、天章閣、三館、秘閣書籍，賜以御府筆墨繒帛及御前錢以供果餌，以内臣爲承受，眷遇之榮，近臣莫及。不幸書未進御，先帝違棄群臣。陛下紹膺大統，欽承先志，寵以冠序，錫之嘉名，每開經筵，常令進讀。臣雖頑愚，荷兩朝知待如此其厚，隕身喪元，未足報塞，苟智力所及，豈敢有遺？[52]

會差知永興軍，以衰疾不任治劇，乞就冗官。陛下俯從所欲，曲賜容養，差判西京留司御史臺及提舉嵩山崇福宫，前後六任，仍聽以書局自隨，給之禄秩，不責職業。臣既無他事，得以研精極慮，窮竭所有。日力不足，繼之以夜。遍閲舊史，旁采小説，簡牘盈積，浩若烟海。抉擿幽隱，校計毫釐。上起戰國，下終五代，凡一千三百六十二年，修成二百九十四卷。又略舉事目，年經國緯，以備檢尋，爲《目録》三十卷。又參考群書，評其同異，俾歸一塗，爲《考異》三十卷，合三百五十四卷。自治平開局，迨今始成。歲月淹久，其間抵捂，不敢自保。罪負之重，固無所逃。臣光誠惶誠懼，頓首頓首。

重念臣違離闕廷，十有五年，雖身處于外，區區之心，朝夕寤寐，何嘗不在陛下之左右。顧以駑蹇，無施而可。是以專事鉛槧，用酬大恩，庶竭涓塵，少裨海岳。臣今筋骸癯瘁，目視昏近。齒牙無幾，神識衰耗。目前所爲，旋踵遺忘。臣之精力，盡於此書。伏望陛下寬其妄作之誅，察其願忠之意，以清閑之燕，特賜省覽。監前世之興衰，考當今之得失。嘉善矜惡，取是捨非。足以懋稽古之盛德，躋無前之至治。俾四海群生，咸蒙其福，則臣雖委骨九泉，志願永畢矣！

(《宋文鑑》卷六五《進〈資治通鑑〉表》，《文翰類選大成》卷一四二《上〈資治通鑑〉表》，《資治通鑑·進書表》，《司馬温公集編年箋注》附録卷二《進〈資治通鑑〉表》)

賀赦表　王安石

臣某言：伏睹十一月二十五日，南郊禮畢，大赦天下者。精意上昭，神靈底豫，茂恩旁暢，夷夏接和。[53]臣某誠歡誠抃，頓首頓首。

臣聞道以饗帝爲難，禮以配天爲至。有秩斯祜，唯四表之歡心；

胡臭亶時，匪九州之美味。自古在昔，若聖與仁，厥遭昌辰，乃睹熙事。恭惟皇帝陛下，邁種三德，敷奏九功，率籲奉璋之衆髦，肇稱奠璧之新禮。廟籩致孝，郊血告幽。誠既格於穹旻，福遂均於品庶。振憂矜寡，原宥眚裁。第五玉以褒封，善人是富；發三錢而慶賜，賤者不虚。天其居歆，人以呼舞。臣夙叨寵奬，親值休成，雖無預於駿奔，實不勝於竊抃。

（《宋文鑑》卷六六《賀赦表》，《文翰類選大成》卷一四二《賀赦表》，《臨川先生文集》卷五八《賀南郊禮畢肆赦表二道·其一》）

謝翰林學士表　王安石

臣聞人臣之事主，患在不知學術，而居寵有冒昧之心；人主之畜臣，患在不察名實，而聽言無惻怛之意。此有天下國家者，所以難於任使，而有道德者，亦所以難於進取也。學士職親地要，而以討論諷譏爲官。非夫遠足以知先王，近足以見當世。忠厚篤實，廉耻之操足以咨諏而不疑；草創潤色，文章之才足以付托而無負。則在此位，而無以稱。如臣不肖，涉道未優，初無犖犖過人之才，徒有區區自守之善。以至將順建明之大體，則或疏闊淺陋而不知。加以憂傷疾病，久棄里閭，辭命之習，蕪廢積年。黽勉一州，已爲忝冒，禁林之選，豈所堪任？伏惟皇帝陛下，躬聖德，承聖緒，於群臣賢否，已知考慎，而於其言也，又能虚己以聽之，故聰明、叡智、神武之實，已見於行事。日月未久，而天下翹首企踵，以望唐、虞、成周之太平。臣於此時，實被收召，所以許國，義當如何？敢不磨礪淬濯已衰之心，紬繹温尋久廢之學，上以備顧問之所及，下以供職司之所守。

（《宋文鑑》卷六六《謝翰林學士表》，《文翰類選大成》卷一四二《謝翰林學士表》，《臨川先生文集》卷五七《除翰林學士謝表》）

徐州謝奬諭表　蘇軾

臣軾言：伏奉今月四日敕，以臣去歲修城捍水，粗免疏虞，特賜獎諭者。奔走服勤，人臣之常事；褒稱勞勉，學者之至榮。自惟何人，乃辱斯語。臣軾誠惶誠恐，稽首頓首。[54]

伏念臣學無師法，才與世疏。經術既已不深，吏事又其所短。累忝優寄，卒無異稱。寬如定遠之言，平平無取；拙比道州之政，下下宜然。乃者河決澶淵，毒流淮泗。百堵皆作，蓋僚吏之劬勞；三板不沈，本朝廷之威德。而臣下掠衆美，上貪天功。獨竊璽書之榮，以爲私室之寶。此蓋伏遇皇帝陛下，天覆四海，子養萬民。哀無辜之遭罹，特遣使以存問。既蠲免以賦調，又飲食其饑寒。所以録臣之微勞，蓋將責臣之來效。臣敢不躬親畚築，益修今歲之防；安集流亡，盡復平時之業。庶殫朽鈍，少補絲毫。

（《蘇軾文集》卷二三《徐州謝獎諭表》，《文翰類選大成》卷一四二《徐州謝獎諭表》）

謝宣召入院表　蘇軾

右臣今月日，西頭供奉官充待詔董士隆至臣所居，奉宣聖旨，召臣入院充學士者。詔誥春温，再命而傴；[55]使華天降，一節以趨。在故事以嘗聞，豈平生之敢望。省循非稱，愧汗交深。

竊以視草之官，自唐爲盛。雖職親事秘，[56]號爲北門學士之榮；而禄薄地寒，至有京兆掾曹之請。豈如聖代，一振儒風。非徒好爵之縻，兼享大烹之養。玉堂賜篆，仰淳化之彌文；寶帶重金，佩元豐之新渥。既厚其禮，愈難其人。而臣以空疏冗散之材，衰病流離之後。生還萬里，坐閱三遷。不緣左右之容，躐處賢豪之上。此蓋伏遇皇帝陛下，生資文武，天胙聖神。雖亮陰不言，尚隱高宗之德；而小毖求助，已啓成王之心。首擇輔臣，次求法從。知人材之難得，采虚名而用臣。敢不益勵初心，力圖後效。身不逮古，[57]雖慚内相之名；志常在民，庶免私人之誚。

（《宋文鑑》卷六八《謝宣召入院狀》，《古今事文類聚》卷二〇《謝宣召入院表》，《文翰類選大成》卷一四二《謝宣召入院狀》，《蘇軾文集》卷二三《謝宣召入院狀二首·一》）

進《大學衍義》表　真西山

伏以汗竹雖厘，何補聖經之奥；食芹欲獻，誤蒙天語之温。以十年纂輯之餘，[58]欣一旦遭逢之幸。惟《大學》設八條之教，爲人君立萬世之程。首之以格物致知，示窮理乃正心之本；推之於齊家治國，見修己推及物之原，曾子之傳，獨得其宗，程氏以來，大明厥旨。迨師儒之繼出，有章句之昭垂，臣少所服膺，[59]晚而知趣。謂淵源遠矣，實東魯教人之微言，[60]而綱目粲然，乃南面臨民之要道。

曩叨侍從論思之列，適當奸諛蒙蔽之時，念將開廣於聰明，惟有發揮於經術。使吾君之心炳如白日，於天下之理洞若秋毫。雖共兜雜進於堯朝，豈魑魅能逃於禹鼎。不量菲薄，欲效編摩。遽罹三至之讒，徒結九重之戀。既投閑而置散，因極意於研精。畎畝不忘君，每惓惓於報上。藩墻皆置筆，幾矻矻以窮年。[61]首裒聖賢性命道德之言，旁采古今治亂安危之迹，。必提其要，皆聚此書。凡諸老先生之講明，粗加該括；於君子小人之情狀，尤極形容。載瞻海岳之崇深，期效涓埃之裨補。

兹蓋恭遇皇帝陛下，乾旋坤轉，日就月將。於緝熙單厥心，基命適隆於成后；念終始典于學，遜志克邁於商宗。方將切瑳琢磨而篤於自修，定静安慮而進於能得。事欲明於本末，理期貫於精粗。適粹成編，冒塵清燕。止其所止，願益加止善之功；新以又新，更推作新民之化。

（《文翰類選大成》卷一四二《進〈大學衍義〉表》，《四六法海》卷四《進〈大學衍義〉表》）

進《三朝實録》表　程鉅夫

一人御極，聿嚴金匱之藏；三后在天，實監玉堂之記。粤若稽古，克底成書。欽惟皇帝陛下，孝友慈仁，温文睿哲。統之垂，業之創，念昔繼承；功以著，德以彰，在兹纂録。首崇筆削之任，式宏龜鑒之圖。臣等職忝禁林，才非良史。繫年繫月，豈足盡於先朝；作典作謨，庶有徵於今日。臣等以所編成《順宗皇帝實録》一卷；《成宗皇帝實録》五十六卷，《事目》十卷，《制詔録》七卷；《武宗皇帝實録》五十卷，《事目》七卷，《制詔録》三卷。總計一百三十四卷，繕寫已畢，謹具進呈。

（《元文類》卷一六《進〈三朝實録〉表》，《文翰類選大成》卷一四二《進〈三朝實録〉表》）

謝賜禮物表　吴澂

接地風雲際會，親逢於明主；麗天日月照臨，遠及於老臣。賜之以府庫之財，衣之以筐篚之幣。承恩過厚，揆分何堪？俯瀝愚衷，仰塵睿聽。伏念臣荆揚賤士，樵牧孤蹤。幼誦孔氏之遺書，無繇見道；長值朝家之興運，有幸爲民。愧碌碌之謭才，乏卓卓之奇節。以言其文章，則體格卑陋；以言其學行，則器識凡庸。[62]自甘晦迹於深山，豈覬發身於昭代？大鈞靡不覆燾，小物亦預陶鎔。惟成宗法至元，首賁丘園之隱；歷武宗逮延祐，洊升館閣之華。

先帝擢之禁林，今皇處以經幄。講讀古訓，對揚耿光。誤蒙上聖之簡知，得厠群賢而布列。然犬馬餘齒，已非少壯之年；而螻蟻微誠，[63]莫展驅馳之志。外之弗能效勤勞於群縣，内之弗能裨謀議於廟堂。縻廩粟，費俸錢，素餐甚矣；辱高位，速官謗，清論凛然。因負采薪之憂，遂辭視草之職。雖心同葵藿，常戀闕廷；奈景迫桑榆，宜歸田里。未嘗毫厘有補於國，況又耄耋無用於時。淵度涵容，寵錫優渥。

兹蓋欽遇皇帝陛下，乾坤博施，海宇皆春。忍令散材汩没於泥塗，欲俾寸草沾濡於雨露。閔憐周恤，固君父惻隱之仁；悃款控陳，乃臣子辭讓之禮。倘冒昧而拜貺，實踧踖以懷慚。敢致懇祈，乞垂矜允。收此九重之大惠，全其一介之小廉。壹是歡榮，等如祗受。臣栖遲畎畝，既難强筋力以輸忠；教誨子孫，自當竭精神而報上。所賜鈔定段疋，除已嚮闕謝恩外，未敢欽受，謹奉表辭謝以聞。

（《元文類》卷一六《謝賜禮物表》，《文翰類選大成》卷一四二《謝賜禮物表》）

進《經世大典》表　歐陽玄

堯舜之道，載諸典謨；文、武之政，布在方册。道雖形於上下，政無間於精粗。特於紀録之間，足見彌綸之具。是以秦漢有掌故之職，唐宋有《會要》之書。于以著當代之設施，于以備將來之考索。我國家受命龍朔，纘休鴻基。發政施仁，《行葦》之忠厚世積；制禮作樂，《關雎》之風化日興。紀綱具舉於朝廷，統會未歸於簡牘。

欽惟欽天統聖至德誠功大文孝皇帝陛下，總攬群策，躬親萬幾。思祖宗創業之艱難，與天地同功於經緯。必有鋪張，以揭皦日；必有述作，以藏名山。爰命文臣，體會要之遺意；遍敕官寺，發職故之舊章。倣《周禮》之六官，作皇朝之《大典》。臣某叨承旨喻，俾綜纂修。[64]物有象而事有原，質爲本而文爲輔。百數十年之治迹，固大略之僅存；千萬億世之宏規，在鴻儒之繼作。謹繕寫《皇朝經世大典》八百八十卷，《目録》十二卷，《公牘》一卷，《纂修通議》一卷，裝潢成帙，隨表以聞，伏取進止。

（《元文類》卷一六《進〈經世大典〉表》，《文翰類選大成》卷一四二《進〈經世大典〉表》，《經世大典輯校・進〈經世大典〉表》《歐陽玄集》卷一三《进〈經世大典〉表》）

賀正旦表　劉敏中

曆頒夏正，大春秋一統之書；禮謹漢儀，受圖貢四方之賀。歡均朝野，慶洽天人。剛健體元，寬仁育物。董官常而敷聖訓，炳如日月之臨；恤民隱而降德音，翕叶地天之泰。至和斯應，景福維新。臣等夙被寵榮，忝司端揆。無尺寸效，仰裨財成輔相之功；願億萬年，永享伴奂優游之樂。[65]

（《元文類》卷一七《賀正旦表》，《中庵集》卷七《中書省正旦賀表》）

賀册后表　楊文郁

聖德日新，端齊家以身之本；坤元位正，備臨軒發册之儀。慶溢九重，歡騰四表。受天成命，遵祖詒謀。謂王教攸基，莫若人倫之重。然治道之至，庶資内治之勤。昭法象於軒星，崇聲明於椒掖。以贊嚴宸之孝理，以協太母之徽音。臣等服在近司，顒觀盛際。道符羲易，占順承載物之亨；願擬堯封，申富壽多男之祝。

（《元文類》卷一七《賀册后表》，《文翰類選大成》卷一四二《賀册后表》）

賀建儲表　姚登孫

坤元居上，挾皇統於中天；震器有歸，衍孫謀於奕世。神人闓懌，河岳清寧。聖德難名，徽音夙著。心游太極，兩儀妙玄範之功；身佑三朝，九鼎重宗磐之勢。適春宫之肇建，知景命之永延。臣等嘉與諸儒，欣逢盛典。日月啓重光之運，幸囿照臨；華嵩開萬壽之期，惟屢歌頌。

（《元文類》卷一七《賀建儲表》）

賀聖節表　鄧文原

天開景運，篤有道之曾孫；電繞神樞，受介福於王母。觚稜瑞靄，閶闔臚傳。誕紹鴻圖，否承駿命。[66]至仁育物，得秋而萬寶成；盛德在躬，居所而衆星拱。當立經陳紀之始，爲施仁發政之規。郊廟肇禋，朝野胥樂。臣等名叨玉署，目極璇霄。廣文王有聲之詩，載歌律吕；衍殷宗無逸之壽，虔祝華嵩。

（《元文類》卷一七《賀聖節表》，《鄧文原集·文集補遺·巴西文集鮑廷博補遺一·賀聖節表》）

箋　類

與魏文帝箋　繁休伯

正月八日壬寅，領主簿欽，死罪死罪。

近屢奉箋，不足自宣。頃諸鼓吹，廣求異妓，時都尉薛訪車子。

年始十四，能喉囀引聲。與笳同音，白上呈見，果如其言。

即日故共觀試，乃知天壤之所生，誠有自然之妙物也。潛氣内轉，哀聲外激，[67]大不抗越，細不幽散，聲悲舊笳，曲美常均。及與黄門鼓吹温胡，迭唱迭和，喉所發音，無不響應。曲折沈浮，尋變入節，自初呈試，中間二旬。胡欲傲其所不知，尚之以一曲。巧竭意匱，既已不能。而此孺子遺聲抑揚，不可勝窮。優游變化，[68]餘弄未盡，暨其清激悲吟，雜以怨慕。咏北狄之遐征，奏胡馬之長思。悽入肝脾，哀感頑豔。是時日在西隅，凉風拂衽。背山臨溪，流泉東逝。同坐仰嘆，觀者俯聽，莫不泫泣隕涕，悲懷慷慨。自左騏、史妠，謇姐名倡，能識以來，耳目所見，僉曰詭異，未之聞也。竊惟聖體，兼愛好奇。是以因箋，先白委曲。伏想御聞，必含餘歡。冀事速訖，旋侍光塵。寓目階庭，與聽斯調。宴喜之樂，蓋亦無量。欽死罪死罪。

(《文選》卷四〇《與魏文帝箋》，《文翰類選大成》卷一四三《與魏文帝箋》，《文章辨體彙選》卷一八一《與魏文帝箋》)

答魏太子箋　吴季重

二月八日庚寅，臣質言：奉讀手命，追亡慮存，恩哀之隆，形於文墨。日月冉冉，歲不與我。昔侍左右，厠坐衆賢。出有微行之游，入有管絃之歡。置酒樂飲，賦詩稱壽。自謂可終始相保，並騁材力，效節明主，何意數年之間，死喪略盡！臣獨何德，以堪久長？

陳、徐、劉、應，才學所著，誠如來命，惜其不遂，可爲痛切！凡此數子，於雍容侍從，實其人也。若乃邊境有虞，群下鼎沸。軍書輻至，羽檄交馳。於彼諸賢，非其任也。往者孝武之世，文章爲盛。若東方朔、枚皋之徒，不能持論，即阮、陳之儔也。[69]其唯嚴助、壽王，與聞政事，然皆不慎其身、善謀於國，卒以敗亡，臣竊耻之。至於司馬長卿，稱疾避事，以著書爲務，則徐生庶幾焉。而今各逝，已爲異物矣。後來君子，實可畏也！

伏惟所天，優游典籍之場，休息篇章之圃。[70]發言抗論，窮理盡微，摛藻下筆，鸞龍之文奮矣。雖年齊蕭王，才實百之，此衆議所以歸高，遠近所以同聲也。然年歲若墜，今質已四十二矣。白髮生鬢，所慮日深，實不復若平生之時也。但欲保身敕行，不蹈有過之地，以爲知己之累耳。游宴之歡，難可再遇，盛年一過，實不可追。臣幸得下愚之才，值風雲之會，時邁齒載，猶欲觸胸奮首，展其割裂之用也。

不勝慺慺，以來命備悉，故略陳至情。質死罪死罪。

（《文選》卷四〇《答魏太子箋》，《文章辨體彙選》卷一八一《答魏太子箋》）

答臨淄侯箋　楊德祖

修死罪。

不待數日，若彌年載。豈由愛顧之隆，使係仰之情深邪！損奪嘉命，蔚矣其文。誦讀反覆，雖《風》《雅》《頌》，不復過此。若仲宣之擅漢表，陳氏之跨冀域，徐、劉之顯青、豫，應生之發魏國，斯皆然矣。至於修者，聽采風聲，仰德不暇，自周章於省覽，何遑高視哉？

伏惟君侯，少長貴盛，體發、旦之資，有聖善之教。遠近觀者，徒謂能宣昭懿德，光贊大業而已，不復謂能兼覽傳記，留思文章。今乃含王超陳，度越數子矣。觀者駭視而拭目，聽者傾首而竦耳，非夫體通性達，受之自然，其孰能至於此乎？又嘗親見執事，握牘持筆，有所造作，若成誦在心，借書於手，曾不斯須，少留思慮。仲尼日月，無得逾焉，修之仰望，殆如此矣。是以對《鶡》而辭，作《暑賦》彌日而不獻，見西施之容，歸增其貌者也。

伏想執事，不知其然，猥受顧錫，教使刊定。《春秋》之成，莫能損益，《吕氏》《淮南》，字直千金，弟子拑口，市人拱手者，聖賢卓犖，固所以殊絶凡庸也。今之賦頌，古詩之流，不更孔公，《風》《雅》無别耳。修家子雲，老不曉事，强著一書，悔其少作。[71]若此仲山、周旦之疇，爲皆有諐耶。君侯忘聖賢之顯迹，述鄙宗之過言，竊以爲未之思也。若乃不忘經國之大美，流千載之英聲，銘功景鐘，書名竹帛，斯自雅量，素所蓄也，豈與文章相妨害哉？

輒受所惠，竊備矇瞍誦咏而已。敢望惠施，以忝莊氏。季緒瑣瑣，何足以云。[72]反答造次，不能宣備。修死罪死罪。

（《文選》卷四〇《答臨淄侯箋》，《文翰類選大成》卷一四三《答臨淄侯箋》）

答東阿王箋　陳孔璋

琳死罪死罪。

昨加恩辱命，并示龜賦，披覽粲然。君侯體高俗之材，[73]秉青萍、干將之器，拂鐘無聲，應機立斷，此乃天然異稟，非鑽仰者所庶幾也。音義既遠，清辭妙句，焱絶煥炳，譬猶飛兔流星，超山越海，龍驥所不敢追，况於駑馬，可得齊足！夫聽白雪之音，觀緑水之節，然後東野、巴人，蚩鄙益著。載歡載笑，欲罷不能。謹韞櫝玩耽，以爲吟頌。琳死罪死罪。

（《文選》卷四〇《答東阿王箋》，《文翰類選大成》卷一四三《答東阿王箋》，《建安七子集》卷二《陳琳集·文·答東阿王牋》）

拜中軍記室辭隨王箋　謝玄暉

故吏文學謝朓死罪死罪。

即日被尚書召，以朓補中軍新安王記室參軍。朓聞潢污之水，願朝宗而每竭；駑蹇之乘，希沃若而中疲。何則？皋壤摇落，對之惆悵；岐路西東，或以嗚唈。[74]况乃服義徒擁，歸志莫從；邈若墜雨，翩似秋蔕。朓實庸流，行能無算。屬天地休明，山川受納，褒采一介，抽揚小善；故捨耒場圃，奉筆免園，東亂三江，西浮七澤。契闊戎旃，從容讌語。長裾日曳，後乘載脂。榮立府庭，恩加顔色。沐髮晞陽，未測涯涘。撫臆論報，早誓肌骨。不露滄溟未運，[75]波臣自蕩。渤澥方春，旅翮先謝。清切藩房，寂寥舊蓽。輕舟反溯，吊影獨留。白雲在天，龍門不見。去德滋永，思德滋深。唯待青江可望，候歸艎於春渚；朱邸方開，效蓬心於秋實。如其簪履或存，衽席無改，雖復身填溝壑，猶望妻子知歸。攬涕告辭，悲來横集，不任犬馬之誠。

（《文選》卷四〇《拜中軍記室辭隨王牋》，《文翰類選大成》卷一四三《拜中軍記室辭隨王箋》，《謝朓集校注》卷一《拜中軍記室辭隨王牋》）

賀皇子箋　柳宗元

宗元惶恐言：伏奉六月七日制，元和聖文神武法天應道皇帝光受徽號，[76]率土臣子，歡抃無涯。[77]

伏惟皇太子殿下麗正居中，輔成昌運，消伏沴孽，[78]贊揚輝光。鴻名允升，[79]大慶周洽。表文武之經緯，著天道之運行。瑞景照臨，[80]示重輪之發耀；[81]恩波下濟，見少海之增瀾。[82]宗忝守遐方，[83]獲聞盛禮。躍踴之至，[84]倍萬恒情。謹附箋賀。宗元惶恐，死罪死罪。

（《文苑英華》卷六二七《皇帝册尊號賀皇太子牋》，《文翰類選大成》卷一四三《賀皇太子箋》，《柳宗元集·外集》卷下《賀皇太子牋》）

賀正旦箋　虞集

玉燭調元，播陽春於萬物；褘衣乘翟，奉景福於一人。歡溢宫闈，慶延宗社。柔嘉維則，博厚無疆。帝業中興，五色鍊補天之石；女功内治，七襄成報日之章。膺瑶册之穠華，衍金支之奕葉。茂迎蒼歷，益介洪禧。某等備位外廷，稱觴前殿。二南風化，歌《關雎》正始之音；萬年室家，樂《既醉》太平之運。

（《元文類》卷一七《賀正旦箋》，《文翰類選大成》卷一四三《賀正旦箋》，《道園學古録】卷一二《正朔中書省賀》）

賀千秋箋　楊文郁

陽常居於大夏，方收養毓之功。震一索爲長男，載啓亨嘉之會。

慶鍾甲觀，歡溢寰區。克哲克明，允文允武。春坊翊善，茂隆邦本之貞；曉寢問安，長奉天顔之喜。兹臨彌月之節，宜膺百順之祥。臣等竊備詞官，進趨庭賀。幸聞樂府奉重暉重潤之章，請合與情上俾熾俾昌之壽。

（《元文類》卷一七《賀千秋箋》，《文翰類選大成》卷一四三《賀千秋箋》）

【校勘記】

[1] 仄：《文章類選》同《文選》卷三七，《册府元龜》卷六二三《卿監部》作"昃"。
[2] 則戮允等以章其慢：《文選》卷三七作"責攸之禕允等咎以章其慢"，《三國志》卷三五作"責攸之禕允等之慢以彰其咎"。
[3] 遺詔：此二字原脱，據《文選》卷三七、《三國志》卷三五補。
[4] 泣：《文章類選》同《文選》卷三七，《三國志》卷三五作"零"。
[5] 事不可息：此四字原脱，據《資治通鑑》卷七一補。
[6] 持：《資治通鑑》卷七一作"支"。
[7] 瘁：《資治通鑑》卷七一作"力"。
[8] 彼己：《文章類選》同《曹植集校注》卷三，《三國志》卷一九作"彼其"。
[9] 患：《文章類選》同《三國志》卷一九，《文選》卷三七作"害"。
[10] 兵：《文章類選》同《文選》卷三七，《三國志》卷一九作"將"。
[11] 躡：《文章類選》同《文選》卷三七，《三國志》卷一九作"蹈"。
[12] 少：此字原脱，據《文選》卷三七、《晋書》卷八八補。
[13] 獨：《文章類選》同《文選》卷三七，《晋書》卷八八作"孑"。
[14] 宦：《文章類選》同《晋書》卷八八，《文選》卷三七作"官"。
[15] 養：此字原脱，據《文選》卷三七、《晋書》卷八八補。
[16] 臣匹磾：《文選》卷三七無"匹"字。本文下文"臣匹磾"之"匹"均同。
[17] 是以：《文選》卷三七無此二字。
[18] 匹：《文選》卷三七無此字。
[19] 領：《文選》卷三八、《晋書》卷七三作"總"。
[20] 臣領中書：此四字原脱，據《文選》卷三八、《晋書》卷七三補。
[21] 我：《文選》卷三八、《晋書》卷七三作"實"。
[22] 敝：《文選》卷三八、《晋書》卷七三作"弊"。
[23] 巨：原作"目"，據《文選》卷三八、《晋書》卷九九改。

［24］進：此字原脱，據《文選》卷三八、《晋書》卷九九補。

［25］謝：《文章類選》同《文選》卷三八，《晋書》卷九九作“離”。

［26］暨：《文苑英華》卷六二六作“洎”，《舊唐書》卷六六作“届”，《太平寰宇記》卷一七三作“薄”，《通典》卷一八六作“服”。

［27］下：《文苑英華》卷六二六作“設”。

［28］滅：《文苑英華》卷六二六作“剿”。

［29］擊：《文苑英華》卷六二六作“伐”。

［30］前王：《文苑英華》卷六二六作“於古”。

［31］數：《文苑英華》卷六二六作“周”。

［32］候：《文苑英華》卷六二六作“推”。

［33］策：原作“榮”，據《文苑英華》卷六二六改。

［34］什：《文苑英華》卷六二六作“章”。

［35］筆：《文苑英華》卷六二六作“翰”。

［36］賈：《文苑英華》卷六二六作“班”。

［37］翰：《文苑英華》卷六二六作“毫”。

［38］慈：《文苑英華》卷六二六作“慈惠”。

［39］以：《文苑英華》卷六二六作“有”。

［40］秋毫：《文苑英華》卷六二六作“毫髮”。

［41］情：《文苑英華》卷六二六作“精”。

［42］地：《文苑英華》卷六二六作“土”。

［43］戰陣：《文苑英華》卷六二六作“城陳”。

［44］下：《文苑英華》卷六二六作“地”。

［45］主：《文苑英華》卷六二六作“王”。

［46］止：《文苑英華》卷六二六作“知”。

［47］朝：《文苑英華》卷六二六作“旦”。

［48］微：《文苑英華》卷六二六作“少”。

［49］罄：《文苑英華》卷六二六作“述”。

［50］珍：《文苑英華》卷五六二作“稱”。

［51］其：《文苑英華》卷五六二作“共”。

［52］遺：《宋文鑑》卷六五作“違”。

［53］接：《臨川先生文集》卷五八、《宋文鑑》卷六六作“浹”。

［54］臣軾誠惶誠恐稽首頓首：此十字原脱，據《蘇軾文集》卷二三補。

［55］傴：《宋文鑑》卷六八、《古今事文類聚》卷二〇均作“僂”。

［56］親：《宋文鑑》卷六八作“清”。

［57］身：《宋文鑑》卷六八、《古今事文類聚》卷二〇均作“才”。

［58］餘：《四六法海》卷四作“勤”。

［59］所：《四六法海》卷四作“有”。

［60］言：《四六法海》卷四作“音”。

［61］矻矻：《四六法海》卷四作“兀兀”。

［62］識：《元文類》卷一六作“字”。

［63］誠：《元文類》卷一六作“忱”。

［64］綜：《文章類選》同《歐陽玄集》卷一三，《元文類》卷一六作“總”。

［65］伴：原作“泮”，據《元文類》卷一七、《中庵集》卷七改。

［66］否：《元文類》卷一七作“丕”。

［67］聲：《文選》卷四〇、《宋本藝文類聚》卷四三作“音”。

［68］變：《文章類選》同《文章辨體彙選》卷一八一，《文選》卷四〇作“轉”。

［69］阮：原作“院”，據《文選》卷四〇、《文章辨體彙選》卷一八一改。

［70］圃：《文章類選》同《文章辨體彙選》卷一八一，《文選》卷四〇作“囿”。

［71］少：原作“小”，據《文選》卷四〇、《册府元龜》卷九〇四《書信第二》改。

［72］何足：原作“阿是”，據《文選》卷四〇、《册府元龜》卷九〇四《書信第二》改。

［73］俗：《文選》卷四〇作“世”。

［74］喤：原作“吧”，據《文選》卷四〇改。

［75］露：《文選》卷四〇作“悟”。

［76］徽：《文苑英華》卷六二七作“尊”。

［77］歡抃無涯：《文苑英華》卷六二七作“歡呼無際”。

［78］消：《文苑英華》卷六二七作“削”。

［79］允：《文苑英華》卷六二七作“載”。

［80］照：《文苑英華》卷六二七作“昭”。

［81］示重輪之發耀：“示”，《文苑英華》卷六二七作“知”；“耀”，《文苑英華》卷六二七作“輝”。

［82］瀾：《文苑英華》卷六二七作“潤”。

［83］宗：《文苑英華》卷六二七作“某”。

［84］躍踴：《文苑英華》卷六二七作“任抃”。

文章類選卷之二十八

啓類

奉答敕示七夕詩啓　　任彦升

臣昉啓：奉敕并賜示《七夕》五韵。竊惟帝迹多緒，俯同不一，托情風什，希世罕工。雖漢在四世，魏稱三祖，寧足以繼想南風，克諧《調露》。性與天道，事絶稱言，豈其多幸，親逢旦暮。

臣早奉龍潛，與賈馬而入室；晚屬天飛，比嚴徐而待詔。惟君知臣，見於納言之旨；取求不疵，表於辯才之戲。謹輒牽率庸陋，式詶天獎，拙速雖效，蚩鄙已影。[1]臨啓慚悳，罔識所寘。謹啓。

（《文選》卷三九《奉答七夕詩啓》，《漢魏六朝百三家集·任中丞集·啓·奉敕示七夕詩啓》）

爲卞彬謝修卞忠貞墓啓　　任彦升

臣彬啓：伏見詔書，并鄭義泰宣敕，當賜修理臣亡高祖晋故驃騎大將軍建興忠貞公壺墳塋。臣門緒不昌，天道所昧。忠構身危，[2]孝積家禍。名教同悲，隱淪惆悵。而年世貿遷，孤裔淪塞。遂使碑表蕪滅，丘樹荒毁，狐兔成穴，童牧哀歌。感慨自哀，日月纏迫。

陛下弘宣教義，非求效於方今。壺餘烈不泯，固陳力於異世。但加等之渥，近闕於晋典。樵蘇之刑，遠流於皇代。臣亦何人，敢謝斯幸！不任悲荷之至，謹奉啓以聞。謹啓。

（《文選》卷三九《爲卞彬謝修卞忠貞墓啓》，《文翰類選大成》卷一四四《爲卞彬謝修卞忠貞墓啓》，《四六法海》卷五《爲卞彬謝修卞忠貞

墓啓》,《漢魏六朝百三家集·任中丞集·啓·爲卞彬謝修卞忠貞墓啓》)

上鄭尚書相公啓　韓愈

愈啓：伏蒙仁恩,猥賜示問,感戴戰悚,若無所容措。然尚有厥誠須盡露於左右者,敢避其煩黷,懷不滿之意於受恩之地哉。

愈幸甚,三得爲屬吏,朝夕不離門下,出入五年。竊自計較,受與報不宜在門下諸從事後。故事有當言,未嘗敢不言,有不便於己,輒吐私情,閣下所宜憐也。

分司郎官職事,惟祠部爲煩且重。愈獨判二年,日與宦者爲敵。相伺候罪過,惡言詈辭,狼藉公牒,不敢爲耻,實慮陷禍。故前者懷狀,乞與諸郎官更判。意雖甚專,事似率爾,言語精神,不能自明。不蒙察允,遽以慚歸,僶俛日日,遂逾累旬。私圖其宜,敢以病告。《鳲鳩》平均,歌於《國風》;從事獨賢,《雅》以怨刺。伏惟俯加憐察,幸甚幸甚。愈再拜。

(《文翰類選大成》卷一四四《上鄭尚書相公啓》,《韓愈文集彙校箋注》卷五《爲分司郎官上鄭餘慶尚書相公啓》)

上鄭留守愈啓　韓愈

愈啓：愈爲相公官屬五年,辱知辱愛。伏念曾無絲毫事爲報答效,日夜思慮謀畫,以爲事大君子當以道,不宜苟且求容悦。故於事未嘗敢疑惑,宜行則行,宜止則止,受容受察,不復進謝,自以爲如此真得事大君子之道。今雖蒙沙汰爲縣,固猶在相公治下,未同去離門墻爲故吏,爲形迹嫌疑改前所爲,以自疏外於大君子,固當不待煩説於左右而後察也。

人有告人辱駡其妹與妻,爲其長者得不追而問之乎?追而不至,爲其長者得不怒而杖之乎?坐軍營操兵守禦、爲留守出入前後驅從者,此真爲軍人矣。坐坊市賣餅又稱軍人,則誰非軍人也?愚以爲此必奸人以錢財賂將吏，盜相公文牒，竊注名姓於軍籍中，以陵駕府縣，此固相公所欲去，奉法吏所當嫉，雖捕繫杖之未過也。

昨聞相公追捕所告受辱罵者，愚以爲大君子爲政，當有權變，始似小異，要歸於正耳。軍吏紛紛入見告屈，爲其長者，安得不小致爲之之意乎？未敢以此仰疑大君子。及見諸從事説，則與小人所望信者，少似乖戾。雖然，豈敢生疑於萬一？必諸從事與諸將吏，未能去朋黨心，蓋覆黤黮，不以真情狀白露左右。小人受私恩良久，安敢閉蓄以爲私恨，不一二陳道！伏惟相公憐察。幸甚幸甚！

愈無適時才用，漸不喜爲吏，得一事爲名可自罷去，不啻如棄涕唾，無一分顧籍心。顧失大君子纖芥意如丘山重。守官去官，惟今日指揮。愈惶懼再拜上。

（《文翰類選大成》卷第一四四《上鄭尚書啓》，《韓愈文集彙校箋注》卷五《爲河南令上留守鄭相公啓》）

上裴晋公啓　柳宗元

宗元啓：伏以周漢二宣，中興之業，歌於《大雅》，載在史官。然而申、甫作輔，方、召專淮夷之功；魏、邴謀謩，辛、趙致罕羌之績。文武所注，中外莫同。

伏惟相公天授皇家，聖賢克合，謀叶德一，以致太平。入有申、甫、魏、邴之勤，出兼方、召、辛、趙之事。東取淮右，北服恒陽，略不代出，功無與讓。故天下文士，皆願秉筆牘、勤思慮，以贊述洪烈，闡揚大勛。宗元雖敗辱斥逐，守在蠻裔，猶欲振發枯槁，决疏潰污，罄效蚩鄙，少佐豪髮。謹撰《平淮夷雅》二篇，恐懼不敢進獻，私願徹聲聞于下執事，庶宥罪戾，以明其心。出位僭言，惶戰交積，無任踊躍屏營之至。不宣。宗元謹啓。

（《文翰類選大成》卷一四四《上裴晋公啓》，《柳宗元集校注》卷三六《上裴晋公度獻唐雅詩啓》）

上李中丞啓　柳宗元

宗元啓：宗元無異能，獨好爲文章，始用此以進，終用此以退。今者畏罪悔咎，伏匿惴栗，猶未能去之。時時舉首，長吟哀歌。舒泄幽鬱，因取筆以書，紉韋而編，略成數卷。

伏念閣下以文章昇大僚，統方隅，而宗元幸緣罪辜，得與編人齒於部内，不以此時露其所爲，以希大君子顧視，則爲陋劣而自棄也。敢飾近文及在京師官命所草者，凡三卷，合四十三篇，不敢繁故也。倘或以爲有可采者，當繕録其餘，以增几席之污。[3]去就鄙野，伏用兢惶。謹啓。

（《文翰類選大成》卷一四四《上李中丞啓》，《柳宗元集校注》卷三六《上李中丞獻所著文啓》）

賀韓魏公啓　王安石

伏審判府司徒侍中，寵辭上宰，歸榮故鄉。兼兩鎮之節麾，備三公之典榮。[4]貴極富溢，而無亢滿之累；名遂身退，而有褒加之崇。在於觀瞻，孰不慶羡！

伏惟某官，受天間氣，[5]爲世元龜。誠節表於當時，德望冠乎近代。典司密命，[6]總攬中權。[7]毁譽幾至於萬端，夷險常持於一意。故四海以公之用捨，一時爲國之安危。越執鴻樞，遂躋元輔。以人才未用爲大耻，以國本不建爲深憂。言衆人之所未嘗，任大臣之所不敢。及臻變故，果有成功。英宗以哀疾荒迷，慈聖以謙冲退托。内揆百官之衆，外當萬事之微。國無危疑，人以静一。周勃、霍光之於漢，能定策而終以致疑；姚崇、宋璟之於唐，善致理而未嘗遭變。

記在舊史，號爲元功。未有獨運廟堂，再安社稷，弼亮三世，敉寧四方，崛然在諸公之先，焕乎如今日之懿。若夫進退之當於義，出處之適其時，以彼相方，又爲特美。某久叨庇賴，[8]實預甄收。職在近臣，[9]欲致盡規之義；世當大有，更懷下比之嫌。用自絶於高閎，非敢忘於舊德。逖聞新命，竊仰遐風。瞻望門闌，不任鄉往之至。

（《宋文鑑》卷一二一《賀韓魏公啓》，《文翰類選大成》卷一四四《賀韓魏公啓》，《東萊集注觀瀾文集》乙集卷一五《賀韓魏公啓》，《王安石年譜三種·王荆公年譜考略》）

上宋相公啓　王安石

此者冒躋官次，榮托使車，躬裁瑣瑣之文，私布惓惓之意。於磨爲吝，震疊于懷。會走幹之鼎來，辱勝書而寵答。優爲體貌，略去等夷。緊獎予之大隆，滋回皇之失次。恭審鎮臨以簡，保御惟和，積有休祥，來護興寢。

伏况某官風華靈茂，天韵閎深。早冠冒於士人，亟奮翔於朝野。讜言善策，發爲天子之光；厚實美名，布在輿人之誦。惟江都之舊壤，[10]乃天塹之上游。地接京師，聊倚諸侯之重；民瞻巖石，方圖師尹之賢。曾是頑疏，終然庇賴，尚兹嬰薄，未即趍馳。

（《文翰類選大成》卷一四四《上宋相公啓》，《臨川先生文集》卷八一《上宋相公啓》）

賀歐陽少師啓　蘇軾

伏審抗章得謝，釋位言還。天眷雖隆，莫奪已行之志；士流太息，共高難繼之風。凡在庇庥，共增慶慰。伏以懷安天下之公患，去就君子之所難。世靡不知，人更相笑，而道不勝欲，私於爲身。君臣之恩，係縻之於前；妻子之計，推輓之於後。[11]至於山林之士，猶有降志於垂老；而况廟堂之舊，欲使辭福於當年。有其言而無其心，有其心而無其決。愚智共蔽，古今一塗。是以用舍行藏，仲尼獨許於顔子；存亡進退，《周易》不及於賢人。自非智足以周知，仁足以自愛。道足以忘物之得喪，志足以一氣之盛衰。則孰能見幾禍福之先，脱屣塵垢之外。常恐兹世，不見其人。

伏惟致政觀文少師，全德難名，巨材不器。事業三朝之望，文章百世之師。功存社稷，而人不知。躬履艱難，而節乃見。縱使耄期篤老，猶當就見質疑。而乃力辭於未及之年，退托以不能而止。大勇若怯，大智如愚。至貴無軒冕而榮，至仁不導引而壽。較其所得，孰與昔多。軾受知最深，聞道有自。雖外爲天下惜老成之去，而私喜明哲得保身之全。伏暑向闌，臺候何似。伏冀爲時自重，少慰輿情。

（《文翰類選大成》卷一四四《賀歐陽少師啓》，《蘇軾文集》卷四七《賀歐陽少師致仕啓》，《宋文鑑》卷一二二《賀歐陽少師致仕啓》）

謝解啓　閻復

芹宫角藝，初無黄絹之辭；藻鑒垂光，誤中青錢之選。名非情稱，感與愧并。切惟辭賦之淵源，是乃古詩之糟粕。荀氏子發明其大概，宋大夫鼓舞乎後塵。英華秀發則洛陽少年，文彩風流則臨卭詞客。自兹以往，作者寖多。摛章繪句者，往往有之；操紙染翰者，滔滔皆是。若孫綽擅聲金之美，子雲韜吐鳳之奇；二班父子卓冠一時，陸家弟兄獨步當世。莫不振金石鏗鏘之調，窮霧縠組麗之文。大而仁義諷諭之至言，細而鳥獸草木之多識。禁逾侈則有《東京》《西京》之作，辨時事則有《吴都》《蜀都》之編。或《上林》以諷其畋遊，或《甘泉》以述其郊祀。升堂入室，雖未窺孔氏之門墻；宣德通情，亦庶幾風人之旨趣。何此源流之降，演爲舉科之文。

一變唐宋，尚餘作者之典刑；百變遼金，[12]無復舊家之風骨。拘之以聲律之調暢，撿之以對偶之重輕。以窘邊幅爲嚴，以粘皮骨爲親切。描題畫影，但知一字之工夫；抹東塗西，不覺六經之破碎。習非成是，以變爲常。事馳驟者，輒謂之荒唐；務雄贍者，例云乎唱叫。雖子建胸中之八斗，不得騁其才；雖少陵筆陣之千軍，無以施其勇。然有司之獲選，亦壯夫所不爲。何承平歷世而來，莫之敢指蓋；僥倖一第之外，孰知其他。必待權衡至公之流，庶展琴瑟更張之手。

伏惟提學郎中先生，儒林冠冕，學海宗盟。憫斯文重厄於秦灰，贊東國復修乎泮水。甄陶後進，殿最於春秋二季之間；鑒視前車，洗滌乎場屋百年之弊。俾削拘攣之態，庶還麗則之風。格雖守而必文辭之可觀，辭雖尚而亦義理之爲主。加程文律，度於古今骨格之内；取古今氣，艷於程文規矩之中。

自非卓爾不群之才，曷起褎然舉首之選。如復者，青衿小子，白面書生。學淺鮮而不根，氣葳蕤而易涸。文慚七步，才愧八叉。僅知弄筆以作文，未免尋章而摘句。五音中度，敢論擲地之宫商；八表神游，安有凌雲之氣象。辨作戰蝸之兩角，尚慚窺豹之一班。鼯鼠之窮，顧將奈何；黔驢之技，蓋止此耳。豈意不以菲葑之下體，遽令糠粃以先揚。敢不益礪操修，重鞭鄙鈍，進而不已，雄以當前。庶取百中之功，不負千金之顧。銘心鶚路，謝九秋桂子之風；刮眼龍門，看三月桃花之浪。

（《元文類》卷四七《謝解啓》，《文翰類選大成》卷一四四《謝解啓》，《静軒集》卷四《謝解啓》）

【校勘記】

［1］影：《文選》卷三九、《漢魏六朝百三家集·任中丞集》作“彰”。
［2］構：《文章類選》同《漢魏六朝百三家集·任中丞集》，《文選》卷三九作“遘”。
［3］几：原作“凡”，據《文翰類選大成》卷一四四改。
［4］榮：《宋文鑑》卷一二一作“策”。
［5］間：《宋文鑑》卷一二一作“秀”。
［6］命：《宋文鑑》卷一二一作“總”。
［7］總：《宋文鑑》卷一二一作“命”。
［8］某：《宋文鑑》卷一二一作“安石”。
［9］臣：原作“仁”，據《宋文鑑》卷一二一改。
［10］壤：原作“懷”，據《臨川先生文集》卷八一、《文翰類選大成》卷一四四改。
［11］輓：《宋文鑑》卷一二二作“奪”。
［12］百：《文章類選》同《元文類》卷四七，《静軒集》卷四作“再”。

文章類選卷之二十九

碑　類

郭林宗碑　　蔡伯喈

先生諱泰，字林宗，太原界休人也，其先出自有周。王季之穆，有虢叔者，實有懿德。文王咨焉，建國命氏，或謂之郭，即其後也。先生誕應天衷，聰睿明哲，孝友温恭，仁篤慈惠。夫其器量弘深，姿度廣大。浩浩焉，汪汪焉，奥夫不可測已。若乃砥節礪行，直道正辭，貞固足以幹事，隱括足以矯時。遂考覽六經，探綜圖緯，周流華夏，隨集帝學，收文武之將墜，拯微言之未絶。

于時纓緌之徒，紳珮之士，望形表而影附，聆嘉聲而響和者，猶百川之歸巨海，鱗介之宗龜龍也。爾乃潛隱衡門，收朋勤誨，童蒙賴焉，用祛其蔽。

州郡聞德，虚己備禮，莫之能致。群公休之，遂辟司徒掾，[1]又舉有道，皆以疾辭。將蹈鴻涯之遐迹，紹巢許之絶軌，翔區外以舒翼，超天衢以高峙。[2]稟命不融，亨年四十有二，以建寧二年正月乙亥卒。凡我四方同好之人，永懷哀悼，靡所置念。[3]乃相與惟先生之德，以謀不朽之事。僉以爲先民既没，而德音猶存者，亦賴之於見述也。今其如何而闕斯禮？於是樹碑表墓，昭銘景行，俾芳烈奮于百世，令聞顯於無窮。其辭曰：

於休先生，明德通玄。純懿淑靈，受之自天。崇壯幽浚，如山如淵。《禮》《樂》是悦，《詩》《書》是敦。匪惟摭華，乃尋厥根。宫墻重仞,允得其門。懿乎其純,確乎其操。洋洋搢紳,言觀其高。棲遲泌丘,[4]善誘能教。赫赫三事,幾行其招。委辭召貢,保此清妙。降言不永,[5]民斯悲悼。爰勒兹銘,摛其光曜。嗟爾來世,是則是效。

(《文選》卷五八《郭有道碑文並序》①,《文翰類選大成》卷一五二《郭有道碑》,《蔡邕集編年校注》卷一《郭有道林宗碑》)

司徒褚淵碑　王仲寶

夫太上有立德,其次有立功,此之謂不朽。所以子産云亡,宣尼泣其遺愛;隨武既没,趙文懷其餘風。於文簡公見之矣。公諱淵,字彦回,河南陽翟人也。微子以至仁開基,宋段以功高命氏。爰逮兩漢,儒雅繼及。魏晋以降,奕世重暉。乃祖太傅元穆公,德合當時,行比州壤,深識臧否,不以毁譽形言;亮采王室,每懷冲虚之道,可謂婉而成章,志而晦者矣。

自兹厥後,無替前規,建官惟賢,軒冕相襲。公禀川嶽之靈暉,含珪璋而挺曜,和順内凝,英華外發。神茂初學,業隆弱冠。是以仁經義緯,敦穆於閨庭,金聲玉振,寥亮於區宇。孝敬淳深,率由斯至。盡歡朝夕,人無間言。逍遥乎文雅之囿,翱翔乎禮樂之場。風儀與秋月齊明,音徽與春雲等潤。韻宇弘深,喜愠莫見其際。心明通亮,用人言必猶於己。汪汪焉,洋洋焉,可謂澄之不清,撓之不濁。袁陽源才氣高奇,綜覈精裁,宋文帝端明臨朝,鑒賞無昧。袁既延譽於遐邇,文亦定婚於皇家。選尚餘姚公主,拜駙馬都尉。漢結叔高,晋婚武子,方斯蔑如也。

釋褐著作佐郎,轉太子舍人。濯纓登朝,冠冕當世,升降兩宫,實惟時寶。具瞻之範既著,臺衡之望斯集。出參太宰軍事,入爲太子洗馬,俄遷秘書丞。贊道槐庭,司文天閣。光昭諸侯,風流藉甚。以父憂去職,喪過乎哀,幾將毁滅。有識留感,行路傷情。

① 《文選·目録》題作"郭林宗碑"。

服闋，除中書侍郎。王言如絲，其出如綸。恪居官次，智效惟穆。于時新安王寵冠列蕃，越敷邦教，毗佐之選，妙盡國華。出爲司徒右長史，轉尚書吏部郎。執銓以平，御煩以簡，裴楷清通，王戎簡要，復存於兹。泰始之初，入爲侍中。曾不移朔，遷吏部尚書。是時天步初夷，王途尚阻。元戎啓行，衣寇未緝。内贊謀謨，外康流品。制勝既遠，涇渭斯明。賞不失勞，舉無失德。績簡帝心，聲敷物聽。事寧，領太子右衛率，固讓不拜，尋領驍騎將軍。以帷幄之功，應庸祇之秩，封雩都縣開國伯，食邑五百户。既秉辭梁之分，又懷寢丘之志，所受田邑，不盈百井。

久之，重爲侍中，領右衛將軍。盡規獻替，均山甫之庸；緝熙王旅，兼方叔之望。丹陽京輔，遠近攸則。吴興衿帶，實惟股肱，頻作二守，並加蟬冕。政以禮成，民是以息。明皇不豫，儲后幼冲，貽厥之寄，允屬時望。徵爲吏部尚書領衛尉，固讓不拜。改授尚書右僕射。端流平衡，外寬内直。弘二八之高謨，宣由庚而垂咏。太宗即世，遺命以公爲散騎常侍、中書令、護軍將軍。送往事居，忠貞允亮。秉國之均，四方是維。百官象物而動，軍政不戒而備。公之登太階而尹天下，君子以爲美談，亦猶孟軻致欣於樂正，羊職悦賞於士伯者也。

丁所生母憂，謝職，毁疾之重，因心則至。朝議以有爲爲之，魯侯垂式。存公忘私，方進明准。爰降詔書，敦還攝任。固請移歲，表奏相望。事不我與，屈己弘化。值三季在辰，戚藩内侮。桂陽失圖，窺窬神器。鼓棹則滄波振蕩，建旗則日月蔽虧。出江派而風翔，入京師而雷動。鳴控絃於宗稷，流鋒鏃於象魏。雖英宰臨戎，元渠時殄；而餘黨實繁，宫廟憂逼。公乃總熊羆之士，率不貳心之臣。戮力盡規，克寧禍亂。康國祚於綴旒，拯王維於已墜。誠由太祖之威風，抑亦仁公之翼佐。可謂德刑詳，禮義信，戰之器也。以静難之功，進爵爲侯，兼授尚書令、中軍將軍，給班劍二十人。功成弗有，固秉撝挹。改授侍中、中書，監護軍如故。又以居母艱去官。雖事緣義感，而情均天屬。顔丁之合禮，二連之善喪，亦曷以踰。

天厭宋德，水運告謝。嗣主荒怠於天位，疆臣憑陵於荆楚。廢昏繼統之功，龕亂寧民之德，公實仰贊宏規，參聞神筭。雖無受脤出車之庸，亦有甘寢秉羽之績。乃作司空，山川攸序；兼授衛軍，戎政輯睦。

既而齊德龍興，順皇高禪。深達先天之運，匡贊奉時之業。弼諧允正，徽猷弘遠，樹之風聲，著之話言，亦猶稷契之臣虞夏，荀裴之奉魏晋。自非坦懷至公，永監崇替，孰能光輔五君，寅亮二代者哉。[6]大啓南康，爰登中鉉；時膺土宇，固辭邦教。今之尚書令，古之冢宰。雖秩輕於衮司，而任隆於百辟。斵遂冲旨，改授朝端。邇無異言，遠無異望。帝嘉茂庸，重申前册。執五禮以正民，簡八刑而罕用。故能騁績康衢，延慈哲后。義在資敬，情同布衣。出陪鑾躅，入奉帷殿。仰南風之高咏，餐東野之秘寶。雅議於聽政之晨，披文於宴私之夕。参以酒德，間以琴心。曖有餘暉，遥然留想。君垂冬日之温，臣盡秋霜之戒。肅肅焉，穆穆焉。於是見君親之同致，知在三之如一。太祖升遐，綢繆遺寄，以侍中、司徒録尚書事。禀玉几之顧，奉綴衣之禮。擇皇齊之令典，致聲化於雍熙。内平外成，實昭舊職。增給班劍三十人。物有其容，徽章斯允。位尊而禮卑，居高而思降。自夏徂秋，以疾陳退。朝廷重違謙光之旨，用申超世之尚，改授司空，領驃騎大將軍，侍中録尚書如故。

景命不永，大漸彌留。建元四年八月二十一日薨于私第，春秋四十有八。昔柳莊疾棘，衛君當祭而輟禮。晏嬰既往，齊君趨車而行哭。公之云亡，聖朝震悼於上，群后恫慟於下，[7]豈惟哀纏一國，痛深一主而已哉。追贈太宰，侍中録尚書如故，給節羽葆鼓吹班劍爲六十人，謚曰文簡，禮也。

夫乘德而處，萬物不能害其貞；虚己以游，當世不能擾其度。均貴賤於條風，忘榮辱於彼我。然後可兼善天下，聊以卒歲。經始圖終，式免祇悔。誰云克備，公實有焉。是以義結君子，惠霑庶類。言象所未形，述咏所不盡。故吏某甲等，感逝川之無捨，哀清暉之眇默。

餐輿誦於丘里，瞻雅咏於京國。思衛鼎之垂文，想晋鍾之遺則。方高山而仰止，刊玄石以表德。其辭曰：

辰精感運，昴靈發祥。元首惟明，股肱惟良。天鑑璿曜，踵武前王。欽若元輔，體微知章。永言必孝，因心則友。仁洽兼濟，愛深善誘。觀海齊量，登嶽均厚。五臣兹六，八元斯九。内謨帷幄，外曜臺階。遠無不肅，邇無不懷。如風之偃，如樂之諧。光我帝典，緝彼民黎。率禮蹈謙，諒實身幹。迹屈朱軒，志隆衡館。眇眇玄宗，萋萋辭翰。義既川流，文亦霧散。嵩構云頹，梁陰載缺。德猷靡嗣，儀形長遞。悄悵餘徽，鏘洋遺烈。久而彌新，用而不竭。

（《文選》卷五八《褚淵碑文並序》①，《文翰類選大成》卷一五二《司徒褚淵碑》，《王文憲集·碑文·宰文簡褚彦回碑文》）

唐鄂國公尉遲恭碑　許敬宗

蓋聞嶽靈昭貺，協其神者申甫；緯象騰斌，含其精者伊傅。用調芳玉鉉，增耀金符，譬八柱之承天，猶四溟之載地。是以邠郊創曆，宜契非彲之兆；沛野開基，鬱會攀鱗之傑。莫不凝徽簡策，篆勛戈鼎，光裂河西而濟美，期礪嶽以疇庸。若乃經啓睿圖，彌綸聖業，亀兵師於丹水，夷餌石之伕渠。[8]振文策於烏江，掃拔山之巨祲。抑揚七佐，鎔鑄五臣，致我后於勛華，軼前修於樊灌。名高絶代，其在忠武公乎。

公諱恭，字敬德，河南洛陽人也。原夫玉派靈長，控昌源於弱水；瓊基峻遠，峙層搆於軒臺。叶粹氣以擒賊，横威朔野；奄崆峒而擅武，迹跨中原。亦猶江馬南浮，圖基巨麗。溟鯤北運，激勢扶摇。是故軒冕傳華，半神州而交蔚；忠良秀美，曄帝里而馳芬。與夫由余去危，斥剪鶉而作霸；[9]日磾受顧，光珥貂而累華。考諸聲實，固不同年而語也。曾祖本真，後魏中郎將冠軍將軍漁陽郡開國公，贈中外六州諸軍事，謚曰懋。道粹黄中，寄侔丹化，襲徽章於珪瑞，飛茂績於鐘鏞。大

① 《文選·目録》題作“褚淵碑文”。

父益都，北齊左兵郎中，遷金紫光禄大夫，入周濟州諸軍事濟州刺史。雕鎪杞梓，黼藻人倫。用匪齊鈞，亟深微管之寄；價符趙璧，愈擅入秦之美。考伽，隋授儀同三司衛王記室，皇朝追封常寧安公，贈汾州刺史幽州都督。材緯三端，揚鑣武庫；位階一命，頓轡文房。下調悲於季葉，飾壤昭於昌運。故知壯氣猶生，貫千秋其尚想；名臣不作，瞻九原而增悼。再縟剖符之贈，[10]式冠封墳之典，公鄧林抽潁，昆嶠疏源。非假七齡，早鬱凌霜之幹；爰滋九潤，先孕聯雲之寶。瞻言廣術，企列戟於髫初；屬想傾義，俯回戈於度内。雄姿岐嶷，覆簣裁規，沈勇潛貞，涌泉韞量。飭躬由禮，檢性依仁。匪衛祓於齊挑，函翹誠於孟荀。言泉河瀉，應千里而無違；俠氣飈騰，輕百金而有裕。加以鈐符玄秘，劍術精微。偃月疏營，右澤左陵之勢；浮雲寫陣，鵝張鶴列之奇。莫不夙契靈臺，暗窮神奧。由是譽光日下，聲蓋秦中。而翠虬驤霧，必先階於尺木；紫鷰追風，初發蹤於步武。爰膺執戟之選，以效棄觚之節。蒙授元帥都督，拜朝散大夫，轉正議大夫，[11]加銀青光禄大夫，大業十二年也。

未展雄飛，載羈下列，何異乎九色呈瑞，[12]儷彩司晨，一角效祥，儔蹤警夜。俄而運鍾旒冕，政弛永衣，大浸襄陵，長虹貫日。公廼行吟梁父，希管晏以思齊，屈迹淮陰，俟蕭張而佐命。皇家補傾，極振頹綱，提劍風驅，援旗電掃。劉武周不稽天氣。實暗人謀，怨窮轍以抗威，[13]臨焦原而自逸。公見縻昏僞，迫以驅馳。取譬辛毗，甫依袁而免戾；同夫馬援，聊寄隗以偷全。尚鞠醜徒，據其危堞。太宗俯離鳳邸，親御龍韜，軍次介休，將屠僞邑。早欽英略，深嘉義勇。飛箭以述皇威，投金以申同德。公鑒窮無象，識照先機。虛西楚之如狼，陋張角之吠犬。遽歸真王，[14]期乎定人。[15]擢授秦府統軍。

于時帝道維新，王途多故。瑞鷄之野，式静雲雷；獻蜃之川，未均霜露。蕞爾凶狡，久肆回邪。載動神兵，龔行天罰。救楚妙筭，雖獨運於冲襟；授律宏規，固思憑於猛將。乃以公爲行軍總管。導彼前茅，[16]追奔若順海；乘兹破竹，潰敵如決河。積甲齊山，中嶽曰其咸定;[17]封尸築觀,王城於是乂安。飲至鎬京,策勛居最,所賜金帛,蓋以千箱。其後六統偏師,五爲總督,北殲猾夏,南廓滔天。戮鯨鯢於洙泗,溺騺驪於漳滏。所向風靡,賞越彝班。[18]時外難初康,内釁方兆。春坊階亂,搆禍深於戾園;李屏窮凶,爲蠹尤於傲象。公早參帷帟,[19]思固宗祧,驟起聖懷,累明大義。九年六月,二凶伏辜,雖天道禍滛,蓋賴君之筭也。擢拜左衛大將軍兼太子左衛率。貞觀元年,授右武侯大將軍。屯兵數萬,咸令統領。職歷二官,兼司七校。龍扉静柝,[20]總禁旅於瑶山;馬珥臨戎,肅嚴兵於錡禁。於是威馳銀榜,寵峻金吾,拜上柱國吴國公,食邑三千户,實封一千三百户。若還黼日疏峰,奄衡巫而廓鎮;雷導風驅,瀉江漢以成池。[21]餘礫涵輝,明珠韞媚。[22]是稱奥壤,獨擅雄州。佇寄惟良,以敷景化,連帥之重,僉曰爾諧。貞觀四年,授襄均鄧淅唐五州都督襄州刺史。班條驚俗,[23]載屏丹帷。虚犴還澆,寧因赭服。布中和而驛化,浹旁潤以馳威。惠澤潛通,吐浪由其絶渚;仁風普暢,嘯谷所以浮江。弛風牘於東皋,歲儲京庾;契成麟於西序,家知禮讓。道彼湘沅,俗均鄒魯。里稱冠蓋,既洽甿謡。地接股肱,佇求人瘼。八年,授光禄大夫,行同州刺史。封建功臣,改封鄂國公,册拜宣州刺史。

昔炎周裂壤,滎陽茂十邑之庸;有晋疇榮,壯武峻重封之典。校其優劣,詎可扶輪?累遷靈、鄜、夏三州都督。懋兹宏德,亟牧大藩。[24]控十角於星街,信覃玄塞;總百城於天壍,義偃朱方。端委之風,褫危冠而變俗;氊裘之長,棄鳴鏑以歸仁乎。紫封流渥,朱輪徒傳,莫不情深。借冠戀切留黄,可謂柔遠以德,人稱遺愛者矣。既而俯鑒忘筌,景文成之茂躅;深惟滿器,躡太傅之高蹤。漏促銅儀,循良夜之不追;體安玉杖,諒坦路之難追。奏擬青規,辭榮絳闕,特回天睠,賜其誠請。於是册拜開府儀同三司,禮秩加等。已而從容廊廟,怡暢丘園,架巘圖蓮,疏池寫箭。後堂歌吹,通逸響於南鄰;别業林泉,接芳陰於西第。加以陶風元穆,勛胄兼之,里遂高陽,門承通德,故能聯姻瑶腑,結慶璿枝,榮亞元吉,寵班右威。清樓聳構,遥通婺女之津；黄閣凝扉，近接天孫之館。長筵綺合，韋珠與謝玉交輝；廣廡雲浮，籥共樅金遞奏。庭烏效祉，爕曜槐端。隟駿流年，俄潜柳次。嗟乎！巨川既濟，奄遷舟於夜壑；高臺遽傾，倏摧梁於夢奠。

粤以顯慶三年十一月二十六日遘疾，薨於長安之私第，春秋七十有四。皇上情切宗臣，痛深國老，舉哀别次，罷朝者累辰。昔平仲云亡，趨輪軫慟，宣尼告逝，述誄申哀，未足方此撤懸，喻斯輟祭。追贈司徒，詞曰："飾終之典，實屬於勛賢；追遠之恩，光歸於令望。故開府儀同三司、上柱國、鄂國公敬德，志局標舉，基宇沉奥。忠義之節，歷夷險而不渝；仁勇之風，雖造次而必踐。廼誠申於霸府，茂績展於行陣。西漢元勛，韓彭非重。東京名將，吴鄧爲輕。著恭肅於軒陛，馳聲猷於潘嶽。方隆朝寄之榮，便追止足之分。闡雄林而兼濟，植高操而孤往。道映千古，譽光百辟。與善俄褰，殲良奄洎。永言遺烈，震動于心。宜崇禮命，式旌幽壤。可賜司徒、使持節都督并蔚嵐代等四州諸軍事、并州刺史，餘官封並如故。所司備禮册命，給班劍四十人及羽葆鼓吹，贈絹一千五百段，米粟一千五百石，陪葬昭陵。葬事所須，並宜官給。并賜東園秘器，儀仗鼓吹，送至墓所，仍送還宅。并爲立碑。仍令鴻臚卿瑯琊郡開國公蕭嗣業監護，光禄少卿殷令名爲副使，務從優厚，稱朕意焉。"

又下謚詔曰："名以實稱，事光於前典；謚爲表禮，縟厚於尊言。故博聞强立，少傅擅文成之美；行剛服遠，冠軍膺景植之賜。故開府儀同三司、上柱國、鄂國公、贈司徒、并州都督敬德，襟宇宏邵，機神秘遠。氣茂英果，情馳義烈。闡雄圖而贊業，標峻節以凝功。道叶宗臣，望隆時宰。爰升九命之寵，宜享三尊之位。福謙從説，悼往增酸。奉上危身，誠許國之貞操；安人和衆，亦經邦之懿範。詳式兹典，錫以九名。可謚忠武。"仍遣使持節備禮告柩，以顯慶四年，歲次己未，[①]四

① 己未：唐高宗顯慶五年(659)。

月丁未，朔十四日庚申，陪葬于昭陵，禮也。

惟公資和清粹，禀鋭雷霆。勇冠六軍，不失獨夫之色；志澄四海，期於萬里之外。登范車而繹慮，蕪陳室以栖情。蒼璧内融，負青冥其非遠；白珪外審，體黄裳而愈固。藝或微而咸綜，技雖末而旁該。象弭初彎，先穿卧石。魚文且擊，遂引飛泉。擅扛鼎而推雄，掩蒙輪而效捷。觀其事親孝，事君忠，居身節，與士信。識通其變，遠鑑窮於未形；智括其神，臨事期乎不測。非外物之攸奬，咸宜體以自然。逮屬艱虞，披荆而扶帝業；功宣草昧，借箸以沃神襟。載扈升陑，爰參誓牧，掩孫吴而高視，轥韓白以長驅。是以搶代偃齊，似青丘之吞夢澤；摧堅衂鋭，[25]猶黄間之穿魯縞。祥符捧日，亮堯景而增輝；道契從風，燮虞薰而演化。故能丹書誓策，青社疏榮。位兆銜諸，資五申而統律；寄深錫壤，按十部以宣風。年暨抽簪，禮優執酳。懸輿勝躅，昭茂寵於安車；納駟高門，峻朝章於行馬。斯所謂遺烈可紀，[26]令終有俶者歟！有子右領軍將軍寶琳，鳳羽摛姿，龍媒騁逸。丞相之子，道懋傳經；王公之孫，望高倒屣。掩八屯而效職，副九列以騰芳。履孝揚名，克隆華閥。顯親穆譽，爰樹豐碑。紀德廬山，載表茂陵之域；題貞畢陌，式分京兆之阡。庶令過客披文，立名可則，故懷斯惠，望拜知歸。其銘曰：

商周龍躍，尹望鷹揚。風雲冥感，鱗翮曾驤。於赫皇祚，禔禎會昌。錫兹元弼，勛烈推光。茂德初誕，英徽早暢。狼宿摛精，龜文協貺。棄繻關下，受符圯上。秘策金韜，騰猷玉帳。貞心孤卲，[27]猛氣横飛。長戈叄捷，雄戟雙揮。蛟分承影，雁落忘歸。韞奇佇睿，屈迹乘機。孽起射天，妖凝鬬日。明一光啓，半千秀出。道契披捧，功宣授律。冀北先馳，圖南載逸。受脤揚威，專征耀武。馬陵削樹，鳶方鑄柱。雲卷鳴祠，風謳嘯雨。静祲破竹，銷氛玉弩。戎衣式定，河帶同盟。望高四履，寵峻千兵。裂壤扮邑，分麾柳營。[28]網羅方卲，躡迹良平。出建隼旗，入參鳳輦。名班瓚玉，賁光儀鉉。朱户吟笳，青門樹冕。金裝甫散，璇霜遽踐。昔恭丹扆，載奉薰琴。今陪玄襚，空悲穀林。紛紛禮縟，杳杳光沉。闈桐永閟，宰樹方深。瞻言史策，遠振徽音。

（《文苑英華》卷九一一《唐并州都督鄂國公尉遲恭碑》）

益州夫子廟碑　王勃

述夫帝車南指，遁七曜於中階；華蓋西臨，藏五雲於太甲。雖復星辰蕩越，三元之軌躅可尋；雷雨沸騰，六氣之經綸有序。然則撫銅渾而觀變化，則萬象之動不足多也；握瑶鏡而臨事業，則萬機之湊不足大也。故知功有所服，龜龍不能謝鱗介之尊；器有所歸，江漢不能竊朝宗之柄。是以朱陽登而九有照，紫泉清而萬物睹。粤若皇靈草昧，風驪受河洛之圖；帝象權輿，雲鳳錫乾坤之瑞。高辛堯舜氏没，大夏殷周氏作。達其變，遂成天下之文；極其數，遂定天下之象。衣冠度律，隨鼎器而重光；玉帛謳歌，反宗禋而大備。洎乎三川失御，九服蒙塵，俎豆喪而王澤竭，鐘鼓衰而頌聲寢。邵陵高會，[29]諸侯輕漢水之威；踐土同盟，天子窘河陽之召。三微制度，乘戰道而横流；千載英華，與王風而掃地。大業不可以終喪，彝倫不可以遂絶。[30]由是山河兆，朕素王開受命之符；天地氤氲，玄聖舉乘時之策。興九圍之廢典，振六合之頹綱，有道存焉，斯文備矣。

夫子姓孔氏，諱丘，字仲尼，魯國鄒人也。帝天乙之靈苗，宋微子之洪緒。自玄禽翦夏，浮寶玉於南巢；白馬朝周，載旌旗於北面。五遷神器，琮璜高列帝之榮；三命雄圖，鐘鼎冠承家之禮。商丘誕睿，下屬於防山；泗水載靈，遥馳於汶上。禮樂由其委輸，人儀所以來蘇。[31]排禍亂而搆乾元，掃荒屯而樹真宰。聖人之大業也。

若乃承百王之丕運，總千聖之殊姿。人靈昭有作之期，嶽瀆降非常之表。珠衡玉斗，徵象緯於天經；贊據龍蹲，集風雲於地紀。亦猶三階瞰月，恒星知太紫之宫；八柱衝霄，群嶺辨中黄之宅。聖人之至象也。若乃順時而動，用晦而明。紆聖哲於常師，混波流於下問。[32]太陽亭午，收爝火於丹衡；滄浪浮天，控涓涔於翠渚。西周捧袂，僊公留紫氣之書；東海摳衣，郯子叙青雲之袟。接輿非聖，詢去就於狂歌；童子何知，屈炎涼於詭問。聖人之降迹也。

若乃參神撰訓，銀道和倪。[33]辱太白於中郊，[34]絆乘黄於下邑。湛無爲之迹，而衆務同并；馳不言之化，而群方取則。雖復霓旌羽旆，齊人張夾谷之威。八佾三雍，桓氏逼公宫之制。洎乎歷階而進，宣武備而斬俳優；推義而行，肅刑書而誅正卯。用能使四方知罪，争歸舊好之田；三家變色，願執陪臣之禮。聖人之成務也。

若乃乘機動用，歷聘樓遑；神經幽顯，志大宇宙。東西南北，推心於暴亂之朝；恭儉温良，授手於危亡之國。道之將行也命，道之將廢也命。歸齊去魯，發浩嘆於衰周；厄宋圍陳，奏悲歌於下蔡。聖人之救時也。

若乃筐篚六藝，筌簹五典，折旋洙泗之間，探賾唐、虞之際。三千弟子，攀睿化而升堂；七十門人，奉洪規而入室。從周定禮，憲章知損益之源；反魯裁詩，雅頌得絃歌之首。[35]備物而存道，下學而上達。援神叙教，降赤製於南宫；運斗陳經，動玄符於北洛。聖人之立教也。

若乃觀象設教，法三百八十四爻四十有九；窮神知化，應萬二千五百五十有五。[36]成變化而行鬼神，觀陰陽而倚天地。以鼓天下之動，以定天下之疑。索衆妙於重玄，纂群微於太素。聖人之讚易也。

若乃靈襟不測，睿視無涯，石砮昭集隼之庭，土缶驗羵羊之井。稽山南望，識皓骨於封禺；蠡澤東浮，考丹苹於夢渚。麟圖鑒遠，金編題佐漢之符；鳳德鈎深，玉策筮亡秦之兆。聖人之觀化也。

時義遠矣，能事畢矣。然後拂衣方外，脱屣人間。奠楹興夕夢之灾，負杖起晨歌之迹。撓虹梁於大厦，物莫能宗；摧日觀於魯丘，吾將安仰。明均兩曜，不能遷代謝之期；序合四時，不能革盈虚之數。適來夫子時也，適去夫子順也。爲而不有，用九五而長驅；成而勿居，撫雲霓而高視。聖人之應化也。

自四教遠而微言絶，十哲喪而大義乖。九師争大易之門，五傳列春秋之輻。六體分於楚晋，四始派於齊韓。淹中之妙鍵不追，稷下之高風代起。百家騰躍，攀户牖而同歸；萬匠驅馳，仰陶鈞而共貫。猶使絲簧金石，長懸闕里之堂；荆棘蓬蒿，不入昌平之墓。聖人之遺風也。

遵揚十聖，光被六虚。乘素履而保安貞，垂黄裳而獲元吉。故能貴而無位，履端於太極之初；高而無名，布政於皇王之首。千秋所不能易，百代所不能移。萬乘資以興衰，四海由其輕重。雖復質文交映，瞻禴祀而長存；金火遞遷，奉琴書而罔絶。蓋《易》曰："觀乎人文以化成天下。"[①]又云："聖人觀神道設教，而萬物伏焉。"[②]豈古之聰明睿知神武而不殺者夫？

國家襲宇宙之淳精，據明靈之寶位。高祖武皇帝以黄旗問罪，杖金策以勞華夷；太宗文武皇帝以朱翟承天，穆玉衡而正區宇。皇上宣祖宗之累洽，奉文武之重光。稽曆數而坐明堂，陳禮容而謁太廟。八神齊饗，停旒太史之宫；六辨同和，駐蹕華胥之野。文物隱地，聲名動天。樂繁九俗，禮盛三古。冠帶混并之所，書軌八紘；閭閻兼匝之鄉，烟火四極。竭河追日，夸父力盡於楹間；越海陵山，竪亥塗窮於廡下。薰腴廣被，景貺潛周。乾象著而常文清，坤靈滋而衆寶用。溢金膏於紫洞，雨露均華；栖玉燭於玄都，風雷順軌。丹蓂翠菌，藻繪軒庭；鳳彩龍姿，激揚池籞。殊徵肸蠁，不召而自至；茂祉昭彰，無幽而不洽。雖復帝臣南面，降衢室而無爲；岱畎東臨，陟名山而有事。靈命不可以辭也，大典不可以推也。由是六戎宵警，横紫殿而摐金；五校晨驅，蹴玄雲而噴玉。星羅海運，嶽鎮川渟。登碧墠而會神祇，御玄壇而禮天地。金箱玉册，益睿筭於無疆；玳檢銀繩，署靈機於不竭。

功既成矣，道既貞矣。歷先王之舊國，懷列聖之遺塵。翔赤驥而下云亭，吟翠虬而望鄒魯。泗濱休駕，杳疑汾水之陽；尼岫凝鑾，暫似銅山之典。乃下詔曰："可追贈太師。"托鹽梅於異代，鼎路生光；寄舟

① 參見《周易・賁卦・彖辭》。

② 參見《周易・觀卦》。

楫於同時，泉塗改照。咸亨元年，又下詔曰："宣尼有縱自天，體膺上哲。合兩儀之簡易，爲億載之師表。顧唯寢廟，義在欽崇。如聞諸州縣，孔子廟堂及學館有破壞并向來未造，生徒無肄業之所，先師闕奠祭之儀，久致飄零，深非敬本。宜令諸州縣官司速加營葺。"

九隴縣學廟堂者，大唐龍朔三年鄉人之所建也。爾其州分化鳥，境徇蹲鴟。贏錦室於中區，托銅梁於古地。玉輪斜界，神龍蟠沮澤之雲；石鏡遥臨，寶牒祕禺山之影。天帝會昌之國，上照乾維；英靈秀出之鄉，傍清地絡。庠序由其糾合，纓弁所以會同。文翁之景化不渝，智士之風猷自遠。於是雙川舊老，攀帝獎而翹心；三蜀名儒，相成均而變色。採周規於舊宅，詢漢制於新都。開基於四會之躔，授矩於三農之隙。土階無級，就擊壤於新歡；茅茨不剪，易曾巢於故事。[37]莊壇文杏，即架榱欒；夾谷幽蘭，爰疏户牖。儀形莞爾，似聞沂水之歌；列侍誾如，若奉農山之對。緇帷曉闢，横紐帶於西河；絳帳宵懸，聚青襟於北海。雖秋禮冬詩之化，以洽於齊人；而宣風觀俗之規，實歸於上宰。

銀青光禄大夫譙國公諱崇義，大武皇帝之支孫，河間大王之長子。高秋九月，振玉贇於唐丘；實筭千齡，躍璇虯於太渚。我國家靈命，東朝抗衮冕之尊；宗子維城，南面襲軒裳之重。析玄元之緒，擁朱虚之位，拜玉節於秦京，輝金璋於蜀郡。玄機應物，潜銷水怪之灾；丹筆申冤，俯絶山精之訟。魏文侯之擁篲，道在而謙尊；董相國之垂帷，風行而俗易。

司馬宇文公諱純，河南洛陽人也。皇根帝緒，列五鼎於三朝；青瑣丹梯，跨千尋於十紀。仲舉澄清之轡，未極夷塗；士元卿相之材，先登上佐。冰壺精鑒，遥清玉壘之郊；霜鏡懸明，下映金城之域。

縣令柳公，諱明，字太易，河東人也。梁岳之英，長河之靈。沐雲漢之粹精，荷天衢之元亨。旌旗赫奕於中古，珪組陸離於下葉。鳳巖抽律，擢曾秀於龍門；驪穴騰姿，吐榮光於貝闕。自朱絲就列，光膺令宰之榮；墨綬馳芬，高踐郎官之右。仙鳧旦舉，影入銅章；乳翟朝飛，聲含玉軫。臨邛客位，自高文雅之庭；彭澤賓門，猶主壺觴之境。曠懷足以御物，長策足以服人。重泉之惠訓大行，單父之謳謡遂遠。猶爲夏絃春誦，俗化之樞機。西序東膠，政刑之根本。上祇朝憲，下奉藩維。爰搜複廟之儀，載闡重欄之制。三門四表，焕矣惟新；十哲宗師，肅焉如在。將使圓冠方領，再行鄒魯之風；鋭氣英聲，一變賓渝之俗。於是侍郎幽思，摛鳳藻於瓌林；丞相高材，排龍姿於璧沼。遺榮處士，開簾詮孝悌之機；頌德賢臣，持節聽中和之樂。其爲政也可久，其爲志也可大。方當變化台極，儀形萬宇。豈徒偃仰聽事，風教一同而已哉。

勃幼乏逸才，少有奇志。虚舟獨泛，乘學海之波瀾；直轡高驅，踐詞場之閫閾。觀質文之否泰衆矣，考聖賢之去就多矣。自生人已來，未有如夫子者也。嗟乎，今古代絶，江湖路遠，恨不得親承妙音，[38]攝齊於游夏之間；躬奉德音，攘袂於天人之際。撫身名而永悼，瞻棟宇而長懷。嗚呼哀哉！敢爲銘曰：

五帝既没，三王不歸。天地震動，陰陽亂飛。山崩海竭，月缺星圍。禮樂無主，宗禋遂微。

大哉神聖，與時回博。應運而生，繼天而作。龍躍浩蕩，鵬飛寥廓。奄有人宗，遂荒天爵。

尼山降彩，泗濱騰氣。志匡六合，神經萬類。夾谷登庸，中都歷試。睿情貫一，玄猷絶四。

栖遑教迹，寂寞河圖。違齊出宋，歷楚辭吴。風衰俗毁，禮去朝無。麟書已卷，鳳德終孤。

杳杳靈命，茫茫天秩。吾道難行，斯文易失。式宣六藝，財成四術。虚往實歸，升堂入室。[39]

邈矣能仁，悠哉化主。力制群辟，權傾終古。陸離彩粲，蟬聯茅土。涉海輕河，登山小魯。

皇家載造，神風四極。檢玉題祥，繩金署德。聿懷聖迹，同亨天則。迺眷臺庭，爰昇衮職。

玉津同派，金堤茂坂。智亡高風，[40]文翁澤遠。甿淳壤沃，聲和俗愿。載啓仁祠，遂光儒苑。

沉沉壺奧，肅肅扃除。靈儀若在，侍列如初。槐新市密，杏古壇疏。楹疑置奠，壁似藏書。

泛泛寰中，悠悠天下。徇名則衆，知音蓋寡。碝石參瓊，遂風亂雅。仲尼既殁，夫何爲者。

（《文苑英華》卷八四五《益州夫子廟碑》，《王勃集》卷一三《益州夫子廟碑》，《王子安集》卷一五《益州夫子廟碑》）

曹成王碑　韓愈

王姓李氏，諱皋，字子蘭，謚曰成。其先王明，以太宗子國曹，絶復封，傳五王至成王。成王嗣封在玄宗世，蓋於時年十七八。紹爵三年，而河南北兵作，天下震擾，王奉母太妃逃禍民伍，得間走蜀從天子。天子念之，自都水使者拜左領軍衛將軍，轉貳國子秘書。王生十年而失先王，哭泣哀悲，弔客不忍聞。喪除，痛刮磨豪習，委已於學。稍長重知人情，急世之要，耻一不通，侍太妃從天子于蜀。既孝既忠，持官持身，内外斬斬。由是朝廷滋欲試之於民。

上元元年，除温州長史，行刺史事。江東新刳於兵，郡旱飢，民交走死無弔。王及州，不解衣，下令揞鎖擴門，悉棄倉實與民，活數十萬人。奏報，升秩少府。與平袁賊，仍徙秘書，兼州別駕，部告無事。

遷真于衡，法成令脩，治出張施，聲生勢長。觀察使噎媢，不能出氣，誣以過犯，御史助之，貶潮州刺史。楊炎起道州相德宗，還王于衡，以直前謾。王之遭誣在理，念太妃老，[41]將驚而戚，出則囚服就辯，入則擁笏垂魚，坦坦施施。即貶于潮，以遷入賀。及是然後跪謝告實。初，觀察使虐使將國良往戍界，良以武岡叛，戍衆萬人。斂兵荆黔洪桂。伐之二年，尤張。於是以王帥湖南，將五萬士，以討良爲事。王至則屏兵，投良以書，中其忌諱。良羞畏乞降，狐鼠進退。王即假爲使者，從一騎，踔五百里，抵良壁，鞭其門大呼："我曹王，來受良降，良今安在？"良不得已，錯愕迎拜，盡降其軍。太妃薨，王棄部隨喪之河南葬，及荆，被詔責還。會梁崇義反，王遂不敢辭以還。升秩散騎常侍。

明年，李希烈反，遷御史大夫，授節帥江西以討希烈。命至，王出止外舍，禁無以家事關我。裒兵大選江州，群能著職，王親教之搏力、勾卒、嬴越之法，曹誅五畀。艦步二萬人。以與賊遌。嘬鋒蔡山，踣之。剜蘄之黄梅，大鞣長平，鏃廣濟，掀蘄春，撇蘄水，掇黄岡，筴漢陽，行跐汉川，還大膊蘄水界中。披安三縣，拔其州，斬僞刺史。標光之北山，䟃隨光化，捁其州，十抽一推，救兵州東北屬鄉，還開軍受降。大小之戰三十有二，取五州十九縣。民老幼婦女不驚，市賈不變，田之果穀下無一迹。加銀青光禄大夫，工部尚書，改户部。再换節臨荆及襄，真食三百。王之在兵，天子西巡于梁，希烈北取汴鄭，東略宋，圍陳，西取汝，薄東都。王坐南方北向，落其角距，賊死咋不能入寸尺，亡將卒十萬，盡輸其南州。

王始政於温，終政於襄，恒平物估，賤斂貴出，民用有經。一吏軌民，使令家聽户視，奸宄無所宿。府中不聞急步疾呼。治民用兵，各有條次，世傳爲法。任馬彝、將慎、將鍔、將潛，偕盡其力能。薨，贈右僕射。元和初，以子道古在朝，更贈太子太師。

道古進士司門郎，刺利、隨、唐、睦，徵爲少宗正，兼御史中丞，以節督黔中。朝京師，改命觀察鄂、岳、蘄、沔、安、黄，提其師以伐蔡，且行泣曰："先王討蔡，實取沔蘄安黄，寄惠未亡。今余亦受命有事于蔡，而四州適在吾封，庶其有集。先王薨於今二十五年，吾昆弟在，而墓碑不刻無文，其實有待，子無用辭。"乃序而詩之，辭曰：

太支十三，曹於弟季。或亡或微，曹始就事。曹之祖王，畏塞絶遷。零王黎公，不聞僅存。子父易封，三王守名。延延百載，以有成王。成王之作，一自其躬。文被明章，武薦畯功。蘇枯弱彊，齦其奸猖。以報于宗，以昭于王。王亦有子，處王之所，唯舊之視。蹶蹶陛陛，實取實似。刻詩其碑，爲示無止。

（《韓愈文集彙校箋注》卷一八《曹成王碑》，《韓昌黎文集校注》卷六《曹成王碑》）

平淮西碑　韓愈

天以唐克肖其德，聖子神孫，繼繼承承，於千萬年敬戒不怠。全付所覆，四海九州，罔有内外，悉主悉臣。高祖太宗，既除既治。高宗中睿，休養生息。至于玄宗，受報收功，極熾而豐，物衆地大，孽芽其間。肅宗、代宗，德祖順考，以勤以容。大慝適去，稂莠不薅。相臣將臣，文恬武嬉。習熟見聞，以爲當然。

睿聖文武皇帝既受群臣朝，乃考圖數貢，曰："嗚呼！天既全付予有家，[42]今傳次在予，予不能事事，其何以見于郊廟？"群臣震懾，奔走率職。[43]明年，平夏；又明年，平蜀；又明年，平江東；又明年，平澤潞。遂定易定，致魏博貝衛澶相，無不從志。皇帝曰："不可究武，予其少息。"

九年，蔡將死，蔡人立其子元濟以請，不許。遂燒舞陽，[44]犯葉襄城，以動東都，放兵四劫。皇帝歷問于朝，一二臣外皆曰："蔡帥之不廷授，于今五十年，傳三姓四將，其樹本堅，兵利卒頑，不與他等。因撫而有，順且無事。"大官臆决唱聲，萬口和附，并爲一談，牢不可破。

皇帝曰："惟天惟祖宗所以付任予者，庶其在此，予何敢不力。况一二臣同，不爲無助。"曰："光顔，汝爲陳許帥，維是河東、魏博、郃陽三軍之在行者，[45]汝皆將之。"曰："重胤，汝故有河陽懷，今益以汝，維是朔方、義成、陜、益、鳳翔、延慶七軍之在行者，汝皆將之。"曰："弘，汝以卒萬二千屬而子公武往討之。"曰："文通，汝守壽，維是宣武、淮南、宣歙、浙西四軍之行于壽者，[46]汝皆將之。"曰："道古，汝其觀察鄂岳。"曰："愬，汝帥唐、鄧、隨，各以其兵進戰。"曰："度，汝長御史，其往視師。"曰："度，惟汝予同，汝遂相予，以賞罰用命不用命。"曰："弘，汝其以節都統諸軍。"曰："守謙，汝出入左右，汝惟近臣，其往撫師。"曰："度，汝其往，衣服飲食予士。無寒無飢。以既厥事，遂生蔡人。賜汝節斧，通天御帶，衛卒三百。[47]凡兹廷臣，汝擇自從，惟其賢能，無憚大吏。庚申，予其臨門送汝。"曰："御史，予閔士大夫戰甚苦，自今以往，非郊廟祠祀，其無用樂。”

顔、胤、武合攻其北，大戰十六，得栅城縣二十三，降人卒四萬。道古攻其東南，八戰，降萬三千，再入申，破其外城。文通戰其東，十餘遇，降萬二千，愬入其西，得賊將，輒釋不殺，用其策，戰比有功。[48]十二年八月，丞相度至師，都統弘責戰益急，顔、胤、武合戰益用命，元濟盡并其衆，洄曲以備。十月壬申，愬用所得賊將，自文城因天大雪疾馳百二十里，用夜半到蔡，破其門，取元濟以獻，盡得其屬人卒。辛巳，丞相度入蔡，以皇帝命赦其人。淮西平，大饗賚功；師還之日，因以其食賜蔡人。凡蔡卒三萬五千，其不樂爲兵願歸爲農者十九，悉縱之。斬元濟京師。

册功：弘加侍中；愬爲左僕射，[49]帥山南東道；顔、胤皆加司空；公武以散騎常侍帥鄜、坊、丹、延；道古進大夫；文通加散騎常侍。丞相度朝京師，道封晋国公，進階金紫光禄大夫，以舊官相，而以其副總爲工部尚書，領蔡任。既還奏，群臣請紀聖功，被之金石，皇帝以命臣愈。臣愈再拜稽首而獻文曰：

唐承天命，遂臣萬邦。孰居近土，襲盗以狂。往在玄宗，崇極而圮。河北悍驕，河南附起。四聖不宥，屢興師征。有不能克，益戍以兵。夫耕不食，婦織不裳。輸之以車，爲卒賜糧。外多失朝，曠不嶽狩。百隸怠官，事亡其舊。

帝時繼位，顧瞻咨嗟。惟汝文武，孰恤予家。既斬吴蜀，旋取山東。魏將首義，六州降從。淮蔡不順，自以爲强。提兵叫歡，欲事故常。始命討之，遂連奸鄰。陰遣刺客，來賊相臣。方戰未利，内驚京師。群公上言，莫若惠來。帝爲不聞，與神爲謀。[50]乃相同德，以訖天誅。

乃敕顔、胤、愬、武、古、通，咸統於弘，各奏汝功。三方分攻，五萬其師。大軍北乘，厥數倍之。常兵時曲，軍士蠢蠢。既剪陵雲，參一大窘。[51]勝之邵陵，郾城來降。自夏入秋，復屯相望。兵頓不勵，告功不時。帝哀征夫，命相往釐。士飽而歌，馬勝於槽。試之新城，賊遇敗逃。盡抽其有，聚以防我。西師躍入，道無留者。

頟頟蔡城，其壃千里。既入而有，莫不順俟。帝有恩言，相度來宣：“誅止其魁，釋其下人。”蔡之卒夫，投甲呼舞。蔡之婦女，迎門笑語。蔡人告飢，舡粟往哺。蔡人告寒，賜以繒布。始時蔡人，禁不往來。今相從戲，里門夜開。始時蔡人，進戰退戮。今旰而起，[52]左飱右粥。爲之擇人，以收餘憊。選吏賜牛，教而不税。

蔡人有言：“始迷不知，今乃大覺，羞前之爲。”蔡人有言：“天子明聖，不順族誅，順保性命。汝不吾信，視此蔡方。孰爲不順，往斧其吭。充叛有數，聲勢相倚。吾强不支，汝弱奚恃。其告而長、而父、而兄，[53]奔走偕來，同我太平。”淮蔡爲亂，天子伐之。既伐而飢，天子活之。

始議伐蔡，卿士英隨。既伐四年，小大並疑。不赦不疑，由天子明。凡此蔡功，惟斷乃成。既定淮蔡，四夷畢來。遂開明堂，坐以治之。

（《文苑英華》卷八七二《平淮西碑》，《文翰類選大成》卷一五二《平淮西碑》，《韓愈文集彙校箋注》卷二〇《平淮西碑并序》，《韓昌黎文集校注》卷七《平淮西碑》，《新唐書》卷二一四《藩鎮宣武彰義澤潞・吴元濟》）

柳州羅池廟碑　韓愈

羅池廟者，故刺史柳侯廟也。

柳侯爲州，不鄙夷其民，動以禮法。三年，民各自矜奮：“兹土雖遠京師，吾等亦天氓，今天幸惠仁侯，若不化服，我則非人。”於是老少相教語，莫違侯令。凡有所爲於其鄉閭及於其家，[54]皆曰：“吾侯聞之，得無不可於意否？”莫不忖度而後從事。凡令之期，民勸趨之，無有後先，必以其時。於是民業有經，公無負租，流逋四歸，樂生興事。宅有新屋，步有新船，池園潔修，猪牛鴨鷄，肥大蕃息。子嚴父詔，婦順夫指，[55]嫁娶葬送，各有條法，出相弟長，入相慈孝。先時，民貧以男女相質，久不得贖，盡没爲隸。我侯之至，按國之故，以傭除本，悉奪歸之。大修孔子廟，城郭巷道，皆治使端正，樹以名木。

柳民既皆悦喜，嘗與其部將魏忠、謝寧、歐陽翼飲酒驛亭，謂曰：“吾棄於時，而寄於此，與若等好也。[56]明年吾將死，死而爲神，後三年爲廟祀我。”及期而死。三年孟秋辛卯，侯降于州之後堂，歐陽翼等見而拜之。其夕，夢翼而告曰：“館我於羅池。”其月景辰，廟成大祭，過客李儀醉酒慢侮堂上，得疾，扶出廟門即死。

明年春，魏忠、歐陽翼使謝寧來京師，請言其事于石。[57]余謂柳侯生能澤其民，死能驚動福禍之以食其土，可謂靈也已。作迎享送神詩遺柳民，俾歌以祀焉，而并刻之。柳侯，河東人，諱宗元，字子厚，賢而有文章，嘗位於朝光顯矣，已而擯不用。其辭曰：

荔子丹兮蕉黄，雜肴蔬兮進侯堂。侯之船兮兩旗，度中流兮風泊之，待侯不來兮不知我悲。侯乘駒兮入廟，慰我民兮不頻以笑。鵝之山兮柳之水，桂樹團團兮白石齒齒。侯朝出游兮暮來歸，春與猨吟兮秋鶴與飛。北方之人兮爲侯是非，千秋萬歲兮侯無我違。福我兮壽我，驅厲鬼兮山之左。下無苦濕兮高無乾，秔稌充羡兮蛇蛟結蟠。我民報事兮無怠其始，自今兮欽於世世。

（《文苑英華》卷八七六《柳州羅池廟碑》，《文翰類選大成》卷一五二《柳州羅池廟碑》，《唐文粹》卷五二《柳州羅池廟碑》，《韓愈文集彙校箋注》卷二一《柳州羅池廟碑》，《韓昌黎文集校注》卷七《柳州羅池廟碑》）

南海神廟碑　韓愈

海於天地間爲物最鉅。自三代聖王莫不祀事，考於傳記，而南海神次最貴，在北東西三神、河伯之上，號爲祝融。天寶中，天子以爲古爵莫貴於公侯，故海嶽之祝，犧幣之數，放而依之，所以致崇極於大神。[58]今王亦爵也，而禮海嶽尚循公侯之事，虚王儀而不用，非致崇極之意也。由是册尊南海神爲廣利王。祝號祭式，與次俱昇。因其故廟，易而新之，在今廣州治之東南海道八十里，扶胥之口，黄木之灣。常以立夏氣至，命廣州刺史行事祠下，事訖驛聞。

而刺史常節度五嶺諸軍，仍觀察其郡邑，於南方事無所不統，地大以遠，故常選用重人。既貴而富，且不習海事，又當祀時海常多大風，將往皆憂慼。既進，觀顧怖悸。故常以疾爲解，[59]而委事於其副，其來已久。故明宫齋廬上雨旁風，無所蓋障；牲酒瘠酸，取具臨時；水陸之品，狼藉籩豆；薦祼興俯，不中儀式；吏滋不供，神不顧享；盲風怪雨，發作無節，人蒙其害。

元和十二年，始詔用前尚書右丞國子祭酒魯國孔公爲廣州刺史、兼御史大夫，以殿南服。[60]公正直方嚴，中心樂易，[61]祗慎所職；治人以明，事神以誠；内外單盡，[62]不爲表襮。至州之明年，將夏，祝册自京師至，吏以時告，公乃齋祓視册，誓群有司曰："册有皇帝名，乃上所自署，其文曰：'嗣天子某，謹遣官某敬祭。'其恭且嚴如是，敢有不承！明日，吾將宿廟下，以供晨事。"明日，吏以風雨白，不聽。於是州府文武吏士凡百數，交謁更諫，[63]皆揖而退。

公遂陞舟，風雨少弛，櫂夫奏功。雲陰解駮，日光穿漏，波伏不興。省牲之夕，載暘載陰。將事之夜，天地開除，月星明概。五鼓既作，牽牛正中，公乃盛服執笏以入即事。文武賓屬，俯首聽位，各執其職。牲肥酒香，罇爵静潔，降登有數，神具醉飽。[64]海之百靈秘怪，慌惚畢出，蜿蜿虵虵，來享飲食。闔廟旋艫，祥飈送颿。旗纛旄麾，飛揚晻藹。鐃鼓嘲轟，高管嗷譟。武夫奮櫂，工師唱和。穹龜長魚，踊躍後先。乾端坤倪，軒豁呈露。祀之之歲，風灾熄滅。人厭魚蟹，五穀胥熟。[65]明年祀歸，又廣廟宫而大之。治其庭壇，改作東西兩序、齋庖之房，百用具脩。明年其時，公又固往，[66]不懈益虔，歲仍大和，耋艾歌咏。

始公之至，盡除他名之税，罷衣食於官之可去者。四方之使，不以資交。以身爲帥，燕享有時，賞與以節。公藏私畜，上下與足。於是免屬州負逋之緡錢廿有四萬，[67]米三萬二千斛。[68]賦金之州，[69]耗金一歲八百，困不能償，皆以丐之。加西南守長之俸，[70]誅其尤無良不聽令者，由是皆自重慎法。人士之落南不能歸者與流徙之胄百廿八族，用其才良，而廩其無告者。其女子可嫁，與之錢財，令無失時。刑德並流，方地數千里不識盜賊。山行海宿，不擇處所。事神治人，其可謂備至耳矣。咸願刻廟石以著厥美，而繫以詩，乃作詩曰：

南海陰墟，祝融之宅。即祀于旁，帝命南伯。吏惰不躬，正自今公。明用享錫，右我家邦。惟明天子，惟慎厥使。我公在官，神人致喜。海嶺之陬，既足既濡。胡不均弘，俾執事樞。公行勿遲，公無遽歸。匪我私公，神人具依。

（《文苑英華》卷八七九《南海神廟碑》，《文翰類選大成》卷一五二《南海神廟碑》，《唐文粹》卷五〇《南海神廟碑》，《韓愈文集彙校箋注》卷二一《南海神廟碑》，《韓昌黎文集校注》卷七《南海神廟碑》）

黄陵廟碑　　韓愈

湘旁有廟曰黄陵，自前古立以祠堯之二女，舜二妃者。庭有石碑，斷裂分散在地，其文剥缺。考圖記，言“漢荆州牧劉表景升之立”，題曰“湘夫人碑”。今驗其文，乃晋太康九年。又題其額曰“虞帝二妃之碑”[71]，非景升立者。

秦博士對始皇帝云：“湘君者，堯之二女，舜妃者也。”劉向、鄭玄亦皆以二妃爲湘君，而《離騷》《九歌》既有《湘君》，又有《湘夫人》。王逸之解，以爲湘君者，自其水神。而謂湘夫人乃二妃也，從舜南征三苗不及，[72]道死沅湘之間。《山海經》曰：“洞庭之山，帝之二女居之。”①郭璞疑二女者帝舜之后，不當降小水爲其夫人，[73]因以二女爲天帝之女。

以余考之，璞與王逸俱失也。堯之長女娥皇爲舜正妃，故曰“君”，其二女女英自宜降曰“夫人”也。故《九歌》辭謂娥皇爲“君”，謂

① 參見《山海經·中山經》。

女英"帝子",各以其盛者推言之也。禮有"小君君母",明其正自得稱君也。《書》曰"舜陟方乃死",《傳》謂"舜昇道南方以死"[74];或又曰:"舜死葬蒼梧,二妃從之不及,溺死沅湘之間。"今謂《竹書紀年》帝王之没皆曰"陟"[75]。"陟",昇也,謂昇天也。《書》曰"殷禮陟配天",言以道終,其德協天也。《書》紀舜之没云"陟"者,與《竹書》《周書》同文也。其下言"方乃死"者,所以釋"陟"爲"死"也。地之勢東南下,如言舜南巡而死,宜言"下方",不得言"陟方"也。以此謂舜死葬蒼梧,於時二妃從之不及而溺者,皆不可信。二妃既曰以謀語舜,脱舜之厄,成舜之聖。堯死而舜有天下爲天子,妃之力。宜常爲神,食民之祭。今之渡湖江者,莫敢不進禮廟下。

元和十四年春,余以言事得罪,黜爲潮州刺史。其地於漢南海之揭陽,厲毒所聚,懼不得脱死,過廟而禱之。其冬,移袁州刺史。明年九月,拜國子祭酒。使以私錢十萬抵岳州,願易廟之圮桷腐瓦於刺史王堪。[76]長慶元年,刺史張愉自京師往,與愉故善,謂曰:"丐我一碑石,載二妃廟事,且令後世知有子名。"愉曰:"諾。"既至州,報曰:"碑謹具。"遂篆其事俾刻之。

(《唐文粹》卷五〇《黄陵廟碑》,《韓愈文集彙校箋注》卷二一《黄陵廟碑》,《韓昌黎文集校注》卷七《黄陵廟碑》)

箕子碑　柳宗元

凡大人之道有三:一曰正蒙難,二曰法授聖,三曰化及民。殷有仁人曰箕子,實具兹道,以立于世,故孔子述六經之旨,尤殷勤焉。

當紂之時,大道悖亂,天威之動不能戒,聖人之言無所用。進死以併命,誠仁矣,無益吾祀,故不爲。委身以存祀,誠仁矣,與亡吾國,故不忍。具是二道,有行之者矣。是用保其明哲,與之俯仰,晦是謨範,辱於囚奴,昏而無邪,隤而不息。故在《易》曰:"箕子之明夷。"①正

① 參見《周易·明夷卦》。

蒙難也。及天命既改，生人以正，乃出大法，用爲聖師，周人得以序彝倫而立大典。故在《書》曰："以箕子歸，作《洪範》。"①法授聖也。及封朝鮮，推道訓俗，惟德無陋，惟人無遠，用廣殷祀，俾夷爲華，化及民也。率是大道，藂於厥躬，天地變化，我得其正，其大人歟？

於虖！當其周時未至，殷祀未殄，比干已死，微子已去，向使紂惡未稔而自斃，武庚念亂以圖存，國無其人，誰與興理？是固人事之或然者也。然則先生隱忍而爲此，其有志於斯乎？唐某年作廟汲郡，歲時致祀。嘉先生獨列於《易》象，作是頌云：

蒙難以正，授聖以謨。宗祀用繁，夷民其蘇。憲憲大人，顯晦不渝。聖人之仁，道合隆汙。明哲在躬，不陋爲奴。冲讓居禮，不盈稱孤。高而無危，卑不可踰。非死非去，有懷故都。時詘而伸，卒爲世模。《易》象是列，文王爲徒。大明宣昭，崇祀式孚。古闕頌辭，繼在後儒。

（《文翰類選大成》卷一五二《箕子碑》，《柳宗元集校注》卷五《箕子碑》）

柳州文宣王廟碑　柳宗元

仲尼之道與王化遠邇。惟柳州古爲南夷，椎髻卉裳，攻劫鬭暴，雖唐虞之仁不能柔，秦漢之勇不能威。至于有國，始循法度。置吏奉貢，咸若采衛。冠帶憲令，進用文事。學者道堯、舜、孔子，如取諸左右。執經書，引仁義，旋辟唯諾。中州之士，時或病焉。然後知唐之德大以遐，孔氏之道尊而明。

元和十年八月，州之廟屋壞，幾毁神位。[77]刺史柳宗元始至，大懼不任，以墜教基。丁未，②奠薦法，齊時事，[78]禮不克施。乃合初、亞、終獻三官衣布，洎于羸財，取土木金石，徵工僦功，完舊益新。十月乙

① 參見《尚書·洪範》。

② 丁未：唐文宗太和元年（827）。

丑，王宫正室成。乃安神樓，乃正法庭，祇會群吏。卜日之吉，虔告于王靈曰："昔者夫子嘗欲居九夷，其時門人猶有惑聖言，今夫子代千有餘載，其教始行，至于是邦。人去其陋，而本於儒。孝父忠君，言及禮義，又况巍然炳然，臨而炙之乎！惟夫子以神道設教，我今罔敢知。欽若兹教，以寧其神。追思告誨，如在于前。苟神之在，曷敢不虔。居而無陋，罔貳昔言。申陳嚴祀，永永是尊。麗牲有碑，刻在廟門。"

（《文苑英華》卷八四六《柳州新修文宣王廟碑》，《文翰類選大成》卷一五二《柳州先聖文宣王廟碑》，《柳宗元集校注》卷五《柳州文宣王新修廟碑》）

南霽雲睢陽廟碑　柳宗元

急病讓夷義之先，圖國忘死貞之大。利合而動，乃市賈之相求；恩加而感，則報施之常道。睢陽所以不階王命，横絶凶威，超千祀而挺生，奮百代而特立者也。

時惟南公，天與拳勇，神資機智，藝窮百中，豪出千人。不遇興詞，鬱龙眉之都尉；數奇見惜，挫猨臂之將軍。天寶末，寇劇憑陵，隳突河華，天旋虧斗極之位，地圮積狐狸之穴。親賢在庭，子駿陳謨以佐命；元老用武，夷甫委師而勸進。惟公與南陽張公巡、高陽許公遠，義氣懸合，訏謀大同，誓鳩武旅，以遏横潰。裂裳而千里來應，左袒而一呼皆至。柱厲不知而死難，狼瞫見黜而奔師。忠謀朗然，萬夫齊力，公以推讓，且專奮擊。爲馬軍兵馬使，出戰則群校同强，入守而百雉齊固。初據雍丘，謂非要害，將保江淮之臣庶，通南北之奏復。拔我義類，扼於睢陽。前後捕斬要遮，凶氣連沮。漢兵已絶，守疏勒而彌堅；虜騎雖强，頓盱眙而不進。

賊徒乃棄疾於我，悉衆合圍，技雖窮於九攻，志益專於三板。偪陽懸布之勁，汧城鑿穴之奇。息意牽羊，羞鄭師之大臨；甘心易子，鄙宋臣之病告。諸侯環顧而莫救，國命阻絶而無歸，以有盡之疲人，敵無已之强寇。公乃躍馬潰圍，馳出萬衆，抵賀蘭進明乞師。進明乃張樂侑食，以好聘待之。公曰："弊邑父子相食，而君辱以燕禮，獨何心歟？"乃自噬其指，曰："啖此足矣！"遂慟哭而返，即死孤城。首碎秦庭，終懵《無衣》之賦；身離楚野，徒傷帶劍之辭。至德二年十月，城陷遇害。無傅燮之嘆息，有周苛之慷慨。聞義能徙，果其初心。烈士抗詞，痛臧洪之同日；直臣致憤，惜蔡恭於累旬。

朝廷加贈特進揚州都督，定功爲第一等，與張氏、許氏並立廟睢陽，歲時致祭。男在繈褓，皆受顯秩，賜之土田。葬刻鮑信之形，陵圖龐德之狀。納官其子，見勾踐之心；羽林字孤，知孝武之志。舉門闕於周典，徵印綬於漢儀。王猷以光，寵錫斯備。

於戲！睢陽之事，不惟以能死爲勇，善守爲功，所以出奇以耻敵，立懂以怒寇，俾其專力於東南，而去備於西北。力專則堅城必陷，備去則天討可行。是故即城陷之辰，爲尅敵之日。世徒知力保於江淮，而不知功靖乎醜虜，論者或未之思歟。

公諱霽雲，字某，範陽人。有子曰承嗣，七歲爲婺州别駕，賜緋魚袋。歷施、涪二州。服忠思孝，無替負荷。懼祠宇久遠，德音不形，願斵堅石，假辭紀美。惟公信以許其友，剛以固其志，仁以殘其肌，勇以振其氣，忠以摧其敵，烈以死其事。出乎内者合於貞，行乎外者貫於義，是其所以奮百代而超千祀者矣。其志不亦宜乎！廟貌斯存，碑表攸託。洛陽城下，思鄉之夢儻來；麒麟閣中，即圖之詞可繼。銘曰：

貞以圖國，義惟急病。臨難忘身，見危致命。漢寵死事，周崇死政。烈烈南公，忠出其性。控扼地利，奮揚兵柄。東護吴楚，西臨周鄭。婪婪群凶，害氣彌盛。長蛇封豕，踊躍不定。屹彼睢陽，制其要領。横潰不流，疾風斯勁。梯衝外舞，缶穴中偵。鈴馬非艱，析骸猶競。浩浩烈士，不聞濟師。兵食殲焉，守逾三時。公奮其勇，單車載馳。投軀無告，噬指而歸。力窮就執，猶抗其辭。圭璧可碎，堅貞不虧。寇力東盡，凶威西悲。孤城既拔，渠魁受戮。雷霆之誅，由我而速。巢穴之固，由我而覆。江漢淮湖，群生咸育。倬焉勛烈，孰與齊躅？天子震悼，陟是元功。旌褒有加，命秩斯崇。位尊九牧，禮視三公。建兹祠宇，式是形容。牲牢伊碩，黍稷伊豐。虔虔孝嗣，望慕無窮。刊碑河滸，萬古英風。

（《四六法海》卷一一《唐故特進贈開府儀同三司揚州大都督南府君睢陽廟碑》，《柳宗元集校注》卷五《唐故特進贈開府儀同三司揚州大都督南府君南睢陽廟碑並序》）

韓文公潮州廟碑 蘇軾

匹夫而爲百世師，一言而爲天下法。是皆有以參天地之化，關盛衰之運。其生也有自來，其逝也有所爲。故申吕自嶽降，傳説爲列星，古今所傳，不可誣也。孟子曰："我善養吾浩然之氣。是氣也，寓於尋常之中，而塞乎天地之間。"①卒然遇之，則王公失其貴，晋、楚失其富，良、平失其智，賁、育失其勇，儀、秦失其辯，是孰使之然哉？其必有不依形而立，不恃力而行，不待生而存，不隨死而亡者矣。故在天爲星辰，在地爲河嶽。幽則爲鬼神，而明則復爲人。此理之常，無足怪者。

自東漢已來，道喪文弊，異端並起。歷唐貞觀、開元之盛，輔以房、杜、姚、宋而不能救。獨韓文公起布衣，談笑而麾之，天下靡然從公，復歸於正，蓋三百年於此矣。文起八代之衰，道濟天下之溺。忠犯人主之怒，而勇奪三軍之帥。此豈非參天地，關盛衰，浩然而獨存者乎？蓋嘗論天人之辨，以謂人無所不至，惟天不容僞。智可以欺王公，不可以欺豚魚。力可以得天下，不可以得匹夫匹婦之心。故公之精誠，能開衡山之雲，而不能回憲宗之惑。能馴鱷魚之暴，而不能弭皇甫鎛、李逢吉之謗。能信於南海之民，廟食百世，而不能使其身一日安之於朝廷之上。蓋公之所能者，天也。其所不能者，人也。

始，潮人未知學，公命進士趙德爲之師。自是潮之士，皆篤於文行，延及齊民，至于今，號稱易治。信乎孔子之言："君子學道則愛人，

① 參見《孟子·公孫丑上》。

小人學道則易使也。"①潮人之事公也,飲食必祭,水旱疾疫,凡有求必禱焉。而廟在刺史公堂之後,民以出入爲艱。前守欲請諸朝作新廟,不果。元祐五年,朝散郎王君滌來守是邦,[79]凡所以養士治民者,一以公爲師。民既悦服,則出令曰:"願新公廟者聽。"民歡趨之,下地於州城之南七里,期年而廟成。

或曰:"公去國萬里,而謫于潮,不能一歲而歸,没而有知,其不眷戀于潮也,審矣。"軾曰:"不然。公之神在天下者,如水之在地中,無所往而不在也。而潮人獨信之深,思之至,焄蒿凄愴,若或見之。譬如鑿井得泉,而曰水專在是,豈理也哉。"元豐元年,詔封公昌黎伯,故牓曰"昌黎伯韓文公之廟"。潮人請書其事于石,因爲作詩以遺之,使歌以祀公。其詞曰:

公昔騎龍白雲鄉,手決雲漢分天章,[80]天孫爲織雲錦裳。飄然乘風來帝旁,下與濁世掃粃糠,西游咸池略扶桑。草木衣被昭回光,追逐李杜參翱翔,汗流籍湜走且僵。滅没倒景不可望,作書詆佛譏君王,要觀南海窺衡湘。歷舜九疑弔英皇,祝融先驅海若藏,約束鮫鱷如驅羊。鈞天無人帝悲傷,謳吟下招遣巫陽,犦牲雞卜羞我觴。於粲荔丹與焦黄,公不少留我涕滂,翩然被髮下大荒。

(《文翰類選大成》卷一五三《潮州韓文公廟碑》,《蘇軾文集》卷一七《潮州韓文公廟碑》)

司馬温公碑　蘇軾

上即位之三年,朝廷清明,百揆時叙,民安其生,風俗一變。異時薄夫鄙人,皆洗心易慮,務爲忠厚,人人自重,耻言人過,中國無事,四夷稽首請命。惟西羌夏人,叛服不常,懷毒自疑,數入爲寇。上命諸將按兵不戰,示以形勢,不數月,生致大首領鬼章青宜結闕下。夏人數十萬寇涇原,至鎮戎城下,五日無所得,一夕遁去,而西羌兀征聲延

---

① 参見《論語·陽貨》。

以其旅萬人來降。黄河始决曹村，既築靈平，復决小吴，横流五年，朔方騷然。而今歲之秋，積雨彌月，河不大溢，及冬，水入地益深，有此流赴海復禹舊迹之勢。凡上所欲，不求而獲，而其所惡，不麾而去。天下曉然知天意與上合，庶幾復見至治之成，家給人足，刑措不用，如咸平、景德間也。

或以問臣軾："上與太皇太后安所施設而及此？"臣軾對曰："在《易·大有》'上九，自天祐之，吉無不利。'孔子曰：'天之所助者，順也。人之所助者，信也。履信思乎順，又以尚賢也。是以自天祐之，吉無不利。'今二聖躬信順以先天下，而用司馬公以致天下士，應是三德矣。且以臣觀之，公，仁人也。天相之矣。""何以知其然也？"曰："公以文章名於世，而以忠信自結人主。朝廷知之可也，四方之人何自知之？士大夫知之可也，農商走卒何自知之？中國知之可也，九夷八蠻何自知之？方其退居於洛，眇然如顔子之在陋巷，纍然如屈原之在陂澤，其與民相忘也久矣。而名震天下如雷霆，如河漢，如家至而日見之。聞其名者，雖愚無知如婦人孺子，勇悍難化如軍伍夷狄，以至於奸邪小人，雖惡其害己仇而疾之者，莫不斂衽變色，咨差太息，或至於流涕也。元豐之末，臣自登州入朝，過八州以至京師，民知其與公善也，所在數千人，聚而號呼於馬首曰：'寄謝司馬丞相，謹毋去朝廷，厚自愛以活百姓。'如是者，蓋千餘里不絶。至京師，聞士大夫言，公初入朝，民擁其馬，至不得行，衛士見公，擎跽流涕者，不可勝數，公懼而歸洛。遼人、[81]夏人遣使入朝，與吾使至虜中者，虜必問公起居，而遼人敕其邊吏曰：[82]'中國相司馬矣。謹毋生事開邊隙。'其後公薨，京師之民罷市而往弔，鬻衣以致奠，巷哭以過車者，蓋以千萬數。上命户部侍郎趙瞻、内侍省押班馮宗道，護其喪歸葬。瞻等既還，皆言民哭公哀甚，如哭其私親。四方來會葬者，蓋數萬人。而嶺南封州父老相率致祭，且作佛事以薦公者，其詞尤哀。炷香於手頂以送公葬者，凡百餘人，而畫像以祠公者，天下皆是也。此豈人力也哉？天相之也！匹夫而能動天，亦必有道矣。非至誠一德，其孰能使之！《記》

曰：‘惟天下之至誠，爲能盡其性。能盡其性，則能盡人之性。能盡人之性，則能盡物之性。能盡物之性，則可以贊天地之化育矣。’①《書》曰：‘惟尹躬暨湯，咸有一德，克享天心。’又曰：‘德惟一，動罔不吉。德二三，動罔不凶。’②或以千金與人而人不喜，或以一言使人而人喜之者，[83]誠與不誠故也。稽天之潦，不能終朝，而一綫之溜，可以達石者，一與不一故也。誠而一，古之聖人不能加毫末於此矣，而況公乎！故臣論公之德，至於感人心，動天地，巍巍如此，而蔽之以二言，曰誠，曰一。”

公諱光，字君實，其先河内人，晋安平獻王孚之後，王之裔孫征東大將軍陽始葬今陝州夏縣涑水鄉，子孫因家焉。曾祖諱政，以五代衰亂不仕，贈太子太保。祖諱炫，舉進士，試秘書省校書郎，終於耀州富平縣令，贈太子太傅。考諱池，寶元、慶曆間名臣，終於兵部郎中、天章閣待制，贈太師温國公。曾祖妣薛氏，祖妣皇甫氏，妣聶氏，皆封温國太夫人。

公始以進士甲科事仁宗皇帝，至天章閣待制，知諫院。始發大議，乞立宗子爲後，以安宗廟，宰相韓琦等因其言，遂定大計。事英宗皇帝爲諫議大夫，龍圖閣直學士，論陝西刺義勇爲民患；及内侍任守忠奸蠹，乞斬以謝天下，守忠竟以譴死。又論濮安懿王當准先朝封贈期親尊屬故事，天下韙之。事神宗皇帝，爲翰林學士，御史中丞。西戎部將嵬名山欲以横山之衆降，公極論其不可納，後必爲邊患，已而果然。勸帝不受尊號，遂爲萬世法。及王安石爲相，始行青苗、助役、農田水利，謂之新法，首言其害，以身争之。當時士大夫不附安石，言新法不便者，皆倚公爲重。帝以公爲樞密副使，公以言不行，不受命。乃以爲端明殿學士，出知永興軍，遂以爲留司御史臺及提舉崇福宫，退居於洛十有五年。及上即位，太皇太后攝政，起公爲門下侍郎，遷正議

① 參見《禮記·中庸》。
② 參見《尚書·商書》。

大夫，遂拜左僕射。公首更詔書以開言路，分别邪正，進退其甚者十餘人。旋罷保甲、保馬、市易及諸道新行鹽鐵茶法，最後遂罷助役、青苗。方議取士擇守令監司以義民，期於富而教之，凜凜嚮至治矣。

而公卧病，以元祐元年九月丙辰朔，薨于位，享年六十八。太皇太后聞之慟，上亦感涕不已。時方祀明堂，禮成不賀。二聖皆臨其喪，哭之哀甚，輟視朝。贈太師温國公，襚以三品禮服，[84]謚曰文正。官其親屬十人。公娶張氏，禮部尚書存之女，封清河郡君，先公卒，追封温國夫人。子三人，童、唐皆早亡，康，今爲秘書省校書郎。孫二人，植、亘皆承奉郎。以元祐三年正月辛酉，葬于陝之夏縣涑水南原之晁村。上以御篆表其墓道，曰"忠清粹德之碑"，而其文以命臣軾。

臣蓋嘗爲公行狀，而端明殿學士范鎮取以志其墓矣，故其詳不復再見，而獨論其大概。議者徒見上與太皇太后進公之速，用公之盡，而不知神宗皇帝知公之深也。自士庶人至于卿大夫，相與爲賓師朋友，道足以相信，而權不足以相休戚，然猶同己則親之，異己則疏之，未有聞過而喜，受誨而不怨者也。而況於君臣之間乎？方熙寧中，朝廷政事與公所言無一不相違者，書數十上，皆盡言不諱，蓋自敵己以下所不能堪，而先帝安受之，非持不怨而已，乃欲以爲左右輔弼之臣，至爲叙其所著書，讀之於邇英閣，不深知公，而能如是乎？二聖之知公也，知之於既同。而先帝之知公也，知之於方異。故臣以先帝爲難。昔齊神武皇帝寢疾，告其子世宗曰："侯景專制河南十四年矣，諸將皆莫能敵，惟慕容紹宗可以制之。我故不貴，留以遺汝。"而唐太宗亦謂高宗："汝於李勣無恩，我今責出之，汝當授以僕射。"乃出爲疊州都督。夫齊神武、唐太宗，雖未足以比隆先帝，而紹宗與勣，亦非公之流，然古之人君所以爲其子孫長計遠慮者，類皆如此。寧其身亡受知人之名，而使其子孫專享得賢之利。先帝知公如此，而卒不盡用，安知其意不出於此乎？臣既書其事，乃拜手稽首而作。詩曰：

於皇上帝，子惠我民。孰堪顧天，惟聖與仁。聖子受命，如堯之初。神母詔之，匪亟匪徐。聖神無心，孰左右之。民自擇相，我興授之。其相維何，太師温公。公來自西，一馬二童。萬人環之，如渴赴泉。孰不見公，莫如我先。[85]二聖忘己，惟公是式。公亦無我，惟民是度。民曰樂哉，既相司馬。爾賈于途，我耕于野。士曰時哉，既用君實。我後子先，時不可失。公如麟鳳，不鷙不搏。羽毛畢朝，雄狡率服。爲政一年，疾病半之。功則多矣，百年之思。知公于異，識公于微。匪公之思，神考是懷。天子萬年，四夷來同。薦于清廟，神考之功。

（《蘇軾文集》卷一七《司馬温公神道碑》）

表忠觀碑　蘇軾

熙寧十年十月戊子，資政殿大學士、右諫議太夫、知杭州軍州事臣抃言："故吴越國王錢氏墳廟及其父、祖、妃、夫人、子孫之墳，在錢塘者二十有六，[86]在臨安者十有一，皆蕪廢不治，父老過之，有流涕者。謹按故武肅王鏐，始以鄉兵破走黄巢，名聞江淮。復以八都兵討劉漢宏，并越州，以奉董昌，而自居於杭。及昌以越叛，則誅昌而并越，盡有浙東西之地。傳其子文穆王元瓘。至其孫忠獻王佐，[87]遂破李景兵，取福州。而仁佐之弟忠懿王俶，又大出兵攻景，以迎周世宗之師。其後卒以國入覲。三世四王，與五代相終始。天下大亂，豪傑蜂起，方是時，以數州之地盜名字者，不可勝數。既覆其族，延及於無辜之民，罔有孑遺。而吴越地方千里，帶甲十萬，鑄山煮海，象犀珠玉之富，甲於天下，然終不失臣節，貢獻相望於道。是以其民至於老死不識兵革，四時嬉遊，歌鼓之聲相聞，至于今不廢，其有德於斯民甚厚。皇宋受命，四方僭亂，以次削平。而蜀、江南負其險遠，兵至城下，力屈勢窮，然後束手。而河東劉氏，百戰守死以抗王師，積骸爲城，釃血爲池，竭天下之力，僅乃克之。獨吴越不待告命，封府庫，籍郡縣，請吏于朝。視去其國，如去傳舍，其有功於朝廷甚大。昔竇融以河西歸漢，光武詔右扶風脩理其父祖墳塋，祠以太牢。今錢氏功德，殆過於融，而未及百年，墳廟不治，行道傷嗟，甚非所以勸獎忠臣慰答民心之義也。臣願以龍山廢佛祠曰妙因院者爲觀，使錢氏之孫爲道士曰自然者居之。凡墳廟之在錢塘者以付自然，其在臨安者以付其縣之净土寺僧曰道微，[88]歲各度其徒一人，使世掌之。籍其地之所入，以時脩其祠宇，封殖其草木，有不治者，縣令丞察之，甚者易其人，庶幾永終不墜，以稱朝廷待錢氏之意。臣抃昧死以聞。"制曰"可。"其妙因院改賜名曰"表忠觀"。銘曰：

天目之山，苕水出焉。龍飛鳳舞，萃于臨安。篤生異人，絶類離群。奮挺大呼，從者如雲。仰天誓江，月星晦蒙。[89]强弩射江，[90]江海爲東。殺宏誅昌，奄有吴越。金券玉册，虎符龍節。大城其居，包絡山川。左江右湖，控引島蠻。歲時歸休，以燕父老。曄如神人，玉帶毬馬。四十一年，寅畏小心。厥篚相望，大具南金。五朝昏亂，罔堪托國。三王相承，以待有德。既獲所歸，弗謀弗咨。先王之志，我維行之。[91]天胙忠孝，世有爵邑。允文允武，子孫千億。帝謂守臣，治其祠墳。毋俾樵牧，愧其後昆。龍山之陽，巋焉新宫。匪私于錢，唯以勸忠。非忠無君，非孝無親。凡厥有位，[92]視此刻文。

(《宋文鑑》卷七七《表忠觀碑文》,《文翰類選大成》卷一五三《表忠觀碑》,《蘇軾文集》卷一七《表忠觀碑》)

曲阜孔子廟碑　閻復

聖上嗣服之初，祗述祖考之成訓，興學養士，嚴祀先聖，自曲阜始。制詔若曰："孔子之道垂憲萬世，有國家者所當崇奉。"中外聞之，咸曰："大哉王言，拭目太平文明之治。"粤明年，元貞改元，先聖五十三代孫密州尹治入朝，璽書錫命中議大夫，襲封衍聖公，月俸百千，秩視四品。孔氏世爵弗傳者久，至是乃復申命有司，制考辟雍，作廟於京師。由是四方嚮風，崇建廟學，惟恐居後。闕里祠宇，燬於金季之亂。閣號奎文，若大、中門闥存者無幾。右轄嚴公忠濟保魯，嘗假清臺頒歷錢，佐營繕之費。歲戊申，①始復鄆國後寢，以寓先聖顔、孟十

① 戊申：蒙古定宗孛兒只斤貴由三年(1248)。

哲像。至元丁卯，[1]衍聖公治尹曲阜，主祀事，將圖起廢，奎文、杏壇，齋廳、爨舍，即其舊而新之，禮殿則未遑也。

國初，封建宗室，畫濟、兗、單三州爲魯國。大長公主駙馬濟寧王分地置濟寧總管府，屬縣十六，曲阜其一也。濟寧守臣按檀不華，恭承詔旨，會府尹僚佐鄉長者謀曰："方今聖天子守成尚文，此鄉風化之源，禮義之所從出。爲守臣者，敢不對敭休命，以廟役爲任。"首出帛幣萬緡，衆翕然助之。傭工顧力，市木於河，輦石於山，掄材於野，宗棟櫨桶楹礎之屬悉具。又得泗水渠堰積石數百，石堊稱是，露階鉛砌，咸足用焉。郡政之暇，躬爲督視。甄陶鍛冶，丹臒髹漆，以至工師廩積，各有司存。經始於大德二年之春，屬歲侵中止，蕆事於五年之秋，不期月而告成。殿矗重簷，亢以層基，繚以修廊。大成有門，七十二賢有廡，泗沂二公有位。黼座既遷，更塑鄆國像於後寢。締搆堅貞，規模壯麗。大小以楹計者，百二十有六。貲用以緡計者，十萬有畸。落成之旦，遠近助祭者，衣冠輻凑，衆庶瞻顒，千祼祖庭，頓還舊觀。於是衍聖公治遣其子曲阜令思誠奉表以聞，且以廟碑爲請。會選胄子入學，擢思誠國子監丞。持敕中書，賜田五千畝以供粢盛，復户二十八以應灑掃。仍下翰林，書其事於石。臣復承命踧踖，既述興造始末。

竊惟聖人之道，與天地並；聖人之祀，與天地無極。堯、舜、湯、文之君不作，而道在洙泗，立言垂教，推明堯、舜、湯、文致治之由，模範百王，仁及天下。後世願治之主，莫不宗之。廟貌相望，達乎四海。聖人之道，固無係於祀禮之隆殺。夫尊其道而崇其祀，蓋治古之恒規，王政之所先也。洪惟聖元，神武造邦，天兵傳汴，戎事方殷，不忘存敬先聖之祀，詔求五十一代孫衍聖公元措歸魯裒集奉常禮樂於兵燼之餘。燕翼之謀，肇於此矣。世祖聖德神功文武皇帝仁霑義洽，九域混同，文物焕然可觀。内立國學，外置郡邑學宫，而於先聖之後，尤

---

① 至元丁卯：元世祖至元四年(1267)。

所注意。遴選師儒，訓迪作成。需賢以嗣封爵，兹志未究，皇上纘而成之。故自紹膺景命，以敦化勵俗爲先務。至於博施濟衆，敷文來遠，哀矜庶獄，惠鮮鰥寡，由天縱之聖，見於設施，皆堯、舜、湯、文之舉揆。諸聖經之言，若合符契，用能張皇教本，光昭先業，以致魯國臣民，思樂泮水，如附靈臺，子來之衆，至矣哉。觀文化下，必世後仁之效，豈特震曜一時，實宗社無疆之福也。銘曰：

道之大原，實出於天。天何言哉，乃以聖傳。傳道維何，唐虞三代。儀範百王，萬世永賴。聖人之功，與天比隆。聖人之祀，垂之無窮。皇元肇基，撥亂右武。天兵趍汴，周禮在魯。烝哉世皇，載整乾綱。始定終綏，遂臣萬方。肅肅魯庭，嗣封有典。德音孔昭，聖謨丕顯。王者之作，必世後仁。繼序不忘，成於孝孫。適觀厥成，是訓是則。思樂泮水，作廟翼翼。如矢斯棘，如翬斯飛。籩豆静嘉，陟降有儀。祀事孔嚴，世爵以延。汛掃有户，粢盛有田。聖政聿新，希蹤治古。僉曰皇明，登三咸五。泰山巖巖，聖祀綿綿。與國無疆，於斯萬年。

（《元文類》卷一九《曲阜孔子廟碑》，《文翰類選大成》卷一五三《曲阜孔子廟碑》）

平雲南碑　程鉅夫

國家繼天立極，日月所照，罔有内外。雲南，秦漢郡縣也，負險弗庭。憲廟踐作之二年，[93]歲在壬子，①我世祖聖德神功文武皇帝以介弟親王之重，授鉞傳征。[94]秋九月出師，冬十二月濟河。明年春，歷鹽、夏。夏四月，出蕭關，駐六盤。八月，絶洮，踰吐蕃，分軍爲三道。禁殺、掠、焚廬舍，先遣使大理招之，道阻而還。十月，過大渡河。上率勁騎，由中道先進。十一月，渡瀘，所過望風款附。再使招之，至其國遇害。十二月，傳其都城。城倚點蒼山、西洱河爲固。國主段興智

① 壬子：蒙古憲宗二年（1252）。

及其柄臣高泰祥背城出戰，大敗。又使招之，三返，弗聽，下令攻之。東、西道兵亦至，乃登點蒼，臨視城中。城中宵潰，興智奔善闡。追及泰祥於姚州，俘，斬以徇。分兵略地，所向皆下，惟善闡未附。

明年春，留大將兀良合觧經略之，上振旅而還。未幾，拔善闡，得興智以獻，釋不殺。進軍，平烏蠻部落三十七。攻交趾，破其都。收特磨溪洞三十六。金齒、白衣、羅鬼、緬中諸蠻相繼納款，雲南平，列爲郡縣，凡總府三十七、散府八、州六十、縣五十、甸部寨六十一，見户百二十八萬七千七百五十三，分隸諸道，立行中書省於中慶以統之。大德八年，平章政事也速答兒建言，所領雲南地居徼外，歷世所不能臣。先皇帝天戈一麾，無思不服。今其民衣被皇明，同於方夏，幼長少老，怡怡熙熙，皆自忘其往陋。非神武不殺之恩，不及此。惟點蒼之山嘗駐蹕焉，若紀聖功，刻石其上，使臣民永永瞻仰，於事爲宜。中書以聞，制曰："可。"以命詞臣。

臣文海再拜稽首而言曰："世祖皇帝之德大矣，辟如天地之無不持載，無不覆燾，而生生之意恒寓於雪霜風雨、寒暑變化之中。物之蒙之者薰然而温，灑然而濯，翕然而同，靡然而順，有不自知其然而然者。故其功烈之崇，基業之廣，貫三靈而軼千古。夫以大理之昏迷，旅拒虐我使人。若奮其武怒，俾無遺育可也，而招徠綏緝，終釋其主弗誅。嗚呼！微天地之德，孰能與於此乎！今陛下建中和之政，凡以繩祖武，厚民生，無所不用其極。中外欽承，無遠弗届。是以藩方大臣於錢穀甲兵之外，惓惓以光昭令德爲請，其知爲政之本也已。漢世宗從事西南夷，天下爲之騷動。蜀民咨怨，喻之諄。[95]鑿池莅習，再駕而後取之。其視今也孰愈？穆王周行寓縣，必皆有車轍馬迹焉，初非疆理天下也，而世猶誦之至今。其視跋履山川，灑濯其民而納於禮義之域孰愈？彼碧鷄金馬與夫點蒼，皆其山之望者也。漢使祭之，唐季盟之，夫各有所畏焉耳。今也，鐫未始磨之崖，紀無能名之績，桓桓煒煒，與世無極，豈惟足以震百蠻，榮千古，其餘光所被，山川鬼神與嘉賴之。嗚呼，盛哉矣。臣事先皇帝，早受眷知，今復待罪禁林，發揚蹈厲，職也。不敢以荒落辭，謹再拜稽首，而系之詩曰：

於皇維元，載地統天。大噫小嘘，曰寒以暄。粤西南陬，水駛山峭。風霆流形，氣交神州。跂息蠕蠕，勾萌鮮鮮。谷飲巢居，燕及跕鳶。繄誰之恩，聖祖神孫。武烈文謨，湔祓生存。既有典常，被之服章。我吏我民，我工我商。萬國一家，孰爲要荒。黠蒼蒼蒼，爲迹堯墻。井鉞參旗，終夜有光。威不違顔，作善降祥。嗟爾耄倪，視此勿忘。

（《元文類》卷二三《平雲南碑》，《文翰類選大成》卷一五三《平雲南碑》，《程鉅夫集》卷五《平雲南碑》）

帝禹廟碑　鄧文原

至大辛亥，①紹興路重修帝禹廟成工，江浙行中書省平章政事臣某等遣使驛聞，[96]請紀其事，鑱諸檠石，而以命臣文原。制曰："可。"顧臣膚陋，嘗待罪詞林，今又職司儒校，敢不對揚丕顯，式昭毖祀，垂憲來今。

謹按史載，帝即位，會諸侯江南，計功而崩，因葬焉。其事與記禮言虞帝南巡葬蒼梧者，皆語相傳以久。至於封泰山、禪會稽，則尤爲後世侈功好大者之論，而非聖人崇德務本意也。嘗以五服計其道里遐邇，則會稽實在要荒之外。先王省方肆覲，政教是敷，非若御八駿、樂觀游，除道周衛，而勤民於遠。然帝自肇功疏鑿，告成錫圭，躬膺歷數，年逾百歲矣，猶不肯一日自暇逸，以居於萬民之上，則夫子所謂有天下而不與者，豈非萬世之大訓哉。厥初巨浸稽天，民用昏墊，孰任已溺懋于奮庸？天啓聖仁，聲律身度，勩躬胝胼，[97]以宣地利，以奠民極，功施無窮。考禮報本，匪越人所私，爰自少康之庶子無餘，始封而命祀。蓋少康距帝僅五世，嬰時投艱，復修墜緒。一成一旅，祀夏配天，不失舊物。繄帝之德，足以繫屬天下，而庶子無餘，亦克胙于東

① 辛亥：元武宗至大四年（1311）。

土。世席休光，以及周之末季。凡越之人，群居畊鑿，服習聲教，遡原而上，曷可食息忘也？矧睹其因山之制，而遺衣服藏焉。歷世推崇，或著禎祥，神兹顧享。皇元受命，義周仁洽，綏定幅員，稽諸版圖貢輸，則在昔九州區域，止及海内，職方之大，軼古無倫。追惟有夏，治格幽明，山川鬼神，壹是寧謐。列聖繼承，用弘兹道。誕降璽書，凡在祀典者，命有司肅修時祭。棟宇傾圮，官爲繕完。若江浙所理，聖王之祀，宜莫先會稽焉。戊申歲，[①]土薦饑，疾癘仍臻，民多流殍。臣某以季冬來領郡事，慨然曰："古者二千石，期以共理，當爲民省憂。吾其敢怠忽！"明年春，白于宰臣，凡荒政若干事。既得請，還謁祠下，周視梁橑，風雨欹壓，黻冕弗治，丹雘漫漶。

先是，宋政和間，即廟爲觀，邇年更爲寺。歲侵視蔭，百廢莫興。乃首議復廟田之私質于民者，以贍衆鳩工，充具傭役。惟時鉏荒斧堅，民士競勸。甓石以楹，陶甓以甃。庭觀嚴敞，殿廡翼衛，若帝臨止，川谷賁輝。以帥府命，給中統楮幣二百七十一定有奇。是役之興，庶幾乎知成民而後致力於神者矣。竊惟帝之平水土也，九賦既均，又曰六府三事，以示天下萬世治道之本。獨《洪範》九疇，未嘗爲虞帝敷陳其説。後千有餘年，箕子始以爲武王告。使箕子蒙難而不獲信其志，又無武王者興，則九疇將遂堙而無傳乎？自夏歷商，孰傳之而至箕子？其事遠，莫可考。世知帝功與天地並，而《洪範》九疇，鮮有能研精理奥、究諸力行者。使其書徒以言語傳，漢儒旁摭庶徵，推致五行，其言非不較著明甚，而先王綜理天人之要，亦已微矣。八卦九疇，道相經緯，天所以畀聖人者，豈偶然哉？聖上纘承大寶，丕建皇極，中外大臣，務肩忠藎，謨協贊襄，蓋將挈斯世而躋之三五之盛。神人具孚，歲則順成，慶浹華裔，惟帝妥靈兹土，嘉飫德馨，亦永永億萬年無斁。臣謹稽首再拜而詩之。其詩曰：

淛河之東，有山鬱蒼。鎮於南土，夷視崇岡。昔帝會同，圭璧斯

① 戊申：元武宗至大元年（1308）。

皇。翩其飈馭，若帝陟方。若彼橋山，弓劍是藏。維是横流，潰潰懷襄。燥川静谷，成賦定疆。帝躬菲惡，俾民樂康。鑄鼎象列，謨訓範防。功加九有，道尊百王。世嚴秩祀，登薦肅將。牧臣有惕，顧視榛荒。乃堂乃構，邃宇周墻。吉蠲未享，[98]雲旆龍章。緊帝贊育，時厥雨暘。物消疵癘，歲咏茨梁。永祐皇圖，儲慶發祥。即山勒銘，德遠彌光。

（《元文類》卷二〇《帝禹廟碑》，《文翰類選大成》卷一五三《帝禹廟碑》，《鄧文原集·文集補遺·巴西文集鮑廷博補遺一·帝禹廟碑》）

長春宫碑　姚燧

元貞之始年秋九月七日，皇帝御香殿守司徒臣阿剌渾撒里、集賢大學士臣孛蘭兮奏，輔元履道玄逸真人臣張志僊言，臣之曾師長春子丘處機爲全真，學於寧海之崑崙山。[99]太祖聖武皇帝當剿金之十年，[100]方事西域，聞其有道，自奈蠻俾近臣劉仲禄持詔求之。又急其見，而遲其來，繼伻以迓之，抽兵以衛之，與語雪山之陽。[101]帝之所問，師之所對，如敬天愛民以治國，慈儉清静以修身，帝大然之，曰："天遣僊翁以寤朕。"命左右書其言。[102]又以訓諸皇子者。世祖聖德神功文武皇帝已敕故臣徐世隆，[103]載諸靈應之碑。惟是太祖格天之年丁亥夏五月，①詔因其號，易所居太極爲大長春宫者，由未有碑，至是六十九年，人已無有知受名所自，不及今焉陛下昭代曉之詞臣，俾刻金石，則益不白於將來也。敢昧死請。制曰"可"。十月十日事下翰林，臣燧實以其日直筆，故得兢惕以奉明詔。

臣聞老子曰："取天下者，常以無事。"②用是究觀歷古受命之君，規規務取止乎禹迹之舊，其所後服，固非兵不能讋，[104]故萃衆智驅群

---

① 丁亥：元太祖二十二年（1227）。

② 參見《老子》第四八章。

雄，謀而鬬之，櫛沐風雨，露處暴衣，審彼已以效成敗，或累歲踰紀，耘鋤未平，可謂紛紛，事至殷也。矧我太祖天戈所直，無敢俵刃，視徹四海之土疆，墟萬國之社祧。與臣妾億兆蒼然以生之黔首，不啻疾風之振枯槁。非囿夫祝桌蒙汜，燭龍不照，而馬足所及，其勢猶不是止焉。庸以較夫聲教不出禹迹者，僅如耳之在面，有不能居其十一，可曰自有生民以來所無。惟所有遠，故後服益多，惟爲猷大，故久焉而成功，其事之殷有百十於古先者。于是之時，乃皇旁求方外之士，[105]從容暇豫，猶功成治定，束干戈無所於試之世，不知爲垂統之艱苦，不待長春之告顧，於老子取天下者，嘗以無事之言，已陰契其説，而冥會其機。

嗚呼，聖哉！然考仲禄之行，其年己卯，①長春承命，絶宋、金使幣，從其徒十八人者以行。明年馳表謝之，猶宿留山北。辛巳，②會趣使再至，始發軔撫州，經數十國，爲地萬有餘里，蹀血於戰場，避寇乎叛城，絶糧於莽闃之沙漠，自崑崙四年而至雪山。馬上舉策試之，未及積雪之半，觸寒溧裹皸瘃，寧其身之不恤，以憂軫斯世，計是勞勩，有不在開國諸勛之下。故帝錫之虎符，副以璽書，不斥其名，惟曰“神仙”。凡爲是學，復其田租，蠲其征商。癸未，③至燕，年七十六矣。而河之北南已殘，首鼠未平，而鼎魚方急，乃大闢玄門，遣人招求俘殺於戰伐之際，或一戴黄冠而持其署牒，奴者必民，死賴以生者，無慮二三鉅萬人。其推厚德植深仁，致吾君於羲軒者，歷古外臣，當受命之初，能爲是乎。匹夫一言，鄉人信之，赴訟其門，聽直其家。爲有司者，猶罪以豪傑，以武自斷，而涣其群。以二三鉅萬之人散處九州，統馭其手，帝不疑之，斯必有以，豈屈子所謂名不可以虚作者耶。有遇其時，未必見隆于後。世祖嘗語其嗣道者曰：[106]“乃丘祖仙翁朕及識之，加贈長春演道主教真人。”二祖之見而知者，然已陛下以聞而知，顧爲碑

---

① 己卯：元世祖至元十六年(1279)。

② 辛巳：元世祖至元十八年(1281)。

③ 癸未：元世祖至元二十年(1283)。

以表所由,則長春之名藉三聖以久垂者,毋惑也。

臣又思之,宫之與碑,宜一其時。太、定、憲三宗日不暇給,嗣教真人尹志平、李志常不請則宜,以世祖之聖,在位之久,其培樹擁衛斯學之力,而張志敬、王志坦、祁志誠不一言焉及仙。今請而輒報可,豈天固存列聖未究,以待陛下爲終之耶。矧即位踰月,爲壇壽寧宫,凡日月列星、風雨雷電、百神之親上,山川社稷、林藪走飛諸祇之親下,莫不奏假赤章,以禋致之。十一月與改元端月財九閲月,實三爲壇。其後壇之延春閣,天步一再親以戾止,其爲國與民介祉導和,受釐請命者,文亦極矣。又虞自火經以還,禁爲醮祠,今雖開之京師,而外未白也。

乃下詔萬方,其旨若曰:先皇嘗令江之北南,道流儒宿衆擇之,凡金籙科範不涉釋言者,在所聽爲。若然,先皇之開醮祠者,有成命也,爲犯法臣所不愛,竟柅而止。自今其惟以先皇成命從事。是世祖獨未究者,陛下又終之也。嗚呼,事之開也有门,而來也有途,其就也有時,而成也有候。方是詔下,四海之人感激奮言,始吾以爲經厄之餘,丘氏之學熄矣,陛下嘘而然之,俾屯者以亨,塞者以通,梗其道者除之,力取其業者還之,叢是數美于僊之身,又冠之寶冠,薦之玉珪,被之錦服,皆前嗣教者所亡。嗚呼,仙之求以報盛德,圖以醻至恩,其子若孫與雲仍其來亡極者,爲陛下祈永永萬年,當如何也。臣燧敢拜手稽首,而詩之曰:

於赫我祖,帝縱其武。俾肅將之,劃平下土。既奠南邦,西陲未疆。乃鼓乃桴,龍旗載揚。何水不亂,亡山不越。萬國弱草,剛風斯拔。踰十暑寒,振凱未曰。六龍之騁,確確其艱。孰明帝心,休其益閑。繼夕以朝,黄昊尚友。方詔外臣,道德資取。昆崙載牽,于于其來。及之雪山,年已徂摧。瀝厥腎膓,爲告悃悃。莫匪至言,身國之本。維帝孚之,曰天覺予。飭無怠忘,子訓史書。虎符寵綏,璽書誕告。凡爲爾學,其復亡撓。又曰長春。而所宿號。即名而宫,歸主其教。假以澤物,宏帝之仁。于死于俘,必拯以全。旋還其真,子孫衆有。一絶一繼,維世其守。[107]有惑其道,而否臧之。人曰不然,太祖皇之。矧我世祖,封植益力。曰爾長春,朕幼及識。太祖皇之,維朕將之。增謚四言,焕其唐之。有嚴今皇,乃聖乃哲。身先孝治,祖塗孫轍。爰詔下臣,伐石劚穹。臣拜稽首,二祖之功。豈人不忘,維帝欽崇。驅馬飛廉,屬車豐隆。或從上帝,陟降斯宫。靡祥不臻,奚祉弗届。於皇我元,萬禩攸賴。

(《元文類》卷二二《長春宫碑銘》,《牧庵集》卷一一《長春宫碑》)

上都華嚴寺碑　袁桷

太祖皇帝肇定區夏,視居庸以北爲内地,户族散處,皆安其簡易。在憲宗皇帝時,將有事西南,底慎舊章,建置靡遑。時則世祖皇帝治軍和林,相厥地利,曰:維灤陽展親會朝,兹爲道里得中。稽衆契龜,僉告允吉。因地而名之曰開平焉。

歲在庚申,①世祖承大歷服,建國改元,削僭靖亂。宗王殊邦,奉貢效牽,咸會同於開平。繇是定爲上都,大興爲大都。兩京之制,協於古昔矣。省方有常,庶職攸叙。商旅子來,置而勿征。首建學廟,乾艮二隅,立二佛寺,曰乾元,曰龍光華嚴。復立老子宫於東西。相須以成,化俗儆蒙,繄二教是先,具訓淵遠,將垂憲永,以爲民則。

仁宗皇帝在東宫,如華嚴,惕然永思。粤惟皇祖,置慮弘廓,建都功業,弗克崇闡紹開,是我子孫不大彰顯。爰命守臣相畫撤而廣之。踰十年將成,仁宗陟方。今上皇帝北巡狩,回上都,首幸華嚴,若曰:"列聖在天,神化合一,朕罔敢有替。述修聖明,將於是有在。廣植冥福,神御周流,宜得以届止。"其以先帝所構殿鎮于後。維五方佛像,在世祖時素有感異,復廣大殿以居之。梵相東西,挾翼以從。凡尊事棲息,悉如其教以備。又别賜吴田百頃,安食其衆。至治二年夏六月丁卯,丞相入宿衛,上都留守司同知臣某傳旨,[108]命"翰林宜爲碑,紀

---

① 庚申:元世祖中統元年(1260)。

其成績，俾萬姓蒙祉，庶得以昭朕奉思。"

臣桷竊以爲，天地生物，無心以成。維聖人有憂，則曰："物有不齊，皇極是訓。"西方聖人則曰："本性至善，遷以隨欲。欲由妄生，性日益昏。"故爲物爲變，至於摩盪轇轕，生死靡分。於是有懺解之説焉，有追崇之説焉，彼生得以斷，死得以離，則本性湛空，無有垢累，道奚病矣？華嚴設辭，以富貴爲喻，終之以返真復初，俾世之所景慕。由境以入，因境而悟，入於無相。其於喻也，深有旨矣。世祖命名，亦將以警夫迷俗，愍濟群動，與前聖相合者，實在是。聖聖繼承，靡有銖異。

臣桷屢從屬車，聞首主是山者曰至温師，以妙密縝緻爲本行。傳宗洞山，與太保劉文貞公秉忠爲方外交，磊落有大計，因得見世祖於潛邸。陳對明朗，遂大器之。六傳曰惟壽，今授司徒，際遇隆赫，於法祖有光。壽能文辭，守其道專固，則永以傳。謹再拜稽首，爲之銘曰：

於赫世祖，武緯文經。廣莫相攸，堅墉斯城。鑒觀群生，厥性有恒。驕騖忿鬬，失常是行。沉昵昏惑，執妄是成。維政與德，具訓以儆。善本性初，爲明爲静。猗與覺皇，功始戒定。或喻以空，或設以境。空解境悟，真慧永證。巍煌華嚴，窮珍極瑰。龍伏藻井，雲凝瑶臺。積香浮浮，側瓴枚枚。耄穉畢觀，心掉膽摧。相既永離，虚空如埃。世祖稽古，是則是效。暨于仁皇，益闡乘教。維皇御極，承志廣孝。曰列聖在天，鴻績靡報。顧瞻咨嗟，展飾殊妙。錫福兆民，列聖之心。拯彼大迷，覺皇具陳。謨烈顯承，如歲之春。物無癘疵，膏熙沐淳。億萬卜年，刻銘堅珉。

（《元文類》卷二二《上都華嚴寺碑》，《袁桷集校注》卷二五《華嚴寺碑》）

【校勘記】

［1］辟：原作"群"，據《文選》卷五八、《文翰類選大成》卷一五二改。

[2] 峙：原作“時”，據《文選》卷五八、《文翰類選大成》卷一五二改。
[3] 置：原作“賞”，據《文選》卷五八、《文翰類選大成》卷一五二改。
[4] 棲：《文章類選》同《文翰類選大成》卷一五二，《文選》卷五八作“栖”。
[5] 言：《文選》卷五八、《文翰類選大成》卷一五二均作“年”。
[6] 夤：《文章類選》同《文翰類選大成》卷一五二，《文選》卷五八作“寅”。
[7] 恫：《文章類選》同《文翰類選大成》卷一五二，《文選》卷五八作“恇”。
[8] 伕：《文苑英華》卷九一一作“袄”。
[9] 鶉：《文苑英華》卷九一一作“敦”。
[10] 剖：《文苑英華》卷九一一作“部”。
[11] 正議：《文苑英華》卷九一一作“議正”。
[12] 何異乎九色呈瑞：《文苑英華》卷九一一作“何意乎九苞呈瑞”。
[13] 怨：《文苑英華》卷九一一作“怒”。
[14] 王：《文苑英華》卷九一一作“主”。
[15] 人：原作“大”，據《文苑英華》卷九一一改。
[16] 導彼前茅：《文苑英華》卷九一一作“遵彼前矛”。
[17] 曰：《文苑英華》卷九一一作“由”。
[18] 越：《文苑英華》卷九一一作“鉞”。
[19] 帟：《文苑英華》卷九一一作“幕”。
[20] 扉：《文苑英華》卷九一一作“飛”。
[21] 成：《文苑英華》卷九一一作“咸”。
[22] 韞：《文苑英華》卷九一一作“韜”。
[23] 條：《文苑英華》卷九一一作“朝”。
[24] 亟：《文苑英華》卷九一一作“函”。
[25] 摧：《文苑英華》卷九一一作“推”。
[26] 遺：《文苑英華》卷九一一作“道”。
[27] 邵：原作“劭”，據《文苑英華》卷九一一改。
[28] 柳：《文苑英華》卷九一一作“抑”。
[29] 邵：《文苑英華》卷八四五作“召”。
[30] 大業不可以終喪彝倫不可以遂絶：此十四字原脱，據《文苑英華》卷八四五補。
[31] 人：《文苑英華》卷八四五作“仁”。
[32] 下：《文苑英華》卷八四五作“不”。
[33] 銀：《文苑英華》卷八四五作“録”。
[34] 郊：《文苑英華》卷八四五作“都”。
[35] 首：《文苑英華》卷八四五作“音”。
[36] 二千五百：《文章類選》同《文苑英華》卷八四五，《王子安集》卷一五作“一千五百策”。

[37] 曾:《文苑英華》卷八四五作“橧”。

[38] 音:《文苑英華》卷八四五作“旨”。

[39] 升堂入室:《文苑英華》卷八四五作“外堂内室”。

[40] 亡:《文苑英華》卷八四五作“士”。

[41] 妃:原作“如”,據《全唐文》卷五六一、《韓愈文集彙校箋注》卷一八改。

[42] 全付予:《文章類選》同《文翰類選大成》卷一五二,《文苑英華》卷八七二作“付予令”。

[43] 奔走率職:《文章類選》同《文翰類選大成》卷一五二,《文苑英華》卷八七二作“走職”。

[44] 舞:《文章類選》同《文翰類選大成》卷一五二,《文苑英華》卷八七二作“武”。

[45] 郤:《文章類選》同《文翰類選大成》卷一五二,《文苑英華》卷八七二作“邵”。

[46] 浙西:《文章類選》同《文翰類選大成》卷一五二,《文苑英華》卷八七二作“淮西”。

[47] 卒:《文章類選》同《文翰類選大成》卷一五二,《文苑英華》卷八七二作“率”。

[48] 比:《文章類選》同《文翰類選大成》卷一五二,《文苑英華》卷八七二作“皆”。

[49] 左:《文苑英華》卷八七二、《文翰類選大成》卷一五二均作“右”。

[50] 神:《文章類選》同《文翰類選大成》卷一五二,《文苑英華》卷八七二作“臣”。

[51] 参一:《文苑英華》卷八七二、《文翰類選大成》卷一五二均作“蔡卒”。

[52] 旴:《文章類選》同《文翰類選大成》卷一五二,《文苑英華》卷八七二作“眠”。

[53] 而父而兄:《文章類選》同《文翰類選大成》卷一五二,《文苑英華》卷八七二作“及汝父兄”。

[54] 閭:《文章類選》同《唐文粹》卷五二,《文苑英華》卷八七六作“里”。

[55] 指:《唐文粹》卷五二作“教”。

[56] 若:《唐文粹》卷五二作“君”。

[57] 言:《文苑英華》卷八七六、《唐文粹》卷五二均作“書”。

[58] 神:《文章類選》同《唐文粹》卷五二、《文翰類選大成》卷一五二,《文苑英華》卷八七九作“秩”。

[59] 解:《文章類選》同《唐文粹》卷五〇,《文苑英華》卷八七九、《文翰類選大成》卷一五二作“辭”。

[60] 十二年:《文章類選》同《唐文粹》卷五〇、《文翰類選大成》卷一五七,《文苑英華》卷八七九作“十三年”。

[61] 樂易:《文章類選》同《唐文粹》卷五〇、《文翰類選大成》卷一五七,《文苑英華》卷八七九作“秉直”。

[62] 單:《唐文粹》卷五〇作“殫”。

[63] 謌:《文章類選》同《唐文粹》卷五〇,《文苑英華》卷八七九作“詞”,《文翰類選大成》卷一五二作“誦”。

[64] 具:《文章類選》同《唐文粹》卷五〇、《文翰類選大成》卷一五二,《文苑英華》卷八七九“且”。

［65］胥：《文章類選》同《唐文粹》卷五〇、《文翰類選大成》卷一五二，《文苑英華》卷八七九作“豐”。

［66］固：《文章類選》同《唐文粹》卷五〇、《文翰類選大成》卷一五二，《文苑英華》卷八七九作“因”。

［67］廿有四萬：《文章類選》同《唐文粹》卷五〇，《文苑英華》卷八七九作“十有八萬”，《文翰類選大成》卷一五二作“十有四萬”。

［68］三萬二千：《文章類選》同《文翰類選大成》卷一五二、《唐文粹》卷五〇，《文苑英華》卷八七九作“三萬八千”。

［69］金：《文章類選》同《文翰類選大成》卷一五二、《唐文粹》卷五〇，《文苑英華》卷八七九作“重”。

［70］西南：《唐文粹》卷五〇作“四面”。

［71］題：此字原脱，據《唐文粹》卷五〇補。

［72］及：《唐文粹》卷五〇作“返”。

［73］水：《唐文粹》卷五〇作“君”。

［74］傳謂：《唐文粹》卷五〇作“孔安國謂”。

［75］今：《唐文粹》卷五〇作“余”。

［76］桷：《唐文粹》卷五〇作“墉”。

［77］位：《文章類選》同《文翰類選大成》卷一五二，《文苑英華》卷八四六作“座”。

［78］事：《文章類選》同《文翰類選大成》卷一五二，《文苑英華》卷八四六作“士”。

［79］王：原作“上”，據《文翰類選大成》卷一五三改。

［80］决：《文翰類選大成》卷一五三作“抉”。

［81］遼人：此二字原脱，據《蘇軾文集》卷一七補。

［82］遼：此字原脱，據《蘇軾文集》卷一七補。

［83］喜：《蘇軾文集》卷一七作“死”。

［84］三：《蘇軾文集》卷一七作“一”。

［85］莫：原作“矣”，據《蘇軾文集》卷一七改。

［86］二：《文章類選》同《文翰類選大成》卷一五三，《宋文鑑》卷七七作“一”。

［87］王佐：《宋文鑑》卷七七、《文翰類選大成》卷一五三均作“王仁佐”。

［88］微：《文章類選》同《文翰類選大成》卷一五三，《宋文鑑》卷七七作“防”。

［89］蒙：《文章類選》同《文翰類選大成》卷一五三，《宋文鑑》卷七七作“防”。

［90］江：《宋文鑑》卷七七、《文翰類選大成》卷一五三、《蘇軾文集》卷一七均作“潮”。

［91］維：《文章類選》同《文翰類選大成》卷一五三，《宋文鑑》卷七七作“繼”。

［92］厥：《宋文鑑》卷七七、《文翰類選大成》卷一五三均作“百”。

［93］作：《文翰類選大成》卷一五三作“祚”，《元文類》卷二三作“阼”。

［94］傳：《元文類》卷二三、《文翰類選大成》卷一五三均作“專”。

[95] 諄：《元文類》卷二三、《文翰類選大成》卷一五三均作“諄諄”。

[96] 江：此字原脱，據《元文類》卷二〇、《文翰類選大成》卷一五三補。

[97] 胼：《元文類》卷二〇、《文翰類選大成》卷一五三均作“胈”。

[98] 未：《元文類》卷二〇、《文翰類選大成》卷一五三均作“來”。

[99] 山：原作“曰”，據《元文類》卷二二改。

[100] 聖武：此二字原脱，據《元文類》卷二二補。

[101] 雪山：《文章類選》同《元文類》卷二二，《牧庵集》卷一一作“雷山”。

[102] 右：《元文類》卷二二作“史”。

[103] 聖德神功文武：此六字原脱，據《元文類》卷二二補。

[104] 固：原作“有”，據《元文類》卷二二改。

[105] 皇：《元文類》卷二二作“遑”。

[106] 嘗：原作“常”，據《元文類》卷二二改。

[107] 維：《元文類》卷二二作“孰”。

[108] 同知：此二字原脱，據《袁桷集校注》卷二五補。

文章類選卷之三十

行狀類

竟陵文宣王行狀　　任彦升

祖太祖高皇帝、父世祖武皇帝南徐州南蘭陵郡縣都鄉中都里蕭公年三十五行狀。①

公道亞生知，照隣幾庶。孝始人倫，忠爲令德，公實體之，非毁譽所至。天才博贍，學綜該明。至若曲臺之《禮》，九師之《易》，《樂》分龍、趙，《詩》析先歷。齊、韓。陳農所未究，河間所未輯，有一於此，罔不兼綜者歟。昔沛獻訪對於雲臺，東平齊聲於楊史，淮南取貴於食時，陳思見稱於七步，方斯蔑如也。

初，沈攸之跋扈上流，稱亂陝服。宋鎮西晋熙王、南中郎邵陵王，並鎮盆口。世祖毗贊兩藩，而任總西伐。公時從在軍，鎮西府版寧朔將軍、軍主、南中郎版補行參軍，署法曹。于時景燭雲火，風馳羽檄。謀出股肱，任切書記。遷左軍邵陵王主簿、記室參軍，既允焚林之求，實兼儀形之寄。刀筆不足宣功，風體所以弘益。除邵陵王友，又爲安南邵陵王長史。東夏形勝，關河重復，選衆而舉，孰説斯在。除使持節，都督會稽、東河、[1]臨海、永嘉、新安五郡諸軍事，輔國將軍、會稽太守。

太祖受命，廣樹藩屏，公以高昭武穆，惟戚惟賢，封聞喜縣開國公，食邑千户。又以奏課連最進，號冠軍將軍。越人之巫，睹正風而

---

① 《文翰類選大成》卷一五四無本文首段。

化俗；篁竹之酋，感義讓而失險。邪叟忘其西昊，龍丘狹其東皋。會武穆皇后崩，公星言奔波，泣血千里，水漿不入於口者，至自禹穴。逮衣裳外除，心哀内疚，禮屈於厭鴨降，事迫於權奪。而茹戚肌膚，沈痛瘡距。故知鐘鼓非樂云之本，纕麤非隆殺所戒。之要。改授征虜將軍、丹陽尹。良家入徙，戚里内屬。政非一軌，俗備五方。公内樹寬明，外施簡惠，神皋載穆，轂下以清。

武帝嗣位，進封竟陵郡王，食邑如千户。[2]復授使持節、都督南徐兖二州諸軍事、鎮北將軍、南徐州刺史。遷使持節侍中、都督南兖、徐、北兖、青、冀五州諸軍事、征北將軍、南兖州刺史。兖徐接壤，素漸河潤，未及下車，仁聲先洽，玉關靖柝，北門寢扃。朝旨以董司岳牧，敷興邦教，方任雖重，比此爲輕。徵護軍將軍，兼司徒、侍中如故；又授車騎將軍，兼司徒、侍中如故；即授司徒，侍中又如故。上穆三能，下敷五典。闢玄闈以闡化，寢鳴鐘以體國。翼亮孝治，緝熙中教，奪金耻訟，蹊田自嘿。不雕其樸，用晦其明。聲化之有倫，繄公是賴。庠序肇興，儀形國胄。師氏之選，允歸人範。以本官領國子祭酒，固辭不拜。八座初啓，以公補尚書令，式是敷奏，百揆時序。

夫國家之道，互爲公私，君親之義，遞爲隱犯。公二極一致，愛敬同歸，亮誠盡規，謀猷弘遠矣。又授使持節都督揚州諸軍事、[3]揚州刺史，本官悉如故。舊惟淮海，今則神牧，編户殷阜，萌俗滋繁，不言之化，若門到户説矣。頃之，解尚書令，改授中書監，餘悉如故。獻納樞機，絲綸允緝。武皇晏駕，寄深負圖。公仰惟國典，俛遵遺托。俯擗天倫，踊絶于地，居處之節，復如居武穆之憂。聖主嗣興，地居旦奭，有詔策授太傅，領司徒，餘悉如故。坐而論道，動以觀德，地尊禮絶，親賢莫貳。又詔，加公入朝不趨，贊拜不名，劍履上殿，蕭、傅之賢，曹馬之親，兼之者公也。復以申威重道，增崇德統，進督南徐州諸軍事，餘悉如故。並表疏累上，[4]身没讓存，天不憖魚靳。遺，梁岳頽峻。

某年某月日薨，春秋三十有五。詔給温明秘器，斂以衮章，備九命之禮，遣大鴻臚監護喪事，朝夕奠祭，太官供給，禮也。故以慟極津門，感充長樂，豈徒舂人不相，傾廬罷肆而已哉。乃下詔曰："褒崇庸德，前王之令典；追遠尊戚，沿情之所隆。故使持節都督揚州諸軍事、中書監、太傅、領司徒、揚州刺史、竟陵王、新除進督南徐州，體睿履正，神監淵邈，道冠民宗，具瞻惟允。肇自弱齡，孝友光備。爰及贊契，協升景業。燮和臺曜，五教克宣。敷奏朝端，百揆惟穆，寄重先顧，任均負圖。諒以齊徽《二南》，同規往哲，方憑保祐，永翼雍熙。天不憖魚靳。遺，奄見薨落。哀慕抽割，震動于厥心。今先遠戒期，龜謀襲吉，茂崇嘉制，式弘風猷。可追崇假黄鉞、侍中、都督中外諸軍事、太宰、領大將軍、揚州牧，緑綟鹿。綬，具九錫服命之禮。使持節、中書監、王如故。給九旒鑾輅，黄屋左纛，徒到。輼温一。輬凉。車，前後部羽葆音"保"。鼓吹，挽歌二部，虎賁班劍百人。葬禮一依晋安平獻王孚故事。

公道識虚遠，表裏融通，淵然萬頃，直上千仞。僕妾不睹其喜愠，近侍莫見其傾弛。他人之善，若己有之；民之不臧，公實貽耻。誘接恂恂，降以顔色。方於事上，好下規己。而廉於殖財，施人不倦。帝子儲季，令行禁止。國網天憲，實諸掌握，未嘗鞠人於輕刑，錮人於重議。人有不及，内恕諸己，非意相干，每爲理屈。任天下之重，體生民之俊，華衮與緼紵張召。同歸，山藻與蓬茨俱逸。良田廣宅，符仲長之言；邛山洛水，協應叟之志。丘園東國，錙銖軒冕，乃依林構宇，傍巖拓架。清緩與壺人争旦，緹提。幙與素瀨交輝。置之虚室，人野何辨？高人何點，躡僑於鐘阿；徵士劉虬，獻書於衡岳。[5]贈以古人之服，弘以度外之禮，屈以好上之風，[6]申其趨王之意。乃知犬舂屈己五王，君大降節憲后，致之有由也。其卉木之奇，泉石之美，公所製《山居四時序》言之已詳。

文皇帝養德東朝，同符作者，爰造《九言》，實該百行。遵衿褵離於未萌，申炯右永。戒於兹日，非直旦暮千載，故乃萬世一時也。命公注解，衛將軍王儉綴而序之。山宇初構，超然獨往，顧而言曰："死者可歸,誰與入室。尚想前良,俾若神對。"乃命畫工圖之軒牖,既而緬屬賢英,傍思才淑,匹婦之操,亦有取焉。有客游梁朝者,從容而進曰:"未見好德,愚竊惑焉。即命刊削,投杖不暇。"公以爲出言自口,驥騄不追,聽受一謬,差以千里。所造箴銘,積成卷軸,門階户席,寓物垂訓。先是,震于外寢,匠者以爲不祥,將加治葺。公曰:"此天譴也,無所改修,以記吾過,且令戒懼不怠,從諫如順流,虚己若不足。至於言窮藥石,若味滋旨,信必由中,貌無外悦。貴而好禮,怡寄《典墳》,雖牽以物役,孜孜無怠。"乃撰《四部要略·净住子》,並勒成一家,懸諸日月,弘洙泗之風,闡迦維之化。大漸彌留,話言盈耳,黜殯之請,至誠懇惻。豈古人所謂立言於世,没而不朽者歟?易名之典,請遵前烈。謹狀。

(《文選》卷六〇《齊竟陵文宣王行狀》,《文翰類選大成》卷一五四《齊竟陵文宣王行狀》)

太傅董公行狀　韓愈

曾祖仁琬,皇任梁州博士。祖大禮,皇贈右散騎常侍。父伯良,皇贈尚書左僕射。①

公諱晋,字混成,河中虞鄉萬歲里人。少以明經上第。宣皇帝居原州,公在原州,宰相以公善爲文,任翰林之選聞,召見,拜秘書省校書郎,入翰林爲學士,三年出入左右,天子以爲謹愿,賜緋魚袋,累升爲衛尉寺丞。出翰林,以疾辭,拜汾州司馬。崔圓爲揚州,詔以公爲圓節度判官,攝殿中侍御史。以軍事如京師朝,天子識之,拜殿中侍御史内供奉。由殿中爲侍御史,入尚書省爲主客員外郎。由主客爲祠部郎中。

先皇帝時,兵部侍郎李涵如回紇立可敦,詔公兼侍御史,賜紫金魚袋,爲涵判官。回紇之人來曰:"唐之復土壃,[7]取回紇力焉。約我

① 《文翰類選大成》卷一五四無本文首段。

爲市，馬既入而歸我賄不足，我於使人乎取之。”涵懼不敢對，視公。公與之言曰：“我之復土壃，爾信有力焉。吾非無馬，而與爾爲市，爲賜不既多乎？爾之馬歲至，吾數皮而歸資。邊吏請致詰也，天子念爾有勞，故下詔禁侵犯。諸戎畏我大國之爾與也，莫敢校焉。爾之父子寧而畜馬蕃者，非我誰使之？”於是其衆皆環公拜，既又相率南面序拜，皆兩舉手曰：“不敢復有意大國。”自回紇歸，拜司勳郎中。未嘗言回紇之事。

遷秘書少監，歷太府、太常二寺亞卿，爲左金吾衛將軍。今上即位，以大行皇帝山陵出財賦，拜太府卿；由太府爲左散騎常侍，兼御史中丞，知臺事。三司使選擢才俊有威風，始公爲金吾，未盡一月拜太府，[8]九日又爲中丞，朝夕入議事，於是宰相請以公爲華州刺史。拜華州刺史、潼關防禦鎮國軍使。朱泚之亂，加御史大夫，詔至于上所，又拜國子祭酒，兼御史大夫，宣慰恒州。於是朱滔自范陽以回紇之師助亂，人大恐。公既至恒州，恒州即日奉詔出兵與滔戰，大破走之，還至河中。

李懷光反，上如梁州。懷光所率皆朔方兵，公知其謀與朱泚合也，患之，造懷光言曰：“公之功，天下無與敵。公之過，未有聞於人。某至上所，言公之情，上寬明，將無不赦宥焉。乃能爲朱泚臣乎？彼爲臣而背其君，苟得志，[9]於公何有？且公既爲太尉矣，彼雖寵公，何以加此？彼不能事君，能以臣事公乎？公能事彼，而有不能事君乎？彼知天下之怒，朝夕戮死者也，故求其同罪而與之比，公何所利焉？公之敵彼有餘力，不如明告之絶，而起兵襲取之，清宫而迎天子，[10]庶人服而請罪有司，雖有大過，猶將掩焉；如公則誰敢議？”語已，懷光拜曰：“天賜公活懷光之命。”喜且泣，公亦泣。則又語其將卒如語懷光者，將卒呼曰：“天賜公活吾三軍之命。”拜且泣，公亦泣，故懷光卒不與朱泚。當是時，懷光幾不反。公氣仁，語若不能出口；及當事，乃更疏亮捷給。其詞忠，其容貌温然，故有言於人無不信。

明年，上復京師，拜左金吾衛大將軍。由大金吾爲尚書左丞，又爲太常卿。由太常,拜門下侍郎平章事。在宰相位凡五年,所奏於上前者,皆二帝三王之道,由秦漢以降未嘗言。退歸,未嘗言所言於上者於人。子弟有私問者,公曰:"宰相所職繫天下。天下安危,宰相之能與否可見。欲知宰相之能與否,如此視之其可。凡所謀議於上前者,不足道也。"故其事卒不聞。以疾病辭於上前者不記,退以表辭者八,方許之。拜禮部尚書。制曰:"事上盡大臣之節。"又曰:"一心奉公。"於是天下知公之有言於上也。

初,公爲宰相時,五月朔會朝。天子在位,公卿百執事在廷,侍中贊百僚賀,[11]中書侍郎平章事竇參攝中書令,當傳詔,疾作,不能事。凡將大朝會,當事者既受命,皆先日習儀。于時未有詔,公卿相顧,公逡巡進,北面言曰:"攝中書令臣某病不能事,臣請代某事。"於是南面宣致詔詞。事已,復位,進退甚詳。

爲禮部四年,拜兵部尚書,入謝,上語問日晏。復有入謝者,上喜曰:"董某疾且損矣。"出語人曰:"董公且復相。"既二日,拜東都留守,判東都尚書省事,充東都畿汝州都防禦使,兼御史大夫,仍爲兵部尚書。由留守未盡五月,拜檢校尚書左僕射同中書門下平章事、汴州刺史、宣武軍節度副大使、知節度事,管内支度營田汴宋亳潁等州觀察處置等使。

汴州自大曆來多兵事,劉玄佐益其師至十萬,玄佐死,子士寧代之,畋遊無度。其將李萬榮乘其畋也,逐之。萬榮爲節度一年,其將韓惟清張彦林作亂,求殺萬榮不剋。三年,萬榮病風,昏不知事,其子乃復欲爲士寧之故。監軍使俱文珍與其將鄧惟恭執之歸京師,而萬榮死。詔未至,惟恭權軍事。公既受命,遂行。劉宗經韋弘景韓愈實從,不以兵衛。及鄭州,逆者不至,鄭州人爲公懼,或勸公止以待。有自汴州出者,言於公曰:"不可入!"公不對,遂行,宿圃田。明日,食中牟,逆者至,宿八角。明日,惟恭及諸將至,[12]遂逆以入。及郛,三軍緣道歡聲,庶人壯者呼,老者泣,婦人啼,遂入以居。

初,玄佐死,吴湊代之,及鞏聞亂歸,士寧萬榮皆自爲而後命,軍士將以爲常，故惟恭亦有志。以公之速也，不及謀，遂出逆。既而私其人，觀公之所爲以告，曰："公無爲。"惟恭喜，知公之無害己也，委心焉。進見公者退皆曰"公，仁人也"，聞公言者皆曰"公，仁人也"，環以相告，故大和。

初，女佐遇軍士厚；士寧懼，復加厚焉；至萬榮，如士寧志；及韓、張亂，又加厚以懷之；至于惟恭，每加厚焉。故士卒驕不能禦，則置腹心之士幕於公庭廡下，挾弓執劍以須。日出而入，前者去；日入而出，後者至。寒暑時至，則加勞賜酒肉。公至之明日，皆罷之。貞元十二年七月也。

八月，上命汝州刺史陸長源爲御史大夫，行軍司馬；楊凝自左司郎中爲檢校吏部郎中，觀察判官；杜倫自前殿中侍御史爲檢校工部員外郎，節度判官；孟叔度自殿中侍御史爲檢校金部員外郎，支度營田判官。職事脩，人俗化，[13]嘉禾生，[14]白鵲集，蒼烏來巢，嘉瓜同蔕聯實。四方至者歸以告其帥，小大威懷。有所疑，輒使來問。有交惡者，公與平之。累請朝，不許。及有疾，又請之，且曰："人心易動，軍旅多虞，及臣之生，計不先定，至于他日，事或難期。"猶不許。

十五年二月三日，薨于位。上三日罷朝，贈太傅，使吏部員外郎楊於陵來祭，弔其子，贈布帛米有加。公之將薨也，命其子三日斂。既斂而行，於行之四日，汴州亂，故君子以公爲知人。公之薨也，汴州人歌之曰："濁流洋洋，有闢其郛；闐道歡呼，公來之初；今公之歸，公在喪車。"又歌曰："公既來止，東人以完；今公歿矣，人誰與安！"始公爲華州，亦有惠愛，人思之。公居處恭，無妾媵，不飲酒，不諂笑，好惡無所偏，與人交泊如也。未嘗言兵，有問者，曰："吾志於教化。"享年七十六。階累升爲金紫光禄大夫，勛累升爲上柱國，爵累升爲隴西郡開國公。娶南陽張氏夫人，後娶京兆韋氏夫人，皆先公終。四子：全道、溪、[15]全素、澥。全道、全素皆上所賜名。全道爲秘書省著作郎，溪爲秘書省秘書郎，全素爲大理評事，澥爲太常寺太禮。[16]皆善士，有學行。

謹具歷官行事狀，伏請牒考功，并牒太常議所謚，牒史館請垂編録。謹狀。

（《文苑英華》卷九七六《金紫光禄大夫檢校尚書左僕射同中書門下平章事兼汴州刺史充宣武軍節度副大使知節度事管内度支營田汴宋亳潁等州觀察處置等使上柱國隴西郡開國公贈太傅董公晋行狀》，《文翰類選大成》卷一五四《贈太傅董公行狀》，《韓愈文集彙校箋注》卷二七《唐故金紫光禄大夫檢校尚書左僕射同中書門下平章事兼汴州刺史充宣武軍節度副大使知節度事管内支度營田汴宋亳潁等州觀察處置等使上柱國隴西郡開國公贈太傅董公行狀》，《韓昌黎文集校注》卷八《贈太傅董公行狀》）

唐故贈絳州刺史馬府君行狀　韓愈

君諱某，[17]字某。其先爲嬴姓。當周之衰，處晋爲趙氏。晋亡而趙氏爲諸侯，其後益大，與齊楚韓魏燕爲六國，俱称王。其别子趙奢，[18]當趙時，破秦軍閼與，有功，號馬服君，子孫由是以馬爲氏。梁有安州刺史侍中贈太尉岫。岫生喬卿，任襄州主簿，國亂去官不仕。喬卿生君才，隋末爲薊令，燕王藝師之，以有幽都之衆。武德初，朝京師，拜武候大將軍，封南陽郡公。

卒葬大梁新里，趙郡李華刻碑頌之。君才生珉，爲玉鈐衛倉曹參軍事，[19]贈尚書左僕射。生季龍，爲嵐州刺史，贈司空，清河崔元翰銘其德於碑，在新里。司空生燧，爲司徒侍中北平王，贈太傅，謚莊武。莊武之勛勞在策書，君其長子也。

少舉明經，司徒公作藩太原，授河南府參軍。建中四年，司徒公使將武人子弟才力之士三百人朝行在扞衛，獻御服、用物、弓甲、煮器、幄幕，奔走危難。上嘉其勤，超拜太常丞，賜章服，遷少府少監、太僕少卿。司徒公之薨也，刺臂出血，書佛經千餘言，期以報德。廬墓側，植松柏。終喪又拜太僕少卿。疾病一年，貞元十八年七月二十五日終於家。凡年四十有五。其弟少府監暢上印綬求追贈。贈絳州刺史，布帛百匹。

君在家行孝友，侍賓客朋友有信義，其守官恭慎舉職，其朝獻奉父命不避難，其居喪有過人行。初，司徒公娶河南元氏，封潁川郡夫人，贈許國夫人。許國薨，少府始孩，顧托以其侄爲繼室，是爲陳國夫人。陳國無子，愛君與少府如己生。其薨也，君與少府喪之猶實生己，親負土封其墓。夫人滎陽鄭氏，王屋縣令況之女，有賢行。侍君疾，逾年不下堂。食菜飲水，藥物必自擇，將進輒先嘗。方書本草，恒置左右。子男二人。赦，前左衛倉曹參軍；敭，音"羊"。右清道率府胄曹參軍。女子二人在室，雖皆幼，侍疾居喪如成人。

愈既世通家，詳聞其世系事業。今葬有期日，從少府請，掇其大者爲行狀，托立言之君子而圖其不朽焉。[20]

（《文苑英華》卷九七四《贈絳州刺史馬府君行狀》，《文翰類選大成》卷一五四《唐故贈絳州刺史馬府君行狀》，《韓愈文集彙校箋注》卷二七《唐故贈絳州刺史馬府君行狀》，《韓昌黎文集校注》卷八《唐故贈絳州刺史馬府君行狀》）

故銀青光禄大夫右散騎常侍輕車都尉宜城縣開國伯柳公行狀　柳宗元

曾祖善才，皇荆王侍讀。祖尚素，皇潤州曲阿縣令。父慶休，皇渤海郡縣丞，[21]贈蔡州刺史、工部尚書。汝州梁縣梁城鄉思義里柳渾年七十四狀。①

公字惟深，其先河東人。晋永嘉年，有濟南太守卓者，去其土，代仕江左，公實後之。柳氏自黄帝、后稷降于周、魯，以字命族，因地受氏，載在左氏内、外傳及《太史公書》。自卓至公十有一代，爲士林盛族，著於南朝歷代史及柳氏家牒。惟公質貌魁傑，度量宏大，弘和博達，而遇節必立，恢曠放弛而應機能斷。去聲。其居室，奉養撫字之

① 《文翰類選大成》卷一五四無本文首段。

誠，儀於宗戚，而内行著焉；其莅政，柔仁端直之德，洽於府寺，而外美彰焉。凡爲學，略章句之煩亂，採摭奥旨。以知道爲宗；凡爲文，去藻飾之華靡，汪洋自肆，以適己爲用。

自始學至於大成，耽嗜文籍，[22]注意鑽礪，倦不知游息，威不待榎楚。[23]儒言經旨，夙有聞知。年十餘歲，有稱神巫來告曰："若相法當夭且賤，幸而爲釋，可以緩而死耳，位禄非若事也。"公諸父素加撫愛，尤所信異，遽命奪去其業，從巫之言也。公不可，[24]且曰："夫性命之理，聖人所罕言，搢紳者所不道，巫何爲而能盡之也？[25]且令從之而生，去聖人之教而爲異術，不若速死之愈也！"於是爲學甚篤。其在童幼，固不惑於怪譎矣。

開元中舉汝州進士，計偕百數，公爲之冠。音"貫"。禮部侍郎韋陟異而目之，一舉上第。調受宋州單父尉。操斷舉措，通乎細大，絜廉檢守，形於造次。加雲騎尉。秩滿，江南西道連帥聞其名，辟至公府。以信州都邑，人罹凶害，靡弊殘耗，假守永豐令。公於是用重典以威奸暴，鋪大和以惠鰥嫠，毆除物害，消去人隱，吏無招權乾没之患，政無犯令尨茸之蠹，[26]宰制聽斷，漸於訟息。[27]耕夫復於封壃，商旅交於關市。既庶而富，廉耻興焉；既富而教，庠塾列焉。里閈大變，克有能稱，遂表爲洪州豐城令。到職，如永豐之政，而仁厚加焉。授衢州司馬。

夫器宏者，耻效以圭撮之任；足逸者，難局以尋常之地。公遂滅迹藏用，遁隱於武寧山。群公交書，諸侯走幣，皆謝絶不就。方將究賢人之業，窮君子之儒，味道腴以代膏粱，含德輝而輕紱冕，[28]遺榮養素，恬淡如也。朝右籍甚有聲，徵拜御史。公曰："君命也，安敢逃乎？"即日裝束上道。公嘗好大體，不爲細家之迫速，[29]非其志也，以疾辭。授右補闕。不隱忠以固位，不形直以奸名。[30]除殿中侍御史，賜緋魚袋，赴江西，與租庸使議復榷鐵及常平倉，便宜制置，得以專任。和鈞問石之緒，[31]出納平準之宜，國利人逸，得其要道。[32]遷侍御史，充江南西路都團練判官。時屬支郡，不知連帥之職，公請出巡盡征之地，大誥奸謬，所至風動。其有非常之政裕於人者，必舉其課績，歸之使府。又以文采殷勤歌咏之，俾其風謠頌聲，聞於他部，達於京師而後已。改祠部員外郎，轉司勛郎中，餘如故。就拜袁州刺史。

公於是酌古良牧之政宜於今者，宗而奉之；考諸理國之説稱於人者，承而守之。均利器用，以致其富；昭明物則，以教之禮。示優裕之德以周惠，利緩九賦；惟廣厚之心以固和，慈保萬人。明其制量，臨長群吏，示之法禁，考中備敗，無不得其極。理行高第，朝廷休之，召拜諫議大夫，充浙江東西道黜陟使，將舉其能政端于外邦也。公則修《虞書》之考績，舉漢代之課第，處事詳諦，無依違故縱之敗，奉法端審，無隱忌峭刻之文。時分部所繫於公尤重，淩江並海，竟吴越之城，[33]皆所莅焉。復命稱職，加朝散大夫。又拜左庶子集賢殿學士。奉翊儲后，修其宫政，統理文籍，紀於秘府。拜尚書右丞。[34]直而多容，簡而有制，去苛削之文，而吏皆率法，務弘大之道，而政不失中，加銀青光禄大夫，遷右散騎常侍。

涇卒之亂，公以變起卒遽，盡室奔匿於終南山。賊徒訪公所在，追以相印。既及公而問焉，公變名氏以紿之，捐家屬以委之。賊遂執公愛子，榜箠訊問，折其右肱，而公不之顧。即步入窮谷，披草逕，踰秦嶺，由褒、駱朝于行宫。上嘉其誠節，不時召見。公頓首流涕，累陳計畫。賊平，策勛賜輕車都尉，封宜城縣開國伯，拜尚書兵部侍郎。初，公名載，字元輿，至是奏請改命，[35]以滌僞署之汙。是歲，盜據淮滸，方議討戮，宰相以大理評事李元平者有名，以爲才堪攘寇，拜爲汝州。群臣望聲徇利者皆曰"德舉"，公獨慷慨言於朝曰："是夫喋喋，衒玉而賈石者也。王衍誤天下，殷浩敗中軍，華而不實，異代同德。往且見獲，何寇之攘？"時人不之信也。未幾，盜襲汝州，以元平歸，凡百莫不嗟服焉。俄以本官同中書門下平章事，登翊聖皇，[36]匡弼大政，造膝盡規諫之志，當事無矜大之容。援下情於上，以酌天心；順嘉謨於外，用彰君德。故致績用茂著，而人罕知之。然其章布於外，敷聞在下者，十一二焉。

貞元初，上以甸服長人，天下理本，於是親擇郎吏，分宰於京師外部。未幾而人謡大和，擊壤之頌歸於帝力。上召丞相告之，左僕射、平章事張延賞抃蹈稱慶。公俯伏不賀，且曰："甸服之政，固宜慎重，然則此屑屑者，特京兆尹之職耳。陛下當擇臣輩以輔聖德，臣當選京兆以承大化，京兆當求令長以親細事，夫然後宜。捨此而致理，可謂愛人矣。然非王政之大倫也。不知所賀。"上深然之。漢惠悦曹參之言，絳侯慙曲逆之對，考之前志，我無負焉。既而西戎乘間入邑，詐以請盟，侍中北平王燧建議許之，[37]自公卿以下，莫有異慮。公獨陳謀獻畫，言戎之詐，固不可許，竟留中不下，而前議遂行。於是册命上將，莅盟諸戎。戎果縱兵逼好，大敺掠而去。上召對前殿，嘉歎者久之。時諫臣有廷争陷於訕上者，上未之善也。公從容候間，陳右以諷。所以示寬裕之德，招讜正之言，詞旨切直，意氣勤懇，動合聖謨，卒見納用。無何，工人有以理乘輿服器得罪於左右者，有司以盜易御物，請論如法，制初可之。公不奉詔，因抗疏曰："迹其罪狀，未甚指明。方春殺人，恐傷和氣。"上覽之大悦，即原其罪。刑官慎恤之事，正於邦典；聖君含育之德，彰於天下。論者難之，時上相與光禄卿裴腆不恊，候公休沐，以御酒或闕，陰請貶之。制命既行，公堅執不下，請訊支計之吏，校其供入之實，原本定罪，窮理辯刑，而腆竟獲宥，克復本職。白志貞有羈靮之勤，獻利屢中，上嘉其功效，特寵異之。方議大用，公以爲胥徒雜類，出自微賤，負乘致寇，盜之招也。累疏以聞而止。

公竭誠盡忠，憂勞庶務，有耄忘之疾，懇迫陳讓，[38]除右散騎常侍，罷知政事。貞元五年二月五日，薨於昌化里。終於散地，故褒贈不及。惟公致君之志，孜孜焉不有怠也；立誠之節，侃侃焉無所屈也。故處心積慮，博蹇之道，表於朝端；弼違釋回，樸忠之誠，沃於帝念。内有敢言之勇，進當不諱之明，用能直道自達，而無罪悔者也。公累更重任，禄秩之厚，布於宗姻。無一廛之土以處其子孫，無一畝之宫以聚其族屬。待禄而飽，傭室而安，終身坦蕩，而細故不入。其達生知足，落落如此。夫其子恭父慈，[39]善行也；[40]拊循制理，能政也；直廉潔静，儉德也；拒疑獨斷，明識也；冒危以扞牧固，[41]大節也；犯顔以陳訏謨，至忠也。有一於此，尚宜旌襃，[42]矧兹備體，焉可以已！[43]固當飾以榮號，章示後來，而故吏遺孤，淪寓遐壤，久稽彝典，罪在宗屬。敢用評隲舊行，敷贊遺風。若乃楊孔氏褒貶之文，舉周公懲勸之法，徵於誄謚，則有司存。謹狀。①

（《文苑英華》卷九七五《故銀青光禄大夫右散騎常侍輕車都尉宜城縣開國伯柳公行狀》，《文翰類選大成》卷一五四《故銀青光禄大夫右散騎常侍輕車都尉宜城縣開國伯柳公行狀》，《柳宗元集校注》卷八《故銀青光禄大夫右散騎常侍輕車都尉宜城縣開國伯柳公行狀》）

唐故秘書少監陳公行狀　柳宗元

五代祖某，[44]陳宜都王。曾祖某，皇會稽郡司馬。祖某，皇晋陵郡司功參軍。父某，皇右補闕、翰林學士，贈秘書少監。某州某縣某鄉某里陳京年若干狀。②

公姓陳氏，自潁川來，隸京兆萬年胄貴里，諱京。既冠，字曰慶復。舉進士，爲太子正字，咸陽尉，太常博士，左補闕，尚書膳部、考功員外郎，司封郎中，給事中，秘書少監。自考功以來，凡四命爲集賢學士。德宗登遐，公病痼，[45]輿曳就位，備哀敬之節。由是滋甚，遂以所居官致仕。貞元二十一年四月二十五日，終於安邑里妻黨之室。無子。伯兄前監察御史瑨，仲兄前大理評事萇。以公文行之大者，告於嘗吏於公者，使辭而陳之。

大曆中，公始來京師，中書常舍人袞、楊舍人炎讀其文，驚以相視曰："子雲之徒也。"常以兄之子妻公，由是名聞。遊太原，太原尹喜曰："重客至矣。"授館致餼，厚以泉布獻馬。公曰："非是爲也。某嘗

---

① 《柳宗元集校注》卷八此句後有"貞元十五年正月日故銀青光禄大夫右散騎常侍輕車都尉宜城縣開國伯柳公從孫將仕郎守集賢殿正字宗元謹上尚書考功"句。

② 《文翰類選大成》卷一五四無本文首段。

爲《北都賦》未就，願即而就焉。其宫室城郭之大，河山之富，關閈之壯，與其土疆之所出，風俗之所安，王業之所由興，苟得聞而覩之足矣。若曰受大利，是以利來，蓋異前志也。[46]吾不能，敢辭。"遂逆大河，踰北山，仿佯而歸。賦成，果傳天下。爲咸陽尉。留府廷，主文章，決大事，得其道。爲博士，舉疵禮。修墜典，合於大中者衆焉。

涇人作難，公徒行以出，奔問官守。[47]段忠烈之死，上議罷朝七日，宰相曰："不可。方居行宫，無以安天下。"公進曰："是非宰相之言。天子褒大節，哀大臣，天下所以安也，况其特異者乎？"上用之。其勞勤侍從，謀議可否，時之所賴者大。巡狩告至，上行罪己之道焉，曰："凡我執事之臣，無所任罪。予惟不謹於理而有是也。"將復前之爲相者，公曰："天子加惠群臣而引慝焉，德至厚也，[48]而爲相者復，是無以大驚於後，且示天下。"率其黨争之。上變於色，在列者咸恟而退。公大呼曰："趙需等勿退！"遂進而盡其辭焉。不果復。上迎訪太后，間數歲，外頗怠其禮，公密疏發之，天子感悦焉。

初，禮部試士，有與親戚者，則附於考功，莫不陰授其旨意而爲進退者。及公則否，卓然有有司之道，不可犯也。太廟闕東向之禮且久矣，公自爲博士、補闕、尚書郎、給事中，凡二十年，勤以爲請。[49]殷祭之不墜，繄公之忠懇是賴，故有赤紱銀魚之報焉。昭陵山峻而高，寢宫在其上。内官憊其上下之勤、輓汲之艱也，謁于上，請更之。上下其議，宰相承而諷之，召官屬使如其請。公曰："斯太宗之志也。其儉足以爲法，其嚴足以有奉，吾敢顧其私容而贊之也？"奏議不可。上又下其議，凡是公者六七人，其餘皆曰："更之便。"上獨斷焉，曰："京議得矣。"從之。在集賢，奏秘書官六員隸殿内，而刊校益理。納資爲胥而仕者罷之。求遺書，凡增繕者，乃作藝文新志，制爲之名曰《貞元御府群書新録》。始御府有食本錢，月權其羸以爲膳，有餘，則學士與校理官頒分之，學士常受三倍，由公而殺其二。書史之始至，入禮幣錢六十緡，亦皆分焉，公悉致之官，以理府署作書閣，廣群官之堂，不取於將作少府，而用大足。居門下，簡武官，議典禮。上以爲能，益器之。與信臣議，且致相位，遇公有惑疾，使視之，疾甚，不能知人，遂不用。用鄭吏部、高太常爲相，而以秘書命公，所以示優之也。

公有文章若干卷，[50]深茂古老，慕司馬相如、揚雄之辭。而其詁訓多《尚書》《爾雅》之説，紀事樸實，不苟悦於人，世得以傳其藁。其學自聖人之書，以至百家諸子之言，推黄、炎之事，涉歷代洎國朝之故實，鈎引貫穿，舉大苞小，若太倉之蓄，崇山之載，浩浩乎不可知也，豈揚子所謂仲尼駕説者耶？夫其忠烈之褒也，相府之有誠也，太廟之東向也，昭陵之不更其故也，官守之不可奪也，立言之不可誣也，利之不苟就也，害之不苟去也，其忠類朱雲，其孝類穎考叔，廉類公儀休，而又文以文之，學以輔之，[51]而天子以爲之知。既得其道，又得其時，而不爲公卿者，病也。故議者咸惜其始，而哀其終焉。

公之喪，凡五十四日，而夫人又没，毁也。夫人之父曰偕，司農卿。祖曰某，贈太子太保。某故集賢吏也，[52]得公之遺事於其家，書而授公之友，以志公之墓。謹狀。

永貞元年八月五日，[53]尚書禮部員外郎柳宗元狀。①

（《文苑英華》卷九七五《秘書少監陳公行狀》，《文翰類選大成》卷一五四《唐故秘書少監陳公行狀》，《柳宗元集校注》卷八《唐故秘書少監陳公行狀》）

翰林學士承旨董公行狀　虞集

公諱文用，字彦材，真定路槀城縣人，元帥公第三子也。公生十年，元帥公死王事於歸德，母李夫人治家嚴，伯兄忠獻公文炳教諸弟有法。公内承家訓，而外受學侍其先生軸，故學問早成，弱冠，以詞賦試中真定。時以真定槀城奉莊聖太后湯沐，歲庚戌，②太后使擇邑中子弟來上，公始從忠獻公謁太后和林城。世祖皇帝在潛藩，命公主文

① 《文翰類選大成》卷一五四本無末段。

② 庚戌：南宋理宗淳祐十年（1250）。

書，講説帳中，常見許重。癸丑，①世祖以憲宗皇帝命自河西征雲南大理，忠獻公在行，公與弟壽國正獻公文忠先在軍中，督糧具贊軍務。丁巳，②世祖令授皇子經，是爲北平王、雲南王也。又使爲使召遺老於四方，而太師竇公默、左丞姚公樞、鶴鳴李公俊民、敬齋李公冶、玉峰魏公璠偕至。於是王府得人爲盛。己未，③世祖以憲宗命取宋，公發沿邊蒙古、漢人諸軍，理軍需，將攻鄂洲。宋以賈似道、吕文德將兵抗我，水陸軍容甚備。九月，世祖臨江閲戰，忠獻公請曰："宋恃江爲險，兵力厚，法當先之奮其氣，臣請先。"公與正獻公固請偕行，世祖親料甲胄，擇大艦授之。乃率敢死士數十百人，鼓棹疾呼奮進，直薄南岸，諸軍亦争進。宋軍來赴戰，三合三敗之。公乘小舟歸報世祖，世祖方駐香爐峰，因策馬下山。問戰勝狀，則扶鞍起立，竪鞭仰指曰："天也。"即賜卮酒，使主帳下宿衛。且命傳令他帥，曰："今夕毋飲酒，毋解甲，明日，將圍城。"既渡江，會憲宗崩，閏十一月，師還。

庚申，④世祖即皇帝位，建元中統。公持詔宣諭邊郡，且擇諸軍充侍衛。七月，還朝，中書左丞張仲謙宣撫大名等路，奏公爲左右司郎中。二年八月，佩金符，以兵部郎中參議都元帥府事。三年，山東守臣李璮叛據濟南，從元帥闊闊帶統兵伐之。五月而克其城，璮伏誅，山東平。元帥卒，公還，都元帥阿木奉詔取宋，召公爲屬。公辭曰："新制，諸侯總兵者，其子弟勿復任兵事。今伯兄以經略使總重兵鎮山東，我不當行。"帥曰："潛邸舊臣，不得引此爲説。"公病不行。

五年，改元至元之歲也，上曰："董某安在？年始壯，不使爲國效力，今安在？"召授金符，爲西夏中興等路行省郎中。中興自渾都海之亂甫定，民間相恐動，竄德中谷。[54]而省臣方入奏，同僚不知所爲。公曰："吾死，不可以去此，宜鎮以静。"乃爲書置通道諭之，然後粗安。

---

① 癸丑：元憲宗二年(1253)。
② 丁巳：元憲宗七年(1257)。
③ 己未：元憲宗九年(1259)。
④ 庚申：元世祖建元中統元年(1260)。

始開唐來、漢延、秦家等渠，墾中興、西涼、甘肅、瓜沙等州之土爲水田若干。於是民之歸者，户四五萬，悉授田種，頒農具。更造舟置黄河中，受諸部落及潰叛之來降者。時近屬貴人曰只必鐵木兒者鎮西方，其下縱横，需索旁午，不可會計，省臣不能支。公坐幕府，輒面折以國法。其徒積忿，譖公，貴人怒，召使左右雜訊之，意叵測。公曰："我天子命吏，請得與天子所遣傅貴人者辨。"天子所遣傅貴人者，中朝舊臣，嘗事莊聖太后，來詰問公不承貴人旨意狀。公曰："我漢人，生死不足計。我所恨者，仁慈寬裕，如貴人以重戚鎮遠方，而其下毒虐百姓，凌暴官府，傷貴人威名，於事體不便。"因僂指其不法者數十事，詰問者驚起，去白貴人。即召公，謝之曰："非郎中，我殆不知。郎中持此心事，朝廷宜勿怠。"自是，譖不行，而省府事粗立。二年，入奏經略使宜，還以上旨行之，中興遂定。

三年，行省罷，還京師，命公爲中書省左右司郎中，辭之。五年，立御史臺，授公山東東西道提刑按察副使，以仲兄右衛親軍千户文蔚卒，不及赴。八年，立司農司，授公奉訓大夫、山東東西道巡行勸農使。十一年三月，加朝列大夫，勸農使如故。山東中更叛亂，多曠土。公巡行勸勵，無間幽僻。入登州境，見其墾闢有方，公爲詩表異其守移剌，今刻石在州治。於是列郡咸勸，地利畢興。五年之間，政績爲天下勸農使之最。

十二年，丞相安童公奏公爲中順大夫、工部侍郎，代紇石里。紇石里者，阿合馬私人也。其徒聞安童公罷政，即使鷹監奏曰："自紇石里去，工部侍郎不給鷹食，鷹且瘦死矣。"上怒，趣召治之，因急逮公入見，[55]上望見曰："董某顧爲爾治鷹食者耶?"置不問，别令取給有司。阿合馬知不可譖。十三年，出公爲少中大夫、衛輝路總管，兼本路諸軍奥魯總管，佩金虎符。郡當要衝，民爲兵者十九，餘皆單弱貧病，不任力役。會初得江南，圖籍、金玉、財帛之運，日夜不絶於道，警衛輸輓，日役數千夫。公盡然憂之，曰："吾民弊矣。而又重妨穡事，殆不可。"乃從轉運主者言："郡邑胥校足備用，不必重煩吾民也。"主者曰：

“公言誠然，即行公言。事萬有一不虞，罪將誰歸?”公即爲手書具官職、姓名保任之，民得以時耕，而運事亦無不具者。諸郡運江淮粟於京師，衛當運十五萬。公曰:“民籍可役者無幾，且江淮舟行風水不時至。而先弊吾民以期會，是未運而民已憊矣。”乃爲集旁郡，通議立法驛置，民力以紓。

十四年，以職事詣汴，漕司方議通沁水，北東合流御河，以便漕者。公曰:“衛爲郡地最下，大雨時行，沁輒溢出百十里間。雨更甚，水不得達於河，即浸淫及衛。今又道之使來，豈惟無衛，將無大名、長蘆矣。”會朝廷遣使相地形，上言:“衛州城中浮屠最高者，才與沁水平，勢不可開也。”事得寢不行。爲郡多善政，民有去思，具見郡教授陶師淵所撰碑文。[56]十六年，受代，歸田里。作遐觀之亭於故丘，茅茨數椽，僅避風日。讀書賦詩，怡然燕居，自號野莊老人。裕宗在東宫，數爲臺臣言:“董某勛舊忠良，何以不見用也?”十八年，臺臣奏起公爲山北遼東道提刑按察使，不赴。十九年，朝廷選用舊臣，乃召公爲太中大夫、兵部尚書。自是朝廷有大議，未嘗不與聞。

二十年，江淮省臣有欲專肆而忌廉察官者，建議行臺隸行省，狀上集議。公議曰:“不可。御史臺譬之卧虎，雖未噬人，人猶畏其爲虎也。今司憲僅在，[57]紀綱猶不振，一旦摧抑之，則風采薾然，無可復望者矣。”又曰:“前阿合馬用事時，商賈賤役皆行賄入官。及事敗，欲盡去其人，廷議以爲不可使阿合馬售私恩，而朝廷驟斂怨也。及使按察司劾去其不可者，然後吏有所憚，民有所赴愬。則是按察司者，國家當飭勵之，不可摧抑也。”後悉從公議。

轉通議大夫、禮部尚書，遷翰林集賢學士，知秘書監。時中書右丞盧世榮，本以貸利得幸權要爲貴官，陰結貪刻之黨，將錙銖掊克爲功。乃建議曰:“我立法治財，視常歲當倍增，而民不擾也。”詔下會議，人無敢言者。公陽問曰:“此錢取諸右丞家耶?將取之民?取諸右丞家，則不敢知。若取諸民，則有説矣。牧羊者歲常兩剪其毛，今牧人日剪其毛而獻之，則主者固悦其得毛之多矣。然而無以避寒熱，即死且盡，毛又可得哉？民財亦有限，取之以時，猶懼其傷殘也。今盡刻剥無遺氂，猶有百姓乎？”世榮不能對。丞相安童公謂坐中曰：“諸君董尚書，真不虚食俸禄者。”議者出，皆謝公曰：“公以一言折聚斂之臣。”而厚邦本仁人之言，其利博哉！豈不信然？世榮竟以是得罪，後嘗謂人曰：“我不知何事忤董尚書，每折我不遺餘力。”

二十二年，拜中奉大夫、江淮等處行中書省參知政事。公力辭，[58]上前，曰：“江淮事劇，臣不敢當。”上曰：“卿家世非他人比，朕所以任卿者，不在錢穀細務也。卿當察其大者，事有不便，第言之。”公不敢辭，遂行。行省長官者，素貴倨多敖，同列莫敢仰視，跪起稟白，如小吏事上官。公則坐堂上，侃侃與論是非可否，無所遷就，雖數忤之不顧也。有以上命建浮屠於亡宋故宫者，有司奉行急迫。天大雨雪，入山伐木，死者數百人，而猶欲併大建佛寺。公坐中謂其人曰：“非時役民，民不堪矣。少徐之，如何？”長官者曰：“參政奈何格上命？”公曰：“非格上命也。今日重困民力，失民心，豈上意耶？”各拂袖去，然竟得少紓其程。公在行省，政事大概如此。

二十三年，將用兵海東，徵斂益急，有司爲奸日益甚。公曰：“吾力不足以口語勝矣。”乃請入奏事，大略言疲國家可寶之民力，取僻陋無用之小邦。其條目甚悉，言上，事亦罷。二十五年，拜御史中丞。公曰：“中丞不當理細務，吾當先舉按察使。”乃舉胡公祗遹、王公惲、雷公膺、荆幼紀、許楫、孔從道十餘人爲按察使，又舉徐公琰、魏公初爲行臺中丞，當時以爲極選。方是時，桑葛當國用事，寵奉方熾。自近戚貴臣見桑葛皆屏息遜避，無可誰何。公以舊臣任御史，號不易爲。桑葛令人風公贊己功於上前，公不答。又自謂公曰：“百司皆具食丞相府，獨御史臺未具食丞相府。”公又不答。屬朔方軍興，糧糗粗備，而誅責逾急。公謂之曰：“民急矣。外難未解，而内戕其根本，丞相宜思之。”於是遠近盗賊蜂起，公持外郡所上盗賊之目，謂之曰：“百姓豈不欲生養安樂哉？急法苛斂使至此耳！”又謂之曰：“御史臺所以救政事之不及，丞相當助之，不當抑之也。御史臺不得行，則民無所赴愬而政日亂，將不止臺事不行也。”浸忤其意益深，乃摭拾臺事百端，公日與辯論不爲屈。於是具奏桑葛奸狀。詔報公，語密，外人不知也。桑葛日誣譖公於上曰：“在朝惟董中丞戇傲不聽令，[59]沮撓尚書省，請痛治其罪。”上曰：“彼御史職也，何罪？且董某端謹，朕所素知，汝善視之。”當是時，雖貴近以誣譖遭斥辱者不一，公徒以區區之誠，賴天鑒主知而免。於是遷公通奉大夫、大司農。時又欲奪民田爲屯田，公固執不可，則又遷公爲翰林學士承旨。

二十七年，隆福太后在東宫，以公耆舊，欲使公授皇孫以經，具奏，上以上命命之曰：“老人畏寒，須暄和。”乃一至帳中授經，内侍視饌。公每講説經旨，必傅以國朝故實，丁寧譬喻，反覆開悟，故皇孫亦特加崇禮焉。三十一年，上命公以其諸子入見，公曰：“臣蒙國厚恩，死無以報。臣之子何能爲？”謹不敢以見。命至再三，終不以見。

是歲，世祖皇帝升遐，公望宫墻哀慟，幾墜馬下，同列争持扶之。及致奠喪次，群臣皆推公，曰：“先帝漢人舊臣，唯公在矣。”公宜前受酒行禮，皆相對哭失聲。今上將即皇帝位于上都，太后命公從治裝，賜鈔百定以行。既即位，巡狩三不剌。公奏曰：“先帝新棄天下，陛下將狩，不以時還。無以慰安元元，宜趣還京師。且臣聞人君猶北辰然，居其所而衆星拱之，不在勤遠略也。”上悟，即日可其奏。是行也，上每召入帳中問先朝故事，公亦盛言先帝時虚心納賢，開國經世之務，談説或至夜半。太后亦素知公，故多所顧問。公自先帝時每侍燕，與蒙古大臣同列。裕宗嘗就榻上賜酒，使毋下拜跪飲，皆異數也。上在東宫時，正旦受賀，於衆中見公，召使前曰：“吾卿見至尊甚憐汝。”輒親取酒飲之。至是，眷賚至渥。賜鈔三百定，至於金衣、玉帶、紫笠、寶環之賜，皆追成先帝之意也。是年，詔修先帝實録，陞資善大夫、知制誥兼修國史。[60]公於祖宗世系，功德戚近，將相家世勛績皆記憶貫穿，史館有所考訂質問，公應之無所遺失。

大德元年夏四月，上章言：“臣老矣，請致其事。”上聞之，特加資德大夫，許致仕。賜鈔二百定以歸，命一子官鄉郡便侍養。六月戊寅，以疾薨於里第之正寢，享年七十有四。

公性孝友，四時祭祖禰，輒思慕感愴，如將見之。事伯兄如事父，教子弟嚴而有禮。爲學以誠實爲主本，故其文章議論皆質直忠厚，不爲華靡。其從政寬裕慈愛，簡於細務。至於謀大事，决大議，則剛毅正直，磊落可觀。歷事三朝，每以忠言正論爲己任。故言事上前，必引古證今，從容盡達其蘊而後已。平居，聞朝政有一未善，輒終夜不寐，倚壁嘆恨不置。曰："祖宗艱難成立之天下，豈可使賊臣壞之？"故每與朝議，即奮言不顧危禍，以片言折權奸，定國政者不可勝紀，[61]朝廷賴之。在御史臺，行中書省時，所遭皆大奸劇惡，每恨公不順己，計萬方欲殺之。公一不以爲意，曰："人臣在位，豈愛身苟容，而上負國家，下負生民乎？"

公仕宦五十餘年，凡十八命。禄俸之餘，盡以買書，而家無饘粥之資，卒賣其京城之宅，以償積貸。世祖嘗念其貧，每欲有所賜，使近臣記其事，然公終不一自言也。逮薨之日，惟有祭器，書册而已。其好賢樂善，尤出天性。雖待下士，必盡禮，至老且貴，終不倦。人有善，必推舉之，而名公大人聞公所薦，亦必曰："出董公門，必佳士也。"故天下之士爭歸之。與人謀，至忠款。故國人有爲使遠方，若出而領兵、治民者，必來受教而後行。公爲開導訓誨，足以歆動其意，至有欣然聽之、終日忘去者。而蒙古大臣見之，必曰："此故老也。"皆改容待之。嗚呼！蓋可謂忠厚誠實君子者矣。

公先娶王氏，元帥某之女，先卒。再娶周氏，江淮都轉運使惠之次女，後公四月卒。子男八人，士貞；士亨，爲仲兄文蔚後，渡江有功，官至昭勇大將軍、侍衛親軍副都指揮使，佩金虎符，常侍裕宗東宫，先公卒；士楷；士英；士昌；士恒，承務郎，真定路總管府判官；士廉；士方。女四人，長適趙珌；次適周俶；次適齊東縣尹王良傑；次在室。孫男十六人，守約；某某。孫女十人，長適吴某，次適張繼祖，次適侍其正，次適王惟賢，餘在室。曾孫男七人，皆幼。公墓兆在縣西北高里先塋之東。公，國之老臣，揚歷中外久矣。上而朝廷，下及四方，賢大夫士宜必有深知公者，尚能道其德業之詳也。謹録其歷官，行事梗概如上，伏惟立言之君子圖其不朽者焉。謹狀。

大德七年三月某日，大都路儒學教授虞集狀。①

(《元文類》卷四九《翰林學士承旨董公行狀》,《文翰類選大成》卷一五四《翰林學士承旨董公行狀》,《虞集全集·翰林學士承旨董公行狀》,《元朝名臣事略》卷一四《内翰董忠穆公卷十四之二》)

中書左丞李忠宣公行狀　姚燧

公諱德輝，字仲實。世居通之潞縣。[62]曾祖某，祖全，再世不仕。[63]考樸，尚書吏部主事。妣宗夫人。三子長德英，德芬，季公。吏部君生三十九年，且卒，指公謂宗夫人曰："吾爲吏治獄，不任悍鷙刻削，人蒙吾力，脱罪罟，齒平民者衆。天或報施善人，是兒其大吾門者，勿憂貧且賤。"公方五歲，哭之如成人。

家纔儲五升菽，夫人舂蓬稗爲糧，芼藜莧爲葅，活之荒歲。既就外傅，嗜讀書。束脩貧，[64]無以自資，輟業。十六，監酒豐州。禄食先足旨甘，有餘，則市筆札録書，夜誦不休。夫人以過耽苦，慮傷其孱薄也，爲滅燭止之。已乃厭糟麴，嘆曰："志士顧安此也耶。仕不足以匡君福民，隱不足以歡親善身，兩間之間，人壽幾何。烏可無或有聞，死同腐草木也。"絶少年輩不游，召其所親與，率一時名公碩儒。

歲丁未，②用故太傅劉文貞公秉忠薦，徵至潛藩，俾侍今皇太子講讀。薦故翰林侍讀學士竇默，故宣撫司參議智迂賢，皆就徵。癸丑，③先朝封周親，割京兆隸潛藩。擇庭臣可理賦者，使調軍食，實出公從宜使，辟故真州總管高逸民自佐。時汪忠烈公始宿兵利州，扼四川衿喉，規進取，數萬之師，仰哺於公。乃募民入粟綿竹散幣集之，或給鹽券，使歸京兆受直。陸輓興元，水漕嘉陵，一年而錢粟充棟於軍中。

---

① 《文翰類選大成》卷一五四無本文末段。

② 丁未：元定宗二年(1247)。

③ 癸丑：元憲宗二年(1253)。

宋臣余玠議棄平土，即雲頂，運山大獲，得漢白帝釣魚青居，苦竹築壘，移成都、蓬、閬、洋、夔、合、順慶、隆慶、八府州治其上，號爲八柱，不戰而自守矣。蹙蜀之本，實張於斯。丁巳，[①]深峻用事臣，大集關西河南諸臣入計局，以中嘗爲潛藩用者，文致多方，於公獨無絲髮得。己未，[②]從南征，至鄢，留後行營。庚申，[③]以爲南京經略使。再月，又以爲北京宣慰使。其年皇帝即位，中統改元。五月，又以爲燕京宣撫使。燕多劇賊，造私幣，雜真行民間，陰結死友，相誓復仇怨殺人，公悉捕誅之。雖中書開府在燕，令行禁止，多不上白，由是忤時相意，以誣去位。從北征還，守北山諸關。

三年，惡己相反誅，以爲山西宣慰使。罪權勢之籍民爲奴，免而良者，將千人。至元改元，罷宣慰司，授公嘉議大夫，太原路總管，兼府尹。至是潛藩故臣相，無有出爲二千石吏者。上以太原難治，故留居此。會我先左丞公當分省遷調山西河東世職守令，[65]即遣諭旨，公拜稽首曰："陛下以臣堪一縣，俾爲令，臣烏乎可擇，况以千里寄治，非材大，懼任使不稱，以傷陛下之明，敢薄之耶。"自爾愈益勤勵。崇學教以明人倫，表孝節以善風俗，逐奸贓以剔民賊。裁婚葬俾師簡儉，敦耕桑以富生理之出，立杜倉以虞水旱之歉，一權度以絶欺詐之攘，嚴鼓柝以驚奇袤之覬。凡可與民漸摩仁義者，無弛不張。嘉禾瑞麥，六出其境。

滿秩，左部差功最天下，右部考過，惟草竊盜不獲一人。五年，徵入爲右三部尚書。人有由訟財而失其兄子者，公曰："何疑焉？叔殺之也。"深竟其獄。公所信厚及權貴，言可撼公者，莫不請求，保爲衣冠之族無有是也，皆漫不爲應，縣己俸爲賞購之。其家人果上變告，情狀呈露，言考慙服，叔竟以是病死。俄轉户部尚書，事無大小，必決之一日，書判煩勞，指爲之壐。

---

① 丁巳：元憲宗七年(1257)。

② 己未：元憲宗九年(1259)。

③ 庚申：元世祖建元中統(1260)。

七年，會上以蝗旱爲憂，俾録山西、河東囚。行至懷仁，民有魏氏，發得木偶，持告其妻挾左道，厭勝謀殺，已經數獄，服詞皆具，自以爲不冤。公燭其誣，召鞫其妾，榜掠一加，服不移晷。蓋妒其女君，謂獨陷以是罪，可必殺之也。即直其妻，而杖其夫之溺愛受欺，當妾罪死。觀者神之，或咨賞泣下。

八年，授中奉大夫、參知北京，行尚書省事。九年，罷尚書省，以故官參知北京行中書省事。京南徒水歲泛溢至城下爲患，公築堤捍去。皇子安西王有土關中之明年，當十一年，奏求公輔己，以故官改安西王相。至則視瀕涇營牧故地，可得數千頃，[66]起廬舍，疏溝澮其中，假牛種田具，賦予貧民二千家屯田。最一歲入，得粟麥石十萬，芻槀束百萬。公是來也。貧不能從妻子，留之京師，事或上聞，賜錢二千緡遣之。

明年，詔以王相撫蜀。其年，重慶猶城守，東西川各開樞府，合兵數萬人圍之。公至成都，兩府争遣使咨受兵食方略，公詭誘動之曰："宋今既亡，重慶以巨擘之地，不降何歸？政以公輩利其剽殺，不得有子女，懼而來耳。不然，他日兵未嘗戰。及招討畢某偕中使奉璽書來赦，最宜正言明告，嚴備止攻，以須其至。反購得軍吏杖之，爲僞得罪，懷之入降。水陸之師，雷鼓繼進，實堅其不下也。中使不喻詐計，竟以不奉明詔反命。如是者，皆公輩玩寇疆埸心迹之著白者。况復軍政不一，相訾紛紛，朝夕敗矣，豈能必成功爲哉。"兩府多致金帛子女爲謝曰："戎捷與人，法令所不禁也。"公讓不受。出未至秦，瀘州畔而重慶圍果潰，再退守瀘州，十三年秋也。

明年，詔以不花與公代爲西川副樞，公兼王相。大軍既發，公留成都供億。食纔支半月，賦粟繼之。官船不足，括商民船千艘，日夜督運。其年復瀘州。十五年，重慶之圍再合，踰月即下。紹興、南平、夔、施、思、播諸山壁水栅隨之皆下。而東樞府猶故將也。懲前與西川相觀望，致敗惡相屬，願獨軍圍合州。初公撫蜀，徑東川歸，以爲重慶帥閫受圍，必徵諸屬州兵，盡鋭拒守，合州空虚，誠使諜人持書曉之,兵隨其後,亦制合一奇也。即出合俘繫順慶獄者,縱之,使歸語州將張珏,以“天子威德遠布,[67]宋室淪亡,三宫皆北,又頌聖量含弘,録功忘追,[68]能早自歸,必取將相與夏吕比”。又爲書反覆禮義禍福,譬解其言,以爲“均爲臣也,不親於其子孫。合之爲州,不大於宋之天下。子孫舉天下而歸我,其臣勸偃然負阻窮山,[69]而曰吾忠於所事,不亦甚惑乎。昔也此州人不自爲謀求去就者,以國有主,寧死不欲身被不義之名,故爾得制其死命。主今亡,猶欲以是行之,則戲下以盜賊遇君,竊若首以徼福一旦,不難也”。其説累數千百言。又約書言爲檄,刊木於山,浮板於江。珏未及報,而公還王邸。至是合遣李興、張郃十二人者,詗事成都,皆獲之。當斬,復爲書縱歸,使喻其將王立。其言如喻珏者,而益剴切。

興至,立亦計夙與東府有深怨,懼誅。使興等導帥幹楊獬懷蠟書,間至成都降。公從兵纔數百人赴之。東府害其來争,有言:“前歲公爲書招珏,誠亦極矣,重不見痻,無功而還。今立珏牙校也,習狙詐不信人,特以計致公來,使與吾争垂成之功,延命晷刻耳,未必定降。定降,公冒吾圍而來受,何物視我,必不汝進。”公曰:“前歲合以重慶存,故力可以同惡。今也孤絶,窮而來歸,亦其勢然。吾非攘若功者,誠懼汝憤其後服,誣以嘗抗蹕先朝,利其剽奪,快心於屠城也。吾爲國活此民,豈計汝嫌怒爲哉。”即單舸濟江,薄城下呼立出降,安集其民,而罷置其吏。立德之,與金玉飾、少艾爲謝。公曰:“若以吾爲是來耶?吾無事乎此。其持往餽之東府。”合人自立而下,家繪事之。川蜀平,復以王相還邸。是年王薨,公感其受知深,而悼夫棄國之蚤也,哭之幾不能生。

十七年,詔公與南省參政程某,即其地聽思播湖南所訟鎮遠黄平田。會西南夷羅氏鬼國叛,别詔雲南、湖南、四川,合兵三萬人誅之。前茅及境矣,公曰:“蠻夷無親,爲俗吝貪。始由邊將撫之失策,積怨以叛。好事之臣,請加兵誅。旁諸小夷汹懼相擅,繼叛者必衆,恐非直三萬人能歲月平也。吾賴天子仁聖,馳一介之使招之,可坐俟其徠，豈必煩兵?”不及以聞，遣安珪止三道兵，張孝思諭鬼國降。其酋阿察熟公名，問曰:“是活合李公耶?”其言人曰:“明信可恃。”即日受命，身至播州降，語且泣曰:“吾屬百萬人，非公惠活，寧鬭死不降。”事畢驛聞，上爲之開可，改鬼國爲順元路，以其弟阿利爲宣撫使。其年王相府罷。十一月二十一日，始至黄平。

是夜也，星如斗賈館垣外，公弗善也，嘆曰:“他日嘗夢主烏江，今播水適名烏江，與是星，[70]皆吾死徵也夫?吾嘗誦馬伏波老當益壯之言，而奇曹武惠爲將不殺，得今活羅鬼，馬革裹尸歸何憾。”二十七日卒。後七日，資政大夫、中書左丞、安西行中書省之命下，蠻夷望轊車爲位祭且哭者，動百千人。塗所經，男女空家咨嗟聚觀。合之安撫使立，衰絰率吏民迎哭，傾振山谷，爲發百人護喪達興元。上聞而悼之，贈光禄大夫、中書右丞，謚忠宣公。賜錢二千緡具葬。先妃嗣王遣前僉書王相府事孛羅，賻錢五百緡具奠。明年，僉播州安撫司事何彦，抗章詣即州治之東爲廟，[71]制曰:“可。”

薨年六十三。[72]夫人胡氏，前公卒。今夫人某氏。子一人，嘉義大夫、安西路總管，兼府尹諸軍奥魯頞也。女二人，長適嘉議大夫、禮部尚書劉秉恕;幼在室。嘗概公平居，以先夫人剛嚴，其弟宗亨有小過，對衆奮杖撻之，不少惜。公若何而歡奉，使未嘗有厲色遽言，其亦能子哉。二兄既位不大耀於時，每分吾有，不至以寡乏見告。其盡禮姊氏，不以語人，人知爲姑若從母，不以爲兄弟也。與人交，誠易炳白，不張城市機阱，不面爲許，退與他人語。必諄諄暴其人所長，而韜其不及。至繩檢奸慝，奮發忿急，不能容其過。然亦不能留怨惡於胸中，雖舊欲擠己入不測淵者，事已輒忘之，略無校言復意，自奉甚薄，有積則施之，不爲子孫他日計。西川副樞，上嘗賜以玉帶、錦衣，錢二千五百緡，止留其服物，餘悉分之親戚賓客，一日而盡。人問之，則曰:“曩吾家多責券，縣宫憐而賜償之，無負矣。吾貴而薄功，又可富而厚享耶。不思而兩有之，神不福人。幸以是，人曰我貧，吾利器也。”故自入官，非素所往來，有相答報者，未嘗恃形勢取一錢直餽。

再爲尚書，權臣力能生殺人，耻公共事累年，足迹獨不及吾門。以禄薄用奢爲言，願奉母錢百金交歡，令取子自益，却之，亦不爲謝。

王相七年，及事先王五年，言必切切臣職子道，請聞斯行以絶專嫌，簡約侍衛以裁浮費，無急土木殫匱民力者，中外所厭誦。凡人賢而有聞，滿調將東歸，必薦汲之王，陞秩留之。故關輔得士爲多，皆視爲己職當然，未嘗語人由我而然，以期見德。遇事謹敏，好謀善問，多不自用。及其末路，生人之心愈切，取信蠻夷，聞其諭招，椎結荷旃，竭靡慕義，三道之兵，爲之抑首。思徼利於萬里，羞成功於一介。賞星烏江，馬革包柩；斬木通道，舁歸要荒。抑嘗觀今中統以來，將相臣死，率於其家。天下之情，稱其平生所爲，功高者惜，德大者思，不過如是而極，然未有若公逢掖死事，爲世所壯者也。嗚呼，賢哉！

又嘗觀古君臣莫難於合，莫尤難於信。蓋合或可伺所欲以中，而信則必不可襲取於一時。自公始侍潛藩聖皇，非遽貴之也，亦嘗身接之，面訓之，指授之。親以細微，觀其敬忽，置之糾紛，試其理解，讋以雷霆，[73]察其變常，納之汙濁，驗其潔白，既久而後知遇也。其後三十三年之中，或使或牧，或從或留，或相或傅諸侯王，或將，凡賞勛勞，優耆舊，可以勸人臣者，公皆與爲之。至商論群臣能否，於公不曰清，則曰剛，或曰不欺，不見有貶於聖訓。用未盡，年未耄，人猶未足其悲。受任於已試，知遇於既久，可與疇咨海内者，將不知誰在也。嗚呼！悲哉。

後三年，頍彙進遺事求狀公行，燧亦荷公知，且久遊其門，又與頍嘗同受學，義不得以不文爲讓，姑爲論次如此。

奉議大夫、陝西漢中道提刑按察副使姚燧謹狀。

（《元文類》卷四九《中書左丞李忠宣公行狀》，《文翰類選大成》卷一五四《中書左丞李忠宣公行狀》，《牧庵集》卷三〇《中書左丞李忠宣公行狀》）

知太史院事郭公行狀　齊履謙

公諱守敬，字若思，順德邢臺人。生有異操，不爲嬉戲事。祖榮，號鴛水翁，通五經，精於筭數、水利。時太保劉文貞公、左丞張忠宣公、樞密張公易、贊善王公恂，同學於州西紫金山，而文貞公復與鴛水翁爲同志友，以故俾公就學於文貞所。

先是，順德城北有石橋，以通達活泉水，兵後橋爲泥潦淤没，失其所在。公甫冠，爲之審視地形，按指其處而得之。河東元公裕之文其事于石，其曰"里人郭生"者，即公是也。

中統三年，張忠宣公薦公習知水利，且巧思絶人，蒙賜見上都便殿。公面陳水利六事。其一中都舊漕河，東至通州，權以玉泉水引入行舟，歲可省僦車錢六萬緡。通州以南，於蘭榆河口徑直開引，由蒙村跳梁務至楊村還河，[74]以避浮鷄泊盤淺風浪遠轉之患。其二順德達活泉開入城中，分爲三渠，引出城東，灌溉其地。其三順德灃河東至古任城，[75]失其故道，没民田一千三百餘頃，此水開修成河，其田即可耕種。其河自小王村經滹沱，合入御河，通行舟筏。其四磁州東北滏、漳二水合流處開引，由滏陽、邯鄲、洺州、永年下經雞澤，合入灃河，其間可溉田三千餘頃。其五懷孟沁河，雖已澆溉，尚有漏堰餘水，東與丹河餘水相合，開引東流，至武陟縣北，合入御河，其間亦可溉田二千餘頃。每奏一事，上輒曰："當務者，此人真不爲素餐矣。"即受提舉諸路河渠。四年，加授銀符副河渠使。

至元改元，從忠宣公行省西夏，興復瀕河諸渠。先是，西夏瀕河五州，皆有古渠。其在中興州者，一名唐來，長袤四百里，一名漢延，長袤二百五十里。其餘四州，又有正渠十，長袤各二百里，支渠大小共六十八。計溉田九萬餘頃。兵亂以來，廢壞淤淺，公爲之因舊謀新，更立牐堰，役不踰時而渠皆通利，夏人共爲立生祠於渠上。

二年，授都水少監。公言："嚮自中興還，特命舟順河而下，[76]四晝夜至東勝，可通漕運。及見查泊兀郎海，古渠甚多，可爲修理。"又言："金時，自燕京之西麻谷村，分引瀘溝一支，東流穿西山而出，是謂金口。其水自金口以東，燕京以北，溉田若干頃，其利不可勝計。兵興以來，典守者懼有所失，因以大石塞之。今若按視故迹，使水得通流,上可以致西山之利,下可以廣京畿之漕。”上納其議。公又言:“當於金口西,預開減水口,西南還大河,令其深廣,以防漲水突入之患。”衆服其能。八年,遷都水監。

十二年,丞相伯顔公南征,議立水驛,命公行視所便。自陵州至大名,又自濟州至沛縣,又南至呂梁,又自東平至綱城,又自東平清河逾黄河故道,至與御河相接,又自衛州御河至東平,又自東平西南水泊至御河,乃得濟州大名東入泗汶與御河相通形勢,[77]爲圖奏之。

十三年,都水監併入工部,[78]遂除工部郎中。是歲,立局改治新曆。先時,太保劉公以《大明曆》自遼、金承用二百餘年,浸以後天,議欲修正而薨。至是江左既平,上思用其言,遂以公與贊善王公率南北日官,分掌測驗推步於下,而忠宣、樞密二張公,爲之主領,裁奏於上。復共薦前中書左丞許公,能推明曆理,俾參預之。公首言:“曆之本,在於測驗,而測驗之器,莫先儀表。今司天渾儀,宋皇祐中汴京所造,不與此處天度相符,比量南北二極,約差四度,表石年深,亦復欹測。”[79]公乃盡考其失而移置之。既又别圖爽塏,以木爲重棚,創作簡儀高表,用相比覆。又以爲天樞附極而動,昔人嘗展管望之,未得其的,作候極儀。極辰既位,天體斯正,作渾天象。象雖形似,莫適所用,作玲瓏儀。以表之矩方,測天之正圓,莫若以圓求圓,作仰儀。古有經緯,結而不動,公則易之,作立運儀。日有中道,月有九行,公則一之,作證理儀。表高景虚,罔象非真,作景符。月雖有明,察景則難,作闚凡。[80]曆法之驗,在於交會,作日月食儀。天有赤道,輪以當之,兩極低昂,標以指之,作星晷定時儀。以上凡十三等。又作正方案、丸表懸正儀、座正儀,凡四等,爲四方行測者所用。又作《仰規覆矩圖》《異方渾蓋圖》《日出入永短圖》,凡五等。與上諸儀互相參考。

十六年,改局爲太史院,以贊善公爲太史令,公爲同知太史院事,給印章,立官府。是年,奏進儀表式樣,公乃對御指陳理致,一一周悉,自朝至於日晏,上不爲倦。公因奏:“唐一行開元間令南宫説天下測景,書中見者凡十三處。今疆宇比唐尤大,若不遠方測驗,日月交食分數時刻不同,晝夜長短不同,日月星辰去天高下不同,即目測驗人少,可先南北立表,取直測景。”上可其奏。遂設監候官一十四員,分道相繼而出。先測得南海北極出地一十五度,夏至景在表南,長一尺一寸六分,晝五十四刻,夜四十六刻。衡岳北極出地二十五度,夏至日在表端無景,晝五十六刻,夜四十四刻。岳臺北極出地三十五度,夏至景長一尺四寸八分,晝六十刻,夜四十刻。和林北極出地四十五度,夏至景長三尺二寸四分,晝六十四刻,夜三十六刻。鐵勒北極出地五十五度,夏至景長五尺一分,晝七十刻,夜三十刻。北海北極出地六十五度,夏至景長六尺七寸八分,晝八十二刻,夜一十八刻。繼又測得上都北極出地四十三度,少北京北極出地四十二度强,益都北極出地三十七度少,登州北極出地三十八度少,高麗北極出地三十八度少,西京北極出地四十度少,太原北極出地三十八度少,安西府北極出地三十四度半强,興元北極出地三十三度半强,成都北極出地三十一度半强,西凉州北極出地四十度强,東平北極出地三十五度太,大名北極出地三十六度,南京北極出地三十四度太强,陽城北極出地三十四度太弱,揚州北極出地三十三度,鄂州北極出地三十一度半,吉州北極出地三十六度半,雷州北極出地二十度太,瓊州北極出地十九度太。

十七年,新曆告成,拜太史令。公與太史諸公同上奏曰:“臣等竊聞帝王之事,莫重於曆。自黄帝迎日推策,帝堯以閏月定四時成歲,舜在璇璣玉衡以齊七政,[81]爰及三代,曆無定法。周秦之間,閏餘乖次。西漢造《三統曆》,百三十年而後是非始定。東漢造《四分曆》,七十餘年而儀式方備。又百二十一年,劉洪造《乾象曆》,始悟月行有遲速。又百八十年,姜岌造《三紀甲子曆》,始悟以月食衝檢日宿度所在。又五十七年,何承天造《元嘉曆》,始悟以朔望及弦皆定大小餘。又六十五年,祖冲之造《大明曆》,始悟太陽有歲差之數,極星去不動處一度餘。又五十二年,張子信始悟日月交道有表裏,五星有遲疾留逆。又三十三年,劉焯造《皇極曆》,始悟日行有盈縮。又三十五年,傅仁均造《戊寅元曆》，頗采舊儀，始用定朔。又四十六年，李淳風造《麟德曆》，以古曆章蔀元首分度不齊，始爲總法，用進朔以避晦晨月見。又六十三年，僧一行造《大衍曆》，始以朔有四大三小，定九服交食之異。又九十四年，徐昂造《宣明曆》，始悟日食有氣刻時三差。又二百三十六年，姚舜輔造《紀元曆》，始悟食甚泛餘差數。以上計千一百八十二年，曆經七十改，其創法者十有三家。自是又百七十四年。欽惟聖朝統一六合，肇造區夏，專命臣等改治新曆，臣等用創造簡儀、高表，憑其測到實數，所考正者凡七事：

"一曰冬至。自丙子年立冬後，[①]依每日測到晷景，逐日取對，冬至前後日差同者爲準，得丁丑年冬至，[②]在戊戌日夜半後八刻半。又定丁丑夏至，得在庚子日夜半後七十刻。又定戊寅冬至在癸卯日夜半後三十三刻，[③]己卯冬至在戊申日夜半後五十七刻半，[④]庚辰冬至在癸丑日夜半後八十一刻半，[⑤]各減《大明曆》十八刻，遠近相符，前後應準。

"二曰歲餘。自劉宋《大明曆》以來，凡測景驗氣，得冬至時刻真數者有六，用以相距，各得其時，合用歲餘，今考驗四年相符不差。仍自宋大明壬寅年距至今日八百一十年，[⑥]每歲合得三百六十五日二十四刻二十五分，其二十五分爲今曆歲餘合用之數。

"三曰日躔。用至元丁丑四月癸酉望月食既，推求日躔，得冬至日躔赤道箕宿十度，黄道箕九度有畸。仍憑每日測到太陽躔度，或憑星測月，或憑月測日，或徑憑星度測日，立術推算，起自丁丑正月至己卯十二月，凡三年，共得一百三十四事，皆躔於箕，與月食相符。

"四曰月離。自丁丑以來至今，憑每日測到逐時太陰行度推筭，

---

① 丙子：元世祖至元十三年(1276)。

② 丁丑：元世祖至元十四年(1277)，下同。

③ 戊寅：元世祖至元十五年(1278)。

④ 己卯：元世祖至元十六年(1279)，下同。

⑤ 庚辰：元世祖至元十七年(1280)。

⑥ 壬寅：南朝宋大明六年(462)。

變從黄道求入轉極遲極疾并平行處，前後凡十三轉，計五十一事，内除去不真的外，有三十事得《大明曆》入轉後天。又因考驗交食，加《大明曆》三十刻，與天道合。

"五曰入交。自丁丑五月以來，憑每日測到太陰去極度數，比擬黄道去極度，得月道交於黄道，共得八事。仍依日食法度推求，皆有食分得入時刻，與大明所差不多。

"六曰二十八宿距度。自漢《太初曆》以來，距度不同，互有損益，《大明曆》則於度下餘分，附以太半少，皆私意牽就，未嘗實測其數。今新儀皆細刻周天度分，每度爲三十六分，以距綫代管窺，宿度餘分，並依實測，不以私意牽就。

"七曰日出入晝夜刻。《大明曆》日出入晝夜刻，皆據汴京爲準，其刻數與大都不同，今更以本方北極出地高下，黄道出入内外度，立術推求，每日日出入晝夜刻，得夏至極長，日出寅正二刻，日入戌初二刻，晝六十二刻，夜三十八刻，冬至極短日出辰初二刻，日入申正二刻，晝三十八刻，夜六十二刻，永爲定式。

"所創法凡五事：一曰太陽盈縮，用四正定氣，立爲升降，限立招差，求得每日行分初末極差積度，比古爲密。二曰月行遲疾，古曆皆用二十八限，今以萬分日之八百二十分爲一限，凡析爲三百三十六限，依垛疊招差，求得轉分進退，其遲疾度數遂時不同，蓋前所未有。三曰黄赤道差，舊法以一百一度相減相乘，今依筭術勾股弧矢方圓斜直所容，求到度率積差差率與天道實爲吻合。四曰黄赤道内外度，據累年實測内外極度二十三度九十分，以圓容方直矢接勾股爲法，求每日去極與所測相符。五曰白道交周，舊法黄道變推白道，以斜求斜，今用立渾比量，得月與赤道正交，距春秋二正，黄赤道正交一十四度六十六分，擬以爲法，推逐月每交二十八宿度分，於理爲盡。"

十九年，太史王公卒。時曆雖頒，然其推步之式與夫立成之數，尚皆未有定稿。公於是比次篇類，整齊分抄，裁爲《推步》七卷、《立成》二卷、《曆議擬藁》三卷、《轉神選擇》二卷、《上中下三曆注式》十二卷。

二十三年，繼爲太史令，遂上表奏進，又有《時候箋注》二卷、《修改源流》一卷，其測驗書有《儀象法式》二卷、《二至晷景考》二十卷、《五星細行考》五十卷、《古今交食考》一卷、《新測二十八舍雜座諸星入宿去極》一卷、《新測無名諸星》一卷、《月離考》一卷，並藏之官。

二十八年，有言漕事便利者，一謂灤河自永平挽舟踰嶺而上，可至上都；一謂瀘溝自麻谷可至尋麻林，朝廷令各試所説。其謂灤河者，至中道自知不可行而罷。其謂瀘溝者，命公與往，亦爲哨石所阻，舟不得通而止。公因至上都，别陳水利十有一事。其一，大都運糧河，不用一畝泉舊源，[82]别引北山白浮泉水，西折而南，經瓮山泊，自西水門入城，環彙於積水潭，復東折而南，出南水門，合入舊運糧河。每十里一置牐，比至通州，凡爲牐七，距牐里許，上重置斗門，互爲提閼，以過舟止水。上覽奏，喜曰："當速行之。"於是復置都水監，俾公領之。首事於二十九年之春，告成於三十年之秋，賜名曰"通惠"。

役興之日，上命丞相以下，皆親操畚鍤爲之倡，咸待公指授而後行事。置牐之處，往往於地中偶值舊時磚木，時人爲之感服。船既通行，公私省便。先時，通州至大都陸運官糧歲若干萬石，方秋霖雨，驢畜死者，不可勝計，至是皆罷。是秋，車駕還自上都，過積水潭，見其舳艫蔽水，天顔爲之開懌，特賜公錢一萬二千五百緡，仍以舊職兼提調通惠河漕運事。公又欲於澄清牐稍東，引水與北壩河接，且立牐麗正門西，令舟楫得環城往來，志不就而罷。

三十一年，拜昭文館大學士，知太史院事。大德二年，召公至上都，議開鐵幡竿渠。公奏"山水頻年暴下，非大爲渠堰，廣五七十步不可"，執政吝於工費，以公言爲過，縮其廣三之一。明年大雨，山水注下，渠不能容，漂没人畜廬帳，幾犯行殿。翌日，天子北狩，謂宰臣曰："郭太史神人也，可惜不用其言。"

七年，詔内外官年及七十，並聽致仕，公以舊臣，且朝廷所施爲，獨不許其請。至今翰林太史司天官不致仕者，咸自公始。

延祐三年某月日卒，年八十六。公以純德實學，爲世師法，然其不及者有三，一曰水利之學，二曰曆數之學，三曰儀象制度之學。

決金口以下西山之栰，而京師材用是饒；復唐來以漑瀕河之地，而靈夏軍儲用足；引汶泗以接江淮之派，而燕吴漕運畢通；建斗牐以開白浮之源，而公私陸費由省。又前後條奏便宜凡二十餘事，相治河渠泊堰大小數百餘所。其在西夏，嘗挽舟遡流而上，究所謂河源者。又嘗自孟門以東循黄河故道，縱廣數百里間，皆爲測量地平，或可以分殺河勢，或可以漑灌田土，具有圖志。又嘗以海面較京師至汴梁地形高下之差，謂汴梁之水，去海甚遠，其流峻急，而京師之水，去海至近，其流且緩，其言信而有徵。此水利之學，其不可及者也。

古曆天周與歲周，小餘同於日度四分之一。漢魏以來，漸覺不齊，遂有破分之説。而立法未均，任意進退。公乃每以百年爲率，小餘之下，增損各一，以之上推往古，下驗方來，無不吻合。且自太初迄于大明，名曆七十餘家，其見施用於世者四十有三，類多寫分换母，瑑誑一時，[83]間有翹出如宋元嘉、唐大衍近世紀元，不過三數，然亦未臻至當，考驗天事，始雖親密，旋已不效。公所爲曆，測驗既精，設法詳備，行幾五十年，未嘗一有先後天之差，去積年日法之拘，無寫分换母之陋，此曆數之學，其不可及者也。

舊儀既多蔽礙，且距齒但有度刻而無細分，以管望星，漸外則所見漸展，尤難取的。公所爲儀，但用天常赤道四游三環三距，設四游於赤道之上，與相套在内，同附直距於四游之外，與雙環兩間同結綫距端，凡測日月星，闞以兩綫相望，[84]劈取其正中所當之刻之度之分之秒之數。舊八尺謂夏至之景尺有五寸，千里而差一寸，其説見於《周官》《周髀》等書，千里而差一寸，唐一行已嘗駁議，八尺之表，表庳景促，古今承用，未之或革。公所爲表，五倍其舊，懸施横梁，每至日中，以符竅夾測横梁之景，折取中數，與舊表但取表之景者，殊爲審當。公於世祖朝進七寶燈漏，今大明殿每朝會張設之，其中鐘鼓皆應時自鳴。又嘗進木牛流馬，雖不盡得諸葛舊制，亦自機妙。成宗朝進櫃香漏，又作屏風香漏行漏，以備郊廟從幸。大德二年，起靈臺，水渾，運渾，天漏，大小機輪，凡二十有五，皆以刻木爲衝牙，轉相撥擊，上爲渾象，點畫周天星度，日月二環，斜絡其上，象則隨天左旋，日月二環，各依行度，退行右轉。公又嘗欲倣張平子爲地動儀，及候氣密室，事雖未就，莫不究極指歸，此儀象制度之學，其不可及者也。

初，公年十五六，得石本《蓮花漏圖》，已能盡究其理。及隨張忠宣公奉使大名，因大爲鼓鑄，即今靈臺所用銅壺。又得《尚書璇璣圖》，規竹篾爲儀，積土爲臺，以望二十八宿及諸大星。及夫見用，觀其規畫之簡便，測望之精切，功智不能私其議，[85]群衆無以參其功。王太史剛克自用者也，每至公所，睹其匠制，未嘗不爲之心服。魯齋先生言論爲後代法，[86]因語及公，以手加額曰："天佑我元，似此人世豈易得。嗚呼！其可謂度越千古矣。"

（《元文類》卷五〇《知太史院事郭公行狀》，《元朝名臣事略》卷九《太史郭公卷九之二》）

濟南路大都督張公行狀　張起巖

公張姓諱宏，字可大，世爲濟南人。祖榮，屬金季喪亂，保民壁鄒平縣之黌堂嶺。國兵下，版其軍民五十餘萬歸款，以勞績始受命爲東諸侯。安集流亡，政尚仁厚，所部殷足，而境内以治。庚寅歲，①覲太宗皇帝，賜錦衣三襲，坐諸侯王上。從攻河南睢陽、沛、徐，邳，獲其兖王國用安。伐宋，破棗陽、仇城、六安，未嘗濫及無辜，以言脱民於兵甚衆。世祖臨御，詢開國有功臣，首及之，優詔獎勵。以濟南公致仕，有"慶及子孫，長保河山"之誓之語。考邦傑，襲爵，勤於撫字，凡可以裕民生植邦基者，力陳於上，賦之病民者，數請蠲貸，皆報可，且以新造金虎符、異金織幣服賜之。而民或不堪賦，及不得請，至均爲代輸

① 庚寅：元太宗二年(1230)。

之，流民以歸，疲瘵以蘇，事集而人不擾，朝廷考課，爲天下最。乃割河間之將陵、臨邑等六處，以旌治績，仍陞將陵爲州。

初以質子侍王藩，娶阿可亦真氏，生公，性長厚，自幼嶷然有成人風。長博通諸國語，及嗣爲政，一以繼志述事爲心。屬歲大旱，徒步四十里禱兩龍洞，既奠而雨霑足。其在軍旅，拊循士卒，號令嚴明，於襄於揚，累奏戰功。世祖皇帝在王邸，總率兵伐宋，公爲前鋒，得生口，輒詢山川地形，途所從出，城郭向背，主將誰某，倉廩所實幾何，守兵幾何，一一爲上陳之。且逆策其可勝之狀，畫其進取當自某處，當用兵若干，若指諸掌，暨捷，卒如所策。上每曰："汝殆身親歷耶。何其言之信也。"拔木欒山寨，獲男女萬餘口，咸釋之，俾復生聚。宋人以王師之至，所向款附。至陽羅堡，上視師江北岸小山，公進言："彼宋舟師雖衆，我以四百艘可必取之，請偕水軍先濟江。"許之。奪其大舡名白鷂者一，大戰江中，連勝，我師增氣。其偏將以二百艘直抵南岸，宋師奔潰，而公之北斗旗已樹矣。上隨整諸軍渡江。至鄂州，公啓城東南維，彼悉衆守禦，號難攻。請先諸軍以攻，彼既下，則城自陷矣。攻之，登其陴，宋人悉力來奪，公連戰，復破之，城隨陷。上命公籍府庫，秋毫不私。師旋，部降民數千，徙之内地，嬰孺無失。或有疾，命醫視之，皆全活。上正位宸極，有詔若曰："乃祖爲國有收撫之勛，治郡存節儉之業。其父相繼，致力於民。承襲至卿，餘風尚在，又隨朕南進，殊有功勞。可遵奉先朝聖旨，依舊懸帶虎符，授濟南府行軍萬户管民總管之職。凡在所屬，並聽節制，敬持朕命，慎守卿司。"

中統三年春，李壇叛，兵起益都，率逆徒數萬擣濟南。前此公臆知其端，[87]條其逆迹等十事，大略以爲："諸路城壁不修，而益都因澗爲城，國初以全師攻之，數年不下，今更包以磚石而儲粟於内，且留壯丁之轉輸者于府，其志欲何爲哉？又諸路兵久從征伐，不得休息，率皆困弊。而壇假都督之重，擁彊兵至五七萬，日練習整厲，名爲討宋，而實不出境，士卒唯知壇之號令，不復知禀朝廷之命。平章王文統，故壇參佐，儻中外連構，窺伺間隙，以逸待勞，北尤可慮。[88]又大駕前歲北征，群臣躬扞牧圉，而璮獨以禦宋爲辭，既不身先六軍，復無一校以從，本欲休養士卒，以覘國家虛實，及駕還京師，諸侯朝覲，璮又不至，不臣之心，路人共知。國家去歲遣使往宋，實欲百姓休息，璮獨不喜其和，奸欺叵測，方發兵邊境，下竊兵威，上失國信。又如市馬諸路，無論軍民，概屬括買，獨不及益都。而璮方散遣其徒於别境，高其直以市。其王文統與璮締交，於此尤著。又中統鈔法，諸路通行，唯璮用漣州會子，所領中統鈔，顧於臣境貿易諸物，商人買鹽而鈔不見售。又山東鹽課之額，歲以中統鈔計，爲三千五百定。近年互爲欺誑，省爲二千五百定，餘悉自盜，屬法制初祈，[89]宜復舊額，而欺盜仍前。又前歲王師渡江，宋人來禦，璮乘其隙，偶陷漣州，輒貪其功，悉留歲賦，爲括兵用，而又侵及鹽課。誠使璮絶淮而南，歲陷一二城壁，去杭尚遠。方今急務，政不在此，而徒以兵賦假之，不可不慮。今亟宜罷王文統，而擇人代璮，且徵璮從攻西北，足以破其奸謀。必東南須璮鎮戍，剌真督兵西南，緩急豈能相及？又不若掇璮北行爲策之善也。如或不然，尚宜中設都督，内足以分其勢而伐其謀，外足以鼎立而禦侮也。"公以其言秘，俟燕閒以聞。

二年元會，上命公酒，知公意有所陳，謂之曰："卿比還，當陛見，朕與卿有言也。"十六日，上獵近郊，宿郊壇旁，夜召公與語，公遂具奏，上諭近侍以軍國密計毋泄。至是璮兵西來，城守之卒，數不滿千，公遂偕其祖濟南公告變京師，半道，詔以諸王合必赤總兵蹙之。有旨諭衆安業，俾郡縣兵從公討賊，割山東鹽課以濟師，仍戒諸道兵毋肆侵掠，以公爲前導，而璮已據濟南諸道。兵既合，詔無攻城以傷吾民，乃築城周六十里圍之。璮既不得出，公率卒青齊境上，斷其饟道，攻下寨栅，脅從之民，相率歸正。逆徒數突圍，公及諸軍遮却之，以功遷大都督。秋七月甲戌，璮伏誅。公言濟南民皆王民，咸爲逆徒盜據，今罪人斯得，恐軍士例肆虜掠，請戒收兵毋入城。於是王遣將分掌門鑰，尋有卒褫民婦衣，斬首以徇，諸軍肅然。

至元初，例遷真定路總管兼府尹，加鎮國上將軍。有故吏掇拾公諸父罪，辭連公，上以其有功，特原之，然猶免所居官。九年，師次襄陽，起公爲懷遠大將軍、新軍萬户，佩金虎符。宋安撫吕文焕守襄陽，攻之不下，諭之不從，最後遣人往撫。[90]吕曰："得張濟南一言，吾無盟矣。"公持詔往諭，文焕遂舉城降。

十年，授襄陽等處統軍使，總兵十七萬人。十三年，宋平，公悉歸功諸將，以在軍旅歲久，積勞成疾，竪乞骸骨以歸。與人言，未嘗及平宋事。公主遼東兀魯回河，又其二女爲藩王妃，性樂其風土，且便畜牧，遂留居，間歲一至濟南，優游暇豫，以佚其老。

二十四年十一月初五日，薨於濟南私第之正寢，享年五十有九。夫人某氏、趙氏、姜氏。二子，元節趙出，元里姜出。四女，長也速貴，爲諸王忽剌忽兒妃；次適姜從吉；次爲金剛奴王妃；次適洪澤屯田千户梁紹祖。諸王乃顏之叛，連謀於兀訥忽赤，金剛奴。

也速貴以逆順禍福反覆開諭，不聽，故及於禍。始逮赴詔獄，有旨詰之曰："若與乃顏搆亂，亦嘗有人諭止若等否?"彼具以妃所陳對。上嗟異曰："是濟南張相子，朕知其然矣。"命索之軍中，賜楮弊二千五百緡，給轉歸濟南養疾，有司供億。元貞初，山東憲司以妃忠孝大節素着，而供需不時繼，乞賜田以足廪餘。事聞，加賜二萬緡。

元節襲公爵，宣武將軍、征西萬户。元里被吴王教，建昌路達魯花赤。男孫二：那懷，襲征西萬户；次某。起巖先世故濟南僚屬，幼及侍諸父，暨聞中表老人，語公家善政嘉績，猶歷歷能誦言。流寓東平益都境，其耆年叟亦諭東諸侯爲政尚忠厚，崇信義，而不奪其力，惟濟南爲然，餘弗及也。至元之罷侯守，民蓋有視其故侯如路人，甚至追咎怒駡如仇讎者。公遷真定，民傾城攀留，西至郭門，咸嗚咽俯伏羅拜，至擁馬不得行，曰："我公不復惠我民矣。"公亦悲，莫能仰視，諭解久之，方得出郊，民望哭聲震原野。又懷思遺愛，爲樹碑頌德，祝其富壽。及公被新軍萬户之命，過家覲濟南公，民聞公之至，郊迎者相望於外，里巷室家，悦喜於内。是果何自而致哉？良由濟南公性鍾仁恕，動合天理，推之以惠其民。先公及公，一遵其政，故得民也如此。

又聞青寇逼濟南，濟南公怒曰："國家何負李全，而賊子敢爾？昔吾壯盛時，全猶不敢易吾，賊子何爲者耶？惜吾身老，兵戎宋境，不時至，致賊子得肆其逆。吾唯以死捍賊，終不闞吾民也。"於是誓衆曰："凡吾子孫卒屬，有不一力討賊者，吾有劍在。"衆聞其言，勇自百倍。乃諭僚屬士民，壁南山自保，躬將輕騎駐將陵以拒壇。故識者謂濟南公寧以身綴豕突之鋒，而不忍死其民於矢石之下，其忠仁勇爲何如也。故身備五福，顯膺二爵，善始令終，復有先公與公以濟其美，天之報施，理不誣也。

公嗣子元節，忠勤廉正，鎮禦有方，總戎遠征，威惠兼濟。嘗爲征西元帥府薦充副都元帥，國家有大慶賚，恩數與諸王等。元節偕其諸兄，以公平昔事迹，求爲行狀，故詳録并實，而以謏聞附，庶備宗工鉅儒之采擇云。

（《元文類》卷五〇《濟南路大都督張公行狀》，《文翰類選大成》卷一五四《濟南路大都督張公行狀》）

神道碑

周車騎大將軍賀婁公神道碑　庾信

昔者軒丘命氏，初分兄弟之姓；若水降居，始建諸侯之國。自是以官爲族，因地爲宗，水派枝分，其可知矣。公諱慈，字元達，本姓張，清河東武城人也。仕於周，張仲爲孝友；謀於晋，張彦爲賢臣。韓有開地，則五世强國；趙有孟談，則三卿不戰。

祖慶，少習邊將，憑仗智勇。雖復五車竹簡，不取博士之名；一卷兵書，即以將軍自許。角端在手，必無齊魯之侵；蓮花插腰，甚得蛟龍之氣。爲車騎大將軍、儀同三司、散騎常侍、霸城縣開國伯，贈河州刺史。

父璨，公子公孫，有鎡基於天下；良弓良冶，有世業於家風。書則百家可知，劍則千人可敵。三槐以鼐鼎象物，知其神奸；五等以桓珪旆疑。瑞，守其宫室。君以才望，兼而受之。[91]終於使持節、車騎大將軍、儀同三司、散騎常侍、武定縣開國公，贈州刺史。秉山岳之靈，[92]受星辰之氣。年在髫髮，甫就勝衣。竹馬來迎，已知名於郭伋；羊車在道，即見賞於王澄。豈直童子明經，書生説卦而已。至如禪河清論，秋水高談，故以辨折龜林，聲馳鹿野。[93]

國家官族，君爲首姓。起家車騎大將軍、儀同三司，襲爵爲公，[94]增邑合一千六百户。弱冠登朝，傳呼甚寵。漢魏臺鼎，故無此比；中朝方伯，罕有其年。大冢宰任總機衡，是勤王略，惜君忠壯，委以爪牙。乃領左廂親信，[95]出爲梁州防主。華陽西極，漢水東流，巴、濮既寧，沉黎即静。

保定四年，王師北伐，以君驍勇，被召將兵，師下宜陽，身登函谷，將燒白馬之城，以覆烏巢之壘。既而中途甚雨，未獲圍原，軍師聞喪，不成侵宋。

柱國趙王，今上之第九弟也。文則河間上書，武則任城置陣。作鎮岷丘，楊旍錦水，白虎之俗難安，黄龍之盟不定。以君智略，入佐中權。天和元年，授使持節、大都督、治柱國總府司録，仍轉司馬，餘官封如故。相如西喻，鏤石於靈山；武侯南征，浮船於瀘水。方之今日，彼獨何人？九品課工，爲上之下。四年，入朝，歸事宰旅。即受載師大夫，將命齊國。尋盟出境，即用和隣，入國聞喪，仍從會葬之禮。“可使南面”，此之謂乎？

尋以本官入治軍正。至如渭水兵書，在心爲志；[96]軒丘陣法，聚石成圖。[97]既得師不疲策，[98]兵無怨讟。入陪中禁，更領儀同。邸客城池，門闌户籍，咸資巡警，並用司存。帝城近臣，公室密戚，如逢司隸，似畏都官。既而孤城鄭嫗，不相其年；巴水深翁，不醫其疾。春秋三十有三，奄捐官舍。吕子明之疾甚，嘆軫吴王；阮元瑜之長逝，[99]悲深魏主。有詔贈某官，禮也。以建德四年三月日歸葬於河州苑川郡之禁山。

公六郡良家，西河鼎族。[100]地壯金行，人雄塞氣。兵書七卷，河水浮來；射法三篇，天弧夜下。鋒旗不息，刁斗恒驚。猶得馬上讀書，軍中習禮，太史子義，善於謀策，諸葛公休，長於撫馭。四代儀同三司，七世河州刺史，鐘鼎成列，冠蓋連陰。所謂生爲貴臣，死爲貴神者也。但以遊魂久客，反葬途遠，道阻山長，妻孤子幼。哀聲滿野，愁氣連雲。況復松櫝飄飖，方臨武威之戍；丘陵迴遠，直對臨洮之城。[101]馬援亡於武溪，尸柩返於魏里；梁鴻死於會計，[102]妻子歸於平陵。嗚呼哀哉！崎嶇遠矣。昔者繁昌祠前，即有黄金之碣；德陽墓下，[103]猶傳青石之碑。是謂勒功，乃爲銘曰：

七葉佐漢，五世相韓。忠臣入仕，孝友當官。青城仙洞，黄石祠壇。臺堪走馬，書足回鸞。武定風飈，霸城嚴肅。並馳雙傳，俱分兩竹。[104]重世刺舉，連鑣衮服。草靡青丘，風馳赤谷。世不乏賢，挺兹上嗣。孝有三德，忠無二志。劍足身挺，書堪面試。旍節既秉，高蟬且珥。龜轉印函，蛇盤綬笥。左右將軍，前後常侍。繼踵五侯，因循三事。旍旃九坂，艫舳雙流。還驅木焉，更引金牛。江波錦落，火井星浮。蹲酒望帝，安歌蜀侯。受脤河陽，[105]偏師洛浦。置陣成皋，連旗廣武。朝兵减竈，夜營多鼓。箭起六麋，鋒摧九虎。倏忽人世，俄然今古。祟發兩星，醫驚二竪。遊魂通夢，言反舊塋。紫泥賜册，黄腸贈行。途登石紐，路入金城。寒關樹直，秋塞雲平。劍埋合柱，書藏鑿楹。武侯爲廟，欒公爲社。雲蓋低臨，霓裳紛下。碑枕金龜，松横石馬。永矣身世，留名華夏。

（《文苑英華》卷九〇六《周車騎大將軍賀婁公神道碑》，《文翰類選大成》卷一五二《周車騎大將軍賀婁公神道碑》，《庾子山集注》卷一四《周車騎大將軍賀婁公神道碑》）

太原王公神道碑　張説

良玉禮神，用之西序之器，拾之南山之璞，冏然不有其珍也；君子安命，進之扞城之雄，退之去國之老，隤然不失其正也。語夫杖運以行道，屬辭以比德，亦何代無其人哉。公諱方翼，字仲翔，太原祁人，王周之後也。王子以敗狄受姓,徵君以遁世爲名。[106]司徒之濟艱難,義形漢室;太尉之圖舉甲,心盡魏朝。聞蔣濟所言,則知《尚書》志力,兄弟繼美;覽《周書》所載,則見潁川忠烈,子後皆封。[107]臣節奮揚於百代,家聲籍甚於四海。大王父司徒定公秉,隋氏之崇也。王父駙馬開府文公裕,先朝之懿也。考特進慎公仁表,皇室之甥也。公門總四岳之靈,帝子分五潢之氣,是生時傑,鬱爲人紀。

公雄姿沉毅,凛難犯之色;虚懷信厚,坦招納之量;識略精斷,達應變之權;神守密静,堅不奪之節。孝友内兆於免懷,忠敬外灼於既冠,[108]加以思參造化,誠合鬼神,文其《詩》《書》,武其韜略,推此才也,以從政焉,永無遺矣。[109]夙遭家難,哀過柴瘁。京師號曰孝童,王母同安長公主。引貴遊之誡,示作苦之端。命夫人徙居鄜墅,儲無斗粟,庇無尺椽,公躬率傭保,肆勤給養,墾山出田,燎松鬻墨。一年而良疇千畝,二年而厦屋百間。日舉壽觴,猒珍膳矣。處約能久,不亦仁乎?在困能亨,不亦智乎?

永徽初,始宰安定。誅豪暴以育人,察奸宄以申冤。異政三舉,清風一變。除瀚海都督府司馬,以母疾辭職,爲姜恪乘便,遂徙朔州尚德府果毅。歲餘,王本立上書理公國之惇孝,不宜擯抑,有詔徵還,而親不待。心與哀絶,氣屬禮存,詔御醫孟默朝夕診視,免喪逾年,僅堪履立。樂成公東討新羅,薦爲將帥,詔公持節鷄林道總管,軍停不行,授沙州刺史。未至,改拜肅州。以爲慢防啓寇,非重閉也,乃大築雉堞,嚴備櫓械。人知有恃,戎亦來威。儀鳳歲,河西蟲蝗,獨不入州境。鄰郡湊穩,[110]提挈如雲,公傾私泉以資乏,引激水以立磑,舉火而竈,[111]日哺千人,遂有芝草叢生,豐年屢降。人之咏德,刊石存焉。

裴吏部名立波斯,實取遮匐,偉公威厲,飛書薦請,詔公爲波斯軍副使兼安西都護上柱國,以安西都護杜懷寶爲庭州刺史。公大城碎葉,街郭回立,[112]夷夏縱觀,莫究端倪。三十六蕃承風謁賀,洎於海東肅如也。無何,詔公爲庭州刺史,以波斯使領金山都護,前使杜懷寶更統安西,鎮守碎葉。朝廷始以鎮不寧蕃,故授公代寶。又以永不失鎮，[113]復命竇代公。夫然，有以見諸蕃之心搖矣。於是車薄啜首唱寇兵，群蕃響應，蝟毛而竪。

公在磧西，捷無虚歲，蹙車薄於弓月，陷咽麵於熱海。剿叛徙三千於麾下，走烏鶻十萬於城外。皆以少覆衆，以誠動天。葛水暴長，祭撤而三軍涉渡；葉河無舟，兵叩而七月冰合。由是士卒益勇，戎狄益懼，璽書下問，皇靈遠爍。遷夏州都督，徵詣奉天宫。熱海之役，流矢貫臂，陳血染袖，事等殷輪。帝顧而問之，[114]視瘡歔欷曰："爲國致身，乃吾親也。"妖賊白鐵余據城平以反，奉詔興程務挺討擒之。善公有發石壞城之計，反風焚栅之感，封太原郡公。元珍寇邊，受命討擊，公以無甲，乃發思造六片木排袴，開鈕解合，畫爲虎文，北至開光，[115]與虜合戰，若驅猛獸。蒙皋比莫之敵也。胡馬奔駭，獲其二啜，桑乾、舍利，兩部來降。

初，公善書，與魏叔琬相輩；工公射，與趙持滿齊名。帝每矚之，賜比鳴鞶，賞深懸帳。嘗獨行，夜，又有怪人長丈，直來趣逼，射而作焉，[116]乃朽木也。太宗壯之，授右千牛。及持滿伏法暴骸，公哀而收葬，爲金吾奏劾，高宗義之，釋而不罪。履道坦坦，多如此類。適將任帝夔龍，爲國方虎，天下膏潤，群生雲雨，惜哉不辰，悄焉遘侮。

嗣聖之際，天后臨朝，有凶人誣奏公廢后從兄，常懷怏怏，司刑御史侮文矯制，[117]不名苛法，[118]遷於崖州。路至衡山，寢疾捐館，春秋六十有三。垂拱三年閏正月十九日，葬於咸陽原。君子曰：斯才也，斯望也，難乎免於斯之代也。周公聖而謗，屈平賢而放，賈誼才而謫，李廣勞而喪。彼天命之糺紛，此人情之惆悵。

神龍中興，以陷酷吏例，復官爵。孝爲人極，忠爲令德，神之聽之，始枉終直，信矣。有子故光禄少卿璵、今秘書監珣，皆篤行純孝，慎終思遠。説少也，蒙會友升堂；今老矣，豈能文旌墓。遷司漠籍，感激論都尉之書；邕叙彪情，追美樹楊公之碣。銘曰：

上德惟公，氣秀才傑。孝弘世美，忠廣前烈。日月必照，江河思决。難地必通，暗機先徹。卓犖文藝，峥嶸武節。歎由宰邑，借恂臨郡。海女避途，山蛇可問。師律三總，軍聲六振。鋭氣入營，長雲出陣。肅將國威，[119]烜赫天外。玉弩方檠，雲旗卷旆。天道茫茫，自古多傷。功存西域，身棄南荒。易簣中路，縣棺反藏。寶刀生衣，玉玦無光。[120]後有才子，先賢不亡。

（《文苑英華》卷九一三《夏州都督太原王公神道碑》，《張説集校注》卷一六《唐故夏州都督太原王公神道碑銘并序》）

太子少傅竇希瑊神道碑　李湛然

若夫縣象著明，保傅繫三臺之位；厚德載物，公侯分五嶽之尊。環耀魄而布陰陽，佐林蒸而平水土，斯所以寅亮天地，寧濟寰區。自匪器禀英靈，藝兼文武，發揮成務之本，模楷具寮之德，則何以弼諧邦教，調護元良。粤惟纂懿前修，追蹤上哲，總淳粹以秀出，偶會昌而挺生。賢戚載彰，寵光崇賁者，其在我司空豳國公乎！

公諱希瑊，字美玉，扶風平陵人也。昭成皇太后之介弟，開元神武皇帝之元舅，即隨工部侍郎、左右武候大將軍、納言司空、上柱國、陳國公抗之曾孫，皇朝駙馬都尉、工部禮部二尚書、右領軍大將軍、殿中光禄大夫、上柱國、華國公誕之孫，太常卿、潤州刺史、贈太尉、荆州大都督、上柱國、豳國公孝諶之元子也。而自祥生石紐，祚啓金刀，盛業與塗山比崇，長發將觀津方永。文昭武穆，帝載矢之於典謨；累將重侯，後族布在於方册。故得國華人傑，躡振古以騰芳；服冕乘軒，迄昌辰而益茂。莫不歌鍾繼響，喧喧連北里之音；邸館相望，藹藹並東都之盛。歷代之所推挹，豈可一二談哉！

公鼎仙褾華，公門孕秀。[121]仰庇軒星之曜，傍呑間氣之英。[122]天生仁智之姿，日用温恭之性。弱齡志尚，卓爾多奇。阮瑀之朗朗無雙，黄憲之汪汪不測，豈可同年而語也。年十有五，補修文館學生，鼓篋上庠，横經太學，中年考校，[123]僉我大成。屬穹昊降灾，高宗賓代。白雲方馭，攀鳳駕而無追；素幘爲郎，翊龍輴而暫往。既調授潞州參軍,尋遷常州司兵參軍事。上黨關山,毗陵郡邑,既承君子之命,又參從事之班。夫惟濫觴,蓋兹而始。秩滿,入拜安國相王府功曹參軍。久之,遷爲屬。時睿宗之藩潜,龍德在田,猿巘尚啓,累接曳裾之侶,屢陪飛蓋之遊。樂善載歡,承恩莫二。唐景雲元年,睿宗登極,加朝散大夫,除殿中尚食奉御。黄金兼錫,朱紱增榮,調九沸於宸羞,薦八珍於帝膳。

景龍元年,又遷爲太府少卿兼知尚食事,司帑藏之珍,賫奉雲天之宴樂,幾承恩獎,增峻寵章。二年,加銀青光禄大夫殿中監。乘輿服物,御府斯殷,纂慎日宣,瓜牙尤寄。曾未踰朔,又拜左右千牛衛將軍。而帝謂公曰:“朕昔在藩,嘗居此職。而其宿衛親近,今故授卿。”其承寵私,有若是也。衛鈎陳於北極,應上將於南蕃。榮冠等夷,地兼勛戚,雖古之位踰九卿,班同三府者,亦無以方焉。先天元年,遷金紫光禄大夫、右散騎常侍,兼檢校光禄卿。無何,又正除光禄。侍中同掌,即珥貂蟬;郎中改名,攸司殿掖。豈有高堂擅青龍之疏,張湛推白馬之名,兼而有之,不其榮矣。

開元二年,遷太子少傅,襲爵豳國公,加賜食實封二百户。以六行之姿,翼千鈞之務,琢磨光乎玉裕,輔導整於銅樓。有華廙之清簡,富匡衡之法義。庶常儀刑八座,通籍二宫,福履有綏,降年惟永。而過隙之影,背閶闔以言旋;但閲川之波,辭少海而無返。

開元五年,歲在丁巳,①冬十月丁己朔,二十日甲戌,[124]暴斃於東都章善里之私弟,[125]春秋五十有四。嗚呼哀哉!慟感宸旒,有切渭陽之念;哀纏士庶,逾深鄭國之悲。粤翌日,聖上舉哀於洛城南門,輟朝三日。贈司空荆州大都督,賻八百段,米粟八百石,及東園秘器。凶事葬事官給,務令優厚。仍令將作大匠韋湊充使監護,河南少尹秦守一爲副,鴻臚少卿李顒持節賫璽書弔祭。儀仗送至墓所,并爲立碑。發引之日,令工部尚書劉知柔祖祭。有司考行,謚曰某,禮也。

① 丁巳:唐玄宗開元五年(717)。

渥命憂洽，事趨彝典。

惟公降靈純嘏，禀秀中原，風範自高，衣冠甚偉。雖地稱金穴，外家之寵克崇；[126]位翊瑶山，儲輔之尊斯在。而謙以納己，德以潤身，九列重其章明，百寮仰其忠儉。夫所謂貴而不驕，志明而晦者，無乃喻於公乎！名命雖臨，濛暉莫駐。佳城鬱鬱，遽開京兆之阡；詔葬紛紛，即赴畢原之路。旌旐飛翻而笳鼓噎，恩容衛勤而行路悲。嗣子朝散大夫、行太子典設郎鍊，次子太子内直郎鋼等，銜恤哀，退而不及。粤以開元六年夏四月九日癸酉，歸葬於京兆咸陽縣洪瀆川之北原。八水分流，五陵交對。星辰照爛於東井，烟景密邇於西岳。龜言筮告，此地攸安，萬古千春，德音何托。惟披文與相質，恪奉絲綸，冀地久而天長，永昭徽範。不才不敏，敢述銘曰：

昭昭茂族，赫赫崇庸。石紐疏系，金刀建封。軒皇代禀，間氣時鍾。鳴陰必嗣，嘯谷相從。越洎我公，秉心貞吉。肇遊庠序，歷登大秩。[127]東都勞人，西都賦質。龍飛偶運，鵬圖匪日。絲綸驟委，章紱增榮。既典六尚，俄昇九卿。鈎陳任切，武衛資英。左右惟允，於斯作程。獻替嘉猷，載司光禄。琢磨儲範，方調鼎餗。懵矣神心，宜哉倚伏。曾不遐壽，奄焉薨覆。帝念元舅，情深渭陽。輟朝興慟，詔葬哀傷。亟峻典禮，逾崇寵章。鼎門南出，畢陌西長。旐引輤軒，笳隨魂輅。容衛哀咽，山川回牙。[128]秦塞從指，漢原已暮。紀盛烈於豐碑，庶有旌於武庫。

（《文苑英華》卷九〇一《太子少傅竇希瑊神道碑》）

唐故河東節度觀察使滎陽鄭公神道碑文　韓愈

河東節度使、贈尚書右僕射鄭公葬在滎陽索上，元和八年六月庚子，太史尚書比部郎中護軍韓愈刻其墓碑曰：

司馬氏遷江南，有鄭豁者，仕慕容垂國，爲其太子少保。其孫簡，當拓拔魏爲滎陽太守。後簡者號其族爲“南祖”。南祖之鄭，入唐有爲利之景谷令者曰嘉範，於公爲曾祖。是生撫俗，爲泗之徐城令。徐城生公之父曰洪，卒官涼之户曹參軍。

公諱儋，少依母家隴西李氏，舉止異凡兒，其舅吏部侍郎季卿謂其必能再立鄭氏。稍長，能自課學，明左氏春秋，以進士選爲太原參軍事。對直言策，拜京兆高陵尉。考府之進士，能第上下以實不奸。樊僕射澤以襄陽兵戰淮西，公以參謀留府，能任後事。

户曹殯于涼，涼地入西戎，自景谷、徐城三世皆未還滎陽葬。公解官，舉五喪爲三墓，葬索東。徐城墓無表，公能幼長哀感，心求不置，以得舊人指告其處。

其後爲大理丞太常博士，遷起居郎、尚書司封吏部二郎中，能官舉其名。德宗晚節儲將於其軍，以公爲河東軍司馬，能以無心處嫌間，卒用有就。貞元十六年，將説死，即詔授司馬節，節度河東軍，除其官爲工部尚書、太原尹，兼御史大夫、北都留守。

公之爲司馬，用寬廉平正，得吏士心。及昇大帥，持是道不變。部將有因貴人求要職者，公不用，用老而有功、無勢而遠者。削四鄰之交賄，省姱嬉之大燕。校講民事，施罷不竣日。用能以十月成政，氓征就寬，軍給以饒。十七年，疾廢朝夕，八月庚戌薨，享年六十一。天子爲之不能臨朝者三日，贈尚書右僕射。即以其年十月辛卯葬索上。疾比薨，醫問交道；比葬，弔贈賜使者相及。凡河東軍之士，與太原之氓吏，及旁九郡百邑之鰥寡，外夷狄之統於府者，聞公之薨，皆哭曰："吾其如何！"公與賓客朋遊飲酒，必極醉，投壺博弈，窮日夜，若樂而不厭者。平居簾閣，據几終日，不知有人，別自號"白雲翁"。名人魁士鮮不與善，好樂後進，及門接引，皆有恩意。

始娶范陽盧氏女，生仁本、仁約、仁載，皆有文行。二季舉進士，皆早死。仁本爲後子獨存，不樂舉選，年三十餘始佐河陽軍。後娶趙郡李氏，生三女。二夫人凡三男五女。長女嫁遼東李繁，繁亦名臣子，有才學。遺命二夫人各别爲墓，不合葬。系曰：

士常患勢卑，不能推功德及人；常患貧，無以奉所欲得。若鄭公者勤一生以得其位，而曾不得須臾有焉。雖然，觀其所既立，其可知已。嗚呼哀哉！

（《韓愈文集彙校箋注》卷一六《唐故河東節度觀察使滎陽鄭公神道碑文》，《韓昌黎文集校注》卷六《唐故河東節度觀察使滎陽鄭公神道碑文》）

唐故江南西道觀察使贈左散騎常侍太原王公神道碑　韓愈

王氏皆王者之後，在太原者爲姬姓。春秋時，王子成父敗狄有功，因賜氏，厥後世居太原。至東漢隱士烈，博士徵不就，居祁縣，因號所居鄉爲“君子”，公其君子鄉人也。魏晋涉隋，世有名人。國朝大王父玄暕，歷御史屬三院，止尚書郎；生景肅，守三郡，終傳涼王；生政，襄鄧等州防禦使，鄂州採訪使，贈吏部尚書。

公尚書之弟某子，公諱仲舒，字弘中。少孤，奉母夫人家江南。讀書著文，其譽藹鬱，當時名公，皆折官位輩行願爲交。貞元初，射策拜左拾遺，與陽城合遏裴延齡不得爲相。德宗初怏怏無奈，久而嘉之。其後入閣，德宗顧列謂宰相曰：“第幾人必王某也。”果然。月餘，特改右補闕，遷禮部考功吏部三員外郎。在禮部奏議詳雅，省中伏其能；在考功吏部提約明故，吏無以欺。同列有恃恩自得者，衆皆媚承；公嫉其爲人，不直視。由此貶連州司户。移夔州司馬，又移荆南，因佐其節度事，爲參謀，得五品服。放迹在外積四年。

元和初，收拾俊賢，徵拜吏部員外郎。未幾，爲職方郎中、知制誥。友人得罪斥逐後，其家親知過門縮頸不敢視，公獨省問，爲計度論議，直其冤。由是出爲峽州刺史，轉廬州。未至，丁母夫人憂。服除，又爲婺州。時疫旱甚，人死亡且盡，公至，多方救活，天遂雨，疫定，比數年里閭完復。制使出巡，人填道迎顯公德。事具聞，就加金紫。轉蘇州，變其屋居以絶火延，隄松江路，害絶阻滯。秋夏賦調，自爲書與人以期，吏無及門而集，政成爲天下守之最。

天子曰：“王某之文可思，最宜爲誥，有古風，豈可久以吏事役之？”復拜中書舍人。既至京師，儕流無在者，視同列皆邈然少年，益自悲，而謂人曰："豈可復治筆硯於其間哉！上若未棄臣，宜用所長。在外久，周知俗之利病，俾治之，當不自愧。"宰相以聞，遂得觀察江南西道。奏罷榷酤錢九千萬。軍息之無已，掌吏壞産猶不釋，囚之。公至，脱械不問。人遭水旱，賦窘，公曰："我且減燕樂，絶他用錢，可足乎？"遂以代之。罷軍之息錢，禁浮屠誑誘，壞其舍以葺公宇。三年，法大成，錢餘於庫，粟餘於廩，人享於田廬，謳謡於道途。天子復思，且徵以代，虚吏部左丞位以待之。長慶三年十一月十七日薨於洪州年六十二。上哀慟輟朝，贈左散騎常侍。某日，歸葬於某處。某既以公之德刻而藏之墓矣，子初又請詩以揭之。詞曰：

生人之治，本乎斯文。有事其末，而忘其源。切近昧陋，道由是堙。有志其本，而泥古陳。當用而迂，乖戾不伸。較是二者，其過也均。

有美王公，志儒之本，達士之經。秩秩而積，涵涵而停。韡爲華英，不矜不盈。孰播其馨，孰發其明。介然而居，士友以傾。

敷文帝階，擢列侍從。以忠遠名，有直有諷。辨遏堅懇，巨邪不用。秀出班行，乃動帝目。帝省竭心，恩顧日渥。翔于郎署，騫于禁密。發帝之令，簡古而蔚。

不比于權，以直友冤。敲撼挫揠，竟遭斥奔。久淹于外，歷守大藩。所至極思，必悉利病。萎枯以膏，燠暍以醒。坦之敞之，必絶其徑。浚之澄之，使安其泳。

帝思其文，復命掌誥。公潛謂人，此職宜少。豈無凋郡，庸以自效。上藉其實，俾統于洪。逋之攸除，奸詑革風。祛蔽于目，釋負于躬。方乎所部，禁絶浮屠。風雨順易，秔稻盈疇。人得其所，乃恬乃謳。化成有代，思以息勞。虚位而竢，奄忽滔滔。維德維績，志于斯石，日遠彌高。

（《韓愈文集彙校箋注》卷二一《唐故江南西道觀察使中大夫洪州刺史兼御史中丞上柱國賜紫金魚袋贈左散騎常侍太原王公神道碑銘》，《韓昌黎文集校注》卷七《唐故江南西道觀察使中大夫洪州刺史兼御史中丞上柱國賜紫金魚袋贈左散騎常侍太原王公神道碑》）

司徒兼侍中中書令贈太尉許國公神道碑　韓愈

韓，姬姓，以國氏。其先有自潁川徙陽夏者，其地於今爲陳之太康。太康之韓，其稱蓋久，然自公始大著。公諱弘。公之父曰海，爲人魁偉沈塞，以武勇游仕許汴之間，寡言自可，不與人交，[129]衆推以爲鉅人長者，[130]官至游擊將軍，贈太師。娶鄉邑劉氏女，生公，是爲齊國太夫人。

夫人之兄曰司徒玄佐，有功建中貞元之間，爲宣武軍帥，有汴宋亳潁四州之地，兵士十萬人。公少依舅氏，讀書習騎射，事親孝謹，偘偘自將，不縱爲子弟華靡遨放事。出入敬恭，軍中皆目之。嘗一抵京師，就明經試。退曰："此不足發名成業。"復去，從舅氏學，將兵數百人，悉識其材鄙怯勇，[131]指付必堪其事，司徒嘆奇之，士卒屬心，諸老將皆自以爲不及。司徒卒，去爲宋南城將。比六七歲，汴軍連亂不定。貞元十五年劉逸淮死，軍中皆曰："此軍司徒所樹，必擇其骨肉爲士卒所慕賴者付之。今見在人，莫如韓甥，且其功最大，而材又俊。"即柄授之，而請之於天子。[132]天子以爲然。遂自大理評事拜工部尚書，代逸淮爲宣武軍節度使，悉有其舅司徒之兵與地。

當此時，[133]陳許帥曲環死，而吴少誠反，自將圍許，求援於逸淮，啗之以陳歸汴，使數輩在館，公悉驅出斬之。選卒三千人，會諸軍擊少誠許下，少誠失勢以走，河南無事。公曰："自吾舅殁，五亂於汴者，吾苗薅而髮櫛之幾盡。然不一揃刈，不足令震駴。"命劉鍔以其卒三百人待命于門，數之以"數與於亂，自以爲功"，并斬之以徇，血流波道。自是訖公之朝京師廿有一年，莫敢有讙呶叫號于城郭者。

李師古作言起事，屯兵于曹，以嚇滑帥，且告假道。公使謂曰："汝能越吾界而爲盗邪？有以相待，無爲空言！"滑師告急，公使謂曰："吾在此，公無恐。"或告曰："翦棘夷道，兵且至矣，請備之。"公曰："兵來不除道也。"不爲應。師古詐窮變索，遷延旋軍。少誠以牛皮鞵材遺師古，師古以鹽資少誠，潛過公界，覺，皆留輸之庫。曰："此於法不得以私相餽。”

田弘正之開魏博，李師道使來告曰：“我代與田氏約相保援，今弘正非其族，又首變兩河事，亦公之所惡，[134]我將與成德合軍討之，敢告。”公謂其使曰：“我不知利害，知奉詔行事耳。[135]若兵北過河，我即東兵以取曹。”師道懼，不敢動，弘正以濟。

誅吴元濟也，命公都統諸軍，曰：“無自行以遏北寇！”公請使子公武以兵萬三千人會討蔡下，歸財與糧，以濟諸軍，卒擒蔡奸，於是以公爲侍中，而以公武爲鄜坊丹延節度使。師道之誅，公以兵東下，進圍考城，克之，遂進迫曹，曹寇乞降。

鄆部既平，公曰：“吾無事於此，其朝京師。”天子曰：“大臣不可以暑行，其秋之待。”公曰：“君爲仁，臣爲恭，可矣。”遂行。既至，獻馬三千匹，絹五十萬匹，他錦紈綺纈又三萬，金銀器千。[136]而汴之庫厩，錢以貫數者尚餘百萬，絹亦合百餘萬匹，馬七千匹，[137]糧三百萬斛，兵械多至不可數。初，公有汴，承五亂之後，掠賞之餘，且斂且給，恒無宿儲，至是公私充塞，至於露積不垣。册拜司徒兼中書令，進見上殿，拜跪給扶，贊元經體，不治細微，天子敬之。

元和十五年，今天子即位，公爲冢宰，又除河中節度使。在鎮三年，以疾乞歸。復拜司徒中書令，病不能朝。以長慶二年十二月三日薨於永崇里第，年五十八。[138]天子爲之罷朝三日，贈太尉，賜布粟，其葬物有司官給之，京兆尹監護。明年七月某日，葬于萬年縣少陵原京城東南三十里，楚國夫人翟氏祔。子男二人，長曰肅元，某官；次曰公武，某官。肅元早死。公之將薨，公武暴病先卒，公哀傷之，月餘遂薨。無子，以公武子孫紹宗爲主後。

汴之南則蔡，北則鄆，二寇患公居閑，爲己不利，卑身佞辭，求與公好。薦女請昏，使日月至。既不可得，[139]則飛謀釣謗，以閑染我。公先事候情，[140]壞其機牙，奸不得發，王誅以成。最功定次，孰與高下！

公子公武，與公一時俱授弓鉞，處藩爲將，疆土相望。公武以母憂去鎮，公母弟充自金吾代將渭北。公以司徒中書令治蒲，于時弟充自鄭滑節度平宣武之亂，以司空居汴。[141] 自唐以來，莫與爲比。

公之爲治，嚴不爲煩，止除害本，不多教條。與人必信，吏得其職，賦入無所漏失，人安樂之，在所以富。公與人有畛域，不爲戲狎，人得一笑語，重於金帛之賜。其罪殺人，不發聲色，問法何如，不自爲輕重，故無敢犯者。其銘曰：

在貞元世，汴兵五猘。將得其人，衆乃一愒。其人爲誰，韓姓許公。磔其梟狼，養以雨風。桑穀奮張，厥壤大豐。貞元元孫，命正我宇。公爲臣宗，處得地所。河流兩壖，盜連爲群。雄唱雌和，首尾一身。公居其間，爲帝督奸。察其頻呻，與其睨眴。左顧失視，右顧而跽。蔡先鄆鉏，三年而墟。槁乾四呼，終莫敢濡。常山幽都，孰陪孰扶。天施不留，其討不逋。許公預焉，其賚何如。悠悠四方，既廣既長。無有外事，朝廷之治。許公來朝，車馬干戈。相乎將乎，威儀之多。將則是矣。相則三公。釋師十萬，歸居廟堂。上之宅憂，公讓太宰。養安蒲坂，萬邦絶等。有弟有子，提兵守藩。一時三侯，人莫敢扳。生莫與榮，殁莫與令。劉文此碑，[142] 以鴻厥慶。

（《唐文粹》卷五七《唐司徒兼侍中中書令許國公贈太尉韓公神道碑銘並序》，《韓愈文集彙校箋注》卷二二《唐故司徒兼侍中中書令贈太尉許國公神道碑銘》，《韓昌黎文集校注》卷七《司徒兼侍中中書令贈太尉許國公神道碑銘》）

贈司空兼侍中文元賈魏公神道碑　王安石

公諱某，字子明，姓賈氏。皇秘書省著作佐郎、贈太師、中書令、尚書令、晋國公諱某之子，皇太子左贊善大夫、贈太師、中書令、尚書令、齊國公諱某之孫，晋中書舍人、史館修撰、皇贈太師、中書令諱某之曾孫。其先南皮人，徙獲鹿，令葬開封而爲其縣人者，自公皇考始。

公少則莊重謹密，治經章解句達，老師宿學，譽嘆以爲賢己。天禧元年，獻文章，召試，賜同進士出身，除常州晋陵縣主簿、國子監説書，又以江州德化縣令兼潁川郡王伴讀。當是時，孫宣公領國子，一見聽語，待以公相，數舉公學問當在人主左右，大臣有以親嫌者，故久弗用，以知常州宜興、開封東明兩縣。監在京廣濟、永濟兩倉，又召置國子監説書。

景祐元年，積官至尚書都官員外郎，乃始置崇正殿説書，而以公爲之。公於傳注訓詁，不爲曲釋，至先王治心守身經理天下之意，指物辟事，析毫解縷，言則感心。自仁宗即位，大臣或操法令斷天下事，稽古不至秦、漢以上，以儒術爲疏闊。然上常獨意鄉堯舜三代，得公以經開説，則慨然皆以爲善，而公由此顯矣。於是上所質問，多道德之要，公請悉記録，歲終歸太史。詔以章獻太后故，爲彭城郡王諱其名，公言母之諱，禮不得以出於宫。太平興國寺灾，公以《易》《春秋》進戒，因言近歲屢灾觀寺，天意蓋有所在，今此獨可勿繕治，以稱陛下畏天威、愛人力之意。西域僧以佛骨銅像來獻，公請加賜遣還，無以所獻示外。上皆從之。以直集賢院、天章閣侍講、史館修撰、判尚書禮部、判太府寺。天章置侍講自公始。故事，親祠郊廟，燕游慢戲之物，皆在儀衛，公奏除之。

未幾，遂以知制誥、龍圖閣直學士、權知通進銀臺司，兼門下封駮事、權判吏部流内銓。權知開封府，又以右諫議大夫權御史中丞、兼判國子監，而侍講如初。公之爲銓也，河北蟲旱，以公安撫，公舉能詘奸，於利害多所興除。異時縣令奉錢滿萬二千乃舉令，公以爲法如此，則小縣終不得善治，乃請概舉令而與其奉如大縣。其在御史，劉平爲趙元昊所得，邊吏以降敵告，議收其族。公言："漢殺李陵母妻子，陵不歸而漢悔；真宗撫王繼忠家，後賴其力，且平事固未可知。"乃不果收。侍講林瑀者言："天子即位當步其日，占所得卦以知吉凶。"公奏瑀所言不經，不可用。上即爲公罷瑀。又奏劾駙馬都尉紫恭僖公，奪其州，人以爲宜。初元昊反，公言："兵事起，財不贍，宜及今度經費，罷減諸不急。"至是，詔與三司合議，一歲所省率緡錢百萬。

慶曆二年，契丹來求地請婚，以主其使，責以信義，告之利害，客屈服不能發口。執政議使契丹攻元昊。公曰:“契丹許我而有功,則必驕以弱我,而責報無窮已,不且以我市於元昊矣。且唐中極衰時,聽吐蕃擊朱泚,陸贄尚以爲不可,後乃知吐蕃陰與泚合,而陽言助國,今獨安知契丹計不出此?”乃言所以待夷狄者凡六事,上皆行其策。

三年,遂以本官參知政事。四年,以尚書工部侍郎、檢校太傅爲樞密使。五年,以集賢院大學士、同中書門下平章事兼樞密使,居兩月,拜昭文館大學士,監修國史。議祔章惠太后太廟,公言其非禮。及祔獻、懿二后,密敕遷文武位一等,賜外内諸軍特支優給,公又獨奏罷之。既而敕兩府,公又不從,乃已。元昊歸石元孫,議賜死,公争言自古將帥被執歸,多不死。元孫以不死。

七年,上以旱辟正殿,貶食自責,公因稽首遜位,章六七上,乃除武勝軍節度使、檢校太傅、同中書門下平章事、判大名府,兼北京留守、河北安撫使。妖人王則謀舉大名府反河南北,使其黨挾書妄言,冀得近公。公疑爲奸,考問具服,則惶急不及會,獨嬰貝州以反。公即使部將王信、孟元、郝質馳兵操攻具往,且請自出搏賊,不許,終賊所以擒滅,功居多。移鎮山南東道,檢校太師,賜號安國公。公因請寬諸吏民爲則所脅者,而捕河南、北妖人治殺之,無所漏。

河決商胡,方暑,公暴隄上,躬親指畫,出倉廪與被水百姓,舍其流棄,接以醫藥,所活九十餘萬口。

契丹誘亡卒,號爲南軍,以戰夏人,而邊法卒亡自歸者死。公變其法,有歸者故擢超其任,於是歸者衆,因以知契丹國事,契丹亦因以拒亡卒,黜南軍不用。邊人以地外質,公請重禁絶,主不時贖,則聽人得贖而有之,地盡歸,邊以不争。

皇祐元年,判鄭州,從公求也。至見,留爲祥元觀使,既而以尚書右僕射、觀文殿大學士判尚書都省,朝會班宰相,視其儀物。歲中判求任外,除山南東道節度使、右僕射、檢校太師、兼侍中、判鄭州,固辭僕射、侍中,乃改同中書門下平章事。又欲遷公四子各一官,亦以公辭而止。二年,母燕國太夫人薨,命以故官,不起,賜書寵慰,從之。

公事燕國以孝聞，上常賜銀飾肩輿，士大夫以爲榮。及薨，自鄭歸葬，扶舁蒼然，肩足皆胝，行路瞻望，悲哀嘆息。四年，除故官侍中。居頃之，出治許州，將行矣。仁宗問《易》之《乾卦》，公既講解，又作書以獻，以亢龍爲戒，手詔褒答，以公所獻藏太史。

五年，又莅大名，安撫河北。中書議塞商胡決，以公異論，故使建言者專其事，公猶争不已。河果不可塞，建言者得罪，而澶、魏、信、棣、德、博多水死，公乃請使撫巡振救，人用歸息。嘉祐元年，進封許國公，又兼侍中，方避未聽，而以樞密使召，卒罷侍中而以中書門下平章事爲樞密使。三年，以鎮安軍節、右僕射、檢校太師兼侍中充景靈宫使，出許州。七年，以保平軍節陝州大都督府長史移大名，兼安撫。公凡三至魏及許、鄭，皆以寬惠爲治，人安樂之。他將相賜公使錢，多使牟利，公度所賜爲用，故在所尤不擾。

今皇帝即位，改節度鳳翔，加左僕射、鳳翔尹、進封魏國公。治平元年，求還使、侍中守許州，凡六七，終不許。二年，乃授許州，入見又辭，所辭不許，使使撫諭，須秋乃發。六月，告疾，中人將太醫問視相屬，又力求解將相，乃以左僕射、觀文殿大學士判尚書都省。七月戊寅，薨于第。上親臨哭，發涕，爲不視朝二日。賜龍腦、水銀以斂，制服，出司賓祭弔，別賜黄金給葬，贈司空兼侍中，謚曰文元。以九月甲申，葬開封汴陽里晋公之墓兆。公年六十八，散官開府儀同三司，勛上柱國，號“推誠保德崇仁守正忠亮佐運翊戴功臣”，食邑萬五千户，實封五千六百户。公所著書，有《群經音辨》十卷，《通紀》八十卷，《本朝時令》十二卷，又《奏議》《文集》合二十卷。

元配王氏，尚書、兵部郎中、集賢殿修撰軫之女，追封莒國夫人。繼配陳氏，武信軍節度使康肅公堯咨之女，封魏國夫人。六男子：章，太常博士、集賢校理，早卒；圭，尚書比部員外郎；田，尚書駕部員外郎；青，尚書司門員外郎；齊，大理寺丞；炎，未仕。三女子，國子博士程嗣弼、大理寺丞宋惠國、太常博士龐元英，公壻也。其後天子以炎守將作監丞，又官公内外族親凡若干。

賈氏自誼及耽，傳王相帝，皆以文學。至公又以經術取將相，出入文武，有謀有功，當中國治安，四夷集附，寵禄光大，始終哀榮，君臣相遭，於是爲盛。銘曰：

於皇仁宗，時宋之隆。奠此中國，四夷來同。孰夾孰承，有宰魏公。帝曰："詢爾群公卿士，朕欲考古，以求亂治。有博六藝，使熙朕志。"魏公乃來，錫帝之求。筵于殿中，登闡治幽。乃尹開封，治民不絿。乃丞御史，督制庶尤。膏澤在下，熏烝在上。參國政事，遂都將相。帝巡大塗，公帝之車。帝御廣宫，之屏之墉。文條武鬯，具獻膚功。終徂在天，公則隨邁。廷喪元老，隱加問賚。有銘太史，有謚太常。次詩不誣，斵石墓傍。

（《王安石全集》卷八三《贈司空兼侍中文元賈魏公神道碑》）

翰林侍讀學士郝公神道碑　盧摯

公諱經，字伯常。郝氏自潞徙澤之陵川，始公八世祖祚。曾祖昇，祖天挺。父思温。既殁，其徒相與號静直處士。有三男子，公其長子也。八世祖而下，皆同居，業儒不仕，以淑其里。堨休滀慶，乃發於公。壬辰之變，①静直君流寓燕趙間。公年十餘歲，沈塞静重，狀貌瓌奇，精敏有志趣，盡力予職。及其爲學，晝或忘餔，通昔詰旦，衣服危坐，諷誦不輟，劬勩如此。凡五六年，剞劂揘摩。磊砢而直，廉桌而輝。[143]涵積揉累，日殊月異。擷芳雋腴，充而足之。泝源洙泗，以肩周程。雷風斯文，陶冶當世，慨然以爲己任。山峙川駃，[144]天遊神遇。屹乎莫移，浩乎莫禦，變化不可測矣。

既冠，順天道左副元帥賈公輔一見，待以國士。萬户張蔡公柔，館公帥府。張賈子弟，皆從質學。海内名諸侯，聞伯常之風者，莫不飭使介，走書幣，庶幾屈爲賓友，公一謝絶。

世祖在潛邸，羅致異儁，挹其聞，遣使者一再起公。既奉清問，上

① 壬辰：金哀宗開興元年(1232)。

稽唐虞，下迫湯武，[145]所以仁義天下者，緩頰以談，粲若所陳也。帝喜踰所聞，凝聽忘倦。且俾書所欲言者，條數十餘辜，[146]皆援據古義，劘切時病。及踐祚更化，用公之言居多。

歲己未，①憲宗自將伐宋，建益上流。世祖總東師，跨荆鄂，公建議，大概以謂"彼無釁可乘，未見其利，唯修德以應天心，發政以慰人望，簡賢以尊將相，惇族以壯基圖，撫殊俗，制列鎮，以防窺竊。結盟保境，興文治，飭武事，育英材，恤罷氓，以培殖元氣。藏器於身，俟時而動，則宋可圖矣"。帝偉公所論，以爲江淮荆湖南北等路宣撫副使。然勢不中止，遂絶江圍鄂。守將賈似道駴，遽請和。屬憲廟昇遐，王師言還。

明年，世祖即皇帝位。詔公以翰林侍讀學士使宋，號使曰國信，錫金虎符。公方踰淮，邊將李璮輒潛師侵宋。兩淮制置使李庭芝寓書於公，譏以款兵，館留真州，籍爲口實。公答書："弭兵息民，通好兩國，實出聖衷。日喻邊將，戢戍守圉，以契和議，衆所聞知。今啓釁自璮，一旦律以違詔，將無所逃罪，此何與使人事也。"公復上告宋主，移文其執政，論辨古今南北戰和利害甚悉，皆不報。顧窮極變詐，以撼公之志，知其終不可怵於恑數也。揵鐍館所，塹垣搘棘，驛吏訶闍，夜士鳴柝，防閑挫抑。獄犴之嚴，不啻如此。介佐而下，久於囚覊，戚嗟尤怨，無復生意。公語之曰："卿顧望不前，將命之責，一入宋境，死生進退，聽其在彼，守節不屈，盡其在我者，豈能不忠不義，以辱中州士大夫乎。但公等不幸，須忍死以待，揆之天時人事，宋祚殆不遠矣。"衆服其言，亦皆自振勵。

至元十一年，右丞相伯顔奉辭南伐，江漢名城望風鄉附。世祖命禮部尚書，詰宋執行人之故，遂以禮歸公。聞嬰疾在途，醫問絡繹。既至，錫燕路朝，以張異睠，隱其瘁於廛事也。詔治疾於家，病遂殆不起。以聞，天子悼焉。官其子采麟，奉訓大夫，起家知林州。

---

① 己未：元憲宗九年(1259)。

初,公之使宋也,内則時相王文統忌公重望,排置異國,陰屬邊將違詔侵宋,沮撓使事,欲以款兵,假手害公。外則宋權臣似道竊却敵爲功,取宰相,畏公露其丐盟幸免之迹,遂主議羈留。舉國皆知其非,似道不恤也。公拘真館十有六年,去國未幾,而文統伏誅。甫歸國,宋探誤國之罪,似道殛,宋隨以滅。然則懷奸怙寵,傾陷善良,雖暫若得計,機發禍敗,曾不旋踵。抑宋有亡徵,公與阨會,其患難不渝,始終名節,僨一時而亨百世者,初非不幸也。

公歸以十二年四月,卒以是年七月乙酉,春秋五十有三。是月丁酉,權厝保定府西,静直君墓次。公幼至孝,撫諸弟極厚,待宗族疏近如一。篤友樂施,德於己者,雖細惠必報。然偉特方嚴,風岸峭立,衆不可攀,薰良蕕奸,題帖無貸。故用世之志,適際可爲。已墮奇擯,既處幽所,日以立言載道爲務。撰《續後漢書》,絀丕擠權,[147]還統章武,以正壽史之失。著《易》《春秋》外傳、[148]《太極演》《原古録》《通鑑書法》《玉衡貞觀》《删注三子》《一王雅》《行人志》,各數十卷。公於辭以理爲主,雄渾有氣,文集若干卷傳於世。嗚呼!功於斯術者,不既多乎。捐累適己,又何其勤也。

公娶張氏,淑明祗修,媲德君子,後公卒。子男三人,二早卒,一采麟也。以文學行治,擢寘侍從,今爲集賢直學士,朝列大夫。女子二人,皆已嫁。孫二人皆幼。其孤采麟,謀徙公之厝,兆孟州河陽縣某鄉某里,卜協,則次公生平事,來謂摯曰:“先子葬有日,墓隧之碑,宜得銘。得銘非信後詒遠者,銘猶無刻也。夫子宜銘。”摯惟侍讀公,以宗儒文雄,有勞烈於國,叙德鼎庸,[149]莫詳史氏。其堅毅忠壯,抱負不可揜者,名聲昭徹,雖走卒牧竪,深閨婦人,皆能道公姓字,與没世無聞者異。信後詒遠,何待墓刻,然固不可無銘也。銘曰:

鍾氣之奇,惟志是特。緒道之微,而才可爲。振轂鄒魯,驂乘濂伊。獵德游藝,載驅載馳。孰濬其潴,孰植其滋。孰芬其藪,孰煦孰吹。有實其居,賓吾能戲。聖潜於藩,髦選無遺。裾曳冠巍,憲言祁祁。躍淵天飛,鱗公雲逵。乃睠南顧,乃休王師。乃命鴻碩,柔遠淮夷。夷速其顛，公凛乎危。削槧操觚，榮觀幽覊，删述旿分，名義昭垂。薄言還歸，昔壯今耆。胡不康寧，胡不期頤。胡不三事，爲國蓍龜。清廟宗彝，不既厥施。與論嗟嘻，烝烝嗣慶。圖永孝思，刻文墓碑，以顯詩之。

（《元文類》卷五八《翰林侍讀學士郝公神道碑》）

故宋文節先生謝公神道碑　李源道

天訖宋命，皇元一四海而統之。至元廿三年，行御史臺侍御史程鉅夫以宋遺士三十人薦于朝，於是江東謝枋得在舉中，被徵，丁内艱辭。亡何，連詔江浙行省丞相蒙古臺、江西行省左丞管如德召，皆不起。廿六年春正月，福建行省參政魏天佑復被旨，集守令戍將，迫蹙上道，廼行。夏四月至京師，不食死，春秋六十有四。八月，子定之奉柩還廣信。明年九月，葬其鄉之玉亭龔原。其門人誄而題之，曰"文節先生謝公墓"。

先生曾祖彦安。祖一鶚。考應琇，潯州僉判。妣桂氏，封碩人。先生諱枋得，字君直，信州弋陽人。宋寶祐乙卯，[①]廪于鄉。丙辰，[②]試中禮部高等，比對，力詆時宰閹宦，奮不顧前後，抑置第二甲第一人。

初，潯州君以事忤使者董槐，被劾以死。先生既第，董槐執政，竟不堂參以歸。丁巳，[③]召試教官，調建寧府教授。己未，[④]趙葵宣撫江東西，辟爲屬。尋除禮、兵部架閣，令募兵援江上，出楮幣十萬貫，得信、撫義士數千人以應。宣撫司罷，賈似道當國，會軍興出入簿責任事者，公毁家以庚不足，坐廢。至元初，長星竟天踰月，我師壓江上，宋社日替。江東漕司猶試士，徵較藝。先生憤賈竊政柄，害忠良，誤

---

① 乙卯：南宋理宗寶祐三年(1255)。

② 丙辰：南宋理宗寶祐四年(1256)。

③ 丁巳：南宋理宗寶祐五年(1257)。

④ 己未：南宋理宗開慶元年(1259)。

國毒民，發策十問擿其奸，極言天心怒，地氣變，民心離，人才壞，國有亡證，辭甚剴切，大怫賈旨。臺評竟上其謗訕，鐫兩秩，興國軍安置。因謫所山門，自命疊山，守令皆及門，執弟子禮。

丁卯，[①]以史館召，先生曰："似道餌我也。"不赴。閉户講道，聞之者翕如，若周岳、熊朝、余安裕、楊應桂、余炎、謝禹莫若輩，皆知名。介然自將，足迹不及權門。里中人行事，或不循於理者，輒曰："謝架閣聞乎？"有持兩争，必來質平，遣以理，無秋毫假與人意。人亦高其風，必自審乃進，非義者未嘗敢至其前也。

乙亥，[②]連以史館校勘、秘書省著作郎召，牢辭。授江東提刑，總其兵以守饒、信、撫，與王師戰，輒敗，不能軍。遂易服負母走閩中，隱於卜。信守將悉捕公妻子弟侄，送建康獄。夫人李氏有容德，有廉帥者欲妻之，一夕自經死。弟某某、侄某某及一女二婢，皆死獄中。惟二子熙之、定之移獄廣陵，得釋。又有弟禹在九江，亦以不屈斬于市。

先生資嚴厲，雅負奇氣，風岸孤峭，不能與世軒輊。而以天時人事，推宋必亡於二十年後，抗論憸宰，老竭靨不售，終不取合於時。其爲人蓋如此。及程公之薦，報書乃曰："弓旌招賢，輪帛迎士，有志經世者，孰不興起。及非其人，非皇帝夢卜求賢之初意也。"觀其言，非徒决於剛憤者。

少力學，六經百氏悉淹貫。爲文章偉麗，卓然天成，不踐襲陳言宿説。論古今成敗得失，上下數千年，較然如指掌，尤善論樂毅、申包胥、張良、諸葛亮事，常若有千古之憤者。而以植世教立民彝爲任，貴富賤貧，一不動其中。其言曰："清明正大之心，不可以利回；英華果鋭之氣，不可以威奮。"其自信率此類。

先生之北也，貧苦甚，衣結屨穿，行雪中。人有嘗德之者，賙以兼金重裘，不受。平日所著《易》《書》《詩》《三傳》行於世。雜著詩文六

① 丁卯：南宋度宗咸淳三年（1267）。
② 乙亥：南宋恭宗德祐元年（1275）。

十四卷，翰林學士盧公摯爲之序引，深所推激。夫人李氏。男三：義勇，早卒；熙之，歸自廣陵，亦卒；定之，賢而甚文，累薦不起。孫男二，信孫、仁孫。先生死之二十有四年，門人虞舜臣率其徒築室買田，祠公弋陽之東。江浙行省請于朝，爲疊山書院。又五年，子在集賢待制，番易周應極狀其事，致定之之語，求銘墓道。嘗謂先生天下士，源道仰其文章風節，蓋四十年而不一識，是區區者，尚可辭哉。銘曰：

嗚呼！先生生也何時，生也後時，日薄崦嵫。維南有孽，黽玉毁折。我朝天明，乃完其節。鷄鳴風雨，歲寒柏松。伊其板蕩，古有藎忠。道統既闢，人文斯一。有美翔鸞，載鳴載集。曷迪匪庭，曷祼匪京。萬里冰天，介石自貞。奚卒不施，閟于佳城。嗚呼！先生！

（《元文類》卷六七《故宋文節先生謝公神道碑》）

中書右丞相史公神道碑　王磐

房、杜受帷幄之寄，而不親汗馬之勞；耿賈著鐘鼎之勛，[150]而弗踐秉鈞之任。豈不以將相殊器，而軍國異宜，非仁勇兼備，而才德兩全者，未易當之歟？

丞相史公，弱冠從軍，年未三十，已爲大將。自太祖、太宗、睿宗、憲宗四朝，每有征伐之事，未嘗不在軍中，身經百戰、偉績豐功，不可勝紀。逮今上御極，置之相府，授以政柄，即從容閑暇，不動聲色，而紀綱法度，粲然一新。内立省部，以杜絶政出多門，斜封墨勑之權；外設六道宣撫司，以削奪郡縣官吏世襲專擅之幣。[151]給百官俸禄，使在官者有以自贍，而得保清廉之節；禁賄賂請托，使官吏一心奉公，而不敢爲徇情枉法之私。又奏罷諸色占役五十餘萬户，均其賦税，以蘇民力，天下欣然，咸有太平之望。非所謂仁勇兼備而才德兩全者，能如是乎？

公諱天澤，大興永清人。曾大父成珪，隱德不耀。父秉直，是爲尚書府君，生三子，伯曰天倪，仲曰天安，公其季也。金大安癸酉歲，①

---

①　癸酉：金宣宗貞祐元年(1213)。

國兵南下，尚書府君率鄉里老幼數千，詣太師國王木花里軍門降。明年，從國王攻北京，下之，王以國人烏也兒爲都元帥，府君爲行部尚書，鎮守其地。後五年，武仙以真定降，王又以天倪爲河北西路都元帥，仙副之，駐真定。公年寖長，身長八尺，善騎射，拳勇過人，署帳前軍總領。

乙酉歲春，[①]都帥命公護送太夫人還北京，仍令過燕都市繒幣，爲北覲需。既行，武仙以真定叛，都元帥被害，帥府經歷王縉追公及燕。公聞變，即與縉議，縉曰："變起倉卒，帥府軍無主，散出多在近郊，公能回轡南行，即不招自至。"公慨然曰："兄弟之讎不共國，假使無成，義亦當往，况有可成之道乎！"即出所賫市幣之金，買兵仗甲冑，載之南行。行至滿城，已得兵士千餘，戰馬七百，遣監軍李伯祐詣國王行帳言狀，且乞濟師。王命公紹其兄職，仍以笑乃䚟將兵三千爲助，遂破走武仙，復取真定。後數月，武仙又潛遣壯士入城，匿大曆寺，夜斬關爲内應，仙入據城。公倉卒率軍士數十人，夜踰城東出步走稾城，會諸城軍，與笑乃䚟合軍攻仙，走之。笑乃䚟怒民之從賊也，驅萬餘人將殺之。公曰："與皆吾民不幸爲賊驅脅，何罪而殺之。"不聽，公力争甚久，竟得全活。公乃繕城隍，立樓櫓，爲不可犯之計。招集流散，存卹困窮，披荆棘，拾瓦礫，官府民居，日益完葺。歲荒食艱，捐甘攻苦，與衆共之，由是數年之間，民生完實，而兵力富强，勝於他郡。

太宗即位，公北覲，朝廷方議選三萬户分統漢兵。公適至，上素聞公名，遂以真定、大名、河間、濟南、東平五路授公爲萬户。壬辰歲，[②]太宗由白波渡河，疾趍陽翟，與睿宗相會，破合答軍於三峰山，命公略汴京以東諸城。公遂下太康、柘縣、瓦岡、睢州，復與大軍會。軍至歸德衛州，達魯花赤撒吉思，欲以其軍薄城而營，公曰："此豈駐兵之地乎？彼若來犯，難爲備矣。"不聽，會公以事之汴，比還，撒吉思全

① 乙酉：金哀宗正大二年(1225)。
② 壬辰：金哀宗正大九年(1232)。

軍皆没。

戊午歲秋，①憲宗南征。明年駐釣魚山，夏秋之交，軍士多疾疫，方議班師，宋將吕文德率戰艦千餘艘，由嘉陵江來，上命它帥拒戰，不能却，詔公往。公命蒙古軍分爲兩翼，夾江注射，公率水軍順流縱擊，大破之，奪船數百艘，追至重慶府乃還。

中統元年，今上登極，首召公，問以治國安民之道，公奏疏以對，上嘉納之。命公往鄂清，[152]撤江上軍，既回，以公爲河南等路宣撫使。是歲秋，上北征，又詔公兼江淮經略使。二年春，上北征還，以公爲中書右丞相。秋九月，從上北征，冬十一月，與阿里不哥會戰昔木土，上命丞相綫真指麾右軍，公指麾左軍，戰大捷，阿里不哥遁去。三年春，李璮陰結宋人，以益都叛，率軍據濟南。上命諸王合必赤，總諸道兵討之，璮凶勢甚張，上繼命公往。公受命之日，不至其家，輕騎奔赴。至則亟築長園，樹木栅，遏其侵軼，使内外不相聞。凡四月，城中食盡，軍潰出降，生擒璮，斬軍門，誅同惡數十人，餘悉縱令歸家。明日引軍東行，未至益都，城中人已開門迎降。初，公將行，上臨軒授詔，責公以專征之任，俾諸將皆聽節度，公自始至還，未嘗以詔旨示人，其謙退慎密如此。入見，上慰勞公，悉歸功諸將，若無一毫出於己者。

至元改元，加光禄大夫，中書右丞相如故。三年，皇子燕王領中書省兼樞密使，以公爲左丞相，兼樞密副使。六年，上將有事於襄陽，詔公與駙馬忽剌出往，賜白金百笏，楮幣萬緡。公至，則占要害地，築三小堡屯軍，使彼内不能出，外不得援，蓄鋭而守，兵食有餘。七年，公以疾還。八年，授開府儀同三司、平章軍國重事。仍令右丞相安童諭公曰："中書省、尚書省、御史臺，或一月，或一旬，遇有大事，卿可商量，小事不必煩卿也。"

十年，宋將吕文焕以襄陽内附，聖天子慨然有掃清六合，混一車

---

① 戊午：蒙古憲宗八年(1258)。

書之意。十一年秋，以公與右丞相伯顔領荆湖路行臺，總大軍自襄陽水陸並進，將由鄂渚渡江，行至郢州，公病不能進，還襄陽。上聞，亟遣近侍賫蒲萄酒賜公，且諭之曰："卿自吾父祖以來，躬擐甲胄，跋履山川，宣勤勞者多矣。勿以小疾暫阻行意，便爲憂惱，可且北歸，善自調護。"公歸至真定，上又遣其子杠與太醫馳往診視。仍賜藥物。公餌畢附奏曰："臣大限有終，死不足惜，但願天兵渡江，慎毋殺虜。"是日薨，春秋七十有四，實至元十二年二月七日也。訃聞，上震悼，遣近臣致奠，賻白金二千五百兩，贈太尉，下太常考行，謚曰忠武。以三月庚寅，葬府城西原。

明年春二月，有旨命臣磐製墓隧碑文。臣嘗論士君子抱負才智，出逢昌運，君臣遇合，取富貴功名以自振耀，非難事也。唯夫仁慈惠愛，不吝不驕，有以服人心於富贵功名之外者，是可重也。公以元勛碩德，位兼將相，爲邦家之柱石，爲宗社之蓍龜，望重四朝，恩隆百辟，其容貌循循和易，未嘗有一毫驕矜之色見於顔間，視富貴功名，斂然退避，若將有浼於己者。此其藴藉，豈尋常淺狹之量所能窺測哉。

初，武仙之變，公之兄都元帥被害，朝廷以公紹其職。後都帥之子稍長，公奏言於朝曰："臣遭家禍，權兄職以復讎耻，爲侄尚幼，久不敢言。今侄年已長，願得歸之。"上曰："但聞争官者多，讓官者少。卿之此舉，甚可嘉尚。然朕自有官償之，卿何可辭？"即日詔以公侄爲真定路總管。後數年，公又乞致仕，上問其故，公曰："臣無大功報國，今一子管民政，一子掌兵權，臣復久叨寄遇。一門之内，處三要職，寵榮過分，必致咎殃，臣敢昧死固請。"上曰："卿奕世忠勤，有功於國，一門三職，何足爲嫌。"不允。

國朝之制，州府司縣各置監臨官，謂之達魯花赤。州府官往往不能相下，公獨一切莫與之較，由是唯真定一路，事不乖戾，而民以寧。李壇變後，議者以諸侯權重爲言。公言於朝曰："兵民之權，不可并在一門。家有一人居官，其餘宜悉罷遣，行之請自臣家始。"史氏子弟，即日皆辭職而退。

憲宗朝，公爲河南經略使，朝廷遣阿藍答兒句較諸路財賦出入虧盈。阿藍答兒性苛刻，乘勢横暴，擅作威福，官吏悉遭凌辱，以公舊德，獨見寬假。公進曰："經略使司，我實主之，是非功罪，皆當問我。今罪及諸人而不問我，豈能自安乎?"由是餘人蒙賴得釋者甚衆。兵火之餘，民間生理貧弱，往往从西北賈人借貸，周歲輒出倍息，謂之羊羔利，稍積數年，則鬻妻賣子，不能盡償。公奏乞令民間負債出息，至倍則止。上從之，遂爲定法。

初，公至歸德，遇蒙古官驅俘獲數人出城，將殺之。内一俘氣貌異常。公問："汝爲何人?"曰："我金近侍局官也。"曰："汝識李正臣乎。"曰："我即是也。"公出槖中金贖之，遣騎送歸真定軍，回署萬户府參謀，幕府留務無大小，一以委之。兩人信任之專，雖父兄子弟，莫之敢間，由是真定治效，高視他郡，四方諸侯取之爲法者，兩人之力爲多。

公平生喜《資治通鑑》，每公務之暇，即取讀之，有不解，則以問人，必解而後已。雖公務遠適，亦恒以數册自隨，每舉一事，輒能推究始終，折衷是非，雖老師宿儒有不及者。

公夫人石氏、李氏、納合氏、抹撚氏，皆先公卒。子男八人：曰格，榮禄大夫、湖廣行中書省平章政事；曰樟，真定順天兩路新軍萬户；曰棣，嘉議大夫、衛輝路總管；曰杠，資德大夫、湖廣行中書省右丞；曰杞，嘉議大夫、淮東道肅政廉訪使；曰梓，奉議大夫、澧州路同知；曰楷，奉訓大夫、南陽府同知；曰彬，資德大夫、中書左丞。女七人，皆適名族。男孫十六，女孫十三。銘曰：

維開府公，沈毅龐鴻。超然異禀，間氣所鍾。累朝尚武，公在戎旅。把握韜鈐，指麾貔虎。一旦崇文，正笏垂紳。從容廊廟，百度維新。省部既立，事權歸一。監司出臨，專擅自息。禄足代耕，吏保公清。包苴不行，獄無欹傾。謨協宸意，事合群情。黔黎呼舞，思見太平。太平非難，既立其址。譬如爲山，要有終始。役指駢羅，覆蕢孔多。積之歲月，寧不嵯峨。公屬槖鞬，十嘗八九。其在鈞衡，蹔而非久。蹔而非久，又復不專。同堂合議，嗜好奇偏。公心順恭，允叶天聰。紀綱卒立，天子之功。波濤險巇，舟楫是依。風雨震驚，夏屋帡幪。世治時清，尚可無公。險巇震驚，非公孰寧。忠義肝腸，中令汾陽。小心慎兢，相國玄齡。公今云亡，[153]孰佐時康。宸衷簡在，百世難忘。豐碑堂堂，松柏生光。有不知者，視此銘章。

（《元文類》卷五八《中書右丞相史公神道碑》）

中書令耶律公神道碑　宋子貞

國家之興，肇基於朔方，唯太祖皇帝以聖德受命，恭行天罰，馬首所向，篾有能國。太宗承之，既懷八荒，遂定中原，薄海内外，罔不臣妾。於是立大政而建皇極，作新宫以朝諸侯，蓋將樹不拔之基，垂可繼之統者也。而公以命世之才，值興王之運，本之以廊廟之器，輔之以天人之學，纏綿二紀，開濟兩朝，贊經綸於草昧之初，一制度於安寧之後，自任以天下之重，屹然如砥柱之在中流，用能道齊生靈，視千古爲無愧者也。

公諱楚材，字晋卿，姓耶律氏，遼東丹王突欲之八世孫。王生燕京留守政事令婁國，留守生將軍國隱，將軍生太師合魯，合魯生太師胡篤，胡篤生定遠將軍内剌，定遠生榮禄大夫興平軍節度使德元，始歸金朝。其弟聿魯生履，興平鞠以爲子，遂爲之後。以文章行義受知於世宗，擢翰林待制，再遷禮部侍郎。章宗即位，有定策功，進禮部尚書參知政事，終於尚書右丞，謚曰文獻，即公之考也。妣楊氏，封漆水國夫人。公以明昌元年六月二十日生。文獻公通術數，尤邃《太玄》，私謂所親曰："吾年六十而得此子，吾家千里駒也，他日必成偉器，且當爲異國用。"因取《左氏》之"楚雖有材，晋實用之"①，以爲名字。

公生三歲而孤，母夫人楊氏誨育備至。稍長，知力學。年十七，書無所不讀，爲文有作者氣。金制，宰相子得試補省掾，公不就。章

① 參見《春秋左傳注・襄公二十六年》。

宗特賜就試，則中甲科，考滿，授同知開州事。貞祐甲戌，[①]宣宗南渡，丞相完顔承暉留守燕京，行尚書省事，表公爲左右司員外郎。越明年，京城不守，遂屬國朝。太祖素有并吞天下之志，嘗訪遼宗室近族，至是徵詣行在。入見，上謂公曰："遼與金爲世讎，吾與汝已報之矣。"公曰："臣父祖以來皆嘗北面事之，既爲臣子，豈敢復懷貳心，讎君父耶！"上雅重其言，處之左右，以備咨訪。己卯夏六月，[②]大軍征西，禡旗之際，雨雪三尺，上惡之。公曰："此克敵之象也。"庚辰冬，[③]大雷，上以問公。公曰："梭里檀當死中野。"已而果然。梭里檀，回鶻王稱也。

夏人常入斤者，以治弓見知，乃詫於公曰："本朝尚武，而明公欲以文進，不已左乎？"公曰："且治弓尚須弓匠，豈治天下不用治天下匠耶？"上聞之喜甚，自是用公日密。

初，國朝未有曆學，而回鶻人奏五月望夕月食。公言不食，及期果不食。明年，公奏十月望夜月食。回鶻人言不食，其夜月食八分。上大異之，曰："汝於天上事尚無不知，况人間事乎！"壬午夏五月，[④]長星見西方，上以問公。公曰："女直國當易主矣。"逾年而金主死。於是每將出征，必令公預卜吉凶，上亦燒羊髀骨以符之。

行次東印度國鐵門關，侍衛者見一獸，鹿形馬尾，綠色而獨角，能爲人言，曰："汝君宜早回。"上怪而問公。公曰："此獸名角端，日行一萬八千里，解四夷語，是惡殺之象，蓋上天遣之以告陛下。願承天心，宥此數國人命，實陛下無疆之福。"上即日下詔班師。

丙戌冬十一月，[⑤]靈武下，諸將争掠子女財幣。公獨取書數部，大黄兩駞而已。既而軍士病疫，唯得大黄可愈，所活幾萬人。其後燕京

---

① 甲戌：金宣宗貞祐二年(1214)。
② 己卯：金宣宗貞祐四年(1216)。
③ 庚辰：金宣宗興定四年(1220)。
④ 壬午：金宣宗元光元年(1222)。
⑤ 丙戌：金哀宗正大三年(1226)。

多盜，至駕車行劫，有司不能禁。時睿宗監國，命中使偕公馳傳往治。既至，分捕得之，皆勢家子。其家人輩行賂求免。中使惑之，欲爲覆奏。公執以爲不可，曰："信安咫尺未下，若不懲戒，恐致大亂。"遂刑一十六人，京城帖然，皆得安枕矣。

己丑，[①]太宗即位，公定册立儀禮，皇族尊長皆令就班列拜，尊長之有拜禮蓋自此始。諸國來朝者多以冒禁應死。公言："陛下新登寶位，願無汚白道子。"從之。蓋國俗尚白，以白爲吉故也。

時天下新定，未有號令，所在長吏皆得自專生殺，少有忤意則刀鋸隨之，至有全室被戮，襁褓不遺者。而彼州此郡動輒兵興相攻，公首以爲言，皆禁絶之。自太祖西征之後，倉廩府庫無斗粟尺帛，而中使别迭等僉言："雖得漢人亦無所用，不若盡去之，使草木暢茂，以爲牧地。"公即前曰："夫以天下之廣，四海之富，何求而不得，但不爲耳，何名無用哉！"因奏地税、商税、酒醋鹽鐵、山澤之利，周歲可得銀五十萬兩、絹八萬匹、粟四十萬石。上曰："誠如卿言，則國用有餘矣。卿試爲之。"乃奏立十路課税所，設使副二員，皆以儒者爲之。如燕京陳時可、宣德路劉中，皆天下之選。因時時進説周孔之教，且謂"天下雖得之馬上，不可以馬上治"。上深以爲然。國朝之用文臣，蓋自公發之。

先是，諸路長吏兼領軍民錢穀，往往恃其富强，肆爲不法。公奏長吏專理民事，萬户府總軍政，課税所掌錢穀，各不相統攝，遂爲定制，權貴不能平。燕京路長官石抹咸得不激怒皇叔，俾專使來奏，謂公"悉用南朝舊人，且渠親屬在彼，恐有異志，不宜重用"。且以國朝所忌，誣構百端，必欲置之死地。事連諸執政。時鎮海、粘合重山實爲同列，爲之股慄曰："何必强爲更張，計必有今日事，公有今日事。"公曰："自立朝廷以來，每事皆我爲之，諸公何與焉！若果獲罪，我自當之，必不相累。"上察見其誣，怒逐來使。不數月，會有以事告咸得

① 己丑：元太宗元年(1229)。

不者，上知與公不恊，特命鞠治。公奏曰："此人倨傲無禮，狎近群小，易以招謗。令方有事於南方，他日治之，亦未爲晚。"上頗不悦，已而謂侍臣曰："君子人也，汝曹當效之。"

辛卯秋八月，[①]上至雲中，諸路所貢課額銀幣及倉廩米穀簿籍具陳於前，悉符元奏之數。上笑曰："卿不離朕左右，何以能使錢穀流入如此，不審南國復有卿比者否？"公曰："賢於臣者甚多，以臣不才，故留於燕。"上親酌大觴以賜之。即日，授中書省印，俾領其事，事無巨細，一以委之。

宣德路長官太傅禿花，失陷官糧萬餘石，恃其勛舊，密奏求免。上問中書知否？對曰："不知。"上取鳴鏑欲射者再，良久叱出，使白中書省，償之，仍敕今後凡事先白中書，然後聞奏。中貴苦木思不花奏撥户一萬以爲采鍊金銀、栽種蒲萄等户，公言："太祖有旨，山後百姓與本朝人無異，兵賦所出，緩急得用。不若將河南殘民貸而不誅，可充此役，且以實山後之地。"上曰："卿言是也。"又奏："諸路民户令已疲乏，宜令土居蒙古、回鶻、河西人等與所在居民一體應輪賦役。"皆施行之。

壬辰，[②]車駕至河南，詔陝、洛、秦、虢等州山林洞穴逃匿之人，若迎軍來降，與免殺戮。或謂此輩急則來附，緩則復資敵耳。公奏給旗數百面，悉令散歸，已降之郡，其活不可勝數。國制，凡敵人拒命，矢石一發，則殺無赦。汴京垂陷，首將速不解遣人來報，且言此城相抗日久，多殺傷士卒，意欲盡屠之。公馳入奏曰："將士暴露凡數十年，所争者地土人民耳，得地無民將焉用之？"上疑而未決。復奏曰："凡弓矢、甲仗、金玉等匠及官民富實之家，皆聚此城中，殺之則一無所得，是徒勞也。"上始然之，詔除完顔氏一族外，餘皆原免。時避兵在汴者户一百四十七萬，仍奏選工匠儒釋道醫卜之流散居河北，官爲給

---

① 辛卯：金哀宗正大八年(1231)。

② 壬辰：金哀宗正大九年(1232)。

贍。其後攻取淮漢諸城,因爲定例。

初,汴京未下,奏遣使入城索取孔子五十一代孫襲封衍聖公元措,令收拾散亡禮樂人等,及取名儒梁陟等數輩。於燕京置編修所,平陽置經籍所,以開文治。時河南初破,被俘虜者不可勝計。及聞大軍北還,逃去者十八九。有詔停留逃民及資給飲食者皆死,無間城郭保社,一家犯禁,餘並連坐。由是百姓惶駭,雖父子弟兄,一經俘虜,不敢正視。逃民無所得食,踣死道路者踵相躡也。公從容進説曰:"十餘年間存撫百姓,以其有用故也。若勝負未分,慮涉携貳,今敵國已破,去將安往?豈有因一俘囚罪數百人者乎?"上悟,詔仛诏停其禁。金國既亡,唯秦、鞏等二十餘州連歲不下。公奏:"吾人之得罪逃入金國者,皆萃於此,其所以力戰者,蓋懼死耳。若許以不殺,不攻而自下矣。"詔下,皆開門出降。期月之間,山外悉平。

甲午,[①]詔括户口,以大臣忽睹虎領之。國初方事進取,所降下者,因以與之。自一社一民各有所主,不相統屬,至是始隸州縣。朝臣共欲以丁爲户,公獨以爲不可。皆曰:"我朝及西域諸國莫不以丁爲户,豈可捨大朝之法而從亡國政耶?"公曰:"自古有中原者,未嘗以丁爲户,若果行之,可輸一年之賦,隨即逃散矣。"卒從公議。時諸王大臣及諸將校所得驅口,往往寄留諸郡,幾居天下之半。公因奏括户口,皆籍爲編民。乙未,[②]朝議以回鶻人征南,漢人征西,以爲得計。公極言其不可,曰:"漢地、西域相去數萬裏,比至敵境,人馬疲乏,不堪爲用。况水土異宜,必生疾疫,不若各就本土征進,似爲兩便。"爭論十餘日,其議遂寢。丙申,[③]上會諸王貴臣,親執觴以賜公曰:"朕之所以推誠任卿者,先帝之命也。非卿,則天下亦無今日。朕之所以得高枕而卧者,卿之力也。"蓋太祖晚年,屢屬於上曰:"此人天賜我家,汝他日國政當悉委之。"

---

① 甲午:元太宗六年(1234)。
② 乙未:元太宗七年(1235)。
③ 丙申:元太宗八年(1236)。

其秋七月，忽睹虎以户口來。上議割裂諸州郡分賜諸王貴族，以爲湯沐邑。公曰："尾大不掉，易以生隙。不如多與金帛，是以爲恩。"上曰："業已許之。"復曰："若樹置官吏，必自朝命，除恒賦外，不令擅自徵斂，差可久也。"從之。是歲始定天下賦税，每二户出絲一斤，以供官用，五户出絲一斤，以與所賜之家。上田每畝税三升半，中田三升，下田二升，水田五升。商税三十分之一，鹽每銀一兩四十斤，已上以爲永額。朝臣皆謂太輕，公曰："將來必有以利進者，則已爲重矣。"

國初，盜賊充斥，商賈不能行，則下令凡有失盜去處，周歲不獲正賊，令本路民户代償其物，前後積累動以萬計。及所在官吏取借回鶻債銀，其年則倍之，次年則并息又倍之，謂之羊羔利，積而不已，往往破家散族，至以妻子爲質，然終不能償。公爲請於上，悉以官銀代還，凡七萬六千定。仍奏定今後不以歲月遠近，子本相侔，更不生息，遂爲定制。侍臣脱歡奏選室女，敕中書省發詔行之，公持之不下。上怒，召問其故。公曰："向所刷室女二十八人尚在燕京，足備後宫使令。而脱歡傳旨，又欲徧行選刷，臣恐重擾百姓，欲覆奏陛下耳。"上良久曰："可。"遂罷之。又欲於漢地拘刷牝馬。公言："漢地所有，蠶絲、五穀耳，非産馬之地。若今日行之，後必爲例，是徒擾天下也。"乃從其請。丁酉，[①]汰三教僧道，試經通者給牒受戒，許居寺觀，儒人中選者則復其家。公初言"僧道中避役者多，合行選試"，至是始行之。

始，諸王貴戚皆得自起驛馬，而使臣猥多，馬悉倒之，則豪奪民馬以乘之，城郭道路，所至騷動。及其到館，則要索百端，供饋稍緩，輒被箠撻，館人不能堪。公奏給禆劄，仍定飲食分例，其弊始革。因陳時務十策：一曰信賞罰，二曰正名分，三曰給俸禄，四曰封功臣，五曰考殿最，六曰定物力，七曰汰工匠，八曰務農桑，九曰定士貢，十曰置水運。上雖不能盡行，亦時擇用焉。

回鶻阿散阿迷失告公私用官銀一千定。上召問公，公曰："陛下

① 丁酉：元太宗九年(1237)。

試詳思之,曾有旨用銀否?”上曰:“朕亦憶得嘗令修蓋宫殿用銀一千定。”公曰:“是也。”後數日,上坐萬安殿,召阿散阿迷失詰之,遂服其誣。太原路課税使副以贓罪聞。上讓公曰:“卿言孔子之教可行,儒者皆善人,何故亦有此輩?”公曰:“君父之教,臣子豈欲陷之於不義,而不義者亦時有之。三綱五常之教,有國有家者,莫不由之,如天之有日月星辰也,豈可因一人之有過,使萬世常行之道獨見廢於我朝乎?”上意乃解。

戊戌,[①]天下大旱蝗,上問公以禦之之術。公曰:“今年租賦乞權行停閣。”上曰:“恐國用不足。”公曰:“倉庫見在,可支十年。”許之。初籍天下户,得一百四萬,至是逃亡者十四五,而賦仍舊,天下病之。公奏除逃户三十五萬,民賴以安。燕京劉忽篤馬者,陰結權貴,以銀五十萬兩撲買天下差發。涉獵發丁者,以銀二十五萬兩撲買天下係官廊房地基、水利豬鷄。劉庭玉者,以銀五萬兩撲買燕京酒課。又有回鶻以銀一百萬兩撲買天下鹽課,至有撲買天下河泊、橋梁、渡口者。公曰:“此皆奸人欺下罔上,爲害甚大。”咸奏罷之。嘗曰:“興一利不若除一害,生一事不若减一事。人必以爲班超之言蓋平平耳,千古之下自有定論。”

上素嗜酒,晚年尤甚,日與諸大臣酣飲。公數諫不聽,乃持酒槽之金口曰:“此鐵爲酒所蝕,尚致如此,况人之五臟,有不損耶?”上説,賜以金帛,仍敕左右,日進三鍾而止。時四方無虞,上頗怠於政事,奸邪得以乘間而入。

初,公自庚寅年定課税,所額每歲銀一萬定。及河南既下,户口滋息,增至二萬二千定。而回鶻譯史安天合至自汴梁,倒身事公,以求進用。公雖加獎借,終不能滿望。即奔詣鎮海,百計行間。首引回鶻奥都剌合蠻撲買課税增至四萬四千定。公曰:“雖取四十四萬亦可得,不過嚴設法禁,陰奪民利耳。民窮爲盗,非國之福。”而近侍左右

---

① 戊戌:元太宗十年(1238)。

皆爲所啗，上亦頗惑衆議，欲令試行之。公反復争論，聲色俱厲。上曰："汝欲鬬搏耶？"公力不能奪，乃太息曰："撲買之利既興，必有躡迹而篡其後者。民之窮困，將自此始，於是政出多門矣。"公正色立朝，不爲少屈，欲以身徇天下。每陳國家利病、生民休戚，辭氣懇切，孜孜不已。上曰："汝又欲爲百姓哭耶？"然待公加重。公當國日久，每以所得禄賜，分散宗族，未嘗私以官爵。或勸以乘時廣布枝葉，固本之術也。公曰："金幣資給足以樂生，若假之官守，設有不肖者干違常憲，吾不能廢公法而徇私情。且狡兔三穴，吾不爲也。"

辛丑春二月，[①]上疾脉絶。皇后不知所以，召公問之。公曰："今朝廷用非其人，天下罪囚必多冤枉，故天變屢見。宜大赦天下。"因引宋景公熒惑退舍之事以爲證。后亟欲行之，公曰："非君命不可。"頃之，上少蘇，后以爲奏。上不能言，頷之而已。赦發，脉復生。冬十一月，上勿藥已久，公以太一數推之，奏不宜畋獵。左右皆曰："若不騎射，何以爲樂？"獵五日而崩。癸卯，[②]后以儲嗣問公。公曰："此非外姓臣所當議，自有先帝遺詔在，遵之則社稷甚幸！"

奥都剌合蠻方以貨取朝政，執政者亦皆阿附。唯憚公沮其事，則以銀五萬兩賂公。公不受，事有不便於民者，輒中止之。時后已稱制，則以御寶空紙付奥都剌合蠻，令從意書填。公奏曰："天下，先帝之天下，典章號令自先帝出。必欲如此，臣不敢奉詔。"尋復有旨，奥都剌合蠻奏准事理，令史若不書填則斷其手。公曰："軍國之事，先帝悉委老臣，令史何與焉？事若合理，自是遵行；若下合理，死且不避，况斷手乎？"因厲聲曰："老臣事太祖、太宗三十餘年，固不負於國家，皇后亦不能以無罪殺臣。"后雖怨其忤己，亦以先朝勛舊曲加敬憚焉。

公以其年五月十有四日，以疾薨於位，享年五十五。蒙古諸人哭之，如喪其親戚。和林爲之罷市，絶音樂者數日。天下士大夫莫不茹

---

① 辛丑：元太宗十三年(1241)。

② 癸卯：南宋理宗淳祐三年(1243)。

泣相弔。以中統二年十月二十日葬於玉泉東甕山之陽,從遺命也。以漆水國夫人蘇氏祔。先娶梁氏,以兵亂隔絶,歿於河南之方城。生子鉉,監開平倉,卒。蘇氏,東坡先生四世孫威州刺史公弼之女,生子鑄,令爲中書左丞相。孫男十一人,曰希徵,曰希勃,曰希亮,曰希寬,曰希素,曰希周,曰希光,曰希逸,曰希□,曰希□,曰希□。[①] 女孫五人,適貴族。

公天姿英邁,逈出人表。雖案牘滿前,左酬右答,咸適其當。又能以忠勤自將,嘗會計天下九年之賦,毫釐有差,則通宵不寐。平居不妄言笑,疑若簡傲,及一被接納,則和氣温温,令人不能忘。平生不治生産,家財未嘗問其出入。及其薨也,人有譖之者曰:"公爲相二十年,天下貢奉皆入私門。"後使衛士視之,唯名琴數張,金石遺文數百卷而已。篤於好學,不舍晝夜。嘗誡諸子曰:"公務雖多,晝則屬官,夜則屬私,亦可學也。"其學務爲該洽。凡星曆、醫卜、雜筭、内筭、音律、儒釋、異國之書,無不通究。嘗言西域曆五星密於中國,乃作《麻答把曆》,蓋回鶻曆名也。又以日食躔度與中國不同,以《大明曆》浸差故也,乃定文獻公所著《乙未元曆》行於世。

既葬公七年,今丞相持進士趙衍狀以銘見屬。國家承大亂之後,天綱絶,地軸折,人理滅,所謂更造夫婦、肇有父子者,信有之矣。加以南北之政,每每相戾,其出入用事者,又皆諸國之人,言語之不通,趨向之不同,當是之時,而公以一書生孤立於廟堂之上,而欲行其所學,戛戛乎其難哉!幸賴明天子在上,諫行言聽,故奮袂直前,力行而不顧。然而其見於設施者十不能二三,而天下之人固已鈞受其賜矣。若此時非公,則人之類又不知其何如耳。銘曰:

帝王之興,輔弼是賴。誰其屍之,不約而會。阿衡返商,尚父歸周。風雲一旦,竹帛千秋。赤氣告祥,龍飛朔野。義師長驅,削平天下。儒服從容,左右彌縫。克誠厥功,惟中令公。令公維何,代掌燮

---

① 耶律楚材九子、十子、十一子,史失其名。

理。太師之孫，文獻之子。白璧堂堂，維國之華。帝曰斯人，天賜我家。重明耀離，大命既革。乾旋坤轉，如再開闢。内外疇咨，付之鈞司。吾國吾民，汝翼汝爲。公拜稽首，曰敢不力。權輿帝墳，草創人極。郡國相師，以殺爲嬉。陰盜赤子，弄兵潢池。涣號一布，捷於風雨。指麾群雄，圈豹檻虎。賢哲深藏，固拒牢關。潛行公卿，求活草間。隨材擇用，鬱爲榱棟。網羅四方，狩麟蒐鳳。府庫填充，粟帛流通。公於是時，蕭何關中。臺閣討裁，典章燦焕。公於是時，玄齡貞觀。道俘纍纍，蔽野僵屍。我燠而寒，我飽而飢。圍城惴惴，假息寸晷。我解其縛，我生其死。生息長養，教誨飲食。民到于今，家受其賜。惟天雖高，其監則明。乃祚元子，再秉樞衡。勳在盟府，名昭國史。富貴壽考，哀榮終始。莓莓新阡，浩浩流泉。不朽載傳，尚千萬年。

（《元文類》卷五七《中書令耶律公神道碑》）

【校勘記】

［1］東河：《文選》卷六〇、《文翰類選大成》卷一五四均作“東陽”。
［2］如：《文章類選》同《文翰類選大成》卷一五四，《文選》卷六〇作“加”。
［3］事：《文章類選》同《文選》卷六〇，《文翰類選大成》卷一五四作“士”。
［4］表：《文章類選》同《文翰類選大成》卷一五四，《文選》卷六〇作“奏”。
［5］衡：《文章類選》同《文翰類選大成》卷一五四，《文選》卷六〇作“衛”。
［6］上：《文選》卷六〇作“事”，《文翰類選大成》卷一五四作“士”。
［7］土：原作“王”，據《文苑英華》卷九七六、《文翰類選大成》卷一五四改。
［8］未：《文章類選》同《文翰類選大成》卷一五四，《文苑英華》卷九七六作“始”。
［9］得：《文章類選》同《文翰類選大成》卷一五四，《文苑英華》卷九七六作“能”。
［10］官：《文苑英華》卷九七六、《文翰類選大成》卷一五四均作“宫”。
［11］恃：《文苑英華》卷九七六、《文翰類選大成》卷一五四均作“侍”。
［12］及：《文章類選》同《文翰類選大成》卷一五四，《文苑英華》卷九七六作“與”。
［13］俗：《文章類選》同《文翰類選大成》卷一五四，《文苑英華》卷九七六作“變”。
［14］禾：《文章類選》同《文翰類選大成》卷一五四，《文苑英華》卷九七六作“木”。
［15］溪：《文章類選》同《文翰類選大成》卷一五四，《文苑英華》卷九七六作“湲”。

[16] 太禮：《文章類選》同《文翰類選大成》卷一五，《文苑英華》卷九七六作“大祝”。

[17] 君諱某：《文章類選》同《文翰類選大成》卷一五四，《文苑英華》卷九七四作“君諱彙”。

[18] 别：《文章類選》同《文翰類選大成》卷一五四，《文苑英華》卷九七四作“引”。

[19] 玉：《文章類選》同《文翰類選大成》卷一五四，《文苑英華》卷九七四作“左”。

[20] 托：《文章類選》同《文翰類選大成》卷一五四，《文苑英華》卷九七四作“乞”。

[21] 皇渤海郡縣丞：《文苑英華》卷九七五作“皇渤海郡渤海縣丞”。

[22] 籍：《文章類選》同《文翰類選大成》卷一五四，《文苑英華》卷九七五作“集”。

[23] 榎：《文章類選》同《文翰類選大成》卷一五四，《文苑英華》卷九七五作“夏”。

[24] 公不可：《文章類選》同《文翰類選大成》卷一五四，《文苑英華》卷九七五作“公不然之”。

[25] 盡：《文章類選》同《文翰類選大成》卷一五四，《文苑英華》卷九七五作“言”。

[26] 茸：《文章類選》同《文翰類選大成》卷一五四，《文苑英華》卷九七五作“戎”。

[27] 宰制聽斷漸於訟息：《文翰類選大成》卷一五四作“宰斷漸制聽於訟息”；“息”，《文章類選》同《文翰類選大成》卷一五四，《文苑英華》卷九七五作“耕”。

[28] 含德輝：《文章類選》同《文翰類選大成》卷一五四，《文苑英華》卷九七五作“動德耀”。

[29] 細家：《文苑英華》卷九七五、《文翰類選大成》卷一五四作“細故家”。

[30] 奸：《文章類選》同《文翰類選大成》卷一五四，《文苑英華》卷九七五作“干”。

[31] 問：《文苑英華》卷九七五、《文翰類選大成》卷一五四均作“闕”。

[32] 道：《文章類選》同《文翰類選大成》卷一五四，《文苑英華》卷九七五作“術”。

[33] 城：《文章類選》同《文翰類選大成》卷一五四，《文苑英華》卷九七五作“域”。

[34] 右：《文章類選》同《文翰類選大成》卷一五四，《文苑英華》卷九七五作“左”。

[35] 至：《文翰類選大成》卷一五四作“致”。

[36] 登翊聖皇：《文章類選》同《文翰類選大成》卷一五四，《文苑英華》卷九七五作“登庸翊聖”。

[37] 燧：《文章類選》同《文翰類選大成》卷一五四，《文苑英華》卷九七五作“璲”。

[38] 迫：《文章類選》同《文翰類選大成》卷一五四，《文苑英華》卷九七五作“逼”。

[39] 子恭父慈：《文章類選》同《文翰類選大成》卷一五四，《文苑英華》卷九七五作“孝恭慈仁”。

[40] 善：《文章類選》同《文翰類選大成》卷一五四，《文苑英華》卷九七五作“義”。

[41] 固：《文章類選》同《文苑英華》卷九七五，《文翰類選大成》卷一五四作“圍”。

[42] 襄：《文苑英華》卷九七五、《文翰類選大成》卷一五四均作“褒”。

[43] 焉：《文章類選》同《文翰類選大成》卷一五四，《文苑英華》卷九七五作“烏”。

[44] 祖某：《文苑英華》卷九七五作“祖叔明”。

[45] 痌：《文章類選》同《文翰類選大成》卷一五四，《文苑英華》卷九七五作“痾”。

[46] 蓋：《文章類選》同《文翰類選大成》卷一五四，《文苑英華》卷九七五作“非”。

[47] 問：《文章類選》同《文翰類選大成》卷一五四，《文苑英華》卷九七五作"聞"。

[48] 至：《文章類選》同《文翰類選大成》卷一五四，《文苑英華》卷九七五作"之"。

[49] 勤：《文章類選》同《文翰類選大成》卷一五四，《文苑英華》卷九七五作"動"。

[50] 章：《文章類選》同《文翰類選大成》卷一五四，《文苑英華》卷九七五作"草"。

[51] 而又文以文之學以輔之：《文章類選》同《文翰類選大成》卷一五四，《文苑英華》卷九七五作"而又文學以輔之"。

[52] 吏：《文章類選》同《文翰類選大成》卷一五四，《文苑英華》卷九七五作"史"。

[53] 元年：《文苑英華》卷九七五作"八年"。

[54] 竄德中谷：《文翰類選大成》卷一五四作"竄匿山谷"；"中"，《元文類》卷四九、《文翰類選大成》卷一五四均作"山"。

[55] 公：原作"不"，據《元文類》卷四九、《文翰類選大成》卷一五四改。

[56] 師：《文章類選》同《文翰類選大成》卷一五四，《元文類》卷四九作"思"。

[57] 憲：此字原脱，據《元文類》卷四九補。

[58] 力：原作"九"，據《元文類》卷四九改。

[59] 不：原作"下"，據《元文類》卷四九、《文翰類選大成》卷一五四改。

[60] 誥：原作"舊"，據《元文類》卷四九、《文翰類選大成》卷一五四改。

[61] 定國政者不可勝紀：《元文類》卷四九、《文翰類選大成》卷一五四均作"定國是者不可勝紀"。

[62] 縣：《文章類選》同《文翰類選大成》卷一五四，《元文類》卷四九作"河"。

[63] 任：《元文類》卷四九、《文翰類選大成》卷一五四均作"仕"。

[64] 脩：《元文類》卷四九、《文翰類選大成》卷一五四均作"於"。

[65] 先左丞公嘗分省遷調山西河東："先"原作"生"，據《元文類》卷四九、《文翰類選大成》卷一五四改；"河"，《文章類選》同《元文類》卷四九、《文翰類選大成》卷一五四，《牧庵集》卷三〇作"湖"。

[66] 頃：原作"須"，據《元文類》卷四九、《文翰類選大成》卷一五四改。

[67] 布：原作"有"，據《元文類》卷四九、《文翰類選大成》卷一五四改。

[68] 追：《元文類》卷四九、《文翰類選大成》卷一五四均作"過"。

[69] 勸：《元文類》卷四九、《文翰類選大成》卷一五四均作"顧"。

[70] 星：原作"生"，據《文翰類選大成》卷一五四改。

[71] 詣：《元文類》卷四九、《文翰類選大成》卷一五四均作"請"。

[72] 六十三：《文章類選》同《文翰類選大成》卷一五四，《元文類》卷四九作"六十二"。

[73] 雷：原作"皆"，據《元文類》卷四九、《文翰類選大成》卷一五四改。

[74] 楊村：原作"□州"，據《元文類》卷五〇、《元朝名臣事略》卷九改。

[75] 澧：原作"澧"，據《元史》卷一六四《校勘記》(5)改。下文"合入澧河"之"澧"同改。

[76] 舟：《元文類》卷五〇作"衆"。

［77］入：《元文類》卷五〇作“平”。

［78］工：原作“一”，據《元文類》卷五〇改。

［79］測：《元文類》卷五〇作“側”。

［80］凡：《文章類選》同《元文類》卷五〇，《元朝名臣事略》卷九作“几”。

［81］政：原作“致”，據《元文類》卷五〇改。

［82］畝：《元文類》卷五〇作“永”。

［83］琜：《元文類》卷五〇、《元朝名臣事略》卷九均作“誇”。

［84］鬬：《元文類》卷五〇作“則”。

［85］功：《元文類》卷五〇作“巧”。

［86］後：《元文類》卷五〇作“當”。

［87］臆：《元文類》卷五〇、《文翰類選大成》卷一五四均作“億”。

［88］北：《文章類選》同《元文類》卷五〇，《文翰類選大成》卷一五四作“此”。

［89］祈：《元文類》卷五〇、《文翰類選大成》卷一五四均作“新”。

［90］撫：《元文類》卷五〇作“詔”，《文翰類選大成》卷一五四作“招”。

［91］受：《文章類選》同《文翰類選大成》卷一五二，《文苑英華》卷九〇六作“有”。

［92］秉山岳之靈：《文章類選》同《文翰類選大成》卷一五二，《文苑英華》卷九〇六作“兼山岳之靈”。

［93］野：《文章類選》同《文翰類選大成》卷一五二，《文苑英華》卷九〇六作“苑”。

［94］爵：《文章類選》同《文翰類選大成》卷一五二，《文苑英華》卷九〇六作“魯”。

［95］乃領：《文章類選》同《文翰類選大成》卷一五二，《文苑英華》卷九〇六作“镇”。

［96］在：《文章類選》同《文翰類選大成》卷一五二，《文苑英華》卷九〇六作“存”。

［97］圖：《文章類選》同《文翰類選大成》卷一五二，《文苑英華》卷九〇六作“圍”。

［98］策：《文苑英華》卷九〇六、《文翰類選大成》卷一五二均作“勞”。

［99］元：《文章類選》同《文翰類選大成》卷一五二，《文苑英華》卷九〇六作“文”。

［100］鼎：《文章類選》同《文翰類選大成》卷一五二，《文苑英華》卷九〇六作“望”。

［101］洮：《文章類選》同《文翰類選大成》卷一五二，《文苑英華》卷九〇六作“兆”。

［102］計：《文章類選》同《文翰類選大成》卷一五二，《文苑英華》卷九〇六作“稽”。

［103］墓：《文章類選》同《文翰類選大成》卷一五二，《文苑英華》卷九〇六作“基”。

［104］竹：《文章類選》同《文翰類選大成》卷一五二，《文苑英華》卷九〇六作“行”。

［105］脤：《文章類選》同《文翰類選大成》卷一五二，《文苑英華》卷九〇六作“服”。

［106］君：《文苑英華》卷九一三作“召”。

［107］後：《文苑英華》卷九一三作“姓”。

［108］敬：原作“放”，據《文苑英華》卷九一三改。

［109］永無遺矣：《文苑英華》卷九一三作“永無遺矣”。

［110］鄰郡凑穩：《文苑英華》卷九一三作“隣郡輳稔”。

[111] 而竃：《文苑英華》卷九一三作“百垒”。
[112] 立：《文苑英華》卷九一三作“互”。
[113] 永不失鎮：《文苑英華》卷九一三作“不失镇”。
[114] 問之：《文苑英華》卷九一三作“知之”。
[115] 開光：《文苑英華》卷九一三作“闢先”。
[116] 作：《文苑英華》卷九一三作“仆”。
[117] 侮：《文苑英華》卷九一三作“舞”。
[118] 苛：《文苑英華》卷九一三作“等”。
[119] 肅將國威：《文苑英華》卷九一三作“嚴肅將威”。
[120] 玦：《文苑英華》卷九一三作“映”。
[121] 孕：《文苑英華》卷九〇一作“争”。
[122] 吞：《文苑英華》卷九〇一作“通”。
[123] 校：《文苑英華》卷九〇一作“檢”。
[124] 二十日：《文苑英華》卷九〇一作“十六日”。
[125] 斃：《文苑英華》卷九〇一作“薨”。
[126] 寵：《文苑英華》卷九〇一作“罷”。
[127] 登：《文苑英華》卷九〇一作“代”。
[128] 牙：《文苑英華》卷九〇一作“互”。
[129] 交：《唐文粹》卷五七作“校”。
[130] 衆推以爲鉅人長者：《唐文粹》卷五七作“衆推之爲長者”。
[131] 悉識其材鄙怯勇：《唐文粹》卷五七作“悉識其材鄙怯智勇”。
[132] 之：《唐文粹》卷五七作“命”。
[133] 當此時：《唐文粹》卷五七作“衆果大悦便之當此”。
[134] 惡：《唐文粹》卷五七作“約”。
[135] 知：《唐文粹》卷五七作“止知”。
[136] 絹五十萬匹他錦紈綺纈又三萬金銀器千：《唐文粹》卷五七作“錦紈綺纈三萬金銀器千”。
[137] 匹：此字原脱，據《唐文粹》卷五七補。
[138] 五十八：《唐文粹》卷五七作“八十”。
[139] 使日月至既不可得：《唐文粹》卷五七作“日月既至卒不可得”。
[140] 候：《唐文粹》卷五七作“後”。
[141] 司：原作“自”，據《唐文粹》卷五七改。
[142] 劉：《唐文粹》卷五七均作“刻”。
[143] 桌：《元文類》卷五八作“栗”。
[144] 駃：《元文類》卷五八作“駛”。

[145] 迫:《元文類》卷五八作"追"。

[146] 辜:《元文類》卷五八作"事"。

[147] 擠:《元文類》卷五八作"儕"。

[148] 易春秋外傳:《元朝名臣事略》卷一五作"春秋外傳易外傳"。

[149] 鼎:《元文類》卷五八作"暴"。

[150] 耿:此字原脱,據《元文類》卷五八補。

[151] 幣:《元文類》卷五八作"弊"。

[152] 清:《元文類》卷五八作"渚"。

[153] 今:此字原脱,據《元文類》卷五八補。

文章類選卷之三十一

墓志類

唐故相權公墓銘　　韓愈

上之元和六年，[1]其相曰權公，諱德輿，字載之。其本出自殷帝武丁，武丁之子降封於權。權，江漢間國也。周衰，入楚爲權氏。楚滅徙秦，而居天水略陽。符秦之王中國，其臣有安丘公翼者，有大臣之言。後六世至平涼公文誕，爲唐上庸太守、荆州大都督長史，焯有聲烈。平涼曾孫諱倕，贈尚書禮部郎中，以藝孝與蘇源明相善，卒官羽林軍録事參軍，於公爲王父。郎中生贈太子太保諱皋，以忠孝致大名，去官，累以官徵，不起，追謚貞孝，是實生公。

公在相位三年，其後以吏部尚書授節鎮山南，年六十以薨。贈尚書左僕射，謚文公。公生三歲，知變四聲；四歲能爲詩；七歲而貞孝公卒，來弔哭者見其顔色聲容，皆相謂"權氏世有其人"。及長，好孝，孝敬祥順。貞元八年，以前江西府監察御史徵拜博士，朝士以得人相慶。改左補闕，章奏不絶，譏排奸倖，與陽城爲助。轉起居舍人，遂知制誥，凡撰命詞九年，以類集爲五十卷，天下稱其能。十八年，以中書舍人典貢士，拜尚書禮部侍郎。薦士於公者，其言可信，不以其人布衣不用；即不可信，雖大官勢人交言，一不以綴意。奏廣歲所取進士明經，在得人，不以員拘。轉户兵吏三曹侍郎、太子賓客，復爲兵部，遷太常卿，天下愈推爲鉅人長德。

時天子以爲宰相宜參用道德人，因拜禮部尚書，同中書門下平章事。公既謝辭，不許。其所設張舉措，必本於寬大；以幾教化，多所助與；維匡調娛，不失其正；中於和節，不爲聲章；因善與賢，不矜主己。以吏部尚書留守東都，東方諸帥有利病不能自請者，公常與疏陳，不以露布。復拜太常，轉刑部尚書，考定新舊令式爲三十編，舉可長用。其在山南河南，勤于選付，治以和簡，人以寧便。

以疾求還，十三年某月甲子，道薨于洋之白草。奏至，天子痌傷，爲之不御朝，郎官致贈錫。官居野處，上下弔哭，皆曰："善人死矣。"其年某月日，葬河南北山，在貞孝東五里。

公由陪屬升列，年除歲遷，以至公宰，人皆喜聞，若己與有，無忌嫉者。于頔坐子殺人，失位自囚，親戚莫敢過門省顧，朝莫敢言者。公將留守東都，爲上言曰："頔之罪既貫不竟，宜因賜寬詔。"上曰："然，公爲吾行諭之。"頔以不憂死。前後考第進士及庭所策試士踵相躡爲宰相達官，與公相先後，其餘布處臺閣外府凡百餘人。自始學至疾未病，未嘗一日去書不觀。公既以能爲文辭擅聲於朝，多銘卿大夫功德，然其爲家不視簿書，未嘗問有亡，費不偫餘。

公娶清河崔氏女，其父造，嘗相德宗，號爲名臣。既葬，其子監察御史璩纍然服喪來有請。乃作銘文曰：

權在商周，世無不存。滅楚徙秦，嬴劉之間。甘泉始侯，以及安丘。詆訶浮屠，皇極之扶。貞孝之生，鳳鳥不至。爵位豈多，半塗以税。壽考豈多，四十而逝。惟其不有，以惠厥後。是生相君，爲朝德首。行世祖之，文世師之。流連六官，出入屏毗。無黨無讎，舉世莫疵。人所憚爲，公勇爲之。其所競馳，公絶不窺。孰克知之，德將在斯。刻詩墓碑，以永厥垂。

（《韓愈文集彙校箋注》卷二〇《唐故相權公墓碑》，《韓昌黎文集校注》卷七《唐故相權公墓銘》）

劉先生夫人墓志　任彦升

既稱萊婦，亦曰鴻妻。復有令德，一與之齊。實佐君子，簪蒿杖藜。欣欣負載，在冀之畦。居室有行，亟聞義讓。稟訓丹陽，弘風丞相。籍甚二門，風流遠尚。肇允才叔，闔德斯諒。無没鄭鄉，寂寥楊冢。參差孔樹，毫末成拱。暫啓荒埏，長扃幽隴。夫貴妻尊，匪爵而重。

（《文選》卷五九《劉先生夫人墓志》）

自撰墓志　白居易

先生姓白，名居易，字樂天，其先太原人也，秦將武安君起之後。高祖諱志善，尚衣奉御。曾祖諱温，檢校都官郎中。王父諱鍠，侍御史，河南府鞏縣令。先大夫諱季庚，朝奉大夫，襄州别駕，大理少卿，累贈刑部尚書，右僕射。先太夫人陳氏，贈潁川郡太夫人。妻楊氏，弘農郡君。兄幼文，皇浮梁縣主簿。弟行簡，皇尚書膳部郎中。一女，適監察御史談弘謩。三侄：長曰味道，廬州巢縣丞；次曰景回，淄州司兵參軍；次曰晦之，舉進士。樂天無子，以侄孫阿新爲之後。

樂天幼好學，長工文。累登進士、拔萃、制策三科，始自校書郎，終以少傅致仕。前後歷官二十任，食禄四十年。外以儒行修其身，中以釋教治其心，旁以山水風月、歌詩琴酒樂其志。前後著文集七十卷，合三千七百三十首，傳於家。又著《事類集要》三十部，合一千一百三十門，時人目爲《白氏六帖》，行於世。凡平生所慕、所感，所得、所喪，[2]所經、所遇、所通，一事一物已上，布在文集中，開卷而盡可知也，故不備書。

大曆六年正月二十日，生於鄭州新鄭縣東郭宅，以會昌六年月日終於東都履道里私第，春秋七十有五。以某年某月日葬於華州下邽縣臨津里北原，祔侍御、僕射二先塋也。[3]啓手足之夕，語其妻與侄曰："吾之幸也，壽過七十，官至二品。有名於世，無益於人。褒優之禮，宜自貶損。我殁，當斂以衣一襲，送以車一乘。無用鹵簿葬，無以血食祭，無請太常謚，無建神道碑。但於墓前立一石，刻吾《醉吟先生傳》一本可矣。"語訖命筆，自銘其墓云：

樂天樂天，生天地中。七十有五年，其生也浮雲然，其死也委蜕然。來何因，去何緣。吾性不動，吾形屢遷。已焉已焉，吾安往而不可，又何足厭戀乎其間。

（《文苑英華》卷九四五《自撰墓志》，《白居易文集校注》卷三四《醉吟先生墓志銘》）

唐故檢校尚書左僕射右龍武軍統軍劉公墓志銘　韓愈

公諱昌裔，字光後，本彭城人。曾大父諱承慶，朔州刺史；大父巨敖，好讀老子、莊周書，爲太原晋陽令。再世宦北方，樂其土俗，遂著籍太原之陽曲，曰："自我爲此邑人可也，何必彭城？"父訟，贈右散騎常侍。

公少好學問。始爲兒時，重遅音"釋"。不戲，恒若有所思念計畫。及壯自試，以開吐蕃説干邊將，不售。入三蜀，從道士游。久之，蜀人苦楊琳寇掠，公單船往説，琳感欷，雖不即降，約其徒不得爲虐。琳降，公常隨琳不去。琳死，脱身亡，沈浮河朔之間。建中中，曲環招起之，爲環檄李納，指擿切刻。納悔恐動心，恒魏皆疑惑氣懈。環封奏其本，德宗稱焉。環之會下濮州，戰白塔，救寧陵襄邑，擊李希烈陳州城下，公常在軍間。環領陳許軍，公因爲陳許從事，以前後功勞，累遷檢校兵部郎中、御史中丞、营田副使。

吴少誠乘環喪，引兵叩城，留後上官説咨公以城守，所以能擒誅叛將，爲抗拒，令敵人不得其便。圍解，拜陳州刺史。韓全義敗，引軍走陳州，求入保，公自城上揖謝全義曰："公受命詣蔡，何爲來陳？公無恐，賊必不敢至我城下。"明日領騎步十餘抵全義營，全義驚喜，迎拜嘆息，殊不敢以不見舍望公。改授陳許軍司馬。

上官説死，拜金紫光禄大夫，檢校工部尚書，代説爲節度使。命界上吏不得犯蔡州人，曰："俱天子人，奚爲相傷？"少誠吏有來犯者，捕得縛送，曰："妄稱彼人，公宜自治之。"少誠塹其軍，亦禁界上暴者，兩界耕桑交迹，吏不何問。封彭城郡開國公，就拜尚書右僕射。

元和七年，得疾，視政不時。八年五月，涌水出他界，過其地，防穿不補，没邑屋，流殺居人，拜疏請去職即罪，詔還京師。即其日與使者俱西，大熱，旦暮馳不息，疾大發。左右手轡止之，公不肯，曰："吾恐不得生謝天子。"上益遣使者勞問，敕無亟行。至則不得朝矣。天子以爲恭，即其家拜檢校左僕射、右龍武軍統軍知軍事。十一月某甲子薨，年六十二。上爲之一日不視朝，贈潞州大都督，命郎弔其家。明年某月某甲子，葬河南某縣某鄉某原。

公不好音聲，不大爲居宅，於諸帥中獨然。夫人，邠國夫人武功蘇氏。子四人，嗣子光禄主簿縱，學於樊宗師，士大夫多稱之。長子元一，樸直忠厚，便弓馬，爲淮南軍衙門將。次子景陽、景長，皆舉進士。葬得日，相與選使者哭拜階上，使來乞銘。銘曰：

提將之符，尸我一方。配古侯公，維德不爽。我銘不亡，後人之慶。

（《韓愈文集彙校箋注》卷一九《唐故檢校尚書左僕射右龍武統軍劉公墓志銘》，《韓昌黎文集校注》卷六《唐故檢校尚書左僕射右龍武軍統軍劉公墓志銘》）

自撰墓志銘　杜牧

牧字牧之。曾祖某，河西隴右節度使。祖佑，司徒、平章事、岐國公、贈太師。考從郁，駕部員外郎，累贈禮部尚書。牧進士及第，制策登科，弘文館校書郎，試左武衛兵曹參軍、江西團練巡官，轉監察御史裏行、御史，淮南節度掌書記，拜真監察，分司東都。[4]以弟病棄官，授宣州團練判官、殿中侍御史、内供奉，遷左補闕、史館修撰，轉膳部、比部員外，皆兼史職。出守黄、池、睦三州，遷司勛員外郎、史館修撰，轉吏部員外郎。以弟病，乞守湖州，入拜考功郎中、知制誥，周歲，拜中書舍人。

牧平生好讀書，爲文亦不出人。曹公曰："吾讀兵書戰策多矣，孫武深矣。"因注其書十三篇，可曰："上窮天時，下極人事，無以加也，後當有知之者。”

去歲七月十日，在吴興，夢人告曰：“爾當作小行郎。”復問其次，曰：“禮部考功，爲小行矣。”禮部言其終曲耳。今歲九月十九日歸，夜微困，亥初就枕寢，得被勢久，酣而不夢，有人朗告曰：“爾改名畢。”十月二日，奴順來言“炊將熟甑裂”。予曰：“皆不祥也。”十一月十日，夢書片紙“皎皎白駒，在彼空谷”，旁有人曰：“空谷，非也，過隙也。”予生於角，星昂畢於角爲第八宫，曰病厄宫，亦曰八殺宫，土星在焉，[5]火星繼木。星工楊晞曰：“木在張於角爲第十一福德宫，木爲福德大君子，救於其旁，無虞也。”予曰：“自湖守不周歲，遷舍人，木還福於角足矣，土火還死於角，宜哉！”復自視其形，視流而疾，鼻折山根，年五十，斯壽矣。某月某日，終于安仁里。

妻河東裴氏，朗州刺史偃之女，先牧若干時卒。長男曰曹師，年十六；次曰梔梔，[6]年十二。别生二男，曰蘭、曰興，一女曰真，[7]皆幼。以某月日葬于少陵司馬村先塋。銘曰：

後魏太尉頣，封安平公。及予九世，皆葬少陵。嗟爾小子，亦克厥終，安于爾宫。

（《文苑英華》卷九四六《自撰墓志銘》，《樊川文集校注》卷一〇《自撰墓志銘》）

翰林供奉李白墓志　范傳正

騏驥筋力，成意在萬里外，厥塊一蹶，斃於空谷。唯餘駿骨，價重千金。大鵬羽翼，張勢欲摩穹昊，而天風不來，海波不起。塌翼别島，[8]空留大名，人亦有之。即故左拾遺翰林學士李公之謂矣。

公名白，字太白。其先隴西成紀人，絶嗣之家，難求譜諜。公之孫女，搜於箱篋中，得公之亡子伯禽手疏十數行，紙壞字缺，不能詳備。約而計之，凉武昭王九代孫也。隋末多難，一房被竄于碎葉流離散落，隱易名姓。故自國朝已來，漏於屬籍。神龍初，潜還廣漢，因僑爲郡人。父客，以通其邑，遂以客爲名。高卧雲林，不求禄仕。公之生也，先府君指天枝以復姓，先夫人夢長庚而告祥，名之與字，咸取所象。受五行之剛氣，叔夜文高，挺三蜀之雄才；相如思逸，瓌奇宏廓，拔俗無類。少以俠自任，而門多長者車。常欲一鳴驚人，一飛冲天。彼漸陸遷喬，皆不能也。由是慷慨自負，不拘常調。器度弘大，聲聞于天。

天寶初，召見於金鑾殿。玄宗明皇帝降輦步迎，如見園綺，論當世務。草和蕃書，辯如懸河，筆不停綴。玄宗嘉之，以寶裝方丈，賜食於前。御手和羔，德音相褒。將褐衣恩遇，前無比儔。遂直翰林，專掌密命，將處司言之任，多陪侍從之遊。他日泛白蓮池，公不在宴。皇歡既洽，召公作序。時公以被酒於翰苑中，仍命高大將軍，扶以登舟，優寵如是。布衣之遇，前所未聞。

公自量疏遠之懷，難久於密侍候間，上疏請還舊山。玄宗甚愛其才。或慮乘醉出入省中，不能不言，温室樹恐掇後患，惜而遂之。公以爲千鈞之弩，一發不中，則當摧撞折牙，而永息機用，安能效碌。碌者蘇而復上者哉。脱屣軒冕，釋羈韁鏁，因肆情性，大放於宇宙間。飲酒非嗜其酣樂，取其昏以自富。[9]作詩非事於文律，取其吟以自適。好神仙非慕其輕舉，將以不求之，事求之其意，[10]欲耗壯心遺餘年也。在長安時，秘書監賀知章號云爲“謫仙”。人吟公《烏栖曲》云：“此詩可以哭鬼神矣。”時人又以公及賀監、汝陽王崔宗之、裴周南等八人爲酒中八仙。朝列賦謫仙歌百餘首。俄屬戎馬生郊，遠身海上。往來於斗牛之分，優游没身。偶乘扁舟，一日千里。或遇勝境，終年不移。則長江遠山，一泉一石，無往而不自得也。

晚歲渡牛渚磯，至姑熟，悦謝家青山，有終焉之志。盤桓利居，竟卒於此。其生也，聖朝之高士其死也。當塗之旅人。

代宗之初，搜羅俊逸，拜公爲左拾遺。制下於彤庭，禮降於玄壤，生不及禄，殁而稱官。嗚呼命歟！傳正共生唐代甲子相懸，常於先大夫文集中見，與公有潯陽夜宴詩，則知與公有通家之舊，早於人間。得公之遺篇逸句，吟咏在口。無何叨，蒙忍獎，廉問宣池。按圖得公之墳墓在當塗屬邑，因令禁樵，採備洒掃。

訪公之子孫，將申慰薦。凡三四年，乃獲孫女二人，一則陳雲之室，一乃劉勸之妻，皆編户甿甿也。因召至郡庭，相見與語。衣服村落，形容樸野。而進退閑雅，應對詳諦，且祖德如在，儒風宛然。問其所以，則曰："父伯禽以貞元八年，不禄而卒。有兄一人，出遊一十二年，不知所在。父存無官，父没爲民。有兄不相保，爲天下之窮人。無桑以自蠶，非不知機杼。無田以自力，非不知稼穡。况婦人之不任布裙糲食，而所仰給。儷于農夫，救死而已。久不敢聞于縣官，懼辱祖考，鄉閭逼迫，忍耻來告。"言訖淚下。余亦對之泫然。因云："先祖志在青山，遺言宅兆。頃屬多故，殯於龍少東麓，地近而非本意。墳高三尺，日已摧圮。力且不及，知如之何！"聞其所言，將遂其請，因當塗令諸葛縱會計在州，得諭其事。縱亦好事者，學爲歌詩，樂聞其語。便道還縣，躬相地形，卜新宅于青山之陽。以元和十二年正月二十三日遷神於此，遂公之志也。西去舊墳六十里，南抵驛路三百步，北倚謝公山即青山也。天寶十二載敕改名焉。因告二女，將改適於士族。皆曰："夫妻之道，命也，亦分也。在孤窮既失身於下狸，仗威力乃求援於他門生。縱偷安死，何面目見大父於地下，欲求其類，所不忍聞！"余亦嘉之，不奪其志，復井税免傜役而已。今士大夫之葬必志于墓，有勛庸道德之家。兼竪碑于道，余才術貧虚，不能兩致，今作新墓銘，輒刊二石。一寘于泉扃，一表於道路。亦峴首漢川之義也。庶芳聲之不泯，文集二十卷，或得之於時之文士；或得之於公之宗族，編緝斷簡，以行於代云。其銘曰：

嵩嶽降神，是生輔臣。蓬萊謫真，斯爲逸人。晋有七賢，唐稱八仙。應彼星象，惟公一馬。晦以麴糵，暢于文篇。萬象奔走乎，筆端萬慮泯滅乎。罇前卧必酒甕，行惟酒船。吟風咏月，席地幕天。但貴其適所以適，不知夫所以然而然。至今尚疑醉在千日，寧審乎壽終百年。謝家山兮李之墓，異代詩流同此路。舊墳卑庳風雨侵，新宅爽塏松柏林。故鄉萬里且無嗣，二女從民永於此。猗歟琢石爲二碑，一臨幽壤一臨岐。岸深谷高變化時，一存一毁名不虧。

（《文苑英華》卷九四五《贈左拾遺翰林供奉李白墓志》，《唐文粹》卷五八《唐左拾遺翰林學士李公新墓碑銘并序》）

試大理評事王君墓志銘　韓愈

君諱適，姓王氏。好讀書，懷奇負氣，不肯隨人後舉選。見功業有道路可指取，有名節可以戾契致，困於無資地，不能自出，乃以干諸公貴人，借助聲勢。諸公貴人既志得，皆樂熟軟媚耳目者，不喜聞生語，一見輒戒門以絶。上初即位，以四科募天下士。君笑曰："此非吾時邪！"即提所作書，緣道歌吟，趍直言試。既至，對語驚人。不中第，益困。

久之，聞金吾李將軍年少喜士，可撼。乃蹐門告曰："天下奇男子王適，願見將軍白事。"一見，語合意，往來門下。盧從史既節度昭義軍，張甚，奴視法度士，欲聞無顧忌大語。有以君生平告者，即遣客鉤致。君曰："狂子不足以共事。"立謝客。李將軍由是待益厚，奏爲其衛胄曹參軍，充引駕仗判官，盡用其言。將軍遷帥鳳翔，君隨往。改試大理評事，攝監察御史觀察判官。櫛垢爬痒，民獲蘇醒。

居歲餘，如有所不樂。一旦載妻子入閿鄉南山不顧。中書舍人王涯、獨孤郁，吏部郎中張惟素，比部郎中韓愈日發書問訊，顧不可强起，不即薦。明年九月，疾病，與醫京師，其月某日卒，年四十四。十一月某日，即葬京城西南長安縣界中。曾祖爽，洪州武寧令；祖微，右衛騎曹參軍；父嵩蘇州昆山丞。妻上谷侯氏處士高女。

高固奇士，自方阿衡太師，世莫能用吾言，再試吏，再怒去，發狂投江水。初，處士將嫁其女，懲曰："吾以齟齬窮，一女憐之，必嫁官人，不以與凡子。"君曰："吾求婦氏久矣，唯此翁可人意。且聞真女賢，不可以失。"即謾謂媒嫗："吾明經及第，且選，即官人。侯翁女幸嫁，若能令翁許我，請進百金爲嫗謝。"諾許，白翁。翁曰："誠官人邪？取文書來！"君計窮吐實。嫗曰："無苦，翁大人，不疑人欺我，得一卷書粗若告身者，我袖以往，翁見未必取眎，幸而聽我。”行其謀。翁望見文書銜袖，果信不疑，曰：“足矣。”以女與王氏。生三子，一男二女。男三歲夭死，長女嫁亳州永城尉姚倓，其季始十歲，銘曰：

鼎也不可以柱車，馬也不可使守閭。佩玉長裾，不利走趍。祇繫其逢，不繫巧愚。不諧其須。有銜不祛。鑽石埋辭，以列幽墟。

（《韓愈文集彙校箋注》卷一八《試大理評事王君墓志銘》，《韓昌黎文集校注》卷六《試大理評事王君墓志銘》）

國子助教河東薛君墓志銘　韓愈

君諱公達，字大順，薛姓。曾祖曰希莊，撫州刺史，贈大理卿；祖曰元暉，果州流溪縣丞，贈左散騎常侍；父曰播，尚書禮部侍郎。侍郎命君後兄據，據爲尚書水部郎中，贈給事中。

君少氣高，爲文有氣力，務出於奇，以不同俗爲主。始舉進士，不與先輩揖，作胡馬及圜丘詩，京師人未見其書，皆口相傳以熟。及擢第，補家令主簿，佐鳳翔軍。軍師武人，君爲作書奏，讀不識句，傳一幕以爲笑，不爲變。後九月九日大會射，設標的，高出百數十尺，令曰：“中，酬錦與金若干。”一軍盡射，莫能中。君執弓，腰二矢，指一矢以興，揖其帥曰：“請以爲公歡。”遂適射所，一座皆起，隨之。射三發，連三中，的壞不可復射。中輒一軍大呼以笑，連三大呼笑，帥益不喜，即自免去。後佐河陽軍，任事去害興利，功爲多。拜協律郎，益棄奇，與人爲同。今天子修太學官，有公卿言，詔拜國子助教，分教東都生。元和四年年卌七，二月十四日疾暴卒。

君再娶，初娶琅邪王氏，後娶京兆韋氏。凡産四男五女。男生輒即死。自給事至君，後再絶。皆有名。遺言曰：“以公儀之子巳巳後我。”其年閏三月廿一日，[11]弟試太子通事舍人公儀，京兆府司録公幹，以君之喪歸，以五月十五日葬于京兆府萬年縣少陵原，合祔王夫人塋。銘曰：

官不遂，歸譏於時。身不得年，又將尤誰？世再絶而紹，祭以不墮。

(《韓愈文集彙校箋注》卷一四《國子助教薛君墓志銘》,《韓昌黎文集校注》卷六《國子助教河東薛君墓志銘》)

故太學博士李君墓志銘　韓愈

太學博士頓丘李于,余兄孫女壻也。年四十八,長慶三年正月五日卒。其月二十六日,穿其妻墓而合葬之,在某縣某地。子三人,皆幼。

初,于以進士爲鄂岳從事。遇方士柳泌,從受藥法,服之往往下血,比四年,病益急,乃死。其法以鉛滿一鼎,按中爲空,實以水銀,蓋封四際,燒爲丹沙云。

余不知服食説自何世起,殺人不可計,而世慕尚之益至,此其惑也!在文書所記及耳聞相傳者不説,今直取目見親與之游而以藥敗者六七公,以爲世誡。

工部尚書歸登、殿中御史李虚中、刑部尚書李遜、遜弟刑部侍郎建、襄陽節度使工部尚書孟簡、東川節度御史大夫盧坦、金吾將軍李道古:此其人皆有名位,世所共識。工部既食水銀得病,自説若有燒鐵杖自顛貫其下者,摧而爲火,射竅節以出,狂痛號呼乞絶。其茵席常得水銀,發且止,唾血數十年以斃。殿中疽發其背死。刑部且死謂余曰:"我爲藥誤。"其季建,一旦無病死。襄陽黜爲吉州司馬,余自袁州還京師,襄陽乘舸邀我於蕭洲,屏人曰:"我得秘藥,不可獨不死,今遺子一器,可用棗肉爲丸服之。"别一年而病,其家人至,訊之,曰:"前所服藥誤,方且下之,下則平矣。"病二歲竟卒。盧大夫死時,溺出血肉,痛不可忍,乞死,乃死。金吾以柳泌得罪,食泌藥,五十死海上,此可以爲誡者也。蘄不死,乃速得死,謂之智,可不可也?

五穀三牲、鹽醯果蔬,人所常御。人相厚勉,必曰强食。今惑者皆曰:"五穀令人夭,不能無食,當務減節。"鹽醯以濟百味,豚、魚、鷄三者,古以養老,反曰:"是皆殺人,不可食。"一筵之饌,禁忌十常不食二三。不信常道而務鬼怪，臨死乃悔。後之好者又曰："彼死者皆不得其道也，我則不然。"始病，曰："藥動故病，病去藥行，乃不死矣。"及且死，又悔。嗚呼！可哀也已，可哀也已。

（《韓愈文集彙校箋注》卷二四《唐故太學博士李君墓志銘》，《韓昌黎文集校注》卷七《故太學博士李君墓志銘》）

安南都護張公墓志銘　柳宗元

漢光中興，馬援雄絶域之志；晋武一統，陶璜布殊俗之恩。理隨德成，功與時並。今皇帝載新景命，丕冒海隅，時惟公祗復厥績，[12]交趾之理，續于前人。[13]

公諱某，字某，某郡人也。曾祖彦師，朝散大夫、尚書駕部郎中。祖瑾，懷州武德縣令。考清，朝議郎、試大理寺丞，贈右贊善大夫。咸有懿美，積爲餘慶。公以忠肅循其中，以文術昭于外，推經旨以飾吏事，本法理以平人心。始命蘄州蘄春主簿，句會敏給，厥聲顯揚。仍以左領軍衛兵曹爲安南經略巡官，申固扞衛，有聞彰徹。轉金吾衛判官，三歷御史，績用弘大，揚于天庭。加檢校尚書禮部員外郎，换山南東道節度判官。復轉郎中，爲安南副都護，賜紫金魚袋，充經略副使。遷檢校太子右庶子兼安南都護、御史中丞，充本管經略招討處置等使。

公自爲吏，習於海邦，凡其比較勤勞，利澤良久，去之則夷獠稱亂，復至而寇攘順化。及受命專征，[14]得陳嘉謨，[15]誓拔禍本，納於夷軌。[16]乃命一其貢奉，平其斂施，牧人盡區處之方，制國備刑體之法。道阻而通百貨，地偏而具五人。儲偫委積，[17]師旅無庚癸之呼；繕完板榦，控帶兼戊己之位。文單環王，怙力背義，公於是陸聯長轂，海合艨艟，再舉而克殄其徒，[18]廓地數圻，以歸于我理。烏蠻酋帥，[19]負險蔑德，公於是外申皇威，旁達明信，一動而悉朝其長，取州二十，[20]以被於華風。易皮弁以冠帶，化奸宄爲誠敬，皆用周禮，率由漢儀。公患浮海之役，可濟可覆，而無所恃，乃刳連島，以闢坦途。鬼工來并，人力罕用，沃日之大，束成通溝。摩霄之阻，砉爲高岸，[21]而終古蒙利。公患疆埸之制，一彼一此，而不可常，乃復銅柱爲正制。鼓鑄既施，精堅是立，[22]固圉之下，明若白黑。[23]易野之守，險逾丘陵，而萬世無虞。奇琛良貨，溢于王府；殊俗異類，盈于藁街。優詔累旌其忠良，[24]太史嗣書其功烈，就加國子祭酒，封武城男，食邑三百户。凡再策勳，至上柱國，三增秩至中散大夫。某年月薨于位，年若干。天子震悼，傷辭有加。明年，其孤某官與宗人號奉裳帷，[25]率其家老，咨于叔父延唐令某，卜宅于潭州某原，葬用某月某日，人謀皆從，龜兆襲吉。乃刻兹石，著公之閥，以志于丘竈，以告于幽明。銘曰：

周限荆衡，秦開百粤。交州之治，炎劉是設。德大來服，道消自絶。伏波南征，漢威載烈。宛陵北附，晋政爰發。我唐流澤，光于有截。皇帝中興，武城授鉞。肅肅武城，惟夫之哲。更歷毗贊，顯揚彰徹。既受休命，秉兹峻節。度其謀猷，守以廉潔。厚農薄征，匪貊匪桀。通商平貨，[26]有來胥悦。踐山跨海，堅其鶴列。制器足兵，潰兹蟻結。烏蠻屈服，文單剪滅。柔遠開疆，會朝天闕。銅柱乃復，環山以硩。海無邅迍，寇罔踰越。琛賮之獻，周于窮髮。帝嘉成德，載旌茂閥。增秩策勳，土封斯裂。位厄元侯，年虧大耋。邦人號呼，夷裔淒咽。卜葬長沙，連岡啓穴。書銘薦辭，德音罔缺。

（《文苑英華》卷九三九《中散大夫檢校國子祭酒兼安南都護御史中丞充安南本管經略招討處置等使上柱國武城縣開國男食邑三百户張公墓志銘》，《文翰事文類聚》卷一五五《安南都護張公墓志銘》，《柳宗元集校注》卷一〇《唐故中散大夫檢校國子祭酒兼安南都護御史中丞充安南本管經略招討處置等使上柱國武城縣開國男食邑三百户張公墓志銘並序》）

邕州刺史李公墓志銘　柳宗元

公諱某，字某，實惟文皇帝之玄孫。别子曰承乾，爲皇太子，以藩愛逼奪,危懔致禍。後封恒山,爲愍王,贈荆州大都督。繼別曰象,蘄春郡太守,贈越州大都督,郇國公。大宗曰玭,太子詹事,贈祕書監。生廙,尚書左丞。凡四代,有土田,居貴仕。公丕承之,以率南服,克荷天休,繼有功德。

公始以通經入崇文館,登有司第,選同州參軍,入佐金吾衛,進太僕主簿,參引大駕。府移,爲左右神策行營兵馬節度,以爲推官。遷監察御史,[27]賜緋魚袋。凡二使,其率皆范司空希朝。進殿中侍御史、湖南都團練判官。以寬通簡大,輔治得中道。府遷,主後事。師人愛慕,欲以貞元故事爲請,公恐懼抑留,復從浙東爲都團練副使,轉侍御史。又從浙西,如其職,加著作郎。凡三使,其率皆薛大夫苹。刺岳、信二州。得劉向秘書,以能卒化黄白,日召徒試術,爲仇家上變,就鞫無事,敕笞殺告者,猶降建州司馬。陟刺泉州。會烏獄夷刺,殺郡吏,毆縛農民。詔以公都督邕州兼御史中丞,賜紫金魚袋,爲經略招討使。既至,則韔弓櫜甲,去斥候,禁部内,無敢以賊名,使得自澣濯。諸酋長咸頓首送款,故虜獲輸税奉貢,願比内郡人,遣子吏都督所。人復耕稼,無有威刑。居五月頃,有黑螭鼓江流,壞北岸,直城南門,覆船殺人,然後去。父老泣曰:"吾公其殆矣。"嘗合汞、流黄、丹砂爲紫丹,能入火不動,以爲神,服之且十年。然卒以是病,暴下赤黑,數日薨。實元和十三年六月十五日,年五十七。僚宰庀事,有緹五兩,無金銀泉貝,幾不充斂。夷人號呼,致幣歸。以明年月日葬,附其穆長安西南高陽原上。

夫人陳氏,先公十五年没。父曇,亦都督邕州終。孤孟輿,愿且文。亞曰仲權,次曰季謀,年自九歲以下。有兩壻,博陵崔行儉,勁峭有立志;滎陽鄭師貞,敏捷能群。皆聞名。銘曰:

文濬維祥,實亘實延。家讒不嗣,宗以支傳。郇公克庸,詹事繼賢。湜湜左丞,惟道之宣。公寬且惠,以教則順。五參戎政,二佩郡印。師歡民愛,克懷以信。詖辭告訕,卒白其訊。烏獄猖狂,盜海剽山。帝命平南,逖彼群蠻。虎龍煌煌,英蕩是將。舟之金玉,以爲公服。公既蒞止，告以文理。推義赴仁，弢弓服矢。闢是垣壘，完其父子。復我邦賦，弛予卒士。貌不功矜，情不伐喜。蠻人涕懷，投刃以俟。方底成績，蟲孽告妖。悍石構灾，升屋而號。椎髻卉裳，來賻來觀。膴膴鱗原，祔之顯魂。松柏芊芊，封域安安。代有高墳，堯文之孫。

（《文翰類選大成》卷一五五《邕州刺史李公墓志銘》，《柳宗元集校注》卷一〇《唐故邕管經略招討等使朝散大夫持節都督邕州諸軍事守邕州刺史兼御史中丞賜紫金魚袋李公墓志銘並序》）

故幽州節度判官贈給事中清河張君墓志銘　韓愈

張君名徹，字某，以進士累官至范陽府監察御史。長慶元年，今牛宰相爲御史中丞，奏君名迹中御史選，詔即以爲御史。其府惜不敢留，遣之，而密奏："幽州將父子繼續，不廷選且久，今新收，臣又始至孤怯，須强佐乃濟。"發半道，有詔以君還之，仍遷殿中侍御史，加賜朱衣銀魚。至數日，軍亂，怨其府從事，盡殺之，而囚其帥，且相約："張御史長者，毋侮辱轢蹙我事，無庸殺，置之帥所。"

居月餘，聞有中貴人自京師至。君謂其帥："公無負此土人。上使至，可因請見自辨，幸得脱免歸。"即推門求出。守者以告其魁，魁與其徒皆駭曰："必張御史。張御史忠義，必爲其帥告此餘人，不如遷之别館。"即與衆出君。君出門駡衆曰："汝何敢反！前日吴元濟斬東市，昨日李師道斬於軍中，同惡者父母妻子皆屠死，肉餧狗鼠鴟鴉。汝何敢反！汝何敢反！"行且駡。衆畏惡其言，不忍聞，且虞生變，即擊君以死。君抵死口不絶駡，衆皆曰："義士！義士！"或斂瘞之以俟。事聞，天子壯之，贈給事中。其友侯雲長佐鄆使，請於其帥馬僕射，爲之選於軍中，得故與君相知張恭李元實者，使以幣請之范陽，范陽人義而歸之。以聞，詔所在給船轝，傳歸其家，賜錢物以葬。長慶四年四月某日，其妻子以君之喪葬于某州某所。

君弟復亦進士，佐汴宋，得疾，變易喪心，驚惑不常。君得閑即自視衣褥薄厚，節時其飲食，而匕筯進養之，禁其家無敢高語出聲。醫餌之藥，其物多空青雄黄，諸奇怪物，劑錢至十數萬；營治勤劇，皆自君手，不假之人。家貧，妻子常有飢色。

祖某，某官。父某，某官。妻韓氏，禮部郎中某之孫，汴州開封尉某之女，於余爲叔父孫女。君常從余學，選於諸生而嫁與之。孝順祗修，群女效其所爲。男若干人，曰某；女子曰某。銘曰：

嗚呼徹也！世慕顧以行，子揭揭也。噎喑以爲生，子獨割也。爲彼不清，作玉雪也。仁義以爲兵，用不缺折也。知死不失名，得猛厲也。自申于闇，明莫之奪也。我銘以貞之，不肖者之呾也。

（《韓愈文集彙校箋注》卷二四《唐故幽州節度判官贈給事中清河張君墓志銘》，《韓昌黎文集校注》卷七《故幽州節度判官贈給事中清河張君墓志銘》）

南陽樊紹述墓志銘　韓愈

樊紹述既卒，且葬，愈將銘之，從其家求書，得書號《魁紀公》者三十卷，曰《樊子》者又三十卷，《春秋集傳》十五卷，表牋、狀策、書序、傳記、紀志、説論今文、讚銘凡二百九十一篇，道路所遇及器物門里雜銘二百二十，賦十，詩七百一十九。曰：多矣哉！古未嘗有也。然而必出於己，不襲蹈前人一言一句，又何其難也！必出入仁義，其富若生蓄萬物，必具海含地負、放恣横從，無所統紀，然而不煩於繩削而自合也。嗚呼！紹述於斯術其可謂至於斯極者矣。

生而其家貴富，長而不有其藏一錢，妻子告不足，顧且笑曰："我道蓋是也。"皆應曰："然。"無不意滿。嘗以金部郎中告哀南方，還言某師不治，罷之，以此出爲綿州刺史。一年，徵拜左司郎中，又出刺絳州。綿絳之人至今皆曰："於我有德。"以爲諫議大夫，命且下，遂病以卒。年若干。

紹述諱宗師，父諱僓，[28]嘗帥襄陽、江陵，官至右僕射，贈某官。祖某官，諱泳。自祖及紹述三世，皆以軍謀堪將帥策上第以進。

紹述無所不學，於辭於聲大得也，在衆若無能者。嘗與觀樂，問曰："何如？"曰："後當然。"已而果然。銘曰：

惟古於詞必己出，降而不能乃剽賊。後皆指前公相襲，從漢迄今用一律。寥寥久哉莫覺屬，神徂聖伏道絶塞。既極乃通發紹述，文從字順各識識。有欲求之此其躅。

（《文翰類選大成》卷一五五《南陽樊紹述墓志銘》，《韓愈文集彙校箋注》卷二四《南陽樊紹述墓志銘》，《韓昌黎文集校注》卷七《南陽樊紹述墓志銘》）

李元賓墓銘　韓愈

李觀字元賓，其先隴西人也。始來自江之東，年二十四舉進士，三年登上第，又舉博學宏辭，得太子校書一年，年二十九，客死于京師。既斂之三日，友人博陵崔弘禮買地葬之于國東門之外七里，[29]鄉曰慶義，原曰嵩原。友人韓愈書石以志之，[30]辭曰：

已虖元賓！壽也者吾不知其所慕，夭也者吾不知其所惡。生而不淑，孰謂其壽？死而不朽，孰謂之夭？[31]已虖元賓！才高乎當世，[32]而行出乎古人。[33]已虖元賓！竟何爲哉，竟何爲哉！

（《文苑英華》卷九四六《太子校書李元賓墓志銘》，《唐文粹》卷六九《唐太子校書李元賓墓志銘并序》，《文翰類選大成》卷一五五《李元賓墓銘》，《韓愈文集彙校箋注》卷一四《李元賓墓銘》，《韓昌黎文集校注》卷六《李元賓墓銘》）

貴州刺史鄧君墓志銘　柳宗元

君諱某，字某。南陽人，漢司徒禹之世也。曾祖倚，皇連州普城令。[34]祖少立，皇滄州司馬。考邕，皇左武衛兵曹參軍。[35]惟君敏給以御下，廉忠以承上，幹蠱之稱，洽於諸侯；信謹之迹，[36]彰于所莅。故自始仕以至没世，未嘗無聞焉。初以試太常寺奉禮郎，更職於劍南、湖南、江西，前後連帥咸器其能，以柄於事。於劍南，則亭擬閲實，[37]以循官刑，盡哀敬之情，致淑問之頌，寬猛之適，克合于中。於湖南，則外按屬城，内專平準，莅非人錫石之地，參凫氏鼓鑄之功。溢山告祥，國用益贍，吏無並緣以巧法，人無怨讟以苦役。凡處斯職，[38]莫能加焉。於江西，則旁緝傳置，下繩支郡，俾無有異政，以一於詔條。財賦之重，待君而理。無何，邕州經略使路公恕，奏署試大理評事兼貴州刺史。參帷幕之任，董貔虎之威，夷俗敬愛，革面受事。朝廷將以武定南服，命安南大校御史中丞趙良金爲邕州，復以君兼招討判官。録其異能，奏加司直，昇招討副使，兼統横、廉、[39]貴三州事。尨茸之下，直道有立；獷悍之内，義威必行。賦增而不擾，法一而無憾。然以憂慄間於多虞，卒成耳目之塞，道致齒牙之猾。

元和五年五月二十一日，疾卒於公館，年五十五。明年某月日，返葬於潭州某原。夫人隴西李氏，大理評事練之女，年三十三，貞元十六年終於郴州。有子四人，曰贇，曰某。贇十三年矣。哀禮具焉。

京兆尹弘農公，始由湖南爲江西，再以君爲從事，知之最厚。痛君之能不施於劇任，惜君之志見屈於群疑，且以志授宗元，使備其闕。古者觀其所使，而知在上之德。今也觀其所使，而知在下之誠。嗚呼，可無辭乎？銘曰：

曼姓之裔，司徒隆漢。惟君是承，有植其幹。[40]始屬奉常，出參藩翰。議讞西蜀，平其狴犴。巡視南楚，總兹條貫。貿遷化居，貨殖攸贊。改煎鎔範，貢輸增筭。既飭財賦，亦專傳館。去牧荒陬，肅其聽斷。敚敹以息，暴戾斯逭。行非選事，進不避難。始賴其寧，終聞見憚。疾與憂積，志隨魄散。[41]年極中身，葬兹高岸。才耶命耶？君子興嘆。

（《文苑英華》卷九五三《試大理司直兼貴州刺史鄧君墓志銘》，《柳宗元集校注》卷一〇《唐故邕管招討副使試大理司直兼貴州刺史鄧君墓志銘並序》）

柳子厚墓志銘　韓愈

子厚諱宗元。七世祖慶爲拓跋魏侍中，封濟陰公。[42]曾伯祖奭爲唐宰相，與褚遂良、韓瑗俱得罪武后，死高宗朝。皇考諱鎮，以事母棄太常博士，求爲縣令江南，其後以不能媚權貴失御史；權貴人死，乃復拜侍御史。號爲剛直，所與游皆當世名人。

子厚少精敏，無不通達。逮其父時，雖少年已自成人，能取進士第，嶄然見頭角，衆謂柳氏有子矣。其後以博學宏詞授集賢殿正字。俊傑廉悍，議論證據今古，出入經史百子，踔厲風發，率常屈其座人，名聲大振，一時皆慕與之交。諸公要人争欲令出我門下，交口薦譽之。

貞元十九年，由藍田尉拜監察御史。順宗即位，拜禮部員外郎。遇用事者得罪，例出爲刺史。未至，又例貶州司馬。居閑益自刻苦，務記覽，爲詞章泛濫停蓄，[43]爲深博無涯涘，而自肆於山水間。

元和中，嘗例召至京師，又偕出爲刺史，而子厚得柳州。既至，嘆曰："是豈不足爲政邪！"因其土俗，爲設教禁，州人順賴。其俗以男女質錢，約不時贖，子本相侔，則没爲奴婢。子厚與設方計，悉令贖歸。其尤貧力不能者，令書其傭，足相當，則使歸其質。觀察使下其法於他州，比一歲，免而歸者且千人。

衡湘以南爲進士者，皆以子厚爲師，其經承子厚口講指畫爲文詞者，悉有法度可觀。其召至京師而復爲刺史也，中山劉夢得禹錫亦在遣中，當詣播州。子厚泣曰："播州非人所居，而夢得親在堂，吾不忍夢得之窮，無辭以白其大人，且萬無母子俱往理。"請於朝，將拜疏，願以柳易播，雖重得罪死不恨。[44]遇有以夢得事白上者，夢得於是改刺連州。嗚呼！士窮乃見節義。今夫平居里巷相慕悦，酒食游戲相徵逐，詡詡强笑語以相取下，握手出肺肝相示，指天日涕泣，誓生死不相背負，真若可信。一旦臨小利害，僅如毛髮比，反眼若不相識，落陷穽，不一引手救，反擠之又下石焉者，[45]皆是也。此宜禽獸夷狄所不忍爲，[46]而其人自視以爲得計，聞子厚之風，亦可以少愧矣。

子厚前時少年，勇於爲人，不自貴重顧籍，謂功業可立就，故坐廢退。既退，[47]又無相知有氣力得位者推挽，故卒死於窮裔，材不爲世用，道不行於時也。使子厚在臺省時，自持其身已能如司馬刺史時，亦自不斥。斥時有人力能舉之，且必復用不窮。然子厚斥不久，窮不極，雖有出於人，其文學辭章，[48]必不能自力以致必傳於後如今，無疑也。雖使子厚得所願，爲將相於一時，以彼易此，孰得孰失，必有能辯之者。

子厚以元和十四年十一月八日卒，年四十七。以十五年七月十日歸葬萬年先人墓側。子厚有子男二人，長曰周六，始四歲；季曰周七，子厚卒後乃生。女子二人，皆幼。其得歸葬也，費皆出觀察使河東裴君行立。行立有節概，立然諾，[49]與子厚結交，子厚亦爲之盡，竟賴其力。葬子厚於萬年之墓者，舅弟盧遵。遵，涿人，性謹順，學問不厭。自子厚之斥，遵從而家焉，逮其死不去。既往葬子厚，又將經紀其家，庶幾有始終者。銘曰：

是惟子厚之室，既固既安，以利其嗣人。

（《文苑英華》卷九五三《柳州刺史柳君墓志銘》，《唐文粹》卷六九《唐柳州刺史柳子厚墓志銘并序》，《古今事文類聚》前集卷二三《柳子厚墓志》，《文翰類選大成》卷一五五《柳子厚墓志》，《韓愈文集彙校箋注》卷二二《柳子厚墓志銘》，《韓昌黎文集校注》卷七《柳子厚墓志銘》）

貞曜先生墓志　韓愈

唐元和九年，歲在甲午八月己亥，①貞曜先生孟氏卒。無子，其配鄭氏以告，愈走位哭，且召張籍會哭。明日，使以錢如東都供葬事，諸嘗與往來者咸來哭弔韓氏，遂以書告興元尹故相餘慶。閏月，樊宗師使來弔，告葬期，徵銘。愈哭曰："嗚呼！吾尚忍銘吾友也夫！"興元人以幣如孟氏賻，且來商家事，樊子使來速銘，曰："不則無以掩諸幽。"乃序而銘之。

---

① 甲午：唐憲宗元和九年(814)。

先生諱郊，字東野。父庭玢，娶裴氏女，而選爲昆山尉，生先生及二季酆郢而卒。先生生六七年，端序則見，長而愈騫，涵而揉之，内外完好，色夷氣清，可畏而親。及其爲詩，劌目鉥心，刃迎縷解，鉤章棘句，掐擢胃腎，神施鬼設，間見層出。唯其大玩於詞而與世抹摋，人皆劫劫，我獨有餘。有以後時開先生者曰："吾既擠而與之矣，其猶足存邪！"

年幾五十，始以尊夫人之命來集京師，從進士試，既得，即去。間四年，又命來選，爲溧陽尉，迎侍溧上。去尉二年，而故相鄭公尹河南，奏爲水陸運從事，試協律郎。親拜其母於門内。母卒五年，而鄭公以節領興元軍，奏爲其軍參謀，試大理評事。

挈其妻行之興元，次于閿鄉，暴疾卒，年六十四。買棺以斂，以二人輿歸。酆郢皆在江南，十月庚申，樊子合凡贈賻而葬之洛陽東其先人墓左，以餘財附其家而供祀。將葬，張籍曰："先生揭德振華，於古有光，賢者故事有易名，况士哉？如曰'貞曜先生'，則姓名字行有載，不待講説而明。"皆曰"然"，遂用之。

初，先生所與俱學同姓簡，於世次爲叔父，由給事中觀察浙東，曰："生吾不能舉，死吾知恤其家。"銘曰：

於戲貞曜！維執不猗，維出不訾，維卒不施，以昌其詩。

（《文翰類選大成》卷一五五《貞曜先生墓志》，《韓愈文集彙校箋注》卷一九《貞曜先生墓志銘》，《韓昌黎文集校注》卷六《貞曜先生墓志銘》）

嶺南經略副使馬君墓志　柳宗元

元和九年月日，扶風馬君卒。命于守龜，祔于先君食，卜葬明年某月庚寅亦食。其孤使來以狀謁銘，宗元删取其辭，曰：

君凡受署，往來桂州、嶺南、江西、荆南道，皆大府。凡命官，更佐軍衛、録王府事、番禺令、江陵户曹録府事、監察御史，皆爲顯官。凡佐治，由巡官、判官至押番舶使、經略副使，皆所謂右職。凡所嚴事，御史中丞良、司徒佑、嗣曹王皋、尚書胄、尚書伯儀、尚書昌，皆賢有勞諸侯。其善事，凡管嶺南五府儲跱，出卒致穀，以謀叶平哥舒晃，假守州邑，民以便安。殄火訛，殺吏威，海鹽增筭，邦賦大減，所至皆用是理。年七十，不肯仕，曰："吾爲吏逾四十年，卒不見大者。今年志慮耗，終不能以筋力爲人嬴縮。"因罷休，以經書教子弟，不問外事。加七年，卒。君始以長者重許與聞，凡交大官皆見禮。司徒佑嘗以國事徵，顧謂君曰："願以老母爲累。"受托，奉視優崇，至忘其子之去。

君諱某，字某。曾祖某，某官。祖某，某官。父某，某官。嗣子，隴西李氏出，曰徵，由進士爲右衛胄曹，早没。次四子，皆京兆韋氏出，曰儆，曰倣，曰敏，曰庭。女一人，嫁柳氏，壻曰宗一。其銘曰：

不懈于位，不替于謀。慮寇以平，撫民以蘇。僭火不孽，悍吏不牟。惟寶于鹽，亦嬴其籌。公以忠施，私以義躋。既至于年，乃静于懷。衣柔膳甘，子侍孫携。觀經考古，教導斯齊。克壽克樂，嗚呼終哉！于陰之原，爰位其墓。千萬子孫，來拜來附。

（《柳宗元集校注》卷一〇《唐故嶺南經略副使御史馬君墓志》）

殿中少監馬君墓志　韓愈

君諱繼祖，司徒贈太師北平莊武王之孫，少府監贈太子少傅諱暢之子。生四歲，以門功拜太子舍人。積三十四年，五轉而至殿中少監。年三十七以卒，有男八人，女二人。

始余初冠，應進士貢在京師，窮不自存，以故人稚弟拜北平王於馬前，王問而憐之，因得見於安邑里第。王軫其寒飢，賜食與衣。召二子使爲之主，其季遇我特厚，少府監贈太子少傅者也。姆抱幼子立側，眉眼如畫，髮漆黑，肌肉玉雪可念，殿中君也。當是時，見王於北亭，猶高山深林鉅谷，龍虎變化不測，傑魁人也；退見少傅，翠竹碧梧，鸞鵠停峙，能守其業者也。幼子娟好静秀，瑶環瑜珥，蘭茁其牙，稱其家兒也。後四五年，吾成進士，去而東游，哭北平王於客舍。後十五六年，吾爲尚書都官郎，分司東都，而分府少傅卒，哭之。又十餘年至今，哭少監焉。

嗚呼！吾未耄老，自始至今未四十年，而哭其祖子孫三世，于人世何如也！人欲久不死而觀居此世者，何也？

（《韓愈文集彙校箋注》卷二三《唐故殿中少監馬君墓志》，《韓昌黎文集校注》卷七《殿中少監馬君墓志》）

柳州司馬孟公墓志銘　柳宗元

孟氏之孤曰遵慶，奉其父命書九篇，爲善狀一篇，來告曰："月日君薨，月日將葬于某。敢請刻辭。"嗚呼！公自假左贊善大夫、桓王司馬、太常少卿，爲義成軍中軍兵馬使。其帥魏國公躭爲宰相，命公左領軍衛將軍。事德宗、順宗、今上，立朝九年，加朝議大夫。居喪，會用兵于趙，起復，居故官，爲左神策行營先鋒兵馬使知牙，而趙兵罷，不受禄，去金革，服喪終期。命安州刺史，仍加侍御史、安州防遏兵馬使。貶柳州司馬。

公嘗佐魏公平襄陽，靖梁州，立義成軍。魏公弘大恢奇，公能以任軍政，是以又爲衛將軍，虔恭潔廉，勛得禮節。伐趙之役，堅立堡壘，誓死麾下，法制明具，權力無能移，進不避患，退不敗禮。安州迫寇攘，多戎事，政出一切，吏以文持之，故貶。明年，用兵于蔡，朝廷諸公洎外諸侯，咸以公爲請。未及徵，氣乘肺，溢爲水，浮膚而卒，年六十。惟公志專于中，貌嚴于外，嘗立廷中，毅然望之，若圖形刻像。聞國難，輒不寢食，謀度憤吒，以故病不可治。

曾祖某官諱某。祖某官諱某。父某官諱某。公之諱曰常謙。子遵慶。弟曰某。銘曰：

魯仲孫氏，其世爲孟。賁勇光武，軻儒紹聖。公傳師法，以訓戎政。執稽以庸，咸致厥命。濟濟于朝，冕服以光。墨非從利，終役復喪。忠孝孔明，君子攸彰。昔者雲中，六級下吏。公刺于安，法亦可議。黜伏南荒，豪士歔欷。聞難以激，去食廢寐。神乖氣離，支膈莫遂。廷臣進言，侯伯拜章。帝命將施，俄仆于京。代山丸丸，植柏與松。其名惟何，忠孝孟公。

（《柳宗元集校注》卷一〇《唐故安州刺史兼侍御史貶柳州司馬孟公墓志銘》）

故大理評事柳君墓志銘　柳宗元

晋之亂，柳氏始分，曰耆，爲汝南守，居河東。又五世曰慶，相魏。魏相之嗣曰旦，仕隋爲黄門侍郎。其小宗曰楷，至于唐，刺濟、房、蘭、廓四州。楷生夏縣令府君諱繹，繹生司議郎府君諱遺愛，皆葬長安少陵原。遺愛生御史府君諱開，葬南陽。其嗣曰寬，字存諒，讀其世書，揚于文辭，南方之人多諷其什。頗學禮而善爲容，修吏事。始仕家令主簿，進左驍衛兵曹，試大理評事，爲嶺南節度推官、荆南永安軍判官。府罷，爲游士，出桂陽，下廣州，中厲氣嘔泄，卒於公館，元和六年八月七日也。年四十七。前娶琅邪王拱子。拱，國子祭酒。後娶河東裴陵子。陵，告成令。裴氏之出曰裴七。

君之從弟，以君之喪歸，過零陵，哭且告于宗元曰："吾伯兄從事嶺南，其地多貨，其民輕亂，能以簡惠和柔，匡弼所奉。假守支郡，海隅以寧，鬪狠仇怨，敦諭克順。從公于荆，綏戎永安，仍專郡治，政用休阜。是時蜀寇始滅，邦人瘡痍，懷君之澤，咸忘其痛。其理也惠，而不施之於大；其行也和，而不至于牢；其言也文，而不顯其聲。今將以某月日祔葬，苟又不得令辭而志焉，是無以蓋前人之大痛，敢固以請。"嗚呼！余懼辭之不令，以爲神羞，余曷敢不諾。銘曰：

柳族之分，在北爲高。充于史氏，世相重侯。中書之世，實曰蘭州。夏縣政良，司議德優。營營御史，乃佐元侯。惟君是嗣，其政克修。儲闈補吏，環衛分曹。南越之庬，從事以寧。永安披攘，薦仍于兵。是董是經，既柔且平。浩浩呻呼，革爲和聲。胡不使壽，而奪之齡。柩于海壖，壙于鄧邦。厥弟孔哀，惟行之恭。呱呱小子，纕而不廬。充充令妻，髽首而居。鳥獸號鳴，助我踟躕。刻此悲辭，藏之奥隅。

（《柳宗元集校注》卷一一《故大理評事柳君墓志》）

大理評事裴君墓志　柳宗元

裴氏之昭曰贈户部尚書諱某，穆曰起居郎諱某，生均州刺史諱某。均州與其弟大理更爲刑部郎，用文史名於朝，善杜禮書。長子曰某，射進士策不中，去過汴，韓司徒弘迎取爲從事，以聞，拜太子通事舍人，進大理評事。當伐蔡及鄆，汴常爲軍首，贊佐有勞。既事，將侍太夫人于京師，道發疽，元和十四年月日終於河南敦厚里，年若干。字曰某。弟某，以其喪歸葬于某縣某里。未果娶。有男子二人，女一人。男之長曰某，通兩經，始杖且廬。銘曰：

世守不遷，秀于士鄉。不利有司，爰客于梁。梁委其躬，乃相戎政。宫臣理屬，仍受國命。南蔡北曹，五載首兵。柔剛輔理，平視太平。馬牛既寧，告養于京。棧車草草，我來周道。載飢載勞，神奪其孝。形經于洛，魂其焉如。庶終爾誠，陰侍里閭。膳飲不違，有弟之恭。既安且盈，厥志斯從。銘之故人，以慰爾衷。

（《柳宗元集校注》卷一一《故試大理評事裴君墓志》）

校書郎獨孤君墓碣　柳宗元

嗚呼！有唐仁人獨孤君之墓，祔于其父太子舍人諱助之墓之後。自其祖贈太子少保諱問俗而上，其墓皆在灞水之左，今王父瑩陵於其側，[50]故再世在此。

嗚呼！獨孤君之道和而純，其用端而明。内之爲孝，外之爲仁。默而智，言而信。其窮也不憂，其樂也不淫。讀書推孔子之道，必求諸其中。其爲文深而厚，尤慕古雅，善賦頌，其要咸歸于道。[51]

昔孔子之世有顔回者，能得於孔子，後之仰其賢者，[52]譬之如日月而莫有議者焉。嗚呼！獨孤君之明且仁，如遭孔子，[53]是有兩顔氏也。今之世有知其然者？其信於天下乎？[54]使夫人也夭而不嗣，世之惑者，猶曰尚有天道，噫乎甚邪！

君諱申叔，字子重。年二十二舉進士，又二年，用博學宏詞爲校書郎。又三年，居父喪，未練而没，蓋貞元十八年四月五日也。是年七月十日而葬，[55]鄉曰某鄉，原曰某原。

嗚呼！君短命，行道之日未久，故其道信於其友，而未信於天下。今記其知君者于墓：韓泰安平，南陽人。李行諶元固、其弟行敏中明，趙郡贊皇人。柳宗元，河東解人。崔廣略，清河人。韓愈退之，昌黎人。王涯廣津，太原人。吕温和叔，東平人。崔群敦詩，清河人。劉禹錫夢得，中山人。李景儉致用，隴西人。嚴休復玄錫，馮翊人。韋詞致用，京兆杜陵人。

（《文苑英華》卷九四六《秘書省校書郎獨孤君墓志》，《柳宗元集校注》卷一一《亡友故秘書省校書郎獨孤君墓碣》）

吕侍御恭墓銘　柳宗元

吕氏世居河東，至延之始大，以御史大夫爲浙東道節度大使。延之生渭，爲中書舍人、尚書禮部侍郎，刺湖南七州。生四子，温、恭、儉、讓。以温爲尚書郎，再贈至右僕射。

恭字敬叔，他名曰宗禮，或以爲字，實惟吕氏宗子。尚氣節，有勇略，不事小謹。讀從横書，理《陰符》《握機》《孫子》之術，曰："我，師尚父胄也。大父洎先人咸統方岳，[56]今天下將理，平蔡、兖、冀、幽洎戎猶負命。"蚤夜呼憤，以爲宜得任爪牙，畢力通天子命，作文章咸道其志云。又曰："由吾兄而上三世，世爲進士。吾爲文不墜教戒，[57]獨武事未克纘厥緒。"[58]因棄去，從山南西道節度府掌書記。預謀畫不甚合，以試守軍衛佐，加協律郎，入薦爲長安主簿。復出以監察御史參江南西道都團練軍事，府表進殿中侍御史。爲桂管都防禦副使。

元和八年，去桂州，相國尚書鄭公遮留，假嶺南道節度判官。至廣州，病瘠瘧加痺，[59]六月二十八日卒。妻裴氏，户部尚書延齡女。有丈夫子三人：曰爽，曰瓌，曰特。女子三人：曰環，曰鳶，曰倩，皆幼。行於道而倩又死，遂以柩如洛陽，祔葬於大墓。[60]款志。

吕氏世仕至大官，皆有道，宜興於世。温洎恭名爲豪傑，知者以爲是必立王功，活生人。不幸温刺衡州，年四十卒。恭未及理人，年三十七又卒。[61]世固有其具而不及其用若温、恭者耶？恭貌奇壯，有大志，信善容物，宜壽考碩夫而又不克。[62]吕氏之道惡乎興？銘曰：

渢渢之風乎不可追，有志之大乎今安歸，吕君去我死乎吾誰依？

（《文苑英華》卷九五七《嶺南節度判官吕公墓志銘》，《柳宗元集校注》卷一〇《吕侍御恭墓銘》）

户部郎中曾公墓志銘　王安石

公諱某，字某。先封鄫，鄫亡，去邑爲氏。王莽亂，都鄉侯據棄侯之豫章家之，蓋豫章之南昌，後分爲南豐人。某爲唐沂州刺史，再世生某，贈尚書水部員外郎，公考也。

李氏有江南，上公進士第一，不就。太平興國八年，乃舉進士中第，選主符離簿。歲餘，授興元府司録，道遷大理評事，遷光禄寺丞，監越州酒。召見，拜著作佐郎，知淮陽軍。將行，天子惜留之，直史館，賜緋魚袋，使自汴至建安軍行漕。詔曰："凡三司州郡事有不中理者，即驗之。"最鈎得匿貨以五百萬計。除秘書丞、兩浙轉運副使，改正使。

始，諫議大夫、知蘇州魏庠，知侍御史、知越州王柄，不善於政而喜怒從人。庠介舊恩以進，柄喜持上。公到，劾之以聞。上驚曰："曾某乃敢治魏庠，克畏也。"克畏，可畏也，語轉而然。庠、柄皆被絀。楊允恭督楊子運，數言事，[63]多可，人厭苦之。公每得詔，曰："使在外，便文全己，非吾心也。"輒不果行。允恭告上，上使問公，公以所守言，上繇此薄允恭，不聽。言苛税二百三十餘條，罷之。移知壽州。壽俗富貲自豪，陳氏、范氏名天下，聞公至，皆迎自戢，公亦盡歲無所罰。既代，空一城人遮行，至夜，乃從二卒騎出城去，在郡，轉太常博士、主客員外郎。

章獻嗣位，常親决細務，公言之，又言民憊甚，宜弛利禁。是時羌數犯塞，大臣議棄銀、夏以解之。公奏曰："羌虚款屬我，我分地王之，非計也。令羌席此，劫它種以自助，不過二三年，患必復起矣，宜擇人行塞下，調兵食，待其變而已。”不報。二年，羌果反，圍靈州，議州勿事。[64]公議曰：“羌所以易拒者，以靈州綴其後也。”判三司鹽鐵勾院，天子欲以爲知制誥，召試矣，大臣或忌之，除户部員外郎、京西轉運使。請限公卿大夫子官京師。陳彭年議遣使行諸部減吏員，下其事京西。公曰：“彭年議，無賢愚，一切置不用邪？抑擇愚而廢之邪？擇愚而廢之，人材其可以早暮驗耶？”上令趣追使還。數論事，上感之，還公。既而王均誅，命公撫蜀，所創更百餘事。

李繼遷再圍清遠、靈武，以丞相齊賢邠寧、環慶、涇原、儀渭經略使，丞相引公爲判官。公奏記曰：“兵數十萬，王超既已都部署爲之主，丞相徒領一二朝士往臨之，超用吾進退乎？吾能以謀付與超而有不能自將乎？不并將西，無補也。超能薄此重事，願更審計。”丞相乃以公爲言。詔陝西即經略使追兵，皆以時赴。公曰：“將士在空虚無人之處，事薄而後追兵，如後何？”遂辭行，上怒，未有所發。會召賜金紫，公曰：“丞相敏中以非功德進官，臣論其不可用，今臣受命，事未有效，不敢以冒賜。”固辭，繇此貶公爲黄州團練副使，既而超果敗，清遠、靈武踵亡。會南郊恩，復官知泰州，丁母夫人陳氏憂，外除，授吏部員外郎、知泉州。

公常謂選舉舊制非是，請得論改之。陳省華子堯咨請托爲奸，以科第畀舉人敗，省華、堯咨有邪巧材，朝廷皆患惡，而方幸，無敢斥之者，公入十餘疏辯之，移知蘇州。至五日，移知揚州。揚州守職田，歲常得千斛，然遣吏督貧民耕，民苦之，公不使耕。天子方崇符瑞，興昭應諸宫，且出幸祠。公疏言：“昔周成王既卜世三十，卜年七百，然觀於《周禮》，其經緯國體，人事微細無不具，則知王者受命，必修人事，以稱天所以命之之意，不舉屬之天以怠人事也。”終曰：“陛下始即位，以爵禄待君子。近年以來，以爵禄畜盗賊。”大臣愈不懌，移知鄂州。封泰山恩，遷禮部郎中。始解揚州，受添支差多一月，公尋自言，惡公者因復絀公監江寧鹽酒。西祀恩，遷户部郎中。以祥符五年五月二十日疾不起，年六十六。階至朝請郎，勛至騎都尉。遺戒曰："毋陷於俗，媚佛夷鬼以污我。"家人行之。所著書若干卷，傳於世，尤長於歌詩云。以某年某月日歸葬南豐之東園。

始公娶黄氏，生子男七人，仕者三人。某嘗爲太常博士，以能文稱。公以博士故，贈諫議大夫。公没八年而博士子鞏生，生若干年，水漬墓，改葬公龍池鄉之原頭，某年月日也。葬有日，鞏以博士命次公生平事，使來曰："爲我志而銘之。"安石視公猶大父也，其少也，則得公之詳，如其孫之云。

始公自任以當世之重也，雖人望公則亦然。及遭太宗，愈自謂志可行，卒之閉於奸邪，彼誠有命焉。悲夫！亦正之難合也，雖其難合，其可少枉，合乎未可必也，彼誠有命焉。雖然其難合也，秖所以見士也。孔子曰："所謂大臣者，以道事君，不可則止。"①於戲！公之節，庶幾所謂大臣者歟？銘曰：

既墓而圮，乃升宅原。誰來求銘？公子與孫。公初洎終，惟義之事。維才之完，而薄其施。乃其後人，有克厥家。天啓公子，非在兹邪。

（《王安石全集》卷八七《户部郎中贈諫議大夫曾公墓志銘》）

襄陽丞趙君墓志　柳宗元

貞元十八年月日，天水趙公矜年四十二，客死于柳州，官爲斂葬于城北之野。元和十三年，孤來章始壯，自襄州徒行，求其葬不得，徵書而名其人，皆死，無能知者。來章日哭于野，凡十九日，唯人事之窮，則庶於卜筮。五月甲辰，卜秦誗，[65]兆之曰："金食其墨，而火以貴。其墓直丑，在道之右。南有貴神，冢土是守。乙巳于野，宜遇西人。深目而髯，其得實因。七日發之，乃覿其神。"明日求諸野，有叟荷杖而東者，問之，曰："是故趙丞兒耶？吾爲曹信，是邇吾墓。噫，今則夷矣。直社之比二百舉武，吾爲子蕝焉。"辛亥啓土，有木焉，發之，

① 參見《論語·先進》。

緋衣緅衾，凡自家之物皆在。州之人皆爲出涕，誠來章之孝，神付是叟，以與龜偶。不然，其恊焉如此哉？六月某日就道，月日葬於汝州龍城縣期城之原。夫人河南源氏，先没而祔之。矜之父曰漸，南鄭尉。祖曰倩之，鄆州司馬。曾祖曰弘安，金紫光禄大夫、國子祭酒。

始矜由明經爲舞陽主簿，蔡帥反，犯難來歸，擢授襄城主簿，賜緋魚袋。後爲襄陽丞。其墓自曾祖以下，皆族以位。時宗元刺柳，用相其事，哀而旌之以銘。銘曰：

誗也挈之，信也蕝之。有朱其紱，神具列之。懇懇來章，神實恫汝。錫之老叟，告以兆語。靈其鼓舞，從而父祖。孝斯有終，宜福是與。百越蓁蓁，羈鬼相望。有子而孝，獨歸故鄉。涕盈其銘，旌爾勿忘。

（《文翰類選大成》卷一五五《襄陽丞趙君墓志》，《柳宗元集校注》卷一一《故襄陽丞趙君墓志》）

牟先生墓志銘　虞集

隆山先生姓牟氏，諱應龍，字伯成甫，故宋朝奉郎、知彭州，贈通奉大夫桂之曾孫。資政殿學士、正奉大夫，累贈光禄大夫，謚清忠子才之孫。朝奉大夫、大理少卿巘之子也。淳祐丁未，[①]清忠公以國學博士言事，忤時宰鄭清之去國，抵吴興寓第，而先生生。清忠公喜，字先生曰翁歸。稍長，警敏過人，日記數千言，作爲文章，志趣高邁。清忠公以直道事理宗，爲時名臣，登其門者，一時人望，先生皆得而交之。丞相江公萬里、參政楊公棟、高公斯得、端明湯公漢、尚書劉公克莊，至折行輩下之，而高公薦之尤力，此先生之始年也。

先生當以世賞奏京官，輒讓其族父諸弟。而咸淳辛未，[②]擢進士第。時賈似道持國柄，欺上罔下，妄以伊、周自擬，衆口和附。因欲致先生，乃好謂馬丞相廷鸞曰："君故與清忠游，今其孫踐世科，誠難能，

① 淳祐丁未：宋理宗淳祐七年（1247）。
② 咸淳辛未：宋度宗咸淳七年（1271）。

幸見之，當處以高第。”先生拒之，不往見。及對，具言上下内外之情不通，國勢危急之狀。考官異，而不敢置上第。調光州定城尉，人或惜之。先生曰：“昔吾祖對策，以直言忤史彌遠，得洪雅尉，今固當爾，無愧也。”沿海置司辟爲屬，未幾以心疾，乞告歸養，而宋亡矣。故相留公夢炎，事世祖皇帝，爲吏部尚書。以書招先生曰：“苟至，翰林可得也。”先生不答，留尚書愧之。既而家益貧，稍起，教授溧陽州，遂以上元縣主簿致仕。此先生之歷官也。

先生之母鄧夫人，故太史李公心傳外孫也。先生猶及見太史，每接語終日，而先生之史學端緒自此始。大理公前國亡時，已退不任事，至是益不出。父子之間，討論經學，以忠孝道誼相切劘，若師友然。自大官顯人過吴興者，必求大理公，拜牀下得一言而退，終身以爲榮。而先生以元子侍左右，見者感服，一以爲師焉。其於經，皆有成説，門人不能盡傳。行於世者，《五經音考》若干卷而已。先朝文獻淵源之懿，日以曠遠，時人無能言者。或妄言以自詭，輒牽合無據，先生道其官簿、族系、月日、鄉里如指諸掌。蓋非直其强記如此，亦故家習熟見聞然也。其爲文，沛然若河江之决，不極所至不止，時人以爲似眉山蘇氏。此先生之爲學也。先生簞瓢屢空，不以介意，門生故人或有餽，苟非義不受。與人交，樂易真實，不以矜厲爲容。談笑傾倒，援引根據，不見涯涘。居吴興三世矣，而風致猶故鄉，故自號曰隆山先生，示不忘其故云。此先生之爲人也。

先生娶楊氏，奉直大夫、知邵武軍恪之女，先先生五十二年卒。再娶程氏，朝奉大夫、將作監繩翁之女。楊、程，皆眉山詩書故家也。男子五人：必遠，必大，必達，必勝，必昌。其三人早世，今必達、必勝在。勝，程出也。女四人，長適蘄州路儒學教授眉山陳琛。次適建寧路總管府知事河南雲謙。次有疾不嫁。次適安吉殷天錫。孫女四人。[66]先生卒於泰定甲子三月，①享年七十有八。以是年五月乙酉葬

① 甲子：元泰定帝泰定元年(1324)。

于湖州烏程縣三碑鄉兑山之原。此先生之終也。

前先生之卒一年，集始免先太史喪，省墓吴門。先生手爲書，命其弟，以其門人鄉貢進士陳潤祖所述平生，來告曰："子之言，可信于世，盍及我時，爲我著小傳。"集承命不敢當，將詣吴興拜先生。會有國史之召，不果。泰定二年冬，程夫人之弟，某縣尹晋輔，以先生之子勝書來請，銘曰："先生之志云爾。"集惟家世仁壽，與先生同鄉里，門户略相望。先生少先太史一歲耳。先生幸不鄙棄，托之以言，是有以處集矣，其敢以固陋辭。雖然，僅能書所得而知先生者，庶其可信也。其不知者，固不敢言。後之君子，信其所可知，則其未盡知者，可推見矣。故爲銘曰：

學孰爲博，寶藏有作。運化參錯，掇拾偏駮。欺世之作，文孰爲雄。江漢之東，浩浩不窮。補苴彌縫，嘻嘻粗工。有餘而藏，不足而張。我懷先生，豈私其鄉。斯文有傳，百世不誣。銘以信之，不其遠乎。

（《元文類》卷五四《牟先生墓志銘》，《文翰類選大成》卷一五五《牟先生墓志銘》，《虞集全集·牟伯成先生墓碑銘》）

河南道勸農副使白公墓碣銘　姚燧

彦隆始由太原徒行至河内，致其父書魯齋先生，願游其門，未有介也。乃因吾友翰林侍讀高凝，得操几杖。主凝家二年，而歸侍其親，而先生亦召北矣。尋由避宅左揆，以集賢館大學士、祭酒國學，教貴胄。乃奏召舊弟子散居四方者，以故王梓自汴，韓思永、蘇郁自大名，耶律有尚自東平，孫安與凝、燧、燉自河内，劉季倫、吕端善、劉安中自秦，獨公自太原，十二人者，皆驛致館下。

三年，吾儕或病告官去，而先生亦浩乎其歸。乃奏有尚與公從仕郎、國子助教。昔者貴胄友也，一旦能横經下心，事之爲師，屬非其道聳是曹，不可得其馴然北面。俄侍裕廟東宫，公爲講《鄭伯克段于鄢》。已講而出，裕廟語人曰："是非空言，意固有在也。"以國史院編修、從仕郎，仍助教，擢奉訓大夫、監察御史。發阿合馬賊國諸不法，彼顧誣公糾摘非實，捕送刑部獄。引隣婦有色者，教誣公嘗竊往來，怒隣婦力明其無有。鞠之，墮孕而事始白。又糾鷹師西京宣慰使倒剌沙以己憾殺其幕僚，凡是皆庸懦縮首危者。而峻風節者，咸偉之。

出僉陝西漢中道提刑按察司事，燧亦爲其道副，故得詳西土所爲。其按歷皆分險僻荒寒諸州，南而褒鳳金洋，北而綏麟葭丹。塗經龍門西河絶崖，高可去水百尺，止通一騎，必遣導者先之，有來騎使駐之寬所。卒至，則兩不可班，視燒棧，猶車衢也，如是之地，皆周焉。制度，卒有反者，不即覺捕，惟罪社長監郡與憲司。麟州人告陰濟民乘馬疾馳，其識仇也，問曰："所懷何書？"濟民紿以反書，仇上變延安。延安移文吾憲，公又請往治之。所牽連二百許人，繼燭治之再旬。是州小僻無紙，至覆舊案以書。適近侍臣括馬其州，館鄰墻也，聞獄吏呵問終曉，得公姓名，嘆曰："世有克勉其職，如斯人者。"使人勞苦之曰："吾見陛下，當首聞公。"竟白濟民無佗，特杖其紿仇非宜言者。

公位憲諸君下，會王相府伯不花右丞勛臣子開省京兆，特異禮公。其按臨諸司皆拱聽者，改僉河南河北提刑按察司事。臺檄檢覈中興鈔庫，中興故李夏都，隸隴右河西道，憲令竟事，始聽東任。公又走沙莽，往復近萬里，半歲而歸。與其副程思廉，發數縣民完堤以捍河水，罷當暑賦民牛車轉粟入淇。又改僉燕南河北道提刑按察司事。趣裝，其考已疾，行至衛而卒。公與兄楹，即藏衛西輝之蘇門周卜村南原。而其妣亦疾，乃朝夕哀死事生，即教授于輝。

明年，燧召直翰林，感其毀瘁骨見衣表，弔哭之予，其徒數十人，拜庭進退，明讓賓敬之道，嚚嚚然先生成法也。爲嘆曰："嗚呼！燧亦先生弟子者，何嘗有以善及人如是。"明年，燧疾，滿告歸鄧，而故司農卿侯爵托語彦隆，或河南北農副，制下，必墨縗以出。世議隘薄，自便非時。燧傭車過衛，不可留，不得身見，爲書語其然，聞方督課有績。其妣亦卒，附其考墓。竟以是謝所事，以至元己丑秋八月三日，[①]年四

① 至元己丑：元世祖至元二十六年(1289)。

十六，卒苫廬。

嗚呼！學可以範世，行可以礪俗，而已是哉。夫人賈也，以燧平昔善公，録河南北道勸農副使苟宗道理辭，求銘神道。每一讀之一抆淚，擲筆數年，終不能叙其事。去冬，以史事又召入翰林，過輝，夫人祈世，母夫人爲言，持幣泣請，且使其子覃馬與游其門者庭拜。[67]燧還其幣曰："吾無答吾亡友者，以是佐刻石須。"

嗚呼！非公仁義行家，能使婦人如是切切，惟恐没其夫子一善，可曰賢已。公諱楝。考天禄，雖官而不顯。居頤樂堂，號頤樂先生。唐《白居易家狀》云："白姓家太原者，楚熊君孫勝白公見殺於楚，其子奔秦。孫乙丙，與裔孫起，爲秦將，封武安君，賜死杜郵。始皇思其功，封其子仲太原公。"豈其苗裔耶？銘曰：

聞古五十，年不稱夭。公是不盈，天道未曉。學不篤耶，得譽先師。道不行耶，裕廟嘗知。職不舉耶，三憲著效。力不本耶，耕播之教。況冠獬角，敢言人難。彈射柄臣，聽者毛寒。猶枚其外，未及其内。視親于喪，觀婦于介。靡一匪善，靡一可涼。非我友私，月旦章章。嗚呼白公，耳孫猶令。其貫古松，歲遠滋勁。士不盛位，而盛吾賢。盛位者衰，盛賢日延。有方其趺，有剡其首。碣石阡隅，千祀無朽。

（《元文類》卷五五《河南道勸農副使白公墓碣銘》，《牧庵集》卷二六《河南道勸農副使白公墓碣》）

新安王生墓志銘　劉因

新安王綱，居母喪，以哀毁致疾。繼而其父病作，而綱竟以憂終。其師容城先生爲銘其墓。其辭曰：

禮之未制也，人或徑情。人之未知也，禮有失平。生制禮之後，爲學禮之人，不俯就之，而夭禍是嬰。如九原之可作，將聲言以責生。雖然，出繼有嗣，終養有兄，生没其寧。事有過厚，薄俗可驚，吾當作銘。

（《元文類》卷五一《新安王生墓志銘》，《劉因集》卷九《新安王生墓銘》）

【校勘記】

[1] 六年：《韓昌黎文集校注》卷七作“五年”。
[2] 所得所喪：《文苑英華》卷九四五作“所长所得”。
[3] 侍御：《文苑英華》卷九四五作“侍御史”。
[4] 分司東都：《文章類選》同《樊川文集》卷一〇，《文苑英華》卷九四六作“御史”。
[5] 土：《文章類選》同《樊川文集》卷一〇，《文苑英華》卷九四六作“上”。
[6] 柅柅：《文苑英華》卷九四六作“祝柅”。
[7] 真：《文苑英華》卷九四六作“貞”。
[8] 塌：原作“榻”，據《文苑英華》卷九四五、《唐文粹》卷五八改。
[9] 富：《文章類選》同《唐文粹》卷五八，《文苑英華》卷九四五作“當”。
[10] 其：《文章類選》同《唐文粹》卷五八，《文苑英華》卷九四五作“具”。
[11] 三月：《韓昌黎文集校注》卷六作“二月”。
[12] 公：《文章類選》同《文翰事文類聚》卷一五五，《文苑英華》卷九三九作“長公”。
[13] 續：《文章類選》同《文翰事文類聚》卷一五五，《文苑英華》卷九三九作“繼”。
[14] 專：《文章類選》同《文翰事文類聚》卷一五五，《文苑英華》卷九三九作“再”。
[15] 譔：《文章類選》同《文翰事文類聚》卷一五五，《文苑英華》卷九三九作“譽”。
[16] 納：《文章類選》同《文翰事文類聚》卷一五五，《文苑英華》卷九三九作“約”。
[17] 偫：《文章類選》同《文翰事文類聚》卷一五五，《文苑英華》卷九三九作“峙”。
[18] 再：《文章類選》同《文翰事文類聚》卷一五五，《文苑英華》卷九三九作“兩”。
[19] 酋：《文章類選》同《文翰事文類聚》卷一五五，《文苑英華》卷九三九作“首”。
[20] 二十：《文章類選》同《《文翰事文類聚》卷一五五，《文苑英華》卷九三九作“三十”。
[21] 晢爲高岸：“晢”，《文翰事文類聚》卷一五五作“晳”；“岸”，《文章類選》同《文翰事文類聚》卷一五五，《文苑英華》卷九三九作“崖”。
[22] 精：《文章類選》同《文翰事文類聚》卷一五五，《文苑英華》卷九三九作“積”。
[23] 明若白黑：《文章類選》同《文翰事文類聚》卷一五五，《文苑英華》卷九三九作“若白黑”。
[24] 良：《文章類選》同《文翰事文類聚》卷一五五，《文苑英華》卷九三九作“能”。
[25] 人：《文章類選》同《文翰事文類聚》卷一五五，《文苑英華》卷九三九作“仁”。
[26] 通商平貨：《文章類選》同《文翰事文類聚》卷一五五，《文苑英華》卷九三九作“通商物平”。
[27] 遷：《文翰類選大成》卷一五五作“拜”。
[28] 僤：《韓昌黎文集校注》卷七、《文翰類選大成》卷一五五均作“澤”。
[29] 買地：此二字原脱，據《文苑英華》卷九四六、《唐文粹》卷六九補。

［30］友人韓愈：《文章類選》同《文翰類選大成》卷一五五，《文苑英華》卷九四六作“昌黎韓愈其友人也”，《唐文粹》卷六九作“友人昌黎韓愈”。

［31］孰謂之夭：《文章類選》同《文翰類選大成》卷一五五，《文苑英華》卷九四六作“孰爲其大”，《唐文粹》卷六九作“孰謂其夭”。

［32］才：《文章類選》同《文翰類選大成》卷一五五，《文苑英華》卷九四六、《唐文粹》卷六九作“文”。

［33］而行出乎古人：《文章類選》同《唐文粹》卷六九、《文翰類選大成》卷一五五，《文苑英華》卷九四六作“行過乎古人”。

［34］皇連州普城令：《文苑英華》卷九五三作“皇建州浦城令”。

［35］左：《文苑英華》卷九五三作“右”。

［36］信謹：《文苑英華》卷九五三作“謹言”。

［37］擬：《文苑英華》卷九五三作“疑”。

［38］凡：《文苑英華》卷九五三作“人”。

［39］廉：《文苑英華》卷九五三作“蠻”。

［40］其：《文苑英華》卷九五三作“由”。

［41］志：《文苑英華》卷九五三作“忠”。

［42］公：《文章類選》同《唐文粹》卷六九、《文翰類選大成》卷一五五，《文苑英華》卷九五三作“侯”。

［43］停：《文章類選》同《唐文粹》卷六九、《文翰類選大成》卷一五五，《文苑英華》卷九五三作“佇”。

［44］雖重得罪死不恨：《文章類選》同《唐文粹》卷六九、《文翰類選大成》卷一五五，《文苑英華》卷九五三作“雖重得死罪不恨”。

［45］反：《文章類選》同《唐文粹》卷六九、《文翰類選大成》卷一五五，《文苑英華》卷九五三作“而”。

［46］禽獸夷狄：《文章類選》同《唐文粹》卷六九、《文翰類選大成》卷一五五，《文苑英華》卷九五三作“市井狡獪”。

［47］退：原作“道”，據《文苑英華》卷九五三、《唐文粹》卷六九、《文翰類選大成》卷一五五改。

［48］章：《文章類選》同《唐文粹》卷六九、《文翰類選大成》卷一五五，《文苑英華》卷九五三作“意”。

［49］立：《文章類選》同《文翰類選大成》卷一五五，《文苑英華》卷九五三、《唐文粹》卷六九作“重”。

［50］父：《文苑英華》卷九四六作“後”。

［51］歸：《文苑英華》卷九四六作“至”。

［52］賢：《文苑英華》卷九四六作“望”。

[53] 如：《文苑英華》卷九四六作“而”。

[54] 其信：《文苑英華》卷九四六此二字前有“知之者”三字。

[55] 是：《文苑英華》卷九四六作“某”。

[56] 方岳：《文苑英華》卷九五七作“兵”。

[57] 吾爲文：《文苑英華》卷九五七作“吾文爲不墜教戒”。

[58] 獨：《文苑英華》卷九五七作“猶”。

[59] 病瘖瘧加癠：《文苑英華》卷九五七作“病疹瘧加滯”。

[60] 於：《文苑英華》卷九五七作“如”。

[61] 三十七：《文苑英華》卷九五七作“四十七”。

[62] 夫：《文苑英華》卷九五七作“大”。

[63] “數言事”句至“便文全己”句之“便”：此十八字原脱，據《全宋文》卷一四一三、《王安石全集》卷八七補。

[64] 議州勿事：《王安石全集》卷八七作“議棄靈州勿事”。

[65] 秦：此字原脱，據《文翰類選大成》卷一五五補。

[66] “女四人”句至下文“孫女四人”句：《文章類選》同《元文類》卷五四、《文翰類選大成》卷一五五，《虞集全集》作“女三人長適蘄州路教授陳琛次適建寧路知事雷謙次適殷天錫”。

[67] 覃馬：《文章類選》同《元文類》卷五五，《牧庵集》卷二六作“安禮”。

文章類選卷之三十二

墓表類

文通先生陸給事墓表　　柳宗元

孔子作《春秋》千五百年，以名爲傳者五家，今用其三焉。秉觚牘，焦思慮，以爲論注疏説者，百千人矣。攻訐狠怒，[1]以辭氣相擊排冒没者，其爲書，處則充棟宇，出則汗牛馬，或合而隱，或乖而顯。後之學者，窮老盡氣，左視右顧，莫得而本。則專其所學，以訾其所異。黨枯竹，護朽骨，以至於父子傷夷。君臣詆悖者，前世多有之，甚矣聖人之難知也。有吴郡人陸先生質，[2]以其師友天水啖助，洎趙匡，能知聖人之旨。故《春秋》之言，及是而光明。使庸人小童，皆可積學以入聖人之道，傳聖人之教，是其德豈不侈大矣哉！

先生字某，既讀書，得制作之本，而獲其師友。於是合古今，散同異，聯之以言，累之以文。蓋講道者二十年，書而志之者又十餘年，其事大備，爲《春秋集注》十篇，《辯疑》七篇，《微指》二篇。[3]明章大中，發露公器。其道以生人爲主，以堯舜爲的。包羅旁魄，[4]膠轕下上，而不出於正。其法以文武爲首，以周公爲翼，揖讓升降，好惡喜怒，而不過乎物。既成，以授世之聰明之士，使陳而明之，故其書出焉，而先生爲巨儒。用是爲天子争臣，尚書郎、國子博士、給事中、皇太子侍讀，皆得其道。刺二州，守人知仁。永貞年侍東宫，言其所學，爲《古君臣圖》以獻，而道達乎上。是歲，嗣天子憲宗。踐祚而理，尊優師儒，先生以疾聞，臨問加禮。某月日，終于京師，某月日，葬于某郡某里。

嗚呼！先生道之存也以書，不及施於政；道之行也以言，不及睹其理。門人世儒，是以增慟。將葬，以先生爲能文聖人之書，通于後世，遂相與謚曰文通先生。後若干祀，有學其書者，過其墓，哀其道之所由，乃作石以表碣。

（《文苑英華》卷九七〇《給事中皇太子侍讀陸文通先生墓表》，《文翰類選大成》卷一五六《文通先生陸給事墓表》，《柳宗元集校注》卷九《唐故給事中皇太子侍讀陸文通先生墓表》，《柳宗元集》卷九《唐故給事中皇太子侍讀陸文通先生墓表》）

叔父殿中侍御史墓表　柳宗元

唐貞元十二年二月庚寅，葬我殿中侍御史河東柳公於萬年縣之少陵原。公諱某，字某，邑居於虞鄉。曾王父某官，王父某官，皇考某官。奕世餘慶，叢而未稔。濟德流祉，其後宜大。秀而不實，爲善者惑。

嗚呼哀哉！惟公敦柔峻清，恪慎端莊。進止威儀，動有恒常。英風超倫，孤厲貞方。居室孝悌，與人信讓。當職强毅，游刃立斷。自少耽學，頗工爲文。既窮日力，又継以夜。鄉里推擇，敦迫上道。乃與計偕，來游京師。觀藝靈臺，貢文有司。射策合程，遂冠首科。休有令問，群士羡慕。居數年，授河南府文孝。教勵生徒，選擇貢士。儒黨相賀，庶人觀禮。

秩滿，渭北節度使延爲參佐，[5]總齊軍政，甚獲能稱，加太常寺恊律郎。既喪主帥，罷歸私室。方將脱遺紛埃，退與道俱，冲漠保神，優柔肄儒。四方聞風，交馳鵠書。載筆乘軺，乃作參謀。出入朔方，陪佐戎車。遷大理評事，又加章綬。朱裳銀印，宗黨有耀。權略密勿，潛機埋照。完彼亭堡，時其講教。實從我謀，隣國是儆。

改度支判官，轉大理司直。出納府庫，頒給軍食。下無讎斂，黔首休息。月校歲會，莫不如畫。庫豐財羡，制成計得。又遷殿中侍御史、度支營田副使。分閫之寄，參制其半。柔以仁撫，剛以義斷。戎臣坐嘯，公堂無事。朝廷延首，[6]方待以位。既而禄不及伐冰，政不獲專達。以其年正月九日，遇疾終於私館，享年五十。

嗚呼痛哉！奔驥騁力，中塗踠足。高鴻輕舉，在雲墜翼。凡我所知，哀慟無極。本道節度尚書朗寧王張公，震悼涕慕，不任于懷。臨遣牙將試殿中監李輔忠監備凶禮，賵賻甚厚。行軍司馬侍御史韋重規等，匍匐救助，事用無闕。丹旐素車，歸于上京。撰期定宅，莫有愆素。故友諸生，宗人外姻，號慟會葬，哀禮咸申。克窆元堂，掩坎廣輪。顧盻無依，徘徊增哀。願勒休聲，延垂後賢。於是汝南周公巢等，相與琢石書德，用圖不朽。文曰：

抱元淳，稟粹和。既强毅，又柔嘉。登儀曹，耀文章。司學徒，儒風揚。自渭北，佐朔方。[7]戎政閑，黔首康。冠惠文，垂衣裳。才不施，天茫茫。刊樂石，篆遺德。延休烈，垂憲則。於萬年，長無極。

（《文苑英華》卷九七〇《殿中侍御史柳公墓表》，①《文翰類選大成》卷一五六《叔父殿中侍御史墓表》，《柳宗元集校注》卷一二《故殿中侍御史柳公墓表》，《柳宗元集》卷一二《故殿中侍御史柳公墓表》）

寶文閣待制常公墓表　王安石

右正言、寶文閣待制、特贈右諫議大夫汝陰常公，以熙寧十年二月己酉卒，以五月壬申葬。臨川王安石志其墓曰：

公學不期言也，正其行而已；行不期聞也，信其義而已。所不取也，可使貪者矜焉，而非雕斲以爲廉；所不爲也，可使弱者立焉，而非矯抗以爲勇。官之而不事，召之而不赴，或曰："必退者也，終此而已。"至公爲今天子所禮，則出而應焉。於是天子悦其至，虚己而問焉，使莅諫職，以觀其迪己也，使董學政，以觀其造士也。

公所言乎上者無傳，然皆知其忠而不阿；所施乎下者無助，然皆見其正而不苟。《詩》曰："胡不萬年？"②惜乎既病而歸死也！自周道

① 《文苑英華·目録》題作《柳侍御墓表》。

② 參見《詩經·國風·曹風》。

隱，觀學者所取舍，大抵時所好也。違俗而適己，獨行而特起。嗚呼，公賢遠矣！傳載公久，莫如以石。石可磨也，亦可泐也，謂公且不朽，不可得也。

（《文翰類選大成》卷一五六《寶文閣待制常公墓表》，《王安石全集》卷八六《寶文閣待制常公墓表》）

太常博士鄭君墓表 王安石

德安鄭湜書其父太常博士諱詒字正臣之行治、閥閲、世次，因其妹壻廣陵朱介之以來請曰：鄭氏故家滎陽，有善果者卒於唐江州刺史，而子孫爲德安人。自善果至晊七世，生裔，爲樂清縣令，君之大父也。裔生柬，君之父也，以《詩》《書》教授鄉里而終不仕。君以景祐四年進士爲洪州都昌縣主簿，於是令老矣，事皆決於君，而都昌至今稱以爲能。又爲廬州合淝縣尉。盜發輒得，故其後無敢爲盜者。又爲同州朝邑縣令，當陝西兵事起，案簿書，度民力所堪以均賦役，而人不困。又掌集慶軍書記，歲旱，轉運使不欲除民租，以屬其守，而使君出視，君以實除民租如法。又遷秘書省著作佐郎，知南康軍南康縣，移知梧州。方是時，儂智高爲亂，吏多辟匿即不往。君獨亟往，治城塹，集吏民以守，而州無事。經略使舉君以知賓州，再遷至太常博士而歸。爲陵臺令，召見，言事稱旨，賜緋衣銀魚。未赴，以嘉祐三年三月二十四日卒，年六十。

君前夫人張氏，後夫人吴氏。子男三人。其長則湜也，次沿，次深。女四人，其三人已嫁矣，董振、何贄、朱介之，其壻也。君爲人孝友諒直，得人一善若己出，能振窮急，而自養尤儉約，自賓州歸，所賫無南方一物。其平生所爲如此。今既以某年某月某日，葬君德安之永泰鄉谷步里，而未有以碣諸墓也，敢因介之以告。

介之於余爲外婣，而其妻能道君之實，將懼泯没而無聞，數涕泣屬其夫，求得余之二言以表之墓上。[8]蓋余嘗奉使江南，泝九江，上廬山，愛其山川，而問其州人士大夫之賢，而可與游者，莫能言也。今湜能言其父之賢如此,問其州人之游仕於此者,乃以爲良然。嗟乎!鄭君誠如此,豈特一鄉之善士與!而其子男與女子又能如此,故爲序次其説,使表之墓上。

(《文翰類選大成》卷一五六《太常博士鄭君墓表》,《王安石全集》卷八六《太常博士鄭君墓表》)

卓行劉先生墓表　王惲

先生諱德淵,字道濟,襄國内丘人。性癖直,有操守,好學,能自刻厲。及游滹南王先生門,思索《辨惑》等説,自是饜飫史學,爲專門之業。古心古貌,[9]非禮義不妄言動,一介不取於人。朋友死,雖千里遠,徒步必至。睹前賢奇蹟偉行,擊節嘆賞,而不能自已。至椎耕牛以饗竇王,殺乘馬而祭昭烈。其或憫時之艱,急人之難,切於己私而不置也。始則人大以爲異,既而疑焉,終乃嘆服,曰:"先生篤行直躬守,死善道者也。"

北渡後,赴戊戌試,魁河北西路。逮中統建元,三府辟其行能,授翰林待制。晚節知圓鑿方枘,不能與時阿匼。乃以所得成就學者,立言傳後,著《三爲書》數萬言,其説爲天地立極,爲生民立本,爲聖賢立法。敷析温公《通鑑》數百條,扶翊章武,俾承正統,及見考亭《綱目》書多所脗合,沾沾而喜,曰:"吾天地間可謂不孤矣!"又通古文奇字,士多傳習之。凡經指授者,雖節目磥砢,表表有所立。或惜其獨善,不顯諸用,然振衰善俗,激厲後人多矣。太保劉公、左轄張公以鄉曲義來周恤,皆却之,曰:"吾非踽踽凉凉,闇然媚於世者也。"至有以禮願交而弗之允者。魯齋許公每道邢,必式閭致恭而去。

壬子秋,①予始見先生於胙,對榻學館,夜半,欻起撼予曰:"吾於漢丞相亮論議際有所得,惜不並時。當有説。"云云。至元壬午,②予

---

① 壬子:南宋淳祐十二年(1252)。

② 至元壬午:元世祖至元十九年(1282)。

按部夷儀，謁先生於天貺齋，栖遲蓬蓽，心融一天，自樂其樂，英發之氣至老不衰。“先生近何述?”曰：“適作《四凶辨》《天府七星挽章》，于以張皇幽眇，振濯漢靈。”一何壯也！臨訣握予手，曰：“吾耄矣！斯文未喪，子其自將，行有以畀之！[10]”既而聞卧疾，慮乏調養。詢諸友生，始知先生有子樸，早世，女孫一，適康氏子，新婦、女孫皆不聽侍疾。卒年七十有八，時至元丙戌九月二十二日也，①葬順德之西丘里。[11]

後十五年，晚進王寧合鄉國議來請曰：“先生學貫三才，養素丘園，行媲於古人，望高乎一世，没當易名，用垂光範。”予謂寧曰：“士風之不振也久矣，道義之斷喪也微矣，[12]安得高風古節如先生者哉！昔孟東野以詩鳴唐，張籍私謚曰‘貞耀’。程伯淳以道自任，潞公揭之曰‘明道’。今扳二例，如以‘卓行’加之，則名與行爲顯允矣。”門生户部尚書戎益礲石表墓以圖不朽，翰林學士、汲郡王惲爲之表。

（《元文類》卷五六《卓行劉先生墓表》，《文翰類選大成》卷一五六《卓行劉先生墓表》，《王惲全集彙校》卷六一《故卓行劉先生墓表》）

誄　類

王仲宣誄　　曹子建

建安二十二年正月二十四日戊申，魏故侍中關内侯王君卒。嗚呼哀哉！皇穹神察，喆人是恃。如何靈祇，殲我吉士。誰謂不痛，早世即冥；誰謂不傷，華繁中零。存亡分流，夭遂同期。朝聞夕没，②先民所思。何用誄德？表之素旗。何以贈終？哀以送之。遂作誄曰：

猗歟侍中，遠祖彌芳。公高建業，佐武伐商。爵同齊魯，邦祀絶亡。流裔畢萬，勛績惟光。晋獻賜封，于魏之疆。天開之祚，末胄稱王。厥姓斯氏，條分葉散。世滋芳烈，揚聲秦漢。會遭陽九，炎光中矇。世祖撥亂，爰建時雍。三臺樹位，履道是鍾。寵爵之加，匪惠惟

① 至元丙戌：元世祖至元二十三年(1286)。

② 參見《論語·里仁》。

公。自君二祖,爲光爲龍。僉曰休哉,宜翼漢邦。或統太尉,或掌司空。百揆惟叙,五典克從。天静人和,皇教遐通。伊君顯考,弈葉佐時。入管機密,朝政以治。出臨朔岱,庶績咸熙。

君以淑懿,繼此洪基。既有令德,材技廣宣。彊記洽聞,幽讚微言。文若春華,思若涌泉。發言可咏,下筆成篇。何道不洽,何藝不閑。棋局逞巧,博弈惟賢。皇家不造,京室隕顛。宰臣專制,帝用西遷。君乃羈旅,離此阻艱。翕然鳳舉,遠竄荆蠻。身窮志達,居鄙行鮮。振冠南嶽,濯纓清川。潛處蓬室,不干勢權。

我公奮鉞,耀威南楚。荆人或違,陳戎講武。君乃義發,筭我師旅。高尚霸功,投身帝宇。斯言既發,謀夫是與。是與伊何,響我明德。投戈編鄀,稽顙漢北。我公實嘉,表揚京國。金龜紫綬,以彰勛則。勛則伊何?勞謙靡已。憂世忘家,殊略卓峙。乃署祭酒,與軍行止。筭無遺策,畫無失理。我王建國,百司雋乂。君以顯舉,秉機省闥。戴蟬珥貂,朱衣皓帶。入侍帷幄,出擁華蓋。榮耀當世,芳風晻藹。

嗟彼東夷,憑江阻湖,騷擾邊境,勞我師徒。光光戎路,霆駭風徂。君侍華轂,輝輝王塗。思榮懷附,望彼來威。如何不濟,運極命衰。寢疾彌留,吉往凶歸,嗚呼哀哉!翩翩孤嗣,號慟崩摧。發軫北魏,遠迄南淮。經歷山河,泣涕如頹。哀風興感,行雲徘徊。游魚失浪,歸鳥忘栖。

嗚呼哀哉!吾與夫子,義貫丹青。好和琴瑟,分過友生。[①] 庶幾遐年,携手同征。如何奄忽,棄我夙零。感昔宴會,志各高厲。予戲夫子,金石難弊,人命靡常,吉凶異制。此驩之人,孰先殞越?何寤夫子,果乃先逝!又論死生,存亡數度。子猶懷疑,求之明據。儻獨有靈,游魂泰素。我將假翼,飄颻高舉。超登景雲,要子天路。

喪柩既臻,將反魏京。靈輀回軌,白驥悲鳴。虚廓無見,藏景蔽

---

① 參見《詩經·小雅·常棣》。

形。孰云仲宣，不聞其聲。延首嘆息，雨泣交頸。嗟乎夫子，永安幽冥。人誰不没，達士徇名。生榮死哀，亦孔之榮。① 嗚呼哀哉！

（《文選》卷五六《王仲宣誄》，《文翰類選大成》卷一五九《王仲宣誄》，《曹植集校注》卷一《王仲宣誄》）

夏侯常侍誄　潘嶽

夏侯湛，字孝若，譙國譙人也。少知名，弱冠辟太尉府掾。[13]賢良方正，徵爲太子舍人、尚書郎、野王令、中書郎、南陽相，家艱乞還。頃之，選爲太子僕，未就命而世祖崩，天子以爲散騎常侍，從班列也。春秋四十有九，元康元年夏五月壬辰，寢疾卒于延喜里第。[14]嗚呼哀哉！乃作誄曰：

禹錫玄珪，實曰文命。克明克聖，光啓夏政。其在于漢，邁勛惟嬰。思弘儒業，小大雙名。顯祖曜德，牧兖及荆。父守淮岱，治亦有聲。英英夫子，灼灼其俊。飛辯摛藻，華繁玉振。如彼隨和，發彩流潤。如彼錦繢，列素點絢。

人見其表，莫測其裏，徒謂吾生，文勝則史。心照神交，唯我與子，且歷少長，逮觀終始。子之承親，孝齊閔參；子之友悌，和如瑟琴。事君直道，與朋信心。雖實唱高，猶賞爾音。弱冠厲翼，羽儀初升。公弓既招，皇輿乃徵。内贊兩宫，外宰黎蒸。忠節允著，清風載興。泱彼樂都，寵子惟王。設官建輔，妙簡邦良。用取喉舌，相爾南陽。惠訓不倦，視人如傷。

乃眷北顧，辭禄延喜。余亦偃息，無事明時。疇昔之游，二紀于兹。班白携手，何歡如之？居吾語汝："衆實勝寡，人惡雋異，俗疵文雅。執戟疲楊，長沙投賈。無謂爾高，耻居物下。"子乃洗然，變色易容，慨然嘆曰："道固不同。爲仁由己，匪我求蒙。誰毁誰譽，何去何從？"莫涅匪緇，莫磨匪磷。子獨正色，居屈志申。雖不爾以，猶致其

① 參見《論語·子貢》。

身。獻替盡規,媚茲一人。

讜言忠謀,世祖是嘉。將僕儲皇,奉轡承華。先朝末命,聖列顯加。入侍帝闈,出光厥家。我聞積善,神降之吉。宜享遐紀,長保天秩。如何斯人,而有斯疾? 曾未知命,中年隕卒。

嗚呼哀哉! 唯爾之存,匪爵而貴。甘食美服,重珍兼味。臨終遺誓,永錫爾類。斂以時襲,殯不簡器。誰能拔俗,生盡其養? 孰是養生,而薄其葬? 淵哉若人,縱心條暢。傑操明達,困而彌亮。

柩輅既祖,容體長歸。存亡永訣,逝者不追。望子舊車,覽爾遺衣。愊抑失聲,迸涕交揮。非子爲慟,吾慟爲誰? 嗚呼哀哉! 日往月來,暑退寒襲。零露霑凝,勁風凄急。慘爾其傷,念我良執。適子素館,撫孤相泣。前思未弭,後感仍集。積悲滿懷,逝矣安及?

嗚呼哀哉!

(《文選》卷五七《夏侯常侍誄》,《文翰類選大成》卷一五九《夏侯常侍誄》,《潘嶽集校注·誄·夏侯常侍誄》)

楊荆州誄　潘嶽

維咸寧元年夏四月乙丑,晋故折衝將軍,荆州刺史,東武戴侯,滎陽楊使君薨。嗚呼哀哉! 夫天子建國,諸侯立家,選賢與能,政是以和。周賴尚父,殷憑太阿。矯矯楊侯,晋之爪牙。忠節克明,茂績惟嘉。將宏王略,肅清荒遐。降年不永,玄首未華。銜恨没世,命也奈何! 嗚呼哀哉! 自古在昔,有生必死。身没名垂,先哲所韙。行以號彰,德以述美。敢托旒旗,爰作斯誄。其辭曰:

邈矣遠祖,系自有周。昭穆繁昌,枝庶分流。族始伯喬,氏出楊侯。弈世丕顯,允迪大猷。天猒漢德,龍戰未分。伊君祖考,方事之殷。鳥則擇木,臣亦簡君。投心外朝,[15]策名委身。奮躍淵塗,跨騰風雲。或統驍騎,或據領軍。

篤生戴侯,茂德繼期。纂戎洪緒,克構堂基。弱冠味道,無競惟時。孝實蒸蒸,友亦怡怡。多才豐藝,疆記洽聞。目睇毫末,心筭無垠。

草隸兼善，尺牘必珍。足不輟行，手不釋文。翰動若飛，紙落如雲。

學優則仕，乃從王政。散璞發輝，臨軹作令。化行邑里，惠洽百姓。越登司官，肅我朝命。惟此大理，國之憲章。君涖其任，視民如傷。庶獄明慎，刑辟端詳。聽參皋吕，稱侔于張。改授農政，于彼野王。倉盈庾億，國富兵强。煌煌文后，鴻漸晋室。君以兼資，參戎作弼。用錫土宇，膺兹顯秩。青社白茅，亦朱其紱。魏氏順天，聖皇受終。烈烈楊侯，實統禁戎，司管閶闔，清我帝宫。苛慝不作，穆如和風。謂督勛勞，班命彌崇。茫茫海岱，玄化未周。滔滔江漢，疆埸分流。秉文兼武，時惟楊侯。既守東莞，乃牧荆州。折衝萬里，對揚王休。聞善若驚，疾惡如讎。示威示德，以伐以柔。

吴夷凶侈，僞師畏逼。將乘讎釁，席卷南極。繼褰糧盡，神謀不忒。君子之過，引曲推直。如彼日月，有時則食。負執其咎，功讓其力。亦既旋旆，爲法受黜。退守丘塋，杜門不出。游目典墳，縱心儒術。祁祁搢紳，升堂入室。靡事不咨，無疑不質。位貶道行，身窮志逸。弗慮弗圖，乃寢乃疾。昊天不吊，景命其卒。

嗚呼哀哉！子囊佐楚，遺言城郢；史魚諫衛，以尸顯政。伊君臨終，不忘忠敬。寢伏牀蓐，念在朝廷。朝達厥辭，夕殞其命。聖王嗟悼，寵贈衾襚。誄德策勛，考終定謚。群辟慟懷，邦族揮淚。孤嗣在疚，寮屬含悴。赴者同哀，路人增欷。

嗚呼哀哉！余以頑蔽，覆露重陰。仰追先考，執友之心；俯感知己，識達之深。承諱忉怛，涕淚霑襟。豈忘載奔，憂病是沈。在疾不省，於亡不臨。舉聲增慟，哀有餘音。

嗚呼哀哉！

（《文選》卷五六《楊荆州誄》，《文翰類選大成》卷一五九《楊荆州誄》，《潘嶽集校注·誄》·楊荆州誄》）

陽給事誄　顔延年

惟永初三年十一月十一日，宋故寧遠司馬、濮陽太守彭城陽君卒。

嗚呼哀哉！瓚少稟志節，資性忠果，奉上以誠，率下有方。朝嘉其能，故授以邊事。永初之末，佐守滑臺。值國禍薦臻，王略中否。玁虜間釁，劘剥司、兖，幽、并騎弩，屯逼鞏、洛。列營緣戍，相望屠潰。瓚奮其猛鋭，志不違難。立乎將卒之間，以緝華裔之衆。罷困相保，堅守四旬，上下力屈，受陷勍寇。士師奔擾，棄軍争免。而瓚誓命沈城，佻身飛鏃，兵盡器竭，斃于旗下。非夫貞壯之氣，勇烈之志，豈能臨敵引義，以死徇節者哉。

景平之元，朝廷聞而傷之，有詔曰："故寧遠司馬濮陽太守陽瓚，滑臺之逼，厲誠固守，投命徇節，在危無撓。古之烈士，無以加之。可贈給事中，振恤遺孤，以慰存亡。"追寵既彰，人知慕節，河汴之門，有義風矣。

逮元嘉廓祚，聖神紀物，光昭茂緒，旌録舊勛，苟有概於貞孝者，實事感於仁明。末臣蒙固，側聞至訓，敢詢諸前典，而爲之誄。其辭曰：

貞不常祐，義有必甄。處父勤君，怨在登賢。苦夷致果，題子行間。忠壯之烈，宜自爾先。舊勛雖廢，邑氏遂傳。惟邑及氏，自温徂陽。狐續既降，晋族弗昌。之子之生，立績宋皇。拳猛沈毅，温敏肅良。[16]如彼竹柏，負雪懷霜。如彼騑駟，配服驂衡。邊兵喪律，王略未恢。函陜堙阻，瀍洛蒿萊。朔馬東騖，胡風南埃。路無歸轊，野有委骸。帝圖斯艱，簡兵授才。實命陽子，佐師危臺。憬彼危臺，在滑之坰。周衛是交，鄭翟是争。昔惟華國，今實邊亭。憑巘結關，負河縈城。金柝夜擊，和門晝扃。料敵壓難，時惟陽生。凉冬氣勁，塞外草衰。逷矣玁虜，乘障犯威。鳴驤横厲，霜鏑高輩。軼我河縣，俘我洛畿。攢鋒成林，投鞍爲圍。翳翳窮壘，嗷嗷群悲。師老變形，地孤援闊。卒無半菽，馬實拑秣。守未焚衝，攻已濡褐。烈烈陽子，在困彌達。勉慰痍傷，拊巡饑渴。力雖可窮，氣不可奪。義立邊疆，身終鋒梧。

嗚呼哀哉！賁父殞節，魯人是志。汧督效貞，晋策攸記。皇上嘉悼，思存寵異。于以贈之，言登給事。疏爵紀庸，恤孤表嗣。嗟爾義士，没有餘喜。

嗚呼哀哉！

（《文選》卷五七《陽給事誄》，《文翰類選大成》卷一五九《陽給事誄》）

宋孝武宣貴妃誄　謝希逸

惟大明六年夏四月壬子，宣貴妃薨。律谷罷煖，龍鄉輟曉。照車去魏，聯城辭趙。皇帝痛掖殿之既闃，悼泉途之已宫。巡步擔而臨蕙路，集重陽而望椒風。

嗚呼哀哉！天寵方隆，王姬下姻。肅雍揆景，陟屺爰臻。國軫喪淑之傷，家凝賓庇之怨。敢撰德於旗旐，庶圖芳於鍾萬。其辭曰：

玄丘烟因。熅，瑶臺降芬。高唐渫雨，巫山鬱雲。誕發蘭儀，光啓玉度。望月方娥，瞻星比婺。毓德素里，栖景宸軒。處麗絺綌，出懋蘋蘩。修詩賁道，稱圖照言。翼訓姒幄，贊軌堯門。綢繆史館，容與經闈。陳風緝藻，臨象分微。游藝殫數，撫律窮機。躊躇冬愛，怊悵秋暉。展如之華，實邦之媛。敬勤顯陽，肅恭崇憲。奉榮維約，承慈以遜。逮下延和，臨朋違怨。祚靈集祉，慶藹迎祥。皇胤璿式，帝女金相。聯跗齊穎，接萼均芳。以藩以牧，燭代輝梁。視朔書氣，觀臺告祲。八頌扃和，六祈輟滲。衡緫滅容，翬翟毁衽。掩綵瑶光，收華紫禁。

嗚呼哀哉！帷軒夕改，輧輅晨遷。離宫天邃，别殿雲懸。靈衣虚襲，組帳空烟。巾見餘軸，匣有遺絃。

嗚呼哀哉！移氣朔兮變羅紈，白露凝兮歲將闌。庭樹驚兮中帷響，金釭暖兮玉座寒。純孝擗其俱毁，共氣摧其同欒。仰昊天之莫報，怨凱風之徒攀。茫昧與善，寂寥餘慶。喪過于哀，棘實滅性。世覆冲華，國虚淵令。

嗚呼哀哉！題凑既肅，龜筮既辰。階撤兩奠，庭引雙輴。維慕維愛，曰子曰身。慟皇情於容物，崩列辟於上旻。崇徽章而出寰甸，照殊策而去城闉。

嗚呼哀哉！經建春而右轉，循閶闔而徑渡。旌委鬱於飛飛，龍逶遲於步步。鏘楚挽於槐風，喝邊簫於松霧。涉姑繇而環回，望樂池而顧慕。

嗚呼哀哉！晨轀解鳳，曉蓋俄金。山庭寢日，隧路抽陰。重扃閟兮燈已黯，中泉寂兮此夜深。銷神躬于壤末，散靈魄於天潯。響乘氣兮蘭馭風，德有遠兮聲無窮。

嗚呼哀哉！

（《文選》卷五七《宋孝武宣貴妃誄》，《文翰類選大成》卷一五九《宋孝武宣貴妃誄》）

陶徵士誄　顔延年

夫璿玉致美，不爲池隍之寶；桂椒信芳，而非園林之實。豈期深而好遠哉？蓋云殊性而已。故無足而至者，物之藉也；隨踵而立者，人之薄也。若乃巢高之抗行，夷皓之峻節，故已父老堯禹，錙銖周漢。而緜世浸遠，光靈不屬，至使菁華隱没，芳流歇絶，不其惜乎！雖今之作者，人自爲量，而首路同塵，輟塗殊軌者多矣。豈所以昭末景、泛餘波！

有晉徵士尋陽陶淵明，南岳之幽居者也，弱不好弄，[17]長實素心。學非稱師，文取指達。在衆不失其寡，處言逾見其默。少而貧病，居無僕妾。井臼不任，[18]藜菽不給。母老子幼，就養勤匱。遠惟田生致親之議，追悟毛子捧檄之懷。初辭州府三命，後爲彭澤令，道不偶物，棄官從好。遂乃解體世紛，結志區外，定迹深栖，於是乎遠。灌畦鬻蔬，爲供魚菽之祭；織絇緯蕭，以充糧粒之費。心好異書，性樂《酒德》，簡棄煩促，就成省曠。殆所謂國爵屏貴，家人忘貧者歟？有詔徵著作郎，稱疾不到。春秋若干，元嘉四年月日，卒于尋陽縣之某里。近識悲悼，遠士傷情。冥默福應，嗚呼淑貞。

夫實以誄華，名由謚高，苟允德義，貴賤何筭焉。若其寬樂令終之美，好廉克己之操，有合謚典，無愆前志。故詢諸友好，宜謚曰靖節徵士。其詞曰：

物尚特生，[19]人固介立。豈伊時遘，曷云世及？嗟乎若士，望古遥集。韜此洪族，蔑彼名級。睦親之行，至自非敦。然諾之信，重於布言。廉深簡絜，貞夷粹温。和而能峻，博而不繁。依世尚同，詭時則異。有一於此，兩非默置。豈若夫子，因心違事。畏榮好古，薄身厚志。世霸虚禮，州壤推風。孝惟義養，道必懷邦。人之秉彝，不隘不恭。① 爵同下士，禄等上農。度量難鈞，進退可限。長卿棄官，稚賓自免。子之悟之，何悟之辨。賦詩《歸來》，高蹈獨善。

亦既超曠，無適非心。汲流舊巘，葺宇家林。晨烟暮藹，春煦秋陰。陳書輟卷，置酒絃琴。居備勤儉，躬兼貧病。人否其憂，子然其命。隱約就閑，遷延辭聘。非直也明，是惟道性。糾纆斡流，冥漠報施。孰云與仁，實疑明智。謂天蓋高，②胡諐斯義。履信曷憑，思順何實。年在中身，疢維痁疾。視死如歸，臨凶若吉。藥劑弗嘗，禱祠非恤。傃幽告終，懷和長畢。嗚呼哀哉！

敬述靖節，式尊遺占。存不願豐，没無求贍。省訃却賻，輕哀薄斂。遭壤以穿，旋葬而窆。嗚呼哀哉！

深心追往，遠情逐化。自爾介居，及我多暇。伊好之洽，接閻鄰舍。宵盤晝憩，非舟非駕。念昔宴私，舉觴相誨。獨正者危，至方則閡。哲人卷舒，布在前載。取鑒不遠，吾規子佩。爾實愀然，中言而發。違衆速尤，迕風先蹷。身才非實，榮聲有歇。睿音永矣，誰箴余闕？嗚呼哀哉！

仁焉而終，智焉而斃。黔婁既没，展禽亦逝。其在先生，同塵往世。旌此靖節，加彼康惠。嗚呼哀哉！

（《文選》卷五七《陶徵士誄》，《文翰類選大成》卷一五九《陶徵士誄》，《四六法海》卷一二《陶徵士誄》）

---

① 參見《詩經・大雅・烝民》。

② 參見《詩經・小雅・正月》。

梁故度支尚書陸君誄　江總

君諱襄，字師卿，吴人也。祖惠徹，宋車騎府法曹行參軍。父閑，揚州别駕。齊永元紹曆，蕭遥光謀反伏誅，閑以州職見害，子絳其日并命。忠孝之道，萃此一門。襄時年十四，號毀殆滅，布衣蔬食，終于身世。起家著作佐郎，出爲永寧縣令。累遷臨川王、廬陵王法曹外兵記室。入爲太子洗馬掌管記，中書舍人管記如故。爲丹陽尹丞，俄遷太子庶子掌管記、揚州治中太子家令，領國子博士管記如故。丁母顧夫人憂，廬乎墓所。服闋，又從家令轉中庶子，並掌管記。遷中散大夫、金華宫家令，出爲鄱陽内史。除尚書吏部郎、秘書監、領揚州大中正、度支尚書。

太清二年三月，京師傾覆，君竄迹還鄉。吴民陸黯起義兵攻郡，擾攘之際，憂憤而終，春秋七十有二。余避世河滸，暫之吴國，百舍不容，千里無饋。陸公國士之眷，惠好之深，朝同飦粥，夕共瓢飲，契闊晤言，流連晦朔。日月逝矣，懷古何忘？臨哀能誄，久願摇筆，時事屯邅，不遑削藁。梁季適越，未戢干戈。世人仕累，爲物所役。杼軸於懷，四十餘載。隋開皇九年，於長安致仕。懸車已洎，就木幾何？但東海成田，南寇永縶。龜山更促，空想吹笛之哀；馬角徒生，絶望通波之水。嗚呼哀哉！攬涕操觚，乃爲誄曰：

嫣苗碩茂，完裔繁昌。賓門穆穆，筮仕鏘鏘。食采命氏，遐哉陸鄉。四昇臺省，八辟賢良。分柯振葉，令問令望。玄蕤朱韠，翠弁金璫。流聲世祀，列贊祠堂。别駕貞烈，志存名教。捐生徇主，知死不撓。暉映泉壤，痛此忠孝。於鑠夫子，積德累仁。韜光戢耀，隱璞含真。居哀能痛，至性通神。淚枯壠樹，哀感馴禽。永慟家禍，長號不辰。玄黄絶睇，蔬布終身。心符屈婞，室等原貧。分甘共感，内族外姻。求之今古，斯爲異人。

月下奏章，螢前讀史。給紙蘭臺，觀書洛市。强學待問，潤身爲己。結髮濯纓，登朝入仕。昂昂逸驥，逐日千里。宛宛長離，陵江迅起。枳棘栖鳳，化行乳雉。平臺累陟，石扇蹔履。跧伏不競，棼絲自理。倚席無譏，師訓胄子。驥足時務，俊民斯俟。秋實選能，春華備美。思媚儲后，遊息承華。書記策擢，爵命增加。彈棊擊筑，沉李浮瓜。追隨飛蓋，侍從鳴笳。二儀回斡，四氣淹賒。離景遽沉，前星奄滅。撫已惟舊，懷恩守節。

昔荷故臣，攀號聲折。登高能賦，大夫就列。金華式肇，更奉清切。修竹貞松，含霜抱雪。下車軒日，求瘼康時。良辰坐嘯[①]，朗夜卧治。懸魚化静，佩犢去思。廣弘條教，精察毫釐。典選搜揚，操刀密勿。不紊朱紫，傍無請謁。秘署學林，得人超忽。延閣緗素，校文遺闕。上妙鉛槧，譽成期月。雁行攸序，龍作簡才。讓珠不拜，賜劍恩來。帝曰俞往，爾行兼該。金城失險，玉弩流灾。年臻几杖，病息草萊。世故天禍，臣悲主辱。露盡朝陽，風驚夜燭。黄鵠超遥，白駒何促。事迫歸魂，依然啓足。悠悠世路，辛苦艱虞。尋戈滿道，暴骨交衢。家無半菽，地絶飛芻。念君桑梓，零落凋枯。傷君井邑，孑戾崎嶇。喪亂絶卜，葵藿荒蕪。凄凉故友，擗摽遺孤。臨穴外野，撫棺窮途。

嗚呼哀哉！爲善豈懼，修名難假。德履中和，道周文雅。不朽之迹，非謂泉下。亹亹清名，泠泠獨寫。

嗚呼哀哉！

（《文苑英華》卷八四二《梁故度支尚書陸君誄》，《文翰類選大成》卷一五九《梁故度支尚書陸君誄》）

隋新城郡東曹掾蕭平仲誄　陳子良

蕭平仲字某，蘭陵人也。梁文皇帝之玄孫，鄱陽王之曾孫也。鄱陽嗣王之孫，定襄侯之第五子也。派清瀾於天潢，分喬枝於若木，君降生昴宿，挺質珪璋，孝友温恭，仁慈亮直，其形曲而雅，其神俊而明。

① 參見《後漢書》卷六七《黨錮傳》。

耽思群書，研精衆藝，盡人間之能事，極天下之奇才。江淮貴遊，獨稱領袖。故可以坐覿羔雁，俯拾朱紫，至如南山爲志。不能北面事人。《詩》《書》自娱，耻與絳灌等列。

洎有陳失馭，西遷于隋。而兄弟十人，白眉斯在。《棠棣》之咏，事等姜肱。君子義之，高其行也。屬皇朝有道，咸序搢紳，乃拜吏部外郎、東宫學士、冀州司法參軍、禮部員外郎、新城郡東曹掾，從班列也。君莅政能官，咸熙庶績，所在遺愛，置言成範。至如纓紱之士，草萊之客，莫不聆嘉聲而雲萃，飡德音而風趨。李膺曩號楷模，王商昔稱賢智，方之蔑如也。適應入踐常伯，超補臺司，如何靈祇，殲我明哲。春秋五十有五，大業九年二月十五日，卒於新城郡之官舍。

嗚咽哀哉！余與夫子，頗有親連，少敦莫逆，既同羈旅，彌篤綢繆。非無陸機之書，尚有鍾儀之操，誰謂吉士，奄逐隙駒。嗟乎！盛年何晚，促之如此也。

嗚呼哀哉！昔之絶絃軫嘆，聞笛傷心，余雖謝古人，寧不凄慟？是知身殁名存，實由著述，况復故人景行，何能泯之？敢以聞見，乃作誄曰：

嗚呼哀哉！粤若高祖，大造惟梁。德侔五帝，道冠百王。赤眉作梗，黄屋云亡。有嬀之俊，應運遐昌。君之顯考，耻爲委質。在行既高，居賓坦逸。篤生夫子，如披雲日，儀形信典，聲名本實。機神電舉，雅調風生。還同照乘，有類連城。學逾班固，才冠劉楨。金湯失險，天猒有陳。幸逢隋德，預沐堯民。青蓋西度，紫氣東淪。依依去楚，凄凄入秦。梁亳之郊，忽傾風樹。結廬狎鳥，穿池憑霧。兄弟十人，義聲咸布。爰降綸紱，特預銓衡。龍樓振藻，司寇馳名。俄居郎署，昇朝擅美。含香趨奏，事禮承祀。抑抑威儀，彬彬文史。涪水既臨，郪城是面。視民如傷，事心惟戰。周震善政，潘嶽能官。企彼前哲，顧已非難。余之室人，君之從妹。加以篤款，頗蒙提誨。銘之在心，没齒唯佩。契闊關隴，連翩冀代。余任主簿，眉山之川。亟會琴臺，兼遇名賢。花朝月夜，置酒題篇。近之新城，暫申累日。謂君積善，永保元吉。不言别後，忽嬰斯疾。如何清輝，奄辭蘭室。

嗚呼哀哉！承諱驚惶，聞喪慟泣。前悲未盡，後哀仍集。白馬不追，素車安及。悲人世兮太促，嘆死生兮異路。玄壤冥兮難窮，黄泉寂兮易暮。客位空而聚塵，書臺掩而生蠹。嗟古人兮神交，念往哲兮虚通。淚有竭兮心尚感，聲有止而哀無窮。宿草衰兮凝秋露，白楊慘兮生悲風。痛遊魂兮安在，徒釃酒兮招空。

嗚呼哀哉！

（《文苑英華》卷八四三《隋新城郡東曹掾蕭平仲誄》，《文翰類選大成》卷一五九《隋新城郡東曹掾蕭平仲誄》）

哀册文

宋文皇帝元皇后哀册　顔延年

惟元嘉十七年七月二十六日，大行皇后崩于顯陽殿，粤九月二十七日，將遷座于長寧陵，禮也。龍輁渠恭。纚綍，甫勿。容翟結驂。皇塗昭列。神路幽嚴。皇帝親臨祖饋，躬瞻宵載。飾遺儀於組旒，淪徂音乎珩佩，悲黼筵之移御，痛翬褕之重晦。降輿客位，撤奠殯階。乃命史臣，累德述懷。其辭曰：

倫昭儷升，有物有憑。圓精初爍，方祇始凝。昭哉世族，祥發慶膺。秘儀景胄，圖光玉繩。昌暉在陰，柔明將進。率禮蹈和，稱詩納順。爰自待年，金聲夙振。亦既有行，素章增絢。

象服是加，言觀維則。俾我王風，始基嬪德。惠問川流，芳猷淵塞。方江泳漢，載謡南國。伊昔不造，鴻化中微。用集寶命，仰陟天機。釋位公宫，登曜紫闈。欽若皇姑，允迪前徽。孝達寧親，敬行宗祀。進思才淑，傍綜圖史。發音在咏，動容成紀。壼苦本。政穆宣，[20]房樂韶理。坤則順成，星軒潤飾。德之所届，[21]惟深必測。下節震騰，上清眺側。有來斯雍，無思不極。謂道輔仁，司化莫晰。

象物方臻，視祲告沴。太和既融，收華委世。蘭殿長陰，椒塗弛衛。嗚呼哀哉！

戒涼在殡，弋二。杪秋即穸，音“夕”。霜夜流唱，曉月升魄。八神警引，五輅遷迹。噭噭古吊。儲嗣，哀哀列辟。灑零玉墀，雨泗丹掖。撫存悼亡，感今懷昔。嗚呼哀哉！

南背國門，北首山園。僕人按節，服馬顧轅。遥酸紫蓋，眇泣素軒。[22]滅綵清都，夷體壽原。邑野淪藹，戎夏悲歡。來芳可述，往駕弗援。嗚呼哀哉！

（《文選》卷五八《宋文元皇后哀策文》，《宋書》卷四一《文元袁皇后傳》）

齊敬皇后哀册　謝玄暉

惟永泰元年。秋九月朔日，敬皇后梓宫啓自先塋，將祔于某陵。其日，至尊親奉奠某皇帝，乃使兼太尉某設祖於行宫，禮也。翠帟舒皁，玄堂啓扉。俎徹三獻，筵卷六衣。哀子嗣皇帝，懷蜃衛而延首，想鷖烟計。輅而撫心。痛椒塗之先廓，哀長信之莫臨。身隔兩赴，時無二展。旋詔左言，光敷聖善。其辭曰：

帝唐遠胄，御龍遥緒。在秦作劉，在漢開楚。肇惟淑聖，克柔克令。清漢表靈，曾沙膺慶。爰定厥祥，徽音允穆。光華沼沚，榮曜中谷。敬始紘綖，教先穜直龍。稑；音“陸”。睿問川流，神襟蘭郁。先德韜光，君道方被。于佐求賢，所謁無詖。顧史弘式，陳詩展義。厚下曰仁，藏往伊智。十亂斯俟，四教罔忒。思媚諸姑，貽我嬪則。化自公宫，遠被南國。軒曜懷光，素舒佇德。閔予不祐，慈訓早違。方年冲藐，懷袖靡依。家臻寶業，身嗣昌暉。壽宫寂遠，清廟虚歸。

嗚呼哀哉！帝遷明命，民神胥悦。乾景外臨，陰儀内缺。空悲故劍，徒嗟金穴。璋瓚奚獻，禕褕罔設。

嗚呼哀哉！馮相告祲，宸駕長往；貽厥遠圖，末命是獎。懷豐沛之綢繆兮，背神京之弘敞。陋蒼梧之不從兮，遵鮒隅以同壤。

嗚呼哀哉！陳象設於園寢兮，映輿鏤亡犯。於松楸。望承明而不入兮，度清洛而南游。繼池綍於通軌兮，接龍帷於造舟。回塘寂其已暮兮，東川澹而不流。

嗚呼哀哉！藉閟宫之遠烈兮，聞纘女之遐慶。始恊德於蘋蘩兮，終配祀而表命。慕方纏於賜衣兮，哀日隆於撫鏡。思寒泉之罔極兮，托彤管於遺咏。

嗚呼哀哉！

（《文選》卷五八《齊敬皇后哀策文》，《謝朓集校注》卷一《齊敬皇后哀策文》，《謝宣城集校注》卷一《齊敬皇后哀策文》）

唐高祖皇帝哀册　虞世南

維貞觀九年歲次癸未五月乙未朔六日庚子，大行太上皇崩于大安宫，殯于前殿之西階。粤十月甲子朔二十七日庚寅，將遷座于獻陵，禮也。

九天落構，七曜沉暉，引鸞翿於雙闕，駕龍輴於六飛。哀子嗣皇帝諱擗踴崩心，攀號泣血，悲慕望其如在，痛音顔之已絶。去昭景而不留，即幽途而永訣。孝以追遠，哀惟慎終，爰詔史册，叙德宣風。其詞曰：

玄覽載籍，逖聽皇王。立德可久，應運期昌。[23]天基崇峻，帝系悠長。虹耀降祉，[24]真氣呈祥。葱珩朱紱，熊軾龍章。[25]契叶禎符，誕生睿聽。[26]彤雲晝聚，黄星夕映。舒卷潛躍，幾深道性。地載天臨，日暉川鏡。歷試藩岳，風移俗正。火德云謝，群龍戰野。蚩尤躍旗，王良策馬。拔山殪日，滔天泯夏，蕩析黎元，阽危宗社。提劍創業，仗鉞專征。風驅雲動，海運天行。伐謀上略，制勝神兵。尊王踐土，復帝夷庚。職惟上相，任隆群辟。六階已平，四門盛闢。殊物顯命，彝章典册。錫重介珪，禮優乘石。烟雲改色，鏞筦變音。觀圖受命，負扆君臨。仁霑動殖，化感飛沉。殷輅周冕，禹迹堯心。削觚返樸，抵璧藏金。商俗未改，遺氛阻亂。沙塞虔劉，伊、源叛换。[27]應變雷動，乘機電斷。十角雲消，三川冰泮。漸以文教，致諸王道。制禮和樂，尊儒養老。翠鳳栖桐，丹魚在藻。水浮玄貝，階榮朱草。威加海外，澤被區中。要荒合軌，鞮譯遐通。没羽沉浪，飛輪駕風。眷言釋負，有懷高謝。脩爾𣂪陽，杳同姑射。趨詩禮以承天，[28]稟義方以成化。聿膺景福，方期大年。玉几奄及，[29]金縢遂騫。絶五日之晨省，遽千齡而上仙。攀帷扆以孺慕，抱劍舄以纏綿。

嗚呼哀哉！虔奉顧托，式遵遺志。捐珠玉而不藏，即陶甄以成器。貽儉德以爲謨，垂風聲於後嗣。

嗚呼哀哉！永去天邑，言遵紀市。[30]背沃野於神皋，越通川於渭涘。[31]懷岐下之前迹，睠新豐之舊里。笳哀噎以留思，旐聯翩而顧指。[32]悲風急而古木吟，[33]平野晦而愁雲起。[34]

嗚呼哀哉！惟綴衣之如昨，忽馳光之不駐。[35]亟時游而節改，[36]俄涉新而履故。野蒼蒼以日衰，歲凛凛而行暮。感物悲於氣序，銜哀踐於霜露，泣逝水之東流，[37]動喬山之風樹。[38]蹐厚地而無感，仰高天而何訴。

嗚呼哀哉！曰聖與仁，誰前誰後？炎、昊無金石之固，[39]勛、華異松、喬之壽。孰歷世而長存，惟令名之不朽。矧玄功與至德，冠列辟而爲首。俾軼五而登三，與造化而長久。

（《文苑英華》卷八三五《高祖神堯皇帝哀册文》，《唐文粹》卷三二《高祖哀册文》，《虞世南詩文集》卷三《高祖神堯皇帝哀册文》）

唐太宗皇帝哀册　褚遂良

維貞觀二十三年，歲次己酉五月甲辰朔二十六日己巳，大行皇帝崩于翠微宫之含風殿，旋殯于太極殿之西階。粤八月庚寅，[40]將遷座于昭陵，禮也。鳳紀凝秋，[41]龍帷將曙，溢化同軫，綿區縞素。哀子嗣皇帝諱，[42]覽風樹而增感，攀銅池而拊膺。迫宗祧之是寄，傷往駕之無憑，奠樽盈而悲序促，靈景翳而愁雲興，去劍滋遠，清徽方閟，爰詔司存，傳芳瓊字。其詞曰：

三微固社，五耀垂文。光昭司牧，對越唐勛。族著玄牝，家傳縉雲。高祖配天，一人有慶。大行神武，維幾作聖。良書自得，[43]高文成性。夙表餘雄，先懷友敬。[44]蒼兕爰發，朱旗首令。寰瀛昏墊，關洛荒蕪。妖傾地軸，盜弄乹樞。戎衣光啓，霸政宏謨。天兵電照，月陣風馳。[45]蚩尤遞剪，猰貐成誅。閏位不虔，餘分興戾。先收秦組，次焚商袂。轉圓上略，容光下濟。從邑垂仁，賓門灑惠。修風順軌，凝圖奉睿。青戾同規，玄殊叶契。發揮三五，聲明遐裔。泛野休兵，[46]靈臺偃革。升巖藏銑，遵河奉璧。學隸徐輪，[47]丘園散帛。就日攸宜，如天在斯。形哀動植，化美塤篪。樂華曾舉，禮葉旁垂。沙場罄翦，斗極咸羈。狼山入囿，潮海歸池。[48]東旌若木，西旆條支。龍鄉委質，鳥服來儀。[49]大矣乘時，悠哉利見。文龜浮沼，應龍在淀。潏露飛甘，卿雲呈絢。松蓂望幸，瑶華方薦。仙丹劍術，星飛告變。凝沴氣於千年，[50]掩璿暉於離殿。

嗚呼哀哉！弘璧陳階，[51]鈞天罷佾。夢齡遐想，[52]宫車晏出。大隧弗營，元龜獻吉。展軨效駕，羲和司日。迫靈心於將餞，痛皇情其如失。凝清秋於廣陌，[53]溯悲風於長術。[54]經柏梁而徐轉，邁蘭池而從蹕。[55]聳輕旆之委迤，動邊笳之蕭瑟。

嗚呼哀哉！周營甫窆，[56]漢啓泉闈。縠林摇落，橋巖變衰，[57]平原淒兮白日遠，深諸澹兮秋雲飛。覽銅爵而興慕，傷鼎湖之不歸。

嗚呼哀哉！崤陵玄壤，隅山窮路。肅衛翻英，輕池委素。[58]羲庭易晚，松陰難曙。萬方悲而雨泣，三靈慘而雲沍。嗟厚德之長違，仰高天而攀慕。

嗚呼哀哉！崇基永焕，置業方昭。遺風餘烈，天長地遥。想神襟而騰茂，縱史筆而揚翹。籠嘉聲於日月，終有裕於唐堯。

嗚呼哀哉！

（《文苑英華》卷八三五《唐太宗文皇帝哀册文》，《唐文粹》卷三二《太宗哀册文》，《褚遂良集·太宗文皇帝哀册文》）

太穆皇后哀册文　李百藥

維貞觀九年歲次癸未冬十月辛丑朔二日庚寅，[59]太穆皇后梓宫啓自壽安陵，將祔于獻陵。其日，至尊親奉奠于太安宫，乃使兼太尉某設祖于行宫，禮也。

龍攢夙啓，翟輅朝陳。方祇靖德，圓魄虚神。哀子嗣皇帝諱，攀弓劍而長號。想褘褕之弗御；痛異宫之隔禮，切分心於窮慮。二南風化，萬古徽音。式昭史册，如玉如金。其詞曰：

玄功肸蠁，景福氤氲。將開樞電，且應黄雲。曰惟基命，于昭德性。配天不失，復夏無競，門德丕承，華宗遞興。皇家漢氏，祥發慶膺。冥符世胄，並會休徵。帝妃北渚，聖毋東陵。秘景陰陵，含章嬪則。柔順弘範，幽閑毓德。率禮無違，尊師罔忒。言昭圖史，聲芳邦國。帝録將啓，天妹言歸。塗山表貺，渭汭增暉。外求才淑，内鑒幾微。蘋蘩夕牖，絲枲中闈。琴瑟匪諧，冰霜慚潔。道叶離明，貞符兊悦。潛德勿用，内教爰設。世罕交泰，時虧地節。膺期集祉，含和履正。華渚降祥，高禖誕聖。潛著軒象，未彰靈命。奄御雲衣，俄飛天鏡。

嗚呼哀哉！受終撫運，馭極乘乾。物思厚德，政闕承天。瑶罇委奠，金屋虚筵。嗟故劍之無托，嘆房樂之徒懸。

嗚呼哀哉！宸駕上僊，玉几垂裕。率土遏密，同軌畢赴。背櫟陽之神宇，指原陵之封樹。悼虞妃之不從，遵周典而遷祔。

嗚呼哀哉！蒼茫昭世，冥漠神心。松庭幽寂，隧路凝深。儼龍輼而未進，切鳳吹之哀吟。水滔滔而不息，日黯黯乃將沉。百神驚而玄兆邃，萬國慟而寒山陰。晦重雲於畢陌，結微霜於穀林。

嗚呼哀哉！極環宇之儀訓，播英聲於先後。惟皇運之天長，配靈昆而地久。流凱風於椒掖，散白露於陵阜。軼任姒之高蹤，邁嵩華而不朽。

嗚呼哀哉！

（《文苑英華》卷八三七《太穆皇后哀册文》，《唐太宗全集校注·文告編·太穆皇后哀册文》）

文德皇后哀册　虞世南

維貞觀十年，歲次甲申，六月己未朔，二十一日己卯，大行皇后崩於立政殿。粤九月十日丁酉，將還座於昭陵。禮也。

殯宫夕啓，靈輴曉前。儼帷帟於空殿，肅陛衛於靈筵。皇帝親臨宵載，義深追遠。瞻青蒲而永絶，悼玉階之莫反。蜃輅將引，犧樽已撤。[60]爰詔記言，式揚徽烈。其詞曰：

二儀合德，兩曜齊光。列聖觀象，邦家克昌。猗歟華族，英靈降祉。比齊越姜，匹宋踰子。育德高門，騰芬素里。體仁將聖，披圖閲史。造舟爲梁，嗣徽前德。履和思順，自家形國。[61]淑問不已，柔風允塞。紃組執勤，璁珩垂則。時逢昌聖，運屬休徵。代邸膺曆，唐侯嗣興。紫宫並曜，黄道偕昇。化宣風始，業贊丕承。比德無競，凝神不測。應物達理，撫機先識。體備簡能，暉無朓側。績苞九亂，恩加八極。性道希夷，言容莊敬。戒奢處約，懷冲履正。景曖風暄，霜嚴冰净。[62]領略三古，箴規六行，源濬流遠，時昌祚延。國貞誕睿，皇支挺賢。談高辯日，學冠通玄。慈訓所及，懿德光前。五福云備，[63]千齡方永。地紀絶維，月輪韜景。辰興弗豫，德音彌整。馬鬣無封，鶴珠斯屏。

嗚呼哀哉！異人神於倏忽，變容服於平生。改清蹕以哀挽，易朱旗以素旌。昔照朝景，響環佩於曾城；今冥永夜，吟松柏於山楹。

嗚呼哀哉！氣變灰飛，暑退寒襲。烟觸樹而凝慘，露分枝而泫泣。聞哀雁之夕飛，聽悲風之曉急。仰雲霄而永慕，慟陵寢其何及！

嗚呼哀哉！背玄武而北轅，絶牽牛而横度。途去去而逾遠，馬駸駸而不駐。想渭水之貫都，嘆黄山而隱霧。

嗚呼哀哉！嗟人生之浮促，若飄風之過牖。牖何風而蹔停？人何生而能久？惟承天與載物，邈慈深而德厚。邁任、姒之高蹤，播英聲而無朽。

嗚呼哀哉！

（《文苑英華》卷八三七《文德皇后哀册文》，《唐文粹》卷三二《太宗文德皇后哀册文》，《唐太宗全集校注・文告編・文德皇后哀册文》，《虞世南詩文集》卷三《文德皇后哀册文》）

唐高宗皇帝哀册　武后

維弘道元年，歲次癸未，十二月甲寅朔，四日丁巳，大行天皇崩于洛陽宫之貞觀殿，殯于乾元殿之西階。粤以文明元年五月壬午朔，十五日景申，發自瀍洛旋于鎬京。以其年八月庚辰朔，十一日庚寅，將遷座于乾陵，禮也。

曉霧收碧，晨霞泛丹，庭分羽衛，殡啓龍攢。哀子嗣皇帝輪，攀訴容車，崩號扆殿，悲蜃輅之空嚴，感鳳樽之虚薦。擗摽糜潰，充窮殞裂，剡思攀而還迷，羸喘興而復絶。俯惟煢懇，荼毒交侵。瞻白雲而茹泣，望蒼野而摧心。愴游冠之日遠，哀墜劍之年深。淚有變於湘竹，恨方纏於穀林。念兹孤幼，哽咽荒襟。腸與肝而共斷，憂與痛而相尋。顧慕丹檻，回環紫掖。撫眇嗣而傷今，想宸顔而慟昔。寄柔情於簡素，播天聲於金石。其詞曰：

月瑶誕慶，靈丘降祥。仙源漢遠，聖緒天長。繞樞飛電，麗室騰光。鳥庭開象，龍德含章。六藝生知，四聰神授。晦迹登序，韜光齒胄。綴玉詞條，緝瓊文囿。發揮緑錯，牢籠紫宙。鑑符敦敏，量本疏通。賓門表譽，納麓彰功。始潛朱邸，或躍青宫。夏余欽德，周誦傾風。粤自銅闈，虔膺寶命。惠霑動植，信洎翔泳。淳化有敷，至仁無競。教溢璇寓，道光金鏡。五龍開運，六羽昇年。西雲應吕，南風散絃。晷符羲日，蔭廣堯天。賁園旌士，焚林藎賢。濬明上格，財成下濟。問寢承親，在原申悌。戒盈茅宇，蠲奢土砌。衢室禋宗，雲門饗帝。以聖承聖，資明嗣明。禮崇殷夏，樂盛咸英。時和俗泰，天平地成。永同文軌，長垂頌聲。德動乾符，威清地紀。澄氛襚穴，掃沴蒙汜。推轂六師，坐知千里。亭毒寰縣，瑩鏡圖史。霜戟林聳，月旗雲亘。疊鼓蕭關，鳴笳松嶝。追凉水殿，避暑山楹。霞翻浪井，樹響層城。務簡通三，神凝得一。玄池肆賞，青丘佇逸。訪道順風，養真乘日。將牧襄野，尊師石室。寶獻河宗，賈歸王會。浮毳交影，飛輪繫軑。雲封薦款，日觀申虔。告成七廟，歸功九天。無事無爲，爰遊爰豫。骨域延想，汾川滌慮。儀鳳巢阿，飛麟在馭。火林歸朔，燭鄉移曙。所冀玄壽，齊年紫皇。祲興旅館，灾纏未央。遽脱屣於宸極，奄乘雲於帝鄉。亘天維而落構，匝日寓而沉光。殉百身而靡贖，積萬古而徒傷。魂銷志殞，裂骨抽腸。受玉几之遺顧，托寶業於窮荒。嗣君孝切，諒暗居喪。荷大務於殘喘，積衆憂於未亡。所以割深哀而克勵，力迷衿而自强。

嗚呼哀哉！浹埏遏密，綿區縞素。恨鈞天之不歸，瞻鼎湖以凝慕。

嗚呼哀哉！攀聖滋遠，戀德滋深。訴昊穹而雨泗，擗厚載而崩心。泣人靈而灑悲霰，晦宇宙而起愁陰。

嗚呼哀哉！緹琯移序，朱明應律。恐窀方營，龜謀獻吉。背九洛而移馭，傃八川而從蹕。列璧羽之逶迤，動鍾挽之蕭瑟。顧園邑之蒼翠，望巖隧之紆鬱。喬陽之舄不追，茂陵之書方出。

嗚呼哀哉！迹圖懸圃，神降長流。去重陽之弈弈，襲大夜之悠悠。同霸塋之薄窆，契紀廛而莫修。思山門於夕月，悲隴樹於新秋。

嗚呼哀哉！想軒駕之攀龍，思予山之戀鳳。矧承眷於先房，誓牽毀而哀送。豈謂務切至纂，事違深倥。仍徇公而抑已，遂奪情以從衆。悲千罔極之悲，痛萬終天之痛。

嗚呼哀哉！恭惟聖烈，實鏤微衷。敬因彤管，載撰玄功。業彌遥而道彌著，時益遠而聲益隆。播二儀而不極，横四海而焉窮。

嗚呼哀哉！

（《文苑英華》卷八三五《高宗天皇大帝哀册文》）

隋元德太子哀册　虞世南

維大業二年七月癸丑朔，二十三日乙亥，皇太子薨于行宫。粤三年二月庚辰朔六日乙酉，將遷座于莊陵，禮也。

蜃綍宵載，鶴闕曉闢，肅文物以具陳，儼賓從其如昔。皇帝悼離方之云晦，嗟震宫之虧象，顧守器以長懷，思視膳而興想。先遠戒日，占謀允從，庭彝撤祖，階戺收重，抗銘旌以啓路，動軒轜於振容。揆行授名，累德彰謚，爰詔史册，式遵典志，俾濬哲之徽猷，播長久乎天地。其詞曰：

宸基峻極，帝緒會昌。體元襲聖，儀國重光。氣秀春陸，神華少陽。居周軼誦，處漢韜莊。有縱生知，誕膺惟睿。性道觿日，幾深綺歲。降迹大成，俯情多藝。樹親建國，命懿作藩。葳蕤先路，舄弈渠門。庸服有紀，分器惟尊。風高楚服，雅盛梁園。睿后膺儲，天人叶順。本茂條遠，基崇禮峻。改王參墟，奄有唐晋。在貴能謙，居冲益慎。封畿千里，閶闔九重。神州王化，禁旅軍容。瞻言偃草，高視折衝。帷扆清秘，親賢允屬。從景鳳瀾，飛華螭玉。揮翰泉湧，敷言藻縟。式是便蕃，思謀啓沃。恭惟積德，豐衍繁祉。粤自天孫，光升元子。緣車逮事，翠纓奉記。肅穆滿容，儀形讓齒。禮樂交暢，愛敬兼資。優遊道德，恭己承疑。南山聘隱，東序尊師。有粹神儀，深穆其度。顯顯觀德，温温審喻。炯戒齋箴，流連玉賦。入監出撫，日就月將。冲情玉裕，令問金相。宜綏景福，永祚元良。神理冥寞，天道難究。仁不必壽，善惑愆祐。遽瑶山之頹壤，忽桂宫之毁構。痛結幽明，悲纏宇宙。慟皇情之深憫，摧具寮其如疚。

嗚呼哀哉！回環氣朔，荏苒居諸。霑零露於瑶圃，下申霜於玉除。夜漏盡兮空階曙，曉月懸兮帷殿虚。

嗚呼哀哉！將寧甫竁，長違望苑渡。[64]渭涘於造舟，遵長平之修坂。藐鶴駕而不追，顧龍驂而日遠。

嗚呼哀哉！永隔存没，長分古今。去榮華於人世，即潜隧之幽深。羅夕烟而稍起，慘落景而將沉。聽哀挽之凄楚，雜灌木之悲吟。紛徒御而流袂，睹纓弁以霑襟。

嗚呼哀哉！九地黄泉，千秋白日。雖金石之能久，終天壤乎長畢。敢圖芳於篆素，永飛聲而騰實。

嗚呼哀哉！

（《文苑英華》卷八三九《元德太子哀册文》，《隋書》卷五九《元德太子昭傳》）

唐中宗皇帝哀册　徐彦伯

維景龍四年，歲次庚戌，六月辛巳朔，二日壬午，大行應天神龍皇帝崩于神龍殿，旋殯于太極殿之西階。粤景雲元年十一月二日乙酉，將遷座于定陵，禮也。

晝攢毀帟，雕輼肅軔。縞紼霜回，丹旗雪引。御穸臺之妙默，背天閣之崇峻。皇帝瞻在原之墜響，感聯蕚之凋陰，禮奠收兮泣遺迹，同氣訣兮悲聖心。爰命下臣，式揚鴻懿，咨睿烈於金牒，刻明猷於玉字。其詞曰：

少典之子，重玄之孫。[65]珠聯寶系，海浸昌源。鳳鳥鳴國，蛟龍守門。於鑠皇朕，赫應成命。青靄南浮，彤雲北映。掃刷中寓，光亨累聖。欽若應天，纘戎前慶。身珮星斗，掌提曦鏡。克明克睿，允武允文。就之如日，望之如雲。聲中律吕，辭含典墳。道懋登庸，榮膺繼體。位擁青陸，業移朱邸。春誦夏絃，冬詩秋禮。復子明辟，固天攸啓。鵬舉提象，鸞飛鑿乾。蘿圖已御，芝璽仍傳。拱默當宁，賡歌撫絃。堯親更睦，嬀德逾羶。萬寶阜成，四門光闢。宵衣若厲，道風猶尺。野接翹車，殿横儒席。留連縞讌，婉孌辭客。潤洽泉草，恩周卉毳。鞮譯鶩輪，要荒走幣，[66]削觚反樸。寬刑薄税，俗富京坻。人忘疵癘，帝圖廣運。天意難誣，[67]猗旎祥籙，張皇瑞符。仙芝抱砌，神蓮摇厨。龜負綈檢，鱗銜斗樞。孝思罔極，崇庸克賽。親幸國陽，式陳昭配。翠輦容與，蜺幬暗曖。蒼璧森羅，明祇肅對。玄精偹典，洪範盈疇。將竦華蓋，遥封岱丘。猒紫宙之厄僻，追白雲之豫遊。時若慕於喪妣，道空在於委裘。

嗚呼哀哉！惟幾在辰，穆卜違占。仍几虚座，綴衣空室。[68]景沴攝提，悲纏昱日。群臣奉於末命，天下悲乎晏出。

嗚呼哀哉！宗伯莅典，同軌赴辰。龜謀入兆，犀轊移輴。唱苦挽於香掖，咽酸笳於曙旻。彤階晶晶兮露驚月，王座微微兮花掩塵。

嗚呼哀哉！列綺城之哀仗，引滋橋之度轊。朔飈急兮御道寒，愁日晦兮雲郊晚。駐石馬之新塗，下金天之舊坂。見疏杏之原，長覺深松之路遠。

嗚呼哀哉！伊昔睿喆，先謀壽宫。猗鄘我后，復幸方中。委冠劍於泉穸，保明靈於昊穹。山有移兮，海有變道。無闕兮聲無窮。

嗚呼哀哉！

（《唐文粹》卷三二《唐中宗孝和皇帝哀册文》）

唐睿宗皇帝哀册　蘇頲

維開元四年太歲景辰六月乙巳朔二十日甲子，[69]太行睿宗大聖玄真皇帝崩於百福殿，[70]徙殯于太極殿之西階，[71]粤十月朔某日，將遷座于橋陵，禮也。

素帟褰周，青壺警節，儼無聲以虚衛，陳有象而成列。哀子開元神武皇帝諱，[72]追攀引綍，眇擗司常。凄庶物其涕迸，感衆靈而影翔。潤兹鴻業，[73]欽若要道。爰制近臣，敢揚大寶。其詞曰：

高祖興唐，垂其耿光。睿宗誕慶，紹我明命。明命伊何？重熙累盛。耿光伊何？翊善傳聖。在昔分瑞，爰初割符。[74]宅殷令典，居相宏圖。宣哲觀藝，祇庸服儒。踐其成式，納以嘉謨。否歷終泰，傾維更紐。予從代王，子事周母。退象藏密，冲襟釋負。不爲震驚，自得謙受。擁乃政復，亨而運開。[75]固推皇弟。仍陟元臺。鳴牝構孽，紛虹肆灾。飈馳神武，電掃奸回。三讓天下，再登宸極。順夫甿心，忘我帝力。鞮譯修貢，親賢任職。樂英已敷，禮緯重飾。宗廟率祀，郊丘肇禋。養而迎夏，芟以祈春。静默沿道，和平返淳。智周翔泳，功濟陶鈞。知子惟明，從吾所尚。陋伊祁之奠緒，追嬀缺而將喪。帝允執乎厥中，皇可崇於太上。[76]始授圖而觀察，終脱屣以清曠。齋必閑館，朝而别宫。問安順色，資孝弘風。理極兼愛，[77]言承至公。豈綴衣而憑几？忽成鼎而號弓。

嗚呼哀哉！夢年罕驗，顧命是屬。付神器其得所，委靈心其何欲？增摧絶以孺慕，竟猒時以去俗。萬邦赴而同軌，六遂陳而帥屬。

外群悲於縞素，中不瘞於珠玉。蜃輅迎轉，龍幰戒徂。寒生紫殿，曉發清都。笳挽遲遲而徙靡，旆旌戀戀以威紆。除櫟陽之御路，指橋岳之幽途。[78]禮既獻而三撤，神方寧而九虞。遠奉游冠，近嚴歸蹕。因高而渭川盡見，憑下而秦京稍出。積秐草以橫霜，攢悲松以翳日。

嗚呼哀哉！粤羲軒之建子姒兮，[79]令問傳其不已，猗簡册之尊聖真兮，鴻名冠而方始。然後景雲靄，華露滋，揚至德，殷永思。此天子之孝也，臣何足以知之？

嗚呼哀哉！

（《唐文粹》卷三二《睿宗哀册文》）

惠莊太子哀册　張九齡

維開元十二年，歲次甲子，①十一月丁巳朔，二十四日庚辰，司徒申王薨于行在所。册謚惠莊太子，旋殯于寢奧，閏十二月二十七日壬午，將陪葬于橋林之柏城，禮也。

黼幕宵布，羽纛宿設，西序啓攢，南首成列。[80]皇帝深天倫之戚，[81]崇后儲之禮，擬容衛於青宫，申孔懷於朱邸。爰命史氏，稽於令則，無俾直書，[82]不彰遺德。其詞臣曰：[83]

昊天有命，先后受之。分王子弟，藩衛京師。克荷成憲，罔不肅祗。懿哉明哲，誕惟神粹。[84]宣慈日聞，孝友天至。道則吻合，迹無自異。性實生知，[85]學兼時習，《易》微《書》遠，《詩》言《禮》立。德必有鄰，善如不及，貴而能損，量固難挹。[86]方伯出鎮，邵南取斯。[87]司徒入掌，鄭武其宜。義之所在，政乃克施。物留遺愛，事著成規。西夏息人，[88]東征叶卜。韡韡同軒，皇皇改服。[89]疾遘中路，凶傳左轂。寧不慭遺，奄鍾斯酷。

嗚呼哀哉！昔在冲妙，具惟兄弟。四國並封，五王均體。游必連騎，居則同邸。各承愛於含飴，[90]俱受經於置醴。既荏苒而云邁，屬

---

① 甲子：唐玄宗開元十二年(724)。

殷憂之將啓。實定禍於蕭墻，遂繼明於雲陛。雖隔深宫之衛，常洽家人之禮。[91]曷殂謝以痛心，[92]感平生而流涕。

嗚呼哀哉！爰擇茂典，將崇上嗣。表先聖之元良，申友于之褒異。紛鹵簿以徒設，儼文物而空備。彼神儀之如在，乃群悲之所萃。周禮從祔，漢塋是陪，先遠日而撰吉，會同盟以送哀。夜漏盡兮暗室啓，庭燎殘兮曉挽催，按三校而徐進，將一去而不回。

嗚呼哀哉！背朱門兮遲遲，馳白驥兮騤騤，野蒼茫而助慘，風蕭飈而增悲。翩翩兮素蓋，寂寂兮畫帷，遵舊途而何有，覽陳迹以如疑。面都邑兮不入，侍陵寢兮有期，惟光儀之永閟，與昭代而長辭。

嗚呼哀哉！潜清暉於幽穸，昭鴻名於美迹，將在皇儲之史，豈伊諸侯之策。播遺芬於蘭桂，傳不朽於金石。諒紀言之在兹，嘉德音之無無斁。

嗚呼哀哉！

（《文苑英華》卷八三九《惠莊太子哀册文》，《張九齡集校注》卷一七《惠莊太子哀册文》，《唐大詔令集》卷三二《惠莊太子哀册文》）

唐玄宗皇帝哀册　王縉

維寶應元年歲次壬寅建巳月五日，①玄宗至道大聖大明孝皇帝崩于神龍殿，旋殯于太極殿之西階。粤以寶應二年三月甲辰朔十一，將還座于泰陵，禮也。

象物已設，仙馭將飛。空聞脱屣，無復求衣。孝孫皇帝親臨遣奠，意延晷刻，向池綍而涕流，想山園而心惻。九天兮無所，一往兮何極？感貽美於孫謀，俾述事於祖德。其詞曰：

天猒隋亂，中原無主。人歸唐德，上帝是輔。以聖易暴，興文繼武。義冠殷湯，威包漢祖。仰膺曆數，光宅區寓。惟皇得一，承帝嗣五。赫哉厥初，萬物斯睹。景龍之際，乹儀反坤。不利王室，將開禍

① 壬寅：唐代宗寶應元年(762)。

門。吕危劉氏，趙啄皇孫。我獨杖劍，神斯武賁。上排閶闔，俯掃軒轅。不驚宗廟，大造黎元。爲而不有，禮備尊尊。乃奉睿宗，爰受寶命。問安視膳，純孝至敬。維城之年，佐潞之政。[93]一蓍獻兆，百靈翼聖。躍馬絶流，水不敢競。潛龍變海，池亦告慶。有開必先，興王之盛。誥曰皇帝，余倦于勤。往纘丕績，以順兆人。辭之不可，其命惟新。體乹之大，法土之均。臨之以日，生之以春。寒暑彰信，動植知仁。九族既睦，四門既賓。天通之聖，電斷之神。求賢箕簾，就列搢紳。讜言是聽，庶政必親。刑措兵弭，威加德馴。戎狄讋竄，塞不驚塵。琛賮争入，來自無垠。鴐鼓斥駿，焚裘棄珍。風雨時若，京坻相因。師於上古，思與還淳。然後制禮節焉，作樂和焉。

東祠后土，南郊上玄。齋祭陵廟，位號山川。教戰講武，祈農籍田。冕旒問俗，旌旗幸邊。文物蔽地，英聲動天。鳳巢麟擾，甘露醴泉。九尾三脊，朱草非烟。繽紛效祉，每歲且千。道德洋溢，乾坤交泰。成功如何？登封于岱，太平如何？是時無外。才藝餘美，帝王之最。學究天人，乙夜慚對。文齊日月，秋風靡逮。推曆正元，調律平害。札動雲落，弦開葉碎。揮琴弄虞，教歌輕沛。良辰可賞，聽政方退。鐘鼓屢陳，君臣高會，[94]巍巍蕩蕩，四十餘載。巡省順動，西南奥區。命子出震，繼明握固。長驅猛士，累剪封狐。不失舊物，言旋上都。離宫就養，壽酒多娱。習道久矣，神仙遠乎？

嗚呼哀哉！湖上鑄鼎，海中祈藥。忽乘紫氣，長遊碧落。千門萬户，告無天兮寥廓。八達九衢，雖有人兮寂寞。淚爲雨於宸扆，哭成雷於郊郭。遺轍迹而徒攀，葬衣冠而何托？同軌畢至，初陵已開。震鳳輦於仙仗，降龍輴於帝臺。僤將行兮肅穆，似有顧兮徘徊。過春城兮如送，望暮山兮謂來。

嗚呼哀哉！壽原肇吉，先天不違。接橋山之往隧，營金阜之玄扉。擁馳道兮皆往，獨宫車兮不歸。厚夜藏晝，終天戢輝。文始建極武餘英威。玄德不朽，至道惟微。雖陰陽之興變化，侔神聖兮安可希？超前古以作則，遺後代以垂衣。

嗚呼哀哉！

（《文苑英華》卷八三六《玄宗大明皇帝哀册文》，《唐文粹》卷三二《玄宗哀册文》）

唐肅宗皇帝哀册　裴士淹

維寶應元年歲次壬寅四月庚戌朔十八日丁卯，大行文明武德大聖大宣孝皇帝崩于长生殿，旋殯于兩儀殿之西階。粤二年三月二十七日庚午，將遷座于建陵，禮也。

燭列瑶宫，河低象闕，簷擁宵霧，庭微曙月。森鷺翿以成行，儼輼輬而將發，哀子嗣皇帝諱，充窮感慕，擗摽傷摧。奠玄扆而增肅，瞻白雲而不回，雨泗噎兮千官泣，天仗摇兮萬國陪。懿業方永，神暉潛翳，乃詔有司，騰芳後裔。其詞曰：

高丘演慶，玄牝開祥。寶曆攸重，靈源自長。文昭武穆，累聖重光。七葉增睿，時惟我皇。天帝褰裳，全真養正。窅然姑射，欽哉有命。謂禹知子，踵堯傳聖。伊昔休應，虹流電驚。猗蘭養德，叢桂疏榮。狥齊純孝，弘裕欽明。光含玉理，秀發珠衡。辯日多悟，朝雲更輕。尊師樂業，問寢揚名。三善克舉，萬邦以貞。葉契斷金，觀書群玉。性與兼愛，道存濡足。詢事考言，登庸受籙。運符提象，輝同偶燭。景星耀芒，大風成曲。戎羯緣間，書稱猾夏。轉旆秦川，連兵朔野。水靈潛衛，山祇緩㗊。順時徙邑，聿來岐下。用翦修虵，匪勤戎馬。[95]輯寧黎庶，保義宗社。赫矣天府，於皇樂都。瑶壇饗帝，[96]璧沼崇儒。進善求瘼，明刑恤辜。丹巖藏銑，緑浦捐珠。容成啓路，王母獻圖。功宣祀夏，道洽歌虞。物莫疵癘，人用昭蘇。櫟陽先意，棣華增睦。冠帶麟洲，賓延鳥服。招諫懸鼓，誓師推轂。禮備樂和，遠安邇肅。恩猶覆燾，義涵亭毒。露臺愛費，茅宇斵奢。北薦春竇，南物若華。卿雲聳蓋，淪露垂葩。畝秀同穎，階榮指邪。滌慮高居，凝神下濟。遠探仙訣，深入真諦。穆穆頌聲，温温愷悌。榮鍾三古，牢籠八裔。才生之釁爰集，良己之文莫繼。佇襄野而來巡，惄祁宫而興沴。

嗚呼哀哉！序分弘璧，庭臨綴衣。如天落構，像日徂輝。棄璇寓而奚速，啓金縢而遂違。烏册龍圖之瑞，青丘丹浦之威。瞻脱屣兮如在，痛攀髯兮不歸。巖岫晦兮愁雲積，郊原空兮落景微。

嗚呼哀哉！環瀛縞素，鞮譯凝慕。龜謀協吉，象耕遐赴。珠玉重而不藏，襲稱廉而有數。静鈎陳于塋所，閉閶闔于應路。靡營南紀之壟，空望西陵之樹。

嗚呼哀哉！蒼旻浩然，緹律亟遷。既深悲於寒霰，俄隕涕於韶烟。背鳳城而紆鬱，援蜃紼而聯翩。息輿駕于懸圃，聞鍾磬于廣川。神理冥其造物，皇情邈以終天。

嗚呼哀哉！三光猶變，九丹非術。蜑隧蒼茫，鮒隅蕭瑟。渡清渭而徐轉，指甘泉而半出。薤曲嘶管以臨風，松門倚巖而蔽日。

嗚呼哀哉！式敭末命戒兹群臣至德神功，[97]天長地久。邁千祀之騰茂，居百王之冠首。俾下武而欽承，彰典謨而不朽。

嗚呼哀哉！

(《文苑英華》卷八三六《肅宗大宣孝皇帝哀册文》)

節愍太子哀册　李乂

維景雲元年十月朔日，節愍太子梓宫啓自鄠杜，粤某日，將陪窆于定陵，禮也。

蜃衛初列，鳳仙將遠，閲少海而不留，[98]赴窮泉而莫返。皇帝懷副君之大義，降猶子之深慈，飾忠烈於逝者，備哀榮以送之。漢幄虚侍，周墻肅事，思臺空築，幽埏永閟。金相兮玉裕，揆行兮旌能。峻節兮無泯，芳聲兮有恒。其詞曰：

素雲流祉，白水貞祥。祀及百代，威加萬方。勃焉家國，赫矣皇王。帝子攸降，乾男以將。邁德誕靈，懷文抱質。漢臺占雨，秦宫近日。敏對不群，能言罕匹。藝該百遍，詞含六律。朝霞自舉，夜月嘗游。醴薦推穆，書成重鄒。典戎仙衛，作牧神州。是謂元子，光膺孟侯。少陽正位，太學知道。春誦夏絃，尊師敬老。榮承玉巳，[99]寵殷瑜珮。三善不忘，四章旋逮。過闕則下，入廟斯趨。日仁與孝，終始不渝。聖敬日躋，温文歲廣。望高周副，才優魏兩。用事有倫，出言無黨。政成中外，聲溢天壤。邪臣作蠱，匹夫知惋。不顧身尤，將夷國難。忠義期仗，[100]謀猷是斷。獲戾宫朝，歸魂霄漢。白駒過隙，蒼蠅止藩。水逝西沼，霜凋北園。鶴闕誰馭，鳩里徒冤。瞑目於此，傷心詎論。[101]

嗚呼哀哉！去日淪輝，前星墜彩。形神湓謝，德音如在。物是人非，年移運改。聖明延鑒，徽章有待。有待伊何，慶逢開闢。延鑒伊何，恩隆典册。即鳴鳳之岡嶺，啓占鳥之隧宅。人辭中壘之桑，鳥思平陵之柏。地如伊水，山連紀市。嗟委化於仙期，欲問安於神理。五營成列，萬國咸酸。挽鐸朝唱，旌麾曉寒。指牽牛以南渡，乘飲龍而北傣。顧青舍兮非春，掩玄扉兮大暮。昔之來矣，銀榜銅樓。今之往矣，曠野荒丘。冉冉兮辰促，蒼蒼兮道悠。惟聲華與純懿，比金石而恒留。

嗚呼哀哉！

(《文苑英華》卷八三九《節愍太子哀册文》，《唐大詔令集》卷三二《節愍太子哀册文》)

惠文太子哀册　蘇頲

維開元十四年，歲次景寅，[102]四月己酉朔、十九日丁卯，太子太傅岐王薨于洛，册謚惠文太子，殯于正寢之西階，仲夏景申，將祔于橋陵，禮也。

曉風北清，魄月西照，列鐸挽以嚴鼓，出軒除而滅燎。皇帝戚深天倫，寵異天人，追遣奠於將遠，慟哀懷其若新。震以貞位，文以光謚。爰詔司存，乃甄遺懿。其詞曰：[103]

重玄之門，唐系居尊。五色之土，岐封效古。瑶圖正位，兄一弟二。寶萼承庇，帝三王四。嘗急難兮，特詢以事。竟扶翼兮，能竭其志。其志伊何？程才則多。武之以靖，文之以和。勇超東牟，思奪東阿。是曰具爾，曷云其他？覃訏守成，忠肅鍾美。克順克比，爲臣爲子。河書聚學，沛易窮理。毫使露濡，賦令雲起。出咨岳政，入慎邦紀。魯衛則侔，武桓斯擬。傳于元嗣，欽若端士。往錫朱旗，來朝紫微。家人輯穆，藩后增暉。甘旨不同而不膳，珍華不共而不衣。楚謀或隱，梁籍寧違。屬巡岱以封還，侍升天而慶歸。猗那兮揚名於后，懿鑠兮修業可久。[104]富貴兮于何不有？暗忽兮曾莫之壽。

嗚呼哀哉！宵欲分漏，革傳于奏。天初辨時，憲切乎思。[105]駿馬連蹁而交使，近臣駢命而挾醫。望君王兮何遲遲？俯檽檻兮猶若期。至不至兮欻長辭，悲莫悲兮惟此悲。外皆罷愀兮内獨漣洏，豈吾季之在哉？崇后儲以謚之，孝依橋岳，仁本京師。莊泪文兮，疇能忍？玆靈輴稍發，清道徐按。整承華之鹵簿，瞻德陽之宫觀。樹陰陰於國門，橋耿耿於天漢。盈舊戀以回復，蓄新哀以聚散。煢然嗣王，若不勝喪。慘天地之何心？怨關山之已長。夫儉爲之德，謙固其則。存歿是膺，惠文是徵。存也高臺深池之不競，歿也備物重器之不矜。

嗚呼哀哉！典册之有憑，惠文之有稱。故奉先皇之松柏，成太子之園陵。

嗚呼哀哉！

(《文苑英華》卷八三九《惠文太子哀册文》,《唐大詔令集》卷三二《惠文太子哀册文》)

謚册文

齊明皇帝謚册文　謝朓

維永泰元年九月朔日，哀子嗣皇帝諱仰惟大行皇帝早棄萬邦，聖烈方遠；式尊帝世，俾圖鴻猷。咸以爲無名以化，則言繫莫宣其道；有求斯應，則影響庶同其功。所以永言配命，寄心宗極；光昭令德，允樹風聲。伏惟大行皇帝令信四時，[106]齊光日月，創光大於登庸，通神機於受命。因時以惕，[107]藉九萬而輕舉；天保既定，運四海而高臨。及乃開物成務，重維國綱；風行草化，心往如神。左賢右戚，内樂外禮。輯五材以教民，申三驅而在宥。用能盛德殷薦，[108]美善斯畢。皇矣之業既孚，蒸哉之道咸備。景化方遠，猒世在天。龜筮告期，遠日無改。仰則前王，俯詢百辟。累德稱睿，允極鴻名。謹命某申奉太牢之奠，謹上尊謚曰明皇帝，廟號高宗。天人允協，神其尚饗。

嗚呼哀哉！

（《文苑英華》卷八三五《齊明皇帝謚册文》，《謝朓集校注》卷一《齊明皇帝謚册文》，《謝宣城集校注》卷一《齊明皇帝謚册文》）

唐中宗孝和皇帝謚議册文　蘇頲

維景雲元年歲次庚戌，十月戊寅朔，十三日庚寅，攝太尉、銀青光禄大夫、守户部尚書、上柱、明宣城郡開國公臣姚珽等上議曰：[109]臣聞聖人極天下之賾以象其物，宜成天下之文以察其時變。加於百姓之謂德，形於四方之謂風。[110]德也者，動於神明；風也者，由於教化。原始見則，名合道先，知終存義，迹因形表，其來尚矣。

伏惟大行應天神龍皇帝纘武之命，允文之基，肇承於宥密，以至乎緝熙。若乃含青雲之符，耀赤光之瑞，履顯而一夷險，[111]安貞而再潛躍。由是恭于三朝，服兹四罪。傒予之始，祀夏而無改舊物；若帝之初，遷周而有膺新命。虔匹夫蒸蒸之思，愛於文母；豫太帝庚庚之占，友於王季。既而三年諒暗，[112]九族敦叙。[113]免喪問道，穆乎天子之容；退朝藏密，怡若家人之禮。功收其成不以微，刑濟其寬不以大。讜詞所不悼，讒説所不入。約躬而厚物，盡下以推人。翺翔乎儒雅之林，經啓於文章之囿。不傷麛卵，不夭卉木，體仁也；行於蠻貊，暨於陪臺，施惠也。酌中衢之樽，不竭也；陳太廟之器，不盈也。故能百寶用，四靈臻，嘉禾神芝，日獻于府；柔遠格，懷荒至，名駒巨象，歲填于牧。方採原陵之露華，感而通夢；遂揚昊壇之烟燎，嚴以配尊。然後心遊絶冥，神寄愷樂。在雲臺之上，希夷於真諦之門；追汾水之陽，縹緲乎列仙之館。豈圖變生氛沴，凶遘霄極。欻憑玉以大漸，顧遺弓而上遷。所以函夏攀援，人神哀戚。龍攢既啓，烏耘逾慕。禮撤三獻，北有因山之名；法崇二言，南有至郊之議。

謹案謚法：慈惠愛親，博施備物，皆曰孝；安人緝衆，推賢讓能，皆曰和。夫孝以愛親，和以安人，是則憲先生之典謩，垂後裔之光烈者，蓋天之所稱矣。請上尊謚曰孝和皇帝，廟曰中宗。謹議。

此篇《唐大詔令》及《文粹》並作謚册文，編苑英華官，以其有臣某上議之語，又首末頗類謚册，故題目兼云謚議册文。而八百四十卷别有謚議門，此殆一時變禮，今仍其舊。按《本紀》九月丁卯上謚，《詔令》作十月十三日庚寅，疑是奉册之日。

（《文苑英華》卷八三五《謚册文》，《唐文粹》卷三二《中宗謚册文》）

唐德宗皇帝謚册　權德輿

維永貞元年歲次乙酉，十月丙申朔，孝孫嗣皇帝臣某，伏維大行皇帝，德合天地，作人父母，纂承光明，建用皇極。昔在寶應，制天下賦輿，戚藩以大。自魯流瘫，[114]師律既貞，會陜收洛，克輝威命，廓開王塗，是登上嗣。乃宅丕后，服藝祖神宗之大烈，有乹乹翼翼之至敬。敷佑迪哲，尊嚴懿恭。燭明四極，發育萬物。濯沐乎仁澤，澄清乎理本。巍巍乎建中風聲，與貞觀同符。

洎時有祲沴，變生京轂。省方履薄，[115]弘陰騭之功；整旅致誅，申震耀之令。鴟誼滅息，侯王軌道。丕冒持載，鏡清砥平。然後明禋毖祀，萬靈以接；翕受敷施，九德咸事。含弘亭毒，以致其和；博采虚受，以通其志。政刑有箴，扆扆有銘，焕乎文明之化成也；因時創節，象卦設樂，[116]薫然中和之被物也。納嘉言於近侍，輟已行之詔；疾讒口於宵人，宥過誤之罪。去徽號而約已，正廟祧而尊祖。九譯通道，萬方來庭。賨旅焯乎勛籍，夷歌陳於樂府。霜露所墜，車書大同。順氣旁達，天休滋至。慶霄輪囷，德水清澈。三辰秉陽以宣耀，百嘉麗地而交感。飛走呈祥，肖翹遂性，在宥天下二十有七年。

夫文思光被，陶唐之盛也；惜怛忠利，虞帝之教也；亹亹穆穆，周文之業也；聰明神武，漢祖之烈也。窮古先之大律，極帝者之上儀。方將扈升介丘，待檢玉諜，奄遺末命，永棄多方。億兆嗷嗷，哀號靡訴。顧惟冲昧，懼忝孫謀。君父有命，付兹神器。虔恭貽訓，感慕滋深。今因山既建，同軌畢至。一二元老，宗工碩生。考稱天之禮，稽節惠之法。式遵古義，敢薦大名。謹遣攝太尉、門下侍郎、平章事杜黄裳謹奉册上尊謚曰神武孝文皇帝，廟曰德宗。伏惟聖靈昭格，膺是典禮。幽贊丕祉，流于無窮。

嗚呼哀哉！

（《文苑英華》卷八三五《唐德宗皇帝謚册文》，《唐文粹》卷三二《唐德宗皇帝謚册文》，《權德輿詩文集編年校注·晚期作品繫年·貞元二十一年乙酉（805）·唐德宗皇帝謚册文》，《權德輿詩文集》卷二九《唐德宗皇帝謚册文》）

唐文宗皇帝謚册　李珏

維開成五年歲次庚申，七月乙亥朔，十一日乙酉，哀弟嗣皇帝臣。

伏惟大行皇帝德升上玄，功定内難。百辟劝進，萬姓樂推。洎順人撫運，嗣統立極。凝旒建大中之道，執契弘無爲之化。聰明天縱，孝敬日新。翼翼承九廟之祭，蒸蒸奉三宫之養。以文思光赤縣，以武德澄滄海。慈儉厚下，端莊肅物。達聰無不察，黈纊若不知。成湯之六事罔愆，大禹之九功咸序。學無常師，惟恪王是式；仁必由己，以蒼生爲心。修雅樂而簫韶成音，戒逸遊而靈囿望幸。遏外夷之教，羈縻殆絶；舉中古之典，汪洋勃興。宫禁無私恩，嬪嬙無侈服。

每宰臣伏奏，卿士宴見，論道何啻於日旰，恤刑已至於歲減。大闢諫路，深排倖門。危言激訐，惟理是聽。匪唯納之，而又賞之。密成貴寵，[117]惟法是訓。匪唯誡之，而又繩之。貞符秘瑞，王者之所寶。郡國承詔，寢而不揚。鴻名徽號，列聖之所重。臣寮抗疏，约而不受。興起儒術，修明祀事。刻經誥之琬琰，真宗廟之琮璜。鷄鳴而起，孜孜於衆善；日入而息，矻矻於群書。敦叙九族，厚戚藩之恩；恊和萬邦，惇戎狄之信。至公不私於天性，體道必從乎人欲。應變懸解，知機如神。日者數逢俶擾，星有譴見。克己修德，側身勵政。和人心以保，乂謹天戒而來祥。復貞觀之故事，編開元之政要。旌別淑慝，澄清品流。一物失所，必形於睟容；百姓未康，每勞於聖慮。聽政餘力，游藝緣情。探二南之風雅，窮六義之教化。汾水著詔，柏梁變體。腴雋人口，馨香國風。南山崇崇，京國之望。不列祀典，綿千百年。舉神授職，發自精懇。興雲致雨，響應虔祈。至於出宫人，放鷙鳥。太官節重味之膳，外府减外土之貢。傾倉賑乏，[118]平糴恤饑。蟲螟不爲灾，水潦不成沴。日月臨照，天地含弘。肖翹蠢蠕，樂生遂性。稽帝王之能事，鄙封疆之虚美。[119]超邁三五，度越聖賢。繇是四夷八蠻罔不庭，九州六合罔不順。[120]在宥天下，十有五年。

於戲！身居九重，心遍萬寓[121]。日用憂濟，時臻洽平。形悴神勞，至于大漸。啓金縢而無驗，[122]憑玉几而有命。顧屬冲昧，丕承寶圖。祇奉神器，懼不克荷。[123]今因山戒期，復土備禮。痛深手足，哀結精靈。呼天擗摽，觸目增感。[124]夫謚者行之迹，號者功之表。採鴻生鉅儒之議，[125]從公卿庶尹之請。考彼古道，易兹大名。對越昊穹，式揚徽烈。謹遣太尉、中書侍郎、同中書門下平章事李珏謹奉册上尊謚曰元聖昭獻孝皇帝，廟号文宗。伏惟聖靈昭格，[126]膺受茂典。陰騭宗社，介福無窮。

嗚呼哀哉！

（《文苑英華》卷八三五《唐文宗皇帝謚册文》）

【校勘記】

［1］狠：《文章類選》同《文翰類選大成》卷一五六，《文苑英華》卷九七〇作“很”。

［2］吳：原作“矣”，據《文苑英華》卷九七〇、《吳郡志》卷二一《人物》改。

［3］指：《文章類選》同《文翰類選大成》卷一五六，《文苑英華》卷九七〇作“旨”。

［4］包：《文苑英華》卷九七〇、《文翰類選大成》卷一五六均作“苞”。

［5］使：此字原脱，據職官名補。

［6］廷：《文苑英華》卷九七〇作“端”。

［7］佐：《文苑英華》卷九七〇作“來”。

［8］二：《文翰類選大成》卷一五六作“一”。

［9］古心古貌：此四字原脱，據《王惲全集彙校》卷六一補。

［10］行有以畀之：此五字原脱，據《王惲全集彙校》卷六一補。

［11］順德：《文章類選》同《元文類》卷五六，《王惲全集彙校》卷六一作“蓬山”。

［12］道義之斲喪也微矣：此八字原脱，據《王惲全集彙校》卷六一補。

［13］椽：《文選》卷五七、《文翰類選大成》卷一五九均作“掾”。

［14］喜：《文章類選》同《文選》卷五七，《文翰類選大成》卷一五九作“熹”。

［15］外：《文章類選》同《文翰類選大成》卷一五九，《文選》卷五六作“魏”。

［16］良：原作“哀”，據《文選》卷五七、《文翰類選大成》卷一五九改。

［17］弱：此字原脱，據《文選》卷五七、《文翰類選大成》卷一五九補。

［18］不：《文章類選》同《文翰類選大成》卷一五九，《文選》卷五七作“弗”。

［19］特：《文章類選》同《文翰類選大成》卷一五九，《文選》卷五七作“孤”。

［20］壺：此字原脱，據《文選》卷五八、《宋書》卷四一《后妃傳》補。

［21］屆：此字原脱，據《文選》卷五八、《宋書》卷四一《后妃傳》補。

［22］泣：此字原脱，據《文選》卷五八、《宋書》卷四一《后妃傳》補。

［23］期：《文章類選》同《文苑英華》卷八三五，《唐文粹》卷三二作“斯”。

［24］耀：《文章類選》同《文苑英華》卷八三五，《唐文粹》卷三二作“暉”。

［25］章：《文章類選》同《文苑英華》卷八三五，《唐文粹》卷三二作“常”。

［26］聽：《文苑英華》卷八三五作“德”，《唐文粹》卷三二作“聖”。

［27］源：《文章類選》同《文苑英華》卷八三五，《唐文粹》卷三二作“瀍”。

［28］天：此字原脱，據《文苑英華》卷八三五、《唐文粹》卷三二補。

［29］奄及：此二字原脱，據《文苑英華》卷八三五、《唐文粹》卷三二補。

［30］紀市：《文章類選》同《文苑英華》卷八三五，《唐文粹》卷三二作“地肺”。

［31］渭涘：《文章類選》同《文苑英華》卷八三五，《唐文粹》卷三二作“清渭”。

［32］翩：《文章類選》同《文苑英華》卷八三五，《唐文粹》卷三二作“翻”。

［33］古木：《文章類選》同《文苑英華》卷八三五，《唐文粹》卷三二作“拱木”。

［34］愁雲：《文章類選》同《文苑英華》卷八三五，《唐文粹》卷三二作“寒烟”。

［35］不：《文章類選》同《文苑英華》卷八三五，《唐文粹》卷三二作“莫”。

［36］游：《文章類選》同《文苑英華》卷八三五，《唐文粹》卷三二作“逝”。

［37］泣逝水之東流：《文章類選》同《文苑英華》卷八三五，《唐文粹》卷三二作“泣川水之逝波”。

［38］喬：《文章類選》同《文苑英華》卷八三五，《唐文粹》卷三二作“商”。
［39］昊：原作“暑”，據人名用字及《文苑英華》卷八三五、《唐文粹》卷三二改。
［40］庚寅：《文章類選》同《文苑英華》卷八三五，《唐文粹》卷三二作“庚子”。
［41］紀：《文章類選》同《文苑英華》卷八三五，《唐文粹》卷三二作“管”。
［42］諱：《文章類選》同《文苑英華》卷八三五，《唐文粹》卷三二作“某”。
［43］書：《文章類選》同《唐文粹》卷三二，《文苑英華》卷八三五作“畫”。
［44］友敬：《文章類選》同《文苑英華》卷八三五，《唐文粹》卷三二作“反正”。
［45］馳：《文苑英華》卷八三五、《唐文粹》卷三二作“驅”。
［46］泛：《文章類選》同《文苑英華》卷八三五，《唐文粹》卷三二作“牧”。
［47］隸：《文章類選》同《文苑英華》卷八三五，《唐文粹》卷三二作“肆”。
［48］潮海：《文章類選》同《文苑英華》卷八三五，《唐文粹》卷三二作“瀚渚”。
［49］服：《文章類選》同《唐文粹》卷三二，《文苑英華》卷八三五作“衣”。
［50］千：《文章類選》同《文苑英華》卷八三五，《唐文粹》卷三二作“升”。
［51］弘璧陳階：《文章類選》同《文苑英華》卷八三五，《唐文粹》卷三二作“商管初秋”。
［52］夢齡遐想：《文章類選》同《文苑英華》卷八三五，《唐文粹》卷三二作“驚川悠緬”。
［53］陌：《文章類選》同《文苑英華》卷八三五，《唐文粹》卷三二作“路”。
［54］術：《文章類選》同《唐文粹》卷三二，《文苑英華》卷八三五作“樹”。
［55］從：《文章類選》同《文苑英華》卷八三五，《唐文粹》卷三二作“徙”。
［56］竄：此字原脱，據《文苑英華》卷八三五、《唐文粹》卷三二補。
［57］橋：《文苑英華》卷八三五、《唐文粹》卷三二作“喬”。
［58］池：《文章類選》同《文苑英華》卷八三五，《唐文粹》卷三二作“馳”。
［59］庚寅：《文章類選》同《文苑英華》卷八三七，《唐太宗全集校注・文告編》作“壬寅”。
［60］犧樽已撤：《文苑英華》卷八三七作“鳳罇已徹”。
［61］形：《文苑英華》卷八三七作“刑”。
［62］净：此字原脱，據《文苑英華》卷八三七補。
［63］云備：此二字原脱，據《文苑英華》卷八三七補。
［64］苑：此字原脱，據《文苑英華》卷八三九補。
［65］玄：《唐文粹》卷三二作“華”。
［66］走：此字原脱，據《唐文粹》卷三二補。
［67］天：此字原脱，據《唐文粹》卷三二補。
［68］空：此字原脱，據《唐文粹》卷三二補。
［69］太歲：《唐文粹》卷三二作“歲次”。
［70］太行睿宗大聖玄真皇帝：“太”，《唐文粹》卷三二作“大”；“玄”原脱，據《唐文粹》卷三二補。
［71］徙：《唐文粹》卷三二作“旋”。

[72] 諱：《唐文粹》卷三二作“某”。

[73] 潤：《唐文粹》卷三二作“睠”。

[74] 割：《唐文粹》卷三二作“剖”。

[75] 擁乃政復亨而運開：《唐文粹》卷三二作“政乃復亨塞而自開”。

[76] 可：《唐文粹》卷三二作“遂”。

[77] 愛：《唐文粹》卷三二作“受”。

[78] 岳：《唐文粹》卷三二作“獄”。

[79] 建：《唐文粹》卷三二作“逮”。

[80] 首：《文章類選》同《文苑英華》卷八三九，《唐大詔令集》卷三二作“省”。

[81] 戚：《文苑英華》卷八三九作“感”，《唐大詔令集》卷三二作“蹙”。

[82] 書：《文章類選》同《文苑英華》卷八三九，《唐大詔令集》卷三二作“言”。

[83] 臣：此字原脱，據《張九齡集校注》卷一七補。

[84] 神：《文章類選》同《文苑英華》卷八三九，《唐大詔令集》卷三二作“純”。

[85] 實：《文章類選》同《文苑英華》卷八三九，《唐大詔令集》卷三二作“則”。

[86] 量：《文章類選》同《文苑英華》卷八三九，《唐大詔令集》卷三二作“重”。

[87] 邵：《文章類選》同《文苑英華》卷八三九，《唐大詔令集》卷三二均作“召”。

[88] 息：《文章類選》同《文苑英華》卷八三九，《唐大詔令集》卷三二作“心”。

[89] 皇皇：《文章類選》同《文苑英華》卷八三九，《唐大詔令集》卷三二作“皇圖”。

[90] 愛：《文章類選》同《文苑英華》卷八三九，《唐大詔令集》卷三二作“命”。

[91] 禮：《文章類選》同《文苑英華》卷八三九，《唐大詔令集》卷三二作“體”。

[92] 殂：《文章類選》同《文苑英華》卷八三九，《唐大詔令集》卷三二作“徂”。

[93] 潞：此字原脱，據《文苑英華》卷八三六補。

[94] 高會：此二字原脱，據《文苑英華》卷八三六補。

[95] 勤：此字原脱，據《文苑英華》卷八三六補。

[96] 帝：此字原脱，據《文苑英華》卷八三六補。

[97] 式斁：此二字原脱，據《文苑英華》卷八三六補。

[98] 留：《文苑英華》卷八三九作“流”。

[99] 已：《文苑英華》卷八三九作“玉”。

[100] 期：《文苑英華》卷八三九作“斯”。

[101] 詎：《文苑英華》卷八三九作“誰”。

[102] 歲次：《文章類選》同《文苑英華》卷八三九，《唐大詔令集》卷三二作“太歲”。

[103] 詞：此字原脱，據《文苑英華》卷八三九補。

[104] 懿：《文章類選》同《文苑英華》卷八三九，《唐大詔令集》卷三二作“於”。

[105] 憲：《文章類選》同《文苑英華》卷八三九，《唐大詔令集》卷三二作“慮”。

[106] 今：《文苑英華》卷八三五作“令”。

[107] 惕：《文苑英華》卷八三五作“暢”。
[108] 盛：《文苑英華》卷八三五作“盡”。
[109] 明：《文苑英華》卷八三五、《唐文粹》卷三二作“國”。
[110] 形：《文苑英華》卷八三五、《唐文粹》卷三二作“刑”。
[111] 顯：《文苑英華》卷八三五、《唐文粹》卷三二作“順”。
[112] 暗：《文苑英華》卷八三五、《唐文粹》卷三二作“陰”。
[113] 釵：《文苑英華》卷八三五、《唐文粹》卷三二作“叙”。
[114] 流：《文章類選》同《文苑英華》卷八三五，《唐文粹》卷三二作“疏”。
[115] 履薄：《文章類選》同《文苑英華》卷八三五，《唐文粹》卷三二作“展義”。
[116] 卦：原作“封”，據《文苑英華》卷八三五、《唐文粹》卷三二改。
[117] 成：《文苑英華》卷八三五作“戚”。
[118] 傾：此字原脱，據《文苑英華》卷八三五補。
[119] 疆：《文苑英華》卷八三五作“禪”。
[120] 州：此字原脱，據《文苑英華》卷八三五補。
[121] 萬寓：此二字原脱，據《文苑英華》卷八三五補。
[122] 縢：此字原脱，據《文苑英華》卷八三五補。
[123] 懼：此字原脱，據《文苑英華》卷八三五補。
[124] 目：此字原脱，據《文苑英華》卷八三五補。
[125] 鉅儒：此二字原脱，據《文苑英華》卷八三五補。
[126] 聖：此字原脱，據《文苑英華》卷八三五補。

文章類選卷之三十三

祭文類

祭古冢文　謝惠連

東府掘城北塹，入丈餘，得古冢。上無封域，不用磚甓，以木爲椁。中有二棺，正方，兩頭無和。明器之屬，材瓦銅漆，有數十種，多異形，不可盡識。刻木爲人，長三尺，可有二十餘頭。初開見，悉是人形，以物棖撥之，應手灰滅。棺上有五銖錢百餘枚，水中有甘蔗節及梅李核、胡隔。瓜瓣，皆浮出不甚爛壞。銘志不存，當代不可得而知也。公命城者改埋於東岡，祭之以豚酒。既不得知其名字遠近，故假爲之號曰溟漠君云爾。

元嘉七年九月十四日，司徒御屬領直兵令史、統作城録事、臨漳令亭侯朱林，具豚醪之祭，敬薦冥漠君之靈：

忝總徒旅，版築是司。窮泉爲塹，聚壤成基。一椁既啓，雙棺在兹。捨畚本。凄愴，縱鍤漣洏。芻靈已毁，塗車既摧。凡筵糜腐，俎豆傾低。盤或梅李，盎禹浪。或醢醯。蔗傳餘節，瓜表遺犀。追惟夫子，生自何代？曜質幾年？潛靈幾載？爲壽爲夭？寧顯寧晦？銘志堙滅，姓字不傳。今誰子後？曩誰子先？功名美惡，如何蔑然？百堵皆作，十仞斯齊。墉不可轉，塹不可回。黄腸既毁，便房已頽。循題興念，撫俑增哀。射聲垂仁，廣漢流渥。祠骸府阿，掩骼格。城曲。仰羡古風，爲君改卜。輪移北隍，窀穸東麓。壙即新營，棺仍舊木。合葬非古，周公所存。敬遵昔義，還祔雙魂。酒以兩壺，牲以特豚。幽靈髣髴，歆我犧樽。

嗚呼哀哉！

（《文選》卷六〇《祭古冢文》）

祭屈原文 顏延年

維有宋五年月日，湘州刺史吴郡張邵，恭承帝命，建旟舊楚。訪懷沙之淵，得捐珮之浦。弭節羅潭，艤魚几。舟汨渚。乃遣户曹掾某，敬祭故楚三閭大夫屈君之靈。蘭薰而摧，玉縝則折。物忌堅芳，人諱明絜。曰若先生，逢辰之缺。温風怠時，飛霜急節。嬴、羋弭。遘紛，昭、懷不端。謀折儀、尚，貞蔑椒、蘭。身絶郢闕，迹遍湘干。比物荃蓀，連類龍鸞。聲溢金石，志華日月。如彼樹芬，實穎實發。望汨心欷，許毅。瞻羅思越。藉用可塵，昭忠難闕。

（《文選》卷六〇《祭屈原文》,《宋書》卷七三《顏延之傳》）

祭處士仲長子光文 王績[1]

歲月日。隣人王績謹以魚醴之奠，敬祭仲長先生之靈曰：

明道若昧，進道若退；鳥飛知還，龍亢必悔。嗟嗟夫子，理融其内。不忮不求，無憎無愛。古人有言，微妙玄通。藏用以密，養正以蒙。嗟嗟夫子，允執其中。不見其始，孰知其終？蕩蕩心迹，悠悠默語。周覽人事，退居河渚。何去何從，誰求誰與？聊同聚散，亦均寒暑。

大矣夫子，其生若浮。至矣夫子，其死若休。鄉黨不懼，朋友不憂。素琴猶在，黄經尚留。老萊難婚，梁鴻難偶。筵無饋奠，室無箕箒。嗟嗟夫子，豈圖其後？金玉滿堂，莫爲之守。凡我故人，素服臨旃。葛巾從窆，桐棺以遷。墳不易壠，坎不及泉。苟無恒化，于何問天？道性既喪，仁義鋒起。祭非古也，禮之爲始。吾從其俗，敢告夫子。清樽薄奠，神其歆止。

（《文苑英華》卷九七八《祭處士仲長子光文》,《王績文集》卷五《祭處士仲長子光文》,《王無功文集》卷五《祭處士仲長子光文》）

爲薛令作祭劉少監文　楊炯

中書令河東薛某謹以清酌中牢之奠，敬祭故少監劉公之靈：

惟彼陶唐，有此冀方。上天祚漢，人神攸贊。開國承家，枝分葉散。三貂赫赫於臺省，駟馬諼諼於里閈。德之有隣，吐符兮降神；家之積慶，受禄兮宜君。星躔可以衡南越，都邑可以質西秦。[2]言鄭公之不死，謂張衡之後身。雍州爲積高之地，初登吏部；尚書即喉舌之端，始拜郎官。見天子而題柱，侍明光而握蘭。入麒麟之閣，圖書掌於河洛；測璇玉之璣，造化窮於制作。大風積也，方絶於雲天；有力負之，坐悲於溝壑。[3]

嗚呼哀哉！言念平生，求其友聲。適我願兮，共得朋從之道；又吾姨也，俱承下嫁之榮。良辰美景，必窮於樂事；茂林修竹，每叶於高情。援茝蘭而無愧，指金石以當行。誰言倏忽？遽隔幽明。人非兮地是，心折兮骨驚。卜日兮先遠，陰靈凝兮歲將晚。臨平郊兮望行憾，[4]君一去兮何時返？石室兮沉沉，蓬萊山兮寂已陰。[5]苍烟漫兮紫苔深，陳絜酒兮涕沾襟。

嗚呼哀哉！

（《文苑英華》卷九七八《爲薛令作祭劉少監文》，①《楊炯集箋注》卷一〇《爲薛令祭劉少監文》）

祭楊盈川文　宋之問

維大周某年月日，西河宋某謹以清醪脯羞之奠，[6]敬祭于楊子之靈曰：

自古皆死，不朽者文。北河吐液，西岳生靈。爰叶通契，降精于君。伏道孔門，游刃諸子。精微博識，黄中通理。屬詞比事，宗經匠史。玉璞金渾，風摇雲起。聞人之善，若在諸已。受人之恩，許之以

---

①《文苑英華・目録》題作《祭劉少監文》。

死。惟子堅剛，氣陵秋霜。行不苟合，言不苟忘。

大君有命，徵子文房。余亦叨忝，隨君頡頏。同趨北禁，並拜東堂。志事俱得，形骸兩忘。載罹寒暑，貧病洛陽。裘馬同弊，老幼均糧。自君出宰，南浮江海。余常苦飢，今日猶在。之子妙年，香名早傳。從來金馬，夙昔崇賢。門庭若市，翰墨如泉。千載之後，聞而凛然。死而不亡，問余何傷。傷余命薄，益友零落。生平之言，幽顯相托。痛君不嗣，匪我孤諾。君有兄弟，同心異體。陟岡增哀，歸葬以禮。旅櫬飄零，于洛之汀。我之懷矣，感嘆入冥。見子之弟，類子之形。悼往心絶，慰存涕盈。

古人有言，一死一生。昔子往矣，追送傾城；今子來也，乃知交情。惟郭是戚，有崔不易。來哭來祭，哀文在席。帷席可依，冰雪四滿。家人哀哀，賓徑微斷。今我傷悲，情勤昔時。子文子翰，我緘我持；子宅子兆，我營我思。子有神鑒，我言不欺。我有絜酒，子其歆之。我亦引滿，儻昭神期。魂兮歸來，聞余此詞。

（《文苑英華》卷九七八《祭楊盈川文》，《沈佺期宋之問集校注》卷八《祭楊盈川文》）

祭杜學士審言文　宋之問

維大唐景龍二年歲次戊申月日，[7]考功員外郎宋之問，謹以清酌之奠，敬祭于故修文館學士杜君之靈：

嗚呼！位曰大寶，才曰天爵。辭業備而官成，名聲高而命薄。屈原不終於楚相，揚雄自投於漢閣。代生人而豈無，人違代而咸若。運鍾唐虞，崇文寵儒。國求至寶，家獻靈珠。後俊有王、楊、盧、駱，繼之以子迹雲衢。王也才參卿於西陝，楊也終遠宰於東吴。盧則哀其栖山而卧疾，駱則不能保族而全軀。由運然也，莫以福壽自衛；將神忌也，不得華實斯俱。惟靈昭昭，度越諸子。言必得俊，意常通理。其含潤也，若和風欲曙，摇露氣於春林；其秉艶也，似凉雨半晴，懸日光於秋水。衆轍同遵者擯落，群心不際者探擬。

人也不幸而則亡，名兮可大而不死。君之栖遑，自昔迷方。逢時泰兮欲達，聞數奇兮自傷。屬文母之丕運，應才子之明揚。拔淪秀於蘭畹，[8]侍仙遊於柏梁。命以著作，拜之爲郎。始翔鴛於清列，旋禦魅於炎荒。遺旅雁兮超彭蠡，作編人兮居越裳。殊許靖之新適，憶虞翻之舊鄉。惟皇龍興，再施法度。拂洗溟渤，鶱翔雨露。通籍於八舍禁門，摇筆于萬年芳樹。仰赤墀兮非遠，謂白首兮方遇。君病何病，到此彌留。藥雖餌兮寧愈，針不及兮可憂。雖則妙醫莫識，實冀明神獲瘳。

嗚呼哀哉！君之將亡，其言也善。余向十旬，日或再展。君感斯意，贈言宛轉。識金石之契密，悔文章之交淺。命子誡妻，既懇且辨。自予與君，弱歲游執。文翰共許，風露相挹。[9]况窮海兮同竄，復文房兮並入。川流遽閲，隙電初過。昔乘運兮如此，今造冥兮若何。懷君疇昔兮恨已積，念君恩惠兮情倍多。道之南宅，囷之東粟。使君孤之有餘，寧我家之不足。籍籍流議，喧喧薄俗。名全每困於鑠金，身没誰恨其埋玉。空落長松千尺，詎置生芻一束。倬彼韋公，贈殷禮縟；善乎崔子，理感情屬。相視有素，見覽增勖。登君詞賦於雲臺之上，藏君齒髪於緱山之曲。緱氏山兮山上雲，秦城郊兮郊外墳，孟冬十日兮共歸君，君有靈兮聞不聞。我咀瑶屑，君知自久，坐泣焚芝，遥哀晝柳。闞視祖載，爰遺卮酒，願歆悲誠，將告良友。

尚饗！

（《文苑英華》卷九七八《祭杜學士審言文》，《宋之問集校注》卷八《祭杜學士審言文》，《沈佺期宋之問集校注》卷八《祭杜學士審言文》）

祭崔侍郎文　張説

維神龍三年月朔日，兵部郎中員外曹良史等謹以清酌少牢之奠，敬祭故侍郎崔公之靈：

位以行成，名以才起。天臨明代，是生君子。長戟高門，層堂峻址。孝友仁愛，衣冠標軌。清通正直，省閣條理。[10]束帶立朝，惟國之俊。抑揚吐納,金聲玉振。器不滯方,神無留韵。厚奉外不爲假,坦率内不違真。泛交而容博,好施而能均。欲人規己,恕己及人。故者不遺其故,親者無失其親。歷否泰能全其節,故令名不離其身。方齊六相,助明三辰。何孤我德?何負兹神?搏空落羽,中駕摧輪。昔時寮列,今爲吊賓。凡二三子,夙承惠眷。聯務七兵,歲陽三變。分與時積,事由更練。謇謇公庭,申申私宴。慟音徽之永奄,懷儀範之不見。戢容止於綴足,潜眉目於蒙面。

哀哉!奈何涕零如霰。緬惟初疾,以迄將亡。意氣精爽,乾乾自强。顧瞻賓客,勉勉矜莊。几不側弁,衾無解裳。話言静密,憂公不忘。猶看駿馬,尚聽名倡。靡神不禱,靡藥不嘗。倏焉信宿,[11]魂歸眇茫。歲初置酒,春中酹觴。何吉凶之共域,同歌哭於此堂。自古及今,人誰不没。豈嘆生死,所嗟倉卒。修途未半,壯志先伐。煢子齓年,遺孕數月。在親親與懷舊,孰不傷心而痛骨。靈奠易收,深悲難歇。

尚饗!

(《文苑英華》卷九七九《祭崔侍郎文》,《張説集校注》卷二三《祭崔侍郎文》)

祭李侍郎文 張九齡

維年月朔日,中散大夫、洪州都督張九齡謹遣倉曹參軍李某,以脯醢之奠,敬祭于故宋國公之靈:

惟公世載賢傑,天資忠厚,外珪組而雖華,内水鏡而無垢。善常不伐,明能自晦。省中之樹,訪猶不言;車前之馬,數而後對。淑慎自己,屯亨有時,孰能違命?公此來,思結忠主之戀,深去國之悲。六疾斯起,五福云欺。生涯溘盡,精魄何之?

嗚呼哀哉!追惟曩昔,升降雲宵。榮華侍從,暐曄光昭。日歟月歟,有榮有凋。丹旐孑孑,白驥蕭蕭。同官之感,俾余魂銷。靈之來歸,兹焉旅次。瞻望無睹,悲辛自至。頃密邇而寄音,今寞然而結欷。

南北于遠，幽明永異，何以叙情，寄之奠饋。

尚饗！

（《文苑英華》卷九七九《祭故李常侍文》，《張九齡集校注》卷一七《祭故李常侍文》）

祭劉左丞文　李華

維年月日，左補闕趙郡李華謹奉清酌微奠，祭于故國子祭酒劉十六兄之靈：

痛矣夫！時方刑措，誼傅長沙；運丁中興，衍廢于家。命與道乖，末如之何？先師微言，行已堙塞。續儒濟德，俾世爲則。專門繼起，人用不惑。季孟叔仲，並華于國。文傾遷固，理破楊、墨。濁斯渾清，曲莫容直。孤玉沉韵，高鴻墜翼。疇昔之年，逆虜悖天。帝命西平，董戎于關。上宰奸回，蔽明怙權。沮以監撫，[12]海内翻然。督哥舒將，盍不速轅？兄在西垂，飛章上言。喻引古今，易亡爲存。時憚奸邪，不聞帝閽。文武房公，慷慨獨論。迎吠狺狺，竟寢斯文。華忝諫官，亦嘗披肝。千里同風，[13]寤寐永嘆。請受監牧，請鎮豐安。乞固上黨，乞備太原。心竭犬馬，事屈群頑。哥舒表華，掌記轅門。明明仁兄，紹介三軍。舉族在此，懼爲禍源。[14]竟迫方寸，孤天負恩。聖朝孝理，未忍行戮。爰詔三司，伏念哀鞫。網脱烏鳥，恩開桎梏。實賴仁人，再春枯木。房公介然，明華於朝。兄志提挈，出泥登霄。言于宰司，大啓學徒。陳沈洎華，可備師儒。堂堂昌言，光我囚拘。楮中不行，何日忘諸？功曹垂侍，恩比天倫。手足是比，榮枯一人。友愛惟深，憐眷益親。艱厄流離，存亡永分。冀游門閫，以慰酸辛。誰謂凋落，今惟二人。

嗚呼哀哉！弟參邦憲，兄鎮海夷。誰云存殁，共彼有期？謂天無親，胡與善違？孺子攀號，遠奉裳帷。季氏呼天，[15]割我四支。平生故人，横涕交頤。寄窆空原，時迨興師。官尊地偏，禮不成儀。回望舊邦，素車遲遲。尋陽地古，舉目凄悲。執紼流慟，誰堪此時？余生易感，況已衰羸。泣薦潢污，魂兮臨之。

尚饗！

（《文苑英華》卷九八〇《祭劉左丞文》，《李遐叔文集》卷四《祭劉左丞文》）

祭田横墓文　韓愈

貞元十一年九月，愈如東京，道出田横墓下。感横義高能得士，因取酒以祭，爲文而吊之，其辭曰：

事有曠百世而相感者，余不自知其何心。非今世之所稀，孰爲使余歔欷而不可禁？余既博觀乎天下，曷有庶幾乎夫子之所爲？死者不復生，嗟余去此其從誰？當秦氏之敗亂，[16]得一士而可王。何五百人之擾擾，而不能脱夫子於劍鋩？抑所寶之非賢，亦天命之有常？昔闕里之多士，孔聖亦云其遑遑。苟余行之不迷，雖顛沛其何傷！自古死者非一，夫子至今有耿光。跽陳辭而薦酒，魂髣髴而來享。[17]

（《文苑英華》卷九九八《祭古聖賢》，《韓愈文集彙校箋注》卷一二《祭田横墓文并序》）

祭柳子厚文　韓愈

維年月日，韓愈謹以清酌庶羞之奠，敬祭于亡友柳君子厚之靈：[18]

嗟嗟子厚，而至然邪？自古莫不然，我又何嗟。人之生世，如夢一覺。其間利害，竟亦何校。當其夢時，有樂有悲。及其既覺，豈足追惟。凡物之生，不願爲材。犧罇青黄，乃木之灾。子之中棄，天脱罬羈。玉佩瓊琚，大放厥辭。富貴無能，磨滅誰紀。子之自著，表表愈偉。不善爲斲，血指汗顔。巧匠旁觀，縮手袖閑。子之文章，而不用世。乃令吾徒，掌帝之制。子之視人，自以無前。一斥不復，群飛刺天。

嗟嗟子厚，今也則亡。[19]臨絶之音，一何琅琅。遍告諸友，以寄厥子。[20]不鄙謂余，亦托以死。凡今之交，觀勢厚薄。余豈可保，能承子託？非我知子，子實命我。猶有鬼神，寧敢遺墮？念子永歸，無復來期。設祭棺前，矢心以辭。

嗚呼哀哉！尚饗！

（《文苑英華》卷九八七《祭亡友柳子厚文》，《唐文粹》卷三三《祭柳子厚文》，《韓愈文集彙校箋注》卷一三《祭柳子厚文》）

祭竇司業文　韓愈

維年月日，兵部侍郎韓愈謹以清酌庶羞之奠，祭于故國子司業竇君二兄之靈：

惟君文行夙成，有聲江東，魁然厚重，長者之風。一舉於鄉，遂收厥功。屢佐大侯，以調兵戎。詔曰予虞，汝爲郎中。乃令洛陽，歲且四終。惟刑之慎，掌正隸僮。命守高平，命副儒宫。朱衣銀魚，象服以崇。錫榮考妣，孝道上窮。官不滿能，亦云達通。踰七望八，年孰非翁。[21]在君無憾，我意不充。君之昆弟，三以辭雄。刺史郎中，[22]四繼三同。於士大夫，可謂顯融。我之獲見，實自童蒙。既愛既勸，[23]任麻之蓬。① 自視雛鷇，望君飛鴻。四十年餘，事如夢中。[24]分宰河洛，媿立竝躬。俱官於學，[25]以纖臨洪。惠許不酬，[26]報德以空。死生莫接，孰明我衷？於祭告情，文以自攻。

嗚呼哀哉！尚饗！

（《文苑英華》卷九八七《交舊》，《韓愈文集彙校箋注》卷一三《祭竇司業文》）

祭馬僕射文　韓愈

維年月日，吏部侍郎韓愈謹以清酌庶羞之奠，敬祭于故僕射馬公十二兄之靈：

惟公弘大温恭，全然德備。天故生之，其必有意。將明將昌，實

---

① 任：《文苑英華》卷九八七作“在”。參見《荀子・勸學》。

艱初試。佐戎滑臺，斥由尹寺。適彼甌閩，觬㡇跋躓。顛而不踒，乃得其地。于泉于虔，始執郡符。遂殿都甸切。交州，抗節番音"潘"。禺，去其螟蠹，蠻越大蘇。擢亞秋官，朝得碩士。人謂其崇，我勢始起。[27]東征淮蔡，相臣是使，公兼邦憲，以副經紀。殲彼大魁，厥勛孰似。丞相歸治，留長蔡師。茫茫黍稷，昔實棘茨，鳩鳴雀乳，不見梟鴟。惟蔡及許，舊爲血仇。命公并侯，耕借之牛。束其弓矢，禮讓優優。始誅鄆戎，厥墟腥臊。公往滌之，兹惟樂郊。惟東有猘，惟西有虺。顛覆朋鄰，我餘有幾。徫崒中居，斬其脊尾。岱定河安，惟公之韙。

帝念厥功，還公于朝。陟于地官，[28]且長百僚。度彼四方，孰樂可據。顧瞻衡鈞，將舉以付。惟公積勤，以疾以憂。及其歸時，當謝之秋。賀問未歸，[29]吊廬已萃。末燕于堂，已哭于次。昔我及公，實同危事。且死且生，誓莫捐棄。歸來握手，曾不三四，曾不濡翰，酬酢文字。曾不醉飽，以勸酒胾。側吏切。奠以叙哀，其何能致。

嗚呼哀哉！尚饗！

（《文苑英華》卷九八七《祭馬僕射文》，《韓愈文集彙校箋注》卷一三《祭馬僕射文》）

祭張給事文　韓愈

維年月日，兵部侍郎韓愈謹以清酌之奠，祭于故殿中侍御史贈給事中張君之靈：

惟君之先，以儒名家。逮君皇考，再振厥華。鄉貢進秀，[30]有司第之。從事元戎，謹職以治。遂拜郎官，以職王憲。不長其年，飛不盡翰。

乃生給事，松貞玉剛。幹父之業，纂文有光。屢辟侯府，亦佐梁師。前人是似，耋吏嗟咨。御史闕人，奪之於朝。大厦之構，斧斤未操。府遷幽都，頑悖未孚。繄君之賴，乃奏乞留。乃遷殿中，朱衣象版。[31]惟義之趨，豈利之踐。虺豺發釁，閫府屠割。償其恨犯，君獨高脱。露刀成林，弓矢穰穰。千萬爲徒，噪譟爲狂。君獨叱之："上不負汝，爲此不祥，將死無所。”雖愚何知？慚屈變色。君義不辱，[32]殺身就德。天子嘉之，贈官近侍。歸於一死，萬古是記。我之從女，爲君之配。君於其家，行實高世。無所於葬，輿魂東歸。誄以贈之，莫知我哀。

嗚呼哀哉！尚饗！

（《文苑英華》卷九八七《祭張給事文》，《韓愈文集彙校箋注》卷一三《祭張給事文》）

祭十二郎文　韓愈

年月日，季父愈聞汝喪之七日，乃能銜哀致誠，使建中遠具時羞之奠，告汝十二郎之靈：[33]

嗚呼！吾少孤，及長，不省所怙，惟兄嫂是依。中年兄殁南方，吾與汝俱幼，從嫂歸葬河陽，既又與汝就食江南，零丁孤苦，未嘗一日相離也。吾上有三兄，皆不幸早世，承先人後者，在孫惟汝，在子惟吾。兩世一身，形單影隻。嫂常撫汝指吾而言曰：“韓氏兩世，惟此而已！[34]”汝時尤小，[35]當不復記憶。吾時雖能記憶，亦未知其言之悲也！

吾年十九，始來京城。其後四年，而歸視汝。又四年，吾往河陽省墳墓，遇汝從嫂喪來葬。又二年，吾佐董丞相于汴州。汝來省吾，止一歲，請歸取其孥。明年丞相薨，吾去汴州，汝不果來。是年，吾佐戎徐州，使取汝使者始行，[36]吾又罷去，汝又不果來。吾念汝從于東，東亦客也，不可以久。圖久遠者，莫如西歸，將成家而致汝。嗚呼！孰謂汝遽去吾而殁乎！吾與汝俱少年，以爲雖暫相別，終當久與相處。故捨汝而旅食京師，以求斗斛之禄。誠知其如此，雖萬乘之公相，吾不以一日輟汝而就也！

去年，孟東野往，吾書與汝曰：“吾年未四十，而視茫茫，而髮蒼蒼，而齒牙動摇。念諸父與諸兄，皆康强而早世，如吾之衰者，其能久存乎！[37]吾不可去，汝不肯來，恐旦暮死，而汝抱無涯之戚也！”孰謂少者殁而長者存，强者夭而病者全乎！

嗚呼！其信然邪？其夢邪？其傳之非其真邪？信也，吾兄之盛德，而夭其嗣乎？汝之純明，而不克蒙其澤乎？少者强者而夭殁，長者衰者而存全乎？未可以爲信也，夢也，傳之非其真也。東野之書，耿蘭之報，何爲而在吾側也？嗚呼！其信然矣。吾兄之盛德，而夭其嗣矣！汝之純明宜業其家者，不克蒙其澤矣！所謂天者誠難測，而神者誠難明矣；[38]所謂理者不可推，而壽者不可知矣。

雖然，吾自今年來，蒼蒼者或化而爲白矣。動摇者或脱而落矣，毛血日益衰，志氣日益微，幾何不從汝而死也。死而有知，其幾何離？其無知，悲不幾時，而不悲者無窮期矣！汝之子始十歲，吾之子始五歲，少而强者不可保，如此孩提者，又可冀其成立耶？嗚呼哀哉！嗚呼哀哉！

汝去年書云："比得軟脚病，往往而劇。"吾曰："是疾也，[39]江南之人，常常有之。"未始以爲憂也。嗚呼！其竟以此而殞其生乎？抑别有疾而至斯乎？汝之書，六月十七日也，東野云汝殁以六月二日，耿蘭之報無月日。蓋東野之使者，不知問家人以月日，如耿蘭之報，不知當言月日。東野與吾書，乃問使者，使者妄稱以應之耳。其然乎？其不然乎？

今吾使建中祭汝，吊汝之孤，與汝之乳母。彼有食可守以待終喪，則待終喪而取以來。如不能守以終喪，則遂取以來。其餘奴婢，並令守汝喪。吾力能改葬，終葬汝於先人之兆，然後惟其所願。

嗚呼！汝病，吾不知時，汝殁，吾不知日。生不能相養以共居，殁不能撫汝以盡哀，斂不憑其棺，窆不臨其穴。吾行負神明而使汝夭。不孝不慈，而不得與汝相養以生，相守以死。一在天之涯，一在地之角。生而影不與吾形相依，死而魂不與吾夢相接。吾實爲之，其又何尤！彼蒼者天，①曷其有極！②

① 參見《詩經·秦風·黄鳥》。

② 參見《詩經·齊風·南山》。

自今已往,吾其無意於人世矣！當求數頃之田於伊潁之上,以待餘年。[40]教吾子與汝子幸其成,長吾女與汝女待其嫁。如此而已。嗚呼！言有窮而情不可終,[41]汝其知也邪？其不知也邪？

嗚呼哀哉！尚饗！

(《文苑英華》卷九九三《祭侄老成文》,①《韓愈文集彙校箋注》卷一三《祭兄子十二郎老成文》)

祭李員外文　梁肅

維大曆九年五月日,朝散大夫守常州刺史賜紫金魚袋獨孤某謹以清酌之奠,祭于故尚書吏部趙郡李遐叔三兄之靈：

嗚呼！疇昔之年,接兄討論。倚伏之數,或尋其源。當謂仁人,[42]百禄滋蕃,如何於兄,斯道莫存。

嗚呼哀哉！惟兄孝友仁恕,高明寬裕,何德之茂,何才之富。粹氣積中,暢於四支。發爲斯文,郁郁耀輝。自五百年,風雅陵遲。[43]假手于兄,鬱爲宗師。乃登憲闈,直以舉之。乃列諫臣,闕則補之。玄宗季年,戎狄内侮。兄方就養,拘在豺虎。氣霧濛濛,[44]薄汙我躬。雷雨作解,遠身于東。帝曰孝哉,可移於忠。名彰右掖,[45]迹踐南宫。丘明有耻,玄晏方病。清漳閑卧,樂道推命。哀于大賢,不停大年。[46]人之不幸,天亦何言。在昔賈生,見惡绛灌。王佐之用,不展於漢。我之方行,遭世紛亂。時塞道塞,古今一貫。

嗚呼哀哉！某以蒙蔽,夙承眷惠。義均伯仲,合若符契。博約乎文章之間,優游乎性命之際。謂得携手,相期卒歲。天其喪予,君則先逝。[47]

嗚呼哀哉！曩自朝列,出使持節。[48]十年離别,一旦存殁。吴楚迢遞,江山阻越。不及歸賻,[49]仍乖執紼。寢門一哀,魂斷心絶。恭承嘉命,來牧於常。繐帳所在,哀何可忘。鞠然二孤,訴彼哉蒼。孰

---

① 《文苑英華·目録》題作《祭侄文》。

謂遐叔，與天茫茫。魂兮歸來，臨此一觴。

嗚呼哀哉！尚饗。

(《文苑英華》卷九八二《爲常州獨孤使君祭李員外文》,[①]《唐文粹》卷三三《爲常州獨孤使君祭李員外文》,《梁肅文集》卷六《祭李員外文》)

祭李處士穠子文　權德輿

維貞元二年歲次景寅十月朔日，試右金吾衛兵曹參軍權德輿謹以時羞之奠，敬祭于故李處士十六兄之靈：

惟先吏部，文德冠時。天下翕然，有所宗師。鍾美於兄，式克似之。爰自穉歲，澹然清姿。惟我與兄，世有舊歡。應若塤篪，芳若芝蘭。居易處厚，中明外寬。發於濬源，激爲清瀾。放懷外物，清機善謔。討論不倦，名教爲樂。迭用古義，以相博約。先王觀風，命史陳詩。《雅》《南》之後，其道日醨。《騷》《楚》怨思，王風澆夷。升降之義，與代相隨。國朝數公，稍振舊風。兄實求己，服勤於此。敷陳麗則，不野不史。含寫佳境，優游精理。七發未終，俄驚不起。追惟前年，訪我由拳。握手開襟，殷勤款言。孰謂此訣，死生間焉。今我來斯，舊館依然。文伯既歿，敬姜哀慟。子敬下世，徽之永痛。

嗚呼哀哉！流形賦命。孰主張是，昏嚚闒茸。或壽或貴，方直清明。乃夭乃否，如何斯人，才命不侔。未室未仕，溘與化俱。志業靡申，沉痛泉壚。福善與仁，胡其忽諸？嘉肴在籩，旨酒在壺。寄此一慟，汍瀾涕濡。

尚饗！

(《文苑英華》卷九八二《祭李處士穠子文》,《權德輿詩文集編年校注·前期作品繫年·貞元二年丙寅(786)·祭李處士穠子文》,《權德輿詩文集》卷四八《祭李處士穠子文》)

---

① 《文苑英華·目録》題作《祭李員外文》。

祭吕衡州温文　柳宗元

維元和六年，歲次辛卯，九月癸巳朔，某日，友人守永州司馬員外置同正員柳宗元，謹遣書吏同曹家人襄兒，奉清酌庶羞之奠，敬祭于吕八兄化光之靈：

嗚呼天乎！君子何厲？天實仇之；生人何罪？天實讎之。聰明正直，行爲君子，天則必速其死。道德仁義，志存生人，天則必夭其身。吾固知蒼蒼之無信，[50]莫莫之無神，今於化光之殁，怨逾深而毒愈甚，故復呼天以云云。

天乎痛哉！堯舜之道，至大以簡；仲尼之文，至幽以默。千載紛争，或失或得。倬乎吾兄，[51]獨取其直。[52]貫於化始，[53]與道咸極。推而下之，法度不忒。旁而肆之，中和允塞。道大藝備，斯爲全德。而官止刺一州，年不逾四十，佐王之志，没而不立，豈非修正直以召灾，好仁義以速咎者耶？宗元幼雖好學，[54]晚未聞道。洎乎獲友君子，乃知適於中庸，[55]削去邪雜，顯陳直正，[56]而爲道不謬，兄實使然。[57]

嗚呼！積乎中不必施於外，裕乎古不必諧於今，二事相勘，[58]從古至少，至於化光，最爲太甚。理行第一，尚非所長，文章過人，略而不有，夙志所蓄，[59]巍然可知。貪愚皆貴，險狠皆老，則化光之夭厄，反不榮歟？所慟者志不得施，[60]功不得施，[61]蚩蚩之民，不被化光之德；庸庸之俗，不知化光之心。斯言一出，内若焚裂。海内甚廣，知音幾人？[62]自友朋凋喪，志業殆絶，惟望化光伸其宏略，震耀昌大，與行於時，使斯人徒，知我所立。今復往矣。吾道息矣！[63]雖其存者，志亦死矣。臨江大哭，萬事已矣。窮天之英，貫古之識，一朝去此，[64]終復何適？[65]

嗚呼化光！今復何爲乎？[66]止乎行乎？昧乎明乎？豈蕩而爲太空與化無窮乎？將結而爲光耀以助照臨乎？豈爲雨爲露以澤下土乎？[67]將爲雷爲霆以泄怨怒乎？豈爲鳳爲麟、爲景星爲卿雲以寓其神乎？[68]將爲金爲錫、爲珪爲璧以栖其魄乎？豈復爲賢人以續其志乎？將奮爲明神以遂其義乎？不然，是昭昭者其得已乎，其不得已乎？抑有知乎，其無知乎？彼且有知，其可使吾知之乎？幽明茫然，一慟腸絶。嗚呼化光，庶或聽之。[69]

（《文苑英華》卷九八六《祭吕郎中文》，《唐文粹》卷三三《祭吕衡州化光文》，《柳宗元集校注》卷四〇《祭吕衡州温文》，《柳河東集》卷四〇《祭吕衡州温文》）

祭纛文　柳宗元

維年月日，某官以牲牢之奠，祭于纛神。

惟昔澧有大特，化爲巨梓。秦人憑神，乃建茸頭。是爲兵主，用以行師。漢宗蚩尤，亦作靈旗。既類既禡，指于有罪。北面詔盟，抗侯以射。雖有古典，今棄不用。

惟兹之制，神實守祀。有蠢黄孽，保固虐人。俾兹太平，猶用戎律。天子有命，施威於下。

惟守臣某，董衆撫師。秉羽先刃，出用兹日。敢修外事，爰薦求牛。庶無留行，以殄有罪。國有祀典，屬于神明。傷夷大命，無敢私顧。惟克勝敵，以全天兵。去兹蠡蟹，達我涵育。收厥隸圉，役于校人。海隅黎獻，永底于理。無或頓刃，以爲神耻。急急如律令。

（《柳宗元集校注》卷四一《祭纛文》，《柳河東集》卷四一《祭纛文》）

祭先聖文　王安石

惟王之道，内則妙萬物，而外則師王者，爲緒餘於一時，而鼓舞於萬世。學者範圍於覆燾之中，而不足以酬高厚之德。今與諸生釋奠而不敢後者，兹學校之儀，而興其所以愛禮之意也。

（《五百家播芳大全文粹》卷八三《祭先聖祝文》，《王安石全集》卷八一《祭先聖祝文》）

祭先師文　王安石

外物不足以動心而樂者，可謂知性矣。然後用舍之際，始可以語命。而三千之徒，聖人獨以公預，此所以學校有釋菜之事，而以公配享焉。

（《五百家播芳大全文粹》卷八三《祭先師祝文》，《王安石全集》卷八一《祭先師祝文》）

祭魯齋先生文　吕端善

公之道在天地、德在人心、行義在朝廷、[70]功業在後世者，章章表表，如日之在天，如泉之在地。爲門生者，不當以是瀆陳之，惟其私心之不能自已者，敢以告之。

公之生，以扶人極、振人綱爲心，没而不應肯忘也。今人極其立乎？人綱其明乎？下土茫茫，豈無才良。間有作者，敢希厥成。言語不通，趨詣不同。聞望不崇，誠孚不隆。猷之雖遠，群呼四訌。[71]謂角而童，謂雌厥雄。使公而在，猷難厥終。公而已矣，疇能奏功。

維蒙古生，嶷然古風。稔公之教在耳，藴公之化於躬。雖所賦有厚薄，所得有纖穠，惟公擇其尤者。相之導之，以陰誘其衷。使之默識心通，視明聽聰。謀嘉慮忠，言行諫從，則可以鞏國家無疆之祚惟寧，永生民無疆之休惟洪。則我後人於子於孫，亦叨居於至化之中。生也望於公，没也又望於公。於以見生民之心，望望於公者無窮也。

（《元文類》卷四八《祭魯齋先生文》，《許衡集》卷末《附録後·祭魯齋先生文（吕端善）》）

祭太保劉公文　徐世隆

維至元十一年，歲次甲戌，冬十二月望日，博州路總管徐世隆謹以清酌庶羞之奠，致祭于太保劉公之靈：

嗚呼！天興大元，六十餘年。王氣所鍾，有開必先。聖不獨出，衆賢從之。聖賢相逢,千載一時。巖巖劉公,首出襄國。學際天人,道冠儒釋。初冠章甫,潛心孔氏。又學葆真,復參靈濟。其藏無盡,其境無涯。鑿開三室,混爲一家。逆知天命,早識龍顔。情好日密,話必夜闌。如魚得水,如虎在山。易地諸葛,彌天道安。道人其形,宰相其心。誰其似之,黑衣惠琳。數精皇極,禍福能決。誰其似之,邵君康節。詩咏高逸,方外神游。誰其似之,碧雲湯休。字畫清勁,筆中法具。誰其似之,黄山文孺。扈從王師,柔服哀牢。公於是時,蜀之韋皋。堂上出奇,鄂江飛渡。公於是時,晋之杜預。天王既尊,山人自晦。公於是時,唐之李泌。相宅卜宫,兩都並雄。公於是時,周之召公。

中統建元,宣撫十道。多舉名儒,親草其詔。[72]至元入省,命贊萬機。暫决大議,力辭以歸。上亦知公,不屑細務。止解中書,仍居保傅。官制未定,公圖列之。[73]朝儀未肅,公奏閲之。[74]方其弘化,儀形萬方。[75]天遽奪之,今也則亡。生平少疾,質明猶唱。[76]開户視之,掩書長往。天子震悼,朝臣涕洟。下至行路,靡不哀思。國事有疑,誰與稽之?民歲有灾,誰與禳之?僚友有咎,誰與救之?人之老成,寧復見之。曩過趙郡,識二大士曰:[77]"蕭曰'劉器量包世,混迹佛老,心同孔周。仁雨義風,欲灑九州。蕭已先蜕,[78]獨餘藏春。栽培桃李,遍滿君門。身爲師賓,門多卿相。生被殊遇,[79]殁獲大葬'。公既無憾,我獨何悲。"第愧老繆,嘗辱公知。愛我文辭,許我典故。視草翰林,[80]持衡文部。公非私舉,我豈懷恩。言念知舊,[81]往哭其墳。南州孺子,生芻一束。奠章寫心,老淚盈掬。

嗚呼哀哉!尚饗。

(《元文類》卷四八《祭太保劉公文》,《藏春集》卷六《故光禄大夫太保劉公墓志銘·祭文》)

祭國信使王宣撫文　楊奂

維歲次癸卯,四月丁未朔,二十有一日丁卯,某官某謹具清酌庶羞之奠，致祭于故宣撫御史大夫、國信使王公之靈：

嗚呼！兩軍之間，零丁數騎。江湖十年，風霜萬里。不知其幾往幾來，而卒至於此乎？人主察其深誠，天下仰其大義，鬼神録其陰功，簡策炳其高議。然事之濟與否也，非智力之不周，或期運之未至。不然，以公之行，不能决和事於一言，載信書於萬世，而使干戈相尋，膏血塗地，猶執迷而不已？

我公初年，委身烈祖。千載一時，雲龍風虎。蔡城既下，楚茅不來。殺氣盤礴，呑江噬淮。義膽披露，上心亦回。使星南飛，迓車擁路。歡動牛斗，嘆其來暮。應對款曲，不武不怒。殷監弗遠，請視全夏。剖析利害，略無假借。我不彼欺，彼不我詐。宴勞稠疊，朝繼以夜。歸奏龍庭，君相交俞。慮後參差，或懷異圖。公爲國許，[82]人爲公憂。蛟鰐之淵，而堪再投？公獨坦然："汝無我尤。我君我相，寧不我謀？"

丁酉之冬，公過陽平。贈我雄篇，出言甚誠："兩國好合，賴子以成。子才子名，摇動江城。"適有家累，莫果其行。公實我知，我自不能。此所以含辛茹酸，愧負于冥冥也。

嗚呼哀哉！頃聞使車，淹留沔陽。忽報江陵，坐易星霜。宵夢飛飛，不知在牀。玉溪東館，金碧熒煌。恍然門開，棘圍堵墻。太山既裂，始知不祥。幾年金節，炤燿南荒。一日漆棺，歸來朔方。將大限之難逃，抑生靈之禍未央。顧公之室，豈無橐裝。千金一揮，廪無見糧。賓客蕭條，路人慘傷。

嗚呼哀哉！我生後公，仕及同時。人之於公，其孰不知？我之知公，獨與世而背馳。陸公何人，屈趙佗而朝漢闕；終軍孺子，携長纓而羈南越。無以成敗，輒生予奪。公之清衷遐略，高名大節，可以撼天壤、摩日月，而素志未酬，徒賫恨於九原。此余所以撫地大慟、繼之以血也。

嗚呼哀哉！尚饗。

（《元文類》卷四八《祭國信使王宣撫文》，《楊奂集》卷上《祭國信使王宣撫文》）

魯齋先生陞從祀祭文　許約

維皇慶二年六月十四日癸酉，欽承綸旨，以先師文正公魯齋先王列于大成至聖文宣王從祀之位，門人許約等謹以清酌庶羞之奠，合辭而祭之曰：

自太極判而人文開，包羲作而卦畫始，備物以致天下之用，成器以爲天下之利。蓋肇乎乾坤者惟一理，盈乎宇宙者惟一氣。人倫由是而明，萬事以之而理。王之所以王，帝之所以帝。百世同符，有一無二。迄于周衰，篤生聖人。有德無位，遭時之屯。周流天下而不我用，乃獨任乎斯文。明王道於已晦，振綱常而再新。顔、曾再傳，而得子思。至孟子，獨不迷其津。泯泯棼棼，歷歲時之既久；承承繼繼，乃寥廓而無聞。迨乎有宋，實生周子。畫無極之大原，爲萬物之根底。扶泰山已摧之巔，發千古不傳之秘。淵淵河洛，大暢斯旨。天理之微，人事之著，鬼神之幽，至于子朱子而大備。

天眷皇元，我文正公實有得於此也。合衆議而有歸，惟前賢之是證。既縷析而毫分，亦提綱而振領。盡小學之精微，爲後人之龜鏡。言仁義必本諸身，言道德必由乎性。動静必循乎禮，終始不忘乎敬。春風藹然，物我融會。冰壺瑩然，表裏輝映。出而佐時也，必欲底雍熙之和；進而事君也，必欲止唐虞之聖。事必探乎幾先，俟其久而乃應。言治亂之所生，[83]盡天人之交勝。其高也入於無倫，其近也不離於日用。叙天工而振王綱，正人心而祈永命。觀其運用天理而見諸行事者，欲名言而奚罄耶？

蓋嘗思之，以百年凝道德之身，千載繼絶學之志，由布衣而起田野，總庶官而宅百揆。明曆象以授人時，創辟雍而教胄子。忠言亹亹，氣不少衰。爲學孜孜，老而後已。蓋其所造者深，所積者廣。舉而措之事業者，獨高乎一世。非義精而仁熟、道全而德備者，疇克爾耶？宜乎聖天子念之不忘，崇以魏國之封，褒以文正之謚。又欲嘉惠後人也，乃命列于從祀之位。既相其子，又撫其孫，猶諄諄而不置也。

况約等親出其門,提耳之言,面命之誨。天地純全,古人大體。朝焉夕焉,誘掖諄至。容聲謦欬,不遠伊邇。嗚呼!昊天罔極之恩,仰而思,俯而戚,曷其有既耶?

(《元文類》卷四八《魯齋先生陞從祀祭文》,《許衡集》卷末《附録後·告從祀文》)

祭袁學士文 虞集

昔在故國,寓都海邦。乃睠鄞越,視漢河陽。王公近臣,專邑列府。卿士以還,民莫或數。公生其間,不靡不矜。師友是求,問學是承。先宋既亡,文獻淪墜。遺老或憖,力接淵懿。家藏多書,侔昔石渠。下至琴弈,亦最其腴。博學洽聞,瑰偉精瑩。人無間言,公亦自信。我從草茅,或援起之。公以賞延,後先京師。于時同朝,多士濟濟。公獨我友,尚論其世。制作討論,必我與聞。或辨或同,有定無誼。公泰而舒,我蹇疐跋。三十餘年,亦多契闊。公在禁林,益躋華階。人曰孔宜,公曰足哉。歸而寄書,勖我慰我。亦喜優游,自詫其果。曰《易》《春秋》,曾與子談。將卒成書,恐老弗堪。老不癈學,唯予與爾。終訂無忌,[84]庶其在子。言猶在耳,俄以訃來。[85]

噫!天生公,乃止斯哉?儒林木萎,璧府星隕。伊邦之瘁,伊道之閔。區區深悲,遠莫致之。托公鄉人,致兹哀辭。公聞之乎?不聞之乎?

嗚呼哀哉!尚享![86]

(《元文類》卷四八《祭袁學士文》,《虞集全集·祭袁學士文》)

祭硯司業先生文 滕安上

至元己丑十有二月某日,門生國子博士滕安上謹遣子羽,以清酌庶羞之奠,致祭于司業先生硯公之靈:

士之文章,與世污隆。百年以來,南北不同。惟公述作,有稽其中。學者師之,知所適從。士之志操,與齒盛衰。一生之間,終始自違。惟公抱負，白首不移。學者仰之，得其表儀。

於戲！教授東垣，淵淵乎經義之學；司業成均，表表乎忠孝之教。其起之暮也，固非淺淺之可議；其去之果也，又非庸庸之可效。公之歸老，猶振頽波。遽云逝矣，爲之奈何。八十雖壽，在公匪多。聞公易簀，了然不亂。平生之守，於此益見。自公之歸，夢寐見之。况於永訣，無復見期。一官羈人，送不及尸。千里致奠，寓哀一詞。

（《元文類》卷四八《祭硯司業先生文》）

祭康先生文　王思廉

翰林學士承旨、致仕王思廉致祭于故國子博士康先生之靈而言曰：

吴楚奇材，楩楠豫章。下蔽牛馬，上摩穹蒼。修直堅緻，可棟可梁。斧以斯之，不得締構乎明堂。渥洼異種，緑耳飛黄。過都歷塊，電掣龍驤。以駕大輅，和鸞鏘鏘。困於鹽車，弗獲馳騁乎遐方。

先生之學，經笥書囊。先生之才，錦心綉腸。視草北門，制禮奉常。外而藩宣，内而贊襄。何施匪宜，皆其所長。進用無媒，竟老國庠。猶木之不遇於匠石，驥之不遇於孫陽。

噫嘻！孰維孰綱？孰主孰張？吾欲問之，神理茫茫。耆英已矣，識者嘆傷。雖然，有德以化其鄉，有文以流其芳。愈遠愈思，愈久愈光。是之謂不亡。

（《元文類》卷四八《祭康先生文》）

祭徐承旨文　李之紹

維大德五年春二月辛卯，中書平章政事賽典赤等謹致祭于故翰林學士承旨徐公之靈：[87]

嗚呼！古人有言，人材實難，撫治論賢，遺世永嘆。才與時夸，識局于器。文勝自敷，授事則躓。偉哉通儒，慨惟容翁。蚤奮其辭，乘時之隆。肆其餘長，見于治功。出入中外，曰亦有歲。素髮滿幘，歸掌帝制。渾渾周誥,我庶見之。諤諤廷議,我庶選之。朝有老成,衆與有慶。孰云其去,有不惆悵！君子之心,夙夜本朝。忍失去之,以遠爲超。劃爾歸盡,嘖嘖稱遽。身有遺用,永蓄弗著。千里寓哀,匪哭其私。國之遺老,我寧不思。

(《元文類》卷四八《祭徐承旨文》)

哀辭類

歐陽生哀辭　韓愈

歐陽詹,世居閩越。自詹已上皆爲閩越官,至州佐縣令者累累有焉。閩越地肥衍,有山泉禽魚之樂。雖有長材秀民通文書吏事與上國齒者,未嘗肯出仕。今上初,故宰相常衮爲福建諸州觀察使治其地。衮以文辭進,[88]有名於時,又作大官,臨莅其民,鄉縣小民有能誦書作文辭者,衮親與之爲客主之禮,觀游宴饗必召與之。時未幾,皆化翕然。詹于時獨秀出,衮加敬愛,諸生皆推服,閩越之人舉進士繇詹始。

建中貞元間,余就食江南,未接人事,往往聞詹名閭巷間,詹之稱於江南也久。貞元三年,余始至京師舉進士,聞詹名尤甚。八年春,遂與詹文辭同考試登第,始相識。自後詹歸閩中,余或在京師他處,不見詹久者,惟詹歸閩中時爲然。其他時與詹離,率不歷歲,移時則必合,合必兩忘其所趨,久然後去。故余與詹相知爲深。

詹事父母盡孝道,仁於妻子,於朋友義以誠。氣醇以方,容貌嶷嶷然。其燕私善謔以和,其文章切深,喜往復,善自道。讀其書,知其於慈孝最隆也。

十五年冬,余以徐州從事朝正於京師,詹爲國子監四門助教,將率其徒伏闕下舉余爲博士,會監有獄,不果上。觀其心,有益於余,將忘其身之賤而爲之也。嗚呼！詹今其死矣！

詹,閩越人也,父母老矣。捨朝夕之養以來京師,其心將以有得於是而歸爲父母榮也，雖其父母之心亦皆然。詹在側，雖無離憂，其志不樂也；詹在京師，雖有離憂，其志樂也。若詹者，所謂以志養志者歟！詹雖未得位，其名聲流於人人，其德行信於朋友，雖詹與其父母皆可無憾也。詹之事業文章，李翶既爲之傳，[89]予故作哀辭，[90]以舒余哀，以傳于後，以遺其父母而解其悲哀，以卒詹志云：

求仕與友兮，遠違其鄉。[91]父母之命兮，子奉以行。友則既獲兮，祿實不豐。以志爲養兮，何有牛羊。事實既修兮，名譽又光。父母忻忻兮，常若在旁。命雖云短兮，其存者長。終要必死兮，願不永傷。友朋親視兮，[92]藥物甚良。飲食孔時兮，所欲無妨。壽命不齊兮，人道之常。在側與遠兮，非有不同。山川阻深兮，魂魄流行。祀祭則及兮，勿謂不通。哭泣無益兮，[93]抑哀自彊。推生知死兮，以慰孝誠。嗚呼哀哉兮，是亦難忘！

（《文苑英華》卷九九九《歐陽詹哀詞》，《唐文粹》卷三三《歐陽生哀辭》，《韓愈文集彙校箋注》卷一二《歐陽生哀辭并序》）

獨孤申叔哀辭　韓愈

衆萬之生，誰非天邪？明昭昏蒙，誰使然邪？行何爲而怒，[94]居何故而憐邪？胡喜厚其所可薄，而恒不足於賢邪？將下民之好惡與彼蒼懸邪？抑蒼茫無端而暫寓其間邪？[95]死者無知，吾爲子慟而已矣。如有知也，子其自知之矣。

濯濯其英，曄曄其光。如聞其聲，如見其容。烏虖遠矣，何日而忘！

（《文苑英華》卷九九九《獨孤申叔哀辭》，《韓愈文集彙校箋注》卷一二《獨孤申叔哀辭》）

楊氏子承之哀辭　柳宗元

楊氏子承之既冠，有成人之道。其明年四月，不幸而夭，其外姻解人柳宗元爲之慟且出涕。

噫！是子也，氣淳以愿，志專以勤，[96]確然而直方，吾未知其止也。作辭賦書論，其言甚偉，余方愛之，謂可以爲器者，故不知慟且出涕，况其親戚者乎？凡天之生物也，不類，精麄紛疣，[97]賢愚混同，或遠而合，或親而殊，然則雖人親戚，亦將有不克知其美者。若楊氏子者，其親戚皆賢，咸得知之者也。使知之徒以增其愁悲怨號之聲，無爲也。用是爲之辭，以相其哀焉。

葆醇熙兮承貞則，懿文章兮好循直。誠耿介兮又綽寬，學之勤兮行弥專。質圭璋兮文虎豹，超淩厲兮馳聖道。力未具兮志求通，道之遠兮足先窮。有母嗷嗷兮有弟哀號，世父孔悲兮湘水滔滔。去昭曠兮沉幽寞，魂冥冥兮竟難托。死者静兮生者愁，子之淑兮徒增憂。志甚良兮命甚蹙，子之生兮又何欲！悲吾耳兮動吾神，誰使子兮淑且仁？嗚呼已乎不可追，終怨苦兮徒何爲。

（《文苑英華》卷九九九《楊氏子承之哀辭並序》，《柳宗元集校注》卷四〇《楊氏子承之哀辭》，《柳河東集》卷四〇《楊氏子承之哀辭》）

林處士哀辭　袁桷

道家言："黜聰明，去健羨，形神始完。"是果爲得道耶？古者上壽百二十歲。竊不死之説者，曰："修之益真，其道彌親。"壽而無德與名，君子耻之。故修短有命，遺壽焉，猶可言也。名德不至，則澌盡腐滅，又安所取哉？古之人，若是者衆矣。

今得一人焉，曰永嘉林寬，[98]字彦栗，形臞而器温。其於學也，汲汲然逐日以補。有不足焉，則力探簡策以自證。其爲文，必達於理而始精於詞。謂詞者，載理之具也。理不足焉，詞雖精，無益也。深思以求之，傍取傳記之説，剿絶傅會，據宗統原，以會于一。復懼其未盡是也，則祕重自念，將周游四方，闞凝廣聞，[99]目擊而心領焉。

噫！若可謂勤已矣。道散於九流百家，彌綸者至矣。其弊有不勝言者。汎濫俚雜，[100]尸坐瞠目，漸入於無聞之傳。予嘗察彦栗，知其心有深憂者焉。余始見于姑蘇，氣和以謙。再見于京師，愀然以思。取士之道非一，嚴畛域，析毫髮。有司者之過，遺逸不舉，則凡吾徒在官者，誠有罪。彦栗志不在是，推彦栗之志，在問學。爲之而不果就，若是者真有命矣。

悲夫！延祐六年三月，卒于京師，年三十有九。其弟宇友，謹哭且曰："吾必奉喪歸吴興。[101]吴興，吾先人所藏。"遂爲詞，以申其哀焉。辭曰：

氣清明兮受元陽，德弸中兮暗以章。挈太古兮儼九皇，播挈精兮瓊圃芳。力未具兮志則專，一葦渺濟巨川。慨不進兮道遠邅，白晝速兮陰風旋。數實紀兮吾何愆，路孔修兮神獨還。靈旐遷兮木葉丹，儼夫人兮在空山，玉容冠兮紫佩蘭。

（《元文類》卷四八《林處士哀辭》，《袁桷集校注》卷二《林彦栗哀辭》）

平章政事廉公哀辭　李元禮

嗚呼哀哉！識公於生之日，哀公於死之後者，人情也；哀公於死之日，昧公於生之前者，人情乎？嗚呼！識而哀，一人之私哀也；哀而不識，天下之公哀也。方公之在相位也，朝廷倚之以爲重，四夷賴之以爲安，萬民化之以爲治。陰陽調和而品物無不遂矣。及公以病去位也，天下皇皇，祝公無恙，豈期沈痾反復，而竟不起矣。

嗚呼哀哉！蒼天蒼天，果蒼蒼耶？胡爲遽奪公以亡耶？伯夷之清，伊尹之任，魏徵之良耶？其忠魂正氣，散在天壤間，幾世幾年，復爲賢相耶？不然，將升而爲星辰，峙而爲山嶽，流而爲海、爲江耶？

嗚呼！作善降祥，不善降殃，何此理之反常而不可明耶？故余誄公以辭者，蓋非一己之私傷，亦以公天下之哀而哀萬民之失所望也。

（《元文類》卷四八《平章政事廉公哀辭》）

【校勘記】

［1］績：原作"勣"，據人名用字、上下文及《王無功文集》卷五改。

[2] 質：《文苑英華》卷九七八作“貿”。

[3] 坐：《文苑英華》卷九七八作“生”。

[4] 憾：《文苑英華》卷九七八作“噫”。

[5] 已：《文苑英華》卷九七八作“又”。

[6] 醪：《文苑英華》卷九七八作“酌”。

[7] 戊申：此二字原脱，據《文苑英華》卷九七八補。

[8] 拔：《文苑英華》卷九七八作“援”。

[9] 挹：《文苑英華》卷九七八作“浥”。

[10] 闍：《文苑英華》卷九七九作“闉”。

[11] 焉：《文苑英華》卷九七九作“然”。

[12] 沮：《文苑英華》卷九八〇作“阻”。

[13] 風：《文苑英華》卷九八〇作“氣”。

[14] 福源：《文苑英華》卷九八〇作“福原”。

[15] 氏：原作“也”，據《文苑英華》卷九八〇改。

[16] 敗亂：《文苑英華》卷九九七作“失鹿”。

[17] 而：《文苑英華》卷九九七作“兮”。

[18] 敬祭于亡友柳君：“敬”“君”二字原脱，均據《文苑英華》卷九八七補。

[19] 也：《文苑英華》卷九八七作“有”。

[20] 以：《文苑英華》卷九八七作“而”。

[21] 翁：《文苑英華》卷九八七作“公”。

[22] 中：《文苑英華》卷九八七作“官”。

[23] 既愛既勸：《文苑英華》卷九八七作“既受幼勸”。

[24] 事如夢中：《文苑英華》卷九八七作“事半如夢”。

[25] 官：《文苑英華》卷九八七作“苦”。

[26] 惠許不酬：《文苑英華》卷九八七作“惠詩不酹”。

[27] 始：《文苑英華》卷九八七作“方”。

[28] 陟：《文苑英華》卷九八七作“升”。

[29] 問：原作“門”，據《文苑英華》卷九八七改。

[30] 貢：《文苑英華》卷九八七作“舉”。

[31] 版：《文苑英華》卷九八七作“服”。

[32] 君：《文苑英華》卷九八七作“秉”。

[33] 十二郎：《文苑英華》卷九九三作“二郎子”。

[34] 惟：《文苑英華》卷九九三作“在”。

[35] 尤：《文苑英華》卷九九三作“幼”。

[36] 使：此字原脱，據《文苑英華》卷九九三補。

[37] 存:《文苑英華》卷九九三作“在”。
[38] 明:《文苑英華》卷九九三作“得”。
[39] 疾:《文苑英華》卷九九三作“病”。
[40] 年:《文苑英華》卷九九三作“盡”。
[41] 窮:《文苑英華》卷九九三作“極”。
[42] 當:《文章類選》同《文苑英華》卷九八二,《唐文粹》卷三三作“嘗”。
[43] 陵:《唐文粹》卷三三作“凌”,《文苑英華》卷九八二作“夷”。
[44] 氣:《文章類選》同《文苑英華》卷九八二,《唐文粹》卷三三作“氛”。
[45] 彰:《文章類選》同《文苑英華》卷九八二,《唐文粹》卷三三作“居”。
[46] 停:《文章類選》同《文苑英華》卷九八二,《唐文粹》卷三三作“嚮”。
[47] 君:《文章類選》同《文苑英華》卷九八二,《唐文粹》卷三三作“兄”。
[48] 出使持節:《文苑英華》卷九八二、《唐文粹》卷三三均作“出持使節”。
[49] 賻:《文章類選》同《文苑英華》卷九八二,《唐文粹》卷三三作“賵”。
[50] 信:《文章類選》同《唐文粹》卷三三、《柳河東集》卷四〇,《文苑英華》卷九八六作“知”。
[51] 倬:《文章類選》同《唐文粹》卷三三、《柳河東集》卷四〇,《文苑英華》卷九八六作“綽”。
[52] 直:《文章類選》同《唐文粹》卷三三、《柳河東集》卷四〇,《文苑英華》卷九八六作“真”。
[53] 於:《文章類選》同《唐文粹》卷三三、《柳河東集》卷四〇,《文苑英華》卷九八六作“乎”。
[54] 幼:《文章類選》同《唐文粹》卷三三、《柳河東集》卷四〇,《文苑英華》卷九八六作“少”。
[55] 適:《文章類選》同《唐文粹》卷三三、《柳河東集》卷四〇,《文苑英華》卷九八六作“識”。
[56] 陳:《文章類選》同《唐文粹》卷三三、《柳河東集》卷四〇,《文苑英華》卷九八六作“彰”。
[57] 兄實:《文章類選》同《柳河東集》卷四〇,《文苑英華》卷九八六作“吾兄”。
[58] 勘:《文苑英華》卷九八六、《唐文粹》卷三三、、《柳河東集》卷四〇均作“兼”。
[59] 蓄:《文苑英華》卷九八六作“著”,《柳河東集》卷四〇作“素”。
[60] 施:《文苑英華》卷九八六、《唐文粹》卷三三、《柳河東集》卷四〇均作“行”。
[61] 功不得施:此四字原脱,據《文苑英華》卷九八六、《唐文粹》卷三三、《柳河東集》卷四〇補。
[62] 音:《文章類選》同《唐文粹》卷三三、《柳河東集》卷四〇,《文苑英華》卷九八六作“者”。
[63] 息:《文章類選》同《唐文粹》卷三三、《柳河東集》卷四〇,《文苑英華》卷九八六作“窮”。
[64] 此:《文章類選》同《唐文粹》卷三三、《柳河東集》卷四〇,《文苑英華》卷九八六作“矣”。
[65] 終:《文章類選》同《唐文粹》卷三三、《柳河東集》卷四〇,《文苑英華》卷九八六作“又”。
[66] 復何:“復”,《唐文粹》卷三三作“後”;“何”原作“可”,據文意及《文苑英華》卷九八六、《唐文粹》卷三三、《柳河東集》卷四〇改。
[67] 豈:《文章類選》同《唐文粹》卷三三、《柳河東集》卷四〇,《文苑英華》卷九八六作“將”。
[68] 卿:《文章類選》同《唐文粹》卷三三、《柳河東集》卷四〇,《文苑英華》卷九八六作“慶”。
[69] 或:《文章類選》同《唐文粹》卷三三、《柳河東集》卷四〇,《文苑英華》卷九八六作“幾”。

［70］朝廷：原作“朝庭”，據《元文類》卷四八改。

［71］四：《文章類選》同《元文類》卷四八，《許衡集·許文正公遺書》卷末作“内”。

［72］親：《文章類選》同《元文類》卷四八，《藏春集》卷六作“視”。

［73］公圖：《文章類選》同《元文類》卷四八，《藏春集》卷六作“圖具”。

［74］閲：《文章類選》同《元文類》卷四八，《藏春集》卷六作“聞”。

［75］形：《元文類》卷四八作“型”，《藏春集》卷六作“刑”。

［76］質：《文章類選》同《元文類》卷四八，《藏春集》卷六作“遲”。

［77］識二大士：《文章類選》同《元文類》卷四八，《藏春集》卷六作“有三夫士”。

［78］先：《文章類選》同《元文類》卷四八，《藏春集》卷六作“仙”。

［79］生：《文章類選》同《元文類》卷四八，《藏春集》卷六作“榮”。

［80］草：《文章類選》同《元文類》卷四八，《藏春集》卷六作“事”。

［81］知：《文章類選》同《元文類》卷四八，《藏春集》卷六作“如”。

［82］許：《元文類》卷四八作“計”。

［83］洽：《元文類》卷四八作“治”。

［84］忌：《元文類》卷四八作“忘”。

［85］訃：原作“計”，據《元文類》卷四八改。

［86］嗚呼哀哉尚享：此六字原脱，據《虞集全集》補。

［87］賽典赤：《元文類》卷四八作“塞音迪延齊”。

［88］辭：《文章類選》同《唐文粹》卷三三，《文苑英華》卷九九九作“仕”。

［89］傳：《文章類選》同《唐文粹》卷三三，《文苑英華》卷九九九作“志”。

［90］予：此字原脱，據《文苑英華》卷九九九補。

［91］違：《文章類選》同《唐文粹》卷三三，《文苑英華》卷九九九作“離”。

［92］友朋親視：《文苑英華》卷九九九、《唐文粹》卷三三均作“友朋視疾”。

［93］益：《文章類選》同《唐文粹》卷三三，《文苑英華》卷九九九作“救”。

［94］怒：《文苑英華》卷九九九作“怨”。

［95］蹔：《文苑英華》卷九九九作“暫”。

［96］勤：《文苑英華》卷九九九作“強”。

［97］疣：《文苑英華》卷九九九作“厖”。

［98］永嘉：此二字原脱，據《袁桷集校注》卷二補

［99］凝：《元文類》卷四八作“疑”。

［100］溢：《元文類》卷四八作“濫”。

［101］吴興：《文章類選》同《元文類》卷四八，《袁桷集校注》卷二作“姑蘇”。

文章類選卷之三十四

彈事類

彈曹景宗　任彦升

御史中丞臣任昉稽首言：臣聞將軍死綏，咫步無却；顧望避敵，逗橈有刑。至乃趙母深識，乞不爲坐；魏主著令，抵罪已輕。是知敗軍之將，身死家戮，爰自古昔，明罰在斯。臣昉頓首頓首，死罪死罪。

竊尋獯勛，獫除侵軼，蹔擾疆陲，[1]王師薄伐，所向風靡。是以淮徐獻捷，河兖凱歸，東關無一戰之勞，途中罕千金之費。而司部懸隔，斜臨寇境，故使狡虜憑陵，淹移歲月。故司州刺史蔡道恭率勵義勇，奮不顧命，全城守死。自冬徂秋，猶有轉戰無窮，亟摧醜虜。方之居延，則陵降而恭守；比之疏勒，則耿存而蔡亡。若使郢部救兵，微接聲援，則單于之首，義懸北闕，[2]豈直受降可築，涉安啓土而已哉？

實由郢州刺史臣景宗，受命致罰，[3]不時言邁。故使蜎謂。結蟻聚，水草有依。方復按甲盤桓，緩救資敵，遂令孤城窮守，力屈凶威。雖然，猶應固守三關，更謀進取，而退师延頸，自貽虧衄，疆埸侵駭。職是之由，不有嚴刑，誅賞安置，景宗即主。

臣謹案使持節都督郢司二州諸軍事、左將軍、郢州刺史、湘西縣開國侯臣景宗，擢自行間，遭兹多幸，指蹤非擬，獲獸何勤。賞蔑通侯，[4]榮高列將。負擔裁弛，鐘鼎遽列。和戎莫效，二八已陳。自頂至踵，功歸造化。潤草塗原，豈獲自已。且道恭云逝，城守累旬。景宗之存，一朝棄甲，生曹死蔡，優劣若是。惟此人斯，有靦面目。昔漢光命將，坐知千里。魏武置法，案以從事。故能出必以律，錙銖無爽。

伏惟聖武英挺，略不世出。料敵制變，萬里無差。奉而行之，實弘廟筭。惟此庸固，理絶言提。自逆胡縱逸，久患諸夏。聖朝乃顧，將一車書。愍彼司氓，致辱非所。早朝永嘆，載懷矜惻。致兹虧喪，何所逃罪？宜正刑書，肅明典憲。

臣謹以劾，請以見事免景宗所居官，下太常，削爵土，收付廷尉，法獄治罪。其軍佐職僚，偏裨脾。將帥，絓諸應及咎者，别攝治書侍御史隨違續奏。臣謹奉白簡以聞。

臣昉誠惶誠恐，頓首頓首，死罪死罪。臣昉稽首以聞。

（《文選》卷四〇《奏彈曹景宗》，《四六法海》卷五《奏彈曹景宗》）

彈劉整[1]　任彦升

御史中丞臣任昉稽首言：臣聞馬援奉嫂，不冠不入；氾凡。毓育。字孤，家無常子。是以義士節夫，聞之有立。千載美談，斯爲稱去。首。臣昉頓首頓首，死罪死罪。

謹案：齊故西陽内史劉寅妻范詣臺訴，列稱：出適劉氏，二十許年。劉氏喪亡，撫養孤弱。叔郎整恒欲傷害，侵奪分前奴教子當伯，並已入衆。又以錢婢姊妹弟温，仍留奴自使。[5]伯又奪寅息逡婢緑草，私貨得錢，並不分逡。寅第二庶息師利，去歲十月往整田上，經十二日，整便責范米六斗哺食。米未展送，忽至户前，隔箔攘拳大駡，突進房中，屏風上取車帷准米去。[6]二月九日夜，婢采音偷車欄夾杖龍牽，范問失物之意，整便打息逡。整及母并奴婢等六人來共至范屋中，高聲大駡，婢采音舉手查范臂。求攝檢，如訴狀。

輒攝整亡父舊使奴海蛤到臺辨問，[7]列稱：整亡父興道，先爲零陵郡，得奴婢四人。分財，以奴教子乞大息寅。寅亡後，[8]第二弟整仍奪教子，云應入衆，整便留自使，婢姊及弟各准錢五千文，不分逡。

---

① 彈劉整：《文選》卷四〇題作“奏彈劉整”。

其奴當伯，先是衆奴。兄弟未分財之前，整兄寅以當伯貼錢七千，共衆作田。寅罷西陽郡還，雖未别火食，寅以私錢七千贖當伯，仍使上廣州去。後寅喪亡，整兄弟後分奴婢，唯餘婢緑草入衆。整復云寅未分財贖當伯，又應屬衆。整意貪得當伯，推緑草與逡。整規當伯行還，擬欲自取，當伯遂經七年不返。整疑已死亡不回，更奪取婢緑草，貨得錢七千。整兄弟及姊共分此錢，又不分逡。寅妻范云，當伯是亡夫私贖，應屬息逡。當伯天監二年六月從廣州還至，整復奪取，云應充衆，准雇借上廣州四年夫直，今在整處使。

進責整婢采音，劉整兄寅第二息師利，去年十月十二日，忽往整墅停住十二日，整就兄妻范求米六斗哺食。范未得還，整怒，仍自進范所住，屏風上取車帷爲質。范送米六斗，整則納受。[9]范今年二月九日夜，云失車欄子夾杖龍牽等，范及息逡道是采音所偷。整聞聲，仍打逡。范喚問："何意打我兒？"整母子爾時便同出中庭，隔箔與范相駡。婢采音及奴教子、楚玉、法忠等四人，[10]于時在整子母左右。整語采音："其道汝偷車校具，汝何不進裏駡之？"既進，争口，舉手誤查范臂。車欄夾杖龍牽，實非采音所偷。

進責寅妻范奴苟奴，列稱：娘去二月九日夜，失車欄夾杖龍牽，疑是整婢采音所偷。苟奴與郎逡往津陽門糴米，遇見采音在津陽門賣車欄龍牽，苟奴登時欲捉取，逡語苟奴，已爾不須復取。苟奴隱僻少時，伺視人買龍牽，售五千錢。苟奴仍隨逡歸宅，不見度錢。

並如采音、苟奴等列狀，粗與范訴相應。重覈當伯、教子列稱被奪，今在整處使，悉與海蛤列不異。以事訴法，令史潘僧尚議：整若輒略兄子逡分前婢貨賣，及奴教子等私使，若無官令，輒收付近獄測治。諸所連逮絓應洗之源，委之獄官，悉以法制從事。如法所稱，整即主。

臣謹案：新除中軍參軍臣劉整，閭閻闒茸，名教所絶。直以前代外戚，仕因紈袴，惡積釁稔，親舊側目。理絶通問，而妄肆醜辭；終夕不寐，而謬加大杖。薛包分財，取其老弱；高鳳自穢，争訟寡嫂。未見孟嘗之深心，唯效文通之僞迹。昔人睦親，衣無常主；整之撫侄，食有故人。何其不能折契鍾庾，而襜昌占。帷交質。人之無情，一何至此！實教義所不容，紳冕所共棄。

臣等参議，請以見事免整新除官，輒勒外收付廷尉，法獄治罪。諸所連逮應洗之源，委之獄官，悉以法制從事。婢采音不款偷車闌龍牽，請付獄測實。其宗長及地界職司，初無糾舉，及諸連逮，[11]請不足申盡。

臣昉誠惶誠恐，頓首頓首，死罪死罪。稽首以聞。

（《文選》卷四〇《奏彈劉整》）

彈王源　沈約

給事黄門侍郎兼御史中丞、吴興邑中正臣沈約稽首言：

臣聞齊大非偶，著乎前誥；辭霍不婚，垂稱往烈。若乃交二族之和，辨伉若浪。合之義，升降窊烏爪。隆，誠非一揆。固宜本其門素，不相奪倫，使秦晋有匹，涇渭無舛。自宋氏失御，禮教雕衰，衣冠之族，日失其序。姻婭淪雜，罔計厮斯。庶。販鬻祖曾，以爲賈古。道，明目腆土典。顔，曾無愧畏。若夫盛德之胤，世業可懷。欒郤之家，前徽未遠。既壯而室，竊貲莫非早隸，結褵離。以行，箕帚咸失其所。志士聞而傷心，舊老爲之嘆息。自宸歷御寓，弘革典憲，雖除舊布新，而斯風未殄。陛下所以負扆於紀。興言，思清敝俗者也。

臣實儒奴亂。品，[12]謬掌天憲，雖埋輪之志，無屈權右；而狐鼠微物，亦蠹大猷。風聞東海王源，嫁女與富陽滿氏。源雖人品庸陋，胄實参華。曾祖雅，位登八命；祖少卿，内侍帷幄；父璿，升采儲闈，亦居清顯。源頻叨諸府戎禁，預班通徹，而托姻結好，[13]唯利是求，玷辱流輩，莫斯爲甚。源人身在遠，輒攝媒人劉嗣之到臺辨問。

嗣之列稱：吴郡滿璋之，相承云是高平舊族，寵奮胤胄，家計温足，見托爲息鸞覓婚。王源見告窮盡，即索璋之簿閥，見璋之任王國侍郎，鸞又爲王慈吴郡正閤主簿，源父子因共詳議，判與爲婚。璋之下錢五萬，以爲聘禮。源先喪婦，又以所聘餘直納妾。如其所列，則與風聞符同。

竊尋璋之姓族，士庶莫辨，滿奮身殞西朝，胤嗣殄没，武秋之後，無聞東晋，其爲虚托，不言自顯。王滿連姻，實駭物聽。潘、楊之睦，有異於此。且買妾納媵，因聘爲資，施衿之費，化充牀第，鄙情贅行，造次以之。糾慝湯得。繩違，允兹簡裁，源即罪主。

臣謹案：南郡丞王源，忝藉世資，得參纓冕，同人者貌，異人者心，以彼行媒，同之抱布。且非我族類，往哲格言；薰不犹雜，[14]聞之前典。豈有六卿之胄，納女於管庫之人；宋子河魴，同穴於輿臺之鬼。高門降衡，雖自己作；蔑祖辱親，於事爲甚。此風弗翦，其源遂開。點世塵家，將被比屋。宜置以明科，黜之流伍。使已污之族，永愧於昔辰；方媾之黨，革心於來日。

臣等參議，請以見事免源所居官，禁錮終身，輒下禁止視事如故，源官品應黄紙，臣輒奉白簡以聞。臣約誠惶誠恐云云。

（《文選》卷四〇《奏彈王源》，《沈約集校箋》卷三《奏彈王源》）

札　類

用君子保泰道札子　王巖叟

臣聞論者曰："致天下之泰難，守天下之泰易。"臣獨曰："天下之泰，致之易，守之難。蓋方其未也，莫不急於求賢，渴於聞諫。得一善惟恐未之能行，見一不善惟恐未之能去，潛心於隱微，而用意於人之所不到，兢兢業業，不敢暇豫，故卒至於安樂而無事。此天下之泰所以致之易也。既泰矣，我尚何求哉？心日益驕，志日益怠，謂賢者足矣而忽於求，謂善言盡矣而厭於聽，謂患之隱者爲不足慮，謂事之微者爲不足防。奸生而不知，禍變而不悟，故卒至於敗亂而莫之救。此天下之泰所以守之難也。"《易》曰："君子安而不忘危，存而不忘亡，治而不忘亂。"①又《既濟》之象曰："君子以思患而豫防之。"②此皆聖人

① 參見《周易・繫辭下傳》。
② 參見《周易・既濟卦》。

戒懼於治安無患之時也。

伏惟陛下臨御七年于兹，進賢去佞，協天下之公；興利除害，同百姓之欲。無淫刑，無横斂，不聞一夫有怨嘆之聲，奸宄不作，兵革不試，時和歲豐，海内寧謐，以古驗今，可謂泰矣。陛下又所以守之者有道。無宫室之好，無聲樂之玩，無畋游之樂，無神仙之惑，無干戈之喜。私謁不行，苞苴絶迹，百王之蔽乃無一焉。進學勤政，寒暑不渝，德日以新，天下之勢固已不憂矣。而臣尚區區若此，亦何心哉？以謂今日之治不易至此，臣愚誠過計，竊憂朝廷恬於無事，稍怠初心，或容小人乘間而隳我泰道，爲陛下惜耳。

夫小人而無能不足畏也，惟小人而材然後可畏。正在陛下審問之，深考之，明辨之，謹遏之。不使小人得以雜其間，必擇端良忠信不二之君子而用之，則今日所以保泰道者至矣備矣。陛下以純一之德守于上，群臣以純一之意守于下，使泰道日長而無窮，天下無患，臣不勝大願。

（《古文集成》卷二四《用君子保泰道劄子》，《宋朝諸臣奏議》卷一六《上哲宗乞用君子保泰道》）

乞開言路札子　上官均

臣切聞比下詔書，[15]慰安中外大臣，[16]今日以前，[17]凡宿奸舊惡，一切置而不問，臺諫仍不得彈治。臣始聞之，疑惑不信，數日以來，搢紳士人傳者愈衆，以爲信然。臣以不肖備位風憲，聞而不陳，則爲隱情，疑而不論，則爲曠職，仰負陛下任使之意。

臣切推詔旨，[18]必以爲前日黜去一二大吏、奸諛刻深掊斂罔上之臣，恐黨與反側無自全之意，故爲此詔以慰安之。臣以爲賞罰者人主之大柄，所以示天下之公議，使爲善者勸，爲惡者懼，[19]要在處之至當，斷以必行而已。若懲一二奸臣而以同類恐懼爲疑，又爲善辭以慰勞之，則是行姑息之政，非所以信賞罰而示天下之公議也。不知陛下以前日斥去一二奸諛險詖之臣爲是邪？[20]爲非邪？以爲非邪，則命出之日，天下之士莫不心悦而誠服，皆以爲陛下聰明睿智，洞照枉直，不當疑其非也。以爲是邪，則去邪勿疑，不當惑而中止，爲姑息之政也。

夫諫官、御史以言爲職，至於政事之得失、人臣之邪正，凡係天下之利病理亂者，皆得上聞，所以廣朝廷之耳目，而通天下之情也。自古求治之君導之使言，戒其鉗默者有矣。未聞預詔曰某事當言，[21]某事不當言。如天下之事，必待詔許而後得言，則諫官御史爲徒設，而天下之事，朝廷有所不得聞矣。陛下臨御之初，詔四方士人，[22]下及芻蕘之賤，皆得上議朝政，下言利病。是時天下之人，莫不歡忻鼓舞，罄竭所聞，以裨日月之明，而又歌頌咏嘆，以爲陛下有寬明從諫之實。今日之詔，乃戒言職有所不得彈治，倘或有之，實恐上累陛下從諫之美，[23]異乎前日開闢言路之意也。

方今法度未爲完具，[24]生民未爲充富，[25]内有未舉之政事，外有未賓之夷狄，實朝廷廟堂孜孜夙夜講求利害，博採衆言之時。若使諫官、御史上觀朝廷之旨，次窺大臣之意，中心宛結，所懷有不得論列，[26]天下之事有不得上達，恐非朝廷之福也。若陛下讁發之意，[27]以爲宿愆舊惡，務欲蓋覆，[28]許以洗心自新，則言者有讁發細故、[29]不足深治者，陛下置其言而勿用可也。誠恐不當預戒以有所不得彈治，仰累陛下從諫納言之美。

臣愚區區，[30]欲乞追寢詔書，以副前日開闢言路之意。[31]伏願陛下留神詳察，天下幸甚。[32]

(《古文集成》卷二四《前丁集》,《續資治通鑑長編》卷三八一“元祐元年(1086)二月甲寅”條)

論經筵第一札子　程頤

臣伏睹自古人君守成而致盛治者，[33]莫如周成王；成王之所以成德，由周公之輔養。昔者周公輔成王，[34]幼而習之，所見必正事，所聞必正言，左右前後皆正人，故習與智長，化與心成。今士大夫家善教子弟者，亦必延名德端方之士，與之居處，使之薰染成性。故曰：“少成若天性，習慣如自然。”

伏以皇帝陛下春秋之富，雖睿聖之資，得於天禀，而輔養之道，不可不至。所謂輔養之道，非謂告詔以言，過而後諫也，在涵養薰陶而已。大率一日之中，接賢士大夫之時多，親寺人、宫女之時少，則自然氣質變化，德器成就。臣欲乞朝廷慎選賢德之士，以侍勸講，講讀既罷，常留二人直日，夜則一人直宿，以備訪問。皇帝讀習之暇，游息之間，[35]時於内殿召見，從容宴語。不獨漸磨道義，[36]至於人情物態，稼穡艱難，積久自然通達。比之常在深宫之中，爲益豈不甚大？

竊聞間日一開經筵，講讀數行，群官列侍，儼然而退，情意略不相接。如此而責輔養之功，不亦難乎！今主上衝幼，太皇太后慈愛，亦未敢便乞頻出。但時見講官，久則自然接熟。大抵與近習處，久熟則生褻慢；與賢士大夫處，久熟則生愛敬。此所以養成聖德，爲宗社生靈之福。天下之事，無急於此。取進止。[37]

（《宋文鑑》卷五八《論經筵事》，《宋朝諸臣奏議》卷五〇《上宣仁皇后進經筵三劄子・第一》，《二程集・文集》卷六《伊川先生文二・論經筵第一劄子》，《續資治通鑑長編》卷三七三“哲宗元祐元年”條）

論經筵第二札子　程頤

臣聞三代之時，[38]人君必有師、傅、保之官：師，道之教訓；傅，傅其德義；保，保其身體。後世作事無本，知求治而不知正君，知規過而不知養德，[39]傅德義之道固已疏矣。保身體之法，無復聞焉。

伏惟太皇太后陛下聰明睿哲，超越前古，皇帝陛下春秋之富，輔養之道，當法先王。臣以爲傅德義者，在乎防見聞之非，節嗜欲之過；[40]保身躰者，在乎適起居之宜，存畏慎之心。臣欲乞皇帝左右扶持、祗應、宫人、内臣，並選年四十五已上、厚重小心之人。服用器玩，皆須質樸，應華巧奢麗之物，不得至於上前。要在侈麗之物不接於目，[41]淺俗之言不入於耳。及乞擇内臣十人，充經筵祗應，以伺候皇帝起居。凡動息必使經筵官知之，有翦桐之戲，則隨事箴規。違持養之方,則應時諫止。調護聖躬,莫過於此。

(《宋文鑑》卷五八《又論經筵事》,《宋朝諸臣奏議》卷五〇《上宣仁皇后進經筵三劄子・第二》,《二程集・文集》卷六《伊川先生文二・表疏・第二》,《續資治通鑑長編》卷三七三"哲宗元祐元年"條)

奏車子爭道札子　蘇軾

元祐七年十一月十三日,南郊鹵簿使、龍圖閣學士、左朝奉郎、守兵部尚書兼侍讀蘇軾札子奏:

臣謹按,漢成帝郊祠甘泉、泰畤、汾陰、后土,而趙昭儀常從在屬車間。時楊雄待詔承明,奏賦以諷,其略曰:"想西王母欣然而上壽兮,屏玉女而却虙妃。"言婦女不當與齋祠之間也。臣今備位夏官,職在鹵簿。[42]准故事,郊祀既成,乘輿還齊宫。改服通天冠、絳紗袍,教坊鈞容作樂還内,然後后妃之屬,中道迎謁,已非典禮。而況方當祀事未畢,而中宫掖庭,得在勾陳豹尾之間乎?

竊見二聖崇奉大祀,嚴恭寅畏,度越古今,四方來觀,莫不悦服。今車駕方宿齋太廟,而内中車子,不避仗衛,爭道亂行,臣愚竊恐於觀望有損,不敢不奏。乞賜約束,仍乞取問隨行合于管當人施行。[43]取進止。

(《宋文鑑》卷五五《論内中車子爭道亂行》,《蘇軾文集》卷三五《奏内中車子爭道亂行劄子》,《續資治通鑑長編》卷四七八"哲宗元祐七年"條)

謝宣諭札子　蘇軾

元祐八年五月二十四日,端明殿學士、兼翰林侍讀學士、左朝奉郎、守禮部尚書蘇軾札子奏:

臣伏准今月二十二日,弟門下侍郎轍奉宣聖旨,緣近來衆人正相掊拾,令臣且須省事者。天慈深厚,如訓子孫。委曲保全,如愛肢體。感恩之涕,不覺自零。

伏念臣才短數奇，性疏少慮，半生犯患。垂老困讒，非二聖之深知，雖百死而何贖！伏見東漢孔融，才疏意廣，負氣不屈，是以遭路粹之冤。西晋嵇康，才多識寡，好善暗人，是以遇鍾會之禍。當時爲之扼腕，千古爲之涕流。臣本無二子之長，而兼有昔人之短。若非陛下至公而行之以恕，至仁而照之以明，察消長之往來，辨利害於疑似，則臣已下從二子游久矣，豈復有今日哉？謹當奉以周旋，不敢失墜，便須刻骨，豈獨書紳。庶全螻蟻之軀，以報丘山之德。

（《蘇軾文集》卷三六《謝宣諭劄子》，《續資治通鑑長編》卷四八四“哲宗元祐八年”條）

【校勘記】

［1］蹔：《文選》卷四〇作“暫”。
［2］義：《文選》卷四〇作“久”。
［3］罰：《文選》卷四〇作“討”。
［4］蔑：《文選》卷四〇作“茂”。
［5］伯：此字原脱，據《文選》卷四〇補。
［6］准：《文選》卷四〇作“準”。
［7］亡：此字原脱，據《文選》卷四〇補。
［8］寅亡：《文選》卷四〇作“亡寅”。
［9］則：《文選》卷四〇作“即”。
［10］忠：《文選》卷四〇作“志”。
［11］諸：此字原脱，據《文選》卷四〇補。
［12］儒：原作“懦”，據《文選》卷四〇、《沈約集校箋》卷三《奏彈王源・校》(2)改。
［13］好：此字原脱，據《文選》卷四〇、《沈約集校箋》卷三《奏彈王源・校》(3)補。
［14］薰不蕕雜：《文選》卷四〇作“薰蕕不雜”。
［15］臣：此字原脱，據《續資治通鑑長編》卷三八一補。
［16］大臣：此二字原脱，據《續資治通鑑長編》卷三八一補。
［17］今日以前：《續資治通鑑長編》卷三八一作“以前日”。
［18］推：《古文集成》卷二四、《續資治通鑑長編》卷三八一均作“惟”。
［19］懼：《文章類選》同《古文集成》卷二四，《續資治通鑑長編》卷三八一作“戒”。
［20］詖：原作“陂”，據文意及《古文集成》卷二四、《續資治通鑑長編》卷三八一改。

［21］詔：《文章類選》同《續資治通鑑長編》卷三八一，《古文集成》卷二四作“白”。

［22］人：《古文集成》卷二四、《續資治通鑑長編》卷三八一均作“民”。

［23］從：《古文集成》卷二四、《續資治通鑑長編》卷三八一均作“納”。

［24］玩：《古文集成》卷二四、《續資治通鑑長編》卷三八一均作“備”。

［25］充富：《古文集成》卷二四、《續資治通鑑長編》卷三八一均作“富實”。

［26］所懷有：《古文集成》卷二四作“有所懷者”，《續資治通鑑長編》卷三八一作“所懷者”。

［27］之意：此二字原脱，據《古文集成》卷二四、《續資治通鑑長編》卷三八一補。

［28］務欲蓋覆：《古文集成》卷二四、《續資治通鑑長編》卷三八一均作“務爲覆蓋”。

［29］讁發：《續資治通鑑長編》卷三八一作“發摘”。

［30］區區：此二字原脱，據《古文集成》卷二四、《續資治通鑑長編》卷三八一補。

［31］闕：此字原脱，據《古文集成》卷二四、《續資治通鑑長編》卷三八一補。

［32］伏願陛下留神詳察天下幸甚：此十二字原脱，據《古文集成》卷二四、《續資治通鑑長編》卷三八一補。

［33］臣伏睹：此三字原脱，據《宋文鑑》卷五八、《宋朝諸臣奏議》卷五〇補。

［34］輔：《文章類選》同《宋朝諸臣奏議》卷五〇、《二程集・河南程氏文集》卷六，《宋文鑑》卷五八作“傅”。

［35］游息：《文章類選》同《宋文鑑》卷五八、《二程集・河南程氏文集》卷六，《宋朝諸臣奏議》卷五〇作“燕游”。

［36］獨：《文章類選》同《宋文鑑》卷五八、《二程集・河南程氏文集》卷六，《宋朝諸臣奏議》卷五〇作“惟”。

［37］取進止：此三字原脱，據《宋文鑑》卷五八、《二程集・河南程氏文集》卷六補。

［38］臣聞：此二字原脱，據《宋文鑑》卷五八、《宋朝諸臣奏議》卷五〇、《二程集・河南程氏文集》卷六補。

［39］規：《文章類選》同《宋文鑑》卷五八、《二程集・河南程氏文集》卷六，《宋朝諸臣奏議》卷五〇作“正”。

［40］欲：《宋文鑑》卷五八、《宋朝諸臣奏議》卷五〇、《二程集・河南程氏文集》卷六均作“好”。

［41］麗：《文章類選》同《宋文鑑》卷五八，《宋朝諸臣奏議》卷五〇、《二程集・河南程氏文集》卷六均作“靡”。

［42］在：《宋文鑑》卷五五作“任”。

［43］于管：《宋文鑑》卷五五作“干勾”。

文章類選卷之三十五

序事類

叙范睢見秦王

范睢上書，秦昭王大説，使以傳車召范睢。於是范睢乃得見於離宫，佯爲不知永巷而入其中。王來，而宦者怒逐之，曰："王至！"范睢繆爲曰："秦安得王？秦獨有太后、穰侯耳。"欲以感怒昭王。昭王至，聞其與宦者争言，遂延迎，謝曰："寡人宜以身受命久矣。會義渠之事急，寡人旦暮自請太后。今義渠之事已，寡人乃得受命。竊閔然不敏，敬執賓主之禮。"范睢辭讓。是日觀范睢之見者，群臣莫不灑然變色易容者。

秦王屏左右，宫中虚無人，秦王跽而請曰："先生何以幸教寡人？"范睢曰："唯唯。"有間，秦王復跽而請曰："先生何以幸教寡人？"范睢曰："唯唯。"若是者三，秦王跽曰："先生卒不幸教寡人邪？"范睢曰："非敢然也。臣聞昔者吕尚之遇文王也，身爲漁父而釣於渭濱耳。若是者，交疏也。已説而立爲太師，載與俱歸者，其言深也。故文王遂收功於吕尚而卒王天下。鄉使文王疏吕尚而不與深言，是周無天子之德，而文、武無與成其王業也。今臣羈旅之臣也，交疏於王，而所願陳者皆臣君之事，[1]處人骨肉之間，願效愚忠而未知王之心也。此所以王三問而不敢對者也。

"臣非有畏而不敢言也，臣知今日言之於前，而明日伏誅於後，然臣不敢避也。大王信行臣之言，死不足以爲臣患，亡不足以爲臣憂，漆身爲厲，被髮爲狂不足以爲臣耻。且以五帝之聖焉而死，三王之仁焉而死，五伯之賢焉而死，烏獲、任鄙之力焉而死，成荆、孟賁、王慶忌、夏育之勇焉而死。死者，人之所必不免也。處必然之勢，可以少有補於秦，此臣之所大願也，臣又何患哉？

“伍子胥橐載而出昭關，夜行晝伏，至於陵水，無以餬其口，膝行蒲伏。稽首肉袒，鼓腹吹篪，[2]乞食於吴市，卒興吴國，闔閭爲伯。使臣得盡謀如伍子胥，加之以幽囚，終身不復見，是臣之説行也，臣又何憂？箕子、接輿，漆身爲厲，被髮爲狂，無益於主。假使臣得同行於箕子，可以有補所賢之主，是臣之大榮也，臣有何耻？臣之所恐者，獨恐臣死之後，天下見臣之盡忠而身死，因以是杜口裹足，莫肯鄉秦耳。

“足下上畏太后之嚴，下惑於奸臣之態；居深宫之中，不離阿保之手；終身迷惑，無與昭奸。大者宗廟滅覆，小者身以孤危，此臣之所恐耳。若夫窮辱之事，死亡之患，臣不敢畏也。臣死而秦治，是臣死賢於生。”

秦王跽曰：“先生是何言也！夫秦國辟遠，寡人愚不肖，先生乃幸辱至於此，是天以寡人恩先生而存先王之宗廟也。寡人得受命於先生，是天所以幸先王而不棄其孤也。先生奈何而言若是！事無小大，上及太后，下至大臣，願先生悉以教寡人，無疑寡人也。”范雎拜，秦王亦拜。

范雎曰：“大王之國，四塞以爲固，北有甘泉、谷口，南帶涇、渭，右隴、蜀，左關、陝，[3]奮擊百萬，戰車千乘，利則出攻，不利則入守，此王者之地也。民怯於私鬥而勇於公戰。[4]此王者之民也。王并此二者而有之。夫以秦卒之勇，車騎之衆，以治諸侯，譬若馳韓盧而搏蹇兔也，霸王之業可致也。而群臣莫當其位，至今閉關十五年，不敢窺兵於山東者，是穰侯爲秦謀不忠，而大王之計亦有所失也。”秦王跽曰：“寡人願聞失計。”

然左右多竊聽者，范雎恐，未敢言内，[5]乃先言外事，以觀秦王之俯仰。因進曰：“夫穰侯越韓、[6]魏而攻齊綱、壽，非計也。少出師則不足以傷齊，多出師則害於秦。臣意王之計，欲少出師而悉韓、魏之兵也，則不義矣。今見與國之不親也，越人之國而攻，可乎？其於計疏矣。且昔齊湣王南攻楚，破軍殺將，再辟地千里，[7]而齊尺寸之地無得焉者，豈不欲得地哉？形勢不能有也。諸侯見齊之罷弊，君臣之不和也，興兵而伐齊，大破之。士辱兵頓，皆咎其王，曰：'誰爲此計者乎？'王曰：'文子爲之。'大臣作亂，文子出走。故齊所以大破者，以其伐楚而肥韓、魏也。此所謂借賊兵而齎盜糧者也。王不如遠交而近攻，得寸則王之寸也，得尺亦王之尺也。今釋此而遠攻，不亦繆乎！且昔者中山之國地方五百里，趙獨吞之，功成名立而利附焉。天下莫之能害也。今夫韓、魏、中國之處而天下之樞也，王其欲霸，必親中國以爲天下樞，以盛楚、趙。[8]楚强則附趙，趙强則附楚，楚、趙皆附，齊必懼矣。齊懼，必卑詞重幣以事秦。齊附，而韓、魏因可虜也。"昭王曰："吾欲親魏久矣。而魏多變之國也，寡人不能親。請問親魏奈何？"對曰："王卑詞重幣以事之；不可，則割地而賂之；不可，因舉兵而伐之。"王曰："寡人敬聞命矣。"乃拜范雎爲客卿，謀兵事。

（《文章正宗》卷一八《叙范雎見秦王列傳》，《藏書・名臣傳》卷二三《智謀名臣・范雎》，《史記》卷七九《范雎蔡澤列傳》，《資治通鑑》卷五《周紀五・赧王下・四十五年》）

叙公子無忌救趙

魏安釐王二十年，秦昭王已破趙長平軍，又進兵圍邯鄲。公子姊爲趙惠文王弟平原君夫人，數遺魏王及公子書，請救於魏。魏王使將軍晋鄙將十萬衆救趙，秦王使使者告魏王曰："吾攻趙旦暮且下，而諸侯敢救者，已拔趙，必移兵先擊之。"魏王恐，使人止晋鄙，留軍壁鄴，名爲救趙，實持兩端以觀望。平原君使者冠蓋相屬於魏，讓魏公子曰："勝所以自附爲婚姻者，以公子之高義，爲能急人之困。今邯鄲旦暮降秦而魏救不至，安在公子能急人之困也！且公子縱輕勝，棄之降秦，獨不憐公子姊邪？"公子患之，數請魏王，及賓客辨士説王萬端。

魏王畏秦，終不聽公子。公子自度終不能得之於王，計不獨生而令趙亡，乃請賓客，約車騎百餘乘，欲以客往赴秦軍，與趙俱死。

行過夷門，見侯生，具告所以欲死秦軍狀。辭決而行，侯生曰："公子勉之矣！老臣不能從。"公子行數里，心不快曰："吾所以待侯生者備矣，天下莫不聞，今吾且死，而侯生曾無一言半辭送我，我豈有所失哉？"復引車還，問侯生。笑曰："臣固知公子之還也。"曰："公子喜士，名聞天下。今有難，無他端而欲赴秦軍，譬若以肉投餒虎，何功之有哉？尚安事客？然公子遇臣厚，公子往而臣不送，以是知公子恨之復返也。"公子再拜，因問。侯生乃屏人間語曰：[9]"嬴聞晋鄙之兵符常在王卧内，而如姬最幸，出入王卧内，力能竊之。嬴聞如姬父爲人所殺，如姬資之三年，自王以下欲求報其父仇，莫能得。如姬爲公子泣，公子使客斬其仇頭，敬進如姬。如姬之欲爲公子死，無所辭，顧未有路耳。公子誠一開口請如姬，如姬必許諾，則得虎符奪晋鄙軍，北救趙而西却秦，此五霸之伐也。"公子從其計，請如姬。如姬果盗晋鄙兵符與公子。

公子行，侯生曰："將在外，主令有所不受，以便國家。公子即合符，而晋鄙不授公子兵而復請之，事必危矣。臣客屠者朱亥可與俱，此人力士。晋鄙聽，大善；不聽，可使擊之。"於是公子泣。侯生曰："公子畏死耶？何泣也？"公子曰："晋鄙嚄唶宿將，往恐不聽，必當殺之，是以泣耳，豈畏死哉？"於是公子請朱亥。朱亥笑曰："臣乃市井鼓刀屠者，而公子親數存之，所以不報謝者，以爲小禮無所用。今公子有急，此乃臣效命之秋也。[10]"遂與公子俱。公子過謝侯生。侯生曰："臣宜從，老不能。請數公子行日，以至晋鄙軍之日，北鄉自剄，以送公子。"公子遂行。

至鄴，矯魏王令代晋鄙。晋鄙合符，疑之，舉手視公子曰："今吾擁十萬之衆，屯於境上，國之重任。今單車來代之，何如哉？"欲無聽。朱亥袖四十斤鐵椎，椎殺晋鄙。公子遂將晋鄙軍，勒令下令軍中曰：[11]"父子俱在軍中，父歸；兄弟俱在軍中，兄歸；獨子無兄弟，歸養。”得選兵八萬人，進兵擊秦軍。秦軍解去，遂救邯鄲，存趙。

（《文章正宗》卷一八《叙公子無忌救趙》，《史記》卷七七《魏公子列傳》）

左氏叙隱桓嫡庶本末

《傳》：惠公元妃孟子。孟子卒，繼室以聲子，生隱公。宋武公生仲子。仲子生而有文在其手，曰爲魯夫人，故仲子歸于我。生桓公而惠公薨，是以隱公立而奉之。

（《左傳·隱公·惠公元妃》）

叙鄭莊公叔段本末

隱元年初，鄭武公娶于申，曰武姜。生莊公及共叔段。莊公寤生，驚姜氏，故名曰寤生，遂惡之。愛共叔段，欲立之。亟請於武公，公弗許。

及莊公即位，爲之請制。公曰：“制，巖邑也。虢叔死焉，佗邑唯命。”請京，使居之，謂之京城大叔。

祭仲曰：“都城過百雉，國之害也。先王之制，大都不過參國之一；中，五之一；小，九之一。今京不度，非制也，君將不堪。”公曰：“姜氏欲之，焉辟害。”對曰：“姜氏何厭之有？不如早爲之所，無使滋蔓，蔓難圖也。蔓草猶不可除，况君之寵弟乎？”公曰：“多行不義必自斃，子姑待之。”既而大叔命西鄙、北鄙貳於己。公子吕曰：“國不堪貳。君將若之何？欲與大叔，臣請事之。若弗與，則請除之，無生民心。”公曰：“無庸，將自及。”

大叔又收貳以爲己邑，至于廩延。子封曰：“可矣！厚將得衆。”公曰：“不義不暱，厚將崩。”大叔完聚，繕甲兵，具卒乘，將襲鄭，夫人將啓之。公聞其期曰：“可矣。”命子封帥車二百乘以伐京，京叛大叔段。段入于鄢，公伐諸鄢。五月辛丑，大叔出奔共。

書曰“鄭伯克段于鄢”，段不弟，故不言“弟”；如二君，故曰“克”；

稱“鄭伯”，譏失教也；謂之“鄭”，志不言出奔，難之也。

遂置姜氏于城潁，而誓之曰：“不及黄泉，無相見也。”既而悔之。潁考叔爲潁谷封人，聞之，有獻於公。公賜之食。食舍肉。公問之，對曰：“小人有母，皆嘗小人之食矣，未嘗君之羹。請以遺之。”公曰：“爾有母遺，繄我獨無！”潁考叔曰：“敢問何謂也？”公語之故，且告之悔。對曰：“君何患焉？若闕地及泉，隧而相見，其誰曰不然？”公從之。公入而賦：“大隧之中，其樂也融融！”姜出而賦：“大隧之外，其樂也洩洩！”遂爲母子如初。

君子曰：“潁考叔，純孝也。愛其母，施及莊公。《詩》曰：‘孝子不匱，永錫爾類’①。其是之謂乎？”

（《左傳·隱公元年》）

叙毛遂定從

是時齊有孟嘗，魏有信陵，楚有春申，故争相傾以待士。

秦之圍邯鄲，趙使平原君求救，合從於楚，約與食客門下有勇力文武備具者二十人偕。平原君曰：“使文能取勝，則善矣。文不能取勝，則歃血於華屋之下，必得定從而還。士不外索，取於食客門下足矣。”得十九人，餘無可取者，無以滿二十人。門下有毛遂者，前，自贊於平原君曰：“遂聞君將合從於楚，約與食客門下二十人偕，不外索。今少一人，願君即以遂備員而行矣。”平原君曰：“先生處勝之門下幾年於此矣？”毛遂曰：“三年於此矣。”平原君曰：“夫賢士之處世也，譬若錐之處囊中，其末立見。今先生處勝之門下三年於此矣，左右未有所稱誦，勝未有所聞，是先生無所有也。先生不能，先生留。”毛遂曰：“臣乃今日請處囊中耳。使遂蚤得處囊中，仍穎脱而出，非特其末見而已。”平原君竟與毛遂偕。十九人相與目笑之而未廢也。[12]

毛遂比至楚，與十九人論議，十九人皆服。平原君與楚合從，言

① 參見《詩經·大雅·既醉》。

其利害，日出而言之，日中不決。十九人謂毛遂曰："先生上。"毛遂按劍歷階而上，謂平原君曰："從之利害，兩言而決耳。今日出而言從，日中不決，何也？"楚王與平原君曰："客何爲者也？"平原君曰："是勝之舍人也。"楚王叱曰："胡不下！吾乃與而君言，汝何爲者也！"毛遂按劍而前曰："王之所以比遂者，以楚國之衆也。今十步之内，王不得恃楚國之衆也，王之命懸於遂手。吾君在前，叱者何也？且遂聞湯以七十里之地王天下，文王以百里之壤而臣諸侯，豈其士卒衆多哉，誠能據其勢而奮其威。今楚地方五千里，持戟百萬，此霸王之資也。以楚之强，天下弗能當。白起，小豎子耳，率數萬之衆，興師以與楚戰，一戰而舉鄢郢，再戰而燒夷陵，三戰而辱王之先人。此百世之怨而趙之所羞，而王弗知惡焉。合從者爲楚，非爲趙也。吾君在前，叱者何也？"楚王曰："唯唯，誠若先生之言，謹奉社稷而從。"毛遂曰："從定乎？"楚王曰："定矣。"毛遂謂楚王之左右曰："取鷄狗馬之血來。"毛遂奉銅盤而跪進之楚王曰："王當歃血而定從，次者吾君，次者遂。"遂定從於殿上。毛遂左手持盤血而右手招十九人曰："公相與歃此血於堂下。公等録録，所謂因人成事者也。"

平原君已定從而歸，歸至於趙，曰："勝不敢復相士。勝相士多者千人，寡者百數，自以爲不失天下之士，今乃於毛先生而失之也。毛先生一至楚，而使趙重於九鼎大吕。毛先生以三寸之舌，强於百萬之師。勝不敢復相士。"遂以爲上客。

（《史記》卷七六《平原君虞卿列傳》）

叙子産從政

襄三十一年，子産之從政也，擇能而使之；馮簡子能斷大事，子大叔美秀，而文公孫揮能知四國之爲，而辨於其大夫之族姓、班位、貴賤、能否，而又善爲辭令；裨諶能謀，謀於野則獲，謀於邑則否。鄭國將有諸侯之事，子産乃問四國之爲於子羽，且使多爲辭令；與裨諶乘以適野，使謀可否；而告馮簡子，使斷之。事成，乃授子大叔使行之，以應對賓客，是以鮮有敗事。北宫文子所謂有禮也。

（《左傳·襄公三十一年》）

叙秦起阿房宫

始皇以爲咸陽人多，先王之宫庭小，吾聞周文王都豐，武王都鎬，豐鎬之間，帝王之都也。乃營作朝宫渭南上林苑中。先作前殿阿房，東西五百步，南北五十丈，上可以坐萬人，下可以建五丈旗。周馳爲閣道，自殿下直抵南山。表南山之顛以爲闕。爲復道，[13]自阿房渡渭，屬之咸陽，以象天極閣道、絶漢抵營室也。阿房宫未成；成，欲更擇令名名之。作宫阿房，故天下謂之阿房宫。隱宫徒刑者七十餘萬人，乃分作宫阿房，或作麗山。[14]發北山石椁，乃寫蜀、荆地材皆至。關中計宫三百，關外四百餘。於是立石東海上朐界中，以爲秦東門。因徙三萬家酈邑，五萬家雲陽，皆復不事十歲。

（《史記》卷六《秦始皇本紀》）

叙秦焚書

始皇置酒咸陽宫，博士七十人前爲壽。僕射周青臣進頌曰："他時秦地不過千里，賴陛下神靈明聖，平定海内，放逐蠻夷，日月所照，莫不賓服。以諸侯爲郡縣，人人自安樂，無戰争之患，傳之萬世。自上古不及陛下威德。"始皇悦。博士齊人淳于越進曰："臣聞殷周之王千餘歲，封子弟功臣，自爲枝輔。今陛下有海内，而子弟爲匹夫，卒有田常、六卿之臣，無輔拂，何以相救哉？事不師古而能長久者，非所聞也。今青臣又面諛以重陛下之過，非忠臣。"始皇下其議。

丞相李斯曰："五帝不相復，三代不相襲，各以治，非其相反，時變異也。今陛下創大業，建萬世之功，固非愚儒所知。且越言乃三代之事，何足法也？異時諸侯並争，厚招游學。今天下已定，法令出一，百姓當家則力農工，士則學習法令辟禁。今諸生不師今而學古，以非當世，惑亂黔首。丞相臣斯昧死言：古者天下散亂，莫之能一，是以諸侯並作，語皆道古以害今，飾虛言以亂實，人善其所私學，以非上之所建立。今皇帝並有天下，别黑白而定一尊，私學而相與非法教。人聞令下，則各以其學議之，入則心非，出則巷議，夸主以爲名，異取以爲高，率群下以造謗。如此弗禁，則主勢降乎上，黨與成乎下。禁之便。臣請史官非秦記皆燒之。非博士官所職，天下敢有藏《詩》《書》、百家語者，悉詣守、尉雜燒之。有敢偶語《詩》《書》者棄市。以古非今者族。吏見知不舉者與同罪。令下三十日不燒，黥爲城旦。所不去者，醫藥、卜筮、種樹之書。若欲有學法令，以吏爲師。"制曰"可"。

（《史記》卷六《秦始皇本紀》）

敘劉項會鴻門

項羽聞沛公已破咸陽，大怒，使當陽君等擊關。項公遂入，至于戲西。沛公軍霸上，未得與項羽相見。沛公左司馬曹無傷使人言於項羽曰："沛公欲王關中，使子嬰爲相，珍寶盡有之。"項羽大怒，曰："旦日饗士卒，爲擊破沛公軍！"當是時，項羽兵四十萬，在新豐鴻門，沛公兵十萬，在霸上。范增説項羽曰："沛公居山東時，貪於財貨，好美姬。今入關，財物無所取，婦女無所幸，此其志不在小。吾令人望其氣，皆爲龍虎，成五采，此天子氣也。急擊勿失。"

楚左尹項伯者，項羽季父也，素善留侯張良。張良是時從沛公，項伯乃夜馳之沛公軍，私見張良，具告以事，欲呼張良與俱去。曰："毋從俱死也。"張良曰："臣爲韓王送沛公，沛公今事有急，亡去不義，不可不語。"良乃入，具告沛公。沛公大驚，曰："爲之奈何？"張良曰："誰爲大王爲此計者？"曰："鯫生説我曰'距關，毋内諸侯，秦地可盡王也。'故聽之。"良曰："料大王士卒足以當項王乎？"沛公默然，曰："固不如也，且爲之奈何？"張良曰："請往謂項伯，言沛公不敢背項王也。"沛公曰："君安與項伯有故？"張良曰："秦時與臣游，項伯殺人，臣活之。今事有急，故幸來告良。"沛公曰："孰與君少長？"良曰："長於臣。"沛公曰："君爲我呼入，吾得兄事之。"張良出，要項伯。項伯即入見沛公。沛公奉巵酒爲壽，約爲婚姻，曰："吾入關，秋毫不敢有所近，籍吏民，封府庫，而待將軍。所以遣將守關者，備他盜之出入與非常也。日夜望將軍至，豈敢反乎！願伯具言臣之不敢倍德也。"項伯許諾。謂沛公曰："旦日不可不蚤自來謝項王。"沛公曰："諾。"於是項伯復夜去，至軍中，具以沛公言報項王。因言曰："沛公不先破關中，公豈敢入乎？今人有大功而擊之，不義也，不如因善遇也。"項王許諾。

沛公旦日從百餘騎來見項王，至鴻門，謝曰："臣與將軍戮力而攻秦，將軍戰河北，臣戰河南，然不自意能先入關破秦，得復見將軍於此。[15]今者有小人之言，令將軍與臣有郤。"項王曰："此沛公左司馬曹無傷言之；不然，籍何以至此。[16]"項王即日因留沛公與飲。項王、項伯東嚮坐。亞父南嚮坐。亞父者，范增也。沛公北嚮坐，張良西嚮待。范增數目項王，舉所佩玉玦以示之者三，項王默然不應。范增起，出召項莊，謂曰："君王爲人不忍，若入前爲壽，畢，請以劍舞，因擊沛公於坐。殺之，不者，若屬皆且爲所虜。"莊則入爲壽，壽畢，曰："君王與沛公飲，軍中無以爲樂，請以劍舞。"項王曰："諾。"項莊拔劍起舞，項伯亦拔劍起舞，常以身翼蔽沛公，莊不得擊。於是張良至軍門，見樊噲。樊噲曰："今日之事何如？"良曰："甚急。今者項莊拔劍舞，其意常在沛公也。"噲曰："此迫矣，臣請入，與之同命。"噲即帶劍擁盾入軍門。交戟之衛士欲止不納，樊噲側其盾以撞，衛士仆地，噲遂入，披帷西嚮立，瞋目視項王，頭髮上指，目眦盡裂。項王按劍而跽曰："客何爲者？"張良曰："沛公之參乘樊噲者也。"項王曰："壯士，賜之巵酒。"則與斗巵酒。噲拜謝，起，立而飲之。項王曰："賜之彘肩。"則與一生彘肩。樊啥覆其盾於地，加彘肩上，拔劍切而啗之。項王曰："壯士，能復飲乎？"樊噲曰："臣死且不避，巵酒安足辭！夫秦王有虎狼之心，殺人如不能舉，刑人如恐不勝，天下背叛之。懷王與諸將約曰'先破秦入咸陽者王之'。今沛公先破秦入咸陽，毫毛不敢有所近，封閉宮室，還軍霸上，以待大王來。故遣將守關者，備他盜出入與非常也。

勞苦而功高如此，未有封侯之賞，而聽細説，欲誅有功之人。此亡秦之續耳，竊爲大王不取也。”項王未有以應，曰：“坐。”樊噲從良坐，坐須臾，沛公起如厠，因招樊噲出。

沛公已出，項王使都尉陳平召沛公。沛公曰：“今者出，未辭也，爲之奈何？”樊噲曰：“大行不顧細謹，大禮不辭小讓。如今人方爲刀俎，我爲魚肉，何辭爲。”於是遂去。乃令張良留謝。良問曰：“大王來何操？”曰：“我持白璧一雙，欲獻項王，玉斗一雙，欲與亞父，會其怒，不敢獻。公爲我獻之。”張良曰：“謹諾。”當是時，項王軍在鴻門下，沛公軍在霸上，相去四十里。沛公則置車騎，脱身獨騎，與樊噲、夏侯嬰、靳彊、紀信等四人持劍盾步走，從酈山下，道芷陽間行。沛公謂張良曰：“從此道至吾軍，不過二十里耳。度我至軍中，公乃入。”沛公已去，間至軍中，張良入謝，曰：“沛公不勝桮杓，不能辭。謹使臣良奉白璧一雙，再拜獻大王足下；玉斗一雙，再拜奉大將軍足下。”項王曰：“沛公安在？”良曰：“聞大王有意督過之，脱身獨去，已至軍矣。”項王則受璧，置之坐上。亞父受玉斗，置之地，拔劍撞而破之，曰：“唉！豎子不足與謀。奪項王天下者，必沛公也，吾屬今爲之虜矣。”沛公至軍，立誅殺曹無傷。

（《史記》卷七《項羽本紀》）

叙叔孫通制禮儀

漢七年，長樂宫成，諸侯群臣朝十月。儀：先平明，謁者治禮，引以次入殿門。廷中陳車騎戍卒衛官，[17]設兵，張旗志。傳曰“趨”。殿中郎中俠陛，陛數百人。功臣、列侯、諸將軍、軍吏以次陳西方，東鄉；文官丞相以下陳東方，西鄉。大行設九賓，臚句傳。於是皇帝輦出房，百官執戟傳警，引諸侯王以下至吏六百石以次奉賀。自諸侯王以下莫不震恐肅敬。至禮畢，盡伏，置法酒。諸侍坐殿上皆伏抑首，以尊卑次起上壽。觴九行，謁者言：“罷酒。”御史執法舉不如儀者輒引去。竟朝置酒，無敢歡譁失禮者。於是高帝曰：“吾乃今日知爲皇帝之貴也！”拜通爲奉常。

（《史記》卷九九《劉敬叔孫通列傳》，《漢書》卷四三《酈陸朱劉叔孫傳第十三·叔孫通》）

叙平勃誅諸吕

高后病甚，乃令趙王吕禄爲上將軍，軍北軍，吕王産居南軍。吕太后誡産、禄曰："高帝已定天下，與大臣約，曰'非劉氏王者，天下共擊之'。今吕氏王，大臣弗平。我即崩，帝年少，大臣恐爲變。必據兵衛宫，慎毋送喪，毋爲人所制。"辛巳，高后崩，遺詔賜諸侯王各千金，將相列侯郎吏皆以秩賜金。大赦天下。以吕王産爲相國，以吕禄女爲帝后。

高后已葬，以左丞相審食其爲帝太傅。

朱虚侯劉章有氣力，東牟侯興居其弟也，皆齊哀王弟，居長安。當是時，諸吕用事擅權，欲爲亂，畏高帝故大臣絳、灌等，未敢發。朱虚侯婦，吕禄女，陰知其謀。恐見誅，乃陰令人告其兄齊王，欲令發兵西，誅諸吕而立。朱虚侯欲從中與大臣爲應。齊王欲發兵，其相弗聽。八月丙午，齊王欲使人誅相，相召平乃反，舉兵欲圍王，王因殺其相，遂發兵東，詐奪琅邪王兵，并將之而西，語在齊王語中。

齊王乃遺諸侯王書曰："高帝平定天下，王諸子弟，悼惠王王齊。悼惠王薨，孝惠帝使留侯良立臣爲齊王。孝惠崩，高後用事，春秋高，聽諸吕，擅廢帝更立，又比殺三趙王，滅梁、趙、燕以王諸吕，分齊爲四。忠臣進諫，上惑亂弗聽。今高后崩，而帝春秋富，未能治天下，固恃大臣諸侯。而諸吕又擅自尊官，聚兵嚴威，劫列侯忠臣，矯制以令天下，宗廟所以危。寡人率兵入誅不當爲王者。"漢聞之，相國吕産等乃遣潁陰侯灌嬰將兵擊之。灌嬰至滎陽，乃謀曰："諸吕擁兵關中，欲危劉氏而自立。今我破齊還報，此益吕氏之資也。"乃留屯滎陽，使使諭齊王及諸侯，與連和，以待吕氏變，共誅之。齊王聞之，乃還兵西界待約。

吕禄、吕産欲發亂關中，内憚絳侯、朱虚等，外畏齊、楚兵，又恐灌嬰畔之，欲待灌嬰兵與齊合而發，猶豫未决。當是時，濟川王太、淮陽王武、常山王朝名爲少帝弟，及魯元王吕后外孫，皆年少未之國，居長安。趙王禄、梁王産各將兵居南北軍，皆吕氏之人。列侯群臣莫自堅其命。

太尉絳侯勃不得入軍中主兵。曲周侯酈商老病，其子寄與吕禄善。絳侯乃與丞相陳平謀，使人劫酈商，令其子寄往紿説吕禄曰："高帝與吕后共定天下，劉氏所立九王，吕氏立三王，皆大臣之議，事已布告諸侯，諸侯皆以爲宜。今太后崩，帝少，而足下佩趙王印，不急之國守籓，乃爲上將，將兵留此，爲大臣諸侯所疑。足下何不歸將印，以兵屬太尉，請梁王歸相國印，與大臣盟而之國？齊兵必罷，大臣得安，足下高枕而王千里，此萬世之利也。"吕禄信然其計。欲歸將印，以兵屬太尉。使人報吕産及諸吕老人，或以爲便，或曰不便，計猶豫未有所决。吕禄信酈寄，時與出游獵。過其姑吕嬃，嬃大怒，曰："若爲將而棄軍，吕氏今無處矣。"乃悉出珠玉寶器散堂下，曰："毋爲他人守也。"

左丞相食其免。[18]

八月庚申旦，平陽侯窋行御史大夫事，見相國産計事。郎中令賈壽使從齊來，因數産曰："王不蚤之國，今雖欲行，尚可得邪？"具以灌嬰與齊楚合從欲誅諸吕告産，乃趣産急入宫。平陽侯頗聞其語，乃馳告丞相、太尉。太尉欲入北軍，不得入。襄平侯通尚符節，乃令持節矯内太尉北軍。太尉復令酈寄與典客劉揭先説吕禄曰："帝使太尉守北軍，欲足下之國，急歸將印辭去，不然，禍且起。"吕禄以爲酈兄不欺己，遂解印屬典客，而以兵授太尉。太尉將之入軍門，行令軍中曰："爲吕氏右襢，爲劉氏左襢。"軍中皆左襢爲劉氏。太尉行至，將軍吕禄亦已解上將印去，太尉遂將北軍。

然尚有南軍。平陽侯聞之，以吕産謀告丞相平，丞相平乃召朱虚侯佐太尉。太尉令朱虚侯監軍門。令平陽侯告衛尉："毋入相國産殿門。"吕産不知吕禄已去北軍，[19]乃入未央宫，欲爲亂，殿門弗得入，徘徊往來。平陽侯恐弗勝，馳語太尉。太尉尚恐不勝諸吕，未敢訟言誅之，乃遣朱虚侯謂曰："急入宫衛帝。"朱虚侯請卒，太尉予卒千餘人。入未央宫門，遂見産廷中。日餔時，遂擊産。産走。天風大起，以故其從官亂，莫敢鬥。逐産，殺之郎中府吏厠中。

朱虚侯已殺産，帝命謁者持節勞朱虚侯。朱虚侯欲奪節信，謁者不肯，朱虚侯則從與載，因節信馳走，斬長樂衛尉吕更始。還，馳入北軍，報太尉。太尉起，拜賀朱虚侯曰："所患獨吕産，今已誅，天下定矣。"遂遣人分部悉捕諸吕男女，無少長皆斬之。辛酉，捕斬吕禄，而笞殺吕嬃。使人誅燕王吕通，而廢魯王偃。

（《史記》卷九《吕太后本紀》）

叙武帝時酷吏

武安侯爲丞相，徵湯爲史，時薦言之天子，補御史，使案事。治陳皇后巫蠱獄，深竟黨與。於是上以爲能，稍遷至太中大夫。與趙禹共定諸律令，務在深文，拘守職之吏。已而趙禹遷爲中尉，徙爲少府，而張湯爲廷尉，兩人交歡，而兄事禹。禹爲人廉倨。爲吏以來，舍毋食客。公卿相造請禹，禹終不報謝，務在絶知友賓客之請，孤立行一意而已。見文法輒取，亦不覆案，求官屬陰罪。湯爲人多詐，舞智以御人。始爲小吏，乾没，與長安富賈田甲、魚翁叔之屬交私。及列九卿，收接天下名士大夫，已心内雖不合，然陽浮慕與之。[20]

是時上方鄉文學，湯決大獄，欲傅古義，乃請博士弟子治《尚書》《春秋》補廷尉史，[21]平亭疑法。奏讞疑事，必豫先爲上分别其原，上所是，受而著讞决法廷尉，[22]絜令揚上之明。奏事即譴，湯應謝，鄉上意所便，必引正、監、掾史賢者，曰："固爲臣議，如此上責臣，臣弗用，愚抵於此。"罪常釋。聞即奏事，上善之，曰："臣非知爲此奏，乃正、監、掾史某爲之。"其欲薦吏，揚人之善蔽人之過如此。所治即上意所欲罪，予監史深刻者；即上意所欲釋，予監史輕平者。所治即豪，必舞文巧詆；即下户羸弱，時中言，雖文致法，上財察。於是往往釋湯所言。湯至於大吏，内行修，交通賓客飲食。於故人子弟爲吏及貧昆弟，調護之尤厚。其造請諸公，不避寒暑。是以湯雖文深意忌不專平，然得此聲譽。而刻深吏多爲爪牙用者，依於文學之士。丞相弘數稱其美。及治淮南、衡山、江都反獄，皆窮根本。嚴助及伍被，上欲釋之。湯争曰："伍被本畫反謀，而助親幸出入禁闥爪牙之臣。[23]乃交私諸侯如此。弗誅，後不可治。"於是上可論之。其治獄所排大臣自爲功，多此類。於是湯益尊任，遷爲御史大夫。

會渾邪等降，漢大興兵伐匈奴，山東水旱，貧民流徙，皆仰給縣官，縣官空虚。於是丞上指，請造白金及五銖錢，籠天下鹽鐵，排富商大賈，出告緡令，鉏豪强并兼之家，舞文巧詆以輔法。湯每朝奏事，語國家用，日旰，天子忘食。丞相取充位，天下事皆决於湯。百姓不安其生，騷動，縣官所興，未獲其利，奸吏並侵漁，[24]於是痛繩以罪。則自公卿以下，至于庶人，咸指湯。湯嘗病，天子至自視病，其隆貴如此。

義縱自河内遷爲南陽太守，聞寧成家居南陽，及縱至關，寧成側行送迎，然縱氣盛，弗爲禮。至郡，遂案寧氏，盡破碎其家。成坐有罪，及孔、暴之屬皆犇亡，南陽吏民重足一迹。而平氏朱强、杜衍、杜周爲縱爪牙之吏，任用，遷廷尉史。軍數出定襄，定襄吏民亂敗，於是徙縱爲定襄太守。縱至，掩定襄獄中重罪輕繫二百餘人，及賓客昆弟私入相視者亦二百餘人。縱一切捕鞠，曰："爲死罪解脱。"是日皆報殺四百餘人。其後郡中不寒而栗，猾民佐吏爲治。

是時趙禹、張湯以深刻爲九卿矣，然其治尚寬，輔法而行，而縱以鷹擊毛摯爲治。後會五銖錢白金起，民爲奸，京師尤甚，乃以縱爲右内史，王温舒爲中尉。温舒至惡，其所爲不先言縱，縱必以氣陵之，敗壞其功。其治，所誅殺甚多，然取爲小治，奸益不勝，直指始出矣。吏之治以斬殺縛束爲務，閻奉以惡用矣。

王温舒，以治獄至廷尉史。事張湯，遷爲御史。督盜賊，殺傷甚多。稍遷至廣平都尉。擇郡中豪敢往吏十餘人，以爲爪牙，皆把其陰重罪,而縱使督盜賊,快其意所欲得。此人雖有百罪,弗法,即有避,因其事夷之,[25]亦滅宗。以其故齊趙之郊盜賊不敢近廣平,廣平聲爲道不拾遺。上聞,遷爲河内太守。

素居廣平時,皆知河内豪奸之家,及往,以九月至。[26]令郡具私馬五十匹,爲驛自河内至長安,部吏如居廣平時方略,捕郡中豪猾相連坐千餘家。上書請,大者至族,小者至死。家盡没入償臧。奏行不過二三日,得可事。論報,至流血十餘里。河内皆怪其奏,以爲神速。盡十二月,郡中毋聲,毋敢夜行,野無犬吠之盜。其頗不得失,之旁,郡國追求。[27]會春,温舒頓足嘆曰:“嗟乎,令冬月益展一月,足吾事矣!”其好殺伐行威不愛人如此。

天子聞知,[28]以爲能,遷爲中尉。其治復放河内,徙請名猜禍吏與從事。楊僕以千夫爲吏。河南守案舉以爲能,遷爲御史,使督盜賊關東。治放尹齊,以爲敢摯行。[29]稍遷至主爵都尉,列九卿。天子以爲能。南越反,拜爲樓船將軍,有功,封將梁侯。爲荀彘所縛。居久之,病死。而温舒復爲中尉。爲人少文,居它惛惛不辯,[30]至於中尉則心開。督盜賊,素習關中俗,知豪惡吏,豪惡吏盡復爲用,爲方略。吏苛察,盜賊惡少年投缿購告言奸,置伯格長以收司奸盜賊。温舒爲人謟,善事有勢者;即無勢者,視之如奴。有勢家,雖有奸如山,弗犯;無勢者,貴戚必侵辱。舞文巧詆下户之猾,[31]以動大豪。其治中尉如此,奸猾窮治,大抵盡靡爛獄中,行論無出者。其爪牙吏虎而冠。於是中尉部中中猾以下皆伏,有勢者爲游聲譽,稱治。治數歲,其吏多以權富。

温舒擊東越還,議有不中意者,坐小法抵罪免。是時天子方欲作通天臺而未有人,温舒請覆中尉脱卒,得數萬人作。上説,拜爲少府。徙爲右内史,治如其故,奸邪少禁。坐法失官。復爲右輔,行中尉事。如故操。

歲餘,會宛軍發,詔徵豪吏,温舒匿其吏華成,及人有變告温舒受員騎錢,他奸利事,罪至族,自殺。其時兩弟及兩婚家亦各自坐他罪而族。光禄徐自爲曰:“悲夫,夫古有三族,而王温舒罪至同時而五族乎!”

温舒死,家直累千金。後數歲,尹齊亦以淮陽都尉病死,家直不滿五十金。[32]所誅滅淮陽甚多,及死,仇家欲燒其尸,尸亡去歸葬。

自温舒等以惡爲治,而郡守、都尉、諸侯二千石欲爲治者,其治大抵盡放温舒,而吏民益輕犯法,盗賊滋起。南陽有梅免、白政,楚有殷中、杜少,齊有徐勃,燕趙之閑有堅盧范生之屬。大群至數千人,擅自號,攻城邑,取庫兵,釋死罪,縛辱郡太守、都尉,殺二千石,爲檄告縣趣具食;小群盗以百數,掠鹵鄉里者,不可勝數也。於是天子始使御史中丞、丞相長史督之。猶弗能禁也,乃使光禄大夫范昆、諸輔都尉及故九卿張德等衣繡衣,持節,虎符發兵以興擊,斬首大部或至萬餘級,及以法誅通飲食,坐連諸郡,甚者數千人。數歲,乃頗得其渠率。散卒失亡,復聚黨阻山川者,往往而群居,無可奈何。於是作“沈命法”,曰群盗起不發覺,發覺而捕弗滿品者,二千石以下至小吏主者皆死。其後小吏畏誅,雖有盗不敢發,恐不能得,坐課累府,[33]府亦使其不言。故盗賊多,上下相爲匿,以文辭避法焉。

(《文章正宗》卷一八《叙武帝時酷吏》,《史記》卷一二二《酷吏列傳》)

叙武帝興利

今上即位數歲,漢興七十餘年之間,國家無事,非遇水旱之灾,民則人給家足,都鄙廪庾皆滿,而府庫餘貨財。京師之錢累巨萬,貫朽而不可校。太倉之粟陳陳相因,充溢露積於外,至腐敗不可食。衆庶街巷有馬,阡陌之間成群,而乘字牝者擯而不得聚會。守閭閻者食粱肉,爲吏者長子孫,居官者以爲姓號。故人人自愛而重犯法,先行義而後絀媿辱焉。[34]當此之時,網疏而民富,役財驕溢,或至兼并豪黨之徒,以武斷於鄉曲。宗室有土公卿大夫以下,争于奢侈,室廬輿服僭于上,無限度。物盛而衰,固其變也。

自是之後,嚴助、朱買臣等招來東甌,事兩越,江淮之間蕭然煩費矣。唐蒙、司馬相如開路西南夷，[35]鑿山通道千餘里，以廣巴蜀，巴蜀之民罷焉。彭吴賈滅朝鮮，置滄海之郡，則燕齊之間靡然發動。及王恢設謀馬邑，匈奴絶和親，侵擾北邊，兵連而不解，天下苦其勞，而干戈日滋。行者齎，居者送，中外騷擾而相奉，百姓抏弊以巧法，財賂衰耗而不贍。入物者補官，出貨者除罪，選舉陵夷，廉耻相冒，武力進用，法嚴令具。興利之臣自此始也。

其後，漢將歲以數萬騎出擊胡，及車騎將軍衛青取匈奴河南地，築朔方。當是時，漢通西南夷道，作者數萬人，千里負擔餽糧，率十餘鍾致一石，散幣於邛僰以集之。數歲道不通，蠻夷因以數攻，吏發兵誅之。悉巴蜀租賦不足以更之，乃募豪民田南夷，入粟縣官，而内受錢於都内。東至滄海之郡，人徒之費擬於南夷。又興十萬餘人築衛朔方，轉漕甚遼遠，自山東咸被其勞，費數十百巨萬，府庫益虚。乃募民能入奴婢得以終身復，爲郎增秩，及入羊爲郎，始于此。

其後四年，而漢遣大將將六將軍、軍十餘萬擊右賢王，獲首虜萬五千級。明年，大將軍將六將軍仍再出擊胡，得首虜萬九千級。捕斬首虜之士受賜黄金二十餘萬斤，虜數萬人皆得厚賞，衣食仰給縣官；而漢軍之士馬死者十餘萬，兵甲之財轉漕之費不與焉。於是大農陳藏錢經用，[36]賦税既竭，猶不足以奉戰士。有司言："天子曰'朕聞五帝之教不相復而治，禹湯之法不同道而王，所由殊路，而建德一也。北邊未安，朕甚悼之。日者大將軍攻匈奴，斬首虜萬九千級，留蹛無所食。議令民得買爵及贖禁錮免臧罪。[37]'請置賞官，命曰武功爵。級十七萬，凡直三十餘萬金。諸買武功爵官首者試補吏，先除；千夫如五大夫；其有罪又減二等；爵得至樂卿：以顯軍功。"軍功多用越等，大者封侯卿大夫，小者郎吏。吏道雜而多端，則官職耗廢。

自公孫弘以《春秋》之義繩臣下取漢相，張湯用峻文决理爲廷尉，於是見知之法生，而廢格沮誹窮治之獄用矣。其明年，淮南、衡山、江都王謀反迹見，而公卿尋端治之，竟其黨與，而坐死者數萬人，長吏益慘急而法令明察。

當是之時，招尊方正賢良文學之士，或至公卿大夫。公孫弘以漢相，布被，食不重味，爲天下先。然無益於俗，稍騖于功利矣。

其明年，驃騎仍再出擊邊胡，獲首四萬。其秋，渾邪王率數萬之衆來降，于是漢發車三萬乘迎之。[38]既至，受賞，賜及有功之士。是歲，費凡百餘巨萬。

初，先是往十餘歲河决灌，[39]梁楚之地固已數困，而緣河之郡隄塞河，輒决壞，費不可勝計。其後番係欲省底柱之漕，穿汾、河渠以爲溉田，作者數萬人；鄭當時爲渭漕渠回遠，鑿直渠自長安至華陰，作者數萬人；朔方亦穿渠，作者數萬人：各歷二三期，功未就，費亦各巨萬十數。

天子爲伐胡，盛養馬，馬之往來食長安者數萬匹，卒掌者關中不足，乃調旁近郡。而胡降者皆衣食縣官，縣官不給，天子乃損膳，解乘輿駟，出御府禁藏以贍之。

其明年，山東被水菑，民多飢乏，於是天子遣使者虚郡國倉廥以振貧民。猶不足，又募豪富人相貸假。尚不能相救，乃徙貧民於關以西，及充朔方以南新秦中，七十餘萬口，衣食皆仰給縣官。數歲，假予産業，使者分部護之，冠蓋相望。其費以億計，不可勝數。於是縣官大空，而富商大賈或蹛財役貧，轉轂百數，廢居居邑，封君皆低首仰給。冶鑄煮鹽，財或累萬金，而不佐國家之急，黎民重困。於是天子與公卿議，更錢造幣以贍用，而摧浮淫并兼之徒。是時禁苑有白鹿而少府多銀錫。自孝文更造四銖錢，至是歲四十餘年，從建元以來，用少，縣官往往即多銅山而鑄錢，民亦閒盜鑄錢，不可勝數。錢益多而輕，物益少而貴。有司言曰："古者皮幣，諸侯以聘享。金有三等，黄金爲上，白金爲中，赤金爲下。今半兩錢法重四銖，而奸或盜摩錢裏取鎔，錢益輕薄而物貴，則遠方用幣煩費不省。"乃以白鹿皮方尺，緣以藻繢，爲皮幣，直四十萬。王侯宗室朝覲聘享，必以皮幣薦璧，然後得行。

又造銀錫爲白金。以爲天用莫如龍，地用莫如馬，人用莫如龜，故白金三品：其一曰重八兩，圜之，其文龍，名曰“白撰”[40]，直三千。二曰重差小，方之，其文馬，直五百。三曰復小，撱之，其文龜，直三百。令縣官銷半兩錢，[41]更鑄三銖錢，重如其文。[42]盗鑄諸金錢罪皆死，而吏民之盗鑄白金者不可勝數。

於是以東郭咸陽、孔僅爲大農丞，領鹽鐵事；桑弘羊以計筭用事，侍中。咸陽，齊之大煮鹽，孔僅，南陽大冶，皆致生累千金，故鄭當時進言之。弘羊，雒陽賈人子，以心計，年十三侍中。故三人言利事析秋毫矣。

法既益嚴，吏多廢免。兵革數動，民多買復及五大夫，徵發之士益鮮。於是除千夫五大夫爲吏，不欲者出馬。故吏皆通適令伐棘上林，作昆明池。

其明年，大將軍、驃騎大出擊胡，得首虜八九萬級，賞賜五十萬金，漢軍馬死者十餘萬匹，轉漕車甲之費不與焉。是時財匱，戰士頗不得禄矣。

有司言三銖錢輕，易奸詐，乃更請諸郡國鑄五銖錢，周郭其質，[43]令不可磨取鋊焉。

大農上鹽鐵丞孔僅、咸陽言：“山海，天地之藏也，皆宜屬少府，陛下不私，以屬大農佐賦。願募民自給費，因官器作煮鹽，官與牢盆。浮食奇民欲擅管山海之貨，以致富羡，役利細民。其沮事之議，不可勝聽。敢私鑄鐵器煮鹽者，釱左趾，没入其器物。郡不出鐵者，置小鐵官，便屬在所縣。”使孔僅、東郭咸陽乘傳舉行天下鹽鐵，作官府，除故鹽鐵家富者爲吏。吏道益雜，不選，而多賈人矣。

商賈以幣之變，多積貨逐利。於是公卿言：“郡國頗被菑害，貧民無産業者，募徙廣饒之地。陛下損膳省用，出禁錢以振元元，寬貸賦，而民不齊出於南畝，商賈滋衆。貧者蓄積無有，皆仰縣官。異時筭軺車賈人緡錢皆有差，請筭如故。諸賈人末作貰貸賣買，居邑稽諸物，及商以取利者，雖無市籍，各以其物自占，率緡錢二千而一筭。諸作有租及鑄，率緡錢四千一筭。非吏比者三老、北邊騎士，軺車一筭。

商賈人軺車二筭。船五丈以上一筭。匿不自占,占不悉,戍邊一歲,没入緡錢。有能告者,以其半畀之。賈人有市籍者,及其家屬,皆無得籍名田,以便農。敢犯令,没入田貨。[44]"

天子乃思卜式之言,召拜式爲中郎,爵左庶長,賜田十頃,布告天下,使明知之。

初,卜式者,河南人也,以田畜爲事。親死,式有少弟,弟壯,式脱身出分,獨取畜羊百餘,田宅財物盡予弟。式入山牧十餘歲,羊致千餘頭,買田宅。而其弟盡破其業,式輒復分予弟者數矣。是時漢方數使將擊匈奴,卜式上書,願輸家之半縣官助邊。天子使使問式:"欲官乎?"式曰:"臣少牧,不習仕宦,不願也。"使問曰:"家豈有冤,欲言事乎?"式曰:"臣生與人無分争。式邑人貧者貸之,不善者教順之,所居人皆從式,式何故見冤於人! 無所欲言也。"使者曰:"苟如此,子何欲而然?"式曰:"天子誅匈奴,愚以爲賢者宜死節于邊,有財者宜輸委,如此而匈奴可滅也。"使者具其言入以聞。天子以語丞相弘。弘曰:"此非人情。不軌之臣,不可以爲化而亂法,願陛下勿許。"於是上久不報式,數歲,乃罷式。歸,復田牧。歲餘,會軍數出,渾邪王等降,縣官費衆,倉府空。其明年,貧民大徙,皆仰給縣官,無以盡贍。卜式持錢二十萬予河南守,以給徙民。河南上富人助貧民者籍,天子見卜式名,識之,曰:"是固前欲輸其家半財助邊。"乃賜式外繇四百人。式又盡復予縣官。是時富豪皆争匿財,唯式尤欲輸之助費。天子於是以式終長者,故尊顯以風百姓。

初,式不願爲郎,上曰:"吾有羊上林中,欲令子牧之。"式乃拜爲郎,市衣草屩而牧羊。歲餘,羊肥息。上過見其羊,善之。式曰:"非獨羊也,治民亦猶是也。以時起居,惡者輒斥去,毋令敗群。"上以式爲奇,拜爲緱氏令試之,緱氏便之。遷爲成皋令,將漕最。上以爲式材中,[45]拜爲齊王太傅。

而孔僅之使天下鑄作器,三年中拜爲大農,列於九卿。而桑弘羊爲大農丞,筦諸會計事,稍稍置均輸以通貨物矣。

始令吏得入穀補官，郎至六百石。

自造白金五銖錢後五歲，赦吏民之坐盜鑄金錢死者數十萬人。其不發覺相殺者，不可勝計。赦自出者百餘萬人。不能半自出，天下大抵無慮皆鑄金錢矣。犯法者衆，吏不能盡誅取，於是遣博士褚大、[46]徐偃等分曹循行郡國，舉兼并之徒守相爲吏者。[47]而御史大夫張湯方隆貴用事，減宣、杜周等爲中丞，義縱、尹齊、王温舒等用慘急刻深爲九卿，而直指夏蘭之屬始出矣。[48]

而大農顔異誅矣。初，異爲濟南亭長，以廉直稍遷至九卿。上與張湯既造白鹿皮幣，問異。異曰："今王侯朝賀以蒼璧，直數千，而其皮薦反四十萬，本末不相稱。"天子不説。張湯又與異有郤，及人有告異以它議，事下張湯治異。異與客語，客語初令下有不便者，異不應，微反脣。湯奏當異九卿見令不便，不入言而腹誹，論死。自是之後，有腹誹之法，以此而公卿大夫多謟諛取容矣。

天子既下緡錢令而尊卜式，百姓終莫分財佐縣官，於是楊可告緡錢縱矣。

郡國多奸鑄錢，錢多輕，而公卿請令京師鑄錢官赤側，[49]一當五，賦官用非赤側不得行。白金稍賤，民不寳用，縣官以令禁之，無益。歲餘，白金終廢不行。

是歲也，張湯死而民不思。

其後二歲，赤側錢賤，民巧法用之，不便，又廢。於是悉禁郡國無鑄錢，專令上林三官鑄。錢既多，而令天下非三官錢不得行，諸郡國所前鑄錢皆廢銷之，輸其銅三官。而民之鑄錢益少，計其費不能相當，唯真工大奸乃盜爲之。

卜式相齊，而楊可告緡遍天下，中家以上大抵皆遇告。杜周治之，獄少反者。乃分遣御史廷尉正監分曹往，即治郡國緡錢，得民財物以億計，奴婢以千萬數，田大縣數百頃，小縣百餘頃，宅亦如之。於是商賈中家以上大率破，民偷甘食好衣，不事畜藏之産業，而縣官以鹽鐵緡錢之故，用少饒矣。[50]

益廣關，置左右輔。

初，大農筦鹽鐵官布多，置水衡，欲以主鹽鐵。及楊可告緡錢，上林財物衆，乃令水衡主上林。上林既充滿，益廣。是時越欲與漢用船戰逐，乃大修昆明池，列觀環之。治樓船，高十餘丈，旗幟加其上，甚壯。於是天子感之，乃作柏梁臺，高數十丈。宫室之修，由此日麗。

乃分緡錢諸官，而水衡、少府、大農、太僕各置農官，往往即郡縣比没入田田之。其没入奴婢，分諸苑養狗馬禽獸，及與諸官。諸官益雜置多，[51]徒奴婢衆，而下河漕度四百萬石，及官自糴乃足。

所忠言："世家子弟富人或鬥鷄走狗馬，弋獵博戲，亂齊民。"乃徵諸犯令，相引數千人，命曰"株送徒"。入財者補郎，郎選衰矣。

是時山東被河菑，及歲不登數年，人或相食，方一二千里。天子憐之，詔曰："江南火耕水耨，令飢民得流就食江淮間，欲留，留處。"遣使冠蓋相屬於道，護之，下巴蜀粟以振之。

其明年，天子始巡郡國。東渡河，河東守不意行至，不辦，[52]自殺。行西踰隴，隴西守以行往卒，天子從官不得食，隴西守自殺。於是上北出蕭關，從數萬騎，獵新秦中，以勒邊兵而歸。新秦中或千里無亭徼，於是誅北地太守以下，而令民得畜牧邊縣，官假馬母，三歲而歸，及息什一，以除告緡，用充仞新秦中。

既得寶鼎，立后土、太一祠，公卿議封禪事，而天下郡國皆豫治道橋，繕故宫，及當馳道縣，縣治官儲，設供具，而望以待幸。

其明年，南越反，西羌侵邊爲桀。於是天子爲山東不贍，赦天下囚，因南方樓船卒二十餘萬人擊南越，[53]數萬人發三河以西騎擊西羌，又數萬人度河築令居。初置張掖、酒泉郡，而上郡、朔方、西河、河西開田官，斥塞卒六十萬人戍田之。中國繕道餽糧，遠者三千，[54]近者千餘里，皆仰給大農。邊兵不足，乃發武庫工官兵器以贍之。車騎馬乏絶，縣官錢少，買馬難得，乃著令，令封君以下至三百石以上吏，以差出牝馬天下亭，亭有畜牸馬，歲課息。

齊相卜式上書曰："臣聞主憂臣辱。南越反，臣願父子與齊習船者往死之。”天子下詔曰：“卜式雖躬耕牧，不以爲利，有餘輒助縣官之用。今天下不幸有急，而式願奮父子死之，雖未戰，可謂義形於内。賜爵關内侯，金六十斤，田十頃。”布告天下，天下莫應。列侯以百數，皆莫求從軍擊羌、越。至飲酎，少府省金，而列侯坐酎金失侯者百餘人。乃拜式爲御史大夫。

式既在位，見郡國多不便縣官作鹽鐵，鐵器苦惡，賈貴，或强令民賣買之。而船有筭，商者少，物貴，乃因孔僅言船筭事。上由是不悦卜式。

漢連兵三歲，誅羌，滅南越，番禺以西至蜀南者置初郡十七，且以其故俗治，毋賦税。南陽、漢中以往郡，各以地比給初郡吏卒奉食幣物，傳車馬被具。而初郡時時小反，殺吏，漢發南方吏卒往誅之，間歲萬餘人，費皆仰給大農。大農以均輸調鹽鐵助賦，故能贍之。然兵所過縣，以爲訾給毋乏而已，不敢言擅賦法矣。

其明年，元封元年，卜式貶秩爲太子太傅。而桑弘羊爲治粟都尉，領大農，盡代僅筦天下鹽鐵。弘羊以諸官各自市，相爭物，以故騰躍，而天下賦輸或不償其僦費，乃請置大農部丞數十人，分部主郡國，各往往縣置均輸鹽鐵官，令遠方各以其物如貴時商賈所轉販者爲賦，[55]而相灌輸。置平準于京師，都受天下委輸。召工官治車諸器，皆仰給大農。大農之諸官盡籠天下之貨物，貴即賣之，賤則買之。如此，富商大賈無所牟大利，則反本，而萬物不得騰踊。故抑天下物，名曰“平準”。天子以爲然，許之。於是天子北至朔方，東封太山，[56]巡海上，並北邊以歸。所過賞賜，用帛百餘萬匹，錢金以巨萬計，皆取足大農。

弘羊又請令吏得入粟補官，及罪人贖罪。令民能入粟甘泉各有差，以復終身，不復告緡。它郡各輸急處，而諸農各致粟，山東漕益歲六百萬石。一歲之中，太倉、甘泉倉滿。邊餘穀，諸物均輸帛五百萬匹。民不益賦而天下用饒。於是弘羊賜爵左庶長，黄金再百斤焉。

是歲小旱，上令官求雨，卜式言曰：“縣官當食租衣税而已，今弘羊令吏坐市列肆，販物求利。亨弘羊，天乃雨。”

（《文章正宗》卷一七《叙武帝興利》，《史記》卷三〇《平準書》）

敘李陵與匈奴戰

天漢二年，貳師將三萬騎出酒泉，擊右賢王於天山。召陵，欲使爲貳師將輜重。陵召見武臺，叩頭自請曰："臣所將屯邊者，皆荆楚勇士奇材劍客也。力扼虎，射命中，願得自當一隊，至蘭于山南以分單于兵，毋令專鄉貳師軍。"上曰："將惡相屬邪！吾發軍多。毋騎予女。"陵對："無所事騎，臣願以少擊衆，步兵五千人涉單于庭。"上壯而許之，因詔强弩都尉路博德將兵半道迎陵軍。[57]博德故伏波將軍，亦羞爲陵後距，奏言："方秋匈奴馬肥，未可與戰，臣願留陵至春，俱將酒泉、張掖騎各五千人並擊東西浚稽，可必禽也。"書奏，上怒，疑陵悔不欲出而教博德上書，乃詔博德："吾欲予李陵騎，云'欲以少擊衆'。今虜入西河，其引兵走西河，[58]遮鉤營之道。"詔陵："以九月發，出遮虜障，至東浚稽山南龍勒水上，徘徊觀虜，即亡所見，從浞野侯趙破奴故道抵受降城休士，因騎置以聞。所與博德言者云何？具以書對。"陵於是將其步卒五千人出居延，北行三十日，至浚稽山止營，舉圖所過山川地形，使麾下騎陳步樂還以聞。步樂召見，道陵將率得士死力，上甚説，拜步樂爲郎。

陵至浚稽山，與單于相值，騎可三萬圍陵軍。軍居兩山間，以大車爲營。陵引士出營外爲陳，前行持戟盾，後行持弓弩，令曰："聞鼓聲而縱，聞金聲而止。"虜見漢軍少，直前就營。陵搏戰攻之，千弩俱發，應弦而倒。虜還走上山，漢軍追擊，殺數千人。單于大驚，召左右地兵八萬餘騎攻陵。陵且戰且引，南行數日，抵山谷中。連戰，士卒中矢，傷三創者載輦，兩創者將車，一創者持兵戰。陵曰："吾士氣少衰而鼓不起者，何也？軍中豈有女子乎？"始軍出時，關東群盜妻子徙邊者隨軍爲卒妻婦，大匿車中。陵搜得，皆劍斬之。明日復戰，斬首三千餘級。引兵東南，循故龍城道行四五日，抵大澤葭葦中，虜從上風縱火，陵亦令軍中縱火以自救。南行至山下，單于在南山上，使其子將騎擊陵。陵軍步鬥樹木間，復殺數千人，因發連弩射單于，單于下走。是日捕得虜，言："單于曰：'此漢精兵，擊之不能下，日夜引吾南近塞，得毋有伏兵乎？'諸當户君長皆言：'單于自將數萬騎擊漢數千人不能滅，後無以復使邊臣，令漢益輕匈奴。'復力戰山谷間，尚四五十里得平地，不能破，乃還。"

是時，陵軍益急，匈奴騎多，戰一日數十合，復傷殺虜二千餘人。虜不利，欲去，會陵軍候管敢爲校尉所辱，亡降匈奴，具言"陵軍無後救，射矢且盡，獨將軍麾下及成安侯校各八百人爲前行，以黄與白爲幟，當使精騎射之即破矣。"成安侯者，潁川人，父韓千秋，故濟南相，奮擊南越戰死，武帝封子延年爲侯，以校尉隨陵。單于得敢大喜，使騎並攻漢軍，疾呼曰："李陵、韓延年趣降！"遂遮道急攻陵。陵居谷中，虜在山上，四面射，矢如雨下。漢軍南行，未至鞮汗山，一日五十萬矢皆盡，即棄車去。士尚三千餘人，徒斬車輻而持之，軍吏持尺刀，抵山入狹谷。單于遮其後，乘隅下壘石，士卒多死，不得行。昏後，陵便衣獨步出營，止左右："毋隨我，丈夫一取單于耳！"良久，陵還，太息曰："兵敗，死矣！"軍吏或曰："將軍威震匈奴，天命不遂，後求道徑還歸，如浞野侯爲虜所得，後亡還，天子客遇之，况於將軍乎！"陵曰："公止！吾不死，非壯士也。"於是盡斬旌旗，及珍寶埋地中，陵嘆曰："復得數十矢，足以脱矣。今無兵復戰，天明坐受縛矣！各鳥獸散，猶有得脱歸報天子者。"令軍士人持二升糒，一半冰，期至遮虜障者相待。夜半時，擊鼓起士，鼓不鳴，陵與韓延年俱上馬，壯士從者十餘人。虜騎數千追之，韓延年戰死。陵曰："無面目報陛下！"遂降。

（《文章正宗》卷一九《叙李陵與匈奴戰》，《漢書》卷五四《李廣蘇建傳》）

叙武帝微行

初，建元三年，微行始出，北至池陽，西至黄山，南獵長楊，東游宜春。微行常用飲酎已。八九月中，與侍中常侍武騎及待詔隴西北地良家子能騎射者期諸殿門，故有"期門"之號自此始。微行以夜漏下十刻乃出，常稱平陽侯。旦明，入山下馳射鹿豕狐兔，手格熊羆，馳騖禾稼稻秔之地。民皆號呼駡詈，相聚會，自言鄠杜令。令往，欲謁平陽侯，諸騎欲擊鞭之。令大怒，使史呵止，獵者數騎見留，乃示以乘輿物，久之乃得去。時夜出夕還，後賫五日糧，會朝長信宫，上大歡樂之。是後，南山下乃知微行數出也，然尚道於太后，[59]未敢遠出。丞相御史知指，乃使右輔都尉徼循長楊以東，右内史發小民共待會所。後乃私置更衣，從宣曲以南十二所，中休更衣，投宿諸宫，長楊、五柞、倍陽、宣曲尤幸。於是上以爲道遠勞苦，又爲百姓所患，乃使太中大夫吾丘壽王與待詔能用筭者二人，舉籍阿城以南，盩厔以東，宜春以西，提封頃畝，及其賈直，欲除以爲上林苑，屬之南山。又詔中尉、左右内史表屬縣草田，欲以償鄠杜之民。吾丘壽王奏事，上大説稱善。時東方朔在傍進諫，上乃拜朔爲太中大夫給事中。然遂起上林苑，如壽王所奏。

（《文章正宗》卷一九《叙武帝微行》，《漢書》卷六五《東方朔傳》）

【校勘記】

[1] 臣：《文章正宗》卷一八、《史記》卷七九均作“�”。

[2] 腸：《文章正宗》卷一八、《史記》卷七九均作“腹”。

[3] 陜：《文章正宗》卷一八、《史記》卷七九均作“阪”。

[4] 公：此字原脱，據《文章正宗》卷一八、《史記》卷七九補。

[5] 内：此字原脱，據文意及《史記》卷七九補。

[6] 韓：此字原脱，據文意及《史記》卷七九補。

[7] 地：此字原脱，據《史記》卷七九補。

[8] 盛：《文章正宗》卷一八、《史記》卷七九作“威”。

[9] 間：《文章類選》同《史記》卷七七，《文章正宗》卷一八作“私”。

[10] 臣：此字原脱，據《史記》卷七七補。

[11] 令：《文章類選》同《文章正宗》卷一八，《史記》卷七七作“兵”。

[12] 廢：原作“發”，據《史記》卷七六改。

[13] 復：原作“複”，據《史記》卷六改。

[14] 麗：原作“酈”，據《史記》卷六改。本篇下文同。

[15] 於：原作“以”，據《史記》卷七改。

[16] 至：原作“生”，據《史記》卷七改。

[17] 戍：《史記》卷九九作“步”。

[18] 左：此字原脱，據《文章正宗》卷一七、《史記》卷九補。

[19] 吕産不知：此四字原脱，據《史記》卷九補。

[20] 慕：原作“道”，據《文章正宗》卷八、《史記》卷一二二改。

[21] 史：原作“中”，據《文章正宗》卷八、《史記》卷一二二改。

[22] 決：原作“法”，據《文章正宗》卷八、《史記》卷一二二改。

[23] 爪牙：原作“腹心”，據《文章正宗》卷八、《史記》卷一二二改。

[24] 漁：原作“源”，據《文章正宗》卷八、《史記》卷一二二改。

[25] 因：原作“回”，據《文章正宗》卷八、《史記》卷一二二改。

[26] 以九月至：《文章類選》同《文章正宗》卷一八，《史記》卷一二二作“九月而至”。

[27] 追求：《史記》卷一二二作“黎來”。

[28] 知：《文章正宗》卷一八、《史記》卷一二二均作“之”。

[29] 爲：此字原脱，據《文章正宗》卷一八、《史記》卷一二二補。

[30] 它：《文章正宗》卷一八作“家”，《史記》卷一二二作“廷”。

[31] 詆：原作“請”，據《文章正宗》卷八、《史記》卷一二二改。

[32] 五十金：《文章類選》同《史記》卷一二二，《文章正宗》卷一八作“五千金”。

[33] 課：《文章類選》同《史記》卷一二二，《文章正宗》卷一八作“誅”。

[34] 媿：《文章正宗》卷一七、《史記》卷三〇均作“耻”。

[35] 南：此字原脱，據《文章正宗》卷一七、《史記》卷三〇補。

[36] 用：《文章正宗》卷一七、《史記》卷三〇均作“耗”。

[37] 臧：《文章類選》同《文章正宗》卷一七，《史記》卷三〇作“減”。

[38] 三：《文章類選》同《文章正宗》卷一七，《史記》卷三〇作“二”。

[39] 灌：《文章類選》同《文章正宗》卷一七，《史記》卷三〇作“觀”。

[40] 撰：《文章正宗》卷一七、《史記》卷三〇均作“選”。

[41] 兩：原作“曰”，據《文章正宗》卷一七、《史記》卷三〇改。

[42] 重如其文：《文章類選》同《文章正宗》卷一七，《史記》卷三〇作“文如其重”。

[43] 質：《文章正宗》卷一七、《史記》卷三〇均作“下”。

[44] 貨：《文章類選》同《文章正宗》卷一七，《史記》卷三〇作“僮”。

[45] 以爲式材中：“爲”字原脱，據《文章正宗》卷一七、《史記》卷三〇補；“材中”，《文章正宗》卷一七、《史記》卷三〇均作“朴忠”。

[46] 褚：原作“储”，據人名用字及《史記》卷三〇改。

[47] 吏者：《文章類選》同《文章正宗》卷一七，《史記》卷三〇作“利者”。

[48] 矣：此字原脱，據《史記》卷三〇補。

[49] 錢：《文章正宗》卷一七、《史記》卷三〇均作“鍾”。

[50] 少：《文章類選》同《文章正宗》卷一七，《史記》卷三〇作“益”。

[51] 諸官：此二字原脱，據《史記》卷三〇補。

[52] 辦：《文章類選》同《文章正宗》卷一七，《史記》卷三〇作“辨”。

[53] 因：此字原脱，據《文章正宗》卷一七、《史記》卷三〇補。

[54] 三千：《文章類選》同《史記》卷三〇，《文章正宗》卷一七作“二千”。

[55] 如異時：《文章正宗》卷一七、《史記》卷三〇均作“貴時”。

[56] 封：《文章類選》同《文章正宗》卷一七，《史記》卷三〇作“到”。

[57] 詔：《文章類選》同《漢書》卷五四，《文章正宗》卷一九作“語”。

[58] 走：《文章類選》同《漢書》卷五四，《文章正宗》卷一九作“至”。

[59] 道：《文章正宗》卷一九、《漢書》卷六五均作“迫”。

文章類選卷之三十六

判　類

水損免輸判

山東水損免輸，訴云："先承東封恩給，復累折，省司以爲經二年不合。"

對　　楊式宣

天作淫雨，害於嘉穀。東夏之人，實罹其弊。發倉賙餼，已軫聖皇之心。舉恩累折，猶有下人之請。雖承恩屏水，皆在當年。而經國寧人，事資可久。"人惟邦本，本固邦寧"。[①] 人或不康，君何取足？且禮莫盛於封禪，歡莫大於觀禮。人霑厚慶，自給非常之恩，歲及大侵，何阻後時之澤？請從周賚，以副堯心。

（《文翰類選大成》卷一四七《對水損免輸判》）

旱曠判

新鄭縣旱，縣宰使屠擊、祝款斬山州佐，責其不藝免職。

對　　趙瓘

設官分職，體國經野。風雨不時，山川是禜。眷彼新鄭，地惟故韓。歷代升平，俗懷遺愛。百里之任，無製錦之能，四時之愆，乏如絲之雨。青青媚草，卷書帶於槐壇。灼灼鮮花，發綬文於李徑。密雲不雨，徒矯首於龍星。離畢無徵，空舒誠於兔月。其才不淑，縣令寧假

① 參見《尚書·夏書·五子之歌》。

於鈞金。明德惟馨，屠祝勞神於斬木。州佐道優展驥，法峻蒼鷹。責其不藝之辜，處以免官之坐。愚謂直筆，理合緘詞。

（《文翰類選大成》卷一四七《對旱暵判》）

求隣壁光判

郄珍性好讀書。家貧，隣家富，乃穿隣壁取燭光，告爲盗。

對　　王適

郄珍黄冠野客，白屋寒生，仰挂林之一枝，猶思對策；掩蓬門之三徑，無忘偷光。但學以資身，行不踰志，因人之利，尚或不爲，竊隣之光，何居而可？必欲三餘不棄，百遍無疲，原憲弊衣杖藜而非病，顔回陋巷飲水而多歡。既知讀書，應聞對馬，與其穿壁，何如聚螢？若觀過知仁，推情蔽獄，[1]束緼之婦，尚未過於黄沙；懸梁之夫，庶獲哀於丹筆。違禮入律，理或難容，居法徇恩，[2]斯焉有在。

（《文苑英華》卷五一〇《求鄰壁光判》，《文翰類選大成》卷一四七《對求鄰壁光判》）

旱令沉巫判

鄴縣人王行吉，稱姊先解作巫縣令劉感。緣旱五日，祭漳水，遣姊祈雨，未降。令遂捉姊投漳水中，遣問水神不降雨所由，姊因溺死，斷故殺感不伏。

對　　王適

鄴縣時炎，漳濱地旱。三農務切，百里情殷。方有事於山川，故無遺於祠祀。思月離之澤，南畝徒勤；咏雲漢之詩，西郊不潤。雖土龍矯首，不見朝隮，而石鷰斂翼，無聞夜雨。劉感頗學師古，未達隨時，巫人既不假神，河伯又非求婦，天則不雨，女也何辜？遂使睇彼江妃，莫返淩波之步；偶夫精衛，長齊銜石之悲斯。則抑人憑河，事乃非命，違法致罪，理在可疑。

（《文翰類選大成》卷一四七《對旱令沉巫判》）

負劍辟咡判

甲負劍，辟咡受詔者不掩口，或告失儀，曰唯而未對。

對　　敬括

父子異倫，應對殊旨，或有不敬，必遺其責。負劍者甲，莫履乎禮？爰辟咡而有詔，宜掩口而斯答。何乃良袂未引，哆口斯張，心尚滯於童蒙，氣先及於長者？侔之内舉，斯闕義方；語彼過庭，此迷禮訓。或非爲當，仍訴何爲？

（《文苑英華》卷五一〇《負劍辟咡判》，《文翰類選大成》卷一四七《對負劍辟咡判》）

樂請置判懸判

有州申百姓，皆好操縵，都不識雅章。以不能易俗請置判懸，供釋菜賓社之用，使人觀習。省以爲非所宜言，不爲聞，欲科罪。訴云："州將鹵簿見著令文，且方古軒懸爲降已，其置之何過？"

對　　萬希莊

革物訓時，觀人設教。欲風之以正，樂必採之以雅。章苟操縵之見淫，誠布政之爲。辟如或上下乖序，雅節亂常。匪所以易俗宣風，適足以貽刑立辟。且禮資成化，樂貴移風，諸侯軒懸，自有感緣之節。州將鹵簿豈係賓社之容，欲以大夫之懸，俾人觀習，是棄先師之禮，云誰降殺？

（《文苑英華》卷五一〇《樂請置判懸判》，《文翰類選大成》卷一四七《對樂請置判懸判》）

琴有殺聲判

甲鼓琴多殺聲，景與其隣，懸鏡於樹，以盤水察之，盡達微隱。甲訟景非理，云恐有害人。

對　　梁涉

緑琴高張，觸物易操。朱絃促調，緣心應聲。既峩峩以在山，亦湯湯而著水。甲逢有道，每歌咏於南薰；景屬無爲，亦歡娱於北里。彈絲静聽，無聞獨鶴之吟；外物生情，忽作捕蟬之思。平生雅意，妙曲先知；邂逅商音，有隣便覺。鏡懸於樹，疑桂魄之澄空；水止於盤，若水壺之在鑑。隱微必察，善惡斯彰。纔聞蔡氏之絃，邃作淮南之術。迹或多於猜忌，罪無極於章程，事則可憑訟宜無咎。

（《文苑英華》卷五一〇《琴有殺聲判》，《文翰類選大成》卷一四七《對琴有殺聲判》）

樂師教舞判

甲年十三，爲國子。樂師教之舞象，甲不受命。樂師將撻。甲云："達禮。"不伏。

對①

夏序殷膠，建國重務，養老齒胄，[3]先王大猷。所以長幼分規，道業差序，或殊誦習，將明告教。射御書數，分制則於樂章；中和祇庸，導規儀於性府。既大成以方就，爰小舞而首陳。必在準繩，無或差忒。興言國子，辯慧斯文，系彼勛華，金張錫慶。遵其禮樂，游、夏申歡，學畢幼儀，言辭外傅。年昇舞勺，及踐上庠，春誦夏弦，深其順節。尊師重道，寧顧逾閑，佩觿之辰，成童未及。摳衣之日，舞象何先？雖欲速於有知，終見陷於無度。儻聞一知二，亦何守其彝倫，必也非禮勿言，固可徇之年限。制于未亂，詳兹雅得紀綱；扑作教刑，撫事難從捶楚。

（《文苑英華》卷五〇八《樂師教舞判》，《文翰類選大成》卷一四七《對樂師教舞判》）

陳設印綬判

甲陳其車馬印綬諸生，非之曰稽古之力，豈無前事。

---

① 《全唐文》卷九七九載，作者闕名。

對　杜兼遂

學能廣業，德可潤身。率由此道，乃終有慶。甲温故知新，博聞强識。究前言而識往行，致廣大而盡精微。故三千門徒，續于斧棘；十五志學，傃其發蒙。黄憲而初，邑里有聲；陳實而終，海内多譽。方今美其教化，厚以人倫。春誦夏弦，遠邁永平之際；東膠西序，殊超建武之初。戴憑所以重席，周福因而獲印。於是庭列輜軿，堂循禮容。將以勸凡今之人，豈徒矜稽古之力。孔宣父之至德，斯其務本；桓春卿之雅意，誰復間言。諸生或非，竊謂匪當。

（《文苑英華》卷五〇九《陳設印綬判》，《文翰類選大成》卷一四七《對陳設印綬判》）

勤學犯夜判

長安令杜虚有百姓王丁犯夜，爲吏所拘。虚問其故，答云："從師授書，不覺日暮。"虚曰："鞭撻寧越以立威名，非政化之本。"使吏送歸家。御史彈金吾郎將不覺人犯夜。訴云："縣令送歸，非金吾之罪。"

對　蘇頲

王丁果行育德，師逸功倍。參則不敏，佇揚名以立身；回也如愚，自聞一而知十。好問斯在，請益無疲，拾紫期榮，滿金非寶。朝游霧市，披學序之圖書；暝出香街，聽嚴城之鐘鼓。歸與不逮，行者宜息；墨綬榮班，黄圖貴令。懲奸擿伏，冀静於桴鼓；慕道崇儒，豈威於鞭撻？奚殊政本，不抵彝條，竟釋吏人之執，[4]旋辱宰君之惠。綉衣驄馬，石室生風。警夜巡晝，金吾翊道。雖將順其美，不存伺察，[5]而各恭爾職，罔或愆違。有觸疏羅，允符嚴簡。

（《文苑英華》卷五〇九《勤學犯夜判》，《文翰類選大成》卷一四七《對勤學犯夜判》）

於途墜坑判

寧子讀書，於途墜坑來晚，師行賈楚。令以罰非其罪，令師謝過。

俱不伏。

對　　蘇頲①

學古入官，不學將落，聖人所以留範，君子誰非用心？倚哉寧生，勤亦至矣！手繩口誦，何劉寶之能匹；負書擔笠，豈蘇秦之可加？悠悠長途，是諷是咏。撫中襟而始勵，[6]經巨險而方歸。師以來晚見嫌，聊申賈楚；令以罰非其罪，乃起異端。在師雖則傷嚴，遣謝又乖通論。且尊無謝卑之禮，卑有順上之心。蒙雖不才，此未爲允。

（《文苑英華》卷五一〇《於途墜坑判》，《文翰類選大成》卷一四七《對於途墜坑判》）

着服六年判

兖州人平辨，受業於田才。才亡，辨着服六年，廬於墓側。刺史以爲違經越禮，妄造異端，禁錮三年。辨妻遣小女上表稱冤，廉察彈刺史刑獄不當。

對　　蘇頲②

田才地居鄒魯，家習文儒，業擅籯金，道光珍席。夙漸升堂之教，早傳藏壁之書。學市攸開，几筵爰設。故得詢疑請益，還如北海之前；函丈摳衣，更似西河之上。平辨雩川童子，闕里諸生，常因閉户之勤，預受顓門之業。[7]庶祈榮於青紫，希變彩於朱藍。日就月將，罰水之恩何極；陵夷谷徙，頹山之痛已深。舊宅凄清，空聞絲竹；遺壇寂寞，無復琴歌。嗟二物之長收，願百身而奚贖。方思重服，用表深衷。一對松楸，六遷檀柘。曩時儒肆，喜遇祥鱣；今日凶廬，悲逢吊鶴。論情雖會於寧戚，據理未允於通途。刺史職在宣風，政乖道俗。沉憂六載，亦可驚嗟；積禁三年，固其未得。少女以銜冤伏奏，雅葉於鷄鳴；

① 《全唐文》卷九八一載，作者闕名。
② 《全唐文》卷九八一載，作者闕名。

大使以糾慝彈豪，正諧於隼擊。即宜録奏，伏聽宸衷。

（《文苑英華》卷五一〇《着服六年判》，《文翰類選大成》卷一四七《對着服六年判》）

事貌相似判

甲容貌與乙相似，甲歿後，門人事乙，隣人讓其非禮。

對　　康季子

容貌相似，陽貨惑於仲尼；德義可尊，門人師於有若。歲丁辰巳甲，遂云亡月，亦居諸乙方傳學。實喪予於東魯，復疑汝於西河。已寂琴歌，詎聞金石。思其笑語，寧忘罰水之恩；慕彼威儀，爰動頹山之戀。不墜吾師之業，還昇弟子之堂。惟爾嗣音，專之可也。讓其非禮，於已不然。有事古風，未驚今聽。

（《文苑英華》卷五一〇《事貌相似判》，《文翰類選大成》卷一四七《對事貌相似判》）

直講無他伎判

丁專經直講，每無他伎進考，或人告濫。

對　　王靈漸

丁以聚學，立身修詞。果行從師氏之六藝，當孔門之四科。淑行惟深，[8]鱣魚已落。清言如屑，麈尾先摇。既珍席之，有光亦經。笥之攸屬，籯金奪價。琢玉成功，皆取判於一經。蓋不資於他伎，誣其善誘生。此薄言由也。兼人常聞於片，折參則不敏。必造其兩詞，請更推尋，然議斷割。

（《文苑英華》卷五一〇《對直講無他伎判》，《文翰類選大成》卷一四七《對直講無他伎判》）

【校勘記】

［1］蔽：《文苑英華》卷五一〇作“决”。

[2] 恩：《文苑英華》卷五一〇作“私”。

[3] 齒胄：《文苑英華》卷五一〇作“尊齒”。

[4] 釋：《文苑英華》卷五一〇作“什”。

[5] 存：《文苑英華》卷五一〇作“在”。

[6] 撫：《文苑英華》卷五一〇作“舞”。

[7] 顓：《文苑英華》卷五一〇作“專”。

[8] 深：《文苑英華》卷五一〇作“新”。

文章類選卷之三十七

問對類

宋玉對楚王問

楚襄王問於宋玉曰:"先生其有遺行與?何士民衆庶不譽之甚也!"

宋玉對曰:"唯,然,有之!願大王寬其罪,使得畢其辭。客有歌於郢中者,其始曰下里巴人,國中屬而和者數千人。其爲陽阿薤露,國中屬而和者數百人。其爲陽春白雪,國中屬而和者數十人。引商刻羽,雜以流徵,國中屬而和者,不過數人而已。是以其曲彌高,其和彌寡。

"故鳥有鳳而魚有鯤,鳳皇上擊九千里,絶雲霓,負蒼天,足亂浮雲,翱翔乎杳冥之上。夫蕃籬之鷃,豈能與之料天地之高哉?鯤魚朝發崑崙之墟,暴鬐於碣石,暮宿於孟諸。夫尺澤之鯢,倪。豈能與之量江海之大哉?故非獨鳥有鳳而魚有鯤也,士亦有之。夫聖人瑰意琦行,超然獨處,世俗之民,又安知臣之所爲哉?"

(《文選》卷四五《對楚王問》)

東方朔答客難

客難東方朔曰:"蘇秦、張儀一當萬乘之主,而身都卿相之位,澤及後世。今子大夫修先王之術,慕聖人之義,諷誦《詩》《書》百家之言,不可勝數。著於竹帛,脣腐齒落。服膺而不可釋,好學樂道之效,明白甚矣。自以爲智能海内無雙,則可謂博聞辯智矣。然悉力盡忠以事聖帝，曠日持久，積數十年，官不過侍郎，位不過執戟。意者尚有遺行邪？同胞之徒無所容居，其故何也？”

東方先生喟然長息，仰而應之曰：“是故非子之所能備也。彼一時也，此一時也，豈可同哉？夫蘇秦、張儀之時，周室大壞。諸侯不朝，力政爭權，相擒以兵，並爲十二國，未有雌雄。得士者强，失士者亡，故説去。得行焉。身處尊位，珍寶充内，外有廪倉，澤及後世，子孫長享。今則不然。聖帝德流，天下震慴，諸侯賓服，威振四夷，連四海之外以爲帶，安於覆盂，天下平均，合爲一家。動發舉事，猶運之掌，賢與不肖何以異哉？遵天之道，順地之理，物無不得其所。故綏之則安，動之則否；[1]尊之則爲將，卑之則爲虜；抗之則在青雲之上，抑之則在深淵之下；[2]用之則爲虎，不用則爲鼠。雖欲盡節效情，安知前後？夫天地之大，士民之衆，竭精馳説，[3]並進輻湊者不可勝數，悉力慕之，困於衣食，或失門户。使蘇秦、張儀與僕並生於今之世，曾不得掌故，安敢望侍郎乎！傳曰：‘天下無害菑，雖有聖人，無所施才；上下和同，雖有賢者，無所立功。’故曰：‘時異事異。’

“雖然，安可以不務修身乎哉！《詩》曰：‘鼓鐘于宫，聲聞于外。’①‘鶴鳴九臯，聲聞于天’②。苟能修身，何患不榮！太公體行仁義，七十有二，乃設用於文武，得信厥説。封於齊，七百歲而不絶。此士所以日夜孳孳兹，修學敏行，而不敢怠也。譬若鶺鴒，飛且鳴矣。《傳》曰：‘天不爲人之惡寒而輟其冬，地不爲人之惡險而輟其廣，君子不爲小人之匈匈而易其行。’‘天有常度，地有常形，君子有常行；君子道其常，小人計其功。’

“《詩》曰：‘禮義之不愆，何恤人之言？’故曰：[4]‘水至清則無魚，人至察則無徒。冕而前旒，所以蔽明；黈土斗。纊壙。充耳，所以塞聰。’明有所不見，聰有所不聞。舉大德，赦小過，無求備於一人之義

① 參見《詩經・小雅・白華》。
② 參見《詩經・小雅・鶴鳴》。

也。枉而直之，使自得之；優而柔之，使自求之；揆而度之，使自索之。蓋聖人之教化如此，欲其自得之；自得之，則敏且廣矣。今世之處士，時雖不用，塊然無徒，廓然獨居，上觀許由，下察接輿，計同范蠡，忠合子胥，天下和平，與義相扶，寡偶少徒，固其宜也。子何疑於予哉？

"若大燕之用樂毅，秦之任李斯，漢用酈歷。食其之下齊，説行如流，曲從如環。所欲必得，功若丘山。海内定，國家安，是遇其時者也。子又何怪之邪？語曰'以管窺天，以蠡測海，以筳延。撞鐘'，[①]豈能通其條貫，考其文理，發其音聲者哉？猶是觀之，譬由鼱精。鼩劬。之襲狗，孤豚之咋虎，至則靡耳，何功之有？今以下愚而非處士，雖欲勿困，固不得已，此適足以明其不知權變，而終惑於大道也。"

（《文選》卷四五《答客難》，《漢書》卷六五《東方朔傳》）

答賓戲　班固

永平中爲郎，典校秘書，專篤志於儒學，以著述爲業。或譏以無功，又感東方朔、揚雄自喻，以不遭蘇、張、范、蔡之時，曾不折之以正道，明君子之所守，故聊復應焉。其辭曰：

賓戲主人曰：蓋聞聖人有一定之論，烈士有不易之分，亦云名而已矣。故太上有立德，其次有立功。夫德不得後身而特盛，功不得背時而獨彰。是以聖哲之治，栖栖遑遑，孔席不煖，墨突不黔。由此言之，取捨者，昔人之上務，著作者，前烈之餘事耳。今吾子幸游帝王之世，躬帶紱冕之服，浮英華，湛道德，矕龍虎之文，舊矣。卒不能攄首尾，奮翼鱗，振拔洿塗，跨騰風雲，使見之者影駭，聞之者響震。徒樂枕經籍書，紆體衡門，上無所蒂，下無所根。獨攄意乎宇宙之外，鋭思於毫芒之内，潛神默記，絙以年歲。然而器不賈於當己，用不效於一世。雖馳辯如濤波，摛藻如春華，猶無益於殿最也。意者，且運朝夕之策，定合會之計，使存有顯號，亡有美謚，不亦優乎？

---

① 參見《莊子·秋水》。

主人逌由爾而笑曰："若賓之言，所謂見世利之華，暗道德之實，守窔奥之熒燭，未仰天庭而睹白日也。曩者王塗蕪穢，周失其馭。侯伯方軌，戰國横騖，於是七雄虓闞，分裂諸夏，龍戰虎争。游説之徒，風颮電激，並起而救之，其餘猋必邑。飛景附，雪煜其間者，蓋不可勝載。當此之時，搦朽摩鈍，鉛刀皆能一斷。是故魯連飛一矢而蹶千金，虞卿以顧盼而捐相印。夫啾發投曲，感耳之聲，合之律度，淫蛙而不可聽者，非《韶》《夏》之樂也。因勢合變，遇時之會，移風易俗，乖迕而不可通者，非君子之法也。及至從人合之，衡人散之，亡命漂説，羈旅騁辭，商鞅挾三術以鑽孝公，李斯奮時務而要始皇。彼皆躡風塵之會，履顛沛之勢，據徼乘邪，以求一日之富貴，朝爲榮華，夕而焦顇，福不盈眥，禍溢於世，凶人且以自悔，况吉士而是賴乎？

"且功不可以虚成，名不可以僞立。韓設辯以激君，吕行詐以賈國。《説難》既遒，其身乃囚；秦貨既貴，厥宗亦墜。是以仲尼抗浮雲之志，孟軻養浩然之氣，彼豈樂爲迂闊哉？道不可以貳也。

"方今大漢洒埽群穢，夷險芟荒，廓帝紘，恢皇綱。基隆於羲農規廣於黄唐，其君天下也，炎之如日，威之如神，函含。之如海，養之如春。是以六合之内，莫不同源共流，沐浴玄德，禀仰太和，枝附葉著。譬猶草木之殖山林，鳥魚之毓川澤。得氣者蕃滋，失時者零落，參天地而施化，豈云人事之厚薄哉！今吾子處皇代而論戰國，曜所聞而疑所覿，欲從堥毛敦而度高乎泰山，懷氿軌濫音"監"。而測深乎重淵，亦未至也。"

賓曰："若夫鞅、斯之倫，衰周之凶人，既聞命矣。敢問上古之士，處身行道，輔世成名，可述於後者，默而已乎？"

主人曰："何爲其然也？昔者咎繇謨虞，箕子訪周，言通帝王，謀合神聖。殷説夢發於傅巖，周望兆動於渭濱；齊寧激聲於康衢，漢良受書於邳垠，皆俟命而神交，匪詞言之所信，故能建必然之策，展無窮之勛也。近者陸子優游，《新語》以興；董生下帷，發藻儒林；劉向司籍，辨章舊聞；揚雄譚思，《法言》《太玄》。皆及時君之門闈，究先聖之壼奥，婆娑乎術藝之場，休息乎篇籍之囿，以全其質，而發其文，用納乎聖德，烈炳乎後人，斯非亞與！若乃伯夷抗行於首陽，柳惠降志而辱仕，顔淵樂於簞瓢，孔終篇於西狩，聲盈塞於天淵，真吾徒之師表也。

“且吾聞之：一陰一陽，天地之方；乃文乃質，王道之綱；有同有異，聖哲之常。故曰：‘慎修所志，守爾天符，委命供己，味道之腴，神之聽之，名其舍諸。賓又不聞和氏之璧，韞於荆石；隋侯之珠，藏於蚌蛤乎？歷世莫視，不知其將含景曜，吐英精，曠千載而流光也。應龍潛於潢汙，烏。魚黿媟之，不睹其能奮靈德，合風雲，超忽荒而躆昊蒼也。

“故夫泥蟠盤天飛者，應龍之神也；先賤而後貴者，和隨之珍也；時暗而久章者，君子之真也。若乃牙、曠清耳於管絃，[5]離婁眇目於毫分；逄蒙絶技於弧矢，般班。輸㩁巧於斧斤；良樂軼能於相馭，烏獲抗力於千鈞；和、鵲發精於鍼石，研、桑心計於無垠。走亦不任厠技於彼列，故密爾自娱於斯文。”

（《文選》卷四五《答賓戲》，《漢書》卷一〇〇上《叙傳》）

晋問　柳宗元

吴子問於柳先生曰：“先生晋人也，晋之故宜知之。”曰：“然。”“然則吾願聞之可乎？”曰：“可。晋之故封，太行掎之，首陽起之，黄河迤之，大陸靡之。或巍而高，或呀而淵。景霍、汾、澮，以經其壖。若化若遷，鉤嬰蟬聯，然後融爲平川，而侯之都居，大夫之邑建焉。其高壯則騰突撑拒，聱岈鬱怒，若熊羆之咆、音“炰”。虎豹之嗥，音“豪”。終古而不去；攫秦搏齊，當者失據，燕、狄惴怯，若卵就壓，振振業業，覷關蹀户，愓若僕妾。其按衍則平盈旋緣，紆徐夷延，若飛鳶之翔舞，洄水之容與；以稼則碩，以植則茂，以牧則蕃，以畜則庶，而人用是富，而邦以之阜。其河，則濬源崑崙，入于天淵，出乎無門，行乎無垠，自匈奴而南，以界西鄙，衝奔太華，運肘東指；混潰后土，濆濁糜沸，黿鼉詭怪，于于汩汩，騰倒駃越，委泊涯涘，呀呷欱納，摧雜失墜。其所蕩激，則連山參差，廣野壞裂，轟雷努風，撼鴿于戛。崩石之所轉躍，大木之所擢拔，湔泙洞踏者，彌數千里，若萬夫之斬伐。而其軸轤之所負，橦檣之所御，鱗川林壑，隮雲遁雨，瞬目而下者，榛榛沄沄，百舍一赴。若是何如？

吴子曰："先生之言豐厚險固，誠晋之美矣。然晋人之言表裏山河者，備敗而已，非以爲榮觀顯大也。吴起所謂'在德不在險'皆晋人之藉也。願聞其他。"

先生曰："大鹵之金，棠溪之工，火化水淬，器備以充。爲棘爲矛，爲鎩爲鈎，爲鏑爲鏃。出太白，征蓐收，召招搖，伏蚩尤，肅肅縱縱，合衆靈而成之。博者狹者，曲者直者，岐者勁者，長者短者，攢之如星，奮之如霆，運之如縈。浩浩弈弈，淋淋滌滌，熒熒的的，若雪山冰谷之積。觀者膽掉，目出寒液。當空發耀，英精互繞，晃蕩洞射，天氣盡白，日規爲小，鑠雲破霄，跕墜飛鳥。弓人之弓，函人之甲，膠角百選，犀兕七屬。乃使跟超掖夾之倫，服而持之，南瞰諸華，北讋群夷，技擊節制，聞於天下，是爲善師。延目而望之，固以拳拘喘汗，免胄肉袒，進不敢降，退不敢竄。若是何如？"

吴子曰："夫兵之用，由德則吉，由暴則凶，是又不可爲美觀也。先軫曰'師直爲壯，曲爲老'，况徒以堅甲利刃之爲上哉！"

先生曰："晋國多馬，屈焉是産。土寒氣勁，崖坼谷裂，草木短縮，鳥獸墜匿，而馬蕃焉。師師兟兟，溶溶紜紜，轠轠轔轔。或赤或黄，或玄或蒼，或醇或駹。黪然而陰，炳然而陽，若旌旃旗幟之煌煌。乍進乍止，乍伏乍起，乍奔乍躓，若江、漢之水，疾風驅濤，擊山蕩壑，雲沸而不止。群飲源槁，回食野赭，浴川蹙浪，噴震播灑。潰潰焉，若海神駕雪而來下。觀其四散惝怳，開合萬狀，喜者鵲厲，怒者人搏，决然坌躍，千里相角。風駿霧鬣，劚山抉壑，耳摇層雲，腹捎衆木，寂寥遠游，不夕而復。攫地跳梁，堅骨蘭筋，交頸互齧，鬥目相馴，聚溲更虚，昂首張斷。其小者則連牽繳繞，仰乳俯齕，蟻雜螽集，啾啾濮濮，旅走叢立。其材之可者，收斂攻教，掉乎飛縻，[6]指毛命物，百步就羈。牽以荀息，御以王良，超以范鞅，軒以樂鍼，以佃以戎，獸獲敵摧。若是何如？"

吴子曰："'恃險與馬'者，子不聞乎？故曰冀之北土，馬之所生，①是不一姓，請置此而新其説。"

先生曰："晋之北山有異材，梓匠工師之爲宫室求大木者，天下皆歸焉。仲冬既至，寒氣凝成，外凋内貞，瀋液不行，乃堅乃良。萬工舉斧以入，必求諸巖崖之欺傾，[7]磵壑之紆縈，凌巑岏之杪顛，漱泉源之淦濳，根絞怪石，不土而植，千尋百圍，與石同色。羅列而伐者，頭抗河漢，刃披虹霓，聲振連巒，秭填層溪，[8]丁丁登登，硠硠棱棱，若兵車之乘淩。其響之所應，則潰潰㶉㶉，洶洶薨薨，若騫若崩，若螭龍之鬥，風霆相騰。其殊而下者，札戛捎殺，摧崪坱圠，霞披電裂，又似共工觸不周而天柱折。鵾鸖鶖鶬，號鳴飛翔，貙豻虎兕，奔觸讋慄，伏無所入，遯無所脱。然後斷度收羅，捎危顛，芟繁柯，乘水潦之波，以入于河而流焉。盪突硉兀，轉騰冒没，類秦神驅石以梁大海；抵曲鱗戲，[9]彙流雷解，前者汩越，後者迫隘，乃下夫龍門之懸水。摺拉頹踏，捽首軒尾，澒入重淵，不知其幾百里也。濤波之旋，滔山觸天，既渟既平，彌望悠焉。良久，乃始昂屹涌溢，挺拔而出，林立峰崪，穿雲蔽日，涣然自撓，復就行列，渾渾而去，以至其所。唯良工之指顧，叢臺、阿房，長樂、未央，建章、昭陽之隆麗詭特，皆是之自出。若是何如？"

吴子曰："吾聞君子患無德，不患無土；患無土，不患無人；患無人，不患無宫室；患無宫室，不患材之不己有。先生之所陳，四累之下也；且虒祁既成，[10]諸侯叛之。"

先生曰："河魚之大，上迎濤波，羅壅津涯，[11]千里雷馳，重馬輕車，遂以君命，矢而縱觀焉。大罟斷流，修網亘山，罩罶籠罜，織紝其

① 參見《春秋左傳注·昭公四年》。

間。巨舟軒昂，仡仡回環，水師更呼，聲裂商顔。於是鼓譟沓集而從之，扼龍吭，拔鯨鰭，戮白黿，逐毒螭，叱馮夷，立水湄。搜攬流離，掬縮推移，梁會網蹙，騰天彌圍，掉捭擁踴，以登夫歷山之垂。如川之歸，如山之崔，如雲之披。其有乘化會神，振拔漣淪，摛奇文，出怪鱗，騰飛濤而上逸，生電雷於龍門者，猶仰綸飛繳，頓踏而取之，莫不脱角裂翼，呀嚇匍匐，復就鸞切，莫保龍籍，具糅五味，布列雕俎，風雲失勢，沮散遠去。若夫鯋、鱨、鮪、鯉、鰋、鱧、魴、鱮之瑣屑蔑裂者，夫固不足悉數，漏脱紘目，养之水府，而三河之人，則已填溢饜飫，腥膏舄鹵，聞膾炙之美，則掩鼻蹙頞，賤甚糞土而莫顧者也。若是何如？”

吴子曰：“一時之觀，不足以誇後世；口舌之味，不足以利百姓。姑欲聞其上者。”

先生曰：“猗氏之鹽，晋寶之大也，人之賴之與穀同，化若神造，非人力之功也。但至其所，則見溝塍畦畹之交錯輪囷，若稼若圃，敞兮匀匀，涣兮鱗鱗，邐瀰紛屬，不知其垠。俄然決源釃流，交灌互澍，若枝若股，委屈延布，脉瀉膏浸，潗濕滑汩，彌高掩庳，漫壟冒塊，決決没没，遠近混會，抵值堤防，瀴瀛霈濊，偃然成淵，漭然成川。觀之者徒見浩浩之水，而莫知其以及。神液陰灑，甘鹵密起，孕靈富媪，不愛其美，無聲無形，烟結迅詭，[12]回眸一瞬，積雪百里，皛皛羃羃，奮儹離析，鍛圭椎璧，眩轉的皪。乍似隕星及地，明滅相射，冰裂雹碎，巃嵸增益。大者印纍，小者珠剖，涌者如坻，坳者如缶，日晶熠煜，螢駭電走，亘步盈車，方尺數斗。於是裒斂合集，舉而堆之，皓皓乎懸圃之巍巍，皭乎溔乎，狂山太白之淋漓。駭化變之神奇，卒不可推也。然後驢贏牛馬之運，西出秦、隴，南過樊、鄧，北極燕、代，東逾周、宋。家獲作鹹之利，人被六氣之用，和鈞兵食，以征以貢。其賚天下也，與海分功，可謂有濟矣。若是何如？”

吴子曰：“魏絳之言曰‘近寶則公室乃貧’，豈謂是耶？雖然，此可以利民矣。而未爲民利也。”

先生曰：“願聞民利。”

吴子曰："安其常而得所欲，服其教而便於己，百貨通行而不知所自來，老幼親戚相保而無德之者，不苦兵刑，不疾賦力。所謂民利，民自利者是也。"

先生曰："文公之霸也，援秦破楚，囊括齊、宋，曹、衛解裂，魯、鄭震恐，定周于温，奉册受錫，夾輔糾逖，以爲侯伯，齊盟踐土，低昂玉帛。天子恃焉，以有諸侯；諸侯恃焉，以有其國；百姓恃焉，以有其妻子而食其力。叛者力取，附者仁撫；推德義，立信讓；示必行，明所向；達禁止，一好尚。春秋之事，公侯大夫，策文馬，馳軒車，出入環連，貫于國都，則有五筵之堂，九幾之室，大小定位，左右有秩，禽牢饔餼，交錯文質，饗有嘉樂，宴有庭實，登降好賦，犧象畢出，犒勞贈賄，率禮無失。六卿理兵，大戎小戎，鐘鼓丁寧，以討不恭。車埒萬乘，卒半天下，鼓之則震，旆之則畏。其號令之動，若水之源，若輪之旋，莫不如志。當此之時，咸能歡娱以奉其上，故其民至于今，好義而任力，此以民力自固，假仁義而用天下，其遺風尚有存者。若是可以爲民利也乎？"

吴子曰："近之矣，然猶未也。彼霸者之爲心也，引大利以自嚮，而摟他人之力以自爲固，而民乃後焉。非不知而化，不令而一，異乎吾嚮之陳者。故曰近之矣，猶未也。"

先生曰："三河，古帝王之更都焉。而平陽，堯之所理也，有茅茨、采椽、土型之度，故其人至于今儉嗇；有温恭、克讓之德，故其人至于今善讓；有師錫、僉曰、疇咨之道，故其人至于今好謀而深；有百獸率舞、鳳凰來儀、於變時雍之美，故其人至于今和而不怒；有昌言、儆戒之訓，故其人至于今憂思而畏禍；有無爲、不言、垂衣裳之化，故其人至于今恬以愉，此堯之遺風也。願以聞於子何如？"

吴子離席而立，拱而言曰："美矣善矣，其蔑有加矣。此固吾之所欲聞也。夫儉則人用足而不淫，讓則遵分而進善，其道不鬥，謀則通於遠而周於事。和則仁之質，戒則義之實，恬以愉則安而久於其道也。至乎哉！今主上方致太平，動以堯爲準，先生之言，道之奥者，若果有貢於上，則吾知其易易焉也。舉晋國之風以一諸天下，如斯而已矣。”敬再拜受賜。

（《崇古文訣》卷一五《晋問》，《柳宗元集校注》卷一五《晋問》）

規　類

五規　元結

五規者何？一曰出規，二曰處規，三曰戲規，四曰心規，五曰時規也。

出規

元子門人叔將出游三年。及還，元子問之曰：“爾去我久矣，何以異乎？”諾曰：“叔將始自山中至長安，見權貴之盛，心憤然，切悔比年於空山窮谷，與夫子甘飢寒愛水木而已。”不數月，自王公大人卿相近臣之門，無不至者。及一年，有向與歡宴，過之可吊，有始賀拜侯。[13]已聞就誅，豈不裂封。疆土未識，豈無印綬。懷之未暖，其客得禄位者隨死，得金王者皆拏，參游讌者或刑或免，叔將之身，如犬逃者五六，似鼠藏者八九。當其時，環望天地，如置在杯斗之中。元子聞之，嘆曰：“叔將汝何思而爲乎？汝若思爲社稷之臣，則非正直不進，非忠讜不言，雖手足斧鉞，口能出聲，猶極忠言，與氣偕絶。汝若思爲禄位之臣，猶當避赫赫之路，晦顯顯之機，[14]如下厩粟馬，齒食而已。汝忽然望權勢而往，自致身於刑禍之方，得筋骨載肉而歸，幸也大矣。”二三子以叔將爲戒乎。

處規

州舒吾問元子曰：“吾聞子多矣，竟將何爲？”[15]對曰：“雲山幸不求吾是，林泉又不責吾非，熙然能自全，順時而老可矣，復安爲哉？”舒吾曰：“元子其過誤乎。其太矯也，吾厭世人飾言以由道，藏智以全璞，退身以顯行，設機以樹名，吾子由之，使我何信。元子俛而謝之。滕許大夫友元子，[16]聞不應舒吾之説，乃曰：‘嗟嗟元子，少辭者耶。’

何不曰：‘使吾得處，但如山林不見吾是非，吾將娭而往也，以子爲飾言，藏智，退身，設機。’何不曰：‘如此，豈不多於盜權竊位，蒙許萬物。[17]富貴始及而刑禍促之者乎？’元子謝不及。季川問曰：“兟終不復二論，[18]兟有意乎？於戲季川，吾有言則自是，言達則人非。吾安能使吾身之有是，而令他人之有非，至於聞聞也哉？”

戲規

元子倚于雲丘之巔，[19]戲牧兒曰：“爾爲牧歌，當不責爾暴。”牧兒歌去。乃暴他田，田主鞭之，啼而冤元子。啼不止，召其父而止之。元子友真卿聞之，書過於元子曰：“嗟嗟次山，苟戲小兒，俾陷鞭焉。而蒙冤之，彼牧兒望次山，猶僮隸不敢干其主。及苟戲，乃或與次山猶仇讎。斯豈慎德也歟。吾聞君子不苟戲，無似非，如何惑一兒，使不知所以蒙過。此非苟戲似非之非者耶。惡不必易此。”元子報真卿曰：“於戲，吾獨立于空山之上，戲歌牧兒得過，幾不可免。彼行於世上，有愛憎相忌，是非相反，名利相奪，禍福相從。至於有蒙戮辱者，焉得不因苟戲似非，世兒惑之以及者乎。真卿，吾當以戲爲規。”

心規

元子病游世，歸于商餘之中，以酒自肆。有醉歌夫公聞之，醉元子之酒，請歌之。歌曰：“元子樂矣。”俾和者曰：“何樂亦然？何樂亦然？”[20]我曰：“我雲我山，我林我泉。”又曰：“元子樂矣。”我曰：“我鼻我目，我口我耳。”歌已矣。夫公曰：“自樂山林可也，自樂耳目何哉。人誰無此？”元子引酒當夫曰：“勸君此杯酒，緩飲之聽我説。子行於世間，目不隨人視，耳不隨人聽，口不隨人語，鼻不隨人氣，其甚也。則須封苞裹塞，不爾有滅身亡家之禍，傷汙毀辱之患生焉。雖王公大人，亦不能自主口鼻耳目，夫公何思之不熟耶。”

時規

乾元己亥，①漫叟待詔在長安，時中行公掌制在中書，中書有醇

---

① 乾元己亥：唐肅宗乾元二年(759)。

酒。時得一醉,醉中叟誕曰:"願窮天下鳥獸蟲魚,以充殺者之心,願窮天下之醇酎美色,以充欲者之心。"中行公聞之嘆曰:"子何思不盡耶。何不曰:'願得如九州之地者億萬,分封君臣父子兄弟之争國者,使人民免賊虐殘酷者乎。'何不曰:'願得布帛錢貨珍寶之物,溢於王者府藏,滿將相權勢之家,使人民免飢寒勞苦者乎。'"叟聞公言,退而書之,授於學者,用爲時規。

(《唐文粹》卷四三《出規》《處規》《戲規》《心規》《時規》,《元次山集》卷五《出規》《處規》《戲規》《心規》《時規》)

五規并狀　司馬光

臣光幸得備位諫官,竊以國家之事,言其大者、遠者,則汪洋濩落,而無目前朝夕之益,陷於迂闊;言其小者、近者,則叢脞委頓,徒足以煩凂聖聽,失於苛細。夙夜惶惑,口與心謀,涉歷累旬,乃敢自決,與其受苛細之責,不若取迂闊之議。

伏以祖宗開業之艱難,國家政治之光美,難得而易失,不可以不慎。故作《保業》。隆平之基,因而安之者易爲功;頹壞之勢,從而救之者難爲力。故作《惜時》。道前定則不窮,事前定則不困,人無遠慮,必有近憂。故作《遠謀》。燎原之火生於熒熒,懷山之水漏於涓涓。故作《重微》。象龍不足以致雨,畫餠不足以療飢,華而不實無益於治。故作《務實》。合而言之,謂之《五規》。此皆守邦之要道,當世之急務。[21]譾陋狂瞽,觸冒忌諱。惟知納忠,不敢愛死。伏望陛下萬機之餘,游豫之間,垂精留神,特賜省覽。萬一有取,裁而行之。則臣生於天地之間,不與草木同朽矣。

保業

天下,重器也,得之至艱,守之至艱。王者始受天命之時,天下之人皆我比肩也,相與角智力而争之。智竭不能抗,力屈不能支,然後肯稽顙而爲臣。當是之時,有智力相偶者則爲二,力相參者則爲三,愈多則愈分,自非智力首出於世,則天下莫得而一也。斯不亦得之至艱乎！及夫繼體之君，群雄已服，衆心已定，上下之分明，强弱之勢殊，則中人之性，皆以爲子孫萬世如泰山之不可揺也，於是有驕惰之心生。驕者，玩兵黷武，窮泰極侈，神怒不恤，民怨不知，一旦渙然，四方糜潰，秦、隋之季是也。惰者，沉酣宴安，慮不及遠，善惡雜糅，是非顛倒，日復一日，至於不振，漢、唐之季是也。二者或失之强，或失之弱，其致敗一也。斯不亦守之至艱乎！

臣切觀自周室東遷以來，王政不行，諸侯多僭，[22]分崩離析，不可勝紀，凡五百有五十年而合於秦。秦虐用其民，十有一年而天下亂，又八年而合於漢。漢爲天子二百有六年而失其柄，王莽盜之，十有七年而復爲漢。更始不能相保，[23]光武誅除僭僞，凡十有四年，然後能一之。又一百五十有三年，董卓擅朝，州郡瓦解，更相吞噬。至于魏氏，海内三分。凡九十有一年而合於晋。晋得天下纔三十年，惠帝昏愚，宗室作難，[24]群胡乘釁，濁亂中原，散爲六七，聚爲二三，凡二百八十有八年而合於隋。隋得天下纔二十有八年，煬帝無道，九州幅裂，八年而天下合於唐。唐得天下一百有三十年，明皇恃其承平，荒于酒色，養其疽囊，以爲子孫不治之疾，於是漁陽竊發，四海横流。肅、代已降，方鎮跋扈，號令不從，朝貢不至，名爲君臣，實爲仇敵。陵夷衰微，至于五代，三綱頽絶，五常殄滅。懷璽未暖，處宫未安，朝成夕敗，有如逆旅。禍亂相尋，戰争不息，流血成川澤，聚骸成丘陵，生民之類，其不盡者幾希。於是太祖皇帝受命于上帝，起而拯之，躬披甲胄，櫛風沐雨，東征西伐，掃除海宇。[25]當是之時，食不暇飽，寢不遑安，以爲子孫建太平之基。大勛未集，太宗皇帝嗣而成之。凡二百二十有五年，然後大禹之迹復混而爲一，黎民遺種始有所息肩矣。由是觀之，上下一千七百餘年，天下一統者五百餘年而已，其間時時小有禍亂，不可悉數。

國家自平河東以來，八十餘年，内外無事，然則三代以來，治平之世未有若今日之盛者也。今民有十金之産，猶以爲先人所營，苦身勞志，謹而守之，不敢失墜，况於承祖宗艱難之業，[26]奄有四海，傳祚萬世,可不重哉!可不慎哉!《夏書》曰:“予臨兆民,懔乎若朽索之馭六馬。”①《周書》曰:“心之憂危,若蹈虎尾,涉于春冰。”②臣願陛下夙興夜寐,兢兢業業,思祖宗之勤勞,致王業之不易,援古以鑒今,知太平之世難得而易失,則天下生民,至於鳥獸草木,無不幸甚矣。

惜時

夏至,陽之極也,而一陰生;冬至,陰之極也,而一陽生。故盛衰之相乘,[27]治亂之相生,天地之常經,自然之至數也。其在《周易》,泰極則否,否極則泰,豐亨宜日中。[28]孔子傳之曰:“日中則昃,月盈則食,天地盈虚,與時消息,而况於人乎?况於鬼神乎?”③是以聖人當國家隆盛之時,則戒懼彌甚,故能保其令問永久無疆也。[29]凡守太平之業者,其術無他,如守巨室而已。今人有巨室於此,將以傳之子孫,爲無窮之規,則必實其堂基,壯其柱石,强其棟梁,厚其茨蓋,高其垣墉,嚴其關鍵。既成,又擇其子孫之良者使謹守之,日省而月視,欹者扶之,弊者補之。如是,則雖亘千萬年,無頽壞也。夫民者國之堂基也,禮法者柱石也,公卿者棟梁也,百吏者茨蓋也,將帥者垣墉也,甲兵者關鍵也,是六者不可不朝念而夕思也。

夫繼體之君,謹守祖宗之成法,苟不隳之以逸欲,敗之以讒諂,則世世相承,無有窮期。及夫逸欲以隳之,讒諂以敗之,神怒於上,民怨於下,一旦涣然而去之,則雖有仁智恭儉之君,焦心勞力,猶不能救陵夷之運,遂至於顛沛而不振。嗚呼!可不鑒哉!

今國家以此承平之時,立綱布紀,定萬世之基,使如南山之不朽,江河之不竭,可以指顧而成耳。失今不爲,已乃頓足扼腕而恨之,將何益矣。《詩》云:“我日斯邁,而月斯征。夙興夜寐,無忝爾所生。”④時乎!時乎!誠難得而易失也。

---

① 參見《尚書·夏書·五子之歌》。
② 參見《尚書·周書·君牙》。
③ 參見《周易·豐卦》。
④ 參見《詩經·小雅·小宛》。

遠謀

《易》曰："君子以思患而豫防之。"①《書》曰："遠乃猷。"②《詩》云："猷之未遠，是用大諫。"③昔聖人之教民也，使之方暑則備寒，方寒則備暑，《七月》之詩是也。今夫市井稗販之人，猶知旱則資舟，水則資車，夏則儲裘褐，冬則儲絺綌。彼偷安苟生之徒，朝醉飽而暮飢寒者，雖與之俱爲編户，貧富必不侔矣。況爲天下國家者，豈可不制治於未亂，保邦於未危乎？《詩》云："迨天之未陰雨，徹彼桑土，綢繆牖户。今汝下民，或敢侮予。"④孔子曰："爲此詩者，其知道乎！能治其國家，誰敢侮之？"迨天之未陰雨者，國家閑暇，無有灾害之時也；徹彼桑土者，求賢於隱微也；綢繆牖户者，修敕其政治也。夫桑土者，鴟鴞所以固其室也；賢俊者，明主所以固其國也。國既固矣，雖有侮之者，庸何傷哉？

臣切見國家每邊境有急，羽書相銜，或一方饑饉，餓殍盈野，則廟堂之上，焦心勞思，忘寢廢食以憂之。當是之時，未嘗不以將帥之不選，士卒之不練，牧守之不良，倉廩之不實，追責前人，以其備禦之無素也。幸而烽燧息，年穀登，[30]則明主舉萬壽之觴於上，群公百官歌太平、縱娛樂於下，晏然自以爲長無可憂之事矣。

嗚呼！使自今日以往，[31]四夷不復犯邊，水旱不復爲灾則可矣，若猶未也，則天幸安可數恃哉？陛下何不試以閑暇之時思，不幸邊鄙有警，饑饉薦臻，則將帥可任者爲誰？牧守可倚者爲誰？雖在千里之外，使之常如目前。至於甲兵之利鈍，金穀之盈虛，皆不可不前知而豫謀也，若待事至而後求之，則已晚矣。

夫四夷、水旱，事之細者也，抑又有大於是者，陛下亦嘗留少頃之

---

① 參見《周易·既济卦》。

② 參見《尚書·周書·康誥》。

③ 參見《詩經·大雅·板》。

④ 參見《詩經·豳风·鴟鴞》。

慮乎？《詩》云："維彼聖人，瞻言百里。維彼愚人，覆狂以喜。"①此言遠謀之難知，近言之易行也。夫謀遠則似迂，似迂則人皆忽之。其爲害至慘也，而無切身之急；爲利至大也，而無旦夕之驗。則愚者抵掌，謂之迂也宜矣。國家之制百官，莫得久於其位，求其功也速，責其過也備，是故或養交飾譽以待遷，或容身免過以待去。上自公卿，下及斗食，[32]自非憂公忘私之人，大抵多懷苟且之計，莫肯爲十年之規，况萬世之慮乎？自非陛下惕然遠覽，勤而思之，日復一日，長此不已，豈國家之利哉？此臣日夜所以痛心泣血而憂也。昔賈誼當漢文帝之時，以爲天下之勢，[33]方病大瘇，又苦蹠盭，又類辟，且病痱。陛下視方今國家安固，公私富貴，百姓樂業，孰與漢文？然則天下之病，無乃更甚乎？失今不治，必爲痼疾，陛下雖欲治之，將無及已。治之之術，非有他奇巧也，在察其病之緩急，擇其藥之良苦，隨而攻之，勿責目前之近功，期於萬世治安而已矣。

重微

《虞書》曰："兢兢業業，一日二日萬幾。"②幾之爲言微也，爲言微也言當戒懼萬事之微也。夫水之微也，捧土可塞，其盛也，漂木石，没丘陵。火之微也，勺水可滅，及其盛也，焦都邑，燔山林。故治之於微則用力寡而功多，治之於盛則用力多而功寡。是故聖帝明王，皆銷惡於未萌，弭禍於未形，天下陰被其澤，而莫知所以然也。

《周易・坤》之初六，於律爲林鍾，於曆爲建未之月，陽氣方盛而陰氣已萌，物未之知也，是故聖人謹之曰"履霜，堅冰至"。③言爲人君者，當絶惡於未形，杜禍於未成也。《繫辭》曰："知幾，其神乎。""君子知微知彰，知柔知剛，萬夫之望。"④謂此道也，孔子謂魯哀公曰："昧爽

① 參見《詩經・大雅・蕩之什》。
② 參見《尚書・虞書・皋陶謨》。
③ 參見《周易・坤卦》。
④ 參見《周易・繫辭下傳》。

夙興，正其衣冠，平旦視朝，慮其危難，一物失理，亂亡之端。”①君以此思憂，可知矣。太宗皇帝命詔宣使、河州團練使王繼恩討蜀，平之。宰相請除繼恩徽使，太宗不許，曰：“宣徽使位亞兩府，若使繼恩爲之，是宦官執政之漸也。”宰相固請，以繼恩之功大，他官不足以賞之。太宗怒，切責宰相，特置宣政使以授之。真宗皇帝欲與章穆王皇后及後宫游内庫，后辭曰：“婦人之性，見珍寶財貨不能無求。夫府庫者，國家所以養六軍、備非常也，今耗之於婦人，[34]非所以重社稷也。”真宗深以爲然，遂止。由是觀之，先帝以睿明卓越，防微杜漸如此之深，可不念哉！

昔扁鵲見齊桓侯曰：“君有疾在腠理，不治將深。”②桓侯不悦，曰：“醫之好利也，欲以不疾者爲功。③”及在血脉，在腸胃，桓侯皆不信。及在骨髓，扁鵲望之，遂逃去。徐福言：“霍氏太盛，宜以時抑制。”漢宣帝不從，及霍氏誅，人爲之訟其功，以爲“曲突徙薪無恩澤，焦頭爛額爲上客”。④ 故未然之言常見棄忽，及其已然又無所及。夫晏安怠惰肇荒淫之基，奇巧珍玩發奢泰之端，甘言悲辭啓僥倖之望，附耳屏語開讒賊之門，不惜名器導僭逼之源，假借威福授陵奪之柄。凡此六者，其初甚微，朝夕狎玩，未嘗甚害，[35]日滋月益，遂至深固，比知而革之，則用力百倍矣。

伏惟陛下思萬幾之至重，覽大易之明戒，誦孔子之格言，繼先帝之聖志，使扁鵲得蚤從事，毋使徐福有曲突之嘆，則可以修之於廟堂而德冒四海，治之於今日而福流萬世，優游逍遥而光烈顯大。豈不美哉！豈不美哉！

務實

《周書》曰：“若作梓材，既勤樸斲，惟其塗丹雘。”⑤此言爲國家者，

---

① 參見《孔子家語・五儀解》。
② 參見《韓非子・喻老》。
③ 參見《韓非子・喻老》。
④ 參見《汉書》卷六八《霍光金日磾傳》。
⑤ 參見《尚書・周書・梓材》。

必先實而後文也。夫安國家、利百姓，仁之實也；保基緒、傳子孫，孝之實也；辨貴賤、立綱紀，禮之實也；和上下、親遠邇，樂之實也；决是非、明好惡，政之實也；詰奸邪、禁暴亂，刑之實也；察言行、試政事，求賢之實也；量材能、課功狀，審官之實也；詢安危、訪治亂，納諫之實也；選勇果、習戰鬥，治兵之實也。實之不存，雖文之盛美無益也。

臣切見方今遠方窮民轉死溝壑，而屢赦有罪，循門散錢，其於仁也，不亦遠乎？本根不固，有識寒心，而道宫佛廟，修廣御容，其於孝也不亦遠乎？統紀不明，祭器紊亂，而雕繢文物，修飾容貌，其於禮也，不亦遠乎？群心乖戾，元元怨苦，而斷竹數黍，敲叩古器，其於樂也，不亦遠乎？是非錯繆，賢不肖渾殽，而鈎校簿書，訪尋此例，其於政也，不亦遠乎？奸暴不誅，冤結不理，而拘泥微文，糾擿細過，其於刑也，不亦遠乎？行能之士，沉淪草野，而考校文辭，指决聲病，[36]其於求賢，不亦遠乎？材任相違，職業廢弛，而檢勘出身，比類資序，其於審官，不亦遠乎？久大之謀，棄而不省，淺近之言，應時施行，其於納諫，不亦遠乎？將帥不良，士卒不精，而廣聚虛數，徒取外觀，其於治兵，不亦遠乎？凡此十者，皆文具而實亡，本失而末在。譬猶膠板爲舟，摶土爲檝，敗布爲帆，朽索爲維，畫以丹青，衣以文綉，使偶人駕之而履其上。以之居平陸，則焕然信可觀矣。若以之涉江河，犯風濤，豈不危哉！

伏望陛下撥去浮文，悉敦本實，選任良吏以子惠庶民，深謀遠慮以保安宗廟。張布綱紀，使下無覦心；和厚風俗，使人無離怨；别白是非，使萬事得正；誅鋤奸惡，使威令必行；取有益，罷無用，使野無遺賢；進有功，退不職，使朝無曠官；察讜言，考得失，使謀無不盡；擇智將，練勇士，使征無不服。如是，則國家安若泰山而四維之也，又何必以文采之飾，歌頌之聲，眩耀愚俗之耳目哉。

（《宋文鑑》卷四八《進五規狀》，《司馬温公集編年箋注》卷一八《進五規狀》，《續資治通鑑長編》卷一九四“仁宗嘉祐六年”條，《宋朝諸臣奏議》卷一《上仁宗五規》）

言語類

至言　賈山

臣聞爲人臣者，盡忠竭愚，以直諫主，不避死亡之誅者，臣山是也。臣不敢以久遠諭，願借秦以爲諭，唯陛下少加意焉。

夫布衣韋帶之士，修身於内，成名於外，而使後世不絶息。至秦則不然，貴爲天子，富有天下，賦斂重數，百姓任罷，赭衣半道，群盗滿山，使天下之人戴目而視，傾耳而聽。一夫大呼，天下響應者，陳勝是也。秦非徒如此也，起咸陽而西至雍，離宫三百，鐘鼓帷帳，不移而具。又爲阿房之殿，殿高數十仞，東西五里，南北千步，從車羅騎，四馬騖馳，旌旗不撓。爲宫室之麗至於此，使其後世曾不得聚廬而托處焉。爲馳道於天下，東窮燕、齊，南極吴、楚，江湖之上，瀕海之觀畢至。道廣五十步，三丈而樹，厚築其外，隱以金椎，樹以青松。爲馳道之麗至於此，使其後世曾不得邪徑而托足焉。死葬乎驪山，吏徒數十萬人，曠日十年。下徹三泉，合采金石，冶銅錮其内，漆塗其外，被以珠玉，飾以翡翠，中成觀游，上成山林。爲葬薶之侈至於此，使其後世曾不得蓬顆蔽冢而托葬焉。秦以熊羆之力，虎狼之心，蠶食諸侯，并吞海内，而不篤禮義，故天殃已加矣。臣昧死以聞，願陛下少留意而詳擇甚中。

臣聞忠臣之事君也，言切直則不用而身危，不切直則不可以明道，故切直之言，明主所欲急聞，忠臣之所以蒙死而竭知也。地之磽者，雖有善種，不能生焉；江皋河瀕，雖有惡種，無不猥大。昔者夏、商之季世，雖關龍逢、箕子、比干之賢，身死亡而道不用。文王之時，豪俊之士皆得竭其智，芻蕘採薪之人皆得盡其力，此周之所以興也。故地之美者善養禾，君之仁者善養士，雷霆之所擊，無不摧折者；萬鈞之所壓，無不糜滅者。今人主之威，非特雷霆也；埶重，非特萬鈞也。開道而求諫，和顏色而受之，用其言而顯其身，士猶恐懼而不敢自盡，又乃况於縱欲恣行暴虐，惡聞其過乎！震之以威，壓之以重，則雖有堯舜之智，孟賁之勇，豈有不摧折者哉？如此，則人主不得聞其過失矣；弗聞，則社稷危矣。

古者聖王之制，史在前書過失，工誦箴諫，瞽誦詩諫，公卿比諫，士傳言諫過，庶人謗於道，商旅議於市，[37]然後君得聞其過失也。聞其過失而改之，見義而從之，所以永有天下也。天子之尊，四海之内，其義莫不爲臣。然而養三老於太學，親執醬而餽，執爵而酳，祝餉在前，祝鯁在後，公卿奉挾，[38]大夫進履，舉賢以自輔弼，求修正之士使直諫。故以天子之尊，尊養三老，視孝也；立輔弼之臣者，恐驕也；置直諫之士者，恐不得聞其過也；學問至於芻蕘者，求善無饜也；商人、庶人誹謗已而改之，從善無不聽也。

昔者，秦政力并萬國，富有天下，破六國以爲郡縣，築長城以爲關塞。秦地之固，大小之執，輕重之權，其與一家之富，一夫之强，胡可勝計也！然而兵破於陳涉，地奪於劉氏者，何也？秦王貪狼暴虐，殘賊天下，窮困萬民，以適其欲也。[39]昔者，周蓋千八百國，以九州之民養千八百國之君，用民之力不過歲三日，什一而籍，君有餘財，民有餘力，而頌聲作。秦皇帝以千八百國之民自養，力罷不能勝其役，財盡不能勝其求。一君之身耳，所以自養者，馳騁弋獵之娱，天下弗能供也。勞罷者不得休息，飢寒者不得衣食，亡罪而死刑者無所告訴，人與之爲怨，家與之爲讎，[40]故天下壞也。秦皇帝身在之時，天下已壞矣。而弗自知也。秦皇帝東巡狩，至會稽、琅琊，刻石著其功，[41]自以爲過堯舜統；縣石鑄鍾虡，篩土築阿房之宫，自以爲萬世有天下也。古者聖王作謚，三四十世耳，雖堯、舜、禹、湯、文、武，纍世廣德，以爲子孫基業，無過二三十世者也。秦皇帝曰死而以謚法，是父子名號有時相襲也，以一至萬，則世世不相復也。故死而號曰始皇帝，其次曰二世皇帝者，欲以一至萬也。秦皇帝計其功德，度其後嗣，世世無窮，然身死纔數月耳，天下四面而攻之，宗廟滅絶矣。秦皇帝居滅絶之中而不自知者何也？天下莫敢告也。其所以莫敢告者何也？亡養老之義，亡輔弼之臣，亡進諫之士，縱恣行誅，退誹謗之人，殺直諫之士。是以道諛媮合苟容，比其德則賢於堯舜，課其功則賢於湯武，天下已潰而莫之告也。《詩》曰："匪言不能，胡此畏忌。[42]聽言則對，譖言則退。"①此之謂也。

又曰："濟濟多士，文王以寧。"②天下未嘗亡士也，然而文王獨言以寧者何也？文王好仁則仁興，得士而敬之則士用，用之有禮義。故不致其愛敬，則不能盡其心；不能盡其心，則不能盡其力；不能盡其力，則不能成其功。故古之賢君於其臣也，尊其爵禄而親之；疾則臨視之亡數，死則往吊哭之，臨其小斂大斂，已棺塗而後爲之服錫衰麻絰，[43]而三臨其喪；未斂不飲酒食肉，未葬不舉樂，當宗廟之祭而死，爲之廢樂。故古之君人者於其臣也，可謂盡禮矣；服法服，端容貌，正顔色，[44]然後見之。故臣下莫敢不竭力盡死以報其上，功德立於後世，而令聞不忘也。

今陛下念思祖考，術追厥功，圖所以昭光洪業休德，使天下舉賢良方正之士，天下皆訢訢焉，曰："將與堯舜之道，三王之功矣。"天下士莫不精白以承休德，今方正之士皆在朝廷矣，又選其賢者使爲常侍諸吏，與之馳敺射獵，一日再三出。臣恐朝廷之解弛，百官之墮於事也，諸侯聞之，又必怠於政矣。陛下即位，親自勉以厚天下，[45]損食膳，不聽樂，减外摇衛卒，止歲貢；省厩馬以賦縣傳，去諸苑以賦農夫，出帛十萬餘匹以振貧民；禮高年，九十者一子不事，八十者二筭不事；賜天下男子爵，大臣皆至公卿；發御府金賜大臣宗族，亡不被澤者；赦罪人，憐其亡髮賜之巾，憐其衣赭書其背，[46]皆父子兄弟相見也而賜之衣。平獄緩刑，天下莫不説喜。是以元年膏雨降，五穀登，此天之所以相陛下也。刑輕於它時而犯法者寡，衣食多於前年而盗賊少，此天下之所以順陛下也。臣聞山東吏布詔令，民雖老羸癃疾，扶杖而往聽之，願少須臾毋死，思見德化之成也。今功業方就，名聞方昭，四方鄉風，令從豪俊之臣，方正之士，直與之日日獵射，擊兔伐狐，以傷大

① 参見《詩經・大雅・桑柔》。

② 参見《詩經・大雅・文王》

業，絶天下之望，臣竊悼之。《詩》曰："靡不有初，鮮克有終。"①臣不勝大願，願少衰射獵，以夏歲二月，定明堂，造太學，修先王之道。風行俗成，萬世之基定，然後唯陛下所幸耳。古者大臣不媟，故君子不常見其齊嚴之色，肅敬之容。大臣不得與宴游，方正修潔之士不得從射獵，使皆務其方以高其節，則群臣莫敢不正身修行，盡心以稱大禮。如此，則陛下之道尊敬，功業施於四海，垂於萬世子孫矣。誠不如此，則行日壞而榮日滅矣。夫士修之於家，而壞之於天子之廷，臣竊愍之陛下與衆臣宴游，與大臣方正朝廷論議，夫游不失樂，朝不失禮，議不失計軌，事之大者也。

（《文章正宗》卷七《至言》，《漢書》卷五一《賈鄒枚路傳第二十一・賈山》，《西漢年紀》卷五《文帝》）

罪言　杜牧

生人常病兵，兵祖於山東，羡於天下。[47]不得山東，兵不可死。山東之地，禹畫九土一曰冀州；舜以其分野太大，離爲幽州，爲并州。程其水土，與河南等，常重十一二，故其人沈鷙多材力，重許可，能辛苦。自魏晋已下，胤淳羡淫，工機纖雜，意態百出，俗益卑弊，人亦脆弱，唯山東敦五種，本兵矢，他不能蕩而自若也。復産健馬，下者日馳二百里，所以兵常當天下。冀州，以其恃强不循理，冀其必破弱；雖已破，冀其復强大也。并州，力足以并吞也。幽州，幽陰慘殺也。故聖人因其風俗以爲之名。

黄帝時，蚩尤爲兵階，自後帝王多居其地。豈尚其俗都之邪？自周劣齊霸，不一世，晋太常傭役諸侯。至秦萃鋭三晋，經六世乃能得韓，遂折天下脊；復得趙，因拾取諸國。秦末韓信聯齊有之，故蒯通知漢、楚輕重在信。光武始於上谷，成於鄗。魏武舉官渡，三分天下有其二。晋亂胡作，至宋武號爲英雄，得蜀，行關中，[48]盡得河南地，十

① 參見《詩經・大雅・蕩》。

分天下有八，然不能使一人渡河以窺胡。至于高齊荒蕩，宇文取得，隋文因以滅矣，[49]五百年間，天下乃一家。隋文非宋武敵也，是宋不得山東，隋得山東，故隋爲王，宋爲霸。由此言之，山東，王者不得不可爲王，霸者不得不可爲霸，猾賊得之，是以致天下不安。

國家天寶末，燕盜徐起，出入成、皋、函、潼間，若涉無人地。郭、李輩常以兵五十萬，不能過鄴。自爾一百餘城，天下力盡，不得尺寸，人望之若回鶻、吐蕃，義無有敢窺者。國家因之畦河修障戍，塞其術蹊。[50]齊、魯、梁、蔡被其風流，因亦爲寇。以裏拓表，以表撑裏，混澒回轉，顛倒横斜，未嘗五年間不戰。生人日頓萎，四夷日昌熾，天子因之幸陜，幸漢中，焦焦然七十餘年矣。嗚呼！運遭孝武，澣衣一肉，不畋不樂，自卑冗中拔取將相，凡十三年，乃能盡得河南、山西地，洗削更革，罔不順適。唯山東不服，亦再攻之，皆不利以返。豈天使生人未至於帖泰耶？豈其人謀未至耶？何其艱哉！何其艱哉！

今日天子聖明，超出古昔，志於平治，若欲悉使生人無事，其要在先去兵。不得山東，兵不可去，是兵殺人無有已也。今者，上策莫如自治。何者？當貞元時，山東有燕、趙、魏叛，河南有齊、蔡叛，梁、徐、陳、汝、白馬津、盟津、襄、鄧、安、黄、壽春皆戍厚兵，[51]凡此十餘所，纔足自護治所。實不輟一人以他使，[52]遂使我力解勢弛，熟視不軌者，無可奈何。階此，蜀亦叛，吴亦叛，其他未叛者，皆迎時上下，不可保信。自元和初至今二十九年間，得蜀，得吴，得蔡，得齊，凡收郡縣二百餘城，所未能得，唯山東百城耳。土地人户，財物甲兵，校之往年，豈不綽綽乎？亦足自以爲治也。法令制度，品式條章，果自治乎？賢才奸惡，搜選置捨，果自治乎？障戍鎮守，干戈車馬，果自治乎？井閭阡陌，倉廩財賦，果自治乎？如不果自治，是助虜爲虐。環土三千里，植根七十年，復有天下陰爲之助，則安可以取？故曰上策莫如自治。

中策莫如取魏。魏於山東最重，於河南亦最重。何者？魏在山東，以其能遮趙也。既不可越魏以取趙，固不可越趙以取燕。是燕、趙常取重於魏，魏常操燕、趙之性命也。故魏在山東最重。黎陽距白馬津三十里，新鄉距盟津一百五十里，陴壘相望，朝駕暮戰，是二津，虜能潰一，則驰入成皋，不數日間。故魏於河南間亦最重。今者願以近事明之。元和中，纂天下兵誅蔡，誅齊，頓之五年，無山東憂者，以能得魏也。昨日誅滄，頓之三年，無山東憂者，亦以能得魏也。長慶初誅趙，一日五諸侯兵四出潰解，以失魏也。昨日誅趙，一日罷如長慶時，亦以失魏也。故河南、山東之輕重常懸在魏，明白可知也。[53]非魏强大，能致如此，地形使然也。故曰取魏爲中策。

最下策爲浪戰。不計地勢，不審攻守是也。兵多粟多，敺人使戰者，便於守；兵少粟少，人不敺自戰者，便於戰。故我常失於戰，虜常困於守。山東之人叛且三五世矣。今之後生所見言語舉止，無非叛也，以爲事理正當如此，沈酣入骨髓，無以爲非者，指示順向。詆侵族嬼語曰："叛去酋，酋起矣。"至於有圍急食，盡啖尸以戰，以此爲俗，豈可與决一勝一負哉？自十餘年來凡三收趙，食盡且下。堯山敗，趙侵振；下博敗，趙復振；館陶敗，趙復振。故不計地勢、不審攻守爲浪戰，最下策也。

（《唐文粹》卷四八《罪言》，《樊川文集校注·樊川文集第五·罪言》，《杜牧集繫年校注·樊川文集卷第五·罪言》，《樊川文集》卷五《罪言》，《新唐書》卷一六六《杜牧傳》）

拜嶽言　陳黯

黯自關東隨計來闕下，經華嶽祠，有巫導以祈謁。乃徹蓋整衣，馨爐瀝觴，頫拜而前，緘默而退。巫曰："客是行也，務名耶官耶？胡爲乎有祈禮而無祈詞？神之股蠁而答，盍舒乃誠。"曰："余其來拜，以嶽長群山，猶人之有聖賢，草木之有松蘭，百川之有河海，鱗羽之有虬鸞。屹屹崇崇，干霄柱空，載國祀典，宜人攸宗。拜之思盡乎余之敬，詞之黯懼乎神之聰。且神視果高而聽果深，必福其善而禍其淫。余行合乎，神也必照而臨；如欺乎，神也祈之乎何心。巫兮余言無妄兮，爲妄言者之箴。"

（《唐文粹》卷四五《拜嶽言》）

治家子言[54]　陸龜蒙

武王既伐殷，懸紂首。有泣於白旗之下者，有司責之。其人曰："吾，治家孫也。[55]數十年間，載易其鎔範矣。今又將易之，不知其所業，故泣。吾祖始鑄田器，歲東作，必大售。殷賦重，秉耒耜者一撥不敢起。[56]吾父易之爲工器，屬宫室臺榭侈，其售益倍。民凋力窮，土木中輟，吾易之以爲兵器。會諸侯伐殷，師旅戰陣興，[57]其售又倍前也。今周用鉞斬獨夫，四海將奉文理，吾之業必壞，吾亡無日矣。"

武王聞之懼，於是苞干戈，觀農事。治家子復祖之舊。[58]

（《唐文粹》卷四五《治家子言》，《文翰類選大成》卷一六二《治家子言》，《陸龜蒙全集校注》一九《治家子言》）

齊處士言　袁皓

齊祖受宋禪，大宴卿士。顧謂丞相曰："予不肖，幸有天下。非百執事羽翼小子，共拯宋人之溺也。然予不敢易時而侮器，使不十逾載，[59]致黄金與土同價。"朝臣称賀内外喧懽。快喜相聲，日走天下。齊封父聞而慶曰："宋人生矣。"而告鄉處士，處士聞而泣曰："搶虎逢狼，[60]改時而亡。吾爲宋人幸未死，果塗炭於齊矣。新主之言，豈成聖人之道耶？君王知黄金貴於土，不知百姓視土貴於黄金。吾聞古者土地之封，在於民阜而國殷。土有林木，民時而取。土有鹹滷，民時而煮。土有禾黍，民時盈庚。金玉在山，桑麻在原。聖人不禁，無私無官。死者有土，生者有田。聖人樂而百姓曰，百姓憂而聖人然。秦傳亂國之疾，百姓之苦莫痊。漢壞既廣，百姓饒矣。土地之利，百姓莫時而窺之。金玉在山，鹹滷在田。取塊土者，犯禁而死。生無土而可以田，歿無土而及乎泉。生則税蠹而郡蠶，邑剋而吏齧。吾視宋人乏葬久矣。[61]未見宋人有寸土者，君王苟欲致民於生地，不若薄民之賦，貽民之利。知百姓貴土於黄金，則其民受福於齊矣。封父敬而謝曰："吾將聞執政者可乎？"處士曰："否，是欲急挈，吾於禍矣，惟父勿施,吾將狂。”

(《唐文粹》卷四五《齊處士言》)

設毛延壽自解語　程晏

帝見王嬙美,召延壽責之曰:“君欺我之甚也。”

延壽曰:“臣以爲宫中美者,可以亂人之國。臣欲宫中之美者,遷於胡庭。是臣使亂國之物,不逞於漢而移於胡也。昔閎夭獻美女於紂而免西伯,齊遺女樂於魯而孔子行,秦遺女樂於戎而間由余,是豈曰選其惡者遺之、美者留之耶?陛下以爲美者,是能亂陛下之德也。臣欲去之,將静我而亂彼。陛下不以爲美者,是不能亂我之德,安能亂彼謀哉?臣聞太上無亂,其次去亂,其次遷亂。今國家不能無亂,陛下不能去亂,臣爲陛下遷亂耳。惡可以爲美爲彼得乎?”帝不能省。

君子曰:“良畫工也,孰誣其貨哉?”

(《唐文粹》卷四五《設毛延壽自解語》,《東萊集注觀瀾文集》丙集卷一六《設毛延壽自解語》)

録野叟語[①]　孫固

戊寅莫春,[②]孫子與友人至某縣某驛,見壁上幅紙榜曰《勸農文》,就讀之,約三百許字,丁寧諄切,大率勸民,早輸官,了租税。友人大駭曰:“此非《勸農文》,乃《催科文》也!”余未及應。有野叟霜髯赭貌,藤冠藜杖,傴而過曰:“予不識字,爲我誦之。”既而曰:“子奚駭歟?《催科文》遍天下也。農曹文移則催科外臺,奉行則催科督郵,下縣則催科縣胥,下鄉則催科朝出。廳事據案顧眄,非催科不視也。吏皃鶩行,鉗摘紙尾,非催科不書也。纍纍半道,身無完膚。問之則曰:‘催科未足者也。’黠胥魁吏,擁蓋策肥,問之則曰:‘催科有力者也。’至於閭閻之疾苦,獄訟之冤濫,不暇察也。問之則曰:‘疾苦冤濫,不察不嘗也。’不善

① 《録野叟語》出處不詳。

② 戊寅:宋仁宗景祐五年(1038)。

催科，譴且立至。故善催科者，雖贓暴而獲上官之譽，以爲彼强敏人也，有才幹人也。大則剡薦，次乃舉廉吏，次亦不失善，罷不善催科者。雖廉平而貽上官之怒，以爲彼壖者也，不能事者也。大者奏斥，次乃檄追，次亦時被責問，必供析承認乃已意嚮。如此，雖欲不催科，得乎？《催科文》所以遍天下也。先期趣辦已納，洊追蠲閣。詔令掛在墻壁，月輪集矣，叛帳足矣。供具張樂，銜杯相賀。然酒行未終，督郵已至，則官吏無人色，而敲扑囂呼之，聲震庭下矣。誠若此，何暇勸農？

"雖然循故事也，天子命太守縣令，以勸農爲職，不以催科係銜也。於是擇近郊之名勝地，有茂林清湍，崇峦秀野，可快心娱目之所。每歲仲春，帥其属造焉，揚旌旆鳴，鉦鼓陳幄，帟羅俎豆，鳴柝以召。其旁之父老，既至命吏讀交一篇，以諭之。且遍揭於鄽鄙里閭間曰此《勸農文》也，吁勸農如是乎？吾聞古者省耕補不足也，省斂助不給也，勞耒勸相察，勤惰而賞罰也。矧民田皆上所給，然後勸課之法，行自井田，化爲阡陌，千六百餘年矣。民自爲生，官不恤也。有田者不自耕，欲耕者又無田，奚勸哉不足者，不補不給者，不助惰農者，無罰力田者無爵奚？勸哉，且力田既不必，勸無田者雖勸無益，庸人孺子知其然也。然所在勸農未嘗無文也。或聱牙其辭，或平易其説，歲而新之不相襲也。嗚呼！可謂工矣。而吾小人讀之，不識其字，聽之不解，其義膭瞶然也。子以爲古人養民之政，百不一存，而此勸農故事，相仍不廢，獨何歟？固爲催科也。則吾邦君之文，不亦切於事情也哉，而又奚駭。"余問野叟姓名，不對而去，意其隱君子也。爲記其語。

曲操類

鐃歌鼓吹曲十二篇[①]　柳宗元

負罪臣宗元言："臣幸以罪居永州，受食府廪，竊活性命，得視息。

① 《唐鐃歌鼓吹曲》各篇題均據《柳宗元集校注》卷一擬定。

無治時事恐懼，小閑，又盜取古書文句，聊以自娱。伏觀漢魏以來，代有鐃歌鼓吹詞，唯唐獨無有。臣爲郎時，以太常聯禮部，嘗聞鼓吹署有戎樂，詞獨不列。今又考漢曲十二篇，魏曲十四篇，晋曲十六篇，漢歌詞不明紀功德，魏晋歌，功德具。今臣竊取魏晋義，用漢篇數，爲《唐鐃歌鼓吹曲》十二篇，紀高祖、太宗功能之神奇，因以知取天下之勤勞，命將用師之艱難。每有戎事，治兵振旅，幸歌臣詞以爲容，且得大戒，宜敬而不害。臣淪棄即死，言與不言，其罪等耳。猶其能言，有益國事。不敢效怨懟默已。謹冒死上。”

晋陽武

隋亂既極，唐師起晋陽，平奸豪，爲生人義主，以仁興武，爲《晋陽武》第一。

晋陽武，奮義威。煬之渝，德焉歸。坻畢屠，[62]綏者誰？皇烈烈，專天機。號以仁，揚其旗。日之昇，九土晞。訴田坼，[63]流洪輝。有其二，翼餘隋。斮梟鷙，連熊螭。枯以肉，勍者羸。后土蕩，玄穹彌。合之育，莽然施。惟德輔，慶無期。

右《晋陽武》二十六句。

獸之窮

唐既受命，李密自敗來歸，以開黎陽，斥東土。爲《獸之窮》第二。

獸之窮，奔大麓。天厚黄德，徂獷服。甲之櫜，弓弭矢箙。皇旅靖，敵逾蹙。自亡其徒，匪予戮。屈贇猛，虔慄慄。縻以尺組，啗以秩。黎之陽，土茫茫。富兵戎，盈倉箱。乏者德，莫能享。驅豺兕，授我疆。

右《獸之窮》二十二句。

戰武牢

太宗師討王充，建德助逆。師奮擊武牢下，擒之，遂降充，爲《戰武牢》第三。

戰武牢，動河朔。逆之助，圖掎角。怒鷇麛，抗喬嶽。翹萌芽，傲霜雹。王謀内定，申掌握。鋪施芟夷，二主縛。憚華戎，廓封略。命之萫，卑以訢。[64]歸有德，唯先覺。

右《戰武牢》十八句。

涇水黄

薛舉據涇以死，子仁杲尤勇以暴，師平之。爲《涇水黄》第四。

涇水黄，隴野茫。負太白，騰天狼。有鳥鷙立，羽翼張。鉤喙決前，[65]鉅趯傍。怒飛飢嘯，翾不可當。老雄死，子復良。巢岐飲渭，肆翱翔。頓地紘，提天綱。列缺掉幟，招摇耀鋩。鬼神來助，夢嘉祥。腦塗原野，魄飛揚。星辰復，恢一方。

右《涇水黄》二十四句。

奔鯨沛

輔氏憑江淮，竟東海，命將平之，爲《奔鯨沛》第五。

奔鯨沛，蕩海垠。吐霓翳日，腥浮雲。帝怒下顧，哀墊昏。授以神柄，推元臣。手援天矛，截修鱗。披攘蒙霧，開海門。地平水静，浮天根。羲和顯耀，乘清氛。赫炎溥暢，融大鈞。

右《奔鯨沛》十八句。

苞枿

梁之餘，保荆、衡、巴、巫，窮南越，良將取之不以師。爲《苞枿》第六。

苞枿黝矣，惟根之蟠。彌巴蔽荆，負南極以安。曰我舊梁氏，緝綏艱難。江漢之阻，都邑固以完。[66]聖人作，神武用。有臣勇智，奮不以衆。投迹死地，謀猷縱。化敵爲家，慮則中。浩浩海裔，不威而同。係縲降王，定厥功。澶漫萬里，宣唐風。蠻夷九譯，咸來從。凱還金奏，象形容。[67]震赫萬國，罔不龔。

右《苞枿》二十八句。

河右平

李軌保河右，師臨之，不克變，或執以降。爲《河右平》第七。

河右澶漫，頑爲之魁。王師如雷震，崑崙以頹。上聾下聰，鶩不可回。助讎抗有德，惟人之灾。乃潰乃奮，執縛歸厥命。萬室蒙其仁，一夫則病。濡以鴻澤，皇之聖。威畏德懷，功以定。順之于理，物咸遂厥性。

右《河右平》十八句。

鐵山碎

突厥之大，古夷狄莫强焉。師大破之，降其國，告于廟。爲《鐵山碎》第八。

鐵山碎，大漠舒。二虜勁，連穹廬。背北海，專坤隅。歲來侵邊，或傳于都。天子命元師，奮其雄圖。破定襄，降魁渠。窮竟窟宅，斥余吾。百蠻破膽，邊氓蘇。威武輝耀，[68]明鬼區。利澤彌萬祀，[69]功不可踰。官臣拜手，惟帝之謨。

右《鐵山碎》二十二句。

靖本邦

劉武周敗裴寂，咸有晋地，太宗滅之。爲《靖本邦》第九。

本邦伊晋，惟時不靖。根抵之摇，枝葉攸病。守臣不任，勩于神聖。惟鉞之興，翦焉則定。洪惟我理，式和以敬。群頑既夷，庶績咸正。皇謨載大，惟人之慶。

右《靖本邦》十四句。

吐谷渾

李靖滅吐谷渾西海上。爲《吐谷渾》第十。

吐谷渾盛强，背西海以夸。歲侵擾我疆，退匿險且遐。帝謂神武師，往征靖皇家。烈烈旆其旗，①熊虎雜龍蛇。王旅千萬人，銜枚默無嘩。束力踰山徼，[70]張翼縱漠沙。一舉刈羶腥，尸骸積如麻。除惡務本根，况敢遺萌芽。洋洋西海水，威命窮天涯。係虜來王都，犒樂窮休嘉。登高望還師，竟野如春華。行者靡不歸，親戚歡要遮。凱旋獻清廟，萬國思無邪。

右《吐谷渾》二十六句。

---

① 參見《詩經·商頌·長髮》。

高昌

李靖滅高昌。爲《高昌》第十一。

麴氏雄西北，别絶臣外區。既恃遠且險，縱傲不我虞。烈烈王者師，熊螭以爲徒。龍旗翻海浪，馹騎馳坤隅。賁育搏嬰兒，一掃不復餘。平沙際天極，但見黄雲驅。臣靖執長纓，智勇伏囚拘。文皇南面坐，夷狄千群趨。咸稱天子神，往古不得俱。獻號天可汗，以覆我國都。兵戍不交害，各保性與軀。

右《高昌》二十二句。

東蠻

既克東蠻，群臣請圖蠻夷狀如《周書王會》，爲《東蠻》第十二。

東蠻有謝氏，冠帶理海中。自言我異世，雖聖莫能通。王卒如飛翰，鵬騫駭群龍。轟然自天墜，乃信神武功。繫虜君臣人，累累來自東。無思不服從，唐業如山崇。百辟拜稽首，咸願圖形容。如周王會書，永永傳無窮。睢盱萬狀乖，咿嗢九譯重。廣輪撫四海，浩浩知皇風。歌詩鐃鼓間，以壯我元戎。

右《東蠻》二十二句。

(《柳宗元集校注》卷一《唐鐃歌鼓吹曲十二篇》)

琴操十首①　韓愈

將歸操

狄之水兮，[71]其色幽幽；我將濟兮，不得其由。涉其淺兮，石齧我足；乘其深兮，龍入我舟。我濟而悔兮，將安歸尤？[72]歸乎歸乎，無與石鬥兮，無應龍求。

右《將歸操》。

猗蘭操

蘭之猗猗，揚揚其香。不採而佩，[73]於蘭何傷。今天之旋，其曷

① 《琴操十首》各篇題均據《韓愈詩集編年箋注》卷一一擬定。

爲然。我行四方,以日以年。雪霜貿貿,薺麥之茂。子如不傷,我不爾覯。薺麥之茂,薺麥之有。君子之傷,君子之守。

右《猗蘭操》。

龜山操

龜之氣兮,[74]不能爲雨。[75]龜之枿兮,不中梁柱。龜之大兮,祇以奄魯。知將隳兮,哀莫予伍。周公有鬼兮,嗟歸予輔。

右《龜山操》。

越裳操

雨之施,物以孳,我何意於彼爲?自周之先,其艱其勤。以有疆宇,私我後人。我祖在上,四方在下。厥臨孔威,敢戲以侮。孰荒于門,孰治于田?四海既均,越裳是臣。

右《越裳操》。

拘幽操

窈揜揜兮,[76]其疑其盲;[77]耳肅肅兮,聽不聞聲。朝不見日出兮,[78]夜不見月與星,有知無知兮,爲死爲生。嗚呼!臣罪當誅兮,天王聖明。

右《拘幽操》。

岐山操

我爾子家,[79]自我先公。伊我承序,[80]敢有不同?今狄之人,將土我疆。民爲我戰,誰使死傷?彼岐有岨,我往獨處。莫爾予追,無思我悲。

右《岐山操》。

履霜操

父兮兒寒,母兮兒飢。兒罪當笞,逐兒何爲。兒在中野,以宿以處。四無人聲,誰與兒語。兒寒何衣,兒飢何食。兒行于野,履霜以足。母生衆兒,有母憐之。獨無母憐,母寧不悲。[81]

右《履霜操》。

雉朝飛操

雉之飛，于朝日。群雌孤雄，意氣横出。當東而西，當啄而飛。隨飛隨啄，群雌粥粥。嗟我雖人，曾不如彼雉鷄。生身七十年，無一妾與妃。

右《雉朝飛操》。

别鵠操

雄鵠銜枝來，雌鵠啄泥歸。巢成不生子，大義當乖離。江漢水之大，鵠身鳥之微。更無相逢日，且可繞樹相隨飛。[82]

右《别鵠操》。

殘形操

有獸維狸兮，我夢得之。其身孔明兮，而頭不知。吉凶何爲兮？覺坐而思。巫咸上天兮，識者其誰？

右《殘形操》。

（《唐文粹》卷一〇《琴操十首》，《樂府詩集》卷五八《琴曲歌辭二》，《韓愈詩集編年箋注》卷一一《琴操十首》，《唐詩品彙·七言古詩》卷一一）

樂章類

補樂歌十篇並序①　元結

自伏羲氏至於殷室，凡十代，樂歌有其名亡其辭。考之傳記其義或存焉。嗚呼！樂聲，自太古始，百世之後，盡亡古音。嗚呼！樂歌自太古始，百世之後，遂亡古辭，今國家追復純古，列祀往帝，歲時薦享，列必作樂，而無雲門、咸池、韶、夏之聲，故探其名義以補之，誠不足全化金石，反正宫羽，而或存之，猶乙乙冥冥，有純古之聲，豈幾乎司樂君子，導和焉爾。凡十篇二十章，各引其義以序之，命曰《補

① 《補樂歌十篇》各篇題均據《唐文粹》卷一〇、《元次山集》卷一擬定。

樂歌》。

網罟

《網罟》，伏羲氏之樂歌也。其義蓋稱伏羲能易人取禽獸之勞。

吾人苦兮，水深深。網罟設兮，水不深。

吾人苦兮，山幽幽。網罟設兮，山不幽。

右《網罟》二章，章四句。

豐年

《豐年》，神農氏之樂歌也。[83]其義蓋稱神農教人種植之功。

猗太帝兮，其智如神。分草實兮，濟我生人。

猗太帝兮，其功如天。均四時兮，成我豐年。

右《豐年》二章，章四句。

雲門

《雲門》，軒轅氏之樂歌也。其義蓋言雲之出，潤益萬物，如帝之德無所不施。

玄雲溶溶兮，垂雨濛濛。類我聖澤兮，涵濡不窮。

黄雲漠漠兮，含映逾光。邈我聖德兮，溥博無方。

右《雲門》二章，章四句。

九淵

《九淵》，少昊氏之樂歌也。其義蓋稱少昊之德，淵然深遠。

聖德至深兮，奫奫如淵。生類娭娭兮，孰知其然。

右《九淵》一章四句。

五莖

《五莖》，顓頊氏之樂歌也。其義蓋稱顓頊得五德之根莖。

植植萬物兮，修修根莖。[84]五德涵柔兮，渢渢而生。其生如何兮秞秞。[85]天下皆自我君兮，化成。

右《五莖》一章七句。[86]

六英

《六英》，高辛氏之樂歌也。其義蓋稱帝嚳能總六合之英華。

我有金石兮，擊拊淙淙。[87]興汝歌舞兮，上帝之風。由六合兮，英華渢渢。

我有絲竹兮，韵和泠泠。與汝歌舞兮，上帝之聲。由六合兮，根柢羸羸。

右《六英》二章，章六句。

咸池

《咸池》，陶唐氏之樂歌也。其義蓋稱堯德至大無不備全。

元化油油兮，孰知其然。至德汩汩兮，順之以先。

元化浘浘兮，孰知其然。至道泱泱兮，由之以全。

右《咸池》二章，章四句。

大韶

《大韶》，有虞氏之樂歌也。其義蓋稱帝舜能紹先聖之德。

森森群象兮，日見生成。欲聞朕初兮，玄封冥冥。

洋洋至化兮，日見深柔。欲聞涵濩兮，大淵油油。

右《大韶》二章，章四句。

大夏

《大夏》，有夏氏之樂歌也。其義蓋稱禹治水其功能大中國。

茫茫下土兮，乃生九州。山有長岑兮，川有深流。

茫茫下土兮，乃均四方。國有民人兮，野有封疆。

茫茫下土兮，乃歌萬年。上有茂功兮，下戴仁天。

右《大夏》三章，章四句。

大護

《大護》，[88]有殷氏之樂歌也。其義蓋稱湯救天下，護然得所。

萬姓苦兮，怨且哭。不有聖人兮，誰護育。

聖人生兮，天下和。萬物熙熙兮，舞且歌。

右《大護》二章，章四句。

（《唐文粹》卷一〇《補樂歌十篇並序》，《樂府詩集》卷九六《補樂歌十首》，《元次山集》卷一《補樂歌十篇並序》）

補九夏歌系文九篇並序① 　皮日休

《周禮》，鐘師掌金奏。九樂事，[89]以鐘鼓奏《九夏》。按鄭康成注云："夏者，大也。樂之大者，歌有九也。《九夏》者，皆詩篇，銘頌之類也。此歌之大者，載在乎樂章。樂崩亦從而亡，是以頌不能具也。"嗚呼！吾觀之《魯頌》，其古也亦以久矣。九夏亡者，吾能頌乎？夫大樂既去，至音不嗣。頌於古不足以補亡，頌於今不足以入用，庸何頌乎？頌之亡者，俾千古之下，鄭衛之内，窈窈冥冥，不獨有大卷之音者乎。

王夏

王夏之歌者，王出入之所奏也。

爞爞皎日，欻麗于天。厥明御舒，如王出焉。

爞爞皎日，嘆入于地。厥晦厥貞，[90]如王入焉。

出有龍游，[91]入有珩珮。勿駈勿馳，惟慎惟戒。

出有嘉謀，入有内則。繄彼臣庶，欽王之式。

《王夏》四章，章四句。

肆夏

肆夏之歌者，尸出入之所奏也。

愔愔清廟，儀儀袞服。我尸出矣，迎神之穀。

杳杳陰竹，坎坎路鼓。我尸入矣，得神之祜。

《肆夏》二章，章四句。

昭夏

昭夏之歌者，牲出入之所奏也。

有鬱其鬯，有儼其彝。九變未作，全乘來之。

既醑既酢，爰陳爰舞。[92]象物既降，全乘之去。

《昭夏》二章，章四句。

---

① 《補九夏歌》各篇題均據《唐文粹》卷一〇、《皮子文藪》卷三擬定。

納夏

納夏之歌者，四方賓客來之所奏也。

麟之儀儀，不縶不維。樂德而至，如賓之嬉。

鳳之愉愉，不篝不篞。樂德而至，如賓之娭。

自筐及筥，我有牢醑。自筐及篚，我有貨幣。

我牢不愆，我貨不匱。碩碩其才，有樂而止。

《納夏》四章，章四句。

章夏

章夏之歌者，臣有功之所奏也。

王有虎臣，錫之鈇鉞。征彼不憓，一撲而滅。

王有虎臣，錫之圭瓚。征彼不享，一烘而泮。

王有掌封，[93]遉爾疆理。王有掌客，鐀爾饔餼。

何以樂之，金石九奏。何以賜之，龍旗九旒。

《章夏》四章，章四句。

齊夏

齊夏之歌者，夫人祭之所奏也。

瓓瓓衡笄，翬翬褕翟。自内而祭，爲君之則。

《齊夏》一章，章四句。

族夏

族夏之歌者，族人酌之所奏也。

洪源誰孕，疏爲江河。大塊孰埏，播爲山阿。

厥流浩漾，厥勢嵯峨。今君之酌，慰我實多。

《族夏》二章，章四句。

祴夏

祴夏之歌者，[94]賓出之所奏也。

禮酒既酌，嘉賓既厚，牘爲之奏。

禮酒既竭，嘉賓既悦，應爲之節。

禮酒既罄，嘉賓既酲，[95]稚爲之行。牘、應、稚三樂器也。賓醉而出，奏裓夏以此三忠筑地，爲之行事也。

《裓夏》三章，章三句。

鶩夏

鶩夏之歌者，公出入之所奏也。

桓桓其珪，袞袞其衣。出作二伯，天子是毗。

桓桓其珪，袞袞其服。入作三孤，國人是福。

《鶩夏》二章，章四句。

（《唐文粹》卷一〇《補九夏歌系文九篇並序》，《樂府詩集》卷九六《補九夏歌九首》，《皮子文藪》卷三《補九夏歌系文九篇並序》）

冬至日祀昊天圜丘樂章八首①　魏徵、褚亮、虞世南等作

豫和

降神用《豫和》。

上靈睠命膺會昌，盛德殷薦叶辰良。景福降兮聖德遠，文化穆兮天歷長。[96]

太和

皇帝行用《太和》。

穆穆我后，道應千齡。登三處大，得一居貞。禮惟崇德，樂以和聲。百神仰止，天下文明。

肅和

登歌奠玉帛用《肅和》。

闓陽播氣，甄曜垂明。有赫圓宰，深仁曲成。日麗蒼璧，烟開紫營。聿遵虔享，式降鴻禎。

雍和

迎俎用《雍和》。

---

① 各篇題均據《唐文粹》卷一〇、《樂府詩集》卷四補。

欽惟大帝，載仰皇穹。始命田燭，爰啓郊宫。《雲門》駭聽，雷鼓鳴空。神其介祀，景祚斯融。

壽和

酌獻飲福用《壽和》。

八音斯奏，三獻畢陳。寶祚惟永，輝光日新。

舒和

送文舞出迎武舞入用《舒和》。

疊璧凝影皇壇路，編珠流彩帝郊前。已奏皇鍾歌大吕，還符寶曆祚昌年。

凱安

武舞作用《凱安》。

昔在炎運終，中華亂無象。酆郊赤鳥見，邙山黑雲上。大賚下周車，禁暴開殷網。幽明同叶贊，鼎祚齊天壤。

豫和

送神用《豫和》。

歌奏畢兮禮獻終，六龍馭兮神將昇。明德感兮非黍稷，降福簡兮祚休徵。

（《唐文粹》卷一〇《冬至日祀昊天圜丘樂章八首》，《樂府詩集》卷四《唐祀圜丘樂章》，《褚亮集·冬至日祀昊天於圜丘樂章》，《舊唐書》卷三〇《音樂志·冬至祀昊天於圓丘樂章八首》）

開元樂章十九首　張説

迎神永和之樂三章[97]

肅九室，諧八音。歌皇慕，動神心。禮宿設，樂妙尋。聲明格，祼奠臨。

律迓氣，音入玄。依玉几，御黼筵。聆慨息，優周旋。九韶遍，百福傳。

信工祝，永頌聲。來祖考，聽和平。相百辟，貢九瀛。神休委，帝孝成。

皇帝行太和之樂一章

時文聖后，清廟肅雍。致誠勤孝，在貌思恭。玉蓈肆夏，[98]金鏘五鍾。繩繩雲步，穆穆天容。

酌瓚登歌肅和之樂一章

天子孝享，工歌溥將。躬祼鬱鬯，乃爇膋薌。臭以達陰，聲以求陽。奉時蒸嘗，永代不忘。

迎俎雍和之樂二章

在滌嘉豢，麗碑敬牲。角握之牡，色純之騂。火傳陽燧，水溉陰精。太公胖俎，傳説和羹。

齊戒豐潔，俎豆有馨。亦有和羹，既戒既平。鼓鍾管磬，肅唱和鳴。皇皇后祖，來我思成。

酌獻用文舞一章

聖謨九德，真言五千。慶集昌冑，符開帝先。高文仗鉞，克配彼天。三宗握鏡，六合焕然。帝其承祀，率禮罔愆。圖書霧出，日月清懸。舞形德類，咏諗功傳。黄龍蜿蜒，綵雲蹁躚。五行氣順，八佾風宣。介此百福，於皇萬年。

宣皇帝室光大之舞一章

肅肅藝祖，滔滔濬源。有雄玉劍，作鎮金門。文王餘緒，后稷謀孫。肇禋九廟，四海來尊。

光皇帝室長發之舞一章

具禮崇德，備樂承風。魏推憧主，[99]周贈司空。不行而至，無成有終。神與王業，天歸帝功。

景皇帝室大政之舞一章

於赫元命，權輿帝文。天齊八柱，地半三分。宗廟觀德，笙鏞樂勛。封唐之兆，成天下君。

元皇帝室大成之舞一章

帝舞季歷，襲聖生昌。后歌有媯，胎炎孕皇。[100]天地合德，日月齊光。肅雍孝享，祚我萬方。

高祖神堯皇帝室大明之舞一章

赤精亂德，四海困窮。黄旗舉義，三靈會同。旱望春雨，雲披大風。溥天來祭，高祖之功。

太宗文武聖皇帝室崇德之舞一章

皇合一德，廟宗百神。削平天下，大拯生民。[101]上帝配食，單于入臣。戎歌陣舞，曄曄震震。

高宗天皇大帝室鈞天之舞一章

高皇邁道，端拱無爲。化懷獯鬻，兵戢句驪。禮尊封禪，樂盛來儀。合位媧后，同稱伏羲。

中宗孝和皇帝室文和之舞一章

退居江水，鬱起丹陵。禮物還舊，朝典中興。[102]龍圖反及，[103]駿命恭膺。鳴球香瓚，大禧是承。[104]

睿宗大聖真皇帝室景雲之舞一章

景雲霏爛，告我帝符。噫帝冲德，與天爲徒。笙鏞遥遠，俎豆虚無。春秋孝獻，因復此都。[105]

皇帝受福酒昨福和之樂一章[106]

備禮用樂，崇親致尊。誠通慈降，敬徹愛存。獻懷稱壽，啐感承恩。皇帝孝德，子孫千億。天包天域，[107]長亘不極。

送文舞迎武舞一章

六鍾翕協六變成，八佾倘佯八風生。樂九韶兮人神感，[108]美七德兮天地清。

亞終獻武舞凱安之樂四章

嶣彼瑶爵，亞維上公。室如屏氣，門不容躬。禮殷其本，樂執其中。聖皇所慕，天地幽通。

禮帀三獻，[109]樂變九成。降循軒陛，仰欷皇情。福與仁合，德因孝明。百年神畏，四海風行。

總總干戚，填填鼓鍾。奮揚增氣，坐作爲容。離若鷙鳥，合如戰龍。萬方觀德，肅肅雍雍。

烈祖順三靈，文宗威四海。黄鉞誅群盜，朱旗掃多罪。戢兵天下安，約法人心改。大哉千羽意，長見風雲在。

徹豆登歌一章

止笙磬，撤豆籩。廓無響，窅又玄。主在室，神在天。情餘慕，禮罔愆。嘉黍稷，屢豐年。

送神一章

眇嘉樂，援靈爽。感若來，思如往。休氣息，回風上。返寂寞，還惚恍。懷虛駕，[110]結空想。

（《唐文粹》卷一〇《開元樂章十九首》，《樂府詩集》卷一〇《唐享太廟樂章》，《舊唐書》卷三一《音樂志・玄宗開元七年享太廟樂章十六首》，《張説集校注》卷一〇《開元樂章十九首》）

祀朝日樂章三首①　貞觀中作

肅和

登歌奠玉帛用《肅和》。

惟聖格天，惟明饗日。帝郊肆類，王宫戒吉。珪奠春舒，鍾歌曉溢。禮云克備，斯文有秩。

雍和

迎神用《雍和》。

晨儀式薦，明祀惟光。神物爰止，[111]靈暉載陽。玄端肅事，紫幄興祥。福履攸假，於昭令王。

舒和

送文舞出迎武舞入用《舒和》。

崇牙樹羽延調露，旋宫和律掩丞雲。誕敷懿德昭神武，載集豐功表睿文。

（《唐文粹》卷一〇《祀朝日樂章三首》，《樂府詩集》卷六《唐朝日樂章》，《舊唐書》卷三〇《音樂志・祀朝日樂章八首》）

① 各篇題均據《唐文粹》卷一〇、《樂府詩集》卷六擬定。

祀夕月樂章三首[①]　貞觀中作

舒和

登歌奠玉帛用《舒和》。

測妙爲神，通微曰聖。坎祀貽則，郊禋展敬。[112]璧薦登光，金歌動映。以載嘉德，以流曾慶。

雍和

迎俎用《雍和》。

朏晨争舉，天宗禮闢。夜典凉秋，陰明湛夕。有齊斯旨，有牲斯碩。穆穆其暉，穰穰是積。

豫和

送文舞出迎武舞入用《豫和》。

合吹八風金奏動，分容萬舞玉鞘驚。辭昭茂典光前烈，夕曜成功表舊明。

（《唐文粹》卷一〇《祀夕月樂章三首》，《樂府詩集》卷六《唐夕月樂章》，《舊唐書》卷三〇《音樂志·祀夕月樂章八首》）

睿宗太極元年登黄地祇於方丘樂章一十一首

林鍾商　韓思復[113]

大樂和暢，殷薦明神。一降通感，八變必臻。有求斯應，無德不親。降靈醉止，休徵萬人。

太蔟角　盧從愿

坤元載物，陽樂發生。播殖資始，品彙咸亨。列俎棋布，[114]方壇砥平。神歆禋祀，[115]后德惟明。

沽洗徵　劉晃

大君出震，有事郊禋。齋戒既肅，馨香畢陳。樂和禮備，候暖風

① 各篇題均據《唐文粹》卷一〇、《樂府詩集》卷六擬定。

春。恭惟降福，實賴明神。

南吕羽　韓休

於穆濬哲，維清緝熙。肅事昭配，永言孝思。滌濯静嘉，馨香在兹。神之聽之，用受福釐。

皇帝行用《太和》黄鍾宫　王晙

於穆聖皇，六葉重光。太原刻頌，后土疏埸。[116]寶鼎呈符，歊雲孕祥。禮樂備矣，降福穰穰。

登歌奠玉帛用《肅和》蕤賓均之夾鍾羽　崔玄同

聿修嚴配，展事禋宗。祥符寶鼎，禮備黄琮。祝辭以信，明德惟聰。介兹景福，永永無窮。

登俎用《雍和》黄鍾均之南吕宫羽　賈曾

蠲我漸糦，潔我膋薌。有豆孔碩，爲羞既臧。至誠無昧，精意惟芳。神其醉止，欣欣樂康。

酌獻飲福用《壽和》　蘇頲[117]

禮物斯具，樂章乃陳。誰其作主，皇考聖真。對越在天，聖明佐神。窅然汾上，厚澤如春。

送文舞出迎武舞入用《舒和》太蔟宫　何鸞

樂奏云闋，禮章載虔。禋宗于地，昭暇于天。惟馨薦矣，既醉歆焉。神之降福，永永萬年。

武舞用《凱安》　黄鍾均之林鍾徵　蔣挺

維歲之吉，維辰之良。聖君紱冕，肅事壇場。大禮已備，大樂斯張。神其醉止，降福無疆。

送神用《順和》　源光裕

方丘既膳，嘉饗載謐。齋敬畢誠，陶匏貴質。秀簠豐薦，芳俎盈實。永永福流，其昇如日。

（《唐文粹》卷一〇《睿宗太極元年登黄地祇於方丘樂章一十一首》，《樂府詩集》卷七《唐祭汾陰樂章》，《舊唐書》卷三〇《音樂志·玄宗開元十一年祭皇地祇於汾陰樂章十一首》）

露布類

破朱泚露布　于公異

尚書兵部：臣聞春司生榮，秋主殺伐，若終始殺伐，則不能成歲功；仁則順成，暴則滅絶，若一貫邪正，則不能建大中。是故春秋序行，則通元和，[118]而充氣毋；德刑具舉，則恊正道而經彜倫。亂由是除，兵不可去。堯舜禹湯之德，統元立極之君，或制五兵，或張九伐。蓋欲攘削奸寇，保乂生靈，補雍熙之未治，[119]佐聲教之不暨。有以然者，抑實爲何？

伏惟皇帝陛下溥博法於乾坤，貞明侔於日月，陶埏六籍，[120]表正萬邦，揚高祖、太宗之耿光，奉肅宗、代宗之丕烈。自纂大前緒，[121]高居穆清，率土承有截之風，懷生無不遂之物。

頃者邊鄙或聳，[122]干戈爰設。有征無戰，許蔡傒首領之誅；陸梁背誕，涇原生肘腋之變。逆賊朱泚，所以委身凶德，假翮奸徒，熒惑我生人，僭賊我神器。聚爲起穢之物，腥彼宫闈；散作句始之妖，[123]孛于躔次。先皇懷柔河朔，敷佑下人，録其率化之績，優以登賢之禮。恩澤汪濊，集凡庶之門；名位薰灼，加闒茸之質。冀革桀驁，將馴大和。殊不知惡木生槎枿之英猰，[124]狗吠豢牢之主。頃屬鑾輿順動，郊圻駐蹕，而泚乃嘯凶命醜，阻兵安忍。長戈指闕，流矢射天。穿高墉以鼠牙，毒王師以蠆尾。罪踰羿浞，惡貫梟獍。是以萬方憤怒，九服囂騰。思齒劍者，投袂而興；秉淬刃者，[125]不期而會。屬賊伺間釁，[126]陰貸凶謀。既緩雷霆之誅，遂延晷刻之命。臣是用祗承睿筭，恭行天討。攝衣登壇，明君臣之大義；[127]禡牙饗社，假神祇之幽贊。

以今月二十五日，總領師徒，直趨都邑，略灞滻以揚旆，瞰苑囿而下營。土堡雲舒，木棚林植。養威蓄鋭，直殄凶渠；卧鼓偃旗，猶輕小利。賊初凌犯，已略芟夷。謂其氣竭而來歸，尚敢尸居而作固。敵若可縱，師多奚爲？至二十七日，會諸將於中權，召勝風於大旆。[128]未鼓而人心粗厲，先庚而軍令凝嚴。各懷報國之心，争淬伏讎之刃。[129]臣知其可用，遂此長驅。五月二十八日寅時，華州鎮國軍節度使駱元光，商州節度使兼御史大夫尚可孤，本軍副元帥都知兵馬使吴詵，都虞候兼御史大夫邢君牙，京西行營都知兵馬使檢校刑部尚書孟涉，右廂兵馬使郭審全、權文成，神策行營商州節度都虞候彭光俊等，承命於牙旗之下，分麾於轅門之外。將士等超乘賈勇，免胄啓行，夾川陸而左旋右抽，抵丘陵而浸沺布濩。[130]聲塞宇宙，氣雄鉦鼓。陳兵於光泰門外，盡鋭於神麢倉東。繚垣摧以成塵，滋水涸而爲地。左廣未離於舊壘，前偏已交於賊鋒。若降於天，如出於地。賊將姚令言、張雲等，志懷僄狡，言尚憑凌，[131]作忠盡謀。力則不及，怙亂賊義；氣如有餘，勢同飆馳。衆若螽集，横列堅陣，旁連高岡，猶張蹭蹬之鱗，更舉螳螂之臂。衙前兵馬使兼御史大夫王佖、知衙官兼刀斧將兼御史中丞史萬頃等，[132]自相約誓，又合軍聲。指麾而貙兕作威，感激而風雲動色。遂先登進擊，深入合攻。七擒連發而星馳，兩翼旁張而雲合。霜刃交光而霍燿，鼉鼓騰聲而隱轔。賊方土崩，我乃霆擊。乘其蹈藉，遂至於上蘭；取彼鯨鯢，直通於中禁。段成諫賊之心膂，既已生擒；沈厚運賊之羽毛，終制死命。故其係頸求活，投戈乞降，崩騰於莽蒼之間，震慴於旌麾之下。

臣以其雖染污俗，昔實平人，推赤心以如初，敷王化而如一。姚令言等力扞王師，退而復合。惡鳥將墜，尚顧危巢；妖狐就擒，猶守舊穴。自卯以及酉，來拒而復攻。歡噪之聲，山傾而河泄；鼓鼙之氣，霆鬥而雷馳。屏翳發向敵之風，回禄扇燎原之焰。馬逸未止，士怒未舒。既自北而徂南，竟輿尸而折首。又使决勝軍節度使土部尚書唐良臣，右軍兵馬使御史大夫趙光詵，義武軍兵馬使楊萬榮，左步軍使孟日華、馬軍將田子奇、霍去傚、郝覲，華州左廂兵馬使馬英華，[133]右先鋒兵馬使董玭、神策行營商州節度兵馬使賈慎金，[134]右都虞候張望都等，領馬步爲副，勢均破浪，攻甚决河。雖其恃武庫之五兵，憑宫垣之萬雉，及兹翦滅，纔欲乘凌。曾乏鑄刃之鋒，已失藩籬之固。遂生擒僞署侍郎董奉、中書侍郎平章事蔣鎮、右僕射平章事張光晁、[135]兵馬使李希倩等，逆賊朱泚與同惡姚令言、張芝等，輕騎走出。臣已遣兵馬使田子奇追躡，計即誅夷。

臣竊以此賊包藏逆謀，參會凶德，祲氛其氣，豺武其心，背先皇亭育之恩，傷陛下玄默之化。漢之莽卓，未有如此之大者也。或者上天之意，申儆於巨唐；中興之期，光啓於陛下。不然何王師奮發，勢無駐於建瓴；醜類搶攘，功有輕於折莛。[136]猶逃密網，尚返隻輪。誠當盡敵之時，更發追士之騎，[137]且稽分體，未即燃臍。快億兆之歡心，蕩宗社之深耻。即當梟戮，用申刑典。今已肅清宫禁，修謁寢園，鍾簴不移，廟貌如故。蓋宸極乏所垂，[138]象列聖之所雄都。神扶業業之傾，天降穰穰之福。不然，豈免於毁圮之患，崩剥之虞者哉？此皆上天降鑒，睿慮旁施，制兵要於争先，規雄圖於轂内。再造可封之俗，固櫜不戰之功。[139]左武右文，銷鋒鑄鏑，滹乎華胥之夢，[140]熙然葛天之風。

臣謬寄臺司，幸當統帥，乏吉甫之文武，缺郄縠之《詩》《書》。此皆諸將叶心，群帥宣力；非臣庸績，敢自矜大。不勝慶快之極，謹差某官奉露布以聞。

（《唐文粹》卷三〇上《破朱泚露布》）

擬李靖破頡利可汗露布　王元之

尚書兵部：臣聞周征微狁，長駈北伐之師；漢討匈奴，用絶南牧之患。惟帝王之耀武，亦今古之長風。[141]我國家乘五運以膺圖，順三靈而改卜。義旗方舉，[142]萬民喧桃李之歌；神武惟揚，四海絶萑蒲之盜。建德尋膏於椹鑕，[143]世充俄擊於桴囚。武關則瓦解以無遺，黑闥乃土崩而自盡。杜伏威蜂屯江表，束手來降；徐圓郎鼠竊山東，連頸受戮。蕭銑之兵銷嶺外，薛舉之電掃隴川。民心於是悦隨，王業以之大定。

唯兹左衽，滯我休戈。頡利豺狼其心，腥膻異類。信天地之偏氣,爲聲教之外臣。前王忍含育之恩,[144]歷代患羈縻之術。和之則防如蛇豕,違背歡盟;攻之則遁若犬羊,疲勞師旅。我高祖以洪基肇創,黔首未安,慮王化之不敷,捨鬼方而弗顧。稔以稱臣之禮,加其厚往之儀,持神鋒而方俟斬鯨,豢良犬而未遑顧兔。謀臣爲之切齒,壯士爲之衝冠。天威久戰於雷霆,[145]醜類逾滋於蜂蠆。[146]

伏惟陛下經綸草昧,掃蕩欃搶。出震宫而日麗九天,廓皇道而風行八表。痛心疾首,長思渭水之侵;繕甲理兵,特問鐵山之罪。而又侵凌王土,搔動邊民,稔惡貫以既盈,奉天誅而無赦。臣等徂征授鉞,仗義平戎。執乎彼曲之辭,乘以我盈之勢?鼓鼙動地,三春掀蟄震之雷;戈甲連雲,千里散龍蛇之雷。指陰山而直入,趁馬邑以兼程。康蘇密應變知幾,先來款附;蕭皇后離邦去里,再見京師。

頡利有此敗亡,方來朝謁。穽中餓虎,暫爲掉尾之情;籌上飢鷹,終有背人之意。臣與副將張某等知其猶豫,恐恣猖狂,遂乘無備之時,爰作襲人之計。齎三旬之路,[147]食擁一萬之精兵。火炎而立見燎毛,雷疾而寧容掩耳。斬俘馘於萬級,虜羊犬以千群。[148]頡利生擒,義城斷首,[149]盡復恒安之地,永清大漠之塵。韋韝毳幕之人從兹率服,浴鐵袵金之士將見凱旋。臣等職忝專行,材非善戰,實賴自天之祐,敢言破虜之功?遥荷皇威,不辜閫外之寄;咸知睿筭,自駈堂上之兵。佇見輿耒耜於沙場,戢干戈於武庫。憧憧夷邸,長傾奉日之心;寂寂邊城,永罷防秋之役。臣等無任樂聖戴天、忭舞歡呼之至。[150]

(《五百家播芳大全文粹》卷九一《擬李靖破頡利可汗露布》,《文翰類選大成》卷一四九《擬李靖破頡利可汗露布》,《小畜集》卷一一《擬李靖破頡利可汗露布》)

【校勘記】

[1] 否:《文選》卷四五、《漢書》卷六五均作"苦"。

[2] 淵:《文章類選》同《文選》卷四五,《漢書》卷六五作"泉"。

［3］馳：《文章類選》同《文選》卷四五，《漢書》卷六五作“談”。
［4］故曰：此二字原脱，據《漢書》卷六五補。
［5］管：原作“音”，據《文選》卷四五、《漢書》卷一〇〇上改。
［6］乎：《崇古文訣》卷一五作“手”。
［7］欺：《崇古文訣》卷一五作“欹”。
［8］秭：《崇古文訣》卷一五作“杮”。
［9］戲：《崇古文訣》卷一五作“蹷”。
［10］虒祈：《崇古文訣》卷一五作“虒祁”。
［11］羅：此字原脱，據《柳宗元集校注》卷一五補。
［12］烟：《崇古文訣》卷一五作“熛”。
［13］俟：原作“假”，據文意及《元次山集》卷五改。
［14］晦：此字原脱，據《唐文粹》卷四三、《元次山集》卷五補。
［15］竟：《文章類選》同《唐文粹》卷四三，《元次山集》卷五作“意”。
［16］大：此字原脱，據《唐文粹》卷四三、《元次山集》卷五補。
［17］許：《唐文粹》卷四三、《元次山集》卷五均作“汙”。
［18］銑：《文章類選》同《唐文粹》卷四三，《元次山集》卷五作“覝”。下句同。
［19］元子：此二字後原衍“友”字，據文意及《元次山集》卷五删。
［20］俾和者曰何樂亦然何樂亦然：此十二字原脱，據《唐文粹》卷四三、《元次山集》卷五補。
［21］急：《宋文鑑》卷四八、《宋朝諸臣奏議》卷一均作“切”。
［22］多：《文章類選》同《宋文鑑》卷四八，《宋朝諸臣奏議》卷一作“并”。
［23］相：《宋文鑑》卷四八、《宋朝諸臣奏議》卷一均作“自”。
［24］作：《文章類選》同《宋文鑑》卷四八，《宋朝諸臣奏議》卷一作“構”。
［25］宇：《宋文鑑》卷四八、《宋朝諸臣奏議》卷一均作“内”。
［26］艱難：《宋文鑑》卷四八作“盛美”，《宋朝諸臣奏議》卷一作“光美”。
［27］乘：《文章類選》同《宋文鑑》卷四八，《宋朝諸臣奏議》卷一作“承”。
［28］享：《宋文鑑》卷四八、《宋朝諸臣奏議》卷一均作“亨”。
［29］問：《文章類選》同《宋文鑑》卷四八，《宋朝諸臣奏議》卷一作“聞”。
［30］年：《宋文鑑》卷四八、《宋朝諸臣奏議》卷一均作“五”。
［31］以：《文章類選》同《宋文鑑》卷四八，《宋朝諸臣奏議》卷一作“已”。
［32］斗：原作“計”，據《宋文鑑》卷四八、《宋朝諸臣奏議》卷一改。
［33］之勢：此二字原脱，據《宋朝諸臣奏議》卷一補。
［34］耗：《文章類選》同《宋文鑑》卷四八，《宋朝諸臣奏議》卷一作“散”。
［35］嘗：《宋文鑑》卷四八作“覩”，《宋朝諸臣奏議》卷一作“睹”。
［36］决：《宋文鑑》卷四八、《宋朝諸臣奏議》卷一均作“抉”。
［37］識：《文章正宗》卷七、《漢書》卷五一《賈鄒枚路傳》均作“議”。

［38］挾：《文章正宗》卷七、《漢書》卷五一《賈鄒枚路傳》均作“仗”。

［39］“以適其欲也”句至下文“以高其節則”：本兩頁内容原亂入於其後所録袁皓撰《齊處士言》“吾視宋人乏萍”至“久矣”間，據《文章類選》書例及《文章正宗》卷七、《漢書》卷五一《賈鄒枚路傳》調整。參見下篇《齊處士言》校勘記。

［40］雠：原作“儺”，據《文章正宗》卷七、《漢書》卷五一《賈鄒枚路傳》改。

［41］著：原作“者”，據《文章正宗》卷七、《漢書》卷五一《賈鄒枚路傳》改。

［42］此：《詩經·大雅·桑柔》、《文章正宗》卷七均作“斯”。

［43］錫：此字原脱，據《文章正宗》卷七、《漢書》卷五一《賈鄒枚路傳》補。

［44］正：此字原脱，據《文章正宗》卷七、《漢書》卷五一《賈鄒枚路傳》補。

［45］勉：《文章正宗》卷七、《漢書》卷五一《賈鄒枚路傳》作“勉”。

［46］其：此字原脱，據《文章正宗》卷七、《漢書》卷五一《賈鄒枚路傳》補。

［47］羨：《唐文粹》卷四八、《樊川文集》卷五均作“胤”。

［48］行：《唐文粹》卷四八、《樊川文集》卷五均作“得”。

［49］矣：《唐文粹》卷四八、《樊川文集》卷五均作“陳”。

［50］術：《文章類選》同《唐文粹》卷四八，《樊川文集》卷五作“街”。

［51］戍：原作“成”，據《唐文粹》卷四八、《樊川文集》卷五改。

［52］資：《文章類選》同《唐文粹》卷四八，《樊川文集》卷五作“實”。

［53］白：原作“曰”，據《唐文粹》卷四八、《樊川文集》卷五改。

［54］冶：原作“治”，據《唐文粹》卷四五及文意改。

［55］治：《文章類選》同《文翰類選大成》卷一六二，《唐文粹》卷四五作“冶”。

［56］撥：《文章類選》同《文翰類選大成》卷一六二，《唐文粹》卷四五作“墢”。

［57］興：此字原脱，據《唐文粹》卷四五補。

［58］治：《文章類選》同《文翰類選大成》卷一六二，《唐文粹》卷四五作“冶”。

［59］十：此字原脱，據《唐文粹》卷四五補。

［60］搶：《唐文粹》卷四五作“捨”。

［61］吾視宋人乏萍久矣：“吾視宋人乏萍”與“久矣”間原亂入前文所録賈山撰《至言》“以適其欲也”至“以高其節則”兩頁内容，據《文章類選》書例及《文章正宗》卷七《至言》、《漢書》卷五一《賈鄒枚路傳》内容調整。參見前篇《至言》校勘記。

［62］垠：《柳河東集》卷一作“泯”。

［63］訴田圻：《柳河東集》卷一作“訴田圻”，《柳宗元集校注》卷一《校記》(3)作“斥田圻”。

［64］卑：《柳宗元集校注》卷一《校記》(3)作“畢”。

［65］泆：《柳河東集》卷一作“决”。

［66］完：《柳河東集》卷一作“皃”。

［67］象：《柳河東集》卷一作“像”。

［68］輝：《柳河東集》卷一作“燀”。

［69］瀰：《柳河東集》卷一作“瀰”。

［70］力：《柳河東集》卷一作“刃”。

［71］狄：原作“秋”，據《唐文粹》卷一〇改。

［72］歸尤：此二字原脱，據《唐文粹》卷一〇補。

［73］㺿：《唐文粹》卷一〇作“佩”。

［74］氣：《唐文粹》卷一〇作“氛”。

［75］爲：《唐文粹》卷一〇作“雲”。

［76］窈揜揜兮：《唐文粹》卷一〇作“目窈窈兮”。

［77］疑：《唐文粹》卷一〇作“凝”。

［78］見：此字原脱，據《唐文粹》卷一〇補。

［79］我豳子家：《唐文粹》卷一〇作“我家於豳”。

［80］序：《唐文粹》卷一〇作“緒”。

［81］母：《唐文粹》卷一〇均作“兒”。

［82］且可繞樹相隨飛：“且”，《樂府詩集》卷五八《琴詞歌曲二》作“安”；“繞樹”二字原脱，據《唐文粹》卷一〇補。

［83］氏：此字原脱，據《唐文粹》卷一〇補。

［84］修修：《文章類選》同《唐文粹》卷一〇，《元次山集》卷一作“滔滔”。

［85］生：此字原脱，據《唐文粹》卷一〇、《元次山集》卷一、《樂詩詩集》卷九六補。

［86］章：此字原脱，據《唐文粹》卷一〇、《元次山集》卷一補。

［87］擊拊淙淙：“拊”，《唐文粹》卷一〇、《元次山集》卷一均作“考”；“淙淙”，《唐文粹》卷一〇作“崇崇”。

［88］護：《唐文粹》卷一〇作“濩”。本篇下同。

［89］九：《唐文粹》卷一〇、《皮子文藪》卷三作“凡”。

［90］厥：《文章類選》同《皮子文藪》卷三，《唐文粹》卷一〇作“惟”。

［91］游：《唐文粹》卷一〇、《皮子文藪》卷三均作“旂”。

［92］陳：《唐文粹》卷一〇、《皮子文藪》卷三均作“敕”。

［93］掌封：《唐文粹》卷一〇、《皮子文藪》卷三均作“掌訝”。

［94］祴：《唐文粹》卷一〇作“裓”，下同。

［95］醒：《文章類選》同《唐文粹》卷一〇，《皮子文藪》卷三作“醒”。

［96］文：《唐文粹》卷一〇作“玄”。

［97］迎神永和之樂三章：此八字原脱，據《唐文粹》卷一〇補。

［98］莭肆：“莭”，《唐文粹》卷一〇作“節”；“肆”原作“四”，據《唐文粹》卷一〇改。

［99］憧：《唐文粹》卷一〇作“幢”。

［100］皇：《唐文粹》卷一〇作“黄”。

［101］民：《唐文粹》卷一〇作“人”。

[102] 典：《唐文粹》卷一〇作“章”。

[103] 反：《唐文粹》卷一〇作“友”。

[104] 禧：《唐文粹》卷一〇作“穡”。

[105] 因：《唐文粹》卷一〇作“回”。

[106] 昨：《唐文粹》卷一〇作“胙”。

[107] 天：《唐文粹》卷一〇作“大”。

[108] 咸：《唐文粹》卷一〇作“感”。

[109] 市：《唐文粹》卷一〇作“币”。

[110] 虚：《唐文粹》卷一〇作“靈”。

[111] 愛：《唐文粹》卷一〇、《樂府詩集》卷六均作“爰”。

[112] 槱：《唐文粹》卷一〇作“禋”。

[113] 韓思復：此三字原脱，據《唐文粹》卷一〇、《樂府詩集》卷七、《舊唐書》卷三〇補。

[114] 列：原作“别”，據《唐文粹》卷一〇、《樂府詩集》卷七、《舊唐書》卷三〇改。

[115] 祀：原作“祝”，據《唐文粹》卷一〇、《樂府詩集》卷七、《舊唐書》卷三〇改。

[116] 埸：原作“揚”，據《唐文粹》卷一〇、《樂府詩集》卷七、《舊唐書》卷三〇改。

[117] 蘇頲：此二字原脱，據《唐文粹》卷一〇、《樂府詩集》卷七、《舊唐書》卷三〇補。

[118] 元：《唐文粹》卷三〇作“天”。

[119] 治：《唐文粹》卷三〇作“洽”。

[120] 籍：《唐文粹》卷三〇作“合”。

[121] 大：《唐文粹》卷三〇作“承”。

[122] 頃者：此二字原脱，據《唐文粹》卷三〇補。

[123] 句：《唐文粹》卷三〇作“旬”。

[124] 英：《唐文粹》卷三〇作“莄”。

[125] 秉：《唐文粹》卷三〇作“争”。

[126] 屬：此字原脱，據《唐文粹》卷三〇補。

[127] 臣：《唐文粹》卷三〇作“親”。

[128] 召：《唐文粹》卷三〇作“占”。

[129] 伏：《唐文粹》卷三〇作“復”。

[130] 泏：《唐文粹》卷三〇作“淫”。

[131] 言：《唐文粹》卷三〇作“心”。

[132] 官：此字原脱，據《唐文粹》卷三〇補。

[133] 華：此字原脱，據《唐文粹》卷三〇補。

[134] 行營：此二字原脱，據《唐文粹》卷三〇補。

[135] 晃：此字原脱，據《唐文粹》卷三〇補。

[136] 莖：《唐文粹》卷三〇作“箠”。

[137] 士:《唐文粹》卷三〇作"亡"。

[138] 乏:《唐文粹》卷三〇作"之"。

[139] 固:《唐文粹》卷三〇作"因"。

[140] 溽:《唐文粹》卷三〇作"滄"。

[141] 長:《文章類選》同《文翰類選大成》卷一四九,《五百家播芳大全文粹》卷九一作"同"。

[142] 義:《文章類選》同《小畜外集》卷一一,《文翰類選大成》卷一四九作"卜",《五百家播芳大全文粹》卷九一作"帝"。

[143] 膏:《小畜外集》卷一一作"高"。

[144] 忍:《文章類選》同《文翰類選大成》卷一四九,《五百家播芳大全文粹》卷九一、《小畜外集》卷一一均作"示"。

[145] 戰:《文章類選》同《文翰類選大成》卷一四九,《五百家播芳大全文粹》卷九一、《小畜外集》卷一一均作"戢"。

[146] 類:《文章類選》同《文翰類選大成》卷一四九,《五百家播芳大全文粹》卷九一、《小畜外集》卷一一均作"族"。

[147] 三:《全宋文》卷一四九作"二"。

[148] 犬:《五百家播芳大全文粹》卷九一、《小畜外集》卷一一均作"馬"。

[149] 義城:《文章類選》同《文翰類選大成》卷一四九,《五百家播芳大全文粹》卷九一作"渠魁"。

[150] 忭舞歡呼之至:《全宋文》卷一四九此句後有"謹具露布以聞謹奏"八字。

文章類選卷之三十八

題跋類

書箕子廟碑陰　　柳宗元

當其周時未至，殷祀未殄，比干已死，微子已去，向使紂惡未稔而自斃，武庚念亂以圖存，國無其人，誰與興理？此人事之或然者也。先生所以隱忍而不去，意者有在於斯乎。

（《文翰類選大成》卷一六一《書箕子廟碑陰》，《柳宗元集校注》卷五《箕子碑》，《柳河東集》卷五《箕子碑》）

讀李翺文　　歐陽修

予始讀《復性書》三篇，曰此《中庸》之義疏爾。智者識其性，當復《中庸》。愚者雖讀此不曉也，不作可焉。又讀《與韓侍郎薦賢書》，以謂翺特窮時憤世，無薦己者，故丁寧如此，使其得志，亦未必然。以翺爲秦、漢間好事行義之一豪雋，亦善論人方也。[1]最後讀《幽懷賦》，然後置書而嘆不已，復讀不自休。恨翺不生於今，不得與之交，又恨予不得生翺時，與翺止下其論也。

况乃翺一時，有道而能文者，莫若韓愈。愈嘗有賦矣，不過"羨二鳥之光榮，嘆一飽之無時"爾。推是心，使光榮而飽，則不復云矣。若翺獨不然，其賦曰："衆囂囂而雜處兮，咸嘆老而嗟卑。視予心之不然兮，慮行道之猶非。"怪神堯以一旅取天下，後世子孫，不能以天下取河北，以爲憂。嗚呼！使當時君子，皆易其嘆老嗟卑之心，爲翺所憂之心，則唐之天下豈有亂與亡哉！

然翺幸不生今時，見今之事，則憂又甚矣。奈何今之人不憂也？余行天下，見人多矣，脱有一人能如翺憂者，又皆疏遠，與翺無異。其餘光榮而飽者，一聞憂世之言，不以爲狂人，則以爲病子，不怒則笑之矣。嗚呼！在位而不肯自憂，又禁它人使皆不得憂，可嘆也夫。

（《宋文鑑》卷一三〇《讀李翺文》，《文翰類選大成》卷一六一《讀李翺文》，《歐陽修全集》卷七二《居士外集二二·讀李翺文》）

書梅聖俞藁後　歐陽修

凡樂，達天地之和而與人之氣相接，故其疾徐奮動可以感於心，歡欣惻愴可以察於聲。五聲單出於金石，不能自和也，而工者和之。然抱其器，知其聲，節其廉肉而調其律吕，如此者，工之善也。今指其器以問於工曰：彼簨音"荀"。者，簴音"炬"。者，堵而編、執而列者，何也？彼必曰：鼗音"桃"。鼓、鐘磬、絲管、干戚也。又語其聲以問之曰：彼清者，濁者，剛而奮、柔而曼衍者，或在郊、或在廟堂之下而羅者，何也？彼必曰：八音，五聲，六代之曲，上者歌而下者舞也。其聲器名物，皆可以數而對也。然至乎動盪血脉，流通精神，使人可以喜，可以悲，或歌或泣，不知手足鼓舞之所然，問其何以感之者，則雖有善工，猶不知其所以然焉，蓋不可得而言也。

樂之道深矣，故工之善者，必得於心，應於手，而不可述之言也。聽之善者，亦必得於心，心會以意，不可得而言也。堯舜之時，夔得之，以和人神、舞百獸。三代、春秋之際，師襄、師曠、州鳩之徒得之，爲樂官，理國家，知興亡。周衰官失，樂器淪亡，散之河海，逾千百載間，未聞有得之者。其天地人之和氣相接者，既不得泄於金石，疑其獨鍾於人。故其人之得者，雖不可和於樂，尚能歌之爲詩。

古者登歌清廟，太師掌之，而諸侯之國亦各有詩，以道其風土性情。至於投壺、饗射，必使工歌，以達其意，而爲賓樂。蓋詩者，樂之苗裔歟！漢之蘇、李，魏之曹、劉，得其正始。宋、齊而下，得其浮淫流佚。唐之時，子昂、李、杜、沈、宋、王維之徒，或得其淳古淡泊之聲，或得其舒和高暢之節。而孟郊、賈島之徒，又得其悲愁鬱堙音“因”。之氣。由是而下，得者時有，而不純焉。[2]

今聖俞亦得之。然其體長於本人情，狀風物，英華雅正，變態百出，哆兮其似春，凄兮其似秋，使人讀之可以喜，可以悲，陶暢酣適，不知手足之將鼓舞也，斯固得深者耶！其感人之至，所獨與樂同其苗裔者耶！余嘗問詩於聖俞，其聲律之高下，文語之疵病，可以指而告余也，至於心之得者，不可以言而告也。余亦將以心得意會，而未能至之者也。

聖俞久在洛中，其詩亦往往人皆有之，今將告歸，余因求其藁而寫之。然先前所謂心之所得者，如伯牙鼓琴，子期聽之，不相語而意相知也。余今得聖俞之藁，猶伯牙之琴弦乎！

（《文翰類選大成》卷一六一《書梅聖俞稿後》，《歐陽修全集》卷七二《居士外集二二·書梅聖俞稿後》）

書《黄牛廟詩》後　蘇軾

右歐陽文忠公爲峽州夷陵令日所作《黄牛廟》詩也。軾嘗聞之於公：“予昔以西京留守推官爲館閣校勘，時同年丁寶臣元珍適來京師，夢與予同舟泝江，入一廟中，拜謁堂下。予班元珍下，元珍固辭，予不可。方拜時，神像爲起，鞠躬堂下，[3]且使人邀予上，耳語久之。元珍私念，神亦如世俗待館閣，乃爾異禮耶？既出門，見一馬隻耳。覺而語予，固莫識也。不數日，元珍除峽州判官，已而余亦貶夷陵令。日與元珍處，不復記前夢矣。一日，與元珍泝峽謁黄牛廟，入門惘然，皆夢中所見。予爲縣令，固班元珍下，而門外鑴石爲馬，缺一耳，相視大驚，乃留詩廟中，有“石馬繫祠門”之句，蓋私識其事也。

元豐五年，軾謫居黄州，宜都令朱君嗣先見過，因語峽中山水，偶及之。朱君請書其事與詩：“當刻石於廟，使人知進退出處，皆非人力。如石馬一耳，何與公事，而亦前定，况其大者。公既爲神所禮，而猶謂之淫祀，以見其直氣不阿如此。”感其言有味，故爲録之。正月二日，眉山蘇軾書。

（《蘇軾文集》卷六八《書歐陽公〈黄牛廟詩〉後》，《經進東坡文集事略》卷六〇《書〈黄牛廟詩〉後》）

跋《紹興親征詔》　辛稼軒

使此詔見於紹興之前，可以無事讎之大耻。使此詔行於隆興之後，可以卒不世之伐功。[4]今此詔與此虜猶俱存也，悲夫！

（《文翰類選大成》卷一六一《跋〈紹興親征詔草〉》，《辛棄疾集編年箋注》卷五《跋〈紹興辛巳親征詔草〉》，《宋史》卷四〇一《辛棄疾傳》）

讀《孟嘗君傳》　王安石

世皆稱孟嘗君能得士，士以故歸之，而卒賴其力，以脱於虎豹之秦。嗟乎！孟嘗君特鷄鳴狗盗之雄耳，豈足以言得士！不然，擅齊之强，得一士焉，宜可以南面而制秦，尚取鷄鳴狗盗之力哉？夫鷄鳴狗盗之出其門，此士之所以不至也。

（《宋文鑑》卷一三〇《讀〈孟嘗君傳〉》，《文翰類選大成》卷一六一《讀〈孟嘗君傳〉》，《王安石全集》卷三三《讀〈孟嘗君傳〉》）

跋《砥柱銘》後　黄庭堅

余觀砥柱之屹中流，閲頽波之東注，有似乎君子士大夫立於世道之風波，可以托六尺之孤，寄百里之命，不以千乘之利，奪其大節，則可以不爲此石羞矣。嶅丘王蕃觀復居今而好古，袍質而學文，可望以立不易方、人不知而不愠者也。故書《砥柱銘》以遺之。

（《文翰類選大成》卷一六一《跋〈砥柱銘〉後》，《黄庭堅全集》卷二六《跋〈砥柱銘〉後》）

書王蠋事後　秦少游

古之人有不去商紂之靈君，[5]以從周武之聖臣而守死西山者，其人曰伯夷。伯夷者,孔子稱爲仁,孟子稱爲聖,不在乎學者能道之也。古之人有不憂刳身戮尸之患,[6]以求盡忠極節於其君者,其人曰比干。比干者,孔子稱爲仁,孟子稱爲賢,不在乎學者能道之也。古之人有不愛將軍之印,不願萬家之封,引身即死,以明君臣之大義,而求自附於伯夷、比干之事者,其人曰王蠋。王蠋無孔子、孟子之稱,而其名亦不獲自附於伯夷、比干焉,學者亦不可不道也。

當燕人之破齊,齊王走莒也,臨菑之地、汶篁之疆爲齊者,無幾也。齊之臣平居腰黄金,結紫綬,論議人主之前者,一旦狼顧鳥竄,分散四出,不逃而去,則屈而降,無一人爲其君出身抗賊以全齊者。方是時,王蠋,齊之布衣也,積仁累行,[7]退耕於野,口未嘗食君之粟,身未嘗衣君之帛。獨以謂生於齊國,世爲齊民,則當死於齊君,乃奮身守大節,守區區之畫邑以待燕人。燕人亦爲之却三十里,不敢近。其後燕將畏蠋之賢,念蠋之在而齊之卒不滅也,數爲甘言啗之曰:“我將以子爲將,封子以萬家。不者,屠畫邑。”蠋曰:“忠臣不仕二君,[8]正女不更二夫,國亡矣,蠋尚何存! 今劫之以兵,誘之以將,是助桀爲暴也。[9]與其無義而生,固不若烹!”乃經其頭於木枝,自奮絶脰而死。士大夫聞之,皆太息流涕曰:“王蠋布衣也,義不北面於燕,况在位食禄者乎!”於是乃相與迎襄王於莒,而齊之殘民始感義奮發,閉城堅守,人人莫肯下燕者,故莒、即墨得數戰不亡。而田單卒能因其民心,奮其智謀,却數萬之衆,復七十餘城,王蠋激之也。

始予讀《史記》至此,未嘗不爲蠋廢書而泣。以謂推蠋之志,足以無憾於天,無怍於人,無欺於伯夷、比干之事。太史公當特書之,屢書之,以破萬世亂臣賊子之心,奈何反不爲蠋立傳? 其當時事迹乃微見於田單之傳尾,使蠋之名僅存以不失傳,而不足以暴天下,甚可恨也。且夫聶政、荆卿之匹徒,能瞋目攘臂,[10]奮然不顧,以報一言一飯之德。非有君臣之仇,而懷匕首,袖鐵椎,白日殺人,以喪七尺之軀者,太史公猶以其有義也,而爲之立傳,以見後世,後世亦從而服之曰“壯士”。蘇秦、張儀、陳軫、犀首,左右賣國以取容,非有死國死君之行,朝爲楚卿，暮爲秦相，不以慊於心，太史公猶以其善説也，而爲之立傳，以見後世，後世亦從而服之曰“奇材”。以至韓非、申不害之徒，刑名之學也，猶以原道德附之老聃。淳于髡、鄒衍、田駢、慎到、接子、環鄒奭之徒，迂闊之士也，猶以爲多學而附之孟子。然則世有殺身成仁如王蠋之事者，[11]獨不當傳之，以附於伯夷之後乎？

噫！昔者夫子作《春秋》，其大意在於正君臣，嚴父子。使當時君臣正，父子嚴，則《春秋》不作矣。後世愚夫庸婦，一言一行近似者，皆當筆之《春秋》。况夫卓然有補世教者，得無特書之屢書之乎？此予所以爲太史公惜也。

（《蘇門六君子文粹》卷三六《書王蠋事後》，《文翰類選大成》卷一六一《書王蠋事後》，《秦觀集編年校注》卷三一《書王蠋後事文》）

書《魏鄭公傳》後　曾鞏

予觀太宗常屈己以從群臣之議，而魏鄭公之徒喜遭其時，感知己之遇，事之大小，無不諫諍。雖其忠誠自至，亦得君以然也。則思唐之所以治，太宗之所以稱賢主，而前世之君不及者，其淵源皆出於此也。能知其有此者，以其書存也。及觀鄭公，以諫諍事，付史官而太宗怒之，薄其恩禮，失終始之義，則未嘗不反覆嗟惜。恨其不思，而益知鄭公之賢焉。

夫君之使臣與臣之事君者何？大公至正之道而已矣。大公至正之道，非滅人言以揜己過，取小治以私其君，[12]此其不可者也。又有甚不可者，夫以諫諍爲當掩，是以諫諍爲非美也。則後世誰復當諫諍乎？况前代之君有納諫之美，而後世不見，則非惟失一時之公，又將使後世之君，謂前代無諫諍之事，是啓其怠且忌矣。太宗末年，群下既知此意而不言，漸不知天下之得失，至於遼東之敗，而始恨鄭公不在世，未嘗知其悔之萌芽出於此也。

夫伊尹、周公何如人也？伊尹、周公之諫切其君者，其言至深，而其事至迫也。存之於書，未嘗揜焉。至今稱太甲、成王以爲賢君，而伊尹、周公爲良相者，以其書可見矣。令當時削而棄之，成區區之小讓，則後世何所據依而諫，又何以知其賢且良歟？桀、紂、幽、厲、始皇之亡，則其臣之諫詞無見焉。非其史之遺，乃天下不敢言而然也。則諫之無傳，此乃數君之所以益暴其惡於後世也而已矣。

或曰："《春秋》之法，爲尊、親、賢者諱。與此戾也。"夫《春秋》之所諱者，惡也，納諫諍豈惡乎？"然則焚藁者非歟？"曰："焚藁者誰歟？非伊尹、周公爲之也，近世取區區之小亮者爲之耳，其事又未見也。[13]何則？以焚其藁爲掩君之過，而使後世傳之，則是使後世不見藁之是非，而必其過常在於君，美常在於己也，豈愛其君之謂歟？孔光之去其藁之所言，其在正邪？未可知也。其焚之而惑後世，庸詎知非謀己之奸謀乎？"[14]

或曰："造辟而言，詭辭而出。"異乎此，曰："此非聖人之所曾言也。今萬一有是理，亦謂君臣之間，議論之際，不欲漏其言於一時之人耳，豈杜其告萬世也？噫！以誠信待己，而事其君，而不欺乎萬世者，鄭公也。益知其賢云，豈非然哉，豈非然哉。"

（《宋文鑑》卷一三〇《書〈魏鄭公傳〉》，《文翰類選大成》卷一六一《書〈魏鄭公傳〉後》，《曾鞏集》卷五一《南豐先生集外文卷下・書〈魏鄭公傳〉》）

書《洛陽名園記》後　李文叔

洛陽處天下之中，挾殽黽之阻，當秦隴之襟喉，而趙魏之走集，[15]蓋四方必争之地也。天下當無事則已，有事，則洛陽必先受兵。余故嘗曰："洛陽之盛衰者，天下治亂之候也。"

方唐貞觀、開元之間，公卿貴戚開館列地於東都者，號千有餘邸；及其亂離，繼以五季之酷，其池塘竹樹，兵車蹂蹴，[16]廢而爲丘墟；高亭大榭，烟火焚燎，化而爲灰燼，與唐共滅而俱亡無餘處矣。[17]余故嘗曰："園囿之興廢，洛陽盛衰之候也。"

且天下之治亂，候於洛陽之盛衰而知；洛陽之盛衰，候於園囿之興廢而得，則《名園記》之作，余豈徒然哉？嗚呼！公卿大夫方進於朝，放乎以一己之私自爲，而忘天下之治忽，欲退享此，得乎？唐之末路是矣！

（《宋文鑑》卷一三一《書〈洛陽名園記〉後》，《文翰類選大成》卷一六一《書〈洛陽名園記〉後》）

書《韓退之傳》後　張宛丘

或曰：[18]操賞罰榮辱，以勢臨天下者，[19]莫不欲天下勸沮於其賞罰，取舍於其榮辱，而其勢常有所不行，蓋有益勸而人益羞，愈沮而人愈慕，若韓退之之於唐，殆若此矣。退之所自負與世之所推者，於德莫如好直，於藝莫如文章。然以直取禍，則逐陽山、[20]貶潮陽。[21]以文章招累，則其文詞一世莫尚試於有司，屢試而屢黜。平生所述國家大事獨有《平淮西碑》耳。然刊者未畢而磨者至矣。是宜沮喪湮滅，與時俱亡，泯然無所見於世矣。然每斥而名益彰，每沮而事益顯，抑者之力不勝譽者之舌。雖退之亦自謂動而得謗，名亦隨之，是誠何説也？

予曰：是何足怪也？昔者先王之賞罰榮辱，所以天下奔走而從之者。惟其取天下之所欲勸者而賞且榮之，取天下之所欲沮者而罰且辱之。故賞一人而人勉，惟恐其不若也。罰一人而人懼，惟恐其似之也。且先王安能以己之所好惡而力驅天下以從我哉？直取天下之榮辱而制天下之向背耳。彼唐之污政，其昏惑瞀亂無所取衷，制好惡可否於一己之私智，而濟以蔽，欺之奸，何怪夫所沮者人慕，所進者人耻歟？且彼惟不可抑也，是以愈抑而聲愈震。子獨不見夫千仞之水决而注之川乎？大木梗之，大石捍之，排以巨峽，迫以高麓，而後怒號哮吼，聲震百里。抗之者愈大，則其聲也愈暴。故小遏之則小鳴，大塞之則大震。何則？彼其勢惟不可止故也。何怪夫身益困，而名益聞邪？

（《蘇門六君子文粹》卷二二《宛丘文粹·書〈韓退之傳〉後》，《文翰類選大成》卷一六一《書〈韓退之傳〉後》，《張耒集》卷五三《書〈韓退之傳〉後》）

書宋齊丘化書　張宛丘

齊丘，僞唐謀臣，其智特犬鼠之雄耳，何足道哉！其爲《化書》，雖皆淺機小數，亦微有見於道德，其能成功有以也。吾嘗論黄老之道德本於清净無爲，遣去情累，而其末多流爲智術刑名，何哉？夫惟静者見物之情，而無爲者知事之要，據其要而中其情者，智術之所從出也。仁義生於恩，[22]恩生於人情，聖人節情而不遺也。[23]無情之至，至于無親，人而無親，則忍矣，此刑名之所以用也。齊丘之道既陋，而其文章頗亦高簡而可喜者。其言曰："君有奇智，天下不親。"雖聖人出，斯言不廢矣。

（《蘇門六君子文粹》卷二二《宛丘文粹·書宋齊丘化書》，《文翰類選大成》卷一六一《書宋齊丘化書》，《張耒集》卷五三《書宋齊丘化書》）

題王充《論衡》後　吕南公

傳言蔡伯喈初得此書，常秘玩以助談。或搜其帳中見之，輒抱以去。邕且丁寧戒以勿廣也。嗟乎！邕不得爲賢儒，豈不宜哉？夫飾小辨以驚俗，[24]充之二十萬言既自不足多道，邕則欲以獨傳爲過人之功，何謬如之？良金美玉，天下之公寶，爲其貴於可用耳！小夫下人，偶獲寸片，則卧握行懷，如恐人之弗知，又兢兢於或吾寇也。而金玉果非天下所無。信以充書爲果可用乎？孰禦天下之同貴？有如不然也，邕之志慮，曾小夫下人之及邪？

（《宋文鑑》卷一三一《題〈論衡〉後》，《文翰類選大成》卷一六一《題〈論衡〉後》，《灌園集》卷一七《題〈論衡〉後》）

跋《西銘》　張栻

人之有是身也，則易以私，私則失其正理矣。《西銘》之作，唯夫私勝之横流也。故推明其理之一以示人。理則一，而其分森然，自不可易。惟識夫理一，乃見其分之殊；明其分殊，則所謂理之一者斯周流而無蔽矣。此仁義之道所以常相須也。學者存此意，涵泳體察，求仁之要也。

（《文翰類選大成》卷一六一《跋〈西銘〉》，《新刊南軒先生文集》卷三三《跋〈西銘〉》）

跋《太極圖説》　張栻

或曰：“《太極圖》，周先生手授二程先生者也。今二程先生之所講論答問之見於《遺書》者，大略可睹，獨未及此圖，何邪？以爲未可遽示，則聖人之微辭見於《中庸》《易繫》者，先生固多所發明矣，而何獨秘於此耶？”

栻應之曰：“二程先生雖不及此圖，然求其説固多本之矣。試詳考之，當自可見也。學者誠能從事於敬，真積力久，則夫動静之幾，將深有感於隱微之間，而是圖之妙可以默得於胸中。不然，縱使辨説之詳，猶爲無益也。”

嗟乎，先生誠通誠復之論，其至矣乎！聖人與天地同用，通而復，復而通，一往一來，至誠之無内外，而天命之無終窮。君子修之，所以戒謹恐懼之嚴者，正以須臾不在乎是。則窒其通，迷其復，而遏天命之流行故爾。此非用力之深者，孰能體之？近歲新安朱熹嘗爲圖傳，其義固多得之。栻復因之，約以己見，與同志者講焉，噫！言之之易，蓋亦可懼也。

（《文翰類選大成》卷一六一《跋〈太極圖説〉》，《太極圖説解義鈎沈·〈太極圖解〉後序》，《周敦頤集》卷一《遺書·太極圖説·南軒〈太極圖解〉序》）

《周禮》發題　陳龍川

《周禮》一書，先王之遺制具在，吾夫子蓋嘆其郁郁之文，而知天地之功莫備於此。後有聖人，不能加毫末於此矣。世儒之論以爲：

治至於周公而術已窮,窮則不可復,繼周之後必爲秦,吾夫子蓋逆知之而不言也。嗚呼!果其窮也,則周公之志荒矣。

自伏羲、神農、黄帝以來,順風氣之宜而因時制法,凡所以爲人道立極,而非有私天下之心也。蓋至於周公,集百聖之大成,文理密察,纍纍乎如貫珠,井井乎如畫棋局。曲而當,盡而不汚,無復一毫之間,而人道備矣。人道備,則足以周天下之理,而通天下之變。變通之理具在,周公之道蓋至此而與天地同流,而憂其窮哉!夫周家之制既定,而上下維持至於八百年,諸侯既已擅立,周之王徒擁其虚器,蘘然立於諸侯之上,諸侯皆相顧而莫之或廢。彼獨何畏而未忍哉?豈非周公之制有以維持其不忍之心,雖顛倒錯亂而猶未亡也?當是之時,周雖自絶於天,有能變通周公之制而行之,天下不必周,而周公之術蓋未始窮也。

秦徒見其得天下之難,以爲周公之制蓋非其所便,并與夫僅存者而盡棄之,而不知周家之制既盡,而秦亦亡矣。人道廢,則其君豈能獨存哉!始夫子之言曰:"其或繼周者,雖百世可知也。"[①]蓋以爲後之王者必因周而損益焉,自是變通,至於百世而不窮,而豈知其至此極也!漢高帝崛起草莽而得天下,知天下厭秦之苛,思有息肩之所,故其君臣相與因陋就簡,存寬大之意,而爲漢家之制,民亦以是安之,而漢祚靈長,絶而復續者,幾與夏、商等。自是功利苟且之政習以爲常,先王不易之制棄而不講,人極之不亡者幾希矣。此有志之士所以抱遺書而興百世之嘆,反覆推究,而冀其復見天地之大全也。

然自秦火之餘,此書已非其全,而駁亂不經之言,蓋如黑白之不相入,尚可考而知也。雖然,文、武之政布在方册,其人存則其政舉。自周之衰以迄于今,蓋千五百餘年矣。天獨未厭於斯乎?故將與諸君參考同異,以有待焉。

(《文翰類選大成》卷一六一《六經發題·〈周禮〉》,《陳亮集》卷一〇《六經發題·〈周禮〉》)

---

① 參見《論語·爲政》。

跋《陸宣公集古方》　楊誠齋

陸宣公之貶也，杜門集古方書而已。或曰："避謗者歟?"或曰："窮而不怨也。"楊子曰："宣公之心，利天下而已矣。其用也，則醫之以奏議；其不用也，則醫之以方書。有用有不用者，宣公之身也。宣公之心，亦有用有不用乎哉。"

（《文翰類選大成》卷一六一《跋〈陸宣公集古方〉》，《楊萬里集箋校》卷九八《跋〈陸宣公集古方〉》）

跋周子德《潁齋記》　真德秀

按《詩》"實穎實栗"，[①]穎謂禾之秀出者也。凡世之言穎悟、穎達者，皆取諸此。上饒周君子德以"穎"名其齋，而德莊少仙爲之記，其志蓋將卓然自拔於世俗之表，斯亦奇矣。雖然，不可以無本也。

子嘗觀諸隴畝之間乎？方其播殖之始，芽之茁者，粟如也；逮其少長，苗之發者針如也。積培壅之功，飽雨露之潤，歷三時之久，涼風一秋，萬頃雲偃，此豈朝夕力邪？爲學工夫，何以異此？勉哉周君，日從事於斯，厚養深培，以須日至之熟，則其穎之秀出也有期矣。不然，揠苗以助長，適爲學道之累，周君其戒之。

（《文翰類選大成》卷一六一《跋周子德〈穎齋記〉》，《西山文集》卷三五《跋周子德〈穎齋記〉》）

跋陳慧父《竹坡詩藁》　真德秀

昔王子猷居必種竹，曰："何可一日無此君！"而子猷行不副名，見謂污濁。然則子猷固愛此君，政恐此君不愛子猷耳。今竹坡君並溪而廬，種竹萬個，而有詩千篇，好風良月，長吟其間，此君有知，亦當欣然爲君一笑也。建人真某爲作歌曰："萬玉兮森森，清風兮滿林。有

---

① 參見《詩經・大雅・生民》。

幽人兮高蹈，時擊節兮長吟。長吟兮陸續，鳳爲起舞兮鸞爲度曲。羌此樂兮誰知，雖簞瓢兮亦足。”

（《文翰類選大成》卷一六一《跋陳慧父〈竹坡詩藁〉》，《西山先生真文忠公文集》卷三三《跋陳慧父〈竹坡詩藁〉》）

題李肩吾所書《鄉黨篇》　魏鶴山

吾友李肩吾，博見强志，書名之學，世亦鮮及之。渠陽山中，爲余從子令憲書《鄉黨篇》，余獲與觀焉。嗚呼！天道至教，風雨霜露，接人耳目，而人由之不知也。聖人至德，威儀容貌，洋洋乎簡册，而人習焉不察也。嗚呼！小子憲，肩吾所以遺爾者多矣，往敬哉！其體習踐修，惟無斁。

（《文翰類選大成》卷一六一《題李肩吾所書〈鄉黨篇〉》，《渠陽集》卷一一《題李肩吾所書〈鄉黨〉》）

讀《柳宗元傳》　王半山

余觀八司馬，皆天下之奇材也，一爲叔文所誘，遂陷不義。至今士大夫欲爲君子者，皆羞道而喜攻之。然此八人者既困矣，無所用於世，往往能自强以求别於後世，而其名卒不廢焉。而所謂欲爲君子者，吾多見其初而已；要其終，能毋與世俛仰以自别於小人者少耳。復何議於彼哉！

（《宋文鑑》卷一三〇《讀〈柳宗元傳〉》，《王安石全集》卷三三《讀〈柳宗元傳〉》）

跋劉元城《元祐奸黨碑》①　胡澹庵

或問某曰：“孔子云‘吾黨之小子’，又云‘吾黨之直聖人’，亦有黨。而乃云‘君子群而不黨’，何也？”②此聖人公天下之言也。夫與人

① 本文出處不詳。

② 參見《論語·公冶長》。

爲群，則聖人之於人，亦類也。安得無類？故云吾黨。然聖人能出乎其類，而不狎昵，朋比者心自無黨爾。故又曰“不黨”。

三代盛時，無黨無偏。上率以正，而下無敢不正。故雖侍御，僕從罔匪。正人何嘗患天下之有黨？此之謂立直木，而影自不曲也。漢唐季世，上無道揆己，且爲黨魁，而責朋黨之難去。故鉤黨、株黨、死黨、昵黨遍天下，而黨錮之讁之解此，何罪立曲木而惡其影之不直乎？是以孔子知君子、小人不能無黨，而不能使之死。其黨惟正身，帥人己自不黨，此端本澄源之道，有天下國家者，尚鑒兹哉。

書隱居王適中壁　劉龍雲

吾友適中天資豪爽，雖躓音“致”。跲笈同。有司積稔，而視幸中人猶吷音“血”。也。故論文則拔牙角，商詩則跐音“紫”。奧突，頦頻千世，爪掌萬微，不泠汰而清，不嘬嚌音“劑”。而腴。與之處，如汾鼎周鼓，楚松越箭，不徒古韵高出，而彌今坐揖瀟灑也。豈與風塵中物計勝負哉！元祐庚午晦之前四日，偉明試筆。[25]

(《龍雲集》卷二九《書隱居王適中壁》)

刻武侯廟碑陰　孫樵

赤帝子火熾四百年，天猒其熱，洎獻燼矣。武侯獨憤激不顧，收死灰於蜀。欲嘘而再然之，艱乎其爲力哉！是以國稱用武岐、雍間，地不尺闢，抑非智不周，天意炳炳然也。[26]夫以武侯之賢，寧靡籌其不可也？[27]

蓋激備隆中以天下托，不欲曲肱安穀，終兒女子手，將驅馳死備志邪？由是覈武侯之所爲，殆庶幾矣。然跨西南一隅，與吴、魏抗國，提卒數萬，綽綽乎去留，無我技者，是亦善爲兵矣。史壽以爲短於應變，真抑武侯哉！俾武侯不早入蜀地，曹之君臣，將奔走固圉之不暇，[28]鍾、鄧寧能越巖懸兵决勝指取邪？是井絡之野，與武侯存亡俱矣。天殲武侯，其不愛劉，愈明白矣，其姜維何力焉？曩蟠南陽，時人不與仲毅伍，自受社稷寄，擅刑賞柄，曾心不愧畏，人不疑黷，何意氣明信之卓卓也！武侯死殆五百載，訖今梁、漢之民，歌道遺烈，廟而祭者如在，其愛於民如此而久也。獨謂武侯之治，比於燕奭，彼屠齊城、合諸侯，在下矣。

（《唐文粹》卷五五上《刻武侯碑陰》，《文翰類選大成》卷一六一《刻武侯碑陰》）

題《中州詩集》後　家鉉翁

世之治也，三光五嶽之氣，鍾而爲一代人物。其生乎中原，奮乎齊、魯、汴、洛之間者，固中州人物也。亦有生於四方，奮於遐外，而道學文章，爲世所宗；功化德業被於海内，雖謂之中州人物，可也。蓋天爲斯世而生斯人，氣化之全，光岳之英，實萃於是，一方豈得而私其有哉？

迨夫宇縣中分，南北異壤，而論道統之所自來，必曰宗於某；言文脉之所從出，必曰派於某，又莫非盛時人物範漠憲度之所流衍。故壤地有南北，而人物無南北，道統文脉無南北，雖在萬里外，皆中州也，况於在中州者乎！

余嘗有見於此，自燕徙而河間，稍得與儒冠縉紳游。暇日，獲觀遺山元子所裒《中州集》者，百年而上，南北名人、節士、鉅儒、達官所爲詩與其平生出處，大致皆采録不遺；而宋建炎以後，銜命見留，與留而得歸者，其所爲詩與其大節始終，亦復見紀。凡十卷，總而名之曰《中州集》。

盛矣哉，元子之爲此名也！廣矣哉，元子之用心也！夫生於中原，而視九州四海之人物猶吾同國之人，生於數十百年後，而視數十百年前人物猶吾生並世之人。片言一善，殘編佚詩，搜訪惟恐其不能盡。余於是知元子胸懷卓犖，過人遠甚。彼小智自私者，同室藩籬，一家爾汝，視元子之宏度偉識，溟涬下風矣。嗚呼，若元子者，可謂天下士矣！數百載之下，必有謂予言爲然者。

（《元文類》卷三八《題〈中州詩集〉後》，《文翰類選大成》卷一六一《題〈中州詩集〉後》）

【校勘記】

［1］方：《宋文鑑》卷一三〇、文翰類選大成》卷一六一均作“者”。

［2］而；此字原脱，據《文翰類選大成》卷一六一補。

［3］下：《經進東坡文集事略》卷六〇、《蘇軾文集》卷六八《書〈黄牛廟詩〉後》校記(1)作“上”。

［4］伐：《文章類選》同《文翰類選大成》卷一六一，《宋史》卷四〇一《辛棄疾傳》作“大”。

［5］古之人有不去商紂之靈君靈：“人”，《文章類選》同《蘇門六君子文粹》卷三六、《文翰類選大成》卷一六一；“靈”，《文翰類選大成》卷一六一、《蘇門六君子文粹》卷三六作“虐”。

［6］憂：《文章類選》同《文翰類選大成》卷一六一，《蘇門六君子文粹》卷三六作“愛”。

［7］仁：《文章類選》同《文翰類選大成》卷一六一，《蘇門六君子文粹》卷三六作“德”。

［8］仕：《文章類選》同《文翰類選大成》卷一六一，《蘇門六君子文粹》卷三六作“事”。

［9］暴：《文章類選》同《文翰類選大成》卷一六一，《蘇門六君子文粹》卷三六作“虐”。

［10］瞋目：原作“嗔口”，據《蘇門六君子文粹》卷三六改。

［11］王：此字原脱，據《蘇門六君子文粹》卷三六補。

［12］治：《文章類選》同《文翰類選大成》卷一六一，《宋文鑑》卷一三〇、《曾鞏集》卷五一均作“亮”。

［13］見：《文章類選》同《文翰類選大成》卷一六一，《宋文鑑》卷一三〇、《曾鞏集》卷五一均作“是”。

［14］奸謀：《文章類選》同《文翰類選大成》卷一六一，《宋文鑑》卷一三〇、《曾鞏集》卷五一均作“奸計”。

［15］之：此字原脱，據《洛陽名園記》補。

［16］蹴：《文章類選》同《宋文鑑》卷一三一、《文翰類選大成》卷一六一，《洛陽名園記》作“踐”。

［17］亡：原作“士”，據文意及《宋文鑑》卷一三一、《文翰類選大成》卷一六一、《洛陽名園記》改。

［18］或曰：《文章類選》同《文翰類選大成》卷一六一，《蘇門六君子文粹》卷二二作“有問于張子者”，《張耒集》卷五三作“有問于張子曰”。

［19］天：此字原脱，據《張耒集》卷五三補。

［20］陽山：原作“山陽”，據《張耒集》卷五三《書韓退之傳後・校記》(2)改。

［21］潮：《文章類選》同《文翰類選大成》卷一六一、《張耒集》卷五三，《蘇門六君子文粹》卷二二作“揭”。

［22］恩：《文章類選》同《文翰類選大成》卷一六一、《張耒集》卷五三，《蘇門六君子文粹》卷二二作“思”。下句同。

[23] 遺：《張誄集》卷五三作“遣”。

[24] 辨：《宋文鑑》卷一三一、《灌園集》卷一七均作“辯”。

[25] 元祐庚午晦之前四日偉明試筆：此十三字原脱，據《全宋文》卷二五六〇《校勘記》補。

[26] 然：此字原脱，據《唐文粹》卷五五補。

[27] 也：《唐文粹》卷五五作“邪”，《文翰類選大成》卷一六一作“耶”。

[28] 圍：《唐文粹》卷五五、《文翰類選大成》卷一六一均作“囷”。

文章類選卷之三十九

雜　著

金鏡　唐太宗

朕以萬機暇日，游心前史，仰六代之高風，觀百王之遺迹，興士之運，[1]可得言焉。每至軒昊之無爲，唐虞之至治，未嘗不留連贊咏，不能已已。及於夏殷末世，秦漢暴君，使人懔懔然兢懼，[2]如履朽薄。然人君在上，皆欲其永享萬乘之尊，以垂百王之後，而得失異趣，興滅不同者，何也？蓋短於自見，不聞逆耳之言，故至於滅亡，終身不悟，豈不懼哉？

睹治亂之本源，足一作"是"。爲明鏡之鑒戒。亂，未嘗不任不肖；治，未嘗不任忠賢。任忠賢，則享天下之福；[3]用不肖，則受天下之禍。臨危之主，各師其臣，若使覺悟，社稷安有危亡之覆？特由不留心於任使，翻屬意於遨游，豈不哀哉！以遨游將爲任使，以任使將爲遨遊，豈不善哉！

古人言：舜禹不愛於聲，不貪於色，予謂不然，將爲愛也。人云：桀紂耽於聲色，予將爲不好也。何以知之？然桀紂命不終於天年，樂不終於一世，[4]以此爲不好也。[5]舜禹命壽於終，樂畢於世，予謂之愛也。夫人有强弱寬躁之志，愁樂貪欲之心，思情有聰哲之才，此乃天授其性，[6]有善不善者也。由是觀之，堯、舜、禹、湯躬行仁義，治致隆平，此稟其善性也。幽、厲、桀、紂，乃爲炮烙之刑，刳孕婦，剖人心，斮朝涉，脯鬼侯，造酒池糟丘，爲長夜之飲，此其受於天不善之性也。

夫立身之道，在於折衷，不在於偏射。吴起曰："昔桑氏之君，修德廢武，以滅其國；有扈之君，恃衆好勇，以喪社稷。"①仲尼曰："寬以濟猛，猛以濟寬。"②仁義之道，猶不得偏；何况於左道乎，何况於不仁乎！爲君之道，處至極之尊，以億兆爲心以萬邦爲意，理人必以文德，防邊必以武威。孔子曰："夫文之所加者深，則武之所服者大；德之所施者博，則威之所制者廣。"③不可以威武安民，不可以文德備塞。

大鯨出水，[7]必廢游波之功；鴻鵠沉泥，定無陵空一作"雲"。之效。若使各令遂志，不失其能。古人云："欲構大厦者，先擇匠，然後棟材；爲國家者，先擇佐，然後定民。"④大匠構屋，必以大材爲棟梁，以小材爲榱橑，一作"桷"。所有中尺寸之木無棄，此善治木者也。非獨屋有棟梁，國家亦然。大德爲宰相，亦國家之棟梁也。

予思三代以來，君好仁，人必從之。在上留心臺榭，奇巧之人必至；致精游獵，馳騁之人遠臻；存意管絃，鄭衛多進；降懷粉黛，燕趙斯來。塞切直之路，爲忠者必少；開諂諛之道，爲佞者必多。古人云："君猶器也，民猶水也。方圓在於器，不在於水。"⑤以此而言，足爲永誡。

夫玉不琢不成器，人不學不知道。仲尼師於郯子，文王學於虢叔，聖人且猶若此，何况於凡人者乎？治主思賢，若農夫之望歲；哲后求才，若旱苗之思雨。亂君疾勝己如讎，視不肖如子，懷之中心，何日蹔忘？王莽僞行仁義之道，有始無終；孫皓權施恩惠之風，有初無末。二子猶膠船之泛巨浪，毁在不遥；若駑馬之奔千里，困其將至。古人云："升不盛石，小智不可謀大，巧詐不如拙誠。"信非謬矣。

有明主，有暗主。高祖攝衣於酈生，比干剖心於辛紂。殷湯則留

---

① 參見《吴子兵法》。

② 參見《孔子家語·正論》。

③ 參見《漢書》卷二三《刑法志》。

④ 參見《群書治要》卷四九《傅子》。

⑤ 參見《韓非子·外儲篇》。

情於伊尹，龍逄則被戮於夏桀。楚莊暇隙而懷憂，武侯罷朝而含喜。暗主護短而永愚，明主思短而長善。睹高祖、殷湯，仰其德行，譬若陰陽調，四時會，法令均，萬民樂，則麒麟呈其祥。漢祖、殷湯，豈非麒麟之類乎？觀夏桀、商辛，嗟其悖惡之甚，猶時令不行，暄寒失序，則猛獸肆毒，螌螟爲害。夏桀、商辛，豈非猛獸之儔乎？予以此觀之，豈非天道之數也。[8]雖曰天時，抑亦人事。成湯之世，有七年之旱，剪爪爲犧，千里降雨。太戊之時，桑穀生朝，懼而修德，遂使十有六國重譯而來，此豈非人事者也？或云爲君難，或云爲君易。人君處尊高之位，執賞罰之權，用人之才，用人之力，何爲不成？何求不得？此言之實易，論之實難。何者？輕陵天地，衆精顯其妖；忽慢神靈，風雨應其暴。一作"異"。是以帝一有雷震之禍，[9]殷紂致飛砂之尖。多營池觀，遠求異寶，民不得耕耘，女不得蠶織，田荒業廢，兆庶凋殘，見其飢寒，不爲之哀，觀其勞苦，不爲之感，苦民之君也，非治民之主也。薄賦輕徭，百姓家給，上無暴令之徵，下有謳歌之咏，屈一身之欲，樂四海之民，憂國之主也，樂民之君也。此其所以爲難也。

且用人之道，又爲未易。己之所謂賢，未必盡善；衆之所謂毁，未必全惡。知能不舉，則爲失才；知惡不黜，則爲禍始。又人才有長短，不必兼通。是以公綽優於大國之老，一作"臣"。子産善爲小邦之相，絳侯木訥，卒安劉氏之宗，嗇夫利口，不任上林之令。捨短取長，然後爲美。夫人剛柔之情各異，曲直之性不同。今古奔馳，貴賤不等，爲上之孝，與下豈均？上則匡國寧家，志存崇禮；下則承顔悦色，止存敬養。虞舜孝也，不爲慈親所安；曾參仁也，不爲宣尼所善。孔子曰："子從令者，不得爲孝；臣苟順者，不得爲忠。"①如斯之例，不可不察也。逆主耳而履道，戮孔懷以安國，周公是也。順上心而安身，隨君情以殺子，易牙是也；棄己之命，安君之身，紀信是也；挾國謀事，以報私讎，袁盎是也。孑身而執節，孤直而自毁，屈原是也。外顯和睦之

① 參見《孝經·諫諍》。

端，内懷湯火之意，宰嚭是也；忠諂之道，以此觀之，是爲永一作“水”。鏡。[10]

白起爲秦平趙，乃被昭王所殺；亞夫定七國之亂，卒爲景帝所誅；文種設策滅吴，翻遭越王所戮；伍胥一作“員”。竭力爲國，終罹賜劍之禍。乃是君之過也，非臣之罪也。至如趙高、韓信、黥布、陳豨之儔，此自貽厥釁，非君之濫刑也。高祖失於存功之能，光武獲於置將之妙。臣安君社稷之固，君處臣危亡之地，豈是相酬之道也。爲天下之君，處萬民之上，安可易乎？

背道違禮，非唯損己，乃爲賢人之所笑；卑身勵行，實爲君子，又爲庸夫之所譏。越品進宫，其類必爲深怨；偏與人語，衆望以爲曲私。任使賢良，則謂偶得；委仗庸夫，則言愚暗。言數則謂太繁，辭寡則謂道薄。恣情忿怒，則朝野戰慄；留心寬恕，則法令不行。民樂則官苦，官樂則民勞。四海之内，莫非王土，要荒爲枝葉，畿内乃本根。古人：“皮之不存，毛將安傅。”①當使本固根深，委之内相，而伊尹傳説，人所希逢；至如鎮積冰之塞，守飛雪之邊，而魏尚、李牧，當今罕遇。遣人遠撫，則眷戀而不忍；愍而不遣，則枝葉落而不存。二宜之間，致心何所？是用晨興夕惕，無忘斯事，爲上猶然，何況臣下。

《易》云：“書不盡言，言不盡意。”②今略陳梗概，以示心之所存耳。古語云：“勞者必歌其事。”③朕非故煩翰墨，以見文藻，但學以爲己，聊書所懷，想達見群賢，[11]不以爲嗤也。

一作“皆許敬宗撰《太宗實録》”。

（《文苑英華》卷三六〇《金鏡》，《唐太宗全集校注·論文編·金鏡》）

對蜀父老問　盧照鄰

龍集荒落，律紀蕤賓，余自鄠鎬，歸于五津，從王事也。丁丑，届

---

① 參見《春秋左傳注·僖公十四年》。

② 參見《周易·繫辭上傳》。

③ 參見《春秋公羊傳·何休注》。

於昇遷橋，止送客亭，[12]即相如所謂不乘赤車駟馬不出汝下者也。遇蜀父老皤然厖眉華髮者休於斯，謂余曰："子非衣冕之族歟？[13]文章之徒歟？飾仁義以干時乎？懷《詩》《書》以邀名乎？吾聞諸夫子曰：'邦有道，貧且賤焉，耻也。'①當今萬方日用，[14]九有風靡，主上垂衣裳正南面而已矣。庸非有道乎？而子爵不登上造，位不至中涓，藜羹不厭，短褐不全，[15]庸非貧賤乎？吾視子形容顦悴頷，顔色疲怠，心若涉六經，眼若營四海，河其無耻也！何其不一干聖主，效智出奇，何栖栖默默，自苦若斯？吾聞克爲卿，失則烹，何故區區冗冗，無所成名？"

余笑而應之曰："井魚不可以語於海者，拘於墟也。夏蟲不可以語於冰者，篤於時也。蓋聞智者不背時而徼幸，明者不迂道以干非。是以聖賢馳騖，莫赦三家之徹；[16]匹夫高抗，不屈萬乘之威。道在則簞瓢匪陋，義奮則珪組斯違。[17]或立談以邀鼎食，或白首而甘布衣。或委輅而仕屬論都之會，或射鈎以相遇匡霸之機。亦有朝爲伊周，暮爲桀、跖。當其時也，襲珩珮之鏘鏘；失其時也，委溝渠而喀喀。故使龍丘先生羞聞擁篲，雁門太守不如縫掖。孟軻偃蹇，爲王者師；范雎匍匐，爲諸侯客。富貴者君子之餘事，仁義者賢達之常迹。來不可違，類鴻雁之隨陽；去不可留，同白駘之過隙。行蘇張之辯於嫣燧之年則迂矣，用韓彭之術於堯舜之朝則舛矣，[18]守夷齊之節於湯武之時則孤矣，抱申商之法於成康之日則愚矣。彼一時也，此一時也，易時而處，失其所矣。

大唐之有天下也，出入三代，五十餘載。月竁來庭，風丘款塞，金革已偃，羽檄已平；[19]雖有廉白之將，孫吴之兵，百勝無遺策，千里不留行，無所用也。社首既禪，介丘既封，創明堂，立辟雍；雖有闕里之聖，淹中之儒，叔孫通之蕝，公玉帶之圖，將焉設也？《咸》《英》並作，《韶》《武》畢用，奏之方澤而地祇登，昇之圓丘而天神降；雖有伶倫伯夔，延陵子朔，操雅曲則風雲動，激凄音則草木悲，又何施也？畫衣莫

① 參見《論語·泰伯》。

犯，囹圄不修；[20]雖有咎繇仲甫之器，釋之定國之儔，金科在握，丹筆如流，非急務也。人歸東户，家沐南薰，山澤無蹊隧，雞犬不相聞；雖有文翁、黄霸之述職，子游、子賤之弦歌，政成禮讓，俗被雍和，固無取也。干戈已戢，禮樂已興，刑罰已措，梁父已昇，公卿常伯，庶政其凝；雖有鴻才大略，麗句豐詞，發言盈乎百代，濡翰周乎四時，略無益於今日，而適足以怫之。是故天子恭己，群臣演成，攘袂而陵稷、卨，撫掌而笑阿衡，無爲而萬物皆遂，不言而品彙咸亨。莫不稱贊鴻烈，揄楊頌聲。言殊者拓累，行危者相傾；效智者輟談於草澤，出奇者裹足於山楹。許由去而堯臣不少，善卷逃而舜德不輕。

夫周冕雖華，猨猴不之好也；夏屋雖崇，騏驥不之處也。載麋以車焉，不如放之於藪穴也；[21]樂鷃以鐘鼓，不如栖之以深林也。此數物者，豈惡榮而好辱哉？蓋不失其天真也。[22]若余者，十五而志于學，四十而無聞焉。咏羲、農之化，翫媯、孔之篇。[23]周游幾萬里，馳騁數十年。時復陵霞泛月，搦扎彈弦，隨時上下，與俗推遷。門有張公之霧，突無墨子之烟。雖吾道之窮矣，夫何妨乎浩然，今將授子以《中和之樂》，申子以封神疑作"禪"。之篇。終眇慚乎指地，竊所慕於談天。

於是蜀父老再拜而謝曰："鄙夫瞽陋，長自愚惑，習俗遐陬，不游上國。聞王人之休旨，聽皇猷之允塞，亦猶獻雉而遇司南，御龍而光有北。請終餘論，永告邛僰。"

（《文苑英華》卷三五二《對蜀父老問》，《盧照鄰集校注》卷六《對蜀父老問》）

訟忠　牛僧儒

《春秋》周大夫萇弘之城成周也，晋女叔寬謂弘違天，不免也。《國語》衛彪傒又云："萇叔支天有咎也。支天壞，違天也；人道補天，反常也。誘人城周，誑人也。"①左丘明皆然之。某以爲一言喪邦，其

① 參見《國語·周語下》。

例由斯矣。若是，則帝王不務爲政，而務稱天命；下不務竭忠，而務别興衰矣。雖欲不亡，其亡固翹足而俟矣。必謂天壞不支，自古無中興之君乎？衰運不輔，自古無持危之臣乎？殷太戊、周宣王，胡以承天壞而興乎？殷傳説、周吉甫，胡以持衰運而壽乎？二君二臣，天豈私之乎？且徯謂臣謀其君爲違天，則危而不扶爲順天乎？人道補天爲反道，則捨人徵天爲合道乎？誘人勤王爲誑人，則勸人叛王爲信人乎？辭之悖亂，[24]有至是者。夫人道，邇也；忠者，人倫紀綱也。天道遠也，談者，人倫虚誕也。假天道以助人倫，猶慮論誣於失也。况捨人事、徵天道，棄邇求遠，無裨於教者也。又謂不得終果，由支天壞也。則趙高，秦之助壞者也；董賢，漢之助壞者也。曹爽，魏之助壞者也。賈謐，晋之助壞者也。咸家族身戮者，天不壽之。夫天之所與，豈有親者？以道承天，則天無壞者；以亂承天，則天無支者。故支壞非天也，興衰由人也，但有人不支而敗，無天不可支也。嗚呼！弘無殷宗，周宣以任之，位卑大夫，不爲王卿士，卒令强晋迫脅，非道殘劓，士死難，於弘爲得矣。奈何丘明不譏周殺忠臣，所以國危也；晋殺王臣，所以國分也。但紀弘之戮死，是神彪徯、叔寬反常之説也。謹按：魏子賞賈辛以定王室也。夫子曰："其命也忠，當有後於晋國也。"賞忠有後，則身忠不謂反天戮也。[25]是知丘明謬聞偏見，失聖之旨甚遠。恐史册久謬誣惑，爲臣者將求事之，得不以文字申訟乎！

（《文苑英華》卷三六〇《訟忠》）

擬劇秦美新　岑文本

伊太極草昧，元氣氤氲。二儀肇闢，三才乃分。火化之風既往，結繩之政無聞。遐哉邈矣，故靡得而云也。逮乎書契興，爻象辨，皇王著，謚號闡。歷選列聖，逖聽遺篆，[26]犧農崇行道之化，堯舜弘揖讓之風。湯武以干戈而稱盡美，成康攻刑厝而表成功。雖步驟殊時，澆淳異世一作"帝"。道有文質，政有隆替，不則天文，[27]因人垂制。規模焕其有章，聲實眇其難繼。異哉秦氏之爲政也。恃崤函之作固，因襄文之餘烈，窮起翦之暴兵，納鞅斯之邪説，兼兩州之地，[28]削六雄之轍。先王之道廢，曩聖之德滅。利觜長距，殫蒼生之命；刮語焚書，愚黔首之性。海内讐其凶威，[29]天下苦其苛政。於是懷道挾術之士，背二秦而遠迹；[30]抱樸養素之夫，竄九夷而自適。趙高閻樂啓其亂，陳勝吴廣伺其隙。喪六璽於二代，隳七廟於一擲，永鑒其弊，吁其劇歟！粤若漢祖之龍飛，踐宸極，居大寶，感素靈之符，行玄聖之道。静大亂以永寧，[31]濟斯人以難老。洎文景之纂歷，乃守文之有聲。逮武宣之繼統，亦王功之有成。然而闕皇王之要道，慚天地之至精，仍踵秦之制度，尚沿秦之章程，既無聞於改作，孰與發其聲明？雖時乘於六位，實貽誚於三靈者矣，我有新之創業也，累功而據帝圖，積德而膺寶命，政化洽於巖廊，惠澤溢於號令，四表荷其亭毒，萬物遂其正性，帝典闕者既補，王綱弛者咸正，其德也彌厚，其道也彌盛。若夫文軌大同，夷狄向風，武功也。制禮裁樂，遷風變俗，文教也。肇改正朔，爰變服色，至聖也。盡禮郊禋，致敬鬼神，大孝也。幽人咸洎，奇士畢至，濬哲也，既厝刑書，亦廢囹圄，鴻德也。是以天不愛其道，地不愛其寶，龜威浮洛，飛黄服皂。一角九尾之瑞，朝夕坰牧；并柯共穗之祥，日月畿服。超邃古之芳英，邁前王之簡牘。其天意也如此，其人事也如彼。諒可以披緑圖，詔青史，降齊郊，下嬴里，登介丘以昭德，禪梁甫以播美，[32]摛記牒於無窮，被歌頌而盈耳。[33]俾夫千載之上，往聖恧其鴻名；[34]百代之下，後王奉其英聲。固皇基於造化，[35]合至道於神明。豈不美哉！豈不美哉！

（《文苑英華》卷三五九《擬劇秦美新》）

讀《司馬法》　皮日休

古之取天下也以民心，今之取天下也以民命。唐、虞尚仁，天下之民從而帝之，不曰取天下以民心者乎？漢、魏尚權，驅赤子於利刀之下，[36]争寸土於百戰之内。由士爲諸侯，由諸侯爲天子，非兵不能威，非戰不能服，不曰取天下以民命者乎？

由是論之爲術，[37]《六韜》也。術愈精而殺人愈多，法益切而害物益甚。嗚呼！其益不仁矣。

蚩蚩之類，不敢惜死者，上懼乎刑，次貪乎賞。民之於君，猶子也，何異乎父欲殺其子，先給以威，後啗以利哉？

孟子曰："'我善爲陳，我善爲戰'，大罪人也。"①使後之君于民有是者，雖不得土，吾以爲猶土焉。[38]

（《文苑英華》卷三七七《讀〈司馬法〉》，《皮子文藪》卷七《讀〈司馬法〉》）

題《安昌侯傳》　皮日休

安昌侯禹，見時灾異，[39]若上體不安，常擇日絜齊，露蓍於星宿，正衣冠筮，得吉卦，致其名占。[40]如有不吉，禹爲感慟。[41]日休讀《漢史》至是，未嘗不爲之動心。因書曰："夫宰相之節，[42]以已道輔上。天地平則致於君；夷狄服則致於君；風教行則致於君。苟天地有灾則歸於已；兵戈屢動則歸於已；萬物有妖則歸於已；時政將弊則歸於已。此真大宰輔之職也。禹也爲漢名相，居師傅之尊，處輔弼之位，見灾異屢發。上不能匡於君，下不能稱其職，孜孜稱其於筮爲事，斯不足以爲賢相之業也。嗚呼！當漢帝之重禹，禹之有言，如師訓門人，未有門人可違師之旨也。依違在位，竟無所發，誠伊、周之罪人也。大凡國有灾異，禬禳占問之事，[43]自有司存。爲宰相者當提大政之綱，振百司之領，握天下之樞而已。不空以斯處位也。[44]以直論之，近乎佞；以誠論之，近乎僞。爲宰相其名，儒之耻耶！嗚呼！漢之尊禹，崇師道也。禹若此者，即非崇師道之過矣。"

（《文苑英華》卷三七七《題〈安昌侯傳〉》，《皮子文藪》卷八《題〈安昌侯傳〉》）

---

① 參見《孟子·盡心下》。

蠹化　陸龜蒙

橘之蠹,大如小指,首負特角,身蹙蹙然,類蝤蠐而青。翳葉仰噛,如飢蠶之速,不相上下。人或棖觸之,輒奮角而怒,氣色桀驁。一旦視之,凝然弗食,弗動。明日復往,則蜕爲蝴蝶矣!力拘力拘,[45]其翎未舒,襜黑鞲黄[46],分朱間黄。腹填而橢,音"墮"。緌纖且長。久醉方寤,羸枝不揚。又明日往,則倚薄風露,攀緑草樹,聳空翅輕,瞥然而去。或隱蕙隙,或留篁端。翩旋軒虚,颺曳紛拂,甚可愛也。須臾犯螢網而膠之,引絲環纏,牢若桎梏。人雖甚憐,不可解而縱矣!

噫!秀其外,類有文也;嘿其中,類有德也;不朋而游,類絜也;無嗜而取,類廉也。向使前不知爲橘之蠹,後不見觸螢之網,人謂之鈞天帝居而來,今復還矣。天下,大橘也;名位,大羽化也;封略,大蕙篁也。苟滅德亡公,崇浮飾傲,榮其外而枯其内,害其本而窒其源,得不爲大螢網而膠之乎?觀吾之《蠹化》者,可以惕惕。

(《文苑英華》卷三七四《蠹化》,《陸龜蒙全集校注》卷一九《蠹化》)

詰鳳　陳黯

嘗得楊雄云:君子在理若鳳,在亂亦若鳳,謂隱見之得宜也。將欲伸之以爲鑑,逮覽其劇秦美新,則有異乎是。雄仕漢,遇新室之亂,既不能去之,又懼禍反。[47]乃爲斯文以媚而取容。嗚呼!鳳固若是邪?若是,則鳳遇矰繳而猶回翔其間邪。夫君子之仕也,所以行其道,道之不行也,則可以明其節。彼莽之不臣,雄時在列。宜以君臣之義,興亡之理,匡救之以行其道。苟畏其威,愛其死,則可拔簪高謝,以明其節。詎有苟禄貪生,徇非飾詐,廣引秦過,以譽惡德,是稔其纂逆也。與古之待顛扶危死名節者,[48]背而馳也。則嚮者所著若鳳之説,得不爲誣鳳也哉。鷄常禽也,曉晦而不迷其候。[49]鳳靈鳥也,理亂而不知其時邪。噫!言之不思有如是邪!或曰:古之人臨危制變,亦有權焉。雄知莽之不可匡也,[50]故矯爲其詞。姑務脱禍,是亦權也。子何過之深歟，曰不然。夫權者，聖人有焉，所以不失其道，未見捨其道而從其權。昔仲尼仕魯，以季桓子荒齊樂。知其不可匡也，乃去之。曾不聞矯爲其辭以求庸於是。雖仲尼日月其德，人之不侔。然楊亦慕仲尼之教者，以著書立言爲事，得自易哉。夫立言者，豈不欲人放從邪。[51]且已不能信人，况求信於人乎？語曰：君子先行其言而後從之。豈斯言可欺也哉。

（《文苑英華》卷三六〇《詰鳳》，《文翰類選大成》卷一六二《詰鳳》）

答問諫者　陳黯

或問："古之士，能直諫不君之君者，其誰爲最？"曰："有諫秦者，齊人茅焦也。"曰："夏無龍逢耶？殷無比干耶？"曰："不以之無，而功德相遼耳。夫諫者，不獨以言之忠，[52]而欲其氣雄；不獨以名之彰，而欲其事立。四者克備，是爲難矣。昔嬴氏，[53]吞噬群雄以取天下，豪暴奢侈，古初無先。故非有必爲，而諫有必距。[54]當其遷太后於雍，有及泉之誓，凡戮諫者二十七人矣。天下忠赤之士，莫不囚氣鎖詞。是時焦能獨奮勇果，不顧其威，且肉視虎狼，冰顧湯鑊，[55]諤諤造庭，[56]折其四失。俾暴主悔非遷善，敬從其言。[57]繇是骨肉之恩，斷而再續；君臣之義，捨而再交；諫争之路，塞而再啓。皆由焦之功也。噫！亡軀徇忠，亦諫者之職。然决死於二十七人之後，不難其心乎！進諫於二十七人之後，不難其詞乎！斯可謂言忠氣雄，名彰事立。備矣！豈若龍逢諫桀，比干諫紂，徒自柔聲婉詞，而又身不免，事不立。其足爲茅先生之徒歟！"問者喜而退。

（《文苑英華》卷三七九《答問諫者》，《唐文粹》卷四五《答問諫者》）

義激　崔蠡

長安里中多空舍，有婦人傭以居者，始來者。主人問其姓，則曰："生三歲，長於人，及長，聞父母逢歲飢，不能育，棄之塗，故姓不自知。"視其貌，常人也；視其服，又常人也。歸主人居傭無有闕，亦常傭居之婦人也。旦暮多閉關，[58]雖居如無人。居且久，又無有稱宗族故舊來訊問者。故未自道，終莫有知其實者焉。凡爲左右前後隣者，皆疑其爲他。且窺見其飲食動息，又與里中無有異。唯是織絍緘縏。婦人當二者，[59]皆不爲。罕有得與言語者。其色莊，其氣顓，顓莊之聲四馳，雖里中男子狂而少壯者，無敢侮。

居一歲，懼人之大我異也。遂婦于同里人。其夫問所自，其云如對主人之詞。觀其付夫之意，似没身不敢貳者。其夫自謂得妻也，所付亦如婦人付之之意。既生一子，謂婦人所付愈固，而不萌異慮。是後則忽有所如往，宵漏半而去，未辨色來歸。于再于三，其夫疑有以動其心者，怒願去之。以其有子，子又乳也，尚衣爲焉。[60]

婦人前志不衰。他夜既歸，色甚喜，若有得者。及詰之，乃舉先置人首於囊者，撤其囊，面如生。其夫大恐，恚且走。婦人即卑下辭氣，和貌怡色，言且前曰："我生於蜀，長於蜀，父爲蜀小吏，有罪，非死罪也。法當笞，遇位而酷者，陰以非法塗之，[61]卒棄市。當幼，力不任其心，未果殺。今長矣，果殺之，力符其心者也。願無駭。"又執其子曰："爾漸長，人心漸賤爾。曰其母殺人，其子必無狀。既生之，使賤之，人爲非勇也。不如殺而絶。"遂殺其子。而謝其夫曰："勉仁與義也，無先已而後人也。異時子遇難，必有以報者。"辭已，乎其夫決。[62]既出户，望其疾如翼而飛云。

按蜀婦人求復父仇有年矣，卒如心，又殺其子，捐其夫，子不得爲恩，夫不得爲累。推之於孝斯孝已，推之於義已，孝且義已，孝婦人也。自國初到于今，僅二百年，忠義孝烈婦人女子，其事能使千萬歲無以過，孝有高愍女、庚義婦、楊烈婦，今蜀婦人宜與三婦人齒。前以隴西李端言始異之作傳，傳備，博陵崔蠡又作文。目其題曰"義激"，將與端言共激諸義而感激者。蜀婦人在長安凡三年，來于貞元二十年，嫁于二十一年，去于元和初。

(《文苑英華》卷三七九《義激》)

記異　白居易

華州下邽縣東南三十餘里曰延年里。里西南有故蘭若，而無僧居。元和八年秋七月，予從祖兄曰皥自華州來訪予，途出於蘭若前。及門，見婦女十許人，服黄緑衣，少長雜坐，會語於佛屋下，聲聞于外。兄熱行方渴，將就憩，且求飲，望其從者蕭士清未至，因下馬，自縶繮於門柱。舉首，忽不見。意其退藏於窗闥之間，從之，不見。又意其退藏於屋壁之後；從之，又不見。周視其四旁，則堵墻環然無隙缺。覆視其族談之所，則塵壞幕然無足迹。繇是知其非人，悖然大異之，不敢留，上馬疾驅，來告予。予亦異之，因訊其所聞。兄曰云云甚多，不能殫記，大抵多云王胤老如此，觀其辭意，若相與數其過者。厥所去予舍八九里，因同往訪之。果有王胤老者，年老，即其里人也。方徙居蘭若東百餘步，[63]葺墻屋，築場藝樹僅畢，明日而入。既入，不浹辰而王胤老死，不越月而妻死，不踰時而胤之二子與二婦一孫死。餘一子曰明進，大恐懼，不知所爲。意新居不祥，乃撤屋燃樹，夜徙去，遂獲全焉。嘻！推而徵之，則衆君子謀於社以亡曹，婦人來爇麋竺之室，信不虛矣。明年秋，予與兄出游，因復至是。視胤之居則井湮竈夷，闃然唯環墻在，里人無敢居者。異乎哉！若然者，命數耶？偶然耶？將所徙之居非吉土耶？抑王氏有隱慝，鬼得謀而誅之耶？茫乎不識其由。且志於佛室之壁，以俟辨惑者。九月七日，太原白樂天云。

（《文苑英華》卷三七九《記異》，《白居易文集校注》卷六《記異》）

止妒　楊夔①

梁武平齊，盡有其内。獲侍兒十餘輩，頗娱於目，俄爲郄后所察，動止皆有隔，抑拗其憤，[64]恚殆欲成疹。[65]左右識其情者進言曰："臣

① 一題作者名爲劉禹錫。

嘗讀《山海經》,云以鶬鶊爲膳,可以療其事使不忌,①陛下盍試諸?"梁武從之。郄茹之後,妒減殆半。帝愈神其事。左右復言曰:"願陛下廣差諸以遍賜群臣,使不才者無妒於有才,挾私者不妒其奉公,[66]濁者不妎其清,[67]貪者不忌其廉。俾其惡去勝忌前,皆知革心,亦助化之一端也。"帝深然其言,[68]將詔虞人廣捕之。會方崇内典,誡於血生,其議遂寢。

(《文苑英華》卷三七八《止妒》,《文翰類選大成》卷一六二《止妒》,《劉禹錫集·詩文補遺·止妒》)

釋言　韓愈

元和元年六月十日,愈自江陵法曹詔拜國子博士,始進見今相國鄭公。公賜之坐,且曰:"吾見子某詩,吾時在翰林,職親而地禁,不敢相聞也。[69]今爲我寫子詩,書爲一通以來。"愈再拜謝,退録詩書若干篇,擇日時以獻。

於後之數月,有來謂愈者曰:"子獻相國詩書乎?"曰:"然。"曰:"有爲讒於相國之座者曰:'韓愈曰:'相國徵余文,余不敢匿,相國豈知我哉!'子其慎之!"愈應之曰:"愈爲御史,得罪德宗朝。同遷于南者凡三人,獨愈爲先收用,相國之賜大矣;百官之進見相國者,或立語以退,而愈辱賜坐語,相國之禮過矣;四海九州之人,自百官已下,欲以其業徹相國左右者多矣,皆憚而莫之敢,獨愈辱先索,相國之知至矣。賜之大,禮之過,知之至,是三者於敵以下受之,宜以何報?况在天子之宰乎?人莫不自知。凡適於用之謂才,堪其事之謂力,愈於二者雖日勉焉而不近;[70]束帶執笏立士大夫之行,[71]不見斥以不肖幸矣。其何敢敖於言乎?[72]夫敖雖凶德,必有恃而敢行。愈之族親鮮少,無扳聯之勢於今;[73]不善交人,無相先相死之友於朝。無宿資蓄貨以釣聲勢,弱於才而腐於力,不能奔走乘機抵巇以要權利:夫何恃

① 參見《山海經·北海經》。

而敖？若夫狂惑喪心之人，蹈河而入火，妄言而罵詈者，則有之矣。而愈人知其無是疾也，雖有讒者百人，相國將不信之矣。愈何懼而慎歟？"

既累月，又有來謂愈曰："有讒子於翰林舍人李公與裴公者，子其慎歟！"愈曰："二公者，吾君朝夕訪焉，以爲政於天下而階太平之治，居則與天子爲心膂，出則與天子爲股肱，四海九州之人自百官已下，其孰不願忠而望賜？愈也不狂不愚，不蹈河而入火，病風而妄罵，不當有如讒者之説也。雖有讒者百人，二公將不信之矣。愈何懼而慎？"

既以語應客，夜歸，私自尤曰："司市有虎，[74]而曾參殺人，讒者之效也。《詩》曰：'取彼讒人，投畀豺虎。豺虎不食，投畀有北。有北不受，投畀有昊。①'傷於讒疾而甚之之辭也。又曰："亂之初生，僭始既涵。亂之又生，君子信讒。②"始疑而終信之之謂也。孔子曰："遠佞人。"③夫佞人不能遠，則有時而信之矣。今我恃直而不戒，禍其至哉！徐又自解之曰："市有虎，聽者庸也；曾參殺人，以愛惑聰也；巷伯之傷，亂世是逢也。今三賢方與天子謀所以施政於天下而階太平之治，聽聰而視明，公正而敦大。夫聰明則聽視不惑，公正則不邇讒邪，敦大則有以容而思。彼讒人者，孰敢進而爲讒哉？雖進而爲之，亦莫之聽矣！我何懼而慎？"

既累月，上命李公相，客謂愈曰："子前被言於一相，今李公又相，子其危哉！"愈曰："前之謗我於宰相者，翰林不知也；後之謗我於翰林者，宰相不知也。[75]今二公合處而會言，若及愈，必曰：'韓愈亦人耳，彼敖宰相，又敖翰林，其將何求？必不然！'吾乃今知免矣。"既而讒言果不行。

（《文苑英華》卷三五三《釋言》，《韓愈文集彙校箋注》卷三《釋言》）

① 參見《詩經・小雅・巷伯》。

② 參見《詩經・小雅・巧言》。

③ 參見《論語・衛靈公》。

猫相乳　韓愈

司徒北平王家猫有生子同日者，[76]其一死焉。有二子飲於死母，母且死，其鳴呷呷。其一方乳其子，若聞之，起而若聽之，走而若救之。銜其一置于其棲，又往如之，反而乳之若其子然。噫！亦異之大者也。

夫猫，人畜也，非性於仁義者也。其感於所畜者乎哉？北平王牧人以康，伐罪以平，理陰陽以得其宜。國事既畢，家道乃行，父父子子兄兄弟弟，雍雍如也，愉愉如也。視外猶親中，一家猶一人。夫如是，其所感應召致其亦可知矣。《易》曰："信及豚魚。"①非此類也夫！

愈時獲幸於北平王，客有問王之德者，愈以是對。客曰："夫禄位貴富，人之所大欲也。得之之難，未若恃之之難也。得之於功，或失於德；得之於身，或失於子孫：今夫功德如是，祥祉如是，其善持之也可知已。"既已，因敘之爲《猫相乳説》云。

（《文翰類選大成》卷一六二《猫相乳》，《韓愈文集彙校箋注》卷四《猫相乳説》）

本政　韓愈

周之政文。既其弊也，後世不知其承，大敷古先，遂一時之術以明示民；民始惑教，百氏之説以興。其言曰："天下可爲也。彼之政仁矣，反於誼；此之政敬矣，戾於忠。何居？我其周從乎！曰："周不及殷，其殷從乎？曰夏，曰虞，曰陶唐，曰三皇氏，曰遂古之初。暴孽情，飾淫志，枝辭琢正，紛紊糾射，以僻民和，以導民亂。嗚呼！道之去世，其終不復矣乎！

長民者發一號，施一令，民莫不悱然非矣。謂不可守，遽變而從之。譬將適千里，及門而復，後雖矻矻，决不可曁。原其始，固有啓之者也。聞於師曰："古之君天下者，化之不示其所以化之之道，及其弊

① 參見《周易·中孚卦》。

也，易之不示其所以易之之道。政以是得，民以是淳。其有作者，知教化之所繇廢，抑詭怪而暢皇極，伏文貌而尚忠質，茫乎天運，窅爾神化，道之行也，其庶已乎！

（《文苑英華》卷三六一《雜文》，《韓愈文集彙校箋注》卷二《本政》）

守戒　韓愈

《詩》曰“大邦維翰”，①《書》曰“以蕃王室”，②諸侯之於天子，不惟守土地奉職貢而已，固將有以翰蕃之也。

今人有宅於山者，知猛獸之爲害，則必高其柴楥，而外施窞穽以待之；宅於都者，知穿窬之爲盜，則必峻其垣墻，而内固扃鐍以防之。此野人鄙夫之所及，非有過人之智而後能也。今之通都大邑，介於屈强之間，而不知爲之備。噫，亦惑矣！野人鄙夫能之，而王公大人反不能焉，豈材力爲有所不足歟？[77]蓋以謂不足爲而不爲耳。

天下之禍莫大於不足爲，[78]材力不足者次之。不足爲者，敵至而不知；材力不足者，先事而思，則其於禍也有間矣。彼之屈强者，帶甲荷戈，不知其多少。其緜地則千里，而與我壤地相錯，無有丘陵江河洞庭孟門之關，其間又自知其不得與天下齒，朝夕舉踵引頸，冀天下之有事，以乘吾之便。此其暴於猛獸穿窬也甚矣！嗚呼，胡知而不爲之備乎哉。

賁育之不戒，童子之不抗；魯鷄之不期，蜀鷄之不支。今夫鹿之於豹，非不巍然大矣。然而卒爲之禽者，爪牙之材不同，猛怯之資殊也。

曰：“然則如之何而備之？”曰：“在得人。”

（《文翰類選大成》卷一六二《守戒》，《韓愈文集彙校箋注》卷二《守戒》）

---

① 參見《詩經·大雅·板》。

② 參見《尚書·微子之命》。

愛直贈李君房别　韓愈

左右前後皆正人也，欲其身之不正，烏可得邪！吾觀李生在南陽公之側，有所不知，知之未嘗不爲之思；有所不疑，疑之未嘗不爲之言。勇不動于氣，義不陳乎色，南陽公舉措施爲不失其宜，天下之所窺觀稱道洋洋者，抑亦左右前後有其人乎！

凡在此趨公之庭議公之事者，吾既從而游矣；言而公信之者，謀而公從之者，四方之人則既聞而知之矣。李生，南陽公之甥也。人不知者，將曰李生之托婚於貴富之家，[79]將以充其所求而止耳，故吾樂爲天下道其爲人焉。今之從事於彼也，吾能爲南陽公愛之。[80]又未知人之舉李生於彼者何辭。彼之所以待李生者何道。舉不失辭，待不失道，雖失之此足愛惜，而得之彼爲歡忻，[81]於李生道猶若也。舉之不以吾所稱，待之不以吾所期，李生之言不可出諸其口矣。吾重爲天下惜之。

（《文苑英華》卷三六一《愛直贈李君房别》，《韓愈文集彙校箋注》卷三《愛直贈李君房别》）

【校勘記】

［1］士：《文苑英華》卷三六〇作“亡”。
［2］懔：此字原脱，據《文苑英華》卷三六〇補。
［3］下：原作“平”，據《文苑英華》卷三六〇改。
［4］不終：此二字原脱，據《文苑英華》卷三六〇補。
［5］爲：此字原脱，據《唐太宗全集校注》補。
［6］授：《文苑英華》卷三六〇作“命”。
［7］水：《文苑英華》卷三六〇作“人”。
［8］天道之數：《文苑英華》卷三六〇作“大道之類”。
［9］一：《文苑英華》卷三六〇作“乙”。
［10］水鏡：《文苑英華》卷三六〇作“永鑒”。
［11］達：《文苑英華》卷三六〇作“遠”。

［12］止：《文苑英華》卷三五二作“上”。
［13］族：原作“旅”，據《文苑英華》卷三五二改。
［14］用：《文苑英華》卷三五二作“朗”。
［15］裋褐：原作“短褐”，據《文苑英華》卷三五二、《盧照鄰集校注》卷六《對蜀父老問·校記》(2)改。
［16］莫赦三家之徹：“赦”，《文苑英華》卷三五二作“徹”；“徹”，《文苑英華》卷三五二作“轍”。
［17］奮：《文苑英華》卷三五二作“存”。
［18］舛：原作“吁”，據文意及《文苑英華》卷三五二改。
［19］平：原作“乎”，據文意及《文苑英華》卷三五二改。
［20］囹圄：原作“囹因”，據文意及《文苑英華》卷三五二改。
［21］於：此字原脱，據《文苑英華》卷三五二補。
［22］真：原作“臭”，據文意及《文苑英華》卷三五二改。
［23］媢：《文苑英華》卷三五二作“姬”。
［24］悖：原作“勃”，據《文苑英華》卷三六〇改。
［25］忠：《文苑英華》卷三六〇作“終”。
［26］逖聽遺篆：“遺”，《文苑英華》卷三五九作“貴”；“篆”字原脱，據《文苑英華》卷三五九補。
［27］則：《文苑英華》卷三五九作“在”。
［28］州：原作“周”，據文意及《文苑英華》卷三五九改。
［29］譬：《文苑英華》卷三五九作“訾”。
［30］二：《文苑英華》卷三五九作“三”。
［31］静：《文苑英華》卷三五九作“靖”。
［32］禪：《文苑英華》卷三五九作“同”。
［33］被：《文苑英華》卷三五九作“播”。
［34］悪：《文苑英華》卷三五九作“惡”。
［35］基：《文苑英華》卷三五九作“極”。
［36］刀：《文苑英華》卷三七七、《皮子文藪》卷七均作“刃”。
［37］論：《文苑英華》卷三七七、《皮子文藪》卷七均作“編”。
［38］土：《文章類選》同《皮子文藪》卷七，《文苑英華》卷三七七作“上”。
［39］灾：《文章類選》同《文苑英華》卷三七七，《皮子文藪》卷八作“變”。
［40］致其名占：《文章類選》同《文苑英華》卷三七七，《皮子文藪》卷八作“則獻其占”。
［41］慟：《文章類選》同《皮子文藪》卷八，《文苑英華》卷三七七作“動”。
［42］夫：《文章類選》同《皮子文藪》卷八，《文苑英華》卷三七七作“天”。
［43］問：《文章類選》同《文苑英華》卷三七七，《皮子文藪》卷八作“筮”。

[44] 斯處位：《文章類選》同《文苑英華》卷三七七，《皮子文藪》卷八作“處斯位”。

[45] 力拘力拘：《文苑英華》卷三七四作“力力拘拘”。

[46] 黄：《文苑英華》卷三七四作“蒼”。

[47] 又懼禍反：《文苑英華》卷三六〇作“又禍及”，《文翰類選大成》卷一六二作“又懼禍及”。

[48] 待：《文苑英華》卷三六〇、《文翰類選大成》卷一六二均作“持”。

[49] 曉晦而不迷其候：“曉晦”，《文章類選》同《文翰類選大成》卷一六二，《文苑英華》卷三六〇作“晦曉”；“迷”，《文章類選》同《文翰類選大成》卷一六二，《文苑英華》卷三六〇作“昧”。

[50] 匡：《文章類選》同《文翰類選大成》卷一六二，《文苑英華》卷三六〇作“臣”。

[51] 放從：《文章類選》同《文苑英華》卷三六〇，《文翰類選大成》卷一六二作“從教”。

[52] 之：此字原脱，據《唐文粹》卷四五補。下句“不獨以名之彰”之“之”同。

[53] 氏：《文章類選》同《文苑英華》卷三七九，《唐文粹》卷四五作“政”。

[54] 距：《文章類選》同《文苑英華》卷三七九，《唐文粹》卷四五作“拒”。

[55] 湯：《文章類選》同《文苑英華》卷三七九，《唐文粹》卷四五作“鼎”。

[56] 庭：《文章類選》同《文苑英華》卷三七九，《唐文粹》卷四五作“廷”。

[57] 敬：《文章類選》同《文苑英華》卷三七九，《唐文粹》卷四五作“而”。

[58] 暮：原作“慕”，據《文苑英華》卷三七九改。

[59] 二：《文苑英華》卷三七九作“工”。

[60] 衣爲：《文苑英華》卷三七九作“依違”。

[61] 塗：《文苑英華》卷三七九作“繩”。

[62] 乎：《文苑英華》卷三七九作“與”。

[63] 徒：《文苑英華》卷三七九作“從”。

[64] 抑拗：《文章類選》同《文翰類選大成》卷一六二，《文苑英華》卷三七八作“抑扨”。

[65] 欲：此字原脱，據《文苑英華》卷三七八補。

[66] 其：《文章類選》同《文翰類選大成》卷一六二，《文苑英華》卷三七八作“於”。

[67] 妡：《文章類選》同《文翰類選大成》卷一六二，《文苑英華》卷三七八作“妒”。

[68] 然：此字原脱，據《文苑英華》卷三七八補。

[69] 也：此字原脱，據《文苑英華》卷三五三補。

[70] 日：《文苑英華》卷三五三作“曰”。

[71] 束：原作“來”，據《文苑英華》卷三五三改。

[72] 敖：《文苑英華》卷三五三作“傲”。

[73] 扳：《文苑英華》卷三五三作“攀”。

[74] 司：《文苑英華》卷三五三作“咄”。

[75] 宰相：《文苑英華》卷三五三作“相國”。

[76] 者：此字原脱，據《文翰類選大成》卷一六二補。

[77] 所：此字原脱，據《韓愈文集彙校箋注》卷二補。

[78] 不足爲：《文章類選》同《文翰類選大成》卷一六二，《韓愈文集彙校箋注》卷二作“不足爲而不爲”。

[79] 貴福：《文苑英華》卷三六一作“富貴”。

[80] 能：此字原脱，據《文苑英華》卷三六一補。

[81] 忻：《文苑英華》卷三六一作“欣”。

文章類選卷之四十

雜　著

截冠雄鷄志　李翱

翱至零口北，有畜鷄二十二者，七其雄，十五其雌，且啄且飲，而又狎乎人。翱甚樂之，遂掬粟投于地而呼之。有一雄鷄，人截其冠，貌若營群，望我而先來，見粟而長鳴，如命其衆鷄。衆鷄聞而曹奔於粟，既來而皆惡截冠雄鷄，而擊之，而曳之，而逐出之。已而競還啄其粟。日之暮，又二十一其群，栖于楹之梁。截冠雄鷄又來，如慕侶，將登于梁，且栖焉。[1]而仰望焉，而旋望焉，而小鳴焉，而大鳴焉，而延頸喔咿其聲甚悲焉，而遂去焉。至于庭中，直上有木，三十餘尺，鼓翅哀鳴，飛而栖其樹顛。

翱異之曰："鷄，禽千家者也。[2]被五德者也。其一曰，見食命侶，義也，截冠雄鷄是也，彼衆鷄得非幸其所呼而來耶？又奚爲既來而共惡所呼者而迫之耶？豈不食其利背其惠耶？豈不畏喪其見食命侣之一德耶？且何衆栖而不使偶其群耶？"或告曰："截冠雄鷄，客鷄也，予里東鄙夫曰陳氏之鷄焉，死其雌，而陳氏寓之于我群焉。勇且善鬥，家之六雄鷄，勿敢獨校焉，且其曹惡之，而不與同其食及栖焉。夫雖善鬥且勇，亦不勝其衆而常孤游焉。然見食未嘗先啄，而不長鳴命侣焉。彼衆鷄雖賴其召，召既至，反逐之，昔日亦猶是焉。截冠雄鷄雖不見答，然而其迹未曾變移焉。"

翱既聞之，惘然感而遂傷曰："禽鳥，微物也，其中亦有獨禀精氣，義而介焉者。客鷄義勇超于群，群皆妒焉，尚不與儔焉。况在人乎哉？况在友朋乎哉？况在親戚乎哉？况在鄉黨乎哉？况在朝廷乎哉？由是觀天地之閒鬼神、禽獸、萬物變動情狀，其可以逃乎？”

吾心既傷之，遂志之，特用警予，且可以作鑒于世之人。

（《文苑英華》卷三七三《截冠雄鷄志》，《文翰類選大成》卷一六二《截冠雄鷄志》）

紀鴞鳴　林簡言

東渭橋有賈食於道者，其舍之庭有槐焉，聳餘舒柯，[3]布葉凝翠，若不與他槐等。其舍既陋，主人獨以槐爲飾，當乎夏日，則孕風貯凉，雖高臺大屋，諒無慚德，是以徂南走北，步者乘者，息肩於斯，稅駕於斯，亦忘舍之陋。

長慶元年，簡言去鄜，得息其下，觀主人德槐之意，亦高臺大屋者也。[4]洎二年去夏陽，則槐薪矣。屋既陋，槐且爲薪，遂進他舍，因問其故。曰：“某與隣俱賈食者也，某以槐故，利兼子隣。[5]隣有善作鴞鳴者，每伺宵晦，輒登樹鴞鳴，凡側于樹，若小若大，莫不懍然懼悚，以爲鬼物之在槐也，不日而至也。又私於巫者，俾於鬼語：‘槐不去，鴞不息。’[6]主人有母者且瘵，慮禍及母，遂取巫者語，後亦以稀賓致困。”

簡言曰：“假爲鴞鳴，滅樹殃家，甚於真鴞，非聽之誤耶？然屈平謇諤，非不利於楚也，靳尚一鴞鳴而三閭放；[7]揚震訐謨，[8]非不利於漢也，樊豐一鴞鳴而太尉死。求之於古，主人亦不爲甚愚。”

（《文苑英華》卷三七三《紀鴞鳴》，《文翰類選大成》卷一六二《紀鴞鳴》）

禽暴　舒元輿①

冬十月，予視穫于甫里，旱苗離離，年無以支。憂傷於懷，夜不能

① 《全唐文》卷八〇一題作者爲陸龜蒙。

寐。往往聲類暴雨而疾至者，一夕凡數四。明日訊其甿，曰："鳧鷖也，其曹蔽天而下蓋田，所當之禾，必竭穗而後去。"曰："得無弋羅者捕而秏之耶？"對曰："江之南不能弋羅，當藥而得之，糲糊塗枝，叢植千陂，[9]一中千萬，膠而不飛。是藥也，出於長沙、豫章之涯。行賈貨錯，歲售於射鳥兒。盜興已來，蒙衝塞江，其誰敢商？是藥既絶，群鳧恣翔。幸不充乎口腹，反侵人之稻粱。"予曰："嘻！失馭之民，化而爲盜。關梁急征，商不得行。使江湖小禽，亦肆其暴，以害民食。古聖人毆害物之民出乎四裔，況害民之物乎？俾生靈之衆，死乎盜，死乎飢，吾不知安用馭者爲？"

（《文苑英華》卷三七三《禽暴》,《陸龜蒙全集校注》卷一九《禽暴》）

養狸述　舒元輿

野禽獸可馴養而有裨於人者，吾得之於狸。狸之性，憎鼠而喜愛。其體趫，其文班。予愛其能息鼠竊，近乎正且勇。嘗觀虞人有生致者，因得請歸，致新昌里客舍。舍之初未爲某居時，曾爲富家廩，墉堵地面，甚足鼠竅，冗之口光滑，日有鼠絡繹然。某既居，果遭其暴秏。當白日爲群，雖敲拍叱嚇，略不畏忌。或暫僶俛跧縮，須臾復來，日數十度。其穿巾孔箱之患，繼晷而有。晝或出游，及歸，其什器服物，悉已破碎。[10]若夜時，長留缸續晨，與役夫更吻驅呵，甚擾神抱。有時或缸死睫交，黑暗中又遭其緣榻過面，泊泊上下，則不可奈何。或知之，借櫝以收拾衣服，未頃則櫝又孔矣。予心深悶，當其意欲掘地誅翦。始二三十日間未果，頗患之，若抱癢疾。自獲此狸，嘗闔關實竇，縱於室中。潛伺之，見軒首引鼻，似得鼠氣，則凝蹲不動。斯須，果有鼠數十輩接尾而出。狸忽躍起，豎瞳迸金，文毛磔班，張爪呀牙，劃洩怒聲。鼠黨帖伏不敢竄，狸遂搏擊，或目抉牙截，尾捎首擺，瞬視間群鼠肝腦塗地。迨夜，始背缸潛窺，室内洒然。予以是益寶狸矣，常自馴飼之。

到今僅半年矣，狸不復殺鼠，鼠不復出穴。穴口有土蟲絲封閉欲合，嚮之韞櫝服物，皆縱横抛擲，無所損壞。噫！微狸，鼠不獨耗吾物，亦將咬嚙吾身矣。是以知吾得高枕坦卧，絶瘡痏之憂，皆斯狸之功異乎。鼠本統乎陰，蟲其用，合晝伏夕動，常怯怕人者也。向之暴耗，非有大膽壯力，能凌侮於人，以其人無禦之之術，故得恣横若此。今人之家，苟無狸之用，則紅墉皓壁，固爲鼠室宅矣。甘醲鮮肥，又資鼠口腹矣。雖乏人智，其奈之何。嗚呼！覆幬之間，首圓足方，竊盜聖人之教，甚於鼠者有之矣。若時不容端人，則白日之下，故得騁於陰私。故桀朝鼠多而關龍逢斬，紂朝鼠多而王子比干剖，魯國鼠多而仲尼去，楚國鼠多而屈原沈。以此推之，明小人道長，而不知用君子以正之，猶嚮之鼠竊，而不知用狸而止遏。縱其暴横，則五行七躍，亦必反常於天矣，豈直流患於人間耶？某因養狸而得其道，故備録始末，貯諸篋内，異日持諭於在位之端正君子。

（《文苑英華》卷三七三《養狸述》）

吏商　柳宗元

吏而商也，污吏之爲商，不若廉吏之商，其爲利也博。污吏以貨商，資同惡與之爲曹，大率多減耗，役傭工，費舟車。射時有得失，取貨有苦良，盜賊水火殺敚、焚溺之爲患，幸而得利，不能什一二。身敗禄奪，大者死，次貶廢，小者惡，終不遂。污吏惡能商矣哉？廉吏以行商，不役傭工，不費舟車，無資同惡減耗，時無得失，貨無良苦，盜賊不得殺敚，水火不得焚溺，利愈多，名愈尊，身富而家强，子孫葆光。是故廉吏之商博也。苟修嚴潔白以理政，由小吏得爲縣，由小縣得大縣，由大縣得刺小州，其利月益各倍。其行不改，又由小州得大州，其利月益三之一。其行又不改，又由大州得廉一道，其利月益之三倍，不勝富矣。苟其行又不改，則其爲得也，夫可量哉。雖赭山以爲章，涸海以爲鹽，未有利大能若是者。然而舉世争爲貨商，以故貶吏相逐於道，百不能一遂。人之知謀，好邇富而近禍如此，悲夫！

或曰："君子謀道不謀富，子見孟子之對宋牼乎？[11]何以利教爲也。”柳子曰：“君子有二道，誠而明者，不可教以利；明而誠者，利進而害退焉。吾爲是言，爲利而爲之者設也。或安而行之，或利而行之，及其成功一也。吾哀夫没於利者，以亂人而自敗也，姑設是，庶由利之小大登進其志，[12]幸而不撓乎下，以成其政，交得其大利。吾言不得已爾，何暇從容若孟子乎？孟子好道而無情，其功緩以疏，未若孔子之急民也。”

（《文苑英華》卷三七四《吏商》，《柳宗元集校注》卷二〇《吏商》，《柳河東集》卷二〇《吏商》）

起廢答　柳宗元

柳先生既會州刺史，即治事，還，游于愚溪之上。溪上聚黧老壯齒。十有一人，謖足以進，列植以慶。卒事，相顧加進而言曰：“今茲是州，起廢者二焉，先生其聞而知之歟？”答曰：“誰也？”曰：“東祠躄浮圖，中厩病顙之駒。”曰：“若是何哉？”曰：“凡爲浮圖道者，都邑之會必有師，師善爲律，以敕戒。始學者與女釋者甚尊嚴，且優游。躄浮圖有師道，少而病躄，日愈以劇。居東祠十年，扶服輿曳，未嘗及人，仄匿愧恐殊甚。今年他有師道者悉以故去，始學者與女釋者，倀倀無所師，遂相與出躄浮圖以爲師，盥濯之，扶持之，壯者執輿，幼者前驅，被以其衣，導以其旗，休惕疾視，[13]引且翼之。躄浮圖不得已，凡師數百生。日饋飲食，時獻巾帨，洋洋也，舉莫敢踰其制。中厩病顙之駒，顙之病亦且十年，色玄不厖，無異技，硿然大耳。然以其病，不得齒他馬。食斥棄異阜，恒少食，屏立擯辱，掣頓異甚，垂首披耳，懸涎屬地，凡厩之馬，無肯爲伍。會今刺史以御史中丞來莅吾邦，屏棄群駟，舟以泝江，將至，無以爲乘。厩人咸曰：‘病顙駒大而不厖，可秣飾焉；他馬巴僰痺狹，無可當吾刺史者。’於是衆牽駒上燥土大廡下，薦之席，縻之絲，浴剔蚤鬋，刮惡除洟；莝以雕胡，秣以香萁；錯具鱗纕，鑿金文羈；絡以和鈴，纓以朱綏；或膏其鬣，或劘其脽；御夫盡飾，然後敢持。除道履石，立之水涯；幢旗前羅，杠蓋後隨；千夫翼衛，當道上馳；抗首出臆，震奮遨嬉。當是時，若有知也，豈不曰宜乎?”

先生曰:“是則然矣，叟將何以教我?”黧老進曰:“今先生來吾州亦十年，足軼疾風，鼻知膻香，腹溢儒書，口盈憲章，包今統古，進退齊良，然而一廢不復，曾不若躄足涎顙之猶有遭也。朽人不識，敢以其惑願質之先生。”先生笑且答曰:“叟過矣！彼之病，病乎足與顙也;吾之病，病乎德也。又彼之遭，遭其無耳。今朝廷洎四方，豪傑林立，謀猷川行，群談角智，列坐争英，彼華發輝，揮喝雷霆，老者育德，少者馳聲，非角羈貫，排厠鱗征，一位暫缺，百事交并，駢倚懸足，曾不得逞，不若是州之乏釋師大馬也。而吾以德病伏焉，豈躄足涎顙之可望哉?叟之言過昭昭矣，無重吾罪!”於是黧老壯齒，相視以喜，且吁曰:“諭之矣!”拱揖而旋，爲先生病焉。

(《文翰類選大成》卷一六二《起廢答》,《柳宗元集校注》卷一五《起廢答》,《柳河東集》卷一五《起廢答》)

愚溪對　柳宗元

柳子名愚溪而居。五日，溪之神夜見夢曰:“子何辱予，使予爲愚耶?有其實者，名固從之，今予固若是耶?予聞閩有水，生毒霧厲氣，中之者温屯嘔泄。藏石走瀨，連艫糜解。有魚焉，鋸齒鋒尾而獸蹄，[14]是食人，必斷而躍之，乃仰噬焉。故其名曰惡溪。西海有水，散涣而無力，不能負芥，投之則委靡墊没，及底而後止，故其名曰弱水。秦有水，掎汩泥淖，撓混沙礫，視之分寸，眙若睨壁，淺深險易，昧昧不覿，乃合清渭，[15]以自彰穢迹，故其名曰濁涇。雍之西有水，幽險若漆，不知其所出，故其名曰黑水。夫惡弱，六極也;濁黑，賤名也。彼得之而不辭，窮萬世而不變者，有其實也。今予甚清與美，爲子所喜，而又功可以及圃畦，力可以載方舟，朝夕者濟焉。子幸擇而居予，而辱以無實之名以爲愚，卒不見德而肆其誣，豈終不可革耶?”

柳子對曰:“汝誠無其實，然以吾之愚而獨好汝，汝惡得避是名耶。且汝不見貪泉乎?有飲而南者，見交趾寶貨之多，光溢於目，思以兩手左右攫而懷之，豈泉之實耶？過而往貪焉，猶以爲名，今汝獨招愚者居焉，久留而不去，雖欲革其名，不可得矣。夫明王之時，智者用，愚者伏，用者宜邇，[16]伏者宜遠。今汝之托也，遠王都三千餘里，仄僻回隱，蒸鬱之與曹，螺蜯之與居。唯觸罪擯辱愚陋黜伏者，日侵侵以游汝，[17]闖闖以守汝。汝欲爲智乎？胡不呼今之聰明皎厲握天子有司之柄以生育天下者，使一經於汝，而唯我獨處？汝既不能得彼而見獲於我，是則汝之實也。當汝爲愚而猶以爲誣，寧有説耶？"

曰："是則然矣。敢問子之愚，何如而可以及我？"柳子曰："汝欲窮我之愚説耶？雖極汝之所往，不足以申吾喙；涸汝之所流，不足以濡吾翰。姑示子其略：吾茫洋乎無知，冰雪之交，衆裘我絺；溽暑之鑠，[18]衆從之風，而我從之火。吾盪而趍，不知大行之異乎九衢，以敗吾車；吾放而游，不知吕梁之異乎安流，以没吾舟。吾足蹈坎井，頭抵木石，衝冒榛棘，僵仆虺蜴，音"易"。而不知怵陽。何喪何得，進不爲盈，退不爲抑，荒凉昏默，卒不自克。此其大凡者也。願以是污汝可乎？"

於是溪神深思而嘆曰："嘻有餘矣，是及我也。"因俯而羞，仰而吁，涕泣交流舉手而辭。一晦一明，覓而莫知所之。遂書其對。

（《唐文粹》卷四五《愚溪對》，《文翰類選大成》卷一四七《愚溪對》，《柳宗元集校注》卷一四《愚溪對》，《柳河東集》卷一四《愚溪對》）

臨江之麋　柳宗元

臨江之人畋得麋麑，畜之入門，群犬垂涎，揚尾皆來。其人怒，怛之。自是日抱就犬，習示之，使勿動，稍使與之戲。積久，犬皆如人意。麋麑稍大，[19]忘己之麋也，以爲犬良我友，抵觸偃仆，益狎。犬畏主人，與之俯仰甚善，[20]然時啖其舌。三年，麋出門外，見外犬在道上甚衆，[21]走欲與爲戲。外犬見而喜且怒，共殺食之，狼藉道上。麋至死不悟。

（《文苑英華》卷三六八《臨江之麋》，《唐文粹》卷七八《臨江之麋》，《文翰類選大成》卷一六二《臨江之麋》，《柳宗元集校注》卷一九《臨江之麋》，《柳河東集》卷一九《臨江之麋》）

黔之驢 柳宗元

黔無驢，有好事者舡觼以入。至則無可用，放之山下。虎見之，尨然大物也，以爲神。蔽林間窺之，稍出近之，憖憖然莫相知。他日，驢一鳴，虎大駭，遠遁，以爲且噬己也，甚恐。然往來視之，覺無異能者。益習其聲，又近出前後，終不敢搏。稍近益狎，蕩倚衝冒，驢不勝怒，蹄之。虎因喜，計之曰："技止此耳！"因跳踉大㘚，斷其喉，盡其肉，乃去。噫！形之尨也類有德，聲之宏也類有能。向不出其技，虎雖猛，疑畏，卒不敢取。今若是焉，悲夫！

（《文苑英華》卷三六八《黔之驢》，《唐文粹》卷七八《黔之驢》，《文翰類選大成》卷一六二《黔之驢》，《柳宗元集校注》卷一九《黔之驢》，《柳河東集》卷一九《黔之驢》）

永某氏之鼠 柳宗元

永有某氏者，畏日，拘忌異甚。以爲己生歲直子，鼠，子神也。[22]因愛鼠，不畜猫犬，禁僮勿擊鼠。倉廩庖厨，悉以恣鼠不問。① 由是鼠相告皆來某氏，飽食而無禍。某氏室無完器，椸無完衣，飲食大率鼠之餘也。晝累累與人兼行，夜則竊齧鬥暴，其聲萬狀，不可以寢。終不厭。

數歲，某氏徙居他州。[23]後人來居，鼠爲態如故。其人曰："是陰類惡物也，盗暴尤甚，且何以至是乎哉！"假五六猫，闔門撤瓦灌穴，購僮羅捕之。殺鼠如丘，棄之隱處，臭數月乃已。嗚呼！彼以其飽食無禍爲可恒也哉！

（《文苑英華》卷三六八《永某氏之鼠》，《唐文粹》卷七八《永某氏之鼠》，《柳宗元集校注》卷一九《永某氏之鼠》，《柳河東集》卷一九《永某氏之鼠》）

---

① 恣：《文章類選》同《柳河東集》卷一九，《文苑英華》卷三六八作"資"。

取材　王安石

夫工人之爲業也，必先淬礪其器用，掄度其材幹，然後致力寡而用功得矣。聖人之於國也，必先遴柬其賢能，練覈其名實，然後任使逸而事以濟矣。故取人之道。世之急務也。自古守文之君。孰不有意於是哉？然其間得人者有之，失士者不能無焉，稱職者有之，謬舉者不能無焉。必欲得人稱職，不失士，不謬舉，宜如漢左雄所議諸生試家法、[24]文吏課箋奏爲得矣。

所謂文吏者，不徒苟尚文辭而已，必也通古今，習禮法，天文人事，政教更張，然後施之職事，則以詳平政體，有大議論，使以古今參之是也。所謂諸生者，不獨取訓習句讀而已，必也習典禮，明制度，臣主威儀，時政沿襲，然後施之職事，則以緣飾治道，有大議論，則以經術斷之是也。

以今準古，今之進士，古之文吏也；今之經學，古之儒生也。然其策進士，則但以章句聲病，苟尚文辭，類皆小能者爲之；策經學者，徒以記問爲能，不責大義，類皆蒙鄙者能之。使通才之人或見贅於時，高世之士或見排於俗。故屬文者至相戒曰："涉獵可爲也，誣豔可尚也，於政事何爲哉？"守經者曰："傳寫可爲也，誦習可勤也。於義理何取哉？"故其父兄勖其子弟，師長勖其門人，相爲浮艷之作，以追時好而取世資也。何哉？其取舍好尚如此，所習不得不然也。若此之類，而當擢之職位，歷之仕塗，一旦國家有大議論，立辟雍明堂，損益禮制，更著律令，决讞疑獄，彼惡能以詳平政體，緣飾治道，以古今參之，以經術斷之哉？是必唯唯而已。

文中子曰："文乎文乎，苟作云乎哉？必也貫乎道。學乎學乎，博誦云乎哉？必也濟乎義。"故才之不可苟取也久矣，必若差别類能，宜少依漢之箋奏家法之義。策進士者，若曰邦家之大計何先，治人之要務何急，政教之利害何大，安邊之計策何出，使之以時務之所宜言之，不直以章句聲病累其心。策經學者，宜曰禮樂之損益何宜，天地之變化何如，禮器之制度何尚，各傳經義以對，不獨以記問傳寫爲能。然後署之甲乙以升黜之，庶其取舍之鑒灼于目前，是豈惡有用而事無用，辭逸而就勞哉？故學者不習無用之言，則業專而修矣，一心治道，則習貫而入矣。若此之類，施之朝廷，用之牧民，何鄉而不利哉？其他限年之議，亦無取矣。

（《文翰類選大成》卷一六三《取材》，《王安石全集》卷三二《取材》）

諫官　王安石

以賢治不肖，以貴治賤，古之道也。所謂貴者何也？公、卿、大夫是也。所謂賤者何也？士、庶人是也。同是人也，或爲公卿，或爲士，何也？爲其不能公卿也，故使之爲士；爲其賢於士也，故使之爲公卿。此所謂以賢治不肖，以貴治賤也。

今之諫官者，天子之所謂士也，其貴則天子之三公也。惟三公於安危治亂存亡之故，無所不任其責。至於一官之廢，一事之不得，無所不當言，故其位在卿大夫之上，所以貴之也。其道德必稱其位，所謂以賢也。至士則不然。修一官而百官之廢不可以預也，守一事而百事之失可以毋言也。稱其德，副其材，而命之以位也。循其名，傃其分，以事其上而不敢過也。此君臣之分也，上下之道也。今命之以士，而責之以三公，士之位而受三公之責，非古之道也。孔子曰："必也正名乎！"[①]正名也者，所以正分也。然且爲之，非所謂正名也。身不能正名，而可以正天下之名者，未之有也。

蚳鼃爲士師，孟子曰："似也，爲其可以言也。"[②]鼃諫於王而不用，致爲臣而去。孟子曰："有言責者不得其言則去，有官守者不得其守則去。"[③]然則有官守者莫不有言責，有言責者莫不有官守。士師之諫

---

① 參見《論語・先進》。
② 參見《孟子・公孫丑下》。
③ 參見《孟子・公孫丑下》。

於王是也。其諫也，蓋以其官而已矣，是古之道也。古者官師相規，工執藝事以諫。其或不能諫，謂之不恭，則有常刑。蓋自公卿至於百工，各以其職諫，則君孰與爲不善？自公卿至於百工，皆失其職，以阿上之所好，則諫官者，乃天子之所謂士耳，吾未見其能爲也。

俟己以輕，而要之以重，非所以使臣之道也。其俟己也輕，而取重任焉，非所以事君之道也。不得已，若唐之太宗庶乎其或可也。雖然，有道而知命者，果以爲可乎？未之能處也。唐太宗之時，所謂諫官者，與丞弼俱進於前。故一言之謬，一事之失，可救之於將然，不使其命已布於天下，然後從而争之也。君不失其所以爲君，臣不失其所以爲臣，其亦庶乎其近古也。今也上之所欲爲，丞弼所以言於上，皆不得而知也。及其命之已出，然後從而争之。上聽之而改，則是士制命而君聽也；不聽而逐，則是臣不得其言而君耻過也。臣不得其言，士制命而君聽，二者上下所以相悖而否亂之勢也。然且爲之，其亦不知其道矣。及其諄諄而不用，然後知道之不行，其亦辨之晚矣。

或曰："《周官》之師氏、保氏、司徒之屬而大夫之秩也。"曰："嘗聞周公爲師，而召公爲保矣，《周官》則未之學也。"

（《古文集成》卷三三《諫官論》，《王安石全集》卷三二《諫官論》）

叔孫通不能致二生　蘇軾

軾以謂叔孫通制禮，雖不能如三代，然亦因時施宜，有補於世者。[25]魯二生非之，其言未必皆當，通以謂不知時變，亦宜矣。然謹按楊子《法言》：昔齊魯有大臣，史失其名，或曰，如何其大也？曰：叔孫通欲制君臣之儀，聘先生於齊魯，所不能致者二人。由此觀之，大臣以道事君，不可則止，然後可以托六尺之孤，可以寄百里之命。若與時上下，隨人俛仰，雖或適用於一時，何足謂之大臣爲社稷之衛哉！

（《文翰類選大成》卷一六三《叔孫通不能致二生》，《蘇軾文集》卷七《叔孫通不能致二生》）

張九齡抑牛仙客　蘇軾

軾常謂士大夫砥礪名節，正色立朝，不務雷同，以固禄位，非獨人臣之私義，乃天下國家所恃以安者也。若名節一衰，[26]忠言不聞，亂亡隨之，捷如影響。西漢之末，敢言者惟王章、朱雲二人。章死而雲廢，則公卿持禄保妻子如張禹、孔光之流耳。故王莽以斗筲穿窬之才，盜取神器如反諸掌。唐開元之末，大臣守正不回，惟張九齡一人。九齡既已忤旨罷相，明皇不復聞其過，以致禄山之亂。治亂之機，可不謹哉！

（《蘇軾文集》卷七《張九齡不肯用張守珪牛仙客》）

故物譜　元好問

予家所藏，書，宋元祐以前物也。法書，則唐人筆迹及五代寫本爲多。畫，有李、范、許、郭諸人高品，就中薛稷《六鶴》最爲超絶。先大夫銅山府君官及縣時，[27]官賣宣和内府物也。銅禄兩小山，以酒沃之，青翠可摘，府君部役時物也。風字大硯，先東巖君教授鄉里時物也。銅雀研，背有大錢一、天禄一，堅重緻密，[28]與石無異，先隴城府君官冀州時物也。貞祐丙子之兵，①藏書壁間得存。兵退，予將奉先夫人南渡河，舉而付之太原親舊家。自餘雜書及先人手寫《春秋》、三史、《莊子》《文選》之等，[29]尚千餘册，并畫百軸，載二鹿車自隨。三研則瘞之鄭村别墅。是歲，寓居三鄉。其十月，北兵破潼關，避於女几之三潭。比下山，則焚蕩之餘，蓋無幾矣！

今此數物，多予南州所得，或向時之遺也。往在鄉里，常侍諸父及兩兄燕談，每及家所有書，則必枚舉而問之。如曰某書買於某處，所傳之何人，藏之者幾何年，則欣然志之。今雖散亡，其綴緝裝褙、籖題印識，猶夢寐見之。《詩》有之："維桑與梓，必恭敬止。"②以予心忖

---

① 貞祐丙子：金宣宗貞祐四年（1216）。

② 參見《詩經・小雅・小弁》。

度之，知吾子孫却後，當以不知吾今日之爲恨也。

或曰："物之閲人多矣！世之人玩於物，而反爲物所玩。貪多務取，巧偷豪奪，遺簪敗履，惻然興懷者皆是也。李文饒志平泉草木，有'後世毁一樹、一石，非吾子孫'之語；歐陽公至以庸愚處之。至於法書、名畫，若桓玄之愛玩，王涯之固護，非不爲數百年計，然不旋踵，已爲大有力者負之而趨。我躬之不可必，奚我後之恤哉？"予以爲不然。三代鼎鐘，其初出於聖人之制。今其款識故在，不曰"永用享"，則曰"子子孫孫永寶用"，豈爲聖人者超然遠覽，而不能忘情於一物耶？抑知其不能必爲我有，而固欲必之也？蓋自莊周、列禦寇之説盛，世之誕者遂以天地爲逆旅，形骸爲外物，雖聖哲之能事，有不滿一笑者，况外物之外者乎？雖然，彼固有方内、外之辨矣。道不同不相爲謀。使渠果能寒而忘衣，飢而忘食，以游於方之外，雖眇萬物而空之，猶有托焉爾。如曰不然，則備物以致用，守器以爲智，惟得之有道，傳之無愧，斯可矣！亦何必即空以遣累，矯情以趨達，以取異於世耶？乃作《故物譜》。

（《文翰類選大成》卷一六三《故物譜》，《元好問文編年校注》卷四《故物譜》，《元好問全集》卷三九《故物譜》，《金文最》卷一一八《故物譜》）

【校勘記】

［1］且：原作"具"，據《文苑英華》卷三七三改。

［2］千：《文苑英華》卷三七三、《文翰類選大成》卷一六二作"于"。

［3］餘：《文章類選》同《文翰類選大成》卷一六二，《文苑英華》卷三七三作"幹"。

［4］屋：《文章類選》同《文翰類選大成》卷一六二，《文苑英華》卷三七三作"室"。

［5］子：《文章類選》同《文翰類選大成》卷一六二，《文苑英華》卷三七三作"于"。

［6］槐不去：《文章類選》同《文翰類選大成》卷一六二，《文苑英華》卷三七三作"槐於去"。

［7］間：《文章類選》同《文苑英華》卷三七三，《文翰類選大成》卷一六二作"閭"。

［8］訏：《文章類選》同《文翰類選大成》卷一六二，《文苑英華》卷三七三作"訐"。

［9］千：《文苑英華》卷三七三作“于”。

［10］“悉已破碎”句至本文末句“異日持論於在位之端正君子”：“碎”字至末句，原亂入陸昉撰《化稻鼠》全文“乾符已亥歲”句至“於是乎記”句，據《文章類選》書例删。《養狸述》“碎”字至末句，均據《全唐文》卷七二七補。

［11］宋牼：《文苑英華》卷三七四作“梁惠王”。

［12］志：《文苑英華》卷三七四作“心”。

［13］休：《文翰類選大成》卷一六二、《柳河東集》卷一五均作“怵”。

［14］鋸齒：《文章類選》同《文翰類選大成》卷一四七，《唐文粹》卷四五作“劍牙”。

［15］清：《文章類選》同《文翰類選大成》卷一四七，《唐文粹》卷四五作“涇”。

［16］邇：《文章類選》同《文翰類選大成》卷一四七，《唐文粹》卷四五作“進”。

［17］侵侵：《文章類選》同《文翰類選大成》卷一四七，《唐文粹》卷四五作“鬖鬖”。

［18］鑠：《文章類選》同《文翰類選大成》卷一四七，《唐文粹》卷四五作“爍”。

［19］麇：此字原脱，據《文苑英華》卷三六八、《唐文粹》卷七八、《文翰類選大成》卷一六二補。

［20］仰：原作“而”，據《文苑英華》卷三六八、《唐文粹》卷七八、《文翰類選大成》卷一六二改。

［21］甚：此字原脱，據《文苑英華》卷三六八、《唐文粹》卷七八、《文翰類選大成》卷一六二補。

［22］子：此字原脱，據《文苑英華》卷三六八、《柳河東集》卷一九補。

［23］徙：原作“徒”，據《文苑英華》卷三六八、《柳河東集》卷一九改。

［24］試：原作“誠”，據《文翰類選大成》卷一六三改。

［25］者：此字原脱，據《蘇軾文集》卷七《叔孫通不能致二生》補。

［26］衰：原作“襄”，據《蘇軾文集》卷七改。

［27］及：《文翰類選大成》卷一六三作“汲”。

［28］緻：原作“纖”，據《文翰類選大成》卷一六三改。

［29］之：此字原脱，據《元好問文編年校注》卷三補。

附《文章類選》提要[①]

《文章類選》四十卷，安徽巡撫采進本。不著編輯者名氏。前有洪武三十一年凝真子序，並慶府圖章。以史考之，蓋慶王㮵也。爲太祖第十六子，好學有文。洪武二十六年就藩寧夏，三十年始建邸。是書刊於三十一年，則在建邸後矣。序稱，暇日會諸儒，將昔人所集《文選》《文粹》《文鑑》《翰墨全書》《事文類聚》諸書所載之文，類而選之，分五十八體。然標目冗碎，義例舛陋，不可枚舉。如同一奏議也，而分之爲論諫、爲封事、爲疏、爲奏、爲彈事、爲札。詩不入選，而曲操、樂章仍分二類。又如序事類載《左傳》隱桓本末、鄭莊公叔段本末及子産從政凡三篇，而《戰國策》范雎見秦王反刊於前。顛倒失次，其甄綜之無識，又概可知矣。

① 載《四庫全書總目》卷一九一《集部・總集類存目》。

參考文獻

（按漢語拼音音節排序）

A

《安默庵先生文集》：（元）安熙撰，中華書局 1985 年版。

《安南志略》：［越］黎崱撰，武尚清點校，中華書局 2000 年版。

B

《白居易集箋校》：（唐）白居易撰，朱金城箋注，上海古籍出版社 2003 年版。

《白居易文集校注》：（唐）白居易撰，謝思煒校注，中華書局 2018 年版。

《白氏長慶集》：（唐）白居易撰，明萬曆三十四年（1602）馬元調刻本。

《班蘭臺集》：（漢）班固撰，《漢魏六朝百三家集》本。

《班蘭臺集校注》：（漢）班固撰，（清）張溥輯，中州古籍出版社 2002 年版。

C

《蔡邕集編年校注》：（漢）蔡邕撰，鄧安生編，河北教育出版社 2002 年版。

《藏春集》：（元）劉秉忠撰，影印文淵閣《四庫全書》本，臺灣商務印書館 1986 年版。

《藏書》：（明）李贄撰，中華書局 1974 年版。

《曹丕集校注》：（三國・魏）曹丕撰，魏宏燦校注，安徽大學出版社 2009 年版。

《曹植集校注》：（三國・魏）曹植撰，趙幼文校注，中華書局 2016 年版。

《册府元龜》：（宋）王欽若等編，中華書局 2003 年版。

《禪月集》：（唐）貫休撰，《四部叢刊》初編影印上海涵芬樓借江夏徐氏藏景宋本，商務印書館 1922 年版。

《禪月集校注》：（唐）貫休撰，陸永峰校注，巴蜀書社 2012 年版。

《昌黎先生集》：（唐）韓愈撰，（宋）廖瑩中校，《四部備要》本，中華書局 1936 年版。

《陳伯玉文集》：（明）楊澄校，《四部叢刊》初編影印上海涵芬樓借秀水王氏二十八宿研藏明刻本，商務印書館 1922 年版。

《陳耆卿集》：（宋）陳耆卿撰，曹莉亞校注，浙江大學出版社 2010 年版。

《陳子昂集》：（唐）陳子昂撰，徐鵬校點，上海古籍出版社 2013 年版。

《誠齋集》：（宋）楊萬里撰，《四部叢刊》影宋本。

《成都文類》：（宋）袁説友等編，趙曉蘭整理，中華書局 2011 年版。

《程鉅夫集》：（元）程鉅夫撰，張文澍校點，吉林文史出版社 2009 年版。

《初學記》：（唐）徐堅撰，中華書局 2004 年版。

《楚寶》：（明）周聖楷編纂，（清）鄧顯鶴增輯，廖承良等點校，岳麓書社 2016 年版。

《楚辭補注》：（宋）洪興祖撰，白化文等點校，中華書局 1983 年版；上海古籍出版社 2015 年版。

《楚辭集注》：（宋）朱熹集注，夏劍欽、吴廣平校點，岳麓書社，2013 年版。

《褚遂良集》：（唐）褚遂良撰，張新朋點校，浙江古籍出版社 2019 年版。

《春秋谷梁經傳補注》：（清）鍾文烝撰，駢宇騫、郝淑慧點校，中華書局 2009 年版。

《春秋公羊傳譯注》：劉尚慈譯注，中華書局 2010 年版。

《春秋左傳詁》：（清）洪亮吉撰，李解民點校，中華書局 1987 年版。

《春秋左傳注》：楊伯峻編撰，中華書局 2016 年版。

《次山集》：（唐）元結撰，中國書店 2018 年版。

《徂徠石先生文集》：（宋）石介撰，陳植鍔點校，中華書局 1984 年版。

D

《大戴禮記解詁》：（清）王聘珍撰，王文錦校點，中華書局 1983 年版。

《澹庵文集》：（宋）胡澹庵撰，影印文淵閣《四庫全書》本，臺灣商務印書館1986年版。

《道園學古録》：（元）虞集撰，《四部叢刊》初編景明本。

《鄧文原集》：（元）鄧文原撰，羅琴整理，浙江人民美術出版社2016年版。

《東漢會要》：（宋）徐天麟撰，中華書局1955年版。

《東漢文紀》：（明）梅鼎祚撰，影印文淵閣《四庫全書》本，臺灣商務印書館1986年版。

《東萊標注三蘇文集》：（宋）吕祖謙撰，黄靈庚、吴戰壘主編《吕祖謙全集》，浙江古籍出版社2017年版。

《東萊集》：（宋）吕祖謙撰，影印文淵閣《四庫全書》本，臺灣商務印書館1986年版。

《東萊集注觀瀾文集》：（宋）吕祖謙撰，黄靈庚、吴戰壘主編《吕祖謙全集》，浙江古籍出版社2017年版。

《東萊吕太史集》：（宋）吕祖謙撰，黄靈庚、吴戰壘主編《吕祖謙全集》，浙江古籍出版社2017年版。

《東坡全集》：（宋）蘇軾撰，影印文淵閣《四庫全書》本，臺灣商務印書館1986年版。

《董子文集》：（漢）董仲舒撰，中華書局1985年版。

《杜牧集繫年校注》：（唐）杜牧撰，吴在慶校注，中華書局2015年版。

E

《二程全書》：（宋）程顥、程頤撰，清同治十年(1871)涂宗瀛刻本。

《二程集》：（宋）程顥、程頤撰，王孝魚點校，中華書局2004年版。

F

《法言義疏》：（漢）揚雄撰，汪榮寶注疏，陳仲夫點校，中華書局1987年版。

《樊川文集》：（唐）杜牧撰，《四部叢刊》影印明翻宋刻本；陳允吉校注，上海古籍出版社2007年版。

《樊川文集校注》：（唐）杜牧撰，何錫光校注，巴蜀書社 2007 年版。

《范浚集》：（宋）范浚撰，范國梁點校，浙江古籍出版社 2015 年版。

《范文正公全集》：（宋）范仲淹撰，（清）范能濬編，清康熙四十六年（1707）歲寒堂刻本。

《范仲淹全集》：（宋）范仲淹撰，鳳凰出版社 2004 年版。

G

《古今事文類聚》：（宋）祝穆撰，上海古籍出版社 1992 年版。

《古文集成》：（宋）王霆震輯，影印文淵閣《四庫全書》本，臺灣商務印書館 1986 年版。

《古文關鍵》：（宋）吕祖謙編，黄靈庚、吴戰壘主編《吕祖謙全集》，浙江古籍出版社 2017 年版。

《灌園集》：（宋）吕南公，影印文淵閣《四庫全書》本，臺灣商務印書館 1986 年版。

《圭齋文集》：（宋）歐陽玄撰，《四部叢刊》初編影印明成化刊本。

《貴池唐人集》：（清）劉世珩輯校，鄭玲校點，黄山書社 2013 年版。

《郭弘農集》：（東晋）郭璞撰，（明）張溥編，《漢魏六朝百三家集》本。

《郭弘農集校注》：（東晋）郭璞撰，聶恩彦校注，山西人民出版社 1991 年版。

《國語集解》：（三國・吴）韋昭注，徐元誥集解，王樹民、沈長雲點校，中華書局 2002 年版。

H

《韓昌黎文集校注》：（唐）韓愈撰，馬其昶校注，馬茂元整理，上海古籍出版社 2014 年版。

《韓昌黎文集注釋》：（唐）韓愈撰，閻琦校注，三秦出版社 2004 年版。

《韓詩外傳箋疏》：屈守元箋疏，巴蜀書社 2011 年版。

《韓愈文集彙校箋注》：（唐）韓愈撰，劉真倫、岳珍注，中華書局 2018

年版。

《漢紀》:(東漢)荀悦撰,中華書局 2005 年版。

《漢書》:(東漢)班固撰,中華書局 2007 年版。

《漢魏六朝百三家集》:(明)張溥輯,上海古籍出版社 1994 年版。

《翰苑集》:(唐)陸贄撰,上海古籍出版社 1993 年版。

《郝經集校勘箋注》:(元)郝經撰,田同旭校注,三晋出版社 2018 年版。

《郝文忠公陵川文集》:(元)郝經撰,(清)王鏐編,清道光間刻本。

《後漢書》:(南朝宋)范曄撰,(唐)李賢等注,中華書局 1965 年版。

《胡宏集》:(宋)胡宏撰,吴仁華點校,中華書局 1987 年版。

《胡子知言》:(宋)胡宏撰,《粤雅堂叢書》本,清道光三十年版(1850)刻本。

《華陽集》:(唐)顧况撰,影印文淵閣《四庫全書》本,臺灣商務印書館 1986 年版。

《還山遺稿》:(元)楊奂撰,明嘉靖元年(1522)宋廷佐刻本。

《皇朝文鑒》:(宋)吕祖謙編,《四部叢刊》初編影印常熟瞿氏鐵琴銅劍樓藏宋刊本。

《黄勉齋先生文集》:(宋)黄榦撰,《叢書集成初編》本,中華書局 1985 年版。

《黄庭堅全集》:(宋)黄庭堅撰,劉琳、李勇先、王蓉貴點校,四川大學出版社 2001 年版。

J

《嵇康集》:(三國)嵇康撰,明嘉靖四年(1525)仿宋刻本。

《嵇康集校注》:(三國)嵇康撰,戴明揚校注,中華書局 2014 年版。

《賈誼集校注》:(漢)賈誼撰,吴雲、李春臺校注,天津古籍出版社 2010 年版。

《嘉祐集》:(宋)蘇洵撰,影印文淵閣《四庫全書》本,臺灣商務印書館 1986 年版。

《嘉祐集箋注》:(宋)蘇洵撰,曾棗莊、金成禮箋注,上海古籍出版社 1993

年版。

《建安七子集》：（漢）俞紹初輯校，中華書局 2016 年版。

《建炎以來繫年要録》：（宋）李心傳撰，中華書局 1988 年版。

《江文通集》：（南朝・梁）江淹撰，明萬曆二十六年（1598）刻本。

《江文通集彙注》：（南朝・梁）江淹撰，（明）胡之驥注，李長路、趙威點校，中華書局 1984 年版。

《江文通集校注》：（南朝・梁）江淹撰，丁福林、楊勝朋校注，上海古籍出版社 2017 年版。

《金石録》：（宋）趙明誠撰，劉曉東、崔燕南點校，齊魯書社 2009 年版。

《金石録校證》：（宋）趙明誠撰，金文明校證，中華書局 2019 年版。

《金文最》：（清）張金吾編纂，中華書局 2020 年版。

《晉書》：（唐）房玄齡等撰，中華書局 1974 年版。

《經進東坡文集事略》：（宋）蘇軾撰，（宋）郎曄注，《四部叢刊》初編本；龐石帚校訂，文學古籍刊行社 1957 年版。

《經世大典輯校》：（元）趙世延等撰，周少川等輯校，中華書局 2020 年版。

《静修先生文集》：（元）劉因撰，《四部叢刊》初編影印元宗文堂刊本。

《静軒集》：（元）閻復撰，影印清宣統二年（1910）《藕香零拾》本，中華書局 1999 年版。

《舊唐書》：（後晉）劉昫撰，中華書局 1975 年版。

《菊潭集》：（元）孛術魯翀撰，影印清宣統二年（1910）《藕香零拾》本，中華書局 1999 年版。

K

《〔康熙〕袁州府志》：（清）施閏章修，袁繼梓纂，清康熙九年（1670）刻本。

《孔子家語疏證》：（清）陳士珂輯，崔濤點校，鳳凰出版社 2017 年版。

L

《藍田吕氏集》：（宋）吕大臨等撰，曹樹明點校，西北大學出版社 2015

年版。

《老子校釋》：朱謙之撰，中華書局 1984 年版。

《歷代名臣奏議》：（明）黄淮、楊士奇編，上海古籍出版社 1989 年版。

《歷代名賢確論》：（元）佚名撰，影印文淵閣《四庫全書》本，臺灣商務印書館 1986 年版。

《禮記集解》：（清）孫希旦撰，沈嘯寰、王星賢點校，中華書局 1989 年版。

《李白集校注》：（唐）李白撰，瞿蜕園、朱金城注，上海古籍出版社 2018 年版。

《李白全集編年箋注》：（唐）李白撰，安旗等箋注，中華書局 2015 年版。

《李德裕文集校箋》：（唐）李德裕撰，傅璿琮、周建國校箋，中華書局 2018 年版。

《李覯集》：（宋）李覯撰，王國軒點校，中華書局 2011 年版。

《李清照集校注》：（宋）李清照撰，王仲聞校注，人民文學出版社 2000 年版。

《李紳集校注》：（唐）李紳撰，盧燕平校注，中華書局 2009 年版。

《李太白全集》：（唐）李白撰，（清）王琦輯注，中華書局 1977 年版。

《李太白文集》：（唐）李白撰，（清）王琦輯注，清乾隆刻本。

《李文饒文集》：（唐）李德裕撰，日本東京静嘉堂文庫藏原皕宋樓本。

《李元賓文集》：（唐）李觀撰，《叢書集成初編》本，中華書局 1985 年版。

《兩漢紀》：（漢）荀悦撰，（晋）袁宏撰，中華書局 2002 年版。

《兩漢詔令》：（宋）林虙、樓昉編，影印文淵閣《四庫全書》本，臺灣商務印書館 1986 年版。

《梁江文通文集》：（南朝・梁）江淹撰，《四部叢刊》初編影印烏程蔣氏密韵樓藏明繙宋刊本。

《梁肅文集》：胡大浚、張春雯點校，甘肅人民出版社 2000 年版。

《臨川先生文集》：（宋）王安石撰，明嘉靖三十九年（1560）撫州覆南宋紹興詹大和刻本；中華書局 1959 年版。

《陵川集》：（元）郝經撰，清乾隆三年（1738）鳳臺王鏐重刻本；吴廣隆編審，馬甫平點校，山西古籍出版社 2006 年版。

《劉因集》：（元）劉因撰，商聚德點校，人民出版社 2017 年版。

《劉禹錫集》:(唐)劉禹錫撰,中華書局1990年版。

《劉禹錫全集編年校注》:(唐)劉禹錫撰,陶敏、陶紅雨校注,中華書局2019年版。

《柳待制文集》:(元)柳貫撰,《四部叢刊》初編影印江陰繆氏藝風堂藏元刊本。

《柳河東集》:(唐)柳宗元撰,上海古籍出版社2008年版。

《柳貫集》:(元)柳貫撰,魏崇武、鍾彦飛點校,浙江古籍出版社2014年版。

《柳宗元集校注》:(唐)柳宗元撰,尹占華、韓文奇注,中華書局2013年版。

《龍雲集》:(宋)劉弇撰,影印文淵閣《四庫全書》本,臺灣商務印書館1986年版。

《盧溪集》:(宋)王庭珪撰,影印文淵閣《四庫全書》本,臺灣商務印書館1986年版。

《盧照鄰集校注》:(唐)盧照鄰撰,李雲逸校注,中華書局1998年版。

《陸龜蒙全集校注》:(唐)陸龜蒙撰,何錫光校注,鳳凰出版社2015年版。

《陸機集》:(西晋)陸機撰,金濤聲點校,中華書局1982年版。

《陸機集校箋》:(西晋)陸機撰,楊明校箋,上海古籍出版社2016年版。

《陸士衡文集》:(西晋)陸機撰,《四部叢刊》初編影印江南圖書館藏明陸元大翻宋本。

《陸士衡文集校注》:(西晋)陸機撰,劉運好校注整理,鳳凰出版社2007年版。

《陸太常集》:(南朝)陸倕撰,《漢魏六朝百三家集》本。

《陸宣公文集》:(唐)陸贄撰,上海古籍出版社2013年版。

《陸贄集》:(唐)陸贄撰,王素點校,中華書局2006年版。

《欒城集》:(宋)蘇轍撰,(明)王執禮、顧天叙校,明萬曆清夢軒刻本。

《吕衡州文集》:(唐)吕温撰,中華書局1985年版。

《論語正義》:(清)劉寶楠撰,高流水點校,中華書局1990年版。

《洛陽名園記》:(宋)李格非撰,影印文淵閣《四庫全書》本,臺灣商務印書館1986年版。

M

《孟子正義》：（清）焦循撰，沈文倬點校，中華書局 1987 年版。

《牧庵集》：（元）姚燧撰，中華書局 1985 年版。

N

《南豐先生元豐類稿》：（宋）曾鞏撰，（清）顧崧齡刻，清康熙五十六年（1717）刻本。

《南軒先生文集》：（宋）張栻撰，（宋）朱熹編，清康熙四十五年（1706）錫山華氏劍光書屋刊本；朱傑人、嚴佐之、劉永翔主編《朱子全書》本，上海古籍出版社 2010 年版。

《能改齋漫録》：（宋）吴曾撰，劉宇整理，大象出版社 2019 年版。

O

《歐陽文忠公全集》：（宋）歐陽修撰，清嘉慶二十四年（1819）歐陽衡編校本。

《歐陽文忠公文集》：（宋）歐陽修撰，《四部叢刊》初編影印元刊本。

《歐陽修全集》：（宋）歐陽修撰，李逸安點校，中華書局 2001 年版。

《歐陽修詩文集校箋》：（宋）歐陽修撰，洪本健校箋，上海古籍出版社 2009 年版。

《歐陽玄集》：（元）歐陽玄撰，陳書良、劉娟點校，岳麓書社 2010 年版。

P

《潘黄門集校注》：（西晉）潘嶽撰，王增文校注，中州古籍出版社 2002 年版。

《潘嶽集校注》：（西晉）潘嶽撰，董志廣校注，天津古籍出版社 2005 年版。

《毗陵集校注》：（唐）獨孤及撰，劉鵬、李桃校注，遼海出版社 2006 年版。

《皮子文藪》：（唐）皮日休撰，《四部叢刊》初編影印湘潭袁氏藏明刊本；蕭滌非、鄭慶篤整理，上海古籍出版社 2017 年版。

Q

《秦觀集編年校注》：（宋）秦觀撰，周義敢、程自信、周雷箋注，人民文學出版社 2001 年版。

《清容居士集》：（元）袁桷撰，《四部叢刊》初編影印元刊本。

《秋澗集》：（元）王惲撰，明刻本遞補之元至治初刻本。

《屈原集校注》：（戰國）屈原撰，金開誠、董洪利、高路明校注，中華書局 1996 年版。

《渠陽集》：（宋）魏了翁撰，張京華校點，岳麓書社 2012 年版。

《權德輿詩文集》：（唐）權德輿撰，郭光偉校點，上海古籍出版社 2008 年版。

《權德輿詩文集編年校注》：（唐）權德輿撰，唐元校，蔣寅箋注，張静注，遼海出版社 2013 年版。

《全漢三國晋南北朝詩》：丁福保編，中華書局 1959 年版。

《全上古三代秦漢三國六朝文》：（清）嚴可均輯，中華書局 1958 年版；上海古籍出版社 2009 年版。

《全宋文》：曾棗莊、劉琳主編，上海辭書出版社、安徽教育出版社 2006 年版。

《全蜀藝文志》：（明）楊慎編，嘉靖二十四年版（1545 年）刻本；劉琳點校，綫裝書局 2003 年版。

《全唐文》：（清）董誥等編，中華書局 1983 年版；上海古籍出版社 1990 年版。

《全元文》：李修生主編，鳳凰出版社 2004 年版。

R

《任中丞集》：（南朝・梁）任昉撰，《漢魏六朝百三家集》本。

S

《三國志》:(晋)陳壽撰,(宋)裴松之注,中華書局 2012 年版。

《三蘇先生文粹》:(宋)蘇洵、蘇軾、蘇轍撰,上海圖書館藏南宋婺州吴宅桂堂刻本。

《山海經箋疏》:(東晋)郭璞撰,(清)郝懿行箋疏,張鼎三、牟通點校,齊魯書社 2010 年版。

《尚書古文疏證》:(清)閻若璩撰,錢文忠整理,朱維錚審閱,上海書店出版社 2012 年版。

《邵氏聞見録》:(宋)邵伯温撰,李劍雄、劉德權點校,中華書局 1983 年版。

《邵雍集》:(宋)邵雍撰,郭彧整理,中華書局 2010 年版。

《神農本草經》:(清)孫星衍輯注,徐斌校注,中國中醫藥出版社 2019 年版。

《沈約集校箋》:(南朝梁)沈約撰,陳慶元校箋,浙江古籍出版社 1995 年版。

《史記》:(漢)司馬遷撰,(宋)裴駰集解,(唐)司馬貞索引,(唐)張守節正義,中華書局 2014 年版。

《詩經注析》:程俊英、蔣見元撰,中華書局 1991 年版。

《十一家注孫子校理》:(春秋)孫武撰,(三國)曹操等注,楊丙安校理,中華書局 1999 年版。

《試論揚雄的姓》:問永寧撰,《唐都學刊》2007 年第 3 期。

《司空表聖文集》:(唐)司空圖撰,上海古籍出版社 2013 年版。

《四六法海》:(明)王志堅選編,于景祥校點,遼海出版社 2010 年版。

《司馬法集釋》:王震著,中華書局 2018 年版。

《司馬温公集編年箋注》:(宋)司馬光撰,李之亮箋注,巴蜀書社 2009 年版。

《司馬相如集校注》:(漢)司馬相如撰,金國永校注,上海古籍出版社 1993 年版。

《宋本藝文類聚》：（唐）歐陽詢撰，汪紹楹校，上海古籍出版社 1998 年版；上海古籍出版社 2013 年版。

《宋朝諸臣奏議》：（宋）趙汝愚編，上海古籍出版社 1999 年版。

《宋黄文節公全集》：（宋）黄庭堅撰，清光緒二十年(1894)義寧州署刻本。

《宋玉集》：（楚）宋玉撰，吴廣平編注，岳麓書社 2001 年版。

《宋文鑑》：（宋）吕祖謙編，中華書局 1992 年版。

《宋文選》：（宋）佚名撰，影印文淵閣《四庫全書》本，臺灣商務印書館 1986 年版。

《宋婺州本三蘇先生文粹》：（宋）蘇洵、蘇軾、蘇轍撰，上海古籍出版社 2017 年版。

《蘇老泉先生全集》：（宋）蘇洵撰，（清）徐釚校補，清康熙三十三年(1694)刻本。

《蘇軾文集》：（宋）蘇軾撰，孔凡禮校注，中華書局 1986 年版。

《蘇軾文集編年箋注》：（宋）蘇軾撰，李之亮箋注，巴蜀書社 2011 年版。

《蘇洵集》：（宋）蘇洵撰，邱少華點校，中國書店 2000 年版。

《蘇轍集》：（宋）蘇轍撰，陳宏天、高秀芳點校，中華書局 2017 年版。

T

《太極圖説解義鉤沈》：（宋）張栻撰，楊世文點校，中華書局 2015 年版。

《太平治迹統類》：（宋）彭百川撰，商務印書館 1986 年版。

《唐丞相曲江張先生文集》：（唐）張九齡撰，《四部叢刊》初編影印南海潘氏藏明成化九年(1473)韶州刊本。

《唐大詔令集》：（宋）宋敏求編，中華書局 2008 年版。

《唐宋八大家文鈔》：（明）茅坤編，黄山書社 2010 年版。

《唐太宗全集校注》：吴雲、冀宇校注，天津古籍出版社 2004 年版。

《唐文粹》：（宋）姚鉉編，《四部叢刊》初編影印明嘉靖刊本。

《唐五代傳奇集》：李劍國輯校，中華書局 2015 年版。

《唐五代志怪傳奇叙録》：李劍國著，中華書局 2017 年版。

《唐子西文録》：（宋）强幼安撰，清乾隆三十五年(1770)刻本。

《陶淵明集》：（晋）陶淵明撰，中華書局 1979 年版。

《通鑑紀事本末》：（宋）袁樞撰，中華書局 2015 年版。

《突厥第二汗國漢文史料編年輯考》：吴玉貴撰，中華書局 2009 年版。

W

《王安石年譜長編》，劉成國撰，中華書局 2018 年版。

《王安石年譜三種》：（宋）詹大和等撰，裴汝誠點校，中華書局 1994 年版。

《王安石全集》：（宋）王安石撰，秦克、鞏軍標點，上海古籍出版社 1999 年版；王水照主編，復旦大學出版社 2016 年版。

《王勃集》：（唐）王勃撰，楊曉彩點校，三晋出版社 2017 年版。

《王績文集》：（唐）王績撰，清同治四年（1865）晚晴軒陳氏鈔本；夏連保校注，三晋出版社 2016 年版。

《王荆公文集箋注》：（宋）王安石撰，李之亮箋注，巴蜀書社 2005 年版。

《王文憲集》：（南齊）王儉撰，（明）張溥輯，影印光緒十八年（1892）本。

《王無功文集》：（唐）王績撰，韓理洲校點，上海古籍出版社 1987 年版。

《王惲全集彙校》：（元）王惲撰，楊亮、鍾彦飛點校，中華書局 2013 年版。

《王子安集注》：（唐）王勃撰，（清）蔣清詡注，上海古籍出版社 1995 年版。

《魏文帝集》：（明）張溥輯，《漢魏六朝百三家集》本。

《魏鄭公文集》：（唐）魏徵撰，《畿輔叢書》本。

《文編》：（明）唐順之編，影印文淵閣《四庫全書》本，臺灣商務印書館 1986 年版。

《文安集》：（元）揭傒斯撰，影印文淵閣《四庫全書》本，臺灣商務印書館 1986 年版。

《文翰類選大成》：（明）李伯璵編，明成化刻弘治嘉靖遞修本。

《文泉子集》：（唐）劉蜕撰，中華書局 1985 年版。

《文獻通考》：（元）馬端臨撰，上海師范大學古籍研究所、華東師范大學古籍研究所點校，中華書局 2011 年版。

《文選》：（梁）蕭統編，（唐）李善注，中華書局 1977 年版。

《文選補遺》:(宋) 陳仁子編,上海古籍出版社 1993 年版。

《文苑英華》:(宋) 李昉等編,中華書局 1966 年版。

《文章辨體彙選》:(明) 賀復徵編,影印文淵閣《四庫全書》本,臺灣商務印書館 1986 年版。

《文章類選》:(明) 朱㮵等輯,《朔方文庫》影印國家圖書館藏洪武三十一年(1398)慶藩刻本,國家圖書館出版社 2008 年版。

《文章正宗》:(宋) 真德秀編,影印文淵閣《四庫全書》本,臺灣商務印書館 1986 年版。

《五百家播芳大全文粹》:(宋) 魏齊賢、葉棻撰,影印文淵閣《四庫全書》本,臺灣商務印書館 1986 年版。

《五百家注昌黎文集》:(唐) 韓愈撰,(宋) 魏仲舉編,影印文淵閣《四庫全書》本,臺灣商務印書館 1986 年版。

《吴郡志》:(宋) 范成大撰,陸振嶽點校,江蘇古籍出版社 1999 年版。

《吴文正集》:(元) 吴澂撰,影印文淵閣《四庫全書》本,臺灣商務印書館 1986 年版。

X

《西漢年紀》:(宋) 王益之撰,王根林點校,中華書局 2018 年版。

《西晋文紀》:(明) 梅鼎祚編,影印文淵閣《四庫全書》本,臺灣商務印書館 1986 年版。

《西山文集》:(宋) 真德秀撰,影印文淵閣《四庫全書》本,臺灣商務印書館 1986 年版。

《西山先生真文忠公文集》:(宋) 真德秀撰,《四部叢刊》初編影印江南圖書館藏明正德刊本。

《西夏書校補》:(清) 周春撰,胡玉冰校補,中華書局 2014 年版。

《夏侯常侍集》:(西晋) 夏侯孝若撰,《漢魏六朝百三家集》本。

《先秦漢魏晋南北朝詩》:逯欽立輯校,中華書局 1983 年版。

《小畜集》:(宋) 王禹偁撰,吉林出版集團有限責任公司 2005 年版。

《蕭茂挺文集・李遐叔文集》:(唐) 李華、蕭茂挺撰,上海古籍出版社 1993

年版。

《謝朓集校注》:(南齊) 謝朓撰,曹融南校注,中華書局 2019 年版。

《謝宣城集校注》:(南齊) 謝朓撰,曹融南校注,上海古籍出版社 1991 年版。

《新安文獻志》:(明) 程敏政輯撰,何慶善、于石點校,黄山書社 2004 年版。

《新編事文類聚翰墨全書》:(元) 劉應李輯,上海古籍出版社 1996 年版。

《新刊南軒先生文集》:(宋) 張栻撰,楊世文點校,中華書局 2015 年版。

《新書》:(漢) 賈誼撰,明正德十年(1515)吉府本。

《新書校注》:(漢) 賈誼撰,閻振益、鍾夏校注,中華書局 2000 年版。

《辛棄疾全集校注》:(宋) 辛棄疾撰,徐漢明注解,華中科技大學出版社 2012 年版。

《辛棄疾集編年箋注》:(南宋) 辛棄疾撰,辛更儒箋注,中華書局 2015 年版。

《性理群書句解》:(宋) 熊節集編,(宋) 熊剛大集解,程水龍、曹潔點校,華東師範大學出版社 2018 年版。

《許衡集》:(元) 許衡撰,許紅霞點校,中華書局 2019 年版。

《許文正公遺書》:(元) 許衡撰,清乾隆五十五年(1790)刻本。

《續資治通鑑長編》:(宋) 李燾撰,中華書局 2004 年版。

《荀子集解》:(清) 王先謙撰,沈嘯寰、王星賢點校,中華書局 1988 年版。

Y

《鹽鐵論校注》:(漢) 桓寬撰,王利器校注,中華書局 1992 年版。

《晏子春秋校注》:張純一校注,梁運華點校,中華書局 2014 年版。

《揚雄集校注》:(漢) 揚雄撰,張震澤注解,上海古籍出版社 2011 年版。

《楊奂集》:(元) 楊奂撰,魏崇武等校點,吉林文史出版社 2010 年版。

《楊炯集箋注》:(唐) 楊炯撰,祝尚書箋注,中華書局 2016 年版。

《楊萬里集箋校》,(宋) 楊萬里撰,辛更儒箋校,中華書局 2007 年版。

《楊盈川集》:(唐) 楊炯撰,《四部叢刊》初編影印江南圖書館藏明童氏刊本。

《永樂大典》:(明) 解縉編,中華書局 2000 年版。

《幽憂子集》:(唐) 盧照鄰撰,(明) 張燮輯,《四部叢刊》初編影印江安傅代雙鑑樓藏明閩漳張氏刊本。

《又玄集》:(唐) 韋莊編,傅璇琮等編,中華書局 2014 年版。

《遺山先生文集》:(金) 元好問撰,(明) 李瀚刻,明弘治十一年(1498)刻本。

《虞集全集》:(元) 虞集撰,天津古籍出版社 2007 年版。

《虞世南詩文集》:(唐) 虞世南撰,胡洪軍、胡遐校注,浙江古籍出版社 2012 年版。

《庾子山集》,(北周) 庾信撰,清康熙二十六年(1687)刻本。

《庾子山集注》,(北周) 庾信撰,許逸民校,(清) 倪璠注,中華書局 1980 年版。

《緣督集》:(宋) 曾豐撰,影印文淵閣《四庫全書》本,臺灣商務印書館 1986 年版。

《元好問全集》:姚奠中主編,李正民增訂,三晋出版社 2015 年版。

《元好問文編年校注》:(金) 元好問撰,狄寶心校注,中華書局 2012 年版。

《元文類》:(元) 蘇天爵編,上海古籍出版社 1993 年版。

《元遺山集》:(金) 元好問撰,(清) 方戊昌刻,清光緒七年(1882)讀山房刻本。

《元遺山文集校補》:(金) 元好問撰,周烈孫、王斌校注,巴蜀書社 2013 年版。

《袁桷集校注》:(元) 袁桷撰,楊亮校注,中華書局 2012 年版。

《樂府詩集》:(宋) 郭茂倩編,中華書局 1979 年版。

《篔窗集》:(宋) 陳耆卿撰,影印文淵閣《四庫全書》本,臺灣商務印書館 1986 年版。

Z

《曾鞏集》,(宋) 曾鞏撰,陳杏珍、晁繼周點校,中華書局 2018 年版。

《曾子輯校》：王永輝、高尚舉輯校，中華書局 2017 年版。

《戰國策注釋》：（漢）劉向編，何建章注釋，中華書局 2019 年版。

《張九齡集校注》：（唐）張九齡撰，熊飛校注，中華書局 2008 年版。

《張耒集》：（宋）張耒撰，李逸安、孫通海、傅信點校，中華書局 1990 年版。

《張栻集》：（唐）張栻撰，楊世文點校，中華書局 2015 年版。

《張説集校注》：（唐）張説撰，熊飛校注，中華書局 2013 年版。

《張載集》：（宋）張載撰，章錫琛點校，中華書局 2012 年版。

《張子全書》：（宋）張載撰，明萬曆四十八年（1620）沈自彰鳳翔府官刻本清初翻刻本；西北大學出版社 2015 年版。

《趙飛燕外傳》：（漢）伶玄撰，明正德嘉靖間顧氏文房小説本。

《貞觀政要集校》：（唐）吴兢撰，謝保成集校，中華書局 2009 年版。

《直講李先生文集》：（宋）李覯撰，《四部叢刊》初編影印江南圖書館藏明成化刊本。

《止齋文集》：（宋）陳傅良撰，影印文淵閣《四庫全書》本，臺灣商務印書館 1986 年版。

《中庵集》：（元）劉敏中撰，影印文淵閣《四庫全書》本，臺灣商務印書館 1986 年版。

《周敦頤集》：（宋）周敦頤撰，陳克明點校，中華書局 1990 年版。

《周禮正義》：（清）孫詒讓撰，王文錦、陳玉霞點校，中華書局 2013 年版。

《周書》：（唐）令孤德棻撰，中華書局 1971 年版。

《周行己集》：（宋）周行己撰，陳小平點校，浙江古籍出版社 2015 年版。

《周易集解纂疏》：（清）李道平撰，潘雨廷點校，中華書局 1994 年版。

《周子全書》：（宋）周敦頤撰，（清）賀瑞麟編輯，清光緒十三年（1887）傳經堂本。

《諸葛亮集》：（三國）諸葛亮撰，段熙仲、聞旭初編校，中華書局 1960 年版。

《朱熹文集編年評注》，（宋）朱熹撰，郭齊、尹波編，福建人民出版社 2019 年版。

《朱子全書》：（宋）朱熹撰，上海古籍出版社 2010 年版。